경주
속담·말 사전

김주석·최명옥 공편저

한국문화사

머 리 말

  이 사전은 '경주 속담 사전'과 '경주 말 사전'을 합한 것이다. '경주 말 사전'의 표제어 대부분은 경주 속담에 사용되고 있는 단어들이다. 그러므로 '경주 말 사전'은 '경주 속담 사전' 속의 속담을 이해하는 데에 직접 기여할 수 있다. 이 점이 두 사전을 한 책으로 묶은 이유이다.
  여기서 말하는 '경주 속담'이란 경주 토박이들이 일상 생활에서 쓰는 속담이다. 경주 속담과 경주 말은 경주 지역 주민들이 이루어온 문화 유산이다. 거기에는 앞 시대의 경주 지역 주민들이 영위하던 생활의 단면이 스며 있고 그들의 삶의 지혜와 사고가 용해되어 있다.
  이러한 부분적인 의미와는 달리, 경주 말이 주목되어야 할 더 중요한 이유는 경주 말이 현대 국어의 발상지인 경주의 말이라는 데에 있다. 신라가 망하고 정치·경제를 포함하는 문화의 중심지가 중부 지역으로 옮겨지면서, 경주 말은 오늘날 동남방언의 한 하위방언으로 밀려나고 말았지만, 그 말은 약 10세기 동안 신라의 중심 언어였고 약 3세기 동안 한반도의 중심 언어였다. 이 사실은 경주 말이 국어의 근간(根幹)을 이루는 말로서, 국어 연구 특히 국어사 연구에서 필수적인 고려 대상이 되어야 할 것을 말해준다.
  우리 공동 편저자는 지금으로부터 15여 년 전에 서로 다른 목적에서 경주 말 사전을 출간할 계획을 세웠다. 토박이 경주 사람인 김주석(金珠石)은 급격히 변질되고 있는 고향 말을 기록해 두려는 목적을 가지고 있었고, 최명옥(崔明玉)은 국어연구의 보고(寶庫)이지만 소멸 단계에 있는 경주 말을 가능한 한 많이 수집하려는 목적을 가지고 있었다. 이처럼 목적은 달랐지만, 경주 말을 수집하고 보존해야 한다는 점에서 두 사람의 의견이 일치했다.

그래서 자료의 수집과 정리는 김주석이 담당하고 그와 관련된 이론적 지원은 최명옥이 담당하기로 하였다. 그러나 서로의 개인적인 사정 때문에 그 계획을 빨리 실행할 수 없었다. 많은 세월이 흐른 지금에 이르러서야 이 사전이 세상에 나오게 되었다. 그렇지만 이 사전은 아직 미완성 단계의 것이다. 원래 계획에 대한 중간 보고서 정도로 생각하면 될 것이다.

우리가 이 사전의 편찬에서 많은 관심을 기울인 것은 다음과 같다. 표제어와 < > 속의 표준어를 제외한 모든 자료는 음성형으로 표기하였으며 특히 속담과 표제어의 방언형에는 성조를 표시하였다. 명사, 동사, 형용사는 표제어 다음에 곡용형과 활용형을 성조와 함께 제시하였다. 그리고 표제어마다 해당 표제어가 사용되는 문장을 가능한 한 많이 예문으로 제시하였다. 예문의 내용은 다양하게 하였으며 그 속에는 50대 후반을 지난 토박이 화자가 아니면 알 수 없는 어휘와 표현들을 많이 포함시켰다.

그리하여 종래의 방언사전이 가지고 있는 결함을 극복하고 음운론과 형태론에 관심을 가지고 있는 사람들 뿐 아니라 통사론에 관심을 가지는 사람들도 믿고 활용할 수 있는 사전이 되도록 애썼다. 그럼에도 불구하고 여전히 잘못되었거나 부족한 부분이 많이 있을 것이다. 그러한 부분들은 앞으로 바로잡아 좋은 사전이 되도록 하겠다.

끝으로 경제성이 거의 예상되지 않는 이 사전의 간행을 흔쾌히 맡아주신 한국문화사 김진수 사장께 감사드리며, 어렵고도 까다로운 편집 과정을 거쳐서 좋은 책으로 만들어주신 박미영 씨를 비롯한 편집부 여러분에게 이 자리를 빌어 감사드린다.

2001년 5월 일

편저자 일동

1. 지역의 배경

1.1 경주시의 대강

여기 실은 속담은, 경북 경주시 건천읍 용명리와 그 주변에서 모았다. 경주시는 우리나라 동남부에 위치하여 동쪽은 동해와 접하고 서쪽은 청도와 경계를 이루며, 인근의 80리 상거에 위치한 감포, 포항, 영천, 언양, 울산 등으로 싸여 있다.

경주의 기후는 동대봉산(해발 694m)의 준령을 중심으로 남부 내륙형과 해안형으로 나누어지며, 연평균 강수량은 900~1,100mm 정도이고, 연평균 기온은 13.4℃인데 겨울에는 바람도 강하지만 눈은 적은 편이다.

이러한 지리적 환경은 경주가 천 년에 걸쳐 신라의 왕도 노릇을 함에 모자람이 없음을 말해 주기 때문에, 경주 사람들은 누구나 서라벌의 유서 깊은 옛터에서 살고 있음을 자랑스럽게 여긴다.

1.2 건천읍의 대강

건천읍(乾川邑)은 경주에서 4번 국도를 따라 서쪽으로 14Km쯤 되는 곳에 위치하며 대구에서 60Km, 영천에서 남으로 20Km쯤 된다. 건천은 아화(阿火)에서 모량(毛良)을 지나 경주시 광명에 이르는 서북에서 동남으로 길게 트인 구조곡(構造谷)의 바닥에 앉아 있는 분지다.

건천 분지는 남북의 길이가 약 14Km, 동서의 폭이 넓은 데가 4Km쯤 되는 오이씨 모양인데, 분지 동쪽에는 구미산(해발 594m)의 줄기가 동북쪽에서 동남쪽으로 길게 뻗쳐있고, 서북쪽의 주사산(640m)에서 남쪽의 단석산(829m)을 거쳐 동남쪽의 벽도산(424m)을 잇는 산맥이 분지의 서편을 아늑하게 감싸고 있다.

이들 산은 구조곡(構造谷)의 안쪽으로 다섯 갈래의 지천을 모아 남쪽으로 흐르는 '큰개울'[大川]을 이루어 들판의 젖줄이 되다가 서천에 모여서

형산강(兄山江)이 된다.

건천 분지는 서북에서 동남쪽으로 확 트인 지형 탓에 '영천 바람이 사돈하자 캐도 앤 한다<해도 아니 한다>.'는 속담이 생길 만큼 서북계절풍이 매우 강한 지형이다.

이 고장은 역사적으로 진한 때는 육촌의 하나인 무산대수촌(茂山大樹村)이었고 신라 때는 현곡면(見谷面)과 더불어 모량부(牟梁府)에, 고려때는 경주도독부에, 조선 때는 경주부에 속하였다.

건천읍의 면적은 91Km^{2}이고, 인구는 16,000명으로 주민의 대부분이 벼농사와 더불어 사과, 포도, 복숭아 등의 과수재배와 한우, 육우, 염소 사육 등 전형적인 농업에 종사하고 있어 인구 이동이 적은 편이다.

건천 분지에는, 서쪽 변을 따라 달리는 경부고속국도가 건천 인터체인지를 지나고, 그 다음이 수리도랑, 또 그와 나란히 중앙선 철도와 4번 국도, 강의 지류 및 분지 동쪽의 산업도로가 차례로 서북에서 동남을 향해 여섯 줄로 달리고 있다.

4번 국도는 건천 네거리에서 갈라져서 청도로 가는 20번 국도가 된다.

건천에는 신라 때의 고분과 성터 및 절터 등의 사적과 함께 전설이 곳곳마다 서려 있을뿐더러 민요와 동요 따위의 구비문학 자료도 풍부한 곳이다.

1.3 용명리의 대강

용명리는 장승, 밀구, 명장, 탑골, 새마실 등의 자연부락으로 형성되어 있는데, 건천 네 거리의 동북쪽에 자리잡고 있다. 그 가운데 장승과 밀구 마을은 건천에서 북쪽으로 2Km쯤 되는 국도 동편에 자리잡은 자연부락으로, 한 마지기가 150평인 비옥한 논농사를 짓는다.

경제권은 경주와 더불어 매 5일과 10일에 장이 서는 건천이 중심이 되나 때로는 영천장이나 아화장도 이용한다. 통혼권은 주로 인근 30리 거리에 있는 경주, 산내, 내남, 현곡, 북안 등지이다.

2. 제보자

이 책에 실린 속담을 제보해 주신 토박이 어른들은 다음과 같으며,

이름(택호)	성별	생년(띠)	연고지(출생, 성장, 거주)	비고
서(시노)	남	1899(돼지)	경주시 건천읍 용명리	
박오중	남	1902(범)	경주시 건천읍 용명리	
장동댁	여	1911(돼지)	경주시 건천읍 용명리	
이기수(원동)	남	1912(쥐)	경주시 건천읍 용명리	사진
김학봉(월천)	남	1913(소)	경주시 건천읍 용명리	사진
이태주(원동댁)	여	1913(소)	경주시 건천읍 용명리	사진
중이댁	여	1913(소)	경주시 건천읍 용명리	
용오댁	여	1914(범)	경주시 건천읍 용명리	
김창곤(괴동)	남	1916(용띠)	경주시 서면 서오리	
이와주(월천댁)	여	1917(뱀)	경주시 건천읍 용명리	사진
하월선(시노댁)	여	1917(뱀)	경주시 건천읍 용명리	
박용순(단오)	남	1917(뱀)	경주시 건천읍 용명리	
임종석(지호)	남	1918(말)	경주시 건천읍 용명리	사진
우성조	남	1918(말)	경주시 건천읍 용명리	
지호댁	여	1918(말)	경주시 건천읍 용명리	사진
이만기(장실)	남	1921(닭)	경주시 건천읍 용명리	
이성관	남	1921(닭)	경주시 건천읍 용명리	
박영택	남	1923(돼지)	경주시 건천읍 신평리	
김학술	남	1925(소)	경주시 건천읍 용명리	사진
박만종	남	1927(토끼)	경주시 건천읍 용명리	
이원주(송포)	남	1930(말)	경주시 건천읍 용명리	
최만일	남	1933(닭)	경주시 황오리	

*1986년 수집 당시의 나이 순

특히 오랜 시간에 걸쳐 많은 자료를 제보해 주신 어르신들의 사진을 실어 감사의 뜻을 표한다.

차례

머리말 iii
1. 지역의 배경 v
2. 제보자 vii

제1부 경주 속담 사전

일러두기 3

ㄱ 7	ㅇ 147
ㄲ 30	ㅈ 185
ㄴ 37	ㅉ 213
ㄷ 55	ㅊ 215
ㄸ 67	ㅋ 227
ㅁ 71	ㅌ 230
ㅂ 90	ㅍ 231
ㅃ 112	ㅎ 234
ㅅ 114	

제2부 경주 말 사전

일러두기 249

ㄱ	255	ㅅ	484
ㄲ	303	ㅇ	523
ㄴ	324	ㅈ	572
ㄷ	351	ㅉ	627
ㄸ	379	ㅊ	639
ㄹ	395	ㅋ	659
ㅁ	396	ㅌ	664
ㅂ	439	ㅍ	671
ㅃ	477	ㅎ	683

제1부
경주 속담 사전

일러두기 3

ㄱ	7	ㅇ	147
ㄲ	30	ㅈ	185
ㄴ	37	ㅉ	213
ㄷ	55	ㅊ	215
ㄸ	67	ㅋ	227
ㅁ	71	ㅌ	230
ㅂ	90	ㅍ	231
ㅃ	112	ㅎ	234
ㅅ	114		

일러두기

1. 표제

경주 속담을 소리나는 대로 적어 표제로 삼고 한글 자모의 차례대로 배열하였다.

1) 표제 속담 가려 뽑기

수집된 자료 속에는
가) 속담다운 것
나) 생김새는 속언이나 내용상 속담인 것
다) "'가' 하면 '나' 한다" 식의 속언(俗諺)
　　　<보기> 생살 무구머 엄마 중는다<생쌀 먹으면 엄마 죽는다>.
라) 관용구
등등 매우 다양했는 바, 이 중에서 가)와 나)의 형은 싣고, 다)와 라)의 형도 더러 가려 뽑았는데, 그 중에는 비속(卑俗)한 것도 섞여 있다.

2) 배열 순서

속담의 배열 순서는 '가나다' 순으로 하되 비모음(鼻母音)이 들어 있는 것은 보기와 같이 비모음이 없는 것 뒤에 실었다.
<보기> [사´우 자´석 또 자´서´기다] <사위 자식도 자식이다>.
　　　　[사´~이~ 노´퍼야 고오´리´ 지푸´다] <산이 높아야 골이 깊다>.
　　　　[산´ 너´메 사´~이~ 익´꼬, 물´ 너´메도 무´리´ 읻´따] <산 너머에 산이 있고, 물 너머에도 물이 있다>.

2. 속담 표기

1) 속담은 소리나는 대로 [ ] 속에다 제시하였다. 다만 이해하기 어려운 부분은 그에 해당하는 표준말을 < > 속에 넣었다. 그러나 의태어와 의성어는 그렇게 하지 않았다.

<보기> ¶꽁 꾸버 무군/무운<꿩 구워 먹은> 자리.

2) 경주 말에서 'ㅔ'와 'ㅐ', 'ㅓ'와 'ㅡ'는 음소로서의 자격을 가지지 않지만, 쉽게 이해할 수 있도록, 표준말에 맞추어 그것들을 구별하여 적었다.

<보기> 털 [tʰɛI] (毛), 틀 [tʰɛI] (機).

3) 편의를 위하여, '모음'과 'ㅣ' 사이에 'ㄴ'을 표기하였으나 그것은 음성으로 실현되지 않는다. 그 경우 실제 음성형은 다음과 같다.

<보기> 애니'다 [애~이'~다(ɛĭ'da)]

4) 편의를 위하여, '모음'과 '모음' 사이에 'ㅇ'을 받침으로 표기하였으나 그것은 음성으로 실현되지 않는다. 그 경우의 실제 음성형은 다음과 같다.

<보기> 모˘양이다 [모'야~이~다(mo'jãĭda)]

5) 성조 표시 : 경주 말에는 3개의 성조소 '고조(高調, H)', '저조(低調, L)'와 '상승조(上昇調, R)'가 있다. '고조'는 해당 음절 뒤에 '로 표시하였으며, ' 표시가 없는 음절은 '저조'이다. 그리고 '상승조'는 해당 음절 모음을 거듭 써서 두 번째 모음이 있는 음절 뒤에 '로 표시하였다.

<보기> **걸뱅이** [걸배'~이~][LHL],   **맘메느리** [맘메'느리][LHLL],
　　　검처리 [거엄'처'리][RHL],   **사람이** [사아'라'미][RHL].

3. 풀이

이해를 돕기 위해 짧은 풀이를 달았다. 속담의 뜻을 모두 옳게 밝히기는 쉬운 노릇이 아니어서 여기 실은 풀이는 단지 그 뜻의 한 면만 나타냈을 뿐이며 그것도 다른 속담 책을 많이 참고했다. 또한 관련 있는 속담은 가봄표 ▷를 찾아보도록 해 놓았다.

4. 참고

속담이 생겨난 유래나 거기 얽힌 설화, 참고 사항 등을 곁들였다.

5. 기호

( )   말 바꿈[置換] 표시. 바꾸어 말할 수도 있고 생략할 수도 있는 말의 묶음 표시.
[ ]   발음 표시 또는 묶음표 안의 말이 바깥 말과 음이 다른 표시.
˜   비모음(鼻母音) 표시. 글자 오른쪽 어깨 위에.
'   고조(高調) 표시. 해당 음절 오른쪽 어깨 위에.
< > 경주 말에 상응되게 고친 표준말 표시.
참   참고 표시.
▷   가봄표. 그 속담과 비슷하거나 관련이 있어 찾아가 보라는 표시.
/   '또는' 표시. 관련 있는 속담이 여러 개 일 때 속담과 속담 사이에 표시.

ㄱ

[가나′넌 야앙′반′ 싱′기′ 닥′치드시 닥′친다] <가난한 양반 제사 닥치듯 닥친다> 치르기 힘든 일들이 자꾸만 들이닥침을 비유하는 말.

[가냥′ 구우′제′느 나′란님도 모온′한′다] <가난 구제는 나라님도 못한다> 가난한 사람을 구제하는 일은 끝이 없는 까닭에 개인은 물론 나라의 힘으로도 어렵다. ▷[어엄′늠′ 백′서′~은~ 나′라도 모옹′ 꾸′안다].

[가′는′(가′던′) 나리 장′날] <가는(가던) 날이 장날> 어느 곳에 우연히 갔다가 뜻하지 않게 공교로운 일을 당함을 비유하는 말.

[가′는′ 손′님 디이′꼭′쩌가 이이′뿌′다] <가는 손님 꼭뒤가 예쁘다> 대접하기 어려운 형편이라서, 손님이 빨리 떠나는 것이 속마음으로 참 고맙다.

[가′는′ 여~이~ 볼살′ 떽′끼 녹코 가나] <가는 년이 보리쌀 쓿어 놓고 가나> 이미 일이 다 틀어져서 그만두는 형편에, 뒷일을 생각해서 무슨 준비를 하거나 앞일을 걱정할 리가 만무하다는 뜻. 🅟 마른 보리에다 물을 붓고 디딜방아에 찧은 다음, 겨를 까부른 후에 다시 물을 붓고 찧는 것을 '떽낀다'고 하며, 예전엔 이렇게 두 번을 찧어야만 보리밥을 지을 수 있었음. ▷[도망 갈′ 여~이~ 바~아′~ 찌′거 녹′코 각′까].

[가′는′ 저′~이~ 이′서야(이′사야) 오′는′ 저′~이~ 읻′따] <가는 정이 있어야 오는 정이 있다> 내가 남에게 인정을 베풀어야 남도 나에게 정을 주게 된다. ▷[가′늠′ 마아′리′ 고오′버′야 오′늠′ 마아′리′ 고옵′따′]/[오는 저′~이~ 이′서양 가는 저′~이~ 읻′따].

[가′늠′ 마′레 채′질′한다] <가는 말에 채찍질한다> ①부지런히 한다고 하는데도 자꾸 더 빨리, 더 잘 하라고 재촉한다. ②형편이 좋을수록 더 잘 되도록 계속 노력해야 한다.

[가′늠′ 마아′리′ 고오′버′야 오′늠′ 마아′리′ 고옵′따′] <가는 말이 고와야 오는 말이 곱다> 자기가 먼저 남에게 잘 대해 주어야 남도 자기에게 잘 대

해 준다. ▷[가'는' 저'~이~ 이'서야(이'사야) 오'는' 저'~이~ 읻' 따]/[오는 저'~이~ 이'서양 가는 저'~이~ 읻' 따].

[가랑' 비예 옫' 쩍' 꼬, 바안' 지'메 골'빙' 든다] <가랑비에 옷 젖고, 반 짐에 골병 든다> 대수롭지 않은 것이라도 자꾸만 거듭되면 무시하지 못할 지경에 이르게 된다. 참 '바안 지메 골빙 든다.'고도 이름.

[가' 래가 꺽' 쉐로 만' 낻따] <가래가 꺾쇠를 만났다> 서로 어울리는 사이끼리 참으로 반갑게 잘 만났다.

[가' 래' 도 요' 구고, 메띠' 기도 융' 무' 리다] <가래도 요기(療飢)이고, 메뚜기도 육미(肉味)다> 아무리 하찮은 것이라도 무시하지 마라는 말. ▷[가' 래' 도 요' 구고, 일' 쩐' 도 재' 무리다]/[망개' 도 과아' 시' 리고, 일' 쩐' 도 재' 무리다]/[메레' 치도 융' 무' 리고, 망개' 도 과아' 시' 리다].

[가' 래' 도 요' 구고, 일' 쩐' 도 재' 무리다] <가래도 요기이고, 일 전(一錢)도 재물이다> 비록 보잘것없는 것일지라도 소홀히 하지 마라는 뜻. ▷[가' 래' 도 요' 구고, 메띠' 기도 융' 무' 리다] /[망개' 도 과아' 시' 리고, 일' 쩐' 도 재' 무리다] /[메레' 치도 융' 무' 리고, 망개' 도 과아' 시' 리다].

[가리늑까' 아 디인' 서' 방 만' 낻따] <뒤늦게 된서방을 만났다> 일이 되어 갈수록, 뒤늦게 신세가 매우 고되어진다.

[가리늑까' 아 서방' 어어' 드' 머, 두덕빠' 지 티이' 내' 앤다] <뒤늦게 서방을 얻으면, 누더기 바지 퇴낸다> 뒤늦게 호강을 해 보겠답시고 시작한 일에서 호강은 커녕 고생스런 일만 자꾸 생긴다.

[가마아' 꼬' 인늠 부체' 목' 깽기인다] <가만히 있는 부처 멱 감긴다> 가만히 있는 사람으로 하여금 울게 만든다.

[가마아' 인' 는' 지이' 리' ~이~도 발' 부머 꿈쩍꺼' 린다] <가만있는 지렁이도 밟으면 꿈적거린다> 아무리 약하고 보잘것없는 사람도 지나치게 업신여기면 반항한다. ▷[꺼어' 시' ~이~도 발' 부머 꿈쩍꺼' 린다]/[지이' 리' ~이~도 발' 부머 꿈쩍꺼' 린다].

[가' 매가 껌저' ~아~ 컨는다] <가마솥이 검댕아 한다> 가마솥이 검댕을 보고, 제보다 검다는 생각으로 '검정아<검댕아>' 한다 함이니, 자기의 큰 흉은 알지 못한 채 남의 작은 흉을 볼 때 핀잔하는 말. ▷[나' 무 숭 항 가' 지가 지 숭' 열' 까' 지]/[다' 라' 맨 대애' 주가 누분' 대애' 주 나무래' 앤다]/[지 숭'

열 까'진 너'미 나'무 숭 항 가'지로 본다].

[가'무'레 빕빠'~울~ 걷따] <가물에 빗방울 같다> 대단히 드물게 나타나다 또는 그렇게 나타나서 매우 반갑다. ▷[가'무'레 콩' 나드'시].

[가'무'레 콩' 나드'시] <가물에 콩 나듯> 어떤 일이나 물건이 아주 드문드문 있는 모양. ▷[가'무'레 빕빠'~울~ 걷따].

[가'부리 좀'매'애로 거얼'따'리 분는'다] <가오리 좆처럼 곁다리 붙는다> 전혀 관계없는 사람이 공연히 끼여드는 것을 빈정대는 말.

[가시나'아가 아'아로 나'아도 지 할' 마아'리' 읻'따] <계집애가 아기를 낳아도 제 할 말이 있다> 아무리 큰 잘못을 저지른 사람도 나름대로는 변명하거나 이유를 붙일 말이 있다. ▷[처어'자'가 아'아로 나'아도(배'애도) 할' 마'아리 읻'따]/[핑'게 어엄'는' 무'디미 어업'따].

[가시나'아 모온' 땡' 거느 오'래'비 보'고 내애'우'한다] <계집애 못 된 것은 오라비 보고 내외한다> 제 오라비한테 내외를 하듯, 사리를 분별하지 못해 예절을 지키지 못함을 빈정대는 말.

[가실'게느 딸'로' 내'애녹코, 보'메느 메'늘로 내'애논는다] <가을에는 딸을 내어놓고, 봄에는 며느리를 내어놓는다> 가을볕보다 봄볕에 살갗이 더 잘 타므로, 며느리보다 딸을 더 생각한다는 말. ▷[가알'빠'라'메느 딸'로' 내'애녹코, 봄'빠'라메느 메'늘로 내'애논는다]/[봄'뻬'테 꺼질리'이머 보'던' 임'도 모올'래' 본다].

[가실'게 주웅' 사대'애드시 사대' 앤다] <가을에 중 싸대듯 싸댄다> 사방으로 참 분주히 돌아다닌다는 말.

[가실'비느 떡' 삐'] <가을비는 떡 비> 가을에 비가 오면 바깥일을 할 수 없는 대신 거두어 둔 곡식이 넉넉하니까, 집안에서 떡이나 해먹고 지낸다 하여 이르는 말. ▷[봄'삐'느 죽' 삐'다]/[여'름 삐느 잠' 삐', 가실'삐느 떡' 삐'].

[가실' 상'추느 노리' 궤'기 마'시'다] <가을 상추는 노루 고기 맛이다> 가을 상추는 참으로 노루고기처럼 맛이 좋다. ▷[처~에'~ 머'레느 깨'소'구'미 한 숙까' 락].

[가실' 시'굼바비 봄' 양서'기다] <가을 찬밥이 봄 양식이다> 풍족할 때 낭비하지 말고 절약하라는 말. ▷[지억' 시'굼바비 봄' 양서'기다].

[가실′ 콩′ 주근 앰 무′ 거도(무′ 가도), 봉′ 콩′ 주근 잘 뭉는′ 다] <가을 콩죽은 안 먹어도, 봄 콩죽은 잘 먹는다> ①흔할 때는 전혀 돌아보지 않다가도 귀하게 되고 나면 찾을 때 꾸짖는 말. ②보통 때는 잘 먹지도 않던 음식을 배가 고픈 김에 먹으려 드는 사람을 핀잔하면, 그 핀잔 받은 사람이 무안에서 벗어나려고 되받아 하는 말. ▷[봉′ 콩′ 주근 잘 무′ 거도, 가실′ 콩′ 주금 모옴′ 뭉′ 는다]/[아징′ 미′ 궁마아른 자래애′ 도′, 지엉′ 미′ 궁마아름 모온′ 한′ 다].

[가아′ 네′ 가가′ 아 북′ 꼬 실′ 개′ 에 가가′ 아 분는′ 다] <간에 가서 붙고 쓸개에 가서 붙는다> 자기에게 이로우면 지조 없이 이편에 붙었다가 저편에 붙었다가 한다.

[가아′ 네′ 기′ 벨또 앵′ 간′ 다′] <간에 기별도 안 간다> 먹은 분량이 너무 적어서 먹으나 마나 하다. ▷[화앙′ 새′ 조개′ 항′ 개 까무′ 근 텍 댄′ 다].

[가아′ 니′ 람도 빼애′ 가′ 아 미기′ 이겐따] <간이라도 빼어서 먹이겠다> 너무도 좋아하는 상대이기에 네 것 내 것을 가리지 않고 무엇이라도 다 내어 줄 것 같다는 말.

[가아′ 매′ 타고 시이′ 직′ 까기느 다아 틀리′ 잍따(글′ 렏따)] <가마 타고 시집가기는 다 틀렸다(글렀다)> 제 격식대로 절차를 차려서 일을 치르기에는 이미 다 틀렸다. ▷[말′ 타고 자앙′ 개′ 가′ 기느 다아′ 글′ 렏따(틀리′ 잍따)].

[가알′ 빠′ 라′ 메느 딸′ 로′ 내′ 애녹코, 봄′ 빠′ 라메느 메′ 늘로 내′ 애논다] <가을바람에는 딸을 내어놓고, 봄바람에는 며느리를 내어놓는다> 험한 일에는 며느리를, 좋은 일에는 딸을 내세우는 등 딸을 더 위한다는 말. ▷[가실′ 게느 딸′ 로′ 내′ 애녹코 보′ 메느 메′ 늘로 내′ 애논는다]/[봄′ 빼′ 테 꺼질리′ 이머 보′ 던′ 임′ 도 모올′ 래′ 본다].

[가앙′ 기′ 느 밥상머′ 레서 물′ 러안는다] <감기는 밥상머리에서 물러앉는다> ①감기가 들어 앓고 있다가도 밥상을 받으면 앓던 사람 같지 않게 잘 먹는다는 말. ②감기에 들었을 때는 어떻게든지 잘 먹어야만 빨리 낫는다는 말. ▷[케′ 뿌′ 른 밤′ 무′ 굴 찌게 나안′ 는′ 다].

[가앙′ 기′ 에느 메레′ 치 대가′ 리로 무′ 거도 앤댄′ 다] <감기에는 멸치 대가리를 먹어도 안 된다> 감기가 들거나, 병에 걸렸을 때는 소화가 잘 되지 않는 음식은 먹지 않는 것이 좋다.

[가재′~이~ 마아는 낭′게 바람′ 잘′ 날 업′ 따′] <가지 많은 나무에 바람 잘 날 없다> 자식을 많이 둔 어버이에게는 근심이 끊어질 날이 없다. ▷[새′ 끼 아′옵 딸리′인 소′가′ 모′~에~ 버′즐 나′리 업′따′].

[가주′금 보′~이~ 탐′나′고, 버어′음′ 보′~이~ 무섭′따(검′난′다)] <가죽은 보니 탐나고, 범은 보니 무섭다(겁난다)> 이득이 생길 것은 탐이 나는 반면 힘드는 노력은 하기 싫다. ▷[버어′음′ 보′~이~ 무석′꼬, 가주′금 보′~이~ 탐′난다].

[가′즌 너머 접′철′릭] <갖은 놈의 겹철릭> ①필요 이상의 물건을, 겹쳐서 자꾸 가짐의 비유. ②한 가지 문제를 해결하면 다른 문제가 잇달아 생길 때 하는 말. ▷[마디′에 꿰′~(꿰′~)이′~다]/[얼′거징 꼬′깔 디′리진다].

[가차′분(가지′근) 나′미′ 머언′ 일′가′ 보더엄 나앋′따′] <가까운 남이 먼 일가보다 낫다> 이웃끼리 서로 친하게 지내면 촌수가 멀거나 먼 곳에 사는 일가보다 더 낫게 된다.

[가′틍′ 갑′세 부우′넝′ 처매] <같은 값에 분홍 치마> 값이 같거나 같은 노력을 들인다면 품질이 좋은 것을 택하게 된다는 말. ▷[가′틍′ 갑′시′머 껌덩′ 소~아′~지].

[가′틍′ 갑′시′머 껌덩 소~아′~지] <같은 값이면 검둥 송아지> 값이 같을 때는 품질이 우수하거나 보기에 탐나는 것을 택한다는 뜻. ▷[가′틍′ 갑′세 부우′넝′ 처매].

[가~언′~두 앵′ 가′도′ 삼′척] <강원도 안 가도 삼척> 방바닥이 몹시 차다는 말. 참 '삼청(三廳) 냉동'이란 말에서 '삼척'으로 와전된 듯. ▷[방빠′ 대기 구웅′ 디′~이~ 덕′뽀′자 컨는다]/[삼′척 가′나 앵 가′나 서어′느′런′ 타]/ [삼′척 내앵′지′ 거치, 사아′람′ 덕′뽀′ 올라 컨는다].

[가~언′~두 포오′수′] <강원도 포수> 밖에 나간 사람이 오래도록 연락이 없거나 돌아오지 않을 때 이르는 말. 참 옛날에는 강원도에 호랑이가 많았기에, 그곳으로 사냥을 나간 포수는 다시 돌아오기 힘들다는 데서 생긴 말. ▷[까′무치 콕꾸여′~이~다]/[꽁′ 꾸′버 무군 자′리(소′석)].

[가~원′~두 융날배′기 집신′ 사암′는′다] <강원도 육날박이 짚신 삼는다> 강원도 사람이 여섯 날 박이 짚신을 삼는다 함이니, 매우 성기고 얼금얼금하다는 비유.

[간'다', 간'다' 컨'떤' 안들, 아'아 서어'이' 녹'코 간'다'] <간다, 간다 하던 여편네, 아이 셋 낳고 간다> 말로만 계속 하던 일을 그만 둔다고 할 뿐, 실제로는 그만두지 못하고 질질 끌기만 할 때 이르는 말.

[간짇때'~이~ 쥐인' 지'메 가암' 딴' 다] <간짓대 쥔 김에 감 딴다> 주어진 기회를 활용해서 평소에 하고 싶던 일을 이룩한다. ▷[걸배'~이~ 떡' 뿐' 지'메 지이'사' 지내' 앤다]/[떡' 뿐' 지'메 제에'사' 지'낸' 다]/[어'퍼진 지'메 쉬'이 간다]/[우우' 구' 접짜 때' 린다].

[갇' 시'고 자앵'구 탄다] <갓 쓰고 자전거 탄다> 어울리지 않아 몹시 어색하다. ▷[개애' 바' 레 (주석') 다' 갈]/[맨 조~아' ~리에 행'전' 친다] /[버선' 우'예 양' 발 시인'는' 다].

[갇'짜 디일' 따'리도 모린다'] <가'자 뒷다리도 모른다> ①아주 무식하다. ②속내를 전혀 모르고 있다. ▷[꺼'뭉 거느 글'짜'고 하아' 양' 거'느 조'~오~다]/[난' 녹'코 기' 억짜도 모린다]/[누'~이'~ 발빠' 닥 걷' 따]/[허어' 영' 거'느 조'~오~고, 꺼'믕' 거'느 글'시' 다]/[힝' 거'느 조'~오~고 꺼'뭉 거느 머'기' 다].

[갇'째'~이~ 허엉' 갇' 시고, 집신재'~이~ 허언' 신' 시인'는' 다] <갓장이 헌 갓 쓰고, 짚신장이 헌 신 신는다> ①무엇이거나 마땅히 있어야 할 곳에 온전하게 생긴 그 물건이 없을 때 이르는 말. ②전문가일수록 자기가 생산한 온전한 제품을 쓰지 못하고 흠이 있는 것만 골라 쓰기가 쉽다는 말. ▷[집신재'~이~ 허언' 신' 시인'는' 다].

[갈' 수룩 태애' 사'~이~다] <갈수록 태산이다> 갈수록 더욱 어려운 지경에 처하게 됨을 이르는 말. ▷[버어'믈' 피이' 하' 머 담'보가 나'온' 다]/[사'능 갈' 수룩 노푸'고, 무'릉' 갈' 수룩 지푸' 다]/[산' 너'메 사'~이~ 익'꼬, 물' 너'메도 무'리' 읻' 따]/[야' 수로 피이' 하'~이~ 버어' 미' 나온다]/[지'내' 강 고' 새'~은~ 칭' 구 덕' 태' 기다].

[감나무' 미' 테서러 홍'시 널찌두'룩 바락'꼬 읻'찌] <감나무 밑에서 홍시 떨어지도록 기다리고 있지> 아무 노력도 하지 않으면서 좋은 결과가 나타나기만 헛되게 기다릴 때 조롱하는 말. ▷[오~오'~유'~워레 소오' 부'라리 느'러'저 읻시'~이~, 소곰' 접시'기 들'고 따' 러(따'라) 댕'긴다].

[갑' 빵' 윤'디' 다아' 드'시 다안' 다] <갓방 인두 달 듯 단다> ①갓을 만드는

집의 인두는 언제나 뜨겁게 달아 있는 것처럼, 자기 혼자 애태우고 어쩔 줄 모르는 모양. ②남의 하찮은 말에도, 인두처럼 후끈 잘 달아오르는 사람을 비유하는 말. ▷[페엔'수' 부지깨'~이~ 다아'드'시 다안' 다'].

[강태'고~에~ 고'든 낙수] <강태공의 곧은 낚시> 큰 뜻을 품고서 때만 오기를 기다리며 무위(無爲)의 나날을 보낸다는 말. ㉠ 중국 주(周) 나라 때 강태공이 때를 기다리느라고, 미늘이 없는 곧은 낚시 바늘을 드리웠다 하여 생긴 말.

[개 대가'레 무'리'나 흑껜' 따] <개 대가리에 물이나 흩겠다> 점쟁이나 무당이 푸닥거리를 할 때, 개의 대가리에 물이나 겨우 흩겠다 함이니, 실력이 없는 사람을 비웃는 말. ㉠ 부정이나 살을 풀기 위해 무당이 푸닥거리를 할 때는 음식을 여기저기 흩어 던지곤 했는데, 무당이 너무 시원치 않을 때 겨우 개의 대가리에다가 물이나 흩뿌릴 위인이라고 빈정대는 말에서 유래. ▷[사앙' 개' 대'가' 레 소구' 미나 흑껜' 따].

[개애'가' 또'~을~ 실'타'(마아'다') 컨는다] <개가 똥을 싫다(마다) 한다> 평소에 매우 좋아하던 것을 막상 주었을 때, 뜻밖에도 사양하는 것을 보고 천하게 이르는 말. ▷[까마'구 꿰'양' 마아'다' 컨는다]/[꼬오'내' 기가 쥐'로' 마아'다' 컨는다]/[늘'금 마'리 콩' 마아'다' 컨는다].

[개애'가' 또'~을~ 차'먿'시머 차'먿'쩨(차'맏'시머 차'맏'쩨)] <개가 똥을 참았으면 참았지> 도저히 어떤 일을 참아 내지 못하는 사람을 욕하는 말.

[개애'가' 맴발'로 댕'기'이~ 오~오'~여'~르민줄 아아'나'] <개가 맨발로 다니니 한여름인 줄 아느냐> 방안에 있는 사람은 추우니까, 문이나 제대로 닫고 다니라며 불평하는 말. ▷[배껀' 날'세'가 하안'덴' 날'새'다].

[개애'가' 위'실 이이'리'다] <개가 웃을 일이다> 기가 막혀서 어이가 없거나 같잖은 일이라는 말.

[개애' 귀' 예 바앙'구' 뀌인다] <개 귀에 방귀 뀐다> 슬쩍 속인다는 뜻. ㉠ 옛날에 똥을 먹던 개를 방귀 냄새로 살살 속인다는 데서 생긴 말로, 아이들이 무엇을 자꾸 조를 때 어물어물하면서 슬쩍 속여넘길 때 씀.

[개애' 누'네느 똥'마 비'인다] <개 눈에는 똥만 보인다> ①어떤 것에 깊은 관심을 갖게 되면 모든 것이 그것과 같게 보임을 빈정대는 말. ②안목이 낮은 사람의 눈에는 질이 낮은 것밖에 보이지 않는다. ▷[미'칭개 누'네느 몽

디'리마 비'인다].

[개애'느 노'러도 밥 쭈'고, 소오'느 이일'해'애도 죽 쭌'다] <개는 놀아도 밥 주고, 소는 일해도 죽 준다> ①개가 먹는 것을 '개밥'이라 하고 소가 먹는 것을 '소죽'이라고 하는 것을 두고, '밥'과 '죽'을 대비해서 이르는 말. ②일한 보답이 공평하지 못하다고 불평할 때, 그걸 무마하거나 자위하는 말.

[개애'도' 나갈' 꾸'~무'~로 보고 쫃' 처라(쫃' 차라)] <개도 나갈 구멍을 보고 쫓아라> ①어떤 일을 시키더라도 능력을 잘 살펴가면서 하라. ②막다른 골목으로만 계속 몰아붙이다가는 낭패 당하기 십상이라는 뜻.

[개애'도' 딸' 생'길 때가 읻'따] <개도 딸 생길 때가 있다> 전혀 예상하지 않던 좋은 일이 생겼을 때 하는 말. 참 딸을 시집 보내면, 친정에 올 때 차반이나 선물을 가지고 오는데 반하여, 개에게는 그런 일이 없는 법인데, 마치 개가 딸에게서 차반이나 선물을 받은 것과 같은 형편이라 하여 이르는 말.

[개애'도', 무능' 개애'로' 도'러(도'라)본다] <개도, 무는 개를 돌아본다> ①온순하기만 해서는 오히려 제대로 대접을 못 받으니, 당당히 요구할 것은 주장하고 나서야만 정당한 대접을 받을 수 있다는 말. ②평소에 자기 주장을 명확하게 펴거나, 영악하고 사나우면 그 해를 입을까 봐 도리어 잘 대해 준다는 뜻.

[개애' 디댕' 거'느 드을'게' 가가'아 지인'는'다] <개 뒤댄 것은 들에 가서 짖는다> 제가 마땅히 해야 할 일은 소홀히 하면서, 엉뚱한 데 가서 잘난 체하고 떠드는 행동을 이르는 말. ▷[지'벱 빰 묵'꼬 거'레 나가 잡'뻐(빠)진다].

[개애' 똥'도 야'게 실라커머 어업'따'] <개똥도 약에 쓰려면 없다> 아주 흔하던 것도 정작 필요해서 찾으려니까 구하기가 어렵다. 참 '야게 실라캐애도 업따.'로 줄여 쓰기도 함. ▷[하'던 지'랄' 또 덕시'기 피'머 애~한~다'].

[개애' 똥' 바테 수낃' 때] <개똥밭에 수숫대> 키가 큰 사람을 비유해서 하는 말. ▷[점붇' 때예 눔' 바'근 든따]/[키' 크'고 앤 싱거'분 넘' 어억꼬, 키'자악'꼬 앤 대'라진 넘' 어업'따'].

[개애' 똥' 차매느 머여' 만'는' 너미 이임'재'] <개똥참외는 먼저 맡는 놈이

임자> 주인 없는 물건이나 자연 상태의 것은 누구든지 먼저 발견하는 사람의 차지라는 말.

[개애'무 쳅빡'꾸 도오' 드'시 도온' 다'] <개미 쳇바퀴 돌 듯 돈다> 앞으로 나아가지를 못하고 늘 맴돌거나 제자리걸음만 한다. ▷[돌따래'미 쳅박'꾸 도오' 드' 시].

[개애'미 메에' 모두'우 드시 모두' 운다] <개미 메 모으듯 모은다> 재물 따위를, 조금씩 매우 알뜰히 모은다는 말. ▷[문지' 모다'아 태애' 사'~이~다]/[수터'리 지이' 딸' 는 줄 모린' 다']/[췌' 밥또 마~아'~이'~ 무' 우머 배' 부' 리다]/[티끌' 모' 아 태애' 산'].

[개애'미 잔' 채' 하머 비' 온' 다] <개미 잔치하면 비온다> 개미 떼들이 길가에 쏟아져 나와 몰려다니면 비가 올 징조라 하여 이르는 말. ▷[달' 물' 하고 사' 알 이시' 머 비' 온' 다]/[뒈에' 주가 뿍띠' 기로 무' 러 들루' 우머 비' 온' 다].

[개애' 바' 레 (주석') 다' 갈] <개발에 (주석) 대갈> 가진 물건이나 입은 옷 따위가, 도무지 격에 맞지 않을 때 하는 말. ▷[갇' 시'고 자앵'구 탄다]/[맨 조'아'~리에 행' 전' 친다']/[버선' 우'예 양' 발 시인' 는' 다].

[개애' 바' 베 도토' 리] <개밥에 도토리> 따돌림을 받아 여러 사람과 어울리지 못하는 사람을 가리키는 말.

[개애' 바앙'구' 텍또 앤 대' 앤다] <개 방귀 턱도 치지 않는다> 아주 무시하여 전혀 관심의 대상으로 삼지 않는다.

[개애' 보' 롬 쉬이' 드' 시 쉬인' 다'] <개 보름 쇠듯 쉰다> 명절날 같은 때 제대로 먹지도 못하고 지내거나, 별 보람없이 지내 감을 비유하는 말. ㉦ 정월대보름날 달이 뜨기 전까지는 개한테 먹을 것을 주지 않고 쫄쫄 굶기는 민속에서 생긴 말.

[개애' 새'끼도 알루'~이~ 달루'~이'가 잇' 따] <개새끼도 알롱이 달롱이가 있다> ①별의 별 것들이 다 섞여 있다는 말. ②옳지 않은 일을 저지른 사람한테 빈정거리며 하는 말. ▷[함' 배'애 새'끼도 아래'~이~ 지래'~이~가 잇' 따].

[개애' 새'끼도 주'이' 늘 보' 머 꼬'리로 친다] <개새끼도 주인을 보면 꼬리를 친다> 개도 주인을 알아보는데, 하물며 사람으로서 자기에게 도움을 준 사

람을 모르는 체해서야 되겠느냐고 나무라는 말.

[개애′ 시′ 베도 수운′ 서′ 가 읻′ 따] <개 X에도 순서가 있다> 차례를 지키지 않는 사람에게 순서를 지키라고 질책하는 말. ▷[꿀떠′ 게 불′ 때′ 앤다]/[참′ 무′레도 노오′ 소′ 가 읻′ 따].

[개애′ 시′ 베 보리′ 까끄래′ 기 찡기′ 이드시 찡기′ 인다] <개 X에 보리 까끄라기 끼 듯 낀다> ①공교롭게도 귀찮은 방해물이 끼여들었을 때 싫은 뜻을 나타내는 말. ②좁디좁은 공간에 무엇이 잔뜩 끼어 있을 때 하는 말. ▷[개애′ 조′ 제 배′ 락 사′ 리 드시 사′ 린다].

[개애 자′ 아묵꼬 도옹′ 네′ 비꾸′ 우고, 달 짜′ 아묵꼬 머슴′ 비꾸′ 운다] <개 잡아먹고 동네 인심 잃고, 닭 잡아먹고 머슴 인심 잃는다> 개를 잡아 온 동네 사람에게 나누어주고, 닭을 잡아 머슴과 나누어 먹더라도, '많다' '적다' 또는 '주었다' '안 주었다' 하고 구설을 듣기 쉬우므로, 색다른 음식을 했을 때 나누어 먹기가 매우 어려움을 이르는 말.

[개애′ 조′ 제 베′ 락 사′ 리 드시 사′ 린다] <개 좆에 벼룩 사리 듯 사린다> 비좁은 공간에 무엇이 잔뜩 모여 복작거리는 모양의 비유. ▷[개애′ 시′ 베 보리′ 까끄래′ 기 찡기′ 이드시 찡기′ 인다].

[개애′ 죽′ 쏴′ 아 줄 꺼도 업′ 따′] <개 죽 쑤어 줄 것도 없다> 먹을 것이나 재산이라고는 아무 것도 없다. 참 '개'는 '괴'의 와전.

[개애′ 팔′ 짜가 사앙′ 팔′ 짜] <개 팔자가 상팔자> 놀고 있는 개가 참으로 부럽다는 뜻으로, 분주하고 고생스러울 때 해 보는 말. ▷[노올′ 고′ 뭉′ 능′ 거느 개애′ 팔′ 짜].

[개애′ 훌′ 튼 죽 사바′ 리 걷따] <개 핥은 죽 사발 같다> ①남긴 것 하나 없이 매우 깨끗하게 비웠다. ②사람의 얼굴이 미끈함을 얕잡아 이르는 말.

[개와′ 한 장′ 애′ 낄라 컫따가 대들뽀′ 성는′ 다] <기와 한 장 아끼려다가 대들보 썩는다> 조그마한 것을 아끼려다가 오히려 더 큰 손해를 입는다. ▷[호매′~이~ 까아 마′ 글 꺼로 가′ 래로 망는′ 다].

[개처′ 네서러 용′ 낟따] <개천에서 용 났다> 미천한 집안에서 뛰어난 인물이 나는 경우에 이르는 말. ▷[미꾸래′ 기 용 대′ 앧따].

[개천′ 나′ 무래도 소오′ 양′ 억꼬, 누′ 너′ 더분 내′ 하안′ 탄′] <개천 나무라도 소용없고, 눈 어두운 내 한탄> 자기의 부족함을 탓해야지, 남을 원망할 것

이 아니라는 말.

[개터리′기 소터리′기느 날′러가다가, 여′어 어디고′ 커′머, 담배순′ 사′아리 나′앉따 커′머 앙′꼬, 솔′ 시느 날′러가다가, 여′어 어디고′ 커′머, 조오′천′ 췌′ 부우자네 갇′시′라 커′머 안는′다] <개털과 쇠털은 날아가다가, 여기가 어디냐고 하면, 담뱃순을 썰어 놓았다고 하면 앉고, 솔 씨는 날아가다가, 여기가 어디냐고 하면, 교천 최 부자네 갓이라고 하면 앉는다> 담뱃순을 썰어 놓으면 진이 나오므로 여러 동물의 털이 붙게 되고, 경주 교천(校川) 최 부자네 갓에는 나무를 베지 못하게 산지기가 잘 지키므로, 날아가던 솔 씨가 거기 앉으면 잘 자라날 수 있다는 말로, 기왕 자리를 잡을 바에는 오래도록 앉아 있을 수 있는 안정된 곳이 좋다는 뜻. 참59(장음 포함65)음절로 이 책에서 가장 긴 속담임.

[갱군′ 도오′리′ 도옹′ 거′트머 어′느 누′가 모온′ 사′아리요] <강변 돌이 돈 같으면 어느 누가 못 살리오> 강변에 흔한 돌이 돈이라면 얼마나 좋겠느냐는 원망의 말. ▷[하앙′ 강′ 무′리 술거′트머 어는 칭′구 모온′ 사′구우리].

[거름′ 지′고 자′~아′ 간다] <거름 지고 장에 간다> 남들이 모두 한다고 해서 저도 덩달아 하거나 그리 하려고 급히 서두른다. ▷[눔′머′ 엄 망새′~이~ 워′ 낭 소리 득꼬 따′러간다]/[다리′~이~ 자′~아~ 간다 커′~이~ 거름′ 지′고 자′~아~ 간다]/[동′미 따′러(따′라) 강낭′ 간다]/[칭′구 따′러 강낭′ 간′다′]/[하알′ 릴′ 어엄′는′ 자′~아~ 보올′릴′ 어업′시′ 간다].

[거어′북′칸 저엉′승′ 제′라레 뻬′ 생′긴다] <거북한 정승 계란에 뼈 생긴다> 운수가 나쁜 사람은 좋은 기회를 만나도 일이 잘 되지 않고 문제만 생긴다. ▷[늘′근 처어′자′ 날′ 바′더 노′오머 드′~에~ 등차′~이~ 난다]/[보′ 검′는 연 시이′직′ 깔라′꼬 날′ 바′더 노′오머 등창′ 난다]/[보′게 엄는 과′늘′시′머′ 철륭′개가 버어′러′진다].

[거어′짐′마알또 열′뿐′ 하′먼, 참′말′ 댄′다] <거짓말도 열 번을 하면, 참말 된다> 같은 내용의 거짓말일지라도 계속 반복하면, 진실로 믿게 되는 속성이 있다.

[거어′짐′말또 하′머 는′다′] <거짓말도 하면 는다> 한 번 거짓말을 하거나 잘못을 저지르고 나면 계속 그렇게 되기가 쉽다. ▷[구무′느 깍′끌수룩 커′진′다].

[거억'쩡'도 팔'짜'다] <걱정도 팔자다> 하지 않아도 될 걱정을 자꾸 만들어서 하거나, 관계없는 남의 일에 참견하는 사람을 비웃는 말. ▷[남' 떵' 뭉'는데 팍꼬' 물 널찌능' 거억'쩡' 한다]/[나' 무 제에'사' 아 꼬오' 깜' 나' 아라 빠암' 나' 아라 컨는다]/[나' 무 지이'사' 예 가암' 나' 아라 대애' 추' 나' 아라 컨는다]/[마당' 터'지'(터 전')는데 솔뿌'리 거억'쩡' 한다]/[바~아'~네 안' 저가아 암만' 요~오'~을'~ 서' 바' 아라, 나간' 니미 뜨싱' 강]/[비'삼 밤' 묵'꼬 허'릏 거억'쩡' 한다]/[오지라'피 너리' 다]/[처매' 뀌가 너리' 다]/[치매'가 열'뚜'우 포' 깅' 강].

[거언'네'다보~이~ 절'테' 구마너] <건너다보니 절터로구먼> ①내용을 다 보지 않고 겉으로만 보고서도 대강을 짐작할 수 있다는 말. ②아무리 욕심을 내어 봐야 남의 것이므로, 마음에는 있으나 가질 수 없을 때 이르는 말. [참] 능선에 올라 척 건너다보기만 해도 저 건너 골짜기가 절터임을 쉽게 파악할 수 있다고 해서 생긴 말. ▷[바담물'로 다아' 무'거야 짬' 나']/[울 너'메 툭 커'머 호오'박'(홍'시) 떠'러지는 소'리지].

[거언'네' 터'예 꼬오'장 열뚜'우 단지 당'꼬 사아'던' 자'랑하머 머할' 끼'고] <건너 터에 고추장 열두 항아리/단지 담고 살던 자랑하면 뭐할 거냐> 지금에 와서, 옛날에 잘 살거나 좋았던 시절을 자랑해봐야 무슨 소용이 있느냐는 말.

[거저' 무'구라 컨'는' 웨꼬부래'~이~ 마안'하'다] <거저 먹으라는 참외 꼬부랑 만하다> 아주 작거나 조그마하고 보잘것없다.

[겉 따리'고 소옥' 따'리다] <겉 다르고 속 다르다> 말이나 행동이 일치하지 않는다.

[걸배'~이~ 떡'뽄 지'메 지이'사' 지내' 앤다] <거지 떡 본 김에 제사 지낸다> 우연히 운이 닿는 기회를 이용하여 평소에 하려던 일을 해치운다. ▷[간질때'~이~ 쥐인' 지'메 가암' 딴' 다]/[떡'뽄 지'메 제에'사' 지'낸다]/[어'퍼진 지'메 쉬'이 간다]/[우우'구' 접짜 때'린다].

[걸배'~이~ 떡' 사' 준 텍 대'애자] <거지 떡 사준 셈치자> ①대가나 보답을 바라지 않고 은혜를 베푼다. ②적선을 하거나 헛돈 쓴 셈치자는 뜻으로 자위하는 말. ▷[미'칭개애 아'레 물리'인 텍' 대'애자].

[걸배'~이~ 웁'뿌레 살'찐다] <거지 윗불에 살찐다> ①아무리 가난하게 사

는 사람이라도 무엇이거나 한 가지쯤은 사는 재미가 있다. ②몹시 추운 날 모닥불을 쬐면서 하는 말. ▷[무운′디′~이~ 움′뿌레 살′찐′다].

[걸배′~이~ 지 자리′ 뜯는다] <거지 제 자루 뜯는다> 서로 동정하고 도와야 할 처지에 있으면서도 싸우고 손해 입힐 짓을 한다. ▷[보옹′사′지′자리′ 뜩끼].

[걸배′~이~ 지 자리′ 지′불 여′개 업따] <거지 제 자루 기울 여가 없다> 생활을 꾸려 나가려니 너무도 바빠서 도저히 긴요한 일을 위해서조차 짬을 낼 수가 없다.

[걸배′~이~ 짐칙꾹′ 홀′리드시 홀′린다] <거지가 김칫국 흘리듯 흘린다> 무엇을 질질 흘리고 다니는 사람을 욕하는 말. ▷[버엄′ 봉′ 개 똥′ 까′리′드시 까′린′다(홀′리드시 흘′린다)]/[허언′ 채′애 술′ 거리드′시 거린′다].

[검방진′ 콩지르′믄 누′버도 큰다] <건방진 콩나물은 누워도 큰다> 제멋대로 건방지게 놀아나는 사람을 비꼬는 말.

[게′랄 까아 방′구 치기] <계란으로 바위 치기> 대항을 해 봤자 도저히 당해 내거나 이길 수 없는 상대라는 말. ▷[방′구예 대′치′미다].

[겨′얼 얌새′~이~] <겨울 염소> 어떤 일이거나 참견하지 않는 데가 없는 사람을 조롱하는 말. 참 '겨얼 얌새~이~매애로 어디 입 앤 대애는 데가 업따'고도 이름.

[겨엉′상′두서 비′러묵떤 너미, 절라′두 가도 비′러뭉는다] <경상도에서 빌어먹던 놈이, 전라도 가도 빌어먹는다> ①게을러서 가난한 사람은 어디를 가도 곤란을 벗어나기 어렵다. ②나쁜 버릇은 고치기가 힘들다.

[겨엉′주′ 도오′리′머 다아 옥′똘′가] <경주 돌이면 다 옥돌인가> ①비록 그 이름이 좋다 하더라도 그 질조차 꼭 좋을 수가 없다는 말. ②이름만으로는 사물을 제대로 판단할 수 없다는 말. ▷[남산′ 도오′리′머 다아′ 옥′똘′가 (옥′또′오링강)].

[겨엉′주′ 췌가′ 안진′ 자′레느 풀′또′ 앤 난′다′] <경주 최가 앉은 자리에는 풀도 안 난다> 경주 최씨네는, 어딘가 참으로 모진 구석이 있다 해서 이르는 말. 참 최씨 성을 가진 사람네 집 창문이 찢어졌다. 이날 마침 사돈댁에서 편지가 왔기에, 그 편지지를 가지고 찢어진 창구멍을 발랐다. 이듬해 최씨 댁에 사돈이 왔다가 우연히 그 편지를 발견한 나머지 그걸 돌려 달라고

하였다. 이에 최씨가 말하길, 편지는 사돈댁 것이니까 가져가도 좋지만 거기 붙은 밥풀은 자기네 것이니 떼어놓고 가라고 주장했다는 데서 생긴 얘기라고 전함. ▷[사안' 췌가'로 뺵'끼 노'오머, 삼'심 니로 다'알러간다)/[여엉'천' 넘 안즌' 데느(자'레느) 풀'또' 앤 난'다'].

[고래' 궤'기 잘 무'거야 본' 저'~이~고, 모옴' 무'구머 소온' 내'] <고래 고기 잘 먹어야 본전이고 못 먹으면 손해> 고래 고기는 상하기 쉬운 까닭에 까딱하면 탈이 나기 쉽다고 해서 이르는 말. ▷[대주' 궤'기 잘' 무'거야 본' 저'~이~고, 모옴' 무'구머 소온'내'].

[고래' 사'아메 쉐에'비 등' 터진다] <고래 싸움에 새우 등 터진다> 세력이 있거나 강한 자들의 싸움에 공연히 약한 자가 중간에 끼어 해를 입게 된다.

[고'러' 중능 기'이 저엉'승' 하'기버다암 더 에'럽따] <곯아 죽는 것이 정승 하기보다 더 어렵다> 아무리 먹을 것이 없을지라도 좀처럼 굶어 죽지는 않는다. ▷[궁하'머 통한' 다]/[사안' 사'람 이'베 낙꺼' 무줄 치'까'].

[고복 태애'사'네느 명사'~이~ 어업따] <(높은) 태산에는 명당이 없다> 명당자리는 험한 산 준령에 있는 것이 아니라 야산에 있다는 말.

[고'상' 끄'테 영화'] <고생 끝에 영화> 어려운 일이나 괴로운 일을 잘 겪고 나면 즐겁고 좋은 일도 생겨난다는 말.

[고새푸'~이~ 부우'머' 나리 가'문' 다] <높새바람이 불면 날이 가문다> 높새바람이 불면 가뭄이 들 징조라는 말.

[고'신도치 웨에' 걸' 머지드시] <고슴도치 참외 걸머지듯> 고슴도치가 제 가시에 참외를 따 붙이고 다니듯 한다 함이니, 이곳 저곳에 빚을 잔뜩 짊어지고 있음을 이르는 말. ▷[대추낭'게 연' 쭐 걸리'이드시].

[고여' 는 지이' 사'(제에' 사') 지내' 애고, 어' 물 깝'세 쫄리' 인다] <공연한 제사 지내고, 어물 값에 졸린다> 하지 않아도 좋을 공연한 일을 하고 나서, 그 후환으로 몹시 곤란한 입장에 몰리게 된다. ▷[끌'거 (가아) 부시럼'].

[고오'내'기 아'페 궤기 꽝지'리 맥'낀다] <고양이 앞에 고기 광주리를 맡긴다> 믿을 수 없는 사람에게 소중한 것을 맡겨 봤자 도리어 잃게 될 뿐이라는 말. ▷[꼬오'내'기인테 궤기 꽝지'리 맥'끼기].

[고오'뭉'나무 니'도 머슴' 데'린나] <고목(古木) 너도 머슴 데렸느냐> 머슴을 데리고 있으면 생각보다 속이 상하는 일이 참으로 많다 함이니, 속이 썩

어 있는 고목을 보고 속상하는 자기의 마음을 비유해서 하는 말.

[고오′미′ 섬′배 주′군 넉′시다] <곰이, 선비 죽은 넋이다> 선비가 글을 읽을 때처럼, 몸을 좌우로 계속 흔들고 있을 때의 비유.

[고옴′도′ 항갇′(구불′) 째′주느 읻′따] <곰도 한 가지(구를) 재주는 있다> 아무리 미련하거나 둔한 사람도 자기 나름의 한 가지 재주쯤은 가지고 있다. ▷[구움′비′기(구움′비′~이~)도 (누′버가아) 구불′째′주느 읻′따].

[고옴′매′질′한다] <곰 매질한다> 융통성 없이 같은 일만 계속 반복하는 짓을 빗대어 하는 말.

[고옴′보′다 야시′가 더′나얃따] <곰보다 여우가 더 낫다> 미련하거나 행동이 느린 쪽보다, 차라리 교활하고 변덕스러운 여자나 며느리가 낫다는 말.

[고옴′지′르믈 파다가 빤′때′기로 일′겁뿐나] <곰 기름을 팔다가 널빤지를 잃어버렸나> 말이 무척 많은 사람을 꾸짖는 말. ㉔ 곰의 기름을 팔던 약장수가, 장사 도구인 판자를 잃어버리고 마구 떠드는 모양을 두고 생긴 말.

[고옴′피′빠′러무굴라 컫따가 다리′홀끼′인다] <곰 피 빨아먹으려다가 다리 핥인다> 이득을 취하려다가 오히려 큰 손해를 입는다. ▷[때′리로 간′따′가 막′끼도 한다]/[배′고′푼 사′람자테 요′구 시′기라 컨다]/[혹 띠′이로 간′따′가 혹′뿌′친다].

[고옹′비′이다네도 수′~이~(흐으′미′) 읻′따] <공비단에도 흉이(흠이) 있다> 아무리 훌륭한 사람이나 물건에도 조그마한 흠쯤은 있게 마련이다. ▷[오′게도 티가 읻′따].

[고옹′자′도 쪼매′애′는 도옹′자′아′아드린데 배′얃따] <공자도 조그만 아이들한테 배웠다> 공자 같은 성인도 아이들에게서 배울 것이 없지 않았다 함이니, 나이가 많다고 지혜가 높은 것은 아니라는 말. ▷[얼라′아 마알′또′귀′다′머 드′러라]/[여′드네 나도 손′자자테 배′운다]/[여′든 난′늘′기~이~ 고손′지인테 배′운다]/[팔′순 노오′이′~이~ 고손′지인테 배′운다].

[고옹′지′기라 낙꺼′무줄로 묵′꼬 사아리] <공작이라 납거미 줄을 먹고 살랴> 양식은 떨어지고 배는 고픈데, 공작이라면 납거미 줄이라도 먹고살겠지만 우리는 무엇을 먹고 살 수 있을까 하고 자탄하는 말. ㉔ 공작(孔雀)은 납거미 줄을 먹고산다는 고사에서 나온 말. ▷[사안′사′람 이′베 낙꺼′무줄 치′까].

[고′자 소오′근′ 자앙′모′도 모린다′] <고자 속은 장모도 모른다> 사람의 꿍 꿍이속은 아무리 가까운 사람조차도 알기 어렵다. ▷[소오′그′로 구′글 낄′ 린다]/[소오′그′로 육′ 또′ 베′실로 한′들].

[고′자 처가찝′ 드나′드 드시 드나′든다] <고자 처갓집 드나들 듯 드나든다> 매우 분주하게 왔다 갔다 하고 있을 뿐 현실적으로는 전혀 실속이 없다는 말. ▷[허언′ 주′~우~에~ 불′ 나′드 드시 나′든다].

[고′지′부느 화~아′~우′~ 고′지′비고, 꿰′느′ 조′조다] <고집은 항우 고집이고, 꾀는 조조다> 항우처럼 고집이 센데다가 조조처럼 꾀도 많은 사람의 비유. ▷[고′지′분 용굴′때 고지′비다]/[화~아′~우′~가 고′지′부로 마′~앤~따].

[고′지′분 용굴′때 고지′비다] <고집은 용을대 고집이다> 고집이 대단히 세다는 뜻. ▷[고′지′부느 화~아′~우′~ 고′지′비고, 꿰′느′ 조′조다]/[화~아′~우′~가 고′지′부로 마′~앤~따]. 참 용을대: 병자호란 때 쳐들어온 오랑캐 장군의 이름.

[고 첨지′ 윷′ 노오 드시] <고 첨지 윷 놀 듯> 한 가지 일도 제대로 끝내지 못하고 시간만 헛되게 보내는 짓을 한탄하는 말.

[고′~은~ 고′~이~고 갑′승′ 갑시다] <공은 공이고 값은 값이다> 인정은 인정이고 계산은 계산이다, 또는 인정상 그냥 받을 것과 아무리 가까운 사이라도 값을 계산해서 지불할 것은 엄연히 구별되어야 한다.

[곡′서게 제에′비] <곡식에 제비> ①제비는 곡식을 안 먹는 까닭에, 청렴한 사람을 칭찬하는 말. ②전혀 해를 끼칠 존재가 아니라는 말.

[곡′서근 댈′수′룩 충′난′다] <곡식은 될수록 축난다> 무엇이거나 여기저기 자주 옮겨 담으면 조금이라도 줄었으면 줄었지 늘지는 않는다. ▷[새애′느′안는′ 데마′중 지′치′ 빠진다]/[이사′ 자′주 댕′기머 숙까′락 항′개라도 일′겁뿐다].

[공끼′라 커머 비이′상′도(양잼물′또) 뭉는′다] <공것이라면 비상(양잿물)도 먹는다> 공짜라면 무엇이든 가리지 않고 마구 거머들인다. ▷[공따′레 나가′아 유운′다′레 컨나아].

[공′든 타′비 무′너지머, 힘′든′ 낭′기 뿌′러질까] <공든 탑이 무너지며, 힘든 나무가 부러질까> 정성이 깃든 것은 결코 헛되지 않는다는 말. ▷[힘′든′

낭'기 앰 뿔'거지고(뿔'가지고), 공'든 타'비 앰' 뭉개' 애진다].
[공따'레 나가'아 유운'다'레 컨나아] <공달에 나서 윤달에 컸나> 공짜라면 어찌 그리도 좋아하느냐고 경계하는 말. ▷[공끼'라 커머 비이' 상'도(양잠 물'또) 뭉는'다].
[공 말' 탄다] <공 말 탄다> 전혀 힘들이지 않고 이득을 취한다. ▷[안진' 자~아'~워'늘 한다].
[과'가'네 드'러'도 글'마'름 모온'한'다] <곽 안에 들어도 막말은 못한다> 사람이 죽어 입관을 했을지라도, 그에게 애매한 말이나 막말을 해서는 아니 된다는 말. ▷[귀따'게 언'짱 소'리가 나도 글'마'아름 모온'한'다]/[귀때'기예 언'짱 소'리가 나도, 나'무 몽주'~에~ 말 하지 마'라].
[과아'강' 임페'네 주~우~ 적삼' 부'치기] <과객 인편에 중의 적삼 부치기> 지나가는 과객에게 옷을 부쳤다 함이니, 전혀 믿을 수 없는 사람에게 실속 없이 부탁한 것을 후회하는 말.
[과아'부' 사저'~은~ 과아'부'가 아아'고', 호부래'비 사저'~은~ 호부래'비가 아안다] <과부 사정은 과부가 알고, 홀아비 사정은 홀아비가 안다> 남의 곤란한 사정은 비슷한 처지에 있는 사람이라야 더 잘 안다. ▷[과아'부' 서어'러'등 과아'부'가 아안다].
[과아'부' 서어'러'등 과아'부'가 아안다] <과부 설움은 과부가 안다> 다른 사람의 곤란한 사정은 비슷한 형편에 있는 이라야 더욱 잘 안다. ▷[과아'부' 사저'~은~ 과아'부'가 아아'고', 호부래'비 사저'~은~ 호부래'비가 아안다].
[과아'부' 졷' 쭈무'리드시 쭈무'린다] <과부 좆 주무르듯 주무른다> 무엇을 자꾸만 주무르거나 만지작거리며 시간만 허비할 때 비꼬는 말.
[과아'부' 찌'베느 푸'랜' 난다] <과부 집에는 풀 안 난다> 과부 집에는 놀러 오는 사람이 많아서 마당에 풀이 자랄 틈이 없다 함이니, 들락거리는 사람이 많다는 말. ▷[그 마다'~아' 풀' 나겐따].
[과앙'나'네 약' 찌'이로 보내' 앤시머 조옥'켈' 따] <곽란(癨亂)에 약 지으러 보냈으면 좋겠다> 급한 일을 두고서도, 행동이 아주 느리거나 둔한 사람을 보고 이르는 말.
[과앙'대'가 뿍띠'기 심 믹'꼬 줄' 탄'다] <광대가 검불 힘만 믿고 줄 탄다>

①누구든지 나름대로는 어딘가 믿는 구석이 있는 까닭에 행동하기 마련이다. ②하찮은 것에다가 크게 기대는 사람을 두고 이르는 말.

[구′기 끌′른′ 동 자~아~이~ 끌′른′ 동 모린다′] <국이 끓는지 장이 끓는지 모른다> 일이 어떻게 돌아가는지 도무지 영문을 모른다. ▷[어던′ 지′ 베 주′기′ 끌′른′ 동 바′비′ 끌′른′ 동 다아′ 아′ 안다]/[주′ 기′ 끌′른′ 동 바′비′ 끌′른′ 동 모린′ 다′].

[구′단′ 디일′ 짱′구] <굿한 뒤의 장구> 일이 다 끝난 뒤에 쓸데없는 문제를 가지고 떠들며 나선다는 말. ▷[도동′ 막′꼬 다안′ 장′ 한다]/[밥′ 파러묵′꼬 폰′또′올 숭구′우드시]/[성′ 복찌 지′내′ 애고 약′빵′ 공′사한다]/[소오′ 일′꼬 오양깐′ 곤′ 친다]/[장담′ 보내′애고 춤′춘′ 다]/[주′군 디이′예′ 약′빵′ 공′사 한다].

[구때′기로 마′저도, 응가락′찌 찐 소네 만능′ 기′이 조올′ 타′] <귀때기를 맞아도, 은가락지 낀 손에 맞는 게 좋다> 이왕 꾸지람을 듣거나 벌을 받게 된 바에는 지위가 높고 덕망 있는 사람에게 당하는 것이 낫다.

[구리′~이~ 담′ 너′머 가드시] <구렁이 담 넘어 가듯> 일 처리를 분명하고 깔끔하게 하지 못하고, 슬그머니 얼버무려 버리는 것을 탓하여 이르는 말. ▷[능′ 구리~이~ 담′ 너′머 가드′시].

[구리′~이~도 구리′~이~라커머 실′타′ 컨는′다] <구렁이도 구렁이라면 싫다고 한다> 누구나 자기의 단점을 쳐들어 말하면 싫어한다. ▷[바린′ 소′리 자라는′ 사′람 귀이′염′ 모옴′ 빤′는다]/[배애′미′도 배애′미′라커′머 실′버 한다].

[구무′느 깎′끌수룩 커′진′다] <구멍은 깎을수록 커진다> 허물을 얼버무리려고 하면 할수록 더욱 일이 어려워진다. ▷[거어′ 짐′ 말또 하′머 는′다′].

[구무′ 일′근 쥐′꼬′라지] <구멍 잃은 쥐 꼬락서니> 어떤 일을 당하여, 정신을 차리지 못하고 무척 당황하는 모습을 가리킴.

[구불′러(라) 온 도오′리 본′ 돌′깬′다] <굴러 온 돌이 본 돌 깬다> 외부에서 들어온 사람이 본래부터 있던 사람을 능가한다. ▷[날′러온 도올′기′ 본′ 도′올 친다].

[구′시′나 보′고 떠′기′나 묵는′다] <굿이나 보고 떡이나 먹는다> 남의 일에 쓸데없이 간섭하지 말고, 되어 가는 형편이나 지켜보고 있다가 돌아오는

이익이나 차지하도록 한다.

[구′시리가 서어′ 마′리람도 뀌′이야 보오′ 배′] <구슬이 서 말이라도 꿰어야 보배> 아무리 좋은 것이라도 쓸모 있게 만들어 놓아야만 값어치가 있게 된다는 말. ▷[뿌′떠′마′게 인는′ 소′굼′도 지′버여′어야 짭′따′]/[주′가 서어′ 마′리라도, 구여′~이~ 떨′버′저′야 구′실 노′르슬 한다].

[구시월′ 메띠′기 홀′레로 마′한′~다] <구시월 메뚜기 홀레로 망한다> ①한 가지 일에만 지나치게 빠져서 실패를 자초할 때 빈정대는 말. ②결과는 차치하고 절차만 밟느라 시간을 낭비함을 욕하는 말.

[구시월′ 시이′담′풍] <구시월 세단풍(細丹楓)> 한 때는 곱지만 얼마 가지 않아서 흥하게 되는 것의 비유.

[구′실 엄는 용′] <구슬 없는 용> 여의주(如意珠)를 가지지 못한 용처럼, 용맹 없고 보람없게 된 처지를 이름.

[구우′디′기 무서′버 자앙′ 몬′ 땅껜나] <구더기 무서워 장 못 담겠느냐> 다소 방해되는 요소가 있을지라도 할 일은 하여야 한다는 말. ▷[쉬이′파′래~이~ 무서′버 자앙′ 앤′ 다무′까′].

[구우′벼′~이~ 조오′와′ 장′스~이~라도 걸리′이겐따] <구변이 좋아 장승이라도 걸리겠다> 둘러 붙이는 말재주가 너무도 대단하다. ▷[마알′로′ 떠′글하′머 조서′~이~ 다아′ 뭉′는다]/[마알′마 비이′단′ 짝 거′통 기이 행′도~은~ 개애′차′반]/[이′비 서어′월′거트머 제에′사′ 지내가′ 아 뭉′경 아 알′로′ 다아′ 갈′러 묵겐′따].

[구우′시′~이~ 곡′칼′ 노′름] <귀신이 곡할 노릇> 일이 하도 신기하고 기묘하여 그 속내를 전혀 알 수가 없다는 뜻.

[구우′신′도 비이′머′ 든는′다] <귀신도 빌면 듣는다> 귀신도 빌면 소원을 들어주는데, 하물며 사람으로서 자기에게 비는 사람을 용서하지 못하겠느냐, 또는 용서해 달라는 말. ▷[비이′늠′ 미′테사 모온′ 땅′는다].

[구우′신′ 든는데 떵′ 마′알 한다] <귀신 듣는데 떡 말 한다> 들으면 썩 좋아할 이야기를, 하필 바로 그 사람 앞에서 하고 있다.

[구우′신′ 떡까리′ 지′이묵꼬, 삽짝′빠′팅′개로 이′ 휘′빈다] <귀신 떡가루 집어먹고, 사립 버팀목으로 이 후빈다> 전혀 말 같지 않는 소리나 행동을 흉보는 말. 참 '구우신 떡까리 지이뭉는 소리.'라고도 함.

[구움′비′기(구움′비′~이~)도 (누′버가아) 구불′ 째′주느 읻′따] <굼벵이도 (누워서) 구를 재주는 있다> 누구나 한 가지씩 자기 특유의 재주는 가지고 있다. ▷[고옴′도′ 항갇′(구불′) 째′주느 읻′따].

[구움′비′~이~ 처언′장′ 하드시] <굼벵이 천장(遷葬)하듯이> 미련하고 느린 사람이 우물쭈물하며 좀처럼 일을 이루지 못함을 나쁘게 비유하는 말.

[구웅′끼′로 부우′자′ 밤′ 묵′뜨시 한다] <굶기를 부자 밥먹듯 한다> 매우 자주 굶는다. ▷[사′아레 피′죽 항 그′륵또 모옴′ 뭉′는다].

[구웅′디′~이~ 보′고 보오′지′(허벅′ 찌) 바앋′따′ 컨는다] <궁둥이 보고 보지 (허벅지) 봤다고 한다> 작은 일을 가지고 크게 불리어 말한다. ▷[아릳′ 쪼~아′~리 보′고 구웅′디′~이~ 바앋′따′ 컨는′다]/[조~아′~리 보′고 허벅′찌 바앋′따′ 컨는다].

[국′또 파래 자앙′도′ 파래] <국도 파래 장도 파래> 이것이나 저것이나 알고 보면 그 바탕이나 재료가 모두 같은 것이라는 말. ▷[쟁기′ 원′님 도오′임′인′사, 국′또 파′래′ 자앙′도′ 파′래′].

[국′사′에도 사저′~이~ 읻′따] <국사(國事)에도 사정(私情)이 있다> 나라의 일에도 사정을 봐 주는 수가 있는데, 어찌해서 조금도 남의 사정을 봐 주지 않느냐고 이르는 말.

[국 속′꼬 보오′지′ 디인′다′] <국 쏟고 보지 덴다> 불운한 일을 겪고 있는데 더욱 불행한 일을 또 당한다. ▷[십′ 쭈′고 빼말때′기 만′는′ 다]/[지 꺼′ 주′고 귀때′기 만는′ 다].

[국′찌기 배꾸야′~아~ 사아′향′ 드′럳′ 따] <국지기 배꼽에 사향 들었다> 보잘것없는 '국지기'란 동물의 배꼽에 사향(麝香)이 들어 있다 함이니, 겉보기와는 달리 실속이 착실할 때 이르는 말. 참 '국지기'란 사슴의 일종으로, 그 배설물은 메밀처럼 모가 났으며, 잠을 잘 때 배꼽이 벌어지면 파리나 개미 따위의 곤충들이 모여들게 되는데, 배꼽을 오므리면 그 속에서 죽은 곤충들이 모여 사향이 된다고 함. ▷[삼′베′ 주미′~이~에~ 마아′패′ 드′럳′ 따].

[굳′세 간 이′미′ 바래′애드시 (바′랜′ 다)] <굿에 간 어미 바라듯 (바란다)> 혹시 떡이라도 가지고 오지 않을까 하고 굿에 간 어미를 기다리는 아이처럼, 몹시 초조하게 기다리고 있다는 말.

[굴′레 버슨 말망새′~이~] <굴레 벗은 망아지> ①매우 거침없이 행동하는 사

람을 가리키는 말. ②구속에서 벗어나 몹시 자유롭게 된 상태를 이르는 말.
▷[소 이까′리 푸′러′가아 등더′레 언′저 나′앝따].
[궁′게 듬 배애′미′가 지인′ 동′ 짜린′ 동] <구멍에 든 뱀이 긴지 짧은지> 일의 전모를 도저히 파악할 수 없어 그 속내를 전혀 알 수 없다는 말. 참 '궁게 듬 배애미.'라고 줄여서 이르기도 함.
[궁하′ 머 통한′ 다] <궁하면 통한다> 몹시 궁박한 처지에 이르게 되면 도리어 펴질 길이 생겨난다. ▷[고′러′ 중능 기′이 저엉′ 승′ 하′기버다암 더 에′럽따]/[사안′ 사′람 이′베 낙꺼′무줄 치′까′].
[궤′기 깝′또′ 모오′난′ 다(모오′탄′다)] <고기 값도 못한다> 제 몸뚱이의 고기 값이나 덩치 값도 못한다 함이니, 체격에 비하여 하는 행동이 매우 부끄러운 상태에 있다는 말. ▷[모타′리 깝′또′ 모오′난′ 다].
[궤′기느 시′퍼야 마′시′고, 마아′른′ 해애′야′ 마′시′다(서원′ 타)] <고기는 씹어야 맛이고, 말은 해야 맛이다(시원하다)> 하고 싶은 말은 시원하게 해야만 좋다. ▷[마아′른′ 해애′야′ 마′시′고, 궤′기느 시′퍼야 마′시′다].
[궤′기느 애~ 익′꼬 꼬′지′마 탄다] <고기는 익지 않고 꼬치만 탄다> 계획한 일은 잘 되지 않고 엉뚱한 낭패만 본다. ▷[꼬재′~이~마 타고 궤′기느 애~잉는′ 다].
[궤′기도 무′거 본′ 니미 잘′ 뭉는′ 다] <고기도 먹어 본 놈이 잘 먹는다> 무슨 일이든지 늘 하던 사람이 더 잘한다.
[궤′ 뿌′른 밤′ 무′굴 찌게 나안′는′ 다] <고뿔은 밥 먹을 적에 낫는다> 감기가 들었을 땐 어떻게든지 음식을 잘 먹어야만 빨리 낫는다. ▷[가앙′기′느 밥 상머′레서 물′러안는다].
[귀따′게 언′짱 소′리가 나도 글′마′아름 모온′한′ 다] <귀때기에 언장 소리가 나도 막말은 못한다> 항상 말은 가려서 신중하게 하여야지 막말을 함부로 해서는 아니 된다. 참 '언장'이란 꽉 뚜껑에다 못을 치지 않고도 뚜껑이 닫히도록 나무를 나비 모양으로 엇깎은 나비장. ▷[과′가′네 드′러′도 글′마′름 모온′한′ 다]/[귀때′기예 언′짱 소′리가 나도, 나′무 몽주′~에~ 말 하지 마′라].
[귀때′기 만는′ 데 구′리쉐에미가 어′지다] <귀때기 맞는 데 구레나룻이 의지다> 평소 귀찮게 여기던 구레나룻도 뺨을 맞을 때는 덜 아프게 해 주는 역

할을 한다 함이니, 아무 소용이 없을 듯한 물건도 때로는 쓰일 데가 있다. ▷[뿔′때′기로 마′저도 구′리쉐에미가 어′지다]/[석′사′~아~ 웨엔′ 도′오끼]/[숙′때′ 까′아 바람′ 망는′다].

[귀때′기예 언′짱 소′리가 나도, 나′무 몽주′~에~ 말 하지 마′라] <귀때기에 언장 소리가 나도 남의 몽중의 말을 하지 마라> 비록 관의 뚜껑을 닫는 순간일지라도, 상대방에 대한 말은 신중하게 해야지 함부로 해서는 아니 된다. ▷[과′가′네 드′러′도 글′마′름 모온′한′다]/[귀따′게 언′짱 소′리가 나도 글′마′아름 모온′한′다].

[귀′발′금 바′~이~ 펀떡′ 싱는′다] <귀 밝은 방이 빨리 식는다> 손쉽게 이루어진 것은 변변치 못하여 대체로 오래가지 않는다.

[귀′에 거어′머′ 귀거′리, 코′에 거어′머′ 코거′리] <귀에 걸면 귀걸이, 코에 걸면 코걸이> 어떤 원칙이 있는 것이 아니라 둘러대기에 따라 이렇게도 되고 저렇게도 될 수 있다는 말. ▷[코′에 거어′머′ 코거′리, 귀′에 거어′머′ 귀거′리].

[귀이′신′도 엄나무′ 바아′릉′ 검′내앤다] <귀신도 엄나무 발은 겁낸다> 엄나무 가시는 귀신조차도 겁을 내듯이, 누구라도 겁을 내는 상대가 하나쯤은 있게 마련이다.

[귀이′한′자서′근 매′한′대 더 때′리고, 미분′자서′근 떡 캉′개 더 준′다′] <귀한 자식은 매 한 대 더 때리고, 미운 자식은 떡 한 개 더 준다> 자식이 귀하면 귀할수록 매로 다스려서라도 버릇을 잘 가르쳐야 한다. ▷[미′부′내기 밤′마′~아~이~ 주고, 고오′부′내기 배′ 골′리인다]/[미분′넘 떡′캉′개 더′준′다′].

[귀′조′옹 걸배′~이~느~ 이′서도, 코′잘′생깅 걸배′~이~느~ 업따] <귀 잘생긴 거지는 있어도, 코 잘 생긴 거지는 없다> 누구나 코가 잘 생긴 사람은, 대체로 가난하게 사는 일이 드물다는 말.

[겁′빰마 만′친다] <귓불만 만진다> 더 이상 어떻게 할 수 없을 때 그저 운명만 기다린다는 뜻.

[그 나무′레 그′밥] <그 나물에 그 밥> ①양쪽이 모두 그렇고 그러하여 매우 비슷하다는 말. ②뭔가 격이 좀 떨어지는 것끼리 짝이 되었지만 그런 대로 어울린다는 말. ▷[그 바′베 그 나물′].

[그′ 너무 자′석′ 동′도칠서~이~다] <그 놈의 자식 동두칠성이다> 어느 곳에 숨어서 잘 나타나지 않을 때 쓰는 말. ㉠ 북두칠성은 눈에 보이는 별이지만, 동두칠성(東斗七星)은 볼 수 없는 상상의 별인 까닭에 생긴 말. ▷[웨′로′ 도온′다′는 동′도칠서~이~다].

[그′르게 물또 차머 너엄′친′다] <그릇의 물도 차면 넘친다> ①모든 것에는 나름대로의 용량에 한계라는 것이 있다. ②욕심을 자꾸 부린다고 해서 채워지는 것이 아니다. ㉠ 생략해서 그냥 '차머 너엄친다'고로 이름. ▷[사바′레 물또 차머 너엄′는′다].

[그 마다′~아~ 풀′ 나겐따] <그 마당에 풀 나겠다> 사람의 왕래가 무척이나 잦던 집에 갑자기 인적이 끊어졌을 때 이르는 말. ▷[과아′부′ 찌′베느 푸′랜′난다].

[그′무′레 등 궤′기, 도 가′네 든 쥐′] <그물에 든 고기, 독 안에 든 쥐> 이미 잡힌 몸이 되어 꼼짝할 수 없는 신세를 이름. ㉠ 단지 '그무레 등 궤기.'라고도 이름. ▷[도′매 우′예 오링′ 궤′기]/[도 가′네 든 쥐′]/[뽁′꺼 노온 토깨′~이~다]/[자′버 노온 토깨′~이~다].

[그′무′리 삼청′ 개기라도 베엘′쭈′리 으뜨′미라] <그물이 삼천 각이라도 벼릿줄이 으뜸이라> 사람이나 물건이 아무리 수가 많더라도 그 가운데 주장되는 것이 없으면 소용없다. ▷[그′무′리 삼청′ 코′람도 베′리가 으뜸′].

[그′무′리 삼청′ 코′람도 베′리가 으뜸′] <그물이 삼천 코라도 벼리가 으뜸> 아무리 사람이 많아도 그 중의 통솔자가 으뜸 노릇을 한다는 말. ▷[그′무′리 삼청′ 개기라도 베엘′쭈′리 으뜨′미라].

[그′뭄′빠메 홍두′깨] <그믐밤에 홍두깨> 전혀 생각지도 않던 일이 갑자기 일어나거나, 뜻밖의 말을 불쑥 꺼내는 바람에 매우 어리둥절하다는 뜻. ▷[어더′범 바′~아~ 홍두′깨 들받뜨′시].

[그′미야 오′기′야 컨는다] <금이야 옥이야 한다> 무엇을 다루는 데 있어 매우 애지중지한다. ▷[부우′머′ 꺼′지′까, 쥐이′머′ 터′지′까]/[부우′머′ 나′까, 쥐이′머′ 꺼′지′까].

[그 바′베 그 나물′] <그 밥에 그 나물> ①양쪽이 모두 그렇고 그러하여 매우 비슷하다는 말. ②뭔가 격이 좀 떨어지는 것끼리 짝이 되었지만 그런 대로 어울린다는 말. ▷[그 나무′레 그′밥].

[글' 모' 리능 구우' 시'~이~ 어억꼬, 술' 모옴' 뭉' 능' 구우시'~이~ 어업' 따']
<글 모르는 귀신이 없고, 술 못 먹는 귀신이 없다> 생전에 글자를 알건 모르건 또 주량의 많고 적음에 상관없이, 제사에는 지방을 써 붙이고 축문을 읽어야 하며 술잔을 올리는 격식을 차려야 한다고 이르는 말. ▷[술' 모옴' 뭉' 능 구우' 시'~이~ 어억' 꼬', 글' 모' 리능 구우' 시'~이~ 어업' 따'].

[금' 도' 모' 리고 휠' 타' 컨는다] <금도 모르고 싸다고 한다> 내용도 모르면서 아는 체한다. ▷[더' 퍼녹' 코 열너' 억 양' 쭝].

[기' 도' 모온' 하' 능 기이 날' 라 컨는다] <기지도 못하는 것이 날려고 한다> 자기 실력 이상의 넘치는 행동을 하려 드는 사람을 비웃는 말. ▷[날' 개' 에 터리' 기도 앤 낭 기' 이 날' 라 컨는다].

[기' 리' 메 떡'] <그림의 떡> 실제로 이용할 수 없거나 차지할 수 없는 것을 두고 이르는 말. ▷[꾸' 메 본 재' 무리다]/[보' 고 모옴' 뭉' 는 장' 떡 (애~ 이'~가)].

[김새'~은~ 구하' 머 으' 내로 각' 꼬, 사아' 라' 믕 구하' 머 앙' 물한다] <짐승은 구하면 은혜를 갚고, 사람은 구하면 앙분(怏忿)한다> 은혜를 저버리는 사람을 두고 짐승보다 못하다고 개탄하는 말. ▷[사아' 라' 믄 구하' 머 앙' 물해 애도, 김새'~은~ 구하' 머 으' 내로 감는' 다]

ㄲ

[까' 끔 빠아' 믄' 모' 나' 낟째] <깎은 밤은 모나 났지> 흠잡을 데 없이 너무도 말쑥하게 잘 생긴 사람을 칭찬해 마지않는 말. ㉧ 줄여서 '까끔 빠암.'이라고도 이름.

[까랍때' 게 불' 붙' 치 노' 옹 걷따] <가랑잎에다 불을 붙여 놓은 것 같다> 성질이 몹시 조급하거나 아량이 적음을 비유한 말.

[까마'구 꿰'기로 무'건나] <까마귀 고기를 먹었나> 잘 잊어버리는 사람을 꾸짖는 말.

[까마'구 꿰'양' 마아'다' 컨는다] <까마귀(가) 고욤(을) 마다한다> ①평소에 좋아하던 것을 뜻밖에도 사양하는 것을 보고 천하게 이르는 말. ②특별히 좋아하던 음식을 어쩌다 거절할 때 이르는 말. ▷[개애'가' 또'~을~ 실'타'(마아'다') 컨는다]/[꼬오'내'기가 쥐'로' 마아'다' 컨는다]/[늘'금 마'리 콩' 마아'다' 컨는다]

[까마'구 나'자 배' 떠'러진다] <까마귀 날자 배 떨어진다> 아무 관계없이 한 일이 다른 일과 공교롭게도 때가 일치하여, 둘 사이에 무슨 직접적인 관계가 있는 것처럼 의심을 받게 되는 경우를 비유하여 이르는 말.

[까마'구도 지' 고'양'(내' 땅) 까마'구가 방'갑'따] <까마귀도 제 고향(내 땅) 까마귀가 반갑다> 고향의 것이라면 무엇이든지 다 좋고, 객지에서 고향 사람을 만나면 더욱 반갑다.

[까마'구 바비 대'다] <까마귀 밥이 되다> 주인 없는 시체가 되어 아무 데나 버려지다.

[까마'구 설레'에 까안치'~이~] <까마귀 설레에 까치> 도저히 무리와 함께 섞이기 힘든 존재라는 뜻.

[까막' 까안채~이~도 지'비 읻'따] <까막까치도 집이 있다> 날짐승인 까마귀와 까치도 집이 있는데, 사람이 집이 없어 고생하게 될 때 한탄하는 말.

[까' 무치 콕꾸여'~이~다] <가물치 콧구멍이다> 감감 무소식이다. ▷[가'언'두 포오'수']/[꽁' 꾸'버 무군 자'리(소'석)].

[까아'재'느 기이' 페'~(피'~)이~다] <가재는 게 편이다> 모양이 비슷하고 인연이 있는 것끼리 서로 편을 든다. ▷[초'로'근 동'새기고 까아'재'느 기이' 페'~이~라].

[까안' 채'~이~ 디비 나는' 지'상(을 한다)] <까치가 뒤집어 나는 짓거리(를 한다)> 말도 안 되는 별 해괴망측한 짓거리나 덤벙거리는 행동을 비유.

[깡깐' 오오'월' 미끈등' 유우'월'] <깐깐 오월 미끈 유월> 음력 오월은 해가 길어 더디 가나, 농가에서 유월은 할 일이 많아 시간이 빨리 지나간다고 이르는 말. ▷[미끈등' 유우'얼' 어정' 치'럴']/[어정' 치'럴' 등등' 파'럴'].

[깨구'리가 조잔질 찌'게느 뗄'라꼬 조잔는'다] <개구리가 주저앉을 적에는

뛰려고 주저앉는다> ①어떤 큰일을 이루려면 그에 상응하는 사전 준비를 제대로 해야 한다. ②무릇 큰일을 이루기 위한 준비 태세는 언뜻 보기로는 어리석게 보일 수도 있다.

[깨구ʹ리 올구채ʹ~이~ 쩍 생ʹ가ʹ글 모온ʹ 한ʹ 다] <개구리 올챙이 적 생각을 못 한다> 잘 되고 난 뒤, 어려웠던 옛일은 생각하지 않고 처음부터 잘난 듯이 뽐낸다. ▷[올구채ʹ~이~ 깨구ʹ리 댄ʹ 지 얼ʹ 매ʹ 대ʹ앤따꼬]/[올구채ʹ~이~ 꼬랑대ʹ기 떠ʹ러진 제가 메칠ʹ째 댄ʹ 다꼬].

[깨ʹ 애징 그ʹ륵 이ʹ 맏ʹ 추우기] <깨어진 그릇 이 맞추기> 한 번 그릇된 일은 본래대로 돌리려 애를 써 봐도 소용이 없다는 말. ▷[소ʹ 다 노ʹ 온 사ʹ리ʹ 요, 업찌ʹ러짐 무ʹ리ʹ라]/[업찌ʹ러짐 물ʹ, 소ʹ다 노온 살ʹ]/[업쩔ʹ러짐 무ʹ리ʹ요, 소ʹ다노온 마아ʹ리ʹ다].

[깬ʹ 낙꺼튼 잔소ʹ리로 담배ʹ 시거치 한다] <깻낱같은 잔소리를 담배 씨같이 한다> 아주 심한 잔소리를 자꾸만 되풀이 할 때 듣기 싫어서 하는 소리.

[꺼꾸리ʹ 가ʹ나 올ʹ키ʹ 가ʹ나 서어ʹ월ʹ마 가ʹ머(가ʹ마) 댄다] <거꾸로 가나 바르게 가나 서울만 가면 된다> 수단이나 방법에 관계없이 목적만 이루면 된다. ▷[모로(모티ʹ~이~로) 가ʹ나 바리ʹ 가ʹ나 서어ʹ월ʹ마 가ʹ머 댄ʹ 다]/[잘ʹ 가늠 말ʹ또 여엉ʹ천ʹ장, 모옹ʹ 까ʹ늠 말ʹ또 여엉ʹ천ʹ장]/[재바림ʹ 말ʹ또 여엉ʹ천ʹ짱, 굼ʹ땀ʹ 말ʹ또 여엉ʹ천ʹ짱].

[꺼끄럭 뽀ʹ리ʹ 함ʹ 말 주고 푸닥꺼ʹ리(푸닥까ʹ리)하ʹ 기버다암 나얃따] <겉보리 한 말 주고 푸닥거리하기보다 낫다> ①겉보리 한 말 짜리 되는 값싼 푸닥거리를 한 것보다 시원하다 함이니, 들인 노력에 비해 결과가 만족스럽다는 말. ②방귀를 뀌고 나서 속이 시원할 때 하는 말.

[꺼ʹ뭉 거느 글ʹ짜ʹ고 하아ʹ양ʹ 거ʹ느 조ʹ~오ʹ다] <검은 것은 글자고 하얀 것은 종이다> 글자를 몰라 대단히 무식하다는 말. ▷[갇ʹ짜 디읻ʹ따ʹ리도 모린다]/[난ʹ 녹ʹ코 기ʹ억자도 모린다]/[누ʹ~이ʹ~ 발빠ʹ닥 걷ʹ따]/[허어ʹ영ʹ 거ʹ느 조ʹ~오ʹ고, 꺼ʹ뭉ʹ 거ʹ느 글ʹ시ʹ다]/[힝ʹ 거느 조ʹ~오ʹ고 꺼ʹ뭉 거느 머ʹ기ʹ다].

[꺼어ʹ시ʹ~이~도 발ʹ부머 꿈쩍꺼ʹ린다] <지렁이도 밟으면 꿈틀거린다> 아무리 약하고 보잘것없는 사람이라도 지나치게 업신여기면 반항한다. ▷[가마~아~인ʹ는ʹ 지이ʹ리ʹ~이~도 발ʹ부머 꿈쩍꺼ʹ린다]/[지이ʹ리ʹ~이~도 발

부머 꿈쩍꺼'린다].

[꺼엄'따'(거엄'따') 시다 마아'리' 업따] <검다 희다 말이 없다> 어떤 사안에 대하여 반응이나 의사표시가 전혀 없다.

[껌덩'개 목'까'뭉 걷따] <검둥개 먹감은 것 같다> 본래 검은 것은 아무리 씻어도 깨끗하게 희어질 수 없다 함이니, 어떤 일을 위해 열심히 수고를 했으나 별 보람이 나타나지 않을 때 이르는 말.

[꼬랑대'기 묵'짜꼬 소'함'바리 잠'나] <꼬리 먹자고 소 한 마리 잡느냐> 핑계를 적당하게 대었을 뿐, 실재로 목적하는 바의 큰 것은 따로 있다는 말.

[꼬랑대'기 빠진 새애'걷'따] <꽁지 빠진 새 같다> 꼴이 몹시 초라하다는 비유. ▷[날'개'뿌'러(라)짐 매애'신'세]/[쭉'찌 빠'진'새애'꼬'라지].

[꼬랑대'기 오'른'쪼그로 걸'머징 개애'로'미기'머 이'시긍 거억'쩡'업따] <꼬리 오른쪽으로 짊어진 개를 먹이면 의식은 걱정 없다> 꼬리를 오른쪽 등에 걸머진 개는 영악하여 집을 잘 지킨다고 해서 이르는 말.

[꼬'레 숙'깨'애락꼬 다리 들'고 오점'눈다] <주제꼴에 수캐라고 다리 들고 오줌 눈다> 되지 못한 사람이 나서서 잘난 척하며 수작함을 통탄하는 말.

[꼬'리가(꼬랑대'기가) 지이'머 발피'인다] <꼬리가 길면 밟힌다> 나쁜 짓을 오래 계속하면 결국에는 들키고야 만다. ▷[재미'나능 고오'레 버엄'난'다]/[재미'내'애 콩'뽁'따'가, 지리솜'미자바'리 뺀다].

[꼬오'까'미(꼬오'깨'미) 십'따'] <곶감이 쓰다> 당연히 달아야 할 것이 쓰다 함이니, 일이 어긋나거나 반대 방향으로 흐를 때 한탄하는 말.

[꼬오'내'기가 쥐'로'마아'다'컨는다] <고양이가 쥐를 마다한다> 으레 좋다고 해야 할 것을 두고 싫다고 할 때 이르는 말. ▷[개애'가'또'~을~ 실'타'(마아'다') 컨는다]/[까마'구 꿰'양'마아'다'컨는다]/[늘'금 마'리 콩'마아'다'컨는다].

[꼬오'내'기 낯 싱는'다] <고양이 낯 씻는다> ①세수를 한답시고 콧등에 물만 묻히는 사람을 핀잔하는 말. ②겨우 흉내만 내다가 그침을 이르는 말.

[꼬오'내'기도 산다'구가 익꼬, 베'락또 콘띠'이~가~(퀜띠'~이~가) 읻따] <고양이도 낯짝이 있고, 벼룩도 콧등이 있다> 아주 뻔뻔스러운 사람을 보고 하는 말. ▷[멀꺼디'~이~예'다가 호오'믈'판다]/[멀꺼디'~이~에~ 호오'믈'파'머 주절껍'지 조'오로 간다]/[베'락또 낟짜'기(퀜띠'~이~가) 읻'따]/[베

리기 가~아'~늘' 내'애 묵'찌]/[베'래기 등더'레 삭'찌믈 시'러 묵'찌]/[빈대'도 낟째'기가 읻'따]/[쪽찌'비도 낟째'기 읻'따].

[꼬오'내'기 모게 바'~울~ 다기] <고양이 목에 방울 달기> 실행하기가 매우 어려운 일을 두고 공연히 의논만 분분함을 이르는 말.

[꼬오'내'기 아레(아페) 쥐'] <고양이 입에(앞에) 쥐> 무서운 강자 앞에서 꼼짝도 못하고 설설 기는 약자의 모습을 가리키는 말. ▷[빈 쥰' 사앙'전']/[사앙'전' 아'페 조옹']/[호오'래'~이~ 아'페 개'애'].

[꼬오'내'기인테 궤기 꽝지'리 맥'끼기] <고양이에게 고기 광주리 맡기기> 믿을 수 없는 사람에게 소중한 물건을 맡겼다가는 도리어 잃게 될 뿐이라는 말. ▷[고오'내'기 아'페 궤기 꽝지'리 맥'낀다].

[꼬오'다' 노옴 보릳짜리'] <꿔다 놓은 보릿자루> 여럿이 모여 웃고 떠드는 가운데 혼자 묵묵히 앉아 있는 사람을 가리키는 말.

[꼬자'~아~ 꿔잉 꼬오' 깜' 빼'애 묵뜨시] <꼬챙이에 펜 곶감 빼어 먹듯> 애써 모아 둔 재산을 조금씩 잇달아 헐어 써 없애는 것을 비유.

[꼬재'~이~마 타고 궤'기느 애~ 잉는'다] <꼬챙이만 타고 고기는 안 익는다> 꼭 이루어져야 할 것은 되지 않고, 그 반대로만 될 때 이르는 말. ▷[궤'기느 애~ 익'꼬 꼬'지'마 탄다].

[꼬재'~이~ 열' 낙' 껃따] <꼬챙이 열 낱 같다> 매우 똑똑하여 일을 확실하게 처리한다. ▷[마린낭' 글 두우' 봉' 껑는다].

[꼬~오'~ 새'끼 키'우머 지' 질로 간다] <꺼병이를 키우면 제 길로 간다> 남의 자식은 애써 키워 봤자 끝내 제 낳은 부모나 야성을 찾아간다. ▷[좌'아온 자'석' 잉감' 맹글'기 힘'들'다]. 참 '꽁뻬가리 키우머 지 질로 간다'고도 이름.

[꼭'찌예 부'움 무리 발'치'로 내'리간다] <꼭뒤에 부은 물이 발뒤꿈치로 내려간다> ①윗사람이 나쁜 짓을 하면 이내 아랫사람에게도 그 영향을 미치게 된다. ②무엇이거나 전통을 따라서 위의 것이 아래로 내려간다. ▷[움'무리 말'거야 아림'무리 말'따].

[꼴 보'고 이'름 지인'는'다] <꼴을 보고 이름 짓는다> 무슨 일이나 격에 맞도록 모양에 어울리게 주선한다. ▷[칙'수' 바아' 가'머 온' 찌'익꼬, 얼굴' 간' 나라 이'름 지읻'짜'].

[꼽'쁜 나'부, 물'봉'기'리'기] <꽃 본 나비, 물 본 기러기> ①서로 만나, 너무도 반가워서 어쩔 줄 모르는 모양을 이르는 말. ②남녀간 정이 깊어 잠시도 떨어지지 못하는 즐거움을 두고 이르는 말. ③바라던 바를 이루어 득의 양양함을 이르는 말.

[꽁'꾸'버 무군 자'리(소'석)] <꿩 구워 먹은 자리(소식)> ①어떤 일을 하고도 아무런 흔적을 남기지 않고 말끔하다는 뜻. ②소식이 전혀 없다는 말. ▷[가~언'두 포오'수']/[까'무치 콕꾸여'~이~다].

[꽁 대애'신'달'기라꼬] <꿩 대신 닭이라고> 적당한 것이 없을 때 그와 비슷한 것으로 대신한다는 말. ▷[엄'마 보구저'부머 이'모로 보'고, 아부'지 보구저'부머 고'모로 본다]/[이'가' 업'시'머 임'모므로 사안'다'].

[꽁 떨구'움 매애'신'세] <꿩 놓친 매 신세> 애써 잡았다가 놓치고 나서 혼자 헐떡이며 분해하는 처량한 신세.

[꽁'묵'꼬 알'묵'꼬, 도랑'치고 까아'재'작꼬] <꿩 먹고 알 먹고, 도랑 치고 가재 잡고> 한 가지 일로 두 가지 이익을 본다는 말. 참 '꽁 묵꼬 알 뭉는다.' 또는 '도랑 치고 까아재 잡는다.'고도 이름. ▷[떡'살'뭄 무레 주~우'~ 디이'친'다].

[꽁 잠능'기'이 매애'다'] <꿩 잡는 것이 매다> ①과정이야 어찌하든 결과만 얻어내면 제일이다. ②매는 꿩을 잡아야만 제 몫을 한다고 보듯이, 이름에 어울리는 제 구실을 해야 명실상부하다.

[꾸'메 본 재'무리다] <꿈에 본 재물이다> 아무리 좋아도 손에 넣을 수 없는 대상이다. ▷[기'리'메 떡']/[보'고 모옴'뭉'는 장'떡 (애~이'~가')].

[꾸정'물또 서어'랄'꾸정'무리 거어다] <구정물도 세밑 구정물이 걸다> 구정물도 양식이 남아 있는 음력 설 이전의 것이 더 걸다 함이니, 수입이 조금 있을 때가 그래도 살기가 낫다는 말.

[꿀떠'게 불'때 앤다] <굴뚝에 불 땐다> 차례를 뒤바꿀 때 항의하는 뜻을 담아 이르는 말. ▷[개애'시'베도 수운'서'가 잍'따]/[참'무'레도 노오'소'가 잍'따].

[꿀'또'야'기'라커머(얘'기'라커머) 십따] <꿀도 약이라면 쓰다> 자기에게 이로운 말이라도 흔히 그걸 듣기 싫어한다는 말.

[꿀'로'묵'꼬 내앵'바'~아~ 잔나] <꿀을 먹고 냉방에 잤나> 왜 입을 꼭 다물

고서 아무 말이 없느냐는 말.

[꿀' 무' 굼 버버' 리] <꿀 먹은 벙어리> 마음속의 생각을 겉으로 나타내지 못하는 사람의 심정을 통탄하는 말. ▷[버버' 리 내앵' 가' 시미].

[꿀' 버다아 더 당 거' 느 내앵' 수'(참' 물')] <꿀보다 더 단 것은 냉수(찬물)> 목마를 때는 냉수 맛이 가장 좋다는 말.

[꿈' 버다아 해애 모'~이~ 조올' 타'] <꿈보다 해몽이 좋다> 사실은 그렇지 못하지만 유리하게 둘러대어 오히려 그럴싸하게 해석한다. 참 '꿈버다아 해애 몽'이라고도 함.

[끄라재' 비 오오' 조' 캐(조' 카)] <막내 아재비 올 조카> 나이 많은 시어머니가 낳은 막내 아저씨와 맏며느리가 낳은 나이 많은 장질 조카 사이라 함이니, 덩치는 고만고만하면서도 항렬이 다른 사람끼리 아옹다옹할 때 이르는 말.

[끈' 떠' 러진 더부래'~이~(다부래'~이~)] <끈 떨어진 뒤웅박> 도무지 의지할 데가 없는 처지를 이름. ▷[낭' 게도 도올' 게' 에도 지이' 대' 앨 때가 어업' 따'].

[끌' 거 (가아) 부시럼'] <긁어 (가지고) 부스럼> 공연히 건드려서 만들어 낸 걱정거리. ▷[고여' 는 지이' 사'(제에' 사') 지내' 애고, 어' 물 깝' 세 쫄리' 인다].

[끌' 거 바앝째 조갑' 찌가 딿' 쩨 솓' 치 딿' 그까] <긁어 봤자 조가비가 닳지 솥이 닳을까> 약한 것이 강한 것과 겨루어 봤자 결국 약한 것만 손해를 입는다는 말.

[끌' 름' 팓' 쭉 한 숙까' 락, 떠무' 구나 마아나] <끓는 팥죽 한 숟가락, 떠먹으나 마나> 어떤 행동을 한 흔적이나 증거가 전혀 남지 않음을 비유하는 말.

[끌' 릉' 구' 게 맘' 모' 린다] <끓는 국에 맛 모른다> 급한 경우를 당하면 정확한 판단을 할 수가 없게 된다.

[끼일' 바' 진 넘 박꼬랑'(책짱') 시알' 린다] <게으른 놈 밭고랑(책장) 헤아린다> 일에는 전혀 마음이 없고 게으름을 피우며 하던 일에서 빨리 벗어날 궁리만 하고 있다.

[끼일' 바' 진 연 쪼' 찹뿌고, 구운' 둥' 지 자래애 뭉는' 연 나' 아둔다] <게으른 년은 쫓아 버리고, 군음식 잘해 먹는 년을 놓아둔다> 게으른 사람보다는 차

라리 지나칠 정도로 부지런한 사람이 낫다.

[나′가′늘 무는 너리′고 두′로′늘 무는 쫍′따] <나가는 문은 넓고, 들어오는 문은 좁다> 나가기야 쉽지만 들어오기는 어렵다. ▷[집′ 찌인는 집 머스′믄 정지무′늘 드가가′아 빈지 터′믈 나오′고, 큰′닐′치는 집 머스′음 빈지 터′믈 드가가′아 정지무′늘 나온′다].

[나간′ 너머 직꾸석′] <나간 놈의 집구석> 집안이 어수선하고 질서가 없음을 비유.

[나간′ 넘 요오′느′ 이′서(사)도, 자′는′ 넘 요오′느′ 어업′따] <나간 놈 요는 있어도, 자는 놈 요는 없다> 외출한 사람에게 줄 요는(음식은) 있어도 자는 사람의 것은 없다 함이니, 게으른 사람에게는 아무런 혜택이 돌아가지 아니한다. ▷[자′는′ 사′람 요오′느′ 어업′서′도, 짐′ 나간′ 사′람 요오′느′ 읻′따].

[나′그네 궁′ 마아다 컫짜, 쥐인′네′ 자앙′ 떠′러진다] <나그네가 국을 마다 하자, 주인 네 장 떨어진다> 일이 아주 공교롭게도 서로 잘 맞아 들어간다. ▷[쥐인′네′ 자앙′ 떠′러지자, 나′그네 궁′ 마′아다 컨는다].

[나는′ 넘 미 테 띠는′ 넘 읻′따] <나는 놈 밑에 뛰는 놈 있다> ①잘난 체해도 그보다 더 나은 사람이 많으니까 자만심을 갖지 말라고 경계하는 말. ②잘난 사람이 있으면 못난 사람도 있게 마련이다. ▷[나는′ 넘 미′테 띠는′ 넘 읻′따]/[띠′는′ 넘 미′테 기′는′ 넘 읻′따]/[버엄′ 자′ 아뭉는 담′부가 읻′따].

[나는′ 새 뽇짜′ 불라 컫따가 쥐인′ 새′ 떨군는′다] <나는 새 붙잡으려다가 쥔

새 놓친다> 지나친 욕심은 오히려 더 큰 손해를 초래한다. ▷[욕시'미 마
아'느'머 실물'로 가암'한'다].

[나'라가 페'너야(페'내야) 시'나가 펜'타] <나라가 편해야 신하가 편하다>
나라님이 편안해야 신하도 마음 편히 지낼 수 있다 함이니, 위가 편해야만
아래도 편하다.

[나'라임도 불티 무'등 거느 잡순는'다] <나라님도 불티 묻은 것은 잡수신다>
불티 묻은 음식을 타박하거나 안 먹겠다고 할 때 깨우치는 말. ▷[우리'
나'라 금'자임도 불'티'느 뭉는'다]/[저엉'승'도 문지'느 뭉는'다].

[나마'안사랑캉 아'아느 붇'치는 대로 간다] <늙은이와 아이는 붙이는 대로
간다> 사람은 누구나 정을 주는 쪽으로 따르기 마련이다. ▷[무'른'지푼'
더로 실리'인다]/[아'아캉 개애'카'~은~ 사구'운 대애'로'간다].

[나'메(나'무) 초사'~을~ 마'털시머(마'탈'시머) 삼연사'~을~ 내'애 조오'야'
지] <남의 초상을 맡았으면 삼년상을 내어 줘야지> 남의 일을 도와주려거
든 끝까지 철저히 해 주라는 말. ▷[남'자가 칼'로'함'문'빼애'시'머, 등
게서'메라도 꼬'버야지]/[칼'로'함'문'빼애'시머, 등게서'메라도 꼬'버
야지].

[나'무 누네 눔'물'내애'머, 지 누'네느 피'난'다] <남의 눈에 눈물 내면,
제 눈에는 피 난다> 남에게 모질거나 악한 짓을 하면 반드시 그보다 더한
죄를 받게 된다.

[나무래'앨 끼이 어업'시'머 메'느리 발'디이치거리가 달게'랄 걷따 컨는다]
<나무랄 것이 없으면 며느리 발뒤축이 계란 같다고 한다> 공연히 트집을
잡아 억지로 허물을 지어낸다. ▷[메'느리가 미'부머 발'디이치기가 다'랄
걷따 컨는다].

[나'무 바'베 코'~이~(퀘'~이~) 구울'따] <남의 밥의 콩이 굵다> 자기 것보
다 남의 것이 항상 더 좋아 보인다. ▷[모옴'무'거 본'떠'기'마시'서 비'
인다].

[나'무 사정 다아'보'머, 도옹'네 시'애'비가 열뚜'우리다] <남의 사정 다
보면, 동네 시아비가 열둘이다> 지나치게 남의 사정을 봐주다가는 낭패를
보게 된다. ▷[나'무 시잉'미'다아'마'추울라 커'머(카'머), 도옹'네'
시'애'비가 열뚜'우 키다].

[나'무 소오'게' (등) 글'또' 배'운다] <남의 속에 (든) 글도 배운다> 남의 머리 속에 들어 있어 눈으로 볼 수 없는 글도 배우거든, 하물며 직접 남이 하는 것을 보고서야 못 배울 리가 있겠느냐는 말.

[나'무 수~은~ 사'알] <남의 흉은 사흘> 남들이 비록 당장에는 흉을 보더라도, 사흘만 지나면 다들 잊어버리니, 크게 신경 쓸 것 없다는 말.

[나'무 숭 항 가'지가 지 숭' 열' 까'지] <남의 흉 한 가지가 제 흉 열 가지> 자기는 더 많은 결점을 가졌으면서도 남의 흉을 봄을 경계하는 말. ▷[가'매가 껌저'~아~ 컨다]/[다'라' 맨 대애'주가 누분' 대애'주 나무래' 앤다]/[지 숭' 열 까'진 너'미' 나'무 숭 항 가'지로 본다].

[나'무 시잉'미' 다아' 마'추울라 커'머(카'머), 도옹'네' 시'애' 비가 열뚜'우 키다] <남의 성미 다 맞추려면, 동네 시아비가 열두 사람이다> 남의 사정을 지나치게 봐주다가는 곤란을 당하기 쉽다. ▷[나'무 사정 다아' 보'머, 도옹'네' 시'애' 비가 열뚜' 우리다].

[나'무 심 맘마'~이~ 보고(어업' 신' 니기가아), 부지깨'~이~ 가' 주구 달' 러(라)든다] <남의 X을 만만하게 보고(업신여겨서), 부지깽이 가지고 달려든다> 함부로 업신여기지 말라는 말.

[나'무 이이른 오~오'~여'~르메도 소'~이'~ 시'럽따] <남의 일은 한여름에도 손이 시리다> 남의 일이라면 제 일과는 달리 참으로 하기 싫음을 이르는 말. ▷[오~오'~여'~름 물'또 남' 치'늠 무른 참'따'].

[나무' 재'주 잘하는 넘 낭'게 널찌'고, 무'재'주 잘하는 넘 무'레' 빠'진'다] <나무 재주 잘하는 놈 나무에서 떨어지고, 물 재주 잘하는 놈 물에 빠진다> 사람은 흔히 자기 재주를 과신하다가 그 때문에 실수를 하게 된다.

[나'무 제에'사' 아 꼬오'깜' 나' 아라 빠암' 나' 아라 컨는다] <남의 제사에 곶감 놓아라 밤 놓아라 한다> 아무런 관계가 없는 일에 부당하게 간섭함을 이르는 말. ▷[거억'쩡'도 팔'짜' 다]/[남' 떵' 뭉'는데 꽉꼬'물 널찌능' 거억'쩡' 한다]/[나'무 지이'사'예 가암' 나' 아라 대애'추' 나' 아라 컨는다]/[마당' 터'지'(터'전) 는데 솔뿌'리 거억' 쩡' 한다]/[바~아'~네 안' 저가아 암만' 요~오'~을'~ 서' 바' 아라, 나간' 니미 뜨싱' 강]/[비' 삼 밤' 묵' 꼬 허' 릉 거억' 쩡' 한다]/[오지라 피 너리' 다]/[처매 꿔가 너리' 다]/[치매'가 열'뚜' 우포' 깅' 강].

[나′무 지이′사′(제에′사′)예 가암′ 나′아라 대애′추′ 나′아라 컨는다] <남의 제사에 감 놓아라 대추 놓아라 한다> 자기와는 상관도 없는 일에 쓸데없이 간섭함을 이르는 말. ▷[거억′쩡′도 팔′짜′다]/[남′ 떵′ 뭉′는데 팍꼬′물 널찌능′ 거억′쩡′한다]/[나′무 제에′사′아 꼬오′깜′ 나′아라 빠암′ 나′아라 컨는다]/[마당′ 터′지′(터′전′)는데 솔뿌′리 거억′쩡′ 한다]/[바~아′~네 안′ 저가아 암만′ 요′오′~을′~ 서′ 바′아라, 나간′ 니미 뜨싱′강]/[비′삼 밤′묵′꼬 허′릉 거억′쩡′ 한다]/[오지라′ 피 너리′다]/[처매′ 꿔가 너리′다]/[치매′가 열′뚜′우 포′깅′강].

[나′무 짐 메′늘또 오′래 사아′머′ 시′이′미 질 한다] <남의 집 며느리도 오래 살면 시어미 질 한다> 지금은 비록 남의 밑에 있지만 시간이 지나면 저절로 사람을 부리는 자리에 오르게 된다. ▷[메′느리도 시′이′미 질 할′때가 일′따]/[시이′어′매~이~ 주′구머, 큼′방′ 차지′내′ 차지]/[큼′ 마′리 나가′머, 자금′ 마′리 큼′ 말′ 노′를탄다].

[나′무 짐 메′늘 똥′ 때′중하다가 제에′사′ 실′수′한다] <남의 집 며느리 똥 대중하다가 제사 실수한다> 남의 집 며느리가 뒤보는 시간을 기준하여 제사 지내는 시간을 맞추려다가 그만 실수를 한다 함이니, 합리적이지 못한 짐작만을 지나치게 믿다가는 일을 그르치기 십상이라는 말.

[나무′칼로 귀로 비′이도 모린다] <나무칼로 귀를 베어도 모른다> ①잠이 너무 깊이 들어 아무리 흔들어도 깨지 않는다. ②어떠한 일에 몹시 골몰하여 다른 일엔 전혀 여념이 없다. ▷[두우′리′ 묵따′가 항′ 키 주′거도 모린다].

[나무′칼로 무′고 디이′로′ 잡′뻐지구 접따] <나무칼을 물고 뒤로 자빠지고 싶다> 억울한 사정을 당하고서도 어찌 해명할 방도조차 없어 그냥 죽고만 싶을 뿐이다. ▷[서′근 새′끼′에 모′글 매′애가아 죽꾸 접′따].

[나물′ 날′ 꼬든 입′새버텅 아안다] <나물 날 곳은 입구부터 안다> ①훌륭하게 될 인재는 어려서부터 남다른 점이 있다. ②결과가 좋을 것은 그 시초부터 잘된다. ▷[등 구′부머 질매′ 까아′지′]/[설′ 때 구′치 나′아가, 나′아도 구′친다]/[아′시예 베′린(서언′) 떠′근′, 다′시예도 베′린다(서언′다′)]/[에′릴 때′버′텅 질매′ 까아지].

[나′미′사 뺨수′~이′~로(뺨쉬′~이′~로) 똥꾸′믈 딱끼′나 마아′기′나] <남이야 밤송이로 똥구멍을 닦거나 말거나> 남의 눈에 벗어나는 행동일지라도, 제

가 좋아서 하는 짓이니까 상관하지 마라는 말. ▷[나'미'사 사암'승' 버서' 늘 시잉'꼬' 물'꼰'지로 서기' 나 마아' 기' 나]/[나'미'사 점붇' 때로 빼애가' 아 기로 휘' 비기나 마아' 기' 나]/[나'미'사 지붕'케 소'로' 마' 러 올' 리기나 마아' 기' 나]/[나'미'사 토~영~ 가' 슬' 시고 물'꼰'지로 서듬' 마아' 든']/[나' 미'사 토~영~ 가' 슬' 시고 지붕'케 소'로' 마' 라 올' 리기나 마아' 기' 나].

[나'미'사 사암'승' 버서'늘 시잉'꼬' 물'꼰'지로 서기'나 마아' 기' 나] <남이야 삼승 버선을 신고 물구나무를 서거나 말거나> 남의 일에 쓸데없이 간섭하지 마라는 말. ▷[나' 미'사 빰수'~이~로(빰쉬'~이~로) 똥꾸'를 딱끼' 나 마아' 기' 나]/[나'미'사 점붇' 때로 빼애가' 아 기로 휘' 비기나 마아' 기' 나]/ [나'미'사 지붕'케 소'로' 마' 러 올' 리기나 마아' 기' 나]/[나'미'사 토~영~ 가' 슬' 시고 물'꼰'지로 서듬' 마아' 든']/[나'미'사 토~영~ 가' 슬' 시고 지붕'케 소'로' 마' 라 올' 리기나 마아' 기' 나].

[나'미'사 점붇' 때로 빼애가' 아 기로 휘' 비기나 마아' 기' 나] <남이야 전봇대를 빼어서 귀를 후비거나 말거나> 제가 좋아서 하는 일이니까 상관하지 마라는 말. ▷[나' 미'사 빰수'~이~로(빰쉬'~이~로) 똥꾸'를 딱끼' 나 마아' 기' 나]/[나' 미'사 사암'승' 버서' 늘 시잉'꼬' 물'꼰'지로 서기' 나 마아' 기' 나]/[나' 미'사 지붕'케 소'로' 마' 러 올' 리기나 마아' 기' 나]/[나' 미'사 토~영~ 가' 슬' 시고 물'꼰'지로 서듬' 마아' 든']/[나' 미'사 토~영~ 가' 슬' 시고 지붕'케 소'로' 마' 라 올' 리기나 마아' 기' 나].

[나'미'사 지붕'케 소'로' 마' 러 올' 리기나 마아' 기' 나] <남이야 지붕에 소를 몰아 올리거나 말거나> 남이야 어떤 일을 하든지 간에 관계하지 마라는 말. ▷[나' 미'사 빰수'~이~로(빰쉬'~이~로) 똥꾸'를 딱끼' 나 마아' 기' 나]/[나' 미'사 사암'승' 버서' 늘 시잉'꼬' 물'꼰'지로 서기' 나 마아' 기' 나]/[나' 미'사 점붇' 때로 빼애가' 아 기로 휘' 비기나 마아' 기' 나]/[나' 미'사 토~영~ 가' 슬' 시고 물'꼰'지로 서듬' 마아' 든']/[나' 미'사 토~영~ 가' 슬' 시고 지붕'케 소'로' 마' 라 올' 리기나 마아' 기' 나].

[나'미'사 토~영~ 가' 슬' 시고 물'꼰'지로 서듬' 마아' 든] <남이야 통영 갓을 쓰고 물구나무를 서든 말든> 남이야 어떤 일을 하든 공연히 간섭하지 마라는 말. ▷[나' 미'사 빰수'~이~로(빰쉬'~이~로) 똥꾸'를 딱끼' 나 마아' 기' 나]/[나' 미'사 사암'승' 버서' 늘 시잉'꼬' 물'꼰'지로 서기' 나 마아' 기'

나]/[나′미′사 점붇′때로 빼애가′아 기로 휘′비기나 마아′기′나]/[나′미′사 지붕′케 소′로′ 마′러 올′리기나 마아′기′나]/[나′미′사 토~영~ 가′슬′ 시고 지붕′케 소′로′ 마′라 올′리기나 마아′기′나].

[나′미′사 토~영~ 가′슬′ 시고 지붕′케 소′로′ 마′라 올′리기나 마아′기′나] <남이야 통영 갓을 쓰고 지붕에 소를 몰아 올리거나 말거나> 남이야 무슨 일을 하거나 공연히 간섭하지 마라는 말. ▷[나′미′사 뺨수′~이~로(뺨쉬′~이~로) 똥꾸′믈 딱끼′나 마아′기′나]/[나′미′사 사암′승′ 버서′늘 시잉′꼬′ 물′꼰′지로 서기′나 마아′기′나]/[나′미′사 점붇′때로 빼애가′아 기로 휘′비기나 마아′기′나]/[나′미′사 지붕′케 소′로′ 마′러 올′리기나 마아′기′나]/[나′미′사 토~영~ 가′슬′ 시고 물′꼰′지로 서듬′ 마아′든′].

[나′빌′ 날 새 다리′ 하나′ 무′구머, 소 다리′ 하나′ 무′군 텍 댄′다] <납일에 새 다리 하나 먹으면, 소다리 하나 먹은 턱 된다> 납일(臘日)에 참새 고기를 먹는 것이 몸에 좋다는 말. 참′납일′이란 동지 뒤의 셋째 술(戌)일.

[나′아 미긴 소′ (걷′따)] <놓아 먹인 소 (같다)> 가정교육을 제대로 받지 못하여 예의범절을 모르는 사람을 낮춰서 이르는 말.

[나알′리′에도 피이′라′~이~ 읻따] <난리에도 피난이 있다> 아무리 어려운 일이라도 피하거나 해결하는 방법은 꼭 있게 마련이다. ▷[따′~이′~ 꺼′저′도 비이′끼′ 설′ 떼가 익′꼬, 하′느리 뭉개′애저도 소′사날 궁′기 읻′따]/[주′굴비~이~에~도 사알′ 랴′(래′)기′ 읻′따]/[주′글 랴′ 짜′테 사알′ 랴′ 긷따]/[화′느리 뭉′거저도 소′서날(소′사날) 구무′~이~ 읻′따].

[나앙′줴′~에′ 보′자 컨는′ 넘 (치′고′) 무서′분 넘 업′떠′라] <나중에 보자는 놈 (치고) 무서운 놈 없더라> 그 당장에 화풀이를 하지 못하고 두고 보자는 사람은 전혀 두려울 것이 없다는 뜻.

[나′ 저′어근 히′~이~느~ 업서′(사′)도, 배 소′오게 든 할′배′느 읻′따] <나이 적은 형은 없어도, 배속에 든 할아버지는 있다> 자기보다 나이가 적은 할아버지뻘은 있지만, 나이가 어린 사람에게 형이라 부르지는 않는다. ▷[배소′오게 든′ 할′배′느 이′서도, 나′ 저′어근 히′~이~느~ 어업′따′].

[낙숨′무리 도올′게′다가 구여′~을~ 떠얼′는′다] <낙숫물이 돌에다가 구멍을 뚫는다> 작은 힘이지만 끈기 있게 계속하면 큰 일을 이룰 수가 있다. ▷[열′ 뿐′ 찌′거 앤 너′머가는 나무′가 어업′따′].

[난' 녹'코 기' 억짜도 모린다] <낫 놓고 기역자도 모른다> 매우 무식하다는 뜻. ▷[갇'짜 디잇'따'리도 모린다']/[꺼'뭉 거느 글'짜'고 하아'양' 거'느 조'~오~다]/[누'~이'~ 발빠'닥 걷'따]/[허어'영' 거'느 조'~오~고, 꺼'뭉' 거'느 글'시'다]/[힝' 거느 조'~오~고 꺼'뭉 거느 머'기'다].

[난' 니'이바구 비'러뭉는다] <낮 이야기 빌어먹는다> 대낮에 일은 하지 않고 이야기나 길게 하고 있어서는 아니 된다. ▷[난' 니'이야기 농'사 피이'농'].

[난' 니'이야기 농'사 피이'농'] <낮 이야기 농사 폐농(廢農)> 열심히 일을 해야 할 낮 시간에 이야기나 하고 있는 것을 경계하는 말. ▷[난' 니'이바구 비'러뭉는다].

[날'개' 뿌'러(라)짐 매애' 신'세] <날개 부러진 매 신세> 위세를 부리다가 심한 타격을 받아 전혀 힘을 못 쓰게 된 신세. ▷[꼬랑대'기 빠진 새애' 걷'따]/[쭉'찌 빠'진' 새애' 꼬'라지].

[날'개'에 터리'기도 앤 낭 기'이 날'라 컨는다] <날개에 털도 안 난 것이 날려고 한다> 어리석은 사람이 제 분수나 실력에 넘치는 일을 하려 든다. ▷[기'도' 모온' 하'능 기이 날'라 컨는다].

[날'러온 도올'기' 본' 도'올 친다] <날아온 돌이 본 돌 친다> 외부에서 들어온 사람이 본래부터 있던 사람을 내쫓거나 그를 능가한다. ▷[구불'러(라) 온 도오'리' 본' 돌' 깬'다].

[남' 나'아둔 거느 소'도' 모온' 찬'는다] <남이 놓아둔 것은 소도 못 찾는다> 다른 사람이 어떤 장소에다 놓아뒀다고 하는 물건은, 그게 비록 소처럼 큰 덩치의 것일지라도 찾기가 매우 힘든 법이다.

[남' 떵' 뭉'는데 팍꼬'물 널찌능' 거억'쩡' 한다] <남 떡 먹는데 팥고물 떨어지는 걱정한다> 자기와는 무관한 남의 일을 두고 쓸데없는 걱정을 한다. ▷[거억'쩡'도 팔'짜'다]/[나'무 제에'사'아 꼬오'깜' 나'아라 빠암' 나'아라 컨는다]/[나'무 지이'사'예 가암' 나'아라 대애'추' 나'아라 컨는다]/[마당' 터'지'(터'전')는데 솔뿌'리 거억' 쩡' 한다]/[바'아'~네 안' 저가아 암만' 요~오'~을'~ 서' 바'아라, 나간' 니미 뜨싱' 강]/[비'삼 밤' 묵'꼬 허'릉 거억' 쩡' 한다]/[오지라'피 너리'다]/[처매' 뀌가 너리'다]/[치매'가 열'뚜'우 포'깅' 강].

[남'마'아른 새애'가 득'꼬 밤'마'아른 쥐'가 든는'다] <낮말은 새가 듣고 밤 말은 쥐가 든는다> 아무리 비밀로 한 일이라도 남들이 결국은 알게 되고 만다. ▷[바'럼'늠 마아'리' 철'리 간다]/[밤' 마'아른 쥐'가' 물'고 가'고, 남' 마'아른 새애'가' 물'고 간'다'].

[남무'~이~ 쥐'구'영'마' 안하다] <남문이 쥐구멍 만하다> 턱없이 간만 커져서 눈에 뭐가 도무지 뵈는 것이라곤 없다. ▷[화'느리 돈짱' 마안하고, 남무'~이~ 쥐구영마' 안하다].

[남' 버'르시가, 든' 버'르시다] <난 버릇이, 든 버릇이다> 평소에 가지고 있던 버릇은, 감추기 어려워 어디에서나 자꾸 나타난다.

[남산' 도오'리'머 다아' 옥'똘'가(옥'또' 오링강)] <남산 돌이면 다 옥돌이냐(옥돌인감)> ①이름만으로는 사물을 제대로 판단할 수 없다는 말. ②좋은 일 가운데는 궂은 일도 더러 섞여 있다는 말. ▷[겨엉'주' 도오'리'머 다아 옥'똘'가].

[남'자가 우우' 비'캉 거어' 짐'마아른 징' 기고 댕'기야 댄다] <남자가 우비와 거짓말은 지니고 다녀야 된다> 급한 상황에 처하면 임기응변으로 대응할 수 있는 기지와 준비가 꼭 돼 있어야 한다. 참 '우우비캉 거어짐마아른 징 기고 댕기야 댄다.'고도 이름.

[남'자가 출'세'로 하알'라' 커머 처매짜'리 서어'이'로 잘 만'내야 덴다] <남자가 출세를 하려면 치마 짜리 셋을 잘 만나야 된다> 남자가 잘난 세 사람의 여자, 즉 자기 할머니와 어머니 그리고 부인을 잘 만나면 출세할 수 있는 바탕이 된다는 말. ▷[처매짜'리 서어'이'로 잘 만'내머 남'자가 출'세'로 한다].

[남'자가 칼'로' 함'문' 빼앧' 시'머, 등게서' 메라도 꼬' 버야지] <남자가 칼을 한 번 뺐으면, 왕겨 섬에라도 꽂아야지> 무슨 일이든 시작을 했으면 내친 김에 끝까지 밀고 나가야 한다는 말. ▷[나'메(나'무) 초사'~을~ 마'털시머(마'탈시머) 삼연사'~을~ 내'애 조오'야'지]/[칼'로' 함'문' 빼앧' 시'머, 등게서' 메라도 꼬' 버야지].

[남'자느 도온' 시'다가 함 펭성', 예'자'느 바'파' 다가(바' 바' 다가) 함 펭성'] <남자는 돈 쓰다가 한 평생, 여자는 밥짓다가 한 평생> 남자는 바깥 일로, 여자는 집안 일에 매달리다 보면 한 평생을 덧없이 보내게 된다는

말.

[남'자는 시이' 가'지 뿌리'기로 조오'심' 해애야 댄다] <남자는 세 가지 뿌리를 조심해야 된다> 남자는 말을 하는 입부리, 돌아다니는 발부리, 그리고 자지부리를 조심해야 한다. ▷[사아'라'믄 시이' 가'지 뿔기'~이~로조오' 심' 해애' 야' 댄' 다].

[낭' 게도 도올' 게'에도 지이' 대' 앨 떼가 어업' 따'] <나무에도 돌에도 기댈 데가 없다> 도움을 받을 곳이라고는 세상 어디에도 없다. ▷[끈' 떠' 러진 더 부래'~이~(다부래'~이~)].

[낭게'에 올'러가라 캐애' 녹'코 흔든' 다] <나무에 올라가라 해 놓고 흔든다> 좋은 낯으로 사람을 꾀어 놓고서는, 위험한 곳이나 불행한 처지로 몰아넣는다.

[낭' 기 늘' 거 고오'무' 기 대머, 오' 던' 새애' 도' 애~ 온' 다'] <나무가 늙어 고목이 되면, 오던 새도 아니 온다> 늙거나 형편이 나빠지게 되면, 누구 한 사람 전처럼 찾아 주지도 않고 좋아해 주는 이도 없어진다. ▷[눔'머' 언 새애' 도' 앤' 도'라본다]/[지품' 물'또 야'퍼지머 오' 덩' 케' 기도 애~ 온다].

[내' 모' 옴 뭉늠 바'베 재'나' 뿌'린다(재' 지' 버역키)] <내 못 먹는 밥에 재나 뿌린다(재 집어넣기)> 매우 심술이 사나움을 이르는 말. ▷[모오' 개' 나무 심' 술]/[모옴' 뭉' 능 가암' 쩔' 러나 본다]/[불' 란' 지'베 채~이'~(부' 채)질한다]/[호오' 바' 게 말띠' 기 박끼'].

[내 묵'끼느 실코 남' 주' 기느 아깝' 따] <내 먹기는 싫고 남 주기는 아깝다> 제가 싫다고 남에게조차 주지 않는 비뚤어진 마음씨를 이르는 말.

[내' 밤 무' 궁 개애'가' 내' 발치거'리 문' 다] <내 밥 먹은 개가 내 발뒤축 문다> 자기의 은혜를 입은 사람이 도리어 해로움을 끼친다. ▷[민' 는' 도오'끼'예 발뜽' 찍끼' 인다]/[미'든 도오'끼' 발' 쩡' 는다].

[내' 소~이~ 내' 따리다] <내 손이 내 딸이다> 내 손으로 직접 하는 것이 남을 시키는 것보다 훨씬 더 마음에 들고 쉽다.

[내 손터'베 자~아'~을'~ 쩨'지라] <내 손톱에 장을 지져라> 무엇을 장담할 때나 강경히 주장하는 말. ▷[송까' 라게 불'로' 부' 치가아 하' 늘로 올'리 끼~이~].

[내 우'루미 저엉' 우'룽가, 우라'배 주'구미 저엉' 주'궁가] <내 울음이 참

울음이냐, 우리 아버지 죽음이 참 죽음이냐> 진정에서 우러나는 일이 아니라, 다만 그러한 체함을 이르는 말. 참 '딸년은 도둑년'이라는 말을 시험하기 위해, 아버지가 죽었다고 헛소문을 내자, 딸이 머리를 풀고 들어서면서 하는 말이, "아이고 참, 아버지가 살았을 때, 앞들 개똥밭과 뒷들 거머리 논을 나에게 준다고 했는데, 이렇게 갑자기 가시면 어쩌느냐"고 목을 놓아 꺼이꺼이 우는 것이었다. 이 소리를 병풍 뒤에서 듣고 있던 아버지가 썩 나서며, "내가 언제 너에게 땅을 준다고 했느냐?"고 따지고 들자 딸이 이렇게 말했다는 데서 유래한 말. '우 라배 주구미 저엉 주궁가, 내 우루미 저엉 우룽가'라고도 함. ▷[압' 뜨을 거엄'처' 리 논, 디읻' 뜨' 을 개애' 똥' 받].

[내' 우우' 덩' 고' 데 니' 도 우' 러 바아' 라'] <내 울던 곳에 너도 울어 봐라> 내가 당한 고통과 설움을 너도 한 번 제대로 당해 봐라.

[내' 절 부체' 느 내' 가' 위이' 해' 양 댄다] <내 절 부처는 내가 위해야 된다> 자기가 모시는 주인은 자기가 잘 섬겨야만 남들도 그를 알아보고 대접한다.

[내' 칼또 나' 무 칼째' 베 드' 머' 에' 럽따(드' 마' 에' 랍따)] <내 칼도 남의 칼집에 들면 어렵다> 아무리 제 것일지라도 남의 손에 일단 들어가고 나면 제 마음대로 할 수가 없어지게 된다. ▷[아' 부 조옹' 도' 내' 조옹' 마' 모온' 하' 다].

[내 할' 마알 사' 도~이~ 한다] <내 할 말 사돈이 한다> ①내가 해야 할 말을 상대편이 도리어 가로채어서 할 때 이르는 말. ②이쪽에서 말해야 할 일을 가지고 상대편이 도리어 말할 때 이르는 말.

[너거' 아' 아 우우' 는' 데 내 부' ~아~리(조' 지') 당하' 나] <너희 아이 우는데 내 불알(좆)이 당하냐> 전혀 상관없는 사람에게 부당한 일을 시킬 때 쓰는 말.

[너거' 지' 베 무' 군 디인' 장' 인' 나] <너희 집에 묵은 된장 있나> ①네 머리가 터지더라도 원망하지 마라는 뜻. ②아이들보고 돌팔매질을 하지 마라는 말. 참 옛날에는 머리가 터지면 된장을 발라서 치료를 하곤 했기에 생긴 말.

[너거' 지' 베 무시' 꼬랑대' 기 무' 더 나' 안나] <너희 집에 무 꼬리 묻어 놨느냐> 손님이 왔다가 총총히 돌아가려고 할 때, 무엇을 그리 급히 갈 것 있느냐고 붙잡으며 하는 말. ▷[지' 베 무시' 꼬랑대' 기 무' 더 나' 안나]/[화릳'

쩌어네 여'던'저 나'안나].

[너구'리 구울' 보'고 피'물 또온 내'애 신다] <너구리 굴 보고 피물(皮物) 돈 내어 쓴다> 일을 너무 급히 서둘러 한다. ▷[웅'구레 가가'아 숭'영 착'껠'따(찬'는'다)]/[잡'찌도 애~ 하'고 마'리 바안'석' 가린'다].

[너불'때 대가'리매애로 척끼든'다] <율모기 대가리처럼 추켜든다> 남보다 나은 것도 없으면서 잘난 체하며 나설 때 우롱하는 말. ▷[보옹'사' 압짱' 개~이~ 서'우드시 서'운다].

[너어' 발' 꼬'는 모온' 떠'도, 냉길' 치기느 자란다'] <네 밭 고누는 못 두어도, 넘겨짚기는 잘한다> 맡은 바의 일을 잘 못하는 사람이, 변명할 때 하는 말.

[노'가'다 비' 설'거지느 지까다'비 항 커'리 뿐'] <막벌이꾼 비 설거지는 지카다비 한 켤레 뿐> ①일의 내용이 매우 간단하고 쉽다는 말. ②막일꾼의 살림이 매우 빈궁함을 이르는 말.

[노구저'리 개애' 쉐'기드시 쉐'긴다] <노고지리(종다리) 개 속이듯 속인다> 꾀 많은 사람이 계속적으로 누구를 유인해서 속이는 것을 비유하는 말. 참 풀밭에 숨어서 보호색만 믿는 종다리는, 개가 냄새에 의존해서 접근을 해 와도 전혀 움직이지 않다가, 결정적으로 개가 물려고 들 때에야 폴짝 날아올라 몇 걸음쯤 도망을 가서는 또 개가 다가오기를 기다렸다가 날아오르기를 하는 등, 계속해서 개를 속이는 행동에서 비롯된 말. ▷[보리' 밥떡꺼'리 가'주구 이~이'~에'~ 낭는'다]/[살구'지'릉 까아 야'수 호'린' 다]/[예'수 살구지'름 미긴'다].

[노리' 뻭따'구 우라'아 묵뜨'시 우루'운다] <노루 뼈다귀 우려먹듯 우린다> 한번 써먹어서 이미 시효가 지난 것임에도 되풀이하여 이용하려 들 때 이르는 말. ▷[놀개'~이' 때'림 몽디'~이~ 삼 여'늘 우루'운다].

[노릭' 끌로 이린'다] <노룻글을 읽는다> 정신은 다른 데 두고, 책장만 띄엄띄엄 넘기면서 건성으로 책을 읽는 모양을 비꼬는 말.

[노성' 벵나긍 기머거'리도 든는'다] <뇌성벽력은 귀머거리도 듣는다> 명백한 사실은 누구나 다 알 수 있다.

[노오'니'~이~(노오'는' 이'베) 여엄' 불'한다] <노느니(노는 입에) 염불한다> 하는 일 없이 그냥 노는 것보다는 무엇이라도 하는 것이 더 낫다.

[노오′주′게 불′찔′러 녹코 박′상 좌′아 뭉는다] <노적에 불질러 놓고 튀밥 주워 먹는다> 큰 것은 쉽게 잃고 나서 작은 것을 아끼려 드는 것의 비유. ▷[노오′죽′뻭까레 불′찔′러 녹코 사락 콩′ 조온′는′다].

[노오′죽′뻭까레 불′찔′러 녹코 사락 콩′ 조온′는′다] <노적가리에 불질러 놓고 싸라기 콩 줍는다> 큰 것일랑 어줍잖게 잃고 나서 작은 것을 아끼는 좀스러운 짓거리의 비유. ▷[노오′주′게 불′찔′러 녹코 박′상 좌′아 뭉는다].

[노올′고′뭉′능′거느 개애′팔′짜] <놀고 먹는 것은 개 팔자> ①힘든 일은 하지 않고도 용하게 생활을 꾸려나가는 사람을 나쁘게 이르는 말. ②놀기만 일삼는 사람을 매도하는 말. ▷[개애′팔′짜가 사앙′팔′짜].

[노′짐뼝 걸리′인 사′람 장′강뻬 마리드′시 마린′다] <노짐병(신경쇠약) 걸린 사람 정강이뼈 마르듯 마른다> 자꾸만 뻬뻬 말라 들어가는 것을 비유하는 말.

[노품′박끄′르게느 더 떠′부′친다] <높은 밥그릇에는 더 떠 붙인다> ①사람은 강한 자에게로 편을 든다는 말. ②잘되는 사람을 도와 더 잘되게 한다는 말. ▷[대′머 더′대구′접′따]/[말′타머 조옹′압시′우구 접따]/[바′다사미′야도 (사아′람′) 욕′시′믄 모옴′미′운다(채′운다)].

[논뚜′게 난 우′리꾸무 아′네서나 막′쩌 바′께서러느 모옴′망′는다] <논둑에 난 칠성장어 구멍, 안에서나 막지 밖에서는 못 막는다> 문제가 생겼을 땐 그 문제의 근본부터 고치려 들어야지 겉보기로만 고치려고 해서는 해결하지 못한다.

[논뚜룽′꼬′~아~리다] <논두렁 꿩알이다> 횡재를 했거나 매우 오붓하다는 뜻. 참 꿩은 둥지를 은밀한 곳에다 틀기 때문에 잘 발견되지 않는 법인데, 논두렁에 튼 둥지에서 힘 안 들이고 꿩알을 발견하게 되어 생긴 말.

[놀′또′~오~깨′고 은 도′~오~ 살′따′] <놋동이 깨고 은 동이 샀다> ①상처(喪妻)를 한 다음 후처를 아주 잘 얻었다. ②불행이 오히려 행운을 가져왔다는 말. ▷[사기′도′~오~깨′고 놀′또′~오~ 살따].

[놀개′~이′때′림 몽디′~이′삼 여′늘 우루′운다] <노루 때린 몽둥이 삼 년을 우린다> 이미 시효가 지난 것임에도 덮어놓고 다시 이용하려 든다. ▷[노리′뻭따′구 우라′아 묵뜨′시 우루′운다].

[놈받쩐′지 다아′파′러무거도 항노′좀′때′느 징′긴다] <논밭전지 다 팔아먹

어도 향로 촛대는 지닌다> ①무엇이든지 다 없앤다 해도 남는 것이 하나둘 쯤은 있다. ②집안이 망해도 제사 지낼 때 쓰는 제구는 반드시 간직해야 한다. ▷[부우′자′느 마′~해~애~도 삼′ 염′ 무′굴 꺼느 읻′따].

[농 꾸식′ 박 꾸식′ 파 처묵는′ 넘 치′고′ 잘때는′ 넘 모옴′ 빠′앋따] <논 구석 밭 구석 파 처먹는 놈 치고 잘되는 놈 못 봤다> 논밭을 갈 때 남의 논둑이나 밭둑 밑을 후벼파는 나쁜 행동을 경계하는 말.

[농′ 꿔에 물′ 드가′능 거캉′, 자′성′ 니′베 밥′ 드가′능 거카′~은~, 유′지럭꼬 보′기 조옫′타′] <논귀(물꼬)에 물 들어가는 것과, 자식 입에 밥 들어가는 것은, 유지럽고 보기 좋다> 누구나 자기에게 유리한 일이라면 좋아한다는 말. ▷[지 노′네 물′ 드가′능 거 하′고, 자′성′ 니′베 밥′ 드가′능 거′느 보′기 조옫타′].

[농 미′테 도~오~이~ 사′가 이인′ 다′] <농 밑엣 돈이 사(邪)가 인다> 재물을 지나치게 쌓아두면 나쁜 일을 당하게 된다는 말. 참 '농 미테 도~오~이~ 사가 이이나?'는 돈을 헤프게 쓰지 못해 안달이냐고 욕하는 뜻.

[농사꾸′는 굴′머 주′거도 신나′라금 비이′고′ 중는′다] <농사꾼은 굶어 죽어도 볍씨는 베고 죽는다> 죽으면서까지 씨앗은 먹지 않고 남긴다 함이니, 농부는 모름지기 씨앗을 소중히 여기라는 말.

[농사처′레느 주′군 여엉′장′도 꿈쩍꺼′린다] <농사철에는 죽은 송장도 꿈적거린다> 농사철이 되면 누구나 몹시 바쁘다는 말. ▷[늠모숭′게느 주′군 여엉′장′도 꿈지′긴다]/[누′~이′~ 빠′저′도(빠′지′머) 거′무락꼬 띠이′ 내 뻴′ 파~이′다(채애′미′다)]/[오줌′ 누′고 도′라볼(좁′ 뿔′) 틈′도′ 업′따′].

[누′ 너더′버 삼 연′, 귀′어′더버 삼 연′, 버버′리 삼 연′] <눈 어두워 삼 년, 귀 어두워 삼 년, 벙어리 삼 년> 새색시가 곱게 시집살이를 하려면 매우 힘든 과정을 거쳐야 한다는 말.

[누′네 약 카′알라 캐애′도′ 업따] <눈에 약을 하려도 없다> 눈에 약을 하려면 극히 조금만 있어도 되는 것인 바, 그 정도도 없다는 뜻으로 조금도 없다는 말.

[누′버가아 떵′ 묵′끼] <누워서 떡 먹기> 매우 간단하고 쉬운 일. ▷[누분 소′타′기]/[땅′직′꼬 훼에′미 치기]/[밥떡꺼′리 무′고 새 새′끼 부리′드시]/[사암′동′세, 시′금 팥쭉′ 항 그′륵]/[시′근 중′ 묵′끼]/[아′곱 동′세,

시'금 팥쭉' 항 그'륵 묵'끼].

[누'버가아 춤' 받'트머 지 얼구'레 떠'러진다] <누워서 침 뱉으면 제 얼굴에 떨어진다> ①남을 쉽사리 해치려다가 오히려 제가 해를 입는다. ②남을 욕해봤자 결국 스스로에게 욕하는 꼴이 되고 만다. ▷[누'버(서) 춤' 박'끼].

[누'버(서) 춤' 박'끼] <누워서 침 뱉기> 남에게 해를 입히려고 한 짓이 도로 자기에게 미침을 이르는 말. ▷[누'버가아 춤' 받'트머 지 얼구'레 떠'러진다].

[누'버 팥'떵 묵'끼도 누'네 고'물 든다] <누워서 팥떡 먹기도 눈에 고물 든다> 아무리 쉽다고 생각되는 일이라도 조금은 힘든 대목이 있다.

[누부' 조옥'코' 매'부 조올'타'] <누이 좋고 매부 좋다> 서로에게 다 이롭고 좋다.

[누분' 소' 타'기] <누운 소 타기> 매우 쉬운 일이라는 뜻. ▷[누'버가아 떵'묵'끼]/[땅' 직'꼬 훼에'미 치기]/[밥떡꺼'리 무'고 새 새'끼 부리'드'시]/[사암' 동'세, 시'금 팥쭉' 항 그'륵]/[시'근 중' 묵'끼]/[아'곱 동'세, 시'금 팥쭉' 항 그'륵 묵'끼].

[누우' 지'베 구'기 끌'른' 동 자~아'~이'~ 끌'른' 동 모린다] <누구 집에 국이 끓는지 장이 끓는지 모른다> 일이 어떻게 돌아가는지 도무지 영문을 모른다.

[누'~이'~ 발빠'닥 걷' 따] <눈이 발바닥 같다> 무식하여 글자를 전혀 모르거나 어떤 사물을 보고도 판독하지 못한다. ▷[갇' 짜 디잍' 따' 리도 모린다']/[꺼'뭉 거느 글'짜'고 하아' 양' 거'느 조'~오~다]/[난' 녹'코 기'억짜도 모린다]/[허어' 영' 거' 느 조'~오~고, 꺼'뭉' 거' 느 글'시' 다]/[힝' 거느 조'~오~고 꺼'뭉 거느 머'기' 다].

[누'~이'~ 빠'저' 도(빠'지'머) 거' 무락꼬 띠이' 내뻴' 파~이~다(채애'미'다)] <눈이 빠져도(빠지면) 거미라고 떼어 내버릴 판이다(참이다)> 눈알과 거미를 분간하지 못할 만큼 너무도 바쁘고 정신이 없다. ▷[농사처'레느 주'군 여엉' 장' 도 꿈쩍꺼' 린다]/[늠모숭' 게느 주'군 여엉' 장'도 꿈지' 긴다]/[오줌' 누'고 도'라볼(좁' 뽈') 틈'도' 업' 따'].

[누'~이'~ 빠'저' 도 그만하'~이~ 다' 해~이~다] <눈이 빠져도 그만하니 다행이다> 불행중 천만 다행이다.

[눈′ 뜨′ 머 코′ 비′ 이 갈 세에′ 상′] <눈뜨면 코 베어 갈 세상> 눈을 멀쩡히 뜨고 있는데도 코를 베어 갈 만큼 속이고 속는 험악한 세상. 참 서울에서 만난 어떤 사람이 정만서(鄭萬瑞)에게, 자기의 말과 말 짐을 잠시만 보아 달라고 부탁하면서, "서울은 눈뜨면 코 베어 갈 세상이니 조심하라"고 신신당부를 하는 것이었다. 그러나 잽싸게 그 말을 헐값에 팔아 치운 정만서는, 말 주인이 돌아오자 눈을 꼭 감고 코를 감싸 쥔 채 잘려나간 말고삐만 잡고 있는 것이 아닌가. 말 임자가 영문을 묻자, "눈을 뜨면 코를 베어 간다"기에 눈을 감고 코만 움켜쥐고 있었노라고 둘러대더라는 옛날 얘기가 전함. 한편으로는 '막동이' 이야기라고도 함. ▷[눈′까′ 무머 코′ 비′ 이 갈 세에′ 상′]/[눈′ 버~어~이~ 뜨′ 고′ 도동′ 만′ 는′ 다]/[사안′ 사′ 람 눔′ 빼′ 애 뭉는다].

[눈서′ 페 떠′ 러징 거억′ 쩡′] <눈썹에 떨어진 걱정> 뜻밖의 횡액(橫厄)을 당하여 생긴 걱정. ▷[발뜨′~에~ 떠′ 러짐 불′].

[눈′ 치′ 가 빠리′ 머 저′ 레 가도 쩍꾸′ 기 생′ 긴다] <눈치가 빠르면 절에 가도 젓국이 생긴다> 눈치가 빠르면 어디를 가도 군색하지 않을 수 있다.

[눈티′~이~가 반티′~이~가 대′ 앧따] <눈두덩이 함지박처럼 됐다> 얻어맞아 눈두덩이 시퍼렇고 펑퍼짐하게 부어 올랐다는 뜻. 참 '눈탱이가 밤탱이가 됐다.'는 표현은 없음.

[눔′ 머′ 언 니미 압짱선′ 다] <눈먼 놈이 앞장선다> 못난 사람이 남보다 먼저 나댐을 이르는 말. ▷[머여′ 나웅′ 개애′ 살′ 구]/[지 머여′ 버선′ 심′ 발′ 하고 나선′ 다].

[눔′ 머′ 언 새애′ 도′ 앤′ 도′ 라본다] <눈먼 새도 안 돌아본다> 어느 한 사람 찾아 주지도 않고 좋아해 주는 이조차도 없다. ▷[낭′ 기 늘′ 거 고오′ 무′ 기 대머, 오′ 던′ 새애′ 도′ 애~ 온′ 다′]/[지품′ 물′ 또 야′ 퍼지머 오′ 덩′ 게′ 기 도 애~ 온다].

[눔′ 머′ 언 자서′ 기 호오′ 자′ 질 한다] <눈먼 자석이 효자 질 한다> 도외시하고 바라지도 않던 사람에게서 은혜를 입게 된다.

[눔′ 머′ 엄 망새′~이~ 워′ 낭 소리 득꼬 따′ 러간다] <눈먼 망아지 워낭 소리 듣고 따라간다> 무식한 사람이 남의 행동을 무비판적으로 따른다. ▷[거름′ 지′ 고 자′~아~ 간다]/[다리′~이~ 자′~아~ 간다 커′~이~ 거름′ 지′ 고 자′~아~ 간다]/[동′ 미 따′ 러(따′ 라) 강낭′ 간다]/[칭′ 구 따′ 러 강낭′ 간′ 다].

[눔' 버~어~이'~ 뜨' 고' 도동' 만' 는' 다] <눈 번히 뜨고 도둑 맞는다> 번연히 알면서도 손해를 본다. ▷[눔'까' 무머 코' 비'이 갈 세에' 상'] /[눈' 뜨' 머 코' 비'이 갈 세에'상'] /[사안' 사' 람 눔' 빼'애 뭉는다]

[눔' 뿌' 울시고 아' ~아~웅 하기] <눈 부라리고 아웅 하기> 얕은 수로 남을 속이려 하기. ▷[눙' 가' 룩코 아' 아웅 한다].

[눙' 가' 룩코 아' 아웅 한다] <눈 가리고 아웅 한다> 속이 빤히 들여다보이는 일을 얕은 수로 감추거나 속이려 든다. ▷[눔' 뿌' 울시고 아'~아~웅 하기].

[눙까' 레 멩태' 껍띠' 기로 발' 런나] <눈깔에 명태 껍질을 발랐나> 왜 보고도 모르느냐? 또는 보고도 못 찾느냐? 고 핀잔하는 말. ▷[뜨' 고' 모옴' 뽀'는 당' 다리보옹사] /[어' 분 내기(아' 아) 삼 연' 찬' 는' 다].

[눙까' 리에 미영' 시 배기' 읻따] <눈깔에 목화씨 박혔다> ① 동공이 하얀 사람을 얕잡아 이르는 말. ② 가까이 있는 물건을 찾지 못하는 사람을 핀잔하는 말. ③ 앞이 가리어져 아무 것도 보지 못한다는 말.

[눙' 까' 무머 코' 비'이 갈 세에' 상'] <눈감으면 코 베어 갈 세상> 뻔히 알면서도 속거나 손해를 보는 인심 사나운 세상. ▷[눈' 뜨' 머 코' 비'이 갈 세에' 상'] /[눔' 버~어~이'~ 뜨' 고' 도동' 만' 는' 다] /[사안' 사' 람 눔' 빼'애 뭉는다].

[늑까' 아 배' 운 도독' 찔, 날' 새' 는 줄 모린다] <늦게 배운 도둑질, 날 새는 줄 모른다> 뒤늦게 시작한 일에 재미를 붙여 지나치게 열중한다. ▷[넙뿌지러' ~이~ 사아' 람' 쥐' 긴다] /[칠' 시' 베 으' 망 터지머, 사미' 부지 자' 믈' 모온' 짠' 다].

[늗짱매' 느 꼬오' 다' 해애' 도' 한다] <늦장마는 꿔다 해도 한다> 꼭 겪어야만 할 일은 시간이 지난 뒤에라도 겪고야 만다. ▷[칠파럴' 장매'느 꼬오' 다' 해애' 도' 한다].

[늘' 거가아 보' 기 조옹' 거' 느 꼬치바' 께 업따] <늙어서 보기 좋은 것은 고추자지밖에 없다> 늙은이가 되면 손자가 귀여워진다.

[늘' 거가아 보' 기 조옹' 거' 느 늘' 근 상' 주다] <늙어서 보기 좋은 것은 늙은 상주다> 상주가 늙었다면 그 부모가 장수했다는 결과이므로, 상주는 늙은 사람일수록 보기에 좋다는 말. ▷[상' 주느 늘' 근 상' 주가 보' 기 조옫' 타'].

[늘' 그머 다부' 얼라' 아(알라' 아) 댄다] <늙으면 도로 아기 된다> 늙으면 모든 행동이 어린아이와 같아진다. ▷[늘' 그머 손' 자 밥' 도디' 키뭉는다]/[얼라' 아(알라' 아) 소' 네 떡' 빼' 저(빼' 자) 뭉는' 다].

[늘' 그머 손' 자 밥' 도디' 키뭉는다] <늙으면 손자 밥 훔쳐먹는다> 사람이 늙으면 염치가 없어진다. ▷[늘' 그머 다부' 얼라' 아(알라' 아) 댄다]/[얼라' 아(알라' 아) 소' 네 떡' 빼' 저(빼' 자) 뭉는' 다].

[늘' 근 소' 콩바' 트로 간다] <늙은 소 콩밭으로 간다> 늙어 갈수록 욕심과 꾀가 더욱 많아진다. ▷[늘' 근 쥐' 가 독' 떠얼' 는' 다].

[늘' 근 쥐' 가 독' 떠얼' 는' 다] <늙은 쥐가 독 뚫는다> 늙으면 꾀가 많고 의뭉스러워진다. ▷[늘' 근 소' 콩바' 트로 간다].

[늘' 근 처어' 자' 날' 바' 더 노' 오머 드~에~ 등차'~이~ 난다] <늙은 처녀 날 받아 놓으면 등에 등창이 난다> 좋은 기회를 만나도 운수가 나쁜 사람은 일이 순조롭게 되지 않고 문제만 생긴다. ▷[거어' 북' 칸 저엉' 승' 제' 라레 빼' 생' 긴다]/[보' 검' 는 연 시이' 직' 깔라' 꼬 날' 바' 더 노' 오머 등창' 난다]/[보' 게 엄는 과' 늘' 시' 머' 철릉' 개가 버어' 러' 진다].

[늘' 근 처어' 자' 똥뚜디' 기 장만는' 다] <늙은 처녀 (똥) 기저귀 장만한다> 일이 장차 어떻게 될지도 모르면서 미리부터 준비하고 서두른다. ▷[새복' 딸 보올' 락' 꼬 어스름' 지~억~뻐' 텀 나선' 다]/[시이' 집' 또 앵' 강' 기' 이 똥' 뚜' 디' 기버텅 장만는' 다]/[아' 수붕 가암' 자' 앙사 유우' 얼 버' 텀 한다].

[늘' 금 마' 리 콩' 마아' 다 컨는다] <늙은 말이 콩 마다한다> 오히려 좋아해야 할 일을 싫다고 할 때 질타하는 말. ▷[개애' 가' 또' ~을~ 실' 타' (마아' 다') 컨는다]/[까마' 구 꿰' 양' 마아' 다' 컨는다]/[꼬오' 내' 기가 쥐' 로' 마아' 다' 컨는다].

[늘' 긍 개애' 느' 법' 때로 하' 자 컥' 꼬, 중강' 깨애' 느' 기이' 운' 조오' 작' 때' 로 하자 컥' 꼬, 가' 아' ~지느 고올' 고' 리 묵' 짜 컨는다] <늙은 개는 법대로 하자고 하고, 중간 개는 기운 조작대로 하자고 하고, 강아지는 골고루 나눠 먹자고 한다> 어떤 먹을 것을 두고서, 힘이 없는 늙은 개는 법대로 하자고 주장하는 반면, 힘이 넘치는 젊은 개는 기운이 센 놈이 많이 차지하도록 하는 게 옳다고 주장하는가 하면, 강아지는 골고루 나눠 먹자는 등, 모두가 자기 형편에 따라 주장을 달리 한다는 말.

[늘른' 야~아'~은'~ 서얼'짜' 내도, 시이' 는' 야~아'~이'~ 더'욱 서얼' 따'] <늙는 양은 서럽지 않아도, 세는 양이 더욱 서럽다> 나이가 들면 늙는 것이야 당연하지만, 마음은 늙지 않는데 반해 머리카락이 하얗게 세는 것이 마음에 더욱 거리낀다는 말.

[늠모숭' 게느 주' 군 여엉' 장' 도 꿈지' 긴다] <늦모내기에는 죽은 송장도 꿈적인다> 늦모내기 때가 되면 매우 바쁘고 일손이 딸린다. ▷[농사처' 레느 주' 군 여엉' 장' 도 꿈쩍꺼' 린다]/[누'~이'~ 빠' 저' 도(빠'지' 머) 거' 무락꼬 띠 이' 내뻴' 파~이~다(채애'미' 다)]/[오줌' 누' 고 도' 라볼(좁' 뿔') 틈' 도' 어업' 따'].

[늡뿌지러'~이~ 사아' 람' 쥐' 긴다] <늦게 부지런한 자가 사람 죽인다> 뒤늦게 부지런을 떨어 큰 문제를 일으킨다. ▷[늑까' 아 배' 운 도독' 찔, 날' 새'는 줄 모린다]/[칠'시' 베 으'망 터지머, 사미' 부지 자' 믈' 모온' 짠' 다].

[능' 구리~이~ 담' 너' 머 가드' 시] <능구렁이 담 넘어 가듯> 일을 깔끔하게 처리하지 못하고 슬그머니 얼버무려 버림의 비유. ▷[구리'~이~ 담' 너' 머 가드시].

[니' 떵 내' 모' 올래라] <네 떡 나 몰라라> 전혀 상관없는 일인 듯 모르는 체 방관한다. ▷[니' 바앙'구' 내' 모' 올래라 컨다].

[니'리' 사라'~은~ 이' 서도 치' 사' 라~은~ 어업' 따'] <내리 사랑은 있어도 치사랑은 없다> 윗사람이 아랫사람을 사랑하는 것은 당연하지만 아랫사람이 윗사람을 사랑하기는 어렵다. ▷[자'석' 사라'~은~ 내'리' 사라'~이~다].

[니' 맏또 내' 맏또 업' 따'] <네 맛도 내 맛도 없다> 도대체 아무 맛이라곤 없다.

[니' 바앙'구' 내' 모' 올래라 컨다] <네 방귀 나 몰라라 한다> ①전혀 모른 척하고 방관한다. ②모든 책임을 상대방에게 떠맡긴다. ▷[니' 떵 내' 모' 올래라].

[니' 봉 내' 복 캐애' 도' 배애' 필' 보'기' 제에'리' 다] <네 복 내 복 해도 배필 복이 제일이다> 사람은 누구나 배우자를 잘 만나야 한다. ▷[바가' 치들' 고 어어' 더' 무거도, 부'부 해' 로하늠 팔' 짜' 가 사앙' 팔' 짜].

[니' 이리 보' 자 재판소' 오] <내일 보자 재판소> 하루 이틀 날짜만 끌고 일의 실질적인 진전이 없을 때 하는 말. ▷[모' 레' 보' 자 재판소' 오]/[이이' 부' 대

비 제에′사′ 미루′ 우드시].
[니 하래′비 미이′에 굴′ 촉′ 빠′건나] <네 할아비 묘에 굴총(掘冢) 박았나> 지난날, 내가 너와 서로 무슨 원수진 일이라도 있느냐고 반문하는 말.

ㄷ

[다′다꼬 묵′꼬 십′따′꼬 패반는′다] <달다고 먹고 쓰다고 뱉는다> 옳고 그름이나 신의를 돌보지 않고 이익만 꾀한다. ▷[시′부′머 패박′꼬 다′머 생′킨다].
[다′라′ 맨 대애′주가 누분′ 대애′주 나무래′앤다] <달아 매인 돼지가 누운 돼지 나무란다> 자기 결함이 많은 사람이 결함이 적은 사람을 욕할 때 쓰는 말. ▷[가′매가 껌저′~아′ 컨는다]/[나′무 숭 항 가′지가 지 숭′ 열′ 까′지]/[지 숭′ 열 까′진 너′미′ 나′무 숭 항 가′지로 본다].
[다리′~이~ 자′~아~ 간다 커′~이~ 거름′ 지′고 자′~아~ 간다] <다른 사람이 장에 간다고 하니 거름 지고 장에 간다> 남이 한다고 덩달아 하려고 들거나 공연히 서두른다. ▷[거름′ 지′고 자′~아~ 간다]/[눔′머 엄 망새′~이~ 워′낭 소리 득꼬 따′러간다]/[동′미 따′러(따′라) 강낭′ 간다]/[칭′구 따′러 강낭′ 간′다].
[다′석 키 밥빤′찬 지′고 가′ 기버다아사, 열′ 키 바′비′ 더′ 개갑′따] <다섯 사람 밥반찬 지고 가기보다야, 열 사람 밥이 더 가볍다> ①들로 밥을 내가는 경우, 밥보다 반찬이 훨씬 무겁다. ②주된 것보다 부수적인 것이 더 번거롭다.
[다′시니미 거′트머 소오′문′ 나알따] <의붓어미 같으면 소문나겠다> 애매한 일로 자식이 어머니를 원망할 때, 의붓어미가 아니기에 다행이라고 하는

말.

[다아′ 댐′ 바′베 재′ 쥐′이역키] <다 된 밥에 재 집어넣기> 다 된 일을 망쳐 버리는 주책없는 행동을 이르는 말. ▷[다아′ 됌′ 바′베 코′ 빠′주운다]/[자′짐 바′베 홀 퍼북′끼].

[다아′ 됌′ 바′베 코′ 빠′주운다] <다 된 밥에 코 빠뜨린다> 일이 끝나 가는 판에 우연한 일로 낭패가 된다. ▷[다아′ 댐′ 바′베 재′ 쥐′이역키]/[자′짐 바′베 홀 퍼북′끼].

[다′아 치 시′네 여′어 치 싱′꼴 뭉′치 연는′다] <다섯 치 신에 여섯 치 신골 뭉쳐 넣는다> ①매우 비좁은 공간에다 정도에 넘치게 억지로 밀어 넣으려고 할 때 나무라는 말. ②되지 않을 일을 두고 지나치게 억지를 부릴 때 비꼬아 이르는 말.

[다안′ 솥′테 물′ 북′끼] <단 솥에 물 붓기> 형편이 너무 기울어져서 도와주어 봤자 보람없을 때 하는 말. ▷[다안′ 쉐′에 물′ 쭈′기]/[어엄′ 바′레 오점′ 누′기].

[다안′ 쉐′에 물′ 쭈′기] <단 쇠에 물 주기> 이미 기울어져서 도움을 주더라도 소용이 없다는 말. ▷[다안′ 솥′테 물′ 북′끼]/[어엄′ 바′레 오점′ 누′기].

[다암′ 부′레 나′부 걷따] <단 불에 나비 같다> ①거센 불로 날아드는 부나비처럼 무모하게 덤벼 자살한다는 말. ②세력이 약해져 힘없이 쓰러진다는 말.

[단다′는 따′~아′ 무′리′ 개비′인다] <단단한 땅에 물이 고인다> ①무슨 일이든 마음을 굳게 먹고 추진해야만 좋은 결과를 얻는다. ②헤프게 쓰지 않고 아끼는 사람이 재산을 모은다.

[단′지′, 단′지′ 새′ 단′지] <단지, 단지 새 단지/항아리, 항아리 새 항아리> 장독대의 단지(항아리)마다 먹다 남은 것은 없고 모두 새로운 된장이나 밑반찬을 만들어 넣어야 한다는 말로, 모든 일마다 새롭게 돈을 들여야만 하니 번거롭다는 뜻. ▷[불, 부′리 새′불′로 일바′신다].

[달구′ 새′끼 사암′ 시′ 라~′이~ 시′인나] <닭의 새끼 삼신이 씌었나> 무엇을 자꾸 파헤치는 사람을 욕하는 말. 참 '달구 새끼 사암시랑.'이라고도 이름.

[달′ 또 털′ 세′ 한다] <닭도 텃세한다> 먼저 자리 잡은 사람이 텃세를 부리는

것은 언제 어디에서나 있게 마련이다. ▷[사암ˈ신ˈ도 새애ˈ한ˈ다].

[달ˈ물ˈ하고 사ˈ알 이시ˈ머 비ˈ온ˈ다] <달무리하고 사흘 있으면 비온다> 달무리가 지면 오래지 않아 비가 내린다. ▷[개애ˈ미 잔ˈ채ˈ하며 비ˈ온ˈ다]/[뒈에ˈ주가 뽁띠ˈ기로 무ˈ러 들루ˈ우머 비ˈ온ˈ다].

[달ˈ보ˈ고 지인ˈ능ˈ개애ˈ] <달(을) 보고 짖는 개> ①남의 일에 대하여 잘 알지도 못하면서 떠들어대는 어리석은 사람의 비유. ②논리적이거나 합리적이지 못한, 그저 뜻 없는 동물의 행동에 불과하다는 말.

[달 짜ˈ아묵꼬 오오ˈ리ˈ발 내ˈ애미인다] <닭 잡아먹고 오리발 내민다> 자신이 저지른 내용이 드러나게 되자 엉뚱한 수단으로 남을 속이려 든다.

[달ˈ쫀떵ˈ개애 집땀말래ˈ~이~(울따리) 치ˈ바ˈ더본다] <닭 쫓던 개 지붕 꼭대기(울타리) 쳐다본다> 애써 하던 일이 실패로 돌아가게 되어 어찌할 수 없게 맥빠진 모양을 이르는 말.

[담ˈ맏 시ˈ붐ˈ맏 다아ˈ바ˈ앋따] <단맛 쓴맛 다 봤다> 세상의 온갖 일들을 다 겪었다. ▷[산전ˈ수ˈ전ˈ다아ˈ적ˈ껃따].

[답따ˈ분 너미 새애ˈ미ˈ판다] <답답한 놈이 샘 판다> 아쉬운 사람이 일을 해결하려고 먼저 나서서 서두르거나 덤빈다. ▷[몽마린ˈ너미 새애ˈ미ˈ판다]/[서엉ˈ급ˈ판 넘 술ˈ깜 내앤ˈ다ˈ].

[당나ˈ구 귀ˈ(졷ˈ) 치ˈ이레] <당나귀 귀(좆) 치레> ①어울리지 않게 꾸민다는 뜻. ②자랑할 것이라곤 눈에 띄는 것밖에 아무 것도 없다는 뜻.

[대는ˈ지ˈ바네느 호오ˈ더ˈ락빠래미 마꺼ˈ불 지ˈ버여어 준다] <되는 집안에는 회오리바람이 (외양간에) 검불 집어넣어 준다> 일이 잘 되려면 하는 일마다 뜻밖의 좋은 수가 생겨서 도와준다.

[대ˈ로ˈ주ˈ고 말ˈ로ˈ받는ˈ다] <되로 주고 말로 받는다> 남을 조금 건드렸다가 크게 복수를 당한다. ▷[철ˈ찰ˈ한ˈ차레 후우ˈ찰ˈ열ˈ뚜ˈ우 찰].

[대ˈ머 더ˈ대구ˈ접ˈ따] <되면 더 되고 싶다> 사람의 욕심이란 한이 없다. ▷[노품ˈ박끄ˈ르게느 더 떠ˈ부ˈ친다]/[말ˈ타머 조옹ˈ압시ˈ우구 접따]/[바ˈ다사 미ˈ야도 (사아ˈ람ˈ) 욕ˈ시ˈ믄 모옴ˈ미ˈ운다(채ˈ운다)].

[대애ˈ뭄ˈ바ˈ끼 저ˈ승ˈ쩨리다] <대문 밖이 저승길이다> 죽는 일이란 것이 나와는 아무 상관없이 먼 곳의 일 같지만 실상은 아주 가깝다. ▷[방뭄ˈ바ˈ끼(배ˈ끼) 저스ˈ~이~다]/[붕ˈ망ˈ산처~이~ 머엉ˈ강ˈ이ˈ기도, 저ˈ거ˈ언네

저′ 사′~이~ 북′ 망′ 산처′~이~다].

[대애′주 꼬라′지 보′고 자′ 아뭉나] <돼지 꼴 보고 잡아먹니> 외형에만 구애되지 말고 실속을 차리는 것이 낫다는 말.

[대애′추′ 두우′ 개′ 무′군 넘 배′ 터′지겥따] <대추 두 개 먹은 놈 배 터지겠다> 작은 것을 베풀고 나서 큰 인심이나 쓴 척하는 사람을 매도하는 말. 참 두 노인이 바둑을 두며 대추를 먹다가 곁에서 구경하던 길손에게 대추 한 개를 먹으라고 주더니, 한참 뒤에 "대추 한 개 먹으니 배부르지"하고 묻기에, 이렇게 대답했다는 데서 유래된 말.

[대애′하′~이~ 소오′한′ 찌′베 가가′ 아 어′ 러중는다] <대한이 소한 집에 가서 얼어죽는다> 대한(大寒) 때보다 소한(小寒) 때가 더 춥다.

[대주′ 궤′기 잘′ 무′거야 본′저′~이~고, 모옴′ 무′구머 소온′내′] <돼지 고기 잘 먹어야 본전이고, 못 먹으면 손해> 돼지 고기는 상하기 쉬운 까닭에 까딱하면 탈이 나기 쉬우니 조심하라고 이르는 말. ▷[고래′ 궤′기 잘 무′거야 본′저′~이~고, 모옴′ 무′구머 소온′내′].

[대추′ 까′시 여엄′불′ 따는 소′리] <대추(나무) 가시 염불 따는 소리> 대추나무 가시는 매우 야문 성질이 있음에 비추어, 말하는 논리가 정연하고 발음이 지나치게 야무질 때 하는 말.

[대추낭′게 연′쭐 걸리′이드시] <대추나무에 연줄 걸리듯> ①이리 얽히고 저리 얽혀 복잡한 모양의 비유. ②여기저기 빚이 많음의 비유. ▷[고′신도치 웨에′ 걸′머지드시].

[더′도 마아′고′ 더얼′ 또′ 마아′고′ 니′ 애′비 구′실마 해애′라′] <더도 말고 덜도 말고 너 아비 구실만 해라> 안목이 좁은 사람이 작은 목표를 세우고서 마치 대단한 일이라도 한 것처럼 행동할 때 핀잔 섞어 이르는 말. 참 어떤 거지가 어린 아들을 어르면서 이 말을 했다는 데서 유래.

[더엉′덩′ 커′머 굳′시′ 라꼬] <덩덩 하면 굿이라고> 덩덩 소리만 듣고도 그것이 굿하는 소리라 여긴다 함이니, 무엇이 얼씬만 하면 좋은 수가 생겼다고 잘못 속단하는 말. ▷[동쮀′기 휘언′하′머 셰에′상′만 이′기고, 박끄′르기 노푸′머 새′일′~만 이′긴다]/[박끄′르기 노푸′머 새~일′~마안 이′긴다].

[더′퍼녹′코 열너′억 양′쭝] <덮어놓고 열 녁 냥중> 내용은 전혀 살피지도 않고 함부로 판단한다는 말. ▷[금′도′ 모′리고 헐′타′ 컨는다].

[덤'버~어~ 도올' 쪼'오 역키] <웅덩이에 돌 주워 넣기> 아무리 해도 헛일이 거나 전혀 보람이 없는 일이라는 뜻. ▷[밉' 빠즌 도'게 물' 려' 북끼]/[비이' 다'논 닉'꼬 밤'찔' 가' 기]/[절' 모'리고 시이'주'한다].

[덤비' 기버다' 아 가'아'~이'~ (더') 크다] <덩치보다 간이 (더) 크다> 체구에 비해 행동이 매우 과감하다는 비유.

[덤푸'리 커야 톤째' 비가 나'지] <덤불이 커야 도깨비가 나지> 무슨 일이거나 기본 조건이 제대로 갖추어져야만 성사가 된다. ▷[사'~이~ 노'퍼야 고오'리' 지푸'다]/[소오' 도' 엉뚜'기 이'서야 비빈' 다]/[조옹'지' 미가 커'양' 고'롬'도 마안'타'].

[덤풀' 꿍'게 숟' 떨' 빠진' 듣따] <덤불 구멍에 숫돌 빠진 듯하다> 무엇을 잃고 나서 워낙 막연하여 도무지 찾을 길이 없다. ▷[떼딴' 지바테 쉬은' 착'끼]/[뿍'떡' 빠'테 쉬' 은' 착끼].

[도 가'네 든 쥐'] <독 안에 든 쥐> 둘레가 모두 막혀 있는 까닭에 아무리 애써 도망 칠레야 도망 칠 수 없게 된, 막다른 궁지에 빠진 존재의 비유. ▷[그'무'레 등 궤'기, 도 가'네 든 쥐']/[도'매 우'예 오링' 궤'기]/[뿍' 꺼 노 온 토깨'~이~다]/[자'버 노온 토깨'~이~다].

[도도'근 디이'로' 잡'쩨, 아'푸로 앤' 잡는'다] <도둑은 뒤로 잡지, 앞으로 안 잡는다> 도둑은 분명한 증거를 가지고 잡아야지 추측만으로 남을 의심하거나 생사람을 잡아서는 안 된다.

[도도'글 마'질라커머 개애'도' 앤 지인'는'다] <도둑을 맞으려면 개도 안 짖는다> 운수가 나쁘면 모든 것이 제대로 되지 않는다.

[도독'찔로 해애'도' 솜'바'리 마'저야 댄' 다] <도둑질을 해도 손발이 맞아야 된다> ①무슨 일을 하거나 서로 뜻이 맞고 조화를 이루어야 잘 된다는 말. ②어찌 그리도 서로 뜻이 잘 통하지 않느냐고 한탄하는 말. ▷[두우' 솜'빠닥 마'주처야 소'리가 나'지, 웨'소'는 암만 흔드'러도 소'리가 앤 난다]/[솜' 마'저 포'앙'(포' 항') 가'라' 아, 호박'떡 꾸'부머 조옥'켄' 따]/[초'지'짱'도 마'지 들머 개갑'따].

[도동'너미 시'가' 인'나] <도둑놈이 씨가 있나> 본래부터의 도둑이란 없는 법이다.

[도동'넘 개애' 꾸'지드시] <도둑놈 개 꾸짖듯> 남들이 들을까봐 두려워서 입

속으로 혼자 중얼거림을 이르는 말. ▷[비′ 마′진 주웅′매′애로 군청거′린다]/[치럽뻬′버리 소오′지′ 저난′다].

[도동′넘도 칭′구느 읻′따] <도둑놈도 친구는 있다> ①아무리 고약한 사람이라도 서로를 깊이 이해해 주는 친구는 있게 마련이다. ②남들은 다 친구가 있는데 너는 왜 친구조차 변변한 사람이 없느냐고 힐난하는 말.

[도동′넘 때느 버′저도, 디인′디′~이~ 때느 모옴′ 뻔′는다] <도둑놈 때는 벗어도, 덴둥이 때는 못 벗는다> 비록 도둑의 누명을 쓰더라도 사실이 밝혀지면 그걸 벗어날 수 있지만, 덴둥이 흉터처럼 확실한 증거가 남는 경우에는 그 오명을 씻을 길이 없다. ㉠ 앞뒤를 바꾸어서 쓰기도 함.

[도동′넘 지′ 발 찔리′인다(지리′인다)] <도둑놈 제 발 저리다> 죄를 지으면 불안하여 스스로 그것을 감추려고 애쓰다가 도로 드러나게 한다. ▷[도동′넘 지′ 자주′게 노올′랜′다].

[도동′넘 지′ 자주′게 노올′랜′다] <도둑놈 제 자국에 놀란다> 양심의 가책을 느껴 조심을 한다는 것이, 도리어 제 죄를 폭로하는 결과가 된다. ▷[도동′넘 지′ 발 찔리′인다(지리′인다)].

[도동′ 막′꼬 다안′장′한다] <도둑 맞고 단장한다> ①일을 그르친 다음에 후회를 하거나 때늦은 준비를 해 봤자 아무 소용이 없다. ②일에 대한 대비가 너무 늦으니 미리 준비를 철저히 해 두라는 말. ▷[구′단′ 디읻′ 짱′구]/[밥′파러묵′꼬 폰′또′올 숭구′우드시]/[성′복찌 지′내′애고 약′빵′공′사한다]/[소오′ 일′꼬 오양깐′ 곤′친다]/[장담′ 보내′애고 춤′춘′다]/[주′군 디이′예′ 약′빵′공′사 한다].

[도라′~아~ 든′ 소′] <도랑에 든 소> ①소가 도랑 속으로 들어서면 양쪽 둔덕의 풀을 다 뜯어먹을 수 있듯이, 먹을 것이 많아 유복한 처지에 있음을 이르는 말. ②양쪽에서 이득을 취함을 이르는 말. ▷[바 부′예 떡′]/[야앙′ 소′네 떡′ 쥐′읻따]/[정낭′ 울따′레 호오′바′게 구불′렏따]/[팔′짜′가 구′ 짜′거치 느′러′젇따]/[호오′바′게 구불′렏따]/[홍재 바가′치에 기 꼬′벋따].

[도래′~(도라′~)이~ 마리′머 비′가′ 온다] <도랑이 마르면 비가 온다> 부족한 것이 있으면, 그걸 충족시켜 주는 현상이 저절로 나타나게 마련이다.

[도리′깨느 내 도리′깨가 뿌자′아지머 조옥′코′, 파렏′ 쭈른 나′무 파렏′ 쭈리 떠′러지머 조옫′타′] <도리깨는 내 도리깨가 부서지면 좋고, 맞두렛 줄

은 남의 맞두렛 줄이 끊어지면 좋다> ①힘든 농사일을 하다가 연장에 탈이 생겼을 때 그걸 고치는 동안 잠시라도 쉴 수 있는 짬이 생긴다는 말로, 나쁜 일과 좋은 일이란 것이 도무지 한결같지 않다는 뜻. ②이왕 잠시 쉬는 형편이라면 쉬운 일을 하면서 쉬는 것이 힘든 일을 하기보다 낫다는 이기적 심사의 표현.

[도마′ 배애미 꼬랑대′기 앵 끊′ 커 주′머 줴에′ 가′ 마안′ 타′] <도마뱀 꼬리를 안 끊어주면 죄가 많다> 도마뱀을 보면 그 꼬리를 끊어주어야 한다 함이니, 도움을 필요로 하는 일을 도와주지 않고 그냥 지나치면 죄가 된다는 뜻.

[도망 갈′ 여~이~ 바~아′~ 찌′거 녹′코 각′까] <도망 갈 년이 방아 찧어 놓고 갈까> 이미 일이 다 틀어져서 그만두는 터에, 뒷일을 위하여 무엇을 걱정할 리 만무하다는 뜻. ▷[가′는′ 여~이~ 볼살′ 떽′끼 녹코 가나]

[도′매 우′예 오링′ 궤′기] <도마 위에 오른 고기> 어찌할 수 없게 된 막다른 처지에 있음을 비유하는 말. ▷[그′무′레 등 궤′기, 도 가′네 든 쥐′]/[도 가′네 든 쥐′]/[뽁′꺼 노온 토깨′~이~다]/[자′버 노온 토깨′~이~다].

[도오′끼′로 비이′고′ 잔′나′] <도끼를 베고 잤나> 잠을 편하게 자지 못했느냐는 뜻으로, 아침에 너무 일찍 일어남을 놀리는 말.

[도오′끼′에 날′로′ 다러가′아 사′러도 내′가′ 볼 끼′이다] <도끼에 날을 달아서 살아도 내가 볼 것이다> 언젠가는 두고 보자고 벼르는 말. 참 예전에는 도끼가 많이 닳으면 대장간에 가서 날을 달아서 쓰기도 하였음. ▷[사′아레 모오′개′ 한 덩거′리로 모온′ 시′ 알러도, 니버다′ 아사 나앝′ 따′]/[살′뭉 코′~을~ 모옹′ 깨′무러도, 너거′ 아 밴′ 시′ 운다]/[살′뭉 코′~을~ 아′ 페두′고 눔′물′로 홀′리도, 니인′ 테사 이′긴다].

[도오′네′ 춤′ 반′는 넘 업따] <돈에 침 뱉는 놈 없다> 돈은 누구든지 소중하게 여긴다.

[도온′ 나′올 모티~이~(느~) 주′굴 모티~이~] <돈 나올 모퉁이는 죽을 모퉁이> 세상에서 돈을 벌기가 참으로 어려운 일이라는 말.

[도온′ 철 랴′~이~머′ 목′수믈 들반는′다] <돈 천 냥이면 목숨을 들여놓는다> 돈, 천 냥은 목숨과 바꿀 수 있을 만큼 큰돈이라는 비유.

[도올′땀′ 배′부′링 거′] <돌담 배부른 것> 위험하거나 아무 짝에도 쓸데없는 해로운 존재를 이름.

[도올'로' 차'머' 발'마' 아푸'다] <돌을 차면 발만 아프다> 쓸데없이 화를 내면 결과적으로 저만 해롭다.

[도옴'마' 이시'머 처어'자' 부' 랄또 산' 다] <돈만 있으면 처녀 불알도 산다> 돈만 있으면 못 할 일이란 게 전혀 없다. ▷[도~오'~이'~ 야앙' 바'~이~다]/[배소' 오게 든' 아'아도 도~오'~이'~야' 커머 나'온' 다].

[도옹'네' 새액'시' 믿'따'가 자양'개' 모옹' 깐' 다] <동네 색시 믿다가 장가 못 간다> 막연하게 제 생각만 믿고 있다가 낭패 본다 또는 남은 생각지도 않는데 공연히 기대를 하고 있다가 실수한다. ▷[디이'찝' 처어'자' 믿따'가 자양'개' 모옹' 깐' 다]/[압찝' 크'내'기 믿따'가 자양'개' 모옹' 깐' 다]/[이'분찝 새액'시' 믿따'가 자양'개' 모옹' 깐' 다].

[도옹'야'~은~ 앤' 주'나따나 바리'때나 깨지 마'라] <동냥은 안 주더라도 바리때나 깨지 마라> 요구를 들어주지 못할 형편이면, 차라리 해롭게나 하지 마라. ▷[도옹'야'~을~ 앤' 주거들랑' 쪽빼'기나 깨지 마'라].

[도옹'야'~을~ 앤' 주거들랑' 쪽빼'기나 깨지 마'라] <동냥을 안 주거든 쪽박이나 깨지 마라> 요구 사항을 들어주지는 못할지라도 해로움을 끼치지는 마라. ▷[도옹'야'~은~ 앤' 주'나따나 바리'때나 깨지 마'라].

[도자'~아~ 버엄' 든' 듣따] <곳간에 범이 든 듯하다> 매우 시끄럽고 부산하다.

[도'~에~ 번쩍' 서'에 번쩍'] <동에 번쩍 서에 번쩍> 정처가 없고 종적을 걷잡을 수 없을 만큼 이곳 저곳에 출몰함. ▷[소' 드'~에~ 파래'~이'매' 애로 왇' 따' 갇' 따' 한다].

[도~오'~이'~ 야앙' 바'~이~다] <돈이 양반이다> 돈이 있어야만 의젓하게 행세할 수 있다. ▷[도옴'마' 이시'머 처어'자' 부' 랄또 산' 다]/[배소' 오게 든' 아'아도 도~오'~이'~야' 커머 나'온' 다].

[독 떨'부로 가는 쥐' 눙' 걷따] <독 뚫으러 가는 쥐눈 같다> 눈빛이 매우 초롱초롱하다는 말로, 어린아이가 밤늦도록 잠을 자지 않을 때 쓰는 말.

[독 떨'불 구웅'니'로 한다] <독 뚫을 궁리를 한다> 돈을 벌거나 어려운 문제의 해결을 위해 온갖 궁리를 다 한다는 뜻. 쥅 '독 떨불 구웅니'라고도 함.

[독새'로 쥐' 길라커머 꼬랑대' 기꺼정 진니' 기락꼬] <독사를 죽이려면 꼬리까지 짓이기라> 악의 뿌리는 후환이 없도록 철저히 뽑아야만 되실 건드

리면 뒤에 앙갚음을 당하기 쉽다는 말.

[독새' 아'감'지에 송까'락 역'키] <독사 아가리(입)에 손가락 넣기> 매우 위험한 짓을 자초하기. ▷[서'플'지'고 불'로' 띠'이들기다]/[훼에'야'글 지'고 불'로' 드간다].

[돌따래'미 쳅박'꾸 도오'드'시] <다람쥐 쳇바퀴 돌 듯> 계속 반복만 하거나 결말이 없음을 이르는 말. ▷[개애'무 쳅빡'꾸 도오' 드'시 도온'다'].

[돌따리'도 뚜디'리 보'고 거언'넨'다] <돌다리도 두드려 보고 건는다> 매우 잘 아는 일이라도 세심한 주의를 기우리라는 뜻. ▷[무링' 가암'도' 꼭'찌로 빼애'고' 무'거라]/[아아'는' 질'또' 무'러 가'라]/[야푼' 데도 직'께 거언'네'라]/[야품' 물'또' 지푸'기 거언'네'라].

[돔' 바안 상'묵'꼬 열'니'이 이푸로 사아'정'한다] <돈 반 상 먹고 열 네 닢으로 사정한다> 사리에 어긋나게 주어야 할 것을 다 주지 않으려고 몹시 다랍게 군다.

[동'미 따'러(따'라) 강낭' 간다] <동무 따라 강남 간다> 주관도 없이 남이 하니까 저도 덩달아 한다. ▷[거름'지'고 자'~아~ 간다]/[눔'머'엄 망새'~이~ 워'낭 소리 득꼬 따'러간다]/[다리'~이' 자'~아~ 간다 커'~이~ 거름'지'고 자'~아~ 간다]/[칭'구 따'러 강낭' 간'다'].

[동'지 지내'고 여'를 이시'머, 팔'십' 늘'기~이~가 심' 니'로 더' 간'다'] <동지 지나고 열흘 있으면, 팔십 늙은이가 십 리를 더 간다> 동지가 지나고 열흘쯤 지나면 해가 차츰 길어지는 것이 확연하게 나타난다.

[동쮀'기 훤언'하'머 세에'상'만 이'기고, 박끄'르기 노푸'머 새~일'~만 이'긴다] <동쪽이 훤하면 세상만 여기고, 밥그릇이 높으면 생일만 여긴다> 자기에게 조금만 유리하게 보이는 현상이 나타나면 마구 날뛰거나 으스대는 어리석고 못난 사람을 비유하는 말. ▷[더엉'덩'커'머 굳'시'라꼬]/[박끄'르기 노푸'머 새~일'~마안 이'긴다].

[두불' 짜 소'~이~(새'끼가) 더' 귀읻' 타'] <두벌 자손이(새끼가) 더 귀하다> 아들딸보다 손자나 손녀가 더 귀엽게 느껴진다.

[두우'리 묵따'가 항'키 주'거도 모린다] <둘이 먹다가 한 사람 죽어도 모른다> 옆의 사람이 죽어도 모를 만큼 정신없이 먹는다 함이니, 음식 맛이 매우 좋다는 말. ▷[나무'칼로 귀로 비'이도 모린다].

[두우' 솜' 빠닥 마' 주처야 소'리가 나'지, 웨' 소'는 암만' 흔드' 러도 소'리가 앤 난다] <두 손바닥 마주쳐야 소리가 나지, 외손은 암만 흔들어도 소리가 안 난다> ①양편이 서로 뜻이 맞아야만 무슨 일이든 능률이 난다. ②말상대가 되어야 싸움이 된다. ▷[도독' 찔로 해애' 도' 솜' 바' 리 마' 저야 댄' 다]/[솜' 마' 저 포' 앙'(포' 항') 가가' 아, 호박' 떡 꾸' 부머 조옥' 켄' 따]/[초' 지' 짱' 도 마' 지 들머 개갑' 따].

[둑' 수리 까안' 채' ~이~집 빼앧' 뜰' 드' 시] <독수리 까치집 빼앗듯> 갑자기 남의 것을 힘으로 강탈하는 것의 비유. ㉤ 자연계에서는 독수리가 까치집을 빼앗는 일이 없는 바, 설사 독수리가 까치집을 빼앗았다손 치더라도 까치집의 구조상 독수리가 까치집에서 생활할 수는 없음. ▷[소리배' ~이~ 까안' 채' ~이~집 빼뜰' 드' 시].

[둥거' 리뿔 하' 고 살림사' 리 하' 고느 숙석꺼' 리머 타알' 란' 다] <장작불과 살림살이는 쑤석거리면 탈난다> 여자나 살림살이는 옆에서 쑤석거리면 문제가 생기기 쉽다. ▷[사기 그' 륵캉 지이' 지' 븐 돌' 리머 재미' 업따]/[시이' 간' 사' 리캉 둥거' 리 뿌른, 쩝' 쩍' 꺼' 릴수록 타알' 란' 다]/[장' 작뿌 라' 고 시이' 간' 사' 리 하' 고느 찝찌' 기머 꺼' 진' 다].

[둥' 치 엄는 휘' 추' 리가 인' 나] <둥치 없는 회초리가 있나> ①원인이 없는 결과가 나올 수 있느냐. ②조상이나 부모 없는 자식이 있겠느냐. ▷[드는' 도오' 리' 이' 서야 나' 치 뿔' 는' 다]/[뿔' 개' ~이~ 엄는 낭' 게 이' 피' 피' 까']/[앤 때앵' 꿀' 떠' 게 영' 개 나' 나'].

[뒈' 끄' 를 (가' 주구) 말' 끌' 로 서뭉는' 다] <되 글을 (가지고) 말 글로 써먹는다> 조금밖에 배우지 아니할 것을 가지고서 대단히 효과적으로 잘 써먹는다.

[뒈에' 주가 뿍띠' 기로 무' 러 들루' 우머 비' 온' 다] <돼지가 검불을 물어 들이면 비온다> ①돼지도 일기 변화를 미리 알아, 스스로 검불을 물어 들이면 비가 올 징조라는 말. ②미련하고 둔한 사람의 직감이나 말이 사실과 맞을 때 이르는 말. ▷[개애' 미 잔' 채' 하머 비' 온' 다]/[달' 물' 하고 사' 알 이시' 머 비' 온' 다].

[드는' 도오' 리' 이' 서야 나' 치 뿔' 는' 다] <드는 돌이 있어야 낯이 붉어진다> 세상의 모든 일은 원인이 있어야 결과가 생기게 된다. ▷[둥' 치 엄는 휘'

추'리가 인'나]/[뿔'개'~이~ 엄는 낭'게 이'피' 피'까']/[앤 때앵' 꿀' 떠' 게 영'개 나' 나'].

[드'는' 저'~은~ 모올'래' 도 나' 는' 저'~은~ 아안다] <드는 정은 몰라도 나는 정은 안다> 정이 들 때는 언제 드는지 모르지만, 헤어지게 되면 그리움의 아픔이 역력히 나타난다. ㉘ 앞뒤를 바꾸어서 쓰기도 함.

[드'러난 백'성' 우'라'고 사아' 까'] <드러난 백성 울타리하고 살까> 이미 세상이 다 아는 바니, 구태여 무엇을 숨기고 남부끄럽게 여길 것이 있느냐는 말.

[드르' 머 비~이'~고 앤 드르' 머 야' 기' 다(얘' 기' 다)] <들으면 병이고 안 들으면 약이다> ①들어서 걱정될 일이라면 차라리 듣지 않는 것이 낫다. ②모르고 지나는 것이 오히려 좋을 뻔했다. ▷[모리머' 야' 기' 고(얘' 기' 고) 아아' 능' 기' 이 비잉]/[앤 보' 능' 기' 이 마' 뜨긍 기' 다].

[드'~에~ 부' 털따 가아' 네' 부' 털따 컨는다] <등에 붙었다 간에 붙었다 한다> 교활한 사람이 눈앞의 이익만을 위해 신의를 저버리고 이리저리 옮겨 다닌다.

[드'~으~로 묵'꼬 날' 로' 뭉는' 다] <등으로 먹고 날로 먹는다> 이모저모의 이익을 골고루 다 챙겨 먹는다.

[득' 끼 조오' 온' 꼰' 노' 래도 함 분' 두우' 분'] <듣기 좋은 꽃노래도 한 번 두 번> 아무리 좋은 것일지라도 너무 자주 반복되면 싫증이 난다는 말.

[들'고 치나 녹'코 치나] <들고 치나 놓고 치나> 수단이나 방법이야 어떠하든 결과는 마찬가지라는 말. ▷[훌' 미치나 꼴' 미치나].

[등'게 서억' 섬'마 이'서도 처가사'리느 가지' 바'라] <등겨(왕겨) 석 섬만 있어도 처가살이는 가지 마라> 아무리 가난해도 처가살이는 할 것이 아니라는 말.

[등 구' 부머 질매' 까아' 지'] <등 굽으면 길마 가지> 아무리 보잘것없는 것이라도 다 제 나름대로의 쓰임새가 있다는 말. ▷[나물' 날' 꼬든 입' 새버텅 아안다]/[설' 때 구' 치 나' 아가, 나' 아도 구' 친다]/[아' 시예 베' 린(서언') 떠' 근', 다' 시예도 베' 린다(서언' 다')]/[에' 릴 때' 버' 텅 질매' 까아지].

[등' 굼재~이~ 쪽찌' 게 미' 테도 영두'~은~ 한다] <등짐장수 쪽지게 밑에도 영등(靈登)은 한다> 예전에 음력 2월 초하룻날 행하던 영등은 비록 등짐장수

까지도 했다 함이니, 해야 될 일은 어떤 어려움이 있어도 꼭 해야만 한다는 뜻.

[등 따시′고 배′ 부′ 리다] <등 따습고 배부르다> ①의식주가 넉넉하여 더 욕심을 부리지 않을 만큼 잘 산다는 말. ②춥고 배고프지 않아 매우 행복하다. 㕛 건달인 정만서가 방랑 길에서 무거운 복막염을 얻어 고향으로 돌아오다가, 마을 앞 주막에 누워 집으로 연락을 했더니 아들이 마중을 나왔다. 배가 부어 오른 아버지를 업을 수가 없는지라 불가불 서로 등과 등을 대고, 마치 아이들 콩등지기하듯 업게 됐는데, 아들이 "아버지 참 불편하시지요." 했더니 정만서 왈, "야 이, 몰풍정한 놈아, 등 따시고 배부른데 뭐가 더 부러울 것이 있느냐."고 했다는 데서 유명해진 말. ▷[조오′ 천′ 췌′주~우~이~가 누 나′ 알로 비′ 인다].

[등′ 잠 믿′ 치 어덥′ 따] <등잔 밑이 어둡다> 자기에게 가까운 일을 먼데 일보다 오히려 더 잘 모른다.

[등창′ 난′ 넘 도올′ 찜′ 지캐′ 앤다] <등창 난 놈 돌 짐 지운다> 불행한 사람에게 더욱 수고로움을 끼친다. ▷[어′ 퍼진 넝′ 꼭′ 띠이로 눌류′ 운다].

[등′ 치′ 고′ 가안′ 내′ 애 뭉는다] <등치고 간 내어 먹는다> 겉으로는 남을 위해 주는 체하면서, 실상은 남을 해치면서 자기의 잇속만 채운다. ▷[어루′우고 등′ 꼴 뺀다].

[디′ 리′ 늠 부서′ 케 청사′ ~이~나 마린낭′ 기나(마린냉′ 기나)] <들이는 아궁이에 청산이나 마른나무냐> ①솜씨 좋은 사람은 재료나 연장에 구애받지 않고 일을 잘 한다는 말. ②배고픈 사람은 어떤 음식도 맛있게 먹어 치운다는 말. ▷[크′ 니′ 일꾸는 여엉′ 천′ 주남 뜨을게 가′도′, 녹′ 칠′ 기로 나무′ 매′ 끼 해애′ 가′ 아 무까′ 아 오′ 더′ 라].

[디읻′ 찝′ 지익′ 꼬′ 압찝′ 뜨′ 더′ 라 컨다] <뒷집 짓고 앞집 뜯어라 한다> 제게 방해되거나 손해가 된다고 해서 도무지 사리에 어긋난 주장만 한다.

[디읻′ 찝′ 처어′자′ 믿따′가 자양′ 개′ 모옹′ 깐′ 다] <뒷집 처녀 믿다가 장가 못 간다> 막연하게 제 생각만 믿고 있다가 낭패 본다, 또는 남은 생각하지도 않는데 공연한 기대를 하고 있다가 낭패를 본다. ▷[도옹′ 네′ 새액′ 시′ 믿′ 따′ 가 자양′ 개′ 모옹′ 깐′ 다]/[압찝′ 크′ 내′ 기 믿따′ 가 자양′ 개′ 모옹′ 깐′ 다]/[이′ 붇찝 새액′ 시′ 믿따′ 가 자양′ 개′ 모옹′ 깐′ 다].

ㄸ

[따' 라' 아느 귀이' 하' 기 키' 우고, 머시마' 아느 처~어' ~나' 기 키' 야라] <딸아이는 귀하게 키우고, 아들아이는 천하게 키워라> 아들아이는 고생스럽게 키워 씩씩하게 만들고, 딸아이는 곱게 키우라는 말.

[따'~이'~ 꺼' 저' 도 비이' 끼' 설' 떼가 익' 꼬, 하' 느리 뭉개' 애저도 소' 사날 궁' 기 읻' 따] <땅이 꺼져도 비켜 설 데가 있고, 하늘이 무너져도 솟아날 구멍이 있다> 아무리 큰 고난이 닥치더라도 헤쳐 나갈 길이란 꼭 있는 법이다. ▷[나알' 리' 에도 피이' 라' ~이~ 읻따]/[주' 굴비~이~에~도 사알' 랴' (래') 기' 읻따]/[주' 글 략' 짜' 테 사알' 랴 긷따]/[화' 느리 뭉' 거저도 소' 서날 (소' 사날) 구무' ~이~ 읻' 따].

[땅' 직' 꼬 훼에' 미 치기] <땅 짚고 헤엄 치기> 너무도 쉽다는 말. ▷[누' 버가 아 떵' 묵' 끼]/[누분' 소' 타' 기]/[밥떡꺼' 리 무' 고 새 새' 끼 부리' 드' 시]/[사암' 동' 세, 시' 금 판쭉' 항 그' 륵]/[시' 근 중' 묵' 끼]/[아' 곱 동' 세, 시' 금 판쭉' 항 그' 륵 묵' 끼].

[때' 리는 서방' 버다' 암 말' 기는 시' 이' 미가 더' 밉' 따] <때리는 서방보다 말리는 시어머니가 더 밉다> 겉으로 위해 주는 체하면서 속으로 해롭게 하거나 헐뜯는 사람이 더 밉다.

[때' 리로 갇' 따' 가 막' 끼도 한다] <때리러 갔다가 맞기도 한다> 공격을 하다가 보면 때로는 공격을 당하는 수도 있게 마련이다. ▷[고옴' 피' 빠' 러무굴라 컫따가 다리' 홀끼' 인다]/[배' 고' 푼 사' 람자테 요' 구 시' 기라 컨는다]/[혹 띠' 이로 갇' 따' 가 혹' 뿌' 친다].

[때엥' 삐' ~이~ 직' 껀' 디' 린 듣따] <쌍살벌 집을 건드린 듯하다> 섣불리 건드렸다가 여러 사람이 모조리 들고일어나는 큰 소동을 일으켰을 때 하는 말. ▷[버어' 리' 인' 테 수키' 인 돌 쭈' 웅].

[떡' 뽀' 리 바앙' 까' 네 아' 아 여' 어 노옹 걷' 따] <떡보리 방앗간에 아이를 넣

어 놓은 것 같다〉 일을 시켜 놓고서도 도무지 마음이 놓이지 않는다. ▷[부떠마'게 아'아 안촤'아 노'온 듣따]/[웅굴따'무레 아'아 안촤'아 나'안능걷'따].

[떡' 뽄' 지'메 제에' 사' 지'낸' 다] 〈떡 본 김에 제사 지낸다〉 좋은 기회를 맞은 김에 평소에 하고 싶던 일을 해치운다. ▷[간질때'~이~ 줴인' 지'메 가암' 딴' 다]/[걸배'~이~ 떡' 뽄' 지'메 지이' 사' 지내' 앤다]/[어'퍼진 지'메 쉬'이 간다]/[우우' 구' 접짜 때' 린다].

[떡' 사' 줄 너민테 무'러 보'지도 애~ 하'고 짐칙꾹' 버'텅 마' 신다] 〈떡 사 줄 놈한테 물어 보지도 않고 김칫국부터 마신다〉 해 줄 사람은 생각조차도 않는데 마치 일이 다 된 것처럼 여기고 미리 잔뜩 기대한다. ▷[떡' 쭐' 너믄 생각' 또(생각'찌도) 애 나는데 짐칙꾹' 버'텅 마' 신다]/[떡' 쭐' 사' 라믄 저' 거언'네' 인는'데, 짐칙꾹' 버'텅 마' 신다]/[짐칙꾹'뻐'텅 마' 신다].

[떡' 살'뭄 무레 주~우'~ 디이' 친' 다] 〈떡 삶은 물에 중의 데친다〉 한 가지 일을 하면서 또 다른 일을 겸해서 해치우거나 버린 물건을 이용해서 소득을 봄을 이르는 말. ▷[꽁' 묵'꼬 알' 묵'꼬, 도랑' 치고 까아' 재' 작꼬].

[떡' 쭐' 너믄 생각' 또(생각'찌도) 애 나는데 짐칙꾹' 버'텅 마' 신다] 〈떡 줄 놈은 생각하지도 않는데 김칫국부터 마신다〉 해줄 사람은 생각도 하지 않는데 일이 다 된 것처럼 여기고 미리 기대한다. ▷[떡' 사' 줄 너민테 무'러 보'지도 애~ 하'고 짐칙꾹' 버'텅 마' 신다]/[떡' 쭐' 사' 라믄 저' 거언'네' 인는'데, 짐칙꾹' 버'텅 마' 신다]/[짐칙꾹'뻐'텅 마' 신다].

[떡' 쭐' 사' 라믄 저' 거언' 네' 인는' 데, 짐칙꾹' 버' 텅 마' 신다] 〈떡 줄 사람은 저 건너에 있는데, 김칫국부터 마신다〉 상대방은 가만히 있는데, 이쪽에서 먼저 기대에 부풀어 행동이 앞선다는 말. ▷[떡' 사' 줄 너민테 무'러 보'지도 애~ 하'고 짐칙꾹'버'텅 마' 신다]/[떡' 쭐' 너믄 생각' 또(생각'찌도) 애 나는데 짐칙꾹'버'텅 마' 신다]/[짐칙꾹'뻐'텅 마' 신다].

[떡' 캐'애 무'굴 지' 반] 〈떡 해 먹을 집안〉 가족끼리 화합하지 못하고 어려운 일만 연해 일어나는 집안. ▷[콩까리'로 떡'칠' 지' 반].

[떨주'웅 퀘' 기가 더 크다] 〈놓친 고기가 더 크다〉 사람은 흔히 잃어버린 것을 애석하게 여기고, 현재 가지고 있는 것보다 잃은 것이 더 좋다고 생각하기 쉽다.

[떼딴′ 지바테 쉬은′ 착′ 끼] <잔디밭에 수은(水銀) 찾기> 도저히 실마리를 찾기가 어려울 때 이르는 말. ▷[덤풀′ 꿍′ 게 숟′ 떨′ 빠진′ 듣따]/[뿍′ 떡′ 빠′ 테 쉬′ 은′ 착끼].

[떼딴′ 지 뿌′ 른′ 열′ 뚜′ 우 분 탄다] <잔디 불은 열두 번 탄다> 잔디밭은 열두 번을 태워도 또 탄다 함이니, 같은 일을 자꾸 반복해도 기대한 결과가 계속 비슷하게 나타날 때 쓰는 말.

[떼딴′ 짐 뽀′ 느로 그마′ ~이~ 양′ 임′ 하머 모옴′ 무′ 구까] <잔디라 할지라도 그만큼 양념하면 못 먹을까> ①아무리 재료가 나쁘더라도 양념을 잘하면 맛있는 음식이 되듯, 어떠한 일이라도 크게 공을 들이면 그 만큼 효과가 생긴다는 말. ②그렇게 힘든 공을 들였으니 좋은 결과를 얻는 것이야 당연하지 않겠느냐는 말.

[또′ ~은~ 말′ 러도 꾸′ 리다] <똥은 말라도 구리다> ①한번 한 나쁜 일은 쉽게 그 흔적을 없애기 어렵다. ②근본적인 속성은 감추기 어렵다.

[또′ ~은~ 차′ 무′ 머 약′ 때′ 고, 오주′ 믄 차′ 무′ 머 비잉′ 댄′ 다] <똥은 참으면 약 되고, 오줌은 참으면 병 된다> 대변은 좀 참아도 크게 해롭지 않지만, 소변을 오래 참으면 큰 병이 생긴다.

[또′ ~이~ 무서′ 버 피이′ 하′ 나 더어′ 러′ 버 피이′ 하′ 지] <똥이 무서워 피하나 더러워 피하지> 악하거나 같잖은 사람을 피하는 것은 무서워서가 아니라, 상대할 만한 가치가 없으므로 피하는 것이라는 말.

[또′ ~(뛔′ ~)이~ 초온′ 수′ 탄다] <똥이 촌수 탄다> 혈연 관계가 가까울수록 그 사람의 똥까지도 덜 더럽게 느껴질 수 있다. ▷[손′ 자 홍′ 시 좌′ 아다 주′ 머, 개애′ 똥′ 무′ 등 거′ 느 지′ 해′ 미′ 주′ 고, 앰′ 무′ 등 거′ 느 지 애′ 비 준다]/[한 다리′ 가 머얼′ 머′ 시′ 늘′ 벅′ 꼬 거언′ 넨′ 다]/[한 다리′ 가 철′ 리 다]/[한′ 치 거언′ 네′ 두우 치]/[허언′ 디′ 도 저′ ~이~ 따라].

[똥꾸무′ 로 호박′ 시 깐다] <똥구멍으로 호박씨 깐다> 겉으로는 얌전한 체하면서 속으로는 의뭉스러운 짓을 한다. ▷[믹꾸무′ 로 호박′ 시 깐다]/[새출래′ 미 고올′ 로′ 빠′ 진′ 다].

[똥′ 꿰인 여~이~(니미) 서엉′ 내′ 앤다] <방귀 뀐 년(놈)이 성낸다> 제가 잘못하고서 도리어 큰 소리로 야단스럽게 군다.

[똥′ 누′ 고 믹꿈′ 앤′ 따′ 끙 걷따] <똥 누고 밑 안 닦은 것과 같다> 뒤처리를

깨끗이 하지 않아 마음에 꺼림칙하다.

[똥' 누러' 붕 개애' 꼬' 라지] <똥 마려운 개 꼴> 안절부절못하며 쩔쩔매는 모습을 보고 이르는 말.

[똥' 누'로 갈 쩌'게 바뿌'지, 똥' 누'고 나'머 쥐영' 타] <똥 누러 갈 적에 바쁘지, 똥 누고 나면 바쁘지 않다> 자기가 급할 때는 마구 매달리다가도 그 일이 지나고 나면 모른 체하고 지낸다는 말.

[똥' 매라'분 영 국꺼' 리 사' 아리드시] <똥 마려운 년 국거리 썰듯> 제 일이 급하여 맡은 일을 아무렇게나 해치움을 이르는 말.

[똥' 무' 등(무' 궁) 개애' 주' 디~이~ 걷따] <똥 묻은(먹은) 개 주둥이 같다> 매우 지저분하고 더럽다.

[똥' 무' 등 꼬장주~우' ~로 팔' 깜' 세라도] <똥 묻은 고쟁이를 팔망정> 일이 궁박하여 염치를 돌보지 않고 무슨 방법을 써서라도 돈을 장만하거나 힘을 써 보겠다는 말. ▷[집신' 저~어~네 하안' 저' ~어~늘 내' 애도].

[똥' 사 녹'코 비인' 다'] <똥 싸 놓고 빈다> 잘못을 용서해 달라고 매우 간절히 빈다. ▷[소' ~이' ~ 바' 리' 대' 두룩 비인' 다']/[파래' ~이~ 소늘 비빈' 다].

[뚜끼' 비가 버어' 리' 로 자' 아무거도, 수늠 마' 세 자' 아뭉는다] <두꺼비가 벌을 잡아먹어도 쏘는 맛에 잡아먹는다> 모든 일에는 나름대로의 멋과 맛이 있다.

[뚝끼' 비 파래' ~이~ 자' 아묵뜨시] <두꺼비 파리 잡아먹듯> 아무 것이나 닥치는 대로 널름널름 잘 먹어 치우는 모양.

[뛰지' 기가 비상천학' 까] <두더지가 비상천(飛翔天)할까> 도저히 있을 수 없는 일이라는 뜻. ▷[띠지' 기라 따' ~을' ~ 띠' 지고 갈 끼' 이가, 청성개' 비라 비상천할' 끼' 이가].

[뜨' 고' 모옴' 뽀' 는 당' 다리보옹사] <뜨고 못 보는 당달봉사> 보고도 모르는 눈뜬장님. ▷[눙까' 레 멩태' 껍띠' 기로 발' 런나]/[어' 분 내기(아' 아) 삼 연' 찬' 는' 다].

[뜨무' 레 아' 아 생' 긴다 컨띠~이~] <뜨물에 아이가 생긴다더니> ①예상 밖의 전혀 엉뚱한 일이 벌어졌을 때 하는 말. ②어줍잖은 일로 말미암아 엄청난 결과가 생겼을 때 이르는 말.

[뜨'물' 묵'꼬 주'정' 한다] <뜨물 먹고 주정한다> 공연히 취한 체하며 주정

한다.

[뜨'심' 밤 묵'꼬 시'근 소리한다] <더운 밥 먹고 식은 소리한다> 생각이나 판단이 온전하지 못한 사람이 함부로 지껄이는 소리를 한탄하는 말.

[뜽' 꽁'~에~ 매애' 녹'키] <떼꿩에 매 놓기> 욕심이 많으면 하나도 이루지 못한다는 말. 참 '뜽 꽁'은 '뜬 꿩'이 아니라 '떼꿩'의 와전.

[띠'는' 넘 미'테 기'는' 넘 읻'따] <뛰는 놈 밑에 기는 놈 있다> 잘난 사람이 있으면 그보다 더 잘난 사람이 또 있으니 자만해서는 안 된다는 말. 참 논리적으로는 '기는 넘 우에 뛰는 넘 읻따.'고 해야 하나 그 반대임. ▷[나는' 넘 미'테 띠는' 넘 읻'따]/[버엄' 자' 아뭉는 담' 부가 읻'따].

[띠지' 기라 따'~을'~ 띠'지고 갈 끼'이가, 청성개' 비라 비상천할' 끼'이가] <두더지라서 땅을 파 뒤집고 갈 것인가, 천산갑(穿山甲)이라서 비상천(飛翔天)할 것인가> 비록 도망을 치려 해봐도, 도저히 도망 갈 곳이나 방법이 없을 것이라는 말. ▷[뛰지' 기가 비상천학' 까]

ㅁ

[마'그나 자'즈나 하'다] <막으나 잦으나 하다> 이러나 저러나 별 수 없고, 잘 안되기는 마찬가지라서 손을 쓸 수 없이 곤란하다.

[마다'~아~ 노오'능' 개애' 부'리드시 부린' 다] <마당에 노는 개 부르듯 부른다> 아무 때, 아무 데서나 오라 가라 하며 마음대로 부려먹는다. ▷[문세' 엄'는' 조옹' 부'리드시]/[정나'~아~ 안'저 개애' 부'린다].

[마당' 터'지(터'전')는데 솔뿌'리 거억'쩡' 한다] <마당 터지(터졌)는데 솔뿌리 걱정한다> ①제 걱정도 많은 형편에 쓸데없이 남의 걱정까지 하고 있다. ②어떤 일이 벌어졌을 때 당치 않는 것을 가지고 수습하려 듦을 빗대어

이르는 말. 찹 솥뿌리는 나무 그릇 따위가 터진 것을 꿰맬 때 쓰는 것일 뿐, 마당 터진 데는 전혀 당치도 않는 물건임. ▷[거억′쩡′도 팔′짜′다]/[남′ 떵′뭉′는데 팍꼬′물 널찌능′거억′쩡′한다]/[나′무 제에′사′아 꼬오′깜′ 나′아라 빠암′나′아라 컨는다]/[나′무 지이′사′예 가암′나′아라 대애′추′ 나′아라 컨는다]/[바~아′~네 안′저가아 암만′요~오′~을′~서′바′아라, 나 간′니미 뜨싱′강]/[비′삼 밤′묵′꼬 허′릉 거억′쩡′한다]/[오지라′피 너리′ 다]/[처매′꿔가 너리′다]/[치매′가 열′뚜′우 포′깅′강].

[마디′에 꿰′~(궤′~)이′~다] <마디에 옹이다> ①어려운 일들만 공교롭게 자꾸 일어날 때 하는 말. ②일이 공교롭게 서로 어긋나게 되거나 지장이 있는 것을 이르는 말. ▷[가′즌 너머 접′철′릭]/[얼′거징 꼬′깔 디′리진다].

[마′른 사아′촌′아안다] <말을 사촌 안다> 동물인 말조차도 친족은 알아보고 상간(相姦)을 하지 않는데, 하물며 사람이 친척을 알아보지 못한 데서야 말이 되느냐고 이르는 말.

[마린낭′글 두우′붕′껑는다] <마른나무를 두 번 꺾는다> 마른나무를 꺾을 때마다 '똑' 소리가 나는 바, 두 번 꺾으니까 '똑똑' 소리가 난다 함이니, 매우 똑똑하다는 것을 비유해서 이르는 말. ▷[꼬재′~이~열′낙′껃따].

[마린′화′느레 베′락] <마른하늘에 벼락> 뜻밖에 일어난 큰 변고. 청천벽력(晴天霹靂). ▷[자′다′가 베′랑′만는′다]/[자′다′가 어어′듬′벼~어′~은′~이′가글 모온′한′다].

[마′소캉 이일′꾸′는 아′서 조오′야′뭉는′다] <마소와 일꾼은 챙겨 줘야 먹는다> ①남이 집어서 챙겨 주지 않으면 제 몫을 찾지 못할 때 이르는 말. ②힘든 일을 시키려면 먹을 것을 잘 먹여 가며 해야 한다.

[마아′내′가아 지인′사′~이′가] <많아야 진상이냐> ①어떤 물건이든지, 그게 꼭 많아서 진상을 올리는 것이 아니라, 수량은 적더라도 귀하고 정성이 깃들여야 한다는 말로, 적은 양이라도 서로 나누지 않거나, 자기에 대한 배려가 부실할 때 섭섭함을 나타내는 말. ②비록 수량이야 적지만 대접하는 입장에서는 나름대로 최대한 성의를 베푼다는 뜻.

[마아′느′래가 조′오′머 처갇찝′통시′울딸′또 조올′타] <마누라가 좋으면 처갓집 뒷간 울타리도 좋다> 마누라가 좋으면 마누라에게 딸린 하찮은 것까지도 좋게 보인다 함이니, 한 가지가 마음에 들면 연관되는 것까지도 좋

게 보인다.

[마아′른′ 해애′야′ 마′시′고, 궤′기느 시′퍼야 마′시′다] <말은 해야 맛이고, 고기는 씹어야 맛이다> 할 말은 꼭 해야만 한다. ▷[궤′기느 시′퍼야 마′시′고, 마아′른′ 해애′야′ 마′시′다(서원′타)].

[마아′리′ 마아′느′머 실′ 마′아리 저억′따′] <말이 많으면 쓸 말이 적다> 말은 적게 하는 것이 바람직하다. ▷[세′미′테도 주′굴 마아′리′ 읻′따]/[세′미′테 칼 드′럳따].

[마아′리′ 시′가′ 댄′다] <말이 씨가 된다> 늘 말해 오던 것이 마침내 어떤 결과를 불러오게 되었을 때 이르는 말.

[마아′리′ 애~이′~머~ 가알′쩨′로 마아라] <말이 아니면 갚지/겨루지 마라> 말 같지 않은 소리는 상대할 필요조차 없다는 말.

[마아′파′~이~ 앤 댈′라커′머 당나′구 새′끼 두′론′다] <마판(馬板)이 안 되려면 당나귀 새끼 들어온다> 일이 제대로 되지 않으려니까 달갑지 않은 것부터 찾아들 때 통탄하는 말.

[마안′서′꾸는 마앙′가′지 거억′쩡′, 천′서꾸는 청 가′지 거억′쩡′] <만석꾼은 만 가지 걱정, 천석꾼은 천 가지 걱정> 돈이 많으면 많을수록 걱정도 그만큼 많아진다. ▷[천′석꾸는 청′가′지 거억′쩡′, 마안′석′꾸는 마앙′가′지 거억′쩡′].

[마안′장′파네느 호로′오 넘 읻′따] <만장판에는 후레아들 놈 있다> 여럿이 모이는 곳에는 유별나게 저질인 사람이 섞여 있게 마련이다.

[마알′로′ 떠′글′ 하′머 조서′~이~ 다아′ 뭉′는다] <말로 떡을 하면 조선이 다 먹는다> 실천력은 없이 말로만 크게 떠벌릴 때 불평하는 말. ▷[구우′벼′~이~ 조오′와′ 장′스~이~라도 걸리′이겓따]/[마알′마′비이′단′ 짝 거′틍 기이 행′도~은~ 개애′차′반]/[이′비 서어′월′거트머 제에′사′ 지내가′아 뭉′경 아알′로′ 다아′갈′러 묵겓′따].

[마알′마 구′양 보내′앤다] <말만 귀양 보낸다> 이미 한 말이 결과적으로 소용없게 되었거나 상대방의 반응이 전혀 없는 등 말한 보람을 느끼지 못할 때 하는 말.

[마알′마′비이′단′ 짝 거′틍 기이 행′도~은~ 개애′차′반] <말만 비단 짝 같은 것이 행동은 개차반> 말로는 잘 하면서도 실제 행동은 그와 어긋날 때

비웃는 말. ▷[구우′ 벼′ ~이~ 조오′ 와′ 장′ 스~이~라도 걸리′ 이겐따]/[마알′ 로′ 떠′ 글′ 하′ 머 조서′~이~ 다아′ 뭉′ 는다]/[이′ 비′ 서어′ 월′ 거트머 제에′ 사′ 지내가′ 아 뭉′ 경 아알′ 로′ 다아′ 갈′ 러 묵껜′ 따].

[마알′ 마′ 아는 너′ 무′ 지′ 바네느 자앙′ 맏′ 또 십따] <말 많은 놈의 집안에는 장맛도 쓰다> ①집안에 잔말이 많으면 살림이 잘 안 된다. ②입으로는 그럴 듯하게 말하지만 실상은 전혀 그렇지 못하다.

[마알′ 마′ 자라′ 머 철 량 빋′ 또 감는′ 다] <말만 잘하면 천 냥 빚도 갚는다> 말재간이 처세에 매우 중요하며, 말을 잘하면 어려운 일도 해결할 수 있다. ▷[마알′ 짜′ 라′ 고 지′~억~ 까′ 나]/[마알′ 함′ 마디′ 로 천 양′ 빋′ 또 감는′ 다].

[마알′ 짜′ 라′ 고 지′~억~ 까′ 나] <말 잘하고 징역 가나> 말을 잘해서 손해 볼 것이 없다거나 말의 중요성을 강조하는 말. ▷[마알′ 마′ 자라′ 머 철 량 빋′ 또 감는′ 다]/[마알′ 함′ 마디′ 로 천 양′ 빋′ 또 감는′ 다].

[마알′ 함′ 마디′ 로 천 양′ 빋′ 또 감는′ 다] <말 한 마디로 천 냥 빚도 갚는다> 말만 잘하면 아무리 어려운 일조차도 해결할 수 있다. ▷[마알′ 마′ 자라′ 머 철 량 빋′ 또 감는′ 다]/[마알′ 짜′ 라′ 고 지′~억~ 까′ 나].

[마암′ 함′ 분′ 잘 무′ 구머 북또′ 칠서~이′ 구′ 버보신다] <마음 한 번 잘 먹으면 북두칠성이 굽어보신다> 마음이 착한 사람은 천지신명까지도 저절로 보살펴 준다.

[마′ 저 중′ 는′(주′ 근) 너미 줴에′ 가′ (더′) 마안′ 타′] <맞아 죽는(죽은) 놈이 죄가 (더) 많다> 때리는 사람보다 맞는 사람이 실제로는 죄가 더 많다하여 이르는 말.

[마지막′ 다암′ 배′ 느 기이′ 생′ 첩′ 또 앤 준′ 다′] <마지막 담배는 기생첩도 안 준다> 마지막 남은 담배 한 개비는 귀하게 여기는 까닭에 여간 친한 사람에게도 주지 않는다.

[말′ 금 무레 궤′ 기 앵 끼′ 인다] <맑은 물에 고기 안 꼬인다> 청렴 결백도 지나치면 사람이나 재물이 붙좇아 따르지 않는다.

[말 꿰′ 기 설′ 살′ 먿따] <말 고기 설 삶았다> 말의 고기를 제대로 삶지 않고 설 삶았다 함이니, 일을 덧들여 놓아 낭패다. ▷[서엄′ 불′ 마′ 진 산때′ 애 주].

[말또´~에~ 구불´러도 이´스~이~ 조옫´ 타] <말똥에 굴러도 이승이 좋다> 아무리 고생스럽더라도 사는 것이 죽는 것보다 낫다.

[말망새´~이~느~ 제에´ 주´ 도로 보내´ 애고, 사아´ 라´ 머 자서근 서어´ 월´ 로 보내´ 앤다] <망아지는 제주도로 보내고, 사람의 자식은 서울로 보낸다> 말이든 사람이든 성장 환경이 좋아야만 잘 될 수 있다. ▷[사아´ 라´ 믄 나´ 먼 서어´ 월´ 로 보내´ 애고, 마´ 른 나´ 먼 제에´ 주´ 로 보내´ 애라].

[말´ 살 띠이´ 가´ 아 소오´ 사´ 레 부´ 칠 수´ 느´ 어업´ 따] <말 살 떼어서 소 살에 붙일 수는 없다> 말의 살을 떼어다가 소에게 붙일 수는 없다 함이니, 동질성이 아닌 것끼리는 도저히 바꾸어 쓸 수 없다. ▷[말´ 살 띠이´ 다´ 가 소오´ 사´ 레 모옴´ 뿌´ 친다]/[소오´ 살´ 띠이´ 다´ 가 말´ 사´ 레´ 모옴´ 뿌´ 친다].

[말´ 살 띠이´ 다´ 가 소오´ 사´ 레 모옴´ 뿌´ 친다] <말 살 떼어다가 소 살에 못 붙인다> 순리에 어긋나는 일은 결코 할 수 없다. ▷[말´ 살 띠이´ 가´ 아 소오´ 사´ 레 부´ 칠 수´ 느´ 어업´ 따]/[소오´ 살´ 띠이´ 다´ 가 말´ 사´ 레´ 모옴´ 뿌´ 친다].

[말´ 심 마아(매애)미 내애´ 띠´ 인능 갑´ 따] <말 X 마음이 날뛰었는가 보다> 보통 때 시키면 도저히 하지 않던 일을, 어쩐지 갑자기 하려고 들 때 이르는 말. ㉘ 말은 짝짓기를 할 때 사람이 보기에는 아무런 전희(前戱)도 없을 뿐더러, 무표정하게 가만히만 있다가 어느 순간 후닥닥 등타기를 하기 때문에 생긴 말.

[말´ 타고 자앙´ 개´ 가´ 기느 다아´ 글´ 럳따(틀리´ 읻따)] <말 타고 장가가기는 다 글렀다(틀렸다)> 격식을 차려 일을 제대로 치르기에는 이미 모든 게 글렀다. ▷[가아´ 매´ 타고 시이´ 직´ 까기느 다아 틀리´ 읻따(글´ 럳따)].

[말´ 타머 조옹´ 압시´ 우구 접따] <말 타면 종 앞세우고 싶다> 사람의 욕심에는 끝이 없어 더 좋은 것을 계속 탐한다. ▷[노품´ 박끄´ 르게느 더 떠´ 부´ 친다]/[대´ 머 더´ 대구´ 접´ 따]/[바´ 다사 미´ 야도 (사아´ 람´) 욕´ 시´ 믄 모옴´ 미´ 운다(채´ 운다)].

[말´ 탄 자앙´ 개´ (시이´ 집´) 머어´ 잔´ 타] <말 탄 장가(시집) 멀지 않다> 어떤 일이든 멀찌감치 닥쳐올 줄 알아도, 실제로는 곧 자기 이마에 금방 닥친다는 말.

[맘메′느리느 타앙′꾹′ 차지′로 해애′도′ 한다] <맏며느리는 탕국 차지를 해도 한다> 맏며느리는 집안에서 상당한 예우를 받게 마련이므로, 우두머리의 위치가 좋다는 말.

[망개′도 과아′시′리고, 일′쩐′도 재′무리다] <망개도 과실이고, 일 전도 재물이다> 아무리 하찮은 것이라도 결코 무시해서는 아니 된다. ▷[가′래′도 요′구고, 메띠′기도 융′무′리다]/[가′래′도 요′구고, 일′쩐′도 재′무리다]/[메레′치도 융′무′리고, 망개′도 과아′시′리다]

[망려′~어~ 보′기 업시머 풍′수 누늘′ 오′운다] <망령(亡靈)에게 복이 없으면 풍수의 눈을 멀게/돌리게 한다> 명당 자리를 잡으려면 죽은 망령에게 우선 복이 있어야만 하지, 그렇지 않으면 풍수로 하여금 명당을 찾지 못하게 한다.

[매화′도 한′철, 국′콰′도 한′철] <매화도 한 철, 국화도 한 철> 무엇이든지 좋은 시절은 잠시 뿐이라는 말. ▷[메띠′기도 유우′월′ 한′철].

[맨 조~아′~리에 행′전′ 친다] <맨 종아리에 행전 친다> 행색이 너무도 기본 격식에 어긋나서 어울리지 않는다. ▷[개애′바′레 (주석′) 다′갈/[갇′시고 자앵′구 탄다]/[버선′ 우′예 양′발 시인′는′다].

[머′리 꺼′문 짐스′~은~ 구우′제′로 마아라] <머리 검은 짐승은 구제(救濟)를 마라> 사람은 흔히 짐승보다도 더 공을 갚지 않는 수가 있으니 함부로 구제하려 들지를 마라.

[머슴′ 잘′몬′ 두로′머 일′련′ 우′화~이~고, 자~아′~을′~ 지이′치′도 일′련′ 우화′~이~고, 메′느리 잘′몬′ 뚜로′머 뱅′연′ 우′화~이~다] <머슴 잘못 들어오면 일 년 우환이고, 장을 잘못 담아도 일 년 우환이고, 며느리 잘못 들어오면 백 년 우환이다> 머슴과 된장이 잘못 되면 일 년 우환이지만, 며느리가 잘못 들어오면 대를 두고 우환이 된다 하여 이르는 말.

[머시마′ 아가 열′따′ 서지머 호오′패′ 찬다] <사내아이가 열 다섯 살이면 호패(號牌) 찬다> 지난날, 사내아이가 열 다섯 살이 되면 호패를 찼는 바, 독립된 구실을 못하는 젊은이를 꾸짖는 말.

[머시마′아 나물′본′데 걷′따] <남자애가 나물 본 데 같다> 사내아이의 눈은 야물지 못한 까닭에 "나물이 많은 데를 보았다."는 말만 듣고 실제로 찾아 가보면 조금밖에 없는 등, 대체로 헛말인 까닭에 실상을 모른 체 겉보기

에 현혹되어 지껄일 때 이르는 말.

[머언' 데' 나' 머 빈치' 이고, 자' 테 나' 머 개기' 인다] <먼 데 나면 비치고, 곁에 나면 스친다> 서로 멀리 떨어져 있으면 정이 나지 않은 반면, 가까이서 자주 만나고 스치면 인정이 생긴다는 말. ▷[앰 본' 저'~이~ 나' 나'].

[머여' 꼬' 리칭 개애' 가' 내앵' 재'~에~(내앵' 줴' ~에~) 밥' 빤' 는다] <먼저 꼬리친 개가 나중에 밥 받는다> 무슨 일에나 남보다 먼저 서두르고 나서면 도리어 남보다 뒤떨어지는 수가 있다.

[머여' 나온' 또'~이~ 뭉개' 애지지, 머여' 나온' 사아' 래' 미(사아' 라' 미) 뭉개' 애지나] <먼저 나온 똥이 뭉그러지지, 먼저 난 사람이 뭉그러지나> 나이가 든 사람이 젊은 사람보다 경험상 여러 모로 낫다는 말.

[머여' 나옹' 개애' 살' 구] <먼저 나온 개살구> 능력도 없으면서 남 먼저 나설 때 조롱하는 말. ▷[눔' 머' 언 니미 압짱선' 다]/[지 머여' 버선' 심' 발' 하고 나선' 다].

[먹' 짜' 테 가' 머 멍' 묵' 끼 수웁' 따'] <먹 곁에 가면 먹 묻기 쉽다> 행실이 나쁜 사람과 어울리다가는 나쁜 물이 들기 쉽다.

[먿' 세 치' 이가아 똥꾸다'~아~ 빠진다] <멋에 치어서 똥 구덩이에 빠진다> 지나치게 멋만 부리려 들다가 스스로를 망치게 된다. ▷[호가'~아~ 받치' 이가아 오가'~아~ 똥' 산다]/[호가'~아~ 받치' 이가아 용시' 에 찰' 밥' 손는다].

[멀꺼디'~이~로 시' 늘' 사암' 는' 다] <머리털로 신을 삼는다> 아무리 어렵고 힘든 방편을 써서라도 기필코 은혜를 갚는다는 말. ▷[세' 로' 빼애' 가' 아 바' 닥 대' 애고, 멀' 끼로 가아 초'~을~ 내애' 고', 시' 늘' 사' 머 각껜' 따].

[멀꺼디'~이~에~ 호오' 믈' 파' 머 주절껍' 지 조' 오로 간다] <머리카락에 홈을 파면 지저깨비 주우러 간다> 옹졸하고 다랍게 좀스런 사람을 비꼬는 말. ▷[꼬오' 내' 기도 산다' 구가 익꼬, 베' 락또 콘띠'~이~가(퀜띠'~이~가) 인따]/[멀꺼디'~이~예~다가 호오' 믈' 판다]/[베' 락또 날짜' 기(퀜띠'~이~가) 인' 따]/[베' 리기 가' 아'~늘~ 내' 애 묵' 찌]/[베' 래기 등더' 레 삭' 찌믈 시' 러 묵' 찌]/[빈대' 도 날째' 기가 인' 따]/[쭉찌' 비도 날째' 기 인' 따].

[멀꺼디'~이~예~다가 호오' 믈' 판다] <머리카락에다가 홈을 판다> 됨됨이가 다랍고 각박한 사람을 낮추어서 이르는 말. ▷[꼬오' 내' 기도 산다' 구가 익꼬, 베' 락또 콘띠'~이~가(퀜띠'~이~가) 인따]/[멀꺼디'~이~에~ 호오' 믈' 파'

머' 주절껍'지 조'오로 간다]/[베'락또 낟짜'기(퀜띠'~이~가) 읻'따]/[베'리기 가~아'~늘' 내'애 묵'찌]/[베'래기 등더'레 삭'찌믈 시'러 묵'찌]/[빈대'도 낟째'기가 읻'따]/[쪽찌'비도 낟째'기 읻'따].

[메'느리가 미'부머 발'디이치기가 다'랄 겉따 컨는다] <며느리가 미우면 발뒤축이 달걀 같다 한다> 공연히 트집을 잡아 억지로 허물을 지어낸다. ▷ [나무래'앨 끼이 어엽'시'머 메'느리 발'디이치거리가 달게'랄 겉따 컨는다].

[메'느리도 시'이'미 질 할' 때가 읻' 따] <며느리도 시어미 질 할 때가 있다> 설움 받던 아랫사람에게도 윗사람 노릇할 기회가 온다. ▷[나'무 짐 메'늘또 오'래 사아'머' 시'이'미 질 한다]/[시이' 어' 매~이~ 주'구머, 큼'방'차지' 내' 차지]/[큼' 마'리 나가'머, 자금' 마'리 큼' 말' 노'른탄다].

[메'느리 사라'~은~ 시'애'비고, 사'우 사라'~은~ 자앙'모'] <며느리 사랑은 시아비고, 사위 사랑은 장모> 흔히 며느리는 시아버지에게 귀여움을 받고, 사위는 장모가 더 사랑한다 하여 이르는 말. ▷[사'우 사라'~은~ 자앙'모', 메'느리 사라'~은~ 시'아' 바시].

[메'늘 서어'이'가 시'이'미 단'지'고' 옴 한다] <며느리 셋이 시어미 단지 곰 한다> 며느리 셋이서 시어머니를 단지에 넣어 곰국을 끓인다 함이니, 며느리들이 시어머니를 헐뜯거나 모함하여 곤궁에 빠뜨림을 비유. ▷[사암' 동' 세가 어불'러가아, 시이'미 단'지'고'옴한다]/[시이'이'미 자'버 단지' 고옴' 한' 다].

[메'늘 시'에'미 꼬치바'틀 매애'도', 날' 참 들' 차'미 읻'따] <며느리 시어미가 고추밭을 매도, 날 참 들 참이 있다> 사이가 좋지 않은 며느리와 시어머니가 고추밭의 김을 맬 때도 쉴 참에는 꼭 쉰다 함이니, 모든 일을 함에 있어 쉴 참 때가 되면 쉬어 가며 해야 한다는 말.

[메띠' 기도 유우'월' 한' 철] <메뚜기도 유월 한 철> ①무엇이든지 전성기는 매우 짧다는 뜻. ②제때를 만난 듯이 설치는 사람을 비유하여 일컫는 말. ▷[매화'도 한' 철, 국'콰'도 한' 철].

[메레' 치도 융'무' 리고, 망개' 도 과아' 시'리다] <멸치도 육미(肉味)고, 망개도 과실이다> 아무리 작고 하찮은 것이라도 결코 무시하지 마라는 말. ▷[가'래'도 요'구고, 메띠'기도 융'무'리다] /[가'래'도 요'구고, 일' 쩐'도 재'

무리다]/[망개' 도 과아' 시' 리고, 일' 쩐' 도 재' 무리다].

[메물' 서' 메 쥐' 앵' 기이드시] <메밀 섬에 쥐 안기듯> 아주 작은 일에 여러 사람이 한꺼번에 엉겨 붙어 있음을 비유.

[메치' 리 두우' 바' 리 왇따가 함 바' 리 우우' 고' 간다] <메추라기 두 마리 왔다가 한 마리 울고 간다> 메추라기 두 마리가 왔다가, 흉년인 까닭에 먹을 것이 없어 겨우 한 마리만 살아서 울며 돌아간다 함이니, 극심한 흉년임을 비유하는 말.

[멩지' 바' 지로 이' 벋따] <명주 바지를 입었다> ①몹시 여위었다는 말. ②아랫도리가 지나치게 허약한 사람을 비유해서 하는 말.

[멩지' 쭈미'~이~예~ 납' 차' 랑] <명주 주머니에 납 처란> 말이나 행동이 낭창하게 대라진 사람을 가리키는 말.

[멩지' 처언' 대' 애 개애' 똥' 드렏따] <명주 전대에 개똥 들었다> 겉치장은 그럴듯하나 실상은 보잘것없는 사람이나 사물을 두고 이르는 말. ▷[뻳' 쪼' 옹 개애' 살' 구]/[이' 르미 조오' 와' 불' 로' 초다].

[멩' 태 함 바' 리 까' 아 딴' 저' 엄 본다] <명태 한 마리 가지고 딴전 본다> ①겉으로 벌여 놓은 일보다 더 중히 여기는 실속이 어딘가에 따로 있다. ②겉으로는 형식만 갖추고 실속은 딴 벌이에서 차린다.

[명사'~이~ 따리 업따, 바람' 피하고 물' 피하머 댄' 다] <명산이 따로 없다, 바람 피하고 물 피하면 된다> 명산이나 풍수를 너무 찾지 마라, 묏자리는 바람과 물만 피하는 자리면 족하다.

[모오' 개' 나무 심' 술] <모과나무 심술> 모과나무처럼 뒤틀려 심술궂고 성깔이 순순하지 못한 마음씨를 이름. ▷[내' 모' 옴 뭉늠 바' 베 재' 나' 뿌' 린다(재' 지' 버역키)]/[모옴' 뭉' 능 가암' 찔' 러나 본다]/[불' 란' 지' 베 채~이'~(부' 채)질한다]/[호오' 바' 게 말띠' 기 박끼].

[모' 레 보' 자 재판소' 오] <모레 보자 재판소> 하루 이틀 날짜만 끌고 일의 실질적인 진전이 없을 때 하는 말. ▷[니' 이리 보' 자 재판소' 오]/[이이' 부' 대비 제에' 사' 미루' 우드시].

[모로(모티'~이~로) 가' 나 바리' 가' 나 서어' 월' 마 가' 머 댄' 다] <모(모퉁이)로 가나 바로 가나 서울만 가면 된다> 수단과 방법에 관계없이 목적한 결과만 이루면 된다. ▷[꺼꾸리' 가' 나 올' 키' 가' 나 서어' 월' 마 가' 머(가'

마) 댄다]/[잘' 가늠 말' 또 여엉' 천' 장, 모옹' 까'늠 말' 또 여엉' 천' 장]/[재 바림' 말' 또 여엉' 천' 짱, 굼' 띰' 말' 또 여엉' 천' 짱].

[모리머' 야' 기' 고(얘' 기' 고) 아아' 능' 기' 이 비잉] <모르면 약이고 아는 것이 병> 전혀 모르면 차라리 마음이 편하나 조금 알고 있는 것은 걱정거리만 된다는 말. ▷[드르'머 비~이'~고 앤 드르'머 야' 기' 다(얘' 기' 다)]/[앰보'능' 기' 이 마' 뜨긍 기' 다].

[모오'진' 넘' 자'테 읻따'가 베'랑' 만는다] <모진 놈 곁에 있다가 벼락 맞는다> 악한 사람과 가까이 하면 화를 입거나 누명을 쓰기 쉽다. ▷[줴에'느' 청성개' 비가 지익'꼬', 베'라'긍 고오'뭉' 나무가 만' 는' 다].

[모온'낭' 가시나' 아 젇티'~이~마~ 크다] <못난 계집애 젖통만 크다> 몹시 미운 사람은 그 신체적인 특징이나 장점조차도 밉다.

[모온' 땐' 소'아'~지 어엉'디'~이~에~ 뿔'난' 다] <못된 송아지 엉덩이에 뿔 난다> 되지 못한 사람이 건방지게도 좋지 못한 짓만 골라 한다. ▷[미붕' 개애'느' 상추바' 테서러 (우쭐거' 리머) 똥' 산다]/[미분' 니'미' 바람빤'제 서러 똥' 끼인다]/[미분' 쇼~아'~지 어엉' 디'~이~예~ 뿔' 난' 다]/[시구럽' 찌도 애~ 하'고 구운' 덩' 내버텅 난' 다']/[어근낭' 깹뻘거'지 모' 통살미(모티'~이~)로 긴다(구분' 다)]/[어근난' 소~아'~지 어엉' 디'~이~예~ 뿔' 난' 다].

[모온' 땡' 거'는, 영'장 차'지' 다] <못 된 것이 염장 차지다> 소금을 구울 때 잘못될 경우, 그 허물은 모두 염전의 우두머리인 염장(鹽長)에게 책임이 있다 함이니, 일을 지휘하는 우두머리의 책임이 무겁다거나 그에게 책임을 돌릴 때 하는 말. 참 '영장'은 '염장'의 와전.

[모온 올'러갈 나무' 느 치바더보'지도 마아라] <못 올라갈 나무는 쳐다보지도 마라> 불가능한 목표라면 일찌감치 단념하라. ▷[미'틀 낼바'더보'고 사아'지', 우'로 치'바'더보'고 사아'지' 바'라].

[모옴' 무'거 본' 떠'기' 마시'서 비'인다] <못 먹어 본 떡이 맛있어 보인다> 제 것보다 남의 것이 더 좋아 보이고 탐이 난다. ▷[나'무 바'베 코'~이~ (퀘'~이~) 구울'따'].

[모옴' 뭉'능 가암' 찔'러나 본다] <못 먹는 감 찔러나 본다> 일이 제게 불리할 때 심술을 부려 훼방한다. ▷[내' 모'옴 뭉늠 바'베 재'나' 뿌'린다(재'

지'버역키)]/[모오'개'나무 심'술]/[불' 란' 지'베 채~이'~(부' 채)질한다]/ [호오'바'게 말띠'기 박끼].

[모타'리 깝'또' 모오' 난' 다] <덩치 값도 못한다> 제 몸뚱이의 고기 값이나 덩치 값도 못한다 함이니, 체격에 비해 하는 행동이 매우 부끄러운 상태에 있다는 말. ▷[궤'기 깝'또' 모오' 난' 다(모오' 탄' 다)].

[목꾸여'~에~ 때' 벡' 낀다] <목구멍에 때 벗긴다> 오랜만에 맛있는 음식을 아주 많이 먹는다.

[목' 따라맨' 소~아'~지] <목 달아맨 송아지> 꼭 붙들려서 꼼짝할 수 없는 처지. 참 '몽 매인 소~아~지.'라고도 함.

[목따래'끼 소~아'~지 걷' 따] <목 굴레 한 송아지 같다> 코뚜레를 하지 않고 목에 굴레만 두른 송아지와 같다 함이니, 부자유스럽게 묶여 발버둥치는 모양의 비유.

[목' 짜링' 개' 등게'섬 넘바' 더보드시] <목 짧은 개 왕겻섬 넘겨다보듯> ① 목을 빼고 발돋움하며 무엇을 넘겨다보는 간절한 모습의 비유. ② 요행만을 잔뜩 기다리고 있는 사람을 질타하는 말. ▷[벼엉'자'영 까마'구 통시'들바'더보드시]/[비잉'든' 솔배'~이~ 어'물쩐 도'오 드'시 도온' 다']/[소오'자'분 지'베 개애' 어리대' 애드시].

[몽디'리 시이' 차'리 마'지'머, 다' 맨' 띠'이너엄는 넘 어업'따'] <몽둥이 세 대 맞으면, 담 안 뛰어넘는 놈 없다> 사람은 누구나 매 맞는 것을 참지 못하여, 급해지면 뛰는 법이다.

[몽마린' 너미 새애'미' 판다] <목마른 놈이 샘 판다> 가장 절실히 필요한 자가 먼저 서둘러 일을 시작한다. ▷[답따'분 너미 새애'미' 판다]/[서엉' 급'판 넘 술' 깜 내앤' 다'].

[무'거라 컬' 때느 앰 묵'꼬, 처무'거라 커'머 뭉는' 다] <먹으라고 할 때는 안 먹고, 처먹으라고 하면 먹는다> 힘들게 권할 때는 듣지 않다가도, 천대하면 그때 가서야 꼭 하려고 드는 사람을 우롱하는 말. ▷[자압' 소 자압' 소 컬 (칼) 찌'게느 앤 잡숙'꼬, 처무'거라 커'머(카'머) 뭉는' 다].

[무거'번 절' 보'고 나가'라 컬쩌 마'고, 개가' 번 주~우'~이'~ 나가' 지] <무거운 절 보고 나가라 하지 말고 가벼운 중이 나가지> 억지스러운 상대와 겨루지 말고 차라리 자기가 피하는 것이 나을 때 자위하는 말. ▷[무거' 분

짐' 비이' 끼' 라 컫찌 마' 고, 개가' 분 내' 가' 비이' 끼' 지].

[무거' 분 짐' 비이' 끼' 라 컫찌 마' 고, 개가' 분 내' 가' 비이' 끼' 지] <무거운 짐 비키라고 하지 말고, 가벼운 내가 비키지> 힘겨운 상대와 맞서지 말고 자기가 조금 양보하는 것이 편할 때 자위하는 말. ▷[무거' 번 절' 보' 고 나가' 라 컫찌 마' 고, 개가' 번 주~우' 이' ~ 나가' 지].

[무' 굴 꺼 어엄는 제에' 사' 절' 마' (죽' 뚜룩) 한다] <먹을 것 없는 제사 절만 (죽도록) 한다> 아무 소득도 없는 일에 수고만 잔뜩 한다.

[무' 굴 불코' ~인~동 모옴' 무' 굴 노' 간' 지 열맨' 동 모린다] <먹을 불콩인지 못 먹을 노간주(나무) 열매인지 모른다> 시비를 분별하지 못한 체 무턱대고 덤벙거린다.

[무네' 뭉는' 데 개애' 바' 락꼬 안' 젇따] <문어 먹는데 개 기다리고 앉았다> 주인은 뼈가 없는 문어를 먹고 있는데, 개는 생선뼈라도 혹시 던져 주려나 하고 몹시 기다린다 함이니, 기다려 보았자 실속이 없는 줄도 모른 체 혼자 기대에 들떠 있는 사람을 매도하는 말.

[무' 레' 가야 궤' 기로 잠는' 다] <물에 가야 고기를 잡는다> 어떤 일을 성취하기 위해서는 선행 조건을 갖추고, 직접 그 위험 속으로 뛰어들어야만 한다는 뜻. ▷[사' 네 가' 야' 버어' 믈' 잡' 찌].

[무' 레' 물' 탄' 듣, 수' 레 술' 탄' 듣] <물에 물 탄 듯, 술에 술 탄 듯> 말이나 행동이 분명하지 못하고 흐리멍덩하다는 말. ▷[수' 레 술' 탄' 듣, 무' 레' 물' 탄' 듣].

[무' 레' 빠저 주' 굴 신' 수머, 접시' 기 무' 레' 도 빠' 저' 중는' 다] <물에 빠져 죽을 신수면, 접시 물에도 빠져 죽는다> 운수가 나쁘면 전혀 개연성이 없는 일에도 피해를 입는다.

[무' 레' 빠' 진' 사' 람 지푸래' 기라도 잠는' 다] <물에 빠진 사람은 지푸라기라도 잡는다> 위급한 때를 당하면 무엇이나 닥치는 대로 잡고 늘어지게 된다.

[무' 레' 빠' 진' 새양' 쥐] <물에 빠진 생쥐> 사람이나 물건이 비를 맞거나 물에 흠뻑 젖어 볼품없는 모양의 비유.

[무' 레' 빠' 징' 거(빠' 진' 넘) 껀' 지 노' 오머, 내' 보따' 리 내' 애노오라 컨는 다] <물에 빠진 것(놈) 건져 놓으면, 내 보퉁이 내어놓아라 한다> 은혜를 입고도 고마움을 모르고 도리어 생트집을 잡는다.

[무ˊ른ˊ 지푼ˊ 더로 실리ˊ 인다] <물은 깊은 데로 쏠린다> 사람의 마음은 인정을 베푸는 쪽으로 쏠리게 마련이다. ▷[나마ˊ 안사랑캉 아ˊ 아느 붇ˊ 치는 대로 간다]/[아ˊ 아캉 개애ˊ 카ˊ ~은~ 사구ˊ 운 대애ˊ 로ˊ 간다].

[무링ˊ 가암ˊ 도ˊ 꼭ˊ 찌로 빼애ˊ 고ˊ 무ˊ 거라] <무른 감도 꼭지를 빼고 먹어라> 아무리 쉽게 보이는 일이라도 재확인하는 것이 좋다는 말. ▷[돌따리ˊ 도 뚜디ˊ 리 보ˊ 고 거언ˊ 넨ˊ 다]/[아아ˊ 는ˊ 질ˊ 또ˊ 무ˊ 러 가ˊ 라]/[야푼ˊ 데도 직ˊ 께 거언ˊ 네ˊ 라]/[야품ˊ 물ˊ 또ˊ 지푸ˊ 기 거언ˊ 네ˊ 라].

[무링ˊ 가암ˊ 도ˊ 떠ˊ 러지고, 서~엉ˊ~ 가암ˊ 도ˊ 떠ˊ 러진다] <무른 감도 떨어지고, 성한 감도 떨어진다> 늙은이만 꼭 죽는 것이 아니라 젊은 사람도 죽는 수가 있다. ▷[서~엉ˊ~ 가암ˊ 도ˊ 떠ˊ 러지고, 무링ˊ 가암ˊ 도ˊ 떠ˊ 러진다].

[무소ˊ 서기 히소ˊ 석] <무소식이 희소식> 소식이 없는 것은 무사히 잘 있다는 뜻이니, 곧 기쁜 소식이나 다름없다는 말.

[무시ˊ 농ˊ 사느 바안ˊ 양ˊ 석] <무 농사는 반 양식> 김장에 쓰이는 무가 겨울 반찬에서 큰 비중을 차지하기 때문에, 무 농사가 매우 중요하다는 말. 참 옛날에는 배추보다 무를 더 많이 재배했음.

[무ˊ 식캉 구우ˊ 시ˊ 는 지넌ˊ 도 모린다] <무식한 귀신은 진언(眞言)도 모른다> 사람이 무식하여 제게 가장 중요한 것조차도 모를 뿐만 아니라, 그로 인하여 낭패까지 보게 된다. ▷[지넘ˊ 모ˊ 리능 귀이ˊ 시ˊ ~이~ 어업ˊ 따ˊ].

[무우ˊ 다ˊ~이~ 지ˊ 굼 모오ˊ 난ˊ 다] <무당이 제 굿 못한다> 남의 일은 잘 보아 주면서도, 막상 제 일은 스스로 처리하기가 매우 어렵다. ▷[보옹ˊ 사ˊ 가 지ˊ 굼 모오ˊ 난ˊ 다]/[주~우ˊ~이~ˊ 지ˊ 머ˊ 리(대가ˊ 리) 모옹ˊ 깡ˊ 는다]/[참ˊ 보~이~(참ˊ 배~이~) 지ˊ 굼 모온ˊ 한ˊ 다].

[무우ˊ 대ˊ~이~ 딸레 찌ˊ 베 가ˊ 도ˊ, 자리ˊ 로 아ˊ 옥 깨 가ˊ 아 간다] <무당이 딸네 집에 가도, 자루를 아홉 개 갖고 간다> 욕심이 지나친 사람을 욕하는 말.

[무운ˊ 는ˊ 대로 대애ˊ 답ˊ 파는 화~에ˊ~ 저엉ˊ 승ˊ] <묻는 대로 대답하는 황희(黃喜) 정승> 가(可)냐고 물으면 가라고 대답하고 부(否)냐고 물으면 부라고 대답하는 등, 묻는 대로만 코대답하는 사람을 가리키는 말. 참 어떤 사람이 "개가 새끼를 낳았으니 의붓어미 제사는 지내지 않아도 되지요?"라고 물으니, 황희 정승은 "그렇게 하라"고 했다. 이어서 다른 사람이 와서 "송아지를 낳았더라도 의붓아비 제사는 지내야만 되지요?"하고 물으니까 또 "그렇게

하라"고 대답했다. 이를 이상하게 생각한 주위 사람들이 그 까닭을 물으니, 황희 정승은 "묻는 말속에는 이미 묻는 사람이 작정한 바가 숨어 있으니, 비록 내가 그러하지 말라고 해도 따르지 않을 것이므로, 그렇게 하라고 하는 것이 순리"라 했다는 데서 생긴 말.

[무운'디'~이~가 하리'로 모온' 사'러(사'라)도 푸'~은~ 대애'푸'~이~다] <문둥이가 하루를 못 살아도 풍은 대풍이다> 허풍이 매우 심한 사람을 비꼬는 말.

[무운'디'~이~ 때'리쥐기고 사'린'(새'린') 난다] <문둥이 때려죽이고 살인 난다> 다 죽어 가는 문둥이를 때려 줬는데 그만 죽었음에도 살인 누명을 쓰듯이, 억울하게 큰 벌을 받게 되거나 대단찮은 일로 큰 책임을 지게 되었을 때 자탄하는 말. ▷[여엉'장 치'고' 새'린'(사'린') 난다].

[무운'디'~이~ 아'아 나'아가아 식끼'이 조'진다] <문둥이가 아이를 낳아서 씻겨 조진다> 융통성 없이 자기 나름의 방식에만 얽매여 있거나, 같은 방법만 자꾸 반복하는 사람을 핀잔하는 말. ▷[미'친여~이~ 아'아 나'아가아 식끼'이 조'진다].

[무운'디'~이~ (아'아) 베루'우드시 베루'운다] <문둥이 (아이) 벼르듯 벼른다> 말로만 잔뜩 벼르고 있음을 놀리는 말.

[무운'디'~이~ 온나무' 짝때'기 떠덩구' 치드시] <문둥이 옻나무 작대기 떠둥그뜨리듯> 몹시 싫어하며 가까이 오지 못하게 떠둥그뜨리거나, 멀리 피하는 모습을 두고 이르는 말.

[무운'디'~이~ 웁'뿌레 살'찐'다] <문둥이 모닥불에 살찐다> 아무리 가난하게 사는 사람이라도 무엇이거나 한 가지의 사는 재미가 있다. ▷[걸배'~이~ 웁'뿌레 살'찐'다].

[무운'디'~이~ 코꿍'게 바키'임(배키'임) 마'늘로 빼애'뭉'는'다] <문둥이 콧구멍에 박힌 마늘을 빼먹는다> 욕심이 사나워 남의 것을 탐하며 몹시 다랍게 구는 사람을 욕하는 말.

[무욷'쩌' 바'라(마'라) 갑'쩌' 섀~이~다] <묻지 마라 甲子 생이다> 물어 볼 것도 없이 확실하니, 물어볼 것이 뭐 있느냐는 말.

[무'자서기 사앙'팔'짜] <무자식이 상팔자> 자식이 없으면 걱정하는 바가 적어서 도리어 편하다는 말.

[무′진 이이′리′ 서얼′따′ 서얼′따′ 캐애′도′, 배′고′풍 기이 제엘′롱′ 서얼′따′] <무슨 일이 서럽다 서럽다 해도, 배고픈 것이 제일 서럽다> 배고픈 것만큼 힘들고 서러운 것이 없다.

[묵′꼬 주′궁 구우′신′ 으~느~ 화′새기라도 난다] <먹고 죽은 귀신은 화색이라도 난다> 비록 죽는 한이 있더라도 우선 먹고 보자는 뜻으로 이르는 말. ▷[잘 묵′꼬 마′저 주′구나, 모옴′ 묵′꼬 고′러′ 주′구나].

[문′도 앵′거얼′고′ 이일′ 칠′라 컨는다] <문도 안 걸고 일 치려 한다> 마땅한 준비도 하지 않고 서둘기만 할 때 매도하는 말.

[문세′ 엄′는′ 조옹′ 부′리드시] <문서 없는 종 부리듯> 종의 문서도 없는 사람을, 종처럼 마구 부린다 함이니, 더부살이하는 사람이나 구박받는 아내를 두고 이르는 말. 참 '문세 엄는 조옹'이라고도 함. ▷[마다′~아~ 노오′능′ 개애′ 부′리드시 부린′다]/[정나′~아~ 안′저 개애′ 부′린다].

[문지′ 모다′아 태애′사′~이~다] <먼지 모아 태산이다> 아무리 적은 것도 많이 모이면 크고 훌륭한 것이 될 수 있다. ▷[개애′미 메에′ 모두′우 드시 모두′ 운다]/[수터′리 지이′ 딸′는 줄 모린′다′]/[줴′ 밥또 마~아′~이′~ 무′우머 배′부′리다]/[티끌′ 모′아 태애′산′].

[문′철레가 떡′살′ 두우′ 대′ 당구′우머 비온다] <문철네가 떡쌀 두 되 담그면 비온다> 복이 없거나 운수가 기박한 사람은 하는 일 마다 순조롭지 못하고 문제가 생긴다 하여 이르는 말. 참 문철이 어머니(문철레)는 매일 떡쌀 일정 양을 빚어 만든 떡을 팔았는데, 장사가 잘 될 것 같아 두 배의 쌀을 담그고 보면 꼭 비가 왔다고 하여 생긴 말로 '문철레 복.'이라고도 이름. ▷[앤′대는′너′믄′ 잡′빠저도 코′가′ 깨′애진다]/[재′수 어엄′는′ 너믄, 디이′로′ 잡′뻐저도 코가(퀘가)′ 깨′애진다]/[코 깰′너믄 디이′로′ 잡′뻐저도 코 깬′다(코가′ 깨′애진다)].

[문트′메 찡기′인 송′까′락] <문틈에 낀 손가락> 어찌해야 좋을지 모르는 심한 곤경에 처해 있다는 말.

[물′께′기 눙′깜′지기능 거로 바안′나′, 얌새′~이′ 물′똥′사′능 거로 바안′나′, 대애′주 임′맏′ 삐인′하′능 거로 바안′나′] <물고기 눈 깜작이는 것을 봤나, 염소 물똥 싸는 것을 봤나, 돼지 입맛 변하는 것을 봤나> 도저히 있을 수 없는 일을 두고 비유하는 말.

[물랩' 뻬~이~으'~느~ 귀이' 머' 레서러 나' 지 어디서러' 나' 노'] <물렛병은 귀머리에서 나지 어디서 나느냐> 물레에 고장이 날 부분은 귀머리밖에 없듯이, 문제의 근본 원인이 무엇인지야 뻔하지 않느냐고 장담하는 말. ▷[복서'~어~ 벌거' 지 지이' 시' 다].

[물방까' 네서러 꼬오' 장 찬' 는' 다] <물레방앗간에서 고추장 찾는다> 있을 수 없는 곳에 가서 성급하게 엉뚱한 물건을 찾는다. ▷[저' 레 가 쩍꾸' 글 찬' 는' 다].

[물색 행' 주 하머 지' 바네 우' 와~이~ 앤 떠난다] <물색 행주를 쓰면 집안에 우환이 안 떠난다> 어떤 색깔이 있는 천으로 행주를 하면 우환이 떨어지지 않는다고 경계하는 말.

[물' 새' 구웅' 디'~이~예~ 사장' 구] <물새 궁둥이에 사장구> 매우 경솔하고 부박하게 까불까불 한다는 말. 참 여기서 '물새'란 '할미새'를 가리킴.

[물' 쪼' 옥코 반' 석 쪼' 옥코 정' 자 조온' 데' 가 어딘' 노] <물 좋고 반석 좋고 정자 좋은 데가 어디 있느냐> 모든 조건이 두루 잘 갖추어진 좋은 자리란 매우 찾기 힘들다는 말. ▷[이' 베 만는' 떠기 인' 나]/[정' 자 조옥' 코' 물' 쪼' 옥코 반' 석 조온' 데' 느 어업' 따'].

[뭉는' 데' 는' 나' 미' 고, 구' 즌 이이' 레' 느 일' 가' 라] <먹는 데는 남이고, 궂은 일에는 일가라> 이익이 생기는 일엔 참여시켜 주지도 않다가, 걱정거리가 생기면 친한 듯이 굴며 지원을 요청할 때 불평하는 말. ▷[조온' 니' 이' 레느 나' 미' 고, 구' 즌 니이레느 일' 가' 라].

[뭉늠' 무리 뜨' 나'] <먹는 물이 뜨느냐> 항상 퍼먹는 샘물이 떠서 변하겠느냐 함이니, 계속 활동하면 침체되지 않는다는 뜻.

[뭉능' 개애' 느' 살' 찌' 고, 지인' 능' 개애' 느' 예' 빈다] <먹는 개는 살찌고, 짖는 개는 여윈다> ①짜증이 많거나 잔소리만 늘어놓을 때 그만 하라고 충고하는 말. ②실속을 차리는 것이 이득이라는 뜻.

[뭉니'~이~ 구움니'~이~ 캐애' 도' 관' 지뻬마 바아' 라'] <먹느니 굶느니 해도 관자놀이만 봐라> 관자놀이의 움직임만 보면 먹고 있는지 굶고 있는지를 알 수 있다는 말.

[뭉' 치머 사아' 고' 흗치' 이머 중는' 다] <뭉치면 살고 흩어지면 죽는다> 여럿이 힘을 합쳐 단결해야 한다.

[미게′에 녹′코 지능 거′느 넉똥빼′~이~ 뿌′~이′~다] <먹여 놓고 지는 것은 넉동내기 뿐이다> 마지막 단계까지 거의 왔을 망정 끝마무리를 잘 하지 않으면 일을 그르칠 수 있다.

[미꾸라′아지 함 바′리가 오온′ 도′랑 물로 후정거′린다] <미꾸라지 한 마리가 온 도랑물을 휘젓거린다/흐린다> 못된 사람 하나가 온 집안이나 온 사회를 망친다.

[미꾸래′기 용 대′앴따] <미꾸라지 용 됐다> 보잘것없던 사람이 아주 큰사람이 되었다. ▷[개처′네서러 용′ 낟따]

[미끈등′ 유우′얼′ 어정′ 치′럴′] <미끈 유월 어정 칠월> 농가에서 음력 유월은 쉽게 지나가고, 칠월은 무엇을 했는지도 모르게 어정어정하는 사이에 지나간다는 말. ▷[깡깐′ 오오′월′ 미끈등′ 유우′월′]/[어정′ 치′럴′ 둥둥′ 파′럴′].

[미′든 도오′끼′ 발′ 찡′는다] <믿은 도끼 발 찧는다> 철석같이 믿고 있던 것으로부터 해를 입는다. ▷[내′ 밤 무′궁 개애′가′ 내′ 발치거′리 문′다]/[민′는′ 도오′끼′예 발뜽′ 찍끼′인다].

[미′부′ 내기 밥′ 마′~아′이~ 주고, 고오′부′ 내기 배′ 골′리인다] <미운 아기 밥 많이 주고, 고운 아기 배 곯린다> ①아이들에게 밥을 많이 먹이는 것은 좋지 않다. ②미운 사람일수록 더 친절히 대해야 후환이 없다. ▷[귀이′한′ 자서′근 매′ 한′ 대 더 때′리고, 미분′ 자서′근 떡 캉′ 개 더 준′다′]/[미분′ 넘 떡′ 캉′ 개 더′ 준′다′].

[미분′ 넘 떡′ 캉′ 개 더′ 준′다′] <미운 놈 떡 한 개 더 준다> 미울수록 더 정답게 하여야 미워하는 마음이 가신다. ▷[귀이′한′ 자서′근 매′ 한′ 대 더 때′리고, 미분′ 자서′근 떡 캉′ 개 더 준′다′]/[미′부′ 내기 밥′ 마′~아′이~ 주고, 고오′부′ 내기 배′ 골′리인다].

[미분′ 니′미′ 바람빤′제서러 똥′ 끼인다] <미운 놈이 바람받이에서 방귀 뀐다> 미운 사람이 잘 보이려고 노력하지는 않고, 도리어 미운 짓만 골라 한다. ▷[모온′ 땐′ 소′아′~지 어엉′디′~이~에′ 뿔′ 난′다′]/[미붕′ 개애′느′ 상추바′테서러 (우쭐거′리머) 똥′산다]/[미분′ 쇠′아′~지 어엉′디′~이~예′ 뿔′ 난′다′]/[시구럽′찌도 애~ 하′고 구운′ 덩′내버텅 난′다′]/[어근낭′ 깝뻴거′지 모′통살미(모티′~이~)로 긴다(구분′다)]/[어근난′ 소′아′~지 어엉′

디'~이~예~ 뿔' 난' 다].

[미분' 쇠~아'~지 어엉' 디'~이~예~ 뿔' 난' 다] <미운 송아지 엉덩이에 뿔난 다> 되지 못한 사람이 건방지게도 좋지 못한 짓만 골라 한다. ▷[모온' 땐' 소~아'~지 어엉' 디'~이~에' 뿔' 난' 다]/[미붕' 개애' 느' 상추바' 테서러 (우쭐거' 리머) 똥' 산다]/[미분' 니' 미' 바람빤' 제서러 똥' 끼인다]/[시구럽' 찌도 애~ 하'고 구운' 덩' 내버텅 난' 다']/[어근낭' 깹뻘거' 지 모' 통살미(모티'~이~)로 긴다(구분' 다)]/[어근난' 소~아'~지 어엉' 디'~이~예' 뿔' 난' 다].

[미분' 일' 곱 살] <미운 일곱 살> 어린아이가 일곱 살쯤 되면 미운 짓을 많이 한다는 말.

[미붕' 개애' 느' 상추바' 테서러 (우쭐거' 리머) 똥' 산다] <미운 개는 상추밭에서 (우쭐거리며) 똥싼다> 미운 사람이 유난히도 미운 짓만 골라 한다. ▷[모온' 땐' 소~아'~지 어엉' 디'~이~에~ 뿔' 난' 다]/[미분' 니' 미' 바람빤' 제서러 똥' 끼인다]/[미분' 쇠~아'~지 어엉' 디'~이~예~ 뿔' 난' 다]/[시구럽' 찌도 애~ 하'고 구운' 덩' 내버텅 난' 다']/[어근낭' 깹뻘거' 지 모' 통살미(모티'~이~)로 긴다(구분' 다)]/[어근난' 소~아'~지 어엉' 디'~이~예~ 뿔' 난' 다].

[미영' 시 귀때' 기마안 하' 다] <무명씨(목화씨) 귀때기만하다> 무시할 수 있을 정도로 적은 것의 비유. ▷[새애' 바' 레 피']/[지도'~에~ 파래'~이~똥마안 하' 다].

[미이' 고' 나선' 상두꾼'] <메고 나선 상두꾼> 이미 영락(零落)한 몸이니 아무리 천한 일이라도 부끄러워할 것이 아니며, 때에 따라서는 무슨 일이라도 할 수 있다는 말.

[미이' 신' 째기도(미이' 신' 짝또) 째' (짜')기 읻' 따] <미투리 짝도 짝이 있다> 아무리 가난하고 어려울지라도 누구에게나 배필 감은 있다. ▷[집시' 네(집신짜' 게)도 째' 기(짜' 기) 읻' 따]/[허언' 신' 째기도 째' 기 읻' 따].

[미' 친여~이~ 아' 아 나' 아가아 식끼' 이 조' 진다] <미친년이 아이를 낳아서 씻겨 조진다> 쓸데없는 일을 끝없이 되풀이할 때 질타하는 말. ▷[무운' 디'~이~ 아' 아 나' 아가아 식끼' 이 조' 진다].

[미' 친연 너얼' 띠' 드시] <미친년 널 뛰듯> 멋도 모르고 두서없이 행동함의 비유. ▷[미' 친염 보리' 바~아'~ 찍' 뜨' 시].

[미′친염 보리′ 바~아′~ 쩍′뜨′시] <미친년 보리 방아 찧듯> 엄벙덤벙 마구 설치는 모양의 비유. ▷[미′친연 너얼′ 띠′드시].

[미′칭개 누′네느 몽디′리마 비′인다] <미친개 눈에는 몽둥이만 보인다> 한 가지 일에 너무 열중하거나 강박(强迫) 당하면 모든 것이 그것처럼만 보인다. ▷[개애′ 누′네느 똥′마 비′인다].

[미′칭개애 아′레 물리′인 텍′ 대′애자] <미친개에게 물린 셈 치자> 운이 나빠 화를 당했을 때 자위하거나 체념하는 말. ▷[걸배′~이~ 떡′ 사′ 준 텍대′애자].

[미′틀 낼바′더보′고 사아′지′, 우′로 치′바′더보′고 사아′지′ 바′라] <밑을 내려다보고 살지, 위를 쳐다보고 살지 마라> 자기보다 못한 사람과 비유하며 사는 것이 차라리 마음 편하다는 말. ▷[모온 올′러갈 나무′느 치바더 보′지도 마아라].

[믹′꼬 모온′ 때′리쥐기능(때′리능) 기이 사아′라′미다] <밉고 못 때려죽이는(때리는) 것이 사람이다> 미운 면과 함께 고운 면도 지닌 것이 사람인 까닭에, 차마 밉다는 생각을 일일이 행동으로 옮기지 못한다는 말.

[믹꾸무′로 호박′시 깐다] <밑구멍으로 호박씨 깐다> 겉으로 들어내지 않고 남 모르게 의뭉스러운 짓을 한다. ▷[똥꾸무′로 호박′시 깐다]/[새출래′미 고올′로′ 빠′진′다].

[민′는′ 도오′끼′예 발뜽′ 쩍끼′인다] <믿는 도끼에 발등 찍힌다> 철석같이 믿고 있던 것으로부터 해를 입는다. ▷[내′ 밤 무′궁 개애′가 내′ 발치거′리 문′다]/[미′든 도오′끼′ 발′ 쩡′는다].

[밀밭′ 자′테마 가′도′ 췐다] <밀밭 곁에만 가도 취한다> ①술에 매우 약하다. ②성미가 급하여 너무 서두른다.

[입′ 빠즌 도′게 물′려′ 북끼] <밑 빠진 독에 물 여다 붓기> ①아무리 애를 써 봐도 한이 없고 보람도 없음을 이르는 말. ②쓸 곳이 많아 아무리 벌어도 늘 부족함을 이르는 말. ▷[덤′버~어~ 도올′ 쪼′오 역키′]/[비이′다′논 닉′꼬 밤′쩔′ 가′기]/[절′ 모′리고 시이′주′ 한다].

ㅂ

[바가′치 들′고 어어′더′무거도, 부′부 해′로하늠 팔′짜′가 사앙′팔′짜] <바가지 들고 얻어먹어도, 부부 해로하는 팔자가 상팔자> 비록 가난하더라도 부부가 해로하는 것이 행복이라는 말. ▷[니′ 봉 내′ 복 캐애′도′ 배애′필′보′기 제에′리′다].

[바가′치로 시′고′ 베′라′글 피이′해′앤시머 피이′해′앤찌] <바가지를 쓰고 벼락을 피했으면 피했지> 아무리 피하려 해도 도저히 피할 수 없는 형편에 있다는 말. ▷[쪽빠′글 시′고′ 베′라′글 피이′해′앤시머 피이′해′앤찌].

[바가′치 밥′ 뽀′고 이인′네′ 쫀′는다] <바가지 밥 보고 여편네 쫓는다> 바가지에 담긴 밥은 양이 적더라도 많게 보이므로, 여자가 밥을 많이 먹는다는 구실로 쫓아낸다 함이니, 작은 오해가 엄청난 결과를 초래한다.

[바′꾸로 치′머′ 부′라리 울리′인다(우운′다′)] <바퀴를 치면 불알이 울린다(운다)> ①주변을 건드리면 그 중앙에까지 영향이 미친다. ②암시를 조금만 주어도 곧 눈치로 알아챈다. ▷[지도′~을~ 치′머′ 대들뽀′가(보짜′~이~) 울리′인다].

[바′늘 가′는′ 데′ 시이′랭′ 가나] <바늘 가는 데 실 안 가나> ①항상 서로 붙어 다니는 사이라는 말. ②밀접한 관계가 있는 것끼리는 서로 따르게 마련이라는 뜻. ▷[시일′ 가′는 데 바′느 랭′ 가나].

[바′늘 까아 지렁′ 찌′거 뭉는′다] <바늘 가지고 간장 찍어 먹는다> 행동이 좀스럽고 용렬하거나 이치에 닫지 않을 때 꾸짖는 말. ▷[야앙′ 바′~이~ 제까′치로 궤′기로 꼬옥′꼭′ 찔′러가아, 제까′지마 빠러뭉는′다].

[바′늘꿍게 화앙′소′바람 두′론′다] <바늘구멍에 황소바람 들어온다> 추울 때는 작은 구멍으로 들어오는 바람도 몹시 차게 느껴진다.

[바′늘 도도′기 화앙′소′ 도독′ 땐′다] <바늘 도둑이 황소 도둑 된다> 나쁜 짓은 작더라도 되풀이하다 보면, 나중에는 큰 일을 저지르게 된다.

[바'늘로 (꼬옥') 찔'러도 피' 한' 점 앤' 나알'래'라] <바늘로 (꼭) 찔러도 피 한 점 안 날러라> ①지독한 구두쇠를 가리키는 말. ②여간한 일에는 전혀 반응을 하지 않는 깐깐한 사람을 가리키는 말. ▷[이'매~이~로 찔'러도 피' 함' 빠~울~ 앤 나겐'따]/[찔'러도 피' 함' 빠~'울~ 앤 나온다].

[바'늘방시게 안' 전능 걷따] <바늘방석에 앉아 있는 것 같다> 앉아 있기가 몹시 거북하고 불안스러움을 비유. ▷[사'돈네 집 암' 빵' 걷'따]/[소옹'곱' 빵시'게 안'즌 듣따]/[앰 펭키'느 사'돈네 암'빵'].

[바'늘 하나 꼬'불 땅' 도' 어업'따'] <바늘 하나 꽂을 땅도 없다> ①아주 작은 넓이의 땅조차도 없다. ②사람이 하도 많아 몹시 비좁다. ▷[소옹'곱' 빠'글 땅'도' 어업'따'].

[바'다사 미'야도 (사아'람') 욕'시'믄 모옴'미 운다(채' 운다)] <바다야 메워도 (사람) 욕심은 못 메운다(채운다)> 사람의 욕심에는 한이 없다. ▷[노품' 박끄'르게는 더 떠' 부'친다]/[대'머 더' 대구' 접'따]/[말' 타머 조옹' 압시'우구 접따].

[바담무'리 너엄'나', 소굼'무리 쉬이'나', 해' 다'리 조'미'(줴'미') 뭉'나, 해애' 사'미(해애'새'미) 낭게'에 올'러로 가'나'] <바닷물이 넘나, 소금물이 쉬나, 해 달을 좀이 먹나, 해삼이 나무에 올라가나> 아무 것도 급할 것이 없다는 말. ▷[세에'월'로 조'미'(줴'미') 뭉'나]/[소구'미 쉬이'나']/[해' 다'리 조미(줴미)' 뭉'나]/[해애' 사'미(해애'새'미) 낭'게 올러'로 가나].

[바담물'로 다아' 무'거야 짬'나'] <바닷물을 다 먹어야 짜냐> ①일의 성패를 꼭 끝까지 지켜볼 필요가 있겠느냐는 말. ②한 부분만 보고서도 전체를 짐작할 수 있다는 말. ▷[거언'네' 다보~이~ 절'테' 구마너]/[울 너'메 툭 커'머 호오'박'(홍'시) 떠'러지는 소'리지].

[바라'메 바'튼 춤'] <바람에 뱉은 침> 바람이 불 때 침을 뱉어 봐야 어디로 날아갔는지 알 수 없듯이, 아무런 보람이 나타나지 않을 때 한탄하는 말. ▷[소오'귀'에 경' 이리'기].

[바람' 부우'는 날' 꼬치까리' 바'드로 가'고, 비'오'는 날' 소곰' 바'드로 간'다'] <바람 부는 날 고춧가루 받으러 가고, 비오는 날 소금 받으러 간다> ①하필 조건이 나쁜 때만 골라 일을 시작할 때 이르는 말. ②사리에 어

굿나거나 온전하지 못한 짓만 골라 한다는 말. ▷[바뿐' 다'레 해애'산' 하고, 부정 따'레 손'님한다]/[비'오'는 날 소곰' 바'드로 가'고, 바람' 부우'는' 날 꼬치까리' 바'드로 간다].

[바람' 부우'는' 대'로, 물'결' 치'는' 대'로] <바람 부는 대로, 물결 치는 대로> 일정한 주관도 없이 되는 대로 내맡겨 버린다는 뜻. ▷[수움'푸'~이~ 부우'는' 대'로, 물'살' 여'얼 치'는' 대'로, 나'모' 끅' 까'는 대'로].

[바람' 아'페 등' 뿔(촙'뿔)] <바람 앞의 등불(촛불)> ①언제 꺼질지 모르는 바람 앞의 등불처럼, 매우 위태로운 처지에 놓여 있음의 비유. ②사물의 덧없음을 이르는 말.

[바'럼'늠 마아'리' 철' 리 간다] <발 없는 말이 천 리 간다> 말이란 순식간에 멀리까지 퍼져 나가므로, 말을 삼가야 한다. ▷[남' 마'아른 새애'가 득'꼬 밤' 마'아른 쥐'가 든는'다]/[밤' 마'아른 쥐'가 물'고 가'고, 남' 마'아른 새애'가' 물'고 간' 다']/[한' 닙 거언' 네' 두우' 입'].

[바린' 소'리 자라는' 사'람 귀이'염 모옴' 빤' 는다] <바른 소리 잘 하는 사람 귀염 못 받는다> 남의 잘못을 따지거나, 바른 소리를 잘하는 사람은 호감을 얻지 못한다. ▷[구리'~이~도 구리'~이~라커머 실'타' 컨는' 다']/[배애'미'도 배애'미'라커'머 실'버' 한다].

[바' 뱀' 무'거도 배' 부' 리다] <밥 안 먹어도 배부르다> 너무도 기쁜 일이라 마음에 흡족하다.

[바'베 미' 겉' 따] <밥에 뉘 같다> 대단히 귀하거나 드문 존재다.

[바 부'예 떡'] <밥 위에 떡> 경사에다 경사가 겹치거나 생각 이외의 이득이 생겼을 때 이르는 말. ▷[도라'~아~든' 소']/[정낭' 울따'레 호오' 바'게 구불'런따]/[팔'짜'가 구'짜' 거치 느'러' 전따]/[호오' 바'게 구불' 런따]/[홍재 바가' 치에 기 꼬' 번따].

[바뿐' 다'레 해애'산' 하고, 부정 따'레 손'님한다] <바쁜 달에 해산(解産)하고 부정(不淨) 달에 손님마마 한다> 고약하거나 곤란한 일들만 때맞춰 일어난다. ▷[바람' 부우'는' 날' 꼬치까리' 바'드로 가'고, 비'오'는 날' 소곰' 바'드로 간' 다']/[비'오'는 날 소곰' 바'드로 가'고, 바람' 부우'는' 날 꼬치까리' 바'드로 간다].

[바안' 잔' 수'레 눔' 물' 나고, 한' 잔 수'레 위'심 난다] <반 잔 술에 눈물

나고, 한 잔 술에 웃음 난다> 남에게 이왕 무엇을 줄 참이면 흡족할 만큼 주어야지, 그렇지 못하면 오히려 인심만 잃게 된다.

[바안´ 지´ 메 골빙 든다] <반 짐에 골병 든다> 어줍잖은 것으로부터 낭패를 당하기 쉽다는 뜻. [이실´ 비에 온´ 쩍´ 꼬, 바안´ 지´ 메 골´ 빙´ 든다].

[바암´풍´수 지´밤 마~후´~운다] <반풍수(半風水) 집안 망친다> 서투른 재주를 함부로 부리다가는 도리어 일을 망치기 쉽다. ▷[서엄´ 무´ 우´ 다´~이~ 사 아´ 람´ 잠는´ 다].

[바앙´ 고시메재´~이~카ᄂ 꼬치 꾹´ 또 앵´ 갈´ 러 뭉는다] <반 곱슬머리와는 고추 국도 안 갈라 먹는다> 반 곱슬머리인 사람은 흔히 인색하고 각박하다 하여 이르는 말. ▷[바앙´ 고시메재´~이~캉 옹´ 니재~이~카´은~ 마알´ 또´ 하지 마´ 라].

[바앙´ 고시메재´~이~캉 옹´ 니재~이~카´은~ 마알´ 또´ 하지 마´ 라] <반 곱슬머리와 옥니박이와는 말도 하지 마라> 반 곱슬머리인 사람이나 옥니박이인 사람은 몹시 인색하다 하여 이르는 말. ▷[바앙´ 고시메재´~이~카ᄂ 꼬치 꾹´ 또 앵´ 갈´ 러 뭉는다].

[바앙´구´가 자´지머 똥´ 사기 수웁´따´] <방귀가 잦으면 똥 싸기 쉽다> 어떤 조짐이 잦을라치면 그 일이 실지로 이루어지기가 쉬워진다. ▷[베루´우던 도´ 기 어언´젱´ 가느 터´ 진´ 다]/[우루´우던 도´ 기 어언´젱´ 가느 터´ 진´ 다]/[지인´ 사´ 가 자´ 지머 급´ 쩨 난다]/[초´ 새가 자´ 지머 지인´ 사´ 난다].

[바앙´구´ 질´ 나´자 보리´ 양석´ 떠´ 러진다] <방귀 길 나자 보리 양식 떨어진다> 한참 재미를 보고 있는 터에 그만 그 일을 못하게 되었다.

[바´~아~ 가´ 머 시´ 어´마시 마아´리´ 올´ 코´, 정제´에 가´ 머 월´께´ 마아´ 리´ 올´ 타´] <방에 가면 시어머니 말이 옳고, 부엌에 가면 올케 말이 옳다> 이 편의 말을 들으면 이 편의 말이 옳아 보이고, 저 편의 말을 들으면 저 편의 말이 옳은 듯 생각되어 시비를 가리기가 곤란하다. ▷[정제´에 가´ 머 누부´ 마아´ 리´ 올´ 코´, 바~아~ 가´ 머 자영´ 마아´ 리´ 올´ 타´].

[바~아´~네 안´ 저가아 암만´ 요~오´~을´~ 서´ 바´ 아라, 나간´ 니미 뜨싱´ 강] <방안에 앉아서 아무리 용을 써 봐라, 나간 놈이 따뜻한가> 혼자서 애만 잔뜩 쓰며 걱정에 휩싸여 있는 사람을 충고하는 말. ▷[거억´ 쩡´도 팔´ 짜´ 다]/[남´ 떵´ 뭉´는데 팍꼬´ 물 널찌능´ 거억´ 쩡´ 한다]/[나´ 무 제에´ 사´ 아

꼬오' 깜' 나' 아라 빠암' 나' 아라 컨는다]/[나' 무 지이' 사' 예 가암' 나' 아라 대애' 추' 나' 아라 컨는다]/[마당' 터' 지'(터' 전')는데 솔뿌' 리 거억' 쩡' 한다]/[비' 삼 밤' 묵' 꼬 허' 릉 거억' 쩡' 한다]/[오지라' 피 너리' 다]/[처매' 뀌 가 너리' 다]/[치매' 가 열' 뚜' 우 포' 깅' 강].

[바'~아~느~ (더') 마~아'~이'~ 뭉능' 강, 정제' 에느 (더') 마~아'~이'~ 뭉능' 강] <방에는 (더) 많이 먹는가, 부엌에는 (더) 많이 먹는가> 어느 쪽에서 이익이 더 생길 것이냐를 생각하는데 급급하여 거취를 확정하지 못함을 이르는 말. ▷[이' 장' 떠기 큭' 까' 아, 후운' 짱' 떠기 큭' 까' 아]/[정제' 에느 더' 뭉능' 강, 바'~아~느~ 더' 뭉능' 강].

[박끄' 르게느 눔' 물' 나' 고, 죽 끄' 러게느 위' 심 난다] <밥그릇에는 눈물 나고, 죽 그릇에는 웃음 난다> 비록 죽밖에 못 먹을 정도로 가난하더라도 집안이 화목하면 웃음꽃이 핀다.

[박끄' 르기 노푸' 머 새~일'~마안 이' 긴다] <밥그릇이 높으면 생일(인 줄)만 여긴다> 조금 대접을 해주니까 자기가 대단한 존재인 줄로 착각하여 더 우쭐해지는 사람을 얕잡아 이르는 말. ▷[더엉' 덩' 커' 머 군' 시' 라꼬]/[동쮀기 훠언' 하' 머 셰에' 상' 만 이' 기고, 박끄' 르기 노푸' 머 새~일'~만 이' 긴다].

[반' 드럭끼느 싱' 꼴' 빵매'~이'] <반드럽기는 신골 방망이> 몹시 반드러운 사람을 가리키는 말.

[발뜨'~에~ 떠' 러짐 불'] <발등에 떨어진 불> 몹시 절박하게 닥치거나 생겨난 일. ▷[눈서' 페 떠' 러징 거억' 쩡'].

[발빠' 다게 티' 눈] <발바닥의 티눈> ①관심 밖의 일. ②남을 몹시 업신여긴다는 비유.

[발 새' 애 때'] <발 사이의 때> 아주 보잘것없고 가치도 없는 것.

[밤' 마' 아른 쥐' 가' 물' 고 가' 고, 남' 마' 아른 새애' 가' 물' 고 간' 다'] <밤말은 쥐가 물고 가고, 낮말은 새가 물고 간다> 언제나 말을 조심하라는 말. ▷[남' 마' 아른 새애' 가' 득' 꼬 밤' 마' 아른 쥐' 가' 든느' 다]/[바' 럼' 늠 마아' 리' 철' 리 간다].

[밤' 마'~아~이'~ 묵는' 다꼬 오' 래 사아나', 귀이' 신' 어금' 만' 내야 오' 래 사아' 지'] <밥 많이 먹는다고 오래 사나, 귀신 어긋 만나야 오래 살지> 수명

은 하늘의 뜻에 달려 있어 인간의 힘으로는 어떻게 할 수 없다는 뜻.

[밤' 무' 굴 때' 느' 개애' 도' 앤' 때' 린다] <밥 먹을 때는 개도 안 때린다> 아무리 큰 잘못이 있어도, 음식 먹을 때는 때리지 않는 법이다. ▷[주' 굴쮀에로 지' 야도 미기' 이 녹코 쥐' 긴다].

[밤' 새' 애두룩 미영' 마 작' 꼬 이실' 끼 이가] <밤새도록 무명만 잣고 있을 거냐> 속셈은 딴 데다 두고서 짐짓 겉으로만 분주한 체할 것이 뭐 있느냐고 빗대는 말. 㧾 새색시가 잘 생각은 않고 물레질만 계속하고 있을 때, 새신랑이 빨리 자자고 재촉하는 말로, '밤새애두룩 미영마 작꼬 이실라 컨나.'고도 이름. ▷[짜림' 바' 메 미영' 마 작' 꼬 마알' 라' (이실' 라) 컨' 나].

[밤' 새' 애두룩 우우' 고' 나서, 누' 가 주' 건노 컨는다] <밤새도록 울고 나서, 누가 죽었느냐고 한다> 무슨 영문인지도 모르고 어떤 일에 참여하고 있는 어리석음을 비웃는 말.

[밥떡꺼' 리 무' 고 새 새' 끼 부리' 드 시] <밥풀 물고 새 새끼 부르듯> 매우 쉽게 생각하는 모양. ▷[누' 버가아 떵' 묵' 끼]/[누분' 소' 타' 기]/[땅' 직' 꼬 훼에' 미 치기]/[사암' 동' 세, 시' 금 팔쭉' 항 그' 륵]/[시' 근 중' 묵' 끼]/[아곱 동' 세, 시' 금 팔쭉' 항 그' 륵 묵' 끼].

[밥' 삐' 러다가 죽' 소' 오 무' 굴 넘] <밥 빌어다가 죽 쑤어 먹을 놈> 게으른 데 더하여 소견마저 없는 어리석은 사람.

[밥' 파러 가' 주구 논' 살' 쩨' 게느, 이이' 밥' 묵' 짜고 드' 럳' 쩨] <밭 팔아서 논 살 적에는 이밥 먹자고 들었지> 어떤 이득을 노려서 새롭게 시도한 일이 뜻대로 되지 않을 때 자조하는 말.

[밥' 파러묵' 꼬 퐅' 또' 올 숭구' 우드시] <밭 팔아먹고 폿돌 심듯> 일이 모두 끝난 다음에 엉뚱한 짓을 하는 사람을 보고 불평하는 말. ▷[구' 단' 디일' 짱' 구]/[도동' 막' 꼬 다안' 장' 한다]/[성' 복찌 지' 내' 애고 약' 빵' 공' 사한다]/[소오' 일' 꼬 오양깐' 곤' 친다]/[장담' 보내' 애고 춤' 춘' 다]/[주' 군 디이' 예' 약' 빵' 공' 사 한다].

[방' 갑짜' 는 사' 돈 장' 날마중 만' 낸다] <반갑지 않은 사돈 장날마다 만난다> 싫어하는 사람일수록 오히려 더 자주 만나게 된다.

[방' 구예 대' 치' 미다] <바위에 대침이다> 전혀 대적해 볼 가망이 없거나 어림없는 상대다. ▷[게' 랄 까아 방' 구 치기].

[방묻' 바'끼(배'끼) 저스'~이~다] <방문 밖이 저승이다> 사람은 누구나 언제 죽을지를 모르는 법이다. ▷[대애'뭄' 바'끼 저'승'찌리다]/[붕' 망' 산처~이~ 머엉'강' 이'기도, 저' 거'언네 저' 사'~이~ 북' 망' 산처'~이~다].

[방' 바아' 가' 머 똥' 산' 다'] <방 봐 가며 똥 싼다> ①상대방의 지위 따위를 보아서 대접을 달리한다. ②형편을 잘 살펴 가며 대처한다.

[방빠' 다게서러 낙' 상' 한다] <방바닥에서 낙상한다> ①안전한 곳에서 뜻밖의 실수를 하여 다친다. ②방심하면 실수하기 쉬우니 항상 조심하라는 말.

[방빠' 대기 구웅' 디'~이~ 덕' 뽀' 자 컨는다] <방바닥이 궁둥이 덕보자고 한다> 따뜻해야 할 바닥이 도리어 몸에서 온기를 빼앗는다 함이니, 방바닥이 매우 차다는 뜻. ▷[가'언'두 앵' 가'도' 삼'척]/[삼'척 가'나 앵 가'나 서어' 느'런' 타]/[삼'척 내앵'지' 거치, 사아'람' 덕'뽀' 올라 컨는다].

[배' 가' 겨엉' 주' 남삼마' 안하다] <배가 경주 남산만하다> 임신을 하거나 음식을 많이 먹어, 배가 몹시 부른 상태에 있음을 비유.

[배' 고' 푼 사' 람자테 요' 구 시' 기라 컨는다] <배고픈 사람에게 요기 시켜 달라고 한다> ①무엇을 주어야 마땅할 사람에게 도리어 달라고 요청한다. ②자신의 일조차도 감당하지 못하는 사람에게 힘든 것을 요구한다. ▷[고옴'피' 빠' 러무굴라 컬따가 다리' 홀끼' 인다]/[때' 리로 간' 따' 가 막' 끼도 한다]/[혹 띠' 이로 간' 따' 가 혹' 뿌' 친다].

[배껀' 날' 새' 가 하안' 덴' 날' 새' 다] <바깥 날씨가 한뎃 날씨다> ①밖이 몹시 춥다. ②그것이나 저것이나 대동소이하다. ▷[개애' 가' 맴발' 로 댕' 기~이~오~ 오'~여'~르민줄 아아' 나'].

[배나무' 미' 테서러 각' 끔' 매지' 마' 라] <배나무 밑에서 갓끈 매지 마라> 남에게 의심받을 행동은 아예 하지를 마라. ▷[웨바' 테서러 신틀' 매지' 마' 라].

[배' 버' 다아 배꾸' 미 (더') 크' 다'] <배보다 배꼽이 (더) 크다> 주된 것보다 딸린 것이 더 크거나 많다. ▷[삼버다' 암 고오'리' 더' 크다]/[아' 아버다아 배꾸' 미(배꾸여'~이~) (더) 크' 다'].

[배' 부' 린 홍정'] <배부른 홍정> 아쉬움이 없기에 서두르지 않고 배짱을 퉁겨 가며, 마음에 차면 홍정하고 싫으면 안 하는 일 또는 그런 식으로 일을 처리함.

[배소' 오게더' 러 미꾸래' 기 소' 리 난' 다'] <배속에서 미꾸라지 소리가 난다> 배속에서 쪼르륵 하며 미꾸라지가 물꼬를 오르는 소리가 난다 함이니, 배가 몹시 고프다는 뜻.

[배소' 오게 든' 아' 아도 도~오'~이'~야~ 커머 나' 온' 다] <배속에 든 아이도 돈이야 하면 나온다> 세상살이에 돈이 지니는 위력이 매우 크다. ▷[도옴' 마' 이시' 머 처어' 자' 부' 랄또 산' 다]/[도~오'~이'~ 야양' 바'~이~다].

[배소' 오게 든' 할' 배' 느 이' 서도, 나' 저' 어근 히'~이~느~ 어업' 따'] <배속에 든 할아비는 있어도, 나이 적은 형은 없다> 나이 어린 사람이 할아버지 뻘은 될 수 있지만, 나이가 어린 사람을 보고 형이라 부르지는 않는다. ▷[나' 저' 어근 히'~이~느~ 업' 서'(사)도, 배 소' 오게 든 할' 배' 느 일' 따].

[배소' 오게서버텀 배' 운 너' 믄' 업따] <배속에서부터 배운 놈은 없다> 배우지 않고서는 알 수 없으므로, 누구나 무엇이건 처음부터 배우면 된다.

[배애' 미' 도 배애' 미' 라커' 머 실' 버' 한다] <뱀도 뱀이라고 하면 싫어한다> 단점을 들추어서 맞대어 놓고 지적하면 좋아할 사람이 없다. ▷[구리'~이~도 구리'~이~라커머 실' 타' 컨는' 다]/[바린' 소' 리 자라는' 사' 람 귀이' 염' 모옴' 빤' 는다].

[배애' 지가 아풀' 라커' 머, 참' 무' 리 시' 인다] <배지가 아프려면 찬물을 켠다> 어떤 결과가 일어나려면 반드시 그에 상응하는 원인이 있게 마련이다. ▷[소곰' 무' 근 너미 물' 시' 인다]/[여물' 마~아'~이'~ 뭉는' 소', 똥 눌' 찌' 게 아' 러본다]/[콩' 밥 날' 래' 뭉는' 너' 믄', 똥' 눌' 찌' 게 아' 러본다].

[배앱' 새' 가 자아' 가' 도 알' 노' 올쭐 아안' 다'] <뱁새가 작아도 알 낳을 줄 안다> 몸집이 작고 볼품없을지라도 제 구실만은 꼭 하게 마련이다. ▷[제에' 비' 느 자아' 가' 도 강낭' 간다]/[참새' 가 자아' 가' 도 아' 를' 녹코, 휘초' 가 자아' 가' 도 사아' 또' 파' 네 오린' 다]/[휘' 초' 가 자아' 가' 도 사아' 또' 파네 오린' 다].

[배앱' 새' 가 화앙' 새' 따' 러가알라 커' 머 갈구재'~이~가 째애' 진' 다] <뱁새가 황새 따라가려면 가랑이가 찢어진다> 능력이 모자라는 형편에서 억지로 힘겨운 일을 하려 들면 도리어 해만 입는다.

[배' 야가아 남' 주' 나] <배워서 남 주나> 무엇이 건 배우기만 하면 자기에게 이익이 되지 손해 될 것은 없다는 말. 참 경주중고등학교 설립자인 이규인

선생이 유언으로 남겼다 하여 더 유행된 말.

[배′얀 도독′쩰] <배운 도둑질> 누구나 손에 익었거나 버릇이 된 일만 자꾸 반복하게 되므로 그걸 쉽게 버리지 못한다는 뜻.

[백′ 뿐′ 득′ 끼버다암, 함′ 뭄′ 보능′ 기′이 나얃′ 따′] <백 번 듣기보다, 한 번 보는 것이 낫다> 여러 번 듣는 것보다는 오히려 눈으로 한 번 확인하는 것이 낫다. ▷[열′ 뿐′ 듣′찌버다아 함 뭄′ 보′능′ 기 나얃′ 따′]/[열′ 뿜′ 보′능′ 거보다′아 함 문′ 하′능 기 나얃′ 따′].

[백′쩌~이~ 가아′매′ 탄′ 텍′ 댄′다] <백정이 가마 탄 셈된다> 어떤 일이 마음에 차고 너무도 좋아서 입이 헤벌어진 사람을 두고 하는 말.

[백′쩌~이~ 저′버′들 바아′라′ 컨는다] <백정이 저 버들 봐라 한다> 누구나 몸에 벤 버릇을 고치거나 본성을 숨기기는 참 어렵다. 참 어떤 백정이 돈을 많이 모은 다음, 양반의 족보를 사 가지고는 가마를 타고 길을 가다가, 고리 따위를 결어 만들 때 쓰는 탐나게 자란 버들가지를 보고는 자기도 모르는 사이 그만 '저 버들 봐라.'했다는 데서 유래. ▷[산처′능 곤′치도, 천′서~은~ 모옹′ 꼰′친다]/[시이′ 살′ 때 버′르시 여′등꺼정 간다]/[시이′ 살′ 버′얼시가 여′드늘 가도 모옹′ 꼰′친다]/[지′ 버리장머′리 개애′ 죽′까]/[천′성 곤′치는 야′근′ 어업′따′]/[활랴~이~ 주′거도 기이′생′쩝 울딸′ 미′테서러 줄는′다].

[백′쩌 짱′도 마′지 들′머 개갑′따] <백지 장도 마주 들면 가볍다> 힘을 합해야만 무슨 일이든 하기가 수월해진다.

[버버′리 내앵′가′시미] <벙어리 냉가슴> 딱한 사정이 있어도 남에게 말을 못하고 속으로 애만 태우는 답답한 모양. ▷[꿀′ 무′굼 버버′리].

[버′브느 머얼′고′ 주무′그느 개작′따] <법은 멀고 주먹은 가깝다> 사리를 따지기 전에 완력부터 부린다. ▷[버′븜′ 머어′고′ 주무′긍 가직′따]/[주무′근 가착′꼬 버′븜′ 머어′다′].

[버′븜′ 머어′고′ 주무′긍 가직′따] <법은 멀고 주먹은 가깝다> ①분한 일이 생기면 법에 호소하는 것은 나중 문제요, 당장에 주먹부터 쓰게 되는 경우를 이르는 말. ②나중에야 어찌 되든 우선 완력부터 쓰고 본다. ▷[버′브느 머얼′고′ 주무′그느 개작′따]/[주무′근 가착′꼬 버′븜′ 머어′다′].

[버선′ 우′예 양′발 시인′는′다] <버선 위에 양말 신는다> 지나칠 만큼 격에

어울리지 않는다. ▷[갇′ 시′고 자앵′구 탄다]/[개애′ 바′레 (주석′) 다′갈]/[맨 조~아′ ~리에 행′ 전′ 친다].

[버섬모′기라 디베′베 비′이나] <버선목이라 뒤집어 보이나> 남에게서 혐의를 받았을 때 마땅히 해명할 방도가 없음을 안타깝게 이르는 말.

[버섬뽄′도 뽄′가] <버선본도 본이냐> 무엇을 본받을 게 없어서, 그런 하찮은 것까지 본받을 필요가 있느냐고 나무라는 말.

[버′어는 넘′ 따′리 익′꼬, 시′는 넘′ 따′리 읻′따] <버는 놈 따로 있고, 쓰는 놈 따로 있다> ①돈을 벌지도 못하는 사람이 오히려 더 헤프게 쓸 때 자조하는 말. ②돈을 버는 사람은 잘 쓰지 못하는데 반해 벌지 않는 사람이 잘 쓰는 등, 버는 사람과 쓰는 사람은 서로 다르다는 뜻. ▷[부우′자′느 삼′ 대로 앵′ 간′다′]/[집신′ 시잉′꼬′ 버′어러 노′~오~이~, 구두′ 시′는 너′미′ 다아′ 파′ 러뭉는다].

[버어′리′인′테 수키′인 돌 쭈′웅] <벌한테 쏘인 돌 중/땡추중> 신실하지 못한 사람이 벌에게 쏘이면 방정맞은 행동을 하듯이, 경망스레 행동할 때 빗대어 이르는 말. ▷[때앵′삐′~이~ 직′ 껀′다′린 듣따].

[버어′머′ 사야′~아~ 고′ 레′우드시] <범의 사냥에 궐(闕) 에우듯> 흥내만 내고 있을 뿐 실제로 일을 하지 않을 때 비아냥하는 말. ▷[처삼′촌 벌′추′하드시].

[버어′머′ 차반] <범의 차반> 범은 먹을 것이 생기면 그 자리에서 실컷 먹어 치우는 반면, 먹을 것이 없으면 내리닫이로 며칠씩 굶듯이, 살림이 구차하여 판판 굶다가도 돈이 좀 생기면 뒷일은 생각 않고 함부로 쓸 때 우롱하는 말.

[버어′메′ 눈섭′또 기′러′붕 기이 어업′따′] <범의 눈썹도 아쉬운 것이 없다> 아무 것도 부족한 것 없이 살림이 풍족하다. ▷[처어′자′ 부′랄 마알′고′느 머′ 어든지 다아′ 읻′따].

[버어′무′ 창대′기(느) 고′든 창대′기] <범의 창자는 곧은 창자> 범의 창자는 초식동물보다 길이가 짧고 곧을 것이라 믿는 데서 생긴 말로, 밥숟가락을 놓기 바쁘게 화장실로 직행하는 사람을 놀리는 말.

[버어′믄 주′거서 가주′굴 낭국′코, 사아′라′믄 (주′거서) 이′르물 낭군는′다] <범은 죽어서 가죽을 남기고, 사람은 (죽어서) 이름을 남긴다> 사람은

살아 생전에 훌륭한 일을 하여 후세에 빛나는 이름을 남겨야 한다. ▷[사아′라′믄 주′거서 이′르물 낭′국코, 버어′믄′ 주′거서 가주′글 낭군는′다].

[버어′믈′ 처엉′치′ 마′고 사′늘 지수′우라] <범을 청하지 말고 산을 짓게 하라> 범한테 민둥산으로 오라고 청하기 전에, 먼저 산을 가꾸어 숲이 우거지게 하면 저절로 범이 올 터인즉, 힘 안 들이고 결과를 얻으려 들지 말고 그렇게 될 수 있을 환경부터 조성하라.

[버어′믈′ 피이′하′머 담′보가 나′온′다] <범을 피하면 담비가 나온다> 무엇이든 위에는 또 그 위가 있다. ▷[갈′수룩 태애′사′~이~다]/[사′능 갈′수룩 노푸′고, 무′릉′ 갈′수룩 지푸′다]/[산′ 너′메 사′~이~ 익′꼬, 물′ 너′메도 무′리′ 일′따]/[야′수로 피이′하′~이~ 버어′미′ 나온다]/[지′내′강 고′새′~은~ 칭′구 덕′태′ 기다].

[버어′음′ 보′~이~ 무석′꼬, 가주′금 보′~이~ 탐′난다] <범은 보니 무섭고, 가죽은 보니 탐난다> 힘드는 노력은 하기 싫은 반면 그 이득만은 탐이 난다. ▷[가주′금 보′~이~ 탐′나′고, 버어′음′ 보′~이~ 무섭′따(검′난′다)].

[버어′민′테 물리′이(억끼′이) 가도 정심′마 채′리머 사안′다′(댄′다)] <범에게 물려(업혀) 가도 정신만 차리면 산다(된다)> 아무리 위험한 경우를 당하더라도, 정신만 제대로 차리면 그 고비를 모면할 수 있다.

[버엄′도′ 새′끼 둥′고′들′ 도′러본다] <범도 새끼 둔 곳을 돌아본다> 아무리 악한 사람일지라도 자식 사랑만은 남 못지 않다. ▷[지 새′끼 자′ 아뭉늠 버어′미′ 어엽′따′].

[버엄′도′ 지′ 마′알하머 온다] <범도 제 말하면 온다> 그 자리에 없는 사람에 대한 말을 하고 있으면 공교롭게도 그 사람이 나타난다. ▷[호오′라′~이~도(호오′래′~이~도) 지′ 말 하머 온′다′].

[버엄′ 보′지도 애~하′~고 똥버′텀 산′다′] <범은 보지도 않고 똥부터 싼다> 지레 겁부터 심하게 집어먹는다.

[버엄′ 봉′ 개 똥′ 까′리′드시 까′린′다(홀′리드시 홀′린다)] <범 본 개 똥 흘리듯 흘린다> 무엇을 자꾸 질질 흘리며 다니는 사람을 조롱하는 말. ▷[걸배′~이 짐칙꾼′ 홀′리드시 홀′린다]/[허언′ 채′애 술′ 거리드′시 거린′다].

[버엄′ 새′끼로 키′얃따] <범 새끼를 키웠다> 화근을 길러 스스로 걱정거리를

만들었다.

[버엄′ 자′ 아뭉는 담′ 부가 읻′ 따] <범 잡아먹는 담비가 있다> 범이란 사나워서 사람을 잡아먹기도 하지마는, 그 범을 담비가 잡아먹는다 함이니, 무엇이든 위에는 또 그 위가 있다는 뜻. ▷[나는′ 넘 미′테 띠는′ 넘 읻′따]/[띠′는′ 넘 미′테 기′는′ 넘 읻′따].

[버엄′ 작′꼬 볼′기′ 만는다] <범 잡고 볼기 맞는다> 장한 일을 하고서도 벌을 받게 됐을 때 억울함을 토로하는 말.

[버엉′ 갭′ 뿌레 콩′ 꾸′버 묵′끼(뭉는′다)] <번갯불에 콩 구워 먹기(먹는다)> 성미가 급하여 무엇이나 재빠르게 처리하는 것의 비유.

[베′느′ 서억′ 짜′라도 트′른′ 틀′때′로 채′리야 댄′다] <베는 석 자라도 튼 틀대로 차려야 된다> ①사소하게 생각되는 일도 막상 하려고 들면 번거로운 절차가 많다. ②비록 단순하거나 급한 일일지라도 기본 원칙을 무시할 수는 없다.

[베′락또 낟짝′기(퀜띠′~이~가) 읻′따] <벼룩도 낯짝이(콧등이) 있다> 매우 뻔뻔스러운 사람을 보고 나무라는 말. ▷[꼬오′내′기도 산다′ 구가 익꼬, 베′락또 코(퀘)띠′ ~이~가 읻따]/[멀꺼디′~이~예~다가 호오′믈′ 판다]/[멀꺼디′~이~에~ 호오′믈′ 파′머′ 주절껍′지 조′오로 간다]/[베′리기 가~아′~늘′ 내′애 묵′찌]/[베′래기 등더′레 삭′찌믈 시′러 묵′찌]/[빈대′도 낟째′기가 읻′따]/[쪽찌′비도 낟째′기 읻′따].

[베′랑′ 마′진 소오′궤′기(애~이′~가)] <벼락 맞은 쇠고기 (아니냐)> 약에 쓴다고 누구나 갖고 싶어하기에, 매우 귀하거나 값지다.

[베′래기 등더′레 삭′찌믈 시′러 묵′찌] <벼룩의 등에 삯짐을 실어 먹지> 도량이 좁거나 하는 일이 이치에 어그러짐을 이름. ▷[꼬오′내′기도 산다′ 구가 익꼬, 베′락또 콛띠′~이~가(퀜띠′~이~가) 읻따]/[멀꺼디′~이~예~다가 호오′믈′ 판다]/[멀꺼디′~이~에′ 호오′믈′ 파′머′ 주절껍′지 조′오로 간다]/[베′락또 낟짝′기(퀜띠′~이~가) 읻′따]/[베′리기 가~아′~늘′ 내′애 묵′찌]/[빈대′도 낟째′ 기가 읻′따]/[쪽찌′비도 낟째′기 읻′따].

[베루′우던 도′기 어언′젱′가느 터′진′다] <벼르던 독이 언젠가는 터진다> ①잔뜩 별러서 잘 해보려던 일일수록 실수하기 쉽다. ②무슨 조짐이 보인 일은 반드시 뒤에 가서 예상대로 되고야 만다. ▷[바앙′구′가 자′지머 똥′

사기 수웁'따']/[우루' 우던 도'기 어언'젱'가느 터'진 다]/[지인'사'가 자'
지머 급'쩨 난다']/[초'새가 자'지머 지인'사' 난다'].

[베루' 우던 제에'사' 물'또' 모온' 떠' 논는다] <벼르던 제사 물도 못 떠놓는
다> 어떤 일을 너무 잘 하려고 벼르다가는 도리어 더 못하게 되는 수가 있
다.

[베'리기 가아' 늘' 내' 애 묵'찌] <벼룩(의) 간을 내어 먹지> 어려운 처지에 있
는 사람에게서 금품을 뜯어냄의 비유. ▷[꼬오' 내' 기도 산다' 구가 익꼬, 베'
락또 콜띠'~이~가(퀜띠'~이~가) 일따]/[멀꺼디'~이~예~다가 호오'믈' 판
다]/[멀꺼디'~이~에~ 호오'믈' 파' 머' 주절껍'지 조'오로 간다]/[베' 락또 날
짜' 기(퀜띠'~이~가) 인' 따]/[베' 래기 등더' 레 삭'찌를 시' 러 묵' 찌]/[빈대'
도 날째' 기가 인' 따]/[쪽찌' 비도 날째' 기 인' 따].

[베' 한' 자 가' 아느 살' 갈' 무리 모온' 해' 애도, 시일' 함 바' 랑 가' 아느 살'
갈' 무리한다] <베 한 자 가지고는 살 갈무리 못해도, 실 한 바람 가지고는
살 갈무린다> 한 자 길이의 천을 가지고는 살을 가릴 수 없지만, 한 발
정도의 실만 있으면 터진 부분을 꿰맬 수 있다 함이니, 작은 것이지만 재료
가 제품보다 요긴할 때가 있다는 말.

[벼엉' 자' 영 까마' 구 통시' 들바' 더보드시] <병자년 까마귀 뒷간 들여다보
듯> 행여나 하고 구차스럽게 들여다보거나 기웃거림을 비유. 참 변란이 일
어나던 丙子年에 큰 흉년까지 겹쳐 까마귀조차 먹을 것을 찾느라 뒷간을
기웃거렸다는 데서 생긴 말. ▷[목' 짜링' 개' 등게' 섬 넘바' 더보드시]/[비
잉' 든' 솔배'~이~ 어'물쩐 도' 오 드'시 도온' 다']/[소오' 자' 분 지' 베 개
애' 어리대' 애드시].

[벼~어'~으'~느' 자' 라~을~ 해애' 야' 댄' 다] <병은 자랑을 해야 된다> 병이
들었을 때는 혼자서 애태우지 말고, 다른 사람에게 널리 이야기하여 좋은
치료법이나 용한 의원에 대한 정보를 얻도록 해야 된다.

[벼~어'~은'~ 항 가' 지 야' 근' 청 가' 지] <병은 한 가지 약은 천 가지> 한 가
지 병에 대하여 그 치료법이나 약의 종류가 많다는 말.

[보' 검' 는 연 시이'직' 깔라' 꼬 날' 바' 더 노' 오머 등창' 난다] <복 없는 년
시집가려고 날을 받아 놓으면 등창이 난다> 운수가 나쁘면 계획하는 일마
다 잘 되지 않는다. ▷[거어' 북' 칸 저엉' 승' 제' 라레 뻬' 생' 긴다]/[늘' 근

처어'자' 날' 바'더 노'오머 드'~에~ 등차'~이~ 난다]/[보'게 엄는 과'늘'
시'머' 철룽'개가 버어'러'진다].

[보'게 엄는 과'늘' 시'머' 철룽'개가 버어'러'진다] <복에 없는 관을 쓰면
천령개가 벌어진다> 복이 없는 사람은 하는 일마다 잘 안 된다. ▷[거어'
북'칸 저엉'승' 제'라레 뻬' 생' 긴다]/[늘'근 처어'자' 날' 바'더 노'오머
드'~에~ 등차'~이~ 난다]/[보' 검'는 연 시이'직'깔라'꼬 날' 바'더 노'오
머 등창' 난다].

[보'고 모옴' 뭉'는 장'떡 (애~이'~가)] <보고 못 먹는 장떡 (아니냐)> 아무
실속이 없다는 말. ▷[기'리'메 떡']/[꾸'메 본 재'무리다].

[보'기 조온' 떠'기 묵'끼도 조올' 타'] <보기 좋은 떡이 먹기도 좋다> 겉모
양이 좋으면 내용도 좋다.

[보리' 까'알게 중늘'그'이~ 어'러 중는'다] <보리 가을에 중늙은이 얼어죽는
다> 보리가 누렇게 익을 무렵이면 따뜻해져야 마땅하지만 때론 바람이 불
고 춥기까지 하는 등, 봄 날씨가 추울 때 불평하는 말. ▷[봄'빠'라메 목짱'
말' 어'러중는다].

[보리' 모온'땡' 기이 망조'~에~ 한'치'~이~고, 잉감' 모온'땡' 기이 하앙'
가'베 한'치'~이~다] <보리 못된 것이 망종(芒種)에 한창이고, 인간 못된
것이 환갑(還甲)에 한창이다> 적당한 시기를 놓친 다음 늦게 나서거나 때
가 지난 다음에야 문제를 일으키는 사람을 빗대어 욕하는 말.

[보리' 밥떡꺼'리 가' 주구 이'~이'~에'~ 낭는'다] <보리 밥알 가지고 잉어 낚
는다> 조그만 미끼를 던져서 아주 큰 소득을 올린다. ▷[노구저'리 개애'
쉐'기드시 쉐' 긴다]/[살구' 지'릉 까아 야'수 호'린'다]/[예'수 살구지'름
미긴'다].

[보리' 앰 피'는' 사'머리 어억꼬, 나'락 앰' 피'는' 유우'어'리 업따] <보
리 안 패는 삼월이 없고, 벼 안 패는 유월이 없다> ①계절은 어김없이 돌아
온다. ②모든 일에는 다 때가 있게 마련이다.

[보리' 주'머 웨에'(옏') 앤 주' 까방] <보리 주면 참외(엿) 안 줄까봐> 받는 것
이 있어야만 주는 것도 있다는 말.

[보' 마' 앙개느 천' 서글 거두' 우고, 가시' 라앙개' 느 천' 서글 너루' 운다]
<봄 안개는 천 석을 거두고, 가을 안개는 천 석을 늘인다> 봄에 끼는 안개

는 농사에 해로운 반면 가을 안개는 농사에 이롭다.

[보옹'도' 애~이'~고, 학' 또' 애~이'~고, 강산' 두' 리미도 애~이'~다] <봉도 아니고, 학도 아니고, 강산 두루미도 아니다> 이 것도 저 것도 아무 것도 아니다. ▷[죽' 또' 밥' 또' 아~이'~다]/[주웅'도' (애~이'~고) 소'도' 애~이'~다]/[학' 또' 애~이'~고 보옹'도' 애~이'~다].

[보옹'사'가 지' 굼 모오'난'다] <봉사가 제 굿 못한다> 제 일은 스스로 처리하기가 매우 힘든 법이다. ▷[무우'다'~이~ 지' 굼 모오'난'다]/[주~우'~이'~ 지' 머'리(대가'리) 모옹' 깡'는다]/[참' 보~이'~(참' 배~이~) 지' 굼 모온'한'다].

[보옹'사' 단청' 꾿 탄다] <봉사 단청굿 한다> 사물의 참된 모습은 모른 채 엉뚱한 짓만 한다. 참 '봉사 단청구경.'의 와전.

[보옹'사' 떡짜리' 거' 머지이드시] <봉사 떡자루 거머쥐듯> 누가 집어 갈까 봐 봉사가 떡자루를 잔뜩 움켜쥐고 있듯이, 어떤 일이나 물건을 무턱대고 움켜만 쥐고서 놓지 않음의 비유.

[보옹'사' 무'자'앙 떠 묵'끼] <봉사 무장 떠먹기> 시각 장애자에게 된장 그릇이 여기에 있다고 아무리 말을 해도 제대로 떠먹지 못한다 함이니, 힘들여 가르쳐도 알아듣지 못한다는 것의 비유. ▷[보옹'사' 삼'밭' 찌내'애기].

[보옹'사' 삼'밭' 찌내' 애기] <봉사 삼밭 지나기> 봉사가 길옆에 있는 것이 삼밭인지 밀밭인지를 모르고 지나가듯이, 참 모습은 모른 채 건성건성 지나쳐 버림을 비꼬는 말. ▷[보옹'사' 무'자'앙 떠 묵'끼].

[보옹'사' 압짱' 개~이~ 서' 우드시 서' 운다] <봉사 앞정강이 세우듯 세운다> ①자기 주장만 지나치게 내세워 빡빡 우긴다. ②무례하고 건방지다. ▷[너 불'때 대가'리매애로 척끼든'다].

[보옹'사' 잠' 안'저 자나 누'버 자나] <봉사 잠 앉아 자나 누워 자나> ①무슨 일을 하기는 하지만 눈에 뜨이는 성과가 나타나지 않을 때 이르는 말. ②이러나 저러나 마찬가지라는 뜻.

[보옹'사' 지름' 깜 내애'기'(당' 키/무울' 기')] <봉사 기름 값 내기(당하기/물기)> 봉사가 불 밝히는 기름 값을 문다 함이니, 자기에게 전혀 관계없는 돈을 물 때 한탄하는 말.

[보옹'사' 지' 자리' 뜩끼] <봉사 제 자루 뜯기> 봉사가 자기 동냥 자루를 뜯

는다 함이니, 해 보아야 손해날 일을 미련하게 하는 사람을 비꼬는 말.▷
[걸배′~이~ 지 자리′ 뜬는다].

[보옹′하′기(보옹′해′기)느 꽁′지가 빠′저′(빠′자′)도 탱주낭′게느 애′~안는′다] <봉학(鳳鶴)은 꽁지가 빠져도 탱자나무에는 안 앉는다> 아무리 위급한 일을 당하더라도, 선비나 어른은 자기 분수와 체면을 지킨다.

[복서′~어′ 벌거′지 지이′시′다] <복숭아 벌레 짓이다> 어떤 문제가 터졌을 때, 그것은 가까운 사람의 소행임에 틀림없다고 단정하는 말. ▷[물랩′삐~이~으′~느~ 귀이′머′레서러 나′지 어디서러′ 나′노′].

[복′ 지′튼 너′믄 업′퍼저도 떡′꼬레 어′퍼진다] <복 짙은 놈은 엎어져도 떡고리에 엎어진다> 운수가 좋은 사람에게는 저절로 좋은 일만 생기게 된다. ▷[잘때는′ 지′바는 호오′더′락빠라미 마껴′불 연는다]/[지′ 복 지′튼 너′믄′ 소′가′ 디′디도 앵′꺼′진′다′]/[지′ 복 지′튼 너′믄′ 채′로′ 처′도′ 앤′ 나′간′다′].

[본′ 도둑′찔로 하′지, 앰′ 본′ 도둑′쩌름 모온′한′다] <본 도둑질을 하지, 안 본 도둑질은 못한다> 도둑질을 함에 있어서는 미리 준비를 하는 바가 있게 마련이다.

[볼살′ 꼬랑대′기가 시이 치′라도 마′시′ 읻′따] <보리쌀 꼬리가 세 치라도 맛이 있다> 제대로 찧어지지를 않아 긴 보리 수염이 붙어 있는 밥조차도 맛이 좋다 함이니, 배가 고플 때는 험한 음식조차 맛이 있다.

[봄′빠′라메 목짱′ 말′ 어′러중는다] <봄바람에 목장 말 얼어죽는다> 따뜻해야 할 철이 도리어 몹시 춥게 느껴질 때 불평하는 말. ▷[보리′ 까′알게 중늘′그~이~ 어′러 중는′다].

[봄′뻬′테 꺼질리′이머 보′던′ 임′도 모올′래 본다] <봄볕에 그을리면 보던 님도 몰라본다> 봄볕을 쐬면 몰라볼 만큼 살갗이 그을린다는 비유. ▷[가실′게느 딸′로 내′애녹코 보′매느 메′늘로 내′애논는다]/[가알′ 빠′라 매느 딸′로′ 내′애녹코, 봄′빠′라메느 메′늘로 내′애논는다].

[봄′삐′느 죽′삐′다] <봄비는 죽 비다> 봄이 되면 곡식도 남아 있지 않는 데다 비가 오면 일을 나가지도 못 하므로, 봄비는 죽이나 묽게 쑤어 먹도록 유도한다. ▷[가실′비느 떡′ 삐′]/[여′름 삐느 잠′ 삐′, 가실′ 삐느 떡′ 삐′].

[봉′ 꼬′~이~(꿰′~이~) 지 우′루메 노올′랜′다] <봄 꿩이 제 울음에 놀란다>

제가 한 행동으로 말미암아 스스로 놀람을 이름.

[봉' 콩' 주근 잘 무' 거도, 가실' 콩' 주금 모옴' 뭉' 는다] <봄 콩죽은 잘 먹어도, 가을 콩죽은 못 먹는다> ① 음식 투정을 부리는 사람이 변명하는 말. ②싫다는 뜻을 빙 돌려서 나타내는 말. ▷[가실' 콩' 주근 앰 무' 거도(무' 가도), 봉' 콩' 주근 잘 뭉는' 다]/[아징' 미' 궁마아른 자래애' 도', 지~엉' ~ 미' 궁마아름 모온' 한' 다]

[봉태' 기 쭈구' 러징 거' 느 사미' 부지 일바' 더도 모온' 닐' 반는다] <먹동구미 쭈그러진 것은 삼이웃이 일으켜도 못 일으킨다> 이미 형세가 기울어진 다음에는 여럿이서 아무리 힘을 합해도 다시 일으켜 세울 도리가 없다.

[부근 칠' 수' 룩 소' 리가 난다] <북은 칠수록 소리가 난다> 못된 사람하고 싸우면 싸울수록 손해만 커진다.

[부떠마' 게 아' 아 안촤' 아 노' 온 듣따] <부뚜막에 아이 앉혀 놓은 듯하다> 부뚜막에다 어린아이를 앉혀 놓고 마음이 쓰인다 함이니, 매우 염려스러워 불안하다는 말. 참 '부떠마게 안촤아 노온 아아 걷따.'고도 이름. ▷[떡' 뽀' 리 바앙' 까' 네 아' 아 여' 어 노옹 걷' 따]/[웅굴따' 무레 아' 아 안촤' 아 나' 안능 걷' 따].

[부' 라레 요롱' 소' 리가 난다] <불알에 요령 소리가 난다> 무척 바쁘게 뛰어다닌다는 말. ▷[처매' 꼬' 레 휘이' 빠' 럼 소' 리가 난다].

[부' 랄 두우' 쪼' 개~이~빼' ~이~ 업따] <불알 두 쪽밖에 없다> 가진 것이란 아무 것도 없는 빈털터리다.

[부리' 머 대애' 다' 팔 떼, 어' 퍼지머 코' 대' 앨 떼] <부르면 대답할 데, 엎어지면 코 닿을 데> 매우 가까운 거리를 이르는 말. ▷[어' 퍼지머 코' 대' 앨 떼].

[부' 모' 파러 동' 미 산다] <부모 팔아 동무 산다> ①사람은 누구나 친구가 있어야 한다. ②친구가 부모보다 더 귀중할 때가 있다고 강하게 주장하는 말. ▷[애' 비 파' 러' 노오' 자' 하' 고, 이' 미 파' 러' 칭' 구 산' 다].

[부' 부 사' 아머느 칼' 로' 물' 비' 이기] <부부 싸움은 칼로 물 베기> 내외간의 싸움은 쉽게 화해한다는 뜻.

[부앨' 찌' 메 서방' 질한다] <부앗김에 서방질한다> 참을 수 없는 홧김에 분별없이 행동하여 더욱 큰 일을 저지른다.

[부에′~이~ 지′불 만′낸따] <부엉이 집을 만났다> 큰 횡재를 했다. 참 부엉이가 깎아지른 벼랑 같은 곳에 둥지를 틀고 새끼를 쳤을 때, 어미 몰래 새끼의 입에다가 쇠꼬리 털로 재갈을 물려 놓으면 새끼가 먹이를 먹지 않게 되고, 영문을 모르는 어미는 새끼를 살릴 욕심에 별의 별 것을 다 물어 오게 되는데 사람이 그걸 차지한다는 민담에서 유래한 말.

[부우′머 꺼′지′까, 쥐이′머 터′지′까] <불면 꺼질까, 쥐면 터질까> 어린 자식을 매우 소중하게 기름을 비유하는 말. ▷[그′미야 오′기′야 컨는다]/[부우′머 나′까, 쥐이′머 꺼′지′까].

[부우′머 나′까, 쥐이′머 꺼′지′까] <불면 날까, 쥐면 꺼질까> 어린 자녀를 아주 소중하게 기름을 비유하는 말. ▷[그′미야 오′기′야 컨는다]/[부우′머 꺼′지′까, 쥐이′머 터′지′까].

[부우′자가 바′블′ 지′고 댕′기나, 도오′늘′ 시일′꼬 댕′기나] <부자가 밥을 지고 다니나, 돈을 싣고 다니나> 아무리 부자라도 항상 많은 현금이나 먹을 것까지 갖고 다니지는 않는다는 뜻. 참 '부우자가 바블 지고 댕기나 시일꼬 댕기나.'고도 이름.

[부우′자′느 마′~해~애~도 삼′염′ 무′굴 꺼느 읻′따] <부자는 망해도 삼 년 먹을 것은 있다> 부자는 망하더라도 얼마 동안은 그럭저럭 살아갈 수 있다. ▷[놈받쩐′지 다아′ 파′러무거도 항노′ 촌′때′느 징′긴다].

[부우′자′느 삼′대로 앵′간′다′] <부자는 삼 대를 안 간다> 비록 돈이 좀 있다 치더라도 삼 대씩 내려가며 잘 살기는 어렵다. 참 보통 할아버지가 자수성가하여 돈을 모으면, 아들은 그걸 그냥 지키기만 하다가 손자 대에 가면, 손자는 돈을 쓸 줄만 알지 벌 줄을 모르니까 결국 다 털어먹고 만다 하여 이르는 말. ▷[버′어는 넘′ 따′리 익′꼬, 시′는′ 넘′ 따′리 읻′따]/[집신′ 시잉′꼬 버′어러 노′~오~이~, 구두′ 시′는 너′미′ 다아′ 파′러뭉는다].

[부우′자′쩝 맘메′느리 까′암] <부잣집 맏며느리 감> 의젓하고 믿음직하여 복스럽게 생긴 큰아기를 두고 하는 말.

[부운′다′, 부운′다′ 커′머 꼬치까리′ 서어′ 말′로 부운′다′] <분다, 분다 하면 고춧가루 서 말을 분다> 잘 한다고 추어주니까 우쭐해져서 턱없는 정도에까지 이른다. ▷[지이′로′ 지이′라′ 커~이′ 꼬오′자~아′ 더′덕찌이만

이′긴다].

[부체′가 꺼꿀로′ 선′ 다] <부처가 거꾸로 선다> 사리를 제대로 분별하지 못할 만큼 정신을 차리지 못하거나 눈이 뒤집힌다.

[부체′(부첸′님) 믹꾸여′~에~ 상꺼~ 불(삼티끼′비) 드′럳′따] <부처(부처님) 밑구멍에 삼거웃 들었다> 겉으로만 번드르르하달 뿐 속이 너저분한 사람을 욕하는 말.

[부체′ 위이′해′ 주웅′질′ 가′나′, 내′ 몸 위이′해′ 주웅′질′ 가′지] <부처 위해 중질 가나, 내 몸 위해 중질 가지> 겉보기로는 남을 위해 일하는 것처럼 보이지만, 결국은 모든 게 자기 자신을 위하여 행동한다는 뜻.

[북또 칠′서~이~ 앵도′라젇따] <북두 칠성이 앵돌아졌다> 일이 그릇되어 낭패가 났다.

[북창′ 무~이~ 훠언′하′ 다] <북창문이 훤하다> 세상 돌아가는 이치에 밝다. 생각이나 짐작이 넓다. ▷[툭 커′머 담너′메 호오′박′ 떠′러진 줄 아안′다′].

[북′치′고 장′구 친다] <북 치고 장고 친다> ①혼자서 여러 가지 일을 다 한다. ②무척 바쁘다.

[불개′애미인테 부′랄 물리′인다] <불개미에게 불알 물린다> 보잘것없는 것에게 적잖은 피해를 입는다. ▷[정낭′ 깨구′리인′테 부′랄 물리′일따].

[불′또′ 설′ 짜′레 서야, 아′들또 녹′코 딸′또′ 논는다] <불도 켤 자리에 켜야, 아들도 낳고 딸도 낳는다> 치성을 드리는 것도 빌만한 자리에다 빌어야만 하듯이, 무슨 일이나 그 목적이 뚜렷하고 바른 방법을 써야만 원하는 성과를 얻을 수 있다.

[불′란′ 지′베 내애′우′ 인′나] <불난 집에 내외 있나> 위급한 상황에 처해서 격식이나 체면을 차릴 것이 뭐가 있느냐는 말.

[불′란′ 지′베 채~이′~(부′채)질한다] <불난 집에 부채질한다> 남의 재앙이나 고생스러움을 덜어 주지는 아니하고서 오히려 더 궁지로 몰아 넣는다. ▷[내′모′옴 뭉늠 바′베 재′나′뿌′린다(재′지′버역키)]/[모오′개′나무 심′술]/[모옴′ 뭉′능 가암′ 찔′러나 본다]/[호오′바′게 말띠′기 박끼].

[불 문′너′미′나 좀′ 문′너′미′나] <불알을 문 놈이나 좆을 문 놈이나> 양편의 형세가 아주 비슷하여 기우러짐이 없다는 뜻. ▷[찌′불라 컨능 기이′나′, 앤 찍끼′일라 컨능 까아′나]/[찌′불라 컨는 화앙′새′나, 앤 쩝피′일

라 컨능 고디'~이~나].

[불'버'다아사 무'리' 더' 검'난'다] <불보다야 물이 더 겁난다> 화재(火災)보다 수재(水災)가 더 피해가 많아 겁이 난다. ▷[불'탄' 데느 테'나' 나'머도, 물' 찌'내간 데느 테'도' 어업'따'].

[불, 부'리 새'불'로 일바'신다] <불, 불이/번번이 새 불을 일으킨다> 일을 할 때마다 번번이 처음부터 시작해야 한다 함이니, 물심 양면으로 매우 번거롭다는 뜻. ▷[단'지', 단'지' 새' 단'지].

[불'탄' 데느 테'나' 나'머도, 물' 찌'내간 데느 테'도' 어업'따'] <불탄 데는 터나 남아도, 물 지나간 데는 터도 없다> 불에 탄 자리는 터라도 남지만, 수재로 가산이 씻겨 가 버리면 아무 것도 남지 않기에 물이 더 무섭다는 말. ▷[불'버'다아사 무'리' 더' 검'난'다].

[붕'망' 산처~이~ 머엉'강' 이'기도, 저' 거'언네 저' 사'~이~ 북'망' 산처'~이~다] <북망 산천이 먼가 여겨도, 저 건너 저 산이 북망 산천이다> 사람은 언제 죽을지 모르며 죽음이란 것이 결코 멀리 있는 것도 아니다. ▷[대애'품' 바'끼 저'승'찌리다]/[방품' 바'끼(배'끼) 저스'~이~다].

[비리' 뜨더무'근 개애' 꼬'라지] <비루 뜯어먹은 개 꼬락서니> 모양이 아주 볼품없다는 말. ▷[빌기' 오링' 개애' 꼬'라지]/[채' 마'증 걸배'~이~ 똥'].

[비' 마'진(마'잔) 새애'똥' 걷따] <비 맞은 새똥 같다> 추레하여 볼품없는 모양의 비유.

[비' 마'진 주웅'매'애로 군청거'린다] <비 맞은 중처럼 구시렁거린다> 전혀 알아듣지 못할 낮은 소리로 혼자서 중얼거림을 손가락질하는 말. 참 '비 마진 주웅.'이라고도 함. ▷[도동'넘 개애' 꾸'지드시]/[치럽빼' 버리 소오'지' 저난' 다].

[비'삼 밤' 묵'꼬 허'른 거억'쩡' 한다] <비싼 밥 먹고 헐한 걱정한다> 쓸데없는 걱정일랑 하지 마라는 뜻. ▷[거억'쩡' 도 팔' 짜' 다]/[남' 떵' 뭉'는데 팍 꼬'물 널찌능' 거억'쩡' 한다]/[나'무 제에'사' 아 꼬오' 깜' 나'아라 빠암' 나'아라 컨는다]/[나'무 지이' 사'예 가암' 나'아라 대애' 추' 나'아라 컨는다]/[마당' 터'지'(터'전')는데 솔뿌'리 거억'쩡' 한다]/[바~아'~네 안' 저가 아 암만' 요~오'~을'~ 서' 바'아라, 나간' 니미 뜨싱' 강]/[오지라' 피 너리' 다]/[처매' 꿔가 너리' 다]/[치매' 가 열' 뚜'우 포' 깅' 강].

[비′앤′ 오는 칠서′기 업따] <비 안 오는 칠석이 없다> 칠석날에는 흔히 비가 내린다는 말.

[비′오′는 날 개애′사′국키] <비오는 날 개 사귀기> ①비오는 날 개를 가까이 하면 옷에다 흙칠만 하듯이, 전혀 이득은 없고 손해만 보는 접촉을 경계하는 말. ②달갑지 않은 사람으로부터 귀찮은 일을 당함을 이르는 말. ▷[아′아 사구′우머 오′세 오좀′반느′다].

[비′오′는 날 소곰′바′드로 가′고, 바람′부우′는′날 꼬치까리′바′드로 간다] <비오는 날 소금 받으러 가고, 바람 부는 날 고춧가루 받으러 간다> ①하필 조건이 나쁜 때만 골라 일을 시작할 때 이르는 말. ②사리에 어긋나거나 온전하지 못한 짓만 골라 한다고 꾸짖는 말. ▷[바람′부우′는′날′꼬치까리′바′드로 가′고, 비′오′는 날′소곰′바′드로 간′다′]/[바뿐′다′레 해애′산′하고, 부정 따′레 손′님한다].

[비′오′는 날 자앙′똑′뚜깡′내′가′더′펕따 컨는다] <비오는 날 장독 뚜껑 내가 덮었다 한다> 본디 착한 일을 하지도 않는 사람이 말로만 생색을 내는 것을 매도하는 말.

[비이′늠′미′테사 모온′땅′는다] <비는 밑에야 못 당한다> 잘못을 뉘우치고 사과하며 비는 데는 당할 재간이 없다. ▷[구우′신′도 비이′머′든느′다].

[비이′다′논 넉′꼬 밤′찔′가′기] <비단옷 입고 밤길 가기> 생색도 나지 않는 일로 애만 잔뜩 쓰고 보람이 없을 때 이르는 말. ▷[덤′버~어~도올′쪼′오 역키′]/[밉′빠즌 도′게 물′려′북끼]/[절′모′리고 시이′주′한다].

[비이′다′~이~항′끼라] <비단이 한 끼라> ①호화롭던 때가 지나고 가난해지면, 가지고 있던 비단으로는 한 끼밖에 잇지 못한다는 말. ②굶주리게 되면 먹는 것이 가장 긴급하다는 뜻.

[비이′자′부머 베′기′나 첩′뿌′고 사아′지′] <비좁으면 벽이나 쳐버리고 살지> 방이 비좁으면 벽이라도 쳐버리면 넓게 살 수 있겠지만, 상대가 마음에 차지 않을 때는 벽처럼 허물 수도 없으니 참 안타깝다는 말. ▷[으음′석′묵′끼 시′릉′거느 나′아도온따가 무′그머 대는′데, 사아′람′시′릉′거느 모온′사′안다].

[비이′자′붕 콩지름′도 사안′다′] <비좁은 콩나물도 산다> 콩나물은 비좁은 동이 속에서도 사는 데, 조금 비좁더라도 불평하지 마라는 말.

[비인′ 수′레가 요′라나다] <빈 수레가 요란하다> 실속 없는 사람이 겉으로만 더 떠들어댄다. ▷[앰 뭉는′ 쉐′ 기가 소′리마 난다].

[비잉′든′ 솔배′~이~ 어′물쩐 도′오 드′시 도온′다′] <병든 솔개 어물전 돌듯 돈다> ①병이 든 솔개가 먹을 것을 찾아 어물전을 맴돌듯이, 곁에서 빙빙 돌기만 하고 차마 달려들지 못하는 모양을 꾸짖는 말. ②어떤 일에 재미를 붙인 나머지 차마 단념을 하지 못하고 계속 미련을 가질 때 야단치는 말. ▷[목′짜링′ 개′ 등게′섬 넘바′더보드시]/[벼엉′자′영 까마′구 통시′들바′더보드시]/[소오′자′분 지′베 개애′ 어리대′애드시].

[비잉′든′ 송까′라그로 똥′꿈′ 휘′비드시] <병든 손가락으로 똥구멍 후비듯> 일을 다부지게 처리하지 못하고 어설프게 하는 꼴을 욕하는 말.

[비잉′시′~이~ 고오′분′ 데 업따] <병신 고운 데 없다> 몸도 장애인이면서 마음씨까지 바르지 못한 사람을 나쁘게 이르는 말.

[비잉′주′고 약′쭌′다] <병 주고 약 준다> ①일을 방해하고 나서 짐짓 돕는 척한다. ②해를 입힌 뒤에 어루만지려 든다.

[비짜′리 들′고나서′~이~, 마당′ 실′라 컨는다] <비 들고나서니, 마당 쓸라고 한다> 자진해서 무슨 일을 하려고 드는 참에, 남이 그 일을 시키는 통에 불쾌함을 내비치는 말.

[빈대′느 철′련′ 대′애도 앤 중는′다] <빈대는 천년이 되어도 안 죽는다> 빈대의 목숨이 대단히 끈질기다는 말.

[빈대′도 낯째′기가 읻′따] <빈대도 낯짝이 있다> 너무도 뻔뻔스럽다. ▷[꼬오′내′기도 산다′구가 익꼬, 베′락또 콘띠′~이~가(퀜띠′~이~가) 읻따]/[멀꺼디′~이~예′다가 호오′물′판다]/[멀꺼디′~이~에~ 호오′물′ 파′머′ 주절껍′지 조′오로 간다]/[베′락노 낯짜′기(퀜띠′~이~가) 읻′따]/[베′리기 가~아′~늘′ 내′애 묵′찌]/[베′래기 등더′레 삭′찌믈 시′러 묵′찌]/[쪽찌′비도 낯째′기 읻′따].

[빋쭌′ 사앙′전′] <빚 준 상전> 채무자는 채권자 앞에서 꼼짝하지 못하는 바, 채무자처럼 기를 펴지 못하는 사람을 더욱 윽박지르는 사람을 가리키는 말. ▷[꼬오′내′기 아래(아페) 쥐′]/[사앙′전′ 아′페 조옹′]/[호오′래′~이~ 아′페 개′애′].

[빌기′ 오링′ 개애′ 꼬′라지] <비루 오른 개 꼴> 모양이 추레하여 아주 볼품

이 없다는 말. ▷[비리′ 뜨더무′ 궁 개애′ 꼬′라지]/[채′ 마′증 걸배′~이~똥′].

ㅃ

[뺨수′~이~(뺨쉬′~이~) 발′봄 말망새′~이~] <밤송이 밟은 망아지> 뜻하지 않던 일에 놀라 안절부절못하는 행동을 빗대는 말.

[뻐′더 가는 칠개′~이~도 하아′~이~ 읻′따] <뻗어 가는 칡도 한이 있다> 무엇이든지 한정된 바나 끝이 있다. ▷[소옹′ 곧′또 끅′ 까′능 고지 읻′따]/[쉬인′ 질′ 나무′도, 끅′ 까′능 고′지′ 읻′따].

[뻐덩 나무′ 장′승] <뻗은 나무 장승> ①곱살스럽지 못하고 뻣뻣하게 나오는 사람을 질책하는 말. ②우두커니 서 있기만 하는 사람의 비유.

[뽁′꺼 노온 토깨′~이~다] <볶아 놓은 토끼다> 모든 여건이 확정되어 이젠 틀림이 없는 상태다. ▷[그′무′레 둥 궤′기, 도 가′네 든 쥐′]/[도′매 우′예 오링′ 궤′기]/[도 가′네 든 쥐′]/[자′버 노온 토깨′~이~다].

[뽁′꺼(뽁′까) 노′온 토깨′~이~, 툭수바′리 깨′애지까방 여엄′여′다] <볶아 놓은 토끼, 뚝배기 깨질까봐 염려다> 이미 확실하게 다 된 일에 엉뚱한 방해가 생길까 걱정스럽다.

[뽈′때′기로 마′저도 구′리쉐에미가 어′지다] <볼따구니를 맞아도 구레나룻이 의지다> ①아무 소용이 없어 뵈는 물건도 나름대로의 용도는 있게 마련이다. ②하잘것없어 뵈는 것일지라도 때에 따라서는 적잖은 도움이 된다. ▷[귀때′기 만는′ 데 구′리쉐에미가 어′지다]/[석′사′~아~ 웨엔′ 도′오끼]/[숙′때′까′아 바람′ 망는′다].

[뽕′도 따′고 임′도 본다] <뽕도 따고 임도 본다> 한꺼번에 두 가지의 좋은

결과를 얻거나 그렇게 하려고 꾀한다. ▷[임'도' 보'고 뽕'도 딴다].

[뿌'떠'마'게 인는' 소'굼'도 지'버여' 어야 짭' 따'] <부뚜막에 있는 소금도 집어넣어야 짜다> 아무리 손쉬운 일이나 기회가 와도 그걸 힘써 이용하지 않으면 이루어지지 않는다. ▷[구'시리가 서어' 마'리람도 뀌'이야 보오' 배']/[주'가 서어' 마'리라도, 구여'~이~ 떨'버'저'야 구'실 노'른슬 한다].

[뿍'떡'빠'테 쉬'은' 착끼] <검불 밭에 수은(水銀) 찾기> 무엇을 찾기가 매우 어려워졌을 때 이르는 말. ▷[덤풀' 꿍'게 순'떨 빠진' 든따]/[때딴' 지바테 쉬은' 착'끼].

[뿔'개'~이~ 엄는 낭'게 이'피' 피' 까'] <뿌리 없는 나무에 잎이 필까> ①원인 없는 결과는 있을 수 없다는 말. ②조상들 없이는 자손들이 생겨날 수 없다는 뜻. ▷[드는' 도오'리 이'서야 나'치 뿔'는' 다]/[등'치 엄는 휘'추'리가 인'나]/[앤 때앵' 꿀'떠'게 영'개 나'나'].

[삐'가'리 우우'장' 신' 다'] <병아리 우장(雨裝) 쓴다> ① 추위로 인해 몹시 위축된 체 날개를 잔뜩 부풀린 어설픈 모양. ②도무지 격에 맞지 않게 커다랗게 부풀린 모양을 나쁘게 비유하는 말. 참 '삐가리 우우장 싱 건따'고도 이름.

[삐'덜' 구가 사'네 이'서도, 마아'믕'(매애'믕') 콩'바'테 읻따] <비둘기가 산에 있어도, 맘은 콩밭에 있다> 깊은 관심은 오히려 다른 일에 쏠려 있다고 지적하는 말.

[삔' 쪼'옹 개애' 살' 구] <빛 좋은 개살구> 겉모양만 근사할 뿐 실속이 시원치 못하다는 말. ▷[멩지' 처언' 대'애 개애'똥' 드런따]/[이'르미 조오'와 불'로'초다].

[사기 그'륵캉 지이'지'븐 돌'리머 재미' 업따] <사기 그릇과 계집은 돌리면 재미없다> 지난 날, 여자가 밖으로 나다니도록 하면 그만큼 문제가 생길 소지가 많다고 이르던 말. ▷[둥거'리뿔 하'고 살림사'리 하'고느 숙석꺼'리머 타알'란' 다]/[시이'간' 사'리캉 둥거'리 뿌른, 찝'쩍'꺼'릴수록 타알'란' 다]/[장'작뿌 라'고 시이'간'사'리 하'고느 찝찌'기머 꺼'진'다].

[사기' 도'~오~ 깨'고 논'또'~오~ 삳따] <사기 동이 깨고 놋동이 샀다> 어떤 계기로 말미암아 잃은 것보다 새로 얻은 것이 더 좋다 함이니, 상처 뒤에 얻은 후처가 더 나을 때 비유해서 쓰는 말. ▷[논'또'~오~ 깨'고 은 도'~오~ 산' 따'].

[사'네 가'야' 버어'믈' 잡'찌] <산에 가야 범을 잡지> 어떤 일을 성취하기 위해서는 선행 조건을 갖추고 직접 위험 속으로 뛰어들어야만 한다는 뜻. ▷[무'레' 가야 게'기로 잠는' 다].

[사'노' 지도'~에~ 호오'박' 지'추] <산호 기둥에 호박 주추> ①호화 찬란하게 꾸민 것을 놀리는 말. ②돈이 너무 많아 주체를 하지 못하는 형편을 욕하는 말. ▷[사아' 모'예 펑'경 단다].

[사'능 갈'수록 노푸'고, 무'릉' 갈'수록 지푸'다] <산은 갈수록 높고, 물은 갈수록 깊다> 점점 더 어려운 일을 만나게 된다. ▷[갈'수록 태애'사'~이~다]/[버어'믈' 피이'하'머 담'보가 나'온'다]/[산' 너'메 사'~이~ 익'꼬, 물' 너'메도 무'리' 읻'따]/[야'수로 피이'하'~이~ 버어'미' 나온다]/[지'내'강 고'새'~은~ 칭'구 덕'태' 기다].

[사' 돈, 가실 딸' 오오'지'지요] <사돈, 가을 닭 오달지지요(오지지요)> 사돈네 닭이 아무리 살이 쪄서 오달지게 보여도 자기에게 아무런 이득이 없는 것처럼, 보기만 좋았지 제겐 도무지 실속이 없다는 말.

[사' 돈네 지'베 가가' 아, 안' 사' 도닌테 사앙' 투' 앤' 들리'인나] <사돈네 집

에 가서, 안사돈에게 상투 안 들렸나> 남에게 해를 끼치면서까지 자기는 호강을 누렸을 때, 욕이나 먹지 않았느냐고 묻는 말. 참 어떤 선비가 딸네 집에 가서, 사돈과 바둑을 두고 놀면서 오래 머무는 통에 사돈댁 양식이 떨어지고 말았다. 화가 머리끝까지 난 안사돈이 사랑 앞에서 남편을 잔뜩 기다리고 있는 참에, 남정네가 마침 하나 나오는지라 자기 남편인 줄 잘못 알고 다짜고짜로 (바깥사돈의) 상투를 휘어잡으면서, "여보시오, 꾸어 오는 것도 한이 있고 빌리는 것도 극도에 달했으니 제발 오늘부터 양식 꾸는 일은 이녁이 맡으시오."하는 것이었다. 이에 무안을 당한 선비가 그 길로 돌아갔다는 민담에서 생길 말.

[사′돈네 집 암′빵′ 걷′따] <사돈네 집 안방 같다> 매우 어렵고 자유스럽지 못하여 불편한 곳이라는 뜻. ▷[바′늘방시게 안′전능 걷따]/[소옹′곱′빵시′게 안′즌 듣따]/[앰 펭키′느 사′돈네 암′빵′].

[사′돈도 그′럴(그′랄) 사′돈 익′꼬 저′럴′(저′랄′) 사′돈 읻′따] <사돈도 그럴 사돈 있고 저럴 사돈 있다> 같은 경우라도 사람에 따라 대하는 태도나 대접이 달라질 수 있다.

[사′러도(사′라도) 삼′ 잔, 주′거도 삼′ 잔] <살아도 삼(三) 잔, 죽어도 삼 잔(盞)> 술은 적어도 석 잔은 마셔야 한다면서 술을 권하는 말.

[사바′레 물또 차머 너엄′는′다] <사발의 물도 차면 넘친다> ①모든 것에는 나름대로의 용량에 한계라는 것이 있다. ②욕심을 자꾸 부린다고 해서 채워지는 것이 아니다. 참 생략해서 그냥 '차머 너엄친다'고로 이름. ▷[그′르게 물또 차머 너엄′친′다].

[사아′던′ 살리′미 따′다] <살던 사람이 다르다> 잘 살던 부잣집의 살림에는 어딘가 다른 면모가 있다.

[사아′또′ 고배상′ 거′치 처′린다] <사또 고배상 같이 차린다> 음식을 대단히 거창하게 차린다는 비유. 참 줄여서 '사아또 고배상 걷따'고도 이름.

[사아′또′임 저′네 나′발 부′렫소] <사또님 전에 나팔 불었소> 누가 시키기 전에 미리 알아서 일을 처리해 둔 마당에, 뒤늦게 그 일을 시킬 때, 반항하듯 이르는 말.

[사아′또′ 파′네 자앙′쫑′지] <사또 판의 간장 종지> 한 가운데 중요한 자리를 차지하고 있음을 이르는 말. 어떤 자리의 한가운데 앉은 사람을 욕하는

말.

[사아′라′메 마으′른 하리′에도 열′뚜′ 분′석 비인′는′다] <사람의 마음은 하루에도 열두 번씩 변한다> 누구나 그 마음이 자주 변한다.

[사아′라′믄 구하′머 앙′물해애도, 김새′~은~ 구하′머 으′내로 감는′다] <사람은 구하면 앙분(怏忿)해도, 짐승은 구하면 은혜를 갚는다> 은혜를 저버리는 사람을 두고 짐승보다 못하다고 개탄하는 말. ▷[김새′~은~ 구하′머 으′내로 각′꼬, 사아′라′믕 구하′머 앙′물한다].

[사아′라′믄 나′먼 서어′월′로 보내′애고, 마′른 나′먼 제에′주′로 보내′애라] <사람은 나면 서울로 보내고, 말은 나면 제주로 보내라> 사람은 넓고 큰 곳에서 자라야 견문도 넓어지고 출세할 기회도 많다는 말. ▷[말망새′~이~느~ 제에′주′도로 보내′애고, 사아′라′머 자서근 서어′월′로 보내′앤다].

[사아′라′믄 시이′ 가′지 뿔기′~이~로조오′ 심′해애′야′ 댄′다] <사람은 세 가지 뿌리를 조심해야 된다> 사람은 입부리와 발부리 및 자지부리를 조심해야 한다. ▷[남′자는 시이′ 가′지 뿌리′기로 조오′심′해애야 댄다].

[사아′라′믄 어어′른′ 더′글′ 바아′도′, 낭′근 어어′른′ 더′글′ 모옴′ 뽄′다] <사람은 어른 덕을 봐도, 나무는 어른 덕을 못 본다> 사람은 어른 곁에 있으면 배울 것이 있지만, 나무는 큰 나무 그늘에 있으면 도리어 자라는데 방해를 받는다 함이니, 무슨 일을 이루려면 윗사람이나 권세가의 도움을 받는 경우가 많다는 뜻. ▷[수′앙′산 그느′리 가앙′동′ 팔′심′ 니].

[사아′라′믄 주′거서 이′르물 낭′국코, 버어′믄′ 주′거서 가주′글 낭군는′다] <사람은 죽어서 이름을 남기고, 범은 죽어서 가죽을 남긴다> 사람은 살아 생전에 훌륭한 일을 하여 후세에 빛나는 이름을 남겨야 한다. ▷[버어′믄′ 주′거서 가주′굴 낭국′코, 사아′라′믄 (주′거서) 이′르물 낭군는′다].

[사아′라′미머 다아′ 사아′랑′가, 사아′라′미 사아′라′메 지읻′슬′ 해애′야′ 참′ 사아′라′미지] <사람이면 다 사람이냐, 사람이 사람의 짓을 해야 참 사람이지> 사람은 누구나 사람다운 행동을 해야만 참다운 사람이라는 뜻. 참 '사람'이란 말이 5번 들어간 것이 특징임.

[사아′라′미(사아′래′미) 첨′ 미′~이~ 모지′이머 장구′~이~ 익′꼬, 마′리 첨′ 바′리 모지′이머 용′마가 익′꼬, 다′리 첨′ 바′리 모지′이머 보~오′~이′~

잋 따] <사람 천 명이 모이면 장군(將軍)이 있고, 말이 천 마리 모이면 용마(龍馬)가 있고, 닭이 천 마리 모이면 봉(鳳)이 있다> 무엇이든 또 어디서나 여럿이 모인 가운데는 출중한 지도자가 있게 마련이다.

[사아' 람' 사알' 꼬' 든 가' 는' 데 쪽쪽 잋 따] <사람 살 곳은 가는 데 족족 있다> 아무리 세상이 야박해도 사람이 서로 돕고 살아갈 만한 곳은 어디에나 다 있다. ▷[산' 너' 메 사' ~이~ 익' 꼬, 물' 너' 메도 무' 리' 잋' 따].

[사아' 람' 생' 기고 도온' 생' 긷쩌, 도온' 생' 기고 사아' 람' 생' 긴나] <사람 생기고 돈 생겼지, 돈 생기고 사람 생겼나> 돈에 너무 집착하지 말라는 뜻.

[사아' 람' 중능' 거' 느 테 갠 대' 애고, 초사' ~아~ 팥쭉' 더롱' 거' 마 텍' 때' 앤다] <사람 죽는 것은 셈 치지 않고, 초상에 팥죽 들어온 것만 셈 친다> 큰 일은 모른 채, 작은 일에만 집착하거나, 지나치게 실속만 차릴 때 빈정대는 말. ▷[여엄' 부' 레느 마아' 미 어억' 꼬', 젭빠' 베마 마아' 미 잋' 따]/[여엄' 부' 른 디잊' 쩌' ~이~고, 젭빠' 베마 마아' 미 잋' 따]/[초사~아~ 팥쭉' 두' 로' 능' 거느 텍 때' 애고, 사아' 람' 주' 긍 거느 테' 갠' 대' 앤다].

[사아' 람' 쥐' 기 녹' 코 초상' 처주' 지] <사람 죽여 놓고 초상 처주지> 자기가 일을 망친 다음, 겉으로만 도와주는 척할 때 비꼬는 말.

[사아' 람' 첨' 며' ~이~ 소오' 첨' 바' 리 뭉는' 다] <사람 천 명이 소 천 마리 먹는다> 한꺼번에 여러 마리의 소를 잡으면 천 사람이 다 먹지 못하나, 몇 마리씩 잡아서 천 명이 나누어 먹을 경우에는 오래지 않아 천 마리의 분량을 먹어치울 수 있다 함이니, 적은 듯 싶은 것도 계속되면 결국 많은 결과를 불러온다.

[사아' 람' 팔' 짜' 시감' 무운' 제'] <사람 팔자 시간 문제> 사람의 팔자는 순식간에 달라질 수도 있다는 말.

[사아' 랑' 캉 쪽빠' 근 여' 리' 라도 다아' 신' 다] <사람과 쪽박은 열이라도 다 쓴다> 살림살이에 쪽박은 아무리 여러 개라도 다 쓰임새가 있듯이, 사람도 각각의 쓸모가 있다는 말.

[사' 아레 모오' 개' 한 덩거' 리로 모온' 시' 알려도, 니버다' 아사 나앋' 따'] <사흘에 모과 한 덩어리는 못 헤아려도, 너보다야 낫다> 사람이 비록 늙어 총기가 없을지라도 무시하려 들지 말라는 말. ▷[도오' 끼' 에 날' 로' 다러가' 아 사' 러도 내' 가' 볼 끼' 이다]/[살' 뭉 코' ~을~ 모옹' 깨' 무러도, 너거' 아

밴′ 시′ 운다]/[살′ 뭉 코′ ~을~ 아′ 페 두′ 고 눔′ 물′ 로 흘′ 리도, 니인′ 테사 이′ 긴다].

[사′ 아레 피′ 죽 항 그′ 륵또 모옴′ 뭉′ 는다] <사흘에 피죽 한 그릇도 못 먹는다> 가난하여 거의 굶는 형편이라는 비유. ▷[구웅′ 끼′ 로 부우′ 자′ 밤′ 묵′ 뜨시 한다].

[사아′ 모′ 예 핑′ 겅 단다] <사 모에 풍경 단다> 지붕의 네 귀퉁이에 풍경을 단다 함이니, 집이 아주 부유하거나 집치장을 요란하게 해 놓고 잘 산다. ▷[사′ 노′ 지도′ ~에~ 호오′ 박′ 지′ 추].

[사′ 아믄 말′ 기고 흥서′ ~은~ 고오′ 내′ 라] <싸움은 말리고 흥정은 권해라> 좋지 않은 일은 중지시키고 이익이 되는 일은 서로 권하라. ▷[흥서′ ~은~ 고온′ 하′ 고 사′ 아믄 말′ 기라].

[사아′ 시′ 베 문자′ ~(문재′ ~)이~요~, 사아′ 시′ 베 능참′ 보~이~라] <사십에 문장이요 사십에 능참봉이라> 매우 늦게 바라던 바를 얻게 되었다는 말. ▷[칠′ 시′ 베 능참′ 보~을~ 하′ ~이~, 한′ 다′ 레 거어′ 뒈′ ~이~ 여′ 라′ 옵 뿌~이′ ~다].

[사아′ 저′ ~이~ 사아′ 촌′ 버다암 나앋′ 따′] <사정(事情)이 사촌보다 낫다> 일이 잘못 되었을 때 사정하며 비는 것이, 안면으로 봐 주기를 기다리는 것보다 오히려 낫다.

[사아′ 초′ ~이~ 논′ 사′ 머 배′ 가′ 아푸′ 다] <사촌이 논을 사면 배가 아프다> 남이 잘 되는 것을 보면 공연히 심술이 생긴다.

[사아′ 초′ ~이~ 멩지′ 옥꼬′ 롬마 다′ 러′ 도 뜨시′ 다] <사촌이 명주 옷고름만 달아도 따습다> ①가까운 사람이 부귀하게 되면 그 영향이 자신에게까지 좋게 미친다. ②명주옷은 매우 따뜻한 바, 주위에 잘 사는 사람이 있으면 아무래도 적잖게 득을 볼 수 있게 된다. ▷[사아′ 초′ ~이~ 멩지′ 옥꾸′ 럼마 매′ 애도 따시′ 다].

[사아′ 초′ ~이~ 멩지′ 옥꾸′ 럼마 매′ 애도 따시′ 다] <사촌이 명주 옷고름만 매어도 따습다> 명주 옷고름이란 좋은 옷을 입는다는 증표인 동시 명주는 보온성이 뛰어나니, 주위에 잘 사는 사람이 있으면 조금은 그 덕을 볼 수 있다는 말. ▷[사아′ 초′ ~이~ 멩지′ 옥꼬′ 롬마 다′ 러′ 도 뜨시′ 다].

[사아′ 촌′ 도 솜 볼′ 날 읻′ 따] <사촌도 손 볼 날 있다> 아무리 가까운 사이일지

라도 손님으로서 깍듯이 대접해야 할 때가 따로 있다. ▷[얍접' 손' 도 솜' 볼' 날 읻' 따]/[이' 분 손' 도 솜 볼' 날 읻' 따].

[사아' 촘' 마~앙' ~ 거 느 이' 종 사아' 초' ~이~다] <사촌 망한 것은 이종 사촌이다> 친사촌, 고종사촌, 외사촌 등 여러 사촌 가운데서 이종 사촌과의 관계가 비교적 멀다.

[사안' 너' 머 지이' 집', 버엄' 도' 앰' 무' 러간다] <산 놈의 계집, 범도 안 물어 간다> 임자가 분명한 것은 남이 함부로 손을 대지 않는다.

[사안' 사' 람 눔' 빼' 애 뭉는다] <산 사람 눈 빼먹는다> 인심이 매우 야박하다. ▷[눈' 뜨' 머 코' 비' 이 갈 세에' 상']/[눙' 까' 무머 코' 비' 이 갈 세에' 상']/[눔' 버~어~이' ~ 뜨' 고' 도동' 만' 는' 다].

[사안' 사' 람 이' 베 낙꺼' 무줄 치' 까'] <산 사람 입에 납거미줄 칠까> 아무리 가난해도 입에 거미줄을 칠 일은 없을 것이라는 말. 참 줄여서 '이베 낙꺼 무줄 치까.'라고도 이름. ▷[고' 러' 중능 기' 이 저엉' 승' 하' 기버다암 더에' 럽따]/[궁하' 머 통한' 다]/[고옹' 지' 기라 낙꺼' 무줄로 묵' 꼬 사아리].

[사안' 췌가' 로 뼉' 끼 노' 오머, 삼' 심 니로 다' 알러간다] <산 최가를 벗겨 놓으면, 삼십 리를 달아난다> 최씨 성을 가진 사람은 매우 모진 구석이 있다. ▷[겨엉' 주' 췌가' 안진' 자' 레느 풀' 또' 앤 난' 다']/[여엉' 천' 넘 안즌' 데느(자' 레느) 풀' 또' 앤 난' 다'].

[사암' 동' 세가 어불' 러가아, 시이' 미 단' 지' 고' 옴한다] <삼 동서가 얼려서, 시어미를 항아리 곰 곤다> 세 동서가 한데 어울려서, 곰국을 끓일 때처럼 시어미를 욕한다. ▷[메' 늘 서어' 이' 가 시' 이' 미 단' 지' 고' 옴 한다]/[시이' 이' 미 자' 버 단지' 고옴' 한' 다].

[사암' 동' 세, 시' 금 팥쭉' 항 그' 륵] <삼 동서, 식은 팥죽 한 그릇> ①너무나도 쉽다는 뜻. ②도무지 나누어 볼 생각을 하지 못할 만큼 적은 분량이라는 뜻. ▷[누' 버가아 떵' 묵' 끼]/[누분' 소' 타' 기]/[땅' 직' 꼬 훼에' 미 치기]/[밥떡꺼' 리 무' 고 새 새' 끼 부리' 드' 시]/[시' 근 중' 묵' 끼]/[아' 곱 동' 세, 시' 금 팥쭉' 항 그' 륵 묵' 끼].

[사암' 신' 도 새애' 한' 다] <삼신도 시새움한다> 남편이 첩을 들이면 임신을 못하던 본부인이 잉태를 할 때 이르는 말. ▷[달' 또 털' 세' 한다].

[사' 암하고 지정 밤' 매' 로' 간다] <싸움하고 기장 밭 매러 간다> 싸움을 한

서슬에 화가 난 채로 기장 밭을 매면 홧김에 뿌리 쪽을 잘 후벼파서 오히려 기장이 자라는데 좋게 된다 함이니, 나쁠 것으로 보이는 원인이 오히려 좋은 결과를 가져온다는 뜻. ▷[줴박'캉 지정바'튼 사'우고 매애'양' 댄'다].

[사앙'가' 아매 소오'게'에도 서어'럼' 읻' 따] <쌍가마 속에도 설움 있다> 남 보기에 아무런 걱정 없고 호화로와 보이는 사람에게도 차마 말 못하는 걱정과 설움이란 없지 않다.

[사앙' 개' 대'가'레 소구'미나 혹깬' 따] <산 개 대가리에 소금이나 흩겠다> 살아 있는 개의 머리에 소금이나 흩뿌리겠다 함이니, 서투른 무당처럼 일이 아직 손에 익지 않았음을 매도하는 말. ▷[개 대가'레 무'리'나 혹깬'따].

[사앙' 재'가 마아'느'머 바릳' 때로 뿌주'운다] <상좌(上佐)가 많으면 바리때를 부순다> 누가 하는 일에 쓸데없는 주장이나 간섭이 많으면 오히려 일을 망치게 된다는 말로, '사공이 많으면 배가 산으로 올라간다.'와 같은 뜻.

[사앙' 저'너 빨래'애 조옹' 발' 디이치거리가 히다] <상전의 빨래에 종 발뒤축이 희다> 남의 일을 열심히 해 주다가 보면 자기에게도 도움이 생긴다.

[사앙'전' 아'페 조옹'] <상전 앞의 종> 옴쭉달싹하지 못하고 쩔쩔 매는 모양. ▷[꼬오'내'기 아래(아페) 줴']/[빈 쭌' 사앙'전']/[호오'래'~이' 아'페 개'애'].

[사앙' 체'가 망체'다] <상처가 망처다/악처이다> 중년에 아내를 잃으면 살림이 기울어져서 망하게 되는 수가 있다 하여 이르는 말.

[사양' 깨 모온' 땡' 거, 수'다'리 똥' 친다] <사냥개 못 된 것은, 수달의 똥 친다> 자기가 해야 할 일은 놓아두고, 엉뚱하게도 하지 않아야만 할 일에 골몰하는 것을 핀잔하는 말.

[사'우느 도동'너미고, 딸려'는 도동'여~이~다] <사위는 도둑놈이고, 딸년은 도둑년이다> 사위는 처갓집, 딸은 친정 재물을 자주 넘본다는 말. ▷[사'우 자'석' 개애' 자'석, 딸'려'는 도동'연].

[사'우느 뱅' 연' 소'~이~고, 메'느리느 펭'성' 식'꾸'다] <사위는 백 년 손이고, 며느리는 평생 식구다> 사위와 며느리는 둘 다 남의 자식으로 제 자식 뻘이 되었을지라도, 사위는 끝끝내 남의 식구인 반면 며느리는 제집 식구다.

[사′우도 바안′ 자′석] <사위도 반 자식> ①장인과 장모에게 있어 사위는 친자식 못지 않게 자식의 위치에 있다는 말. ②사위도 자식 노릇을 함에 있어서는 친자식과 진배없다는 말. ▷[사′우 자′석′ 또 자′서′기다].

[사′우 사라′~은~ 자앙′모′, 메′느리 사라′~은~ 시′아′바시] <사위 사랑은 장모, 며느리 사랑은 시아버지> 흔히 장모는 사위를, 시아버지는 며느리를 귀여워한다는 뜻. ▷[메′느리 사라′~은~ 시′애′비고, 사′우 사라′~은~ 자앙′모′].

[사′우 자′석′ 개애′ 자′석, 딸′려′는 도동′연] <사위 자식 개자식, 딸년은 도둑년> 사위는 딸과 함께 처갓집 재물을 탐내는 수가 허다해서 이르는 말. ▷[사′우느 도동′너미고, 딸려′는 도동′여~이~다].

[사′우 자′석′ 또 자′서′기다] <사위 자식도 자식이다> 사위도 가끔씩 자식 노릇을 할 때가 있다. ▷[사′우도 바안′ 자′석].

[사′자′늠 메′느리 고오′장 지일′긴′다] <싸지 않은 며느리 고추장 즐긴다> 일 솜씨는 없으면서 고추장처럼 맛있는 것이나 밝히고 미운 짓만 골라 하는 사람을 빈정대는 말.

[사′~아′~이′~ 사앙′투′가 인′나, 주~그′이~ 무′디미가 인′나, 토깨′~이~ 거튼 자′서′기 인′나, 예′수거튼 지이′지′비 인′나] <사니 상투가 있나, 죽으니 무덤이 있나, 토끼 같은 자식이 있나, 여우같은 계집이 있나> 도무지 가진 것이라고는 아무 것도 없다고 한탄하는 말.

[사′~이~ 노′퍼야 고오′리′ 지푸′다] <산이 높아야 골이 깊다> ①사람의 됨됨이가 훌륭해야 사려도 깊다. ②주된 것이 장대하면 종속적인 것조차 그에 못지 않게 된다. ▷[덤푸′리 커야 톤찌′비가 나′지]/[소오′도′ 엉뚜′기 이′서야 비빈′다]/[조옹′지′미가 커′양 고′롬′도 마안′타′].

[사′~이~ 지′퍼양 버어′미′ 읻′따] <산이 깊어야 범이 있다> ①덕망이 있고 사려가 깊어야 다른 사람들이 믿고 따른다. ②주변 환경이 성숙되면 그 후속적인 것은 저절로 생겨난다.

[산′ 너′메 사′~이~ 익′꼬, 물′러′메도 무′리′ 읻′따] <산 너머에 산이 있고, 물 너머에도 물이 있다> ①갈수록 점점 더 어려워진다. ②한번 기회를 놓쳤을지라도 실망하지 말고 다음 기회를 차분히 기다려 보라는 뜻. ③사람이 살 곳은 어디에든 있는 법이다. ▷[갈′수룩 태애′사′~이~다]/[버어′믈′ 피

이′하′머 담′보가 나′온′다]/[사′능 갈′수룩 노푸′고, 무′릉 갈′수룩 지푸′다]/[사아′람 사알 꼬′든 가′는′ 데 쪽쪽 일′따]/[야′수로 피이′하′~이~ 버어′미 나온다]/[지′내′강 고′새′~은~ 칭′구 덕′태′기다].

[산대′기 야′페 찌′고′ 가′도′ 잘′마 사안′ 다′] <소쿠리 옆에 끼고 가도 잘만 산다> 시집 갈 때 혼수를 많이 해 가야 잘 사는 것이 결코 아니라는 말. ▷ [지′고 시일′꼬′ 가′는′ 연(넘), 잘′사아는 연(넘) 모옴′ 빠′ 안따]/[채당새′기 야′페 찌′고′ 간 사라믄 잘′ 사아′고′, 농′빠리 시일′꼬′ 간 사라믄 모온′ 사′ 안다].

[산대′미 가아 사타′리 가룩′키] <소쿠리 가지고 사타구니 가리기> ①어림없는 행동으로 사람을 속이려 들거나 얼버무리려 할 때 질책하는 말. ②임시변통으로 해 보는 노릇이 영 시원치 못할 때 이르는 말. ③애써 제 흥을 숨기려 들지만 미처 본질을 다 숨기지 못할 때 이르는 말.

[산전′수′전′ 다아′ 적′ 껀따] <산전수전 다 겪었다> 세상의 모든 고생을 다해 보아, 무슨 일에나 정통하고 노련해서 두려운 것이 없다. ▷ [담′ 말 시′븜′ 만 다아′ 바′ 안따].

[산중′ 귀이′무′르느 멀구′ 다래] <산중 귀물은 머루 다래> 산중에서는 머루와 다래가 제법 귀한 것에 속한다는 말.

[산중내′기 초′불 뿐′] <산중내기 초벌 뿐> 산중 사람은 처음에만 욱하고 나올 뿐 뒤끝이 별로 없다는 말.

[산중′ 넘 딱′ 패드시 팬′다′] <산중 놈 닥 패듯 팬다> 몹시 심하게 두드려 패는 것을 비유하는 말. ▷ [오~오′~유′~얼′ 개애′ 패′드시 팬다].

[산중′ 넘 똥′ 시′무로 사안′ 다′] <산중 놈은 똥 힘으로 산다> 산 속에 사는 사람은 배에 힘이 있어야 일을 해낸다 함이니, 배가 고픈 상태에서는 일을 하지 못한다는 말.

[산중′ 농′사 지′야가아, 고′라~이′ 조온′ 닐′ 마 시′긴다′] <산중 농사 지어서, 고라니 좋은 일만 시킨다> 고생하여 이룬 결과가 엉뚱한 사람에게 넘어감을 한탄하는 말. ▷ [죽′ 쏴′아가아 개애′ 조′온 닐 시′긴따]/[쪽쩨′ 비느 꼬랑대′기 보′고 잠는다]/[쪽찌′비 자′버가아 꼬랑대′기 남′ 조′ 온따].

[산지′기 눔′ 보′~이~, 도오′끼′ 주′ 까아 시푸′ 잔타] <산지기 눈 보니, 도끼줄까 싶지 않다> 겉으로 나타나는 조짐만 보고서도 그 결과까지 뻔하게 내

다 보인다는 말. 參 남의 산에 나무를 베러 갔다가 산지기에게 들켜서 도끼를 빼앗겼을 때 생긴 말.

[산처' 능 곤' 치도, 천' 서~은~ 모옹' 꼰' 친다] <산천은 고쳐도, 천성은 못 고친다> 사람의 천성을 고치기는 산천의 모양을 바꾸는 것보다 더 어렵다. ▷ [백' 쩌~이~ 저' 버' 들 바아' 라' 컨는다]/[시이' 살' 때 버' 르시 여' 등꺼정 간다]/[시이' 살' 버' 얼시가 여' 드늘 가도 모옹' 꼰' 친다]/[지' 버리장머' 리 개애' 죽' 까]/[천' 성 곤' 치는 야' 근' 어업' 따']/[활랴' ~이~ 주' 거도 기이' 생' 찝 울딸' 미' 테서러 중는' 다].

[살감' 미' 테 밥떡꺼' 리 좌' 아 뭉는다] <살강 밑의 밭알 주워 먹는다> 행동이 좀스러운 사람을 비웃는 말.

[살감' 미' 테 홀' 런는 숙까' 래기 어디' 가' 노'] <살강 밑에 떨어진 숟가락이 어디 가나> 누가 치우지 않았다면 당연히 그 자리에 있기 마련이지 않느냐는 말. 뻔하지 않느냐는 뜻.

[살강' 미' 테서러 숙까' 락 조온' 는' 다] <살강 밑에서 숟가락 줍는다> ①대단찮거나 아주 쉬운 일을 해 놓고서, 마치 매우 힘든 일을 해낸 것처럼 자랑하는 사람을 꾸짖는 말. ②실속도 없이 공연히 좋아만 한다고 경계하는 말.

[살구' 지' 름 까아 야' 수 호' 린' 다] <살구 기름 가지고 여우 호린다> 작은 미끼로 큰 것을 살살 꼬여 속여넘긴다. 參 냄새가 좋은 살구 기름을 바른 미끼를 참외밭 두렁에 놓아두면 여우가, 첫째 날은 큰 의심을 품지 않고 주워 먹게 된다. 다음 날은 막대 끝에 같은 미끼를 매달아 두어도 고소한 냄새 때문에 먹지 않고는 배기지 못하게 된다. 마지막 날에는 그 미끼 속에다가 낚시 바늘을 감추어 두더라도 이미 살구 기름에 맛을 들인 여우는 미끼를 먹지 않고는 못 베기는 상태가 되어 그만 걸려들게 되고 만다 하여 생긴 속담. ▷[노구저' 리 개애' 쉐' 기드시 쉐' 긴다]/[보리' 밥떡꺼' 리 가' 주구 이~ 이' ~에' ~ 낭는' 다]/[예' 수 살구지' 름 미긴' 다].

[살리' 메느 귀' 가' 보오' 배'] <살림에는 귀가 보배> ①살림을 잘 하려면 잘 듣고, 들은 것을 유용하게 활용해야 한다. ②배운 것은 없으나 들어서 아는 것이 많다. ▷[살리' 메느 누' ~이' ~ 보오' 배' 다].

[살리' 메느 누' ~이' ~ 보오' 배' 다] <살림에는 눈이 보배다> 눈썰미가 있거나 감식력이 있는 등 살림을 잘 하려면 눈이 매우 중요한 구실을 한다는 뜻.

▷[살리′메느 귀′가′ 보오′배′].

[살리′믄 이′미 가′는′ 살림′, 머슴′ 바′비′나′ 마~아′~이′~ 주′자] <살림은 이미 가는 살림, 머슴 밥이나 많이 주자> 일의 형편이 벌써 기우러지는 조짐이 있으니, 차라리 선심이나 쓰고 보자며 자포자기(自暴自棄)하는 말.

[살′뭉 코′~을~ 모옹′ 깨′무러도, 너거′ 아 밷′ 시′운다] <삶은 콩을 못 깨물어도, 너희(를) 앞세우지 않는다> 아무리 늙고 힘이 없어도, 젊은 사람보다는 아직 낫다는 말. ▷[도오′끼′에 날′로′ 다러가′아 사′러도 내′가′ 볼 끼′이다]/[사′ 아레 모오′개′ 한 덩거′리로 모온′ 시′알러도, 니버다′아사 나알′따′]/[살′뭉 코′~을~ 아′페 두′고 눔′물′로 흘′리도, 니인′테사 이′긴다].

[살′뭉 코′~을~ 아′페 두′고 눔′물′로 흘′리도, 니인′테사 이′긴다] <삶은 콩을 앞에 두고 눈물을 흘려도, 너한테는 이긴다> 아무리 늙어서 삶은 콩마저 깨물 힘이 없더라도 너 하나쯤은 이길 수 있다 함이니, 나이가 들었다고 결코 무시하지 말라는 말. ▷[도오′끼′에 날′로′ 다러가′아 사′러도 내′가′ 볼 끼′이다]/[사′ 아레 모오′개′ 한 덩거′리로 모온′ 시′알러도, 니버다′아사 나알′따′]/[살′뭉 코′~을~ 모옹′ 깨′무러도, 너거′ 아 밷′ 시′운다].

[살′ 오줌′마 샇따] <쌀 오줌만 쌌다> 보리밥에 쌀을 매우 적게 섞은 탓에 마치 옷에 오줌을 지린 정도와 비교할 수준이라 함이니, 꽁보리밥에 가깝다 또는 실속은 없이 겨우 흉내만 냈을 뿐이라는 말.

[삼′대 웨′디′~이~라도 아′아 우우′는′ 소′리 득′끼 실코′, 삼′대 걸배′~이~라도 쉐에′기 소′리 득′끼 실′타′] <삼대 외동아들이라도 아이 우는소리 듣기 싫고, 삼대 거지라도 씨아 소리 듣기 싫다> 어린 아이 울음소리와 씨아 소리는 누구나 듣기 싫어한다.

[삼′대 적′시′늘 해애′야′, 자′동′ 혼′사로 한다] <삼대 적선(積善)을 해야, 자동(自洞) 혼사(婚事)를 한다> 같은 동네에서 혼사하기가 매우 쉽지 않으니, 적선을 많이 하라는 말.

[삼밭′ 태 숙′때′] <삼밭의 쑥대> ①삼은[大麻는] 촘촘히 자라므로 그 속에 섞여서 자라는 쑥이 키만 크게 자라듯이, 몸이 가늘고 키만 멀쑥하게 큰 사람을 비유해서 이르는 말. ②삼밭에서 자란 쑥이 삼을 닮아 곧아지듯이, 좋은 환경에서 자란 사람은 그 환경을 본받아서 품행이 단정해진다는 뜻.

[삼버다′ 암 고오′리 더′ 크다] <산보다 골이 더 크다> ①부분이 전체보다 더 크다 함이니, 이치에 맞지 않음을 비유하는 말. ②종속적인 것이 주된 것보다 더 클 때 욕하는 말. ▷[배′버′다아 배꾸′미 (더′) 크′다′]/[아′아버다아 배꾸′미(배꾸여′~이~) (더) 크′다′].

[삼′베′ 주미~이~에~ 마아′패′ 드′럳′따] <삼베 주머니에 마패 들었다> 겉모양이 부실해 보여도 실속은 탄탄하다. ▷[국′찌기 배꾸야′~아~ 사아′향′드′럳′따].

[삼 염′ 무′군 새액′시′, 등′잠뿌레 소오′꼼′ 말랴′아 익′꼬 간다] <삼 년 묵은 색시, 등잔불에 속곳 말려 입고 간다> 미리 준비할 줄 모르고 꼭 급해진 다음에야 서두르는 꼴을 비꼬는 말. ▷[삼 영′ 깍′시 하리′ 바뿌′다].

[삼 영′ 깍′시 하리′ 바뿌′다] <삼 년 각시 하루 바쁘다> 미리 준비 없이 지내다가 막상 막다른 순간이나 골목에 이르니 급해서 허둥댄다. ▷[삼 염′ 무′군 새액′시′, 등′잠뿌레 소오′꼼′ 말랴′아 익′꼬 간다].

[삼′척 가′나 앵 가′나 서어′느′럳′타] <삼척 가나 안 가나 서느렇다> 방바닥이 매우 차다. ▷[가~언′두 앵′ 가′도′ 삼′척]/[방빠′대기 구웅′디′~이~ 덕′뽀′자 컨는다]/[삼′척 내앵′지′ 거치, 사아′람′ 덕′뽀 올라 컨는다].

[삼′척 내앵′지′ 거치, 사아′람′ 덕′뽀 올라 컨는다] <삼척 냉지(冷地) 같이, 사람 덕보려 한다> 방바닥이 너무도 차서 오히려 사람의 덕을 보려고 든다. ▷[가~언′두 앵′ 가′도′ 삼′척]/[방빠′대기 구웅′디′~이~ 덕′뽀′자 컨는다]/[삼′척 가′나 앵 가′나 서어′느′럳′타].

[상가′네 안′저 철′ 가′는 줄 모린다′] <산간에 앉아 철 가는 줄 모른다> 좋은 일에 정신이 팔려 시간 가는 줄을 모른다.

[상′가아매로 태′울 끼′이가, 용사′~아~ 올′러 안추′울 끼′이가] <쌍가마를 태울 건가, 용상에 올라 앉힐 건가> 노인이 손자를 어르는 혼잣말로, 네가 나를 이처럼 고생시키고서 훗날의 영화를 보장해 줄 것인가 함이니, 크게 호강을 시켜 주지도 못하면서 사람을 잔뜩 부리기만 할 때 불평하는 말.

[상′너머 누′는′ 야앙반′ 티′눔만도 모온′하′다] <상놈의 눈은 양반 티눈만도 못하다> 상놈은 사물을 제대로 판단할 안목이 없다고 깔보는 말.

[상′술′ 무′구로 오′라 컨′는′ 넘도 쉬′이′아′들넘, 무′구로 가′는′ 넘도 쉬′이′아′들넘] <상술 먹으러 오라고 하는 놈도 쇠 아들놈, 먹으러 가는 놈도

쇠 아들놈> 상술이란 색시 집에서 신랑집으로 보내는 음식으로, 술 한 병과 안주 몇 점에 불과하나 양에 비해 매우 귀하게 여기는 것인데, 그걸 먹으러 오라고 하는 사람이나 그 말을 듣고 먹으러 가는 사람이나 모두 다 쇠 아들 놈이라 함이니, 작은 양의 음식을 가지고 여럿에게 나누겠다고 할 때 비꼬는 말.

[상'주가 대'먼 저엉'스'~어~ 다안 자'~을~ 넘바'더본다] <상주가 되면 정승 의 단장을 넘겨다본다> 상주(喪主)가 되면 혹시 어디 좋은 묏자리라도 없나 하고 넘봐서는 아니 될 자리까지 넘보게 된다. ▷[저엉'스'~어~지'베도 모오'테'느 도독'찔한다].

[상'주느 늘'근 상'주가 보'기 조올'타'] <상주는 늙은 상주가 보기 좋다> 상주가 늙었으면 그가 모시다가 돌아가신 어른은 나이가 매우 많았을 것이므로 호상(好喪)이기 때문에 보기에 좋다. ▷[늘'거가아 보'기 조옹'거'느 늘'근 상'주다].

[상추바'테 똥'눙'(상') 개애'가' 대'애서] <상추밭에 똥 눈(싼) 개가 돼서> 어쩌다 한 번 잘못을 저지르고 나면, 문제가 있을 때마다 주위로부터 의심을 받게 된다는 말. 참 '상추바테 똥 눙 개애'라고도 함.

[새'끼 아'옵 딸리'인 소'가' 모'~에~ 버'즐 나'리' 업'따'] <새끼 아홉 달린 소가 멍에 벗을 날이 없다> 자식을 많이 둔 부모는 걱정 없는 날이 없다. ▷[가재'~이~ 마아는 낭'게 바람'잘' 날 업'따']

[새복'딸 보올'락'꼬 어스름'지~억~뻐'텀 나선'다] <새벽달을 보려고 어스름 저녁부터 나선다> 일을 지나치게 서두르는 것을 빗대어 타박하는 말. ▷[늘'근 처어'자' 똥뚜디'기 장만는'다]/[시이'집'또 앵'강'기'이 똥'뚜'디'기버텅 장만는'다]/[아'수붕 가암' 자'앙사 유우'얼'버'텀 한다].

[새애'까'무군 소'리] <새 까먹은 소리> ①별 내용이 없는 허튼 소리. ②근거 없는 말을 듣고 퍼뜨리는 헛소리. 여자들의 끝없는 수다. 참 '옹갇 새애 까무군 소리'라고도 함.

[새애'느' 안는' 데마' 중 지'치' 빠진다] <새는 앉는 데마다 깃이 빠진다> ① 이사를 자주 하면 점점 살림이 줄어들게 된다. ②가는 곳마다 어떤 흔적을 남기게 된다. ▷[곡' 서근 댈'수'룩 충' 난' 다]/[이사' 자'주 댕'기머 숙까'락 항' 개라도 일'겁뿐다].

[새애′바′레 피′] <새 발의 피> 하찮은 일이나 분량이 아주 적음을 나타내는 말. ▷[미영′시 귀때′기마안 하′다]/[지도′~에~ 파래′~이~똥마안하′다].

[새애 주′~에~ 제엘′롱′ 큰′ 새′애느 먹′새다] <새 중에 제일 큰 새는 먹새다> 생활 가운데서, 먹는 일이 가장 크다. 참 '먹새'란 말에 '새[鳥]'란 글자가 포함돼 있기 때문에 쓰는 말.

[생′초모게 부′리′ 붇는′다] <생초목에 불이 붙는다> 뜻하지 않던 재앙을 만나 견디기 힘들거나 속이 뒤집힌다는 뜻.

[새′로′ 나′옹′ 고온′주′가] <새로 나온 권주가> ①전에는 듣지도 보지도 못하던 전혀 새로운 것이라는 뜻. ②평소에 하지 않던 엉뚱한 행동임을 지적하는 말.

[새출래′미 고올′로′ 빠′진′다] <새침데기 골로 빠진다> 얌전해 보이는 사람일수록 한번 길을 잘못 들면 걷잡을 수 없이 외곬으로 빠져들기 쉽다. ▷[똥꾸무′로 호박′시 깐다]/[믹꾸무′로 호박′시 깐다].

[새~일′~날 잘′ 무′울락꼬 이′레로 구움′는′다] <생일날 잘 먹으려고 이레를 굶는다> 확정되지도 아니한 일을 두고 마치 확정이라도 된 듯 이득을 기다리는 행동을 빗대어 지적하는 말.

[생시′에 무′굼 마아′미′(매애′미′) 취이′주′~에~ 나′온′다] <상시(常時)에 먹은 마음이 취중에 나온다> 술에 취하면 평소에 하고 싶었으나 차마 하지 못했던 언행이 밖으로 나타나게 된다.

[서′근 새′끼′에 모′글 매′애가아 죽꾸 접′따] <썩은 새끼에 목을 매어 죽고 싶다> 매우 억울하고 답답해서 죽을 지경이라는 하소연의 말. 참 '서근 새끼에 모글 매구접따'고도 이름. ▷[나무′칼로 무′고 디이′로′ 잡′뻐지구 접따].

[서′근 새′끼′에 모′글 매′지] <썩은 새끼에 목을 매지> 말로만 죽겠다고 하는 것이 공연한 헛소리가 아니냐고 힐난하는 뜻.

[서당′ 깨 삼′ 여′~이~머′ 푸′~얼~한다] <서당 개 삼 년이면 풍월 읊는다> ① 무식한 사람도 유식한 사람과 오래 어울리다 보면 자연히 유식해진다. ② 어깨 너머로라도 무엇인가를 오래 보게 되면 저절로 배워서 물리가 터진다.

[서어′리 마′즌 호방′입] <서리 맞은 호박잎> ①힘이 없어 보이고 행동도 더딘 사람을 두고 비유해서 하는 말. ②세력이 쇠잔하여 앞으로 잘 되어갈 희

망조차 없어 보이는 사람이라는 뜻.

[서어′ 발′ 장′ 때 거치′ 머업따] <서 발 장대 거침없다> ①아무 것도 걸릴 것이 없고, 조심스러워 해야 할 사람도 없어 홀가분하다. ②너무도 가난하여 아무 것도 없다.

[서어우른 사안′ 사′람 눈′ 도′ 빼애′ 가′ 는 데다] <서울은 산 사람 눈도 빼 가는 데다> 서울은 인심이 극도로 야박한 곳이다.

[서어′ 울′ 가가′ 아 뺨′ 막′ 꼬, 뭉′ 경 와가′ 아 눔′ 뿌′ 울신다] <서울 가서 뺨 맞고, 문경 와서 눈 부라린다> 엉뚱한 곳에다가 화풀이하는 사람을 놀리는 말. ▷[여엉′ 천′ 장서 뺨′ 막′ 꼬 시′ 티′ 째서러 눔′ 뿌′ 울신다].

[서어′ 울′ 가가′ 아 짐 서방′ 찝′ 착끼] <서울 가서 김 서방 집 찾기> 무턱대고 막연하게 찾아간다는 말.

[서어′ 월′ 가′ 는 사′ 람′(갈′ 찌′ 게느) 눈섭′ 또 빼′ 고′ 간다] <서울 가는 사람(갈 적에는) 눈썹도 빼고 간다> 먼 길 떠나는 사람은 될 수 있는 대로 가벼운 차림으로 나선다.

[서어′ 월′ 가 본′ 넝캉 앵′ 가 본′ 넝캉 사′ 우머, 앵′ 가′ 본′ 너미 이′ 긴다] <서울 가 본 놈과 안 가 본 놈이 싸우면, 안 가본 놈이 이긴다> 실지로 행하여 보지 못한 사람이 오히려 이론만 그럴듯하게 펴면서 말이 많다.

[서억′ 딸′ 시이′지′ 분 개애′ 도′ 사안′ 다′] <석 달 시집은 개도 산다> 누구라도 최소한 겪어야 할 과정쯤은 참고 견뎌야만 한다. 그런 정도의 고통도 참지 못하느냐고 핀잔하는 말.

[서언′ 떡′ 팔′ 로′ 완′ 능′ 갑따] <선떡 팔러 왔는가 보다> 별로 우습지도 않은 일에 실없이 허허 웃는 사람을 핀잔주는 말.

[서얼′ 로′ 꺼꿀′ 로 쉬′ 인나] <설을 거꾸로 쇠었나> 음력설이 지났는데도 날씨가 더욱 추워졌을 때 이르는 말. ▷[입′ 추′ 늘 꺼꿀로′ 부′ 친나].

[서엄′ 무′ 다~이~ 마당′ 지′ 부다 컨는다] <선무당이 마당 기울다고 한다> 제 능력이나 솜씨가 부족한 줄은 모르고 다른 핑계로 변명하려 든다. ▷[서엄′ 무′ 다~이(서엄′ 무′ 대~이~) 징푸′~물 나무래′ 앤다].

[서엄′ 무′ 다~이(서엄′ 무′ 대~이~) 징푸′~물 나무래′ 앤다] <선무당이 징풍물 나무란다> 솜씨가 서툰 사람이 엉뚱하게 연장 핑계만 댄다는 말. ▷[서엄′ 무′ 다~이~ 마당′ 지′ 부다 컨는다].

[서엄′무′우′다′~이~ 사아′람′ 잠는′다] <선무당이 사람 잡는다> 미숙한 사람이 잘하는 체하다가 일을 그르쳐 놓는다. ▷[바암′풍′수 지′밤 마~후′~운다].

[서엄′불′ 마′진 산때′애주] <선불 맞은 멧돼지> 총알을 설맞은 멧돼지라 함이니, 크게 성이 나서 펄쩍펄쩍 뛰며 못 견디는 모양을 이름. ▷[말 꿰′기 설′ 살′멀따].

[서엉′급′판 넘 술′깜 내앤′다′] <성급한 놈 술값 낸다> 성미가 급한 사람은 자주 손해를 본다. ▷[답따′분 너미 새애′미′ 판다]/[몽마린′ 너미 새애′미′ 판다].

[서′플′ 지′고 불′로′ 띠′ 이들기다] <섶을 지고 불로 뛰어들기다> 화를 자청하는 어리석은 행동을 한다. ▷[독새′ 아′감′지에 송까′락 역′키]/[훼에′ 야′글 지′고 불′로′ 드간다].

[서~어′~인′~도 시′소글 따′린다] <성인(聖人)도 시속을 따른다> 사람은 누구나 세상 형편에 따라 임기 응변하면서 살아야 한다.

[서~어′~인′~도 지 잘′모습 모′린′다] <성인도 제 잘못은 모른다> 누구나 스스로의 잘못은 깨닫기 어렵다. ▷[지 똥′ 꾸′린 주름 모린다′].

[서~엉′~ 가암′도′ 떠′러지고, 무링′ 가암′도′ 떠′러진다] <성한 감도 떨어지고, 무른 감도 떨어진다> 늙은 사람만 죽는 것이 아니라 젊은이도 죽는 수가 있다는 비유. ▷[무링′ 가암′도′ 떠′러지고, 서~엉′~ 가암′도′ 떠′러진다].

[석′사′~아~ 웨엔′ 도′오끼] <석상(石上)에 왼 도끼> ①왼손잡이라고 평소에는 천대받던 행동이 아주 요긴한 쓰임새를 만났을 때 이르는 말. ②바위 위에 서 있는 나무를 찍는 일도 어려운데, 하물며 왼 도끼질을 하지 않으면 아니 될 처지를 비유해서, 아주 어려운 일을 당해 해결책이 잘 나오지 않는다는 말. ▷[귀때′기 만는′데 구′리쉐에미가 어′지다]/[뿔′때′기로 마′저도 구′리쉐에미가 어′지다]/[숙′때′ 까′아 바람′ 망는′다].

[석새′베 새′ 빠′진 소′리한다] <석새베 새 빠진 소리한다> 헛소리하는 사람을 우롱하는 말.

[석새′베에 열′ 새′ 바′안질] <석새베에 열 새 바느질> ①재료가 너무 나쁜 탓에 좋은 솜씨를 발휘할 수 없어 안타깝다고 이르는 말. ②나쁜 재료를 가

지고도 기술만 좋으면 얼마든지 훌륭한 물건을 만들 수 있다는 말. ③도무지 서로 어울리지 않는 것끼리를 비유해서 이르는 말.

[설' 때 구' 치 나' 아가, 나' 아도 구' 친다] <설 때 궂긴 아이가, 낳아도 궂긴다> 임신할 때 뭔가 온전치 않은 경우에는 태어나서도 좋지 못하다 함이니, 처음에 순조롭지 못하면 다음에 가서도 순조롭지 않다. ▷[나물' 날' 꼬든 입' 새버텅 아안다]/[등 구' 부머 질매' 까아' 지']/[아' 시예 베' 린(서언') 떠' 근', 다' 시예도 베' 린다(서언' 다')]/[에' 릴 때' 버' 텅 질매' 까아지].

[설' 매' 가 사아' 람' 잠는' 다] <설마가 사람 잡는다(죽인다)> 설마 그럴 리야 없겠지 하고 마음을 놓는 데서 탈이 생긴다.

[섬' 부가 물 수' 짜로 이' 접뿐다] <선비가 물 수(水) 자를 잊어버린다> 평소에 잘 알고 있던 것을 갑자기 잊어버려 생각이 나지 않아 실수할 때 이르는 말.

[성가' 야앙' 가 다아' 모' 오시머, 성가' 꾸우' 신' 털배' 읻' 따] <생가(生家) 양가(養家) 다 모시면, 생가 귀신 털배(심술) 있다> 양자로 들어간 사람이 생가와 양가어른이나 제사를 다 모시는 경우, 생가쪽 어른이 심통을 부릴 수 있다는 말로, 양자를 간 사람이 양쪽의 어른이나 제사를 다 모시는 것은 좋지 않다고 경계하는 말.

[성' 복쩨 지' 내' 애고 약' 빵' 공' 사한다] <성복제(成服祭) 지내고 약방 공사한다> 때가 지난 다음 어리석게도 소용없는 애를 씀의 비유. ▷[구' 단' 디잎' 짱' 구]/[도동' 막' 꼬 다안' 장' 한다]/[밥' 파러묵' 꼬 폰' 또' 올 숭구' 우드시]/[소오' 일' 꼬 오양깐' 곤' 친다]/[장담' 보내' 애고 춤' 춘' 다]/[주' 군 디이' 예' 약' 빵' 공' 사 한다].

[성' 주가 부' 시' 러머 잡' 시' ~이~ 앵기' 인다] <성주가 부실하면 잡신이 안긴다> 중심이 튼튼하지 못하면 잡다한 문제들이 생겨난다.

[성' 주에 붇' 치고 조' 와' ~아~ 붇' 친다] <성주에 붙이고 조왕에 붙인다> 가뜩이나 적은 분량을 가지고서 여기저기에다 갈라붙이려니 무척 힘든다.

[세' 까' 리 까' 아민지 도' 리지동 까' 아민지 모리고, 지일' 다' 짜리' 다 컨는다] <서까래 감인지 도리기둥 감인지 모르고, 길다 짧다 한다> 자세한 내용도 모르면서 매우 아는 체하며 참견한다.

[세' 로' 빼애' 가' 아 바' 닥 대' 애고, 멀' 끼로 가아 초' ~을~ 내애' 고', 시' 늘'

사'머 각껀' 따] <혀를 빼어 바닥 대고, 머리칼로 총을 내고, 신을 삼아 갚겠다> 어떤 방법을 써서라도 그 동안 입은 은혜를 꼭 갚겠다. ▷[멀꺼디'~이~로 시'늘' 사암'는' 다].

[세' 미'테도 주'굴 마아'리 읻' 따] <혀 밑에도 죽을 말이 있다> 말을 한 마디 잘 못하면 큰 재앙을 당하는 수가 있다. ▷[마아'리' 마아'느'머 실' 마'아리 저억' 따']/[세' 미'테 칼 드'럳따].

[세' 미'테 칼 드'럳따] <혀 밑에 칼 들었다> 말의 위력과 함께 그 폐해를 우려하는 말. ▷[마아'리' 마아'느'머 실' 마'아리 저억'따']/[세' 미'테도 주'굴 마아'리 읻' 따].

[세' 민 미인'자'~을~ 하알' 래' 무우'상' 구운'수'로 하알' 래' 커'머, 세' 민 미인'자'~을~ 하알'라' 컨는다] <서면 면장을 할래 무산 군수를 할래 하고 물으면, 서면 면장을 하겠다고 한다> 일제 강점기 때 당시의 경상북도 경주군 서면(西面)이 함경북도 무산군(茂山郡)보다 농토가 넓고 살기가 좋아, 무산 군수보다 서면 면장 자리를 더 선호할 정도였다고 자랑하는 말. 㚻 여기서 '서면'이라 함은 지금의 경주시 乾川邑과 西面을 포함한 지역을 가리킴.

[세에'상' 너린' 주'름 모리고', 하'늘 노푼' 줄' 마 아안다] <세상 넓은 줄은 모르고, 하늘 높은 줄만 안다> 키만 크고 마른 사람을 놀리는 말. ▷[하'늘 노푼' 줄마 아아'고', 세에'상' 너린' 주름 모린' 다'].

[세에'상' 너린' 줄'마 아아'고', 화'늘 노푼' 주'름' 모린다'] <세상 너른 줄만 알고, 하늘 높은 줄은 모른다> 키가 작고 몸집이 땅땅한 사람을 놀리는 말. ▷[화'늘 노푼' 주름 모리고, 세에'상' 너린' 줄' 마 아안' 다'].

[세에'월'로 조'미'(줴'미') 뭉' 나] <세월을 좀이 먹나> 시간적으로 급할 것이 없어 매우 느긋할 때 쓰는 말. ▷[바담무'리 너엄'나, 소굼'무리 쉬이' 나, 해' 다'리 조'미'(줴'미') 뭉'나, 해애' 사'미(해애'새'미) 낭게'에 올'러로 가'나']/[소구'미 쉬이'나']/[해' 다'리 조미(줴미)' 뭉' 나]/[해애'사'미(해애'새'미) 낭'게 올러'로 가나].

[세에'상' (참') 너리'고도 쫍' 따] <세상 (참) 넓고도 좁다> 전혀 모르는 사람도 지연이나 혈연 또는 학연 등을 통해 따지다가 보면 인연이 닿게 되었을 때 흔히 이르는 말.

[소'가' 깍때'기(깍'쩨) 시일'로' 가'자 커'머 잘' 간' 다'] <소가 콩깍지 실

러 가자고 하면 잘 간다> 소는 콩깍지를 좋아하므로 다른 짐은 모르지만 콩깍지를 실으러 가자고 하면 잘 가듯이, 누구나 자기에게 직접적인 이득이 되는 일이라면 보다 더 열심히 한다.

[소′개′ 재′~이~느~ 어′러 죽′꼬, 담배′ 재′~이~느~ 애′~ 어′러중는′다] <솜장수는 얼어죽고, 담배 장수는 안 얼어죽는다> 추위를 막는 데는 솜뭉치보다 담배 뭉치가 더 낫다.

[소곰′ 무′근 너미 물′ 시′인다] <소금 먹은 놈이 물 켠다> 무슨 일이든지 그럴 만한 원인이 있기에 상응하는 결과가 나온다. ▷[배애′지가 아풀′라커′머, 참′무′리 시′인다]/[여물′ 마~아′~이′~ 뭉는′ 소′, 똥 눌′ 찌′게 아′러 본다]/[콩′밥 날′래′ 뭉는′ 너′믄′, 똥′ 눌′ 찌′게 아′러본다].

[소구′ 믈 꾸움′는′다] <소금을 굽는다> 날씨가 몹시 추우면 떨리는 바람에 이빨이 다닥다닥 부딪쳐 소리가 나게 되는데, 그 소리가 마치 소금을 구울 때 나는 소리와 비슷하다 해서 생긴 말로, 방이 추워 덜덜 떤다는 뜻.

[소구′미 쉬이′나′] <소금이 쉬나> ①매우 미더운 사람을 가리키는 말. ②뭐가 그리 급할 것이 있느냐고 지적하는 말. ▷[바담무′리 너엄′나′, 소굼′ 무리 쉬이′나′, 해′ 다′리 조′미(줴′미′) 뭉′나, 해애′사′미(해애′새′미) 낭게′에 올′러로 가′나′]/[세에′월′로 조′미′(줴′미′) 뭉′나]/[해′ 다′리 조미(줴미)′ 뭉′나]/[해애′사′미(해애′새′미) 낭′게 올러′로 가나].

[소꼬랑대′ 기버다′ 아사 달구′베′시리 나알′ 따′] <쇠꼬리보다야 닭의 볏이 낫다> 훌륭한 것 가운데 말석을 차지하고 대접을 제대로 받지 못하는 것보다, 변변치 않은 것 중에서 우두머리를 하는 것이 오히려 낫다.

[소꽁′지예 뺌′막′꼬 나′테 화′앙칠′한다] <쇠꼬리에 뺨 맞고 낯에 환칠한다> 한꺼번에 두 가지의 피해를 입는다. ▷[소오′또′~에~ 미끄′러저 개애′ 또′~에~ 입′때′앤다].

[소내′기느 무′더 오′고, 우′케느 널리′익꼬, 채점바′테 소~아′~지느 들′고′, 아′아느 우우′고′, 콩′주근 너엉′꼬′, 부지′케 부′른 나오′고, 대애′추′느 너′얼찐다′] <소나기는 묻어 오고, 우케는 널려 있고, 채소밭에 송아지는 들고, 아이는 울고, 콩죽은 넘고, 아궁이에 불은 나오고, 대추는 떨어진다> 한꺼번에 너무 힘들고도 바쁜 일들이 쏟아져서 무엇부터 손을 써야 할 지 몰라 쩔쩔 맬 때 하는 말.

[소′ 낸′ 대′애고 코′ 푸′기] <손 안 대고 코 풀기> 힘을 거의 들이지 않고 일을 쉽사리 해 치운다는 뜻.

[소′네 부′튼 밥떡꺼′리] <손에 붙은 밥알> ①양이 너무도 적어서 전혀 표시가 나지 않는다는 뜻. ②조금씩 도와줘 봤자 별로 도움이 되지 않는다는 뜻. ▷[입서버′레 부′튼 밥′푸리다].

[소′네 주′근 동, 홍지′네 주′근 동, 모′올따] <손님(마마)에 죽었는지, 홍역에 죽었는지, 모르겠다> 원인이나 영문을 도무지 모르겠다. ▷[어능 기′이 앙′까′마구고, 어능 기′이 숙′까′마군 동, 아알′ 수′가 인′나].

[소′느′ 처′~이~베 똥′마 앰′ 마리′머 사안′ 다′] <소는 처녑에 똥만 안 마르면 산다> ①끈질기게 기다리면 좋은 일이 생긴다. ②소가 굶어서 죽는 일은 좀처럼 일어나지 아니한다. 참 가을걷이가 끝난 산골에서는 소를 들판에다 놓아먹이는데, 마을에 초상을 치르던 어느 날 소 한 마리가 없어지고 말았다. 그날 밤에 동네 장정들이 횃불을 들고 온 들판을 뒤졌으나 헛일이었다. 사실 소는 그날 낮에 문이 열려 있던 상여 집에 들어가서 그 속에 쌓아 둔 마른 칡을 먹고는 구석에서 자고 있었는데, 장정들이 상여를 들여놓을 때는 어둠 탓에 보지 못했기에 그만 밖으로 자물쇠를 꽁꽁 채워버렸던 것이다. 소는 남은 칡을 먹어치운 다음에는 내내 굶고 지내다가 수삼일 후 다른 초상이 났을 때에야 발견됐는데 뼈만 앙상했지만 목숨은 붙어 있었다고 하는데, 이는 일제 강점기 때 경주시 산내면(山內面)에서 있었던 실화에서 생긴 말.

[소′다 노′온 사′리′요, 엎찌′러짐 무′리′라] <쏟아 놓은 쌀이요, 엎질러진 물이라> ①한번 저질러 버린 일은 지금 와서 어떻게 다시 고쳐 할 수 없다는 말. ②이미 한번 저지른 일이라 도저히 중지할 수 없을 때 이르는 말. ▷[깨′애징 그′륵이′ 맏′추우기]/[엎찌′러짐 물′, 소′다 노온 살′]/[엎찔′러짐 무′리′요, 소′다노온 마아′리′다].

[소′대애신 내애′기′ 자′물′잔′다′] <소대성 내기 잠을 잔다> 소대성전(蘇大成傳)에 나오는 얘기에서 유래된 말로, 잠을 매우 오래 자는 사람을 질타하는 말.

[소두배′~이~로 자래′ 잠는′다] <소댕으로 자라 잡는다> 넓적한 소댕으로 덮어만 두고서 자라를 잡은 척 주장한다 함이니, 겉으로만 그럴 듯 할뿐인 무

지막지한 억지를 부려서 남에게 허물을 덮어씌울 때 억울해서 하는 말. 논리적이지 못한 마구잡이로 하는 일방적 주장.

[소' 드'~에~ 파래'~이'매' 애로 왇' 따' 같' 따' 한다] <소의 등에 파리처럼 왔다 갔다 한다> 분주하게 이리저리 왔다 갔다 하며 설쳐댄다. ▷[도'~에~ 번쩍' 서'에 번쩍'].

[소' 를' 시' 머 정' 자라꼬] <솔을 심어 정자라고> 어린 소나무를 심어 나중에 정자로 삼는다 함이니, 앞으로 어떤 결과가 이루어지자면 매우 오랜 시간이 걸린다는 뜻.

[소리배'~이~ 까안' 채'~이~집 빼뜰' 드' 시] <솔개가 까치집 빼앗듯> 남의 것을 강제로 빼앗음을 이르는 말. 참 자연계에서는 솔개가 결코 까치집을 빼앗는 일이 없을뿐더러, 까치집의 구조상 솔개가 까치집에서 살거나 알을 낳을 수도 없음. ▷[둑' 수리 까안' 채'~이~집 빼앧'뜰' 드' 시].

[소' 부' 랄 널쩨' 머 꾸' 버 무' 울락꼬, 접시' 게 소곰' 다' 머가아 따' 러댕긴다] <쇠불알이 떨어지면 구워 먹으려고, 접시에 소금을 담아 가지고 따라다닌다> ①가당치도 않은 횡재를 기다리고 있다. ②되지 않을 결과를 얻어 보겠답시고 노력조차 하지 않고 요행만 바란다.

[소' 뻬가' 치 꼬' 오드시 꼬' 온다] <소 뼈 고듯 곤다> 두고두고 한없이 우려먹는다는 뜻. ▷[쉬이' 옹두' 리 우루' 우드시 우루' 운다].

[소오' 개' 기 무' 굴라 커' 머(카' 머) 백' 정 꼴' 로 바아' 야' 지] <쇠고기를 먹으려면 백정 꼴을 봐야지> 맛있는 쇠고기를 먹으려면 백정이 소를 잡는 험한 꼴을 봐야 한다 함이니, 좋은 결과를 보기 위해서는 상응하는 험한 일도 감수해야만 한다는 말.

[소오' 게' 느 능' 구래~이~ 드란' 젇따] <속에는 능구렁이 들어앉았다> 생각이 의뭉스러운 사람을 비꼬는 말. ▷[소오'게' 대애' 가' 미(대애' 개' 미) 멕' 깨' 드란' 젇따].

[소오' 게' 대애' 가' 미(대애' 개' 미) 멕' 깨' 드란' 젇따] <속에 대감이 몇 개 들어앉았다> 여러 가지 사실을 알고 있으면서도, 겉으로는 능글맞게 모른 체하고 있다는 말. ▷[소오' 게' 느 능' 구래~이~ 드란' 젇따].

[소오' 귀'에 경' 이리' 기] <쇠귀에 경 읽기> 아무리 가르치고 일러주어도 알아듣지 못함. ▷[바라' 메 바' 튼 춤'].

[소오′그′로 구′글 낄′린다] <속으로 국을 끓인다> 혼자서만 잔뜩 속을 태우고 있다. ▷[고′자 소오′근′ 자앙′모′도 모린다′]/[소오′그′로 육′또′베′실로 한′들].

[소오′그′로 육′또′베′실로 한′들] <속으로 육 도(六道) 벼슬을 한들> 속으로야 어떤 생각을 하든지 간에, 말을 하지 않으면 무슨 생각을 하고 있는지 전혀 알 수가 없다는 말. ▷[고′자 소오′근′ 자앙′모′도 모린다′]/[소오′그′로 구′글 낄′린다].

[소오′느′ 꿈지′기머 똥′ 사′고′, 사아′라′믕 꿈지′기머 도온′ 신′다] <소는 꿈적이면 똥 싸고 사람은 꿈적이면 돈 쓴다> 사람이 움직이기만 하면 돈을 쓰게 마련이다.

[소오′도′ 엉뚜′기 이′서야 비빈′다] <소도 언덕이 있어야 비빈다> 의지할만한 곳이 있어야만 무슨 일이든지 할 수가 있다. ▷[덤푸′리 커야 톤찌′비가 나′지]/[사′~이~ 노′펴야 고오′리′ 지푸′다]/[조옹′지′미가 커′양′ 고′롬′도 마안′타′].

[소오′ 디익′꺼′름질 하′다′가 쥐′ 잠′는다] <소가 뒷걸음질 하다가 쥐 잡는다> 우연하게 공을 세웠을 뿐이다. ▷[소오′ 바′레 쥐′ 작′끼]/[지′랄′하다가 고래′ 잠는′다].

[소오′또′~에~ 미끄′러저 개애′또′~에~ 입′때′앤다] <쇠똥에 미끄러져 개똥에 입 댄다> 일마다 연거푸 나쁘게만 작용하고 너무 억울하여 못 견딜 노릇이라는 말. ▷[소꽁′지예 뺌′ 막′꼬 나′테 화′앙칠′한다].

[소오′라~은~ 두우′ 가′지고 이′분′ 항′ 가′지] <쇠스랑을 두 가지[枝]이고 입은 한 가지[種類]> 맛있는 음식을 배불리 먹고 싶은 마음은 누구나 모두 한 가지라는 말. 참 '가지'란 표기는 같지만 뜻이 다른 두 말을 교묘히 이용한 속담.

[소오′문′난 잔′채′에 무′울꺼 어업′따′] <소문난 잔치에 먹을 것 없다> 소문이 크게 난 것이 도리어 보잘것없다. ▷[이′름 난 잔′채′에 무′울 꺼 어업′따′].

[소오′ 바′레 쥐′ 작′끼] <쇠발에 쥐 잡기> 아주 우연하고 드물게 공을 세웠다는 말. ▷[소오′ 디익′꺼′름질 하′다′가 쥐′ 잠′는다]/[지′랄′하다가 고래′ 잠는′다].

[소오′부′가 이′서야 소오′자′가 난다] <효부가 있어야 효자가 난다> 효자가 나기 위해서는 뒤에서 남모르게 애쓰는 효부가 있게 마련이다. ▷[호오′부′가 이′서야 호오′자′가 난다].

[소오′뿌′름 몽모′기고, 여엄′부′름 각′깨′기다] <소뿔은 몫몫이고, 염불은 각각이다> 무엇이거나 다 각각 맡은 몫이 따로 있다. ▷[소오′뿔′또 깍′깨′기고, 여엄′소′뿔′또′ 몽모′기다]/[여엄′불′또 몽목′시다].

[소오′뿔′또 깍′깨′기고, 여엄′소′뿔′또′ 몽모′기다] <쇠뿔도 각각이고, 염소 뿔도 몫몫이다> 무엇이거나 다 각각 맡은 몫이 따로 있다. ▷[소오′뿌′름 몽모′기고, 여엄′부′름 각′깨′기다]/[여엄′불′또 몽목′시다].

[소오′뿔′또 다안′ 지′메 빼′라′캐얟′따′] <쇠뿔도 단 김에 빼랬다> 무슨 일을 하려고 작정하였으면 망설이지 말고 곧 행동으로 옮기라는 말.

[소오′살′ 띠이′다′가 말′ 사′레 모옴′ 뿌′친다] <소 살 떼어다가 말 살에 못 붙인다> 동질성이 아닌 것끼리는 도저히 대용으로 쓸 수 없다. ▷[말′살 띠이′가′아 소오′ 사′레 부′칠 수′느 어업′따′]/[말′ 살 띠이′다′가 소오′ 사′레 모옴′ 뿌′친다].

[소오′여물′ 새′기능 거′캉 조′수하능 거느, 이잉′굼′님도 모린다′] <쇠여물 새김질하는 것과 조수(潮水)하는 것은, 임금님도 모른다> 비록 임금님일지라도 자연의 미묘한 이치까지 다 알 수는 없다. 어떤 사람도 해석할 수 없는 현상이 있게 마련이다.

[소오′일′꼬 오양깐′ 곤′친다] <소 잃고 외양간 고친다> 이미 실패한 뒤에 후회해도 아무 소용이 없다. ▷[구′단′ 디임′짱′구]/[도동′막′꼬 다안′장′한다]/[밥′파러묵′꼬 폴′또′올 숭구′우드시]/[성′복찌 지′내′애고 약′빵′공′사한다]/[장담′ 보내′애고 춤′춘′다]/[주′군 디이′예′ 약′빵′공′사 한다].

[소오′자′분 지′베 개애′ 어리대′애드시] <소를 잡은 집에 개가 어릿거리듯> 혹시 어떤 먹을거리라도 없을까 하고 두리번거리는 행동을 놀리는 말. ▷[목′짜랑′ 개′등게′섬 넘바′더보드시]/[벼엉′자′영 까마′구 통시′들바′더보드시]/[비잉′든′ 솔배′~이~ 어′물쩐 도′오 드′시 도온′다′].

[소오′주′근 귀이′싱′걷′따] <소가 죽은 귀신 같다> ① 성격이 매우 강인하고 질기다는 뜻. ②이상하게 매우 조용하다는 뜻. ▷[압찍′ 깨 버엄′ 무′러

강 걷'따]/[열' 나'래가 자'능' 걷'따].
[소오'한' 대애'한' 다아' 지'내머, 어'러주글 내 아'들넘 업따] <소한 대한 다 지내면, 얼어죽을 내 아들놈 없다> 소한(小寒)과 대한(大寒)이 모두 지나고 나면 추위가 차츰 풀린다. ▷[우우' 수' 경' 첩 지'내' 머 대애' 동' 강 물또 풀리' 인다].
[소옹' 곧' 또 끅' 까'능 고지 읻'따] <송곳도 끝 가는 곳이 있다> ①오래 기다리다 보면 행운이나 끝이 오게 마련이다. ②사물은 무엇이든지 끝이 있다. ▷[뻐' 더 가는 칠개'~이~도 하아'~이'~ 읻'따]/[쉬인' 질' 나무' 도, 끅' 까' 능 고'지' 읻'따].
[소옹'곱' 빠'글 땅'도' 어업'따] <송곳 박을 땅도 없다> ①자기 땅이나 농토라고는 조금도 없다. ②어떤 공간에 사람들로 가득 차 있다. ▷[바'늘 하나 꼬'불 땅'도' 어업'따].
[소옹'곱' 빵시'게 안'즌 든따] <송곳 방석에 앉은 듯하다> 어떤 자리에 앉아 있기가 매우 거북하다. ▷[바'늘방시게 안'전능 걷따]/[사' 돈네 집 암' 빵' 걷'따]/[앰 펭키'느 사'돈네 암' 빵'].
[소 이까'리 푸'러 가아 등더'레 언' 저 나'얃따] <소 고삐를 풀어서 등에 얹어 놓았다> 아무런 속박이 없도록 매우 자유스럽게 풀어놓았다. ▷[굴'레 버슨 말망새'~이~].
[소' 인'테 함' 마아'른' 앤 나'도', 사아'람'(마아'느'래)인'테 함' 마아'른' 난'다'] <소에게 한 말은 (소문이) 안 나도 사람(마누라)에게 한 말은 난다> 아무리 다정한 사이라도 말을 조심해서 하라.
[소' 캐' 뭉티'게 대가'리 깬' 다] <솜뭉치에 대가리 깬다> 어줍잖게 여기던 상대에게 크게 낭패를 당한다.
[소~아'~지 천'자문 가알' 치드시] <송아지 천자문 가르치듯> 미련하고 둔한 사람을 여러 가지로 애써 가르침을 이르는 말.
[소'~이'~ 마아'느'머 이일'또' 수웁'따'] <손이 많으면 일도 쉽다> 여러 사람이 힘을 합치면 다소 힘든 일조차도 쉽사리 해낼 수 있다.
[소'~이'~ 바'리 대'두룩 비인'다] <손이 발이 되도록 빈다> 허물이나 잘못을 용서해 달라고 몹시 빈다. ▷[똥' 사 녹'코 비인'다']/[파래'~이~ 소늘 비빈'다].

[속카'~이~ 망'건 시'자' 파아'장'댄'다] <속환이 망건 쓰자 파장된다> 어물거리다가 때를 놓친 사람을 비꼬는 말. ▷[치장' 채'리다가 신'주 개애'무'러 간따].

[속카'~이~ 서낭' 싱'기드시 싱'긴다] <속환이 서낭 섬기듯 섬긴다> 지극한 정성으로 섬기는 것을 비유.

[손'님 더'게 이이'밥'] <손님 덕에 이밥> 다른 사람의 덕택으로 이득을 얻게 된 경우에 쓰는 말. ▷[조'상' 더'게 이이'밥'].

[손'자 귀이'애' 커'머(카'머), 하'래'비 사앙'투' 뜬'는'다] <손자 귀여워하면 할아비 상투 뜯는다> 어리석은 사람과 친하게 지내 봤자 전혀 이로울 것이 없다. ▷[손'자로 귀이'애'라 커'머, 하'래'비 쉐에'미 뜩끼' 인다]/[오~오'~야'~ 오~오'~야'~ 커'~이~ 하래'비 사앙'투' 뜬'는' 다]/[조~오'~에'~ 자'석' 귀이'애' 커'머, 사앙'점' 보'고 하'래'비라 컨는다].

[손'자로 귀이'애'라 커'머, 하'래'비 쉐에'미 뜩끼' 인다] <손자를 귀여워하면, 할아비 수염 뜯긴다> 어리석은 사람과 친해봤자 이로울 것이 없다. ▷[손'자 귀이'애' 커'머(카'머), 하'래'비 사앙'투' 뜬'는'다]/[오~오'~야'~ 오~오'~야'~ 커'~이~ 하래'비 사앙'투' 뜬'는' 다]/[조~오'~에'~ 자'석' 귀이'애' 커'머, 사앙'점' 보'고 하'래'비라 컨는다].

[손'자 보'는' 날 할마'~이~ 쥐'기는 나'리'고, 메'늘 보'는' 날 사앙'전' 사'오'는' 나'리'다] <손자 보는 날 할멈 죽이는 날이고, 며느리 보는 날 상전 사오는 날이다> 손자가 태어나면 돌보는 책임을 맡을 할머니가 힘들어지고, 며느리를 얻으면 그날부터 시어머니가 어려워진다 하여 이르는 말.

[손'자 청마리' 꾸울'리'는 소'리] <손자가 대청마루를 구르는 소리> 아이들이 대청마루에서 발꿈치로 구르는 소리라 함이니, 뭔가 콩콩거리는 소리 또는 즐겁게 뛰노는 소리임을 비유하는 말.

[손'자 홍'시 좌'아다 주'머, 개애'똥' 무'등 거'느지' 해'미 주'고, 앰'무'등 거'느 지 애'비 준다] <손자 홍시 주워 주면, 개똥 묻은 것은 제 할미 주고, 안 묻은 것은 제 아비 준다> 누구나 혈연적으로 보다 가까운 사람에게 정을 쏟게 마련이라는 말. ▷[또'~(뛔'~)이~ 초온'수' 탄다]/[한 다리'가 머얼'머' 시'늘' 벅'꼬 거언'넨' 다]/[한 다리'가 철' 리다]/[한' 치 거언'네' 두우 치]/[허언'디' 도 저'~이~ 따다].

[손텁' 녀물'로 사' 아린다] <손톱 여물을 썬다> 무슨 일을 당하여 큰 걱정을 품고 혼자서만 무진 애를 쓴다.

[손텁' 미'테 까'시 든' 주'른' 아' 러도, 염토'~에~(약꾸' 레) 쉬이' 시' 는 주름 모린' 다'] <손톱 밑에 가시 든 줄은 알아도, 염통(옆구리)에 쉬 스는 줄은 모른다> 목전의 작은 이해 관계에는 밝아도 보이지 않는 큰 손해나 타격에는 어둡다.

[손텁' 발터'비 자' 저지두룩 버' 어린다] <손톱 발톱이 젖혀지도록 번다> 어떤 목적을 위하여 있는 힘을 다하여 애를 쓴다.

[손 식'꺼 녹'코 지두'린다] <솥 씻어 놓고 기다린다> 모든 준비를 다 갖추어 놓고서 몹시도 기다린다.

[손 식'끼 바뿌' 다] <솥 씻기 바쁘다> 계속해서 문제가 생기는 까닭에 한 가지 일을 끝내기 바쁘게 다음 일이 밀어닥쳐 정신을 차릴 수가 없다.

[솔'꿰'이~ 마안'한' 좆' 타'나 바 래'가' 아 이' 지'일탄다] <소나무 옹이 만한 좆 하나를 바라고서 이 짓을 한다> ①겨우 소나무 옹이 만한 남자의 생식기 하나를 바라고서 이처럼 힘든 일을 한다 함이니, 들이는 노력에 비해서 성과가 너무 적다는 비유. ②명분이 있으면 힘든 일도 감수할 수 있다는 뜻. 참 밀양(密陽)의 조병사(趙兵使) 어머니가 가마를 타고 시집가던 날, 높은 고개를 넘을 때 하인들이 너무도 힘들어하는 것을 보고 이 말을 했다 하여 전하는 말.

[솔배'~이~ 기'림' 자에 노올'랜' 달 모간' 지] <솔개 그림자에 놀란 닭 모가지> 솔개의 그림자만 봐도 본능적으로 닭이 몸을 피하듯, 어떤 일에 몹시 놀라 목이 오그라드는 행동을 깔보는 말.

[솔배'~이~느~ 철' 련' 대' 애도 매애' 노'를슬 모온'한' 다] <솔개는 천 년 돼도 매 노릇을 못한다> ①본성은 변하기 어렵다. ②어떤 일에나 각기 맡은 바 전문 영역이 있다.

[솔배'~이~ 삐가'리 채애' 가드'시] <솔개 병아리 채어 가듯> 순식간에 집어 가거나 채 가는 행동을 비유하는 말.

[솜' 마'저 포'앙'(포'항') 가가' 아, 호박' 떡 꾸'부머 조옥'켄' 따] <손 맞아 포항(浦項) 가서, 호박떡 구우면 좋겠다> ①서로 손발이 너무도 맞지 않을 때 통탄하는 말. ②상호 간에 손발이 너무도 잘 맞는다는 뜻. ▷[도독' 찔로

해애′도′ 솜′바′리 마′저야 댄′다]/[두우′ 솜′빠닥 마′주처야 소′리가 나′
지, 웨′소′는 암만′ 흔드′러도 소′리가 앤 난다]/[초′지′짱′도 마′지 들머
개갑′따].

[송기′ 바′테 드가′먼 사아′고′, 창꼽′ 빠′테 드가′먼 중는′다] <송기 밭에
들어가면 살고, 진달래꽃 밭에 들어가면 죽는다> 보릿고개를 만나 배가 고
플 때, 진달래꽃을 따먹으면 살기 힘들지만 송기를 꺾어 먹으면 살 수 있다
하여 이르는 말. ▷[창꼽′ 빠′테 드가′먼 죽′꼬, 송기′ 바′테 드가′먼 사안′
다′].

[송까′라게 불′로′ 부′치가아 하′늘로 올′리끼~이~] <손가락에 불을 붙여서
하늘로 올릴게> ①도저히 불가능하다는 것을 단정하듯 장담하는 말. ②절
대로 그렇지 않다고 강하게 부정하는 말. ▷[내 손터′베 자~아′~을′~ 찌′지
라].

[송′도 말′려′내 불가사′리] <송도 말년의 불가사리> 도저히 말릴 수 없는 못
된 행패만 하고 다니는 사람의 비유.

[송추′~이~가 가알′리′플 묵′꼬 사아′리′] <송충이가 갈잎을 먹고 사랴> 송
충이가 솔잎을 먹고살아야지 갈잎을 먹을 수 없듯이, 분수에 넘치는 일을
하면 낭패를 보기 십상이라는 말. ▷[송취′~이~가 솔′리플 무′구야지, 갈′
리′풀 무′구머 타아′리′ 난다]/[송치′~이~느~ 솔′리플 묵′꼬 사아′지′, 까
랍때′기 묵′꼬느 모온′ 사′ 안다].

[송취′~이~가 솔′리플 무′구야지, 갈′리′풀 무′구머 타아′리′ 난다] <송충이
가 솔잎을 먹어야지, 갈잎을 먹으면 탈이 난다> 분수에 넘치는 짓을 하면
낭패를 본다. ▷[송추′~이~가 가알′리′플 묵′꼬 사아′리′]/[송치′~이~느~
솔′리플 묵′꼬 사아′지′, 까랍때′기 묵′꼬느 모온′ 사′ 안다].

[송치′~이~느~ 솔′리플 묵′꼬 사아′지′, 까랍때′기 묵′꼬느 모온′ 사′ 안다]
<송충이는 솔잎을 먹고살지, 갈잎 먹고는 못 산다> 누구나 제 분수에 맞도
록 살아야만 한다. ▷[송추′~이~가 가알′리′플 묵′꼬 사아′리′]/[송취′~이~
가 솔′리플 무′구야지, 갈′리′풀 무′구머 타아′리′ 난다].

[수′레 술′ 탄′ 든, 무′레 물′ 탄′ 든] <술에 술 탄 듯, 물에 물 탄 듯> 말이
나 행동이 분명하지 못하고 흐리멍덩하다는 말. ▷[무′레′ 물′ 탄′ 든, 수′
레 술′ 탄′ 든].

[수′양′산 그느′리 가앙′동′ 팔′십′ 니] <수양산(首陽山) 그늘이 강동(江東) 팔십 리> 영향력이 커서 매우 먼데까지 미침을 이르는 말. ▷[사아′라′믄 어어′른′ 더′글′ 바아′도′, 낳′근 어어′른′ 더′글′ 모옴′ 뿐′ 다].

[수우′박′ 거 톨′끼] <수박 겉 핥기> 실제 내용은 모르고 겉만 건드림.

[수움′푸′~이~ 부우′는′ 대′로, 물′살′ 여′얼′ 치′는′ 대′로, 나′모′ 꼭′ 까′는 대′로] <순풍이 부는 대로, 물살 여울 치는 대로, 나무 끝 가는 대로> 세상사 모두를 순리대로 따른다는 뜻. ▷[바람′ 부우′는′ 대′로, 물′결′ 치′는′ 대′로].

[수터′리 지이′ 딿′는 줄 모린′다′] <숫돌이 제 닳는 줄 모른다> 아주 조금씩 줄어드는 것은 의식하기 힘들 듯이, 작은 것도 계속 모이면 무시할 수 없는 양이 된다는 말. ▷[개애′미 메에′ 모두′우 드시 모두′ 운다]/[문지′ 모다′ 아 태애′사′~이~다]/[줴′ 밥또 마~아′~이~ 무′우머 배′부′리다]/[티끌 모′아 태애′산′].

[숙′깨′애 조′달′른 소리] <수캐 좆 앓는 소리> 혼자서 끙끙거리며 애만 쓰고 있는 사람을 비하하는 말.

[숙′깨′애 졷′짜′랑] <수캐 좆 자랑> 별것도 아닌 것을 자랑인양 마구 늘어놓는 사람을 욕하는 말.

[숙′때′ 까′아 바람′ 망는′다′] <쑥대 가지고 바람 막는다> 보기에 하잘것없는 것으로부터도 적지 않은 도움을 받는다는 말. ▷[귀때′기 만는′ 데 구′리쉐에미가 어′지다]/[뿔′때′기로 마′저도 구′리쉐에미가 어′지다]/[석′사′~아~웨엔′ 도′오끼].

[술′따′암배 앤 사 묵′꼬 소′~아′~지 사 노′~오~이′, 디읻′삼′ 버어′미′ 와가′ 아 무′고 가′더′란다] <술 담배 안 사 먹고 송아지를 사다 놓으니, 뒷산 범이 와서 물고 가더란다> 써야 할 데 쓰지 않고 너무 인색하게 모아 봤자 결국 남는 것이란 아무 것도 없다. ▷[애′끼능 기이 꿀찔′로 간다]/[애′끼다가 똥′댄′다].

[술′모음′ 뭉′능 구우′시′~이~ 어억′꼬′, 글′ 모′리능 구우′시′~이~ 어업′따′] <술 못 먹는 귀신이 없고, 글 모르는 귀신이 없다> 살았을 때 술을 못 마셨거나 글을 모르던 사람일지라도, 그 제사에는 술잔을 치고 축문을 읽는 절차를 빠뜨릴 수 없다는 말. ▷[글′ 모′리능 구우′시′~이~ 어억꼬, 술′

모옴′뭉′능′구우시′~이~ 어업′따′].

[숭여′네 아′아느 배′ 터′저 죽′꼬, 어어′르′느느 배′고′러 중는′다] <흉년에 아이는 배 터져 죽고, 어른은 배곯아 죽는다> 흉년이 들면 아이들은 지나치게 많이 먹어 탈이 생기는 반면 어른들은 굶게 되어 고르지 않다는 말.

[숭′여′네 윤′달′] <흉년의 윤달> 불행한 일을 당하고 있는 중에 또 좋지 못한 일이 겹침을 이르는 말. 설상가상. ▷[오 도리′고 오옴′ 오′리고 두드레′기 선 두′린′다].

[숭′여~에′ 디이′머′ 내앵′수′에도(참′ 무레도) 디인′다′] <숭늉에 데면 냉수(찬물)에도 덴다> 무엇에나 한 번 몹시 놀란 때에는 그와 비슷한 것만 보아도 겁을 집어먹게 된다.

[쉐′버′다아 더′ 야′뭉 거느 당나′구 디입′빨′] <쇠보다 더 야문 것은 당나귀 뒷발> 당나귀의 뒷발이 가진 위력이 대단하다는 비유.

[쉐에′기′ 쥐 직′ 겉따′] <속이 쥐 집 같다> 마음속이 마치 검불을 물어다 지은 쥐의 집과 같다 함이니, 걱정이 많고 복잡한 문제가 꼬여 있는 심정을 두고 이르는 말.

[쉐에′미가 대′ 자라도 무′거야 사안′다′] <수염이 대 자라도 먹어야 산다> ①배가 고플 때는 먹는 것이 급선무다. ②누구나 먹지 않고는 살 수가 없다. ▷[여′를 굴′머 군′자 어업′따′]/[이′비′ 서어′워′리라]/[화′늘 미′테 낭 거′느 무′거야 사안′다′].

[쉬이′ 옹두′리 우루′우드시 우루′운다] <쇠옹두리 뼈를 우리듯 우린다> 두고두고 한없이 우려먹는다는 뜻. ▷[소′ 뻬가′치 꼬′오드시 꼬′온다].

[쉬이′파′래~이~ 무서′버 자앙′앤′ 다무′까′] <쉬파리 무서워 장 안 담을까> 마땅히 해야 할 일은 다소간의 방해물이 있다손 치더라도 해야만 한다는 말. ▷[구우′디′기 무서′버 자앙′ 몬′ 땅껜나].

[쉬인′ 질′ 나무′도, 끅′ 까′능 고′지′ 읻′따′] <쉰 길 나무도, 끝 가는 곳이 있다> ①어떤 어려움도 끈질기게 참고 견디면 결국에는 좋은 일이 생긴다. ②모든 일에는 꼭 끝머리가 있다. ▷[뻐′더 가는 칠개′~이~도 하아′~이′~ 읻′따′]/[소옹′곧′또 끅′ 까′능 고지 읻′따′].

[쉬인′ 질 무′릉′ 거언′네′ 바아야 아아고, 한′ 질 사아′라′믄 적′꺼바아야 아안′다′] <쉰 길 물은 건너봐야 알고, 한 길 사람은 겪어봐야 안다> 사람의

제1부 경주 속담 사전 ─────────────────────────── 143

마음은 알아내기가 매우 어렵다. ▷[지일'고' 짜링 거'느 대'애바아야 아안' 다']/[지푸'고 야풍' 거'느 거언'네' 보머(거언'네' 바아야) 아안' 다']/[지푼'지 야푼'지느 거언'네' 바아양 아안' 다']/[한' 질 사아'라'믄 적꺼' 바아야 아아'고', 쉬인' 질' 무릉' 거언'네' 바아야 아안' 다'].

[시구러'붕 개애'살'구] <신 개살구> ①매우 시고 맛이 없는 음식이나 그런 일을 비유하는 말. ②좀 건방진 사람을 두고 비하하는 말.

[시구럽'쩌도 애~ 하'고 구운'덩' 내버텅 난' 다'] <시지도 않고 군내부터 난다> 같잖은 존재가 미리부터 노련한 체한다. ▷[모온' 땐' 소~아'~지 어엉'디'~이~에~ 뿔' 난' 다']/[미붕' 개애'느' 상추바'테서러 (우쭐거' 리머) 똥' 산다]/[미분' 니'미' 바람빤'제서러 똥' 끼인다]/[미분' 쏴~아'~지 어엉'디'~이~예~ 뿔' 난' 다']/[어근낭' 깸뻴거'지 모' 통살미(모티'~이~)로 긴다(구분'다)]/[어근난' 소~아'~지 어엉' 디'~이~예~ 뿔' 난' 다].

[시'근 중' 묵'끼] <식은 죽 먹기> 대단히 쉬운 일이라는 뜻. ▷[누'버가 아땡' 묵'끼]/[누분' 소' 타'기]/[땅' 직'꼬 훼에'미 치기]/[밥떡꺼' 리 무'고 새 새'끼 부리'드'시]/[사암' 동'세, 시'금 판쭉' 항 그'륵]/[아' 곱 동'세, 시'금 판쭉' 항 그'륵 묵'끼].

[시'는 안'저서 구'마' 알 리, 서어'가' 아도 구'마' 알 리로 본다] <신(神)은 앉아서 구만 리, 서서도 구만 리를 본다> 신은 앉으나 서나, 세상사를 훤히 다 내다본다는 말.

[시' 도'독쩌름 모온'한' 다] <씨 도둑질은 못한다> ①아비와 자식은 용모나 성질이 비슷한 데가 많아 유전이 됨을 속일 수는 없다. ②그 집안이 지녀온 내력은 잘 없어지지 아니하고 계속 이어져 내린다.

[시래'기 꼬'치 핀' 다'] <시래기 꽃이 핀다> 오래 앓거나 영양이 부족해서 얼굴이 형편없음의 비유.

[시'부' 머 패박'꼬 다' 머 생' 킨다] <쓰면 뱉고 달면 삼킨다> 신의나 지조를 저버리고 실리에 따라 행동함을 이르는 말. ▷[다' 다꼬 묵'꼬 십' 따' 꼬 패반는' 다].

[시'어' 마시 죽'꼬 처으'미'다] <시어머니 죽고 (나서) 처음이다> 매우 오랜만에 찾아온 기회다.

[시이' 간' 사' 리캉 둥거' 리뿌른, 찝' 쩍' 꺼' 릴수록 타알' 란' 다] <살림살이와

장작불은, 집적거릴수록 탈 난다> 잘 타고 있는 장작불을 들쑤시거나 움직여 놓으면 그만 꺼지려 하듯, 평소에 하지 않던 일을 하면 탈이 나기 쉽다. ▷[둥거´리뿔 하´고 살림사´리 하´고느 숙석꺼´리머 타알´란´다]/[사기 그´륵캉 지이´지´븐 돌´리머 재미´ 업따´]/[장´작뿌 라´고 시이´간´사´리 하´고느 쩝찌´기머 꺼´진´다].

[시´이´미가 메´느리 논는´다] <시어미가 며느리를 낳는다> 시어머니의 교육 방법과 행동에 따라 며느리가 착해지기도 하고 그 반대도 된다.

[시이´살´때 버´르시 여´등꺼정 간다] <세 살 때 버릇이 여든까지 간다> 어릴 때 몸에 벤 나쁜 버릇은 쉽사리 고쳐지지 않는다. ▷[백´쩌~이~저´버´들 바아´라´컨는다]/[산처´능 곤´치도, 천´서~은~ 모옹´꼰´친다]/[시이´살´버´얼시가 여´드늘 가도 모옹´꼰´친다]/[지´버리장머´리 개애´죽´까]/[천´성 곤´치는 야´근´어업´따´]/[활랴´~이~주´거도 기이´생´쩝 울딸´미´테서러 중는´다].

[시이´살´버´얼시가 여´드늘 가도 모옹´꼰´친다] <세 살 버릇은 여든을 가도 못 고친다> 어릴 때 몸에 벤 나쁜 버릇은 쉽사리 고쳐지지 않는다. ▷[백´쩌~이~저´버´들 바아´라´컨는다]/[산처´능 곤´치도, 천´서~은~ 모옹´꼰´친다]/[시이´살´때 버´르시 여´등꺼정 간다]/[지´버리장머´리 개애´죽´까]/[천´성 곤´치는 야´근´어업´따´]/[활랴´~이~주´거도 기이´생´쩝 울딸´미´테서러 중는´다].

[시이´어´매~이~주´구머, 큼´방´차지´내´차지] <시어머니 죽으면 안방 차지 내 차지> 우두머리가 없어지면 그 다음 사람에게로 권력이 물려진다. ▷[나´무 짐 메´늘또 오´래 사아´머´시´이´미 질 한다]/[메´느리도 시´이´미 질 할´때가 잍´따]/[큼´마´리 나가´머, 자금´마´리 큼´말´노´른탄다].

[시이´이´미가 열 뚜´우리라도, 사매빼´리느 앤 나´무랜다] <시어미가 열 둘이라도, 소맷부리는 안 나무란다> 아무리 별난 시어머니라도 소맷부리가 조금 잘못된 것까지는 크게 야단치지 않는다 함이니, 때로는 다소 서툴어도 크게 나무라지 않는다고 이르는 말.

[시이´이´미 자´버 단지´고옴´한´다] <시어미 잡아 단지 곰 곤다> 며느리가 시어머니를 잡아 단지에 넣고 곰국을 끓인다 함이니, 며느리가 시어머니를

심하게 흉을 본다는 뜻. ▷[메'늘 서어'이'가 시'이'미 단'지'고'옴 한
다]/[사암' 동'세가 어불'러가아, 시이'미 단'지'고'옴한다].

[시이'작'끼가 바안'턴'] <시작이 반> 일은 처음에 시작하기가 어렵지 일단
시작만 하면 끝마치는 것은 그리 어렵지 않다. ▷[전죽'키가 바~아'~이'~
다]/[천' 수레 배'부리'나].

[시이'저'~을~ 아아'머' 인저'~이~ 온다] <사정을 알면 인정이 온다> 남의 어
려운 사정을 알고 힘껏 도와주면, 후에 그만한 인정이 돌아온다.

[시이'집'또 앵'강' 기'이 똥'뚜'디'기버텅 장만는'다] <시집도 안 간 것이
기저귀부터 장만한다> 일이 앞으로 어떻게 될지도 모르면서 가소롭게도 미
리 서두른다. ▷[늘'근 처어'자' 똥뚜디'기 장만는'다]/[새복' 딸 보올'락'
꼬 어스름' 지~억~뻐'텀 나선' 다]/[아' 수봉 가암' 자' 앙사 유우' 얼' 버'텀
한다].

[시일'가'는 데 바'느랭'가나] <실 가는 데 바늘 안 가나> 관계되는 것끼
리 떨어지지 않고 꼭 붙어 다니는 것이 정상이라는 말. ▷[바'늘 가'는'
데' 시이'랭'가나].

[시일'니이'가'대기 사아시'래~이~가] <실 네 가닥이 사실 아니냐> 자기 주
장이 사실(事實)이라고 자꾸 우기는 사람을 놀리는 말. 참 실 네 가닥이란
뜻을 지닌 사실(四실)과 사실(事實)의 소리가 같음.

[시잉'개 터레'기 뱅모'삼 연'] <센 개털 백모 삼 년> 세어서 희어진 개의
털을 굴뚝에다 삼 년 동안 박아두어도 검어지지 않는다 함이니, 아무리 애
를 써봐도 별 수 없다 또는 바탕은 고치기 힘들다는 뜻.

[시' 자'랑 하'지' 바'고(마'고), 거두'운 자'랑 해애'라'] <씨 자랑 하지 말
고, 거둔 자랑 해라> 어떤 씨를 심었느냐가 중요한 것이 아니라, 잘 가꾸고
거둔 결과를 놓고 자랑해야 한다는 말.

[시자'~(시재'~)이~ 반'차~이~다] <시장이 반찬이다> 배가 고프면 반찬이 없
어도 음식은 맛있다. 참 어느 봄날, 한 농부가 이웃 마을의 친구를 점심에
초대했다. 초대받은 친구가 일찌감치 농부네 집에 가서 보니 농부 내외는
들판에서 일만 하고 있었다. 수인사를 나눈 뒤에도 농부는 일만 계속하다
가 드디어 해가 지기 시작했다. 날이 저문 뒤에 정작 차려 내온 밥상에는
김치와 된장밖에 없지 않은가. 이때 의아해 하는 친구의 표정을 본 농부가

"찬은 없지만 어서 드세, 시장이 반찬일세."라고 했다는 데서 생겼다는 말.
▷[오오′ 훼′ 에 신 나′ 물 업따].

[식꾸′가 여′리′머, 그중′ 한 사′람 보′그′로 아′옥 키가′ 묵′꼬 사안′다′] <식구가 열이면, 그중 한 사람 복으로 아홉이 먹고산다> 예전에는 식구가 많더라도 그 가운데 어느 한 사람쯤 복을 타고난 사람이 있으면 모두가 함께 먹고살 수 있다 함이니, 식구가 많아서 나쁠 것이 없다는 뜻.

[식뽀′근 인는′데 십(좁) 뽀′근 업따] <식복(食福)은 있는데 X(좆) 복은 없다> 먹을 복은 있는 편인데 다른 복은 별로 없다.

[신선′ 노로′메 도끼′ 자리′ 성는′ 줄 모린다′] <신선 놀음에 도끼 자루 썩는 줄 모른다> 재미 나는 일에 정신이 빠져서 세월 가는 줄 모른다. 참 한 나무꾼이 깊은 산에 나무를 하러 갔다가 신선들이 바둑을 두는 것을 구경하느라 시간 가는 줄 모르다가 정신을 차리고 보니 도끼 자루가 썩어 있더라는 설화에서 나온 말.

[신′ 암′ 날 터′징 거′느 정지′ 문전′도 모온′ 너′ 엄는다] <짚신 앞 날 터진 것은 부엌 문전도 못 넘는다> 이미 손을 쓸 수 없을 만큼 형편이 어긋난 까닭에 아무런 처방이 없다. 참 짚신의 앞날이 터지면 몇 발짝 걷지 못해서 완전히 풀어지기 때문에 생긴 말.

[신′ 체느 내′리′ 나′고 꿰′느′ 도′디 난다′] <신체는 내리 나고, 꾀는 돋게 난다> 아이들의 체력은 부모 때보다 못해지는 반면 꾀는 더욱 많아지는 경향이 있다.

[신′ 체 받′치 녹′코 겨론′ 하′머 잘′ 사안′ 다′] <송장을 받쳐 놓고 결혼하면 잘 산다> 송장을 눕혀 둔 채로 결혼식을 하면 앞으로 잘 살게 된다 하여 이르는 말.

[심′ 니′도 모옹′ 까′서 발′ 뼈′잉 난다] <십 리도 못 가서 발병 난다> 얼마 가지 않아서 탈이 난다는 말.

[심′ 벅′꼬도 모온′ 따′러간다] <신 벗고도 못 따라간다> 온 힘을 다해도 도저히 미치지 못한다.

[심 시′ 기버다′ 아사 꿰′ 시′ 기가 나알′ 따′] <힘쓰기보다야 꾀쓰기가 낫다> 일을 처리함에 있어 머리를 쓰는 것이 힘으로 해결하는 것보다 한 수 위다.

[심′ 여′~이~머~ 강산′ 도 비인′ 는′ 다] <십 년이면 강산도 변한다> 십 년의 세

월이 흐르면 세상에서 변하지 않는 것이 없다. ▷[태애′사′~이~ 펭′지 댄다].

[심′영′ 꽁부′ 나무 애′미타아′불′] <십년 공부 나무 아미타불> 오랫동안 공을 쌓아 오던 일이 허사가 됨을 이르는 말.

[십′ 쭈′고 빼말때′기 만′는′다] <X 주고 따귀 맞는다> 남에게 잘해 주고서 오히려 해로움을 당한다. ▷[국 속′꼬 보오′지′ 디인′다′]/[지 꺼′ 주′고 귀때′기 만는′다].

[싱거′분 도옹′네′ 구′장질 한다] <싱거운 동네 구장(區長)질 한다> 열없고 싱겁기만 하다. ▷[싱걱끼′느 호오′박 채꾹′]/[싱거′분 도옹′네′ 배′길′세 바′드로 댕′긴다].

[싱거′분 도옹′네′ 배′길′세 바′드로 댕′긴다] <싱거운 동네 백일세(百日稅) 받으러 다닌다> 하지 않아도 좋을 일을 싱겁게 하는 사람에게 핀잔주는 말. ▷[싱걱끼′느 호오′박 채꾹′]/[싱거′분 도옹′네′ 구′장질 한다].

[싱걱끼′느 호오′박 채꾹′] <싱겁기는 호박챗국> 매우 싱겁거나 멋없는 행동을 빗대는 말. ▷[싱거′분 도옹′네′ 구′장질 한다]/[싱거′분 도옹′네′ 배′길′세 바′드로 댕′긴다].

ㅇ

[아′그′로 모′온 살림′ 아′그′로 마~한′~다] <악으로 모은 살림 악으로 망한다> 나쁜 짓을 하여 모은 재산은 오래 가지 못하고 도리어 재앙이 된다는 말.

[아′곱 동′세, 시′금 팥쭉′ 항 그′륵 묵′끼] <아홉 동서, 식은 팥죽 한 그릇 먹기> ①너무나도 쉽다는 뜻. ②도무지 나누어 볼 생각을 하지 못할 만큼 적

은 분량이라는 뜻. ▷[누′버가아 떵′ 묵′ 끼]/[누분′ 소′ 타′ 기]/[땅′ 직′꼬 훼에′ 미 치기]/[밥떡꺼′ 리 무′고 새 새′ 끼 부리′드′ 시]/[사암′ 동′ 세, 시′ 금 판쭉′ 항 그′륵]/[시′ 근 중′ 묵′ 끼].

[아′ 닌′시미 조오′ 와′ 야 바깐′ 냐양반 추리′비 널′ 따] <안 인심이 좋아야 바깥양반 출입이 넓다> 제 집에 오는 사람을 잘 대접해야 바깥양반이 다른 데 가서도 상당한 대접을 받게 된다.

[아′러야 며언′ 장′ 질로 하′ 지] <알아야 면장질을 하지> 윗사람 노릇을 하려면 실력과 견식이 갖추어져야만 한다.

[아릳′ 또올 빼애′ 가′ 아 운′ 또올 고′ 운다] <아랫돌 빼 가지고 윗돌 괸다> 우선 다급한 처지부터 모면하기 위하여 임시변통을 한다. ▷[아′옵 폭 처매′로 이리′ 덕′꼬 저′리′ 덤′는′ 다]/[욷′ 또올 빼애′ 가′ 아 아릳′또올 고′ 우고, 아릳′또올 빼애′ 가′ 아 욷′또올 고′ 운다].

[아릳′ 쩨′ 레도 모옹′ 까′고, 욷 쩨′ 레도 모옹′ 깐′ 다] <아랫 절에도 못 가고, 윗 절에도 못 간다> 난처하기 이를 데 없는 상황에 처해 있다는 말. ▷[아릳찌′레도 모옹′ 까′고, 욷찌′레도 모옹′ 깐′ 다].

[아릳′ 쪼~아′~리 보′고 구웅′디′~이~ 바앋′ 따′ 컨는′ 다] <아랫종아리 보고 궁둥이 봤다고 한다> 작은 것을 가지고 매우 부풀려서 말한다. ▷[구웅′ 디′~이~ 보′고 보오′지′(허벅′찌) 바앋′따′ 컨는다]/[조~아′~리 보′고 허벅′ 찌 바앋′ 따′ 컨는다].

[아릳찌′레도 모옹′ 까′고, 욷찌′레도 모옹′ 깐′ 다] <아랫길에도 못 가고, 윗길에도 못 간다> 어떻게도 할 수 없는 상황에 처해 난처하기 이를 데 없다. ▷[아릳′ 쩨′레도 모옹′ 까′고, 욷 쩨′레도 모옹′ 깐′ 다].

[아배′피 마알′ 모온′하고 철′ 천′지 포오′ 온′ 진다] <앞앞이 말못하고 철전지 포원(徹天之抱冤)진다> 일일이 설명할 수도 없을 만큼 대단히 억울한 일을 당하였을 때 하는 말.

[아′부 조옹′ 도′ 내′ 조옹′마′ 모온′하′ 다] <아비 종도 내 종만 못하다> 남에게 딸린 것은 아무리 좋더라도 실속이 없는 까닭에, 보잘것없더라도 나에게 딸린 것이 훨씬 낫다. ▷[내′ 칼또 나′무 칼찌′ 베 드′머′ 에′럽따(드′마′ 에′랍따)].

[아′ 수붕 가암′ 자′ 앙사 유우′얼′ 버′텀 한다] <아쉬운 감 장사 유월부터 한

다> 너무 아쉬운 나머지 여건조차 성숙되지 아니 한 채로 흥내부터 내며 서두른다. ▷[늘′근 처어′ 자′ 똥뚜디′ 기 장만는′ 다]/[새복′ 딸 보올′ 락′ 꼬 어스름′ 지~억~뼈′ 텀 나선′ 다]/[시이′ 집′ 또 앵′ 강′ 기′ 이 똥′뚜′ 디′ 기버 텅 장만는′ 다].

[아′ 시예 베′ 린(서언′) 떠′ 근′, 다′ 시예도 베′ 린다(서언′ 다′)] <애벌에 버린 (선) 떡은, 다음 번에도 버린다(선다)> 첫 번째 실패한 일은 그 다음 번에 다시 해도 실패하기 쉬운 경향이 있다. ▷[나물′ 날′ 꼬든 입′새버텅 아안 다]/[등 구′부머 질매′ 까아′ 지′]/[설′ 때 구′치 나′ 아가, 나′ 아도 구′친다]/ [에′릴 때′ 버′텅 질매′ 까아지].

[아′ 아 노′ 온 어′마~이~ 비인′ 니′ 베 보내′ 애머 집땀말래′~이~가 우운′ 다′] <아이 낳은 어멈을 맨입에 보내면 지붕 꼭대기가 운다> 산모가 집에 찾아 오면 무엇인가를 대접해서 보내야 하는 것이 인정이라는 말.

[아′ 아느 갇따′ 아 내삐′고, 안태′ 만 좌′ 아다 키′ 얀냐] <아이는 갖다 내버리고, 태만 주워다가 키웠나> 지나치게 어리석게 행동하는 사람을 조롱하는 말.

[아′ 아느 앵 키′우고 가암′ 마′ 키′ 얀냐] <아이는 안 키우고 간만 키웠나> 어 찌 그리 간이 큰 짓만 하느냐고 꾸짖는 말.

[아′ 아느 우′러야 젇′ 쭌′ 다] <아이는 울어야 젖 준다> 보채거나 졸라야만 뭔 가를 얻기가 쉽다. ▷[우우′ 는′ 아′ 아 젇′ 쭌′ 다].

[아′ 아느 접시′ 기마 깨′ 애도 마아′ 리′ 마앙′ 코′, 어어′ 르′ 는 도′ 글′ 깨′ 애도 마아′ 리′ 업따] <아이는 접시를 깨도 말이 많고, 어른은 독을 깨도 말이 없 다> 아이들이 저지른 허물을 두고 간섭하는 사람이 많은 반면, 어른이 저지 른 허물에 대해서는 선뜻 나무라지 못한다는 뜻.

[아아′ 는′ 냐앙′ 반′ 쉬이′ 똥′ 파래′~이~] <아는 양반 쇠똥파리> 어떻게 알아 내는지 남의 일을 참으로 잘도 알아낼 때 하는 말. ▷[아안′ 다′~이~ 똥파 래′~이~].

[아아′ 는′ 너미 더′ 무섭′ 따] <아는 놈이 더 무섭다> 아는 사람이 더 야속하 게 굴 때 하는 말. ▷[조선′ 웨′ 너미 더 무섭′ 따].

[아아′ 는′ 도동′ 넘 무꾸′ 우드시 무꾸′ 운다] <아는 도둑놈 묶듯 묶는다> 무엇 을 허술하게 묶거나 단속할 때 이르는 말.

[아아′ 는′ 질′ 또′ 무′ 러 가′ 라] <아는 길도 물어 가라> 아무리 쉬운 일도 물

어 가면서 재확인해야 틀림없다는 말. ▷[돌따리'도 뚜디'리 보'고 거언' 넨'다]/[무링' 가암'도 꼭'찌로 빼애'고' 무'거라]/[야푼' 데도 직'께 거 언'네'라]/[야품' 물'또 지푸'기 거언'네'라].

[아아'던' 정' 보'던' 정' 업'따'] <알던 정 보던 정 없다> ①공적인 일에는 사심이 없다. ②지금까지 쌓아 온 인정관계를 온통 무시한다.

[아'아드릉 키'울 때 재미'다] <아이들은 키울 때 재미다> 어린아이들을 기를 때는 재미가 있으나, 조금 자라고 나면 도리어 애를 먹이고 귀찮게 군다하여 이르는 말.

[아'아들 꼬닥꺼'리머 눈처'네 눔'물' 내'앤다] <아이들 까불면 눈에 눈물 낸다> 아이들이 너무 까불면 결국에는 울게 되는 지경에 이른다. ▷[여엉'가 미(여엉'개'미) 꼬닥꺼'리머 수'리 생'기고, 할매'~이~가 꼬닥꺼'리머 베롬 빠'게 똥 사 부'치고, 아'아드리 꼬닥꺼'리머 눈처'네 눔'물' 내애'고', 개 애'가' 꼬닥꺼'리머 바람' 부운다].

[아'아들 보'는' 데'서'러느 참'물'또 모옴' 뭉'는다(마'신다)] <아이들 보는 데선 찬물도 못 먹는다(마신다)> ①아이들 앞에서는 행동을 삼가야 한다. ②남이 하는 대로 꼭 따라 하려 드는 사람을 매도하는 말.

[아'아들 사'아미 어어'른' 사'암댄다] <아이들 싸움이 어른 싸움된다> 작은 일이 차차 커져서 큰 사건이 된다.

[아'아들 사암'시'라'은~ 가'튼' 사암'시'라'이~다] <아이들 삼신(三神)은 같은 삼신이다> 아이들의 생각이나 속성은 모두 같다.

[아'아들 애~이'~머~ 위'실 이이'리 어업'따'] <아이들 아니면 웃을 일이 없다> 순진한 아이들이 있어 집안을 늘 즐겁게 해 준다.

[아'아 모온' 논'는 안'들', 밤'마'중 용'꿈 꾼다] <아이 못 낳는 여편네, 밤 마다 용꿈 꾼다> 아이를 낳지 못하는 여편네가 밤마다 태몽으로 용꿈을 꾼다 함이니, 능력은 없으면서 부질없는 환상에 젖어 있는 사람을 질책하는 말.

[아아'무'리 바뿐' 들, 바'늘로 장대'~에~ 매'애가아 시나] <아무리 바쁜들, 바늘을 허리에 매어 쓰나> 아무리 바쁜 와중이라도 최소한의 절차까지 생략할 수는 없다는 말.

[아'아버다아 배꾸'미(배꾸여'~이~) (더) 크'다'] <아이보다 배꼽이 (더) 크

다> ①본체보다 종속적인 부분이 더 클 때 과장하는 말. ②효과보다 비용이 더 많아 사리에 어긋난다는 말. ▷[배'버'다아 배꾸'미 (더') 크'다']/[삼버 다'암 고오'리' 더' 크다].

[아'아 벼엉'캉' 소' 벼엉'캉' 같'따'] <아이 병과 소의 병은 같다> 아이나 소가 아프더라도 어디가 어떻게 아프다고 말을 하지 못하므로, 속내를 몰라 난감하고 답답하기는 마찬가지라는 뜻.

[아'아 사구'우머 오'세 오좀' 반는'다] <아이 사귀면 옷에 오줌 받는다> 곤란한 상대와 지나치게 가깝게 지내다가는 오히려 손해를 입게 된다. ▷[비'오'는 날 개애' 사'국키].

[아'아캉 개애'카'~은~ 사구'운 대애'로' 간다] <아이와 개는 사귀는 대로 간다> 사람이나 짐승이나 간에 정을 많이 주는 데로 따르게 마련이다. ▷[나마'안사랑캉 아'아는 붇'치는 대로 간다]/[무'른' 지푼' 더로 실리'인다].

[아'아 하'고 갈바람' 하'고느 해'빠'지머 잔다] <아이와 갈바람은 해빠지면 잔다> 아이와 갈바람은 해가 빠지면 곧 잠이 들게 마련이라는 말.

[아안'다'~이~ 똥파래'~이~] <안단이 똥파리> 무엇이거나 무척 아는 체하는 사람을 비웃는 말. ▷[아아'는' 냐앙' 반' 쉬이' 똥' 파래'~이~].

[아알'고' 도 속'꼬 모리고도' 송는'다] <알고도 속고 모르고도 속는다> 모르는 척 속아 줄 때 이르는 말.

[아'옥 깨 모지리'이는 한' 죽] <아홉 개 모자라는 한 죽> 한 죽인 열 개 가운데 아홉이 모자란다 함이니 곧 단 하나 뿐이라는 말.

[아'옵 폭 처매'로 이'리' 덕'꼬 저'리 덤'는'다] <아홉 폭 치마로 이리 덮고 저리 덮는다> 남이 저지른 것을 덮어주기도 하면서 여러 가지 일을 손수 잘 처리해 나간다. ▷[아린'또올 빼애' 가'아 욷'또올 고' 운다]/[욷'또올 빼애' 가' 아 아린'또올 고'우고, 아린'또올 빼애' 가' 아 욷'또올 고' 운다].

[아재'비 모온'땡' 기이 조'캐(조'카) 장'찜 지'고 간다] <아재비 못된 것이 조카 장짐 지고 간다> 모자라는 사람 또는 온전하지 못한 행동을 지적하는 말. ▷[장'테도 모리능 기'이, 가겐' 찜 지'고 따' 러간다].

[아지'글 굴'머도 풍잠' 빠라'무로 댕'긴다] <아침을 굶어도 풍잠 바람으로 다닌다> 밥을 굶는 처지에 있음에도 불구하고 망건 장식을 자랑하는 멋에 젖어 있다 함이니, 실속은 없이 헛된 멋만 피우는 사람을 조롱하는 말.

[아′지매 떡′또′ 허′러′야 사 뭉는′다] <아주머니 떡도 싸야 사 먹는다> 모든 일에는 이해관계가 앞선다. ▷[아′지매 술′또 갑′슬′(도오′늘′) 조오′야 뭉는′다].

[아′지매 술′또 갑′슬′(도오′늘′) 조오′야 뭉는′다] <아주머니 술도 값(돈)을 줘야 먹는다> 아무리 가까운 사이라도 공짜는 곤란하며 값을 계산해 줘야만 한다. ▷[아′지매 떡′또′ 허′러′야 사 뭉는′다].

[아′지미 술′또 버′어 주′머 마싣′따] <아주머니 술도 부어 주면 맛있다> 남이 부어 주는 술맛, 특히 여자가 부어 주는 술맛이 좋다.

[아직′꺼′무느 사아′망′익′꼬, 저~역′~꺼′무느 사아′망′업′따′] <아침 거미는 소망 있고, 저녁 거미는 소망 없다> 아침나절에 거미를 보면 재수가 좋다.

[아직′ 빱 저녁′ 쭉] <아침 밥, 저녁 죽> 전날에, 아침에는 일을 하기 위해 귀한 쌀로 밥을 해 먹지만, 저녁에는 잠을 자기 때문에 죽으로 끼니를 때운다 함이니, 몹시 가난한 살림이라는 말.

[아직′ 뽀리′ 지~엉′~ 나′락] <아침 보리 저녁 벼> 아침 이슬에 젖은 보리와 저녁 이슬이 맺힌 벼의 자태가 보기 좋다는 말.

[아직′ 아앙′개′가 쩌′이머 주웅′ 대가′리 버′어진다] <아침 안개가 끼면 중의 대가리가 벗어진다> 아침에 안개가 끼는 날은 낮이 매우 뜨겁다.

[아징′ 미′궁마아른 자래애′도′, 지~엉′~ 미′궁마아름 모온′한′다] <아침 미국말은 잘해도, 저녁 미국말은 못한다> ①어떤 일에 자신이 만만하다고 떠벌리는 사람에게, 막상 해보라고 시키면 변명만 하고 딴전을 피울 때 충고하는 말. ②거짓말 한 사실이 탄로 날 조짐이 있을 때 변명하는 말. ▷[가실′ 콩′주근 앰 무′거도(무′가도), 봉′ 콩′주근 잘 뭉는′다]/[봉′ 콩′주근 잘 무′거도, 가실′ 콩′주금 모옴′ 뭉′는다].

[아칙′ 아재′비 저녁′ 쉬이′ 아′들넘] <아침 아재비 저녁 쇠 아들놈> 아침엔 아저씨라고 대접하다가 저녁엔 한껏 깔본다 함이니, 처음의 대접보다 나중이 나빠졌을 때 욕하는 말.

[악′따′미 보오′담′ 댄′다] <악담(惡談)이 보담 된다> 악담을 한 것이 오히려 듣는 사람을 자극하므로 써 좋은 쪽으로 가도록 영향을 미치는 수가 있다.

[악′칸′ 사아′라′민′테느 악′캉′ 귀이′시′~이′ 따′리고, 서어′난′ 사아′라′

민′테느 서어′낭′ 귀이′시′~이′ 따′린다] <악한 사람에게는 악한 귀신이 따르고, 선한 사람에게는 선한 귀신이 따른다> 선한 사람이 복을 받는 것은 당연한 바, 착한 일을 하라고 이르는 말.

[안′ 저가아 (빌′ 리)주′ 고 서어′ 가′ 아 반는′ 다] <앉아서 (빌려)주고 서서 받는다> 남에게 빌려주기는 쉽지만 돌려 받기는 매우 힘들다.

[안즘배′~이~ 조전′ 삼′ 심 니] <앉은뱅이 조전(朝前) 삼십 리(三十里)> ①앉아서 애만 쓸 뿐 활동력이 없을 때 낮추어 보며 하는 말. ②애를 써서 일을 했는데도 진전이 없다는 뜻. ▷[안짐배′~이~가 조전′ 삼′ 심 니로 가′~이~, 불′ 서′ 녹′코 아침′ 묵′ 끼가 마치맏떠′ 라].

[안증′ 개애 이′ 베 또′~이~ 드가′ 능강] <앉은 개의 입에 똥이 들어가는가> 앉아만 있는 개의 입에 먹이가 들어갈 수 있겠느냐 함이니, 부지런하지 않으면 소득이 따르지 않는다는 뜻. ▷[어어′ 더′ 뭉는 넘′ 도′ 부지러′ 너야 어어′ 더′ 뭉는다].

[안진′ 자~아′ ~워′늘 한다] <앉은 장원(壯元)을 한다> 노력은 않고 손쉽게 목적한 바를 거둔다. ▷[공 말′ 탄다].

[안짐배′~이~가 조전′ 삼′ 심 니로 가′~이~, 불′ 서′ 녹′코 아침′ 묵′ 끼가 마치맏떠′ 라] <앉은뱅이가 조전(朝前) 삼십 리를 가니, 불 켜 놓고 아침 먹기가 마침맞더라> 몹시 꾸물거리며 애만 쓰고 있는 사람을 깔보며 이르는 말. ▷[안즘배′~이~ 조전′ 삼′ 심 니].

[안짐배′~이~ 요옹′신′다] <앉은뱅이 용쓴다> 제 능력으로는 할 수 없는 일을 해보겠답시고 억지를 쓴다.

[알턴′ 이′ 빠′진′ 듣′따] <앓던 이 빠진 듯> 걱정거리가 없어져서 시원하다.

[암따′ 리 우우′ 머′ 지′ 바′~이~ 마′~한′~다] <암탉이 울면 집안이 망한다> 여자가 지나치게 떠들거나 설치면 집안이 잘 되지 않는다.

[암′ 빡′ 꼽새′] <안팎 곱사> 하는 일마다 제대로 되지 않아, 앞뒤로 굴신(屈身)을 하지 못할 만큼 곤란한 지경에 이름을 비유.

[암′ 빧′ 등′ 찜 진′다] <안팎 등짐 진다> 집에서 들로 나갈 때는 거름을 지고 갔다가, 쉬지도 않고 돌아올 때는 거둔 곡식을 또 지고 오듯 한다는 말로, 하는 일마다 참 어렵고 힘들다는 뜻.

[암소′ 꼬치받′ 찌′ 내′ 애기] <암소 고추밭 지내기> 소는 뒷발을 휘저으면서

걷기 때문에, 암소가 고추밭을 지나면 밭을 못쓰게 된다 함이니, 한번 지나고 나면 아주 못 쓰게 망치거나 망하게 한다는 말.

[압'뜨을 거엄'처'리 논, 디일' 뜨'을 개애' 똥' 받] <앞들 거머리 논, 뒷들 개똥밭> 거머리가 많은 논은 가뭄 걱정이 없고, 개똥밭은 기름진 바, 집 가까이 있는 기름진 땅 즉 문전옥답(門前沃畓)이라는 뜻. 참 [내 우'루미 저엉' 우'룽가, 우라'배 주'구미 저엉' 주' 궁가].

[압' 띠읻쩨베 사'러도(사'라도), 디읻'찌'베 김' 더어렁 서~어'~을'~ 모린' 다'] <앞뒷집에 살아도, 뒷집의 김 도령 성을 모른다> '김 도령'이 뒷집 도령의 이름인 줄로만 안다 함이니, 당연히 알아야 할 것을 모르고 지나는 게 있다는 뜻.

[압쩍' 깨 버엄' 무'러 강 걷' 따] <앞집 개를 범이 물어 간 것 같다> ①시끄럽던 사위(四圍)가 조용해져서 매우 흡족하다는 말. ②꺼림칙한 것이 없어져 개운하고 시원할 때 이르는 말. ▷[소오' 주'궁 귀이'싱' 걷' 따]/[열' 나'래가 자'능' 걷' 따].

[압찝' 크'내'기 믿따'가 자양' 개' 모옹' 깐' 다] <앞집 큰아기 믿다가 장가 못 간다> 막연한 제 생각에 젖어 있다가, 또는 남은 생각지도 않는데 공연한 기대를 하고 있다가 낭패를 본다. ▷[도옹'네' 새액'시' 믿' 따'가 자앙'개' 모옹' 깐' 다]/[디일'쩝' 처어'자' 믿따'가 자앙'개' 모옹' 깐' 다]/[이' 분쩝 새액'시' 믿따'가 자앙'개' 모옹' 깐' 다].

[앙간서'러 유우'기'미 치'바'더보드'시 본다] <안강(安康)에서 유금을 쳐다보듯 본다> 경주시 안강(安康)에서 멀리 떨어져 있는 유금리(有琴里)를 바라보듯 한다 함이니, 매우 아득하게 먼 곳을 하염없이 바라본다는 말.

[앙'깨'(암' 때' 애주) 자'분 텍 대' 애라] <암캐(암퇘지) 잡은 셈쳐라> 본디부터 없었거나 덤이었다고 생각해 달라는 말. 참 허기에 지치고 술 생각이 간절한 정만서(鄭萬瑞)가 주막을 지나다가 마침 수캐(수퇘지)를 잡는 장면을 보게 되었다. 그 정만서가 수캐(수퇘지) 불알과 술 한 동이를 시켜 먹고는, 술값을 치르지 않고 도망치면서 내뱉은 소리라고 전함.

[애'끼능 기이 꿀찔'로 간다] <아끼는 것이 꿀 길로 간다> 너무 아끼고 쓰지 않으면 오히려 잃거나 못 쓰게 된다. ▷[술' 따'암배 앤 사 묵'꼬 소~아'~지 사 노'~오~이~, 디일' 삼' 버어'미 와가' 아 무'고 가' 더' 란다]/[애' 끼다

가 똥' 댄' 다].

[애' 끼다가 똥' 댄' 다] <아끼다가 똥된다> 지나치게 아끼면 결국에는 못 쓰게 되고 만다. ▷[술' 따' 암배 앤 사 묵'꼬 소~아'~지 사 노'~오~이~, 디읻' 삼' 버어' 미' 와가' 아 무' 고 가' 더' 란다]/[애' 끼능 기이 꿀찔'로 간다].

[애' 비 파' 러' 노오' 자' 하' 고, 이' 미' 파' 러' 칭' 구 산' 다] <아비 팔아 노자 (路資)하고, 어미 팔아 친구 산다> 젊은이는 친구를 부모보다 더 중요하게 여긴다는 말. ▷[부' 모' 파러 동' 미 산다].

[애앵' 벼~어' ~에'~ 호오' 자' 업' 따'] <역병에 효자 없다> 악성 유행병에 걸린 어른에게 서운하게 대할 때도 있다 함이니, 무슨 일이거나 자기 자신부터 돌보게 된다. ▷[지임' 비'~이'~에~ 호오' 자' 업' 따'].

[애' 장 설레' 에느 모오' 시' 지 마' 러라] <애장 설레에는/속에는 묘를 쓰지 말아라> 아이들은 본디 그 속성이 시끄러우니 그 속에는 섞이지 마라. 참 애장: 아기 무덤.

[앤 대는' 너' 믄' 잡' 빠저도 코' 가' 깨' 애진다] <안 되는 놈은 자빠져도 코가 깨진다> ①운수가 사나운 사람은 하는 일마다 뜻밖의 탈이 생긴다. ②일이 잘 안 되려면 생각할 수조차 없는 실패와 재난이 거듭된다. ▷[문' 철레가 떡' 살' 두우' 대' 당구' 우머 비온다]/[재' 수 어엄' 는' 너믄, 디이' 로' 잡' 뻐저도 코가(퀘가)' 깨' 애진다]/[코 깰' 너믄 디이' 로' 잡' 뻐저도 코 깬' 다(코가' 깨' 애진다)].

[앤 대' 머 조' 상' 탇] <안 되면 조상 탓> 일이 자기 뜻대로 아니 되면 남을 원망하거나 원인을 남에게 전가한다는 말. ▷[잘때' 머 지' 봉마안 이' 기고, 모온' 때' 머 조' 상' 탇].

[앤 때앵' 꿀' 떠' 게 영' 개 나' 나'] <아니 땐 굴뚝에 연기 나나> 원인이 없고서는 아무런 결과도 나올 수 없다는 말. ▷[드는' 도오' 리' 이' 서야 나' 치 뿔' 는' 다]/[둥' 치 엄는 휘' 추' 리가 인' 나]/[뿔' 개' ~이~ 엄는 낭' 게 이' 피' 피' 까].

[앤 조욷' 시' 머' 앤 조욷' 찌', 띠이' 묵' 찌느 애~한' 다] <안 주었으면 안 주었지, 떼먹지는 않는다> 빚진 것을 결코 떼먹지 않을 테니 너무 조르지 말라는 말. ▷[어' 름짜~아~ 치이' 부' 해애가아 부지 가' 페 나' 아도오라].

[앰 뭉는' 쉐에' 기가 소' 리마 난다] <안 먹는 씨아가 소리만 난다> ①무엇을

제대로 알지 못하는 사람이 아는 체하며 훨씬 더 떠든다. ②능력은 발휘하지 못하면서 문제만 자꾸 일으킨다. ▷[비인′ 수′레가 요′라나다].

[앰 밴′ 아′아로 노′오라 컨는다] <안 밴 아이를 낳아라 한다> ① 없는 것을 억지로 내어놓으라고 다그친다. ②아직 여건이 무르익지 않았는데도 무리하게 재촉한다.

[앰 보′능′ 기′이 마′뜨긍 기′다] <안 보는 것이 깨끗한 것이다> 음식 만드는 것을 보면 더러운 기분이 들게 되므로, 차라리 보지 않는 것이 오히려 깨끗하다. ㊀ 사또에게 올릴 고배상을 들고 오던 하인이 잘못하여 과일을 떨어뜨렸다. 하인은 얼른 과일에 묻은 먼지를 혀로 핥은 다음 다시 올려놓고는 시침을 뚝 따는 것이었다. 이것을 먼발치에서 본 사또가 "어떤 것이 깨끗한 것이냐."고 물었을 때 하인이 대답한 말에서 생겼다고 함. ▷[드르′머 비~이′~고 앤 드르′머 야′기′다(애′기′다)]/[모리머′ 야′기′고(애′기′고) 아아′능′ 기′이 비잉].

[앰 보′머 보구적′꼬, 보′머 이′갈′리인다] <안 보면 보고싶고, 보면 이 갈린다> 만나보면 싫은 일면이 있지만 막상 만나지 않으면 또 보고 싶어진다는 뜻.

[앰 본′ 요′~응~ 기′리′도, 봄′ 버어′믐′ 모옹′ 끼′린다] <안 본 용은 그려도, 본 범은 못 그린다> 상상은 자유롭게 할 수 있으나 사실을 정확하게 파악하기는 매우 힘든다.

[앰 본′ 저′~이~ 나′나] <안 본 정이 나나> 사람이 서로 만나고 사귀어야 정이 들듯이, 가까운 사이라도 자주 만나지 않으면 정이 떨어지게 된다는 말. ▷[머언′ 데′ 나′머 빈치′이고, 자′테 나′머 개기′인다].

[앰 펭키′느 사′돈네 암′빵′] <안 편하기는 사돈네 안방> 매우 어렵고 부자연스러운 곳임을 비유. ▷[바′늘방시게 안′전능 걷따]/[사′돈네 집 암′빵′ 걷′따]/[소옹′곱′ 빵시′게 안′즌 듣따].

[앵두′ 따′가′아 처가′아 가도, 세에′배′느 앤 늘′따] <앵두 따 가지고 처가에 가도, 세배는 안 늦다> 처갓집 세배는 좀 늦더라도 큰 흉이 되지 않는다.

[야′수로 피이′하′~이~ 버어′미′ 나온다] <여우를 피하니 범이 나온다> 일이 갈수록 점점 더 어려워진다. ▷[갈′수룩 태애′사′~이~다]/[버어′믈′ 피이′하′머 담′보가 나′온′다]/[사′능 갈′수록 노푸′고, 무′릉′ 갈′수록 지푸

다]/[산' 너' 메 사'~이~ 익' 꼬, 물' 너' 메도 무' 리 읻' 따]/[지' 내' 강 고' 새'~은~ 칭' 구 덕' 태' 기다].

[야암' 저' 닝 강새'~이~ 부떠마' 게 먼저' 올' 러(라)간다] <얌전한 강아지 부뚜막에 먼저 올라간다> 겉으로만 얌전한 척할 뿐, 실제는 그와 정반대다.

[야앙' 바'~이~ 제까' 치로 꿰' 기로 꼬옥' 꼭' 찔' 러가아, 제까' 지마 빠러뭉는' 다] <양반이 젓가락으로 고기를 꼭꼭 찔러서 젓가락만 빨아먹는다> 지나치게 인색한 행동을 매도하는 말. ▷[바' 늘 까아 지렁' 찌' 거 뭉는' 다].

[야앙' 반' 지' 게 징 거' 걷' 따] <양반 지게 진 것 같다> ①서툴고 어색한 모습이다. ②뒤로 잔뜩 젖혀진 불안전한 자세를 조롱하는 말.

[야앙' 새' 애 든 나무'] <양 사이에 든 나무> 중간에 끼어 매우 곤혹스럽다는 말.

[야앙' 소' 네 떡' 쥐' 읻따] <양손에 떡 쥐었다> ①무엇을 먼저 해야 할지 모른다. ②좋은 일이 한꺼번에 두 가지나 생겼다. ▷[바 부' 예 떡']/[도라'~아~ 든' 소']/[정냥' 울따' 레 호오' 바' 게 구불' 런따]/[팔' 짜' 가 구' 짜' 거치느' 러' 젇따]/[호오' 바' 게 구불' 런따]/[홍재 바가' 치에 기 꼬' 벋따].

[야푼' 데도 직' 께 거언' 네' 라] <얕은 데도 깊게 건너라> 모든 일을 매우 조심해서 하라. ▷[돌따리' 도 뚜디' 리 보' 고 거언' 넨' 다]/[무렁' 가암' 도' 꼭' 찌로 빼애' 고 무' 거라]/[아아' 는' 질' 또' 무' 러 가' 라]/[야품' 물' 또' 지푸' 기 거언' 네' 라].

[야푼' 물' 또' 지푸' 기 거언' 네' 라] <얕은 물도 깊게 건너라> 모든 일을 항상 조심해서 하라. ▷[돌따리' 도 뚜디' 리 보' 고 거언' 넨' 다]/[무렁' 가암' 도' 꼭' 찌로 빼애' 고 무' 거라]/[아아' 는' 질' 또' 무' 러 가' 라]/[야푼' 데도 직' 께 거언' 네' 라].

[약꾸' 리 찔' 러가아 절' 박' 끼] <옆구리 찔러서 절 받기> 상대방은 할 생각도 않는데 자기 스스로 요구함으로써 억지스럽게 대접받기. ▷[업띠' 리가아 절' 박' 끼].

[약' 빠'~아~ 감' 초] <약방의 감초> 어떤 일에든지 빠짐없이 늘 낀다.

[얖찝' 손' 도 솜' 볼' 날 읻' 따] <옆집 손도 손 볼 날 있다> 아무리 가까운 사이라도 손님으로서 깍듯이 대접해야 할 때가 따로 있다. ▷[사아' 촌' 도 솜 볼' 날 읻' 따]/[이' 붇 손' 도 솜 볼' 날 읻' 따].

[양'임' 딴'지'가 열'뚜'우 단'지'라도, 서방'임 비이'우'느 모옴' 맏'추운 다] <양념 단지가 열두 단지라도, 서방님 비위는 못 맞춘다> 너무 변덕스러워 비위를 맞추기가 매우 어렵다.

[양'지가 음'지 대'고, 음'지가 양'지 댄'다] <양지가 음지 되고, 음지가 양지 된다> 세상일이 성하고 쇠함은 서로 바뀌게 마련이다. ▷[음달' 꼳'또 필' 때'가 일'따]/[음'지가 양'지 댄'다]/[쥐궁'게도(쥐구무'~에~도) 벧' 뜰 날 일'따]/[한' 다리 크'머' 한' 다리 자악'따'].

[어그'러진 사'~에~ 시'러'지기 채'린다] <어그러진 상에 쓰러지게 차린다> 음식을 많이 준비하여 극진하게 대접한다. ▷[얼'거진 사'~아~ 찌그'러지기 채'린다].

[어근난' 소~아'~지 어엉'디'~이~예~ 뿔'난'다] <어긋난 송아지 엉덩이에 뿔난다> 사람답지 못한 사람이 교만하게 군다. ▷[모온' 땐' 소~아'~지 어엉'디'~이~에~ 뿔'난'다]/[미붕' 개애'느' 상추바'테서러 (우쭐거'리머) 똥'산다]/[미분' 니'미' 바람빤'제서러 똥' 끼인다]/[미분' 쇠~아'~지 어엉'디'~이~예~ 뿔'난'다]/[시구럽'찌도 애~ 하'고 구운'덩'내버텅 난'다']/ [어근낭' 깹뻘거'지 모'통살미(모티'~이~)로 긴다(구분'다)].

[어근낭' 깹뻘거'지 모'통살미(모티'~이~)로 긴다(구분'다)] <어긋난 깨벌레 모퉁이(걸음으)로 긴다(구른다)> 가뜩이나 밉게 보이는 사람이 눈에 거슬리는 짓만 골라 하고 있다. ▷[모온' 땐' 소~아'~지 어엉'디'~이~예~ 뿔'난' 다]/[미붕' 개애'느' 상추바'테서러 (우쭐거'리머) 똥'산다]/[미분' 니'미' 바람빤'제서러 똥' 끼인다]/[미분' 쇠~아'~지 어엉'디'~이~예~ 뿔'난'다]/ [시구럽'찌도 애~ 하'고 구운'덩'내버텅 난'다']/[어근난' 소~아'~지 어엉' 디'~이~예~ 뿔'난'다].

[어'넝나무느 웅'구레 거렁'지라도 이'서야(빈처'이야) 여언'다'] <은행나무는 우물에 그림자라도 있어야(비쳐야) 연다> 은행나무는 수나무와 암나무가 서로 바라보고 있어야 열매가 열리듯이, 사람도 마주 보는 상대가 있거나 마주 앉는 것이 인연이 깊다는 말. ▷[어'넝나무도 마'주 서어'야' 여언'다'].

[어'넝나무도 마'주 서어'야' 여언'다'] <은행나무도 마주 서야 연다> 서로 마주 보거나 서로 호응해야만 어떤 결과를 기대할 수 있다. ▷[어'넝나무

느 웅' 구레 거렁' 지라도 이' 서야(빈치' 이야) 여언' 다'].

[어능 기' 이 앙' 까 마구고, 어능 기' 이 숙' 까 마군 동, 아알' 수' 가 인' 나] <어느 것이 암 까마귀이고, 어느 것이 수까마귀인지, 알 수가 있나> 서로 너무도 흡사하여 구별하기 어렵다는 말. 참 '아알 수가 인나.' 대신 '모올따'<모르겠다>고도 함. ▷[소' 네 주' 근 동, 홍지' 네 주' 근 동, 모' 올따].

[어더' 범 바' ~아~ 홍두' 깨 들받뜨' 시] <어두운 방에 홍두깨 들이밀 듯> 별안간 생각지도 않던 말을 불쑥 내어놓는다는 말. ▷[그' 뭄' 빠메 홍두' 깨].

[어던' 지' 베 주' 기 끌' 른' 동 바' 비 끌' 른' 동 다아' 아' 안다] <어느 집에 죽이 끓는지 밥이 끓는지 다 안다> 집집의 살림살이를 속속들이 잘 알고 있다. ▷[구' 기 끌' 른' 동 자~아~이~ 끌' 른' 동 모린다']/[주' 기 끌' 른' 동 바' 비 끌' 른' 동 모린' 다'].

[어루' 우고 등' 꼴 뺀다] <어르고 등골 뺀다> 겉으로는 잘 해주는 체하면서 자기 실속만 차린다. ▷[등' 치' 고' 가안' 내' 애 뭉는다].

[어' 르메 방' 미' 이드시] <얼음에 박 밀듯> 말이나 글을 거침없이 줄줄 외거나 읽는 모양의 비유.

[어' 르메 잡' 뻐진 소눙까' 리] <얼음에 자빠진 소 눈깔> 무엇에 크게 놀라서 눈을 끔벅거리기만 할 때 이르는 말.

[어' 름 삭뜨' 시 누운' 삭' 뜨시 상는' 다] <얼음 삭듯 눈 삭듯 삭는다> 알 듯 모를 듯하게 아주 삭아 없어짐을 비유하는 말.

[어' 름짜~아~ 치이' 부' 해애가아 부지 가' 페 나' 아도오라] <얼음장에 치부(置簿)해서 아궁이 앞에 놓아두어라> 빌린 것을 장차 갚지 않을 것임을 선언하는 말. 참 누가, 언제, 얼마를 빌려 갔다고 얼음장에다 적어서 따뜻한 부엌아궁이 앞에 놓아 두라 함이니, 얼음이 곧 녹아 없어지면 그 돈을 빌려 줬다는 증거가 없어지고 말 것이라는 걸 함축한 말. ▷[앤 조옫' 시' 머' 앤 조옫' 찌', 띠이' 묵' 찌느 애~한~다].

[어' 릉 꿍' 게 이~이' ~에' ~ 착' 꼬', 동지' 서얼' 딸' 죽순' 찬' 는' 다] <얼음 구멍에 잉어 찾고, 동지섣달 죽순 찾는다> 하필, 불가능한 것들만 골라가며, 꼴같잖게 찾는다.

[어' 물쩐 망시' 는 꼴띠' 기가 시' 긴다] <어물전 망신은 꼴뚜기가 시킨다> 못난 자일수록 같이 있는 동료들까지 망신시킨다.

[어'버다가 나안'장' 맏춘는'다] <업어다가 난장 맞힌다> ①애써 한 일이 자기에게 손해 되는 결과를 가져오게 한다. ②잘해 보겠답시고 행한 일이 오히려 더더욱 나쁘게 되고 말았을 때 한탄하는 말.

[어'부 내기 발'시'럽따] <업은 아기 발 시리다> 사람을 대함에 있어 그 경중이 바뀜을 이르는 말. ▷[웨에'손'지느 억'꼬 친손'지느 결래'애먼서, 어'분 넘 발'시'럽따 펻떡' 까'자 컨는다]/[친손'지느 걸리'이고, 웨에'손'지느 억'꼬 간'다'].

[어'분 내기(아'아) 삼 연' 찬'는'다] <업은 아기(아이) 삼 년 찾는다> 가까운 데다 둔 것을 모르고 엉뚱한 곳에 가서 찾는다. ▷[눙까'레 멩태' 껍띠'기로 발'런나]/[뜨'고' 모옴' 뽀'는 당'다리보옹사].

[어어'더'뭉는' 너미 보리'밥 이이'밥 갈갠'다] <얻어먹는 놈이 보리밥 이밥 가린다> 급하고 아쉬워서 무엇이나 고맙게 여겨야 할 형편에 있으면서 오히려 까다롭게 굴 때 비꼬는 말. ▷[어어'더'뭉는' 니미 더'붐밥 시'굼밥 갈랜'다].

[어어'더'뭉는 넘'도' 부지러'너야 어어'더'뭉는다] <얻어먹는 놈도 부지런해야 얻어먹는다> 누구나 항상 부지런해야만 한다. ▷[안증' 개애 이'베 또'~이~ 드가'능강].

[어어'더'뭉는' 니미 더'붐밥 시'굼밥 갈랜'다] <얻어먹는 놈이 더운밥 찬밥 가린다> 아쉬운 처지에 있는 자가 제 주제를 모르고 행동할 때 핀잔하는 말. ▷[어어'더'뭉는' 너미 보리'밥 이이'밥 갈갠'다].

[어어'든'도오'끼'나 일'근 도오'끼'나] <얻은 도끼나 잃은 도끼나> ①이것이나 저것이나 마찬가지라는 말. ②잃어버린 물건이나 새로 얻은 물건이나 똑같아서 이해가 없을 때 이르는 말.

[어어'든' 떠'기' 둘게' 바안] <얻은 떡이 둘레 반> 수고도 없이 얻은 것이 노력하여 만든 것보다 더 많음을 뜻하는 말.

[어어'듬'바'블' 비'러뭉는다] <얻은 밥을 빌어먹는다> 행동이 매우 다랍다는 뜻.

[어어'뱅'비 전 닫' 서메 미'하'나 거'틍 거로] <어백미(禦白米) 전(全) 닷 섬에 뉘 하나 같은 것을> 쌀 다섯 섬의 그 많은 낟알 가운데 뉘 하나와 같은 존재라 함이니, 매우 귀중하고 아까운 것이라는 비유.

[어′언 넘(어어′떤′ 넘) 무시 묵′꼬, 어′언 넘(어어′떤′ 넘) 인삼′ 뭉′나] <어느(어떤) 놈 무 먹고, 어느(어떤) 놈 인삼 먹나> 사람을 이렇게 차별 대우할 수 있느냐고 항의하는 말.

[어언′제′느 웨에′하′래비 콩′죽 어어더묵′꼬 사′런나] <언제는 외할아버지 콩죽 얻어먹고 살았나> 내가 결코 남의 은덕으로 살아온 형편이 아닌데, 이제 새삼스레 남의 호의를 바라지 않는다며 거절하는 말.

[어엄′는′ 넘 꼬장′주′~우~가 서어′이′머 중는′다] <없는 놈 고쟁이가 셋이면 죽는다> 가난하던 사람에게 갑자기 많은 돈이 생기면, 복에 겨워 오래 살지 못하는 경우가 있다는 말.

[어엄′는′ 사′라′미(사′래′미) 삼 여′늘 우′화~이′ 어업′스′머 부우′자′댄′다] <없는 사람이 삼 년 동안을 우환(憂患)이 없으면 부자 된다> 집안이 잘 되고 부자가 되려면 우환이 없어야 한다는 말. ▷[우′와~네 드′는′ 도오′능′ 귀이′신′도 모린′다′].

[어엄′는′ 풍재′~이~가 암만′ 떠′러도, 인는′ 다아′래′비버다 나앝따] <없는 허풍선이가 아무리 떨어도, 있는 다랍이보다 낫다> 비록 가진 것이 없는 허풍선이가 허풍을 떨더라도, 돈 깨나 있으면서 인색한 사람보다, 어려운 처지에 있는 사람을 도와주는 데는 오히려 낫다 함이니, 인색한 사람을 낮추어 보고 하는 말.

[어엄′늠′ 백′서′~은~ 나′라도 모옹′꾸′안다] <없는 백성은 나라도 못 구한다> 가난한 사람을 구제하기가 참으로 어렵다. ▷[가낭′ 구우′제′느 나′란 님도 모온′한′다].

[어엄′바′레 오점′누′기] <언 발에 오줌 누기> 잠시의 효력만 있달 뿐 곧 역효과가 나타나는 것의 비유. ▷[다안′솓′테 물′북′끼]/[다안′쉐′에 물′쭈′기].

[어′제 온 새′새′액시] <어제 온 새색시> 매우 얌전하다는 말.

[어′제 주′거도 갇 쭈′근 듣따] <어제 죽어도 갓 죽은 듯하다> 시침 뚝 따고 서 꼼짝하지 않는 모양의 비유.

[어정′치′럴′둥둥′파′럴′] <어정 칠월 둥둥 팔월> 농가에서 음력 칠월은 어정거리는 사이에 가고, 팔월은 추수에 바빠 동동거리는 동안에 지나가 버린다는 말. ▷[깡깐′오오′월′미끈둥′유우′월′]/[미끈둥′유우′얼′ 어

정'치'럴'].

[어지럼' 삐~이~이'~ 지' 랄' 삐잉 댄' 다] <어지럼증이 지랄병 된다> 처음에는 대수롭지 않은 것처럼 보이지만 계속 그냥 두면 점점 더 커진다.

[어'퍼지머 코' 대'앨 떼] <엎어지면 코 닿을 데> 매우 가까운 거리라는 말. ▷[부리'머 대애' 다' 팔 떼, 어'퍼지머 코' 대'앨 떼].

[어'퍼진 넝' 꼭' 띠이로 눌류' 운다] <엎어진 놈 꼭뒤를 누른다> 잘못되어서 어려운 처지에 있는 사람을 더 불행하게 만든다. ▷[등창' 난' 넘 도올' 쩜' 지캐' 앤다].

[어'퍼진 지'메 쉬'이 간다] <엎어진 김에 쉬어 간다> 뜻하지 않던 기회를 타서 평소에 하고자 했던 일을 이룬다. ▷[간짇때'~이~ 쥐인' 지'메 가암' 딴' 다]/[결배'~이~ 떡' 뽄' 지'메 지이'사' 지내' 앤다]/[떡' 뽄' 지'메 제에'사' 지'낸' 다]/[우우' 구' 접짜 때' 린다].

[어~어~양'~ 지'보~이~가 저' 얼 놈 파'러'(파'라') 뭉는' 다] <언양(彦陽) 지본이가 겨울 논 팔아먹는다> 남이 쓰지 않는 물건을 자기 것인 양 마구 다룰 때 깔보고 이르는 말. 참 조선 말엽 언양에 살던 이지본이란 사람이 가을걷이가 끝난 남의 논을 마음에 두고, 고개 너머 주막집에서 헐값에 팔겠다고 내놓았다. 지본은 남의 논을 모두 싸게 팔아 가지고 경주 기생집에 가서 싫도록 퍼마셔 버렸다. 이듬해 봄에 논을 산 사람이 그 논에 가 봤더니 모두 임자가 있어 모내기를 하고 있었다 하여 생긴 말.

[얼'거진 사'~아~ 쩌그' 러지기 채' 린다] <어그러진 상에 찌그러지게 차린다> 음식을 정성껏 많이 준비한다. ▷[어그' 러진 사'~에~ 시' 러'지기 채' 린다].

[얼'거징 꼬'깔 디'리진다] <어그러진 고깔 드리워진다> 불행한 일들만 겹쳐서 생긴다는 말. ▷[가' 즌 너머 접' 철' 릭]/[마디' 에 꿰'~(꿰'~)이'~다].

[얼골' 미'분 사'라미(사' 래미) 업따] <얼굴 미운 사람이 없다> 하는 말이나 행동은 미울 수 있지만, 얼굴이 미운 사람은 없는 법이다.

[얼'긍 구무'~에~ 복' 뜨'럳따] <얽은 구멍에 복 들었다> 사람을 그 외양만 가지고서 평가할 것이 아니라는 말.

[얼라'아 마알' 또' 귀'다' 머 드'러라] <어린아이 말도 귀담아 들어라> 어린아이 말 가운데도 쓸모 있는 말이 있으니까 주의 깊게 듣는 것이 좋다는 뜻. ▷[고옹'자'도 쪼매'애' 는 도옹'자' 아' 아드린데 배' 얕따]/[여' 든 난'

늘' 기~이' 고손' 지인테 배' 운다]/[여' 드네 나도 손' 자자테 배' 운다]/[팔'
순' 노오' 이'~이~ 고손' 지인' 테 배' 운다].

[얼라' 아(알라' 아) 소' 네 떡 빼' 저(빼' 자) 뭉는' 다] <아이 손의 떡 빼앗아 먹
는다> 염치없고 치사한 행동을 비웃는 말. ▷[늘' 그머 다부' 얼라' 아(알라'
아) 댄다]/[늘' 그머 손' 자 밥' 도디' 키뭉는다].

[엄' 마 보구저' 부머 이' 모로 보' 고, 아부' 지 보구저' 부머 고' 모로 본다] <엄
마 보고싶으면 이모를 보고, 아버지 보고싶으면 고모를 본다> 절실하게 보
고 싶거나 바라는 게 있을 때는 그 비슷한 것으로나마 대리 충족을 시킨다.
▷[꽁' 대애' 신' 달' 기라꼬]/[이' 가' 업' 시' 머 임모' 므로 사안' 다'].

[업띠' 리가아 절' 박' 끼] <엎드려서 절 받기> 상대방은 생각하지도 않는데 이
편에서 이런저런 방법을 써서 상대방으로 하여금 자기에게 유리한 행동을
하도록 유도한다는 말. ▷[약꾸' 리 찔' 러가아 절' 박' 끼].

[업쩌' 러짐 물', 소' 다 노온 살'] <엎질러진 물, 쏟아 놓은 쌀> 돌이킬 수 없
는 처지에 이르렀다는 말. ▷[깨' 애징 그' 륵 이' 만' 추우기]/[소' 다 노' 온
사' 리' 요, 업찌' 러짐 무' 리' 라]/[업쩔' 러짐 무' 리' 요, 소' 다노온 마아' 리'
다].

[업쩔' 러짐 무' 리' 요, 소' 다노온 마아' 리' 다] <엎질러진 물이요, 쏟아 놓은 말
이다> 다시 바로잡거나 돌이킬 수 없게 된 일이다. ▷[깨' 애징 그' 륵 이'
만' 추우기]/[소' 다 노' 온 사' 리' 요, 업찌' 러짐 무' 리' 라]/[업쩌' 러짐 물',
소' 다 노온 살'].

[엉' 머' 구리 니' 도, 버어' 머' 리 보리' 타아' 작' 카로 갇' 띠'~이~나] <악머구리
너도, 범어리 보리 타작하러 갔더냐> 숨을 헐떡거리는 사람한테 왜 그리 헐
떡이느냐고 동정하는 말. 참 경주시 강동면 호명리(虎鳴里) '범어리'란 마을
에는 이런 전설이 전해 온다. 고려 현종 때 강감찬 장군이 경주 부윤으로
있을 무렵, 여승으로 변한 세 마리의 범이 경주시 용강동에 사는 신도들을
해치고 다녔다. 이에 강 장군이 이들을 잡아죽이려 들자 범들이 도망을 가
다가, 범어리 앞산에 이르러 보니 그만 산이 끊어지고 넓은 들판이 펴져 있
어 갈 길을 잃게 되자 범들이 구슬피 울었다는 데서 생긴 땅이름이 '범 울
이'인데 '범어리'로 변했다. 이곳은 들이 넓어 보리를 많이 경작하므로 보리
타작 때는 인근에서 품을 팔러 가는 사람이 많았고, 보리 타작 하는 일은

참으로 힘이 들기 때문에 매우 헐떡거리게 마련이었음.

[에'릴 때' 버' 텅 질매' 까아지] <어릴 때부터 길마 가지> 장래가 유망한 것은 그 시초부터 뭔가 다르다는 뜻. ▷[나물' 날' 꼬든 입' 새버텅 아안다]/[등구' 부머 질매' 까아'지']/[설' 때 구'치 나'아가, 나'아도 구'친다]/[아'시 예 베'린(서언') 떠'근', 다'시예도 베'린다(서언' 다')].

[에핀'네 칠칠'치 애~낭 거'느 남정'네 입성' 보'머 아안다] <여편네 칠칠하지 못한 것은 남정네 입성 보면 안다> 여자의 솜씨는 그 남편의 입성에 나타난다.

[여'드네 꾸'미'이박칸다(미'이바구 한다)] <여든에 꿈 이야기한다> 늙은이가 말하는 실없는 꿈 이야기를, 누가 믿어주기나 하겠느냐는 말로, 남이 알아나 주지도 않는 엉뚱한 말을 할 때 하는 말.

[여'드네 나도 손'자자테 배'운다] <여든에 나도 손자에게 배운다> 나이가 많이 들었을지라도 어린 사람에게 배울 것이 있으면 그걸 배워야 한다는 말. ▷[고옹'자'도 쪼매'애'는 도옹'자' 아'아드린데 배'얃따]/[얼라'아 마알' 또' 귀'다'머 드'러라]/[여'드네 나도 손'자자테 배'운다]/[여'든 난 늘'기~이~ 고손'지인테 배'운다]/[팔'순' 노오'이'~이~ 고손'지인'테 배'운다].

[여'드네 아'바'시가 하앙'갑'아'들 거억'쩡'한다] <여든의 아버지가 환갑 아들 걱정한다> ①자식에 대한 부모의 걱정은 끝이 없다. ②자기 몸도 주체하지 못하면서 남의 걱정을 하고 있을 때 흉보는 말. ▷[육'심'난 아'드리 웨나'무다리'로 거언'넬' 찌'게, 팔심'난 여엉'가'미(여엉'개'미) 야아'야' 조오'심'해애라 컨는'다]/[팔'심'난 아'드리 웨'나'무다리로 거언'넬' 찌게, 백수'난 여엉'가'미(여엉'개'미) 야아'야' 조오'심'해애라 컨는다].

[여'드네 팔'심'니] <여든에 팔십 리> 매우 더딘 걸음이나 행동이 느린 사람을 이르는 말. 참 '여드레 팔십 리.'의 와전. ▷[지네'가 집싱'가암'발'로 한다].

[여'든 난 늘'기~이~ 고손'지인테 배'운다] <여든 난 늙은이가 고손한테 배운다> 아무리 어린아이의 소견이라도 배울 것은 있게 마련이라는 말. ▷[고옹'자'도 쪼매'애'는 도옹'자' 아'아드린데 배'얃따]/[얼라'아 마알' 또'

귀'다'머 드'러라]/[여'드네 나도 손'자자테 배'운다]/[팔'순' 노오'이'~이~ 고손'지인'테 배'운다].

[여 로재'기로 젇'따'] <삼씨(열) 오쟁이를 졌다> ①크게 손해를 입었다는 말. ②계집이 다른 사내와 정을 통하여 도망을 치는 사단이 생겼다는 말.

[여'를 굴'머 군'자 어업'따'] <열흘 굶어 군자(君子) 없다> 굶주리게 되면 점잖지 못하거나 옳지 않은 일까지도 하게 된다. ▷[쉐에'미가 대'자라도 무'거야 사안'다']/[이'비'서어'워'리라]/[화'늘 미'테 낭 거'느 무'거야 사안'다'].

[여'를 뿔'궁 꼳'치 업따] <열흘 붉은 꽃이 없다> 권세나 영화 따위는 일시적인 것이어서 오래 가지 못한다.

[여'름 불또 쪼'오고 나'머 섭섭'따] <여름 불도 쬐고 나면 섭섭하다> 쓸데없을 것 같은 물건도 있다가 없어지면 서운하다. ▷[오~오'~유'~얼~ 불'또' 쪼옥'꼬' 나'머 섭섭'따].

[여'름 삐느 잠'삐, 가실'삐느 떡'삐'] <여름비는 잠 비, 가을비는 떡 비> 여름에 비가 오면 낮잠을 자게 되고, 가을에 비가 오면 떡을 해서 먹게 되기에 이르는 말. ▷[가실'비느 떡'삐'] /[봄'삐'느 죽'삐'다].

[여'리 미'분 시이'지'분 사알'수'이서도, 한나'미'분 시이'지'분 모온'사'안다] <열이 미운 시집은 살 수 있어도, 하나 미운 시집은 살 수 없다> 남편이 밉지 않으면 다른 사람이야 좀 마음에 덜 차더라도 견뎌낼 수 있겠지만, 남편이 미운 시집은 살아가기 힘들다.

[여'리 지'잉거 혼'차 거두'운다] <열이 지은 것 혼자 거둔다> 가을걷이는 여름 농사일보다 비교적 쉽다. ▷[열'오'라바시 지'운 농'사로, 여동새'~이~ 혼'차 다아'거'두운다].

[여물'마~아'~이'~ 뭉는'소', 똥 눌'찌'게 아'러본다] <여물 많이 먹는 소, 똥 눌 적에 알아본다> ①행한 일이나 저지른 죄는 나중에 반드시 드러나고야 만다. ②원인이 있으면 그에 따른 결과가 나타나게 마련이다. ▷[배애'지가 아풀'라커'머, 참'무'리 시'인다]/[소곰'무'근 너미 물'시'인다]/[콩'밥 날'래'뭉는'너'믄', 똥 눌'찌'게 아'러본다].

[여어'고'보'나 닥'꼬 보'나] <열고 보나 닫고 보나> 이렇게 하나 저렇게 하나 내용은 모두 다 마찬가지라는 뜻. ▷[웨엔'짝'구웅'디'~이~나 오'른 짝

볼' 기' 째' 기나].

[여엄'부' 레느 마아' 미 어억' 꼬', 젭빠' 베마 마아' 미 읻' 따] <염불에는 마음이 없고 젯밥에만 마음이 있다> 맡은 일에는 정성을 별로 들이지 않는 대신, 잇속이 있는 데만 마음을 쏜다. ▷[사아' 람' 중능' 거' 느 테 갠 대' 애고, 초사'~아~ 팥쭉' 더롱' 거' 마 텍' 때' 앤다]/[여엄'부' 른 디읻' 쩌'~이~고, 젭빠' 베마 마아' 미 읻' 따]/[초사~아~ 팥쭉' 두' 로' 능' 거느 텍' 때' 애고, 사아' 람' 주' 긍 거느 테' 갠' 대' 앤다].

[여엄'부' 른 디읻' 쩌'~이~고, 젭빠' 베마 마아' 미 읻' 따] <염불은 뒷전이고, 젯밥에만 마음이 있다> 자기가 맡은 일에는 정성을 들이지 않고 잇속이 있는 곳에만 마음을 온통 쓴다. ▷[사아' 람' 중능' 거' 느 테 갠 대' 애고, 초사'~아~ 팥쭉' 더롱' 거' 마 텍' 때' 앤다]/[여엄'부' 레느 마아' 미 어억' 꼬', 젭빠' 베마 마아' 미 읻' 따]/[초사~아~ 팥쭉' 두' 로' 능' 거느 텍' 때' 애고, 사아' 람' 주' 긍 거느 테' 갠' 대' 앤다].

[여엄'불' 또 몽목' 시다] <염불도 몫몫이다> 저마다 받아야 할 몫이 따로 있다. ▷[소오' 뿔' 또 깍' 깨' 기고, 여엄' 소' 뿔' 또' 몽모' 기다]/[소오' 뿌' 름 몽모' 기고, 여엄'부' 릉 각' 깨' 기다].

[여엄'불' 모온'하' 는 주~우'~이'~ 부지' 게 불' 로' 때앤다] <염불 못하는 중이 부엌아궁이에 불을 땐다> 누구나 제 능력에 맞도록 일하는 것이 대접을 받는 지름길이라는 말.

[여엄'소' 물'똥' 사' 능' 거 바안' 나'] <염소 물똥 싸는 것 봤나> 도무지 있을 수 없는 일이라는 말.

[여엉' 가' 미(여엉' 개' 미) 꼬닥꺼' 리머 수' 리 생' 기고, 할매'~이~가 꼬닥꺼' 리머 베룸빠' 게 똥 사 부' 치고, 아' 아드리 꼬닥꺼' 리머 눈처' 네 눔' 물' 내애' 고', 개애' 가' 꼬닥꺼' 리머 바람' 부운다] <영감이 까불면 술이 생기고, 할멈이 까불면 바람벽에 똥 싸 붙이고, 아이들이 까불면 눈에 눈물 내고, 개가 까불면 바람 분다> 지나치게 경솔하거나 까불면 꼭 탈이 생기고 만다는 말. ▷[아' 아들 꼬닥꺼' 리머 눈처' 네 눔' 물' 내' 앤다].

[여엉'감' 버' 어린 도오' 는' 애' ~ 히입' 뻐' 도', 자석' 버' 어린 도오' 는' 히입' 뿌' 다] <영감이 번 돈은 헤프지 않아도, 자식이 번 돈은 헤프다> 남편 덕에 먹고사는 것이 자식에게 기대기보다 힘이 덜 든다.

[여엉' 개' 미(여엉' 가' 미) 주' 구머 발치' 에 묵' 꼬, 자서' 기 주' 구머 가' 시미예 문는' 다] <영감이 죽으면 발치에 묻고, 자식이 죽으면 가슴에 묻는다> 영감보다 자식을 잃은 슬픔이 더 크다는 뜻.

[여엉' 자'~이~ 기가(귀가) 밝' 따] <송장이 귀가 밝다> 입관(入棺) 전 또는 입관한 시체를 보고 '피부가 희다', '자는 듯하다'든지 '질다'는 등의 말을 함부로 하면 꼭 문제가 생긴다 해서 조심시키는 말.

[여엉' 장 치' 고 새' 린'(사' 린') 난다] <송장 치고 살인 난다> 매우 억울하게 큰 벌을 받게 될 때 하는 말. ▷[무운' 디'~이~ 때' 리쥐기고 사' 린'(새' 린') 난다].

[여엉' 천' 넘 안즌' 데느(자' 레느) 풀' 또' 앤 난' 다'] <영천(永川) 놈 앉은 데(자리에)는 풀도 안 난다> ①경북 영천(永川) 사람들이 흔히 깐깐하고 매서울 만큼 냉정하다는 뜻으로 이르는 말. ②상대가 잇속을 잘 차리고 매정하다는 뜻. ▷[겨엉' 주' 췌가' 안진' 자' 레느 풀' 또' 앤 난' 다']/[사안' 췌가' 로 뻭' 끼 노' 오머, 삼' 심 니로 다' 알러간다].

[여엉' 천' 자~아~ 노랑감' 태 싱' 거느 다아' 너거 하' 래비 애~이'~가] <영천장(永川場)에서 노랑 감투를 쓴 것은 다 네 할아비 아니냐> 제 것과 비슷해 보이는 남의 물건을 보면, 덮어놓고 자기 것이라고 주장하는 사람을 우롱하는 말. ▷[장테' 에 쉐에' 미 낭 거'느 말가' 니이' 할' 바' 시가].

[여엉' 천' 장서 뺌' 막' 꼬 시' 티' 째서러 눔' 뿌' 울신다] <영천장(永川場)에서 뺨 맞고, 시티재에서 눈 부라린다> 욕을 본 자리에서는 아무 소리도 못하다가 그 노여움을 애매한 다른 데다 옮긴다. 参 '시티재'란 경북 영천시 고경면(古鏡面) 청정리(淸亭里)의 오릿골과 경주시 안강읍 하곡리(霞谷里) 사이에 있는 고개로서, 옛날 영천과 경주 및 포항을 잇는 교통의 요지이며 하곡리에는 '주막'이라는 마을이 있음. ▷[서어' 울' 가가' 아 뺌' 막' 꼬, 뭉' 경와가' 아 눔' 뿌' 울신다].

[여엉' 천' 주남' 뜨을 거' 치 너리' 다] <영천(永川) 주남들 같이 넓다> 대단히 넓다는 것의 비유. 参 주남들: 경북 영천(永川)에 있는 넓은 들판.

[여엉' 첨' 빠래' 미 사' 돈 하' 자 캐애도 애~한'~다] <영천 바람이 사돈하자고 해도 않는다> 경주시 건천읍(乾川邑)에 부는 겨울 바람은, 남북이 길게 생긴 지형상의 특성 때문에 영천(永川) 바람보다 심하게 분다하여 이르는 말

로, 저쪽보다 이쪽이 매우 우세하거나 앞선다고 자랑하는 말.

[여자′느 개가 보더러′(라′)버야 대′고, 남′자느 어글′때가(얼때가) 시′이야 댄′다] <여자는 기가 보드라워야 되고, 남자는 대가 세어야 된다> 여자는 부드럽고 남자는 강해야 한다는 말.

[여′자′ 앤′ 드는 새′리′~이~(사′리′~이~) 업′따] <여자 안 드는 살인이 없다> 큰 범죄 사건에는 여자가 관계하는 일이 흔하다는 말.

[역찌′사아′지′ 디비′ 대′앤따] <역지사지(易地思之) 뒤집어 되었다> 순서가 뒤집어지거나 서로 반대 입장에 서게 됐다.

[열′ 나′래가 자′능′ 걷′따] <열 나라가 자는 것 같다> 대단히 시끄럽다가 매우 조용해졌다는 뜻. ▷[소오′ 주′궁 귀이′싱′ 걷′따]/[압찍′ 깨 버엄′ 무′러 강 걷′따].

[열′뚜우 가′치 재암바′치, 하리′ 아직′ 때′꺼′리로 모린′다′] <열두 가지 장인바치, 하루 아침 땟거리를 모른다> 너무 여러 방면으로 재주가 있는 사람은 한 가지 재주만 가진 사람보다 성공하기 힘들다.

[열′뚜우 메′느리 어불′러(어불′라) 산′ 모′구′장 치매′, 이′벋따 버′절따 다 아′ 떠′러진다] <열두 며느리가 얼려 산 모기장 치마, 입었다 벗었다 다 떨어진다> 여러 사람이 계속 만지작거리기만 하다가 아주 못 쓰게 되도록 할 때 이르는 말.

[열′뿐 듣′찌버다아 함 뭄′ 보′능′ 기 나앋′따] <열 번 듣기보다 한 번 보는 것이 낫다> 여러 번 듣기보다는 실지로 한 번 보는 것이 훨씬 빨리 이해가 된다. ▷[백′뿐′ 득′끼버다암, 함′ 뭄′ 보능′ 기′이 나앋′따]/[열 뿜′ 보′능′ 거보다′아 함 문′ 하′능 기 나앋′따].

[열′뿐 찌′거 앤 너′머가는 나무′가 어업′따] <열 번 찍어 안 넘어가는 나무가 없다> 아무리 뜻이 굳은 사람이라도 여러 번 끈질기게 유혹하거나 반복해서 이야기를 하면 결국은 마음이 변하고 만다. ▷[낙숨′무리 도올′게′다가 구여′~을~ 떠얼′는′다].

[열′ 뽐′ 보′능′ 거보다′아 함 문′ 하′능 기 나앋′따′] <열 번 보는 것보다 한 번 하는 것이 낫다> 여러 번 보기만 하는 것보다는 실지로 한번 해 보는 것이 더욱 이해가 빠르다. ▷[백′뿐′ 득′끼버다암, 함′ 뭄′ 보능′ 기′이 나앋′따′]/[열′ 뿐′ 듣′찌버다아 함 뭄′ 보′능′ 기 나앋′따′].

[열′ 사′라미(사′래미) 도독′ 하나인′테 모온′ 땅′는다] <열 사람이 도둑 하나에게 못 당한다> 아무리 여럿이 감시를 하여도 나쁜 짓 하는 한 사람을 막기가 참으로 어렵다. ▷[지′키는 사′람 열′ 키′가 도동′넘 한나′로 모온′ 쨤′는다]/[한′ 도동′ 미′테 지′키는 여′리′ 모온′ 땅′는다].

[열′ 송′까락 깨무′러가아, 애 나푼′ 송까′라기 인′나] <열 손가락 깨물어서, 안 아픈 손가락이 있나> ①혈육은 누구나 다 마찬가지로 귀하다. ②모든 부문마다 두루 공평하게 대해야지 어느 부문만 홀대를 하거나 또는 특별 대우를 할 수는 없다. ㉿ '인나' 대신 '업따' 또는 '어딘노'<어디 있느냐>고도 이름.

[열′ 오′라바시 지′운 농′사로, 여동새′~이~ 혼′차 다아′ 거′두운다] <열 오라버니가 지은 농사를, 여동생이 혼자 다 거둔다> 여름 농사일보다 가을걷이가 비교적 쉽다는 뜻. ▷[여′리′ 지′잉거 혼′차 거두′운다].

[예′빈 당나′구, 불′ 비′입 뿌고 좁′ 삐′입 뿌고 머어′가′ 나암′노′] <여윈 당나귀, 불알 베어 버리고 좆 베어 버리고 뭐가 남느냐> 본디 넉넉하지 못한 가운데서 가장 두드러진 것들만 모조리 빼고 나면 남을 것이 뭐가 있겠느냐.

[예′빔 말꺼′게 물꺼′도 마안′ 타′] <여윈 말에게 물것도 많다> 가뜩이나 여윈 말에게는 피를 빨아먹는 물것도 많다 함이니, 자질구레하고 귀찮은 일들이 많이 생길 때 하는 말.

[예′수가, 마안′연′ 인대구′리에 천 연′ 수 물′로′ 무′구머 둥갑′ 판다] <여우가, 만년 된 해골 속의 천 년 된 물을 먹으면 둔갑한다> ①여우도 일정한 조건만 갖추면 사람으로 둔갑할 수 있다는 말. ②여우가 사람으로 둔갑하는 것은 대단히 어려운 일이다.

[예′수 살구지′름 미긴′다] <여우에게 살구 기름을 먹인다> 작은 미끼로 큰 것을 살살 노린다는 말. ▷[노구저′리 개애′ 쉐′ 기드시 쉐′ 긴다]/[보리′ 밥떡꺼′리 가′주구 이~이′~에′~ 낭는′다]/[살구′ 지′릉 까아 야′수 호′린′ 다].

[예′자′느 사′알마 앰 패애′도′ 예′수 댄다] <여자는 사흘만 패지 않아도 여우가 된다> 지난날, 간악한 짓을 하는 여자는 가끔씩 두드려 패는 것이 상책이라고 하던 말. ▷[지이′지′븐 사′알로 앤 때′리머 야′수 댄′다].

[오′게도 티가 인′따] <옥에도 티가 있다> 아무리 훌륭한 사람이나 물건에도

조그마한 홈은 있다. ▷[고옹′비′이다네도 수′~이~(흐으′미′) 읻′따].

[오구랑′바갇′치 찐′살′ 터어′드′시 터언′다′] <오그랑쪽박의 찐쌀 털 듯 턴다> 가진 것 또는 있는 것 모두를 남김없이 통통 털어 낸다는 말.

[오굼재′기느 오오′심′니, 팔꿈′치느 팔′심′니] <오금은 오십 리, 팔꿈치는 팔십 리> 농부들이 일을 마치고 몸에 묻은 흙을 씻을 때, 오금과 팔꿈치에 묻은 것을 깨끗하게 씻기가 어렵다는 말. ▷[팔꿈′치느 심′니′ 오굼재′기느 뱅′니′].

[오는 저′~이~ 이′서야 가는 저′~이~ 읻′따] <오는 정이 있어야 가는 정이 있다> 남이 나에게 잘해 주면 나도 그에게 잘해 주게 된다. ▷[가′는′ 저′~이~ 이′서야(이′사야) 오′는′ 저′~이~ 읻′따]/[가′늠′ 마아′리′ 고오′버′야 오′늠′ 마아′리′ 고옵′따′].

[오 도리′고 오옴′ 오′리고 두드레′기 선 두′린′다] <옻 오르고 옴 오르고 두드러기 선 두른다> 나쁜 일들만 겹쳐서 자꾸 생긴다는 말. ▷[슝′여′네 윤′달′].

[오 도린′ 사나′아] <옻 오른 사내> 제 할 짓은 하지 않고, 어긋난 짓만 골라 하는 사람이라는 뜻.

[오′라 컨′는′ 데느 업′서′도 갈′ 떼느 마안타] <오라고 하는 데는 없어도 갈 데는 많다> 남이야 긴하게 여겨 주지 않더라도 자기로서는 할 일이 많다.

[오′래 사아′다′가 보′머 손′지 중는 거′(꼴) 본′다′] <오래 살다가 보면 손자 죽는 걸(꼴) 본다> 오래 살면 험한 꼴도 보게 된다는 말로, 보지 말아야 할 험한 꼴을 보게 되었을 때 탄식하는 말.

[오′손′ 나′로′ 뭉는′다] <옷은 나이로 먹는다> ①옷차림은 나이에 어울리게 하여야 한다. ②나이가 들수록 옷의 품을 크게 입는다.

[오′시′ 날′개′다] <옷이 날개다> 옷이 좋으면 사람도 한층 돋보인다. ▷[이′붕 결배′~이~느~ 어어′더′무거도, 버′증 결배′~이~느~ 모온′ 어′어더뭉는다].

[오오′뉴′얼 콩바′테서 똥′누느 기 대애′다′] <오뉴월 콩밭에서 똥누는 것이 되다> ①아무리 힘들다 해도 오뉴월의 숨이 턱턱 막히는 뜨거운 콩밭 고랑에서 대변보는 것보다 더 힘든 일이 없다 하여 이르는 말. ②"아이고 참 되다(힘들다)."고 말하는 사람을 보고 "되기는 뭐가 그리 되단 말이냐?"의 뜻

으로 놀리는 말.

[오오'훼'에 신 나'물 업따] <오후에 쓴 나물 없다> 배가 고프면 무엇이든지 다 맛이 있다. ▷[시자'~(시재'~)이~ 반'차~이~다].

[오온' 도'랑' 무레 미꾸라' 아지 함 바'리가 꾸정'물 이루' 운다] <온 도랑물에 미꾸라지 한 마리가 구정물 이룬다> 못된 사람 하나가 온 집안이나 온 사회를 망친다.

[오온' 돈' 주고 바암' 머'리 깡는' 다] <온 돈 주고 반 머리 깎는다> 이쪽에서 해 줄 것은 다 해 주고서도 그 보답은 제대로 받지 못할 때 이르는 말.

[오온' 소'텝 빱 내 혼'차 뭉는' 내 신'세야] <온 솥의 밥을 나 혼자 먹는 내 신세야> 밥을 나누어 먹을 사람이 없는 등짐장수의 신세 타령으로, 매우 외롭고 쓸쓸하기 짝이 없다는 뜻.

[오옴따까'리 떠'러진 소'리 (다아' 한'다)] <옴딱지 떨어진 소리 (다 한다)> 아무 짝에도 쓸데없는 소리만 골라서 한다는 핀잔의 말.

[오좀' 눌 따~아~나 심 니' 찔 간'다'] <오줌 눌 동안에 십 리 길 간다> ①바쁘게 일할 때는, 잠시 쉬는 것과 쉬지 않고 계속하는 것 사이에 상당한 차이가 있다는 말. ②무슨 일을 하거나 시간이 매우 빨리 지나간다는 뜻.

[오줌' 누'고 도'라볼(좁' 뿔') 틈'도' 업'따'] <오줌 누고 돌아볼(좇 볼) 틈도 없다> 너무도 바쁘다. ▷[농사처'레느 주'군 여엉'장'도 꿈쩍꺼' 린다]/[늠모숭'게느 주'군 여엉'장'도 꿈지'긴다]/[누'~이'~ 빠'저 도(빠'지' 머) 거'무락꼬 띠이' 내삘' 파~이'~다(채애'미'다)].

[오지라'피 너리'다] <오지랖이 너르다> ①남 앞에 무턱대고 나서기를 좋아한다. ②주제넘게 아무 일에나 참견한다. ▷[거억'쩡'도 팔'짜'다]/[남' 떵' 뭉'는데 꽉꼬'물 널찌능' 거억'쩡' 한다]/[나'무 제에'사'아 꼬오'깜' 나'아라 빠암' 나'아라 컨는다]/[나'무 지이'사'예 가암' 나'아라 대애'추' 나'아라 컨는다]/[마당' 터'지'(터'전')는데 솔뿌'리 거억'쩡' 한다]/[바~아~네 안'저가아 암만' 요~오'~을'~ 서' 바'아라, 나간' 니미 뜨싱' 강]/[비'삼 밤' 묵'꼬 허'릉 거억'쩡' 한다]/[처매'뀌가 너리'다]/[치매'가 열'뚜'우 포'깅'강].

[오~오'~야'~ 오~오'~야'~ 커'~이' 하래'비 사앙' 투' 뜬'는'다] <오냐 오냐 하니 할아비 상투 뜯는다> 이쪽에서 잘 대해주니까 저쪽에서 아주 버릇없

이 나온다는 말. ▷[손'자 귀이'애' 커'머(카'머), 하'래'비 사앙'투' 뜬'는'다]/[손'자로 귀이'애'라 커'머, 하'래'비 쉐에'미 뜩끼'인다]/[조~오'~에'~ 자'석' 귀이'애' 커'머, 사앙'점' 보'고 하'래'비라 컨다].

[오~오'~여'~르메 하리' 앵' 꿈지' 기머, 겨' 어레 여'를 구움'는'다] <한여름에 하루 안 꿈적이면, 겨울에 열흘 굶는다> 뒷일을 생각해서 한시라도 게으리 하지 말라는 경계의 말.

[오~오'~여'~름 물'또' 남' 치'늠 무른 찹'따'] <한여름 물도 남 치는 물은 차갑다> 겉보기로 좋게 뵈는 일을 누군가가 해 주더라도, 그것이 제가 정말 원하지 않는 일이면 오히려 싫게 여겨진다는 말. ▷[나'무 이이른 오~오'~여'~르메도 소'~이'~ 시'럽따]

[오~오'~유'~얼~ 개애' 패'드시 팬다] <오뉴월 개 패듯 팬다> 사정없이 마구 때린다는 말. ▷[산중' 넘 딱' 패드시 팬'다'].

[오~오'~유'~얼~ 켑뿌'릉 개애'도 애~한~다] <오뉴월 고뿔을 개도 않는다> 여름 감기를 앓을 때 조롱하는 말.

[오~오'~유'~얼~ 달'키 여북' 답따'부머 지붕'케 올'러(올'라)가나] <오뉴월 닭이 오죽 답답하면 지붕에 올라가나> 낟알이 귀한 오뉴월에 닭이 먹을 것을 찾아 지붕을 헤집으러 올라간다 함이니, 아쉬운 때에 행여나 하고 무엇을 열심히 구함을 비유하는 말로, 오죽하면 그러하겠느냐는 말.

[오~오'~유'~얼~ 더'비느 소오' 뿔'또 무린'다] <오뉴월 더위는 쇠뿔도 무른다> 오뉴월 더위가 가장 무덥다는 뜻. ▷[오~오'~유'~월 소오' 뿔'또 무릴' 때가 읻'따].

[오~오'~유'~얼~ 불'또' 쪼옥'꼬' 나'머 섭섭'따] <오뉴월 불도 쬐고 나면 섭섭하다> 변변치 않게 생각되던 것도 막상 없어진 다음에는 적잖게 아쉽다. ▷[여'름 불또 쪼'오고 나'머 섭섭'따].

[오~오'~유'~얼~ 뻬'튼 하립 뻬'치 무섭'따] <오뉴월 볕은 하루 볕이 무섭다> 여름날은 매우 짧은 동안이라도 식물이 자라는 정도가 아주 현저하다.

[오~오'~유'~얼~ 푸마'시 지 자주'게(논뚱 미'테) 읻'따] <오뉴월 품앗이 제 자국(논둑 밑)에 있다> 시일이 넉넉하다고 해서 오래 끌 것이 아니라 갚을 것은 진작 갚아야 한다.

[오~오'~유'~워~레 소오' 부'라리 느'러'저 읻시'~이~, 소곰' 접시'기 들'

고 따′러(따′라) 댕′긴다] <오뉴월에 소 불알이 늘어져 있으니, 소금 접시 들고 따라 다닌다> 도저히 가망 없는 일을 헛되이 바란다. ▷[감나무′ 미′ 테서러 홍′시 널찌두′룩 바락′꼬 읻′찌]

[오~오′~유′~월~ 소내′ 기느 소 드′~을~ 두고 다투′운다] <오뉴월 소나기는 소의 등을 두고 다툰다> 여름철 소나기는 가까운 거리인데도 오는 곳이 있는가 하면 전혀 오지 않는 곳도 있을 수 있다.

[오~오′~유′~월~ 소 부랄매′애로 (추웅′) 느′러젇따] <오뉴월 소 불알처럼 (축) 늘어졌다> 사물이나 행동이 축 늘어져서 활발하지 못함을 조롱하여 이르는 말.

[오~오′~유′~월~ 소오′ 뿔′ 또 무릴′ 때가 읻′따] <오뉴월 쇠뿔도 무를 때가 있다> 오뉴월 더위는 너무도 심한 까닭에 단단하기 짝이 없는 쇠뿔까지도 무를 때가 있다는 말. ▷[오~오′~유′~얼~ 더′비느 소오′뿔′또 무린′다]

[오~오′~유′~월~ 통시′ 다린′ 데 억′꼬, 시이′집′ 따린′ 데 업′따′] <오뉴월 뒷간 다른 데 없고, 시집 다른 데 없다> 시집살이는 어디서나 다 힘이 든다 하여 이르는 말.

[오~오′~ 캐′ 애도 따′고′ 예에′ 캐′ 애도 따′다′] <'오'라고 해도 다르고 '예'라고 해도 다르다> 같은 내용의 이야기도 이렇게 말하는 것과 저렇게 말하는 것이 다르다.

[옫′ 타는 사′라′믄 꾸′메 주~웅′마′ 바아′도 오린′다] <옻 타는 사람은 꿈에 중만 봐도 오른다> ①옻에 민감한 사람은 꿈에 승려만 봐도 옻이 오른다 함이니, 한 번 무엇에 심하게 놀라면 그 비슷한 경우만 당해도 크게 놀라거나 감응하게 된다는 말. ②옻을 너무도 잘 타는 사람이라는 뜻.

[올구채′~이~ 깨구′리 댄′ 지 얼′매′ 대′앤따꼬] <올챙이가 개구리 된지 얼마 됐다고> 어떤 일에 조금 익숙해진 사람이나 가난하게 살다가 생활이 조금 펴진 사람이 지나치게 젠체함을 빈정대는 말. ▷[깨구′리 올구채′~이~ 쩍 생′가′글 모온′한′다]/[올구채′~이~ 꼬랑대′기 떠′러진 제가 메칠′째 댄′다꼬].

[올구채′~이~ 꼬랑대′기 떠′러진 제가 메칠′째 댄′다꼬] <올챙이가 꼬리 떨어진 지가 며칠째 된다고> 가난하게 살던 사람이 형편이 조금 펴졌다고 지나치게 젠체함을 꾸짖을 말. ▷[깨구′리 올구채′~이~ 쩍 생′가′글 모온′한′

다]/[올구채'~이~ 깨구'리 댄' 지 얼'매' 대' 앤따꼬].

[왕'대 바'테 왕'대 나'고, 시누'리때 바'테 시누'리때 난다] <왕대 밭에 왕대 나고, 식대 밭에 식대 난다> 원인에 따라 결과가 나타난다. ▷[콩 날' 때 콩' 나'고, 판' 날' 때' 판' 난' 다]/[콩 숭구' 운 데 콩 나'고, 팥' 숭'구운 데 판' 난' 다].

[왕장구'네 고'자] <왕장군에 고자> 겉은 화려하나 실제적인 내면은 보잘 것 없다.

[요'~오~ 알' 겉'따] <용의 알 같다> 매우 귀중한 존재라는 뜻.

[욕시'미 마아' 느' 머 실물'로 가암' 한' 다] <욕심이 많으면 식물(食物)을 감한 다> 지나치게 욕심을 부리면 오히려 손해를 보게 된다. ▷[나는' 새 뿐짜' 불라 컨따가 쥐인' 새' 떨군는' 다].

[용' 모온' 땡' 기이 꽝' 처리 댄' 다] <용 못된 것이 강철이 된다> 의리나 인정은 찾아 볼 수 없고 심술만 남았다는 말.

[용시'에 찰' 밥' 소' 덛따] <용수에 찰밥 쏟았다> 복이 없는 자는 좋은 운수를 만나도 그것을 오래 보전하지 못한다.

[우루' 우던 도'기 어언' 젱' 가느 터' 진' 다] <우리던 독이 언젠가는 터진다> ①독을 우리기 위해서 물을 담아 놓았는데 날씨가 추워지면 얼어서 터질 수가 있다 함이니, 어떤 조짐이 나타나면 결국에는 그 조짐이 실현되기 쉽다는 말. ②한껏 정성을 쏟던 일이 실패했을 때 이르는 말. ▷[바앙' 구'가 자' 지머 똥' 사기 수웁' 따']/[베루' 우던 도'기 어언' 젱' 가느 터' 진' 다]/[지인' 사' 가 자' 지머 급' 쩨 난다]/[초' 새가 자' 지머 지인' 사' 난다].

[우리' 나'라 금' 자임도 불' 티'느 뭉는' 다] <우리 나라 임금님도 불티는 먹는다> 음식에 묻은 불티를 탓할 때 매도하는 말. ▷[나' 라임도 불티 무'등 거느 잡순는' 다]/[저엉' 승'도 문지' 느 뭉는' 다].

[우' 와네 드'는 도오' 능' 귀이' 신' 도 모린' 다] <우환에 드는 돈은 귀신도 모른다> 우환이 있으면 남 모르는 돈이 참 많이 쓰인다. ▷[어엄' 는' 사'라' 미(사' 래' 미) 삼 여'늘 우'화~이~ 어업' 스' 머 부우' 자' 댄' 다].

[우우' 구' 접짜 때' 린다] <울고 싶을 때 때린다> 마땅한 구실이 없어서 행동 하지 못하다가 때마침 좋은 핑계거리가 생겼다. ▷[간짇때'~이~ 쥐인' 지' 메 가암' 딴' 다]/[걸배'~이~ 떡' 뿐' 지'메 지이' 사' 지내' 앤다]/[떡' 뿐'

지'메 제에'사' 지'낸'다]/[어'퍼진 지'메 쉬'이 간다].

[우우'는' 아' 아 젇' 쭌' 다] <우는 아이 젖 준다> 보채거나 졸라야만 무엇인가를 얻기가 쉽다. ▷[아' 아느 우'러야 젇' 준' 다].

[우우'머' 기이' 자' 아묵끼] <울며 게 잡아먹기> 싫지만 형편상 마지못해서 행동한다. 참 '울며 겨자 먹기.'의 와전. ▷[우울'메' 휘이' 묵' 끼].

[우우'수' 경'첩 지'내'머 대애'동'강 물또 풀리'인다] <우수 경칩(驚蟄) 지내면 대동강 물도 풀린다> 우수와 경칩을 지나고 나면 아무리 춥던 날씨도 누그러진다. ▷[소오'한' 대애'한' 다아' 지'내머, 어'러주글 내 아'들넘 업따].

[우울'메' 휘이' 묵'끼] <울며 회 먹기> 싫지만 형편에 따라 마지못해서 행동한다. ▷[우우'머' 기이' 자' 아묵끼].

[운노'네 물' 시'러 나얃' 따'] <위쪽 논에 물 실어 놓았다> ①위쪽에 있는 논에 물이 가득 차 있으면 아래쪽 논으로 물이 흘러내릴 수 있을 것이므로, 걱정할 것이 없다는 뜻. ②한시름 놓게 됐다는 말.

[욷' 또올 빼애' 가' 아 아릳' 또올 고' 우고, 아릳' 또올 빼애' 가' 아 욷' 또올 고' 운다] <위의 돌 빼서 아랫돌 괴고, 아랫돌 빼서 위의 돌 괸다> 일이 급할 때 임시변통으로 이리저리 둘러맞추거나 행함을 이르는 말. ▷[아릳' 또올 빼애' 가' 아 욷' 또올 고' 운다]/[아' 옵 폭 처매' 로 이'리' 덕'꼬 저'리' 덤'는' 다].

[울 너'메 툭 커'머 호오'박'(홍'시) 떠'러지는 소'리지] <울 너머에서 툭 하면 호박(홍시) 떨어지는 소리지> 울타리 너머에서 툭하는 소리만 들어도 그게 호박 떨어지는 소리인 줄 알 수 듯이, 어떤 조짐만 보아도 그 결과를 짐작하여 알 수 있다는 말. ▷[거언' 네' 다보~이' 절' 테' 구마너]/[바담물' 로 다아' 무'거야 짬' 나'].

[움'무리 말'거야 아림'무리 말' 따] <윗물이 맑아야 아랫물이 맑다> 윗사람의 행실이 발라야 아랫사람도 행실이 바르게 된다. ▷[꼭' 찌예 부' 움 무리 발' 치' 로 내'리간다].

[웅'구 랑 깨구'리] <우물 안 개구리> 바깥 세상의 형편을 도무지 모르는, 견문이 좁은 사람의 비유.

[웅'구레 가가' 아 숭'영 착'껟' 따(찬' 는' 다)] <우물에 가서 숭늉 찾겠다(찾는

다〉 성미가 지나치게 급해서 터무니없이 재촉하거나 서두를 때 이르는 말. ▷[너구'리 구울' 보'고 피'물 또온 내'애 신다]/[잡'찌도 애~ 하'고 마'리 바안' 석' 가린' 다].

[웅굴따' 무레 아' 아 안촤' 아 나' 안능 걷' 따] 〈우물가에 아이를 앉혀 놓은 것 같다〉 ①익숙하지 못한 사람에게 일을 시켜 놓고 몹시 불안해함을 이르는 말. ②속으로 몹시 걱정된다는 뜻. ▷[떡' 뽀'리 바앙'까'네 아' 아 여'어 노옹 걷' 따]/[부떠마' 게 아' 아 안촤' 아 노' 온 듣따].

[웅'굴로 파도 하 눙'굴로 파' 라'] 〈우물을 파도 한 우물을 파라〉 무슨 일이든 한 가지 일을 꾸준히 해야 뭔가를 이룰 수 있다.

[웅처'늘 가도 지 날' 탈'] 〈웅천(熊川)을 가도 제 날 탓〉 웅천(熊川)이란 진해시의 한 마을 이름으로, 이 곳에서 주(周)나라 천자가 태어났다는 전설에서 생긴 말로, 각자의 귀천은 나름대로의 재능에 달려 있다는 뜻.

[원수' 너머 시새노' 야 대애' 정' 너머 차조' 바바] 〈원수 놈의 (시새)노끈이야 대적(大賊) 놈의 차조밥아〉 '야, 이놈의 원수야.'라는 뜻. 참 어느 가난한 사람이 초대를 받아 가서 차조밥을 과식하는 바람에, 배탈이 나서 변소엘 갔으나 일은 급한데 허리띠 대신 묶어 두었던 가는 노끈이 도무지 풀리지를 않자 홧김에 했다는 소리에서 유래된 말.

[원수' 느 웨' 나 무다레에서러 만' 낸다] 〈원수는 외나무다리에서 만난다〉 남에게 원한을 사게 되면 피할 수 없는 곳에서 공교롭게 만나 가지고 화를 입게 된다.

[웨' 로 도온' 다' 는 동' 도칠서~이~다] 〈왼쪽으로 돈다는 동두칠성이다〉 어디로 갔는지 흔적을 모른다는 뜻. ▷[거' 너무 자'석' 동' 도칠서~이~다].

[웨바' 테서러 신틀' 매지' 마' 라] 〈참외밭에서 신틀 매지 마라〉 남에게 의심받을 행동은 아예 하지를 마라. ▷[배나무' 미'테서러 각' 끔' 매지' 마' 라].

[웨에' 가' 아캉 처가서' 러느 빼앨가벅' 꼬 춤' 촤아도 개얀' 타] 〈외가와 처가에서는 발가벗고 춤춰도 괜찮다〉 외가와 처가에서 저지른 실수는 대체로 관대하게 봐주게 마련이니 크게 신경 쓸 것 없다는 말. ▷[처가' 캉 웨에' 가' 아서러느 빼앨' 가' 벅' 꼬 춤' 촤' 아도 궤얀' 타].

[웨에' 느' 무' 굴수룩 살' 찌'고, 수우' 바' 금 무' 굴수룩 예' 빈다] 〈참외는 먹을수록 살찌고, 수박은 먹을수록 야윈다〉 수박을 지나치게 많이 먹으면 건강

에 해롭다는 말.

[웨에′ 손′ 자로 귀이′ 애′ 컨니′ ~이~ 바~악′ ~꼬로 귀이′ 애′ 컨′ 찌] <외손자를 귀여워하느니 방앗공이를 귀여워하지> 외손자는 아무리 귀여워해도 별 소용이 없다는 말. ▷[웨에′ 손′ 지느 바~악′ 꼬].

[웨에′ 손′ 지느 바~악′ 꼬] <외손자는 방앗공이> 외손자를 너무 귀여워할 필요가 없다는 말. ▷[웨에′ 손′ 자로 귀이′ 애′ 컨니′ ~이~ 바~악′ 꼬로 귀이′ 애′ 컨′ 찌].

[웨에′ 손′ 지느 억′ 꼬 친손′ 지느 걸래′ 애먼서, 어′ 분 넘 발′ 시′ 럽따 펄떡′ 까자 컨는다] <외손자는 업고 친손자는 걸리면서, 업은 놈 발 시리다 얼른 가자 한다> ①사람을 대함에 있어 그 경중이 뒤바뀜을 이르는 말. ②친손자보다 드물게 보는 외손자를 더 귀여워함이 인정이라는 뜻. ▷[어′ 부 내기 발′ 시′ 럽따]/[친손′ 지느 걸리′ 이고, 웨에′ 손′ 지느 억′ 꼬 간′ 다′].

[웨에′ 할′ 매 엄는 웨에′ 가′, 자앙′ 모 엄는 처가′] <외할머니 없는 외가, 장모 없는 처가> 정이 가는 데라곤 아무 것도 없거나 재미를 붙일 데가 전혀 없는 곳이라는 뜻.

[웨엔′ 짝′ 구웅′ 디′ ~이~나 오′ 른′ 짝 볼′ 기′ 째′ 기나] <왼쪽 궁둥이나 오른쪽 볼기짝이나> 이것이나 저것이나 다를 것이 없다는 말. ▷[여어′ 고′ 보′ 나 닥′ 꼬 보′ 나].

[위섬′ 묵′ 끼느 꼬옥′ 까′ 미(꼬옥′ 깨′ 미/여′ 시′) 다′ 다] <우선 먹기는 곶감(엿)이 달다> 나중에야 어찌 되든 당장에 좋은 쪽부터 취하게 된다.

[위시′ 개 하′ 다′ 가 할매′ ~이~ 쥐′ 긴다] <우스개 하다가 할멈 죽인다> 대수롭지 않게 시작한 일 때문에 엉뚱한 곤란을 당하게 된다는 말. ▷[자앙′ 난′ 하다가 할매′ ~이~ 쥐′ 긴다].

[위인′ 는′ 나′ 테 춤′ 모옴′ 빤′ 는다] <웃는 낯에 침을 못 뱉는다> 좋은 낯으로 접근해 오는 사람에게는 모질게 굴지 못한다.

[유우워′ 리 자아그′ 머 바가′ 지가 지′ 럽잔타] <유월이 작으면 박이 풍성하지 못하다> 음력 6월이 작으면 바가지 농사가 풍성하지 못하다 하여 이르는 말.

[유운′ 다′ 레 나가′ 아 공 따′ 레 컨나아] <윤달에 나서 공 달에 컸나> 어찌 그리 공짜를 좋아하느냐고 질책하는 말.

[유운' 동' 짇딸 초하린' 날] <윤동짇달 초하룻날> 음력 동짓달이 윤달로 되는 일은 거의 없으므로, 도저히 있을 수 없거나 불가능하다는 뜻.

[육' 뽀' 버다아사 행보' 가 나앋' 따'] <육보보다는 행보가 낫다> 고기붙이를 먹어 몸을 보하는 육보(肉補)보다는, 스스로 운동을 하는 것이 훨씬 이롭다. ▷[행보' 가 육뽀' 버다암 나앋' 따'].

[육' 심' 난 아' 드리 웨나' 무다리' 로 거언' 넬' 찌' 게, 팔심' 난 여엉' 가' 미(여엉' 개' 미) 야아' 야' 조오' 심' 해애라 컨는' 다] <육십 난 아들이 외나무다리를 건널 적에, 팔십 난 영감이 애야 조심해라 한다> 자식에 대한 부모의 염려는 끝이 없다. ▷[여' 드네 아' 바' 시가 하앙' 갑' 아' 들 거억' 쩡' 한다]/ [팔' 심' 난 아' 드리 웨' 나' 무다리로 거언' 넬' 찌게, 백수' 난 여엉' 가' 미 (여엉' 개' 미) 야아' 야' 조오' 심' 해애라 컨는다].

[으' 네서러 음' 모옹' 꼴' 류운다] <은(가운데)에서 은을 못 고른다> ①비슷한 것들이 많이 섞여 있는 것 중에서 제 마음에 드는 것을 고르기가 참으로 어렵다. ②비슷한 사람들 가운데서 결혼 상대자를 고르기가 매우 어렵다. ▷[이' 네 임' 모옹' 깔' 리고, 으' 네 음' 모옹' 깔' 린다].

[으음' 서' 글 갈' 수록 주우' 고', 마아' 릉' 갈' 수록 는다] <음식은 갈수록 줄고, 말은 갈수록 는다> 말을 삼가라.

[으음' 석' 겉짜' 는 등게' 수지' 기예 입천' 장 벡' 낀다] <음식 같잖은 겨 수제비에 입천장 벗긴다> 우습게 여기고 대단찮게 여겨오던 일로 말미암아 뜻밖의 손해를 크게 입었다. ▷[으음' 석', 으음' 석' 겉짜' 능 기이 입천' 장마 디인' 다'].

[으음' 석' 묵' 끼 시' 릉' 거느 나' 아도옫따가 무' 그머 대는' 데, 사아' 람' 시' 릉' 거느 모온' 사' 안다] <음식 먹기 싫은 것은 놓아두었다가 먹으면 되는데, 사람 싫은 것은 못 산다> ①싫은 음식은 안 먹으면 되지만 사람이 싫을 때는 함께 살 수 없다는 말. ②배우자와 서로 뜻이 맞지 않을 때는 그걸 참고 살아가기가 몹시 어렵다는 말. ▷[비이' 자' 부머 베' 기' 나 첩' 뿌고 사아' 지'].

[으음' 석', 으음' 석' 겉짜' 능 기이 입천' 장마 디인' 다'] <음식, 음식 같잖은 것이 입천장만 덴다> 우습게 알고 대하다가 뜻밖의 낭패를 당하게 되었다는 말. ▷[으음' 석' 겉짜' 는 등게' 수지' 기예 입천' 장 벡' 낀다].

[을'축'갑짜 디비' 대'앨따] <을축갑자(乙丑甲子) 뒤집어 되었다> 어떤 일의 순서가 뒤바뀌었을 때 이르는 말.

[음달' 꼳' 또 필' 때'가 읻'따] <응달 꽃도 필 때가 있다> 모진 고생만 하는 사람도 좋은 시절을 만날 날이 있다. ▷[양'지가 음'지 대'고, 음'지가 양'지 댄'다]/[음'지가 양'지 댄'다]/[쥐궁'게도(쥐구무'~에~도) 벧' 뜰 랄 읻'따]/[한' 다리 크'머' 한' 다리 자악'따'].

[음달' 포오'수 졷' 떠'어드시 떠언'다'] <응달 포수(砲手) 좆 떨 듯 떤다> 추운 날씨에 몹시 떨거나 공포로 말미암아 벌벌 떨고 있는 모습의 비유.

[음'무레 세에'수'한 드시] <은(銀)물에 세수한 듯> 은으로 된 물에다 세수를 하고 나서 얼굴이 멀끔하다 함이니, 감쪽같이 시침을 뗀다는 말.

[음'불'빠진 녕 걷'따] <음불빠진 년 같다> 걸음을 바르게 걷지 못하고 엉거주춤하게 걷는 모양을 비유.

[음'지가 양'지 댄'다] <음지가 양지 된다> 세상일은 항상 돌고 돈다. ▷[양'지가 음'지 대'고, 음'지가 양'지 댄'다]/[음달' 꼳' 또 필' 때'가 읻'따]/[쥐궁'게도(쥐구무'~에~도) 벧' 뜰 랄 읻'따]/[한' 다리 크'머' 한' 다리 자악'따'].

[이'가' 업'시' 머 임' 모므로 사안'다'] <이가 없으면 잇몸으로 산다> ①없으면 없는 대로 그럭저럭 참고 살아간다. ②주된 것이 없으면 종속적인 것으로라도 대신한다. ▷[꽁' 대애'신' 달' 기라꼬]/[엄'마 보구저'부머 이'모로 보'고, 아부'지 보구저'부머 고'모로 본다].

[이'근 이임'서'기 서어'나'] <익은 음식이 서느냐> 불기운에 익은 음식이 다시 설어 질 수 있느냐 함이니, 이미 돌이킬 수 없는 상태에 이르고 말았다는 뜻.

[이'금 밤 묵'꼬 서언' 소'리 한다] <익은 밥 먹고 선소리 한다> 사리에 맞지 않는 쓸데없는 말을 싱겁게 한다.

[이까래'끼 풀리'임 말망새'~이~] <고삐 풀린 망아지> 어떠한 제한이나 규제가 없는 상태에서 멋대로 행동할 때를 비유하는 말.

[이'네 임' 모옹' 깔'리고, 으'네 음' 모옹' 깔'린다] <인(人)에 인 못 고르고, 은(銀)에 은 못 고른다> 사람들 가운데서 쓸만한 사람을 고르는 일이 결코 쉽지 않다는 뜻. ▷[으'네서러 음' 모옹' 꼴' 류운다].

[이´느´ 오오´보´게 하나´] <이는 오복의 하나> 이[齒牙]가 튼튼한 것이 매우 큰복이라는 뜻. ▷[주´굴 때 페´~이~ 중능´ 거´느 오오´보´게 하난´ 치다].

[이´는 노오´로´ 시´라´ 꼬] <인(仁)은 노(老)로 쓰라고> 노인을 공경해야 한다는 말.

[이´르미 조오´와´ 불´로´ 초다] <이름이 좋아 불로초(不老草)다> ①겉으로만 그럴듯할 뿐 실속이 전혀 없음을 가리키는 말. ② '불로초'란, 이름만 있는 상상의 풀인 것처럼, 허울만 좋고 실속이 없는 일임을 비꼬는 말. ▷[멩지´처언´ 대´애 개애´똥´ 드럳따]/[뻗´쪼´옹 개애´살´구].

[이´름 난 잔´채´에 무´울 꺼 어업´따´] <이름 난 잔치에 먹을 것 없다> 소문이 크게 난 것이 도리어 보잘것없다. ▷[소오´문´난 잔´채´에 무´울꺼 어업´따´].

[이´름도 서엉´도´ 모린다´] <이름도 성도 모른다> 전혀 모르는 사이거나, 안면만 있을 뿐 신상 내용은 모르는 사람이다.

[이´매~이~로 찔´러도 피´함´ 빠~울~ 앤 나겐´따] <이마를 찔러도 피 한 방울 안 나겠다> 몹시 인색하고 약삭빠른 사람을 깔보는 말. ▷[바´늘로 (꼬옥´) 찔´러도 피´한´ 점 앤´ 나알´래´라]/[찔´러도 피´함´ 빠´~울~ 앤 나온다].

[이´미´본 애´기´, 물´봉´기´리´기] <어미 본 아기, 물 본 기러기> 매우 반가워할 때 이르는 말.

[이´베 든 세´느´ 물리´일 때나 읻´찌] <입에 든 혀는 물릴 때나 있지> 누가 마음에 꼭 들게 행동할 때 이르는 말. ㉾ '이베 든 세도 물리일 때가 읻따.'고도 이름.

[이´베 만는´ 떠기 인´나] <입에 맞는 떡이 (어디) 있느냐> 자기 마음에 꼭 드는 사물은 찾기가 어렵다. ▷[물´쪼´옥코 반´석 쪼´옥코 정´자 조온´데´가 어딘´노]/[정´자 조옥´코´ 물´쪼´옥코 반´석 조온´데´느 어업´따´].

[이´베 시´분´ 야´기´(얘´기´) 모´메느 조온´타´] <입에 쓴 약이 몸에는 좋다> 제게 이로운 충고나 교훈은 듣기 싫으나, 자신의 수양을 위해서는 받아들여야 한다.

[이´벱 빱또 내´애 미긴´다] <입안의 밥도 내어 먹인다> 사이가 서로 너무 가까워 자기 입에 있던 음식마저 줄 정도라는 뜻.

[이'북 깨애 앤' 지'젙시머 도동' 마' 질 뿐해앧' 따'] <이웃 개 안 짖었으면 도둑 맞을 뻔했다> ① 지나친 친절은 조금도 고맙지 않고 오히려 불쾌하다는 뜻. ②남의 일에 공연히 간섭하지 말라는 말. ㉠ 속옷을 제대로 여미지 못한 아낙을 보고, 뒤따라가던 어떤 남정네가 공연히 그걸 지적하자, 그 아낙이 욕을 했다는 말에서 유래.

[이'분' 나'푸로 째애'저'도 마아'름' 바리' 한다] <입은 옆으로 찢어져도 말은 바로 한다> 아무리 상황이 좋지 못해도 진실은 바르게 밝히라는 말. ▷ [이'브'느 삐이' 떠' 러저도 마아' 르'느 바리' 해애라].

[이'붇 손'도 솜 볼' 날 읻' 따] <이웃 손도 손 볼 날 있다> 아무리 가까운 사이일지라도 손님으로서 깍듯이 대접해야 할 때가 따로 있게 마련이다. ▷ [사아'촌'도 솜 볼' 날 읻' 따]/[압찝' 손'도 솜' 볼' 날 읻' 따].

[이'붇찝 새액'시' 믿따'가 자앙'개' 모옹' 깐' 다] <이웃집 색시 믿다가 장가 못 간다> 막연하게 제 생각만 믿고 있다가 낭패 본다, 또는 남은 생각지도 않는데 공연한 기대를 혼자 하고 있다가 낭패를 본다. ▷ [도옹'네' 새액'시' 믿' 따'가 자앙'개' 모옹' 깐' 다]/[디인'찝' 처어'자' 믿따'가 자앙'개' 모옹' 깐' 다]/[압찝' 크'내'기 믿따'가 자앙'개' 모옹' 깐' 다].

[이'붇찝 할마'~이~도 싱'기머 복' 빧' 는다] <이웃집 할머니도 섬기면 복 받는다> 누구라도 어른을 공경하면 복을 받게 된다.

[이'불 덥'퍼시고 눔' 뿌' 울신다] <이불 덮어쓰고 눈 부라린다> 남이 보지 않는 곳에서만 호기를 부리고 큰소리를 친다. ▷ [이'불 덥'퍼시고 아' 아웅한다].

[이'불 덥'퍼시고 아' 아웅한다] <이불 덮어쓰고 아옹한다> 남들이 보지 않는 곳에서만 젠체하고 호기를 부린다. ▷ [이'불 덥'퍼시고 눔' 뿌' 울신다].

[이'붕 걸배'~이'~느~ 어어' 더' 무거도, 버' 증 걸배'~이~느~ 모온' 어' 어더묵는다] <입은 거지는 얻어먹어도, 벗은 거지는 못 얻어먹는다> 옷차림새가 깨끗해야 대접을 받는다. ▷ [오'시' 날' 개' 다].

[이'브'느 삐이' 떠' 러저도 마아' 르'느 바리' 해애라] <입은 비뚤어져도 말은 바로 해라> 언제든지 말은 정직하게 해야 한다는 말. ▷ [이'분' 냐'푸로 째애'저'도 마아'름' 바리' 한다].

[이'비' 광지'리 꾸영 거'태도 마아'름' 모온' 한' 다] <입이 광주리 구멍 같아

도 말은 못한다〉 잘못이 명백히 드러나 더 이상 변명할 여지가 없다. ▷ [이'비' 열'뚜' 개라'도 하알' 마'아리 어업'따'].

[이'비' 서어'워'리라] 〈입이 서울이라〉 먹는 것이 제일이다. ▷[쇄에'미가 대' 자라도 무'거야 사안' 다']/[여'를 굴'머 군'자 어업'따']/[화'늘 미'테 낭 거'느 무'거야 사안' 다'].

[이'비' 서어'월'거트머 제에'사' 지내가'아 뭉'경 아알'로' 다아' 갈'러 묵 껜' 따] 〈입이 서울 같으면 제사 지내서 문경 아래로 다 갈라 먹겠다〉 행동 은 전혀 뒤따르지 않고 말만 앞세우는 사람을 질타하는 말. ▷[구우'벼'~ 이~ 조오' 와' 장'스'이~라도 걸리'이겐따]/[마알'로' 떠'글' 하'머 조서'~ 이~ 다아' 뭉'는다]/[마알'마' 비이'단' 짝 거'퉁 기이 행'도~은' 개애' 차' 반].

[이'비' 열'뚜' 개라'도 하알' 마' 아리 어업' 따'] 〈입이 열두 개라도 할 말이 없다〉 너무나 명백하여 전혀 변명할 여지조차 없다. ▷[이'비' 광지'리 꾸영 거'태도 마아'름' 모온' 한' 다].

[이'빠'진 늘'기~이'~ 호방' 나무'레 기'세' 한다] 〈이 빠진 늙은이 호박 나물 에 기세(氣勢)한다〉 늙은이가 물렁한 호박 나물을 씹기 위해서까지 힘을 몹시 들인다 함이니, 약한 사람이 가벼운 물건을 못 들고 애를 쓰는 것을 이름. ▷[이' 어'엄는 늘'기~이'~가 호방' 나무'레 힘'신' 다].

[이사' 자'주 댕'기머 숙까'락 항' 개라도 일' 겁뿐다] 〈이사 자주 다니면 숟 가락 한 개라도 잃어버린다〉 한 자리에 진득하게 눌러 있지 못하고 자꾸 옮겨 다니면 결국은 손해라는 뜻. ▷[곡'서근 댈'수'룩 충' 난' 다]/[새애' 느' 안는' 데마' 중 지'치' 빠진다].

[이삳' 쩜 미'테 가~아'~지 따' 리드시] 〈이삿짐 밑에 강아지 따르듯〉 ①어디 든지 늘 붙어 다니며 귀찮게 굶을 이르는 말. ②늘 졸졸 붙어 다닌다는 말.

[이'시기 넝너'거야 예에'절'로 갈'린다] 〈의식(衣食)이 넉넉해야 예절을 가 린다〉 생활에 다소 여유가 있어야 예절을 제대로 차릴 수가 있게 된다.

[이시'라꼬 이실'비 가'라꼬 가랑'비] 〈있으라고 이슬비 가라고 가랑비〉 한 가지 사물이나 현상을 두고도 보는 관점에 따라 자기에게 유리하게 해석할 수 있다는 말. 참 어느 가난한 선비가 사돈댁을 찾아왔는데, 며칠이 지나도 전혀 돌아갈 생각을 아니하고 눌어붙어 있자, 마침 가랑비가 내리는지라

주인 사돈이, "사돈, 가시기 좋으시라고 가랑비가 오네요." 하니까, 선비 사돈이 "모르시는 말씀, 더 있으라고 이슬비가 오지 않습니까."했다는 데서 생긴 말.

[이실′비에 옫′ 쩍′ 꼬, 바안′ 지′ 메 골′ 빙′ 든다] <이슬비에 옷 젖고, 반 짐에 골병 든다> 보잘것없다고 무시하던 것으로 인해 낭패를 당하기 십상이라는 말. ▷[바안′ 지′메 골빙 든다]..

[이′ 어′ 엄는 늘′기~이′가 호방′ 나무′레 힘′ 신′ 다] <이 없는 늙은이가 호박나물에 힘쓴다> 기골이 약한 사람이 가벼운 일에 수고로운 것을 보고 이르는 말. ▷[이′ 빠′ 진 늘′기~이~ 호방′ 나무′레 기′세′ 한다].

[이′ 웅′구레 무′ 램′ 뭉는다꼬 똥′ 사고 가′ 도′, 다′시 그′ 물로 뭉는′다] <이 우물의 물 안 먹는다고 똥 싸고 가도, 다시 그 물을 먹는다> 어디서 누구에게나 괄시하지 말고 좋게 대하라. ▷[춤′ 바′튼 웅′굴물 다부′ 뭉는′다].

[이이′레′에느 배′도리 뭉는′데느 악′ 또′리] <일에는 배돌이 먹는 데는 악돌이> 일을 할 때는 꾀를 피워 살살 피하다가도, 먹을 것이 있으면 더 많이 먹으려고 애쓰는 사람을 나쁘게 가리키는 말.

[이이′른′ 할 탇′ 시고, 으음′서′ 금 무′굴 탇′ 시다] <일은 할 탓이고, 음식은 먹을 탓이다> 일의 능률은 하기에 달렸고, 음식은 맛있게 먹기에 달렸다는 말.

[이이′부′대비 떵′메 머′레느 가도, 지개′비 도끼′ 머′레느 가지′ 마′라] <의붓아비 떡메 머리에는 가도, 제 아비 도끼 머리에는 가지 마라> ①조금이라도 위험스런 곳에는 가지 않는 것이 좋다. ②안전(安全)을 먼저 생각하라.

[이이′부′대비 제에′사′ 미루′우드시] <의붓아비 제사 미루듯> 이 핑계 저 핑계로 자꾸 미루기만 한다는 뜻. ▷[니′이리 보′자 재판소′ 오]/[모′레′ 보′자 재판소′ 오].

[이임′말′ 하′나′ 그린′ 데 업따] <옛말 하나 그른 데 없다> 예로부터 내려온 말은 대체로 그른 데가 없다.

[이임′벼′~어~에~ 까마′구 소′리 득′끼 실타] <염병에 까마귀 소리 듣기 싫다> 불길하여 매우 귀에 거슬리는 소리다.

[이′ 장′ 떠기 큭′ 까′아, 후욷′ 짱′ 떠기 큭′ 까′아] <이 장 떡이 클까, 다음 장

날 떡이 클까> 어느 쪽의 이익이 많은지 비교하면서 망설이고 있음을 비유하는 말. ▷[바′~아~느~ (더′) 마~아′~이′~ 뭉능′ 강, 정제′에느 (더′) 마~아′~이′~ 뭉능′ 강]/[정제′에느 더′ 뭉능′ 강, 바′~아~느~ 더′ 뭉능′ 강].

[인시′미 천시′미다] <인심이 천심이다> 백성들의 마음이 곧 하늘의 뜻이다.

[인′시′ 밀′꼬 양′서′ 길는′다] <인심 잃고 양식 잃는다> 명분도 없고 실속도 없어 물심 양면으로 손해만 본다.

[인저′~은~ 이′베서 난′다′] <인정은 입에서 난다> 말을 친절하게 해야만 상대방에게 자기의 본뜻을 전할 수 있고 인정이 생긴다는 말. ▷[헤끄′테 저′~이~ 든다].

[인저′~음 바′리로 시일′꼬 지인′사′~응~ 꼬′지로 뀌인′다′] <인정은 바리로 싣고 진상을 꼬치로 뀐다> 직접 자기와 이해 관계가 있는 일에는 마음을 쓰고, 그렇지 않으면 다랍게 군다.

[일′가′도 초온′수′가 억′꼬, 질′삼′도 새′ 수′가 업′따′] <일가도 촌수가 없고, 길쌈도 새 수가 없다> 사람은 인정을 쓰기 나름으로 가까울 수도 멀 수도 있으며, 길쌈도 솜씨 나름으로 베가 거칠 수도 있고 고울 수도 있다하여 이르는 말.

[일′가′ 모온′땡′ 기이 항′열마 노푸′다] <일가 못된 것이 항렬만 높다> 세상에는 흔히 좋지 않는 것이 성하다.

[일′색′ 소′바근 이′서도 박′색 소′바근 업′따′] <일색 소박(疏薄)은 있어도 박색 소박은 없다> ①사람됨이 얼굴에만 매인 것이 아니다. ②얼굴 예쁜 여자는 더러 소박을 당해도, 얼굴 못생긴 여자는 소박을 덜 당한다.

[일′시′로 차′무′머 뱅′ 나′리 페나′다] <일시를 참으면 백 날이 편하다> 참는 것이 좋다. ▷[차무′ 린′ 짜가 서어′이′ 머 사′ 린′(새′ 린′)도 피이′한′ 다].

[일′시′~이′ 청그′미다] <일신(一身)이 천금(千金)이다> 건강이 제일이니 건강해야 된다.

[임′도′ 보′고 뽕′도 딴다] <임도 보고 뽕도 딴다> 한꺼번에 두 가지의 좋은 결과를 얻거나 그렇게 하려고 꾀한다. ▷[뽕′도 따′고′ 임′도′ 본다].

[입서버′레 부′틈 밥′푸리다] <입술에 붙은 밥알이다> ①배고픈 사람의 입술에 밥알 하나를 붙여 주는 것처럼, 전혀 실질적인 도움을 주지는 못하고 생색만 낸다는 뜻. ②도움이 되기에는 너무도 적은 분량이라는 말. ▷[소′네

부'틈 밥떡꺼'리].

[입서버'레 춤'도' 앰 바린' 소'리] <입술에 침도 안 바른 소리> 거짓말을 천연스럽게 할 때 욕하는 말. ▷[춤'도' 앰 바'틍 거어'짐' 말].

[입'추'늘 꺼꿀로 부'친나] <입춘(立春)을 거꾸로 붙였나> 입춘이 지났는데도 날씨가 몹시 추워졌을 때 하는 말. ▷[서얼'로' 꺼꿀'로 쉬'인나].

[잉가'능 귀이'애'하머, 이'부'로 앙'문한다] <인간은 귀여워하면, 입으로 앙분(怏忿)한다> 인간은 때로 은혜를 저버리고, 오히려 은혜를 입은 사람에게 해를 입히는 경우가 있다.

[잉간' 칠십 고레'자~이~라] <인간 칠십 고려장이라> 예전에는, 사람이 일흔 살까지 살기란 드문 일이라 하여 이르는 말.

ㅈ

[자'는' 사'람 요오'느' 어업'서'도, 짐' 나간' 사'람 요오'느' 읻'따] <자는 사람 요는 없어도 집 나간 사람 요는 있다> 게으른 사람에게는 아무런 혜택이 돌아가지 아니한다. ▷[나간' 넘 요오'느' 이'서(사)도, 자'는' 넘 요오'느' 어업'따'].

[자'는' 차'야' 맏'시'고, 이'음' 푸마'네 드'러'야(드라'야) 맏'시'다] <잔은 차야 맛이고, 임은 품안에 들어야 맛이다> 무엇이거나 꽉 차야만 흡족하다.

[자'늠' 버어'믈' 찝쩍꺼'린따] <자는 범을 집적거렸다> 가만히 내버려두면 아무 일도 없을 것을 섣불리 건드려서 말썽을 일으켰다.

[자'다'가 나'무 다리' 끌'른'다] <자다가 남의 다리 긁는다> ①해야만 할 일은 하지 않고 엉뚱한 일을 한다. ②엉뚱하게 아무 관계없는 말을 할 때 빈정대는 말. ▷[자'다'가 봉창' 띠디'린다].

[자'다'가 베'랑' 만는'다] <자다가 벼락 맞는다> 뜻하지 않게 변을 당한다. ▷[마린'화'느레 베'락']/[자'다'가 어어'듬' 벼~어'~은'~ 이'가글 모온' 한'다].

[자'다'가 봉창' 띠디'린다] <자다가 봉창 두드린다> 얼토당토않은 말을 할 때 이르는 말. ▷[자'다'가 나'무 다리' 끝'른'다].

[자'다'가 어어'듬' 벼~어'~은'~ 이'가글 모온'한'다] <자다가 얻은 병은 이각(離却)을 못한다> 뜻하지 않게 생긴 병이나 재앙은 벗어나기 어렵다. 참 '자다가 어어듬 비~이~다.'고도 이름. ▷[마린'화'느레 베'락']/[자'다'가 베'랑' 만는'다].

[자'던' 아'아 가지' 따'로' 갈따] <자던 아이 가지 따러 갔다> ①아기를 재우려고 같이 누웠던 어머니가 아기보다 먼저 깊은 잠에 빠지고, 아기는 뒷밭으로 가지 따러 갔다 함이니, 어머니가 아기보다 먼저 잠이 들었을 때 이르는 말. ②결과와 계획이 서로 어긋날 때 이르는 말.

[자'랑 끝'테 쉬이' 신'다] <자랑 끝에 쉬 슨다> 지나치게 자랑하면 말썽거리가 생기거나 일을 그르치기 쉽다.

[자래' 보'고 노올'랭' 가'시미, 소두배~'이~ 보'고도 노올'랜'다] <자라 보고 놀란 가슴, 소댕 보고도 놀란다> 어떤 일에 몹시 놀란 사람은 그와 비슷한 것만 보아도 매우 겁을 먹거나 놀란다.

[자'버 노온 토깨'~이~다] <잡아 놓은 토끼다> 모든 여건이 확정되어 이젠 틀림이 없는 상태다. ▷[그'무'레 등 궤'기, 도 가'네 든 쥐']/[도'매 우'예 오링' 궤'기]/[도 가'네 든 쥐']/[뿍' 꺼 노온 토깨'~이~다].

[자'서'근 내' 자서기 유'지럭꼬(귀이' 코'), 곡' 서근 나'무 곡' 서기 유'지럽 따(탐'난다)] <자식은 내 자식이 유지럽고(귀하고), 곡식은 남의 곡식이 유지럽다(탐난다)> 자식은 제 자식이 좋게 보이나 재물은 남의 것이 탐이 나게 마련이다.

[자'서'긍 건 노'치 소오'금' 모온' 논'는다] <자식은 겉으로 낳지 속은 못 낳는다> ①자기가 낳은 자식일지라도 그 마음속까지 알아볼 수는 없다. ②자식이 좋지 못한 생각을 품어도 그것이 부모의 책임은 아니라는 말.

[자'서'글 키'야 바아'양' 부무 고'~을~(시이' 저'~을~) 아안'다] <자식을 키워 봐야 부모 공(사정)을 안다> 몸소 부모의 입장이 되어 보지 않고서는 부

제1부 경주 속담 사전 ─────────────────── 187

모의 공(사정)을 알기 어렵다.

[자′서′기 애애′무′리다] <자식이 애물이다> 자식은 언제나 부모에게 걱정만 끼친다.

[자′석′또 푸마′네 들′ 때′ 자′서′기지] <자식도 품안에 들 때 자식이지> 자식은 품에 안을 수 있을 때나 귀엽지, 조금 자라면 부모의 뜻을 그슬리거나 애를 먹이기 시작한다 하여 이르는 말.

[자′석′ 사라′~은~ 내′리′ 사라′~이~다] <자식 사랑은 내리 사랑이다> 자식이 부모에게 보답하기는 어려우나, 부모가 자식을 헌신적으로 사랑하는 것은 예사라는 뜻. ▷[니′리′ 사라′~은~ 이′서도 치′ 사′라~은~ 어업′따′].

[자′석′ 짜′랑하는 너′믐′ 바암′미′ 칭개~이~고, 지이′집′ 짜′랑하는 너′믄′ 오옴′ 미′ 칭개~이~다] <자식 자랑하는 놈은 반미치광이고, 계집 자랑하는 놈은 온 미치광이다> 매우 사랑하는 사람에 대하여는 생각이 어두워지기 쉬움을 경계하는 말.

[자아′긍′ 궤′기 까′시 시이′다′] <작은 고기 가시 세다> 겉으로는 작아 보일지라도 실제로는 속이 옹골차다. ▷[자아′긍′ 꼬′치′가 맵′따′].

[자아′긍′ 꼬′치′가 맵′따] <작은 고추가 맵다> 겉모양으로는 대수롭지 않게 보이지만 하는 일은 다부지고 옹골차다. ▷[자아′긍′ 궤′기 까′시 시이′다′].

[자아′지′도 모리닝 기′이 소~이′~(쉐~이′~) 자앙′사′ 한다] <(고추)자지도 모르는 것이 송이 장사한다> 매우 기본적인 사실조차도 모르면서, 힘든 일을 하고자 함을 빗대어 이르는 말. ▷[졷′또′ 모′리닝 기이 소~이′~(쉐~이′~) 자앙′사′ 한다].

[자악′끼′ 묵′꼬 가는 똥′ 산다] <적게 먹고 가는 똥 싼다> 분수에 넘치지 않는 것이 온당하다는 말.

[자압′소, 자압′소 컬(칼) 쩌′게느 앤 잡숙′꼬, 처무′거라 커′머(카′머) 뭉는′다] <잡수시오, 잡수시오 할 적에는 안 잡수시고, 처먹으라고 하면 먹는다> 애써 권할 때는 도무지 행동하려 들지 않다가도, 그만두라고 하면 그제야 하려 드는 사람을 조롱하는 말. ▷[무′거라 컬′때느 앰 묵′꼬, 처무′거라 커′머 뭉는′다].

[자앙′개′가′는 너′미′ 부′~알′ 띠이′ 녹′코 간다] <장가가는 놈이 불알 떼

어놓고 간다> 사람이 아둔하여 가장 요긴한 것을 잊어버리거나 잃거나 할 때 이르는 말.

[자앙′ 난′ 하다가 할매′~이~ 쥐′ 긴다] <장난하다가 할멈 죽인다> 장난 삼아 한 일이 큰 사고를 저지르기도 한다. ▷[위시′ 개 하′ 다′ 가 할매′~이~ 쥐′ 긴다].

[자앙′ 사′ 꾼, 주′ 굼 말′ 지′ 키드시] <장사꾼(이), 죽은 말(을) 지키듯> 멍하게 우두커니만 서 있는 사람을 비하하는 말. ▷[장사′ 꾼 주′ 건는 데, 말′ 지′ 키드시].

[자앙′ 수′ 로 자′ 불라 커머(카머) 말′ 로 쏴아′ 라′] <장수를 잡으려면 말을 쏘아라> 어떤 목적을 이루려면 그 근본 되는 것부터 정복하거나 거꾸러뜨려야 한다는 말.

[자앙′ 연′ 도리′ 깨 (애~이′ ~가)] <작년 도리깨 (아닌감)> 한 해를 쓰고 처박아 둔 도리깨는 열이 빠지고 쓸모가 없는 법인즉, 싱겁거나 맥이 없다는 것의 비유.

[자′ 짐 바′ 베 흘 퍼북′ 끼] <잦힌 밥에 흙 퍼붓기> 매우 심술궂음을 이르는 말. ▷[다아′ 댐′ 바′ 베 재′ 쥐′ 이역키]/[다아′ 뎀′ 바′ 베 코′ 빠′ 주운다].

[자~아′ ~인′ ~ 도온′ 띠′ 이 무′ 건나] <장인 돈을 떼어먹었나> 왜 아랫배가 튀어나왔느냐고 놀리며 하는 말.

[잘′ 가늠 말′ 또 여엉′ 천′ 장, 모옹′ 까′ 늠 말′ 또 여엉′ 천′ 장] <잘 가는 말도 영천장(永川場), 못 가는 말도 영천장> 방법이야 어떠하든 간에 그 결과는 마찬가지라는 말. ▷[꺼꾸리′ 가′ 나 올′ 키′ 가′ 나 서어′ 월′ 마 가′ 머(가′ 마) 댄다]/[모로(모티′ ~이~로) 가′ 나 바리′ 가′ 나 서어′ 월′ 마 가′ 머 댄′ 다]/[재바림′ 말′ 또 여엉′ 천′ 짱, 굼′ 띰′ 말′ 또 여엉′ 천′ 짱].

[잘때는′ 지′ 바는 호오′ 더′ 락빠라미 마꺼′ 불 연는다] <잘되는 집안은 회오리바람이 (외양간에) 검불을 넣는다> 회오리바람이 외양간에다 깔짚인 검불을 넣어 준다 함이니, 일이 잘되려면 모든 것이 저절로 도움을 준다는 뜻. ▷[복′ 지′ 튼 너′ 믄′ 업′ 퍼저도 떡′ 꼬레 어′ 퍼진다]/[지′ 복 지′ 튼 너′ 믄′ 소′ 가′ 디′ 디도 앵′ 꺼′ 진′ 다′]/[지′ 복 지′ 튼 너′ 믄′ 채′ 로′ 처′ 도′ 앤나′ 간′ 다′].

[잘때′ 머 이잉′ 굼′ 대′ 고(충시′ ~이~고), 모온′ 때′ 머 역′ 쩍′ 댄′ 다] <잘되면 임

금 되고(충신이고), 못되면 역적 된다> 일의 결과에 따라, 그 과정과는 상관 없이 평가가 내려진다.

[잘때' 머 지' 봉마안 이' 기고, 모온' 때' 머 조' 상' 탈] <잘되면 제 복만 여기고, 못되면 조상 탓> 잘되는 일은 자기의 공으로 돌리고, 못 되는 일은 남의 탓으로 돌린다는 뜻. ▷[앤 대' 머 조' 상' 탈].

[잘 묵' 꼬 마' 저 주' 구나, 모옴' 묵' 꼬 고' 러 주' 구나] <잘 먹고 맞아 죽으나, 못 먹고 곯아 죽으나> 나중이야 어찌 되었건 우선 먹고 보자고 할 때 이르는 말. ▷[묵' 꼬 주' 궁 구우' 신' 으~느~ 화' 새기라도 난다].

[잘 사' 러도 내' 팔' 짜', 모온' 사' 러도 내' 팔' 짜] <잘 살아도 내 팔자, 못 살아도 내 팔자> 잘 살고 못 사는 책임은 오직 자기가 타고난 운명이라는 체념의 말. ▷[지' 팔' 짜' 개애' 모' 온 쭌다].

[잡' 쩌도 애~ 하' 고 마' 리 바안' 석' 가린' 다] <잡지도 않고 마리 반씩 가른다> 물고기를 잡거나 사냥을 나가서 아직 한 마리를 잡지도 아니한 채, 만약 세 마리를 잡으면 한 마리 반씩 가른다 함이니, 미확정 된 사실을 두고 성급하게 앞당겨 배분하려 들 때 질타하는 말. ▷[너구' 리 구울' 보' 고 피' 물 또온 내' 애 신다]/[웅' 구레 가가' 아 숭' 영 착' 껜' 따(찬' 는' 다)].

[장군' 나' 자 용' 마 나' 고, 문장' 미' 테 명' 필(멩' 필) 난' 다'] <장군 나자 용마(龍馬) 나고, 문장(文章) 밑에 명필 난다> ①한 사람의 뛰어난 인재가 있으면, 거기 부수적으로 필요한 것들은 적절히 생겨난다. ②무슨 일이나 잘 되어지면 좋은 기회도 저절로 뒤따른다.

[장꾸' 는 한' 너민데, 풍' 각째~이~가 열' 뚜' 우 키다] <장꾼은 한 놈인데, 풍각쟁이가 열두 명이다> ①정작 중요하게 일할 사람보다도 곁다리 구경꾼이 더 많다. ②주객이 바뀌었다는 뜻. ③여러 사람이 저마다 적당한 구실을 붙여 한 사람에게서 돈이나 물건 따위를 뜯어갈 때 쓰는 말.

[장담' 보내' 애고 춤' 춘' 다] <장단 보내고 춤춘다> 이미 모든 일이 다 끝난 다음 뒤늦게 나선다. ▷[구' 단' 디일' 짱' 구]/[도동' 막' 꼬 다안' 장' 한다]/[밥' 파러묵' 꼬 폴' 또' 올 숭구' 우드시]/[성' 복찌 지' 내' 애고 약' 빵' 공' 사 한다]/[소오' 일' 꼬 오양깐' 곤' 친다]/[주' 군 디이' 예' 약' 빵' 공' 사 한다].

[장매' 가 가' 물' 거' 트머 모온' 사' 알 끼이다] <장마가 가뭄 같으면 못 살 것이다> 장마는 가뭄보다도 더 견디기가 힘들다.

[장매′ 디이예 웨에′ 구′ 울뜨시] <장마 뒤에 참외 굵듯> 무럭무럭 잘 자람을 비유하는 말.

[장사′ 꾼 주′ 건는 데, 말′ 지′ 키드시] <장사꾼(이) 죽어있는 데, 말(이) 지키고 있듯> 넋이 나가 우두커니 서 있음을 낮추어 이르는 말. ▷[자앙′ 사′ 꾼, 주′ 굼 말′ 지′ 키드시].

[장′ 작뿌 라′ 고 시이′ 간′ 사′ 리 하′ 고느 찝찌′ 기머 꺼′ 진′ 다] <장작불과 세간은 집적거리면 꺼진다> 여자나 살림살이는 옆에서 들쑤시면 문제가 생기기 쉽다. ▷[둥거′ 리뿔 하′ 고 살림사′ 리 하′ 고느 숙석꺼′ 리머 타알′ 란′ 다]/[사기 그′ 륵캉 지이′ 지′ 븐 돌′ 리머 재미′ 업따]/[시이′ 간′ 사′ 리캉 둥거′ 리 뿌른, 찝′ 쩍′ 꺼′ 릴수록 타알′ 란′ 다].

[장′ 테도 모리능 기′ 이, 가겥′ 찜 지′ 고 따′ 러간다] <장터도 모르는 것이, 가겟짐 지고 따라간다> 어리석은 사람이 주견 없이 남의 행동을 추종할 때 꾸짖는 말. ▷[아재′ 비 모온′ 땡′ 기이 조′ 캐′ (조′ 카′) 장′ 찜 지′ 고 간다].

[장테′ 에 쉐에′ 미 낭 거′ 느 말가′ 니이′ 할′ 바′ 시가] <장터에 수염 난 것은 모두 네 할아비냐> 비슷한 물건만 보면 덮어놓고 자기 것이라고 우기는 사람을 비웃는 말. ▷[여엉′ 천′ 자~아~ 노랑감′ 태 싱′ 거느 다아′ 너거 하′ 래 비 애~이′ ~가].

[재미′ 가 소구′ 리 바~아′ ~이′ ~다] <재미가 소쿠리 반이다> 대단한 재미에 폭 빠져 있다는 말.

[재미′ 나능 고오′ 레′ 버엄′ 난′ 다] <재미나는 골에 범 난다> ①재미가 있다고 해서, 나쁜 일을 계속하다가는 나중에 큰 봉변을 당한다. ②지나치게 즐기고 나면 끝에 가서는 재미스럽지 못한 일이 생긴다. ▷[꼬′ 리가(꼬랑대′ 기가) 지이′ 머′ 발피′ 인다]/[재미′ 내′ 애 콩′ 뽁′ 따′ 가, 지리솜′ 미자바′ 리 뺀다].

[재미′ 내′ 애 콩′ 뽁′ 따′ 가, 지리솜′ 미자바′ 리 뺀다] <재미 내어 콩 볶다가, 질솥 밑구멍 뺀다> 작은 일에 실없이 빠지거나 탐닉하다가는 큰 낭패를 당한다. ▷[꼬′ 리가(꼬랑대′ 기가) 지이′ 머′ 발피′ 인다]/[재미′ 나능 고오′ 레′ 버엄′ 난′ 다].

[재바림′ 말′ 또 여엉′ 천′ 짱, 굼′ 띰′ 말′ 또 여엉′ 천′ 짱] <재빠른 말도 영천장(永川場), 굼뜬 말도 영천장> 비록 방법은 달라도 결과는 마찬가지라는 뜻.

▷[꺼꾸리' 가' 나 올' 키' 가' 나 서어' 월' 마 가' 머(가' 마) 댄다]/[모로(모티'~이~로) 가' 나 바리' 가' 나 서어' 월' 마 가' 머 댄' 다]/[잘' 가늠 말' 또 여엉' 천' 장, 모옹' 까' 늠 말' 또 여엉' 천' 장].

[재' 수 어엄' 는' 너믄, 디이' 로' 잡' 뻐저도 코가(꿰가)' 깨' 애진다] <재수 없는 놈은, 뒤로 자빠져도 코가 깨진다> 하는 일마다 운수가 트이지 않는다. ▷[문' 철레가 떡' 살' 두우' 대' 당구' 우머 비온다]/[앤' 대는' 너' 믄' 잡' 빠저도 코' 가' 깨' 애진다]/[코 깰' 너믄 디이' 로' 잡' 뻐저도 코 깬' 다(코가' 깨' 애진다)].

[제에' 비' 느 자아' 가' 도 강낭' 간다] <제비는 작아도 강남 간다> 몸집은 비록 작을지라도 제 할 일은 다 하는 법이니, 작다고 얕보지 말라는 말. ▷[배앱' 새' 가 자아' 가' 도 알' 노' 올쭐 아안' 다']/[참새' 가 자아' 가' 도 아' 를' 녹코, 휘초' 가 자아' 가' 도 사아' 또' 파' 네 오런' 다]/[휘' 초' 가 자아' 가' 도 사아' 또' 파네 오린' 다].

[재' 주느 고오' 미' 너엉' 꼬', 도오' 는' 때앤' 너' 미 버' 언다] <재주는 곰이 넘고, 돈은 되놈이 번다> 수고하는 사람은 따로 있는데 대가는 전혀 다른 사람이 챙긴다.

[쟁기' 도 나' 바리 인' 나] <장기(長鬐)에도 나팔이 있나> 영일만 구룡포에는 고려 시대에 경주부에 속한 한적하고 조그만 장기현청이 있었는데, 부(府)가 아니라서 사람들이 깔보고 '거기 무슨 나팔 같은 게 있겠느냐.'함이니, 예상하지 못하던 물건이 엉뚱한 장소에서 발견되었을 때 또는 '그런 귀한 것이 어찌 여기에 있으리오.'라는 뜻으로 쓰는 말.

[쟁기' 원' 님 도오' 임' 인' 사, 국' 또 파' 래' 자앙' 도' 파' 래'] <장기(長鬐) 원님 도임(到任) 인사 국도 파래 장도 파래> 이것이나 저것이나 재료와 내용이 비슷하다는 말. ▷[국' 또 파래 자앙' 도' 파래].

[저' 거' 녹' 코도 달구토'~에~ 손' 여' 언능강] <저 것 낳고도 닭의장에 손을 넣었을까> 저렇게 보잘것없는 사람을 낳고도 산모에게 닭을 잡아 먹였을까 함이니, 행동이나 생각이 미욱한 사람을 욕하는 말. ▷[저' 거' 도 아' 아 나' 앝따꼬, 달구' 매가' 지 트' 런' 능강]/[저' 거' 도 아' 아 나' 앝따꼬, 미' 역꾹끼' 리 무' 건능강]/[저' 거' 로 논니~이' 호오' 배' 기나 놓' 치].

[저' 거' 도 아' 아 나' 앝따꼬, 달구' 매가' 지 트' 런' 능강] <저 것도 아이를 낳

왔다고, 닭의 모가지를 틀었을까> 사람의 생각이나 행동이 몹시 미웁다고 이르는 말. ▷[저′거′ 녹′코도 달구토′~에~ 손′ 여′언능강]/[저′거′도 아′아 나′앝따꼬, 미′역꾹 끼′리 무′건능강]/[저′거′로 논니~이~ 호오′배′기나 놀′치].

[저′거′도 아′아 나′앝따꼬, 미′역꾹 끼′리 무′건능강] <저 것도 아이 낳았다고, 미역국 끓여 먹었는가> 상대방의 하는 행동이 마음에 차지 않을 때 욕하는 말. ▷[저′거′ 녹′코도 달구토′~에~ 손′ 여′언능강]/[저′거′도 아′아 나′앝따꼬, 달구′ 매가′지 트′런′능강]/[저′거′로 논니~이~ 호오′배′기나 놀′치].

[저′거′로 논니~이~ 호오′배′기나 놀′치] <저 걸 낳느니 호박이나 낳지> 사람의 생각이나 행동이 형편없을 때 욕하는 말. ▷[저′거′ 녹′코도 달구토′~에~ 손′ 여′언능강]/[저′거′도 아′아 나′앝따꼬, 달구′ 매가′지 트′런′능강]/[저′거′도 아′아 나′앝따꼬, 미′역꾹 끼′리 무′건능강].

[저′레가 쩍꾸′글 찬′는′다] <절에 가 젓국을 찾는다> 있을 수 없는 데 가서 엉뚱한 물건을 찾는다. ▷[물방까′네서러 꼬오′장 찬′는′다].

[저′레 간 처어′자′, 주웅′ 시′기는 대로 한다] <절에 간 처자, 중이 시키는 대로 한다> 남이 하라는 대로만 따라 한다.

[저′승′캉 정나′~은~ 대애′로′ 모옹′ 깐′다] <저승과 뒷간은 대신 못 간다> 죽음의 길과 용변은 다른 사람이 대신해 줄 수 없다.

[저언′차′가 압′띠이가 인′나] <전차가 앞뒤가 있나> 이쪽 방향이나 저쪽 방향, 어느 쪽으로든 마음대로 할 수 있다는 말.

[저엉′마′안세 문′짜 애~이′~라도, 주′구미 초주′구미라] <정만서(鄭萬瑞) 문자, 아니라도 죽음이 초죽음이라> 처음 겪어보는 일이라서 내용을 파악할 수 없거나, 앞으로 어떻게 될지를 전혀 짐작할 수 없다는 뜻. 참 어긋난 성질과 별난 행동으로 방랑을 일삼던 정만서가 어느 섣달 그믐께 고향으로 돌아왔다. 다들 명절 준비에 바쁜데 비해 자기 집에서는 끼니조차 거르고 있었다. 이를 본 정만서는 자신이 죽었다고 꾸며 마을에 소문을 퍼뜨리게 했다. 소식을 들은 이웃 사람들이 초상을 치르라며 돈과 먹을 것 따위를 보내왔다. 이로써 설을 쇠게 되었는데, 나중에 헛죽음의 연극에서 깨어난 정만서를 보고 사람들이 "저승이 어떻던가?"고 물었을 때, "죽음이 초죽음이

라서 잘 모르겠다."고 한 데서 생긴 말로 간략히 '주구미 초주구미라.'고도 이름. ▷[저엉마′ 안쉐 문′짜 애~이′~라도, 배′게느 청용′ 황요′~이~ 길리′ 읻따]/[주′ 거 바아′ 야 저스′~을~ 아아′지′].

[저엉마′ 안쉐 문′짜 애~이′~라도, 배′게느 청용′ 황요′~이~ 길리′ 읻따] <정만서(鄭萬瑞)의 문자가 아니라도, 벽에는 청룡 황룡(靑龍黃龍)이 그려져 있다> 집이 몹시 낡았다는 뜻. ㉠ 낡은 지붕에서 흘러내린 빗물로 벽에 얼룩이 진 것을 두고, 정만서가 자기 집 벽에는 청룡 황룡이 그려져 있고, 방안에 누워서도 하늘의 별이 보인다고 허풍을 떤 데서 생긴 말. ▷[저엉′마′ 안세 문′짜 애~이′~라도, 주′구미 초주′구미라].

[저엉′스′~어~ 지′베도 모오′테′느 도독′ 찔한다] <정승의 집에도 묏자리는 도둑질한다> 좋은 묏자리가 있으면 정승이나 점잖은 사람조차도 욕심을 낸다. ▷[상′주가 대′먼 저엉′스′~어~ 다안′자′~을~ 넘바′더본다].

[저엉′스′~어~ 지′베도 보′살감태 나′고, 일′산′때 미′테도 개애′가′뻡 읻′따] <정승의 집에도 보살감투 나고, 일산(日傘)대 밑에도 개가법(改嫁法) 있다> 정승의 집에서도 여승(女僧)으로 출가하는 사람이 나오고, 일산대를 받쳐들 정도의 지체가 높은 고관 댁에서도 개가(改嫁)하는 법이 있다 함이니, 빈부귀천과 상관없이 세상을 사는 일은 누구나 비슷하다.

[저엉′승′도 문지′느 뭉슨′다] <정승도 먼지는 먹는다> 음식에 묻은 불티나 먼지를 두고 투정하는 사람을 우롱하는 말. ▷[나′라임도 불티 무′등 거느 잡순는′다]/[우리′ 나′라 금′자임도 불′티′느 뭉슨′다].

[저엉′승′도 지 하′기 실′부′머 애~한′~다] <정승도 제 하기 싫으면 않는다> 아무리 좋은 일이라도 제 마음에 들지 않으면 강제로 시킬 수는 없다. ▷[페′~양~(피′~양~) 감사′도 지′ 하′기 시르′머 구마′~이~다].

[저엉′승′주′군 데느 앙 가′고, 저엉′승′ 말′ 주′군 데느 무운′상′ 간다] ① 누구나 권세 있는 사람에게 대하여 생색 나는 일을 좋아한다는 말. ② 죽고 나면 생전의 부귀영화라는 게 아무 소용이 없다는 말. ▷[저엉′승′ 찝 말′ 쭈′군 데느 가′도′, 저엉′승′ 주′군 데느 앵 간′다′].

[저엉′승′ 찝 말′ 쭈′군 데느 가′도′, 저엉′승′ 주′군 데느 앵 간′다′] <정승 집 말 죽은 데는 가도, 정승 죽은 데는 안 간다> ① 죽고 나면 생전의 부귀영화라는 게 아무 소용이 없다는 말. ② 누구나 권세 있는 사람에게 대하여

생색 나는 일을 좋아한다는 말. ▷[저엉'승' 주'군 데느 앙 가'고, 저엉' 승' 말' 주'군 데느 무운'상' 간다].

[전죽'키가 바~아'~이'~다] <겨누기가 반이다> 어떤 일이라도 겨누기만 하면 이미 반 정도는 이루어진 셈이라는 뜻. ▷[시이'작'끼가 바안'턴']/[철'수레 배'부리'나].

[전'채 지인'채' 삼천' 눆' 채'] <전채 진채 삼천 육 채> 어떤 좋지 못한 일이 자꾸만 연이어 발생할 때 비유하는 말. 참 어원 불명.

[전처'로 배애'반' 하머 하앙'강' 물로 모옹' 꺼' 언넨다] <전처를 배반하면 한강 물을 못 건는다> 조강지처를 버리면 머지않아 천벌을 받게 된다.

[절' 모'리고 시이'주'한다] <절 모르고 시주한다> ①애써 한 일인데 알아주는 이가 없고 보람도 없을 때 이르는 말. ②영문도 모르고 돈이나 물건을 갹출함을 이르는 말. ▷[덤'버~어~ 도올' 쪼'오 역키]/[밉' 빠즌 도'게 물'려' 북끼]/[비이' 다'논 닉'꼬 밤'찔' 가'기].

[절' 량' 서기 주웅' 양' 서기다] <절 양식이 중 양식이다> ①한 집안 식구의 재산은 네 것 내 것을 가릴 턱이 없다는 뜻. ②이렇게 하나 저렇게 하나 돈 나올 곳은 한 군데라는 뜻. ▷[주마'~아~ 또~오'~이'~ 삼'질 또온']/[주웅' 양' 서기 절' 량' 서기다].

[점붇' 때예 눔' 바' 근 듣따] <전봇대에 눈 박은 듯하다> 마치 전봇대에다 눈을 박아 놓은 모양과 같이 키가 너무 크다. ▷[개애'똥' 바테 수낀' 때]/[키'크'고 앤 싱거'분 넘' 어억꼬, 키' 자악'꼬' 앤 대'라진 넘' 어업'따'].

[점재'~이~느~ 절' 머야 대'고, 이워'는 늘'거야 댄'다] <점쟁이는 젊어야 되고, 의원은 늙어야 된다> 점쟁이는 선입관이 없어야 하므로 젊을수록 좋고, 의원은 경험이 많아야 하므로 늙을수록 좋다.

[접빵' 사'리 숭도' 마앙'코', 시집'사'리 숭'도 마안'타'] <곁방살이 흉도 많고, 시집살이 흉도 많다> 남의 집 곁방에 사는 것과 시집살이하는 것에는 참으로 흉을 보는 사람이 많다고 하여 이르는 말.

[접시'기 무' 레 빠저'도 중는' 수'가 읻'따] <접시 물에 빠져도 죽는 수가 있다> 운수가 나쁘면 하찮은 일에도 낭패를 당하는 수가 있으니 조심해야 한다.

[정나'~아~ 안'저 개애' 부'린다] <뒷간에 앉아 개 부른다> 제게 필요할 때

는, 때와 장소를 가리지 않고 함부로 부른다. ▷[마다'~아~ 노오'능' 개애' 부'리드시 부린' 다]/[문세' 엄'는' 조옹' 부'리드시].

[정낭' 깨구' 리인' 테 부' 랄 물리' 읻따] <뒷간 개구리에게 불알 물렸다> 어줍잖은 상대에게 창피를 당하고서도 남에게 말조차 못하는 형편일 때 이르는 말. ▷[불개' 애미인테 부' 랄 물리' 인다].

[정낭' 울따' 레 호오' 바' 게 구불' 럳따] <뒷간 울타리의 호박에 굴렀다> 뒷간 울타리에 달려 있던 호박이 절로 굴러 떨어져 힘겹게 따는 수고를 덜었다 함이니, 저절로 복이 굴러 들어왔다. ▷[도라'~아~ 든' 소']/[바 부'예 떡']/[야앙' 소'네 떡' 쥐' 읻따]/[팔' 짜' 가 구' 짜' 거치 느'러 젇따]/[호오' 바' 게 구불' 럳따]/[홍재 바가' 치에 기 꼬' 벋따].

[정낭' 캉 사' 돈찌븜 머얼' 수' 룩 조옫' 타'] <뒷간과 사돈집은 멀수록 좋다> 예전엔, 뒷간이 가까우면 냄새가 나듯이 사돈집이 가까우면 말썽이 생기기 쉬우므로 그것을 경계하는 말. ▷[통시 찝' 파' 고 사' 돈네 찌' 븜 머' 러야 댄다].

[정시' 늘 채' 리야 여엄' 불' 로 하' 지] <정신을 차려야 염불을 하지> 일을 너무 다그치는 사람을 보고 이르는 말.

[정' 자 조옥' 코' 물' 쪼' 옥코 반' 석 조온' 데' 느 어업' 따'] <정자 좋고 물 좋고 반석 좋은 데는 없다> 모든 여건이 매우 골고루 갖추어진 자리란 드문 법이다. 참 '정자 조옥코 물 쪼옥코 반석 조온 데가 어딘노.'라고도 함. ▷[물' 쪼'옥코 반'석 쪼'옥코 정'자 조온' 데'가 어딘'노]/[이' 베 만는' 떠기 인' 나].

[정제'에 가' 머 누부' 마아'리' 올'코', 바~아~ 가' 머 자영' 마아'리' 올' 타'] <부엌에 가면 누나 말이 옳고, 방에 가면 자형 말이 옳다> 각자 주장하는 바가 모두 이유 있는 말이어서 잘잘못을 가리기가 매우 어렵다. ▷[바'~아~ 가' 머 시' 어' 마시 마아' 리' 올' 코', 정제' 에 가' 머 월' 께' 마아' 리' 올' 타'].

[정제'에느 더' 뭉능' 강, 바~아~느~ 더' 뭉능' 강] <부엌에는 더 먹는가, 방에는 더 먹는가> 어디가 더 나을까 하고 기웃거리거나 망설임을 나타내는 말. ▷[바'~아'느~ (더') 마'아'~이'~ 뭉능' 강, 정제' 에느 (더') 마~아'~이'~ 뭉능' 강]/[이' 장' 떠기 큭' 까' 아, 후욷' 짱' 떠기 큭' 까' 아].

[정지′비′러 방 비′러] <부엌 빌어 방 빌어> 남의 집 부엌도 빌리고 또 방까지 빌린다 함이니, 어떤 물건을 구함에 있어 모든 힘을 다한다는 뜻.

[조갑′찌 구우′싱′ 겉따] <조가비 귀신 같다> 차린 맵시나 생긴 모양이 매우 정갈하지 못하고 흐트러져 있는 것을 비유하는 말.

[조′상′ 더′게 이이′밥′] <조상 덕에 이밥> 제사 지내는 날엔 이밥을 먹을 수 있었던 옛날에 생긴 말로, 남의 덕택으로 좋은 일이 생긴다는 뜻. ▷[손′님 더′게 이이′밥′].

[조′새′~이~ 지′ 제에′사′에느 앵 가′도′, 아′들 새~애′~이′~레느 간다] <조상이 제 제사에는 안 가도, 아들 생일에는 간다> 부모는 죽어서조차 자식을 사랑하고 그 생일까지 기억한다는 말.

[조선′ 넘 돈′내기라 커머 주′구까방 겁′나′고, 날′리′이리라 커머 점붙′때대′까방 겁′난′다] <조선 놈은 돈내기라고 하면 죽을까봐 겁나고, 날일이라고 하면 전봇대 될까봐 겁난다> 한국 사람은 각자에게 일의 양을 할당해 주면 매우 열심히 하지만, 시간 단위로 임금을 주는 방법으로 시키면 게으름을 피운다 해서 이르는 말. 참 일제 강점기에 생긴 말.

[조선′ 웨′너미 더 무섭′따] <조선 왜놈이 더 무섭다> 앞잡이 하는 사람이 뒤에서 조종하는 사람보다 더 악랄하다. 참 일제 강점기에 생긴 말. ▷[아아′는′ 너미 더′ 무섭′따].

[조오′천′ 췌′주~우~이~가 누 나′알로 비′인다] <교천(校川) 최준(崔俊)이 눈 아래로 보인다> ①경주 교천의 최준이라는 만석꾼이 눈 아래로 보인다 함이니, 음식을 배부르게 먹고 포만감에 젖어서 내뱉는 말. ②살림이 조금 넉넉해졌다고 거드름을 부리며 하는 말. 참 최준이란 분은 조선조 말에 9대 진사 12대 만석꾼을 지냈다는 부잣집 주인으로, 그 가문에서 비전 되는 술을 경주 법주라고 함. ▷[등 따시′고 배′부′리다].

[조온′ 니′이레느 나′미′고, 구′즌 니이레느 일′가′라] <좋은 일에는 남이고, 궂은 일에는 일가라> 이익이 생기는 일에는 전혀 남처럼 굴며 끼워 주지 않다가도, 걱정거리가 생기면 염치없이 친한 듯이 굴며 도움을 청할 때 하는 말. ▷[뭉는′ 데′는′ 나′미′고, 구′즌 이이′레′느 일′가′라].

[조옹′지′미가 커′양′ 고′롬′도 마안′타′] <종기가 커야 고름도 많다> 겉보기 덩치가 커야만 속에 든 알갱이도 많다. ▷[덤푸′리 커야 톤찌′비가 나′

지]/[사˜이˜ 노′퍼야 고오′리′ 지푸′다]/[소오′도′ 엉뚜′기 이′서야 비빈′
다].

[조피재′˜이˜ 소˜아′˜지매애로 식식꺼′ 린다] <두부장수네 송아지처럼 씩씩거
린다> 두부 만드는 집 송아지는 비지를 많이 먹고 씩씩거리는 바, 숨이 차
거나 배가 너무 부르거나 살이 쪄서 씩씩거리는 사람을 비유하는 말.

[조˜아′˜리 보′고 허벅′찌 바앝′따′ 컨는다] <종아리 보고 허벅지 봤다고 한
다> 남의 일을 크게 과장하여 말할 때 이르는 말. ▷[구웅′디′˜이˜ 보′고
보오′지′(허벅′찌) 바앝′따′ 컨는다]/[아릴′ 쪼˜아′˜리 보′고 구웅′디′˜이˜
바앝′따′ 컨는′다].

[조˜오˜에′˜ 자′석′ 귀이′애′ 커′머, 사앙′점′ 보′고 하′래′비라 컨는다]
<종의 자식을 귀해 하면, 상전을 보고 할아비라 한다> 지나치게 귀여워하
면 방자해져서 함부로 굴게 된다. ▷[손′자 귀이′애′ 커′머(카′머), 하′래′
비 사앙′투′뜬′는′다]/[손′자로 귀이′애′라 커′머, 하′래′비 쉐에′미 뜩
끼′ 인다]/[오˜오′˜야˜ 오˜오′˜야˜ 커′˜이˜ 하래′비 사앙′투′ 뜬′는′다].

[존′또 모′리닝 기이 소˜이′˜(쉐˜이′˜) 자앙′사′한다] <좆도 모르는 것이 송
이 장사한다> 매우 기초적인 지식조차도 없으면서 힘든 일을 하고자 할 때
빗대어 이르는 말. ▷[자아′지′도 모리닝 기′이 소˜이′˜(쉐˜이′˜) 자앙′사′
한다].

[존′또 족′껕′짜능 기이 문점′마 더어′럽′핀다] <좆도 좆같지 않은 것이 문
전만 더럽힌다> 맡은 바 소임은 제대로 하지 못하면서 시작하기도 전에 엉
뚱한 문제 거리만 만든다.

[좌′아온 자′석′ 잉감′ 맹글′기 힘′들′다] <주워온 자식 인간 만들기 힘들다>
주워서 기른 아이는 어딘가 성질이 비뚤어져 바로잡기 어렵듯이, 정통이
아닌 것은 교정하기가 쉽지 않다. ▷[꼬′오˜ 새′끼 키′우머 지′질로 간
다].

[주′가 서어′ 마′리라도, 구여′˜이˜ 뚤′버′저′야′ 구′실 노′르슬 한다] <주
(珠)가 서 말이라도, 구멍이 뚫어져야 구슬 노릇을 한다> 아무리 좋은 것이
라도 쓸모 있게 다듬어 놓아야만 값어치가 나간다. ▷[구′시리가 서어′ 마′
리람도 꿰′이야 보오′배′]/[뿌′떠′마′게 인는′ 소′굼′도 지′버여′어야 짭′
따′].

[주'거도 시이'집' 울딸' 미'테서 주'거라] <죽어도 시집 울타리 밑에서 죽어라> 지난 날, 여자가 한 번 시집을 가면 아무리 어려운 일이 있어도 시집을 나와서는 아니 된다고 하던 말.

[주'거도 웨'너미다] <죽어도 왜놈이다> 왜놈처럼 독하고 매우 모질다는 비유.

[주'거메 부'정' 사'알 뿌'정'] <죽음의 부정 사흘 부정> 사람이 죽었을 때 부정을 가리는 기간은 매우 짧다는 말.

[주'거 바아'야' 저스'~을~ 아아'지'] <죽어 봐야 저승을 알지> 무엇이라도 겪어 봐야만 그 실상을 알 수 있는데, 처음 당하는 일이라 잘 모르겠다는 뜻. ▷[저엉'마' 안세 문'짜 애~이'~라도, 주'구미 초주'구미라].

[주게' 든' 니미 이임'재'다] <주걱 든 놈이 임자다> 실권을 잡은 사람이 모든 것을 좌지우지한다는 말. ▷[지'칼'또' 나'무 칼찌'베 들'머' 에'럽따]/[칼짜리' 쥐인' 너'미 이임'재'다].

[주'구라 컨늠' 피' 피'기느 앤 죽'꼬, 나락' 피거'리마 죽는'다] <죽으라는 피 포기는 안 죽고, 벼 포기만 죽는다> 긴하게 필요한 것은 잘되지 않고 오히려 불필요한 것만 더 왕성할 때 이르는 말.

[주'구머 과' 가'네 역'코 가나] <죽으면 곽 안에 넣고 가나> 지나치게 인색하여 꼭 써야만 할 때조차 안 쓰는 사람을 욕하는 말.

[주'군 디이'예' 약'빵'공' 사 한다] <죽은 뒤에 약방공사 한다> 이미 때가 지나버려 아무 소용도 없는 일을 한다. ▷[구'단' 디일' 짱'구']/[도동' 막'꼬 다안'장' 한다]/[밥' 파러묵'꼬 폰'또' 올 숭구' 우드시]/[성'복찌 지'내' 애고 약'빵' 공'사한다]/[소오' 일'꼬 오양깐 곤'친다]/[장담' 보내' 애고 춤'춘'다].

[주'군 자'석' 나' 시' 알리기] <죽은 자식 나이 헤아리기> 지난 일을 자꾸 생각해 봐야 아무 소용이 없다는 뜻. ▷[주'군 자'석' 부'~알(부랄) 만'치기].

[주'군 자'석' 부'~알~(부랄) 만'치기] <죽은 자식 불알 만지기> 지나간 일을 후회해서 무슨 소용이 있겠느냐는 말. ▷[주'군 자'석' 나' 시' 알리기].

[주'굴 때 페'~이~ 중능' 거'느 오오'보'게 하낟' 치다] <죽을 때 편히 죽는 것은 오복(五福)의 하나다> 죽을 때 고통 없이 죽는 것은 매우 큰복이라는 뜻. ▷[이'느' 오오'보'게 하나'].

[주'굴라 컨'는' 사'라'믄 며~어'~을'~ 이수' 우고, 사알'라' 컨'는' 사'라' 믄 며~어'~을'~ 쭈루' 운다] <죽으려고 하는 사람은 명(命)을 잇고, 살려고 하는 사람은 명을 줄인다> 오래 살고자 하는 사람일수록 일찍 죽기 쉽다는 말.

[주'굴비~이~에~도 사알' 라'(래')기' 읻' 따] <죽을병에도 살 약이 있다> ① 아무리 어려운 처지에 빠지더라도 피할 도리가 있으니 낙심하지 말라는 뜻. ②아무리 중한 병에 걸려도 치료하는 약은 꼭 있게 마련이라는 뜻. ▷[나알' 리'에도 피이'라'~이'~ 일따]/[따'~이'~ 꺼'저'도 비이'끼' 설' 떼가 익'꼬, 하'느리 뭉개'애저도 소'사날 궁'기 읻'따]/[주'글 랴' 짜'테 사알' 랴' 긷 따]/[화'느리 뭉'거저도 소'서날(소'사날) 구무'~이~ 읻' 따].

[주'굴쮀에로 지'야도 미기'이 녹코 쥐'긴다] <죽을죄를 지어도 먹여 놓고 죽인다> 아무리 잘못이 크더라도 먹을 것은 먹여 놓고 난 다음에 벌한다. ▷[밤' 무'굴 때'느' 개애'도' 앤' 때'린다].

[주'근 넘 발' 띠이치기 겉따] <죽은 놈 발뒤축 같다> ① 굳어서 매우 딱딱하다. ②대단히 뻣뻣하다.

[주'근 넘 입'찌'메도 날'러 가겐' 따] <죽은 놈 입김에도 날아가겠다> 밀의 속껍질처럼 너무도 가볍거나 힘이 없는 것의 비유.

[주'근 딸'레' 찌'베 가 밥'티' 정한다] <죽은 딸네 집에 가서 밥투정한다> 염치없는 짓이나 엉뚱한 소리를 할 때 빈정대는 말.

[주'근 사'람 워언' 도' 드'러주는데, 사안' 사'람 워~어'~이'~야 모온' 뜨'러주겐나] <죽은 사람 원(願)도 들어주는데, 산 사람 원이야 못 들어주겠느냐> 그렇게 소원이라면 들어 줄 수밖에 없다고 할 때 하는 말.

[주'근 효오'자'느 삽짝마' 중 난다] <죽은 효자는 사립마다 난다> 살아 계실 때는 효도를 않다가도, 남들이 보라는 듯 죽은 조상을 위해서 묘지나 제사 따위에 열심인 사람을 매도하는 말.

[주'글라꼬 천주'~악~ 칸다] <죽으려고 천주학(天主學) 한다> 조선 말엽에 천주학을 하는 사람은 모조리 잡아 죽였던 까닭에 생긴 말로, 화를 스스로 불러일으키려는 사람을 욕하는 말.

[주'글 랴' 찌'테 사알' 랴' 긷따] <죽을 약 곁에 살 약 있다> 아무리 어려운 형편에 처하더라도 살아날 방도가 있다고 위로하는 말. ▷[나알' 리'에도 피

이'라'~이~ 읻따]/[따'~이'~ 꺼'저'도 비이'끼' 설' 떼가 익'꼬, 하'느리 뭉개'애저도 소'사날 궁'기 읻' 따]/[주'굴비~이~에~도 사알' 랴'(래')기' 읻' 따]/[화'느리 뭉'거저도 소'서날(소'사날) 구무'~이~ 읻' 따].

[주'기 끌'른' 동 바'비 끌'른' 동 모린' 다'] <죽이 끓는지 밥이 끓는지 모른다> 일이 어떻게 돌아가는지 도무지 영문을 모른다. ▷[구'기 끌'른' 동 자~이'~ 끌'른' 동 모린다']/[어던' 지'베 주'기' 끌'른' 동 바'비' 끌'른' 동 다아' 아'안다].

[주'기 대기' 나 바'비 대기' 나다] <죽이 되거나 밥이 되거나 이다> 일이 어떻게 되어 가는지 도무지 모르는 체념 상태에 있다.

[주'기 밥' 뻐' 다아 나얕' 따' 컨는 넘도 쉬이' 아' 들너미고, 시래' 기가 꿰' 기 버다아 나얕' 따' 컨는 넘도 쉬이' 아' 들너미다] <죽이 밥보다 낫다고 하는 놈도 쇠 아들놈이고, 시래기가 고기보다 낫다고 하는 놈도 쇠 아들놈이다> 겉으로만 검소한 척하면서, 이치에 어긋나는 소리만 하는 사람을 질책하는 말.

[주껜' 이' 븐' 쉬이' 심' 만도 모온해' 애도, 드릉' 귀' 느' 천' 영' 간다] <지껄인 입은 쇠X보다 못해도, 들은 귀는 천 년 간다> 말한 사람은 잊어버리기 일쑤지만 그 말을 들은 사람은 오래도록 잊어버리지 않는다.

[주' 는' 대로 묵'꼬 나'오' 는' 대로 주껜' 다] <주는 대로 먹고 나오는 대로 지껄인다> 말을 생각 없이 함부로 한다.

[주' 능' 거 업'시' 밉' 따] <주는 것 없이 밉다> 하는 행동이 마음에 들지 않아 자꾸 미운 생각이 든다.

[주' 로 와도 미분' 넘 익'꼬, 바드' 로 와도 고오' 분' 사' 람 읻' 따] <주러 와도 미운 놈 있고, 받으러 와도 고운 사람 있다> 사람을 미워하거나 좋아하는 감정이란 이치로 따지기가 어렵다.

[주마'~아~ 또~오'~이'~ 삼' 짙 또온'] <주머니 돈이 쌈지 돈> 한 집안 식구의 것은 여기서 나오나 저기서 나오나 결국 마찬가지라는 말. ▷[절' 량' 서기 주웅' 양' 서기다]/[주웅' 양' 서기 절' 량' 서기다].

[주무' 근 가착'꼬 버' 븜' 머어' 다] <주먹은 가깝고 법은 멀다> ①분한 일이 생기면 법에 호소하는 것은 나중 문제요, 당장에 주먹부터 쓰게 되는 경우를 이르는 말. ②나중에야 어찌 되든 우선 완력부터 쓰고 본다. ▷[버'브'

느 머얼'고' 주무'그느 개작'따)/[버'봄' 머어'고' 주무'궁 가직'따].

[주미'~이~예~ 알'바'아믈 역'코 전'디지 우'얘' 전'디겐노] <주머니에 알밤을 넣고 견디지 어찌 견디겠느냐> 도저히 참아 내지를 못한다는 뜻.

[주웅'넘' 이'매 식'끙 걷따] <중놈 이마 씻은 것 같다> 아무 맛도 재미도 없고 그저 그렇다는 말.

[주웅'도' (애~이'~고) 소'도' 애~이'~다] <중도 (아니고) 속도 아니다> 이것도 아니고 저것도 아니다. 참 '소'는 '속(俗)'의 와전임. ▷[보옹'도' 애~이'~고, 학'또' 애~이'~고, 강산' 두'리미도 애~이'~다]/[죽'또' 밥'또' 아~이'~다]/[학'또' 애~이'~고 보옹'도' 애~이'~다].

[주웅' 양'서기 절' 량'서기다] <중 양식(糧食)이 절 양식이다> 이러나 저러나 결국은 마찬가지다. ▷[절' 량'서기 주웅' 양'서기다]/[주마'~아~ 또~ 오'~이'~ 삼'질 또온'].

[주웅' 이매빼'기 버'어지드시 버'어진다] <중 이마빼기 벗어지듯 벗어진다> 오랜 장마 끝에 날이 활짝 개이거나, 짙은 안개가 시원하게 걷히는 모습 따위를 비유하는 말.

[주'인'득' 시'기는 나'그네 어업'따'] <주인 득 시키는 나그네 없다> 나그네는 아무리 해도 주인에게 손해를 끼치기 쉬울 뿐 이득을 가져다주기는 어렵다.

[주'임' 마아는 나'그네 박'꾸'움는다] <주인 많은 나그네 밥 굶는다> 해 준다는 사람이 많으면 서로 미루기 때문에 결국에는 일을 그르치게 된다.

[주'임' 모리는' 나'그네 어업'따'] <주인 모르는 나그네 없다> 주인 되는 사람은 많은 나그네를 일일이 다 알지 못할지라도, 나그네들은 자기 주인을 모를 리 없다는 말.

[주'우'~ 미'테 갈'비'~이~ (걷따)] <중의(中衣) 밑의 가랑니 (같다)> ①매우 보스락거리는 행동을 비유해서 이르는 말. ②좀스러운 사람을 낮춰서 이르는 말. ③고자질을 잘 하는 사람을 가리키는 말.

[주~우'~이'~ 꿰'기 마'슬' 보'머, 한둡빠'~아~(법따'~아~) 빈대'도 앤' 낭구'운다] <중이 고기 맛을 보면 한듯방(법당)의 빈대도 안 남긴다> 무슨 좋은 일에 한 번 빠지면 정신을 잃고 마구 덤비거나 빠져든다는 뜻.

[주~우'~이'~ 밉'따꼬 가사꺼'정 미'불 리이'야' 업쩨] <중이 밉다고 가사까

지 미울 리야 없지> 어떤 사람이 밉다 손치더라도 그에게 관계되는 다른 것까지 밉게 볼 필요는 없다는 말.

[주~우'~이'~ 지' 머'리(대가'리) 모옹' 깡'는다] <중이 제 머리(대가리) 못 깎는다> 아무리 긴한 일이라도 자기 스스로는 해결하지 못하고 꼭 남의 손을 빌려야만 이루어진다. ▷[무우'다'~이~ 지' 굼 모오' 난' 다]/[보옹' 사' 가 지' 굼 모오' 난' 다]/[참' 보~이~(참' 배~이~) 지' 굼 모온' 한' 다].

[죽' 끼버다아사 자무수' 리능 기이 나알' 따'] <죽기보다야 까무러치는 것이 낫다> 최악의 상태에 이르기보다는 조금이라도 거기 덜 미치는 것이 오히려 낫다.

[죽' 또' 밥' 또' 아~이'~다] <죽도 밥도 아니다> 되다가 말았기 때문에 아무 짝에도 쓸모가 없다. ▷[보옹'도' 애~이'~고, 학'또' 애~이'~고, 강산 두' 리미도 애~이'~다]/[주웅'도' (애~이'~고) 소'도' 애~이'~다]/[학'또' 애~ 이'~고 보옹'도' 애~이'~다].

[죽' 쇠' 아가아 개애' 조'온 닐 시' 긷따] <죽 쑤어서 개 좋은 일 시켰다> 애써 한 일이 남에게만 좋도록 한 결과가 되었다. ▷[산중' 농'사 지'야가 아, 고'라~이~ 조온' 닐'마 시' 긴다]/[쪽쩨' 비느 꼬랑대'기 보'고 잠는다]/ [쪽찌'비 자'버가아 꼬랑대'기 남' 조'온따].

[중'국 사'라믄 어'퍼저 주'거도, 고'양 갈 여비'느 징'기고 읻' 따] <중국 사람은 엎어져 죽어도, 고향 갈 여비는 지니고 있다> 중국 사람은 준비성이 대단하다는 것을 강조하는 말.

[중시내' 비 거어' 짐' 말 아~ 하는 데 어업' 따'] <중매쟁이 거짓말 않는 데 없다> 중매쟁이는 언제나 적당한 거짓말을 하게 되어 있는 존재다.

[중시' 늘 자라' 머 수'리 서억' 짜'~이~고, 모온' 하' 머 빼' 미' 시이' 차' 리다] <중신을 잘하면 술이 석 잔이고, 못하면 뺨이 세 대다> 중매 서기가 매우 어려우며, 혼인은 억지로 권할 것이 아니라는 말.

[쮀박' 캉 지정바' 튼 사' 우고 매애' 양' 댄' 다] <조밭과 기장밭은 싸우고 매야 된다> 조밭과 기장밭을 맬 때는 다부지게 뿌리 쪽까지 힘차게 파야 한다고 이르는 말. ▷[사' 암하고 지정 밤' 매' 로' 간다].

[쮀' 밥또 마~아'~이'~ 무'우머 배'부' 리다] <조밥도 많이 먹으면 배부르다> 아무리 하찮은 것도 많이 모이면 표가 난다. ▷[개애'미 메에' 모두'우 드

시 모두′ 운다]/[문지′ 모다′아 태애′사′~이~다]/[수터′리 지이′ 딸′는 줄 모린′다′]/[티끌′모′아 태애′산′].

[줴에′느′지′인 대로 가′고, 고′~은~ 딲′끈 대로 간다] <죄는 지은 대로 가고, 공은 닦은 대로 간다> 죄를 지으면 벌을 받고 공을 닦으면 복을 받는다.

[줴에′느′ 청성개′비가 지익′꼬′, 베′라′긍 고오′뭉′나무가 만′는′다] <죄는 천산갑(穿山甲)이 짓고, 벼락은 고목(古木)이 맞는다> 남의 죄를 억울하게 뒤집어쓴다. ▷[모오′진′넘′자′테 잍따′가 베′랑′만는다].

[쥐궁′게도(쥐구무′~에~도) 벨′뜰 랄 잍′따] <쥐구멍에도 볕 들 날 있다> 몹시 고생만 하던 사람에게도 좋은 때를 만날 날이 있다. ▷[양′지가 음′지 대′고, 음′지가 양′지 댄′다]/[음달′끝′또 필′때′가 읻′따]/[음′지가 양′지 댄′다]/[한′다리 크′머 한′다리 자악′따′].

[쥐′꼬랑대′기 빠′지′머 송곧′찝′한다] <쥐꼬리가 빠지면 송곳 집 한다> 아무 쓸모가 없어 보이는 것일지라도 머리를 쓰면 안성맞춤인 용도를 찾을 수 있다.

[쥐′나′개′나′조′왕′새] <쥐나 개나 조왕새> 아무 것이라도 전혀 상관없다는 말. 참 배고픈 범이 산에서 내려올 때는, 살찐 암캐나 처녀쯤 물고 갈 작정을 했으나, 날이 밝을 때까지 헛수고로 돌아다니기만 하다가, 끝에 가서는 이렇게 중얼거렸다고 해서 생긴 말로 생략하여 '쥐나 개나.'고도 이름. '조왕새'는 어원 불명임.

[쥐′로′자′불라 캐애도 도′기 아까′버 모온′친′다] <쥐를 잡으려고 해도 독이 아까워 못 친다> 무엇을 공격하거나 벌을 주려고 해도, 그 주위의 다른 존재가 피해를 입을까봐 그렇게 하지 못한다는 말. 참 쥐가 장독 사이로 왔다 갔다 할 때, 막대기를 내리치고 싶어도 차마 치지 못한다는 데서 생긴 말.

[쥐′무′울 꺼′느 업′서′도(업′사′도), 도동′넘 가′주갈 꺼′느 읻′따] <쥐 먹을 것은 없어도, 도둑놈 가져갈 것은 있다> 아무리 가난해도 도둑이 훔쳐 갈 물건은 있는 법이다.

[쥐인′네′자앙′떠′러지자, 나′그네 궁′마′아다 컨는다] <주인집 장 떨어지자, 나그네 국 말다고 한다> 일이 아주 공교롭게도 서로 잘 맞아 들어간다. ▷[나′그네 궁′마아다 컨짜, 쥐인′네′자앙′떠′러진다].

[쥐인′네 찌′베 야앙′자 드′런′나(드′간′나)] <주인집에 양자 들었니(들어 갔니)> 과잉 충성하는 사람을 욕하는 말.

[지′고 시일′꼬 가′는 연(넘), 잘′사아는 연(넘) 모옴′ 빠′앋따] <지고 싣고 가는 년(놈), 잘사는 년(놈) 못 봤다> 시집갈 때 혼수나 예물을 많이 해 가야 잘 사는 것이 아니라는 말. ▷[산대′기 야′페 찌′고′ 가′도 잘′마 사안′다′]/[채당새′기 야′페 찌′고′ 간 사라믄 잘′ 사아′고′, 농′빠리 시일′꼬′ 간 사라믄 모온′ 사′안다].

[지 꺼′주′고 귀때′기 만는′다] <제 것 주고 귀때기 맞는다> 남에게 잘해 주고도 오히려 해로움을 당하는 경우에 이르는 말. ▷[국 속′꼬 보오′지′ 디인′ 다′]/[십′ 쭈′고 빼말때′기 만′는′다].

[지′내′강 고′새′~은~ 칭′구 덕′태′기다] <지나간 고생은 친구 덕택이다> 지나간 고생은 친구의 덕택으로 고생스럽지 않았다 함이니, 앞으로 갈수록 점점 더 어려운 일이 닥칠 것임을 예고하는 말. ▷[갈′수룩 태애′사′~이~ 다′]/[버어′믈′ 피이′하′머 담′보가 나′온′다]/[사′능 갈′수록 노푸′고, 무′릉′ 갈′수록 지푸′다]/[산′ 너′메 사′~이~ 익′꼬, 물′ 너′메도 무′리′ 일′따]/[야′수로 피이′하′~이~ 버어′미′ 나온다].

[지넘′모′리능 귀이′시′~이~ 어업′따′] <진언(眞言) 모르는 귀신이 없다> ① 귀신도 정성껏 빌면 소원을 들어준다. ②귀신도 진언을 알아듣는데 하물며 사람이 그걸 모를 리가 있겠느냐는 말. ▷[무′식캉 구우′시′는 지넌′도 모′린다].

[지네′가 집싱′ 가암′발′로 한다] <지네가 짚신 감발을 한다> 다리가 많은 지네가 다리마다 짚신을 신고 감발을 한다 함이니, 출발에 앞서 준비를 한답시고 매우 꾸물거리고 있을 때 빈정대는 말. ▷[여′드네 팔′심′니].

[지네′바′리 문′다] <지네 발이 문다> 무엇이 오랫동안 끊임없이 줄을 지어 잇따른다는 뜻.

[지 노′네 물′드가′능 거 하′고, 자′성′ 니′베 밥′ 드가′능 거′느 보′기 조온타] <제 논에 물 들어가는 것과, 자식 입에 밥 들어가는 것은 보기 좋다> 누구나 제게 유리한 것이라면 좋아하게 마련이라는 말. ▷[농′꾀에 물′드가′능 거캉′, 자′성′ 니′베 밥′ 드가′능 거카′~은~, 유′지럭꼬 보′기 조온′타′].

[지' 눈 어더'붕 거'느 테 갠 대'애고 개천' 나'무랜다] <제 눈 어두운 것은 셈치지 않고 개천 나무란다> 자신의 부족함을 탓하지 않고 남만 원망한다.

[지' 눙까'리 지이' 찔'럳따] <제 눈깔을 제가 찔렀다> 자기 일을 제가 망치는 행동을 할 때 이르는 말.

[지도'~에~ 파래'~이~똥마안하' 다] <기둥에 파리똥 만하다> 매우 하찮거나 분량이 아주 적다. ▷[미영'시 귀때' 기마안 하' 다]/[새애' 바' 레 피'].

[지도'~을~ 치'머' 대들뽀'가(보짜'~이~) 울리'인다] <기둥을 치면 대들보가 (들보가) 울린다> 주변의 것을 건드리면 그 중심에까지도 영향을 미치게 된다. ▷[바'꾸로 치'머' 부'라리 울리'인다(우운' 다')].

[지' 돈 시이' 푸'는 아까'분 줄 아아'먼' 서, 나'무 돈 칠' 푸'는 아까'분 줄 모린다] <제 돈 세 푼은 아까운 줄 알면서, 남의 돈 칠 푼은 아까운 줄 모른다> 자기 것만 소중하게 여기고 남의 것은 대수롭지 않게 여긴다. ▷[지' 돈 칠' 품'마 아아'고', 나'무 돈 열'니'이 이'플' 모린' 다'].

[지' 돈 칠' 품'마 아아'고', 나'무 돈 열'니'이 이'플' 모린' 다'] <제 돈 칠 푼만 알고, 남의 돈 열 네 잎을 모른다> 자기 것만 소중하게 여길 뿐 남의 것은 대수롭지 않게 여긴다. ▷[지' 돈 시이' 푸'는 아까'분 줄 아아'먼' 서, 나'무 돈 칠' 푸'는 아까'분 줄 모린다].

[지 똥' 꾸'린 주름 모린다'] <제 똥 구린 줄은 모른다> 자기의 허물은 섭사리 깨닫지 못한다. ▷[서~어'~인'~도 지 잘' 모슴 모'린' 다].

[지' 랄' 하다가 고래' 잡는' 다] <지랄하다가 고래 잡는다> 요행으로 어떤 일이 뜻하지 않게 이루어졌을 때 하는 말. ▷[소오' 디익' 꺼'름질 하' 다' 가 쥐' 잠' 는다]/[소오' 바' 레 쥐' 작' 끼].

[지름' 쭈미~이~가 살림' 파아' 한' 다] <기름 주머니가 살림 파(破)한다> 작은 기름 주머니로도 계속 곡식을 퍼내면 살림을 파하게 할 수 있다 함이니, 아무리 적은 것이라도 계속하면 결과는 크게 된다.

[지' 리' 거' 등 가' 고, 지' 리' 애~이'~머' 가짐 마' 라] <길이거든 가고, 길이 아니면 가지 마라> 정도(正道)에서 벗어나는 일이거든 아예 하지를 마라. ▷[지' 리' 애~이'~머' 가지'로 마아고, 마아'리' 애~이'~머' 하지'로 마아' 라'].

[지' 리' 애~이'~머~ 가지'로 마아고, 마아' 리' 애~이'~머~ 하지'로 마아' 라']

<길이 아니면 가지를 말고, 말이 아니면 하지를 마라> 정도(正道)를 벗어나는 언행은 아예 하지를 마라. ▷[지′리′거′등 가′고, 지′리′ 애~이′~머~ 가짐 마′라].

[지 머여′ 버선′ 심′발′ 하고 나선′ 다] <제 먼저 버선 신발하고 나선다> 직접 관련되는 사람보다 그 주위의 사람이 먼저 나설 때 이르는 말. ▷[눔′머′언니미 압짱선′다]/[머여′ 나옹′ 개애′살′구].

[지 묵′끼느 실′코′ 개애 주′기느 아깝′ 따] <제 먹기는 싫고 개 주기는 아깝다> 자기는 싫어하면서도 남에게조차 주지 않는 비뚤어진 마음씨를 이르는 말.

[지′ 믹꾸무′ 드′러 남′ 비′이기] <제 밑구멍 들어 남 보이기> 자신의 약점을 스스로 들어냄을 비유하는 말.

[지′ 배′가′ 부리′머 조~오′~오′~ 배′ 도′ 부린′ 줄 아안′ 다′] <제 배가 부르면 종의 배도 부른 줄 안다> 좋은 환경에 있는 사람은 남의 딱한 사정을 알지 못한다.

[지′ 버리장머′리 개애′ 죽′까] <제 버릇 개 줄까> 나쁜 버릇은 쉽사리 고쳐지지 않는다. ▷[백′쩌~이~ 저′ 버′들 바아′라′ 컨는다]/[산처′능 곤′치도, 천′서~은~ 모옹′ 꼰′친다]/[시이′ 살′ 때 버′르시 여′등꺼정 간다]/[시이′ 살′ 버′얼시가 여′드늘 가도 모옹′ 꼰′친다]/[천′성 곤′치는 야′근′ 어업′ 따′]/[활랴′~이~ 주′거도 기이′생′찝 울딸′ 미′테서러 중는′ 다].

[지′ 베 무시′ 꼬랑대′기 무′더 나′안나] <집에 무 꼬리 묻어 놨느냐> 손님이 왔다가 총총히 돌아가려고 할 때, 왜 그리 급히 갈 일이 있느냐고 붙드는 말. ▷[너거′ 지′베 무시′ 꼬랑대′기 무′더 나′안나]/[화릳′ 쩌어네 여′ 던′저 나′안나].

[지′ 벱 빰 묵′꼬 거′레 나가 잡′뻐(빠)진다] <집의 밥 먹고 거리에 나가 자빠진다> 마땅히 해야만 할 일은 하지 않고, 밖으로 나돌며 엉뚱한 짓만 골라 하는 사람을 나무라는 말. ▷[개애′ 디댕′ 거′느 드을′게′ 가가′아 지인′는′ 다].

[지 보리′ 주′고 지′ 떡 사′ 뭉는′ 다] <제 보리 주고 제 떡 사 먹는다> ①전혀 이득 없는 짓을 하고 있다며 욕하는 말. ②제가 얻었다는 이득이 사실은 자기의 손해로 나타났을 때 이르는 말. ㉠ 술장사를 처음 시작한 어떤 남정네

가, 술이 잘 팔리지 않자 자기 집 보리를 한 바가지 퍼서 자루에 담고는 한 잔을 마시고 또 한 바가지 퍼담고는 또 한 잔을 퍼마시다가 결국 술 동이를 다 비웠다는 데서 생긴 말.

[지′ 복 지′튼 너′믄′ 소′가′ 디′디도 앵′ 꺼′진′다′] <제 복 짙은 놈은 소가 디더도 안 꺼진다> 복이 많은 사람에게는 악운도 피해 간다는 말. ▷[복′ 지′튼 너′믄′ 업′퍼저도 떡′꼬레 어′퍼진다]/[잘때는′ 지′바는 호오′더′락빠라미 마꺼′불 연는다]/[지′ 복 지′튼 너′믄′ 채′로′ 처′도′ 앤′ 나′간′다′].

[지′ 복 지′튼 너′믄′ 채′로′ 처′도′ 앤′ 나′간′다′] <제 복 짙은 놈은 채로 쳐도 안 나간다> 복이 많은 사람에게는 악운조차도 스스로 피해 간다는 말. ▷[복′ 지′튼 너′믄′ 업′퍼저도 떡′꼬레 어′퍼진다]/[잘때는′ 지′바는 호오′더′락빠라미 마꺼′불 연는다]/[지′ 복 지′튼 너′믄′ 소′가′ 디′디도 앵′꺼′진′다′].

[지 새′끼 자′아뭉늠 버어′미′ 어업′따′] <제 새끼 잡아먹는 범이 없다> 누구나 제 자식은 귀여워한다. ▷[버엄′도′ 새′끼 등′ 고′들′ 도′러본다].

[지′서′~이~먼 가암′처′~이~다] <지성(至誠)이면 감천(感天)이다> 어떤 일이라도 정성껏 하면 좋은 결과를 맺게 된다. ▷[직′시′미머 가암′처′~이~다].

[지 숭′ 열 까′진 너′미′ 나′무 숭 항 가′지로 본다] <제 흉 열 가진 놈이 남의 흉 한 가지를 본다> 제 결점은 모르고서 남의 결점만 들추어내려 든다. ▷[가′매가 껌저′~아~ 컨는다]/[나′무 숭 항 가′지가 지 숭′ 열′ 까′지]/[다′라′ 맨 대애′주가 누분′ 대애′주 나무래′ 앤다].

[지억′ 꿀′문 시′이′미 꼬라′지] <저녁 굶은 시어머니 꼬락서니> ①매우 못마땅하여 얼굴을 잔뜩 찌푸리고 있는 모양. ②음산한 날씨를 두고 이르는 말.

[지억′ 시′굼바비 봄′ 양서′기다] <저녁 찬밥이 봄 양식이다> 풍족할 때 낭비하지 말고 절약하라는 말. ▷[가실′ 시′굼바비 봄′ 양서′기다].

[지이′가 조오′와′야 나′미′ 조옫′타′] <제가 좋아야 남이 좋다> 자기에게 좋아야만 남에게도 좋은 것이 될 수 있다 함이니, 모든 것은 자기 위주라는 뜻.

[지이′로′ 지이′라′ 커~이~ 꼬오′자~아~ 더′덕찌이만 이′긴다] <저를 제라고

하니 고추장의 더덕 장아찌인 줄로만 여긴다> 못된 자가 저를 조금 높여 주니까 우쭐하여 까부는 모양을 질타하는 말. ▷[부운′다′, 부운′다′ 커′머 꼬치까리′ 서어′ 말′로 부운′다′].

[지이′리′~이~도 발′부머 꿈쩍꺼′린다] <지렁이도 밟으면 꿈틀거린다> 아무리 약하고 보잘것없는 사람이라도 지나치게 업신여기면 반항한다. ▷[가마~아′~인′는′ 지이′리′~이~도 발′부머 꿈쩍꺼′린다]/[꺼어′시′~이~도 발′부머 꿈쩍꺼′린다]

[지이′맨′나는 숭′여~이~ 더′ 뜨′겁′따] <김 안 나는 숭늉이 더 뜨겁다> 떠벌리는 사람은 별로 두려워할 상대가 못 되나 침묵하고 있는 사람이 더 무섭다는 뜻.

[지이′민′자앙′사′로 한다] <짐을 (머리에) 인 장사를 한다> 남아서 문제가 되는 처치 곤란한 물건을 서로 치밀락 내리밀락 하는 것을 두고 하는 말. 㚔 어원 불명.

[지이′지′븐 사′알로 앤 때′리머 야′수 댄′다] <계집은 사흘을 안 때리면 여우 된다> 지난날, 여자는 때때로 훈계를 하지 않으면 간악한 짓을 하기 쉽다 하여 이르는 말. ▷[예′자′느 사′알마 앰 패애′도′ 예′수 댄다].

[지인′사′가 자′지머 급′쩨 난다] <진사(進士)가 잦으면 급제(及第) 난다> 어떤 조짐이 잦으면 실지로 그 일이 이루어지기 쉽다. ▷[바앙′구′가 자′지머 똥′사기 수웁′따′]/[베루′우던 도′기 어언′젱′가느 터′진′다]/[우루′우던 도′기 어언′젱′가느 터′진′다]/[초′새가 자′지머 지인′사′ 난다].

[지인′주′자′리꼽째기가 디인′장′빠′러′무′금 파래′~이~로 자′버가아 다부′빠′러′뭉′는′다] <진주(晋州) 자린고비가 된장 빨아먹은 파리를 잡아서 도로 빨아먹는다> 지나치게 다랍고 인색한 사람을 빗대어 이르는 말. ▷[집시′늘 디배′애 시인′는′다].

[지일′고′짜링 거′느 대′애바아야 아안′다′] <길고 짧은 것은 대어봐야 안다> 잘하고 못하는 것은 실지로 끝을 맞추어 보아야만 안다. ▷[쉬인′질 무′릉′거언′네′바아야 아아고, 한′질 사아′라′른 적′꺼바아야 아안′다′]/[지푸′고 야풍′거′느 거언′네′보머(거언′네′바아야) 아안′다′]/[지푼′지 야푼′지느 거언′네′바아양 아안′다′]/[한′질 사아′라′른 적꺼′바아야 아아′고′, 쉬인′질 무릉′거언′네′바아야 아안′다′].

[지임′ 비~이~에~ 호오′자′ 업′따] <긴 병에 효자(孝子) 없다> 지나치게 시간이 오래 걸리면, 기울이는 정성이 소홀하게 될 수도 있다는 뜻. ▷[애앵′벼~어′~에′~ 호오′자′ 업′따′].

[지 잘람′ 맏′세 사안′다] <제 잘난 맛에 산다> 누구나 자기가 잘났다는 애착심을 갖고 살아간다.

[지 재′주 모리′고′ 하앙′강′ 물 거언′네′나] <자기 재주 모르고 한강 물 건네느냐> 누구나 자기의 능력은 스스로 헤아리고 있다는 뜻.

[지 조′데 땀′ 내′앤다] <제 좆에 땀 낸다> 자기가 저지른 일로 곤경에 봉착하여 크게 애를 쓰고 있다는 말. ▷[지′ 트′레 지이′ 칭′기인다].

[지 주~우~ 믿′또 모옴′ 망′능 기이, 관청′ 빠′안질 나간′다′] <제 중의(中衣) 밑도 못 막는 것이, 관청 바느질 나간다> 제가 맡은 일도 감당하지 못하는 주제에 남의 일에 참견한다. ▷[지′ 코′도′ 모옹′ 꺼′두우능 기′이 나′무 코 거두′ 운단다].

[지 중′신 지이′ 애′~ 해′앤나] <제 중신을 제가 했잖아> ①자기의 중매를 자기가 했다 함이니, 처녀나 총각이 제법 잘났다고 남들이 자랑하는 말. ②물건의 품질이 우수해서 저절로 잘 팔려 나갈 때 하는 말.

[지 질매′ 지′야가아 눕는′ 소′가′ 업′따] <제 길마 지워서 눕는 소가 없다> 힘이야 들겠지만 자기가 전문으로 해 온 일은, 시작만 하면 추어나가게 된다는 말.

[지′처′기 철′리다] <지척(咫尺)이 천 리(千里)다> 서로 아주 가까운 곳에 있으면서도 오래 만나지 못하여 멀리 떨어져 있는 것과 다름없다.

[지′칼′또′ 나′무 칼쩨′베 들′머′ 에′럽따] <제 칼도 남의 칼집에 들면 어렵다> 비록 제 물건이라도 한번 남의 손에 들어가면 마음대로 할 수 없게 된다. ▷[주게′ 든′ 니미 이임′재′다]/[칼짜리 쥐인′ 너′미 이임′재′다].

[지′ 코′도′ 모옹′ 꺼′두우능 기′이 나′무 코 거두′ 운단다] <제 코도 못 거두는 것이 남의 코 거둔단다> 제 일도 감당하지 못하는 형편에 남의 일에 참견한다. ▷[지 주~우~ 믿′또 모옴′ 망′능 기이, 관청′ 빠′안질 나간′다′].

[지′키는 사′람 열′ 키′가 도동′넘 한나′로 모온′ 짬′는다] <지키는 사람 열이 도둑놈 하나를 못 잡는다> 아무리 엄중히 감시를 해도 은연중에 생기는 불행은 막기 어렵다. ▷[열′ 사′라미(사′래미) 도독′ 하나인′테 모온′ 땅′

는다]/[한' 도동' 미'테 지'키는 여'리' 모온' 땅'는다].

[지' 터레'기 뽀버가' 아 지' 구무'~에~ 꼼' 는' 다] <제 터럭을 뽑아서 제 구멍에 꽂는다> 제 털을 뽑아서 도로 그 구멍에다 꽂는다 함이니, 제 것만 가지고서 쓸 뿐 남에게 주거나 받는 일도 없는 매우 고지식한 사람이나 그 행동을 이르는 말. ▷[지' 터리'기 빼애'가' 아 지' 구'~야'~아~ 미' 운다].

[지' 터리'기 빼애'가' 아 지' 구'~야'~아~ 미' 운다] <제 터럭 빼어서 제 구멍에 메운다> 털을 빼어서 도로 그 구멍을 메운다 함이니, 매우 고지식한 사람이나 그런 행동을 이르는 말. ▷[지' 터레'기 뽀버가' 아 지' 구무'~에~ 꼼' 는' 다].

[지' 트'레 지이' 칭' 기인다] <제 틀에 제(가) 친다> 자기가 파 놓은 함정에 스스로 빠지거나, 제 묏자리를 판다는 말. ▷[지 조'데 땀' 내' 앤다].

[지' 팔'짜' 개애' 모'온 쭌다] <제 팔자 개 못 준다> 팔자에 점지된 것은 도저히 피할 수 없다. ▷[잘 사'러도 내' 팔'짜', 모온 사'러도 내' 팔'짜'].

[지푸'고 야풍' 거'느 거언'네' 보머(거언'네' 바아야) 아안' 다'] <깊고 얕은 것은 건너보면(건너봐야) 안다> 무엇이거나 직접 겪어 보아야 알 수가 있으며, 사람도 실제로 사귀어 보아야만 알 수 있다. ▷[쉬인' 질 무'릉' 거언'네' 바아야 아아고, 한' 질 사아' 라'믄 적' 꺼바아야 아안' 다']/[지일 고' 짜링 거'느 대'애바아야 아안' 다']/[지푼'지 야푼'지느 거언'네' 바아양 아안' 다']/[한' 질 사아' 라'믄 적꺼' 바아야 아아' 고', 쉬인' 질' 무릉' 거언' 네' 바아야 아안' 다'].

[지푼'지 야푼' 지느 거언' 네' 바아양 아안' 다'] <깊은지 얕은지는 건너봐야 안다> 무엇이거나 직접 겪어 보아야만 알 수 있다. ▷[쉬인' 질 무'릉' 거언'네' 바아야 아아고, 한' 질 사아' 라'믄 적' 꺼바아야 아안' 다']/[지일 고' 짜링 거'느 대' 애바아야 아안' 다']/[지푸'고 야풍' 거'느 거언'네' 보머(거언'네' 바아야) 아안' 다']/ [한' 질 사아' 라'믄 적꺼' 바아야 아아' 고', 쉬인' 질' 무릉' 거언'네' 바아야 아안' 다'].

[지품' 무'레 노오' 덩' 께' 기가 다리' 다(따다)] <깊은 물에 놀던 고기가 다르다(따다)> 경륜이나 큰 경험을 가진 사람의 안목이나 행동이 어딘가 다르다.

[지품' 물' 또 야' 퍼지머 오' 덩' 께' 기도 애~ 온다] <깊은 물도 얕아지면 오던

고기도 아니 온다> 늙거나 형세가 기울면 사람들의 발걸음조차 줄어들게 된다는 뜻. ▷[낭'기 늘'거 고오'무'기 대머, 오'던' 새애'도' 애~ 온'다']/ [눔'머'언 새애'도' 앤' 도'라본다].

[직'시'미머 가암' 처'~이~다] <직심(直心)이면 감천(感天)이다> 어떤 일이라도 올곧은 마음으로 하면 좋은 결과를 얻을 수 있다. ▷[지'서'~이~먼 가암'처'~이~다].

[질' 까아세 나새'~이~꼬 댐 피이잍' 떵'기요] <길가에 냉이꽃이 피지 않았습디까> ①지난날, 춘궁기(春窮期)에 양식이 이미 다 떨어진 줄을 알지 못하느냐는 말. ②왜 하필 이처럼 살기 어려운 때를 골라 찾아오느냐는 말. 참 춘궁기에 못사는 딸네 집에, 다니러 온 친정 아버지에게 딸이 이 말을 하면서, 대접할 양식이 없음을 은근히 표현했다는 얘기에서 비롯됨.

[질' 까아예 집' 지익끼 에'럽따] <길가에 집 짓기 어렵다> ①길가에 집을 지으면 오가는 사람들의 간섭 때문에, 주인 생각대로 지을 수 없다 함이니, 간섭하는 사람이 많을 때 탄식하는 말. ②상반되는 의견이 너무 많이 나오면 탈이 나게 된다는 말.

[질' 딱'꺼 노'~오~이~까데 무운' 디'~이~가 머여' 지내간다] <길 닦아 놓으니까 문둥이가 먼저 지나간다> 정성껏 이루어 놓은 일이 결과적으로 보람없게 되고 말았다. ▷[치'도 해애' 노'~오~이~까네, 무운' 디'~이~가 머여' 지'내'간다].

[질'로 두'고 미이'로 각'까] <길을 두고 메로 갈까> ①쉽게 할 수 있는 일을 구태여 어렵게 할 리가 없다는 말. ②바른길을 놓아두고 엇길로 가지 않는다는 말.

[짐칙꾹' 뻐'텅 마'신다] <김칫국부터 마신다> 해 줄 사람은 전혀 생각지도 않는데 마치 일이 다 된 것처럼 여기고 미리부터 기대한다. ▷[떡' 사' 줄 너민테 무'러 보'지도 애~ 하'고 짐칙꾹' 버'텅 마'신다]/[떡' 쭐' 너믄 생각' 또(생각'찌도) 애 나는데 짐칙꾹' 버'텅 마'신다]/[떡' 쭐' 사'라믄 저' 거 언'네' 인는'데, 짐칙꾹' 버'텅 마'신다].

[짐' 풀 깨구리매' 애로 첨방지' 추기다(첨방지' 취기다)] <진풀(진펄) 개구리처럼 천방지축(天方地軸)이다> 어리석게 덤벙대는 사람의 비유.

[집'또 절'또 업'따] <집도 절도 없다> 집이나 가진 재산도 없이 여기저기

떠돌아다닌다.

[집시′ 네느 지′ 나리 조올′ 타′] <짚신에는 제 날이 좋다> 자기와 비슷한 정도의 사람끼리 짝을 맺거나 어울리는 것이 좋다.

[집시′ 네(집신짜′게)도 째′기(짜′기) 읻′따] <짚신(짚신짝)에도 짝이 있다> 어떤 사람에게라도 배필은 꼭 있게 마련이다. ▷[미이′신′째기도(미이′신′짝 또) 째′(짜′)기 읻′따]/[허언′신′째기도 째′기 읻′따].

[집시′늘 디베′베 시인′는′다] <짚신을 뒤집어 신는다> 신던 짚신을 뒤집어 신는다 함이니, 몹시 인색하다는 말. ▷[지인′주′ 자′리꼽째기가 디인′장′ 빠′러′무′금 파래′~이~로 자′버가아 다부′ 빠′러′뭉′는′다].

[집신′ 시잉′꼬′ 버′어러 노′~오~이~, 구두′ 시′는 너′미′ 다아′ 파′러뭉는다] <짚신 신고 벌어 놓으니, 구두 신은 놈이 다 팔아먹는다> ①힘들여서 돈을 버는 사람이 있는 반면, 그걸 펑펑 쓰는 사람은 따로 있다. ②돈을 손수 벌어보지 않은 사람이 돈을 낭비하는데는 으뜸이다. ▷[버′어는 넘′ 따′리′ 익′꼬, 시′는′ 넘′ 따′리′ 읻′따]/[부우′자′느 삼′ 대로 앵′간′ 다′].

[집신재′~이~ 허언′ 신′ 시인′는′다] <짚신장이 헌 신 신는다> 전문가일수록 자기가 생산한 온전한 제품을 쓰지 못하고 흠이 있는 것만 골라 쓰기가 쉽다는 말. ▷[갇′째′~이~ 허엉′ 갇′ 시고, 집신재′~이~ 허언′ 신′ 시인′는′다].

[집신′ 저어네 하안′ 저′~어~늘 내′ 애도] <짚신 전에 한전을 내어도> ①보잘것 없는 장사를 해서라도, 돈을 모으겠다고 할 때 쓰는 말. ②아무리 구하기 힘든 돈을 구해서라도 꼭 그 일을 어떻게 하겠다는 뜻. ▷[똥′ 무′등 꼬장 주~우′~로 팔′ 깝′ 세라도].

[집′ 쩌인는 집 머스′믄 정지무′늘 드가가′아 빈지 터′믈 나오′고, 큰′ 닐′ 치는 집 머스′믐 빈지 터′믈 드가가′아 정지무′늘 나온′다] <집 짓는 집 머슴은 부엌문으로 들어가서 빈지 틈으로 나오고, 큰일치는 집 머슴은 빈지 틈으로 들어가서 부엌문으로 나온다> 새집을 지으면 고생스러워 여위게 되므로 넓은 문으로 들어갔던 머슴이 좁은 틈으로 나오고, 잔치를 치르면 먹을 것이 풍부해서 좁은 문으로 들어갔던 사람이 넓은 문을 통해야만 나온다 함이니, 집짓기가 힘든 데 비해 잔치를 하면 먹을 게 흔하다는 뜻. ▷[나′

가'늠 무는 너리'고 두'로'늠 무는 쭙'따].

ㅉ

[짜' 길' 긍 기리' 기] <짝 잃은 기러기> 홀아비나 홀어미의 외로움을 형용하는 말.

[짜림' 바'메 미영'마 작'꼬 마알'라'(이실'라) 컨'나] <짧은 밤에 무명만 잣고 말려느냐(있으려고 하느냐)> 속셈은 딴 데다 두고 겉으로만 공연한 일로 분주한 체하고만 있을 것이냐고 핀잔 섞어 하는 말. ▷[밤'새' 애두룩 미영'마 작'꼬 이실'끼'이가].

[쩰' 깅 거'느(또~은~) 똥' 애~이'~가] <지린 것은(똥은) 똥 아닌가> 어떤 잘못을 조금밖에 저지르지 않았다고 해서, 결코 거기서 발뺌을 할 수 없다는 말.

[쪼막' 소~이~ 제'랄로 도디'킨다] <조막손이 계란을 훔친다> 자기 힘에 겨운 일을 하려 들거나, 오히려 그걸 이루었을 때 하는 말.

[쪽빼'글 시'고' 베'라'글 피이'해'앤시머 피이'해'앤찌] <쪽박을 쓰고 벼락을 피했으면 피했지> ①도저히 피할 수 없는 상태에 이르렀다는 말. ②봉변을 당했을 때 당황하여 구차한 방법으로 모면하려 하나 그럴 수 없는 상태에 있다는 말. ▷[바가'치로 시'고' 베'라'글 피이'해'앤시머 피이'해'앤찌].

[쪽빼'기 빌'리주'~이~까데, 살' 꼬' 오도올라 칸다] <쪽박 빌려주니까, 쌀 꾸어달라고 한다> 매우 넉살이 좋거나 뻔뻔스럽기 짝이 없다는 비유.

[쪽쩨' 비느 꼬랑대'기 보'고 잡는다] <족제비는 꼬리를 보고 잡는다> 무슨 일이나 목적하는 바가 뚜렷하기 때문에 행동한다. 참 어떤 어리석은 사람이

족제비를 잡았더니 옆에 있던 꾀 많은 사람이 족제비 콧등을 달라고 하자, 어리석은 사람이 말하기를 족제비는 콧등을 보고 잡았는데 어찌 그걸 달라고 하느냐면서, 대신 귀중한 꼬리를 내어주었다는 얘기에서 유래됨. ▷[산중' 농'사 지'야가아, 고'라~이~ 조온' 닐' 마 시' 긴다]/[죽' 솨' 아가아 개애' 조' 온 닐 시' 긴따]/[쪽찌' 비 자' 버가아 꼬랑대' 기 남' 조' 온따].

[쪽찌' 비도 낟째' 기 인' 따] <족제비도 낯짝이 있다> 염치없는 사람을 나무라는 말. ▷[꼬오' 내' 기도 산다' 구가 익꼬, 베' 락또 콘띠'~이~가(퀜띠'~이~가) 인따]/[멀꺼디'~이~예~다가 호오' 믈' 판다]/[멀꺼디'~이~에~ 호오' 믈' 파' 머 주절껍' 지 조' 오로 간다]/[베' 락또 낟짜' 기(퀜띠'~이~가) 인' 따]/[베' 리기 가~아'~늘' 내' 애 묵' 찌]/[베' 래기 등더' 레 삭' 찌믈 시' 러 묵' 찌]/[빈대' 도 낟째' 기가 인' 따].

[쪽찌' 비 자' 버가아 꼬랑대' 기 남' 조' 온따] <족제비 잡아서 꼬리 남 줬다> 애써 이룬 결과의 가장 중요한 부분을 남에게 주어 버리고 실속을 잃었다. ▷[산중' 농'사 지' 야가아, 고' 라~이~ 조온' 닐' 마 시' 긴다]/[죽' 솨' 아가아 개애' 조' 온 닐 시' 긴따]/[쪽쩨' 비느 꼬랑대' 기 보' 고 잠는다].

[쭉떡' 꼭' 석 지 끝' 대' 앤다] <쭉정이 곡식 제 끝 댄다> 쭉정이 곡식이 다음해 씨를 심을 때까지 남아난다 함이니, 겉으로는 야물지 않게 보여도 실속은 알차다는 뜻. 참 쭉정이 곡식은, 옹근 곡식이 있는 한 손을 대지 않는 까닭에, 이듬해 곡식이 다 떨어졌을 때 가서는 오히려 씨앗 노릇을 제대로 할 수 있다고 해서 생긴 말. ▷[쭉떡' 꼭' 석 파아' 장' 친다].

[쭉떡' 꼭' 석 파아' 장' 친다] <쭉정이 곡식 파장(罷場) 친다> 겉보기와는 달리 알찬 내실이 있다는 말. 참 파장 무렵이 되면, 그 때까지는 아무도 돌아보지 않던 쭉정이조차 없어서 못 팔 형편이 된다 함이니, 사람도 겉보기론 알찬 구석이 없던 사람이 당찬 일을 할 때 놀라서 고개를 끄덕이며 이르는 말. ▷[쭉떡' 꼭' 석 지 끝' 대' 앤다].

[쭉' 찌 빠' 진' 새애' 꼬' 라지] <죽지 빠진 새 꼬락서니> 위세를 부리다가 심한 타격을 받아 힘을 못 쓰게 된 신세의 비유. ▷[꼬랑대' 기 빠진 새애' 걷' 따]/[날' 개' 뿌' 러(라)짐 매애' 신' 세].

[찌' 불라 컨는 화앙' 새' 나, 앤 찝피' 일라 컨능 고디'~이~나] <집으려는 황새나, 안 집히려는 고둥이나> 어르고 있는 양편의 형세가 매우 비슷하다는

뜻. ▷[불 문′ 너′미′나 좀′ 문′ 너′미′나]/[찌′불라 컨능 기이′나′, 앤 찍끼′일라 컨능 까아′재′나].

[찌′불라 컨능 기이′나′, 앤 찍끼′일라 컨능 까아′재′나] <집으려는 게나, 안 집히려는 가재나> 양쪽의 힘이 매우 어금지금하다는 뜻. ▷[불 문′ 너′미′나 좀′ 문′ 너′미′나]/[찌′불라 컨는 화앙′새′나, 앤 찝피′일라 컨능 고디′~이~나].

[찔′러도 피′함′ 빠′~울~ 앤 나온다] <찔러도 피 한 방울 안 나온다> ①빈틈없을 만큼 너무나도 야무지다. ②인정이라고는 조금도 없을 만큼 인색하거나 모질다. ▷[바′늘로 (꼬옥′) 찔′러도 피′한′점 앤′ 나알′래′라]/[이′매~이~로 찔′러도 피′함′ 빠~울~ 앤 나겐′따].

[차나′라기(차나′래기) 전′달′ 서미라도, 떡′또′떡′껃′치 모오′내′애 묵꼬, 구웅′디′~이~떠그로 다아′ 조′짇따] <찰벼가 전(全) 닷 섬이라도, 떡도 떡같이 못해 먹고, 궁둥이떡으로 다 조겼다> ①귀한 재료를 헛되게 소비했다고 한탄하는 말. ②애써 한 일에 걸맞은 효과를 보지 못한 채 비용만 헛되이 쓰고 말았다는 말.

[차′도′오레 바람′들머 석′또울만 모온′하′다] <차돌에 바람들면 썩돌만 못하다> 오달진 사람일수록 한번 타락하면 걷잡을 수 없게 된다.

[차무 린′짜가 서어′이′머 사′린′(새′린′)도 피이′한′다] <참을 인(忍)자가 셋이면 살인도 피한다> 아무리 분하고 어려운 일이 있더라도 꾹 참는 것이 가장 좋은 방법이다. ▷[일′시′로 차′무′머 뺑′나′리 페나′다].

[참′무′레도 노오′소′가 읻′따] <찬물에도 노소가 있다> ①아무리 하찮은 것

이라도 어른부터 차례로 대접하라는 말, ②무슨 일을 하더라도 그 순서를 지켜야만 한다는 뜻. ▷[개애′ 시′ 베도 수운′ 서′ 가 읻′ 따′]/[꿀떠′ 게 불′ 때′ 앤다].

[참′무′레 지′름 도오′ 드′시 도온′다′] <찬물에 기름 돌 듯 돈다> 사람들과 인화를 이루지 못하고 따로 떨어져 외톨이로 도는 사람을 가리키는 말.

[참′물′ 항′ 그′르기라도 제에′사′느 정시′~이~다] <찬물 한 그릇이라도 제사는 정성이다> 제사를 지낼 때는 음식을 잘 차리기보다 지극한 정성을 들여야 한다. ㉘ '정신'은 '정성'의 와전.

[참′보~이~(참′배~이~) 지′ 굼 모온′한′다] <참봉이 제 굿 못한다> 자기의 일은 자기가 직접 처리하기 힘들다. ▷[무우′다′~이~ 지′ 굼 모오′난′다]/[보옹′사′가 지′ 굼 모오′난′다]/[주~우′~이′~ 지′ 머′리(대가′리) 모옹′ 깡′는다].

[참′새′가 물바~아′~까′네 찡개′애 주′거도 짹′카′고 중는다] <참새가 물레방앗간에 치어 죽어도 '짹' 하고 죽는다> ①무엇이거나 마지막 순간에는 꼭 어떤 표시를 내게 마련이다. ②아무리 약한 것이라도 너무 괴롭히면 대항한다.

[참′새′가 방까′늘 기′양 앤 지내간다] <참새가 방앗간을 그냥 안 지나간다> ①자기가 좋아하는 곳을 그대로 지나치지 못한다. ②욕심 많은 사람이 이 끗을 보고 가만있지 못한다.

[참′새′가 자아′가′도 아′를′ 녹코, 휘초′가 자아′가′도 사아′또′ 파′네 오린′다] <참새가 작아도 알을 낳고, 후추가 작아도 사또 판에 오른다> 몸집은 비록 작아도 능히 제 할 일은 물론 큰일까지도 감당한다. ▷[배앱′새′가 자아′가′도 알′ 노′올쭐 아안′다′]/[제에′비′느 자아′가′도 강낭′ 간다]/[휘′초′가 자아′가′도 사아′또′ 파네 오린′다].

[창깨구′리가 우울′머′ 사앙′투′재′~이~ 버엄′ 무′러간다] <청개구리가 울면 상투쟁이 범 물어 간다> 여름철 해질 무렵에는 청개구리가 울기 시작하므로, 옛날에 어두워지면 상투를 튼 남정네도 범이 물어갈 위험이 있었던 바, 아이들과 부녀자는 빨리 집으로 돌아가라고 해서 이르던 말.

[창깨구′리 사암′시′랑] <청개구리 삼신> ①모든 일에 엇나가거나 어긋난 짓만 골라 하는 사람을 가리키는 말. ②전래 동화에서처럼, 무슨 일이든지 시

키는 내용과는 반대로 행동할 때 나무라는 말.

[창' 깨' 들' 깨 노오' 는' 데 아주까' 리느 모온' 노' 오까] <참깨 들깨 노는 데 아주까리는 못 놀까> 남들도 다 참여해 있는데 나도 한몫 끼여 보자고 나서면서 이르는 말.

[창꼽' 빠' 테 드가' 먼 죽' 꼬, 송기' 바' 테 드가' 먼 사안' 다'] <진달래꽃 밭에 들어가면 죽고, 송기 밭에 들어가면 산다> 보릿고개를 만나 배가 몹시 고플 때, 진달래꽃을 따먹으면 살기 힘들지만 송기를 꺾어 먹으면 살 수 있다 하여 이르는 말. ▷[송기' 바' 테 드가' 먼 사아' 고', 창꼽' 빠' 테 드가' 먼 중는' 다].

[채당새' 기 야' 페 찌' 고' 간 사라믄 잘' 사아' 고', 농' 빠리 시일' 꼬' 간 사라믄 모온' 사' 안다] <반짇고리 옆에 끼고 간 사람은 잘 살고, 농 바리 신고 간 사람은 못 산다> 시집갈 때 혼수를 많이 해 가는 사람이 꼭 잘 사는 것이 아니다. ▷[산대' 기 야' 페 찌' 고' 가' 도' 잘' 마 사안' 다']/[지' 고 시일' 꼬' 가' 는' 연(넘), 잘' 사아는 연(넘) 모옴' 빠' 앞따].

[채' 마' 즘 걸배' ~이~ 똥'] <채 맞은 거지 똥> 찰기가 전혀 없어 버석버석하다는 뜻. ▷[비리' 뜨더무' 긍 개애' 꼬' 라지]/[빌기' 오링' 개애' 꼬' 라지].

[처가' 초온' 수' 느 무' 촌] <처가 촌수는 무촌(無寸)> ①처가쪽 사람들과는 촌수 관계를 깊이 따질 것이 없다고 이르는 말. ②처가는 부인과 헤어지면 관계가 끊어지므로 그 촌수에 얽매일 필요가 없다는 뜻.

[처가' 캉 웨에' 가' 아서러느 빼앨' 가' 벅' 꼬 춤' 촤' 아도 궤얀' 타] <처가와 외가에서는 발가벗고 춤춰도 괜찮다> 처가와 외가에서 저지른 허물은 크게 탓하지 않기 때문에 별로 걱정할 것이 없다. ▷[웨에' 가' 아캉 처가서' 러느 빼앨가벅' 꼬 춤' 촤아도 개얀' 타].

[처갇찝' 하아' 적' 열' 뚜' 우 분] <처갓집 하직 열두 번> 하직 인사를 하고 나가다가, 마누라를 못 잊어 되돌아들어 와서 꾸물거린 다음 또 인사를 하고는 다시 그걸 반복하는 식으로, 하직 인사를 여러 번 하는 사람을 놀리는 말.

[처낭산' 가겓' 따' 리' 거' 치 노푸' 다] <천왕산 가게 다리같이 높다> ①음식상의 다리가 높기만 했지 음식의 내용은 보잘것없다 함이니, 형식만 거창할 뿐 실속이 없다. ②대단히 키가 크거나 높다는 비유.

[처낭산' 가겐' 따'리' 떠드 드'시] <천왕산 가게 다리 떠들 듯> 자기 주장만 크게 떠들어대는 사람을 가리키는 말.

[처'는 워'~이~요 지느 바'~이~라] <천(天)은 원(圓)이요 지(地)는 방(方)이라> 지난날, 하늘은 둥글고 땅은 네모졌다는 생각을 나타내던 주장.

[처매' 꼬'레 휘이'빠'럼 소'리가 난다] <치마꼬리에서 휘파람 소리가 난다> 여자가 매우 분주하게 싸다닌다. ▷[부'라레 요롱' 소'리가 난다] .

[처매'꿔가 너리'다] <치맛귀가 넓다> 남의 일에 공연히 참견하고 간섭한 다. ▷[거억'쩡'도 팔'짜' 다]/[남' 떵' 뭉'는데 꽉꼬'물 널찌능' 거억'쩡' 한다]/[나'무 제에'사' 아 꼬오'깜' 나'아라 빠암' 나'아라 컨는다]/[나'무 지이'사'예 가암' 나'아라 대애'추' 나'아라 컨는다]/[마당' 터'지' (터'전') 는데 솔뿌'리 거억'쩡' 한다]/[바~아'~네 안' 저가아 암만' 요~오'~을'~ 서' 바' 아라, 나간' 니미 뜨싱' 강]/[비' 삼 밤' 묵' 꼬 허'릉 거억'쩡' 한다]/[오지 라'피 너리' 다]/[치매'가 열'뚜'우 포'깅' 강].

[처매' 미'테 키'운 자석] <치마 밑에 키운 자식> 어른 앞에서 버릇없게 구는 사람을 욕하는 말. 마마 보이라는 뜻.

[처매짜'리 서어'이'로 잘 만'내머 남'자가 출'세'로 한다] <치마 입은 사람 셋을 잘 만나면 남자가 출세를 한다> 남자가 잘난 세 사람의 여자, 즉 할머 니와 어머니 그리고 부인을 잘 만나면 출세할 수 있는 바탕이 된다는 말. ▷[남'자가 출'세'로 하알'라' 커머 처매짜'리 서어'이'로 잘 만'내야 뒌 다]

[처삼'촌 벌'추'하드시] <처삼촌 (묘에) 벌초(伐草)하듯> 정성을 들이지 않고 형식적으로만 일을 함을 비유. ▷[버어'머' 사야'~아~ 고'레'우드시].

[처어'세'로 지'내'머 덤풀' 밑'치 화안'하'다] <처서(處暑)를 지나면 덤불 밑이 훤하다> ①성하고 좋던 시절도 이젠 다 지나가고 말았다. ②처서가 지 나면 금방 가을이 찾아오고 낙엽이 진다.

[처어'세'에 비'가' 오'머 단제'에 꼭' 서기 주운'다] <처서(處暑)에 비가 오 면 단지의 곡식이 준다> 처서 날에 비가 내리면 흉년이 든다 하여 이르는 말. ▷[처어'세'에 비'가' 오'머 사아'방' 심' 니'에 천' 서글 가암'한'다].

[처어'세'에 비'가' 오'머 사아'방' 심' 니'에 천' 서글 가암'한'다] <처서에 비가 오면 사방 십 리에 천 석을 감한다> 처서 날에 내리는 비는 농사에 매

우 나쁘다. ▷[처어´세´에 비´가 오´머 단제´에 꼭´ 서기 주운´다].

[처어´세´ 지´낸 웨에, 하앙´갑´ 찌´낸 할매´~이~, 망중´ 지´냄 보리´] <처서 지난 참외, 환갑 지난 할멈, 망종(芒種) 지난 보리> 매우 좋던 시절은 지나고 보잘것없는 존재로 전락했다는 말. 圈 한두 마디씩 나누어 쓰기도 함. ▷[하앙´갑´ 찌´낸 늘´기~이~, 망중´ 지´냄 보리´].

[처어´자´가 아´아로 나´아도(배´애도) 할´ 마´아리 잍´따] <처녀가 아이를 낳아도(배도) 할 말이 있다> 아무리 큰 잘못을 저지른 사람도 나름대로는 이유를 붙일 말이 있다. ▷[가시나´아가 아´아로 나´아도 지 할´ 마아´리´ 잍´따]/[핑´게 어엄´는´ 무´디미 어업´따´].

[처어´자´ 부´랄 마알´고´ 느 머´어든지 다아´ 잍´따] <처녀 불알 말고는 뭐든지 다 있다> 없는 것 없이 매우 넉넉하다. ▷[버어´메´ 눈섭´또 기´러´붕기이 어업´따´].

[처~에´~ 머´레느 깨´소´구´미 한 숙까´락] <청어 머리에는 깨소금이 한 숟가락> 청어는 그 머리 부분의 맛이 좋다는 뜻. ▷[가실´ 상´추느 노리´궤´기 마´시´다].

[처´~이~ 찌´지머 배´고´기 농는´다] <천(千)이 지저귀면 백옥이 녹는다> 많은 사람의 입에 오르내리면 결국 온전하게 남아나지 못하게 된다.

[천´날 묵´꼬 마안´날´ 땡걸래´~이~] <천날 먹고 만날 땡그렁> ①일이라고는 전혀 하지 않고 놀기만 하는 사람을 욕하는 말. ②생활이 넉넉하여 만사에 걱정이 없고 언제나 풍성하다는 말.

[천´ 냐´~에~ 위´심 나´고, 함´ 푸네 사´린´(새´린´) 난다] <천 냥에 웃음 나고, 한 푼에 살인 난다> 아주 적은 액수라도 금전은 사람과의 관계를 나쁘게 하기 쉽다. ▷[철´랴´~아~ 화´런´ 닉´꼬, 함´ 푸네 사´리´(새´리´) 닡´따].

[천´도~인지 지´도´~인지 모리겐´따] <천둥인지 지동인지 모르겠다> 두서가 없어 무엇이 무엇인지 원인과 결과를 분간하지 못하겠다.

[천´드~에´ 개애´ 띠´드시] <천둥에 개 뛰듯이> 놀라서 어쩔 줄 모르고 허둥지둥하는 모양을 비유.

[천´석꾸는 청´가´지 거억´쩡´, 마안´석´꾸는 마앙´가´지 거억´쩡´] <천석꾼은 천 가지 걱정, 만석꾼은 만 가지 걱정> ①재산이 많으면 그만큼 걱정

거리도 많아진다. ②누구나 걱정 없는 사람은 없다. ▷[마안' 서' 꾸는 마앙'
가' 지 거억' 쩡', 천' 서꾸는 청 가' 지 거억' 쩡'].

[천' 석꾼 살' 리 메도, 소' 함' 바' 리가 바안' 살' 리미다] <천석꾼 살림에도,
소 한 마리가 반 살림이다> 농가에서 소가 차지하는 비중이 엄청나게 크다.

[천' 성 곤' 치는 야' 근' 어업' 따'] <천성 고치는 약은 없다> 천성이나 나쁜 습
관은 고치기가 매우 힘들다. ▷[백' 쩌~이~ 저' 버' 들 바아' 라' 컨는다]/[산
처' 능 곤' 치도, 천' 서~은~ 모옹' 꼰' 친다]/[시이' 살' 때 버' 르시 여' 등꺼
정 간다]/[시이' 살' 버' 얼시가 여' 드늘 가도 모옹' 꼰' 친다]/[지' 버리장
머' 리 개애' 죽' 까]/[활랴'~이~ 주' 거도 기이' 생' 찝 울딸' 미' 테서러 중는'
다].

[천' 장 보' 고 세까' 리 시' 알' 린다] <천장을 보고 서까래 헤아린다> 시집가는
딸을 데리고 사돈댁에 간 친정 아버지가 딸과의 이별을 앞두고 눈물을 참
느라고 천장을 쳐다보며 서까래를 헤는 것처럼 행동하듯이, 속마음을 감추
려고 딴청을 부린다는 뜻.

[천' 지로 모리고' 깨' 추' 믈 춘다] <천지를 모르고 깨 춤을 춘다> 세상이 어
찌 돌아가는지 모른 채 교만스레 행동할 때 욕하는 말. ▷[하' 늘로 시' 고'
도래' 로 흔든' 다]/[하릭깡새'~이~ 버엄' 무' 서분 줄 모린' 다'].

[첟' 수레 배' 부리' 나] <첫 술에 배부르나> 무슨 일이든지 처음부터 단번에
만족할 수는 없다는 말. ▷[시이' 작' 끼가 바안' 턴']/[전죽' 키가 바~아'~
이'~다].

[첟' 따' 른 살림' 믿' 처~이~다] <첫딸은 살림 밑천이다> ①첫딸이 집안 살림
에 도움이 된다고 이르는 말. ②첫딸을 낳은 서운함을 위로하는 말. ▷[첟'
또' 느 살림' 믿' 천].

[첟' 또' 느 살림' 믿' 천] <첫 도는 살림 밑천> 윷놀이에서 첫 도를 섭섭하게
생각하지 말고 기세를 올리라고 격려하는 말. ▷[첟' 따' 른 살림' 믿' 처~이~
다].

[첟' 찰' 한' 차레 후우' 찰' 열' 뚜' 우 찰] <첫 대 한 대에 후 대 열두 대> 이
쪽에서 먼저 한 대를 때리면 저쪽에서는 열두 대로 갚는다는 말. ▷[대' 로'
주' 고 말' 로' 반는' 다].

[철' 랴'~아'~화' 런' 닉' 꼬, 함' 푸네 사' 리' (새' 리') 닏' 따] <천 냥에 활인(活

人) 있고, 한 푼에 살인(殺人) 있다> 아주 보잘것없는 적은 돈 때문에 관계를 크게 악화시킬 수 있다. ▷[천′ 냐′~에~ 위′심 나′고, 함′ 푸네 사′린′(새′린′) 난다].

[철′량′도 벌′기′미라 커′머(카′머) 득′끼 실코, 이′런′도 사′아′~이′~라 커′머(카′머) 득′끼 조온타] <천 냥도 벌금(罰金)이라면 듣기 싫고, 일 원도 상(賞)이라면 듣기 좋다> 누구나 벌은 받기 싫지만 상을 받는 것은 좋아한다.

[철′량′ 시이′주′ 마아′고′, 나′무 몽주′~에~ 마알′ 하′지′ 마′라] <천 냥 시주 말고, 남의 몽중의 말 하지 마라> 남의 마음에 상처를 입히는 말을 하지 마라.

[철′량′ 시이′주′하알래, 호불′ 시′아′바시로 모오′실′래 커′머(카′머), 철량′ 시이′주′한단다] <천 냥 시주를 할래, 홀 시아버지를 모실래 하면, 천냥 시주한단다> 홀로 사는 시아버지를 모시기가 대단히 어렵다는 말.

[철′량′ 지′나 마알′ 량′ 지′나] <천 냥 지나 만 냥 지나> 빚을 얻어 씀에 있어 금액의 많고 적음이 문제되지 않는다 함이니, 기왕 빚을 지는 형편이라면 애라 얻어 쓸 것은 쓰고 보자고 할 때 이르는 말. 비록 아무리 많은 돈이 들지라도 해야 할 것은 꼭 하고 만다는 말.

[철′령′ 개와′ 마알′ 령′ 굴′피′] <천 년 기와 만 년 굴피> 지붕 재료로는 참나무의 껍질인 굴피가 기와보다 더 오래 가서 좋다고 하여 이르는 말.

[첨′마양 가′지 다아′ 묵′꼬느 사′러도(사′라도), 나′ 묵′꼬느 모온′ 사′안다] <천만 가지 다 먹고는 살아도, 나이 먹고는 못 산다> 나이가 많아지면 죽음을 피할 수 없다. 间 간단하게 '나 묵꼬느 모온 사안다'고도 이름.

[첨′망 가′지 도마′~은~ 해애′도′, 팔′짜′ 도마′~음 모온′ 한′ 다] <천만 가지 도망은 해도, 팔자 도망은 못한다> ①주어진 것이 숙명이라면 피할 수가 없다는 뜻. ②일이 뜻대로 되지 않을 때 한탄하는 말. ▷[팔′짜′ 도마′~은~ 도가′네 드′러′도 모온′ 한′ 다].

[첨′ 무우당 마암′ 보′옹사로 다아′ 대′린다] <천 무당 만 봉사를 다 데린다> 병든 이를 고치려고 수많은 무당과 봉사를 불러 굿을 하고 경을 읽는다 함이니, 별의 별 애를 다 쓰고 있다는 말.

[첨′척′ 꾸우′벼′언 소진자′~은~, 육′꾹′ 제에′와′~은~ 다아′ 달′개애도, 열매′대애와~은′ 모온′ 딸′개앤다] <첩첩 구변(口辯) 소진(蘇秦) 장의(張儀)

가, 육국(六國) 제왕은 다 달래도 염라 대왕은 못 달랜다> 소진 장의처럼 말을 잘해도 염라 대왕은 달랠 수 없다 함이니, 아무리 말을 잘해도 죽음 앞에서는 어쩔 수 없다는 말.

[청관재′~이~느~ 고′러′(고′라′) 죽꼬, 쉬′언′재′~이~느~ 마′저(마′자) 죽는다] <청광장이는 곯아 죽고, 수다쟁이는 맞아 죽는다> 지나친 청광스러움이나 하지 않아도 좋을 말을 지껄이는 쉬언스러움은 둘 다 좋지 않다고 경계하는 말.

[청멩′ 한식′ 한′날 든 나′른′, 성′주 지도′~을~ 꺼′꿀로 새′와도 페에′가′ 업따] <청명(淸明) 한식(寒食) 한날 든 날은, 성주 기둥을 거꾸로 세워도 폐가 없다> 청명과 한식이 겹치는 날은 아주 길일이라서 무슨 일을 해도 좋다고 이르는 말.

[청스′~은~ 느′러′가고, 팔′짜′느 오구′러진다] <청승은 늘어가고, 팔자는 오그라진다> 나이가 많아서 생활이 구차해지면 궁상스럽고 가련하게 되는 바, 결국 좋은 날은 이미 다 가버린 셈이라는 뜻.

[초′가′ 상 칸′ 다아′ 타′저도 동남풍′맘 부′러라] <초가 삼 간 다 타져도 동남풍만 불어라> 큰 손해를 보면서도 제 마음에 들지 않던 부분이 없어지는 것만 좋아하는 심술을 욕하는 말.

[초′로′근 동′새기고 까아′재′느 기이′ 페′~이~라] <초록은 동색이고 가재는 게 편이라> 서로 같은 처지에 있거나 같은 부류의 사람들끼리 어울리든지, 서로가 편을 들어주는 것을 두고 이르는 말. ▷[까아′재′느 기이′ 페′~(피′~)이~다].

[초사~아~ 팥쭉′ 두′로′능′ 거느 텍′때′애고, 사아′람′ 주′긍 거느 테′갠′대′ 앤다] <초상에 팥죽 들어오는 것은 셈치고, 사람 죽은 것은 셈치지 않는다> 맡은 바 직분에는 등한한 체 욕심을 채우는 데만 마음을 쓰는 사람을 욕하는 말. ▷[사아′람′ 중능′거′느 테 갠 대′애고, 초사′~아~ 팥쭉′ 더롱′거′마 텍′때′앤다]/[여엄′부′레느 마아′미 어억′꼬′, 젭빠′ 베마 마아′미 일′따]/[여엄′부′른 디일′쩌′~이~고, 젭빠′ 베마 마아′미 일′따].

[초상′ 술 까′아 지 난′내앤다] <초상 술 가지고 제 낯낸다> 남의 것을 가지고 제 생색만 내는 사람을 꾸짖는 말.

[초′새가 자′지머 지인′사′ 난다] <초시(初試)가 잦으면 진사(進士) 난다> 어

떤 징조가 자주 나타나면 결국 그 일이 이루어지는 수가 흔하다. ▷[바앙'구'가 자'지며 똥' 사기 수움'따']/[베루'우던 도'기 어언'젱'가느 터'진'다]/[우루'우던 도'기 어언'젱'가느 터'진' 다]/[지인'사'가 자'지며 급'쩨 난다].

[초영' 꼬' 새'~은~ 꼬오'다' 해애'도' 한다] <초년 고생은 꾸어다 해도 한다> 젊은 시절의 고생은 뒷날의 영화를 위한 것이므로 달게 여기라는 말. ▷[초영' 꼬' 새'~은~ 으'늘 주'고도 산'다].

[초영' 꼬' 새'~은~ 으'늘 주'고도 산'다] <초년 고생은 은(銀)을 주고도 산다> 젊은 시절의 고생은 장래의 발전을 위하여 중요한 경험이 되므로 달갑게 여겨야 한다. ▷[초영' 꼬' 새'~은~ 꼬오'다' 해애'도' 한다].

[초온'여'~이~ 아전' 서바'~을~ 하'머 찐' 살' 대애'접'판다] <촌년이 아전 서방을 하면 찐쌀 대접한다> 되지 못한 사람은 조금이라도 권세를 쥐면 눈에 거슬리는 행실을 거침없이 한다.

[초온 장딸' 자'버다가 장파'네 갇따'아 나' 안능 걷따] <시골(촌) 수탉을 잡아서 장판에 갖다 놓은 것 같다> 시골서 처음으로 번화한 도회지로 나오거나, 경험하지 않던 일을 당하여 어리둥절하고 있는 사람을 얕잡아 이르는 말.

[초'지' 짱' 도 마' 지 들머 개갑' 따] <초지장도/초배장도 마주 들면 가볍다> 아무리 쉬운 일일지라도 힘을 합치면 쉽게 되는 법이다. ▷[도독' 찔로 해애' 도' 솜' 바' 리 마' 저야 댄' 다]/[두우' 솜' 빠닥 마' 주쳐야 소'리가 나' 지, 웨' 소'는 암만' 흔드'러도 소'리가 앤 난다]/[솜' 마' 저 포' 앙'(포' 항') 가 가' 아, 호박' 떡 꾸' 부머 조옥' 켄' 따].

[추상'가베 비'가' 오'머 오오'고'게 뿌'리' 난다] <추상갑(秋上甲)에 비가 오면 오곡에 뿔이 난다> 입추(立秋) 지난 첫 번째 갑자일(甲子日)에 비가 오면 모든 곡식에 싹이 난다고 이르는 말.

[춘상'가베 비'가' 오'머 적'쩨' 철'리다] <춘상갑(春上甲)에 비가 오면 적지천리(赤地千里)다> 입춘(立春) 뒤 첫 번째 갑자일(甲子日)에 비가 오면 가물어서 드넓은 땅이 모두 붉게 타는 흉년이 든다 해서 이르는 말.

[춤'도' 앰 바'틍 거어'짐'말] <침도 안 뱉은 거짓말> 터무니없는 거짓말. ▷[입서버'레 춤'도' 앰 바린' 소'리].

[춤'바'튼 웅'굴물 다부' 뭉는'다] <침 뱉은 우물물 다시 먹는다> 다시는 안 볼 듯이 야박스레 행동을 하고 나면, 꼭 도로 청할 일이 생기게 된다는 말. ▷[이' 웅'구레 무' 램' 뭉는다꼬 똥' 사고 가'도', 다'시 그' 물로 뭉는'다].

[치는' 새'애예(터에) 여어'수' 마아'라'] <친한 사이에(터에) 여수(與受) 마라> 절친한 관계일수록 돈을 빌려주게 되면, 돈 때문에 좋던 사이가 소원하게 되기 쉽다고 경계하는 말.

[치'도 해애' 노'~오~이~까네, 무운'디'~이~가 머여' 지'내' 간다] <치도(治道) 해 놓으니까, 문둥이가 먼저 지나간다> 정성껏 이루어 놓은 일이 보람 없게 되었다. ▷[질' 딱'꺼 노'~오~이~까데 무운'디'~이~가 머여' 지내간다].

[치'럴' 더'부 바'튼 어'야'고] <칠월 더위 받은 어쩌고> 비록 우선은 놀기가 좋더라도 계속 놀지만 말고, 앞으로 닥쳐 올 어려운 일을 위해 미리 대비하는 것이 좋겠다는 말. 㚰 모내기가 끝난 뒤 소들을 정자나무 밑에 매어놓고 쉬게 하자, 황소가 흙을 파헤치면서 좋다고 소리를 지르니까 곁에 있던 암소가 "무슨 힘이 남아돌아서 그러하냐?"고 물었다. 황소는 "이제 일이 다 끝났으므로 마음대로 노는 것이 마땅하고 좋지 않느냐?"고 주장하니, 암소가 말하기를 "칠월의 삼복 더위에 밭일 할 것은 어쩌고?"라 했다는 이야기에서 유래된 말. 즉 뜨거운 콩밭에서 힘들게 골을 탈 생각은 어찌 하지 않느냐고 조롱하는 말.

[치럽뻐' 버리 소오'지' 저난'다] <반벙어리 소지(燒紙) 전한다> 전혀 알아듣지 못할 말을 혼자서 떠들고 있음을 지적하는 말. ▷[도동'넘 개애' 꾸'지 드시]/[비' 마'진 주웅'매'애로 군청거' 린다].

[치매'가 열'뚜'우 포'깅'강] <치마가 열두 폭인가/폭인감> 남의 일에 간섭을 일삼는 사람을 매도하는 말. ▷[거억'쩡' 도 팔'짜' 다]/[남' 떵' 뭉'는데 팍꼬'물 널찌능' 거억'쩡' 한다]/[나'무 제에'사'아 꼬오'깜' 나'아라 빠암' 나'아라 컨는다]/[나'무 지이'사'예 가암' 나'아라 대애' 추' 나'아라 컨는다]/[마당' 터'지'(터'전')는데 솔뿌'리 거억'쩡' 한다]/[바~아'~네 안' 저가 아 암만' 요~오'~을'~ 서' 바'아라, 나간' 니미 뜨싱' 강]/[비' 삼 밤' 묵'꼬 허'릏 거억'쩡' 한다]/[오지라' 피 너리' 다]/[처매' 뀌가 너리' 다].

[치′믄 질′러가′고, 야′근′ 둘′러간다] <침(鍼)은 질러가고, 약은 둘러간다> 침을 맞으면 효력이 빨리 나타나는 반면, 약은 효력이 다소 늦다는 말.

[치장′ 채′리다가 신′주 개애′ 무′러 갈따] <치장 차리다가 신주(神主) 개 물어 갔다> ①늦장을 부리며 잘 하려고만 하다가 뜻밖의 곤란을 당하게 된다. ②겉만 잘 꾸미려다가 가장 요긴한 것을 잃어버리고 만다. ▷[속카′~이~ 망′건 시′자′ 파아′장′ 댄′다].

[칙′수′ 바아′ 가′머 온′ 찌′익꼬, 얼굴′ 간′나라 이′름 지읻′짜′] <치수 보아 가며 옷 짓고, 얼굴 가져오너라 이름 짓자> 모양과 역량 등을 미리 살펴 격에 맞도록 일을 처리해야 한다는 말. ▷[꼴 보′고 이′름 지인′는′다].

[친′ 사′라믄 다리′로 오구′리고 자′고, 마′진′ 사′라믄 다리′로 피′고 잔′다′] <친 사람은 다리를 오그리고 자고, 맞은 사람은 다리를 펴고 잔다> 남에게 해를 입히고는 마음이 불안하나, 그걸 당한 쪽은 오히려 편하다는 뜻.

[친손′지느 걸리′이고, 웨에′손′지느 억′꼬 간′다′] <친손자는 걸리고, 외손자는 업고 간다> ①사랑을 함에 있어서 경중(輕重)이 바뀜을 이름. ②딸자식을 더 귀여워하는 것이 일반적 인정이라는 말. ▷[어′부 내기 발′시′럽따]/[웨에′손′지느 억′꼬 친손′지느 걸래′애먼서, 어′분 넘 발′시′럽따 펄떡′까′자 컨는다].

[친정′ 갈′ 때느 아구랑나무′ 짝′ 쩌, 시이′지′베 갈′ 때느 느릅나무′ 짝′쩌로 직′꼬 간다′] <친정 갈 때는 아구랑나무 지팡이, 시집에 갈 때는 느릅나무 지팡이를 짚고 간다> 하고 싶은 일은 적극적이고 즐겁게 하는 반면, 마음에 들지 않는 일에는 소극적이기 마련이다.

[칠′련′ 대애′하′네느 곡′석 시′가′ 이′서도, 구′연′ 홍′수에느 곡′석 시′가′ 업′따′] <칠 년 대한(大旱)에는 곡식 씨가 있어도, 구 년 홍수에는 곡식 씨가 없다> 오랜 가뭄보다 긴 장마가 훨씬 견디기 힘든다는 뜻. 참 '칠련 대애하네느 시아시<씨앗이> 익꼬, 구 연 홍수에느 시아시 업따.'고도 이름.

[칠′련′ 대애′하′네도 하리′ 욕심′] <칠 년 대한에도 하루 욕심> ①오래도록 날이 좋거나 가물다가도 모처럼 무엇을 하려고 들면 비가 오는 때 이르는 말. ②매우 어려운 상황에서 자기만의 욕심 때문에 개인 본위로 이야기한다는 뜻.

[칠' 령' 가' 무' 레 비' 앤 오' 는' 나' 리 억' 꼬', 구' 연' 홍' 수예 베' 댄' 나' 는' 나' 리 업' 따'] <칠 년 가뭄에 비 안 오는 날이 없고, 구 년 홍수에 볕 안 나는 날이 없다> 아무리 어려운 가운데도 뭔가 좋은 것이 섞여 있는 까닭에, 조금씩은 견디면서 숨을 쉴 수 있게 마련이란 뜻.

[칠' 시' 베 능참' 보~을~ 하' ~이~, 한' 다' 레 거어' 뒈' ~이~ 여' 라' 옵 뿌~이' ~ 다] <칠십에 능참봉을 하니, 한 달에 거둥이 열 아홉 번이다> ①애써 기다리던 일이 모처럼 잘 되어 가는 줄 알고 좋아하고 있는데, 실상은 까다로운 일만 생겨 실속이 없다는 말. ②일이 안 되려니까 아무리 해도 좋은 수가 생기지 않는다는 말. ▷[사아' 시' 베 문자' ~(문재' ~)이~요, 사아' 시' 베 능참' 보~이~라].

[칠' 시' 베 능참' 봉 한다] <칠십에 능참봉 한다> 나이 들어서라도 쓰일 데가 있으니 평생을 두고 배워야 한다.

[칠' 시' 베 으' 망 터지머, 사미' 부지 자' 믈' 모온' 짠' 다] <칠십에 음행(淫行) 터지면, 삼이웃이 잠을 못 잔다> ①늦바람나면 걷잡을 수 없게 된다. ②뒤늦게 시작한 일에 매우 골몰해 있는 사람을 욕하는 말. ▷[늑까' 아 배' 운 도독' 찔, 날' 새' 는 줄 모린다]/[늡뿌지러' ~이~ 사아' 람' 쥐' 긴다].

[칠' 시입' 뜨' 시 시임' 는' 다] <칡 씹듯 씹는다> 먹을 것을 달아놓고 계속해서 먹는다.

[칠파러' 레느 나' 무집 메' 느리, 가지' 따무' 우까방 빨' 리 어덤는' 다] <칠팔월에는 남의 집 며느리, 가지 따먹을까봐 빨리 어두워진다> 음력 칠팔월이 되면 해가 지기 바쁘게 곧바로 어두워진다고 해서 이르는 말.

[칠파러' 레 으네' 골득 곤' 다'] <칠팔월의 은어 곯듯 곯다> 오래 굶주리고 있음의 비유. ㉠ 은어(銀魚)는 오뉴월이 한창이며, 칠팔월에는 번식기의 끝이라서 먹이를 먹지 않고 살이 여위기 때문에 생긴 말.

[칠파럴' 장매' 느 꼬오' 다' 해애' 도' 한다] <칠팔월 장마는 꾸어다 해도 한다> 늦장마는 해마다 꼭 오게 마련이다. ▷[늗짱매' 느 꼬오' 다' 해애' 도' 한다].

[칭' 구 따' 러 강낭' 간' 다'] <친구 따라 강남 간다> 본인은 별 뜻이 없으면서 남이 하니까 덩달아 한다. ▷[거름' 지' 고 자' ~아~ 간다]/[눔' 머' 엄 망새' ~이~ 워' 낭 소리 득꼬 따' 러간다]/[다리' ~이~ 자' ~아~ 간다 커' ~이~ 거름'

지'고 자'~아~ 간다]/[동'미 따'러(따'라) 강낭' 간다].

[칼'로' 물' 비'이기] <칼로 물 베기> 부부간에는 서로 다투었다가도 시간이 지나면 곧 사이가 좋아짐을 이르는 말.

[칼'로' 함'문' 빼앨'시'머, 등게서'메라도 꼬' 버야지] <칼을 한 번 뺐으면, 곗섬에라도 꽂아야> 무슨 일이든 시작했으면 내친 김에 끝까지 밀고 나가야 한다는 말. ▷[나'메(나'무) 초사'~을~ 마'털시머(마'탈시머) 삼연사'~을~ 내'애 조오'야'지]/[남'자가 칼'로' 함'문' 빼앨'시'머, 등게서'메라도 꼬' 버야지].

[칼짜리' 쥐인' 너'미 이임'재'다] <칼자루 쥔 놈이 임자다> 무슨 일이나 주도권을 가진 사람의 마음대로 할 수 있다. ▷[주게' 든' 니미 이임'재' 다]/[지' 칼' 또' 나'무 칼찌'베 들'머' 에'럽따].

[칼치'가 지 꽁'지 비'이묵꼬 사안' 다'] <갈치가 제 꼬리 베어먹고 산다> 친한 사이에 서로 모함하는 꼴을 보고 한탄하는 말.

[코 깰'너믄 디이'로' 잡'뻐저도 코 깬'다(코가' 깨'애진다)] <코 깰 놈은 뒤로 자빠져도 코 깬다(코가 깨진다)> 하는 일마다 운수가 사나워 자꾸 나쁜 결과만 나타난다. ▷[문'철레가 떡'살' 두우' 대' 당구'우머 비온다]/[앤'대는' 너'믄' 잡'빠저도 코'가' 깨'애진다]/[재'수 어엄'는' 너믄, 디이'로' 잡'뻐저도 코가(퀘가)' 깨'애진다].

[코'에 거어'머' 코거'리, 귀'에 거어'머' 귀거'리] <코에 걸면 코걸이, 귀에 걸면 귀걸이> 어떤 원칙이 있는 것이 아니라 둘러대기에 따라 이렇게도 되고 저렇게도 될 수 있다는 말. ▷[귀'에 거어'머' 귀거'리, 코'에 거어'머'

코거′리].

[코′에서(코′에서러) 다안′내′가 난다] <코에서 단내가 난다> 무슨 일에 너무 마음을 태운 나머지 심신이 지나치게 피로하다.

[코′~알~ 하낟′ 또 농갈′라(농갈′러) 뭉는′다] <콩알 하나도 나누어 먹는다> 인심을 쓰고 산다. ▷[콩′ 한′ 쪼가′리 가′아, 열비′ 노′나 뭉는′다].

[코′~을~ 까′아 메′주로 순′다 캐애′도′ 앰′ 민′는′다] <콩을 가지고 메주를 쑨다 해도 안 믿는다> 평소에 거짓말을 자주 하는 까닭에 전혀 신용할 수 없다. ▷[코′~이~(퀘′~이~) 팥′치′라 캐애′도′ 든는′다]/[팍′ 까′아 메′주로 순′다 캐애도 고′지든는다].

[코′~이~(퀘′~이~) 팥′치′라 캐애′도′ 든는′다] <콩이 팥이라 해도 든는다> 평소에 신용이 있는 까닭에 어떤 말을 해도 곧이 든는다. ▷[코′~을~ 까′아 메′주로 순′다 캐애′도′ 앰′ 민′는′다]/[팍′ 까′아 메′주로 순′다 캐애도 고′지든는다].

[콕꾸무′가 두우′리′라가아 수우′물′ 순다] <콧구멍이 둘이라서 숨을 쉰다> 말이나 행동이 답답하고 기가 찰 때 자조하는 말.

[콩까리′로 떡′칠′지′반] <콩가루로 떡칠 집안> 가정에 질서가 없어 도무지 엉망진창이라는 말. 참 줄여서 '콩까리 지반.'이라고도 함. ▷[떡′ 캐′애 무′굴 지′반].

[콩 날′떼 콩′ 나′고, 판′ 날′떼′ 판′ 난′다] <콩 날 데 콩 나고, 팥 날 데 팥 난다> 모든 결과는 그 원인을 쫓아서 생겨난다. ▷[왕′대 바′테 왕′대 나′고, 시누′리때 바′테 시누′리때 난다]/[콩 숭구′운 데 콩 나′고, 팥′ 숭′구운 데 판′ 난′다].

[콩 똥′지′고 가′는 소′리로 한다] <콩 동을 지고 가는 소리를 한다> 몹시 앓거나 혼자서 끙끙거리는 사람이나 행동을 가리키는 말.

[콩′밥 날′래′ 뭉는′너′믄′, 똥′ 눌′ 쩨′게 아′러본다] <콩밥 날래게 먹는 놈은, 똥 눌 적에 알아본다> ①콩밥은 본디 잘 씹지 않으면 소화가 되지 않아 대변에 콩이 그대로 나오듯이, 일을 급하게 하면 반드시 좋지 않은 결과가 나타나게 마련이라는 말. ②일 처리를 어떻게 했는지는 반드시 그 결과를 통해 나타나도록 되어 있다. ▷[배애′지가 아풀′라커′머, 참′무′리 시′인다]/[소곰′ 무′근 너미 물′ 시′인다]/[여물′ 마~아′~이′~ 뭉는′ 소′, 똥 눌′

찌′게 아′러본다].

[콩 숭구′운 데 콩 나′고, 팥′ 숭′구운 데 판′ 난′다] <콩 심은 데 콩 나고, 팥 심은 데 팥 난다> 원인에 따라 결과가 정확하게 나타나는 것이 정한 이치라는 뜻. ▷[왕′대 바′테 왕′대 나′고, 시누′리때 바′테 시누′리때 난다]/ [콩 날′ 떼 콩′ 나′고, 판′ 날′ 떼′ 판′ 난′다].

[콩지룽′ 깨앵′ 주′글 삼 여′늘 끼′리 무′구머 부우′자′ 댄다] <콩나물죽을 삼 년을 끓여 먹으면 부자 된다> 먹고 싶은 것을 먹지 않고, 모든 어려움을 3년간 참고 견디면 큰돈을 모을 수 있다.

[콩′ 타아′장′ 마다′~아~ 어′퍼징 꼬라지] <콩 타작 마당에 엎어진 꼬락서니> 얼굴이 매우 얽은 사람을 비유.

[콩′파리 터얼′ 십′사아] <콩팔이 털 십 사> ①계산이 잘 되지 않거나 계산을 잘 못하는 것을 두고 욕하는 말. ②얻어진 결과에 사단이 생겼을 때 하는 말.

[콩′ 한′ 쪼가′리 가′아, 열비′ 노′나 뭉는′다] <콩 한 쪽 가지고, 열 사람이 노나 먹는다> 마음이 넓고 인심이 좋다는 말. ▷[코′~알~ 하난′ 또 농갈′라 (농갈러) 뭉는′다].

[크′니′일꾸는 여엉′천′ 주남′ 뜨을게 가′도′, 녹′칠′기로 나무′ 매′끼 해애′가′아 무까′아 오′더′라] <큰 일꾼은 영천(永川) 주남들에 가도, 녹칡으로 나무 매끼를 해서 묶어 오더라> 솜씨가 좋으면 재료나 연장의 좋고 나쁨에 얽매이지 않고 일을 잘 처리해 낼 수 있는 바, 쓸데없는 핑계를 대지 마라고 이르는 말. ▷[디′리′늠 부서′케 청사′~이~나 마린낭′ 기나(마린냉′ 기나)].

[큼′ 마′리 나가′머, 자금′ 마′리 큼′ 말′ 노′른탄다] <큰 말이 나가면, 작은 말이 큰 말 노릇을 한다> 윗사람이 없으면 그 아랫사람이 대신하게 된다. ▷[나′무 짐 메′늘또 오′래 사아′머′ 시′이′미 질 한다]/[메′느리도 시′이′미 질 할′ 때가 잇′따]/[시이′어 매~이~ 주′구머, 큼′방′ 차지′ 내′ 차지].

[큼′무′른 요′~이~ 주′근 넉′시다] <큰물은 용이 죽은 넋이다> 홍수가 지는 것은 용(龍)의 조화라 믿는다는 말.

[키 크′고 앤 싱거′분 넘′ 어억꼬, 키′ 자악′꼬′ 앤 대′라진 넘′ 어업′따′] <키 크고 안 싱거운 놈 없고, 키 작고 안 다라진 놈 없다> 대체로 키 큰 사

랍은 싱거운 일면이 있는 반면 키 작은 사람은 다라진 일면이 있다. ▷[개 애' 똥' 바테 수낀' 때]/[점붇' 때예 눔' 바' 근 듣따].

[키' 크' 머 노푼' 데 꺼' 내라' 아 무' 굴 릴 인' 나] <키가 크면 높은 데의 것을 내려 먹을 일 있나> 키가 크다고 무슨 일이든 잘하는 것이 아닐지니, 키만 커 가지고야 무슨 소용이 있겠느냐고 이르는 말.

[키' 큰' 넘 지' 베 내라' 아 무' 울 꺼 어업' 따'] <키 큰 놈 집에 내려 먹을 것 없다> 키가 큰 사람의 집에는 선반 위에 먹을 것 남아나지 않는다 함이니, 능력이 있거나 선수 치는 사람을 뒤따르다가는 실속이 없다는 말.

[태애' 사' ~이~ 펭' 지 댄다] <태산이 평지 된다> 세상의 변천이 너무 심하다. ▷[심' 여' ~이~머~ 강산' 도 비인' 는' 다].

[터' 러가아 문지' 앤 나' 는' 사' 람 어딘' 노] <털어서 먼지 안 나는 사람이 어디 있니> 누구나 결점을 찾으려 들면 드러나게 마련인 바, 허물이 없는 사람은 없다는 말.

[토시 째' 기라 디비' 이 비' 이나(보나)] <토시 짝이라 뒤집어 보이나(보나)> 어떤 혐의를 받고 그걸 제대로 해명할 방도가 없을 때 이르는 말.

[통시 쩨' 베 개와' 올' 리거등] <뒷간 채에 기와 올리거든> 돈을 많이 벌어서 부자가 되거든 그때 가서 보자는 말.

[통시 찝' 파' 고 사' 돈네 쩨' 븜 머' 러야 댄다] <뒷간과 사돈집은 멀어야 된다> 뒷간이 가까우면 냄새가 나듯이 사돈집이 가까우면 말썽이 일기 쉬우므로, 그것들은 서로 멀수록 좋으니 경계하라는 말. ▷[정낭' 캉 사' 돈찌븜 머얼' 수' 룩 조옽' 타'].

[투바′리(툭수바′리)버다아 자앙 맏′] <뚝배기보다 장 맛> 겉보기에 비하여 내용이 더 훌륭하다는 뜻.
[툭 커′머 담너′메 호오′박′ 떠′러진 줄 아안′다′] <툭 하면 담 너머 호박 떨어진 줄 안다> ①아주 미세한 조짐만 보고도 그 결과를 짐작할 수 있다. ②속이 매우 넓은 사람이라고 칭찬하는 말. ▷[북창′무~이~ 훼언′하′다].
[티끌′ 모′아 태애′산′] <티끌 모아 태산> 아무리 적은 것이라도 자꾸 모이면 나중에는 큰 것이 되고 만다. ▷[개애′미 메에′ 모두′우 드시 모두′ 운다]/[문지′ 모다′아 태애′사′~이~다]/[수터′리 지이′ 딸′는 줄 모린′다′]/[줴′ 밥 또 마~아′~이′~ 무′우머 배′부′리다].

ㅍ

[파래′~이~ 생′킨 뚜끼′비 사앙′] <파리 삼킨 두꺼비상> 파리를 삼킨 두꺼비는 아무런 표정의 변화가 없듯이, 시치미를 떼고서 아무렇지도 않은 척하는 사람을 비유하는 말.
[파래′~이~ 소늘 비빈′다] <파리 손을 비빈다> 잘못했다고 아주 싹싹 빈다는 뜻. ▷[소′~이′~ 바′리′ 대′두룩 비인′다′]/[똥′ 사 녹′코 비인′다′].
[파′리 아′느′로 굽′찌 웨′에로 굼′나] <팔이 안으로 굽지 외(外)로 굽나> 누구나 자기와 가까운 사람에게 정이 쏠리게 마련이라는 말. ▷[파′리 (아′느′로) 디′리′굽′찌 내애′굼′나].
[파′리 (아′느′로) 디′리′굽′찌 내애′굼′나] <팔이 (안으로) 들이굽지 내굽나> ①누구나 자기와 가까운 사람에게 정이 쏠리게 마련이라는 말. ②무슨 일이나 자기에게 유리하도록 처리하는 것이 인지상정이라는 말. ▷[파′리 아′느′로 굽′찌 웨′에로 굼′나].

[팍′까′아 메′주로 순′다′ 캐애도 고′지든는다] <팥 가지고 메주를 쑨다 해도 곧이듣는다> 지나치게 남의 말을 잘 믿는다. ▷[코′~을~ 까′아 메′주로 순′다′ 캐애′도′ 앰′ 민′는′다]/[코′~이~(퀘′~이~) 팥′치′라 캐애′도′ 든는′다].

[팔꿈′치느 심′니′ 오굼재′기느 뱅′니′] <팔꿈치는 십 리, 오금은 백 리> 농사일을 마치고 몸에 묻은 흙을 씻을 때 팔꿈치보다 오금에는 손이 쉽게 미치지 않아 잘 씻기 어렵다는 말. ▷[오굼재′기느 오오′심′니, 팔꿈′치느 팔′심′니].

[팔′순′노오′이′~이~ 고손′지인′테 배′운다] <팔순 노인이 고손(高孫)에게 배운다> 지혜와 식견은 나이에 비례하는 것이 아니니까, 어린 사람의 말도 들을 것은 듣고 배울 것은 배워야 한다. ▷[고옹′자′도 쪼매′애′는 도옹′자′ 아′아드린데 배′얄따]/[얼라′아 마얄′또 귀′다′머 드′러라]/[여′든 난 늘′기′이~ 고손′지인테 배′운다]/[여′드네 나도 손′자자테 배′운다].

[팔′심′난 아′드리 웨′나′무다리로 거언′넬′ 찌게, 백수′난 여엉′가′미(여엉′개′미) 야아′야′ 조오′심′해애라 컨는다] <팔십 난 아들이 외나무다리를 건널 적에, 백수 난 영감이 얘야 조심해라 한다> 자식에 대한 부모의 염려는 끝이 없다. ▷[여′드네 아′바′시가 하양′갑′ 아′들 거억′쩡′한다]/[육′심′난 아′드리 웨나′무다리′로 거언′넬′ 찌′게, 팔심′난 여엉′가′미(여엉′개′미) 야아′야′ 조오′심′해애라 컨는′다].

[팔′짜′가 구′짜′거치 느′러′젇따] <팔자(八字)가 구 자(九字)같이 늘어졌다> 행운이 연속적으로 닥쳐와서 일이 참 잘되어 간다. ▷[도라′~아~ 든 소′]/[바 부′예 떡′]/[야앙′소′네 떡′ 쥐′일따]/[정낭′올따′레 호오′바′게 구불′런따]/[호오′바′게 구불′런따]/[홍재 바가′치에 기 꼬′벋따].

[팔′짜′가 칠′짜′만도 모오′내′앨떤동] <팔자(八字)가 칠 자(七字)보다 못했던지> 팔자가 아주 사납고 기구하다는 말.

[팔′짜′느 질′띠′리기 달리′인따] <팔자는 길들이기 달렸다> 습관을 들이기에 따라 운명이 바뀔 수도 있다.

[팔′짜′도마′~은~ 도 가′네 드′러′도 모온′한′다] <팔자 도망은 독 안에 들어도 못한다> 주어진 숙명이라면 아무리 피하려 해도 도저히 피할 수 없다. ▷[첨′망 가′지 도마′~은~ 해애′도′, 팔′짜′ 도마′~음 모온′한′다].

[페엔′수′느 숭풍여′~이~ 업′따′] <편수(대장장이)는 흉풍년(凶豊年)이 없다> 농기구는 흉년이나 풍년과 관계없이 해마다 벼리어야 하므로, 대장장이와 같은 직업은 상황적 요소의 변화와는 무관하다는 뜻.

[페엔′수′ 부지깨′~이~ 다아′드′시 다안′다′] <편수(대장장이) 부지깽이 달듯이 단다> 조그만 일에도 쉽게 달아오르는 사람을 놀리는 말. ▷[갑′빵′윤′디′ 다아′드′시 다안′다′]

[페′~양~(피′~양~) 감사′도 지′ 하′기 시르′머 구마′~이~다] <평양 감사도 제 하기 싫으면 그만이다> 남들이 아무리 좋다고 하는 일일지라도, 본인이 하기가 싫으면 억지로 맡길 수 없다는 말. ▷[저엉′승′도 지 하′기 실′부′머 애~한′~다′].

[포오′수′ 꽁′자′부로 가드′시 간다] <포수 꿩 잡으러 가듯이 간다> 숨어서 살금살금 소리 없이 다가서는 모양을 비유.

[풀 찌게′~이~ 무′궁 개애′매′애로 모라′아붙친다] <풀 찌꺼기 먹은 개처럼 몰아붙인다> 확실한 증거도 없이 어떤 조짐만 가지고 마구 다그칠 때 이르는 말.

[풍′수 잘 때는 지′반 업따] <풍수 잘 되는 집안 없다> 풍수는 남이 덕을 보게도 하지만, 때로는 남에게 적악(積惡)을 하는 수도 없지 않으므로 별로 잘 되는 집이 흔하지 않다 하여 이르는 말.

[핑′게 어엄′는′ 무′디미 어업′따′] <핑계 없는 무덤이 없다> 무슨 일이거나 핑계 거리를 찾으면 있게 마련이다. ▷[가시나′아가 아′아로 나′아도 지 할′ 마아′리 인′따]/[처어′자′가 아′아로 나′아도(배′애도) 할′ 마아리 인′따].

ㅎ

[하나'느 아아'고' 두우'리'느 모린'다'] <하나는 알고 둘은 모른다> 사물을 한 측면에서만 볼뿐 두루 보지 못한다.

[하나'로 가알'치머 열'로' 아안'다'] <하나를 가르치면 열을 안다> 대단히 영특하다. ▷[한나'로 보'머 열'로' 아안' 다'].

[하'늘 노푼' 줄마 아아'고', 세에'상' 너린' 주름 모린'다'] <하늘 높은 줄만 알고, 세상 넓은 줄은 모른다> 키가 크고 홀쭉한 사람을 농으로 가리키는 말. 참 '하늘 노푼 주른 아아고, 새애상 너린 주름 모린다'고도 함. ▷[세에'상' 너린' 주'름' 모리고', 하'늘 노푼' 줄'마' 아안다].

[하'늘로 시'고' 도래'로 혼든'다] <하늘을 쓰고 도리질을 한다> 세력을 믿고 두려울 것이 없는 듯 행세하는 사람을 비꼬는 말. ▷[천'지로 모리고' 깨'추'믈 춘다]/[하릭깡새'~이~ 버엄' 무'서분 줄 모린'다'].

[하'던' 지'랄'또 덕시'기 피'머 애~한~다'] <하던 지랄도 멍석 펴면 않는다> 일껏 하던 일도 더욱 잘 하라고 떠받들어 주면 하지 않는 것이 사람들의 일반적인 성향이라는 말. ▷[개애'똥'도 야'게 실라커머 어업'따'].

[하'래'비 불'추'리 손'자 거르'미다] <할아비 불출(不出)이 손자 거름이다> 할아버지가 다소 못나거나 별로 뛰어나지 못한 면이 있는 것이, 오히려 그 손자에게는 거름이 될 수도 있다는 뜻.

[하'래'비 산'소예 함바꼽' 피일'따'] <할아비 산소에 함박꽃 피었다> 집안의 자손이 번성하고 부귀 영달하게 되었을 때 이르는 말.

[하로빠'믈 자'도' 마알'리'서~을~ 짠다] <하룻밤을 자도 만리장성을 쌓는다> 잠깐을 사귀어도 깊은 정을 맺게 된다. ▷[하리빠'믈 자'도' 허엉'각'시].

[하리빠'메 개와지'블 열'뚜'우 채석 지인'는'다] <하룻밤에 기와집을 열두 채씩 짓는다> ①공상(空想)하는 바가 너무도 많다. ②밤이 지새도록 허황한

생각에만 젖어 있다.

[하리빠′ 믈 자′ 도′ 허엉′ 각′ 시] <하룻밤을 자도 헌 각시> ①여자가 정조를 굳게 지킬 것을 강조하는 말. ②어떤 물건이든 한번 쓰고 나면 중고품 또는 헌 것으로 간주된다는 뜻. ▷[하로빠′ 믈 자′ 도′ 마알′ 리′ 서~을~ 짠다].

[하리′ 시이′ 끼 묵′ 찌 열 끼′ 뭉′ 나] <하루 세 끼 먹지 열 끼 먹나> 인색하여 돈을 제대로 쓸 줄 모르는 사람을 핀잔하는 말.

[하릭깡새′~이~ 버엄′ 무′ 서분 줄 모린′ 다′] <하룻강아지 범 무서운 줄 모른다> 멋모르고 겁 없이 덤빔을 경계하여 이르는 말. ▷[천′ 지로 모리고′ 깨′ 추′ 믈 춘다]/[하′ 늘로 시′ 고′ 도래′ 로 흔든′ 다].

[하아′ 상′ 가베 비′ 가′ 오′ 머 정제′ 에 배′ 로′ 타′ 고′ 드′ 간′ 다] <하상갑(下上甲)에 비가 오면 부엌에 배를 타고 들어간다> 입하(立夏) 뒤에 처음 오는 갑자일(甲子日)에 비가 오면 큰 장마나 홍수가 진다고 해서 이르는 말.

[하알′ 릴′ 어엄′ 는 자′~아~ 보올′ 릴′ 어업′ 시′ 간다] <할 일 없는 장에 볼 일 없이 간다> 공연히 싸돌아다니거나 줏대 없이 남을 따라만 가는 사람을 놀리는 말. ▷[거름′ 지′ 고 자′~아~ 간다].

[하앙′ 갑′ 찌 낸 늘′ 기~이~, 망중′ 지′ 냄 보리′] <환갑 지난 늙은이, 망종(芒種) 지난 보리> 좋던 시절은 이미 다 지나가고 이제 보잘것없는 존재로 전락했다는 뜻. ▷[처어′ 세′ 지′ 낸′ 웨에, 하앙′ 갑′ 찌′ 낸′ 할매′~이~, 망중′ 지′ 냄′ 보리′].

[하앙′ 강′ 무′ 리 술거′ 트머 어는 칭′ 구 모온′ 사′ 구우리] <한강 물이 술 같으면 어느 친구 못 사귀리> 공짜 술이 지천이면 누군들 친구를 사귀지 못할쏘냐 하는 한탄의 말. ▷[갱군′ 도오′ 리′ 도옹′ 거′ 트머 어′ 느 누′ 가 모온′ 사′ 아리요].

[학′ 또′ 애~이′~고 보옹′ 도′ 애~이′~다] <학(鶴)도 아니고 봉(鳳)도 아니다> 이것도 저것도 못되어 아무 것도 아니라는 말. ▷[보옹′ 도′ 애~이′~고, 학′ 또′ 애~이′~고, 강산′ 두′ 리미도 애~이′~다]/[죽′ 또′ 밥′ 또′ 아~이′~다]/[주웅′ 도′ (애~이′~고) 소′ 도′ 애~이′~다].

[한나′ 로 보′ 머 열′ 로′ 아안′ 다′] <하나를 보면 열을 안다> 일부만 보고도 전체를 알 수 있다. ▷[하나′ 로 가알′ 치머 열′ 로′ 아안′ 다′].

[한′ 날 한시′ 예 난 송까′ 락또, 지일′ 고′ 짜링′ 기′ 이 잍′ 따] <한날 한시에 난

손가락도, 길고 짧은 것이 있다> 모든 사물은 서로 같지 않고 적잖은 차이가 있게 마련이다.

[한ˈ 닙 거언ˈ 네ˈ 두우ˈ 입ˈ] <한 입 건너 두 입> 소문이 차차 널리 퍼짐을 이르는 말. ▷[바ˈ 럼ˈ늠 마아ˈ리ˈ 철ˈ리 간다].

[한 다리ˈ가 머얼ˈ머ˈ 시ˈ늘ˈ 벅ˈ꼬 거언ˈ넨ˈ다] <한 다리가 멀면 신을 벗고 건는다> 누구든지 조금이라도 촌수가 먼 쪽보다는 핏줄이 가까운 사람에게 정을 주거나 마음을 쓰게 마련이다. ▷[또ˈ~(뛔ˈ~)이~ 초온ˈ수ˈ 탄다]/[손ˈ자 홍ˈ시 좌ˈ아다 주ˈ머, 개애ˈ똥ˈ 무ˈ등 거ˈ느지ˈ 해ˈ미ˈ 주ˈ고, 앰ˈ무ˈ등 거ˈ느지 애ˈ비 준다]/[한 다리ˈ가 철ˈ리다]/[한ˈ 치 거언ˈ네ˈ 두우 치]/[허언ˈ디ˈ도 저ˈ~이~ 따다].

[한 다리ˈ가 철ˈ리다] <한 다리가 천 리다> 친척들 사이에서 조금이라도 혈연이 가까운 사람에게 정이 더 가게 마련이라는 말. ▷[또ˈ~(뛔ˈ~)이~ 초온ˈ수ˈ 탄다]/[손ˈ자 홍ˈ시 좌ˈ아다 주ˈ머, 개애ˈ똥ˈ 무ˈ등 거ˈ느지ˈ 해ˈ미ˈ 주ˈ고, 앰ˈ 무ˈ등 거ˈ느지 애ˈ비 준다]/[한 다리ˈ가 머얼ˈ머ˈ 시ˈ늘ˈ 벅ˈ꼬 거언ˈ넨ˈ다]/[한ˈ 치 거언ˈ네ˈ 두우 치]/[허언ˈ디ˈ도 저ˈ~이~ 따다].

[한ˈ 다리 크ˈ머ˈ 한ˈ 다리 자악ˈ따ˈ] <한 달이 크면 한 달이 작다> 한 번 좋은 일이 있으면 그 다음에는 또 궂은 일도 있게 마련이다. ▷[양ˈ지가 음ˈ지 대ˈ고, 음ˈ지가 양ˈ지 댄ˈ다]/[음달ˈ 꼳ˈ또 필ˈ때ˈ가 읻ˈ따]/[음ˈ지가 양ˈ지 댄ˈ다]/[쥐궁ˈ게도(쥐구무ˈ~에~도) 벧ˈ 뜰 랄 읻ˈ따].

[한ˈ 도동ˈ미ˈ테 지ˈ키는 여ˈ리ˈ 모온ˈ 땅ˈ는다] <한 도둑 밑에 지키는 열이 못 당한다> 아무리 경계를 철저히 해도 기회를 엿보고 노리는 한 사람을 막아내기 어렵다. ▷[열ˈ 사ˈ라미(사ˈ래미) 도독ˈ 하나인ˈ테 모온ˈ 땅ˈ는다]/[지ˈ키는 사ˈ람 열ˈ키ˈ가 도동ˈ넘 하나ˈ로 모온ˈ 짬ˈ는다].

[한ˈ 잔 수ˈ레 눔ˈ물ˈ 난ˈ다ˈ] <한 잔 술에 눈물 난다> 사소한 일에도 원한이 생길 수 있으니, 사람을 대할 때 후하고 박한 것을 고르게 하라는 말.

[한 정제ˈ에서러 팔ˈ촌ˈ 꺼정 난다] <한 부엌에서 팔촌까지 난다> 지난날, 대가족제 시절에는 한 울타리 안에서 팔촌까지 쉽게 태어난다 함이니, 촌수가 늘어나는 건 아주 빠르다는 뜻.

[한ˈ 질 사아ˈ라ˈ믄 적꺼ˈ바아야 아아ˈ고ˈ, 쉬인ˈ 질ˈ 무릉ˈ 거언ˈ네ˈ바아야 아안ˈ다ˈ] <한 길 사람은 겪어봐야 알고, 쉰 길 물은 건너봐야 안다> 사

람의 마음속은 참으로 헤아리기가 어려워 겪어 봐야만 알 수 있다는 말.
▷[쉬인' 질 무'릉' 거언' 네' 바아야 아아고, 한' 질 사아' 라'믄 적' 꺼바아야 아안' 다']/[지일'고' 짜링 거'느 대' 애바아야 아안' 다']/[지푸' 고 야풍' 거'느 거언' 네' 보머(거언' 네' 바아야) 아안' 다']/[지푼' 지 야푼' 지느 거언' 네' 바아양 아안' 다'].

[한쫑' 누'네 미영'시 배기'잉 개애' 가', 꾸정'물 함 버지'기 다아' 쪼'루운 다] <한쪽 눈에 무명씨 박힌 개가, 구정물 한 버치 다 졸인다> 사리를 잘 구별하지 못하는 사람이 엉뚱한 문제를 외곬으로 파고 들 때 핀잔하는 말.

[한' 치 거언' 네' 두우 치] <한 치 건너 두 치> 촌수나 친분은 조금만 멀어도 크게 다르다는 말. ▷[또'~(뙤'~)이~ 초온'수' 탄다]/[손'자 홍'시 좌' 아다 주'머, 개애' 똥' 무'등 거'느 지 해'미 주'고, 앰' 무'등 거'느 지 애' 비 준다]/[한 다리' 가 머얼' 머' 시' 늘' 벅' 꼬 거언' 넨' 다]/[한 다리' 가 철' 리 다]/[허언' 디' 도 저' ~이~ 따라].

[한' 치도 엄능' 기'이, 자' 두'우 치 떠뭉는' 다] <한 치도 없는 것이, (한) 자 두 치 떠먹는다> 당치도 아니한 것을 턱없이 많이 차지하려 들 때 욕하는 말. ▷[헤'느' 짜링 기'이 추'믄' 지일' 기' 바'틀라 컨는다].

[함 말' 꿰'기 다아' 묵'꼬 말'심 내 난다 컨'는' 다] <한 (마리의) 말 고기를 다 먹고 말X 내 난다고 한다> ①배가 고플 때는 흡족하던 것도 배가 부르고 나면 흥을 보게 된다. ②처음에는 매우 아쉬워하던 것도, 제 욕망을 다 채우고 나면 흥보게 된다. ③제 목적을 다 채우고 나서, 공연히 객쩍은 불평을 늘어놓는 사람을 홀대하는 말.

[함 문' 실'수'느 벵가'지 상사'] <한 번 실수는 병가지상사(兵家之常事)> 누구나 다 한 번쯤의 실수는 할 수도 있으니 지나치게 나무라지 마라는 말.

[함'밥 빠'든 니'비 걷따] <한밥 받은 누에 같다> 매우 왕성하게 잘도 먹어 치운다는 뜻.

[함' 배'애 새'끼도 아래'~이~ 지래'~이~가 읻' 따] <한 배의 새끼도 아롱이 다롱이가 있다> 사람은 모두 제 각각의 개성과 특성이 있다. ▷[개애' 새'끼도 알루'~이~ 달루'~이~가 읻' 따].

[함' 빠'지 바앙' 구' 쉐' 드'시 쉔다] <핫바지 방귀 새듯 샌다> 남이 눈치채지 못하게 슬그머니 없어진다.

[항' 가라'~아~ 두우' 다' 리 쮜이' 고' 나선' 다(설' 친다)] <한 가랑이에 두 다리 꿰고 나선다(설친다)> ①너무 좋아서 몹시 서둘러 댐을 비유하는 말. ②너무 기쁜 마음에 들떠 설치는 통에 정신을 못 차리는 상태 또는 지나치게 바빠서 정신없이 날뛰는 모양을 가리키는 말.

[항' 가' 지로 보' 머 열' 까' 지로 아안' 다'] <한 가지를 보면 열 가지를 안다> 부분만 보고도 다른 행동까지 미루어 알 수 있다.

[항' 기로 득' 꼬 항' 기로 홀' 린다] <한 귀로 듣고 한 귀로 흘린다> 어떤 말을 들은 다음 곧 잊어버려 전혀 듣지 않은 것과 같다는 말. 참 '항 기 주고 든는다.'고도 이름.

[해' 다' 리 조미(줴미)' 뭉' 나] <해 달을 좀이 먹나> 아무 것도 바쁠 것이 없다는 말. ▷[바담무' 리 너엄' 나, 소굼' 무리 쉬이' 나, 해' 다' 리 조' 미'(줴' 미') 뭉' 나, 해애' 사' 미(해애' 새' 미) 낭게' 에 올' 러로 가' 나']/[세에' 월' 로 조' 미'(줴' 미') 뭉' 나]/[소구' 미 쉬이' 나']/[해애' 사' 미(해애' 새' 미) 낭' 게 올러' 로 가나].

[해애' 사' 미(해애' 새' 미) 낭' 게 올러' 로 가나] <해삼(海蔘)이 나무에 올라가나> 도저히 있을 수 없는 일이거나 급히 서둘 것이 없다는 뜻. ▷[바담무' 리 너엄' 나, 소굼' 무리 쉬이' 나, 해' 다' 리 조' 미'(줴' 미') 뭉' 나, 해애' 사' 미(해애' 새' 미) 낭게' 에 올' 러로 가' 나']/[세에' 월' 로 조' 미'(줴' 미') 뭉' 나]/[소구' 미 쉬이' 나']/[해' 다' 리 조미(줴미)' 뭉' 나].

[햅' 새' 가 더' 무' 섭따] <햇새가 더 무섭다> 젊은 사람들이 살림을 더 무섭게 하고, 계산도 야물게 한다.

[행보' 가 육뽀' 버다암 나앋' 따'] <행보(行步)가 육보(肉補)보다 낫다> 고기 반찬을 먹고 몸을 보신하기보다는, 몸을 움직이는 것이 오히려 운동이 되고 낫다. ▷[육' 뽀' 버다아사 행보' 가 나앋' 따'].

[행상' 방' 틀 트' 드' 시 튼다] <상여 방틀을 틀 듯이 튼다> 상여를 메고 갈 때, 상여꾼들이 방틀을 이리저리 틀며 꾸물거리는 짓으로 상주와 백관을 애먹이듯이, 어떤 세력을 믿고 일이 잘 되지 않도록 방해하는 행동을 빗대는 말.

[허딘' 사느 참물' 마도 모온' 하' 다] <헛인사는 찬물만도 못하다> 입에 발린 인사는 하지 않음과 다름없다.

[허′릉′ 기이 비′지떡] <싼 것이 비지떡> 값이 싼 물건은 품질이 나쁠 수 있다는 말.

[허어′영′ 거′느 조′~오~고, 꺼′믕′ 거′느 글′시′다] <흰 것은 종이고, 검은 것은 글씨다> 희고 검은 것밖에 구별하지 못한다 함이니, 무식하여 글자를 해독할 줄 모른다는 뜻. ▷[갇′짜 디읻′따′리도 모린다′]/[꺼′뭉 거느 글′짜′고 하아′양′ 거′느 조′~오~다]/[난′ 녹′코 기′억짜도 모린다]/[누′~이′~발빠′닥 걷′따]/[힝′ 거느 조′~오~고 꺼′뭉 거느 머′기′다].

[허언′ 두디′게느 이도 마안′타′] <헌 누더기에는 이도 많다> 지난날, 가난하고 물것이 많던 시절에 대한 원망의 말. 누더기일수록 이가 많이 끓는다.

[허언′디′도 저′~이~따다] <헌데도 정이 다르다> 헌데를 대함에 있어서도 사람마다 정을 쓰는 정도에 차이가 있다 함이니, 어떤 일을 대함에 있어 촌수나 친분에 따라 정이 다르게 느껴진다는 말. ▷[또′~(뗴′~)이~ 초온′수′ 탄다]/[손′자 홍′시 좌′아다 주′머, 개애′똥′ 무′등 거′느 지′ 해′미′ 주′고, 앰′ 무′등 거′느 지 애′비 준다]/[한 다리′가 머얼′머′ 시′늘′ 벅′꼬 거언′넨′다]/[한 다리′가 철′ 리다]/[한′ 치 거언′네′ 두우 치].

[허언′디′ 따까′리 붇′치 나′아도 사′리′ 앤댄′다] <헌데 딱지를 붙여 놓아도 살이 안 된다> 이미 그릇되어 가는 일은 다시 바르게 되도록 노력해 봐도 좋은 결과를 기대하기 어렵다.

[허언′디′에 때′ 엄′는 소′리] <헌데에 때 없는 소리> 헌데에 때가 없다고 우긴다 함이니, 전혀 거짓말이라는 뜻.

[허언′디′에 이′ 배′기이드시 배기′인다] <헌데에 이 박히듯이 박힌다> ①알차지 아니한 옥수수 알처럼 듬성듬성 박혀 있다는 비유. ②무언가 이득이 있는 곳에 사람들이 슬금슬금 모여드는 것의 비유. ▷[허엄′ 머′레 이′ 배′기이드시].

[허언′ 섀~이′~틀 걷′따] <헌 상여틀 같다> ①너무도 낡아 도무지 형편이 없다는 뜻. ②늙고 병든 노인네를 낮추어 가리키는 말. ③'늙은 호랑이'를 수식하는 말.

[허언′신′째기도 째′기 읻′따] <헌신짝도 짝이 있다> 아무리 못 생긴 사람에게도 배필은 있게 마련이라는 말. ▷[미이′신′째기도(미이′신′ 짝또) 째′(짜′)기 읻′따]/[집시′네(집신짜′게)도 째′기(짜′기) 읻′따].

[허언' 주'~우~에~ 불' 나'드 드시 나' 든다] <헌 중의에 불(알) 나들 듯이 드나든다> 남정네가 움직일 때마다 헌 바지의 헤어진 구멍으로 불알이 들락날락하듯이, 어떤 사람이 수없이 들락날락하는 행동을 비유하는 말. ▷[고'자 처가껍' 드나' 드 시 드나' 든다].

[허언' 채'애 술' 거리드' 시 거린' 다] <헌 채에 술 거르듯이 거른다> ①재강은 남고 막걸리만 빠져야 하는 채가 헐었을 경우, 술과 함께 재강도 밑으로 빠지는 것과 비유해서, 무엇을 질질 흘리는 사람을 우롱하는 말. ②말이나 욕을 거침없이 술술 내뱉는 사람의 비유. ▷[걸배'~이~ 짐칙꾹' 흘' 리드시 흘' 린다]/[버엄' 봉' 개 똥' 까' 리' 드시 까' 린' 다(흘' 리드시 흘' 린다)].

[허얼' 벅'꼬 잘난' 넘 억'꼬, 모옴' 무'거 살찐' 넘 업' 따'] <헐벗고 잘난 놈 없고, 못 먹고 살찐 놈 없다> 잘 입고 잘 먹어야 풍채가 좋아 보인다.

[허엄' 머' 레 이' 배' 기이드시] <헌 머리에 이 박히듯> 무엇이 듬성듬성 박혀 있는 모양을 비유하는 말. ▷[허언' 디' 에 이' 배' 기이드시 배기' 인다].

[허엉' 갇' 시고' 똥누' 기 여어' 사' 지] <헌 갓 쓰고 똥누기 예사지> ①체면은 이미 구겨버린 형편이니, 좀 염치없는 일을 한들 어떠냐는 말. ②뭐 그럴 수도 있지 않느냐고 변명하는 소리.

[헐치~이~ 보' 고느 위' 서도, 땀' 비' 잉시~이~ 보' 고느 위일'쩨' 마' 라] <언청이 보고는 웃어도, 딴 병신을 보고는 웃지 마라> 후천적 장애는 누구에게나 생길 수 있으므로, 장애인을 보고 비웃지 말라고 경계하는 말.

[헐치'~이~ 불콩' 좌' 아 묵뜨시] <언청이 불콩 주워 먹듯> 언청이가 입술의 조금 벌어진 사이로 콩을 계속 주워 넣으면서 쉬지 않고 먹듯이, 단숨에 많은 양을 잘도 먹어 치우는 사람을 깔보며 이르는 말.

[헤끄' 테 저'~이' 든다] <혀끝에 정이 든다> 말을 통해서 정이 생긴다. ▷[인저'~은~ 이' 베서 난' 다'].

[헤' 느' 짜링 기' 이 추' 믄' 지일' 기' 바' 틀라 컨는다] <혀는 짧은 것이 침은 길게 뱉으려고 한다> 능력은 모자라는 형편인데도 욕심을 과하게 낸다는 말. ▷[한' 치도 엄능' 기' 이, 자' 두'우 치 떠뭉는' 다].

[호가'~아~ 받치' 이가아 오가'~아~ 똥' 산다] <호강에 겨워서 요강에 똥싼다> 분수에 넘치는 행동을 하면서도, 그런 줄 모르는 복에 겨운 사람을 욕하는 말. ▷[먼' 세 치' 이가아 똥꾸다'~아~ 빠진다]/[호가'~아~ 받치' 이가아 용

시' 에 찰' 밥' 손는다].
[호가' ~아~ 받치' 이가아 용시' 에 찰' 밥' 손는다] <호강에 겨워서 용수에다 찰밥 쏟는다> 행복에 겨워 사리판단이 흐린 사람을 욕하는 말. ▷[먼' 세 치' 이가아 똥꾸다' ~아~ 빠진다]/[호가' ~아~ 받치' 이가아 오가' ~아~ 똥' 산다].
[호매' ~이~ 까아 마' 글 꺼로 가' 래로 망는' 다] <호미로 막을 것을 가래로 막는다> 일이 크게 벌어지기 전에 미리 처리했더라면 그렇게 애쓰지 않아도 될 것을, 처음에 내버려두었다가 결국에는 큰 손해를 보거나 수고를 하게 된다. ▷[개와' 한 장' 애' 낄라 컫따가 대들뽀' 성는' 다].
[호박꼳' 또 꼳' 치락꼬 버어' 리' 가 온' 다'] <호박꽃도 꽃이라고 벌이 온다> 별로 잘 생기지 못한 사람에게 애인이 생겼을 때 하는 말.
[호박' 시 까가' 아 한 니' 베 터러 연는' 다] <호박씨 까서 한 입에 털어 넣는다> 애써서 조금씩 모은 재산을 한꺼번에 써 없앨 때 욕하는 말.
[호박' 지푼' 지' 베 주디' ~이~ 지잉' 개' 두' 론' 다] <확 깊은 집에 주둥이 긴 개 들어온다> 일의 앞뒤가 우연히 잘 들어맞을 때 하는 말.
[호부래' 비 목치' 미 걷' 따] <홀아비 목침 같다> 머릿때에 절은 목침처럼, 반들반들 윤이 나는 것을 비유하는 말.
[호오' 라' ~이~도(호오' 래' ~이~도) 지' 말 하머 온' 다'] <호랑이도 제 말하면 온다> 그 자리에 없는 사람에 대한 말을 하고 있으면 공교롭게도 그 사람이 온다. ▷[버엄' 도' 지' 마' 알하머 온다].
[호오' 래' ~이~ 날꿰' 기 뭉는' 주른 다아' 아' 안다] <호랑이가 날고기 먹는 줄은 다 안다> 당연하게 모두들 알고 있는 일을 짐짓 숨기려고 애쓰는 사람을 일깨워 주며 불평하는 말.
[호오' 래' ~이~ 다암' 배 푸' 울 때] <호랑이 담배 피울 때> 지금과는 형편이 아주 다른, 까마득한 옛날.
[호오' 래' ~이~ 아' 페 개' 애'] <호랑이 앞의 개> 전혀 꼼짝 못하는 존재라는 말. ▷[꼬오' 내' 기 아레(아페) 쥐']/[빈 쭌' 사앙' 전']/[사앙' 전' 아' 페 조옹'].
[호오' 래' ~이~ 자' 아뭉는 담' 보가 읻' 따] <호랑이 잡아먹는 담비가 있다> 옛날 호랑이는 사람을 잡아먹기가 일쑤였지만, 그 호랑이는 또 담비에게 잡혀 먹히기도 한다 함이니, 위에 있는 것에게는 또 그 위의 것이 있게 마련

이다.

[호오′바′게 구불′럳따] <호박에 굴렀다> 뜻밖의 횡재를 하거나 큰 수가 났을 때 이르는 말. ▷[도라′~아~ 든′ 소′]/[바 부′에 떡′]/[야양′ 소′네 떡′ 쥐′ 일따]/[정낭′ 울따′ 레 호오′바′게 구불′럳따]/[팔′짜′가 구′짜′ 거치 느′러′ 젇따]/[홍재 바가′치에 기 꼬′벋다].

[호오′바′게 말띠′기 박끼] <호박에 말뚝 박기> 심술궂고 가혹한 짓을 일컫는 말. ▷[내′ 모′옴 뭉늠 바′베 재′나′ 뿌′린다(재′지′버역키)]/[모오′개′ 나무 심′술]/[모옴′ 뭉′능 가암′ 찔′러나 본다]/[불′란′지′베 채~이′~(부′채) 질한다].

[호오′부′가 이′서야 호오′자′가 난다] <효부가 있어야 효자가 난다> 효자가 나기 위해서는 그 뒤에서 남모르게 애쓰는 효부가 있게 마련이다. ▷[소오′부′가 이′서야 소오′자′가 난다].

[호오′서′칸 사람 제에′산′날] <호식(虎食)한 사람 제삿날> 호랑이에게 물려 간 사람의 제사에는, 팥죽 한 동이를 제상에다 추가로 얹어 두는 풍습에서 생긴 말로, 정상적인 것에 더하여 덤이 따를 때 이르는 말.

[호′~이~ 심′발′로 한′다′] <혼이 신발을 한다> 혼(魂)이 신발을 신고 나선다 함이니, 매우 놀라거나 겁을 먹고서 혼이 나갈 만큼 정신을 차릴 수 없는 상태를 말한다.

[혹따래′끼(홀깨′~이~) 엄′는′ 개애′자′앙사] <올가미 없는 개장수> 아무 밑천도 없이 하는 장사를 얕잡아 이르는 말.

[혹 띠′이로 갇′따′가 혹′뿌′친다] <혹 떼러 갔다가 혹 붙인다> 이익을 얻으려다가 오히려 크게 손해를 본다. ▷[고옴′피′빠′러무굴라 컫따가 다리′홀끼′인다]/[때′리로 갇′따′가 막′끼도 한다]/[배′고′푼 사′람자테 요′구시′기라 컨는다].

[혼′삼 말 하′는′데 자앙′삼′ 말 한′다′] <혼사 말 하는데 장사 말 한다> 화제(話題)와는 아무 관련이 없는 엉뚱한 말을 할 때 빈정대는 말.

[혼′시′ 짐′빠 지드′시 느지익′카′다] <혼수 짐바 지듯이 느직하다> 동작이나 매무새가 다부지지 못하고 느긋하거나 허술하다는 비유. 참 '혼시 짐빠.'라고도 이름.

[홍길또′~이~(홍길뛔′~이~) 합′천′ 해애′인′사′터′러묵뜨시] <홍길동이 합천

해인사 털어먹듯이> 대식(大食)하거나 대약탈(大掠奪)을 비유하는 말. ▷[화아'적' 보따'리로 터'러뭉는다].

[홍재 바가'치에 기 꼬' 벌따] <횡재 바가지에 기 꽂았다> 횡재를 하거나 큰 이득이 생겨 매우 좋다는 뜻. ▷[도라'~아' 든' 소']/[바 부'예 떡']/[야앙' 소'네 떡' 쥐' 일따]/[정낭' 울따'레 호오' 바'게 구불' 런따]/[팔' 짜' 가 구' 짜' 거치 느' 러' 절따]/[호오' 바'게 구불' 런따].

[홍' 저'네 주'건는동 소'네 주'건는동 모린' 다'] <홍역에 죽었는지 손님마마에 죽었는지 모른다> 어떤 결과에 대한 원인이나 돌아가는 가락이 어떤 것인지를 전혀 알지 못한다.

[홍' 지'는 이스'~어~서 애~하' 머, 저스'~어~ 가가' 아도 한다] <홍역은 이승에서 하지 않으면, 저승에 가서라도 한다> ①홍역은 누구나 한 번 꼭 치러야 하는 병이다. ②겪어야 할 고비나 절차는 꼭 겪어야만 한다.

[화' 느레 베엘' 따' 기] <하늘의 별 따기> 무엇을 얻거나 성취하기가 몹시 어렵다. ▷[화' 늘로 바아' 야' 베엘' 로' 따지].

[화' 느리 돈짱' 마안하고, 남무'~이~ 쥐구영마' 안하다] <하늘이 돈짝 만하고, 남문이 쥐구멍 만하다> ①술에 몹시 취하거나 어떤 충격을 받아 사물을 바로 보지 못하는 상태를 이르는 말. ②의기 양양하여 두려움 없이 함부로 행동함을 이르는 말. ▷[남무'~이~ 쥐' 구' 영' 마 안하다].

[화' 느리 뭉' 거저도 소' 서날(소' 사날) 구무'~이~ 읻' 따] <하늘이 무너져도 솟아날 구멍이 있다> 몹시 어려운 경우에도 어딘가 헤쳐 나갈 길은 있게 마련이다. ▷[나알' 리'에도 피이' 라'~이~ 읻따]/[따'~이'~ 꺼' 저' 도 비이' 끼' 설' 때가 익'꼬, 하' 느리 뭉개' 애저도 소' 사날 궁' 기 읻' 따]/[주' 굴비~이~에~도 사알' 랴'(래')기' 읻따]/[주' 글 랴' 짜' 테 사알' 랴 긴따].

[화' 늘 노푼' 주름 모리고, 세에'상' 너린' 줄'마' 아안' 다'] <하늘 높은 줄은 모르고, 세상 넓은 줄만 안다> 키가 작고 몸이 뚱뚱한 사람을 농으로 이르는 말. ▷[세에'상' 너린' 줄'마' 아아'고', 화' 늘 노푼' 주'름' 모린다'].

[화' 늘로 바아' 야' 베엘' 로' 따지] <하늘을 봐야 별을 따지> ①무슨 일이 이루어질 수 있는 조건이나 기회가 도무지 없음을 이르는 말. ②신랑이 색시를 사랑해야 아기를 낳을 수 있지 라는 뜻. ▷[화' 느레 베엘' 따' 기].

[화′늘로 올′러간나 따′~으′~로 드′러′간나] <하늘로 올라갔나 땅으로 들어갔나> 갑자기 아무도 모르게 사라져 버림을 이르는 말.

[화′늘 미′테 낭 거′느 무′거야 사안′다′] <하늘 밑에 난 것은 먹어야 산다> 먹지 않고서 살 수 있는 생물은 없다. ▷[쉐에′미가 대′ 자라도 무′거야 사안′다′]/[여′를 굴′머 군′자 어업′따′]/[이′비′ 서어′워′리라].

[화′늘수우박 따′~아~ 익′끼 서얼′따′] <하늘수박이라 땅에 있기 쉽다> 공연히 저 혼자 잘난 척하는 사람을 놀리는 말.

[화릳′ 쩌어네 여′ 던′저 나′안나] <화롯전에 엿 얹어 놓았나> 손님이 왔다가 총총히 돌아가려고 할 때, 무얼 그리 급히 갈 일이 있느냐고 붙드는 말. ▷[너거′ 지′베 무시′ 꼬랑대′기 무′더 나′안나]/[지′베 무시′ 꼬랑대′기 무′더 나′안나].

[화아′적′ 보따′리로 터′러뭉는다] <화적(火賊) 보따리를 털어먹는다> 화적이 도둑질을 해서 꾸린 봇짐을 또 다시 털어먹는다 함이니, 나쁜 짓에 있어 한 수 더하다는 말. ▷[홍길또′~이~(홍길뗴′~이~) 합′천′ 해애′인′사 터′러묵 뜨시].

[화앙′새′ 발′분 바′비′ 나따나 무′거 바아′라′] <황새 밟은 밥이나마 먹어 봐라> 남은 자기를 대접하지 않더라도 자기는 그 사람을 대접한다는 말. ㉠ 황새<왜가리> 떼가 논에서 방금 심은 벼 포기를 마구 짓밟고 있을 때, 그 옆으로 어떤 길손이 지나가는 것이 먼발치로 보였지만, 길손은 그 황새를 쫓으려 들지 않았다. 멀리서 길손의 무관심을 안타깝게 지켜보던 아낙네는 나중에 그 사람이 자기의 친정 동생인 줄 알고는 속으로 매우 언짢았다. 하지만 가을에 가서는 그 황새가 밟았던 벼를 찧어 밥을 지어서는 동생을 대접하면서, 이 말을 했다는데서 유래됨.

[화앙′새′ 조개′ 항′개 까무′근 텍 댄′다] <황새가 조개 한 개를 까먹은 셈된다> ①먹은 것이 너무 적어서 마음에 흡족하지 않다. ②아무 것도 먹지 않은 것보다 조금 나을 정도다. ▷[가아′네′ 기′벨또 앵′간′다′].

[화앙′소′ 모′글 후′ 얹시머 후′얹쩨, 자′성′ 모′금 모온′ 후′운다] <황소 목을 휘었으면 휘었지, 자식 목은 못 휜다> 고집을 몹시 피우는 자식에게 부모가 이기기는 힘들다.

[화~아′~우′~가 고′지′부로 마′~앤~따] <항우(項羽)가 고집으로 망했다> 지나

치게 고집만 피우는 사람을 경계하여 이르는 말. ▷[고′지′부느 화~아′~우′고′지′비고, 꿰′느′ 조′조다]/[고′지′분 용굴′ 때 고지′비다].

[화~아′~우′~가 댕′대~이~ 주′레 걸리′이 주′걷따] <항우가 댕댕이 줄에 걸려 죽었다> 아무리 힘이 세어도 방심하면 실수하기 쉽다.

[활랴′~이~ 주′거도 기이′생′찝 울딸′ 미′테서러 중는′다] <한량(閑良)이 죽어도 기생집 울타리 밑에서 죽는다> 사람은 평소의 행실과 본색을 감출 수 없으며, 죽을 때도 그것을 꼭 나타내게 된다는 말. ▷[백′쩌~이~ 저′ 버′들 바아′라′ 컨는다]/[산처′능 곤′치도, 천′서~은~ 모옹′ 꼰′친다]/[시이′ 살′ 때 버′르시 여′등꺼정 간다]/[시이′ 살′ 버′얼시가 여′드늘 가도 모옹′ 꼰′친다]/[지′ 버리장머′리 개애′ 죽′까]/[천′성 곤′치는 야′근′ 어업′따′].

[홀′미치나 꼴′미치나] <홀 메어치나 꼴 메어치나> 수단이나 방법이야 어떠하든 결과는 마찬가지라는 말. ▷[들′고 치나 녹′코 치나].

[훼에′야′ 글 지′고 불′로′ 드간다] <화약을 지고 불로 들어간다> 스스로 위험한 일을 끌어들임을 이르는 말. ▷[독새′ 아′감′지에 송까′락 역′키]/[서′플′ 지′고 불′로′ 띠′이들기다].

[휘′초′가 자아′가′도 사아′또′파네 오린′다] <후추가 작아도 사또 판에 오른다> 체구가 작은 사람이 똑똑하여 훌륭한 구실을 할 때 이르는 말. ▷[배앱′새′가 자아′가′도 알′ 노′올쭐 아안′다′]/[제에′비′느 자아′가′도 강낭′ 간다]/[참새′가 자아′가′도 아′를′ 녹코, 휘초′가 자아′가′도 사아′또′ 파′네 오린′다].

[휜′뚜′리 벌′낭′침] <휘뚜루 벌낭침> 휘뚜루 마뚜루 쓸 수 있어 용도가 매우 넓다는 말. 참 '벌낭침'은 어원 불명.

[흘′러가늠 물′또′ 떠주′머 공′더기다] <흘러가는 물도 떠주면 공덕이다> 작은 일일지라도 선행을 닦으라는 말.

[흥서′~은~ 고온′하′고 사′아믄 말′기라] <흥정은 권하고 싸움을 말려라> 좋은 일은 권하고 나쁜 일은 중지시키라는 말. ▷[사′아믄 말′기고 흥서′~은~ 고오′내′라].

[힌′떠′게느 고′물 앤 드′능′강′] <흰떡에는 고물 안 드는가/드는감> ①돈을 들이지 않고 되는 일이란 없다는 뜻. ②어떠한 일에나 반드시 부수적인 여러 가지의 것이 뒤따르게 마련이라는 말.

[힘′든 낭′기 앰 뿔′거지고(뿔′가지고), 공′든 타′비′ 앰 뭉개′애진다] <힘든 나무가 안 부러지고, 공든 탑이 안 무너진다> 정성을 쏟은 일은 결코 헛되지 않는다는 말. ▷[공′든 타′비′ 무′너지머, 힘′든 낭′기 뿌′러질까].
[힝′거느 조′~오~고 꺼′뭉 거느 머′기′다] <흰 것은 종이고 검은 것은 먹이다> 무식하여 글자를 읽을 줄 모른다. ▷[갇′짜 디읻′따′리도 모린다′]/[꺼′뭉 거느 글′짜′고 하아′양′ 거′느 조′~오~다]/[낟′ 녹′코 기′억짜도 모린다]/[누′~이′~ 발빠′닥 걷′따]/[허어′영′ 거′느 조′~오~고, 꺼′뭉′ 거′느 글′시′다].

제2부
경주 말 사전

일러두기 249	
ㄱ 255	ㅅ 484
ㄲ 303	ㅇ 523
ㄴ 324	ㅈ 572
ㄷ 351	ㅉ 627
ㄸ 379	ㅊ 639
ㄹ 395	ㅋ 659
ㅁ 396	ㅌ 664
ㅂ 439	ㅍ 671
ㅃ 477	ㅎ 683

일러두기

1. 표제어

1) 수록 범위 : '경주 속담 사전'에 쓰인 단어를 기본 표제어로 삼았다. 또한 표제어로 삼은 단어의 동음어도 변별을 돕기 위해 함께 실었다.
2) 경주 말에서 'ㅔ'와 'ㅐ', 'ㅓ'와 'ㅡ'는 음소로서의 자격을 가지지 않지만, 이해를 편하게 할 목적으로, 표제어와 예문에 그것들을 구별하여 적었다.
   <보기> **털** [tʰㅔl] (毛), **틀** [tʰㅔl] (機).
3) 배열순서 : 표제어의 배열은 아래의 자모 배열 순서대로 하였다.
   자음: ㄱ, ㄲ, ㄴ, ㄷ, ㄸ, ㄹ, ㅁ, ㅂ, ㅃ, ㅅ, ㅇ, ㅈ, ㅉ, ㅊ, ㅋ, ㅌ, ㅍ, ㅎ.
   모음: ㅏ, ㅐ, ㅑ, ㅒ, ㅓ, ㅔ, ㅕ, ㅖ, ㅗ, ㅘ, ㅛ, ㅜ, ㅝ, ㅞ, ㅟ, ㅠ, ㅡ, ㅣ.
4) 동음어 번호 : 표기가 같더라도 뜻이 다른 말들은 그 오른쪽 어깨에다가 각각 1, 2, 3……의 번호를 매겼다. 그러나 한자가 다른 단어는 그렇게 하지 않았다.
5) 동사와 형용사는 어미 '-다'가 붙은 형을 표제어로 삼았다.
   <보기> **파다**[掘], **팔다**[賣], **크다**[大], **용ᄒ다**<용하다>
6) 부표제어 : 명사에 '-하다'나 '-되다'가 붙어 파생된 형용사나 동사는, 서술성만 추가될 뿐 그 개념이 달라지지 않으므로, 해당 명사의 풀이 끝에 부표제어로 제시하고 풀이나 예문은 생략하였다.
   <보기> **사양** 명 사냥*. ¶예문. **사양하다** 동타 사냥하다*.

2. 풀이

1) 표제어와 그 풀이에 대한 전체적인 배열 순서는 다음과 같이 하였다.

　　　　　<보기> **표제어** [표제어나 곡용형, 활용형의 음성형] (품사) 뜻 풀이 또
　　　　　는 상응하는 표준말*(한자). ¶예문./예문. 참 ▷유의어/동의
　　　　　어. ⇔상대말. 사용 연령층). 사용 빈도).
2) 명사의 곡용형은 명사에 조사 '−이/가, −을, −에, −도, −마(=만)'를 붙이
　고, 동사와 형용사의 활용형은 어간에 어미 '−고, −지, −더라, −어(아)
　도, −어서, (−어라)'를 붙여서 표시하였다. 어미 '−어(아)'는 '−어'형이
　일반적이지만 '−아'형도 사용됨을 뜻하며, 이 '−아도, −아서, −아라'형
　은 경주 해안지역에서 보다 흔히 쓰인다.
　　　　　<보기> **달/닭** [다′리/달′기, 다′를/달′글, 다′레, 달′또/달′도, 달′마]x
　　　　　[닥] 명 닭*(鷄).
　　　　　　　　끎다¹ [끌′꼬, 끌′찌, 끌′떠′라, 끌′거(가)도, 끌′거서]x[끅따] 동
　　　　　　　　자 끓다*.
3) 한 표제어 안에서 품사가 둘 이상일 때는 I, II, III으로 구분하였으며, 같은
　품사라도 하위 단위로 나눌 때에는 1, 2, 3……으로 구분하였다. 또 한 단
　어가 둘 이상의 뜻으로 쓰이는 것은 ①②③④⑤……의 번호를 매겨서 예
　문을 보였다.
4) 표준말과 경주 말이 같은 것은, 표준말을 표제어로 삼아 따로 풀이를
　달지 아니한 대신, 그 표준말 오른쪽에다가 (*)표를 붙여 놓았다.
　　　　　<보기> **마늘*** 명　　**차다*** 형
5) 풀이나 예문을 보임에 있어 갈래, 용법, 세는 단위, 호칭 및 지칭 등은 모두
　『금성판 국어대사전(1993)』에 따르되, 표준어에 상응하는 단어는 자세한 풀
　이를 하지 않았다.
6) 단어와 단어 사이에 조사가 선택적으로 개입할 수 있는 것은 그 조사
　를 (　)로 싸서 보였다.
　　　　　<보기> **눈** 명 ……… **눈(이) 가다** 구. **입** 명 ……… **입 치장(을) 하다** 구.
7) 경주 말에 없는 말이거나, 그렇게 하지 않는 말 앞에는 x표를 붙였다.
　　　　　<보기> x(¶보리 이삭이) 팬다. 참 '팬다'는 말은 없고 '핀다'고 하기에.
　　　　　　　　x(¶삼백 원) 뿐이 (없다.) 참 '뿐이' 대신 '밖에'를 쓰기에.
　　　　　　　　x(¶생각이) 굴뚝같다. 참 '굴뚝같다' 대신 '꿀떡같다'를 쓰기에.

x¶젊은 치. 참 이런 말이 없으므로.
x[꼬시] 참 '꽃이'는 [꼬'치]라고 발음하기에.

3. 발음

1) 표제어, 활용형, 곡용형은 실제 음성형을 [ ] 속에 제시하였다.
2) 비모음(鼻母音)은 해당 음절의 오른쪽 어깨 위에 ~로 나타내었다.
3) 편의를 위하여, '모음'과 'ㅣ' 사이에 'ㄴ'을 표기하였으나 그것은 음성으로 실현되지 않는다. 그 경우 실제 음성형은 다음과 같다.
   <보기> 애니'다 [애~이'~다(ɛĩ'da)]
4) 편의를 위하여, '모음'과 '모음' 사이에 'ㅇ'을 받침으로 표기하였으나 그것은 음성으로 실현되지 않는다. 그 경우의 실제 음성형은 다음과 같다.
   <보기> 모'양이다 [모'야~이~다(mo'jaĩda)]
5) 성조 표시 : 경주 말에는 3개의 성조소 '고조(高調, H)', '저조(低調, L)'와 '상승조(上昇調, R)'가 있다. '고조'는 해당 음절 뒤에 '로 표시하였으며, '표시가 없는 음절은 '저조'이다. 그리고 '상승조'는 해당 음절 모음을 거듭 써서 두 번째 모음이 있는 음절 뒤에 '로 표시하였다.
   <보기> **걸뱅이** [걸배'~이~][LHL], **맘메느리** [맘메'느리][LHL],
   검처리 [거엄'처'리][RHL], **사람이** [사아'라'미][RHL].

4. 어법 표시

1) 표제어의 어법 표시는 '6. 약어(略語) 및 기호'처럼 하였다.
2) < > 속에 든 표준말의 맞춤법은 개정 맞춤법(1988. 1. 19)에 따랐다.

5. 예문

1) 예문은 풀이 다음에 ¶ 기호를 써서 나타내었으며, 예문이 둘 이상일 때 예문과 예문 사이에 빗금(/)을 그어 구분 지었다.

2) 모든 예문은 소리 나는 대로 표기하되, 이해하기 어려운 부분은 그에 상응하는 표준말을 < > 속에 넣었다. 그러나 의태어와 의성어는 그렇게 하지 않았다.

　　<보기> ¶꽁 꾸버 무군/무운<꿩 구워 먹은> 자리.
3) 관용구로 된 예문은 첫머리에 오는 단어 뒤에 모아 놓았으며 풀이는 대부분 생략하였다.

6. 약어(略語) 및 기호

1) 품사 기타

명	명사	동 사동	사동사
명 자립	자립 명사	동 보조	보조 동사
명 의존	의존 명사	형	형용사
<명만 표시한 것은 자립 명사>		형 보조	보조 형용사
대	대명사	관	관형사
대 인칭	인칭 대명사	부	부사
대 지시	지시 대명사	감	감탄사
수	수사	조	조사
동	동사	어미	어미
동 자	자동사	준	준말
동 불자	불완전 자동사	구)	관용구
동 타	타동사		
동 불타	불완전 타동사		
동 피동	피동사		

2) 관련어 기호

　　드) 드물게 쓰는 말.　　　　　　흔) 흔하게 쓰는 말.
　　노) 늙은이가 흔히 쓰는 말.　　소) 젊은이가 흔히 쓰는 말.
　　해) 경주 해안지역에서 흔히 쓰는 말.

3) 주요 기호

    #   같은 표기의 표준말이 있을 때, 경주 말 뒤에.
    *   표준말 뒤에.
    [ ]   표제어, 곡용형, 활용형의 발음 표시.
    ′   고조(高調) 표시.
    < > 경주 말에 상응하는 표준말 표시.
    ▷   유의어 또는 동의어 표시.
    ◁   원말 또는 어원 표시.
    ( )   유래, 한자, 보충 설명 및 활용형에서 '-어(아)도' 표시 등.
    ¶   예문 앞에.
    /   예문과 예문 사이 및 '또는'의 표시.
    ☞   '찾아가 보라'는 표시(그 말에 풀이가 있거나 예문이 있음).
    ⇔   상대어나 참고어 표시.
    x   틀린 문장이나 잘못된 표기 또는 쓰지 않거나 없는 말 앞에.
    …   말없음 표시.
    참   참고 표시.
    >   비슷한 말 가운데 부등호의 큰 쪽에 있는 단어가 더 흔히 쓰인다는 표시.
    ??   상응하는 표준말이 없거나 발견되지 않거나 불확실함의 표시.

ㄱ

가#¹ [가′아] 개*. '그 아이'의 준말. ¶**가아**가 바리 **가아**가<그 아이가 (전에 말한) 바로 그 아이냐>?/**가아**사 나무 수우바글<걔야 남의 수박을> 도디키고 달고<훔치고 자시고> 그럴 아아가 애닌데요<아이가 아닌데요>…

가*² [가아′] 명. ¶그런 조갑찌사<조가비야> 바닥**까아**에 가머<바닷가에 가면> 흐너 빠징 거 애니가<흔해 빠진 것 아니냐>. ▷갓.

-가*³ [가] 조. ¶저 집 철수는 영자**가** 하는 지임마다<짓마다> 고오버 죽껜늠 모양이라요<고와 죽겠는 모양이에요>.

가*⁴ [가] 명령어 '가아'의 준말. ¶여어서러<여기서> 어물거리지 말고, 니느<너는> 빨리 지비<집에> **가**./아아드른<아이들은> 저리 **가**.

가게* [가아′게′] 명. ¶(부러운 듯) 대구서러느 담배 **까아게**<대구에서는 담배 가게> 하나만 해애 가주구도<해 가지고도> 한 식꾸가 묵꼬 사안다는데<식구가 먹고 산다는데>…

가금방 [가′그음방] 명. 가까운 근방. 자기가 사는 곳에서 가까운 마을. ◁가근방. ¶이 **가그음방**아서러 그망이<가까운 근방에서 그만큼> 기운 시인 아아느 모음 빠앋심더<센 아이는 못 봤습니다>.

가난* [가나′~이~, 가나′늘, 가나′네, 가난′도, 가남′마] 명. ¶우리야, **가나니** 줴에라먼 줴에지만<가난이 죄라면 죄지만>…

가냡다 [가난′타] 형. 가난하다의 준말. ¶우리 에릴 때사<어릴 때야> 내남업시 다아<내남없이 다> 참 억시기 **가낭키** 컸찌<대단히 가난하게 컸지>./미호떡<미호宅> 준수는 비록 살리미사<살림이야> **가난**치만, 마음 하나마는<하나만은> 오올곡끼 큰 사라미시더<올곧게 큰 사람입니다>./우리 시이삼초느 지바니<시삼촌은 집안이> 억시기 **가난해**앤는데도<대단히 가난했는데도> 거트로느 전념 포로<겉으로는 전혀 표를> 앤 내앹따네요<안 냈다네요>. 참 가낳다>가난하다.

가널라아 [가널′라′아] 몡 갓난아기*. ▷까널라아/간난쟁이.

가늘다* [가′늘′고/가′느′고, 가′늘′지/가′느′지, 가′늘′더라/가′느′더라, 가′느′러(라)도, 가′느′러서] 혱 ¶보소, 소구리 뀌이매구로<소쿠리를 꿰매게>, **가는** 철사가 어딘능공<어디 있는지> 좀 차저보소<찾아보세요>.

가다* [가′고, 가′지, 가′더′라, 가′도′, 가′서′, 가′/가′라/가′거′(가′)라/가′너′(나)라/간′너′(나)라] 동 자 타 ¶니 머여<너 먼저> 지비 **가가아** 익꺼라<집에 가서 있거라/있어라>, 내 곧 디따러가꾸마<뒤따라갈게>.

가랑 [-, -, 가라′~아~, -, -] 몡 가랑이*. ¶그 바직 **까랑**아 무등 기이<바짓가랑이에 묻은 것이>, 흘가 똥가<흙이냐 똥이냐>? ☞가랭이. 참 흔히 '가랑아<가랑이에>' 꼴로 쓰임. **가랑아 바람 옇다**<**가랑이에 바람 넣다**> 구) 성교하다*.

가랑비* [가랑′비] 몡 ¶저레 **가랑비**가 부실부실<저렇게 가랑비가 부슬부슬> 오는데, 청성시럭꾸로<청승스럽게> 무신 나무로 하로<무슨 나무를 하러> 가겔따꼬 나서능기요<가겠다고 나섭니까>?

가래*¹ [가′래] 몡 ¶농촌 사람드리야<사람들이야> 누구나 **가래**지레 익숙칸데<가래질에 익숙한데>, 도시 사람드른<사람들은> **가래**로 우애 잠는지도<가래를 어찌 잡는지도> 잘 모리늠 모양이더라<모르는 모양이더라>.

가래*² [가′래] 몡 ¶그 역 **까래**<엿 가래> 함문 창 구울네<한번 참 굵네>.

가래*³ [가′래′] 몡 ¶할매 모게서러<할머니 목에서> **가래** 끌른<끓는> 소리가 게에속<계속> 가르릉 가르릉 하니이더<합니다>.

가랭이 [가래′~이~가, 가래′~이~를, 가래′~이~에~, 가래′~이~도, 가래′~이~마~] 몡 가랑이*. ①¶무진<무슨> 여자가 **가랭이**로 저레 버얼기고 거언노<가랑이를 저렇게 벌리고 걷니>? ②¶보이소<보세요>, 그 바직 **까랭이**에 무든 흐리나<바짓가랑이에 묻은 흙이나> 쫌 터얼고 두로소<좀 털고 들어오소>./논날 거튼 소내기가<놋날 같은 소나기가> 막 퍼분늠 바라메<마구 퍼붓는 바람에>, 순식까네 **가랭이**가<순식간에 가랑이가> 다아 흘떰비기가 대앱뿐네요<다 흙덩어리가 돼버렸네요>. ▷가랑/갈구쟁이.

가루다 [가루′우고, 가루′우지, 가루′우더라, 가랴′아도/가랴′아도, 가라′아서/가랴′아서, 가랴′아라/가랴′아라] 동 가리다*. 1 자 ¶그 다이예에서<뒤에서> 니이 능 **가루우**는 사라미<너 눈 가리는 사람이> 누웅공 아아겐나

<누군지 알겠니>? 2 타 ¶두우 소느로 얼구리로<두 손으로 얼굴을> 딱 **가루우고** 안젙시니<가리고 앉아 있으니>, 내가…/모오욕탕아 불난실<목욕탕에 불났을> 때, 이인네드리 부꾸럽따꼬<여자들이 부끄럽다고> 얼굴망 **가루우머**<얼굴만 가리면> 사타리느 우야고<사타구니는 어쩌고>? ▷가릏다.

가리늦다 [가리는′따] 형 제때가 지나 퍽 늦다. 뒤늦다*. 다늦다. ¶훼에이가<회의가> 거지반 다아<거의 다> 끈나 가믐 파닌데<끝나 가는 판인데>, **가리늑까아** 그 칭구가<뒤늦게 그 친구가> 허겁찌겁 두로능<허겁지겁 들어오는> 거야./지궁꺼정 머어하고<지금까지 뭐하고> 저레 **가리늑까아**<저렇게 뒤늦게> 깨 모중을 내앤다꼬<들깨 모종을 낸다고> 부사늘 떠어노 마아 리시더<부산을 떠느냐 말입니다>.

가리다#¹ [가리′이고, 가리′이지, 가리′이더라, 가리′이도, 가리′이서] 동 자 속이 부대끼다. 신물이 오르다. ¶가리 이임서글 무거가아 그런동<가루 음식을 먹어서 그런지>, 소오기 **가리이**가주구<속이 부대껴서> 신트루미 자꼬 올러오네요<신트림이 자꾸 올라오네요>./나도 지르메 티긴 으음성마 무구머<기름에 튀긴 음식만 먹으면> 쉐에기 **가리임**니더<속에서 신물이 오릅니다>.

가리다#² [가리′고, 가리′지, 가리더′라, 갈′러(라)도, 갈′러서] x[갈르다] 동 타 가르다*. ¶물꿰기<민물 고기> 배로 **갈러** 보먼<배를 갈라 보면>, 초록 새그로 반짝꺼리능 기이 실갠데<초록색으로 반짝거리는 것이 쓸갠데>…

가리다*³ [가리′이고, 가리′이지, 가리′이더라, 가리′이도, 가리′이서] x[갈르다] 동 자 ¶눔무리 아풀 **가리이** 가주굴랑<눈물이 앞을 가려 가지고서> 아아무 꺼도 앰 비이는데<아무 것도 안 보이는데>…

가리다*⁴ [가′리고, 가′리지, 가′리더라, 가′리도, 가′리서] x[갈르다] 동 타 ¶우야든동 니느<어쩌든지 너는> 칭구로 잘 **가리**가메<친구를 잘 가려가며> 사과아야 댄대이<사귀어야 된다>.

가리다*⁵ [가′리고, 가′리지, 가′리더라, 가′리도, 가′리서] 동 타 ¶나락따니고 집따니고<볏단이고 짚단이고>, 비가 앤 쉐에 드가두룩<안 새어 들어가도록> **가리능** 기이 크니일꾼지<가리는 것이 큰 일꾼지>.

가마꼬 [가마아′꼬′] 부 가만히* ①¶(부러워서) 이 지븐 얼라아마<이 집은 아기만> **가마아꼬** 치바더보고 이서도<가만히 쳐다보고 있어도> 사아능 걱껜네요<사는 것 같겠네요>./이 거랑물 소오글<개울물 속을> **가마아꼬** 들바더보니<가만히 들여다보니>, 사고딩이가 참 마안네요<다슬기가 참 많네요>. ②¶아아무도 모리구로 두우리서마<아무도 모르게 둘이서만> **가마아꼬** 귀송마알로 주고바던는데<가만히 귓속말을 주고받았는데> 우애<어찌> 그런 소오무니 다아 낟시꼬<소문이 다 났을까>? ③¶보소 당시는<당신은>, **가마아꼬** 안저가아<가만히 앉아서> 귀이겅마 할 쩡잉기요<구경만 할 작정입니까>? ④¶내가 참 **가마아꼬** 지피 생가거 보니꺼네<가만히 깊이 생각해 보니까>, 내 생개기 짤런능갑심더<생각이 짧았는가 봅니다>. ▷가마니¹.

가마니#¹ [가마~아′~이′~] 🎯 가만히*. ☞가마꼬.

가마니*² [가′마~이~] 몡 ▷가매니.

가만잇다 [가마~아′~읻′따] 동자 가만있다*. ①니느 지바네<너는 집안에> 쫌 **가마아읻**찌로 모온하고<좀 가만있지를 못하고>, 어디로 그리 도러댕길떼가 마안노<어디를 그리 돌아다닐 데가 많니>? ②¶아아무 꺼도 모리머<아무 것도 모르면> 지이발 쫌 **가마아익**꺼래이<제발 좀 가만있거라>.

가매¹ [가′매] 몡 '가마솥'의 준말. 가마*. ¶이 절 **가매**느<가마는> 와 저치리 크노<왜 저처럼 크니>?

가매² [가′매] 몡 숯·기와·벽돌 따위를 구워 만드는 굴. 가마*. ¶저기 달꼴 앙꼴짜게 인는<月谷 안 골짜기에 있는> 숙**까매**에 부리 난능가배요<숯가마에 불이 났는가 봐요>./비가 올 때 보머<보면> 개와 **가매** 우예서러<기와 가마 위에서> 지이미<김이> 수룩수룩 나거등요<나거든요>…

가매³ [가′매] 몡 (머리 정수리의) 가마*. ¶자아 짱바게느<쟤 정수리에는> **가매**가 두우<가마가 두> 개란다./그기이 바리<그것이 바로> 상**가매** 애니가<쌍가마 아니냐>.

가매⁴ [가′매] 몡 의존 가마니*. 가마*. ¶우리 저그나부지느<작은아버지는> 나라글 한 소네 항 **가매**석<벼를 한 손에 한 가마씩> 막 드러 나리니이더<마구 들어 나릅니다>./콩 다석 **까매**로<다섯 가마를> 쪼붐 방아 재애 노오니<좁은 방에 재어 놓으니> 도러누불 틈도 업떼에요<돌아누울 틈도 없더군요>.

가매⁵ [가아′매′] 몡 (탈것인) 가마*. ¶이이전 새액시느 다아<예전 색시는 다> 시이직깔<시집갈> 때 **가아매**로 타고 각꺼등<가마를 타고 갔거든>…/

저넘 공부 시길 때느<저놈 공부 시킬 때는>, 나알로<나를> 참, 상**가아매**나 태야 줄 쭐 아런는데<쌍가마나 태워 줄 줄 알았는데>, 다아 키야 녹코<다 키워 놓고> 보니 아아무 꺼또 애니데에요<아무 것도 아니더군요>./내가 시이지볼 때<시집올 때>, **가아매**물미로 얼매나 해앤는동<가마멀미를 얼마나 했는지> 마알또 모온한다꼬요<말도 못한다고요>.

가무치 [가′무치] 몡 가물치*. ¶(가물치와 메기를 놓고) 니느<너는> 이 킁 **가무치**로가주가알래<큰 가물치를 가져갈래> 애니머<아니면> 저 미이기 두우 바리로 가주가알래<메기 두 마리를 가져갈래>? 니 마암대로 해애라<네 마음대로 해라>./얼라아 노온 사람자테사<아기를 낳은 사람한테야> **가무치**가 보오하고 마알고<가물치가 보하고 말고>./일부네<일본에> 가도 모세 **가무치**가 마안타컨떼에요<못에 가물치가 많다더군요>./저기 머어시<거시기>, **가무치**인테 붕알로 물리이 주군<가물치한테 불알을 물려 죽은> 그 지바네 서러느<집안에서는> **가무치**로 원수마안 이기는데요<가물치를 원수로만 여기는데요>…/홍수가 크기 나는 해부네느<크게 나는 해에는>, 도랑아 나가머<도랑에 나가면> **가무치** 거틍 킁 궤기가<가물치 같은 큰 고기가> 흐너 빠젤찌만<흔해 빠졌지만>… ▷까물치/까무치.

가물* [가′무′리, 가′무′를, 가′무′레, 가′물′도/가′물′또, 가′물′마] 몡 ¶이붕 **가무**른<이번 가물은> 참 너무 오래 가네요.

가물다* [가′물′고/가′무′고, 가′물′지/가′무′지, 가′물′더라/가′무′더라, 가′무′러(라)도, 가′무′러서] 동㉧ ¶나리<날이> 너무 오래 **가무**니꺼네<가무니까> 사아람들<사람들> 인심도 숭아거지더라꼬요<흉악해지더라고요>.

가방끈 [가방′끈] 몡 가방의 끈. ¶내상 **가방끄**니 짤러가주구<나야 가방끈이 짧아 가지고/배운 것이 적어서> 무진 이이바긴동 모올따<무슨 이야긴지 모르겠다>. **가방끄니 짜리다**<가방끈이 짧다> 구) 배운 것이 적다.

가부든지 [가부′든′지] 몡 진드기*. ▷까부든지.

가부리 [가부′리/가′부리] 몡 가오리*. ¶**가부리**느 암넝캉 숭넝캉<가오리는 암놈과 수놈이> 갑시 배애나<값이 배나> 차가 난다네요./보오통 **가부리**버다아<보통 가오리보다> 노랑**가부리**가 더 비사다니이더<노랑가오리가 더 비싸답니다>.

가시나 [가시나′아] 몡 계집아이*. 여자아이*. 시집가지 아니한 어린 여자애.

¶**가시나아가** 우야자꼬<계집애가 어쩌자고> 바메 자꼬 나도러댕길라 컨노<밤에 자꾸 나돌아다니려고 하니>?/저 **가시나아**느 누우로 달머가아<계집애는 누구를 닮아서> 저리 활따른동 모올따<저리 활달한지 모르겠다>. ▷따라.

가시다* [가′시다] 동 타 ①¶그 양 무구니<약을 먹으니> 머리 아푼 거느 쫑 **가신**나<아픈 것은 좀 가셨니>? ②행구다*. ¶대지비 바다게 나문 설탕까리느<대접 바닥에 남은 설탕을> 물로 **가시**가아 마시먼 대겐네<물로 가셔서 마시면 되겠네>. 혼). x부시다. 참 '부시다' 대신으로 쓸 뿐 '부시다'는 말은 없음.

가시미 [가′시미] 명 가슴*. ①¶그 사나아 너링 **가시메**<사나이 넓은 가슴에> 머리를 무드머<묻으면> 모오등 근시미<모든 근심이> 다아 푸러지거등요<다 풀어지거든요>…/남자가 고개로 수구리고 댕기지 마고<고개를 수그리고 다니지 말고>, **가시미**로 쫌 피이가아 댕기라<가슴을 좀 펴서 다녀라> 보자./니이가 옴빠메<네가 오늘밤에>, **가시메**다가 소늘 엉꼬<가슴에다가 손을 얹고> 함분 생가거 바아라<한번 생각해 봐라>, 머어가 잘몬때 앤는동<뭐가 잘못됐는지>./지금 와가아<지금 와서> **가시미**로 치머 우러본들<가슴을 치며 울어본들> 무진 소오양이 인노<무슨 소용이 있니>?/소오니 바린 지비서<자손이 드문 집에서>, 돌째비 아아로<돌쟁이 아이를> 저레 **가시미** 아너 보는 할바시 마아미야<저렇게 가슴에 안아 보는 할아버지 마음이야> 참 어어떡켄노<어떻겠니>? ②¶우리 영자도 봉그으탄 **가시미**로<봉긋한 가슴을> 보니 차춤 처어자 티이가<차츰 처녀 태가> 나네요./요새애 따라아드른<요즘 여자아이들은> 와 모지리<왜 모조러> **가시미**가 납짜악칸동<가슴이 납작한지> 아알 수가 업서요<알 수가 없어요>./절문 사암드른<젊은 사람들은> **가시미**로 막 드러내애놓코 댕게도<가슴을 막 들어내놓고 다녀도> 앰 부꾸럼능갑찌<안 부끄러운가 보지>? ③¶모오듬 비이미리<모든 비밀이> 탈로 날따는 소리로 드르니까데<탄로 났다는 소리를 들으니까>, 내 **가시미**버텅<가슴부터> 막 두궁거리는데<두근거리는데>…/공기가 너무 탁캐애가아 그런동<탁해서 그런지> **가시미**가 억시기 답땀네요<가슴이 매우 답답하네요>. ④¶내 **가시메** 사무치는 이이리<가슴에 사무치는 일이> 어디 한두우 가징기요<한두 가지입니까>./그날 내

가시미 지피 새기 둔<가슴 깊이 새겨 둔> 함 마디로 끅끈내 모온하고<한 마디를 끝끝내 못하고> 떠나왇심더<떠나왔습니다>. ⑤¶국땅 아재 **가시메** 후운장은<菊堂 아저씨 가슴의 훈장은> 어디서 탕 겅기요<탄 것입니까>?/ 여자느 오슬 이불 찌게<여자는 옷을 입을 적에> **가시미**로 잘 여미 가주구<가슴을 잘 여미어 가지고> 입뚜룩 해애야 댄다<입도록 해야 된다>. **가시미가**<가슴이> 뿌듣타다<뿌듯하다> 구). 가시미가 아푸다<가슴이 아프다> 구). 가시미가 내릭앉다<가슴이 내려앉다> 구). 가시미가 덜컥하다<가슴이 덜컹하다> 구). 가시미가 뜨꿈하다<가슴이 뜨끔하다> 구). 가시미가 미이지다<가슴이 미어지다> 구). 가시미가<가슴이> 부풀다 구). 가시미가 섬뜨그리하다<가슴이 섬뜩하다> 구). 가시미가<가슴이> 찔리다 구). 가시미가 째지다<가슴이 찢어지다> 구). 가시미가<가슴이> 타다 구). 가시미가<가슴이> 터지다 구). 가시미가 후런하다<가슴이 후련하다> 구). 가시미로 앓는다<가슴을 앓는다> 구). 가시미로<가슴을> 저미다 구). 가시미로 쥐이뜯다<가슴을 쥐어뜯다> 구). 가시미로<가슴을> 치다 구). 가시미로<가슴을> 태우다 구). 가시메 맫치다<가슴에 맺히다> 구). 가시메 모슬<가슴에 못을> 박다 구).

가실 [가시′리, 가시′를, 가시′레, 가실′도/가실′또, 가실′마] 몡 가을*. ¶올 까시레느<가을에는> 크나아 자앙개로 디리야<큰아이 장가를 들여야> 할 낀데<것인데>, 참 도오는 억꼬<돈은 없고> 내가 거억쩡이시더<걱정입니다/걱정이올시다>./소동 어어른뇨<어르신>, 보리 까시른<가을은> 다아 해애 가시능기요<다 해 가십니까/가시는지요>? ▷가싥. **가실하다** 통 자.

가실비 [가실′비] 몡 가을비*. ¶보리도 안죽 더얼 가런는데<아직 덜 갈았는데>, **가실비**는<가을비는> 지척지척 오고, 창 크니이리네요<참 큰일이네요>.

가싥 [가실′기, 가실′글, 가실′게, 가실′도/가실′또, 가실′마] 몡 ☞가실.

가실ㅋ [가시′리, 가실′클, 가실′케, 가실′도/가실′또, 가실′마] 몡 ☞가실.드).

가아 [가′아] 통 보조 (표준말 '-어(아) 가아<가지고>'의 꼴로 쓰이어) 동작이나 상태를 그대로 지니고 있음을 나타내는 말. ¶날새가 하도 추버 **가아**<날씨가 하도 추워 가지고> 어어하느나 하알라 캐앤는데<禦寒이나 하려고 했

는데>…/울딸 미테 수머 **가아**<울타리 밑에 숨어 가지고> 가마아꼬 지키보니까데<가만히 지켜보니까> 그너미 바리 도동너밍 기라<그놈이 바로 도둑놈인 거라>.

-가아 [가′아] 어미 -아서*. ¶뜹빡께 서엄무를<뜻밖의 선물을> 이레 박꼬<이렇게 받고> 보니, 너무 조오와**가아** 타아리시더<좋아서 탈입니더>./보이소<보세요>, 우리느 주거**가아**라도<우리는 죽어서라도> 다시 만납시대이<만납시다>.

가아가다 [가′아가다] 동타 가져가다*. ①¶이 책상은 미리 저쭉 빵으로<저쪽 방으로> **가아가**거라<가져가거라>./그런 지비도<집에도> 도동넘 **가아갈** 끼이<도둑놈이 가져갈 것이> 이시까<있을까>? ②¶어어떰 무운제기나 가네<어떤 문제거나 간에> 자꾸 큰사랑 어어른인테마 **가아가**머<어른한데만 가져가면>, 그 어어르는<어른은> 또 우야람 마알고<어쩌란 말이냐>? ▷가주가다. ⇔가아오다.

가알빠람 [가알′빠′람′] 명 가을바람*. ¶(작은며느리가 시아버지에게) 아부임<아버님>, 선서능 **가알빠라**미 부울거들랑<선선한 가을바람이 불거든> 우리 지비 함분<집에 한번> 댕기가시두룩 하시이소<다녀가시도록 하십시오>./초옹각뜰또 **가알빠라**미 부우머<총각들도 가을바람이 불면> 마아미 쫌 달러지능갑찌요<마음이 좀 달라지는가 보지요>?

가쟁이 [가재′~이~] 명 가지*. ①¶대추나무 **가쟁이**가 떡 버어러진<가지가 쩍 벌어진> 데다가 도올로<돌을> 꽝꽝 바거 주머<박아 주면> 대애추가 마아니 여언다니이더<대추가 많이 연답니다>./낭게 부튼<나무에 붙은> 채로, 지절로 마린<저절로 마른> 삭따리 **가쟁이**느<삭정이 가지는> 불로 때애도<불을 때도> 영개도 앤<연기도 안> 나고요, 불 심도 조옥코요<불 힘도 좋고요>…/자라날 조지미 인느 **가쟁이**로<조짐이 있는 가지를> 모옹 키야 주능 거느<못 키워 주는 것은>, 섬배 댄<선배 된> 우리가 생가거 볼 무운제다<생각해 볼 문제다>./꼬두바근 수늘 미리 마거주머<박은 순을 미리 막아주면> **가쟁이**가 잘 버얼 끼인데<가지가 잘 벌 것인데>… ②¶박실떡 찌븐<박실댁 집은> 우리 욷때서 갈러저 나강 **가쟁이**다<윗대에서 갈라져 나간 가지다>.

가주가다 [가′주가다] 동타 가져가다*. ☞가아가다.

가주구 [가′주구] 동 보조 ('-어(아) 가주구<가지고>'의 꼴로 쓰이어), 동작이나 상태를 그대로 지니고 있음을 나타내는 말. ¶나제에느 공장아서 이일하고 <낮에는 공장에서 일하고> 바메마 공부해애 **가주구**야<밤에만 공부해 가지고야> 우애 그럭키 에렵따는<어떻게 그렇게 어렵다는> 시어메 북끼를 바래겐노<시험에 붙기를 바라겠니>?

가죽#[1] [가아′죽′] 명 참죽*. 참죽나무와 참죽순의 통칭. ¶우리 거게느<사는 곳에서는> 보메 나오능 **가아중**나무<봄에 나오는 참죽나무> 새수늘 끙커다가<새순을 끊어다가> 삼사 뭉니이더<쌈을 싸 먹습니다>./**가아주**기 마슨 조온데<참죽이 맛은 좋은데> 그 내애미가 쫑 그럳치요마느<냄새가 좀 그렇지요마는>…

가죽*[2] [가주′기, 가주′글, 가주′게, 가죽′또, 가중′마] 명 ¶사네 시잉꼬 가능 구두느<산에 신고 가는 구두는/등산화는> 소**가죽** 까주구 맨등 기이<쇠가죽을 가지고 만든 것이> 찔기고 조옫타메<질기고 좋다며>?

가지*[1] [가′지′] 명 ☞가쟁이.

가지*[2] [가지′] 명 ¶이바네 빙이 낟실 찌게느<입안에 병이 났을 적에는> **가지** 나무리<나물이> 약 땐대이<된다>./무사마구느<사마귀는>, 생**가지**로 따 가아 비이묵꼬<생가지를 따서 베어먹고>, 무사마구에다가 문때머<사마귀에다가 문지르면> 나안다 컨는데<낫는다고 하는데>…

가지*[3] [가′지] 명 의존 ①¶물 마즈로 가알라커꺼등<맞으러 가려거든> 허드레 옴 멕 **까지**로<옷 몇 가지를> 차저 여어라<찾어 넣어라>./잘 모온 아러 득껴들랑<못 알아듣거든>, 여러 **가지** 예에로 드러가먼서<예를 들어가면서> 아러든뚜룩<알아듣도록> 설명을 해애 조오라<해 줘라>./그럼 무운제에느 어언제나<그런 문제에는 언제나> 두우 **가지** 다비 이실<두 가지 답이 있을> 수 읻찌요<있지요>. x②제기를 차기 시작한 때부터 땅에 떨어지기까지의 동안.

가지다#[1] [가지′이고, 가지′이지, 가지′이더라, 가지′이도, 가지′이서] 동 타 (아이나 새끼 등을) 배다*. ¶손시리느<孫室이는>, 시이지블<시집을> 가기 바뿌기<바쁘게> 알라아로 **가지**인능갑떼에요<아이를 뱄는가 보더군요>./저 꺼문 대애주<검은 돼지>가 새끼로 **가지**이디이<새끼를 배더니> 오새애느 주글<요새는 죽을> 참 잘 뭉네요<먹네요>./아아 **가지**인<아이 밴> 여자가 행동을 조오심해애야지<조심해야지>. 흔).

가지다*² [가'지고/가' 주구/가' 주고/가' 아, 가' 지지, 가' 지더라, 가' 지도/가' 저(자)도, 가' 지서/가' 저서, 가' 지라/가' 저라] 동 타 ¶총을 **가주**구<가지고> 나가야 사양을 하든동 달든동<사냥을 하든지 말든지> 할 꺼 애니가<것 아니냐>.

가지다*³ [가' 지다] 동 타 ¶암망캐애도<암만해도> 알 **가징** 궤기가<알을 가진 고기가> 마시 나악껠찌요<맛이 낫겠지요>.

가지볼 [가지' 볼] 명 연지를 바르는 부위. 볼*. 뺨*. ¶바끼 마아니 추붕가배<밖이 많이 추운가 봐>, 자아 **가지보**리 어런네<쟤 뺨이 얼었네>./(그 여자가) 디임무느로<뒷문으로> 빠지는데 **가지보**리 빼앨강 기이<볼이 빨간 것이> 자앙이 수상시럽떠라<장히 수상스럽더라>. ▷연지볼.

가직다 [가직' 꼬, 가직' 찌, 가직떠' 라, 가지' 거(가)도, 가지' 거서] 형 가깝다*. ①¶헝니믄<형님은> 훼에사아캉 지비 **가직**거가아<회사와 집이 가까워서> 참 조옥켄심더<좋겠습니다>/우리 산수느<산소는> 차라리 여어서러가 더 **가직**심더<여기서가 더 가깝습니다>. ②¶**가지**근 장내에느 절때<가까운 장래에는 절대> 그런 이이리 업실 꺼로옹<일이 없을 걸옹>. ③¶덕천떡 크나들캉으느<덕천댁 큰아들과는> 지이가<제가> 아주 **가지**근 사일시더<가까운 사이올시다>. ④¶이 사라마<사람아>, 내인테 **가지**근 친처기라꼬느<나에게 가까운 친척이라고는> 자네 배끼 업따네<밖에 없다네>. ⑤¶아까아 왇떵<아까 왔던> 그 사람, 마으능 **가직**끼 대에 비이제<마흔은 가깝게 되어 보이지>?/오오 뱅마아 너니나<오 백만 원이나> **가직**끼 대는 도오늘<가깝게 되는 돈을> 담 메칠 새애에<단 며칠 새에> 다아 섣따꼬<다 썼다고>? x¶진품에 가직은 모조품. ▷가칙다/가참다/개작다. ⇔멀다.

가참다 [가착' 꼬, 가참' 찌, 가참떠' 라, 가차' 버(바)도, 가차' 버서] 형 가깝다*. ¶저 어망이느<어멈은>, 아아 노올 따리 **가차**번는데도<아이 낳을 달이 가까웠는데도> 모미 우쨰 저레 개가불꼬<몸이 어찌 저리 가벼울까>. ▷가직다/가칙다. ⇔멀다.

각¹ [가' 기'/개' 기', 가' 글', 가' 게', 각' 또', 강' 마'] 명 그물의 코. 그물의 눈. ¶그물 한 트른 멕 **까**기나 댈랑공<틀은 몇 각이나 되려는지>? 드).

각² [각] 명 갑*(匣). ¶(약방에서) **각** 엄는 인단<없는 은단>, 시이 개마 주이소<세 개만 주세요>.

각깍 [각′깍′] 몡 각각*(各各). ¶시재 **각깍** 떠드러대애머<제 각각 떠들어대면> 나는 우야람 마알고<나는 어쩌란 말이냐>?

각끈 [각끈′] 몡 갓끈*. ¶만날 **각끄**늘 푸런따가 매앤따가<풀었다가 매었다가> 하는 어어른도 잊찌만<어른도 있지만>, 또 앵<안> 그런 사람도 마안심더<많습니다>.

각시*¹ [각′시] 몡 새색시*. ¶너거 **각시**캉 우리 **각시**캉<네 각시와 우리 각시> 너이서러 함문 만내재이<넷이서 한번 만나자>.

각시*² [각′시] 몡 조그맣게 만든 여자 인형. ¶보메느<봄에는> 물렝이 가주구<무릇을 가지고> **각시**로 맹글기도<각시를 만들기도> 하고 그래앤는데<그랬는데>…

간* [간] 몡 ¶이 봄빼애추느<봄배추는> 소고메 **가**늘 해애가아<소금에 간을 해서>, 하립빰 재우머<하룻밤을 재우면> **가**니 너무 배앨 꺼로요<간이 너무 밸 걸요>.

간*(肝) [가~아′~이~, 가~아′~늘′, 가~아′~네′, 가안′도′, 가암′마′] 몡 ¶내 상<나야>, 나물 쒜길라커니<남을 속이려니> **가아**니 쫄망쫄망해애가아 모온 하겐습띠다<간이 졸망졸망해서 못 하겠습디다>./이 야앙반 **가안** 따바리가 버언나<양반 간이/간덩이가 부었나>? 간(을) 녹쿠다<녹이다> 구). 간(이) 디베지다<뒤집어지다> 구). 간(이) 떨리다 구). 간(이) 널쩌다<떨어지다> 구). 간(이) 녹다 구). 간(이) 떠러지다<떨어지다> 구). 간(이) 마리다<마르다> 구). 가네(간에) 바람 들다 구). 간(이) 벌벌 떨리다 구). 간(에) 불 부텃다<붙었다> 구). 간(이) 붓다 구). 간(이) 부풀다 구). 가네<간에> 비 앤 들 가다<안 들어가다> 구) 비를 몹시 겁내는 사람을 욕하는 말. **가니 콩알맨해지다**<간이 콩알만해지다> 구). 간(을) 조루다<졸이다> 구). 간(이) 졸리다 구). 간(이) 크다 구). 간(을) 들바더보다<들여다보다> 구). 간(이) 타다 구).

간나라 [간나′라] 통 탄 '가지고 오너라'는 명령어. ¶그 봉토지 일로로 **간나라**<봉투 이리로 가져오너라> 보자, 그 소오게 머어가 드런능공 보구로<속에 뭐가 들었는지 보게>.

간대로 [간대′로] 부) 그다지 쉽게. 함부로*. ¶아아무리 큰 줴에로 지약끼로서니<아무리 큰 죄를 지었기로서니> 사아라믈 **간대로** 쥐기기야 하겐나<사

람을 함부로 죽이기야 하겠니>./여보, 그기이 누구 수굼폰데<그게 누구 삽인데> 당시니 **간대로** 아아무자테나<당신이 함부로 아무한테나> 내애준담 마아리요<내어준단 말이요>./여기가 어딘 데 저렁 걸뱅이가<저런 거지가> **간대로** 드나들구로 나아둔담 마아링기요<함부로 드나들게 놓아둔단 말입니까>. 흔). 囧 옛말이 아니라 지금도 흔히 씀.

간주쯩 [간주′쯩] 囘 조바심을 내는 증상. 다급한 마음. ¶질크으니 기달러 바아라<천천히?? 기다려봐라>, 자꾸 **간주쯩**마 내애지 마고<간주증??만 내지 말고>. 흔). **간주쯩 나다** 구). **간주쯩 내다** 구).

간짇땡이 [간짇때′~이~] 囘 간짓대*. ¶여어 읻떵 **간짇땡이**느<여기 있던 간짓대는> 어디다가 치얀능기요<치웠습니까>?/보이소<보세요>, 빨랟쭐 바치구로<빨랫줄 받치게> 지잉 **간짇땡이**<긴 간짓대> 하나 맹그러 주소<만들어 주세요>.

갇 [갇] 囘 갓*. ¶꼬치야 **갇** 피이낭 꼬치<꽃이야 갓 피어난 꽃이> 더 이이뿌지요<예쁘지요>./어제 **갇** 시이지본 새새액시가<갓 시집온 새색시가> 어디 머어가 인는동<뭐가 있는지> 아알 테기 업찌요만<알 턱이 없지요만>···

갇쨍이¹ [갇′째′~이~가, 갇′째′~이~를, 갇′째′~이~에~, 갇′째′~이~도, 갇′째′~이′마~] 囘 갓장이*. 갓을 만드는 것을 업으로 삼는 사람. ¶저네느 **갇쨍이**로 처언하기<전에는 갓장이를 천하게> 보고, 아아무나 마알로 녹코 그랜니이라<아무나 말을 놓고 그랬느니라>.

갇쨍이² [갇′째′~이~가, 갇′째′~이~를, 갇′째′~이~에~, 갇′째′~이~도, 갇′째′~이′마~] 囘 갓쟁이*. 갓을 쓴 사람. ¶저기 오능 **갇쨍이** 영감시들또<오는 갓쟁이 영감님들도>, 저 거언네 잔채찌베<건너 잔칫집에> 가시는 야앙반드링갑따<양반들인가 보다>.

갈게다 [갈게′고, 갈게′지, 갈게더′라, 갈게′에도, 갈게′에서, 갈게′라/갈게′에라] 囘囝 가리다*. ①¶(주워온) 사고딩이 소오게 석끼인<다슬기 속에 섞인> 잔돌만 수욱끼 **갈겔** 방버비 업시까요<쉽게 가릴 방법이 없을까요>. ②¶아아<아이>가 나틀<낯을> 자꾸 **갈겔** 때느<가릴 때는> 엄마가 야페만 이서 조오도<옆에만 있어 줘도> 훨신 나얃찌요<훨씬 낫지요>. ③¶잘잘모슬<잘잘못을> 저엉 모옹 **깔겔** 헹피니머<정 못 가릴 형편이면>, 큰사랑 할배자테<할아버지한테> 가주구 가가아<가지고 가서> 여쫘아 바아라<여쭈

어 봐라>. ④¶(부인이 남편에게) 나캉 장아 가치 가구저부머<나하고 장에 같이 가고 싶으면>, 머리라도 좀 **갈게고**<가리고>, 머어<뭐>라도 함 뽈때 기<한 볼따구니> 바릴 따아나<바를 동안> 기다리 주이소<기다려 주세요>. ⑤¶저 에링기이<어린것이> 학쪼오 가가아<학교에 가서> 오줌 하나도 모옹 **깔게**머 우야노<못 가리면 어쩌나>?

갈구쟁이 [갈구′재′~이~] 몡 가랑이*. ☞가랭이.

갈레다 [갈레′고, 갈레′지, 갈레더′라, 갈레′에도, 갈레′에서, 갈레′에라] 동 타 가리다*. ¶불공을 디리로 가알라커머<불공을 드리러 가려면>, 사레 미라도<쌀에 뉘라도> 미리 쫌 **갈레**에 나아야겐따<좀 가려 놓아야겠다>.

갈리다#¹ [갈′리고, 갈′리지, 갈′리더라, 갈′리도, 갈′리서] x[갈르다] 동 타 가리다*. 고르다*. ①¶니 마아메 드능 거만<너 마음에 드는 것만> 먼저 **갈리** 내애<가려 내> 가거라./흐음다리 억꼬 조옹 거능<흠이 없고 좋은 것은> **갈리** 나앝따가<골라 놓았다가>, 너거 할배인테 갇따아 디리자<네 할아버지께 갖다 드리자>./배 고푸던 시저레느<고프던 시절에는>, 타안냑 찌꺼레게 드른<탕약 찌꺼기에 들어있는> 감초도 다아 **갈리**가아 묵꼬 그랟때이<다 가려서 먹고 그랬다>. ②¶야아느 무진 아아가<이 애는 무슨 아이가> 나틀 이레 오래도 **갈릴꼬**<낯을 이렇게 오래도 가릴까>? ③¶오봉 기이 똔 타머<요번 계돈 타면> 비들 바아능 **갈리**야지요<빚을 받은 가려야지요>… ④¶지굼 와가아<지금 와서> 잘잘모슬 **갈린**들 머어하겐노<잘잘못을 가린들 뭘 하겠니>? ⑤¶헝크러짐<헝클어진> 머리라도 쫑 **갈린** 다아메 가치<좀 갈린 담에 같이> 나가자. ⑥¶남들 욕칸다<욕한다>, 이임서글<음식을> 너무 그레 **갈리**가메 묵찌<그렇게 가려가며 먹지> 마라. ⑦¶시이 사리나 무건는데도<세 살이나 먹었는데도> 안죽 똥오주믈<아직 똥오줌을> **갈릴** 쭐 모린다 커머<줄 모른다고 하면> 그 참 무운젠데요<문젠데요>…

갈리다*² [갈리′이고, 갈리′이지, 갈리′이더라, 갈리′이도, 갈리′이서] 동 자 ¶가앙기로 함 메칠<감기를 한 며칠> 디이기 알꼬 낟띠이<되게 앓고 났더니>, 목소리가 구마아 척 **갈리이**접뿌네요<그만 척 갈리어져버리네요>.

갈리다*³ [갈리′이고, 갈리′이지, 갈리′이더라, 갈리′이도, 갈리′이서] 동 피동 '가리다'의 피동. ¶저 펭풍 때미네<병풍 때문에> 아피 **갈리이**가아<앞이

가려서> 나느 아아무 꺼또 앰 비인다<나는 아무 것도 안 보인다>.

갈리다*⁴ [갈리′이고, 갈리′이지, 갈리′이더라, 갈리′이도, 갈리′이서] 동 피동
'갈다'의 피동. ¶저 보기 실붐 말때가리 역짱은<싫은 말대가리 역장은> 곡 **갈리이**<곧 갈려> 가고, 새로 불국사 역짱이 일로<역장이 이리로> 온단다.

갈리다*⁵ [갈리′이고, 갈리′이지, 갈리′이더라, 갈리′이도, 갈리′이서] 동 피동
사동 '갈다'의 피동형, 사역형. ¶이 나슨 쉐가 나뿡갑따<낮은 쇠가 나쁜가 보다>, 와 이레<왜 이렇게> 자 랭 **갈리이**지<잘 안 갈리지>?/그 작짜느<작자는>, 내가 보기마 해애도<보기만 해도> 자버묵꾸 저불 마안춤<잡아먹고 싶을 만큼> 이 **갈리이**는 작짜라가아<이 갈리는 작자라서>…

갈리다*⁶ [갈리′이고, 갈리′이지, 갈리′이더라, 갈리′이도, 갈리′이서] 동 피동
사동 '갈다'의 피동형, 사역형. ¶(논을) 저금머스미 가런는 노는<작은 머슴이 간 논은>, 더얼 **갈리인** 홍두깨짜라기<덜 갈린 홍두깨자락이> 더러 이십띠더<있습디다>. 참 홍두깨자락: 논바닥을 쟁기로 골고루 잘 갈지 못해서 생흙이 홍두깨 모양으로 남아 있는 부분.

갈무리* [갈무′리/갈′무리] 명 ¶여자라머<여자라면> 누구라도 지 살 **갈무리**쭈우믄<제 살 갈무리쯤은> 할 수 인뚜룩<있도록> 바안지를 가알치 나아야지요<바느질을 가르쳐 놓아야지요>./미이무린 돌따래미조치랑도<미물인 다람쥐조차도> 저실게 지 무굴 꺼느<겨울에 제 먹을 것은> **갈무리**로 다아 앤 하더냐<갈무리를 다 하지 않더냐>. **갈무리하다*** 동 타.

갈빙이¹ [갈′비′~이~] 명 서캐에서 깨어 나온 지 얼마 안 되는 새끼 이. 가랑니*. ¶이가 어업서젇시니<없어졌으니> **갈빙이**가 이실 테기 어업찌<가랑니가 있을 턱이 없지>./오새애 아아드르느<요새 아이들은> **갈빙이**가 머언지도 잘 모릴 끼이다<가랑니가 뭔지도 잘 모를 것이다>./**갈빙이**가 새가리 애니가<갈빙이'가 가랑니/새끼 이 아니냐>. ▷갈비기.

갈빙이² [갈′비′~이~] 명 가랑니 같은 행동을 하는 좀스러운 사람을 얕잡아 이르는 말. ¶나느 **갈빙이** 거틍 거카는<나는 가랑니 같은 것과는> 마알또 하기 실심더<말도 하기 싫습니다>./요기 가가아<가서> 요 마알하고<말하고>, 조기 가가아<가서> 조레<조렇게> 일러바치는 **갈빙이**캉<가랑니와> 무진 니이바글<무슨 이야기를> 할 수 익껜능기요<있겠습니까>? ▷갈비기.

갈빙이 겉다<가랑니 같다> 구).

갈치다[1] [가알′치고, 가알′치지, 가알′치더라, 가알′치도, 가알′치서, 가알′치라] 동타 가르치다*. ①¶오새애느 대앨 살 무굴 찌게<요새는 댓 살 먹을 적에> 지비서 천자무늘<집에서 천자문을> **가알치** 주능 기이 올타<가르쳐 주는 것이 옳다>, 그래야 커가아 심무니라도 이리지<커서 신문이라도 읽지>. ②¶사장(査丈) 어어른<어른>, 바닥<바둑> 한 수 **가알치** 주실랑기요<가르쳐 주시렵니까>?

갈치다[2] [갈치′이고, 갈치′이지, 갈치′이더라, 갈치′이도/갈차′아도, 갈치′이서/갈차′아서, 갈치′이라/갈차′아라] 동타 가르치다*. 참 '갈치다'[1]과 발음만 다를 뿐 의미상의 차이는 없음.

갈치다[3] [가알′치다] 동타 가리키다*.

갚다 [가알′꼬′, 가알′찌′, 가알′떠′라, 갈′버(바)도, 갈′버서, 갈′버라] 동타 얄미워하는 마음이 일어, 상대하기 싫은 사람과 다잡아 겨루다. 지지 않으려고 맞서다. 가루다*. 나란히 함께 하다[竝]. ¶저런 너믄<놈은>, 내가 주굴 때꺼정<죽을 때까지> **갈불** 끼이다<갚을/가를 것이다>./저럼 물거느느 헝니미가<저런 물건은/작자는 형님이> 아예 **가알쩌**로 마아소<갚지를/겨루지를 마소>, **갈버**바얀짜 헝님마 곱심더<갚아/겨루어 봤자 형님만 곱습니다>. 혼).

감[1] [가아′미′, 가아′믈′, 가아′메′, 가암′도′, 가암′마′] 명 ¶떠얼붕 **가암**<떫은 감>.

감[2] [가아′미, 가아′믈, 가아′메, 가암′도, 가암′마] 명 ¶이 베느 **가아미**<베는 감이> 너무 부드러버가아<부드러워서> 소오고시나 맹그러 이부머 조옥켈심더<속옷이나 만들어 입으면 좋겠습니다>.

감발* [가암′발] 명 ¶저네느 저을게<전에는 겨울에>, 머언질 갈 때느<먼 길 갈 때는> 꼭 집싱 **가암발**로<짚신 감발을> 하고 댕긷따마느<다녔다마는>…/절문 사람드른<젊은 사람들은> **가암바리** 머언동<감발이 뭔지> 본 사람조치랑<사람조차> 벨로 업실 꺼로요<별로 없을 걸요>./너거 웨에할배느<네 외할아버지는> 장아<장에> 가실 때 만날 **가암발**로 하고 가싣따<감발을 하고 가셨다>. ▷발강개.

감태 [감태′/감′태] 명 감투*. ¶저기 때 무든 **감태** 신<묻은 감투 쓴> 여엉가믄 누고<영감은 누구니>?/베락 **감태** 신 사라믄<벼락 감투 쓴 사람은> 어디서기나<어디에서거나> 꼭 포토로 내애니이라<표를 내느니라>.

갑 [가′비′, 가′블′/가′불′, 가′베′, 갑′또′, 감′마′] 圈 값*. ¶온짱아느<오늘 장에는> 포두<포도>가 하도 흐너가아<흔해서>, 초장아<초장에> 헐 **까**베 파럽뿐심더<헐값에 팔아 버렸습니더>.

갑빵¹ [갑′빵′] 圈 갓방*. 갓을 만들거나 고치는 일을 업으로 하는 집. ¶갇 태가 타아리 낟시머<갓 태가 탈이 났으면> 갑빵아다가<갓방에다가> 간따아 맥끼라머<갖다 맡기럼>./윤디느<인두는> 갑빵아 가머 마안치<갓방에 가면 많지>.

갑빵² [가압′빵′] 圈 갓방*. 가장자리에 있는 방.

갑시다 [갑시′이다] x[갑시다] 동자 바람이나 물 따위가 갑자기 목구멍으로 들어갈 때 숨이 막히다. ¶배껍빠라메 얼아아 **갑시**일라<바깥바람에 아기 갑실라> 두디기로 폭 끼리라<포대기로 폭 싸라>./모기 디이기 마릴 찌게 <목이 대단히 마를 적에> **갑시**이지 마라꼬<갑시지 마라고> 물바갱이에다가 버들나무이퍼리로 띠야 주능 거 애니가<물바가지에다가 버들잎을 띄워 주는 것 아니냐>. 혼).

값* [갑′시′, 갑′슬′, 갑′세′, 갑′또′, 감′마′] 圈 ☞갑.

갓#¹ [가압′시′, 가압′슬′, 가아′세′에/가아′세′, 가아′도′/가압′또′, 가아′마′ /가암′마′] 圈 가*. ¶(혼잣말로) 오느릉 큰오갱이 목 **까아**세 인늠<오늘은 큰五冠 못 가에 있능> 부드리나 비이다가<부들이나 베어다가>, 따뱅이라도 멕 깨 맹그러 보까<똬리라도 몇 개 만들어 볼까>./아아드른 우엄하니<아이들은 위험하니>, 웅굴 **까아**세에느 모옹 까구로 해애라<우물가에는 못 가게 해라>./목 **까아**세 인느 짐푸레느<못 가에 있는 진풀에는> 어디나 깨구리가 마앙키 마러니지요<개구리가 많게 마련이지요>./이 질 **까아**세느<길가에는> 뺌쩽이가 참 도오도 마안네요<질경이가 참 대단히도 많네요>… ▷가¹.

갓*² [갇시/가시, 갇슬/가슬, 갇′세/가′세, 갇또, 감마] 圈 ¶내사<나야> 괄례<관례>할 때 **갇슬**<갓을> 처음 서바앋심더<써봤습니다>. ▷갇.

갓*³ [갇시/가세, 갇슬/가슬, 갇′세/가′세, 갇또, 감마] 圈 나무를 함부로 베지 못하게 하면서 가꾸는 산. ¶훼 부우자네 **가**세느<최 부자네 갓에는> 솔나무<소나무>가 디이기 우거절떠네<되게 우거졌더군>. ▷갇.

강기 [가앙′기′] 몡 감기*. ¶오봉 **까앙기**느<요번 감기는> 코**가앙기**에다가 지침 **가앙기**꺼정 껍처가아<코감기에다가 기침감치까지 겹쳐서> 디이기 오래 아푸디이더<되게 오래 아픕디다>./**가앙기**가 췌엑꺼들랑<감기가 들었거든/취했거든> 콩지릉꾸게다가 꼬치까리로 타가아<콩나물국에다가 고춧가루를 타서> 훌훌 둘러 마시고<들어 마시고> 따물 쫙 흘리바아라<땀을 쫙 흘려봐라>, 조온치<좋지>. **강기**<감기> **걸리다** 구). **강기**<감기> **들다** 구). **강기 췌다**<감기 취하다> 구).

강난 [가앙′난′] 몡 곽란*(癨亂). 드). 참 광난>강난. ☞광난.

강따물 [강따′물] 몡 강가*. 강변*.

강생이 [강새′~이~] 몡 강아지*. ①¶댕겡이<동경이>가 **강생이**로 나아도<강아지를 낳아도> 이이부더미 지이사느<의붓어미 제사는> 지내애야 대지요<지내야 되지요>? ②¶(할머니가 손자에게) 아이고 내 **강생이** 왁꾸나<강아지 왔구나? ▷강생이.

강생이 [강새′~이~] 몡 강아지*. 드). ☞강생이.

갖다*[1] [갇′꼬/각′꼬, 간′찌, 갇떠′라, 가′저(자)도, 가′저서] 혱 (주로 '가진', '가즌<갖은>'의 꼴로 쓰여) 고루고루 다 있다. ¶**가진** 양이믈 다아 해애가아<갖은 양념을 다 해서> 꾸붐 미이기<구운 메기>야 참 마시 그마니지요<맛이 그만이지요>.

갖다*[2] [갇따′아] '가지어다가'의 준말. ¶철수야, 이 안주 접시기로<접시를> 사랑빵아 쫌 **갇따아** 디레라<사랑방에 좀 갖다 드려라>./이 양펑이느<양푼은> 누가 **갇따아** 주더노<갖다 주더냐>?

같다* [갇′꼬/각′꼬, 갇′찌′, 갇′떠′라, 가′터′(타)도, 가′터′서] 혱 ¶상딩이<쌍둥이>도 얼굴 생김새가 **가튼** 사람도 익꼬<같은 사람도 있고>, 여엉 다린<영 다른> 사람도 읻찌요<있지요>.

갚다* [각′꼬/갑′꼬, 갑′찌, 갑떠′라, 가′퍼(파)도, 가′퍼서, 가′퍼라] 동 타 ¶내가 빋쩡 거느<빚진 것은> 다아 **가퍼** 조오야<다 갚아 줘야> 쉐에기 펜심더<속이 편합니다>.

개#[1] [개] 몡 활동하는 힘. 원기나 정기. 기력 따위. 기*(氣). ¶우리 안쭈이느 **개**가<안주인은 기가> 너무 보더라버가아<보드라워서> 타아리라꼬요<탈이라고요>./그래도 여자느 **개**가<여자는 기가> 너무 시이도 앤대지<세어도 안

되지>.

개*² [개] 몡 ¶객까<갯가> 사람들 버얼시느<버릇은> 벌래 쫑<본래 좀> 그런 데가 인니이라<있느니라>.

개*³ [개] 몡 ¶이럴 때느<때는> 유치나 모오버다아사<윷이나 모보다야> 개가 나안찌<낫지>.

개*⁴ [개애'] 몡 ①¶그 지베서러느<집에서는> 소 대애싱 개애로<대신 개를> 여러 마리 키야가아<길러서> 도오늘<돈을> 좀 버어런능갑띠이더<벌었는가 봅디다>./개애 중에느<개 중에는> 댕갱이가<동경이가> 기중 영악칸데<그중 영악한데>… ②¶저 사라믄<사람은> 술맘 무걷따 카머<술만 먹었다 하면> 개애가 대고 마아는<개가 되고 마는> 사라미시더<사람입니다>. 개 목딱 겉다<목탁 같다> 구). 개 문딩이 겉다<문둥이 같다> 구). 개 머 겉다<뭐 같다> 구). 개 방구 겉다<방귀 같다> 구). 개 식 껃다<X 같다> 구). 개 시비다<X이다> 구). 개 잡뜨시<잡듯이> 잡다 구). 개 족 껃다<좆 같다> 구). 개 주딩이 겉다<주둥이 같다> 구). 개코 겉다<같다> 구). 개 패드시<패듯이> 패다 구).

개갑다 [개갑'꼬/개각'꼬, 개갑'찌, 개갑떠' 라, 개가' 버(바)도, 개가' 버서] 혱 가볍다*. ①¶이 도오르느 너무 개감는데<돌은 너무 가벼운데> 좀 무거분 도오른 엄능강<무거운 돌은 없는지>?/저 어망이느<어멈은>, 아아 노올 따리 가차번는데도<아이 낳을 달이 가까웠는데도> 모미 우쩨<몸이 어찌> 저리 개가부꼬<가벼울까>? ②¶아무리 깨구리라도<아무리 개구리라도> 그걷또 목수민데<그것도 목숨인데>, 목수믈 개각끼 이기능 거느<목숨을 가볍게 여기는 것은> 조오치 모온하지<좋지 못하지>. ③¶이붕 까앙기느<이번 감기는> 개각끼 너머가늠 모양이라<가볍게 넘어가는 모양이라> 참 다행이다. ④¶여자가 이비<입이> 너무 개가붕 거도<가벼운 것도> 큼 빙이시더<큰 병입니다>./남자가 행동이 너무 개가버가아느 앤대지<가벼워서는 안되지>. ⑤¶소옹마아믈 터러녹코<속마음을 털어놓고> 나니, 나도 마아미<마음이> 억시기 개감네요<대단히 가볍네요>. ⑥¶빌린 도오늘<돈을> 가퍼 주고 나머<갚아 주고 나면> 사아람 거름거리조차 개가버지지요<사람 걸음걸이조차 가벼워지지요>./키우던 새 새끼가 날러가능 거로<날아가는 것을> 뿓짜불라 커니<붙잡으려고 하니>, 그 노푼<높은> 담도 개각끼 타너물<가볍게 타넘을> 수가 이서지디이더<있어집디다>. ⑦¶아치금 구움찌 마고<아침은 굶지 말고>, **개갑**뚜루기라도<가볍게라도> 꽁 뭉능 기이<꼭 먹는 것이> 조온태이<좋다>. ⑧¶그 정도 상대쭈우미사<상대쯤이야> 니라머 초장아 **개각**끼<너라면 초장에 가볍게> 물리칠 수 잍찌 시푸다<있지 싶다>. ⇔무겁다.

개기 [개ˊ기] 몡 고기*. 참 궤기>개기. 드).

개똥* [개애ˊ똥ˊ] 몡 ¶저 **개애똥**거틍 기이<개똥같은 것이> 나알로<나를> 놀리고 지라리네요<지랄이네요>./요새애<요새> 누가 **개애똥**<개똥> 조오로 댕길 테기 인나<주우러 다닐 턱이 있나>. **개똥도 모리다**<개똥도 모르다> 구). **개똥 겉다**<개똥 같다> 구).

개똥밭* [개애ˊ똥ˊ밭] 몡. ①¶올 뽀메느<봄에는> 디이뜰 **개애똥바**테다가<뒷들 개똥밭에다가> 자지 감자로<자주 감자를> 쫌 숭가바아야 댈따<좀 심어 봐야 되겠다>. ②¶하아마 하아마 춤촤아라<달팽이야 달팽이야 춤춰라>, 니 하래비<네 할아비> **개똥바**테<개똥밭에> 장구 치고 춤춘다. 참 전래 동요.

개똥차매 [개애ˊ똥ˊ차매] 몡 개똥참외*. ¶갱부네<강변에> 난 **개애똥차메도**<개똥참외도> 잘 이긍 거느<익은 것은> 참 다니이라 와<달잖아>. ▷똥웨.

개무 [개애ˊ무] 몡 개미*. ¶아아드리야<아이들이야> 자앙난 사머<장난 삼아> **개애무** 구영에다가<개미 구멍에다가> 오주믈<오줌을> 눌 수도 잍찌 머어<있지 뭐>./왕**개애무**<왕개미> 두우 바리로<마리를> 자버 가주구<잡아 가지고>, 쉐에미로 띠입뿌고<더듬이를 떼어버리고> 고무시네 다머 녹코<고무신에 담아 놓고> 사아믈 시기머<쌈을 시키면> 재미나지./**개애무** 구웅딩이로<개미 궁둥이를> 빠러무구머<빨아먹으면> 장군 댄다<된다>./비가 오올라커머<오려면> **개애무**가<개미가> 몰리이 나와가아<몰려 나와서> 잔채한대이<잔치한다>. **개무**<개미> **새끼 하나도 몬 얼싱거린다**<못 얼씬거린다> 구). **개무**<개미> **새끼 하나 몬 쩨내간다**<못 지나간다> 구). **개무**<개미> **새끼 하나 볼 수 없다** 구).

개밥#¹ [개애ˊ밥ˊ] 몡 다리를 높이 들어 아이의 머리 위로 넘기는 행동. ¶**개애밥 묵꼬 소오밥 묵꼬 손텁 마안치마 크거라**<개밥 먹고 소밥 먹고 손톱만치만 크거라>. **개밥 미기다**<먹이다> 구).

개밥*² [개애′ 밥′] 명.
개비다 [개비′이고, 개비′이지, 개비′이더라, 개비′이도, 개비′이서] 동 자 괴다*. ¶자동차가 웅팅이<웅덩이>에 **개비**임 물로<괸 물을> 팍 팅기고 지내가믐 바라메<튀기고 지나가는 바람에> 내 옴마 다아 베린니이더<옷만 다 버렸습니다>./기차느 두로는데<기차는 들어오는데>, 떠날라커니 앤 대앨떤동<떠나려니까 안 됐던지> 눔물 **개비**인 누느로<눈물 괸 눈으로> 나알로 치바더보는데<나를 쳐다보는데> 참 애애처럽떼에요<애처롭더군요>. ▷궤비다. 참 반촌에서는 '궤비다'가 흔히 쓰임.
개빈철 [개애′ 빈′ 철] 명 협궤철도*(挾軌鐵道). ◁갑인(甲寅) 철도(鐵道). ¶**개애빈철** 날 찌게<협궤철도가 날 적에> 잘루기로 끄느이니까네<잘록이를 끊으니까> 핌무리 흘럳딴다<핏물이 흘렀단다>./개빈여네 나안따꼬 **개애빈처**리라 컨다는데<甲寅年에 놓았다고 갑인철이라 한다는데>… 참 지금도 慶州 永川 간에는 중앙선과 나란히 협궤철도의 노반이 남아 있음. ▷개빙철.
개살 [개살′] 명 (질투하는 마음을 담아) 모진 심술. ¶저 가시나아 얼구레<저 계집애 얼굴에> **개사**리 철철 흐린다<심술이 철철 흐른다>. 흔). **개살 지기다**<심술 피우다> 구). **개살 푸우다**<심술 피우다> 구).
개살궂다 [개살′ 굳따] 형 모질게 심술궂다.
개살맞다 [개살′ 맏따] 형 모진 심술을 나타내다.
개살시럽다 [개살′ 시럽따] 형 모질게 심술궂은 데가 있다.
개살쟁이 [개살′ 재′~이~] 명 모질게 심술스러운 사람. 모진 심술을 피우는 사람.
개얂다 [개양′ 코, 개얀′ 치, 개얀터′ 라, 개야′ 너(나)도, 개야′ 너서] 형 괜찮다*. ①¶그 도옹네에서<동네서> 개와집 찌울 헹피니머<기와집 지을 형편이면>, 사아능 거느<사는 것은> 제북 **개야**는 테깅갑따<제법 괜찮은 셈인가 보다>. ②¶(남의 시향 지내는 데서) 이 떠글<떡을> 지이가 다아 가아<제가 다 가져> 가도 **개양**켄심니까<괜찮겠습니까>? 참 궤얂다>개얂다. **개양이** 부 괜찮이*.
개와 [개와′] 명 기와*. ¶때끼 여보시요<예끼 여보시오>, 마알 거튼 소리로<말 같은 소리를> 하소, 누군들 지붕에 **개와**<기와> 올린 지베 사알구접찌<집에 살고 싶지>, 초가찌비 머어가 조옥켄능기요<초가집이 뭐가 좋겠습

니까>?/꼴짜기로 시일 낼바더보니꺼네<골짜기를 슬 내려다보니까> 고래 등거틍 **개와**지비<고래등같은 기와집이> 자부룩<자오록> 하더란다./오늘 알매치는 지베느<집에는> **개와**로 올린다니이더<기와를 올린답니다>. 㽞 알매: 한옥 지붕의 산자와 이엉이나 기와 사이에 까는 흙. ▷개야/개아.

개와집 [개와집'] 㘿 기와집*. ¶우리도 도움 마아니<돈 많이> 버어러 가주구<벌어 가지고> **개와집** 지익꼬 사아자꼬요<기와집 짓고 살자고요>. ▷개야집/개아집.

개작다 [개작'따] 㘿 가깝다*. ¶자네 학쪼오서러느<학교에서는> 은행이 **개장**능가<가까운가>? ☞가직다.

개터리기 [개터리'기] 㘿 개털*. 개의 털. ¶**개터리기** 가주구<개털 가지고> 모자로 맹글머<모자를 만들면> 참 뜨실 끼이다<뜨스할 것이다>./일쩨 시대에느<일제 강점기에는> **개터리기**꺼정<개털까지> 고옹출로 대애라 캐앴따<공출을 대라고 했다>. ▷개터레기.

갱군 [갱군'] 㘿 강변*. 개울가*. ¶**갱군** 도오리 도옹 거트머<강변 돌이 돈 같으면> 어는 칭구 모온 사구우리<어느 친구 못 사귀리>./오늘 소 미기로<소에게 풀을 먹이려고/뜯기려고> **갱구**네 갇띠이나<개울가에 갔더냐>? ▷갱분.

갱물 [갱물] 㘿 본래 있던 물기가 아니라 밖에서 추가하거나 자연적으로 분리된 물기. 추가로 가하는 물. 원액과 다른 물. 따로 떠도는 물. 군물*. 겉물*. 웃물*. 객수*(客水). ◁객물(客-). ¶(추어탕에) 국이 모지래애가아 **갱물**로 쫌 버얼띠이<국이 모자라서 객물을 좀 부었더니> 마시 헹편업서전네<맛이 형편없어졌네>./도옹치미 궁무리 짭따고<동치미 국물이 짜다고> **갱물**로 태우머<객물을 태우면> 니 맏또 내 맏또 업서진대이<네 맛도 내 맛도 없어진다>./초바게느 **갱무리** 앤 도오는데<대나무 도시락에는 겉물이 안 도는데> 벤또에느<알루미늄/양은 도시락에는> **갱무리** 도러가아 전 지라리시더<겉물이 돌아서 전 지랄입니다/아주 나쁩니다>./미음 끼릴<끓일> 때, **갱물**로 나아가아는<객수를 부어서는> 앤 대지러<안되지>. 혼). **갱물**로<객수를> 놓다 구). **갱무리**<객수가> 돌다 구). **갱물**로<객수를> 치다 구).

갱자리 [갱자'리] 㘿 못자리에 넣을 거름으로 뿌리 채 캐는 이른봄의 풀. ¶철수야 나캉<나와> **갱자리**(??) 캐로 앤 가알래<캐러 안 갈래>?/하며 **갱자리**

캘 때 대애 가제<벌써 갱자리(??) 캘 때가 되어 가지>? 참 가을에 나서 자라던 풀이 겨울을 나고 이른봄에 새싹이 돋은 것. **갱자리 캐다** 구).

갱죽 [개앵′죽′] 명 콩나물이나 시래기를 주제로 하여 된장을 풀고 소량의 알곡을 넣고 끓인 죽. ¶나는 인자 **갱죽**(羹粥) 묵끼 실타이<나는 이제 갱죽 먹기 싫다>. 혼). 참 지난날 양식이 부족했을 때 연명하던 음식.

거#¹ [거] 명 의존 것*. ①¶오새애 뜨는 무지개사<요새 뜨는 무지개야> 창 귀이항 **거**고 마알고요<참 귀한 것이고 말고요>./할매인테 올 때마중<할머니에게 올 때마다> 큰절로 하능 **거**가<큰절을 하는 것이> 참말로 자앙하구나<장하구나>./무굴 **꺼** 이시머<먹을 것 있으면> 아아무 **꺼**나 쫌 두가<아무 것이나 좀 다오>, 보자./우라재느 본데<우리 아저씨는 본디> 조요옹항 **거**마 조오와하심니더<조용한 것만 좋아하십니다>. ②¶니 거틍 **거** 때미네<너 같은 것 때문에> 우리 모두가 요글 어어더뭉는다<욕을 얻어먹는다>. ③¶내 애리새애나 아아매<내일쯤이나 아마> 그 물겨니 도오착할 **꺼**다<물건이 도착할 것이다>. ④ 해*. ¶이 기이<것이> 다아 니 **거**가<다 네 해냐>?

거*² [거′이, 거′로/거′를, 거′에/거′예, 거′도/거′또, 거′마] I 명 의존 '것'의 준말. ¶이 방아 인는 채근 마카 다아<방에 있는 책은 모두 다> 니 **거**가<네 것이냐>?/헝지가네<형제 간에> 니<네> **거** 내 **거**가 어딘노<어디 있노>? II 대 거기*. ¶이 밤쭝에<밤중에> **거**어 누고<거기 누구냐>? III 감 생각이 잘 안 날 때 내는 소리. ¶근떠라아아 이리미<그 녀석 이름이> **거** 머어더라<뭐더라>?

거두다* [거두′우고, 거두′우지, 거두′우더라, 거다′아도/거돠′아도, 거다′아서/거돠′아서, 거다′아라/거돠′아라] 동 타 ¶새말 아재<아저씨>, 가실<가을> 내내 혼차서 **거두우**시니이라꼬<혼자서 거두시느라고> 고상 마아니 하신찌요<고생 많이 하셨지요>. ▷ 거둫다.

-거라* [거′라] 어미 ¶야아드라<얘들아>, 너거느 일로로<너희는 이리로> 오지 마고<말고>, 저기 가가아 안적**꺼라**<가서 앉아 있거라>./거기 서억**꺼라**<서 있어라>./구만<그만> 자고 펃득 일라**거라**<얼른 일어나거라>./저리 가**거라**./일찍 자**거라**./여기 앙**꺼라**<앉아라> 보자. x¶이렇게 하거라./나를 보거라./문을 열거라./거기 가서 살거라./자꾸 캐묻지 말거라. 참 아무 말에나 '-거라'를 붙이는 방송 드라마에는 문제가 많음.

거러지 [거러′지] 명 거지*. ¶비러뭉는 너미나<빌어먹는 놈이나> 거러지나 간찌요 머어<같지요 뭐>./안죽또 거기느 질게<아직도 거기에는 길에> 거러지가 더러 잍쩨<거지가 더러 있지>?/개따아나 복짜분 초상찌베<가뜩이나 복잡한 초상집에> 웨엥 거러지가 이치리 마안노<웬 거지가 이처럼 많니>? ▷걸뱅이/걸빙이.

거름#¹ [거′름] 명 1 자립 걸음*. ①¶장갱이가 아퍼<무릎이 아파> 거르미 느증 거사<걸음이 늦은 것이야> 누구라도 우얄<어쩔> 수가 업찌요<없지요> 머어<뭐>./디이예서러<뒤에서> 누가 궤에미로 지리니<고함을 지르니>, 거르믈 멈추우고<걸음을 멈추고> 도러볼 수배끼<돌아볼 수밖에>… ②¶성님<형님>, 서어월 오시능<서울 오시는> 거르미 이시머<걸음이 있으면> 꽁 열락캐애 주쉐이<꼭 연락해 주세요>./지처기 철리라꼬<지척이 천리라고>, 함분<한번> 대구 거름하기가<대구 걸음하기가> 도무지 수웁짠심더<쉽지 않습니다>./우애 댄 테긴동<어찌 된 셈인지>, 윤 서방네가 오새애느<요새는> 거르믈<걸음을> 뚝 끄넙뿌고<끊어버리고> 앤<안> 오네. 2 의존 ¶아푸고 나디이<아프고 나더니>, 서너 거름마 거러도<걸음만 걸어도> 쉬일따가<쉬었다가> 가야 댄다니이더<된답니다>. 거르마 날 살리라<걸음아 날 살려라> 구). 거르믈 채축카다<걸음을 재촉하다> 구).

거름*² [거름′] 명 ¶자네 올개<올해> 보리 거르믄<거름은> 마아니 장마너 도온나<많이 장만해 뒀니>?/(논밭에) 거르미야<그름이야> 머라 캐애도<뭐라고 해도> 태비<퇴비> 이상 더풀 끼이 업찌요<덮을 것이 없지요>./그기이 다아<그것이 다> 자시긴테 큰 거르미다<자식한테 큰 거름이다> 거름하다* 동 자. 거름(을) 주다 구).

거름하다¹ [거′름하다] 동 자 다녀오다*. 걸음하다. ¶올개만도 버러<올해만도 벌써> 살래 소오동떡 찌비<山內 소동댁 집에> 꿀 사로<사러> 시이 부니나<세 번이나> 거름해앤따 아니가<다녀왔잖아>.

거름하다² [거름하′다] 동 자 논밭에 거름을 주다.

거리*¹ [거′리] 명 '길거리'의 준말.

거리*² [거′리] 명 의존 ¶오새애느 장아<요새는 시장에> 가도 마땅은<마땅한> 반창꺼리가 업떠네<반찬거리가 없더군>.

거리다¹ [거리′고, 거리′지, 거리더′라, 걸′러(라)도, 걸′러서] x[걸르다] 명 거르다*. ¶장동 아지매<아주머니>, 막껄리<막걸리> **걸러** 노옹 거 이시머<놓은 것 있으면> 한 주전자마 빌리주이소<주전자만 빌려주세요>./구울궁 거느 다아<굵은 것은 다> **걸러** 내앱뿌고<내어버리고> 장 거망 가주구도<잔 것만 가지고도> 충분하니이더<충분합니다>.

거리다² [거리'고, 거리'지, 거리더'라, 걸'러(라)도, 걸'러서] x[걸르다] 동 타 거르다*. ¶비록 임마시 어업띠이라도<입맛이 없더라도> 때느 **거리**지 마고<끼는 거르지 말고> 꼭 차저 묵뚜룩 해애래이<찾아 먹도록 해라>.

거머쥐다* [거'머쥐이다] 동 타. ¶이 얼라아<아기>가 보기버다아<보기보다> **거머쥐**이는 시미<거머쥐는 힘이> 보오통 애니네요<보통이 아니네요>. ▷거머지다. 준 검쥐다/검지다.

거무 [거'무] 명 거미*. ¶구울 아페다가<굴 앞에다가> 왕**거무**<왕거미>가 줄로 처 녹코<줄을 쳐 놓고>, 주레<줄에> 걸리이늠 뽀올찌로 자아묵꼬<박쥐를 잡아먹고> 사아는데요<사는데요>…/아푸고 나디이<아프고 나더니> 그 사람 꼬리 똑 무레 **거무** 걷떠라꼬요<꼴이 꼭 물에 거미 같더라고요>./**거무**가 버얼또<거미가 벌도> 더러 자아뭉는담 마아리시더<잡아먹는단 말입니다>./버어레 수이키인<벌에 쏘인> 왕**거무**가<왕거미가> 파로 십퍼가아<파를 씹어서> 부라레<불알에> 둘둘 가암능 거로<감는 것을> 보고, 사아람도<사람도> 버어리인테 수이키이머<벌에게 쏘이면> 대파로 진니기가아<짓이겨서> 처매기 대앨딴다<처매게 되었단다>.

거무줄 [거'무줄] 명 거미줄*. ¶그럭키 사다분 제에비도<그렇게 싼 제비도> 왕**거무**주레 걸리이니꺼네<왕거미줄에 걸리니까> 꼼짜글 모온하데에요<꼼짝 못하더군요>. **거무줄 겉다**<거미줄 같다> 구).

거북카다 [거어'북'카다] 형 거북하다*. ①¶송까라글 다치가아<손가락을 다쳐서> 바안질<바느질> 하기가 창 **거어북카**니이더<참 거북합니다>./다리가 아품 바라메<아픈 바람에> 게단 오리기가<계단 오르기가> 여어간 **거어북캉** 기이 아닙니더<여간 거북한 것이 아닙니다>. ②¶어어른들마<어른들만> 안저 기이신 사랑아<앉아 계신 사랑에> 내가 석끼이 이실라 커니<섞여 있으려니> 디이기 **거어북카**디이더<되게 거북합디다>. ③¶쉐에기 **거어북캐애**가아<속이 거북해서> 아아무 꺼도<아무 것도> 모옴 묵껜네요<못 먹겠네요>.

거섭 [거어′서′비, 거어′서′블, 거어′서′베, 거어′섭′또, 거어′섬′마] 명 푸성귀*. 비빔밥 따위에 섞는 나물. ¶(머슴의 불평) 내가 송기요<소입니까>, 와 자꾸 **거어섭**마 가따아 앵기이능기요<왜 자꾸 푸성귀만 갖다 안깁니까>./ 궤기버다 **거어서비** 조온타는 사람도 더러 익끼느 읻띠이더<고기보다 거섶이 좋다는 사람도 더러 있기는 있습디다>. ▷거섶.

거저나무 [거저′나무′] 명 자작나무*. 백화수*(白樺樹). 껍질이 흰 나무. ¶ 알매 칠 때 **거저나무** 항 가쟁이느 여언능강<한 가지는 넣었는지>? 참 나무의 왕으로 여겨, 집을 지을 때 서까래나 아니면, 알매 칠 때 한 가지씩 꼭 넣으며, 경우에 따라서는 벽을 얽을 때라도 한 가지쯤 넣음. 알매: 한옥 지붕의 산자와 이엉이나 기와 사이에 까는 흙.

거짐말 [거어′짐′말] 명 거짓말*. ¶그거사 빼앨강 **거어짐마리**다<그거야 빨간 거짓말이다>./매액째 함분<공연히 한번> 해애봉 **거어짐마리**<해본 거짓말이> 나앙줴에 가가아느<나중에 가서는> 큼 무운제로 일바식꺼등요<큰 문제를 일으켰거든요>…/**거어짐말**하머<거짓말하면> 이 빠진대이<빠진다>. ▷가짐말. ⇔참말. **거짐말하다** 동 자 타 거짓말하다*. **거짐말**<거짓말>(을) 보태다 구).

거치없다 [거치′머업따] 형 거침없다*. ¶(놀라서) 가안도 크제<간도 크지>? 어어른 아페서러<어른 앞에서> 우애 그럼 마아리<어찌 그런 말이> **거치머업**시 술술 나오는동 모올라<거침없이 술술 나오는지 몰라>. **거치업시** 부 거침없이*.

거풀 [거′풀] 명 고공품을 만들고 나서 떼 내어야 하는 너저분한 짚의 거스러미. ¶집신쟁이 여엉가미<짚신장수 영감이> 주굴 때사<죽을 때에야> **거풀 거풀** 컥꼬<거스러미 거스러미 하고> 가더란다./집시늘 사머도<짚신을 삼아도> **거풀**로 깨꿈박끼<거스러미를 깨끗하게> 따야 잘 팔리인대이<팔린다>.

걱쩡 [거억′쩌′~이~, 거억′쩌′~을~, 거억′쩌′~에~, 거억′쩡′도, 거억′쩡′마] 명 걱정*. ¶도온 실 떼느 마아는데<돈 쓸 데는 많은데> 가징 기이 어업시니<가진 것이 없으니> **거억쩡**이 마아늘 빠께요<걱정이 많을 밖에요>./어야든동 시부모임인테<어쩌든지 시부모님께> **거억쩡**을 앤 시기두룩<걱정을 안 시키도록> 잘 해애래이<해라>./그 할마시느 자석뜰<할머니는 자식들> **거억쩡** 따무레<걱정 때문에> 마암 페늘 나리<마음 편할 날이> 하리도 업심더<하루도 없습니다>./머어보다암도<무엇보다도> 아푸로 사러갈 이이리<앞으로 살아갈 일이> 대애 **거억쩡**이다<큰걱정이다>. ×¶선생님께 걱정을 듣다. **걱쩡하다** 동자타 걱정하다*. **걱쩡대다** 동자 걱정되다*. **걱쩡도 팔짜**<걱정도 팔자> 구). **걱쩡이 태사니다**<걱정이 태산이다> 구).

건네 [거언′네′] 명 건너*. ¶(모내기 때) 가앙 **거언네** 노는<강 건너 논은> 어언제 숭구울랑기요<언제 심으렵니까>./활천당 약꾸근<약국은> 저 질 **거언네**<길 건너에> 가머 읻심더<가면 있습니다>./소오무니<소문이> 한 닙<입> **거언네**<건너> 두우 이부로<두 입으로> 퍼지는 거로<퍼지는 것을> 누구 재주로 망는담 마알고<막는단 말이냐>.

건네다 [거언′네′다] 동타 건너다*. ①¶(개울 건너에 사는 사람에게) 이모임<이모님>, 살피 **거언네가입시대이**<살펴 건너가십시오>./다리로 **거언네가아**<다리를 건너서> 오린솜페느로 가머<오른편으로 가면> 조오피<두부> 파는 지비 이실 끼일시더<집이 있을 겁니다>./질로<길을/횡단보도를> **거언넬** 찌게는 우야든동<건널 적에는 어쩌든지> 차 조오심해애라<조심해라>./쥐가 도랑무를<도랑물을> 훼에미로 처가아<헤엄을 쳐서> **거언네능** 거로 보머<건너는 것을 보면> 참 히얀하제<희한하지>? ②¶이 집 쩌 지블<저 집을> **거언네가아**<건너서> 퍼진 소오문 따무네<소문 때문에>, 이 도옹네에서느<동네에서는> 모리는 사라미<모르는 사람이> 업심더<없습니다>.

건네다보다 [거언′네′다보다] 동타 건너다보다* ¶큼무리 지늠 바라메<큰물이 지는 바람에>, 사아람드리<사람들이> 가앙 야앙펴네서러<강 양편에서> 마지 **거언네다보**먼서러<마주 건너다보면서> 이라자 저라자 카머<이러자 저러자 하며> 이이바글 노널심더<이야기를 나누었습니다>. ×¶김노인은 그 청년을 속으로 사윗감으로 건네다보고 있었다.

건디리다 [건디′리다] 동타 건드리다*. ①¶자기가 벌 찌블 **건디릳**시니<집을 건드렸으니> 덕 뿔 이이리<볼 일이> 업찌 와<없잖아>./지이가 배액째로<제가 공연히> 자늠 버어믈<자는 범을> **건디링** 기이<건드린 것이> 타알 애니가<탈 아니냐>. ②¶자네가 소동 어어른 비이우로<어른 비위를> 설**건디리** 녹코느<설건드려 놓고는> 기양 전디기<그냥 견디기> 에러불 꺼로<어려울 걸>. ③¶그 부지러는 너미<부지런한 놈이> 또 과아부 하나로 **건디림** 모양일쎄<과부 하나를 건드린 모양일세>. ④¶처넌떡 아드른<천언댁

아들은>, **건디리**는 이일마중 다아<건드리는 일마다 다> 잘 땐다네요<된다네요>. ▷건드리다. 㽵 건들다.

걷따리 [거얼′따′리] 몡 곁다리*. ¶바아라<봐라>, 여기 **거얼따리** 부틀<곁다리 붙을> 생각 마아고<말고> 저리 가거라. ▷거따리/젇따리. **걷따리 쩌다**<곁다리 끼다> 구). **걷따리**<곁다리> **붙다** 구).

걷짢다 [걷′짠′타] 혱 같잖다*. 겉지<같지> 않다. ¶그 참, **걷짜**는 이이레다가<같잖은 일에다가> 도옴마 공여어니<돈만 공연히> 다아 날리보내앤네<다 날려보냈네>./오느른<오늘은> 그 야앙반<양반> 일찍 올 꺼 **걷짜**는데요<것 같지 않은데요>. ▷갇짢다.

걸깅이 [걸′기~이~] 몡 (운동장 한복판이나 소달구지가 다니는 한길 따위에서 마구 짓밟히면서 자라는) 풀이름. 그량?? ¶서 장군 아페서러<앞에서> 쪼매애는<조그만> 초립띠이가 안저가아<초립둥이 앉아서> **걸깅이**로<그량을??> 조옴좀 뽀버 모둑코 이석꺼등<좀좀 뽑아 모으고 있었거든>, 그거로 보니 참 기가 차능 기라<그걸 보니까 참 기가 차는 거라>. 흔). 㽵 늦여름이나 가을에 이 풀이 무성하게 자랐을 때, 길의 달구지 바퀴자국 양쪽의 풀을 얽어 가지고, 지나다니는 사람이 걸려 넘어지도록 묶어놓는 장난을 함. 여간해서는 뽑히지도 않으며, 가물에도 잘 견디고 모질고 강인함. x질경이. ▷골강풀/결갱이.

걸다*[1] [거얼′고′/거어′고′, 거얼′지′/거어′지′, 거얼′더′래/거어′더′라, 거′러(라)도, 거′러서, 거′러라] 동 타 ¶자네 바지느<바지는> 저 모세다가 **거러**라<못에다가 걸어라>.

걸다*[2] [거얼′고′/거어′고′, 거얼′지′/거어′지′, 거얼′더′래/거어′더′라, 거′러(라)도, 거′러서] 혱 ¶어든<어느> 땅이든, 땅이 **거러**야 소오추리 마아니<땅이 걸어야 소출이 많이> 나지요.

걸리다*[1] [걸리′이다] 동 자 ¶궤기 뻬가치<생선 가시>가 모게 **걸리**인는 데느<목에 걸린 데는>, 영까시로<(말린) 사마귀를> 부레다가 사리가아<불에다가 살라서> 가리로 맨드러 가주굴랑<가루를 만들어 가지고서>, 붇때롱에다가<붓대롱에다가> 여어 가주구<넣어 가지고> 모게다가<목에다가> 확 푸무머 잘 나안는다<뿜으면 잘 낫는다>.

걸리다*[2] [걸리′이다] 동 사동 '걷다'의 사역형. ¶얼라아로 **걸리이**구 저버가아

<아기를 걸리고 싶어서> 얼라아 소늘<아기 손을> 작꼬 디익꺼름질로<잡고 뒷걸음질을> 치다가요 콩지름시리에<콩나물시루에> 풍덩…

걸머지다* [걸′머지다] 동태 ①¶저 사라믄<사람은> 거얼망마 **걸머지**머<걸망만 걸머지면> 나는 드시<듯이> 가는 사라미시더<사람입니다>. ②¶무리하기 사아어불<무리하게 사업을> 버얼리다가<벌이다가>, 빔마<빚만> 왕창 **걸머지**고 마런찌<말았지>. ③¶마지느<맏이는> 누구라도, 지바늘 끄직꼬<집안을 끌고> 갈 채거믈<책임을> **걸머질** 수배끼<수밖에> 엄능 건데<없는 건데>…

걸뱅이 [걸배′~이~] 명 거지*. 비렁뱅이*. ¶우리 인는 데서르느<사는 데서는>, 지반 식꾸 생일라레느<집안 식구 생일날에는> **걸뱅이**인테<거지에게> 도옹영을 앤 주니이더<동냥을 주지 않습니다>./기가 차고 매애가<매가> 차고, 순사가 칼로<칼을> 차고, 학성이 고옹을<학생이 공을> 차고, **걸뱅이**가 깡통을<거지가 깡통을> 차고… 전 전라 동요. ▷걸빙이.

검나다 [검′나′다] 동자 겁나다*(怯-). ¶대머 다항이고<되면 다행이고>, 앤대머 구마니라꼬<안되면 그만이라고> 생가거머<생각하면> 세에상아<세상에> **검날** 이이리<겁날 일이> 머어가 익곈능기요<뭐가 있겠습니까>.

검내다 [검′내′애다] 동태 겁내다*(怯-). ¶해애 보지도 앤하고<해 보지도 않고>, 이일버텅 **검내애**는 사라미<일부터 겁내는 사람이>, 장차 무징<무슨> 큰 이일로 초오 나가겐능기요<일을 추어 나가겠습니까>.

검다* [거엄′따′] 형 ①¶저어서러<저기서> 머어로 태우는동<무엇을 태우는지>, **거문** 영개<검은 연기>가 막 치솓떼요<치솟더군요>./자아느 살미치<쟤는 피부가> 와<왜> 그리 **거문**동 모올라<검은지 몰라>. ②¶소오기 **거문** 사라믄<속이 검은 사람은> 니이<네>가 조오심하는 수바께 업따<조심하는 수밖에 없다>./지이 **거문** 소옥시믈<제 검은 속셈을> 내가 모릴 쭐 아아고<모를 줄 알고>? ▷껌다. ↔히다.

검처리 [거엄′처′리] 명 거머리*. ¶큰집 수기느<(영)숙이는>, 모로 숭구우다가<모를 심다가>도, 다레에 **거엄처리**가 부트머<다리에 거머리가 붙으면> 우우머부우머<울며불며>, **거엄처리**느 다레에다가<거머리는 다리에다가> 부친<붙인> 채로 직꺼정 쪼처가고<집에까지 달려가고> 그래앴찌요<그랬지요>./우리 고래노네느<고래실에는> **거엄처리**가 너무 마아너가아<거머

리가 너무 많아서> 타아리지만<탈이지만>, 미꾸래기도<미꾸라지도> 참 마안심더<많습니다>. ▷검차리.

겁*(怯) [겁] 몡 ¶남자가 무싱 **거**비<무슨 겁이> 그리 마안는동 모올쉐<많은지 모를 일일세>. **겁**(을) **묵다**<먹다> 구). **겁**(을) **지이묵다**<집어먹다> 구). **겁**(을) **주다** 구). **겁**(을) **미기다**<먹이다> 구).

겉* [거′치/겉′치, 걷′틀/거′틀, 걷′테, 걷′또, 검′마] 몡 ①¶내가 소옥사정은 일리리<속사정은 일일이> 다아 모리겐찌만<다 모르겠지만>, **거**틍<겉은> 그런 대로 개야너 비이더라<괜찮아 보이더라>./마아리 그런치<말이 그렇지>, 사아라미<사람이> **걱캉** 소오기<겉과 속이> 가틀 수가 수울짠태이<같을 수가 쉽지 않다>./암망 그캐애도<암만 그렇게 말해도> **거**틍 **거치고**<겉은 겉이고> 소오근 소오김니더<속은 속입니다>./우리가 **거**트로마 버얼지<겉으로만 벌지>, 소오그로느 믿찌능 기이<속으로는 밑지는 것이> 이 자앙사시더<장사입니다>. ②¶배느<배는> 여어간 멩장구가 드러도<여간 멍이 들어도>, **거튼**<겉은> 멀쩡하지만 소오기 헹핀엄는 때미네<속이 형편없는 때문에> 송는<속는> 수가 마안치요<많지요>. ⇔속. **거트로**<겉으로> **빙빙 돌다** 구).

겉다 [걷′꼬/걱′꼬, 걷′찌/걷′치, 걷떠′라, 거′터도/거′테도, 거′터서/거′테서] 혱 같다*. ①¶내가 지굼<지금> 똑 꾸물 꾸능 **걷심더**<꼭 꿈을 꾸는 것 같습니다>./야 이 이인네야<여편네야>, 자네가 이레 구우싱**거튼** 얼구리로<이렇게 귀신같은 얼굴을> 해애 가주구 나오머<해 가지고 나오면> 나느 우야람 마알고<나는 어쩌란 말이냐>?/우리느<우리는> 고래등 **거**틍 개와집<같은 기와집을> 지익꼬 사아능 기이 소오워니시더<짓고 사는 것이 소원이올시다>./우리 솔려느<손녀는> 그 새앱뻴 **거튼** 누니<샛별 같은 눈이> 얼매나 이이뿐동 모림니더<얼마나 예쁜지 모립니다>./대애골 **거튼** 지베<대궐 같은 집에> 사아는 사라미야<사는 사람이야> 얼매나 조옥켄능기요<얼마나 좋겠습니까>. ②¶내 **거튼**<같은> 사람도 거기 멩아믈<명함을> 내엘 수 익껜능기요<낼 수 있겠습니까>? ③¶하느리 어더붕 기이<하늘이 어두운 것이>, 똑 소내기<꼭 소나기>가 올 꺼 **거트네요**<것 같네요>./열라기<연락이> 엄능 거로<없는 것을> 보니, 아아매 무진<아마 무슨> 타아리 낭 거 **걷심더**<탈이 난 것 같습니다>. ④¶자네 **거트머**<같으면> 이럴 때, 우애 해앤실 끼이고<어찌 했을 거냐>?/이인날 거트머<옛날 같으면> 그 나에 자앙개로<나이에 장가를> 가고도 나먼찌요<남았지요>. ⑤¶마알 거틈 마알로 해애야<말 같은 말을 해야> 내가 드러<들어> 주지요. ⑥¶내 마앙 거태서느<마음 같아서는> 한 찰<대> 탁 때리 주구 접따 와<때려 주고 싶다 왜>? ▷같다. x¶이것과 저것이 똑 겉다.

게랄 [게′라리, 게′라를, 게′라레, 게′랄또, 게′랄마] 몡 계란*(鷄卵). ▷제랄/다랄.

겨울 [겨′으리, 겨′으를, 겨′으레, 겨′을도/겨′을또, 겨′을마] 몡 겨울*. ¶나느 예비가아 그런동<나는 여위어서 그런지> 치붕 겨으리<추운 겨울이> 실터라<싫더라>./언사나<어느새> 겨으리 완능가배요<겨울이 왔는가 봐요>.

겨읆 [겨′을기, 겨′을글, 겨′을게, 겨′을도/겨′을또, 겨′을마] 몡 겨울*. ☞겨을.

고내기 [고오′내′기] 몡 고양이*. ¶쥐로 자버야<쥐를 잡아먹어야> 고오내기<고양이>지, 쥐도 모온 짬능 기이<못 잡는 것이> 무싱 고오내기고<무슨 고양이냐>. ▷꼬내기/살찡이.

고딩이 [고디′~이~] 몡 고둥*. ¶노네 인능 고딩이느<논에 있는 고둥은> 농꼬딩이고<논우렁이고>, 거랑아 인능 고딩이느<개울에 있는 고둥은> 사고딩이<다슬기> 애니가<아니냐>./농꼬딩이<논우렁이> 알 논능 거로<낳는 것을> 니느 모옴 빠얃쩨<너는 못 봤지>? 그거<그것> 함 지키보머<한번 지켜보면> 그럴 수 업시 히얀는데<없이 희한한데>…

고라니* [고′라~이~] 몡 ¶산중에서러느<산중에서는> 고라니 때미네<고라니 때문에> 농사로 지야도<농사를 지어도> 벨<별> 재미가 업심더<없습니다>.

고래#[1] [고래] 몡 바닥이 깊고 물이 늘 있어서 기름진 논. 고래실*. ¶압뜰 고래노니사<앞들 고래야> 암망 가무러도<암만 가물어도> 숭여늘 모리지요<흉년을 모르지요>./우리 고래노네느<고래실에는> 거엄처리<거머리>가 너무 마아너가아<많아서> 타아리지만도<탈이지만> 미꾸라지 하나느<하나는>…

고래*[2] [고래′] ¶건천장아더러<乾川장에서> 고래 궤기 파던<고기 팔던> 할마시<할머니>가 디기 재애종고모시더<(善)德의 재종고모입니다>.

고래*³ [고래′/고래] 명 '방고래'의 준말. ¶바아라<봐라>, 굼불로 때앨라컥꺼들랑<군불을 때려거든> **고래**에다가 집따늘<짚단을> 지푸기 지버여어 나아라<깊이 집어넣어 놓아라>.

고레장 [고레′장] 명 고려장*(高麗葬). ¶할매<할머니> 나가 마아너지니꺼네<나이가 많아지니까>, 아드리 할매로<아들이 할머니를> 지게에다가 언저 가아<얹어서>, **고레장**하로 각꺼등<고려장을 하러 갔거든>, 그때 손자가 따러 갔서<갔어>. 도로올 찌게<돌아올 적에> 지게를 내삐고 오올라커니까 데<내버리고 오려니까>, 손자가 지게를 다부 가주가자 컥꺼등<도로 가져가자고 하거든>. 웽공하니<왜냐하면> 저가배<자기 아버지>가 늘그머<늙으면> 그때 또 지고 와야 대겐따꼬<되겠다고>…

고롬¹ [고′롬] 명 고름*. ¶여자들 저구리 **고로미**<저고리 고름이> 와 저치리<왜 저처럼> 지러전시꼬<길어졌을까>?/아드리나 둘레옥**꼬로**믈<아이들이나 둘레 옷고름을> 매지, 다아<다> 큰 사라미 무신<사람이 무슨>…

고롬² [고롬] 명 고름*. ¶가아 다레에<걔 다리에> 난 조옹지미로 짜니꺼네<종기를 짜니까>, **고로미**<고름이> 어엄버지기로<큰 버치로> 하나 나오더라니이더<나오더랍니다>.

고묵 [고오′묵′] 명 고목(古木)*. ¶저기 **고오뭉**나무<고목> 서어 인능<서 있는> 고개로 너머가머요<고개를 넘어가면요>, 거어<거기>가 바리<바로> 우리 마시린데요<마을인데요>…

고뭉나무 [고오′뭉′나무] 명 고목(古木)*. 오래 묵은 나무. ¶**고오뭉나무**에도<고목에도> 보미 대머<봄이 되면> 꼬치야<꽃이야> 피지요마는…/저 **고오뭉나무**<고목>에도 까안챙이가 지불<까치가 집을> 또 하나 지얀네요<지었네요>.

고상 [고′상′] 명 고생*(苦生). ¶우리 에릴 때사<어릴 때야>, 초오네에서러<촌에서> **고상** 앤하고<않고> 큰 사라미<사람이> 누가 인능기요<있습니까>./여름 내애내 가무러가아<내내 가물어서>, 아재<아저씨가> **고상**이 참 마아 넉껜심더<고생이 참 많았겠습니다>. 참 고상=고생.

고새풍 [고새풍′] 명 높새바람*. 북동풍*. ¶**고새풍**이 부우능 거로<북동풍이 부는 것을> 보니 나리<날이> 가물 징종갑따<징조인가 보다>. 드). ▷고심풍.

고손지 [고손′지] 똉 고손*(高孫). 고손자*. ¶자기 팽성어<평생에> **고손지**<고손자> 보는 사라미 멘치나 대꼬<사람이 몇이나 될까>./**고손지**꺼정 바앝시머<고손까지 봤으면> 할매<할머니>도 참 오래 사안 테기시더<산 셈입니다>.

고시메 [고시메′] 똉 고수머리*. 곱슬머리. ¶참, 저 집 대애수간 아아드르느<대소간 아이들은> 바앙**고시메**가 마아느네요<반곱슬머리가 많네요>.

고시메쟁이 [고시메재′~이~] 똉 고수머리인 사람. ¶약깡 **고시메쟁이**가<약간 고수머리인 사람이> 훨신 먼쩌 비이지요<훨씬 멋져 보이지요>.

고신도치 [고′신도치] 똉 고슴도치*. ¶**고신도치** 지름 가주구<고슴도치 기름 가지고> 약칸다 컨먼데<약한다고 하던데>···/웨바테 가머<참외밭에 가면> 바메 **고신도치**가<밤에 고슴도치가> 웨에 따무구로<참외 따먹으러> 온다는데요··· ▷고심도치.

고연하다 [고여언′하′다] 똉 공연하다*(空然-).

고오장 [고오′장] 똉 고추장*. ¶**고오장**은<고추장은> 달고 매버야<매워야> 지 마시지<제 맛이지>./여르메 가니 업시머<여름에 반찬이 없으면>, 푹꼬치<풋고추> 따다가 **고오장**마 이시머<고추장만 있으면> 구마니지 머<그만이지 뭐>. ▷꼬오장.

고우다 [고′우고, 고′우지, 고′우더라, 고′아도/고′와도, 고′아서/고′와서] 동 타 괴다*. ①¶밥상 머레서러 지이발<머리에서 제발>, 테가리로 **고우고**<턱을 괴고> 그레 안찌<그렇게 앉지> 마라./책상 따리가 저얼머<다리가 절면>, 종오로 저버 가주골랑<종이를 접어 가지고> **고아**바아라<괴어 봐라>. ②¶(제상에 올리게) 이 대애추로<대추를> 니이<너> 힘 자래애는 데꺼정<자라는 데까지> 함문 노푸기 **고와**바아라<한번 높게 괴어 봐라>.

고자바리 [고자바′리] 똉 고집. ¶전떨 짜서기 **고자바리**로 내애머 시끄럽때미<저년의 자식이/저 녀석이 고집을 피우면 시끄럽다>.

고장#[1] [고오′장′] 똉 교장*(校長). 참 '고오장<고추장>'과는 강세 위치가 다름.

고장*[2] (故障) [고오′장′] 똉. 참 '고오장<고추장>'과는 강세 위치가 다름.

고지듣다 [고′지든따] 동 타 곧이듣다*. ¶세에상아<세상에> 니 거틍 거짐말쨍이 마알로<너 같은 거짓말쟁이 말을> **고지드**를 사라미<곧이들을 사람이> 어딕겐노<어디 있겠니>?/나미 **고지드**를 마안함<남이 곧이들을 만한> 마알로 해애야<말을 해야> 미더<믿어> 주지…

곡석 [곡′석] 몡 곡식*(穀食). 곡물*. ¶초오네서<시골에서> **곡석** 한 대 앤 내 애머<곡식 한 되 안 내면> 어디서 도오니 나오노<돈이 나오냐>?/그 사라미 바리<사람이 바로>, **곡서**게 제에비 거튼<곡식에 제비 같은> 사람 애니가 <아니냐>./**곡석** 아까분<곡식 아까운> 줄 모리는 사라믄<모르는 사람은> 밤 무굴<밥 먹을> 자걱 어업따<자격이 없다>.

곡카다 [곡′카′다] 동자 곡하다*(哭-). ¶이 밤쭝에<밤중에> 어디서 **곡카**는 <곡하는> 소리가 나는동<나는지> 모릴 이이릴쉐<모를 일일세>./오새에느 <요새는> 무운상 가가아<문상 가서> **곡카**는 사라미<곡하는 사람이> 유웅 드무러젙쩨<영 드물어졌지>?

곤주가 [고온′주′가] 몡 권주가*(勸酒歌). ¶수리 이시머<술이 있으면> **고온 주가**<권주가>도 이서야 델 꺼 애니가<있어야 될 것이 아니냐>.

곤치다 [곤′치고, 곤′치지, 곤′치더라, 곤′치도/곤처′(차′)도, 곤′치서/곤′처서, 곤′치라/곤′처라] 동타 고치다*. ①¶자네 후우배<후배> 그 사람 이분 차 메<이번 참에>, 버얼시로 쫑 **곤치**조오야 대겐떠라<버릇을 좀 고쳐줘야 되 겠더라>. ②¶아지매<아주머니>, 지침뻥<기침병> 잘 **곤치**는 이워니<고치 는 의원이> 여어<여기> 어디 잇따면서요<있다면서요>? ③¶오새애 사람 드리<요새 사람들이> 누가, 고오장난 시게 거틍 거로<고장난 시계 같은 것을> **곤치**가아 실라 컨능기요<고쳐서 쓰려고 합니까>. ④¶이르믈 **곤치** 머<이름을 고치면>, 무짐 팔짜가 쫌 달러지능강요<무슨 팔자가 좀 달라지 는지요>?

곤하다¹ [고온′하′다] 동타 권하다*(勸-). ①¶보오거믈<보험을> 하나 드러 도올라꼬<들어 달라고> 하도 **고오**내 사아가아<권해 쌓아서>, 억찔로<억지 로> 항<한> 개 드럳심더<들었습니다>. ②¶칭구드리 오램마네<친구들이 오랜만에> 하도 **고온하**능 바라메<권하는 바람에> 술로 멛 짠 해앧딴다<술 을 몇 잔 했단다>.

곤하다² [고온′하′다] 혱 피곤하다*. 힘들다*.

곫다 [고온′타] 혱 피곤하다*. 힘들다*. ①¶봄나레<봄날에> 저어여믈 묵꼬 나머<점심을 먹고 나면>, 누구나 다아 **고온**치요만도<다 피곤하지요만>… ②¶그 어어르니<어른이> 하도 **고옹**키 지무시길래<곤하게 주무시길래>,

앙<안> 깨우고 기양 왇심더<그냥 왔습니다>. 참 곺다>곤하다.

곧#¹ [고지/고디, 고들, 고'데, 곧또, 곰마] 명 곳*. I 자립 ¶용문띠기가 이부네 메늘 보는<용문댁이 이번에 며느리를 보는> 새**고**데서느<새곳에서는> 더더글<더덕을> 그레 마아니 한다컨네요<그렇게 많이 (재배)한다네요>./ 그 **고지**<곳이> 어어떵 **고진**<어떤 곳인> 줄또 모리고<줄도 모르고> 함부레 드갇따가<함부로 들어갔다가> 주굴 꼬생마<죽을 고생만> 시일컨 해앤니이더<실컷 했습니다>./아푼<아픈> **고지** 어딘동<곳이 어딘지> 니 소느로<네 손으로> 함 지퍼바아라<한번 짚어 봐라>. II 의존 ¶내 따아네느<딴에는> 여러 **고들** 도러댕기 바앋찌만<곳을 돌아다녀 봤지만>, 우리 도옹네 마안춤<동네만큼> 문저녹따비 조온<문전옥답이 좋은> 데도 흔찬티이더<흔하지 않습디다>. ▷곳.

곧*² [곧] 부 ¶오오냐<오냐> 그래, 내 **곡** 가아마<곧 가마>./니 머여<너 먼저> 지비 가가아 익꺼라<집에 가서 있거라/있어라>, 나도 **곧** 디따러가꾸마<뒤따라갈게>.

곧다* [곧'꼬/곡'꼬, 곧'찌, 곧떠'라, 고'더(다)도, 고'더서] 형 ¶**곡**끼 뻐든<곧게 뻗은> 신장노 쩔게<신작로 길에>다가 고무풀로 까러 노오니<아스팔트를 깔아 놓으니> 세에상<세상> 참 조온테에요<좋더군요>.

골#¹ [골] 명 궐*(闕). 해야 할 일을 빠뜨리거나 모임에 빠지는 것. ¶보역사 하는 데 앤<안> 나오는 사라민테느<사람에게는> **골**로 매기야 댄다<궐을 매겨야 된다>./이일로 하알라커머<일을 하려면> 지대로 해애야지<제대로 해야지>, 무싱<무슨> **골** 에우 드시<궐 때 듯> 그레느<그렇게는> 하지 마라./ 다아 부우역하는데<다 부역하는데>, 모온<못> 나갈 헴피니머<형편이면> **고**리라도 내애야지요 머어<궐이라도 내야지요 뭐>./자네가 그란다꼬<그런다고> 누가 **골** 바더로 오까방 검나나<궐 받으러 올까봐 겁나니>? 흔). **골(을) 매기다** 구). **골(을) 받다** 구). **골(을) 애우다<떼다>** 구).

골*² [고'올'] 명 ①¶살래 대애형 꼴짜기만춤<山內 대현 골짜기만큼>, 고오리 지인<골이 긴> 데도 벨로 흔차늘 꺼료요<별로 흔하지 않을 걸요>. ②¶보리 **고오른**<골은> 너무 지푸기 타머 앤 댄다 마아리시더<깊게 타면 안 된다는 말이외다/말입니다>. 참 대현: 慶州市 山內面 大峴里. **골로 가다** 구). **골을 타다** 구).

골*³ [골] 몡 ¶그렁<그런> 고 라푼 이이바근<골 아픈 이야기는> 여어서<여기서> 하지 마압시더<맙시다>.

골*⁴ [골] 몡 ¶그만 이이레<그만한 일에> 골 쫌<좀> 내애지<내지> 마소. 골(이) 나다 구). 골(을) 내다 구). 고리<골이> 머리 꼭꺼정<끝까지> 나다 구).

골*⁵ [골] 몡 ¶이이저네느<예전에는> 집시늘 사무머<짚신을 삼으면> 꼭 골로 처가아 늘구우고<골을 쳐서 늘이고> 그랟따마느<그랬다마는>···/고 콕꾸무 마이늠 방아<콧구멍 만한 방에>, 사아람드리<사람들이> 골로<골을> 치고 드란전떠라꼬요<들어앉아 있더라고요>. 골(을) 박다 구). 골(을) 치다 구).

골고리 [고올고리'] 몜 골고루*. ▷고리고리.

골골레 [골골' 레] 몡 아무 남자에게나 치마를 걷는 여자. ◁골골네.

곯다#¹ [골' 고'/고' 고', 골' 지'/고' 지', 골' 더' 라/고' 더' 라, 고' 러' (라')도, 고' 러' 서] 동자 곯다*. ①¶나리 더버 그런동<날이 더워 그런지> 게라리 함버러 고런네요<계란이 벌써 곯았네요>./소오기 곤 수우바금<속이 곯은 수박은> 묵찌 마래이<먹지 마라>./무다아니 저레<무단히 저렇게> 다리가 고러 가주골랑<곯아 가지고> 비잉싱이가 대앱뿓찌요, 머어<병신이 되어버렸지요, 뭐>. ②¶그 칭구 아드리<친구 아들이> 주새게 고러가아<주색에 곯아서> 기이우늘<기운을> 통 모온 신단다<못 쓴단다>.

곯다*² [골' 고'/고' 고', 골' 지'/고' 지', 골' 더' 라/고' 더' 라, 고' 러' (라')도, 고' 러' 서] 동타 (코를) 골다.

골류다 [골류' 우다] x[골르다] 동타 고르다*. ¶사아라미<사람이> 물건 골류우는<고르는> 눈도 이서야<있어야>, 조옴 물거늘<좋은 물건을> 더러 어어 더걸릴 수 잊찌<얻어걸릴 수 있지>./(쌀에 섞인) 미로 골류울 때느<뉘를 고를 때는> 까아맘 파네다가<까만 판에다가> 살로 버어 녹코<쌀을 부어 놓고> 하머 수웁찌<하면 쉽지>. ▷골룧다.

골리다#¹ [고올' 리' 다] 동타 고르다*. ☞골류다.

골리다*² [골리' 이다] 동 사동 곯리다*. '곯다'의 사역형. ¶아아들 배로<아이들 배를> 얼매나 골리잍시머<얼마나 곯렸으면>, 나미 묵따가 내뻔<남이 먹다가 내버린> 능굼 껍띠기꺼정<사과 껍질까지> 다아 좌아묵껜나<다 주워먹겠나>.

골빙 [골' 비' 잉] 몡 골병*(-病). ¶내가 삼동 내애내<내내>, 군시뱅이 몸 망

니이라꼬<군시방 못 막느라고> **골빙** 다아 드럳심더<골병 다 들었습니다>. **골빙**<골병>(이) **들다** 구).
곯다* [골′코′, 골′치′, 골′터′라, 고′러′(라′)도, 고′러′서] 동태 ¶저 집 윤시네도<씨네도>, 지구미사 부우자지만<지금이야 부자지만>, 에릴 때는<어릴 때는> 참 마이도 **골코** 사럳따네요<많이도 곯고 살았다네요>. ▷골다.
곰*¹ [고옴′] 명 고기나 생선을 푹 삶은 국. ¶사안후우에느<산후에는> 까물치**고오**를<가물치곰을> 푹 꽈아가아 무구머 조오치<고아서 먹으면 좋지>.
곰*² [고′옴′] 명 ①¶**고오**미 미련타능 거느<곰이 미련하다는 것은> **고오**를 모리고<곰을 모르고> 하는 소리다, **고오**미 얼매나 재바린데<곰이 얼마나 재빠른데>···/이이저네느 산중에서<예전에는 산중에서> **고옴** 새끼로 좌아다가 키야가아<곰 새끼를 주워다가 키워서>, 알라오로 보구로도 해앧떠란다<아기를 보게도 했더란다>. ②¶야 이, 미러능 **고옴** 거튼 칭구야<미련한 곰 같은 친구야>, 그레 가아야<그렇게 해 가지고야> 무신 이이리 대겐나<무슨 일이 되겠나/되겠니>?
곱다*¹ [곡′꼬/곱′꼬, 곱′찌, 곱떠′라, 고′버(바′)도, 고′버서, 고′버라] 동자 이익을 보려다가 오히려 손해를 보다. ¶질러가는 질로 가머<길로 가면> 개자글 쭐<가까울 줄> 아암 모양인데<안 모양인데>, 뿌러난 거랑물 따무네<불어난 개울물 때문에> 지이 **고벋**찌 머어<제가 곱았지 뭐>.
곱다*² [곱′꼬/곡′꼬, 곱′찌, 곱떠′라, 고′버(바)도, 고′버서, 고′버라] 형 ¶(날씨 때문에) 하도 소니 **고버**<손이 곱아>, 안자아느<이제는> 놀리기조차 에럽심더<어렵습니다>.
곱다*³ [곱′꼬/곡′꼬, 곱′찌, 곱떠′라, 고′버(바)도, 고′버서] 형 ¶도끼 자리느<자루는> 이리 쪽빼링<이렇게 똑바른> 거 마아고<말고>, 약깡 **고붕** 기이 조온데<약간 곱은 것이 좋은데>···
곱다*⁴ [고옵′꼬′/고옥′꼬′, 고옵′찌′, 고옵′떠′라, 고오′버′(바′)도, 고오′버′서] 형 ¶우럼마느 번데<우리 엄마는 본디>, **고오분** 논 임는 나리<고운 옷 입는 날이> 벨로 어업섬더<별로 없었습니다>.
곱빠리상에 [곱′빠리상에] 명 길이가 30-40 센티미터 정도 되는 작은 상어의 일종. ¶오늘 우리 **곱빠리상에**<곱바리상어> 사다가 휘이 해애 묵짜<회 해 먹자>.

곱빼 [곱빼'] 몡 (기차에 달고 다니는) 화물차. 화물칸. ◁곳배. ¶오새애느 곱빼마 달고 댕기는 차도<요새는 화물칸만 달고 다니는 기차도> 흔티이더<흔합디다>./(흉년이 든 이듬해 봄에) 신나락 항 곱빼마 시러 오머<볍씨 한 화물차만 실어 오면> 겨엉주 수리조하베 푸러 미길 수 익껟쩨<경주 수리조합에 풀어 먹일 수 있겠지>?

곱새 [곱새'] 몡 곱사*. 곱사둥이*. ¶곱새느<곱사는> 날 때버텅 그렁강<때부터 그런가>?/꼭 그렁 거는 애니지<그런 것은 아니지>, 아아드리<아이들이> 잘 크다가도 곱새가<곱사가> 대는<되는> 수가 이시니꺼데<있으니까>. ▷ 꼽새.

곳* [고시, 고슬, 고'세, 곧또, 곰마] 몡 ☞곧¹.

공* [고~오'~이'~, 고~오'~을'~, 고~오'~에'~, 고옹'도', 고옹'마'] 몡 ¶이럴 때느 축꾸고옹이라도<때는 축구공이라도> 하나 이시머<있으면> 참 조올 따마느<좋겠다마는>…

공꺼 [공꺼'] 몡 공것*(空-). ¶공꺼라커머<공것이라면> 누구나 다아 조오와 하압띠더<다 좋아합디다>./저레 자꼬 공꺼 조오와하다가<저렇게 자꾸 공것 좋아하다가> 인지 큰코 함분<이제 큰코 한번> 다치지.

공비단* [고옹'비'이단] 몡 비단의 일종. 드).

공지기 [고옹'지'기] 몡 공작*(孔雀). ¶고옹지기느<공작은> 그 꼬랑대기<꽁지>가 참 대애단하더네<대단하더군>.

과각 [과아'각'] 몡 과객*(過客). ¶김삭까슨<김샷갓은> 과아각쩔로 하메<과객질을 하며> 조선 천지를 다아 도러댕긷찌요만<다 돌아다녔지요마는>…/미기이<먹여> 주고 재와<재워> 주고, 갈 찌게<적에> 노오자꺼정<노자까지> 주덩 기이<주던 것이> 과아가긴데<과객인데>…

관지뻬 [관'지뻬] 몡 관자놀이*. ¶밤 무굴<밥 먹을> 때 귀캉<귀와> 눈 새애<사이>, 꼼작꼼작 움지기는<움직이는> 데가 관지뻬<관자놀이>다.

광난 [과앙'난'] 몡 광란*(狂亂). ¶지냄바메<지난밤에> 토사 과앙나늘 만내 가아<광란을 만나서> 밤새애두룩 죽따가 사런니이더<밤새도록 죽다가 살았습니다>. 참 광난>강난.

광대뻬 [과앙'대'뻬] 몡 광대뼈*. ¶저 광대뻬 티이나온 사라미<광대뼈 튀어나온 사람이> 너거 크나부지가<너희 큰아버지냐>?

광지리 [광지′리] 똉 광주리*. ¶여기 꿰기 **꽝지리**에<고기 광주리에> 있떤 까재미로<있던 가자미를> 누가 치얀능기요<치웠습니까>?/(아내가 남편에게) 올개느<올해는> 사리 **광지리**<싸리 광주리> 멕 깨 맹그러 주쉐이<몇 개 만들어 주세요>.

구디기 [구우′디′기] 똉 구더기*. ¶똥치까네<뒷간에> **구우디기**가 마아늘 때느<구더기가 많을 때는> 쪽뚜리꼽 뿔깅이로<할미꽃 뿌리를> 콩콩 찌거 가아 여으머<찧어서 넣으면> **구우디기**가<구더기가> 다아 중니라<다 죽느니라>./꼬랑대기 달리잉 **구우디기**느<꼬리 달린 구더기는> 똥파랭이 대능강<똥파리가 되는가>?

구때기 [구때′기] 똉 귀때기*. ¶**구때기**로 막꼬도<귀때기를 맞고도>, 기부니<기분이> 앤 나뿐<안 나쁜> 사람도 이식까요<있을까요>? ▷귀때기.

구리 [구우′리′] 똉 구렁이*. ¶저 나무 벡까리 미테<나뭇가리 밑에> 사리고 인는<있는>, 꺼뭉 **구우리**느<검은 구렁이는> 집 찌끼미<지킴이>다, 건드리지 마래이<마라>. ▷구렁이.

구리쉐미 [구′리쉐에미] 똉 구레나룻*. ¶우리 할배느<할아버지는> **구리쉐에미**가<구레나룻이> 참 보기 조오왈찌<좋았지>./나도 **구리쉐에미**가<구레나룻> 보기 조옥쿠로<좋게> 시이꺼먹키 낟시머<시커멓게 났으면> 참 조올따마는도<좋겠다마는>…

구링이 [구리′~이~가, 구리′~이~를, 구리′~이~에~, 구리′~이~도, 구리′~이~마~] 똉 구렁이*. ¶야아드라<얘들아>, 킁 **구링이**느<큰 구렁이는> 집 찌끼미라가아<지킴이라서> 앤 잠늠 버비대이<안 잡는 법이다> 아렫째<알았지>. ▷구리.

구만 [구만′] 뮈 그만*. ①¶원디가<원덕아>, 토할라 인자<이제> **구만** 쫌 무거라<그만 좀 먹어라>./어지가아니 해앤시머<어지간히 했으면> **구만**<그만> 하고 자재이<자자>. ②¶(아기가) 저검마로 보디이<제 엄마를 보더니>, **구만**<그만> 왕왕 우우디이더<웁디다>. ③¶칭구들캉<친구들과> 노오는데 잠치저가아<노는데 빠져서> **구만** 쫌 느절심더<그만 좀 늦었습니다>. ▷구마.

구무 [구무′] 똉 구멍*. ¶등 구부머 질맥까지<굽으면 길맞가지>, 질맥까지<길맞가지> 니이 **구무**네 구멍, 니이 **구무**머<네 구멍이면> 동시리지<동

시루지>, 동시리느 뿔찌<동시루는 붉지>… 참 전래 동요. ▷굼/구뭉.
구뭉 [구무'~이~, 구무'~로, 구무'~예~/구무'~에~, 구뭉'도, 구뭉'마] 명 구멍*. ¶쥐가 자꾸 **구무**로 떠얼꺼등<구멍을 뚫거든> 빰엉이로 가주구<밤송이를 가지고> 마거<막아> 보소./하아수도 **구뭉**이 막키일찌마느<하수도 구멍이 막혔지마는> 누가 떨버<뚫어> 줄 사라미 이서야 떠얼쩨<사람이 있어야 뚫지>./안자아느 아아무도<이제는 아무도> **구뭉** 난 다비를<구멍 난 양말을> 지버 시늘라 컨는<기워 신으려 하는> 사라미 업심더<사람이 없습니다>./베게<벽에> **구뭉**을 떨버라 캐애보머<구멍을 뚫으라고 해보면>, 베글<벽을> 아예 첨뿌는<쳐버리는> 사람도 익꼬<있고>, 큰 소옹고들<송곳을> 가주구 떠얼는<가지고 뚫는> 사람도 나온다. ▷구무/굼.

구버보다 [구'버보다] 동 타 굽어보다*. ¶보소 화느리 **구버**보는데도<하늘이 굽어보는데도>, 그런 소리로<소리를> 함부레<함부로> 할 수 잇심니까<있습니까>?

구불다 [구불'고/구부'고, 구불'지/구부'지, 구불더'라/구부더'라, 구부'러(라)도/구불'러(라)도, 구부'러서/구불'러서, 구부'러라/구불'러라] x[굴르다] 동 자 구르다*. ①¶바라미 시이기 부우머<바람이 세게 불면> 저 고옹이 쪼매애라도<공이 조금이라도> 더 **구불**러 갈 낀데<굴러 것인데>…/동태<바퀴>가 잘 **구불**두룩 하알라커머<구르도록 하려면> 지르믈<기름을> 자주 처조오야 댄대이<쳐줘야 된다>./삼 녕 꼬개서<삼 년 고개에서> 함품마 **구부**머<한번만 구르면> 삼 염 바께 모온 사아지만<년 밖에 못 살지만>, 열 뽕 **구부**머<번을 구르면> 삼심 여늘<삼십 년을> 더 사알<살> 수 인능 거 아니가<있는 것 아닌가>. x②총 따위를 쏠 때 반동으로 뒤로 되튀다.

구식 [구식'] 명 구석*. ①¶비인 능굼 상자느<빈 사과 상자는> 저쪽 방**꾸시**게<방구석에> 갇따아 도오라<갖다 둬라>. ②¶이 직**꾸시**게느<집구석에는> 우애 댄 테그로<어찌 된 셈으로/영문으로>, 낟또 항<낮도 한> 가락 오릉 기이 엄노<옳은 것이 없니>./내사<나야> 이 초옹**꾸시**게<시골구석에> 처박끼이 사아능 기이<처박혀 사는 것이> 세에상 펜타<세상 편하다>. ▷구직/구적/구석.

구신 [구우'시'~이~, 구우'시'늘, 구우'시'네. 구우'신'도, 구우'심'마] 명 귀신*(鬼神). ①¶바아귀미<바구미>가 살 인는 데로<쌀이 있는 데를> 참 **구**

우싱 거치도 아안담 마아리라<귀신 같이도 안단 말이야>./초용각 주궁 **구우시니**<총각 죽은 귀신이> 모용다리 **구우시니다**<몽달 귀신이다>./그너무 가시나아가<그놈의 계집애가> 똑 물**꾸우심** 매애로 붙터가아<꼭 물귀신처럼 붙어서> 여엉 앤 떠러지네요<영 안 떨어지네요>. ②¶저 집 도야가 저래도, 기게 만치는 데느<기계 만지는 데는> **구우시니다**<귀신이다>. ③¶아이구 더러래라<아이고 더러워라>, 다방 네지라 컨능 기이<다방 레지라고 하는 것이> 참 **구우싱** 거치도 생긴네<귀신 같이도 생겼네>. **구싱 겉다**<귀신 같다> 구). **구신도 모리다**<귀신도 모르다> 구). **구시니**<귀신이> 들리다 구). **구신**<귀신>(이) **시이다**<씌우다> 구). **구신**<귀신> **시끄럽다** 구) 정신 시끄럽다.

구실#¹ [구′실] 뗑 구슬*. ①¶용이 댈라커머요<되려면요>, **구실로**<구슬을> 이베 무러야<입에 물어야> 득처늘<득천을> 하는데요… ②¶우리느 에릴<우리는 어릴> 때 타암피이나 유리 **구실** 가주구<탄피나 유리 구슬 가지고> 따묵끼하며 노럳따<따먹기하며 놀았다>. **구실 겉다**<구슬 같다> 구).

구실*² [구′실] 뗑 ¶지이가 사나아거들랑<제가 사내거든>, 사나아<사나이> **구시리나** 지대로 하며<구실이나 제대로 하면> 또 모올라<몰라>…/이 사라마<사람아>, 애비<아비> **구실** 하기느 수우분<하기는 쉬운> 줄 아아나<아느냐>.

구양¹ [구양′] 뗑 구멍*. ☞구영.

구양² [구′양] 뗑 귀양*. ¶구양 간 사라믄<귀양 간 사람은> 머어로 해애가아 묵꼬사런능공<무엇을 해서 먹고살았는가>? **구양**<귀양>(을) **가다** 구). **구양**<귀양>(을) **보내다** 구). **구양**<귀양>(을) **살다** 구). **구양**<귀양>(을) **오다** 구). **구양**<귀양>(이) **풀리다** 구).

구영 [구여′~이~, 구여′~을~, 구여′~에~ 구영′도, 구영′마] 뗑 구멍*. ¶이 단추 **꾸영**이<구멍이>, 와 이레 소오노<왜 이렇게 비좁니>?/늘거도<늙어도> 바늘**꾸영**을<바늘구멍을> 잘 뀌이는<꿰는> 사라미 익꼬<사람이 있고>, 절머도<젊어도> 모용 뀌이는<못 꿰는> 사람도 읻찌<있지>. ▷구양¹. 흔).

-구잡다 [구작′꼬, 구잡′찌, 구잡떠′라, 구자′바(버)도, 구자′바서, 구자′바라] 어미 -고 싶다*. ☞ -구접다. 해).

-구접다 [구접′꼬/구적′꼬, 구접′찌, 구접떠′라, 구저′버(바)도, 구저′버서, 구

저'버라] 어미 -고 싶다*. ¶몸도 고록꼬<괴롭고> 비도 오늠 바라메<오는 바람에>, 낟짜미라도<낮잠이라도> 시일컨 함문 자**구저**벌찌마느<실컷 한 번 자고 싶었지마는>…/배능 고퍼 죽껜는데<배는 고파 죽겠는데>, 살 업따 컨는<쌀이 없다는> 소리로 하니꺼네<소리를 하니까>, 고마아<그만> 토옹 고기라도 하**구접**떼에요<통곡이라도 하고 싶더군요>./아이로 배앵 거도 애 닌데<아이를 밴 것도 아닌데>, 우애댄 테긴동<어찌된 셈인지>, 고오구매<고 구마>가 자꾸 묵**꾸저**버지네요<먹고 싶어지네요>./자네느 어얘<자네는 어 째>, 묵**꾸저**붕 거도<먹고 싶은 것도> 그리 마안노<많니>?/보**구저**버도<보 고 싶어도> 모옴 뽀고<못 보고>, 가**구저**버도<가고 싶어도> 모옹 까는<못 가는> 내 고향…/우울**구저**분 사라믄<울고 싶은 사람은> 시일컨 우울두룩 <실컷 울도록> 내삐리도오라<내버려둬라>./자**구저**부머<자고 싶으면> 저 방아<방에> 가서 자거라./니느<너는> 이 세에상아서<세상에서> 머어<뭐> 가 제엘롱 묵**꾸점**노<제일 먹고 싶니>?/인자아<이제> 나도, 더느<더는> 조 옹사리<종살이> 앤 하**구적**꾸마<하고 싶지 않군요>./저 소오게<속에> 머 어가 드런는동<뭐가 들었는지> 내가 무늘<문을> 꽁 여러 보**구접**따<꼭 열 어 보고 싶다> 마아리시더<말입니다>./자아느 대주궤기가<쟤는 돼지고기 가> 저레 자꼬 묵**꾸접**딴다<저렇게 자꾸 먹고 싶단다>./차를 그레 타**구접**따 컨띠이<그렇게 타고 싶다더니> 인자 시일컨<이제 실컷> 함분 타바아라<한 번 타봐라>./영화 구경을 하**구접**따느 생가근<하고 싶다는 생각은> 어언제 버텅 해앤노<언제부터 했니>?/그 선성<선생>을 오늘 꽁 만내보**구접**따먼<꼭 만나보고 싶다면> 나캉 가치<나와 같이> 가보자. 혼). ▷ -구잡다. 참 이와 유사한 '시푸다<싶다>'는 '-해앨찌 시푸다<했지 싶다>'와 '-해앨슬 성시푸 다<-했을 성싶다>', '-해앤능강 시푸다<했는가 싶다>' 끌에 쓰여 그 쓰임새 가 조금 다름.

구즌닐 [구'즌니일] 명 궂은일*. ¶조온 이이레에느<좋은 일에는> 모옹 까 볼<못 가볼> 수도 일찌만<있지만>, **구즌니**이레느<궂은일에는> 우리가 차 저가 보능 기이 도오리다<찾아가 보는 것이 도리다>.

국찌기 [국'찌기] 명 노루의 일종. 드).

국콰 [국'콰'] 명 국화*(菊花). ¶**국콰**느<국화는> 주로 노랑 꼬치 마안습띠더 <노란 꽃이 많습디다>./저 **국콰**꼬츨<국화꽃을> 따 말랴가아<따서 말려서>

국콰주로 다무머<국화주를 담그면> 참말로 조옥켄는데<참으로 좋겠는데>… ▷구콰.

군둥지 [구운' 둥' 지] 몡 군음식*. ¶심시문데<심심한데> 우리 **구운둥지**나<군음식이나> 해애 무구까<해 먹을까>? 흔).

군수# [구운' 수'] 몡 군소*. ¶울산서 할배 제에사에 시라꼬<蔚山에서 할아버지 제사에 쓰라고> **구운수** 멥 빠리로 보내애 완네요<군소 몇 마리를 보내 왔네요>.

군수*(郡守) [구운' 수'] 몡 ¶모레 **구운수** 여엉개미 으베<군수 영감이 읍에> 시이찰 온다컨네요<시찰 온다고 하네요>.

군청거리다 [군청거' 리다] 동 자 구시렁거리다*. ¶(나무라면서) 시기머 시기는<시키면 시키는> 대로 할 이이리지<일이지>, **군청**거리기느<구시렁거리기는>?/저너미<저놈이> 무즌 이일로 저레<무슨 일로 저렇게>, 혼차서러 **군청**거리는동 모리겐따<혼자서 구시렁거리는지 모르겠다>.

굳 [구' 지'/구' 디', 구' 즐/구' 들', 구' 제/구' 데', 굳' 또, 굼' 마] 몡 ☞굿.

굳치다 [굳' 치다] 동 자 궂게 하다. ¶처으메<처음에> 할 때 함분 **굳치**고 나머 <한번 궂게 하고 나면> 디이가 앤 조옥코<뒤가 안 좋고> 이이리<일이> 자 램 풀리인다<잘 안 풀린다. 드).

굴거지다 [구울' 거' 지다] 동 자 굵어지다*. ¶다리나 허리가 **구울거지**능 거로<굵어지는 것을> 조오와할<좋아할> 여자가 어딘능기요<어디 있습니까>./빈쭐기<빗줄기>가 차추룸<차츰> **구울**거지능 거로 보니꺼네<굵어지는 것을 보니까> 비가 제붕 마아니<제법 많이> 올 채애밍가배요<참인가 봐요>. ▷굴가지다.

굵다* [구울' 꼬', 구울' 찌', 구울' 떠' 라, 구울' 거'(가')도, 구울' 거' 서] 헹 ① ¶배애미느 보니꺼네<뱀은 보니까>, **구울**군 지동<굵은 기둥>도 타고 올러가압띠더<올라갑디다>./자아 팔띠기느<쟤 팔뚝은> 우애<어찌> 저리 **구울**구꼬<굵을까>? ②¶자지 감자느<자주 감자는> 보오통버다아<보통보다> 아리<알이> 더 **구울**니이라<굵느니라>./오오리아리<오리알이> 다랄보다아 사 **구울**찌<달걀보다야 굵지>. ③¶목소리가 **구울**군 사라믄<굵은 사람은> 엄장도 크지 시푼데<덩치도 크지 싶은데>… ④¶이 베느<베는> 오오리<올이> 너무 **구울거**가아 쫌<굵어서 좀> 그러네.

굶다* [구웅′꼬′, 구움′찌′, 구움′떠′라, 굴′머(마)도, 굴′머서, 굴′머라] 동 자 타 ① ¶ 바불<밥을> 멕 끼쭈웅 굴머바아야<몇 끼쯤 굶어 봐야>, 남 배고푼 시이정을 아안다<배고픈 사정을 안다>./아재<아저씨> 저엄서를 구웅꼬도<점심을 굶고도> 사알만 항기요<살만 합니까>?/저 어어르느<어른은> 다암배야 굴머도<담배야 굶어도> 수룽 구웅꼬 모온 사안단다<술은 굶고 못 산단다>./젱일 굴먼띠이<종일 굶었더니> 배가 고퍼 죽껠심더<고파 죽겠습니다>, 물버텅 쫌<물부터 좀> 주소 보자. ② ¶ (놀이 중에) 이붐 파네느<이번 판에는> 내가 굴물께에<굶을게>…

굼띠다 [구움′띠′다] 형 굼뜨다*. ¶ 저 집 메느리<며느리>가 보오통 때느<보통 때는> 저레 구움띠도<저렇게 굼떠도>, 재바릴 때 보머<재빠를 때 보면> 누구도 모온 따러갈 마안춤<못 따라갈 만큼> 정신 엄니이더<없습니다>. ⇔재바리다.

굼비기 [구움′비′기] 명 굼벵이*. ☞굼빙이.

굼빙이 [구움′비′~이] 명 굼벵이*. ¶ 노구저리느<종다리는> 새끼 때 구움빙이로<굼벵이를> 자버다가 미기머<잡아다가 먹이면> 잘 바더 묵띠이더마느<받아 먹습디다마는>…/애라 이넘<이놈> 애라, 노구자리 새끼인테느<종다리 새끼한테는> 구움빙이버다 더 조옹 기이<굼벵이보다 더 좋은 것이> 살문 녹띠다<삶은 녹두다>.

굽다* [굽′꼬/국′꼬, 굽′찌, 굽떠′라, 구′버(바)도, 구′버서] 형 ¶ 우리 웨에할매느<외할머니는> 와<왜> 등이 저레 구버전는동<저렇게 굽어졌는지>, 땅을 무고 댕기시니이더<땅을 물고 다니십니다>.

굿* [구′시/굳′시′, 구′슬/굳′슬′, 구′세/굳′세, 굳′또′, 굼′마] 명 ① ¶ 심시임할 때느<심심할 때는> 여기서야, 굳 하능 거도<굿 하는 것도> 쿵 귀이경꺼리지요<큰 구경거리지요>. ② ¶ 장테에느<장터에는> 생구시 남 모양입띠더<생굿이 난 모양입디다>. ▷ 굳. 구시<굿이> 나다 구). 구슬<굿을> 보다 구). 구슬<굿을> 비이다<보이다> 구).

궁니 [구웅′니′] 명 궁리*. ① ¶ 사아라믄<사람은> 누구나 구웅니<궁리>가 좀 지퍼야 댄다<깊어야 된다>. ② ¶ 밤새애두룩 구웅니로<밤새도록 궁리를> 항 끄테<한 끝에>, 어언양<彦陽> 저거 할배한테<자기 할아버지한테> 가보기로 작쩡 해앳따<작정했다>. 구웅니하다 동 타 궁리하다*.

궁딩이 [구웅′디′~이~] 명 궁둥이*. ¶여자가 **구웅딩이**가 너리머<궁둥이가 너르면> 아아로<아이를> 잘 논는단다<낳는단다>./처어자느 나가 들머<처녀는 나이가 들면> **구웅딩이**가 버어러지기<궁둥이가 벌어지게> 대애 인능<되어 있는> 거야. **궁딩이**가 개갑다<궁둥이가 가볍다> 구). **궁딩이**<궁둥이>가 무겁다 구). 궁딩이가 찔기다<궁둥이가 질기다> 구). **궁딩이**로<궁둥이를> 붙이다 구).

궁ㄱ/굼ㄱ [궁′기, 궁′글, 궁′게, -, -] 명 구멍*. 굴*. ¶그 **궁게**<구멍에> 머어 <뭐>가 드런능동<들었는지> 내가 아알<알> 수 업찌<없지>. ▷구무/구뭉.

궤기 [궤′기] 명 ①고기*. ¶하안냑 무굴 찌게느<한약 먹을 적에는> 달**궤기** <닭고기>, 대주**궤기**<돼지고기> 거틍 거느<같은 것은> 잡숟찌 마쉐이<잡수시지 마세요>./용동 여엉가미야<영감이야> **궤기**반찬 떠러질 나리<고기반찬 떨어질 날이> 업찌 와<없잖아>./저 지베서러느<집에서는> 무싱 **궤기**로 꾸웁는동<무슨 고기를 굽는지> 온 도옹네에<동네에> 노린내 동처늘<동천을> 하네./(식육점에서) 기이왕이머<기왕이면> 여어능 **궤기**로 주쉐이<연한 고기로 주세요>. ②민물고기*. ¶우리 반대 가주구<반두 가지고> **궤기** 자부로<민물고기 잡으러> 가압시더<갑시다>. ③비린 반찬. ¶**궤기** 업시머<고기가 없으면> 밤 모옴 뭉는다컨는 사라믄<밥 못 먹는다는 사람은>, 산다구<상판때기>가 뻐어니 치바더비이더라<뻔히 쳐다보이더라>. 참 궤기>개기. 혼). 궤기<고기> 맙 뽄<맛 본> 중 구).

궤비다 [궤비′이고, 궤비′이지, 궤비′이더라, 궤비′이도, 궤비′이서] 동 자 괴다*. ☞개비다. 참 반촌에서 흔히 쓰임.

궤뿔 [궤′뿔′] 명 고뿔*. 감기*(感氣). ¶**궤뿌**레 첸 데느<고뿔에 취한 데는>, 콩지룽꾸게다가 꼬칙까리로<콩나물국에다가 고춧가루를> 팍 타 무구머 나안는다<먹으면 낫는다>./개애도 앤 한다는 오오뉴어레<개도 않는다는 오뉴월에>, 우야다가<어쩌다가> **궤뿌**레 다아 걸리인노<고뿔에 다 걸렀노>? 참 고뿔>궵뿔. 궤뿔<고뿔> 들다 구). 궤뿔<고뿔> 들리다 구). 궤뿔 췌다<고뿔 취하다> 구).

궹이 [궤′~이′~] 명 옹이*. ¶**궹이** 엄는<옹이 없는> 빤때기로<널빤지를> 쫌<좀> 구해 바아라<봐라>./(대패질 할 때) **궹이**에 앵 걸리이두룩 조오심해애라<옹이에 안 걸리도록 조심해라>. ▷꽹이/괭이다리/꿩이다리.

궹일 [궤′~이′리, 궤′~이~를, 궤′~이~레, 궤′~일`또, 궤′~일~마] 똉 공일(空日)*. 참 공일>궹일.

귀* [귀′가′, 귀′를′, 귀′에/귀′예, 귀′도′, 귀′마′] 똉 ¶내 귀에느<귀에는> 아아무<아무> 소리도 앤 득끼이는데요<안 들리는데요>? ▷기.

귀거리 [귀거′리] 똉 귀고리*. ¶남자가 무징<무슨> 귀거리로<귀고리를> 다아<다> 하고 댕길꼬<다닐까>? ▷기거리.

귀딱 [-, -, 귀따′게, -, -] 똉 귀때기*.

귀머리 [귀이′머′리] 똉 ¶물레 고오장은<고장은> 귀이머레서 나두룩<귀머리에서 나도록> 대애 읻따니까네<돼 있다니까>. 드).

귀신# [귀이′신′] 똉 술래*. ¶요붐 파네느 니이가 귀이신 할 차리다<요번 판에는 네가 술래 할 차례다>.

귀신*(鬼神) [귀이′신′] 똉.

귀애하다 [귀이′애′하다] 동 타 귀여워하다*. ¶너거 웨에할매가 니로<네 외할머니가 너를> 참, 얼매나 귀이애해앤는동<얼마나 귀여워했는지> 니느 모릴 꺼다<너는 모를 것이다>.

겁빱 [겁′빱′] 똉 ①귓바퀴 아래쪽으로 늘어진 살. 귓밥*. ¶저 야앙반 귀느<양반 귀는> 부첸님매애로<부처님처럼> 겁빠비<귓밥이> 마아니도 느러전네요<많이도 늘어졌네요>. x②귓불의 두께. ▷기빱.

귚다 [귀이′코′, 귀이′치′, 귀이′터′라, 귀이′해′애도, 귀이′해′애서] 형 '귀하다'의 준말.

그라다 [그라′다] '그러하게 하다'의 준 말. ¶니이<네>가 자꾸 그라다가느<그러다가는> 도오니고 머어고<돈이고 무엇이고> 하나도 앤 나머나겓따<안 남아나겠다>./쉬이지도 앤하고<쉬지도 않고> 끄덥시 그랄 파니머<끝없이 그럴 판이면>, 차라리 뚜디리 뿌사압뿌능<두드려 부셔버리는> 기이 올켇따<것이 옳겠다>. 그라기나 마기나<그러거나 말거나> 구>.

그렁지¹ [그렁′지] 똉 그림자*. ①¶내상<나야> 등장 그렁지 소오기라 어더버서<등잔 그림자 속이라 어두워서> 잘 모온 착껟따<못 찾겠다>. ②¶큰집 보기가<복이가> 알꼬 나디이<앓고 나더니> 똑 무레 그렁지 걷떠라<꼭 물속의 그림자 같더라>. ③¶온 도옹네<동네> 사람 다아 모 숭구우로<다 모내기하러> 나가고, 고올묵 아네느<골목 안에는> 사아랑 그렁지도 엄띠이더<사람 그림자도 없습디다>. ▷기림자. **그렁지 겉다**<그림자 같다> 구). **그렁지**<그림자>**도 없다** 구). **그렁지**<그림자>**(가) 지다** 구).

그렁지² [그렁′지] 몡 그늘*. ①¶가죽 짜앙갑 저증 거느<장갑 젖은 것은>, **그렁지**에서러<그늘에서> 말라아야 댄대이<말려야 된다>. ②¶박촌떡 수야느<박촌댁 (철)수는> 지<제> 삼춘 **그렁제**서<그늘에서> 큰 테기다<턱이다>.

그륵 [그′르기, 그′르글, 그′르게, 그′륵또, 그′릉마] 몡 그릇*. 1 자립 ①¶이 빠징<빠진> **그르**게느<그릇에는> 바불 다암찌 마래이<밥을 담지 마라>./사기**그륵** 깨애징 거가<사기그릇 깨진 것이> 새굼파린데<사금파린데>, 요새애<요새> 새굼파리가 어딘노<사금파리가 어디 있니>./여기 과아실 다물 마안한<과실 담을 만한> **그륵** 항<그릇 한> 개 보내 주소. ②¶소 함 바리 자부머<한 마리 잡으면>, 멘 사라미나<몇 사람이나> 갈러 미길<갈라 먹일> 수 인는동을<있는지를> 아알 마안항 **그르**기머<알 만한 그릇이면>, 우리가 저 이일로 맥끼도<일을 맡겨도> 타아리 업찌 시푸다<탈이 없지 싶다>./성수 그 칭구느<친구는> 저런 이일로<일을> 해애내앨 **그르**기 모온때니이더<해낼 그릇이 못됩니다>. 2 의존 ¶밥 여덜 **끄륵** 가주구<여덟 그릇 가지고> 열 키가<사람이> 갈러 무구머<갈라 먹으면> 배 앙 고푼<안 고픈> 사라미 업찌요<사람이 없지요>./미안시럽찌만도<미안스럽지만> 참물<냉수> 항 **그륵**마<한 그릇만> 어어더<얻어> 마실 수 익껜능기요<있겠습니까>?

그리다 [그리′고, 그리′지, 그리더′라, 글′러도, 글′러서] x[글르다] 혱 그르다*. ①¶이부네느<이번에는> 누가 올코 **그린**동을<옳고 그른지를> 꼭 발키고<밝히고> 너머가야 대겐따<넘어가야 되겠다>. ②¶저 사라믄<사람은> 하는 지이시<짓이> 여엉 **글러** 무걱꾸마<영 글러 먹었어요>./우리 페니<편이> 우승하기는 버러 **그링** 걸심더<벌써 그른 것 같습니다>. ③¶이 막껄리느<막걸리는> 너무 시굼털털해애가아 여엉 **글런**네요<시금털털해서 영 글렀네요>./오늘 거튼 나른<같은 날은>, 비가 와가아<와서> 살까매이로<쌀가마니를> 들만치기느<들어 만지기는> 유웅 **글런**네<영 글렀네>.

그뭄 [그′뭄′] 몡 그믐*. '그뭄날<그믐날>'의 준말. ¶요붕 **그무**메<요번 그믐에> 우리 불치기 하로 앵 가알래<하러 안 갈래>?/이달 **그무**미 메치리나 나먼노<그믐이 며칠이나 남았니>?

그뭄빰 [그뭄′빰] 몡 그믐밤*. ¶비오능 **그뭄빠**메<비오는 그믐밤에> 고옹둥 모오지 디이예 보머<공동묘지 뒤에 보면>, 톡찌비부리<도깨비불이> 왇따 갇따 해앤는데요<왔다 갔다 했는데요>…/달 발궁 **그뭄빠**메<달 밝은 그믐밤에> 단 두우리 홀로 안자<단 둘이 홀로 앉아>… 참 우스개 소리.

글말 [글′마′알] 명 막말*. 되는대로 함부로 하는 말. ¶나무 마아리라꼬<남의 말이라고> 함부레<함부로> **글마알**로<막말을> 하능 거 애니대이<하는 것 아니다>. 드).

금자임 [금′자임] 명 임금님*. ¶우리 나라 **금자이**믄<임금님은> 어어떤 지비서 사아는공<어떤 집에서 사는지>?

급쩨 [급′쩨] 명 급제*(及第). ¶그 초옹개기<총각이> 과게 보로 가가아<과거 보러 가서> 두우 붐마네<두 번만에> **급쩨**로<급제를> 해애 가주구 왁꺼등요<해 가지고 왔거든요>… ⇔낙빵.

기¹ [기′가′, 기′를′, 기′에/기′예, 기′도′, 기′마′] 명 ☞귀.

기² [기′이′] 명 게*. ¶새볻또랑 선창아도<새봇도랑 선창에도> **기이**가 멥 빠리<게가 몇 마리> 이선는데 마아리시더<있었는데 말입니다>…

기³ [기′이] '것이'의 준말. ▷게*. ☞거.

기거리 [기거′리] 명 귀고리*. ☞귀거리.

기다*¹ [기′고′, 기′지′, 기′더′라, 기이′도′, 기이′서′, 기′라′/기이′라′] 동 자 타 ¶저 집 할매느<할머니는> 허리가 하도 꼬부러저가아<꼬부라져서>, 똑 땅을<꼭 땅을> **기이**가아 댕기능 걷따카니<기어서 다니는 것 같다니까>.

기다*² [기′다′] '그것이다'가 준 말. ¶자네느<자네는> **기다** 애니다로<아니다를> 붐밍이 해애래이<분명히 해라>.

기때기 [기때′기] 명 귀때기*.

기럽다 [기′럭′꼬, 기′럽′찌, 기′럽′떠라, 기′러′버(바′)도, 기′러′버서] 형 ①그립다*. ¶철리 타향아서러<천리 타향에서> 부무헝제가 **기러**버가아<부모형제가 그리워서> 우애 전딛시꼬<어찌 견뎠을까>. ②아쉽다*. ¶보기<복이> 그 칭구느<친구는> 부우자찝 망냉이라가아<부잣집 막내라서> **기러**붕 거 업시 컨찌<아쉬운 것 없이 컸지>. 참 '아쉽다'의 뜻으로 더 널리 씀.

기리기 [기리′기] 명 기러기*. ¶여기느 오오리가<여기는 오리가> 마아니<많이> 오지, **기리기**느<기러기는> 벨로 앤 오니이더<별로 안 옵니다>.

기리다¹ [기′리′고, 기′리′지, 기′리′더라, 기′리′도, 기′리′서] 동 타 그리다*.

¶비이는<보이는> 대로 **기리**머<그리면> 그기이 바리 기리미지<그것이 바로 그림이지>./니이가 그럭키<네가 그렇게> 기리믈 **기리**구적꺼등<그림을 그리고 싶거든>, 이 종오<종이>에다가 함뭉 **기리**라<한번 그려라> 보자.

기리다² [기′리′고, 기′리′지, 기′리′더라, 기′리′도, 기′리′서] x[갈르다] 동 타 가르다*. 금이 가게 하거나 얇은 막 따위를 날카로운 날붙이로 가르다. ¶수리꾸니 메엔도칼로<소매치기가 면도칼로> 소옥쭈밍이로<속주머니를> 삭 **기리**고느<싹 가르고는> 지가불 내애 갑뿐띠이더<지갑을 내 가버렸습디다>./일분 사람드른<일본 사람들은>, 칼로 가주굴랑<칼을 가지고서> 배로 **기리**가아<배를 갈라서> 중는다메요<죽는다면서요>?/(가죽을) 새굼팽이로 가주구<사금파리를 가지고> 삭 **기리**는데야<싹 가르는데야> 지이<제>가 앤째애지고 우얘<째지지 않고 어째>?

기리다³ [기′리′고, 기′리′지, 기′리′더라, 기′리′도, 기′리′서] 동 타 (코를) 골다*.

기린#¹ [기린] 명 긴 장대 끝에 싸리 소쿠리를 매단 것으로, 겨울에 강물 속으로 멀리 던져 넣어 물고기를 잡는 기구.

기린*²(麒麟) [기린/기린′] 명.

기린질 [기린′질] 명 '기린'으로 물고기를 잡는 행동. **기린질하다** 동 자.

기림 [기′림′] 명 그림*. ①¶자아느<쟤는> **기림**챙 망 갇따아 주머<그림책만 갖다 주면> 그럭키 조오와함띠더<그렇게 좋아합디다>./니이가 그럭키<네가 그렇게> **기리**믈 기리구적꺼등<그림을 그리고 싶거든>, 이 종오<종이>에다가 함 기리라<한번 그려라> 보자./비이는<보이는> 대로 기리머<그리면> 그기이 바리<그것이 바로> **기리**미지<그림이지>. ②¶다안석사늘 물띠리고 인는<斷石山을 물들이고 있는> 저 담풍이야말로<단풍이야말로> 참 함 포게<한 폭의> **기리**미지요<그림이지요>.

기림자 [기′림′자] 명 그림자*. ¶일식 때느<때는> 달 **기림자** 소오게<그림자 속에> 해가 드가능 거라메<들어가는 것이라메>?/산중에서러느<산중에서는> 상 **끼림자** 때미레<산 그림자 때문에> 저어염 묵꼬<점심 먹고> 조매애 이시머<조금 있으면> 바리 어더버진다<바로 어두워진다>. ▷그렁지.

기머거리 [기머거′리] 명 귀머거리*.

기벨 [기′벨] 몡 기별*(奇別/寄別). ¶처가찌베서<처갓집에서> **기벨**로 보내앨<기별을 보낼> 때가 대앤는데<됐는데>, 와<왜> 아아무 **기베**리 앤 오꼬<아무 기별이 안 올까>?/고햐아서<고향에서> 급피 오라컨능<급히 오라는> **기베**를 박꼬<기별을 받고> 조굼<조금> 저네 출발해앴심더<전에 출발했습니다>. **기벨하다** 몡 탄 기별하다*. ▷기빌.

기신 [기이′신′] 몡 귀신*.

기양 [기′양] 튀 그냥*. ①¶"와 완능기요<왜 왔습니까?>" 컥꼬 무르니꺼네<하고 물으니까> "**기양** 왇따<그냥 왔다>" 컨띠이더<고 합디다>. ②¶가지도 앤하고<않고> 오지도 앤하고<않고> 거어서<거기서> **기양** 우우고만 이시머<그냥 울고만 있으면> 우얀담 마알고<어쩐단 말이냐>?/칼치 장까시쭈우믄<갈치 잔가시쯤은> **기양** 시퍼 무거도 궤얀타<그냥 씹어 먹어도 괜찮다>.

기억 [기′억] 몡 기억*. ¶내상 어언제<나야 언제>, **기어**기고 니이으니고<기억이고 니은이고> 배운 저기 인나<적이 있나>./**기엉**<기억>, 니이연<니은>, 디끝<디귿>, 이이을<리을>…

기억짜 [기′억짜] 몡 기역자*. ¶학쪼오라꼬느 앤 가바얀시니<학교라고는 안 가봤으니> 난 녹코<낫 놓고> **기억짜**<기역자>도 모리능 거지요<모르는 것이지요> 머어<뭐>./조쪽 **기억짜** 지비<기역자 집이> 덕천떡 지비시더<덕천댁 집입니다>.

김생 [김생′] 몡 짐승*.

까끄래기 [까끄래′기] 몡 까끄라기*. ¶나느<나는> 보리 타아작할<타작할> 때, 제엘롱 귀차능 기이<제일 귀찮은 것이> **까끄래기**라 마리시더<까끄라기라 말입니다>./보리 **까끄래기**느<까끄라기는> 생강마 해애도<생각만 해도>

은선시럭꼬<은선??스럽고> 모미 근지럽따커니<몸이 가렵다니까>.

까다*¹ [까'고', 까'지', 까'더'라, 까'도', 까'서', 까'라'] 동 타 ¶보옹그베서<봉급에서> 세에긍캉<세금과> 보오검 거틍 거느<보험 같은 것은> 미리 다아 **깜**뿌고<다 까버리고> 주더나<주더냐>?

까다*² [까'고', 까'지', 까'더'라, 까'도', 까'서', 까'라'] 동 타 ¶제에사<제사> 때 빠앙 **까**능 거느<밤 까는 것은> 이일 애닌<일 아닌> 줄 아아나<아니>?

까랍때기 [까랍때'기] 명 갈잎*. ¶깔비가 업시머<솔가리가 없으면> **까랍때기**도<갈잎이라도> 조오니<좋으니> 마아니마 끌거 온나아<많이만 긁어 오너라>. ▷까럽때기/까랍땍.

까랍땍 [까랍땍'] 명 가랑잎*. ▷까럽땍. ☞까랍때기.

까리다¹ [까'리'다] 동 자 갈기다*. 똥, 오줌 따위를 함부로 싸다. ¶아아무리<아무리> 설사가 나도 그럳치<그렇지>, 똥을 이레 아아무<이렇게 아무>데나 **까리**머 우야노<갈기면 어쩌나>?

까리다² [까'리'다] 동 타 키가 큰 식물의 잎이나 가지를 잘라 내리다. 꺾어 내리다. 따다. ¶상춛때에서<상춧대에서> 상추 이풀 **까리**머<잎을 까리면> 힘 무리 째앨<흰 물이 쩔> 나온다 아아나<아니>?/모자리 거름하구로<못자리 거름하게> 버들나무 가쟁이로<버드나무 가지를> 좀 **까리**야 댈따<잘라 내려야 되겠다>. 혼).

까마구 [까마'구] 명 까마귀*. ①¶**까마구** 우우는 소리느<까마귀 우는 소리는> 누구라도 다아 득끼 실치요마느<다 듣기 싫지요마는>…/야아사네서느<야산에서는> **까마구**<까마귀> 보기가 수웁짠테에<쉽지 않더군>./내가 바안는데<봤는데>, **까마구** 지분<까마귀 집은> 삼삐들구 집삐다가<멧비둘기 집보다> 훠얼신<훨씬> 더 엉서엉해애 가주구<엉성해 가지고> 아리 미트로<알이 밑으로> 빠질 지경이더라꼬요<지경이더라고요>. ②¶저넘<저놈> 살미치<피부가> 똑 **까마구**빨 거트네<꼭 까마귀빨 같네/검네>. ▷가마구.

까막깐챙이 [까막' 까안채~이~] 명 까막까치*. ¶**까막 까안챙이**라꼬<까막까치라고> 집도 어업시까방<집도 없을까봐>?/**까막 까안챙이**가 죽짜꼬 지저 대애머<까막까치가 죽자고 짖어 대면>, 그 미테<밑에> 쪽찌비가 읻뜬동<족

제비가 있든지> 머어가 나성 기이<뭐가 낯선 것이> 읻따는 지잉거다<있다는 증거다>.

까묵다 [까묵′따] 동 타 까먹다*. ①¶저실빠메<겨울밤에>, 화아래에 꾸움 빠아물<화로에 구운 밤을> **까뭉**늠 마시<까먹는 맛이> 창<참> 그럴 수 엄는데 마리지<없는데 말이지>… ②¶밑청꺼정<밑천까지> 다아 **까무**건시니<다 까먹었으니> 인자아 어야다<이제 어쩐다>? ③¶당시니<당신이> 약소글 **까뭉**능 거느<약속을 까먹는 것은> 나알<날> 무시하는 처어사시더<처사입니다>. ④¶자아<쟤>가 하리예 **까뭉**는 도옴마 해애도<하루에 까먹는 돈만 해도> 수얼찬심대이<수월찮습니다>.

까물치 [까′물치] 명 가물치*. ¶**까물치**회이느<가물치회는> 밍이밍이 빠러야<매매 빨아야> 지 마시<제 맛이> 나늠 버비다<나는 법이다>./사안후우에느<산후에는> **까물치**로 고오물 해애가아 무구머<가물치로 곰을 해서 먹으면> 사암모자테야<산모한테야> 그럴 수 업시 조온치<없이 좋지>./밀구 모세다가 저너게<密龜 못에다가 저녁에>, 그물로 처 나알따가<그물을 쳐 놓았다가> 아치메 거두우머<아침에 거두면> **까물치**캉 맥꺼리 부웅에가<가물치와 맥거리?? 붕어가> 수타기 걸리이는데요<숱하게 걸리는데요>… ▷ 가물치/까무치/가무치. 참 맥거리 붕어: 몸통의 굵기가 일악 일지 이상<一握 一指 以上> 되는 붕어.

까시¹ [까′시] 명 가시*. ①¶(농촌에서) 찔래 **까시**에<가시에> 찔리이능 거 쭈우미사<찔리는 것쯤이야>, 우리인테느<우리한테는> 아아무 꺼도 애니지<아무 것도 아니지>. ②¶고신도치 등드레도<고슴도치 등에도> **까시**가 읻찌요마는<가시 있지요마는>… ③¶칼치<갈치> 장**까시**쭈우믄<잔가시쯤은> 기양 시퍼 무거도 궤얀타<그냥 씹어 먹어도 괜찮다>. ④¶솜빠다게 백키잉<손바닥에 박힌> **까시**쭈우무느<가시쯤은> 바늘로 휘비 팜뿌머<후벼 파 버리면> 앤 대나<되지 않니>. ⑤¶말밤쉐 **까시**예<마름쇠/철조망 가시에> 바직까랭이가 걸리이늠 바라메<바짓가랑이가 걸리는 바람에>, 생다대기로 째애접뿌렏심더<생재기로 째져버렸습니다>. ⑥¶저 사라믄 와<사람은 왜>, 마알로<말을> 할 때마줌<때마다>, **까시** 인는<가시 있는> 소리만 하는동 모올라<하는지 몰라>. **까시**(가) **돋**치다 구). **까시**(가) **백**키다<박히다> 구). **까시**(가) **시**다<세다> 구).

까시² [까′시] 몡 가시*. ¶아이고 우야꼬<어쩔까>, 우리 디인장아<된장에> **까시**가 생긴네<가시가 생겼네>. 혼).

까아 [까′아] 툉 뵈조 가지고*. ¶사아라믄 열 빈데<사람은 열 명인데>, 밥 일곱 끄륵<일곱 그릇> **까아**<가지고> 어디다가 부치겐노<붙이겠느냐>?/해애 무꺼가 업서가아<해먹을 것이/반찬이 없어서> 머어로 **까아**<무엇을 가지고> 바불 자아시겐능기요<밥을 자시겠습니까>. ▷가아. 혼).

까재 [까아′재′] 몡 가재*. ¶**까아재**느<가재는> 참무레라야 사아지<찬물에라야 살지> 무리 미지그은하머<물이 미지근하면> 모온 사안다<못 산다>./**까아재**느<가재는> 와 디익꺼름질로<왜 뒷걸음질을> 치는동 아아나<치는지 아니>?

깍깍 [깍깍] 뮈 각각*(各各). 드).

깍때기 [깍때′기] 몡 ①깍지*. ¶**깍때기**<깍지> 태운 재가 참 맥꼬 독카니이라<맵고 독하느니라>. ②콩깍지. ¶소주게<쇠죽에> **깍때기**로<콩깍지를> 여어 미기머<넣어 먹이면> 소한테야 그럴 수 업시 조옽치요마느<없이 좋지요마는>…

깎다* [까′꼬/깍′꼬, 깍′찌, 깍떠′라, 까′꺼(까)도, 까′꺼서, 까′꺼라] 툉 타 ¶모기 마릴 낀데<목이 마를 것인데> 자, 배라도 하나 **깍꺼** 바아라<깎아 봐라>.

깐챙이 [까안′채′~이~] 몡 까치*. ¶바미 대머<밤이 되면> 저 **까안챙이드리** 다아<까치들이 다>, 대나무 바테 드가가아<밭에 들어가서> 자더라./**까안챙이**느<까치는> 동지만 지나머<지나면> 지불 지익끼 시이장는다<집을 짓기 시작한다>./버들나무 이퍼리<버드나무 이파리>가 피기 시이자그머<시작하면> **까안챙이**<까치> 새끼 소리가 나니이라<나느니라>./**까안창아 까안창아**<까치야 까치야>, 니이 어디 갇또오<너 어디 갔더냐>? 울 너메 갇띠이라<울 너머에 갔더란다>, 머하로 갇또오<무얼 하러 갔더냐>? 새끼 치로<치러> 갇띠이라<갔더란다>, 멥 빠리 천노<몇 마리 쳤느>? 시이 바리 천따<세 마리 쳤다>, 함 바리 두가<한 마리 다오>… 쟘 전래 동요. ▷깐칭이.

깐치눈 [깐치′눈] 몡 까치눈*. 발가락 밑의 접힌 금에 살이 터지고 갈라진 자리. ¶**깐치눈** 튼는 데느<까치눈 튼 데는> 머린니로 자버여어가아 처매애 노오머 나안는다<머릿이를 잡아넣어서 동여놓으면 낫는다>. **깐치눈**<까치

눈> 트다 구).

깐칭이 [까안′치′~이~] 몡 까치*. ☞깐챙이.

깜 [까′ 암] 몡 감*. ¶(굽은 나무가) 이 기이 질매까지<이 것이 길맛가지> **까아**민동<감인지> 몽에 **까아**민동<멍에 감인지> 보머 모리겐나<보면 모르겠니>? ▷감².

깜다¹ [깡′꼬′/깡′고′, 깜′찌′/깜′지′, 깜′떠′라/깜′더′라, 까′머′(마′)도, 까′머′서, 까′머′라] 동 타 감다*. ¶목 **깜**는데 잠치저가아<미역 감는데 빠져서> 소가 어덜로 간는동 모올랄찌<어디로 갔는지 몰랐지>. 혼.

깜다² [깡′꼬′/깡′고′, 깜′찌′/깜′지′, 깜′떠′라/깜′더′라, 까′머′(마′)도, 까′머′서, 까′머′라] 동 타 감다*. ¶눔마 **까무**머<눈만 감으면> 떠오리는<떠오르는> 고양 산처닌데<고향 산천인데>…

깜지기다 [깜지′기다] 동 타 깜작이다*. ¶저 사라미<사람이>, 와 한쫑 눔만<왜 한쪽 눈만> 자꾸 **깜지기**는동<깜작이는지> 나는 아알 수가 엄네요<나는 알 수가 없네요>.

깝치다 [깝′치고, 깝′치지, 깝′치더라, 깝′치도/깝′처도, 깝′치서/깝′처서] 동 급하게 다그치다*. 재촉하다*. ¶소테 안치노옴 바분<솥에 안쳐놓은 밥은> **깝친**다꼬 쉑키 대능 기이 애니대이<다그친다고 속히 되는 것이 아니다>./ (연을 만들며) 야 이너마 대애강 **깝처**래이<이놈아 대강 재촉해라>, 목쭐로 무까아야 날리든동 달든동 할 꺼 애니가<목줄을 묶어야 날리든지 말든지 할 것 아니냐>. 혼.

깞 [깝] 몡 값*. ¶내앵줴에야<나중에야> 유치장아<유치장에> 갈 **깜**세<값에>, 배가 고푸니꺼네<고프니까> 위섬 묵꼬나<우선 먹고나> 보자. ▷갑¹.

깡깐하다 [깡까안′하′다] 혱 깐깐하다*. ¶그 영감 참, 함<한> 푼도 앵 깎꺼<안 깎아> 주고 디이기 **깡까안하**기 나오데에<되게 깐깐하게 나오더군>. ②¶사아라미<사람이> 너무 **깡까안**해애도<깐깐해도> 남자테 조온 소리 모온 뜬는다<남한테 좋은 소리 못 듣는다>. ▷깡깐하다. **깡까니** 뷔 깐깐히*.

깡끼다¹ [깡끼′이고, 깡끼′이지, 깡끼′이더라, 깡께′에도/깡끼′이도, 깡께′에서/깡끼′이서] 동 1 피동 감기다*. '감다'의 피동형. ¶내가 고로버가아 그런동<피곤해서 그런지>, 누니 지절로 **깡끼**이네<눈이 저절로 감기네>. 2

[사동] '감다'의 사역형.

깽끼다² [깽끼'이고, 깽끼'이지, 깽끼'이더라, 깽께'에도/깽끼'이도, 깽께'에서/깽끼'이서] [동][사동] 감기다*. '감다'의 사역형. ¶아아 머리로<아이 머리를> 와 해필<왜 하필> 도랑무레서<도랑물에서> **깽끼이**는동<감기는지> 참.

깨구리 [깨구'리] [명] 개구리*. ¶저 올구쨍이 꼬랑대기<올챙이 꼬리>가 어업서지머<없어지면> **깨구리**가 대능 거야<개구리가 되는 것이야> 저엉한 이이친데요<정한 이친데요>… ▷깨구랭이/깨구래기.

깨다#¹ [깨'고', 깨'지', 깨'더'라, 깨애'도', 깨애'서'] [동][자] (이슬이) 마르다*. ¶어지가안하거등 여보소<어지간하거든 여보시오>, 내라지게느<내일 아침에는>, 풀리페 이시리라도<풀잎에 이슬이라도> 쫌 **깨**거등<좀 마르거든> 이일로 시이작뚜룩 하압시대이<(들)일을 시작하도록 합시다>./야아드라<얘들아> 오늘 거치 바뿐 날<같이 바쁜 날> 이실 **깨**두룩<이슬 깨도록> 어언제 기다리겐노<언제 기다리겠니> 성거르메<선걸음에> 나서자.

깨다*² [깨'고', 깨'지', 깨'더'라, 깨애'도', 깨애'서', 깨애'라'/깨'라'] [동][자] ¶저 사람, 자미 안죽<잠이 아직> 더리 **깸** 모양일쉐<덜 깬 모양일세>.

깨다*³ [깨'고, 깨'지, 깨'더'라, 깨'애도, 깨'애서, 깨'애라/깨'라] [동][타] ¶암만 추버도<추워도>, 서다블 식끌라커머<빨래를 씻으려면> 도랑아 어르믈<도랑의 얼음을> **깨**야야<깨야> 댈 꺼 애니가<될 것 아니냐>.

깨다*⁴ [깨'애다] [동][피동] '까다'의 피동형. ¶초보메 삐가리 열뚜우 바리로<초봄에 병아리 열두 마리를> **깨앤**는데<깼는데>…

깨물다* [깨물'고/깨무'고, 깨물'지/깨무'지, 깨물더'라/깨무더'라, 깨무'러(라)도, 깨무'러서, 깨무'러라/깨무'라] [동][타] ¶눙까리사탕이야<눈깔사탕이야> 빠러뭉는<빨아먹는> 사람도 익꼬<있고>, **깨무러** 뭉는<깨물어 먹는> 사람도 읻찌<있지>. ▷깨밀다.

깨지다* [깨'애지고, 깨'애지지, 깨'애지더라, 깨'애저도, 깨'애저서] [동][자] 깨어지다*. ¶술삥이가 **깨애지**는 나부라게<술병이 깨지는 바람에>, 오옴 방빠대기<온 방바닥이> 가양이 대앱뿐따 아니가<강이 되어버렸잖아>.

깨춤 [깨'춤'] [명] 깨를 볶을 때 깨가 톡톡 튀듯이 추는 춤. ¶똥오줌도 모옹 까리고<똥오줌도 못 가리고>, **깨춤**만 추다가 시간 다아 보내앤찌<다 보냈

지>.
깹뻘거지 [깹뻘거′지] 명 깨 벌레. 깻잎을 갉아먹는 벌레. ▷깨뻴거지. 드).
꺼 [꺼] 명 의존 ①해*. 것*. ¶우리 사이에 니 **꺼** 내 **꺼**가 어딘노<네 것 내 것이 어디 있니>? ② '-을 것'의 준말. ¶찔레에도 무굴<먹을> **꺼**가 익꼬<것이 있고>, 모음 무굴<못 먹을> **꺼**도 일따<것도 있다>./(운전면허 시험에서) 우리 용이느<(철)용은> 무러<물어> 볼 **꺼**도 업시<없이> 학껴길 끼이다<합격일 것이다>./이 떠근<떡은> 누우<누구> 줄 **꺼**고<것이냐>?/채기나<책이나> 보고 이실 **꺼**로<있을 것을> 고여어니 따러나와 가주구<공연히 따라나와 가지고> 치분데 떠어기마<추운데 떨기만> 시일컨 떠럳따<실컷 떨었다>.
꺼꾸리 [꺼꾸리′] 부 거꾸로*. ¶군대에 간 새에<사이에> 가아 애애이니<걔 애인이>, 시늘 **꺼꾸리** 시널떠란다<신을 거꾸로 신었더란다>./워언싱이느<원숭이는> 나무에 **꺼꾸리** 매애달리이도<거꾸로 매달려도> 머리가 애 나푸겐쩨<안 아프겠지>?/입짱을 바까아가아<입장을 바꾸어서> **꺼꾸리** 함문<거꾸로 한번> 생각커 바아라<생각해 봐라>. ▷꺼꿀로. **꺼꾸리 박키다**<**거꾸로 박히다**> 구).
꺼꿀로 [꺼꿀로′] 부 거꾸로*. ¶누구나 부체<부처>가 **꺼꿀로**<거꾸로> 설 때야, 누네<눈에> 아아무 꺼도<아무 것도> 앰 비지<안 보이지>. ▷꺼꾸리.
꺼끄럭뽀리 [꺼끄럭뽀리′] 명 겉보리*. 껍질을 벗기지 않은 보리. ¶**꺼끄럭뽀리**머<겉보리면> 어어떵기요<어떤가요>, 머어라도 마아니만 주이소<뭐라도 많이만 주세요>.
꺼끄럽다 [꺼끄럽′따] 형 깔끄럽다*. ¶나느<나는> 보리 까끄래기<까끄라기>가 오세 드가머<옷에 들어가면> **꺼끄러**버 두드래기가 망 나암니더<깔끄러워 두드러기가 막 납니다>.
꺼리 [꺼′리] 명 의존 거리*. ①¶오새애느<요새는> 하도 가무러 가주골랑<가물어서/가물어 가지고> 반찬 할 만한 **꺼리**<거리>가 마땅응 기이 엄네요<마땅한 것이 없네요>. ②¶그런 사수함 무운제느<사소한 문제는> 여어서러<여기서> 이이바구<이야기> 할 **꺼리**<거리>가 모온땐다<못된다>. ▷거리.
꺼싱이 [꺼어′시′~이′] 명 ①지렁이*. ¶비온 디이예느<뒤에는> 여기 전시네<전신에> **꺼어싱이**시더<지렁이입니다>. ②회(蛔). 회충(蛔蟲). ¶니이 배

소오게느<너 배속에는> **꺼어싱이**가 드란전나<회가 들어앉았니>, 와 그레<왜 그렇게> 배가 자주 고푸노<고프니>? ▷ 꺼꾸랭이/꺼꾸리/꺼끼이.

꺼지다*¹ [꺼′지고, 꺼′지′지, 꺼′지′더라, 꺼′저′(자′)도, 꺼′저′서] 동자 ¶나알로<난로>에 부리<불이> **꺼지고** 나니 추버지기 시이장는데<추워지기 시작하는데> 감다이 불감다입띠더<감당이 불감당입디다>.

꺼지다*² [꺼′지고, 꺼′지′지, 꺼′지′더라, 꺼′저′(자′)도, 꺼′저′서] 동자 ¶저어염 무근<점심 먹은> 배도 앙이 앵 **꺼전**는데<아직 꺼지지 않았는데> 머어로<무얼> 또 무거라 컨능기요<먹으라고 합니까>.

꺽쉐 [꺽′쉐] 명 꺾쇠*. '디귿'자 모양의 쇠토막. 잇댄 두 개의 나무 따위를 벌어지지 못하게 고정시키는 데 씀. ¶양쪽 나무를 딱 부치 녹코<붙여 놓고>, 이쪽 저쪽 거얼치가아<양쪽에 걸쳐서> **꺽쉐**로 바그머<꺾쇠를 박으면> 앰 버어러지지요<안 벌어지지요>.

꺾다* [꺽′꼬, 꺽′찌, 꺽떠′라, 꺼′꺼(까)도, 꺼′꺼서, 꺼′꺼라] 동타 ¶꼬치 고오부머<꽃이 고우면>, 기양<그냥> 두고 볼 내기지<따름이지>, 그거로 자꼬 **꺽**끄머<그것을 자꾸 꺾으면> 우얀담 마알고<어쩐단 말이냐>.

껀지다 [껀′지다] 동타 건지다*. ①¶이붕 큼무레<이번 큰물에> 떠내러오늠 보릳따는<떠내려오는 보릿단은> 대전 아재<아저씨>가 제엘롱 마아니 **껀질**찌요<제일 많이 건졌지요>. ②¶그럼 파네<그런 판에> 목숨망 **껀징** 거도<목숨만 건진 것도> 다행으로 이기라꼬<여기라고>… ③¶니느 이너마<너는 이놈아>, 본전도 모옹 **껀질** 소리로<못 건질 소리를> 가따갈랑<−> 말라꼬 하노<왜 하니>?

껌덩개 [껌덩′개] 명 검둥개*. ¶대천떡 능굼바테 인는<대천댁 사과밭에 있는> **껌덩개** 그거<검둥개 그것> 참, 디이기 부랑터라꼬<되게 부랑하더라고/사납더라고>.

껌정 [껌′정′] 명 검댕*. 그을음이나 연기가 맺혀서 된 검은빛의 물질. ¶하아믈 미이고<함을 메고> 온 사람드리<사람들이> 얼구리에다가<얼굴에다가> **껌정**을<검댕을> 칠하고는…/웨에가아<외가에> 처엉 갈 찌게느<첨 갈 적에는> 얼라 이마아다가<아기 이마에다가> **껌정** 칠로<검댕 칠을> 하고 가야지…

껍띠기 [껍띠′기] 명 껍질*. ①¶웨에고 능구미고 가네<참외든 사과든 간에>

껍띠기도 마신는데<껍질도 맛있는데>, 와 모지리<왜 모조리> 까껍뿌고 뭉는동 모올래<깎아버리고 먹는지 몰라>./호오랭이사 무서버도<호랑이야 무서워도> 그 **껍띠기**가<껍질이> 타미 나니꺼네 잡찌<탐이 나니까 잡지>. ② '아버지'를 낮추어서 천하게 가리키는 말. 아비*. ¶야 호야, 너그 **껍띠기**느<네 아비는> 어디 가고, 니 혼차서<너 혼자서> 보리바틀 매노<보리밭을 매니>?

꼬깔 [꼬′깔] 몡 고깔*. ¶구걸할 찌게 보머<지신 밟을 적에 보면>, 다아 **고깔**로<다 고깔을> 하나석 시고<하나씩 쓰고> 나오는데요…

꼬깜 [꼬오′깜′] 몡 곶감*. ☞꼭깜.

꼬내기 [꼬오′내′기] 몡 고양이*. ¶쥐도 모온 짭능<못 잡는> **꼬오내기**느 **꼬오내기**가 애니지<고양이는 고양이가 아니지>. ▷고오내기. **꼬내기 삐댄 낯째기**<고양이 밟은 낯짝> 구). **꼬내기 낯싱는다**<고양이 세수하다> 구). **꼬내기캉**<고양이와> 개 구).

꼬다¹ [꼬′고, 꼬′지′, 꼬′더′라, 꼬오′도′, 꼬오′서′] 동 타 꾸다*. ¶아지미<아주머니>, 사탕까리 이시머<설탕이 있으면> 좀 **꼬오** 주이소<좀 꾸어 주세요>.

꼬다² [꼬′오고, 꼬′오지, 꼬′오더라, 꽈′아도/꼬′오도, 꽈′아서/꼬′오서, 꽈′아라/꼬′오라] 동 타 고다*. ①¶어지럭꺼등<어지럽거든> 소 뻬가치<뼈>라도 좀 사다가 **꽈아** 무거바아라<고아 먹어 봐라>. ②¶살 함<쌀 한> 말 **꼬오머**<고면> 엿시<엿이> 멕 까라기나 나올랑공<몇 가락이나 나오려는가>? ③¶허리 아푼 데느<아픈 데는>, 골담초 술로 다머가아<술을 담가서>, 소주로 **꽈아** 무구머 조온데<소주를 고아 먹으면 좋은데>…

꼬닥꺼리다 [꼬닥′꺼′리다] 동 자 타 까불다*. ¶아아드리<아이들이> 너무 **꼬닥꺼리머** 타알난대이<까불면 탈난다>.

꼬라지 [꼬라′지] 몡 꼬락서니*. 꼴*. ¶니이 옥 **꼬라지**가<너 옷 꼬락서니가> 그기이 머어꼬<그것이 뭐냐>?/저넘 해건능<저놈이 하고 노는> **꼬라지**로<꼴을> 참, 눈 뜨고 바아<보아> 줄 수가 엄네요<없네요>.

꼬랑대기 [꼬랑대′기] 몡 꽁지*. 꼬리*. ¶볼살 **꼬랑대기**가<보리쌀 꼬리가> 좀 부털시머 어어떤데<붙었으면 어떤데>? 그거라도 어업서가아 타아리지<없어서 탈이지>./무시 **꼬랑대기**사<무 꼬리야> 누구라도 자 램 묵찌<잘 안

먹지>./올구챙이 **꼬랑대기**<올챙이 꼬리>야, 클수록 자꾸 짤러지지<짧아지지>./학쪼오서<학교에서> 쥐 **꼬랑대기** 끙커 오라 컨떠라꼬요<꼬리 끊어 오라고 하더라고요>./우리느<우리는> 소 **꼬랑대기**<꼬리>도 '꽁지', 달구 **꼬랑대기**도<닭의 꼬리도> '꽁지'라꼬<꽁지라고> 막 서껴 신담 마아리시더<섞어 쓴단 말입니다>. 참 표준말의 '꽁지'는 '새의 꽁무니에 붙은 기다란 깃'을 뜻함.

꼬리* [꼬'리가, 꼬'리로/꼬'리를, 꼬'리에/꼬'레, 꼬'리도, 꼬'리마] 명 ¶대애주 **꼬리**느<돼지 꼬리는> 와 저레 배앵 꼬이능공요<왜 저렇게 뱅 꼬이는가요/꼬이는지요>?

꼬부랭이 [꼬부래'~이~] 명 꼬부랑이*. ¶팔마니가<팔만이> 저거 할배 디린다꼬<자기 할아버지 드린다고> 사 가주구 옹<가지고 온> 가지가, 똑 웨 **꼬부랭이**<꼭 오이 꼬부랑이> 마안하더라마느<만하더라마는>, 그래도 저거 할배사<자기 할아버지야> 조온타꼬<좋다고>…/배능 고푸지요<배는 고프지요>, 지비느<집에는> 아아무도 엄는데<아무도 없는데>, 정낭 아페<변소 앞에> 보니, 덤푸레 달린 웨 **꼬부랭이**<덩굴에 달린 오이 꼬부랑이> 하나가 참 무굼직시럼는데 마아리시더<먹음직스러운데 말입니다>, 그래도 통채로 따묵짜니<통째로 따먹자니> 쫌 그럭코요<좀 그렇고요>, 그레 덤푸레 다러노온<그렇게 덩굴에 달아놓은> 채로, 한 임마<입만> 딱 쎄이무걷찌요 머어<베어먹었지요 뭐>, 그라고<그러고> 내가 참, 얼매나<얼마나> 두고두고 놀링까아미 대앤는동<놀림감이 됐는지> 참…

꼬오장 [꼬오'재~이~/꼬오'자~이~, 꼬오'자~을~, 꼬오'자~에~, 꼬오'장도, 꼬오'장마] 명 고추장*. ¶우리느 해마줌<우리는 해마다> 찹살**꼬오장**을 담는다마느<참쌀고추장을 담근다마는>…/어디 머얼리<멀리> 갈 찌게느<적에는> **꼬오장**뽀꾸믈<고추장볶음을> 가주구 가머<가지고 가면> 밤마덥실<밥맛없을> 때야 조옥코 마알고<좋고 말고>. ▷고오장/꼬치장.

꼬장중우 [꼬장'주'~우'~] 명 고쟁이*. 속곳*. ¶저엉 앤 대머<정 안 되면>, 내 **꼬장중우**로<속 고쟁이를> 팔 깝세<팔지언정>, 니 공부느 시기 주꾸마<네 공부는 시켜 줄게>./뚱 무등 **꼬장중우**로<묻은 속곳을> 팔 깝세라도<값에라도/팔망정> 니이 자앙사 믿처는<너 장사 밑천은> 내가 대애 줄꺼시<대 줄게>.

꼬쟁이 [꼬재'~이~가, 꼬재'~이~를, 꼬재'~이~예~/꼬재'~이~에~/꼬자'~아~, 꼬재'~이~도, 꼬재'~이~마] 명 꼬챙이*. 꼬치. ¶사안적 **꼬쟁이**<산적 꼬치> 할 만한 사리 **꼬쟁이**<싸리 꼬챙이> 쫌 차저 바아라<좀 찾아봐라>./서엉지리<성질이> 너무 **꼬쟁이** 거태도<꼬챙이 같아도> 세에상을 사아는 데느<세상을 사는 데는> 벨로 앤 조온데<별로 안 좋은데>…/깨구리느 자버가아<개구리는 잡아서> **꼬장아다가**<꼬챙이에다가> 뀌이가아 온너라<꿰어 가지고 오너라>. ▷꼬지/꼬장가리/꼬장갱이.

꼬지 [꼬'지'] 명 꼬챙이*. ¶**꼬지**에 뀌잉 꼬오까믈<꼬챙이에 뀐 곶감을> 함 뭄 빼애무거 바아라<한번 빼먹어 봐라>, 첨메에느 달지마느<처음에는 달지만> 메칠 앵 가가아<며칠 안 가서> 와 이치리<왜 이처럼> 잘 쭈우능공<주는가> 시풀 끼이다<싶을 것이다>. ▷꼬쟁이/꼬장가리/꼬장갱이.

꼬치¹ [꼬치'] 명 고추*. ¶양이메느 **꼬치**<양념에는 고추> 마늘 더풀 만항 기 업찌<덮을 만한 것이 없지>./푹**꼬치**마 이시머<풋고추만 있으면> 보리밥 항 그르기사<한 그릇이야> 뚝따기지<뚝딱이지>./너무 매붕 **꼬치**로 무구머<매운 고추를 먹으면> 나느 소옥꺼정 아리이더라<나는 속까지 아리더라>. **꼬치 무군**<고추 먹은> **소리** 구).

꼬치² [꼬치'] 명 고추 자지*. ¶저 칭구캉 나캉으느<친구와 나는> 참, **꼬치**가 문지에<고추자지가 먼지에> 글시 실 때버텅 칭구다<글씨 쓸 때부터 친구다>./(대여섯 살배기가 목욕탕에 갔다와서) 아지야<삼촌> **꼬치**에 쉐에미 낟떠래이<고추에 수염/털 났더라>.

꼬치까리 [꼬치'까'리'] 명 고춧가루*. ¶나느<나는> 너무 매붕 **꼬치까리**느<매운 고춧가루는> 실심더<싫습니다>./아지매느<형수님은> **꼬치까리** 빠지그로<고춧가루 빻으러> 가고 앙 기이시네요<안 계시네요>. ▷고칙까리/꼬칙까리.

꼭깜 [꼬옥'깨'미/꼬옥'까'미, 꼬옥'까'물/꼬옥'까'믈, 꼬옥'까'메, 꼬옥'깜'도, 꼬옥'감'마] 명 곶감*. ¶부니 하아약쿠로 핑<분이 하얗게 핀> **꼬오까**미사<곶감이야> 참 마시 조오치<맛이 좋지>./**꼬오깜** 실타 컨는<곶감을 싫다고 하는> 사람도 다아 인나<다 있니>?/이이저네<예전에> 어어떰 바아보 메느리<어떤 바보 며느리>가 이이를 저질럳서<일을 저질렀어>. 그래 시어마시가<시어머니가>, "야아<얘>야 **꼬오까**므로 구글<곶감으로 국을>

와 낄린노<왜 끓였니>?" 하니꺼네<하니까>, "꼬장아<꼬챙이에> 꿔잉 거로 보머<펜 것을 보면> 꾸버 무거야 댈 쭐 아아지마느<구워 먹어야 될 줄 알 지마는>, 식꾸<식구>가 하도 마아느니까네<많으니까> 내 따아네느<딴에 는> 늘가아 무굴라꼬<늘여 먹으려고> 구글 낄릳찌요 머어<국을 끓였지요 뭐>." 컨떠란다<하더란다>.

꼭찌¹ [꼭'찌] 몡 꼭뒤*. 뒤통수의 한복판. **꼭찌로 눌루다**<꼭뒤를 누르다> 구).
꼭찌² [꼭'찌] 몡 꼭지*. 1 자립 ①¶깔딱찔<딸꾹질이> 날 때느<때는> 강**꼭찌** 로<감꼭지를> 살머 무구머 나안는대이<삶아 먹으면 낫는다>. ②¶냄비 **꼭 찌**<꼭지>가 빠지머<빠지면> 치약 따까리 까아<치약통 뚜껑을 갖고> 곤치 머 대는데<고치면 되는데>… x③연머리의 가운데에 붙인 표. x④도리깨 꼭 지. 2 의존 모숨을 지어 잡아 맨 긴 물건을 세는 단위. ¶초웅강 미역또<총 각 미역도> 인자아<이제> 두우 **꼭찌**바께<두 꼭지밖에> 앤 나먼따<안 남았 다>.
꼰 [꼰'] 몡 고누*.
꼴따냉기/꼴띠넝기 [꼴따냉기/꼴띠넝기] 몡 앞구르기*. ▷꼴땅넝기/꼴때넝기. 참 도리깨꼭지를 축으로 하여 도리깨 열이 넘어 가듯이, 뱅글뱅글 앞구르 기 하는 것.
꼴때¹ [꼴때'] 몡 노두*(蘆頭). ¶돌개느 하도 모오지러가아 **꼴때**마 이서도<도 라지는 하도 모질어서 노두만 있어도> 웽기머 사아더라<옮기면 살더라>. ▷꼴띠.
꼴때² [꼴'때] 몡 고집*(固執). **꼴때를**<고집을> 내다 구). **꼴때(로) 지기다**<고 집(을) 부리다> 구). **꼴때(로) 푸우다**<고집(을) 피우다> 구).
꼴띠¹ [꼴띠'] 몡 노두*(蘆頭). 인삼, 산삼, 도라지 따위의 뿌리에서 싹이 돋는 꼭지 부분. ¶산사믄 **꼴띠**만 보머<산삼은 노두만 보면> 맨 염 무군 건동 아 알 수 읻딴다<몇 년 묵은 것인지 알 수 있단다>.
꼴띠² [꼴띠'] 몡 도리깨꼭지*.
꼴띠기 [꼴띠'기] 몡 꼴뚜기*. ¶우리야 **꼴띠기** 마알마 드럳찌<꼴뚜기라는 말 만 들었지>, 여어서러느<여기서는> **꼴띠기**라꼬느<꼴뚜기라고는> 본 저기 업따<적이 없다>. 드).
꼴란 [꼴란'] 图 별 것 아닌. ◁꼴 난. ¶도오리라도 무구머<돌이라도 먹으

면> 사글 난데<삯을 나이인데>, **꼴란** 떡 멘 넘띠기로 가주구요<별 것 아닌 떡 몇 덩어리 가지고요>…/그 **꼴란** 제랄 멕 깨 팔라꼬<별 것 아닌 계란 몇 개 팔려고> 장테꺼정 갇떵기요<장터까지 갔던가요/갔습디까>?/아이구 더어리라, 더어리라<아이고 더러워라, 더러워라>, **꼴란** 조오피 함 모 가주구<별 것 아닌 두부 한 모 가지고> 그기이 머어꼬<그것이 뭐냐>? 혼).

꼽다#¹ [꼭′꼬, 꼽′찌, 꼽떠′라, 꼬′버도, 꼬′버서. 꼬′버라] 동 타 꽂다*. ①¶ 그 마시리<마을이> 그레 비이도<그렇게 보여도>, 화진때로 멥 뿌니나<화짓대를 몇 번이나> **꼬**분 마시리다<꽂은 마을이다>. 참 화짓대: 과거에 급제하면 동네 어귀나 뒷산에 세우던 깃대./꼽뼁이예다가<꽃병에다가> 꼬틀 **꼬**버 노오머<꽃을 꽂아 놓으면> 금방 시들기 때무레<때문에> 나는 여엉 방갑짠타<영 반갑지 않다/싫다>. ②¶바지느 타전찌요<바지는 타졌지요>, 바느른 업찌요<바늘은 없지요>, 그리니 우얘요<그러니 어째요>, 뻰치를<안전핀을> 하나 구해애가아<구해서> 터진 데다가 위서네 **꼬**버가아 완찌요<우선 꽂아서 왔지요>./저엉기 다마<전구 알을> 가러 **꼽**능 거느<갈아 꽂는 것은> 키 큰 자네가 해애라<해라>. ③¶(씨름에서) 우리 마실 용이가<마을(철)용이가>, 여엉천 저엉 장구늘<永川 鄭 將軍을> 번쩍 들디이<들더니> 몰개잠사레<모래에>다가 팍 **꼬**법뿌는데<꽂아버리는데>, 그 참 기가 맥키이데에<막히더군>… x④'뒤꽂다'의 준말.

꼽다*² [꼭′꼬, 꼽′찌, 꼽떠′라, 꼬′버(바)도, 꼬′버서. 꼬′버라] 동 타 ¶아아드리야<아이들이야> 파러리 오기마늘<추석이 오기만을> 송**꼬**버<손꼽아> 기다리는데…

꼽새 [꼽′새′] 명 곱사*. ☞곱새.

꽁 [꿰′~이/꼬′~이~, 꼬′~을~, 꼬′~에~, 꽁′도, 꽁′마] 명 꿩*. ¶봄나레<봄날에> **꽁**드리 저거꺼정<꿩들이/장끼들이 저희끼리> 한창<한참> 물고 뜩꼬<뜯고> 사울 찌게느<싸울 적에는>, 야페 사아라미<옆에 사람이> 가도 모리지<모르지>./여어더러느 저실게<여기서는 겨울에>, 짜깨를 가주구<창애 가지고> **꽁**이나 오올기 잡능 기이<꿩이나 오리 잡는 것이> 재미다.

꽁알 [꼬′~아~리, 꼬′~아~를, 꼬′~아~레, 꼬′~알~또/꼬′~알~도, 꼬′~알~마] 명 꿩알*. ¶보롬날<정월대보름날> 첟 수레<첫 숟갈에> 지임 사 무구머<김 싸 먹으면> **꽁알** 조온는단다<꿩알 줍는단다>./쉐꽁은 **꽁알**로<쇠꿩은 꿩알을>

첩처비 논는다메<첩첩이 놓는다며>?/사네 나마로 갈따가<산에 나무하러 갔다가>, **꽁알**로<꿩알을> 조온능 거는 홍재 애니가<줍는 것은 횡재 아니냐>.

꽁지 [꽁′지] 몡 꼬리*. ¶우리는 소 꼬랑대기<꼬리>도 **꽁지**, 달구 꼬랑대기<닭의 꽁지>도 **꽁지**라꼬<꼬리라고> 막 서꺼 신담 마알시더<섞어 쓴단 말입니다>./소 **꽁지** 터리기 가주구<꼬리 털 가지고>, 나락까매이 우예다가<볏가마니 위에다가> 홀깨이로 지야 녹코<올가미를 지어 놓고>, 새애로 자부머<참새를 잡으면> 재미나지. 참 표준말의 '꽁지'는 '새의 꽁무니에 붙은 기다란 깃'을 뜻함.

꽃* [꼬′치, 꼬′츨, 꼬′체, 꼳′또, 꼼′마] x[꼬시] 몡.

꼳 [꼬′치, 꼬′틀, 꼬′테, 꼳′또, 꼼′마] x[꼬시] 몡 꽃*. ①¶수우바기고 꼬두바기고 가네<수박이고 박이고 간에>, 수늘 잘 마거오야<순을 잘 막아줘야> **꼬치** 맫치이지<꽃이 맺히지>./삼사아워레 **꼬치** 피거등<삼사월에 꽃이 피거든>, 우리 주사쩌레<朱砂庵에> 노올로<놀러> 가자./**꼽**삥이에다가<꽃병에다가> **꼬**틀 꼬버 노오머<꽃을 꽂아 놓으면> 금방 시들기 때무네<때문에> 나능 그렁 거느<나는 그런 것은> 여엉 방갑짠타<영 반갑잖다/싫다. ②¶ **꼬치**나 가꾹코<꽃이나 가꾸고> 사알 팔짜머<살 팔자면> 참 조옴 팔짜네요<좋은 팔자네요>./사동 아지매<아주머니>, **꼼** 모중 웽기고 나앙꺼들랑<꽃모종 옮기고 남거든> 나안도 쫌 주쉐이<나도 좀 주세요>. ③¶(홍역을 앓을 때) **꼬치**<꽃이> 피고 나머<나면> 여리<열이> 좀 내릴 꺼다<것이다>. **꼬치**<꽃이> **피다** 구). **꼬틀**<꽃을> **피우다** 구).

꽝처리 [꽝′처리] 몡 지나가기만 하면 초목이 다 말라죽는다는, 전설상의 악독한 용. 강철이*. ①¶이 그음방아<근방에> 어디 **꽝처리**가 안전나<강철이 앉았나>, 나리 와 이레<날이 왜 이렇게> 오래 가물지? ②¶야, 이 무운딩이 **꽝처리** 거튼 너마<문둥이 강철이 같은 놈아>, 저리 가거라, 꼴또<꼴도> 보기 실타<싫다>.

꾸다#[1] [꾸′고′, 꾸′지′, 꾸′더′라, 꼬오′도′/꽈아′도′, 꼬오′서′/꽈아′서′, 꼬오′라′/꽈아′라′/꾸′라′] 동 타 꼬다*. ①¶(농촌에서는) 저실게야<겨울에야> 가매니로 앤 치머<가마니를 안 치면> 새끼 **꾸**능 기이 이이리지요<꼬는 것이 일이지요>. ②¶좀 부꾸러버도 그런치<부끄러워도 그렇지>, 모를 그레 비이비**꾸**머<몸을 그렇게 비비꼬면> 사아랑 꼬리<사람 꼴이> 가아치 업서 비인대이<가치 없어 보인다>, 그라지<그리하지> 마라. ③¶너무 마 알로<말을> 비이비**꾸**지 마고<비비꼬지 말고>, 하구 저붐 마아리나<하고 싶은 말이나> 얼른 해애라<얼른 해라> 보자.

꾸다*² [꾸′고′, 꾸′지′, 꾸′더′라, 꼬오′도′/꽈아′도′, 꼬오′서′/꽈아′서′, 꼬오′라′/꽈아′라′/꾸′라′] 동 타 ¶소오 꾸물 **꾸**머<소 꿈을 꾸면> 그 기이 바리<게 바로> 조생이 서엄몽하능 거란다<조상이 현몽하는 것이란다>.

꾸다*³ [꾸′고′, 꾸′지′, 꾸′더′라, 꼬오′도′/꽈아′도′, 꼬오′서′/꽈아′서′, 꼬오′라′/꽈아′라′/꾸′라′] 동 타 ¶지남부네 빌리 강 거느<지난번에 빌려 간 것은> 먼저 각꼬<갚고> 나서, 또 **꼬오** 도올라 캐애야<꾸어 달라고 해야> 마아리 대지<말이 되지>.

꾸리#¹ [꾸′리] 명 구리*. ¶수갠또로<썰매를> **꾸리** 철사 가주구 맹글머<구리 철사를 가지고 만들면> 퍼떡 딿거 모온 신다<빨리 닳아 못 쓴다>./**꾸리** 도오니라도 조오니<구리돈이라도 좋으니> 그렁 거라도 익꺼들랑<그런 것이라도 있거들랑> 마아니마 주이소<많이만 주세요>. ▷구리. 흔).

꾸리*² [꾸′리] 명 1 자립 ¶이 실**꾸리**에 호오드래기로<실꾸리에 속 회오리를> 누가 이레 빼애 나안노<이렇게 빼 놓았니>? 2 의존 ¶하리 쩌너게<하루 저녁에> 시일 두시이 **꾸리**야<실 두셋 꾸리야> 가암찌 모옹 까머<감지 못 감아>?

꾸리다 [꾸′리다] 형 구리다*. ①¶야아가 무싱 공사로 해앤나<얘가 무슨 공사를 했나/똥을 쌌나>, 어디서 이레 **꾸린** 내애미가 나노<이렇게 구린 냄새가 나니>?/무진 소리고<무슨 소리냐>? 나느<나는> **꾸린**입또 앤 띠읻때이<구린입도 안 떼었다>. ②¶저 사람 저거<저것>, 암망캐애도<암만해도>, 머엉가 **꾸린**<뭔가 구린> 데가 인는 성시푸다<있는 성싶다>. **꾸린입또 앤 띠다**<**구린입도 안 떼다**> 구).

꾸정물 [꾸정′물] 명 구정물* ¶오새 얼매나<옷을 얼마나> 오래 이번는동<입었는지>, 빨래항 **꾸정물** 가주구<빨래한 구정물 가지고> 거름해애도 대겓떠라<거름해도 되겠더라>./그넘 호부래비 나테<그놈 홀아비 낯에> **꾸정무리**<구정물이> 줄줄 흐립띠더<흐릅디다>. x②종기에서 고름이 다 빠진 뒤에 흐르는 물.

꾸지다[1] [꾸′지다] 동타 꾸짖다*. ¶아아무 꺼도<아무 것도> 잘몬 항 기이 엄는데<잘못 한 것이 없는데>, 사아라믈 **꾸지**기만 하머<사람을 꾸짖기만 하면> 누가 조온타 컨노<좋다고 하니>?/이럴 때느<때는>, 누가 누구로<누구를> **꾸지**야 델 찌 모리겐네요<꾸짖어야 될 지 모르겠네요>.

꾸지다[2] [꾸′지다] 동사동 (담배를) 태우다*. ¶성님<형님>, 쉬일 차메느 다암 배람도<쉴 참에는 담배라도> 한 대석 **꾸지**고 하압시더<대썩 태우고 합시다>.

꿀떡[1] [꿀′떡′] 명 꿀로 만든 떡. ¶이이뿌니로 보구저분 마아미야<예쁜이를 보고 싶은 마음이야> **꿀떡**껀찌만<굴뚝같지만>, 함부레 차저갈<함부로 찾아갈> 수 업시니<없으니> 그기이 타아리랴오<그것이 탈이에요>./이럭키 따믈<이렇게 땀을> 흘리고 나머<나면> 막껄리 생가기야<막걸리 생각이야> **꿀떡**껀찌만<꿀떡같지만>… **꿀떡 껄다**<**같다**> 구) 무엇을 하고 싶은 마음이 몹시 간절하다. x굴뚝같다.

꿀떡[2] [꿀떡′] 명 굴뚝*. ¶메주 띠울 떼가 마땅차느머<띄울 데가 마땅찮으면>, 저네느 불때애능 **꿀떡** 우예다가도<전에는 불때는 굴뚝 위에다가도> 두고 그래앤따<그랬다>./영개로<연기를> 자 램 빠러드리능 **꿀떠**근<잘 안 빨아들이는 굴뚝은> 참, 지라리니이라<지랄이니라>.

꿀리다#[1] [꾸울′리′고, 꾸울′리′지, 꾸울′리′더라, 꾸울′리′도, 꾸울′리′서, 꾸울′리′라] x[굴르다] 동타 구르다*. 발로 바닥을 마구 내리 디디다. ¶자송 귀이한 지베서야<자손이 귀한 집에서야>, 나무 아아드리<남의 아이들이> 청마리 **꾸울리**는<대청 마루 구르는> 소리가 얼매나 불껜노 마알시더<얼마나 부럽겠느냐 말입니다>./거얼상 우예서러<걸상 위에서> 얼매나 **꾸울릳**시머<얼마나 굴렀으면> 그래, 거얼상이<걸상이> 저레 내란젇스꼬<저렇게 내려앉았을까>?/군데로 **꾸울리**는 시미<그네를 구르는 힘이> 그레 가주구야<그렇게 해 가지고야> 어디…

꿀리다*[2] [꿀리′이고, 꿀리′이지, 꿀리′이더라, 꿀리′이도, 꿀리′이서] 동자 ¶직짱이 업시니<직장이 없으니> 살리미<살림이> 다소 **꿀리**이기야 하겐찌만<꿀리기야 하겠지만>…

꿈* [꾸′미′, 꾸′믈′/꾸물, 꾸′메, 꿈′도′, 꿈′마′] 명 ¶와<왜>? 지냄 바메<지난밤에> 자네가 용**꾸**미라도 꼬온나<용꿈이라도 꿨니>?

꿈지기다 [꿈지′기다] 동자타 꿈적이다*. ¶어디라도 사아라미 꿈지기머<사람이 꿈적이면> 도오니 드러야 대는데<돈이 들어야 되는데>…/사아라미 조매애도 앵 **꿈지기**고<사람이 조금도 안 꿈적이고> 무신 나그로 사아꼬<무슨 낙으로 살까>?

꿉다¹ [꾸욱′꼬′/꾸웁′꼬′, 꾸웁′찌′, 꾸웁′떠′라, 꾸′버(바)도, 꾸′버서, 꾸′버라] 동타 굽다*. ① ¶저실게 화아레에다가<겨울에 화로에다가> 빠아믈 **꾸**버무거 바아라<밤을 구워먹어 봐라>, 얼매나 마신는동<얼마나 맛있는지>./궤기느 숩뿌레 **꾸**버야<고기는 숯불에 구워야> 지 마시<제 맛이> 난다니까./새색시가 지이믈 **꾸움**는다꼬<김을 굽는다고> 부지케 여어 녹콜랑<부엌아궁이에 넣어 놓고서>, 물로<물을> 이고 오니 머어가 인서야지<뭐가 있어야지>, 그래 정제에 읻떵 개애마<부엌에 있던 개만> 죽뚜룩 띠디리 패앺뿐찌<죽도록 두드려 패버렸지>…/여어 머어로 **꾸움**는데<여기 무엇을 굽는데>, 이리 노랑내가 나꼬<노린내가 날까>? ② ¶수튼 우액끼나<숯은 어쨌거나>, 참나무를 가주구 **꾸**버야<가지고 구워야> 지자기지<제격이지>… ③ ¶내가 시방 벡똘 **꾸움**능 구울로<벽돌 굽는 굴을> 차저 가는 중인데<찾아가는 중인데>…/오옹기 **꾸움**능 귀이겡이나<옹기 굽는 구경이나> 하고 댕기니<다니니> 팔짜야 조온치<팔자야 좋지>. ④ ¶이 사지늘<사진을> 열 짱마<장만> 더 **꾸**버 주이소<구워 주세요>.

꿉다² [꾸욱′꼬′/꾸웁′꼬′, 꾸웁′찌′, 꾸웁′떠′라, 꾸′버(바)도, 꾸′버서] 동타 굽다*. 바닷물을 달이다. ¶바담물로 **꾸**버가아 맹근 소구믄<바닷물을 구워서 만든 소금은> 마시 쫌 다리나<맛이 좀 다르나>?

꿉다³ [꾸욱′꼬′/꾸웁′꼬′, 꾸웁′찌′, 꾸웁′떠′라, 꾸′버(바)도, 꾸′버서] 동타 굽다*. ① ¶(윷놀이에서) 이럴 쭐 아럳시머<줄 알았으면> 차라리, 처엄버텅<처음부터> 너억 똥을<넉 동을> 한차메 **꾸**버가아<한참에 구워서> 가볼꺼로<걸>. ② ¶시기가 지 조롭파던<식이가 제 졸업하던> 해에 대애하게 모온 뜨가는 나불라게<대학에 못 들어가는 바람에>, 시이 해로 니리 **꾸**벅꺼등<세 해를 내리 구웠거든>…

꾀 [꾀] 명 꾀*. ¶사아라미<사람이> 너무 야거도<약아도> 지 **꾀**에<제 꾀에> 너머가는<넘어가는> 수가 읻찌<있지>./이일하기 실부니까네<일하기 싫으니까> 살살 **꾀**마<꾀만> 부리고… **꾀가**<꾀가> 나다 구). **꾀로**<꾀를> 내다

구). **꿰로<꾀를> 부리다** 구). **꿰로<꾀를> 푸우다<피우다>** 구).

꿰양 [꿰′양] 명 고욤*. ¶가실마 대머<가을만 되면> 암마다아 열리잉<앞마당에 열린> **꿰양** 따뭉는다꼬<고욤을 따먹는다고>, 온 도옹네 아아드리<온 동네 아이들이> 함 베까리 모디이가아<한 무더기 모여서> 도올팔매로 던지고<돌팔매를 던지고> 야아다니지<야단이지>./**꿰양** 그거느<고욤 그것은>, 시뿌니고 무굴 꺼는<씨뿐이고 먹을 것은> 벨로 업따 카니<별로 없다니까>./가암 시로<감 씨를> 숭가아 노오머<심어 놓으면>, 감나무가 앤<안> 나오고 **꿰양**<고욤> 나무가 나온담 마아리라<나온단 말이야>.

꿰다#¹ [꿰이′고′, 꿰이′지′, 꿰이′더′라, 꿰′이도, 꿰′이서, 꿰′이라] 동 타 꿰다*. ①¶(바늘에) 시일로 함봉 **꿰이**보올라 캐애도<실을 한번 꿰어보려고 해도>, 누니 어더버<눈이 어두워> 모옹 **꿰이**능 거로 우야노<못 꿰는 것을 어쩌니>./궤기로<물고기를> 하도 마아니 자벌띠이<많이 잡았더니>, 끄테는 꿘다쯤 **꿰이**<끝에는 꿰미에 뗄> 수조차 업서가아<없어서> 참… ②¶금방 까끙 가아믈<깎은 감을>, 꼬장가레다가 **꿰이**라 커니<꼬챙이에다가 꿰려고 하니> 하도 미끄러버가아 **꿰이**저야 마아리시더<미끄러워서 꿰어져야 말입니다> ③¶가기사 가디이라도<가기야 가더라도>, 우선 오시람도 성응 거로<옷이라도 성한 것을> 항<한> 가지 차저 **꿰이고**<찾아 꿰고>, 가치 나서두룩<같이 나서도록> 하자. ④¶그 사라미사<사람이야>, 능굼<사과>나무 저언지라커머<전지라면> 온 河陽 천지로<천지를> 훤언하기 **꿰이**고 안즌<훤하게 꿰고 앉은> 사람 애니가<아니냐>.

꿰다*² [꿰′이다] 동 자 꿰다*. '꾸이다'의 준말. ¶오새애느 너거 할배<요새는 네 할아버지> 꾸미<꿈이> 부쩍 자주 **꿰인**다<꿴다>.

꿰다*³ [꿰이′고′, 꿰이′지′, 꿰이′더′라, 꿰′이도, 꿰′이서, 꿰′이라] 동 타 꿰다*. ¶거기 똥 **꿰인** 사라믄<방귀 뀐 사람은> 빨리 자수해애라<자수해라>.

끄다* [끄′고′, 끄′지′, 끄′더′라, 꺼′도′, 꺼′서′, 꺼′라] 동 타 ¶천날빠메 촙뿌른<첫날밤에 촛불은> 절대 이부로<절대 입으로> **끄**지 마고<말고>, 도복 짜라그로<도포 자락으로> **꺼**양 댄대이<꺼야 된다>.

끄라재비 [끄라재′비] 명 나이가 적은 막내아재비. ◁끌-아재비. ¶버어미가<(종)범이가> 저저 **끄라재비**캉 나가디이<제 막내아재비와 나가더니>, 주웅티기로<버들치를> 한 사바리나 자버 왇띠이더<사발이나 잡아 왔습디다>.

끄질다 [끄지′고/끄질′고, 끄지′지/끄질′지, 끄지더′라/끄질더′라, 끄지′러(라)도/끄질′러(라)도, 끄지′러서/끄질′러서] 동자 그을다*. ¶이런 숭여네<흉년에>, 입 하나 **끄지**능 기이 어디고<그으는 것이 어디냐>?/사아라미 어얘<사람이 어째>, 부레 **끄지**다가 나아 둔<불에 그을다가 놓아 둔> 개 껍띠기 거트노<개 껍질 같으냐>?/더어러분 너머 세에상<더러운 놈의 세상>, 부리나 항 끄러미<불이나 한 꾸러미> 확 **끄지**럽뿌렌시머 쉐에기 서워엉켄는데<그을러 버렸으면 속이 시원하겠는데>.

끄질리다 [끄질리′이다] 동 1 사동 그을리다*. '그을다'의 사역형. ¶남자고 여자고 햅빼테<햇볕에> 너무 **끄질리**이머 앤 조오치<그을리면 안 좋지>. 2 피동 '그을다'의 피동형. ¶드을뿌레 **끄질린**<들불에 그을린> 저쪽 엉뚝 끄테 가머<언덕 끝에 가면> 살찐 수기 마아늘 끼이다<쑥이 많을 것이다>.

끊다* [끙′코, 끈′치, 끈′터′라, 끙′커(카)도/끄′너(나)도, 끙′커서/끄′너서, 끙′커라/끄′너라] 동타 ¶시일로 **끈**는 데느<실을 끊는 데는> 가시개버다아<가위보다> 이가 나얁찌<낫지>.

끌다 [끌′고/끄고, 끌′지/끄지, 끌′더′라/끄더라, 끌′거(가)도, 끌′거서, 끌′거라] x[끅따] 동타 긁다*. ¶박카로 숭구우머<박하를 심으면> 도오늘 마리 기리로 **끈**다 캐애 산티이<마구 끈다고 해 쌓더니>, **끄**능 거 조오와하네<끄는 것 좋아하네>.

끓다¹ [끌′꼬, 끌′찌, 끌′떠′라, 끌′거(가)도, 끌′거서] x[끅따] 동자 끓다*. ①¶보리차가 다아 **끌**건능강<다 끓었는지> 내애다바아라<내다봐라>. ②¶옴빠메느 방이<오늘밤에는 방이> 절절 **끌**거서<끓어서> 자미 자 로겐따<잠이 잘 오겠다>./야아 모미<얘 몸이> 절절 **끌**그니까네<끓으니까>, 머레<머리에>다가 참물 수우거니라도<찬물 수건이라도> 해애 조오라<해 주어라>. ③¶쉐에기 암망 **끌**거도<속이 암만 끓어도> 니이<네>가 좀 차머야지<참아야지>… ④¶머어로 잘 몸 무건는동<무엇을 잘 못 먹었는지>, 배가 차꾸 **끌**거오리네요<끓어오르네요>. ⑤¶모게 가래 **끌**능 거느<목에 가래 끓는 것은> 어제버다<어제보다> 쫌 더어랑강<좀 덜한가>? ⑥¶파랭이<파리>가 막 **끌**글 찌게느<끓을 때는> 모구 야글 처도<모기 약을 쳐도> 벨 소오양이 업떠라꼬요<별 소용이 없더라고요>./나리 가무니꺼네<날이 가무니까> 모갱이가 **끌**네요 **끌**거<모기가 끓네요 끓어>. ⑦¶청춘 따무네<춘정(春情) 때문에> 피가 **끌**그머<끓으면> 어디 가서든지 푸러 조오야지<풀어 줘야지>.
긁다² [끌′꼬, 끌′찌, 끌′떠′라, 끌′거(가)도, 끌′거서, 끌′거라] x[끅따] 통 태 긁다*. ①¶그 여엉감<영감>, 등 **끌**거<긁어> 줄 사라믄<사람은> 누가 인능강<있는지>?/내가 하도 싱거버<싱거워>, 혼차 도러서어가아<혼자 돌아서서> 머리마 **끌따**가 치얍찌<머리만 긁다가 치웠지>… ②¶깔비<솔가리> 한 짐 나앋짜버 **끌**거다가<낮잡아 긁어다가> 누부야 지베<누나 집에> 저다 조온찌요<져다 주었지요>. ③¶감자 **끌**른 숙까라근<긁는 숟가락은> 어디다가 도온노<두었니>?/누룽지 **끌**거 노옹 거느<긁어 놓은 것은> 다아 우앤노<다 어쨌니>? ④¶나물<남을> 자꾸 **끌**그머<긁으면> 자기도 다부 끌키인대이<도로 긁힌다>. ⑤¶나무 재물로<남의 재물을> 생으로 **끌**거뭉는 너문<긁어먹는 놈은> 참 재주도 노올랍쩨<놀랍지>? ⑥¶야 이 너마<놈아>, 이미 소오글<어미 속을> 좀 대애강 **끌**거라<대강 긁어라>. ⑦¶고여어는 이 일로<공연한 일을> 자꾸 **끌**거가아 크기 맹글지 마러라<긁어서 크게 만들지 말아라>.
끓다* [끌′코, 끌′치, 끌′터′라, 끄′러(라)도, 끄′러서] 통 자. ☞긁다¹.
끝* [끄′치′/끄′티′, 끄′틀′/끄′츨′, 끄′테, 끋′또′, 끔′마′] x[끄시] 몡 ¶사아라믄 누구나<사람은 누구나> 시이작캉<시작과> **끄**치 분밍어야 댄다<끝이 분명해야 된다>.
끼#¹ [끼] 몡 '끼니'의 준말. ¶객찌에서 우야든동<객지에서 어쩌든지> **끼**느 거리지 마러래이<끼는 거르지 말아라>./아아무 꺼나 까아<아무 것이나 가지고> 항 **끼**로<한 끼를> 때우고 그라지 마고<떼고 그리하지 말고>…
끼#² [끼이] 몡 것*. 게*. ¶나느<나는> 자네가 우야는동 끅꺼지<어찌는지 끝까지> 두고 볼 **끼**이다<것이다>./드을뿌레 끄질리인<들불에 그을린> 저쪽 엉뚝 끄테 가머<언덕 끝에 가면> 살찐 수기 마아늘 **끼**이다<쑥이 많을 것이다>.
끼*³ [끼] 몡 의존 ¶지이 아아무리 부우잔들<제 아무리 부잔들>, 하리<하루> 시이<세> **끼** 묵찌<먹지> 열 **끼** 뭉나<먹니>?
끼다#¹ [끼′이다] 통 자 꾀다*. ¶비렁내 나능 기이 이시머<비린내 나는 것이 있으면> 귀이싱거튼<귀신같은> 파랭이가 **끼이**기 마러니지요<파리가 꾀

기 마련이지요>.

끼다#² [끼′이다] 동자 뀌다*. ▷뀌다.

끼다*³ [끼′이고, 끼′이지, 끼′이더라, 끼′이도, 끼′이서] 동자 ¶내가 실랑<신랑> 각시 트메 **끼이** 가주구<틈에 껴 가지고> 헹피니 지굼<형편이 지금> 마아리 애니다<말이 아니다>.

끼다*⁴ [끼′이고, 끼′이지, 끼′이더라, 끼′이도, 끼′이서] 동자 ¶이 꼴짜게느<골짜기에는> 아앙개가 직끼 **끼이**머<안개가 짙게 끼면> 저어욤때꺼정 앰벡끼진다<점심때까지 안 벗겨진다>.

끼다*⁵ [끼′고′, 끼′지′, 끼′더′라, 끼이′도′, 끼이′서′] 동타 ¶니 자드랑아<너 겨드랑이에> **낑** 기이 머어고<낀 것이 뭐니>? ▷찌다.

끼리다¹ [끼′리고, 끼′리지, 끼′리더라, 끼′리도/끼′레도, 끼′리서/끼′레서, 끼′리라/끼′러라/끼′레라] 동자 두르다*. 둘러싸다*. 싸다*. ¶술딴지에 두디기로 **끼리**녹코<술단지에 포대기를 둘러놓고>…

끼리다² [끼′리고, 끼′리지, 끼′리더라, 끼′리도/끼′레도, 끼′리서/끼′레서, 끼′리라/끼′러라/끼′레라] 동 사동 타 끓이다*. ☞낄리다.

낄리다 [낄′리고, 낄′리지, 낄′리더라, 낄′리도/낄′레도, 낄′리서/낄′레서, 낄′리라/낄′레라] 동 1 사동 끓이다*. '끓다'의 사역형. ¶주기라도<죽이라도> 한 냄비 **낄리**가아<끓여서>, 아푼 사라미<아픈 사람이> 쫌 묵뚜룩 해애 조오라<좀 먹도록 해 줘라>./니 혼차 여어서<너 혼자 여기서> 소옹마 **낄린**들<속만 끓인들> 머어 하겐노<뭘 하겠느냐>? 2 타 ¶냄비에다가 주글 **낄리**다가<죽을 끓이다가> 나온 따무네<때문에> 금방 가야 대니이더<됩니다>./시어마시가<시어머니가>, "야아야<얘야>, 꼬오까므로<곶감으로> 구글 와 **낄린**노<왜 끓였니>?" 커니꺼네<하니까>, "꼬장아 뀌잉 거로 보머<꼬챙이에 꿴 것을 보면> 꾸버 무거야 댈 쭐 아아지마느<구워 먹어야 될 줄 알지마는>, 식꾸가 하도 마아느니까네<식구가 하도 많으니까> 내 따아네느 늘가아 무굴라꼬<내 딴에는 늘여 먹으려고> 구글 **낄린**찌요<국을 끓였지요>." 카더란다<라고 하더란다>. ▷끼리다.

낄맞다 [끼일′막′꼬, 끼일′맏′찌, 끼일′맏′떠′라, 끼일′마′저(자)도, 끼일′마′저서] 형 게으르다*. ☞낄밫다.

낄밫다 [끼일′박′꼬, 끼일′받′찌, 끼일′받′떠′라, 끼일′바′저(자)도, 끼일′바′

저서] 휑 게으르다*. ¶저레 **끼일바진** 너믄<저렇게 게으른 놈은> 밥또<밥도> 주지 마라./야 이 **끼일바즌** 여서가<게으른 녀석아>, 누네 찌잉 눙꼽째이라도<눈에 낀 눈곱이라도> 쫌 띠고 댕게라<좀 떼고 다녀라>. ▷낄맞다.

나#¹ [나' 가/나' 이/나'~이~, 나' 를, 나' 에, 나' 도, 나' 마] 몡 낱*. ¶마안시기 니이<만식이 너>, 저 디입빼테 가가아<뒷밭에 가서>, 송까락뼈담 약깡 구울군<손가락보다 약간 굵은> 복성나무<복숭아나무> 휘추리 멘 **나** 끙커 온 나아<몇 낱 끊어 오너라> 보자./(배고픈 아이들에게) 능구믈 멘 **나**<사과를 몇 낱> 농갈러 주니꺼네<나누어 주니까> 다아 참 조온타 컨떼에<다 참 좋다고 하더군>./어망이느 어덜 간는동<어멈은 어디를 갔는지> 모리겍꼬<모르겠고> 머시마아들 두우 **나**이<남자애 두 낱이/녀석이> 서리 뿐뜰고 우울고 인는데<서로 붙들고 울고 있는데>…/가시나아마 두우 **낭**이 인는데<계집애만 두 낱이 있는데> 짐치로 모온 다머가아<김치를 못 담가서> 애애로 시는<애를 쓰는> 중에… 참 설명할 수는 없으나 낭이 [나'~이~/나이]는 표준어 '낱이'에 상응하는 말로 흔히 쓰임.

나*² [나] 몡 '나이'의 준말. ¶아아무 꺼도<아무 것도> 항 거 업시<한 것 없이> **나**마<나이만> 이레 무건네요<이렇게 먹었네요>.

나*³ [내' 가', 나아' 를', 나' 에, 나' 도/나안' 도', 나' 마] 대 인칭 ¶**나**느 니이가 업시머<나는 네가 없으면> 참 심심터라<심심하더라>./사동 아지매<아주머니>, 꼼 모중 웽기고 나앙꺼들랑<꽃모종 옮기고 남거든> **나안**도 쫌 주쉐이<나도 좀 주세요>. ⇔니/너.

-나*¹ [나] 조 ¶야 이너마<이놈아>, 할 이이리 업시먼 자미**나**<일이 없으면 잠이나> 자거라.

-나² [나] 어미 ¶하느레 구루미사 업시나<하늘에 구름이야 없으나> 바라믄 억시기도 부우네요<바람은 억세게도/심하게도 부네요>.

-나³ [나] 어미 '-니?' 또는 '-느냐?'의 준말 ¶(부러운 듯) 자네느<자네는> 저런 귀이항 과아실꺼정도<저런 귀한 과실까지도> 다아 실컴 무거 바안나<다 실컷 먹어 봤니>?/(늦은 시간에) 인자아사 너거도<이제야 너희도> 모숭기로 다아 끔마친나<모심기를 다 끝마쳤느냐>?/내라지게느<내일 아침에는> 보오통보다가<보통보다> 일찍 떠나나<떠나니>?

나가다* [나가' 고, 나가' 지, 나' 가' 더라, 나' 가' 도, 나' 가' 서, 나' 가' 거라/나' 가' 라] 동자 ¶이 사라미<사람이>, 질 땅는 부우역카로<길 닦는 부역하러> 앤 나가능 거로<안 나가는 것을> 무진 자랑인<무슨 자랑인> 줄 아아나<아니>?

나다* [나' 고, 나' 지, 나' 더' 라, 나' 도', 나' 서'] 동자 ¶울상<蔚山> 가는 새 지리 나는 바라메<길이 나는 바람에> 바안시가는<반시간은> 빨리 가기 생긴띠이더<가게 생겼습디다>.

나다리 [나' 다' 리] 동자 호미씻이*. 만물 논매기를 끝내고 일꾼들과 한잔 먹는 일. ¶시불논 매고 나가아 나다리 무굴 찌게<세벌 논 매고 나서 호미씻이 할 적에> 우리 쥐인네가<우리 주인이>…/나다리 뭉능 거로 자원에 내앤다꼬도 한다<호미씻이 하는 것을 장원에 낸다고도 한다>. 나다리 묵다<호미씻이를 하다> 구.

나두다 [나' 아두다] 동타 놓아두다*. 놔두다*. ¶처엄버텅<처음부터> 자시니 억꺼들랑<자신이 없거든> 차라리 가마아 나아두능 기이 올치<가만히 놓아두는 것이 옳지>…/그럭키 묵끼 실커들랑<그렇게 먹기 싫거들랑> 나아도온따가 무그라머<놓아뒀다가 먹으렴>./잘 자고 익꺼든<있거든> 맹나로<공연히> 건드리지 말고 기양 나아도오라<그냥 놓아둬라>/그런 이이른<일은> 어지가안하거등<어지간하거든> 고여어니 찝찍꺼리지 마고<공연히 집적거리지 말고> 기양 내삐리 나아도오라<그냥 내버려 놓아두어라>. ▷놔아두다.

나들다* [나' 드고/나' 들고, 나' 드지/나' 들지, 나' 드더라/나' 들더라, 나' 드러(라)도, 나' 드러서] 동자 ¶야 이넘드라<이놈들아>, 문지 두론다<먼지 들어온다> 대애강 나드러라<대강 나들어라>.

-나따나 [나따′나] 㡛 -나마*. -일지라도*. -이라도*. ¶자주 올 헹피니 모온 때머<형편이 못 되면>, 저언나**따나**<전화나마> 더러 해애라<해라>./그 도 오니<돈이> 다아 앤대머<다 안되면> 다아문 삼마아 너니**나따나**<단지 삼 만 원이나마> 빌리주시이소<빌려주십시오>./바비 저엉 실부머<밥이 정 싫 으면> 수리**나따나**<술이라도> 한 장 거얼치고<잔 걸치고> 가압시더<갑시 다>./자주 들바더보지사 모온해애도<들여다 보지야/방문하지야 못해도> 피 인지**나따나**<편지나마> 종종 해애 도고<해 다오>. 흔).

-나따나 [나따′나] 㡩 -나마*. -할지라도*. ¶해애 무굴 꺼사<반찬이야> 업 시**나따나**<없으나마>, 비리징 거라 이기시고<비리진 것이라 여기시고> 마 식끼 마아니 자압소<맛있게 많이 잡소>./거어드러 주지느<거들어 주지는> 모오나**나따나**<못할지라도> 히이방이나<훼방이나> 앤 나앝시머 조올따마느 <안 놓았으면 좋겠다마는>./(지나가다가) 꼬치사<고추야> 한두 개 따 가**나 따나**<가나마>, 꼬친때<고춧대>라도 앤 상후우머 조오켇꾸마느<안 상하게 하면 좋겠건만>./저엉 앤대머<정 안되면> 그럭키**나따나**<그렇게나마> 조치 해 주시이소<주십시오>. 흔). ▷-으나따나.

나라#¹ [나′라] 㡃 임금*. 임금님. 드).

나라*² [나′라] 㡃.

나라님 [나′라님] 㡃 임금님*. ☞나라임.

나라임 [나′라임] 㡃 임금님*. ¶**나라임** 거튼 어어르느느<임금님 같은 어른 은> 칼치 거틍 거느<갈치 같은 것은> 앤 자아시겐쩨<안 자시겠지>? 드).

나락 [나′락] 㡃 벼*. ¶보소, 어어더무거도<얻어먹어도> **나락**빽까리가 큰지 비<낟가리가 큰집에> 가가아 어어더무구소<가서 얻어먹으시오>./여기느 <여기는> **나랑**<벼> 농사야 서엉해애도<성해도>, 받치 업서가아<밭이 없 어서> 반농사느 벨로시더<밭농사는 별로입니다>. 흔). 㡣 나락>벼.

나란님 [나′란님] 㡃 임금님*. 임금*. ☞나라임. 드).

나만사람 [나′마′안사람] 㡃 늙은이*. 나이 많은 사람. 노인*. ¶(마을 장로의 말씀) 올 서어레에느<설에는> 온 도옹네 사라미<동네 사람이> 집찌비 도 러댕기지 마고<집집이 돌아다니지 말고>, **나마안사람**들 마카<늙은이들 모 두> 훼에시레 모디이라 캐애가아<동네 회관에 모이라고 해서> 합똥으로<합 동으로> 세에배로 하두룩<세배를 하도록> 하자.**/나마안사람** 잠숙끼 조옹 거사<노인들이 잡숫기 좋은 것이야> 가지 나무리나<나물이나> 홍시 거틈 물러엉항 거지요<같은 물렁한 것이지요>. 혼).

나모 [나모′] 몡 나무*. 드).

나무등신 [나무′드응신] 몡 식물인간*(植物人間). ¶그 할마시 얼매 저네 바라믈 만내가아<그 할머니 얼마 전에 바람을/풍을 만나서> **나무등신**이가 대애가아 불상키 대앳따<식물인간이 돼서 불쌍하게 되었다>.

나무래다 [나무래′애고, 나무래′애지, 나무래′애더라, 나무래′애도, 나무래′애서, 나무래′애라] 동 타 나무라다*. ①¶자꼬 **나무래애**지맘 마알고<자꾸 나무라지만 말고> 잘 쫌<좀> 타일러 보지? ②¶그마안하머<그만하면> **나무래앨** 떼 엄는 소옴시구마<나무랄 데 없는 솜씨군요>.

나발 [나′발] 몡 나팔*(喇叭). ¶니느 실떼엄는<너는 쓸데없는> **나발** 부우지 마고<나팔 불지 말고> 좀 가마아꼬 익꺼라<잠자코 있거라> 보자./미리 아러<알아> 보지도 앤<안> 하고, 함부레 **나발**맘 부우고 댕기머<함부로 나팔만 불고 다니면> 누구 우산데<우세인데>? **나발**<나팔>(을) **불다** 구). **아이구 나바래이**<아이고 나팔아> 구) 아이구나. **아이구 나바라**<아이고 나팔아> 구) (감탄의 뜻을 담아) 아이구나. 이걸 어쩌나.

나부¹ [나′부] 몡 나비*. 폭. ¶이 베느 우얘<베는 어찌> **나부**가<나비가> 너무 쪼부네요<좁네요>?/무시 고랑으느<무 고랑은> **나부**로<나비를> 좀 더 널끼 자버라<넓게 잡아라>.

나부² [나′부] 몡 나비* ¶꼬치 이시머<꽃이 있으면> **나부**가 차저오능 거사<나비가 찾아오는 것이야> 저엉 이이초지만<정한 이치지만>…/기이성<기생> 하나가 저엉마안세인테<정만서에게> **나부** 거치<나비 같이> 절로<절을> 하는데…

나부레 [나부′레] 뮈 ☞나불라게.

나부리 [나부′리] 몡 물결*. 큰물결*. 너울*. ¶물 **나부리**가 하도 처사아<물결이 너무도 쳐 쌓아> 궤기는 함 바리도 모온 낙껃심더<고기는 한 마리도 못 낚았습니다>.

나불라게 [나불라′게] 뮈 바람에*. 때문에*. 앞에 나온 말을 이유로. ¶시기가<석이가> 지 조롭파던<제 졸업하던> 해에 대애하게 모온 뜨가는 **나불라게**<대학에 못 들어가는 바람에>, 시이 해로 니리 꾸벅꺼등<세 해를 내리/연속

구웠거든>…/우연창기<우연찮게> 멩시기로 만내는 **나불라게**<명석이를 만나는 바람에>, 음내애서러<읍내서> 노올다가 느젼심더<놀다가 늦었습니다>. 혼). 참 '나부리 때문에'에서 온 말인 듯.

나생이 [나새'~이~] 명 냉이*. ¶드게 나늠<들에 나는> 봄 나무리사<나물이야>, **나생이**캉 달랭이<냉이와 달래>가 제엘롱 흔치<제일 흔하지>./자아야 디인장아다가<쟤야 된장에다가> **나생이**마 여어 주머<냉이만 넣어 주면> 그 이상 더풀 끼이 업찌요<덮을 것이 없지요> 머어<뭐>./(한숨 섞어) **나생이** 꼬치<냉이 꽃이> 필 때가 제에리 배고푼 시저리거등요<제일 배고픈 시절이거든요>…

나서다#¹ [나'서고, 나'서지, 나'서더라, 나'서도, 나'서서] 형 낯설다*. ▷나시다.

나서다*² [나서'고, 나서'지, 나서더'라, 나서어'도', 나서어'서', 나서거'라/나서'라] 동 자 ¶지이가 머언데<제가 뭔데> 남 아페 **나서**어가아<앞에 나서서> 그 야아다닌동 모올라<야단인지 몰라>.

나오다* [나오'다] 동 자 ¶방아서<방에서> **나오다**가 문찌방아 이매이로 방는 나부라게<문지방에 이마를 박는 바람에> 내가 지굼<지금> 정시니 하낟또 업심더<정신이 하나도 없습니다>.

낙꺼무 [낙꺼'무] 명 납거미*. ¶가마아 안저 인늠 파랭이로<가만히 앉아 있는 파리를>, **낙꺼무**가 폴짝 올러타능 거로 보머<납거미가 폴짝 올라타는 것을 보면> 창<참> 기가 차지./거무쭐또<거미줄도> 앤<안> 치고, 파랭이로 자아뭉는<파리를 잡아먹는> **낙꺼무**<납거미> 재주가 히얀해애여<희한해>.

낙꺼무줄 [낙꺼'무줄] 명 납거미줄*. ¶파랭이<파리>가 **낙꺼무주**레 바리 걸리이능 기이<납거미줄에 바로 걸리는 것이> 애니고<아니고>, 낙꺼무가 파랭이로 올라타가아 자아뭉는데<납거미가 파리를 올라타 가지고 잡아먹는데>…

낙숨물 [낙'숨'물] 명 낙숫물*. ¶**낙숨무**레다가 손 식끄머<낙숫물에다가 손을 씻으면> 무사마구 난대이<사마귀 난다>.

낚다* [낙'꼬, 낙'찌, 낙떠'라, 나'꺼(까)도, 나'꺼서, 나'꺼라] 동 타 ¶이잉에로 **나끌** 파니머<잉어를 낚을 판이면> 이까블 콩 거로 뀌이야지<미끼를

큰 것을 꿰어야지>.

낟¹ [나'디'/나'지', 나'들', 나'데, 낟'또', 남'마'] 몡 ☞낫.

낟² [나'디'/나'지', 나'들', ??, 낟'또', 남'마'] x[나시] 몡 ☞낯.

낟짝 [낟째'기/낟째'기가/낟짜'기, 낟'짜글, 낟짜'게, 낟짝'또, 낟짱'마] 몡 낯짝*. ▷낟째기.

낟째기 [낟째'기] 몡 낯을 낮추어 하는 말. ▷낟짝. ☞낯.

날#¹ [나알] 대 인칭 나*. ¶**나알**매애로 자꾸 아푸지 마러야 댈 끼인데<나처럼 자꾸 아프지 말아야 될 것인데>./**나알** 거치 기박칸 팔짜도 흔차늘 끼구마느<나와 같은 기박한 팔자도 흔하지 않을 것이구먼>.

날*² [나'리', 나'를', 나'레, 날'도'/날'또', 날'마'] 몡 ¶**나리**<날이> 가고 다리 가머<달이 가면> 일런도 하리 걷찌<일년도 하루 같지>…

날*³ [나'리', 나'를', 나'레, 날'도'/날'또', 날'마'] 몡 ¶무디이징 매앤돈 **나름**<무디어진 면도날은> 바까아 끼아 나아라<바꿔 끼워 놓아라>.

날*⁴ [나'리', 나'를', 나'레, 날'도'/날'또', 날'마'] 몡 ¶집시는<짚신은> **나리**<날이> 멕 깨 터지머<몇 개 터지면> 감당 모온하니<못하니> 퍼뜩 내 삐능 기이<빨리 내버리는 것이> 나알때이<낫다>.

날*⁵ [나알] '나를'이 준 말. ¶다암배 끈는 사라믈<담배 끊는 사람을> 보올라컥꺼든<보려거든> 다른 사람 볼 꺼 업시<것 없이> **나알** 바아라 **나알**<날 봐라 날>./(칭찬하는 뜻으로) 이 추분데 **나알** 보로 이꺼정 차저완나<이 추운데 나를 보러/인사차 여기까지 찾아왔니>.

날개* [날'개'가, 날'개'를, 날'개'에/날'개'예, 날'개'도, 날'개'마] 몡 ¶절문 사라미<젊은 사람이> 어어름 미테서러<어른 밑에서> 도무지 **날개**로 필<날개를 펼> 수가 이서야지요<있어야지요>.

날꿰기 [날꿰'기] 몡 날고기*. ¶이궁 궤기느<익은 고기는> 타아리 업서도<탈이 없어도>, **날꿰기**느 무구머<날고기는 먹으면> 배소오게 벌거지 생긴대이<배속에 벌레가/기생충이 생긴다>… 드). 참 접두어로 '날-' 보다는 '생-'을 더 흔히 씀.

날다*¹ [날'고/나'고, 날'지/나'지, 날더'라/나더'라, 나'러(라)도/날'러(라)도, 나'러서/날'러서, 나'러라/날'러라] x[날으다, 날으는] 동 자 ¶비앵구느 쇧떵거린데<비행기는 쇳덩인데> 우얘<어찌> 하늘로 **날러댕기는동**<하늘을

날아다니는지> 참…

날다*² [날' 고/나' 고, 날' 지/나' 지, 날더' 라/나더' 라, 나' 러(라)도/날' 러(라)도, 나' 러서/날' 러서] x[날으다, 날으는] 동타 ¶오세 무리<옷에 물이> 나능 거느<나는 것은> 물로 잘몬 띠린<물을 잘못 드린> 탈시겐찌<탓이겠지>…

날다*³ [날' 고/나' 고, 날' 지/나' 지, 날더' 라/나더' 라, 나' 러(라)도/날' 러(라)도, 나' 러서/날' 러서, 나' 러라/날' 러라] 동타 ¶자아느 머어가<쟤는 뭐가> 저리 바뿐둥<바쁜지> 하리 점두룩<하루 종일> 베로 나는 중이시더<베를 나는/왔다갔다하는 중입니다>.

날러가다 [날' 러가다] 동 날아가다*. 1 자 ①¶새애통 무니 열리이늠 바라메<새장 문이 열리는 바람에>, 내가 애애지주웅지<애지중지> 키우던 노구저리<종다리>가 조온타꼬 **날러가**는데<좋다고 날아가는데>, 내 재주로야 우얄<어쩔> 방도가 이서야지<있어야지>./함밤쭝에 기리기느<한밤중에 기러기는> 머어로 햐앙방해애가아<무엇을 향방해서> **날러가**능공<날아가는가>?/호오드락빠라메<회오리바람에> 모자가 **날러가**다가<날아가다가> 가앙무레<강물에> 빠지는 통에, 모자 하나만 꿀 쩔로 보내앧찌<꿀 길로 보냈지/잃어버렸지>…/**날러가**늠 바앙구에<날아가는 방귀에> 시이비하는 넘<시비하는 놈> 내 아들넘<아들놈>. ②¶저 야앙바니 머어로 우액껄래<양반이 무엇을 어쨌길래> "도온 오오마아 넘마<돈 오만 원만> **날러갇따**<날아갔다>" 컨노<하니>?/내 웨엔짝<왼쪽> 팔 마알가<말인가/말이냐>? 그거느<그건> 월남저네 갇실<월남전에 갔을> 때 지 혼차 **날러갑**뿓따네<저 혼자 날아가 버렸다네>. 2 타 ¶저기 **날러가**는<날아가는> 저 새애느<새는>, 어디라도 마암대로 댕길 수 이시니까네<마음대로 다닐 수 있으니까> 얼매나 조오꼬<얼마나 좋을까>? ▷날라가다. ⇔날러오다.

날러오다 [날' 러오다] 동자 날아오다*. ¶도오리 그럭키 망 **날러오**는<돌이 그렇게 막 날아오는> 데야 앰 마즐<안 맞을> 재주가 업찌 와<없지 않아>./내가 참 재수가 업서 가주구 그랜는동<없어 가지고 그랬는지>, **날러오**는 도오레<날아오는 돌에> 이쭉 다리로 마전는데<이쪽 다리를 맞았는데>…/하리느<하루는> 솔뱅이가 시일 **날러오**디이마느<솔개가 슬 날아오더니마는>, 마다아 노으늠 삐가리로<마당에 노는 병아리를> 함 바리<한 마리> 탁 채애가아<채서> 횡 날러 갑뿌거등요<휙 날아 가버리거든요>. ▷날라오다.

⇔날러가다.

날비¹ [날′비] 圀 몸이 어떻게 아픈 지의 설명이나 그 처방. ¶하안냑꾸게 가더등<한약국에 가거든> 어디가 우애 아픈동<어떻게 아픈지> 미리 **날비**로 마알해애 조오라<날비를?? 말해 줘라./야근 **날비** 따러 지이야 약코가 잇찌<약은 처방에 따라 지어야 약효가 있지>./비이우네 가가아<병원에 가서> 지인찰로 해애도<진찰을 해도> **날비**가 앤<처방이 안> 나오더라네. 혼).

날비² [날′비] 圀 이슬비처럼 오는 듯 마는 듯 내리는 비.

날새 [날′새′] 圀 ①날씨*. ¶이 비인덕시러분 **날새**에<변덕스러운 날씨에> 다 아 벨고 업스싱기요<다 별고 없으신지요/없으십니까>?/봄 **날새**가<날씨가> 와 이레 치분동 모리겐네요<왜 이렇게 추운지 모르겠네요>. ②사건*. 여건*. 일*. ¶이분 **날새**에<이번 사건에> 자네 참 고상 마아널쩨<고생 많았지>?/이분 **날새**<날씨/일>에 앰 뿌짝끼이 드강 검만도<안 붙잡혀 들어간 것만도> 큰 다행이다.

날수마늠빙 [날수′마아늠비잉′] 圀 장티푸스*. ◁날 수 많은 빙<병>. ¶**날수마아늠비잉**이<장티푸스가> 떠러지고 나머 머리가<떨어지고 나면 머리카락이> 몽땅 다아<다> 빠진다.

남* [나′미′, 나′물′/나′믈′, 나′메/나′무, 남′도′, 남′마′] 圀 ¶**남**자테 피이해<남한테 피해> 주는 이이르느 껄째<일은 절대> 하지 마라.

남다* [나양′꼬′/나양′고′, 나암′찌′/나암′지′, 나암′떠′라/나암′더′라, 나′머(마)도, 나′머서, 나′머라/나′무라] 圐囨 ¶시굼밤 **나뭉** 거 이시머<찬밥 남은 것 있으면> 한 술 주이소<숟갈 주세요>.

남말¹ [남′마′알] 圀 낮말*. ¶**남마아리**고 밤 마아리고<낮말이고 밤 말이고> 아이고 좀 시끄럽소. 드).

남말² [남′마′알] 圀 남의 말. ¶**남말** 하지 바고 니이나 잘해애라<남의 말 하지 말고 너나 잘해라>.

납차랑 [납′차′랑] 圀 납철환* 납으로 만든 철환(鐵丸). ¶무걱끼사<무겁기야> **납차랑**이 무겁찌<납철환이 무겁지>./만치머<만지면> **납차랑**은 소네<납철환은 손에> 머어가 무더 나여<뭐가 묻어 나>.

낫* [나′시′/날′시′, 나′슬′/날′슬′, 나′세/날′세, 날′또′, 남′마′] 圀 ¶내 소네도<손에도> **나세** 비키인 숭테<낫에 베인 흉터>가 수우도 업시 마안심더<수도 없이 많습니다>.

낫다*¹ [나악'꼬', 나앝'찌', 나앝'떠'라, 나'서(사)도, 나'서서, 나'서래] 동 자 ¶이 양 묵꼬 **나악**꺼등<약 먹고 낫거든>, 고오맙따는<고맙다는> 소리 나 하소.

낫다*² [나악'꼬', 나앝'찌', 나앝'떠'라, 나'서(사)도, 나'서서] 형 ¶저쪽 찌비<집이> 대애우가 쫌 **나**서도<대우가 좀 나아도>, 함부레<함부로> 이리저리 웽기 댕기고<옮겨 다니고> 그라지<그러하지> 마라.

낭구다 [낭구'우고, 낭구'우지, 낭구'우더라, 낭가'아도/낭과'아도, 낭가'아서/낭과'아서] 동 사동 남기다*. '남다'의 사역형. ¶바불 후정거리메 묵따가<밥을 휘정거리며 먹다가> 이레 **낭구우**머<이렇게 남기면> 줴에 반는대이<죄 받는다>./이이이글 마아니 **낭구우**구 적꺼들랑<이익을 많이 남기고 싶거든>, 댈 수 인는<될 수 있는> 대로, 저 머얼리<멀리> 가주구 가가아<가지고 가서> 파러바아라<팔아봐라>. ▷낭궇다.

낭중 [나앙'줴'~이~/나앙'주'~이~, 나앙'주'~을~, 나앙'주'~에~/나앙'줴'~에~/내앵'제'~에~, 나앙'중'도, 나앙'중'마] 명 나중*. ①¶내가 **나앙**중에 너거 지베<나중에 너의 집에> 함문<한번> 노올로 가꾸마<놀러 갈게>./**나앙**중에 가가아<나중에 가서> 후우훼하지 안투룩<후회하지 않도록> 자알 생가거서 해애라<잘 생각해서 해라>./지구믄<지금은> 니이가 시미. 시이지마는<네가 힘이 세지만>, **나앙줴**에느<나중에는> 나로 무구머<나이를 먹으면> 꺼꿀로 대는 나리<거꾸로 되는 날이> 올 꺼로<걸>./오느른 처어미니까네<오늘은 처음이니까> 용사해애<용서해> 주지만 **내앵제**에느<나중에는> 절때<절대> 용사 업때이<용서 없다> 아런나<알았니>? ②¶오늘 제엘롱 **나앙중** 도오착칸 사라미<제일 나중에 도착한 사람이> 누고<누구냐>?

낭ㄱ/낡 [냉'기/낭'기, 낭'글, 낭'게, -, -] 명 나무*. (단독으로는 쓰이지 않으며, 흔히 조사 '이, 은, 을, 에' 앞이나 '감, 대추' 따위의 과실 이름 뒤에 쓰임.) ¶날새가 치부니까네<날씨가 추우니까> 오느른<오늘은> **낭**글 나앝짜 버<낫잡아> 좀 때애야 댈시더<때야 되겠어요>./저 매애가 모오개**낭**게<매가 모과나무에> 올러 안전네요<올라 앉았네요>. 흔).

낮* [나'지', 나'즐', 나제'에/나제', 낟'또', 남'마'] x[나시] 명 ①¶할매요

<할머니>, 할매느 **나**줄구로느<할머니는 낮으로는> 머어로<무엇을> 하고 지내애시능기요<지내시는지요/지내십니까>?/하아지가 지나머<하지가 지나면> **나**지 차춤 짤러지지<낮이 차츰 짧아지지>./바미나 **나**지나<밤이나 낮이나> 그 사람 생강마<생각만> 하고 이시머<있으면>, 배비 생기나 떠기 생기나<밥이 생기느냐 떡이 생기느냐>? ⇔밤. ②¶요새애 아아드른<요새 아이들은> 궹일라리머<휴일 날이면> **나**지나 대애야<낮이나 되어야> 제에 꽈<겨우> 일랄똥 마알똥이다<일어날지 말지다>. ▷낱².

낮다* [낟'꼬/낙'꼬, 낟'찌, 낟떠'라, 나'저(자)도, 나'저서'] 형 ⇔노푸다.

낯#¹ [나치, 나츨, 나체, 낟또, 남마] x[나시] 명 낱*. ☞낱²

낯*² [나'치, 나'츨, 나'체, 낟'또, 남'마] x[나시] 명 ☞낱¹.

낱#¹ [나'치/나'티, 나'틀, 나'테, 낟'또, 남'마] x[나시] 명 낯*. ①¶한창 **나**틀 갈릴 때느<낯을 가릴 때는>, 사아람맘 보머<사람만 보면> 우러 사아<울어 쌓아> 내가 참…/야아<얘>야, **나**틀 시끌 파니머<낯을 씻을 판이면> 저구리느 벅꼬 식꺼라<저고리는 벗고 씻어라>./하도 부꾸러버<부끄러워> **나**틀 들고 댕길<낯을 들고 다닐> 수가 업떠라꼬요<없더라고요>./사아라미<사람이> 느을 위인는 **나**트로<늘 웃는 낯으로> 지낼 수야 업찌<없지>. ②¶지이발 부우태기가<제발 부탁이다>, 어어른 **낙** 깡는 지이실랑<어른 낯 깎는 짓은> 절때로<절대로> 하지 마알기<말기> 바란다./니 **나**틀 서아 주울라컨따가<네 낯을 세워 주려다가> 나만 우사로 시일컨 해앧따<우세를 실컷 했다>./지 따아네느<제 딴에는> 한다꼬 해앤는데<한다고 했는데>, 이레대고<이렇게 되고> 보니, 내가 상촌 아재<아저씨> 볼 **나**치 업심더<낯이 없습니다>. **나**틀<낯을> 내다 구). **나**틀 몬 뜰다<낯을 못 들다> 구). **나**틀 뿔키다<낯을 붉히다> 구).

낱*² [나아'치', 나아'틀', 나앝'테', 나앝'또', 나암'마] x[나시] 명 1 자립 셀 수 있는 물건의 하나하나. ¶(이 사과는) 무디기<무더기>로도 팔고 **나아**트로도 팜니더<낱으로도 팝니다>. 2 의존 낱개*. ¶이 추분데<추운데> 홍시 선 **난** 녹코<서너 낱 놓고> 무진<무슨> 자앙사가 대겐노<장사가 되겠니>?/첩상이인테서러<첩한테서> 열매가 두우 **나**치 떠러전는데<두 낱이 떨어졌는데/아이가 둘 태어났는데>…/(배고픈 아이들에게) 능구믈 멘 **나**<사과를 몇 낱> 농갈러 주니꺼네<나누어 주니까> 다아 참 조옫타 컨떼에<다

참 좋다고 하더군>./마안시기 니이<만식이 너>, 저 디입빠테 가가아<뒷밭에 가서>, 송까락뻐담 약깡 구울군<손가락보다 약간 굵은> 복성나무<복숭아나무> 휘추리 멘 **나** 끙커 온나아<몇 낱 끊어 오너라> 보자./이비<입이> 참 심시무네<심심하네>, 장뚝까네 인는 단제에<장독대에 있는 단지에> 든 홍시라도 멘 **나**<몇 낱> 내애 온나아<내어 오너라> 보자. 혼). ▷나¹.

나ㅎ다¹ [나악'꼬'/나앋'꼬', 나앋'찌', 나앋'떠'라, 나'아도, 나'아서, 나'아라] 동재 (아픈 것이) 낫다*. ☞낫다¹.

나ㅎ다² [나악'꼬'/나앋'꼬', 나앋'찌', 나앋'떠'라, 나'아도, 나'아서, 나'아라] 동재 (대우가) 낫다*. ☞낫다².

낳다* [낙'코, 낟'치, 낟터'라, 나'아도, 나'아서] 동타 ①¶거부기느<거북이는> 알로 **나아**노오머<알을 낳아놓으면> 다아 지절로 까지늠 모양이제<다 저절로 까지는 모양이지>./지냄바메<지난밤에> 저 집 여엄소가 새끼로<염소가 새끼를> 두우<두> 마리 **나앋**만다<낳았단다>. ②¶저기 저 학생이 우리 하앙구기 **나은**<한국이 낳은> 천재라는데… 소). 참 '낳다', '낳고' '낳지' '낳더라' 꼴로는 거의 쓰이지 않으나, 나아도<낳아도>, 나아서<낳아서> 나아두다<낳아두다> 나앗다<낳았다> 꼴로는 흔히 쓰임.

내#¹ [내] 대 인칭 나*. ¶(여러 사람이 있을 때 누가 뒤에서 부르면) 누구요? **내** 마아링기요<나 말입니까>?/보소 **내**요<나는 말이요>, 아아무나 보고 주구라 컥꼬 그런 사람 애니시더<아무나 보고 죽으라고 하고 그런 사람 아닙니다>.

내#² [내애'] 부 늘*. ¶우럼마가<우리 엄마가> **내**애 하능 거억쩡이<늘 하는 걱정이> 바리<바로> 그 소고미다<소금이다>./(과실을 손님에게 권하며, 거짓말로) 어서 드시이소<드세요>, 우리 아아드른<아이들은> **내**애 뭉니이더<늘 먹습니다>.

내*³ [내] 명 연기*. ¶삼뿔 끌라 컬따가<산불을 끄려고 하다가>, **내**를 어찌나 마신띠이<마셨더니> 눈도 따걱꼬<따갑고> 목또 아푸고<목도 아프고>…

내*⁴ [내] 명 ¶바아라<봐라>, 저기 밥 타는 **내** 난대이<난다>./아이구<아이고> 누린 **내**야.

내*⁵ [내] 대 인칭 ¶돔실 어어르는 어언제나<어른은 언제나>, **내**가 제일 돋 때<돛대>다.

내굽다* [내애′굽′따] 图재 ¶저 몯 뚜글 따러<못 둑을 따라> **내애구**분 질로 <내굽은 길을> 한 칠 마장쭈웅 가머 대니이더<마장쯤 가면 됩니다>. ⇔디리굽다/드리굽다.

내기#[1] [내′기] 명의존 따름*. ¶가라 커머<가라고 하면> 갈 **내기**지 웨엠 마아리<갈 따름이지 웬 말이> 그리 마안노<많니>?/저 할망구로 어부라니까 <할멈을 업으라니까> 낸상<나야> 어불 **내기**지<업을 따름이지> 와 그라는동은 나도 모리지<왜 그리하는지는 나도 모르지>./꼬치 고오부머<꽃이 고우면>, 기양<그냥> 두고 볼 **내기**지<따름이지>, 그거로 자꼬 꺼끄머<그걸 자꾸 꺾으면> 우얀담 마알고<어쩐단 말이냐>./어어르니 시기머 시기는 <어른이 시키면 시키는> 대로 할 **내기**지<따름이지>, 니느 무짐 핑게가<너는 무슨 핑계가> 그리 마안노<많니>?

내기*[2] [내애′기′] 명 ¶**내애기**느 하자 컨는 사라민테느<내기는 하자고 하는 사람한테는>, 절때 모온 땅키<절대 못 당하게> 대애 읻따<되어 있다>.

내다*[1] [내애′고′, 내애′지′, 내애′더′라, 내′애도, 내′애서] 图재 ¶이 부지그느<부엌아궁이는> 샙빠라미 부우니꺼네<샛바람이 부니까> 부리 마아니 **내애**능구나<불이 많이 내는구나>.

내다*[2] [내애′고′, 내애′지′, 내애′더′라, 내′애도, 내′애서, 내′애라] 图타 ¶둘째 아들찌븐<아들집은> 살리믈 **내애**<살림을 내어> 줄 모양이시더<모양입니다>.

내다*[3] [내애′고′, 내애′지′, 내애′더′라, 내′애도, 내′애서, 내′애라] 图 사동 '나다'의 사역형. ¶새질로<새길을> **내애**고<내고> 보니 그럭케 가지글<그렇게 가까울> 수가 업서여<없어요>.

내띠다 [내애′띠′다] 图재 내뛰다*. 나서다*. 나다*. ¶그 야앙바니 가악쩨에<양반이 갑자기>, 무즘 마아미 **내애띠**가 가주구<무슨 마음이 내뛰어 가지고> 아아들 여늘 다아 맹그러 주능공<아이들 연을 다 만들어 주는가>?

내루다 [내루′우고, 내루′우지, 내루′우더라, 내라′아도, 내라′아서, 내라′아라] 图타 내리다*. ①¶헝님<형님>, 앰 바뿌시머<안 바쁘시면> 저 소구룸마<소달구지>에 실리인 지믈<실린 짐을> 가치 쫌 **내라아** 주실랑기요<같이 좀 내려 주시렵니까>? ②¶이 이일마<일만> 성사 시기머<시키면>, 가촌 어어르니<어른이> 큰 사앙을 **내루우**실<상을 내리실> 생가기라 커시더라<생각이라고 하시더라>. ③¶주체(酒滯) **내루우**는<내리는> 데야 황무리 조온치<황물이 좋지>. 참 황물: 유황성분이 있어 떫은 영천(永川)의 약수. ④¶우예서<위에서> 결따늘 **내루우**기가<결단을 내리기가> 심드러 그럳치<힘들어 그렇지>, 결따늘 **내루우**기만 하먼사 까아직꺼야<결단을 내리기만 하면 그까짓 거야> 누버 떵 묵끼지<누워 떡 먹기지>. 참 자동사로는 쓰이지 않음. x¶비행기가 땅에 내루다. ▷내룻다.

내리가다 [내′리가다] 동 내려가다*. 1 자 ①¶이 게다늘<계단을> 주욱 따러 **내리가**머<죽 따라 내려가면> 지하시리<지하실이> 나올 끼일시더<것입니다>. ②¶파러레느<추석에는> 자네 고향아 안 **내리갇**떠나<고향에 안 내려갔더냐>? ③¶물까<물가>가 너무 올라가아 타아리연는데<올라서 탈이 었는데>, 오새애느 쫌 **내리갇**따메<요새는 좀 내려갔다며>?/함 빰<한 밤> 자고 나니꺼네<나니까> 온도가 바짱 **내리갑**뿌네<바짝 내려가 버렸네>. ④¶바비나 쫌 **내리간** 다아메<밥이나 좀 내려간 다음에>, 우우동을 하든동 달든동<운동을 하든지 말든지> 하지 참. 2 타 ¶저 사늘 **내리가**머<산을 내려가면> 큼모시<큰못이> 하나 나올 꺼요./이 빈달로<비탈을> 따라 내리가<따라 내려가> 보소, 더얼 미끄럽찌<덜 미끄럽지>. ▷내러가다. ⇔올러가다.

내리다* [내리′고, 내리′지, 내리더′라, 내리′이도, 내리′이서, 내리′이라/내리′라] 동 자 ¶비행기장아<비행장에> 비행구가 **내리**능 거로<비행기가 내리는 것을> 보니, 똑<꼭> 오올기가 날러<오리가 날아> **내리**능 거캉 비여억카데에<내리는 것과 비슷하더군>.

내밀다* [내′애미일다/내′애미이다] 동 자 ¶소오동떡 따른<소동댁 딸은> 던니가<덧니가> 보기 실쿠로<싫게> **내애미이**고 이서가아<내밀고 있어서>, 나느 하낱또 이이뿐<나는 조금도 예쁜> 줄 모리겓떤데<모르겠던데>…

내빼다* [내′애빼다] 동 자 ¶사아고로 내앤<사고를 낸> 자동차가 버엉개거치<번개같이> **내애빼**능 거로 보고느<내빼는 것을 보고는>, 내가 당장아<당장에> 싱고로 해앧찌<신고를 했지>./뿓짝끼이능 거버다아사<붙잡히는 것 보다야> 당장은 **내애빼**능 기이<당장은 내빼는 것이> 앤 나안나<낫지 않니>.

내뻴다 [내뻴′다/내뻬′다] 동 자 내버리다*. ¶지레서러 조옹 거머<길에서 주

워온 것이먼> 당장 갇따아 **내삐**럽뿌라<갖다 내버려 버려라>. ▷**내삘**다.
내삘다 [내삐′고/내뻴′고, 내삐′지/내뻴′지, 내삐더′라/내뻴더′라, 내삐′러
(라)도, 내삐′러서, 내삐′러라] 동 타 내버리다*. ¶안 시인는 양마른<신는
양말은> 다아 **내삐**럽뿐나<다 내버렸니>?/후지로 저레<휴지를 저렇게> 아
아무 데나 **내삐지**<아무 데나 내버리지> 마러래이<마라>./허언 심문지<헌
신문지>라도 절때<절대> 망 **내삐**지 마이세이<막 내버리지 마세요>./비임
빙이느<빈 병은> 기양 **내뻴**지 마고<그냥 내버리지 말고> 유리 모둔는데<모
으는데>다가 갇따아 도오라<갖다 둬라>.
내우 [내애′우′] 명 내외*. ¶남자가 여자 보고 **내애우**로<내외를> 하는 수도
인나<있니>? **내우하다** 동 자 내외하다*.
낼바더보다 [낼바′더보다] 동 타 내려다보다*. ①¶노푼 데서러<높은 데서>
낼바더보머<내려다보면>, 사아람들 머리캉 어깨배끼<사람들 머리와 어깨
밖에> 앰 비이고<안 보이고>, 거언능 거도 히얀 하더래이<걷는 것도 희한
하더라>. ②¶지이가 머언데<제가 뭔데>, 검방지기<건방지게> 나알로 **낼바
더바아**<나를 내려다 봐>? ⇔치바더보다.
냄비#¹ [냄비′] 명 보지의 변말.
냄비*² [냄비′] 명.
냄비처매 [내앰′비′처매] 명 속옷 없이 입은 홑치마. ¶가시나아로 우애<계집
애를 어찌> **내앰비처매**마 익끼이가아 키우노<홑치마만 입혀서 기르나>.
냉가시미 [내앵′가′시미] 명 냉가슴*(冷). ¶그 사람도 하구저붐 마알로<하고
싶은 말을> 다아 모온하니꺼네<다 못하니까>, 버버리 **내앵가시미**지<벙어
리 냉가슴이지>.
너거 [너거′] 대 인칭 너희*. '너'의 복수. ¶나는 앵 끼야<나는 안 끼워> 주고,
너거꺼정<너희끼리> 불치기하로<불치기??하러> 갈 채앵가<참이냐>?/**너거**
느 우야머 아아드리<너희는 어쩌면 아이들이> 저레 충실한동<저렇게 충
실한지> 쫑 가알치 도고<좀 가르쳐 다오>./(뱀을 보고) **너거** 지비<너희 집>
에> 불 간다, **너거** 지비<너희 집에> 총 간다. 참 전래 동요.
너리다 [너리′고, 너리′지, 너리더′라, 널′러(라)도, 널′러서] x[널르다] 형 넓
다* 너르다*. ①¶지비야<집이야> **너릴**수룩 조온치요<너를수록 좋지요>./
마실 아페<마을 앞의> 드으리 너리머<들이 너르면> 사아람들<사람들> 인

심도 자연 **너리**지 시푸다<넓지 싶다>./주사쩔 디이예 인는<朱砂庵 뒤에 있는> 마당 방우느<바위는/持麥岩은>, 워낭 **널러**가아<워낙 넓어서> 백 키<명>도 더 안질<앉을> 수 읻따꼬요<있다고요>. ②¶얼매나 췌엩시머<얼마나 취했으면> 그래, 그 **너린** 지리<넓은 길이> 쫍따꼬 시럳실꼬<좁다고 쓸었을까>? ③¶남자느 우야든동<남자는 어쩌든지> 마아미 **너링** 구시기<마음이 넓은 구석이> 이서야 진지<있어야 진짜> 남자다./큰 사라믄<사람은> 위선 도오랑이 **널러야**<우선 도량이 넓어야> 미테 사라미 따린다<밑의 사람이 따른다>. ④¶추럽하는 어어르는<출입하는 어른은>, 식껴니 **널러야**<식견이 넓어야> 고제도 **너리**지<교제도 넓지>. ⇔쫍다.

너머* [너′머가, 너′머를, 너′머에/너′메, 너′머도, 너′머마] 몡 ¶쫌 저네<좀 전에>, 산 **너메**서<너머에서> 탑꼴띠기가 차저 왇띠이더<탑골댁이 찾아 왔습디다>.

너머가다 [너′머가다] 동짜 넘어가다*. ¶저 다미 와 저레<담이 왜 저렇게> **너머갈** 뜨시 찌부러전노<넘어갈 듯이 기울어졌니>?

너불때 [너불′때] 몡 율모기*. ¶**너불때**느 서엉이 나머<율모기는 성이 나면> 대가리버텅 췩끼든다 마알시더<대가리부터 추켜든다 말입니다>./무자수 다 아무로 흐늠 배애미가<무자치 다음으로 흔한 뱀이> **너불때**연는데<율모기였는데>⋯.

넋 [너′기, 너′글, 너′게, 넉′또, 넝′마] 몡 넋*. ¶용동 아지매<아주머니>, 와 그레 **너겁**시<왜 그렇게 넋없이> 안저 기이싱기요<앉아 계시는지요>?/주군 여엉감도<죽은 영감도> **너기** 읻따머<넋이 있다면>, 저승에서라도 우리 수야로 도올바아<(철)수를 돌봐> 주실 꺼다<것이다>./보소, 지굼 무신 **너게**<지금 무슨 넋에> 맑근술 타아랑을 하능 경기요<맑은술 타령을 하는 겁니까>? 넝<넋> 나가다 구). 너글<넋을> 놓다 구). 너글<넋을> 잃다 구).

넉똥뺑이 [넉똥빼′~이~] 몡 넉동내기*. 넉동을 다 내어야 이기게 되는 윷놀이. ¶우리 심시문데<심심한데> **넉똥뺑이**나 하알래<넉동내기나 할래>? ▷넉동뺑이.

넋* [넉′시, 넉′슬, 넉′세, 넉′또, 넝′마] 몡. ☞넉.

널리다* [널리′이고, 널리′이지, 널리′이더라, 널리′이도, 널리′이서] 동 피동 ¶저기 소내기 무더 온대이<소나기 묻어 온다>, 주레 **널리인**<줄에 널린>

서답뻐텅<빨래부터> 얼륵 꺼더라<얼른 걷어라>.

널찌다 [너'얼찌고, 너'얼찌지, 너'얼찌더라, 너'얼쩌(짜)도, 너'얼쩌서] 동 자 위에서 아래로 내려지다. 떨어져 내리다. ①¶바라메<바람에> **너얼쩌** 가주구<떨어져 가지고> 질게<길에> 널리인 대애추사<널린 대추야>, 쫌 좌아무구머 어어때애서<좀 주워먹으면 어때서>?/이붐 빠람 때무네<이번 바람 때문에> **너얼찐** 능굼마 해애도<떨어진 사과만 해도> 멛<몇> 상자가 너엄는 담 마아리다<넘는단 말이다>. ②¶사아라미<사람이> 오오 칭에서러 **너얼쩐**는데도<5층에서 떨어졌는데도> 앤 죽꼬 사러<안 죽고 살아>?/사다리<사닥다리> 타고 올러가다가<올라가다가>, 헐띠디듬 바라메<헛디디는 바람에> **너얼쩌** 가주구<떨어져 가지고> 다리가 뿌자아적꺼등요<부러졌거든요>… ③¶바아라<봐라>, 감자가 **너얼쩌**는 줄또 모리고<떨어지는 줄도 모르고>, 기양 가머 우야노<그냥 가면 어쩌니>? ④¶온짱 살깝슨<오늘 장 쌀값은>, 지난 장보다 쫌 **너얼찐** 테깅강<떨어진 셈인가>? x¶집에 혼자 널찌다. x¶병(病)이 널찌다. x¶명령이 널찌다. 참 '떨어지다'보다 사용 범위가 상당히 좁음.

넘 [넘'] 명 1 의존 놈*. ①¶그렁 검방진<그런 건방진> **넘캉**은<놈과는> 상대할 생각 어업따<없다>./내가 비이겁판 **너미**<비겁한 놈이> 댈<될> 수야 업찌<없지>./그 참 사아다가<살다가> 벨넘 다아 보겐네<별놈 다 보겠네>. ②**고넘**<고놈> 참, 지 애비캉<제 아비와> 도오도 마아니 달먹꾸나<대단히도 많이 닮았구나>. 2 자립 ¶저 망할 **넘드리**<놈들이> 우리 디이로 바알꼬 인능 모양일쒜<뒤를 밟고 있는 모양일세>./그너무 꺼<그놈의 것> 참, 도옹네 사암들 누늘<동네 사람들 눈을> 위이해애가아라도<위해서라도> 기양 너머갈 수느<그냥 넘어갈 수는> 업찌<없지>.

넘다* [너엉'꼬, 너엄'찌', 너엄'떠'라, 너'머(마)도, 너'머서, 너'머라] 동 자 ¶내버텅도<나부터도> 하앙가비 **너엄**뚜룩<환갑이 넘도록>, 해애 노옹 기이<해 놓은 것이> 참 아아무 꺼도 엄네요<아무 것도 없네요>.

넘바더보다 [넘바'더보다] 동 타 넘겨다보다*. ①¶지이가 가아미<제가 감히> 나알로 **넘바더바아**<나를 넘겨다봐>? ②¶저기서 우리 다믈 **넘바더보**는<담을 넘겨다보는> 작짜가 누고<작자가 누구니>?

넝구처지다 [너엉'구'처지다] 동 자 이 쪽 기준은 벗어나고 저쪽 기준에는 못

미치다. 넘고처지다. ¶이 물거는 **너엉구처저**가아<물건은 넘고 처겨서> 아무 짜게도 모온 시겐네<짝에도 못 쓰겠네>.

넝넉다 [넝넉'꼬, 넝넉'찌, 넝넉떠'라, 넝너'거(가)도, 넝너'거서] 혱 '넉넉하다'의 준말. ¶나무 어어른 지이들 하알라커머<남의 어른 짓을/노릇을 하려면>, 좀 **넝너**긍 구저기 이서야지<넉넉한 구석이 있어야지>…/지이<저>나 내나 **넝넉**찌도 모온 살리메<넉넉하지도 못한 살림에>, 부주로 이치리 마아니 보내애머<부조를 이처럼 많이 보내면> 내가 미안시러버 우야노<미안스러워 어쩌나>.

넹길치기 [넹길'치기] 명 넘겨짚기*. ¶내 **넹길치기**에<넘겨짚기에> 지이가 너머강 거지 머<제가 넘어간 것이지 뭐>.

-노 [노] 어미 ① -니*. ¶니이가 와<네가 왜> 여기서 우우고 인**노**<울고 있니>?/니는 지굼<너는 지금> 바 뱀 묵꼬<밥 안 먹고> 어디 가**노**<가니>?/니느 우얘<너는 어째> 암 말또<아무 말도> 앤 하**노**<않니>?/니이 와 우런**노**<너 왜 울었니>? 누가 때리더나<때리더냐>?/공부도 앤 하알라커머<하지 않으려면> 학쪼오느 말라꼬 가**노**<학교는 뭘 하려고 가니>?/지굼 가머<지금 가면> 어언제 오**노**<언제 오니>?/와 와 무건**노**<왜 왜 먹었니>? 묵꾸 저버 무걷따<먹고 싶어 먹었다>. 참 전래 동요. ② -느냐*. ¶어어른드르네 어디 기이시**노**<어른들은 어디 계시느냐>?/니이 와 우우**노**<너 왜 우느냐>? 배고푸나<배고프냐>?/자네가 웨엔 이일로<웬 일로> 여어꺼정<여기까지> 다아 차저완**노**<다 찾아왔느냐>?/거어서러 화실맘<거기서 하늘만> 보고 머어 하**노**<뭘 하느냐>?/우야머<어쩌면> 자네 쉐에기 풀리이겐**노**<속이 풀리겠느냐>?/내가 주던 채근<책은> 어언지 일러바안**노**<언제 읽어봤느냐>?/솔뱅이<솔개>가 삐가리로 차가아<병아리를 차서> 어덜로 간**노**<어디로 갔느냐>?

노간지 [노'간'지] 명 '노간지나무'의 준말.

노간지나무 [노'간'지나무] 명 노간주나무*. ¶짝때기느<지팡이는> **노간지나무** 짝때기가<노간주나무 지팡이가> 개각꼬 개야는데<가볍고 괜찮은데>…/저네<전에> 불국사에 가머<가면> **노간지나무** 지팽이<노간주나무 지팡이>에다가 다부타불 새기가아<다보탑을 새겨서> 팔고 그래앤는데<그랬는데>…▷녹수나무.

노고묵다/놀고묵다 [노오′고′묵따/노올′고′묵따] 동자 놀고먹다*. ¶남 보기로는<보기로는> **노올고뭉**늠 팔짜가 조오와 비일뚱<놀고먹는 팔자가 좋아 보일지> 모올라도<몰라도>, 노오능 거느<노는 것은> 어디 아아무나 노오는 줄 아아나<아무나 노는 줄 아니>?

노구저리 [노구저′리] 명 종다리*. ¶춤붐만 지나머<춘분만 지나면> **노구저리**<종다리>가 우울기 시이작찌<울기 시작하지>./**노구저리**느<종다리는> 새끼 때 구움빙이로<굼벵이를> 자버다가 미기머<잡아다가 먹이면> 더러 바더 묵띠이더마느<받아 먹습디다마는>, 녹띠 살뭉 기이<녹두 삶은 것이> 기중 나앙 거 거태요<그중 나은 것 같아요>./새애통 무니<새장 문이> 열리이늠 바라메<열리는 바람에>, 내가 애애지중지<애지중지> 키우던 **노구저리**가<종다리가> 조온타꼬 날러갑뿌는데<좋다고 날아 가버리는데>… ▷ 노고자리/노고저리/노고지리/노구자리/노구지리.

노누다 [노′누고, 노′누지, 노′누더라, 노′너(나)도, 노′너서, 노′너라] 동타 노느다*. 나누다*. ①¶암만 자아궁 콩이라도<작은 콩이라도>, **노눌**라커머 까아직 꺼 **노누지**<노느려면/나누려면 까짓 것 나누지> 모온 **노눌** 끼이 머어라<못 노늘/나눌 것이 뭐야>. ②¶세에상 이이를 우애<세상일을 어찌> 히고 꺼뭉 거로마<희고 껌은 것으로만> 똥 **노눌**라꼬 듬니까<딱 노느려고/나누려고 듭니까? ③¶두우리 가치 버어런능 거머<둘이 같이 번 것이면> 가치 **노느**야지<같이 노나야지/나눠야지>. ④¶도옹네에<동네에> 신세진 사암들캉<사람들과>, 신수리라도<쓴술이라도> 한 잔 **노눌**라 커니<노느려고/나누려고 하니> 그걷또<그것도> 생각 때로 수웁짠네요<대로 쉽지 않네요>. ⑤¶(먼저 일어나며) 자, 모도<모두>, 쥐영키<조용히> 이이바기나 **노누**다가<이야기나 노느다가/나누다가> 가시이소<가십시오>. ⑥¶똑<꼭> 부모 피를 **노나** 가진 사람만 헝젱강<형제인가>? ▷농구다/농가리다.

노랑감태 [노랑감′태] 명 노랑감투*. 상제의 두건을 농으로 이르는 말. ¶성내 장파네<장판에> **노랑감태** 신<노랑감투 쓴> 사라미<사람이> 어디 한두울가<한둘이냐>? 드).

노롬¹ [노오롬′] 명 놀음*. ¶그 참, 생 버꾸**노로**믈<버꾸놀음을> 하고 인네<있네>…/술로<술을> 얼매나 무걱낄래<얼마나 먹었길래> 깔지짜 **노로**믈<갈之자 놀음을> 저레 하꼬<저렇게 할까>? 참 버꾸놀음* : 농부들이 버꾸를 치면서 하는 농악놀이. **노롬하다** 동자 놀음하다*.
노롬² [노롬'] 명 노름*. 도박. **노롬하다** 동자 노름하다*.
노른 [노'르지/노'르디, 노'르들, 노'르데, 노'른또, 노'름마] 명 의존 노릇*.
① ¶내가 펭성 너거인테<평생 너희들한테>, 애비 **노른**또<아비 노릇도> 지대로 모온한 처어제에<제대로 못한 처지에> 무심 마알로 하겐노<무슨 말을 하겠니>?/선생 **노른** 타기느<노릇 하기는> 어디 수웁찌 시푸나<쉽지 싶니>?/사양전 **노른**또<상전 노릇도> 하기 심든 세에상이라<힘든 세상이라>…
② ¶방굼<방금> 여기 잍떰 물겨니 어업서젇스니<있던 물건이 없어졌으니> 땅 팔 **노르**지구마<노릇이군요>./듣꼬<듣고> 보니, 그 참 기가 찰 **노르**디로구나<노릇이로구나>./지 허무믄<제 허물은> 아아지 모온하면서<알지 못하면서>, 남버텀 욕카다니<남부터 욕하다니>? 참 한심한 **노르**지네<노릇이네>.

노릇* [노'르시, 노'르슬/노'른슬, 노'르세/노'른세, 노'른또, 노'름마] 명 의존 ☞노른.

노리 [노리'] 명 노루*. ¶여기 야아사네느<야산에는> **노리**버다아<노루보다> 고라니가 더 흔심더<고라니가 더 흔합니다>./**노리** 뻭따구 가주구느<노루 뼈다귀 가지고는> 머어로 까끌 생강 마아라<무엇을 깎을/조각할 생각 마라>, 그거느<그건> 재수가 엄는 물거니라가아<없는 물건이라서> 다치기 수우부니까네<쉬우니까>. ▷놀갱이.

노릭끌 [노릭'끌] 명 책장을 띠엄띠엄 넘기면서 건성으로 읽는 글. ¶야 이너마<이놈아>, 이리기 실분<읽기 싫은> **노릭끌**로<노릇글??을> 실떼업시 이리지 마고<쓸데없이 읽지 말고>, 차라리 누움바테<눈밭에> 나가 띠이 노러라<뛰어 놀아라>.

노성벵낙 [노성'벵낙] 명 뇌성벽력*(雷聲霹靂). ¶그때 마린화느레서<마른하늘에서> **노성벵나**기<뇌성벽력이> 치고 천지가 디베에질 뜨시<뒤집어질 듯이> 야아다니 낙꺼등요<야단이 났거든요>.

노죽 [노오'죽'] 명 노적*(露積). ¶개와집 지익꼬<기와집 짓고> 사아는 도옹네에<사는 동네에> **노오주**기 어업슬<노적이 없을> 수야 어업찌<없지>.

노죽베깔 [노오'죽'베깔] 명 노적가리*. ¶그 지비 **노오죽베**까리가<집에 노적가리가> 크다꼬<크다고> 인심도 후우할 쭐 아런따가느<후할 줄 알았다

가는> 자네가 고불 꺼로<곱을 걸>. ▷노죽뻬까리/노죽뻬깔.

노짐삥 [노′짐뻬잉] 명 신경쇠약*. ◁노짐병. ¶호불 시어마시<홀 시어머니>가, 밤나드로 뽀꺼 제끼는<밤낮으로 볶아 젖히는> 데야, **노짐삐잉** 앵 걸릴일<신경쇠약 안 걸릴> 메느리가 어딕겐노<며느리가 어디 있겠니>.

노푸다 [노푸′고, 노푸′지, 노푸더′라, 노′퍼(파)도, 노′퍼서] 형 높다*. ①¶이 집 천장은 와 이치리 **노푸**노<왜 이처럼 높나>? 우우풍이 앤 시임하나<外風이 안 심하니>? ②¶무운제가 터지거등 우야든동<문제가 터지거든 어쩌든지> **노푼** 사랑캉<높은 사람과> 이이야글 해애야<이야기를 해야> 가아부가네 결쩡이<가부간에 결정이> 사기<속히> 난다. ③¶그 마시레<마을에> 마침 학시기 **노푼** 섭부<학식이 높은 선비>가 항 키 이석꺼등요<한 분 있었거든요>… ④¶이기이<이것이> 바리 머어시<바로 거시기>, 저 이름 **노푼**<높은> 감산 더더기랍니더<甘山 더덕이랍니다>. ⑤¶이 수른 도오수가<술은 도수가> 억시기 **노푸**다니이더<매우 높답니다>. ⑥¶보소, 당시니 **노푼** 소리로 내애머<당신이 높은 소리를 내면> 누가 검날 쭐 아알고<겁날 줄 알고>? ⑦¶술로 한 잔석<술을 한 잔씩> 미기이 나앝띠이<먹여 놓았더니> 군사들 사아기가<사기가> 동띠기 **노퍼**적꺼등요<동뜨게 높아졌거든요>… ⇔낮다.

녹다* [노′꼬/녹′꼬, 녹′찌, 녹떠′라, 노′거(가)도, 노′거서] 동 자 ¶꼬치시느<고추씨는>, 머언 사네<먼 산에> 누우니 **녹**끼 저네<눈이 녹기 전에> 흐처야 댄다<흩어야 된다>, 사기 서더러라<빨리 서둘러라>. ⇔얼다.

녹칠기 [녹′칠′기] 명 푸른 칡. ¶나무 매끼 할 꺼야<것이야>, 저 흐너<흔해> 빠진 **녹칠기**로 거더다가<푸른 칡을 걷어다가> 하며 댈 꺼 애니가<하면 될 것 아니냐. 드).

논뚜룸 [논뚜룸′] 명 논두렁*. ¶(경주가 아닌) 다른 데에서르느<데서는/지역에서는> 와<왜>, 그 아까분 **논뚜루**메다가<아까운 논두렁에다가> 콩을 앤 숭군는동 모올라<안 심는지 몰라>. **논뚜룸하다** 동 자 논두렁하다*.

논뚝 [논뚝′] 명 논둑*. ¶큰물 바라메<큰물 바람에> **논뚜**기 뭉개애젇시머<논둑이 무너졌으면> 빨리 지버야지<기워야지>.

놋똥오 [녿′또′~오′] 명 놋동이*. ¶여직꺼정<여태까지> **놋똥오**로<놋동이를> 시는 집또<쓰는 집도> 다아 잎소<다 있소>? 드).

놀갱이 [놀개′~이~가, 놀개′~이~를, 놀개′~이~에~, 놀개′~이~도, 놀개′~이~마~] 圀 노루*. ¶누우니 마아니 와가아<눈이 많이 와서> 무굴 끼이 업시머<먹을 것이 없으면>, **놀갱이**드리 떼저늘 지야가아<노루들이 떼를 지어서> 마실로 내리오는데<마을로 내려오는데>…/**놀갱이** 껍띠기 소오게<노루 껍질 속에> 버어리가 알로 논는동<벌이 알을 낳는지/스는지>, **놀갱이**로<노루를> 자버 옹 거로<잡아 온 것을> 보니 구우디기가 껍띠기 소오게<구더기가 껍질 속에> 버글버글 하더라꼬요<하더라고요>. ▷노리/놀기.

놀다*¹ [노올′고′/노오′고′, 노올′지′/노오′지′, 노올′더′라/노오′더′라, 노′러(라)도, 노′러서, 노오′라′/노′러라] x[놀거라] 圄瓯 ¶저 사라믄<사람은>, 하리 점두룩<하루 종일> **노올**로도 앤<놀러도 안> 나가고, 지바네 드란저 가아<집안에 들어앉아서> 머어로<무얼> 하고 지내애능공<지내는지>?

놀다*² [노올′고′/노오′고′, 노올′지′/노오′지′, 노올′더′라/노오′더′라, 노′러(라)도, 노′러서, 노오′라′/노′러라] 圄타 ¶우리느 조옹방가니<우리는 종반간이> 다아 모디이머<다 모이면> 페늘 짜가아<편을 짜서> 윤또 **노오**고<윷도 놀고> 그라는데요<그리하는데요>…

놀래다 [노올′래′고, 노올′래′지, 노올′래′더라, 노올′래′도, 노올′래′서] 圄瓯 놀라다*. ¶도동너미<도둑놈이> 우리 발소리 득꼬<듣고> 티믐 바라메<튀는 바람에>, 내가 참 얼매나 **노올랜**는동<얼마나 놀랐는지>…

놀리다*¹ [놀′리고, 놀′리지, 놀′리더라, 놀′리도, 놀′리서, 놀′리라] 圄타 ¶(농으로) 이 사라마<사람아>, 발로<발을> 자주 **놀리**머<놀리면> 남버다 사기<남보다 빨리> 갈 꺼 아니가<것 아니냐>…

놀리다*² [놀′리고, 놀′리지, 놀′리더라, 놀′리도, 놀′리서, 놀′리라] 圄타 ¶약쨍이가 장테에서러<약장수가 장터에서> 워언싱이 **놀리**능 거<원숭이 놀리는 것>, 그 거 참 재미 조온테에<좋더군>.

놀리다*³ [놀리′이고, 놀리′이지, 놀리′이더라, 놀리′이도, 놀리′이서, 놀리′이라] 圄사동 '놀다'의 사역형. 놀게 하다. 쉬게 하다. ¶이일꾼들또 서어레에느<일꾼들도 설에는> 보롱꺼정 **놀리**이<정월대보름까지 놀려> 주고 그랜는데<그랬는데>…

놈받쩐지 [놈받′쩐지] 圀 논밭전지(-田地). ¶그 집 **놈받쩐지**가 얼맨데<논밭전지가 얼만데> 아들 하나 인능 거로<있는 것을> 대애하게 모옴 뽀내앤담 마알고<대학에 못 보낸단 말이냐>?/아아무리<아무리> **놈받쩐지**가 마아는 들 머어하노<논밭전지가 많은들 무얼 하느냐>, 아들 중에 공부 하구 저분 작짜가<하고 싶은 작자가> 앤<안> 나서는 데야…

농가리다 [농가′리′고, 농가′리′지, 농가′리′더′라, 농갈′러(라)도, 농갈′러서, 농갈′러라] x[농갈르다] 동타 나누어 가르다. 나누다*. ①¶암만 눙꼽쨍이 마안춤 자악띠이라도<눈곱만큼 작더라도>, 서리 **농갈러**<서로 나누어> 줄 마암마 이서바라<마음만 있어 봐라>, 모은 **농가릴** 테기 업쩌<못 나눌 턱이 없지>. ②¶(민물고기를) 두우리더러<둘이서> 가치 어불러 자벌시니꺼네<같이 얼려서 잡았으니까> 똑까치 **농갈러**야<똑같이 나누어야> 앤 대겐능 기요<되지 않겠습니까>. ③¶도옹네 사암들캉<동네 사람들과> 신수리라도<쓴술이라도> 한 잔 **농갈러** 무굴라 캐애도<나누어 먹으려 해도> 그기이 그리 안 수움네요<그것이 그리 쉽지 않네요>. ▷농구다/노누다.

농꿔 [농′꿔] 명 논귀*. ①논의 귀퉁이. ②물꼬*. ¶지 **농꿔**에<제 물꼬에> 물 드가능 거사<들어가는 것이야> 누군들 앤 조오와<안 좋아>./큼물진 디이예<큰물진 뒤에> 말금 무리<맑은 물이> 내릴 때 보머<보면>, **농꿔**에 소옹에<물꼬에 붕어> 새끼가 수우백 빠리성 몰리가아 오릴라꼬<수백 마리씩 몰려서 오르려> 오불오불 하거등<하거든>.

농빠리 [농′빠리] 명 농을 실은 짐바리. ¶저기 가는 **농빠리** 소오게에느<속에는> 머어가 드럳실랑공<뭐가 들었을는지>?

놓다#¹ [노′코/녹′코, 놛′치, 놛터′라, 나′아도/노′아도/놔′아도, 나′아서/노′아서/놔′아서, 나′아라/노′아라/놔′아라] 동타 낳다*. ¶초오네에더러<촌에서> 베로 앤 **노**오머<베를 안 놓으면>, 오슴 머어로 까아<옷은 무엇을 갖고> 해애 임노<해 입니>?

놓다#² [노′코/녹′코, 놛′치, 놛터′라, 나′아도/노′아도/놔′아도, 나′아서/노′아서/놔′아서, 나′아라/노′아라/놔′아라] 동타 낳다*. ¶자래<자라>가 알로 **논능** 거로<알을 낳는 것을> 누가 본 사라미 인능강<사람이 있는가>?/화촌떡 집 꼬오내기<화촌댁 고양이>가 어제빠메 새끼로<지난밤에 새끼를> 다섭 빠리 **나**알딴다<다섯 마리 낳았단다>./아아사<아이야> 더 안 **나**아도 대겔찌만<낳아도 되겠지만>, **노**옹 거느<낳은 것은> 지이가 키아야지<제가 키워야지> 누가 키운담 마알고<키운단 말이냐>./가틍 갑세<같은 값에>

아들 놓치<낳지>, 말라꼬 딸 논노<무얼 하려고/왜 딸을 낳니>. 참 구전 동요.

놓다*³ [녹'코/놓'코, 놓'치, 놓터'라, 나'아도/놔'아도/노'아도, 나'아서/놔'아서/노'아서, 노'아라/노'오라/나'아라/놔'아라] x[노커라] 동 타 ¶그 시게느<시계는> 저 책상 우예<위에>다가, 이쪼글 보두룩 노오머 조옥켄는데<이쪽을 보도록 놓으면 좋겠는데>…

누구* [누'구'가, 누'구'를, 누구'에, 누구'도, 누구'마] x[누굴] 대 인칭 ¶어데서러<어디서> 오신 **누구**신데 이 밤쭝에<밤중에> 우라부지로 차즈시능기요<우리 아버지를 찾으십니까/찾으시는지요>?

누다* [누'고, 누'지, 누'더'라, 노오'도', 노오'서', 노오'라'/누'라] 동 타 ¶남 오줌 **누**는데 머어로 자꼬<무엇을 자꾸> 들바더보올라 컨노<들여다보려고 하니>?

누럽다 [누럽'꼬/누럭'꼬, 누럽'찌, 누럽떠'라, 누러'버(바)도, 누러'버서] 형 마렵다*. ¶똥이 **누러**부머<똥이 마려우면>, 퍼떡<빨리> 나가 눌내기지<눌 일이지/따름이지> 무신 잠마아리<무슨 잔말이> 그리 마안노<그렇게 많니>?

누룩짱 [누'룩짱] 명 누룩장*. ¶배애미자테 물리이디이<뱀한테 물리더니> 얼구리가 저레<얼굴이 저렇게> **누룩짱** 거치 분네<누룩장 같이 붓네>.

누부 [누부'] 명 누나*. 누님*. 누이. ¶그때 우리 **누부**느<누나는>, 한창 니 비이불로<누비이불을> 박꼬 이섯따 애닝기요<박고 있었지 않습니까>./너거 **누부**느<너의 누나는>, 저너게 쪼매예마 느저도<저녁에 조금만 늦어도> 생베라기 떠러진단다<날벼락이 떨어진단다>.

누우 [누우'가', 누우'를', ??, 누우'도', 누우'만] 대 인칭 ☞누구.

눈*¹ [누'~이'~, 누'늘', 누'네, 눈'도', 눔'마] 명 ¶아지게 **눔**마 바아라지머<아침에 눈만 벌어지면> 무굴 꺼버텀 찬능 기이 이이리다<먹을 것부터 찾는 것이 일이다>.

눈*² [누'~이'~, 누'늘', 누'네, 눈'도', 눔'마] 명 ¶(마늘에) **눈**이 트니까네<눈이 트니까> 마늘 마시 달러지입띠더<맛이 달라집디다>.

눈*³ [누'~이'~, 누'늘', 누'네, 눈'도', 눔'마] 명 눈금*. ¶자앙사꾸니<장사꾼이> 정월<저울> **누**늘 쉐기머 대나<눈을 속이면 되나>?

눈*⁴ [누′~이′~, 누′늘′, 누′네, 눈′도′, 눔′마] 똉 ¶가리<가루>가 너무 누거 가아<눅어서> 얼기미 누니 맥키인늠 모양이다<어레미 눈이 막힌 모양이 다>.

눈*⁵ [누~우′~이′~, 누우′늘′, 누우′네′, 누운′도′, 누움′마] 똉 ¶누움마 왇따커머<눈만 왔다면> 아아들캉 개애들꺼정<아이들과 개들까지> 다아 조오와하지요만<다 좋아하지요만>···

눈섭 [눈서′비, 눈서′블/눈서′불, 눈서′베, 눈섭′또, 눈섬′마] 똉 눈썹*. ¶저 청여는<청년은> 우얘 저레<어찌 저렇게> 눈서비 지트꼬<눈썹이 짙을까>, 참 돕뽀이네<돋보이네>./천수니느<천순이는> 그 바안달 거튼<반달 같은> 눈서비<눈썹이>, 너무 이이뿌더라<예쁘더라>./눈서비 어업시니<눈썹이 없 으니> 다왕 알캥이<성냥 알갱이>라도 태야가아 기리야<태워서 그려야> 어디 나가든동 달든동<나가든지 어쩌든지> 하지. 소). ▷눈섶.

눈섶 [눈서′피, 눈서′풀/눈서′플, 눈서′페, 눈섭′또, 눈섬′마] 똉 눈썹*. ¶(놀 랍다는 투로) 소옹눈서피<속눈썹이> 저레 지이니꺼네<저렇게 기니까>, 거게 문지<거기에 먼지>가 다아 걸리이능가배<다 걸리는가 봐>./나느<나 는> 눈서피 지튼 사람마 보머<눈썹이 짙은 사람만 보면> 참 불떠라<부럽 더라. 흔). ▷눈섭.

눈천 [눈′천′] 똉 눈을 홀대하여 이르는 말. ¶야아드래이<얘들아>, 눈처네 눔물<눈에 눈물> 내애기 저네<내기 전에> 고망 꼬닥꺼레라<그만 까불어 라>, 어예이<응>? 좀 '눈처네 눔물' 꼴로 흔히 씀. 눈처네 눔물<눈에 눈물> 나다 구). 눈처네 눔물<눈에 눈물> 내다 구).

눈팅이 [눈티′~이~] 똉 눈두덩*. ¶머어로 어액낄래<무엇을 어찌했길래> 눈 팅이가<눈두덩이> 저 지경으로 버언노<지경으로 부었니>?/자아느 누우인 테<쟤는 누구한테> 어어더마저 가주굴랑 저레<얻어맞아 가지고서 저렇게> 눈팅이가 반팅이가 대앨시꼬<눈두덩이 함지 모양이 됐을까>? 눈팅이가 반 팅이가 대다<눈두덩이 함지 모양이 되다> 구) 눈두덩이 시퍼렇고 펑퍼짐하 게 부어오르다. 참 '눈탱이가 밤탱이가 되다.'는 말은 없음.

눌류다 [눌류′우고, 눌류′우지, 눌류′우더라, 눌랴′아도, 눌랴′아서, 눌랴′아 라] X[눌르다] 동 타 누르다*. ①¶이불로 더퍼시야 녹코<이불을 덮어씌워 놓고> 우예서러<위에서> 내리 눌류우는 데사<누르는 데야> 수움술 째주가 이서야제<숨쉴 재주가 있어야지>. ②¶지이<제>가 도온 쫌 잇따꼬<돈 좀 있다고> 사아라를 **눌류우늠** 모양인데<사람을 누르는 모양인데>, 나앙줴에<나중에> 보자, 내가 꼭 가퍼 줄꺼시<갚아 줄게>. ▷눌루다/눌룽다.

눔멀다 [눔'머'얼다/눔'머'어다] 동자 눈멀다*. ¶절물<젊을> 때, 사랑에 **눔머언** 사라믄<눈먼 사람은> 세에상아 비이능 기이<세상에 보이는 것이> 아아무 꺼도 업찌 와<아무 것도 없잖아>.

눔물 [눔'무'리, 눔'무'를, 눔'무'레, 눔'물'또, 눔'물'마] 명 눈물*. ¶그만 이이레<그만한 일에> **눔물로**<눈물을> 흘린다 캐애가아야<해서야> 남자가 애니지<아니지>./니느 무신 **눔무리**<너는 무슨 눈물이> 그레 흔노<그렇게 흔하니?> x¶눈물을 쏟다. **눔무리**<눈물이> 꼴짱<골짝> 나다 구). **눔물**<눈물>(을) 거두다 구). **눔물**<눈물>(이) 나다 구). **눔물**<눈물>(을) 머금다 구). **눔물**<눈물>(을) 상키다<삼키다> 구). **눔물**<눈물>(이) 어리다 구). **눔물**<눈물>(이) 없다 구). **눔무리** 아풀 가루다<눈물이 앞을 가리다> 구). **눔무리**<눈물이> 핑 돌다 구). **눔무리** 힙뿌다<눈물이 헤프다> 구). **눔물**<눈물>(이) 지다 구). **눔물**<눈물>(을) 지우다<짓다> 구). **눔물**<눈물>(을) 짜다 구).

눕다* [눅'꼬/눕'꼬, 눕'찌, 눕떠'라, 누'버(바)도/누'우도, 누'버서/누'우서, 눅꺼'라/누'부라/누'버라/누'우라] 동자 ¶어이, 그레 **누부머** 비이잡따<그렇게 누우면 비좁다>, 저리 쫌 쪽빠리 **누버라**<좀 똑바로 누워라> 보자.

-느 [느] 조 -는*. ¶옴빠메**느**<오늘밤에는> 누우니 좀 오올라나<눈이 좀 오려나>?/그 집 손자**느**<손자는>, 머어로 우애 해애가아<무엇을 어찌 해서> 베락 출세로 해앤시꼬<벼락 출세를 했을까>? 참 -느>-는.

눙까리 [눙까'리] 명 '눈'을 비속하게 이르는 말. 눈깔*. ¶**눙까리** 땡구랃타<눈깔이 동그랗다>. 참 아이들끼리 놀리는 소리. ▷눙깔. 드).

느러지다 [느'러'지다] 동자 늘어지다*. ①¶이레 더분 날새에<이렇게 더운 날씨에> 앤 **느러질** 사라미<안 늘어질 사람이> 누가 익껜노<있겠니>? ②¶소 부랄 **느러징** 거로<불알 늘어진 것을> 가마아꼬 지키보머<가만히 지켜보면>, 한쪼기 **느러지**머<한쪽이 늘어지면> 다린 쪼기<다른 쪽이> 오구러지능 기이<오그라지는 것이>, 그 참 구칙쩌기더라꼬요<규칙적이더라고요. ③¶저 추웅 **느러진** 수양버들 낭게<축 늘어진 수양버드나무에>다가 군덴쭐로<그넷줄을> 하나 묵꾸우머<묶으면> 똑 조옥켄는데<딱 좋겠는데>.

④¶송전 야앙바능 금여네<양반은 금년에> 팔짜가 왕창 **느러젆**서여<팔자가 왕창 늘어졌어>… ⇔오구러지다. **느러지기<늘어지게> 자다** 구).
느릅나무 [느릅나무′] 몡 느릅나무*. ¶**느릅나무** 껍띠기 가주구<느릅나무 껍질 가지고> 약칸다 아아나<약한다 아니>?/기몽나무캉 **느릅나무**느<느티나무와 느릅나무는> 서리 다링 거다<서로 다른 것이다>. ⇔아구랑나무.
-는* [는/느~] 조 ¶솔나무<소나무>**는** 다린 나무매애로<다른 나무처럼> 담풍이<단풍이> 앤<안> 들고, 저실게도 와<겨울에도 왜> 이퍼리가 새애파랑공 하머<이파리가 새파라냐 하면>…
-는동 [는동] 어미 -는지*. ¶그 사라미<사람이> 개애똥에 미끄러전**는동**<개똥에 미끄러졌는지> 소오똥을 발번**는동**<쇠똥을 밟았는지> 우리야 모리지<모르지>./비가 어언제쭈움<언제쯤> 오올**는동** 아알머<올는지 알면> 내가 바레 흘로 와 문치고 댕기<발에 흙을 왜 묻히고 다녀>?/동천 아재가<아저씨가> 어덜로 수먼**는동**<어데로 숨었는지> 아아무도 아아는 사라미 어업서요<아무도 아는 사람이 없어요>?/나도 모올따<모르겠다>, 석산 어어르니<어른이> 오새애느 머어로<요새는 무엇을> 하고 지내시**는동**<지내시는지>?/바께느 지굼<밖에는 지금> 비가 오**는동** 모올따<오는지 모르겠다>.
늗짱매 [늗짱매′] 몡 늦장마*. ¶**늗짱매** 따무레<늦장마 때문에> 도무지, 앤 썩꼬<안 썩고> 나머나능 기이 엄네요<남아나는 것이 없네요>.
늘근이/늘그니/늘긍이 [늘′ 그~이~] 몡 늙은이*. ⇔절문이. 참 어떻게 표기하든 발음은 같음.
늘긴이/늘기니/늘깅이 [늘′ 기~이~] 몡 늙은이*. ⇔절문이. 참 어떻게 표기하든 발음은 같음.
늘다* [느′ 고′/늘′ 고′, 느′ 지′/늘′ 지′, 느′ 더′ 라/늘′ 더′ 라, 느러′(라′)도, 느러′ 서] 동자 ¶거어짐말또<거짓말도> 자꾸 하머<하면> 늘지 앤 **느러**<안 늘어>?
늙다* [늘′ 꼬, 늘′ 찌, 늘떠′ 라, 늘′ 거(가)도, 늘′ 거서] 동자 ¶소내기가 늘그머<소나기가 늙으면> 큼물찐대이<큰물진다>.
늠모숭기 [늠모숭′ 기] 몡 늦모 심기*. 늦모내기. ⇔올모숭기. **늠모숭기하다** 동자 늦모심기하다*.
늡뿌지러니 [늡뿌지러′~이~] 몡 늦게 부지런을 떠는 사람. ¶저런 **늡뿌지러니**

가<늦부지런이가> 또 어디 이시까<있을까>?

능구리 [능′구리] 똉 능구렁이*. ☞능구링이.

능구링이 [능′구리~이] 똉 능구렁이*. ¶세에상아<세상에> 저런 **능구링이**로 <능구렁이를> 바안나<봤나>. ▷능구리.

늦다* [늑′꼬, 늗′찌, 늗떠′라, 느′저(자)도, 느′저서] 혱 ¶금여네느<금년에는> 철수가 **는**능가배<철이 늦은가 봐>, 앙이 강꼬치 앰 피네<아직 감꽃이 안 피네>.

니¹ [니′] 때인칭 너*. 네*. ¶나느 **니**바께<나는 너밖에> 더 미들 사라미<믿을 사람이> 업따<없다>./저엉 그럳타머<정 그렇다면> **니**<너> 생각 때로 해애라<대로 해라>./**니**도 나캉 가치<너도 나와 같이> 갈 채앵가<참이냐>? **니내**<너나> 할 꺼 업시<것 없이> 구). **니느 니고**<너는 너고> **나느**<나는> **나다** 구). **니 죽꼬 내 죽짜**<너 죽고 내 죽자> 구).

니² [니이′] 때인칭 너*. 네*. ¶(화투를 치면서) 허 참, 나느 **니이**가<나는 네가> 공산 과앙을 쥐이고<광을 쥐고> 인는<있는> 줄 아럳띠이<알았더니>, 이 미테서<밑에서> 자고 이선네<있었네>…/**니이**가 조오머<네가 좋으면> 나도 조옫타<좋다>. **니나 내나**<너나 나나> 구). 참 **니¹**과 발음이 다르며, 용도도 다름.

니³ [니이′] 준 네*. ¶이런 숭여네<흉년에> 좁살 **니이** 마리<네 말이> 어딘데?/지굼 새복<지금 새벽> **니이** 시 바아니시더<네 시 반입니다>.

니리¹ [니′이리] 똉 내일*. ¶자네 **니이리**<내일> 어디 가나?/우리 **니이리**는 짜장면 사 무구로<내일은 자장면 사 먹으러> 가자.

니리² [니리] 튀 내리*. ①¶우예서러 빰숭이가<위에서 밤송이가> **니리** 망 널찌는 데야<내리 막 떨어지는 데야> 미테서 그거로<밑에서 그걸> 우애 전디<어찌 견디>? ②¶니이<네> 시가너나 낟짜물<시간이나 낮잠을> **니리** 잗띠이<내리 잤더니>, 인자아 쫌<이제 좀> 사알 꺼 걷따<살 것 같다>.

니비 [니′비] 똉 누에*. ¶그 때도 비이다니 이섣따 커니꺼네<비단이 있었다고 하니까>, 실라 때버텅<신라 때부터> **니비**로 미기읻떰<누에를 먹였던/쳤던> 모양이지? **니비**<누에>(가) **오리다**<오르다> 구). **니비로 미기다**<누에를 치다> 구).

님#¹ [님] 똉 놈*. ¶그 **니미**나 저 **니미**나<그 놈이나 저 놈이나> 똑 깐네<꼭

같네>.
님*² [님] 몡. ▷임.

ㄷ

다갈¹ [다′갈] 몡 대갈*. 말굽에 편자를 신기는데 박는 징. ¶사아라미<사람이> 하도 야무락쩌가아<야무져서>, 똑<꼭> **다갈** 거트니이라<대갈 같으니라>.
다갈² [다′갈] 몡 달걀*. ◁닭 알. ▷다랄/제랄. 드).
다랄 [다′랄] 몡 달걀*. ◁달 알. ▷다갈/제랄.
다람 [다′람] 몡 풀을 세게 먹인 옷이 살갗을 갉아먹는 현상. ◁닳음. ¶삼베 오슨 풀끼마 쥐깁뿌머<삼베옷은 풀기만 죽여버리면> **다라**미 저억끼<닳음이 적게> 이일 낀데<일 것인데>… 참 삼베옷이 심하게 일며, 무명베 옷도 비가 올 날씨일 때 심하게 임. **다람**<닳음> 일다 구).
다래비 [다아′래′비] 몡 아니꼬울 만큼 인색한 사람. 다랍게 구는 사람을 낮추어 부르는 말. ¶세에상아<세상에> 내 펭성<평생> 저런 **다아래비**느 처엄 바안네<다랍이??는 처음 봤네>./남자가 도오늘 실 쭐또 아러야지<돈을 쓸 줄도 알아야지> 저레 만날<저렇게 계속> **다아래비** 지임마<다랍이?? 짓만> 해애 가주구야<해 가지고야>…
다리#¹ [다리′가, 다리′를, 다레′에/다리′에/다리′예, 다리′도, 다리′마] 몡 대*(代). ¶(대소상에) 떠글<떡을> 이레 지인지하늠 풍소기<이렇게 진지하는??/나누어먹는 풍속이>, 우리 다음 **다레**에꺼정 내리각까<대에까지 내려갈까>?/각 찌방 사아투리느<지방 사투리는> 안자<이제> 우리 **다레**에서 어업서지지 시푸다<대에서 없어지지 싶다>./다암 **따레**에느<다음 대에는> 제에사조치랑도<제사조차도> 앤<안> 지내는 사라미<사람이> 마아늘 꺼로<많

을 걸>…

다리*² [다리'가, 다리'를, 다레'에/다리'에/다리'예, 다리'도, 다리'마] 명 ¶생기능 거도 엄는데<생기는 것도 없는데> 하리 점두룩<하루 종일> 왇따 갇따하니이라꼬<왔다갔다하느라고> **다리** 폼마 실컨 파럳심더<품만 실컷 팔았습니다>.

다리*³ [다리'가, 다리'를, 다레'에/다리'에/다리'예, 다리'도, 다리'마] 명 ¶저네느 큼무리 지머<전에는 큰물이 지면> 서천내**다리** 미테꺼정<서천다리[西川橋] 밑에까지> 황에가 마아니도 올러완는데<황어가 많이도 올라왔는데>…

다리다#¹ [다리'고, 다리'지, 다리더'라, 달'러(라)도, 달'러서] x[달르다] 형 다르다*. ①¶사아라믄<사람은> 여리머<열이면> 열, 마카 얼구리가<모두 얼굴이> 다아 **다리**지<다 다르지>, 세에상아<세상에> 어디 하난들 가튼 사라미 읻떠냐<같은 사람이 있더냐>?/자아 모미<쟤 몸이> 좀 **다링** 걷쩨<다른 것 같지/임신한 것 같지>? ②¶기링 기리는 사라믄<그림 그리는 사람은> 어딩가<어딘가> 보는 누니<눈이> 남들캉은 확시리 **달러**<남들과는 확실히 달라>. ③¶상촌 야앙바는<양반은> 소주 마알고<말고>, **다린** 수른<다른 술은> 아예 보기도 실타컨네<싫다네>. ④¶그 어어른<어른> 참, 돌라리라꼬 그런동<환갑날이라고 그런지>, **다린** 날캉<다른 날과> **달**리 하암보글 고옥끼 빼애 익꼬<한복을 곱게 빼어 입고> 저엄장키 안젇습띠더<점잖게 앉았습디다>.

다리다*² [다'아리고, 다'아리지, 다'아리더라, 다'아리도, 다'아리서, 다'아리라/다'아레라] 동 타 ¶달비도 모리는 사라미<다리미도 모르는 사람이> 무신 오슬<무슨 옷을> **다아리겓따꼬**<다리겠다고> 그캐애 산노<그렇게 해 쌓니>?

다린이/다리니 [다리'~이~] 명 다른 이. 다른 사람. ¶보소, **다린**이느<다른 사람은> 다아 가마아꼬 인는데<다 가만히 있는데> 이넉마 와<이녁만 왜> 자꾸 압짱<앞장> 설라 컨능기요<서려고 하는지요>?/당시니 소옹내로 자시 모리머<당신이 속내를 자세히 모르면> **다린이**<다른 사람> 하는 대로만 따러 하이소<따라 하세요>. 흔). 참 어떻게 표기하든 발음은 같음.

다부 [다부'] 부 도로*. 다시*. ¶가던 사라미 와<사람이 왜> 하알 릴 업시<할

일 없이> 다부 도러완노<도로 돌아왔니>?/연장을 다아 섯시머<다 썼으면>
일떤 자레<있던 자리에> 다부 갇따아 논능 기 올치<도로 갖다 놓는 것이
옳지>./(제사 지낸 탕의 맛이) 타앙을 아지게<탕을 아침에> 다부 뎁끼 노오
니꺼네<도로 데워 놓으니까> 어제마안춤 앤 서원타<어제만큼 시원하지 않
다>. 흔).

다부랭이¹ [다부래'~이~] 몡 쪼개지 않고 꼭지 근처에 구멍만 뚫어 속을 파낸 바가지. 뒤웅박*. ¶이 **다부랭이**에<뒤웅박에> 든 시앋슨 무진 시앗싱기요<씨앗은 무슨 씨앗입니까>? ▷더부랭이.

다부랭이² [다부래'~이~] 몡 투레질*. ¶저 얼라아가 **다부랭이** 부운다<아기가 투레질한다>, 바람 부울랑강<바람이 불려나>? **다부랭이하다** 동자 투레질하다*. **다부랭이 불다** 구) 투레질하다.

다분시럽다 [다분'시럽따] 혱 자꾸 꼬리에 꼬리를 무는 질문을 하다. 질문이 많다. ¶무진 아아가 저레 **다분시럼**노<무슨 아이가 저렇게 질문이 많노>./ 저럭키 **다분시러분** 아아가<저렇게 질문을 많이 하는 아이가> 장차 커가아 는 학짜가 댄다니이더<장차 커서는 학자가 된답니다>.

다섣 [다'서지/다'서디, 다'서들, 다'서데, 다'섣또, 다'섬마] I 쥐 다섯*. ¶그 가능 군덴쭈레<가는 그넷줄에> 아아 **다서**지<아이 다섯이> 항꺼네 올러타 니꺼네<한꺼번에 올라타니까>, 무게로 모온 쩐디가주구<무게를 못 견뎌 서> 탁 터접뿡 거지<터져 버린 것이지>. II 관.

다섯* [다'서시, 다'서슬, 다'서세, 다'섣또, 다'섬마] 쥐 관 ☞다섣.

다섰 [다'서지, 다'서즐, 다'서제, 다'섣또, 다'섬마] 쥐 관 ☞다섣.

다섵 [다'서치, 다'서틀, 다'서테, 다'섣또, 다'섬마] 쥐 관 ☞다섣. 드).

다시#¹ [다'시] 뷔 도무지*. ¶그 사구링이 이이바근 인자 **다시** 실심데이<그 누룩뱀 이야기는 이제 도무지 싫습니다>.

다시*² [다'시] 뷔 ¶사다리 낟시니<사단이 났으니>, 아예 처음버텀<처음부터> **다시** 시이장능 기이 올타<시작하는 것이 옳다>.

다시니미 [다'시니미] 몡 의붓어미*. ◁다신 이미. ¶보소, 내가 에릴<어릴> 때, **다시니미** 미테서러 바든<의붓어미 밑에서 받은> 서어러믈<설움을>, 채 그로느 멕 꼬늘 꾸미도<책으로는 몇 권을 꾸며도> 다아 모옹 꾸미니이더 <다 못 꾸밉니다>. ▷이부디미. ⇔다시내비/이부대비.

다아 [다'아] ㈜ 다섯*. ¶이 오시<옷이> 내가 **다아**<다섯> 살 때 입떤 오시란 다<입던 옷이란다>.

다치다#[1] [다'치고, 다'치지, 다'치더라, 다'처(차)도, 다'처서] 동 자 닥치다*. ¶어어떤 위허미<어떤 위험이> **다치**는 줄또 모리고<닥치는 줄도 모르고>, 자꾸 아푸로마 나가머<앞으로만 나가면> 돋땡강<돛대인가/제일인가>?/생 각찌도 앤하던 이이리<생각지도 않던 일이> 자꾸 **다치**는<닥치는> 통에 모오등 게에훼글<모든 계획을> 다아 뜨더곤칠<다 뜯어고칠> 수바께 업서 전네<수밖에 없어졌네>.

다치다*[2] [다'치고, 다'치지, 다'치더라, 다'처(차)도, 다'처서] 동 타 ¶(날붙 이를 만지작거리는 아이에게) 야아<얘>야, **다칠**라 조오심해애라<조심해 라>.

다투다* [다투'우고, 다투'우지, 다투'우더라, 다타'아도/다톼'아도, 다타'아 서/다톼'아서] 동 자 타 ¶너거느 우애<너희는 어째> 만내기마 하머<만나기 만 하면> **다투우기버텅** 하노<다투기부터 하니>? ▷다퉁다.

닥치다* [닥'치다] 동 자 ☞다치다¹.

단닪다 [단당'코, 단단'치, 단단터'라, 단다'너(나)도, 단다'너서] 형 '단단하다' 의 준말. ¶보미 대머<봄이 되면> 노가 가주고<녹아 가지고> **단단**치 모온 탸고<단단치 못하고> 푸석하기도 한 허어연 어르미<허연 얼음이> 서거름 아니가<썩얼음 아니냐>. 참 **단닪다**>단단하다.

단지* [단'지'가, 단'지'를, 단제'에/단'지'에, 단'지'도, 단'지'마] 명 목이 짧고 배가 부른 작은 항아리. ¶나무 장뚝까네<남의 장독대에> 꼬오장<고 추장> **단지**가 어딘는동<어디 있는지> 우애 아안담 마알고<어찌 안단 말고/ 말이냐>?

단지*(但只) [단'지] 부 다만.

단지곰 [단'지'고옴] 명 작은 단지 속에다 넣고 끓인 곰국, 또는 그 행위. ¶이잉에 함 바리 자버가아<잉어 한 마리 잡아서>, **단지고오**미라도 해애 무 구머<단지곰이라도 해 먹으면> 기이우니 쫌 나알랑강<기운이 좀 나려는 가>? **단지곰하다** 동 자.

닽다* [닫'꼬/닥'꼬, 닫'찌, 닫떠'라, 다'더(다)도, 다'더서, 다'더라] 동 타 ¶ 누분<누운> 사람 칩따<춥다>, 그 문 좀 **닥**꼬 댕게라<닫고 다녀라>.

달#¹/닭* [다′리/달′기, 다′를/달′글, 다′레/달′게, 달′또/달′도, 달′마] x[닭] 몡 닭*. ¶우리 사우가 완는데<사위가 왔는데>, 내가 **다**를 함 바리<닭을 한 마리> 앤 자버<안 잡아> 줄 수가 업찌<없지>./저 너무 **달**기 어더메로 올러가노<저 놈의 닭이 어디로 올라가나>. 흔).

달*² [다′리′, 다′를′, 다′레′, 달′또′, 달′마′] 몡 ¶(갑) **달**또 발따<달도 밝다>. (을) 보롬**따**리거등<보름달이거든>. 챔 우스개 소리.

달개다 [달개′고, 달개′지, 달개더′라, 달개′애도, 달개′에서, 달개′애라] 동 타 달래다*. ①¶동생을 잘 **달개**애 가머<달래 가며>, 가치 노러야 싱이지<같이 놀아야 형이지>… ②¶지이 괴로붐 마아믈<자기 괴로운 마음을> 술로 **달갤**라 캐애가아상<달래려 해서야> 이이리 대나<일이 되나>?

달게랄 [달게′랄] 몡 달걀*. 계란*(鷄卵). ¶자동차에 흔들리이먼서<흔들리면서> 머얼리 가주고 온 **달게라**른<멀리 가져 온 계란은>, 다린데 앙끼이 바아도 앙 까지데에<닭에게 안겨 봐도 안 깨지더군/병아리가 되지 않더군>. ▷게랄/다랄.

달구베실 [달구베′실] 몡 닭의 볏. 볏*. ¶우리 장따리<수탉이> 디읻찝 장딸캉<뒷집 수탉과>, 얼매나<얼마나> 물고 뜯꼬 사왇뜬동<뜯고 싸웠는지> 두우 바리 다아<두 마리 다> **달구베시**레<닭의 볏에> 피가 흥거언하고<흥건하고>…

달구통 [달구′토~이~, 달구′토~을~, 달구토′~에~, 달구′통도, 달구′통마] 몡 닭의장*. 닭장*.

달다*¹ [다알′고′/다아′고′, 다알′지′/다아′지′, 다알′더′라/다아′더′라, 다′러(라)도, 다′러서, 다′러라] 동 자 ¶나알로가 빠알각쿠로 **다알**두룩<난로가 빨갛게 달도록> 불로 때애가아<불을 때서>, 옹 고오실 아니<온 교실 안이> 후꾼후꾼한데…

달다*² [달′고′/다′고′, 달′지′/다′지′, 달′더′라/다′더′라, 다′러′(라′)도, 다′러′서, 다′러′라/다′라′] 동 타 ¶싱모길 날또<식목일 날도> 태국끼로 **다나**<태극기를 다니>? x ¶신랑을 달다.

달다*³ [달′고/다′고, 달′지/다′지, 달더′라/다더′라, 다′러(라)도, 다′러서, 다′러라/다′라] 동 타 ¶이 꼬치가 멕 끄닌동<고추가 몇 근인지> 정워레 다가 **다러** 바안나<저울에다가 달아 봤나>?

달다*⁴ [달'고/다'고, 달'지/다'지, 달더'라/다더'라, 다'러(라)도, 다'러서] 형 ¶꾸리 당 거캉<꿀이 단 것과> 설탕이 당 거캉은<설탕이 단 것과는> 마시 여엉 다리지<맛이 영 다르지>.

달러가다 [다'알러가다] 동 자 달아나다*. 도망가다*. ①¶지이가 **다알러간**들<제가 달아난들> 어디꺼정 가겐노<어디까지 가겠니>, 가바안짜 부첸님 솜빠대기지<가봤자 부처님 손바닥이지>./(아이에게) 니<너> 자꾸 내 말 앤 드러머<안 들으면>, 엄마는 머얼리 **다알러갑**뿔 끼이다<엄마는 멀리 도망가 버릴 것이다>. ②¶이 소오게 드란젙떤 용처른<속에 들어앉았던 용수철은>, 어덜로 **다알러갇**시꼬<어디로 달아났을까>? ③¶그런 정 떠러지는 소리로 득꼬<떨어지는 소리를 듣고> 나니, 술 생개기 삭 **다알러갑**뿌렏심더<생각이 싹 달아나 버렸습니다>. 자 달러가다>도망가다.

달러들다 [달'러들고/달'러드고, 달'러들지/달'러드지, 달'러들더라/달'러드더라, 달'러드러(라)도, 달'러드러서] 동 자 달려들다*. ①¶저거<제> 집 아피머 모올라도<앞이면 몰라도>, 질게 지내가덩<길에 지나가던> 개애가 사아람자테 **달러드**는<개가 사람한테 달려드는> 이이른 흔차는데<일은 흔하지 않은데>, 미칭개앵강<미친개인가>?/칼로<칼을> 들고 막 **달러드**는<달려드는> 데야 암 피이하고 우얘<안 피하고 어째>? ②¶(여럿이 제삿밥을 비벼 먹으며) 자, 얼매 앤 나먿시니<얼마 안 남았으니>, 다아 가치 **달러드**러<다 같이 달려들어> 한 숙까락석 떠묵꼬<숟가락씩 떠먹고> 얼럭 치얍뿝시더<얼른 치워버립시다>. ▷달라들다.

달리다*¹ [달리'이고, 달리'이지, 달리'이더라, 달레'에도/달리'이도, 달레'에서/달리'이서] 동 자 ¶저 배나무가 해거리로<해거리를> 하나? 금여네느<금년에는> 배가 멕 깨<몇 개> 앤 **달리인**네요<안 달렸네요>.

달리다*² [달리'이고, 달리'이지, 달리'이더라, 달레'에도/달리'이도, 달레'에서/달리'이서] 동 자 ¶나는 나가 드러 그런동<나는 나이가 들어 그런지>, 시미 **달리이**가아<힘이 달려서> 도오저이 니로 모온 따러가겓따<도저히 너를 못 따라가겠다>. ▷딸리다.

달리다*³ [달'리고, 달'리지, 달'리더라, 달'리도, 달'리서, 달'리라] 동 타 사동 ¶말로<말을> 타고 저레 막 **달리**보머<저렇게 마구 달려보면> 기부니 어어떡까<기분이 어떠할까>?

달물 [달′ 물′] 명 달무리*. ⇔해물. 달물<달무리가> 서다 구). 달물<달무리가> 지다 구).

닮다* [다앙′꼬′, 다암′찌′, 다암′떠′라, 달′머(마)도, 달′머서, 달′머라] 동 자 타 ¶자아 서엉지리<쟤 성질이> 저레 무링 거느<저렇게 무른 것은>, 아아매<아마>도 지개비 닮움 모앵이제<제 아비 닮은 모양이지>?

달ㅋ [달′키, 달′클, 달′케, 달′또, 달′마] x[닥] 명 ☞달¹. 드).

담다#¹ [담′고′/당′고′, 담′지′, 담더′라, 다′머(마)도, 다′머서, 다′머라] 동 타 담그다*.

담다#² [당′꼬′/담′꼬′, 담′찌′, 담′떠′라, 다′머′(마′)도, 다′머′서, 다′머′라] 동 타 담그다*. ¶여어서러느<여기서는> 짐치로 다물 찌게<김치를 담글 적에> 메레치저즐<멸치젓을> 주로 마아니 역커등요<많이 넣거든요>…/자앙은 정워레도 당꼬<된장은 정월에도 담그고> 이이워레도 담는데<담그는데>… ▷당구다/담다. 흔).

담다*³ [다앙′꼬′, 다암′찌′, 다암′떠′라, 다′머(마)도, 다′머서, 다′머라] 동 타 ①¶그 자아금 박끄르게<작은 밥그릇에>다가 바불 다아 퍼 다암찌 마고<밥을 다 퍼 담지 말고> 이일꾼 박끄르게<일꾼 밥그릇에> 더 마아니 다머라<많이 담아라>./능구물 따가아<사과를 따서> 광지리에 다물 찌게<광주리에 담을 적에>, 꼭다리<꼭지>가 서리 시치이가아<서로 스쳐서> 흐음다리가 앤 생기두룩 해애래이<흠이 안 생기도록 해라>. ②¶이베 다물<입에 담을> 소리가 익꼬<있고> 모온 따물<못 담을> 소리가 인능<있는> 건데, 도부니 난다꼬<화가 난다고> 나오는 대로 막 시부리머 대나<지껄이면 되느냐>?

담배#¹ [담배′] 갑 염소를 부르는 소리. ¶담배 담배, 담배 담배.

담배*² [다암′배′] 명.

담배순 [담배순′] 명 담뱃순*. 담배의 원순과 곁순.

담보 [담′보] 명 담비*. ¶마알만 드럳찌<말만 들었지> 나도 담보로<담비를> 직쩝<직접> 본 저기야 업찌<적이야 없지>.

담ㅎ다 [당′꼬′/담′꼬′, 담′찌′, 담′떠′라, 다′머′(마′)도, 다′머′서, 다′머′라] 동 타 담그다*. ¶여어더러느 보오통<여기서는 보통> 음녁 이이워레<음력 이월에> 자앙을 담는 지비<장을 담그는 집이> 마안심더<많습니다>.

답땁다 [답땁'꼬/답딱'꼬, 답땁'찌, 답땁떠'라, 답따'버(바)도, 답따'버서] 혱 '답답하다'의 준말. ¶여기 와가아<와서> 조옹 공기로<좋은 공기를> 자꾸 마시니까네<마시니까>, 가래도 저억꼬<적고> 가시미도 더얼 **답땁**심더<가슴도 덜 답답합니다>./산 소오게 드가가아<속에 들어가서> 심 영 꽁부로 해애도<십 년 공부를 해도> 도오를 모옹 깨친따머<도를 못 깨쳤다면> **답따**분 노르시겐따<답답한 노릇이겠다>. 참 답땁다>답답하다.

당구다 [당구'우고, 당구'우지, 당구'우더라, 당가'아도/당과'아도, 당가'아서/당과'아서, 당가'아라/당과'아라] 동타 담그다*. ①¶이분 모오사에느<이번 묘사에는> 떡살로<떡쌀을> 서너 말 **당가아야** 앤 댈라아<담가야 되지 않겠나>. ②¶(비꼬듯) 깨구리 자버<개구리 잡아> 절 **땅구울랑기요**<젓 담그렵니까>? ▷담ㅎ다/당굽다.

당나구 [당나'구] 명 당나귀*. ¶께 마아는 **당나구**가<꾀 많은 당나귀가> 지 바라메<제 바람에> 옴팍 고번찌<곱앇지>./노새캉 **당나구**는 어디가 다리노<노새와 당나귀는 어디가 다르냐>?

당다리봉사 [당'다리보옹사] 명 당달봉사*.

당ㅎ다 [당'코, 당'치, 당터'라, 다'~어~(아~)도, 다'~어~서, 다'~어~라] 동자타 '당하다'의 준말. 흔).

대#¹ [대] 명 되*[升]. ¶이 숭여네<흉년에> 녹띠 달 때머<녹두 닷 되면> 그기이<그것이> 어딘데? ▷뒈.

대*² [대] 명 ¶수낃때<수숫대>.

대*³ [대] 명 ¶대 꼬쟁이 서엉질<꼬쟁이 성질>.

대가리* [대가'리가, 대가'리를, 대가'레/대가'리예/대가'리에, 대가'리도, 대가'리마] 명 ¶(고사 지낼) 대주 **대가리**느<돼지 대가리는> 맏차아 나안나<맞추어 놨니>?

대넘 [대애넘'] 명 되놈*. ▷댄넘/뒈넘/때넘.

대다#¹ [대'고, 대'지, 대더'라, 대'애도, 대'애서, 대'애라/대'라] x[대거라] 동자 되다*. ¶밥 다아 **대애** 가거등<다 되 가거든> 나알 부리로 온나아<나를 부르러 오너라>./꼭 그렁 거느 애니지만<그런 것은 아니지만>, 아아드리<아이들이> 잘 크다가도 꼽새가 **대**는<곱사등이가 되는> 수가 더러 익끼사 읻찌만도<있기야 있지만>… ▷뒈다¹. 대지도 앤하는<되지도 않는> 소리 구). 대자는<되잖은> 소리 구). 대지도 애늘<되지도 않을> 소리 구). 대지<되지> 못하다 구). 댈 상시푸다<될 성싶다> 구). 댈 상시푸잖다<될 성싶잖다> 구).
대다#² [대′고′, 대′지′, 대′더′라, 대′애′도, 대′애′서, 대′애′라/대′라] x[대거라] 동태 되다*. ¶곡서글 **대**는<곡식을 되는> 데도 기수리 인늠 모양이라요<기술이 있는 모양이에요>, **대**는 사라메 따러<되는 사람에 따라> 항 가매에 멘 홉석<한 가마니에 몇 홉씩> 차가 나거등요<나거든요>. ▷뒈다².
대다#³ [대애′다′] 형 되다*. ①¶내상<나야> 짐밥뻐다 **대앰**바비<진밥보다 된밥이> 더 조온터라<좋더라>. ②¶(짐을 지고) 이이<이> 마장에 함분서근 쉬인는데도<한번씩은 쉬었는데도> 참 **대애**네요 **대애**<되네요 돼>./노오는 사라믄<노는 사람은> 주지 마고<말고>, **대앤** 닐<된 일> 하는 사라밀랑<사람일랑> 마신능 거 마아니 조오라<맛있는 것 많이 줘라>. ▷뒈다³/뒤다/디다.
대다*⁴ [대′애고, 대′애지, 대′애더라, 대′애도, 대′애서, 대′애라] 동태 ¶제에사 지낼 으음서게다가느<제사 지낼 음식에다가는> 소늘 **대애**지 마러래이<손을 대지 말아라>.
대라지다 [대′라지다] x[대애라지다] 형 다라지다*. ¶키 자아근<작은> 사람 중에느<중에는>, **대라진** 사라미<다라진 사람이> 더러 인늠 페니지<있는 편이지>…
대리미힝이 [대리미히′~이~] 명 도련님형*. 부인이 도련님에게 '자기 남편'을 우회적으로 지칭하는 말. ¶(빗대어 핀잔하며) **대리미힝이**느<도련님형은> 참바람 두론다꼬<찬바람이 들어온다고> 방문도 모온 여얼구로 하니이더<못 열게 합니다>.
대주 [대애′주] 명 돼지*. ¶저 소 **대애주** 거튼<돼지 같은> 사라미 우얘<사람이 어찌>, 이부네느<이번에는> 서엄물로 다아 사왔시꼬<선물을 다 사왔을까>?/하안냑 무굴 찌게느<한약 먹을 적에는> 달께기<닭고기>, **대애주**궤기<돼지고기> 거틍 거느<같은 것은> 잡숟찌 마쉐이<잡수시지 마세요>. ▷뒈주.
대추까시 [대추까′시] 명 대추나무 가시. ¶조옹지미 괭깅 거느<종기 곪은 것은> **대추까시** 가주구 따머 댄다<대추나무 가시 가지고 따면 된다>.
대침 [대′침′] 명 대나무로 만든 침. ¶소옹에<붕어> 배 딸 때느<때는>, 얄분

<얇은> **대치**미로 가아 따바아라<대침을 갖고 따봐라>, 참 잘 따지지.

댄넘 [대앤'넘'] 몡 되놈*. ▷뒌넘/대넘/때넘.

댕겡이 [댕겡'이] 몡 경주에 흔하던 꼬리가 없거나 짧은 개. 동경이*. ¶댕겡이<동경이>가 강생이로 나아도<강아지를 낳아도> 이이부더미 제에사느<의붓어미 제사는> 지내애야 대지요<지내야 되지요>?/개애 중에느<개 중에는> **댕겡이**가 기중 영악칸데<동경이가 그중 영악한데>…/꼬리가 엄능 개애가<없는 개가> 겨엉주에<慶州에> 혼턴 **댕겡인**데<흔하던 동경인데>, 오새애느<요새는> **댕겡이**로 모리는<동경이를 모르는> 사라미 마안탐 마알시더<사람이 많다는 말입니다>./우리 **댕겡이**가 으르렁거리니꺼네<동경이가 으르렁거리니까>, 저 집 강생이느<강아지는> 꼬랑대기로 사리골랑<꼬리를 사리고서> 낑낑대애데에요<낑낑대더군요>./사양하로<사냥하러> 갈 때느<때는>, 우리 **댕겡이**로 데엘꼬 나가머 아아무래도 수월치요<동경이를 데리고 나가면 아무래도 수월하지요>./어어떤 지븐<어떤 집은> **댕겡이**로<동경이를> 한 식꾸로<식구로> 치는 집또 읻찌<집도 있지>./일쩨 말기에<일제 강점기 말에> 일분넘드리 **댕겡이**꺼정 다아 뚜디리 자버가아<일본놈들이 동경이까지 다 두드려 잡아서> 개터리기로 가아가늠 바라메<개털을 가져가는 바람에> **댕겡이** 시가 말럽뿐찌 머어<동경이 씨가 말라버렸지 뭐>. 참 광복전 경주에는 '동경이'와 함께 '삽사리'와 '땅개' 같은 토종개가 흔했음.

댕기다#[1] [댕'기고, 댕'기지, 댕'기더라, 댕'기도/댕'게도, 댕'기서/댕'게서, 댕'기라/댕'게라] 동 다니다*. 1 자 ①¶어어떰 부우자가<어떤 부자가> 그래, 만날 바불<밥을> 지고 **댕기**도오<다니더냐>?/자동차 **댕기**능 큰지레서느<다니는 큰길에서는> 노올지 마러래이<놀지 말아라>./사아람드리<사람들이> 마아니 **댕기**는<많이 다니는> 장테 고올무게다가<장터 골목에다가> 마늘로 떡 피이녹코 안저 이석꺼등<턱 펴놓고 앉아 있었거든>… ②¶이 꼴짜게느<골짜기에는>, 바메 **댕기**는<밤에 다니는> 차가 벨로 업심더<별로 없습니다>. ③(인사를 받으며) ¶예 참, 건천장아<乾川場아> **댕기**<다녀>오는 지리시더<길입니다>./이 사람, 자네 안죽꺼정<아직까지>도 비잉우네<병원에> 날마중 **댕기**나<날마다 다니니>?/학쪼오 **댕기**능 기이<학교에 다니는 것이> 소오워닌 사람도 인는데<소원인 사람도 있는데>, 공부하기 실타능 기이<싫다는 것이> 무즌 헡소리고<무슨 헛소리냐? ④¶고양아 **댕기**로<고향에 다니러> 간 지메<김에>, 자네 모오친도 들바더보고 완네<모친도 찾아 뵙고 왔네>. 2 ⓣ ①¶대목 짱나른 건천장아도<장날은 乾川場에도>, 사아라미<사람이> 하도 마아너가아<많아서> 질로 **댕길**<길을 다닐> 수가 업실 찌경이라네<없을 지경이라네>. ②¶겨엉주서 울산 **댕기**는<慶州서 蔚山 다니는> 차야 참 자주 잊찌<있지>. ③¶이 마시레느<마을에는> 직짱 **댕기**는 사라미<직장에 다니는 사람이> 멕 키 엄니이더<몇 사람 없습니다>. ④¶저거 사앙할배느<쟤들 증조부는> 그저 낙수지리나 **댕기**시고<낚시질이나 다니시고> 그레 소이리나<그렇게 소일이나> 하시지요./자네, 귀이경 **댕길** 도온 이시머<구경 다닐 돈 있으면> 나안도 쫌 도고<나도 좀 다오>.

댕기다*² [댕′기고, 댕′기지, 댕′기더라, 댕′기도/댕′게도, 댕′기서/댕′게서, 댕′기라/댕′게라] ⓓ ⓙ ⓣ ¶여어 안저가아<여기 앉아서> 다암배람도<담배라도> 한 대 **댕기**고 쫌 쉬읻따가 가압시대이<좀 쉬었다가 갑시다>.

-**더*** [더] ⓔⓜ ¶불국사 꼭끼경이<꽃구경이> 참 볼 마안하**더**라<볼 만하더라>./그 집 자약 꼬치<작약 꽃이> 창<참> 크고 조온**턴**데<좋던데>./지부로 저언나로 거럳**떠**니<집으로 전화를 걸었더니> 아아무도 암 받**떠**네<아무도 안 받더군>./그 집, 바안다지<반닫이>가 내 보기에느<보기에는> 자앙이 조온**터**구마느<장히 좋더구먼>.

-**더네** [더네] ⓔⓜ -더군*. ¶고옹지기느<공작은> 그 꼬랑대기<꼬리>가 참 대애단하**더네**<대단하더군>./사믈<삼을> 막 갈러녹코 나니꺼네<갈라놓고 나니까> 첟따리 우우**더네**<첫닭이 울더군>. 혼).

더덕찌 [더′덕찌이] ⓜ 더덕 장아찌. ¶지이 중에서르느<장아찌 중에서는> **더덕찌이**가 췌에고 돋때지요<더덕지가 최고 돗대지요>.

-**더러#**¹ [더′러] ⓙ -서*. -에서*. ¶니이 거어**더러** 머어하노<너 거기서 뭐하니>?/저 할마시 저거<저 할멈 저것> 건천장아**더러** 우뭉치 팔던 할마시 애니가<乾川場에서 우렁쉥이/멍게 팔던 할멈 아니냐>?

더러*² [더′러] ⓟ ¶안죽또 거기느 질게<아직도 거기에는 길에> 거러지가 **더러** 읻쩨<거지가 더러 있지>?

-**더러***³ [더′러] ⓙ -에게*. '보고'의 뜻을 가지는 부사격 조사. ¶니 칭구**더러**<네 친구에게> 쪼매 거어드러 주울라 컨찌 와<조금 거들어 달라고 하지

왜>?

-**더러느**#¹ [더′러느] 조 -서는*. ¶여어**더러느** 보오통<여기서는 보통> 음녁 이이워레<음력 이월에> 자앙을 담는 지비<장을 담그는 집이> 마안심더<많습니다>./거기**더러느** 저실게<거기서는 겨울에>, 짜깨들 가주구<창애 가지고> 꽁이나 오올기 잡능 기이<꿩이나 오리 잡는 것이> 재미 애니가<아니냐>.

-**더러느***² [더′러느] 조 -에게는*. '보고'의 뜻을 가지는 부사격 조사. ¶나**더러느** 묵찌 바라 캐애녹코<나에게는 먹지 마라고 해놓고는> 지느 와 뭉능공<저는 왜 먹는고>?

더럽다* [더어′럭′꼬, 더어′럽′찌, 더어′럽′떠라, 더어′러′버(바)도, 더어′러′버서, 더어′리′라/더어′레′라/더어′러′바라/더어′러′라] 형 ¶온 **더어러붕** 거로<옷이 더러운 것을> 보니 또 흘짜앙나늘 함 모양이구마느<흙장난을 한 모양이구먼>.

더렁 [더어′렁′] 명 도령*. ¶디일쩝 **더어렁** 서엉을 모리다니<뒷집 도령 성을 모르다니>? 그기이 마아리 대나<그것이 말이 되느냐>? 드).

더부 [더′부] 명 더위*. ①¶아이구, 용동 아쟁기요<아저씨입니까>, 참 오램마니시더<오랜만입니다>, 그래 이 **더부**로<더위를> 어애 지내시능기요<어찌 지내시는지요>? ⇔치부. ②¶**더부** 무군 데느<더위 먹은 데는> 화늘수 우박<하늘수박> 까주구 약칸대이<가지고 약한다>. ▷더비. ⇔치비/치부.

더부랭이 [더부래′~이~] 명 뒤웅박*. 쪼개지 않고 꼭지 근처에 구멍만 뚫어 속을 파낸 바가지. ¶보재기드른<해녀들은> **더부랭이**가 업시머<뒤웅박이 없으면> 물찔로 어애 하겐노<물질을 어찌 하겠니>?/내 신세가 바리<바로>, 끈 떠러진 **더부랭이**<떨어진 뒤웅박> 신세다. ▷다부랭이.

더붐밥 [더′붐밥] 명 더운밥*. ¶아직쩌넉<아침저녁> **더붐밥** 해애 대애기도<더운밥 해 대기도> 참 심드니이더<힘듭니다>. ⇔시굼밥/시금밥. 흔).

더비 [더′비] 명 더위*. ¶알라아 **더비** 무굴라<아기가 더위 먹을라>, 저즌 저 그느레 가가아 미게에라<(아기) 젖은 저 그늘에 가서 먹여라>. ☞더부. ⇔치비/치부.

덕시기 [덕시′기] 명 멍석*. ¶저 디임마다아<뒷마당에> **덕시기**로 깔머<멍석을 깔면> 시무나앙 키느<스무남은 사람은> 안질 수 익겐네<앉을 수 있

겠네>./저기 소내기 오올라 컨는다<소나기가 오려고 한다>, 저 **덕시기**버텅<멍석부터> 얼릉 마러 들라아라<얼른 말아 들여라>. ▷덕석/멍시기. x쇠덕석.

덤벙 [덤′벙] 몡 웅덩이*. ¶디일뜰<뒷들> **덤벙**어 미꾸래기는<웅덩이의 미꾸라지는> 누가 버러 다아 자버 갑뿌렌떠라<벌써 다 잡아 가버렸더라>.

덤비기 [덤비′기] 몡 덩치*. ¶소옥 알캥이로 모리니꺼네<속 알갱이를 모르니까>, **덤비기**가<덩치가> 커 비이능 기<보이는 것이>, 자아궁 거버담<작은 것보다> 타미<탐이> 난다 뿌니지<뿐이지>…/자아<쟤>가 **덤비기**마 저레 컨찌<덩치만 저렇게 컸지>, 안죽 쉬이거니 더리 떨피인니이더<아직 소견이 덜 뚫렸습니다>.

덤풀 [덤풀′] 몡 ①덤불*. ¶우리사<우리야> 사네 가머<산에 가면>, 만날 까시**덤푸**레 걸리가아<가시덤불에 걸려서> 다레에<다리에> 피가 나도 그렁거느 보오통이시더<그런 것은 보통입니다>. ②덩굴*. ¶이 집 꼬두박 **덤푸**른<박 덩굴은> 우애 저치리 서엉하꼬<어째 저처럼 성할까>?

덥퍼시다 [덥′퍼시다] 동 타 덮어쓰다*. ¶저네느 처어자나 안사람드리<전에는 처녀나 부인네들이>, 배껀 나드리로 갈 찌게느<바깥 나들이를 갈 적에는> 다아 처어네로<다 처네를> **덥퍼시**고 댕긴는데<덮어쓰고 다녔는데>… 참 처네: '머리처네'의 준말./가앙기에느<감기에는> 취안제<취한제> 한 첩 딸기 묵꼬<달여 먹고>, 이불로 푹 **덥퍼시**고<이불을 덮어쓰고> 따물<땀을> 한 줴기<줄기> 좌앙 내애머 조온치<쫙 내면 좋지>./호두로<오디를> 오오 처 넌 네치마 사머<오 천 원어치만 사면> 니느 **덥퍼실** 끼이다<너는 덮어쓸 것이다>.

덩거리 [덩거′리] 몡 덩어리*. 덩이*. ①¶모오개가 와 저레<모과가 왜 저렇게> 멘 **떵거리**<몇 덩어리> 마다아 구불러댕기노<마당에 굴러다니니>? ②¶디입빠테<뒷밭에> 애호박 익꺼들랑<있거든> 서너 **덩거리**<덩이> 따다 주이소<주세요>.

덮다* [덕′꼬/덥′꼬, 덥′찌, 덥떠′라, 더′퍼도, 더′퍼서, 더′퍼라] 동 타 ¶할배 밥 식껜따<할아버지 밥 식겠다>, 띠뱅이로 **더퍼**가아<밥뚜껑을 덮어서> 구둘무게다가<아랫목에다가> 무더 나아라<묻어 놓아라>.

데리다* [데′리다] 동 풀타 (주로 '데엘꼬<데리고>', '데리-<데려->' 꼴로 쓰임.)

¶자네 지비<집에> 갈 때, 내 동상을<동생을> 먼저 좀 **데엘꼬** 가알래<데리고 갈래>?

-도* [도] 어미 ¶니이가 마튼 이일로<네가 맡은 일을> 다아 끈내앴시머<다 끝냈으면>, 인자아는<이제는> **가도** 조온타<좋다>./오래 꾸러안능 기이 심드머<꿇어앉은 것이 힘들면> 펭키 안저<편하게 앉아>**도** 상관업따<상관없다>.

도가리 [도가′리] 명 배미*. ¶산중 논 여남 **도가리** 가주구<여남은 배미 가지고> 생사니<생산이> 암만 난들 멕 까매이나 나겐노<아무리 난들 몇 가마니나 나겠니>?/웨꼴 꼴짜게도<외꼴 골짜기에도> 저동떡 보옹다비<저동댁 천둥지기가> 서너 **도가리**<배미> 읻찌<있지>.

도구 [도오′구′] 명 논 밭 따위의 변두리에 물이 잘 빠지도록 길다랗게 파 놓은 물길. ¶지붕이 쉐는<새는> 통에, 방빠다게다가 **도오구**로<방바닥에 도구를> 떡 처녹콜랑<쳐놓고는>, 저엉마안세느<정만서는> 이쭈게 앙꼬<이쪽에 앉고>, 저저 마아너래느<자기 마누라는> 저쭈게 앙꼬<저쪽에 앉고>… ▷도귀. **도구 치다** 구). 참 주로 가을 논의 물이 잘 빠지도록 파 놓은 물길.

도끼* [도오′끼′] 명 ¶이 **도오끼**가<도끼가> 와<왜> 이리 앤 드노<안 드나>? 좀 가러바아라<좀 갈아봐라>. ▷도치.

도독 [도독′] 명 도둑*. ¶아아드리<아이들이> 재미로, 밤 서리 쫌 하능 거로 가주굴랑<좀 하는 것을 가지고서> 어어르니<어른이> **도도그**로 모오능 거느<도둑으로 모는 것은> 문쩨가 읻찌<문제가 있지>.

도독찔 [도독′찔] 명 도둑질*. ¶너거<너희>가 이 마알마늠 펭성을 두고<말만은 평생을 두고> 지키야 댄다<지켜야 된다>, 다릉 거느<다른 것은> 머어<뭐>라도 다아 배야도<다 배워도>, 절때로 **도독찔**마늠<절대로 도둑질만은> 배우지 마라, 아럳쩨<알았지>.

도동넘 [도동′넘] 명 도둑놈*. ¶진짜 **도동너**믄<도둑놈은> 우굴우굴한데, 쫌뱅이**도동너**미나 작꼬 인능<좀도둑놈이나 잡고 있는> 거가<것이> 누군데? ⇔도동연.

도동연 [도동′연] 명 도둑년*. ¶바끼 도동너미니꺼네<밖이 도둑놈이니까>, 진들 벨수 익껟서<전들 별수 있겠어>? 안도 **도동여**니 대앱뽕 거지<도둑년이 되어버린 것이지>. ⇔도동넘.

도디키다 [도디′키다] 동타 도둑질하다*. 훔치다*. ¶나무 바테<남의 밭에> 가지 멕 깨 **도디키** 와바알짜<몇 개 훔쳐 와봐야>, 풍송마 상그럽찌<풍속만 나쁘지> 그기이 머어꼬<그것이 뭐냐>?

도랑* [도래′~이~/도라′~이~, 도라′~을~, 도라′~아~/도랑′~에~, 도랑′도, 도랑′마] 명 ¶여르메느<여름에는> **도랑**아 가가아<도랑에 가서> 모글 깜능 기이 재민데<먹을 감는 것이 재민데>…

도래도래 [도래′도래′] 감 도리도리*. ¶**도래도래, 도래도래**<도리도리, 도리도리>. **도래도래하다** 동자 도리질하다*.

도러보다 [도′러보다] 동타 돌아보다*. ①¶사아라미 우째<사람이 어찌>, 누가 디이예서 부리는데<뒤에서 부르는데> 앤 **도러보고**<안 돌아보고> 기양<그냥> 갈 수가 일땀 마알고<있단 말이냐>? ②¶중학쪼 시절로<중학교 시절을> 가마아꼬 **도러보머**<가만히 돌아보면>, 고상 대기나 에럽떤 이이른<고생되거나 어렵던 일은> 벨로 생개기 앤<별로 생각이 안> 나고, 재미 일떤 이일마<있던 일만> 생개기 나거등<생각이 나거든>…/누구나 지낸 이일로<지난 일을> **도러보머** 후우훼시러분 이이리<돌아보면 후회스러운 일이> 마아늠 베비지<많은 법이지>. ③¶주번 선생이 각 고오실로 **도러보늠** 파네<교실을 돌아보는 판에> 사 망연 고오시레서<3학년 교실에서> 부리 낟땁띠더<불이 났답디다>. ④¶저엉마안세느 펭성<정만서는 평생>, 집바끄로마 나댕기머<집밖으로만 나다니며> 가조글 **도러보지**<가족을 돌아보지> 앤하골랑<않고서>…

도리지둥 [도′리지둥] 명 도리기둥*. ¶이 절 **도리지둥**은<도리기둥은>, 멥 뻥념 무군<몇 백 년 묵은> 사리낭기<싸리나무>란다.

도마배미 [도마′배애미] 명 도마뱀*. ¶태촌 아재느 약 땐다꼬<삼촌은 약 된다고>, 사안 **도마배애미**로<산 도마뱀을> 이베 열티이<입에 넣더니> 기양 꿀떡 넝구우디이더<그냥 꿀꺽 넘깁디다/삼킵디다>.

도매 [도′매] 명 도마*. ¶세에상아<세상에> **도매** 업시<도마 없이>, 무진 으음서글<무슨 음식을> 우얘 장만노<어찌 장만하니>?/나느 **도매**에다가<나는 도마에다가> 양임<양념> 다지는 소리만 나도 이베 추미 도오더라<입에 침이 돌더라>.

도장# [도장′] 명 곳간*. 광. ¶여름 수른<술은> 서워는<시원한> **도장**아다가

두머<곳간에다가 두면> 아아매도 더얼 시구러버지겔찌<아마도 덜 시어지 겠지>.

도장*(圖章) [도′장′] 뗑 ¶우리 시기 조롭서엄물로<식이 졸업선물로> 웨에 아재가<외삼촌이> **도장** 하나 파 왇따<왔다>. **도장(을) 찍다** 구). **도장(을) 받다** 구).

독새¹ [독′새′] 뗑 둑새풀*.

독새² [독새′] 뗑 독사*(毒蛇). ¶**독새**야, **독새**야<독사야, 독사야>, 너거 지베<너희 집에> 불 간다, 너거 지베<너희 집에> 총 간다. 참 전래 동요./저 여니<년이> 아주 **독새** 거튼 지이지비야<독사 같은 계집이야>.

돈*¹ [도~오′~이′~, 도~오′~늘′, 도~오′~네′, 도온′도′, 도옴′마′] 뗑 ¶그 지비느<집에는> **도옴** 버어리는 사라미<돈 버는 사람이> 마아너서 조옥켄따<많아서 좋겠다>.

돈*² [돈′] 뗑 의존 ¶서어 **돈** 짜리 금반지머 대앨찌<서 돈 짜리 금반지면 됐지> 무신 욕시미<무슨 욕심이> 그리 마안노<많노>?

돈내기 [돈′내기] 뗑 일을 하거나 시킴에 있어서의 책임량 할당제도. 참 이를테면 하루가 걸리든 반나절이 걸리든, 주어진 일만 끝내면 정한 임금을 지불하는 제도. ¶대애체로 하리 얼매석<대체로 하루 얼마씩> 주는 일땅버다아<일당보다> **돈내기**로<돈내기를> 조와하는 사라미<좋아하는 사람이> 마안치<많지>./아아무래도<아무래도> **돈내기**로 맥끼능 기이<맡기는 것이> 이이리 앰 빠리겐나<일이 빠르지 않겠니>. **돈내기(를) 맡다** 구). **돈내기(를) 맥끼다<맡기다>** 구).

돋다* [돋′꼬/독′꼬, 돋′찌, 돋떠′라, 도′더(다)도, 도′더서] 동 자 ¶여르메<여름에> 임마 더업실 찌게느<입맛 없을 적에는>, **도**들 양다레<돋을 양달에> 난 수글 뜨더다가<쑥을 뜯어다가> 지불 내애 무우머 조온데<즙을 내 먹으면 좋은데>…

돌#¹ [도′리′, 도′를′, 도′레, 돌′도′/돌′또′, 돌′마′] 뗑 '환갑'을 낮추어서 이르는 말. ¶(친구끼리 농담 삼아) 야 이 사라마<사람아>, 자네는 안죽<자네는 아직> **돌**또 앤 지냉 기이<돌도 안 지난 것이> 가아미 성님자테 까불락꺼리<감히 형님한테 까불어>?/(갑) "니이 어언제<너 언제> 철 들래?" (을) "**돌** 지나머<환갑 지나면>."

돌*² [도′리′, 도′를′, 도′레, 돌′도′/돌′또′, 돌′마′] 몡 ¶이이점버텅<예전부터> **돌**떠근 기양 어어더묵능 기이<돌떡은 그냥 얻어먹는 것이> 애니다<아니다>, 함 푼 지버조오라<한 푼 집어줘라>.

돌*³ [도올′] 몡 ①¶야 이 여엉가마<영감아>, 자네가 지굼 누구자테<지금 누구한테> 도올로 **뗀**질라 컨노<돌을 던지려고 하느냐>? ②¶이 거랑아<개울에> 도올로 **맨**든 돌따리가<돌로 만든 돌다리가> 어디 한두우리라야 마아리지요<둘이라야 말이지요>./자네 고종은, 디세업시 띠다가<두서없이 뛰다가>, 발디이치거레<발뒤축에> 도오리 **쉐엘**딴다<돌이 쇠었단다>.

돌깔찌기 [돌깔찌′기] 몡 할미새*.

돌다#¹ [-, -, -, -, -, 도′고/도′오/도′개이/도′가] 통 1 본타 ('도올라<달라>', '도오<다오>'의 꼴로 쓰이어) 남에게 무엇을 주기를 청하다. ¶지남부네 빌리간 채근<지난번에 빌려간 책은>, 내가 **도올**라컬<달라고 할> 때 돌리 **도**오<돌려 다오>./자네 혼차만 묵찌 마고<혼자만 먹지 말고>, 나도 항<한> 개 **도**가<다오> 보자. 2 본조 남에게 어떤 동작을 해줄 것을 청하다. ¶그 채기<책이> 재미가 그리 조옥커들랑<좋거든>, 나안도 쫌 빌리 **도**개이<나에게 도 좀 빌려 다오>. 참 '도오' '두가' '도가'는 모두 '다오'의 뜻을 가져 서로 바꾸어 쓸 수 있으나, '돌라'는 '도올라캐~<달라고 하~>'의 꼴이나 '돌라꼬<달라고>' 의 꼴로 쓰임. ▷두가¹.

돌다*² [도오′고′/도올′고′, 도오′지′/도올′지′, 도오′더′라/도올′더′라, 도′러(라)도, 도′러서, 도′러라] 통 자 ¶이 팽댕이가 삐따악카나<팽이가 삐딱하나>, 도무지 자 랜 **도오**는데<잘 안 도는데>?

돌따래미 [돌따′래′미] 몡 다람쥐*.

돌따리 [돌따리′가, 돌따리′로/돌따리′를, 돌따레′에/돌따리′에/돌따리′예, 돌따리′도, 돌따리′마] 몡 돌다리*. ¶기양 **돌따리** 미테커머 우야능기요<그냥 돌다리 밑이라면 어쩝니까>, 이 거랑아<개울에> **돌따리**가<돌다리가> 어디 한두우리라야 마아리지요<한둘이라야 말이지요>.

돌리다*¹ [돌′리고, 돌′리지, 돌′리더라, 돌′리(라)도, 돌′리서, 돌′리라/돌′레라/돌′러라] 통 타 ¶은행에느 도오늘 쪼매애마 나아두고 자꾸 잘 **돌리**능 기이 자앙사꾼이지<은행에는 돈을 조금만 놓아두고 자꾸 잘 돌리는 것이 장사꾼이지>.

돌리다*² [돌리′이고, 돌리′이지, 돌리′이더라, 돌리′이도, 돌리′이서] 동 피동 돌림을 당하다. ¶벤또바른 갱무리 찌일 **돌리이능** 기이<양은 도시락밥은 객물이 찔 돌리는 것이> 여엉 초배기 박캉은 전주울 수가 업띠이더<영 대나무 도시락밥과는 겨룰 수가 없습디다>.

돌리다*³ [돌′리고, 돌′리지, 돌′리더라, 돌′리(라)도, 돌′리서, 돌′리라/돌′레라/돌′러라] 동 사동 '돌다'의 사역형. ¶우리는 아푸로 서리<앞으로 서로> 술짜늘<술잔을> **돌리**지 마자<말자>.

돌쉐다 [도올′쉐′다] 동 자 길바닥에 톡 튀어나온 돌을 모질게 밟아, 발뒤축에 깊은 멍이 들고 그 속이 곪다. ¶맴발 벅꼬 띠이댕기다가느<맨발 벗고 뛰어다니다가는>, 디이치거러 **도올쉐**기 수웁때이<뒤축에 돌쇠기?? 숩다>.

돌짜구 [도올′짜′구] 명 돌쩌귀*. ¶야 이넘드라<이놈들아> **도올짜구**에 불라겐따<돌쩌귀에 불나겠다>, 대애강 쫌 들락꺼레라<대강 좀 들락거려라>. ▷ 돌쩌구.

돍 [도올′기′, 도올′글′, 도올′게′, 도올′또′, 도올′마′] 명 ☞돌³.

돍ㅋ [도올′키′, 도올′클′, 도올′케′, 도올′또′, 도올′마′] 명 ☞돌³. 드).

동*¹ [동] 명 의존 지*. 둥*. ¶너거캉 내애리<너희들과 내일>, 황물 무구로<먹으러> 갈 수 이실 **똥** 업실 **똥**은<있을 둥 없을 둥은/있을지 없을지는> 나도 앙이 모리겐따<아직 모르겠다>. 참 황물: 유황성분이 있는, 永川의 떫은 약수./도오니라커머<돈이라면> 주굴 **똥** 사알 **똥** 모리고<죽을 둥 살 둥 모르고> 저레 설친다꼬요<저렇게 설친다고요>. ▷똥.

-**동***² [동] 조 -지*. ¶이기이<이것이> 도무지 구긴**동** 자앙인**동**<국인지 장인지> 모리객꾸나<모르겠구나>.

동*³ [동] 명 자립 ¶저거 지비더러<자기 집에서> 살로 도디키다가느<쌀을 훔쳐다가는> 집**똥** 새에다가 감지거 녹콜랑<짚동 새다가 감춰 놓고서>…

동*⁴ [동] 명 ¶(잉어를 두고) 갑슬 헐키 부리니꺼데<값을 싸게 부르니까> 금방 **동**이 납뿌더란다<동이 나버리더란다>.

-**동** [동] 어미 -지*. ¶(시아버지에게) 아부임<아버님>, 어야든**동** 늦쩨 마고<어쩌든지 늦지 말고> 일쩍 도러오시이쉐이<돌아오십시오>./저 화아상이 저거 <화상이 저것> 중는**동** 사아는**동**도 모리고<죽는지 사는지도 모르고> 까불락꺼리기느<까불기는>…

동도칠성 [동′도칠성] 명 동두칠성(東斗七星). 참 북두칠성과 연관되는 상상 속의 별. 민간에서, '북두칠성'은 사람들이 볼 수 있는 별이지만, 동두칠성은 볼 수 없는 별이라 믿고 있음. 드).

동미 [동′미] 명 동무*. ¶용수야, **동미**들캉<동무들과> 사우지 마고 노러래이<싸우지 말고 놀아라>./**동미 동미**<동무 동무>, 시이 **동미**<세 동무>, 보리가 나두룩 사러라<나도록 살아라>. 참 구전 동요./그 사라미 저엉마안세캉<사람이 정만서와> 미이동**동미**로 하고 지낼따는데<美童동무를/동성연애의 상대를 하고 지냈다는데>… 혼).

동세 [동′세] 명 동서*(同壻). ¶자네 맏**똥세**느<맏동서는> 어디 가고 엄노<없니>?/한 서방은 저거 **동세**찌리 낙수질하로 간능가배<제 (남자)동서끼리 낚시질하러 갔나 봐>.

동양 [도옹′양′] 명 동냥*. ¶오느른<오늘은> 우리 아아 생이리라가아<아이 생일이라서>, **도옹양**은<동냥은> 앤<안> 주는 나리시더<날입니다>. ▷동영/동냥/동녕. **동양하다** 동짜 동냥질하다*.

동오 [도′~오~] 명 동이*. ¶예자라꼬 아아무나 다아<여자라고 아무나 다> 물똥**오**로<동이를> 일 줄 아아까방<알까봐>?/저 집 잔채에느<잔치에는> 감주라도 한 **동오** 해애 보내야겔찌요<동이 해 보내야겠지요>.

두다#¹ [-, -, -, -, -, 두′가/두′개이] 동풀타 다오*. 남에게 무엇을 주기를 청하다. ¶묵 그거, 니 혼차마 묵찌 마고<너 혼자만 먹지 말고> 우린또<우리도> 쫌 **두가**<좀 다오>./그 사진 아아들 보능 거 애니다<아이들 보는 것 아니다> 일로 **두개이**<이리로 다오>. ▷돌다#.

두다*² [두′고, 두′지, 두′더′라, 도오′도′, 도오′서′, 도오′라′/두′라] 동타 ¶월천 아지매<아주머님>, 이 떡 빤팅이느<함지는> 어디 갇따아 **두끼요**<갖다 둘까요>?

두드레기 [두드레′기] 명 두드러기*. ¶이미야<어멈아>, 무네삼지 이시머<문어쌈지 있으면> 자아 **두드레기** 난는 데<쟤 두드러기 난 데> 살머 미게에라<삶아 먹여라>. ▷두드리기.

두디기 [두디′기가, 두디′기를, 두디′게/두디′기에, 두디′기도, 두디′기마] 명 ①포대기*. ¶(아기에게) 올치 올치<옳지 옳지> 재우야, 니이<너> 저 **두디기**<포대기를> 가주구 온나아<가지고 오너라> 보자, 할매<할머니>가 어버

주꾸마<얻어 줄게>. ②누더기*. ¶오 도린 데느<옷 오른 데는> 야수 **두디기**로<여우 누더기를> 가주구 민때머<가지고 문지르면> 나안는<낫는> 수가 읻따 컨떼에<있다고 하더군>.

두로다 [두로′고, 두로′지, 두′로′더라, 두′롸′도, 두′롸′서, 두론너′라/두로′라] 동자 들어오다*. ①¶(이 방으로) **두로다**가<들어오다가> 문찌바아 이마을<문지방에 이마를> 탁 받치이가아 지굼<받혀서 지금> 정시니 하낟또 엄니이더<정신이 하나도 없습니다>. ②¶우리 마시레<마을에> 새로 이사 **두롤**<들어올> 사라믄 서엉이 머엉공<사람은 성이 뭔가>? ③¶매애달 심마아 넌석 **두로**는<매달 십만 원씩 들어오는> 집세 가주구<가지고>, 내가 가용으로 앤 시나<쓰지 않니>. ④¶누니<눈이> 하도 아푸니꺼네<아프니까>, 채글 바아도 그리<책을 봐도 글이> 전염 머레 앤 **두론**다<전혀 머리에 안 들어온다>. ▷드로다. ⇔나가다.

두리 [두우′리′] 준 둘*. ¶서이느<셋은> 가고 **두우리**느<둘은> 또 오고, 와<왜> 이리 복짬노<복잡하니>?/한나, **두우리**, 서어이 너어이, 다아<하나, 둘, 셋, 넷, 다섯>…

두리다 [두리′고, 두리′지, 두리더′라, 둘′러(라)도, 둘′러서, 둘′러라] X[둘르다] 동타 두르다*. ¶남자가 압처매 **두리**고<앞치마를 두르고> 나서니 내상<나야> 참말로 보기 실쿠마<싫군요/싫어요>./개자근 질로<가까운 길을> 두고 와 저레 **둘러** 댕기지<왜 저렇게 둘러 다니지>?

두리미¹ [두′리′미] 1 명 자립 소주를 담는 (한 말 크기의) 오지로 만든 독. ¶이 비인 **두리미**로<빈 소주 독을> 나아 도온따가<놓아 두었다가> 내앵제에<나중에> 지렁 다무머 조온데<간장을 담으면 좋은데>… 2 의존 독을 세는 단위. ¶요분 잔채에느<요번 잔치에는> 소주 서너 **두리미**느 이서양 앤 댈라아<독은 있어야 되지 않겠니>?

두리미² [두리′미] 명 두루미*. ¶이이전 섬보드른<예전 선비들은> 마다아<마당에>다가 **두리미**로 나아가아<두루미를 놓아서> 키얃따 컨떼에요<길렀다고 하더군요>./지구미사 자벌따가느<지금이야 잡았다가는> 키닐라지만<큰일나지만>, 해애방 저네마 해애도<광복 전에만 해도> 사아람드리 자버무굴 마안침<사람들이 잡아먹을 만큼> **두리미**가 흐넏따던데<두루미가 흔했다던데> 참…/그래, 할배가 그카시는데<할아버지가 그러시는데> **두리미** 궤기가 그레 마싣떠란다<두루미 고기가 그렇게 맛있더란다>.

둑수리 [둑′수리] 뎽 독수리*. ¶까막**둑수리**가<독수리가> 나무<남의> 집 뻬가리로 차가아<병아리를 채서> 가다가, 곽 뿌우자네 마다아<부자네 마당에>다가 툭 떨자아 주거등요<떨구어 주거든요>…

둘게 [둘게′] 뎽 의존 둘레*. ¶어어든 떠기<얻은 떡이> **둘게** 바안<둘레 반>. x¶이 못은 둘게가 얼마나 되느냐? 드).

둥거리 [둥거′리] 뎽 장작*. ¶그 야앙반 저염마레<양반 오전에> **둥거리**<장작> 한 짐 해애다 녹코<해다 놓고>, 조굼 저네 나갇심더<조금 전에 나갔습니다>.

둥거리뿔 [둥거′리뿔] 뎽 장작불*. ¶소물소테다가<쇠죽솥에다가> **둥거리뿔**로 때애고<장작불을 때고> 떠억 안젇시머<턱 앉았으면> 부랄 미치<불알 밑이> 노골노골 하니이라 와<하잖아>. ▷둥거립뿔.

뒈 [뒈] 뎽 1 자립 되*. ¶철수 니이<너> , 미랑떡 찌배 가가아<밀양댁 집에 가서> **뒈** 쫌 빌리다 주울래<되 좀 빌려다 줄래>? 볼살 뒈구로<보리쌀 되게>. 2 의존 ¶미얀치만<미안하지만>, 젭살 두우 **뒈**마<좁쌀 두 되만> 꼬오 주이소<꿔 주세요>. ▷대.

뒈다#¹ [뒈′고, 뒈′지, 뒈더′라, 뒈′에도, 뒈′에서, 뒈′에라/뒈′라] x[뒈거라] 동 되다*. 1 자 ¶우액끼나<어쨌거나> 이분 이이리<이번 일이> 잘 **뒈**에야 할낀데<되어야 할 것인데>. 2 보조 되다*. ☞대다¹. 소).

뒈다#² [뒈′고, 뒈′지′, 뒈′더′라, 뒈에′도′, 뒈에′서′, 뒈에′라′/뒈′라′] x[뒈거라] 동 타 되다*. ¶만주서느 좁살로<만주에서는 좁쌀을> 정월로 다러 주는동 모올라도<저울로 달아 주는지/파는지 몰라도>, 여어서러느<여기서는> 뒈로 **뒈**에가아<되로 되어서> 판다. ▷대다².

뒈다#³ [뒈에′고′, 뒈에′지′, 뒈에′더′라, 뒈′에도, 뒈′에서, 뒈′에라] 형 되다*. ①¶니<너>도 늘거 바아라<늙어 봐라> **뒈**엠바비 실치<된밥이 싫지>./ 무짐 반주글<무슨 반죽을> 와이레 **뒈**에기 해앤노<왜 이리 되게 했니>? ⇔질다. ②¶빨랟쭈른<빨랫줄은> **뒈**에기 매애야<되게 매어야> 빨래로 너러도<빨래를 널어도> 따아 앵 끄직끼이지<땅에 안 끌리지>. ③¶입서버리가<입술이> 마아니 부리킹 거로<많이 부르튼 것을> 보니 자네 이이리<일이> 참 **뒈**엠<된> 모양이구나. ▷대다/디다.

뒈주 [뒈에′주] 圏 돼지*. ☞대주.

뒤* [뒤이′] 圏 ☞디.

뒤꼭찌 [뒤이′꼭′찌] 圏 꼭뒤*. ☞디꼭찌.

뒤대다* [뒤대′다] 图 匝 ①¶보이소<보세요>, 그런 **뒤댄** 소리느<뒤댄 소리는> 인자아 구만 쫌<이제 그만 좀> 하소, 득끼도 실쿠마<듣기도 싫어요/싫군요>. ②¶우째 그레<어찌 그렇게>, **뒤댄** 거느<뒤된 것은> 누구로 하낟또<누구를 하나도> 앰<안> 빼고 다아 다암는동 모올쉐<다 닮는지 모를 일일세>. ▷디대다.

딖꺼름질 [뒤익′꺼′름질] 圏 뒷걸음질*. ¶사아라미 아푸로<사람이 앞으로> 나가야지, **뒤익꺼름질**로<뒷걸음질을> 하머 대능강<하면 되는가>? ▷딖꺼름질.

뒨서방 [뒤인′서′방] 圏 된서방*(-書房). 몹시 까다롭고 가혹한 남편. ¶(그 여자가) 지대로 **뒤인서방**을 만낸시니<제대로 된서방을 만났으니>, 위서능 기양<우선은 그냥> 주거지내애는 수바께<죽어지내는 수밖에> 업찌 머어<없지 뭐>. ▷딘서방/댄서방.

뒫따리 [뒤읻′따′리] 圏 뒷다리*. ¶(공원에서) 고오미 **뒤읻따리**로 서어가아<곰이 뒷다리로 서서> 재주로 부리능 거<재주를 부리는 것>, 그거<그것> 참 볼 마안하데에<볼 만하더군>. ▷딛따리.

드가다/들가다 [드가′다/들가′다] 图 ㉂ 匝 들어가다*. ¶학수야 니이<너>, 방아 **드가**기 저네<방에 들어가지 전에>, 마아궤에<마구에/소 외양간에> 마꺼불<깃/검불> 쫌 여어<좀 넣어> 주고 **드가**거래이<들어가거라>. ▷디가다/드러가다. ⇔나가다.

드나들다* [드나′드고/드나′들고, 드나′드지/드나′들지, 드나′드러라/드나′들더라, 드나′더러(라)도, 드나′드러서] 图 ㉂ ¶지이<자기>가 자주 **드나드**능 무니 고오장이 낟시머<드나드는 문이 고장이 났으면>, 곰빠리 곤치 나아야<곧바로 고쳐 놓아야> 델 꺼 애니가<될 것 아니냐>?

드랂다 [드랑′꼬, 드란′찌, 드란떠′라, 드란′저(자)도, 드란′저서, 드′랑 꺼라/드란′저라] 图 ㉂ 들어앉다*. ¶세에상아<세상에> 참, 안드리 가안도 크제<여편네가 간도 크지>, 지이가 가아미<제가 감히> 나무 암빵아 **드란따**니<남의 안방에 들어앉다니>? 거어가 어디라꼬<거기가 어디라고>… ⇔나앉다.
드러가다 [드'러'가'다] 동자타 들어가다*. ☞드가다.
드로다 [드로'고, 드로'지, 드'로'더라, 드'롸'도, 드'롸'서, 드론'너'라/드로'라] 동자 들어오다*. ☞두로다.
드리굽다 [드'리'굽'따] 동자 들이굽다*. ▷디리굽다. ⇔내굽다.
드리받다 [드'리'받'따] 동타 들이받다*. ①¶우리 영수가 훌쩍 띠이가아<뛰어서>, 그 키 큰 양넘 이매빼기로<양놈 이마를> 콱 **드리바**덥뿌니꺼네<들이받아버리니까>, 진 너미 우얘<제 놈이 어째>? 확 나가 떠러접뿌렌찌<떨어져버렸지>. ②¶그 추러기<트럭이>, 가로수로 내립따 **드리반**는 바라메<가로수를 냅다 들이받는 바람에> 내가 다행으로 앤 죽꼬 사럳찌<안 죽고 살았지>, 앵 그랟시머<안 그랬으면> … ▷디리받다.
듣다*¹ [득'꼬/듣'꼬, 듣'찌, 듣떠'라, 드'러(라)도, 드'러서, 드'러라] x[득꺼라] 동자 ¶이누무 기게가 오느른<이놈의 기계가 오늘은>, 마알로 와 이레 앤 **든노**<말을 왜 이렇게 안 듣나>?
듣다*² [드윽'꼬', 드읃'찌', 드읃'떠'라, 드'러(라)도, 드'러서] 동자 ¶빕빵우리<빗방울이> 제북 **뜨은**는데<제법 듣는데>, 자네가 자꾸 가알라 커니<가려고 하니> 내가 말리능 거지<말리는 것이지>. ▷뜯다.
듣다*³ [득'꼬/듣'꼬, 듣'찌, 듣떠'라, 드'러(라)도, 드'러서, 드'러라] x[득꺼라] 동타 ¶자네 금여네 꿰꼬리소리 **드러** 바안나<금년에 꾀꼬리소리 들어 봤나>?/내가 참, 귀라도 앰 머걷시니<안 먹었으니> 그런 소오무니라도<소문이라도> **드**를<들을> 수가 읻찌<있지>…
들* [드으'리', 드으'를', 드으'레'에/드으'레', 드을'또', 드을'마] 명 ☞듦.
들가다 [들가'다] 동 '들어가다'의 준말. 1 자 ①¶우운동장으로 **들가**는<운동장으로 들어가는> 사람 발모글 뽇짝꼬 느러지니<발목을 붙잡고 늘어지니> 어애<어째>? ②¶고등학쪼에 **들가**머<고등학교에 들어가면> 좀 나서질 쭐 아런는데<나아질 줄 알았는데>, 학쪼에 **들가도**<학교에 들어가도> 아아무 소오양업떠라<아무 소용없더라>. ③¶자앙학생 중에마 **들가**머<장학생 중에만 들어가면> 학삐 거억쩡은 더얼겐는데<학비 걱정은 덜겠는데>… ④¶농약 때미네<때문에> 비이용이 마아니 **들가**는 줄로<비용이 많이 들어가는 줄을>, 남드른<남들은> 잘 모리지요<모르지요>… ⑤¶나도 수항 무운제느<수학 문제는> 암망캐애도<암만해도> 머레<머리에> 자 랜 **들가더라**<잘 안 들어가더라>. ⑥¶자네도 내애리버텀<내일부터> 고상찔로<고생길로> **들가기** 댄다능 거를<들어가게 된다는 것을> 멩심<명심>하기 바란다. ⑦¶철수느<철수는> 어디 아펃떤동<아팠던지> 누니 심 니나<눈이 십리나> 숙 **들갇떠라**<쑥 들어갔더라>. ⑧¶아아들 보기에느<아이들이 보기에는> 아아무래도<아무래도>, 기리미 마아니 **들간**<그림이 많이 들어간> 채기 조옥켙찌<책이 좋겠지>. 2 타 ¶찰시기가<찰식이가> 일류 대애하게 **들갇따꼬**<대학에 들어갔다고>, 저검매느 오새애<제 엄마는 요새> 자랑이 대애다는데<대단한데>… ⇔나오다. 흔). ▷드가다.

들나들다 [들나′드다/들나′들다] 동자 드나들다*. ¶지비서러<집에서> 살림 사아는 사라미<사는 사람이>, 어디 그레 **들나들** 떼가<그렇게 드나들 데가> 읻따꼬 그라노<있다고 그러니>? ▷들라들다.

들다*¹ [드′고′/들′고′, 드′지′/들′지′, 드′더′라/들′더′라, 드′러′(라′)도, 드′러′서, 드′러′라/드′라′] 동자 ¶자, 손님 얼렁<어서> 아느로 **드시이소**<안으로 드십시오>.

들다*² [드′고/들′고, 드′지/들′지, 드더′라/들더′라, 드′러(라)도, 드′러서] 동자 ①¶여보게, 나리라도<날이라도> 좀 **들거들랑** 나캉 가치<나와 같이> 떠나두룩<떠나도록> 하세. x②¶그늘에서 땀을 들인 다음에…

들다³* [드′고′/들′고′, 드′지′/들′지′, 드′더′라/들′더′라, 드′러′(라′)도, 드′러′서, 드′러′라/드′라′] 동자 ¶이 가시개<가위>가, 보기버담<보기보다> 잘 드능 거니꺼네<드는 것이니까> 손 조오심해애래이<조심해라>.

들다⁴* [드′고′/들′고′, 드′지′/들′지′, 드′더′라/들′더′라, 드′러′(라′)도, 드′러′서, 드′러′라/드′라′] 동타 ¶장동 아지매<아주머니>, 우리 자아<쟤> 중신 쫌<중매 좀> **드러주시이소**<들어주십시오>.

들다⁵* [드′고/들′고, 드′지/들′지, 드더′라/들더′라, 드′러(라)도, 드′러서] 동타 ¶저가재가<제 삼촌이> 조구로<조기를> 한 손 사들고 왇떠라꼬요<사들고 왔더라고요>…

들루다 [들루′우고, 들루′우지, 들루′우더라, 들라′아도/들롸′아도, 들라′아서/들롸′아서, 들라′아라/들롸′아라] 동사동 밖에서 안으로 들이다. ¶소내기 오올라 컨는다<소나기가 오려고 한다>, 저 덕시기버텀<멍석부터> 퍼뜩 마

제2부 경주 말 사전 ─────────────────────────── 375

러 **들라**아라<빨리 말아 들여라>. ▷들류다/들룡다/들룽다.

들리다*¹ [들리′이고, 들리′이지, 들리′이더라, 들리′이도/들레′에도, 들리′이서/들레′에서] 동㉂ ¶그 아지미가 아아매도<아주머니가 아마도>, 무싱 구우시니<무슨 귀신이> **들리인**능갑따<들렸나보다>.

들리다*² [들리′이고, 들리′이지, 들리′이더라, 들리′이도/들레′에도, 들리′이서/들레′에서] 동 ¶저르느 본데<절은 본데>, 개애 소리 달<개 소리 닭> 소리가 앤 **들리이**는<들리는> 데다가 지아야지<지어야지>… ▷득끼다.

들리다*³ [들리′이고, 들리′이지, 들리′이더라, 들리′이도/들레′에도, 들리′이서/들레′에서] 동 ¶(씨름 얘기를 하며) 펄펄 컨는 절문이가<하는 젊은 이가>, 나알로<나를> 번쩍 드는데, 내가 앤<안> **들리이**고 우애 전디노<들리고 어찌 견디나>?

들리다*⁴ [들리′이고, 들리′이지, 들리′이더라, 들리′이도/들레′에도, 들리′이서/들레′에서] 동⽪동 ¶궵뿔 **들리인** 데느<고뿔이 들린 데는> 우야든동 <어쩌든지> 따물 내애능 기<땀을 내는 것이> 췌에고야<최고야>.

들바더보다 [들바′더보다] 동㉂ ①들여다보다*. ¶어디든동<어디든지> 구영이 떨버저 이시머<구멍이 뚫어져 있으면>, 사아람드른<사람들은> 누구나 그 소오글 **들바더보**구 접뚜룩<들여다보고 싶도록> 대애 인능 거야<돼 있는 것이야>. ②찾아 보다. 방문하다*. ¶고양아 댕기로<고향에 다니러> 간 지메<김에>, 자네 모오친도 다아 **들바더보**고 완네<모친도 다 찾아 뵙고 왔네>.

들받다¹ [들박′꼬/들받′꼬, 들받′찌, 들받떠′라, 들바′더(다)도, 들바′더서] 동㉂ '들이받다'의 준말. ¶(농담처럼) 자동차 지이<제>가, 점뽄때로 **들받**는 <전선주를 들이받는> 데야 내가 우애 말리노<어찌 말리니>?

들받다² [들′박′꼬/들′받′꼬, 들′받′찌, 들′받떠′라, 들바′더(다)도, 들바′더서] 동㉂ ①들이다*. ¶이 사라마<사람아>, 거기느 칩따<거기는 춥다>, 일로로 불 짜트로<이리로 불 곁으로> 좀 **들바더** 앙꺼라<들여다 앉거라>. ②들이밀어 바치다. 납부하다*. ¶지이가 내애야<제가 내야> 할 농지세에로<농지세를>, 내가 대애신 **들바든** 테기지<대신 납부한 셈이지>./이놈 니이 모글<네 목을>, 여기다가 당장 **들바더라**<들여다 바쳐라>.

듥 [드을′기′, 드을′글′, 드을′게′에/드을′게′, 드을′또′, 드을′마] 명 들*.

¶그때느<그때는> 참 가실 드을게 나가 보머<가을 들에 나가 보면>, 메띠기캉 농꼬딩이<메뚜기와 우렁이>가 지처니연는데<지천이었는데>…

등게 [등'게] 명 겨*. ¶청기리네 방까네 가가아<청길이네 방앗간에 가서>, 아시**등게**<왕겨> 한 소구리마<소쿠리만> 다머 온나아<담아 오너라>. 참 '등게'는 '아시 등게'<거친 왕겨>와 '당가리 등게'<쌀겨>로 나눔.

등게섬 [등게'섬] 명 겻섬*.

등게수지기 [등게수지'기] 명 개떡수제비*.

등굼쟁이 [등'굼재~이'] 명 젓갈 따위를 쪽 지게에 지고 다니며 팔던 등짐장수. ¶그래 참, **등굼쟁이**가 업서진 제가<등짐장수가 없어진 지가> 어언젠동 모리겐네<언제인지 모르겠네>.

등꼴 [등'꼴] 명 등골*. 등꼴<등골>(이) 빠지다 구). 등꼴<등골>(을) 빠러묵다<빨아먹다> 구). 등꼴<등골>(을) 빼다 구). 등꼴<등골>(을) 빼묵다<빼먹다> 구). 등꼴<등골>(을) 뽑다 구). 등꼴<등골>(을) 우루다<우리다> 구).

등더리 [등더'리가, 등더'리를, 등더'레/등더'리에/등더'리예, 등더'리도, 등더'리마] 명 등*. ¶소가 밤새애두룩<밤새도록> 모갱이인테 뜩끼가 가주구<모기한테 뜯겨 가지고> **등더리**가 버얼걱쿠마<등이 벌겋군요>. ▷등덜.

등덜 [-, 등더'를, 등더'레, -, -] 명 등*. ☞등더리.

등장*(等狀) [드응'장'] 명 지난날 여러 사람이 모여서 관청에 집단으로 호소하는 일. 참 시쳇말로 '데모' 또는 '집단 시위'. **등장** 가다 구).

등찜 [등'찜] 명 등짐*. ¶그래 참, **등찜쟁이**가 업서진 제가<등짐장수가 없어진 지가> 어언젠동 모리겐네<언제인지 모르겠네>./그 지비 소가 업시니<집에 소가 없으니> 나무느 노박<나무는 늘> **등찌**무로 저 날렅땅<등짐으로 져 날랐던> 거지.

디 [디이'] 명 뒤*. ¶소로 잘 마알라 커꺼등<소를 잘 몰려거든> 아페서러 땡기지 마알고<앞에서 당기지 말고>, **디이**에서러 마러바아라<뒤에서 몰아봐라>, 잘 가지./이 분<번> 이일 처어리느 어야든동<일 처리는 어쩌든지>, **디이**가 말뚜룩<뒤가 맑도록> 자래애 나아야 댄대이<잘해 놓아야 된다>. ▷뒤.

디꼭찌 [디이'꼭'찌] 명 꼭뒤*. ¶잔채 찌베<잔치 집에>, 비인소느로 갑따가<빈손으로 갔다가> 기양 도러설라 커니<그냥 돌아서려 하니까> **디**

이꼭찌가 부끄러버<꼭뒤가 부끄러워> 생 따미 다아<땀이 다> 나더라. ▷뒤꼭지.

디다¹ [디이′다′] 휑 되다*. ☞뎄다³.

디다² [디이′고′, 디이′지′, 디이′더′라, 디′이도, 디′이서] 동 데다*. 1 자 ① ¶끌늠 무레<끓는 물에> **디인**데 다가느<덴 데다가는> 술찌겡이로<지게미를> 처매에 조오라<처매 줘라>. ②¶그 야앙반<양반>, 지난 잔채<잔치> 때 수레 **디인**는동<술에 데었는지>, 요새애느 술로<요새는 술을> 이베도 앤 대앤다<입에도 안 댄다>. 2 타 ¶뜨거붕 거로<뜨거운 것을> 자꾸 빨리 무구니꺼네<먹으니까> 입천장을 **디이**지<데지>.

디대다 [디이′대′애다] 동 타 뒤대다*. ☞뒤대다.

디디다* [디′디고, 디′디지, 디′디더라, 디′디도/디′데도/디′더도, 디′디서/디′데서/디′더서] 동 타 ¶초파일라른 주사쩌레<초파일날은 朱砂庵에> 웨엔 사라미<웬 사람이> 그레 마아는동<그렇게 많은지> 발 **띠딜**<디딜> 트미 업선서<틈이 없었어>.

디리굽다 [디′리′굽따] 동 자 들이굽다*. ▷드리굽다. ⇔내굽다.

디리다¹ [디′리′다] 동 타 드리다*. ¶이 뭉나물로<묵나물을> 저기 순자네도 좀 갇따아 **디리**야 대겐따<좀 갖다 드려야 되겠다>.

디리다² [디′리′다] 동 타 드리다*. ¶군뎉쭐로 **디릴**라커머<그넷줄을 드리려면> 집땅<짚단> 깨나 가아와야 대겐네<가져와야 되겠네>./소 볼쭐 **디리**노옹 거<봇줄 드려놓은 것> 쫌 인능기요<좀 있습니까>?

디리다³ [디′리′다] 동 사동 들이다*. ¶니도 남들매애로<너도 남들처럼> 아지게<아침에> 좀 일쩍 일라는 식꽈늘 **디리**바아라<일어나는 습관을 들여봐라>.

디리다⁴ [디리′다] 동 사동 들이다*. ¶부지게 부리<부엌아궁이에 불이> 잘 **띠리**능 거도<들이는 것도> 다아 지 보기지<다 제 복이지>./샙빠라미 부우머<샛바람이 불면> 앤 **디리**늠 부시키 마안니이라<안 들이는 부엌아궁이가 많으니라>.

디리지다 [디′리지다] 동 사동 드리워지다*. 붙잡고 늘어지다. ¶사아강<사각> 모자에 **디리진** 수시른<드리워진 술은> 웨엔쪼그로<왼쪽으로> 가야 대능 거 애니가<되는 것 아니냐>?/와 해필 줴에 엄는 나알로 물고 **디리지**

는동 모올쉐<왜 하필 죄 없는 나를 물고 드리워지는지/늘어지는지 모를 일일세>.

디베다 [디베′고, 디베′지, 디베더′라, 디베′에도, 디베′에서, 디베′에라] 동 타 ①뒤집다*. ¶솜빠닥 **디베**드시<손바닥 뒤집듯이> 이일로 자꼬 **디베**머 <일을 자꾸 뒤집으면> 누가 조욷타 컥껜능기요<좋다고 하겠습니까/하겠지요>. ②뒤지다*. ¶감자바튼<감자밭은> 알뜨리 **디베**머<알뜰히 뒤지면> 감자이시기가<감자이삭이> 자꾸 나오니이래이<나오느니라>. ▷디비다/뒤베다. 참 이시기<이삭>: (미쳐 못 캔 감자) 지스러기.

디비다 [디비′고, 디비′지, 디비더′라, 디베′에도, 디베′에서, 디베′에라] 동 타 뒤집다*. ①¶지 저구리<제 저고리> 하나도 모온 **디비**이 임는 아아가<못 뒤집어 입는 아이가> 무진 시이지블<무슨 시집을> 다아 가노<다 가니>? ②¶이 채근<책은> 와 **디비**이가아 꼬버 논노<왜 뒤집어서/거꾸로 꽂아 놓니?/고모네 집 얼라아가 인자아<아기가 인제> **디빌**라 컨따아<뒤집으려고 하더냐>? ③기다리던 차리로 **디비**머<차례를 뒤집으면/바꾸면>, 우리 거튼 사라믄 우야람 마아링기요<같은 사람은 어쩌란 말입니까>? ④지이가 머언 데<제가 뭔데> 지굼 와가아<지금 와서> 다아 댄 이일로<다 된 일을> **디빌** 라 컨는동<뒤집으려고 하는지> 아알<알> 수가 엄네<없네>. ⑤¶저 야앙바니 수리 췌머<양반이 술이 취하면>, 자주 저레 지바늘<저렇게 집안을> 왕창 **디비**이 녹코 저란단다<뒤집어 놓고 저러한단다>. ⑥¶이 너무 세에월<놈의 세월> 참, 확 **디비**입뿌렌시머 쉐에기 서원하겍꾸마느<뒤집어버렸으면 속이 시원하겠건만>. ⑦¶(화투를 치다가) 도온 심마아 넌<돈 십만 원> 일걷따꼬<잃었다고> 저레 누늘 **디비**이가아<저렇게 눈을 뒤집어서> 설친단다. ⑧뒤지다*. ¶이 농 소오게 오슨<농 속의 옷은> 누가 이레 **디베**에나안노<이렇게 뒤져 놓았니>? ▷디베다/뒤베다.

디치거리 [디이′치′거리] 명 뒤축*. ¶맴발 벅꼬 댕기다가느<맨발 벗고 다니다가는>, **디이치거리**에 도올쉐기 수움때이<뒤축에 돌쇠기?? 쉽다>.

디치다 [디이′치′다] 동 타 데치다*. ¶크넘마<큰어머니>, 미나리 **디이칭** 거<데친 것> 더 엄능기요<없는지요/없습니까>?

딕꺼름 [디익′꺼′름] 명 뒷걸음*.

딕꺼름질 [디익′꺼′름질] 명 뒷걸음질*. ¶소 **디이꺼름질**로 시길라커머<뒷걸

음질을 시키려면> "물러" 캐애바아라 대지<해봐라 되지>. ▷뒥꺼름질.

딘딩이 [디인′디′~이] 똉 덴둥이*. ▷된딩이.

딘서방 [디인′서′방] 똉 된서방*(-書房). ☞된서방.

딘장 [디인′자′앙]] 똉 된장*(-醬). ①¶(건방지게 청하는 말로) 너거 지비<너희 집에>, 무군 **디인장** 익꺼들랑<묵은 된장이 있으면> 쫌 조오볼래<좀 줘 볼래>?/해애묵꺼 캐애바아야<해먹을 것이라고/반찬이라고 해봐야> 짐치 애니머<김치가 아니면> **디인장**뿌니지만<된장뿐이지만>… x②메주에 소금물을 알맞게 부어 장물을 내지 않고 그냥 먹는 장. ▷된장.

딛따리 [디인′따′리] 똉 뒷다리*. ☞된따리.

딛뜰 [디인′뜰′] 똉 뒷들*. 마을이나 집 뒤에 있는 들. ¶**디읻뜰** 노네<뒷들 논에> 모숭군는 나른<모심는 날은>, 우리 찹살 수지기 소오 묵째이<찹쌀 수제비를 쑤어 먹자>.

딛산 [디인′산′] 똉 뒷산*. ¶봄만 대머<되면>, 장꽁드리<장끼들이> 우리 마실<마을> **디읻사**네서 활개로 치머<뒷산에서 활개를 치며> 껑껑 우는데, 어어떤 넘찌리느 서리 물고 뜨꼬 사우고<어떤 놈끼리는 서로 물고 뜯고 싸우고>…

딛쩐 [디인′쩐′] 똉 뒷전*.

ㄸ

따까리 [따까′리] 똉 ①딱지*. ¶그 실떼업시<쓸데없이> 부시럼 **따까리로**<부스럼 딱지를> 자꾸 끌찌<긁지> 마라, 그라머 던난대이<그러면 덧난다>. ②뚜껑*. 마개*. ¶소주 빙이느<병은>, 빙 **따까리로**<병 뚜껑을> 꽁 마거 나아야<꼭 막아 놓아야> 지이미 앤 쇄에나가지<김이 안 새어나가지>.

따다#[1] [따′고′, 따′지′, 따′더′라, 따′도′, 따′서′] 혱 (임신해서 몸이) 다르다*.¶자아 모미<쟤 몸이> 어디가 **따**제<다르지/임신했지>? ▷어따다.
따다*² [따′고′, 따′지′, 따′더′라, 따′도′, 따′서′, 따′라′] 동 타 ¶하리 점두룩<하루 종일> 능굼낭게 매달리이가아<사과나무에 매달려서> 능굼만 딴띠이<사과만 땄더니> 고개로 모온 뜰겐따<고개를 못 들겠다>.
따다*³ [따′고′, 따′지′, 따′더′라, 따′도′, 따′서′] 형 상관없이 다르다. ¶내가 생가걷떵 거캉은<생각했던 것과는> 여엉 **딴** 니이바구마 꺼어내애더라<영 딴 이야기만 꺼내더라>.
따라 [따′라′아] 명 딸아이*. 여자아이*. 계집애*. ▷가시나. ⇔머시마.
따러가다 [따′러가다] 동 타 따라가다*. ①¶이미가 나가니꺼네<어미가 나가니까>, 강생이들또<강아지들도> 모지리 **따러가**알라컨따가<모조리 따라가려다가> 쭉따메서 꼴따넝기로<징두리에서 곤두박질을> 하는데… ②¶우리야 남들 하는 대로 기양 **따러가**두룩 하압시더<그냥 따라가도록 합시더>.
따러댕기다 [따′러댕기다] 동 타 따라다니다*. ¶(철이가) 수우니로<순이를> 찬 삼 여늘<만 삼 년을> **따러댕긴**는데도<따라다녔는데도> 앙이 그 모양이라요<아직 그 모양이에요>.
따루다 [따루′우고, 따루′우지, 따루′우더라, 따라′아도, 따라′아서, 따라′아라] x[딸르다] 동 타 따르다*. ¶(술집에서) 거기 처매 이분<치마 입은> 사람, 여어 와가아<여기 와서> 술 한 잔 **따라아**<따라> 보시지. ▷따룽다.
따리 [따′리′] 부 따로*. ¶그 바뿐 출근찌레도 보머<바쁜 출근길에도 보면>, 절로<저리로> 가는 넘 **따리** 익꼬<놈 따로 있고>, 일로<이리로> 오는 넘 **따리** 익끼<놈 따로 있게> 마러니라<마련이라>./절뭉걷뜨리 버러<젊은것들이 벌써> **따리** 사알머 우야노<따로 살면/별거하면 어쩌니>?
따리다 [따′리고, 따′리지, 따′리더라, 따′러(라)도/따′리도, 따′러/따′러서/따′리서, 따′러라/따′리라] x[딸르다] 동 따르다*. 1 자 ①¶너거 힝이 **따러**<네 형을 따라> 사네 가머<산에 가면>, 어어떵 기이 주친동<어떤 것이 지치인지> 가알치 줄 끼이다<가르쳐 줄 것이다>. ②¶우리 새대기<새댁> 상 채리는 소옴시느<상 차리는 솜씨는>, 어지가안해애 가주구느<어지간해 가지고는> **따러**갈 사라미<따라갈 사람이> 어업실 꺼로<없을 걸>. ③¶저거 주이늘<자기 주인을> 잘 **따리**능 댕겡이가<따르는 동경이가>, 남 인는데는 독캐애요<남한테는 독해요>… ④¶운사람 시기는<윗사람 시키는> 대로

따러가아<따라서> 한 이이린데<일인데>, 미테 사라미<밑엣 사람이> 우애 채거물 지노<어찌 책임을 지니>? ⑤¶이 질로<길을> 죽 **따러** 올러가<따라 올라가> 보소, 웨엔쪼게 방까니<왼쪽에 정미소가> 나올 끼일시더<것입니다>. 2 [풀자] ①¶사아라메 **따러**<사람에 따라> 어어거니<의견이> 다릴 수도 잊찌<다를 수도 있지>…/버베 **따러**<법에 따라> 법때로 처어리하이소<법대로 처리하세요>. ②¶해필 그날 **따러**<하필 그날 따라> 날새가<날씨가> 와 그치리 치번는동<왜 그처럼 추웠는지>…/기다리고 이시니<있으니까>, 오늘**따러** 조피쟁이도<오늘따라 두부장수도> 자 랜 오데에<잘 안 오더군>. 혼).

따묵다 [따묵′따] 동 타 따먹다*. ①¶세에상아<세상에> 참 내, 푹꼬치<풋고추> 하나 **따무**궁 기이<따먹은 것이> 머어가 그리 대애다너노<뭐가 그리 대단하니>?/자 우리 상수 꼬치 함문 **따무**거<고추자지 한번 따먹어> 보자, 아이구<아이고> 참 맥꾸나<맵구나>. ②¶(장기 훈수를 두며) 저 사앙으로<象으로> 포로 **따무**구머 조옥켄네요<包를 따먹으면 좋겠네요>. ③¶저 디이쩝 기뎅이<뒷집 기동이> 그 사람 버엉개걷쩨<번개같지>? 금붕에<금붕어> 다방 아가시로<아가씨를> 언사나 **따무**걷따는데<어느새 따먹었다는데>…

따시다 [따시′다] 형 따습다*. 따스하다*. ¶누구람도 치불 때사<누구라도 추울 때야>, **따싱** 구둘무기 조온치<따뜻한 아랫목이 좋지>./바아라<봐라>, 이 너무 소오나<놈의 손아>, 등 **따시**고 배부리머<따습고 배부르면> 그거로 족카지<그것으로 족하지>, 머어로<무엇을> 더 바랠 끼이 잊땀 마알고<바랄 것이 있다는 말이냐>? 참 정만서 설화.

딱 [딱] 명 닥*. ①¶이런 도올 마아는 따아느<돌 많은 땅에는> **따**글 숭구우머 댈 낀데<닥을 심으면 될 것인데>… ②¶산중에서러느 밤나덥시<산중에서는 밤낮없이> **따**기나 패능 기이 이이리지러<닥이나 패는/두드리는 것이 일이지>./어디서라도 **따**기 이서야<닥이 있어야> 조선쫑오로 맹글지요<한지를 만들지요>.

딲다 [딱′꼬, 딱′찌, 딱떠′라, 따′꺼(까)도, 따′꺼서, 따′꺼라] 동 타 닦다*. ①¶저너게 자기 저네느<저녁에 자기 전에는> 똑 이로 **딱**꼬<꼭 이를 닦고> 자거라./지 구두느<제 구두는>, 지이가 **딱**꺼 시너야지<제가 닦아 신어야

지>./이 방 저 방 댕기메<다니며>, 방 **땅**능 거느<방 닦는 것은> 어디 심 앤 드고<힘 안 들고>? ②¶자아 이마아 흐리는 따미나<쟤 이마에 흐르는 땀이나> 좀 **딲**꺼 조오라<닦아 줘라>./저기 업찌림 무르느<엎지른 물은> 누가 **딲**끌 끼이고<닦을 것이냐>?/우리 망냉이 이모느<막내 이모는> 에릴<어릴> 때, 코마 **딲**끄머<코만 닦으면> 와 **땅**노꼬<왜 닦느냐고>, 당장 붙치 내애라꼬<붙여 내라고> 우우고부우고 그래앧따<울고불고 그랬다>… ③¶(식전에 동네 하인이 외치는 소리) 오늘 모도<모두> 소바리 질 **딲**끄로 나오소오<길 닦으러 나오세요>./집테로 **딲따**가 하니꺼데<집터를 닦다가 하니까> 보오물 딴지<보물 단지>가 하나 떠억 묻치이 읻떠라네요<턱 묻혀 있더라네요>… ④¶기수리야<기술이야> 참 마아니 **딲**끄머 **딲**끌수룩 조옫치<많이 닦으면 닦을수록 좋지>. ⑤¶그 자레서러마<자리에서만> 한 삼 영 기바늘 **딲**껃시니<년 기반을 닦았으니>, 아푸로느 착시리<앞으로는 착실히> 해애 나갈 끼이다<해 나갈 것이다>./저거 힝이가<제 형이> 미리 가서, 토대를 마아니 **딲**꺼 노옴 모양입띠더<많이 닦아 놓은 모양입니다>. x⑦셈을 맞추어 명세를 밝히다. x¶물에다 손발을 닦다. **딲꺼**<닦아> **내다** 구). **딲꺼**<닦아> **주다** 구). **딲꺼 서우다**<닦아 세우다> 구).

딸#¹ [따알′] 몡 인삼이나 산삼의 붉은 꽃 또는 그 열매. ¶(눈이 왔을 때) 지푼 산중에서람도<깊은 산중에서라도>, **따알** 꼬치 빼앨가니꺼네<산삼 꽃이 빨갛기 때문에> 사아람 누네<사람 눈에> 잘 띠이지요마느<뜨이지요마는>…/한저실게도<한겨울에도> 삼**따아리** 빼앨가니 맫치이가아 이시니<삼의 열매가 빨갛게 맺혀 있으니> 사물 차즐<산삼을 찾을> 수가 읻찌<있지>.

딸#² [따알′] 몡 ①딸기*. ¶(산에서) 철수야, 니이 여어 함문 와바아라<너 여기 한번 와봐라>, **따아리** 천지대이<딸기가 천지다>./복꿈자 **따아리야**<覆盆子 딸기야> 술로 다무머 조옫치<술을 담그면 좋지>. ②뱀딸기*. ¶(뒷밭에서) 받뚱 미테 여어<밭둑 밑에 여기>도 이근 **따아리**<익은 뱀딸기가> 더러 인네<있네>.

딸*³ [딸] 몡 ¶큰**따른**<큰딸은> 방내(房內)로 시이집 뽀내애고<시집 보내고>, 저근**따른**<작은딸은> 앙이 기양 데엘꼬 읻따<아직 그냥 데리고 있다>.

딸리다#¹ [딸리′이고, 딸리′이지, 딸리′이더라, 딸리′이도, 딸리′이서] 동 짜 달리다*. ¶나가 드니까 그런동<나이가 드니까 그런지> 시미 **딸리이가아**

<힘이 달려서> 너거로 모온 따러가겐따<너희를 못 따라가겠다>.

딸리다*² [딸리′이고, 딸리′이지, 딸리′이더라, 딸리′이도, 딸리′이서] 동자 '의존하고 있는 식구나 아이가 있다.'는 뜻. ¶아아 **딸리인** 이미가<아이가 딸린 어미가> 머어라도 마아니 무거야<뭐라도 많이 먹어야> 저지<젖이> 나지.

딹다 [딸′꼬, 딸′찌, 딸떠′라, 딸′거(가)도, 딸′거서, 딸′거라] 동자 닳다*. ① ¶니느<너는> 구두 디이치거리가 와<뒤축이 왜> 안쪼그로마 **딸노**<안쪽으로만 닳니>?/염필시미 **딸걷시머**<연필심이 닳았으면> 깍꺼가아 신담 마리지<깎아서 쓴단 말이지>…/니느 머어로 한다꼬<너는 무얼 한다고>, 사매가 이치리 잘또 **딸노**<소매가 이처럼 잘도 닳니>?/고무신 항 커리 사머<한 켤레를 사면>, 하도 **딸거가아**<닳아서> 바레 앵 걸리일 때꺼정<발에 안 걸릴 때까지> 시인는 사라미<신는 사람이> 저 사라미시더<사람입니다>. ② ¶(탕약) 야글 저레<약을 저렇게> 오래 나아두머<놔두면> 무리 다아 **딸겁뿌든동**<물이 다 닳아버리든지> 하지, 오온저늘 꺼 거트나<온전할 것 같니>? ▷많다. **딸꼬 딹다**<닳고 닳다> 구).

딿다 [딸′코, 딸′치, 딸′터′라, 따′러(라)도, 따′러서] 동자 닳다*. ☞딹다.

땅나무 [땅′나′무′] 명 닥나무*. ¶소야, **땅나무** 이퍼리로 훌터 주머<이파리를 훑어 주면> 조온타꼬 잘맘 묵찌<좋다고 잘만 먹지>./방구<바위>도 더러 인는<있는> 돌 트메다가<틈에다가> 숭가아도 대능 기이<심어도 되는 것이> **땅나무람** 마리지요<닥나무란 말이지요>…

땅아나 [따′~아~나] 부 (무엇을 할) 동안*. ¶내 온 니불 **땅아나**<옷 입을 동안> 여어서러<여기서> 쫑 기달러 주울래<좀 기다려 줄래>?/내가 저근집꺼지 갇따가 올 **땅아나**<작은집까지 갔다가 올 동안>, 니이가 항 기이<네가 한 것이> 고장 요고뿐가<고작 요것뿐이냐>?

땅ㅎ다¹ [땅′코, 땅′치, 땅′터′라, 따′~어~(아~)도, 따′~어~서] 동타 '당하다'는 말 가운데 '맞서 겨루어 이기거나 감당하다'는 뜻으로 흔히 쓰이는 말. ¶자 앙구 가주구<장기 가지고>, 우리 수처리로 **땅**을 사라미<수철을 당할 사람이> 그은동에느 업실 꺼로<근동에는 없을 걸>. 참 근동(近洞): 부근 마을./저레 하리 다섯 끼석<저렇게 하루 다섯 끼씩> 소맨치로 무거 제끼는<소처럼 먹어 젖히는> 데야, 양서글 **따아**<양식을 당해> 낼 재가니 어업찌러<재

간이 없지>./인주나<인준아>, 니느 마라송을 자라니꺼네<너는 마라톤을 잘하니까>, 저 따구 자앵구쭈우미사<따위 자전거쯤이야> **땋**을 자신 읻쩨<당할 자신 있지>?

땋ㅎ다² [땋′ 코, 땋′ 치, 땋′ 터′ 라, 따′~어~(아~)도, 따′~어~서] 동태 땋다*. ¶지게 미이끄늘 하나 **땋**티이라도<밀삐를 하나 땋더라도>, 너덜너덜한 거푸른<검불은> 깨꿈박끼 다아 땁뿌고<깨끗하게 다 따버리고>, 남 보기 반들반들하두룩<반들반들하도록> **땋**어 보올실해애야지<땋아 버릇을 해야지>…/머리 **땋**능 기수른<땋는 기술은> 니 고모자테<네 고모한테> 무러바아라<물어 봐라>.

때꺼리 [때′꺼′리] 명 땟거리*. ¶내가 참, 하리 **때꺼리**도 엄는 지베<하루 땟거리도 없는 집에> 시이집 와가아<시집 와서>, 이적꺼점 사러 옹 거로<이제까지 살아 온 것을> 글로 시머<글을 쓰면> 채기 멕 꼬는 댈 끼이다<책이 몇 권은 될 것이다>. ▷땍꺼리.

때끼다 [때′ 끼다] 동태 쓿다*. 거친 쌀·조·수수 따위를 찧어 깨끗하게 하다. ¶볼살로<보리쌀을> 고옥끼 **때낄**라커머<곱게 쓿려면> 새복짜믄<새벽잠은> 모온 짜지 머어<못 자지 뭐>…/저녁꺼리 볼사른<저녁거리 보리쌀은>, 해거르미 대기 저네<해거름이 되기 전에> **때끼**야 대는데<쓿어야 되는데> 배능 고푸고<배는 고프고> 기우는 억꼬<기운은 없고>…

때다* [때애′고′, 때애′지′, 때애′더′라, 때′애도, 때′애서, 때′애라] 동태 ¶날새가 마아니 칩따<날씨가 많이 춥다>, 옴빠메느 굼불로<오늘밤에는 군불을> 나알짜버 **때애**야 댈따<낮잡아 때야 되겠다>.

때리다* [때′리고, 때′리지, 때′리더라, 때′리도/때′러(라)도, 때′리서/때′러서, 때′리라/때′러라] 동태 ¶저저 할배<제 할아버지>가 회차리<회초리>로 들고 우리 수야 종아리로 **때릴**라 캐액꺼등요<종아리를 때리려고 했거든요>.

때리쥐기다 [때′리쥐기다] 동태 때려죽이다*. ¶개애로, 몽딩이로 가주구<개를, 몽둥이를 가지고> **때리쥐기**는 지익꺼리느<때려죽이는 짓거리는>, 인자아 쫑 구만 해앤시머 조옥켄떠라마느<이제 좀 그만 했으면 좋겠더라마는>…/절문 아아드리<젊은 아이들이> 저거찌리<저희끼리> 주께는 소리느<지껄이는 소리는>, 내상 **때리쥐긴**다 캐애도<나야 때려죽인다고 해도> 모온 아러득껜떼에<못 알아듣겠더군>.

땡삥이 [때앵′삐′~이~] 명 ①쌍살벌*. 참 처마 밑이나 나무 등에 작은 조롱박 모양의 집을 짓고 여남은 마리가 모여 사는 벌로, 땅속에다가 집을 짓는 '땅벌'과는 구별 됨. ¶전떠라이가<저 녀석이> **때앵삥이**자테 수키인아아<쌍살벌한테 쏘였나> 와 저레 생 지라리고<왜 저렇게 생 지랄이냐>? ②말벌. ¶저기 도용사<마을회관> 처마 미테<밑에> **때앵삥이**가<말벌이> 지불 지얀는데<집을 지었는데> 어찌나 큰지 바가치마안하더래이<바가지만 하더라>.

떠덩구치다 [떠덩구′치다] 동 타 싫은 기분으로 떠들고 밀어내거나 뒤집어지게 하다. 떠둥그뜨리다*. ¶주굼 배애미라도<죽은 뱀이라도> 그기 배애미라가아 그런동<그것이 뱀이라서 그런지>, 꼬장가리로 가아<꼬챙이를 갖고> 도랑 너머로 **떠덩구칠**라 커니<떠둥그뜨리려고 하니>, 나도 모리게<모르게> 진저리가 처지데에요<쳐지더군요>.

떠들다*¹ [떠드′고/떠들′고, 떠드′지/떠들′지, 떠드더′라/떠들더′라, 떠드′러(라)도, 떠드′러서, 떠드′러라] 동 자 ¶야아드라 시끄럽따<애들아 시끄럽다>, 할배 지무시는데<할아버지가 주무시는데> **떠드**지 마고<떠들지 말고> 조용이 해애라<조용히 해라>.

떠들다*² [떠드′고/떠들′고, 떠드′지/떠들′지, 떠드더′라/떠들더′라, 떠드′러(라)도, 떠드′러서, 떠드′러라] 동 타 ¶더퍼노웅 가매니때기로<덮어놓은 가마니를> **떠들**고 들바더바악꺼등요<들여다봤거든요>, 그랟띠이<그랬더니> 거기 바리<발이> 하나…

떠러지다 [떠′러지고, 떠′러지지, 떠′러지더라, 떠′러저도, 떠′러저서] 동 자 떨어지다*. ¶그래도 참, 누가 또 아러<알아>? 화느레서 도옴뻬라기라도<하늘에서 돈벼락이라도> **떠러질**찌<떨어질지>.

-떡#¹ [떠억′] 조 -턱*. 어조사의 하나. ¶그런 이이리 이신 다아메<일이 있은 다음에> 그 지베<집에> **떠억** 가바앋띠이<턱 가봤더니>, 참 우얘댄 테긴동<어찌된 셈인지> 아아무 기이적또 업는데<아무 기척도 없는데>…/나무로<나무를> 하다가요, 삼미틀<산밑을> 시일 낼바더보니꺼네요<슬 내려다보니까요>, 그래 가주구 **떠억**<가지고 턱>, 놀갱이<노루>가 함 바리 **떠억**<한 마리 턱> 쪼처 올러오거등요<달려 올라오거든요>…/그래 가주구 **떡**<가지고 → > 그 나무꾸니<나무꾼이> 대애감 딸자테 자앙개로<대감 딸한테 장가

를> **떡** 드럭꺼등요<- 들었거든요>…/그래 가주구요<가지고요>, **떡** 베실로<- 벼슬을> 사알로 각꺼등요<살러 갔거든요>. 참 별 의미 없이 '그래 가주구 떡<->'이란 소릴 얘기 중에 흔히 섞어 씀.

떡*² [떡] 몡 ¶다아 가튼 찰**떡**이라도<다 같은 찰떡이라도>, 이르미야 차노찌도 익꼬<이름이야 차전병도 있고>, 인절미도 인는데<있는데>…

떡*³ [떡] 閈 ①¶여산 대애호가<대호가> 아가리로 **떡** 버얼리고 하믐 마아리<입을/아가리를 떡 벌리고 하는 말이>, "떡 카나 주머<하나 주면> 앤 자버묵찌<안 잡아먹지>" 컥꺼등<하거든>. ②¶요부네는<요번에는> 내 김자기<짐작이> **떡** 드러마젇찌요<들어맞았지요>. ③¶그 사람 아들 서이가<셋이>, 도옹네 아페<동네 앞에> 태애상거치<태산같이> **떡** 버투우고 서어 이석꺼등요<버티고 서 있었거든요>… ④¶그 집 큰 사우<사위>가 구둘무글<아랫목을> **떡** 차지하고 안저 이시니 우야노<앉아 있으니 어쩌나>? ⑤¶여시 어굼니에<엿이 어금니에> **떡** 뜨러부터가주구<들러붙어서> 앤 떠러지는<안 떨어지는> 데야 하알말 업찌 와<할말 없잖아>.

떡까리 [떡까리′] 몡 떡가루*. ¶(디딜방아에) **떡까리** 빠징능 거느<떡가루 빻는 것은>, 다리 히미 조오와야 대는 주른<힘이 좋아야 되는 줄은> 아아 능갑찌<아는가 보지>?/저 **떡까리** 반팅이에<떡가루 함지에> 문지 드가알라<먼지 들어갈라>, 머어로 까아<무엇을 갖고> 더퍼 나아라<덮어 놓아라>.

떡꼴 [떡′꼴] 몡 떡을 담은 고리 상자. 떡 고리*. ¶저 이인네는<여편네는> 보기 마아느니꺼네<복이 많으니까>, 어퍼저도 똑<엎어져도 꼭> **떡꼬**레마 어퍼지지<떡 고리에만 엎어지지>. 드).

떡따리붕에 [떡′따리부웅′에′/떡′따리부우′~에′~] 몡 커다란 붕어. 월척 붕어. ¶(주술을 하듯이 낚시 미끼에 침을 뱉으며) 자 **떡따리부웅에여**<커다란 붕어야 (걸려라)>.

떡뽀리 [떡′뽀리] 몡 떡보리*. 아직 덜 여문 풋보리를 솥에 넣고 덖어서 찧은 보리쌀. ¶삼사월 지인진<긴긴> 해에, 젱일투룩 굴믄 사라미<종일토록 굶은 사람이>, **떡뽀리** 방아 찌글<떡보리 방아를 찧을> 기이우닌들 어딕껜노<기운인들 어디 있겠니>?/아아로 아앙꼬 읻떤<아이를 안고 있던> 저엉마 안쉐<정만서>가, 아아느<아이는> 호바게 쥐이여업뿌고<확속에 주워 넣어버리고> **떡뽀리** 뭉티기마 아앙꼬 다알러가는데도<떡보리 덩이만 안고 달

아나는데도>, 호바게<확에> 든 아아 따무네<아이 때문에> 꼼짝할 방도가 업서 가주구<없어 가지고>… 㘜 정만서 설화.

떡짜리 [떡짜리'] 명 떡을 담은 자루. 떡자루*. ¶숭년에사<흉년에야> 참 **떡짜리**마 바아도<떡자루만 봐도> 배가 더얼 고푸지<덜 고프지>./보소, 누가 떠글 **떡짜리**에다가 다머 댕기덩기요<떡을 떡자루에 담아 다닙디까>?

떡치다* [떡'치'다] 동 자 ① ¶어디라도 **떡치**는 야페 이시머<옆에 있으면> 한 넘띠기<덩이> 기이겅이라도<구경이라도> 할 수가 잊찌<있지>, 와 어업서<왜 없어>. ② (격렬히) 성교하다. ¶자네들, 밤마다 **떡치**능 거<떡치는 것> 너무 질기머<즐기면> 지 미잉<제 명> 대로 모온 산대이<못 산다네>.

떨구다 [떨구'우고, 떨구'우지, 떨구'우더라, 떨가'아도/떨과'아도, 떨가'아서/떨과'아서] 동 타 놓치다*. ¶다아 자분 토깽이로<다 잡은 토끼를> **떨가압뿌고**<놓쳐버리고> 나니 얼매나 앙토옹한동<얼마나 앙앙한지> 참… x ¶굴러가는 공을 떨구다. ▷떨궇다/떨주다.

떨다*[1] [떠어'고'/떠얼'고', 떠어'지'/떠얼'지', 떠어'더'라/떠얼'더'라, 떠'러(라)도, 떠'러서] 동 자 ¶지지니가<지진이냐>, 와 저레 무니 **떠어지**<왜 저렇게 문이 떨지>?

떨다*[2] [떠어'고'/떠얼'고', 떠어'지'/떠얼'지', 떠어'더'라/떠얼'더'라, 떠'러(라)도, 떠'러서] 동 타 ¶사아람들또<사람들도> 참, 어디 **떠얼** 떼<떨 데>가 그리 업서가아<없어서> 그래, 담뺃째로 해필<담뱃재를 하필> 난초에다가 **떠럳시꼬**<떨었을까>. **떨고 옇다**<넣다> 구) 담배를 연달아 피우다. 줄담배를 피우다.

떨리다*[1] [떨리'이다] 동 피동 '떨다[1]'의 피동형. ¶하도 추버가아<추워서> 부라름 버얼벌 **떨리이**는데<불알은 벌벌 떨리는데> 불로 푸울 수도 억꼬<불을 피울 수도 없고>…

떨리다*[2] [떨리'이다] 동 피동 '떨다[2]'의 피동형. ¶이 가래가 와 이레<왜 이렇게> 입서버레 딱 따러부터가아<입술에 딱 들러붙어서> 도무지 앤 **떨리일꼬**<안 떨릴까>?

떨주다 [떨주'우다] 동 타 놓치다*. ☞떨구다.

떫다#[1] [떠얼'꼬', 떠얼'찌', 떠얼'떠'라, 떨'버(바)도, 떨'버서, 떨'버라] 동 타 뚫다*. ① ¶터짐 바가치로 지불라커머<터진/깨진 바가지를 기우려면>,

저전슬<젖었을> 때 소옹고스로<송곳으로> 구영을 떫버야<구멍을 뚫어야> 지익끼가 수웁찌<집기가 쉽지>. ②¶오느름 막키인 하아수도나<오늘은 막힌 하수도나> 쫌 떫버야겐따<좀 뚫어야겠다>./장매 지기 저네<장마 지기 전에> 수채 꾸영이나<구멍이나> 앰 막키이두룩<막히지 않도록> 좀 너리기 떫버 나아래이<넓게 뚫어 놓아라>. ③¶내가 이래도, 폭타니 비오드시<폭탄이 비오듯이> 떠러지는 데로<떨어지는 데를> 떠얼꼬 너무머 사러 온 사라밀세<뚫고 넘으며 살아온 사람일세>. ④¶도온쭐로 하나 떫버야<돈줄을 하나 뚫어야> 비들 가풀<빚을 갚을> 수 익껜는데<있겠는데>, 어데 가가아 떠얼찌<어디 가서 뚫지>?

떫다*² [떠얼'꼬', 떠얼'찌', 떠얼'떠'라, 떠얼'버(바)도, 떠얼'버서, 떠얼'버라] 혱 ¶가암마 **떠얼**붕 기이 애니고<감만 떫은 것이 아니고> 꿰양<고욤>도 **떠얼**끄느 매항가지다<떫기는 마찬가지다>./이 홍차가 좀 **떠얼**붐마시 도오네<떫은맛이 도네>.

떵걸랭이 [떵걸래'~이~] 몡 어디에도 기댈 데가 없는 형편없는 사람. 뗑그렁*. ☞).

떼딴지 [떼딴'지] 몡 잔디*. 떼*. ¶어디 가가아<가서> **떼딴지**에 구불럭낄래<잔디에 굴렀길래> 틱끼비가 오세<검불이 옷에> 이레 마아니 무던노<이렇게 많이 묻었니>?

떼짱 [떼짱] 몡 뗏장*. ¶인자아 그 어어른도<이제 그 어른도> 너무 늘거가아<늙어서>, **떼짱** 뜸질로<뗏장 찜질을> 할 때도 머어잔치 시푸네<멀지 않지 싶네>. 참 죽을 날이 멀지 않다는 뜻.

또#¹ [또] 몡 도*. ¶그기이<그것이> 참, **또**도 개도 애니구나<도도 개도 아니구나>. **또도 애니다<도도 아니다>** 구).

또*² [또] 뷔 ¶저 집 처나믄<처남은>, 한창 저레 우울고 저라다가도<한참 저렇게 울고 저러다가도> 금세 **또** 위인는 수가 잇심더<웃는 수가 있습니다>.

똥#¹ [똥] 몡 의존 지*. 등. ¶너거캉 내애리<너희들과 내일>, 불국사 귀이겅을<구경을> 갈 수 이실 **똥** 어업실 **똥**은<있을지 없을지는> 나도 안죽 모리겐따<아직 모르겠다>./도오니라 커머<돈이라고 하면> 주굴 **똥** 사알 **똥** 모리고<죽을지 살지 모르고> 저레 설친다꼬요<저렇게 설친다고요>. ▷동.

똥#² [뙤'~이~/또'~이~, 또'~을~, 또'~에~, 똥'도, 똥'마] 몡 방귀*. ¶어떤 너

미<놈이>, 야앙반 아페<양반 앞에>, **똥**을<방귀를> 뽕 뽕 뀌연노<뀌었니>? 참 전래 동요. **똥(을) 뀌다** 구).

똥*³ [뛔'~이~/또'~이~, 또'~을~, 또'~에~, 똥' 도, 똥' 마] 몡 ¶누구라도 **똥**은, 아징마중<아침마다> 누는 사라미 거엉강타<사람이 건강하다>.

똥꾸무 [똥꾸' 무'] 몡 똥구멍*.

똥꿈 [똥꾸' 미, 똥꾸' 믈/똥꾸' 물, 똥꾸' 메, 똥꿈' 도, 똥꿈' 마] 몡 똥구멍*. ▷ 항문(肛門).

똥꿍ㄱ/똥꿈ㄱ [똥꿍' 기, 똥꿍' 글, 똥꿍' 게, 똥꿈' 도, 똥꿈' 마] 몡 똥구멍*. ▷ 항문(肛門). 흔.

똥뚜디기 [똥뚜디' 기] 몡 기저귀*. ◁똥 두디기. ¶저 지비<집에> 아아 나안 능가배<아이 낳았나 봐>, 서답쭈레 **똥뚜디기**로<빨랫줄에 기저귀를> 보니.

뚜끼비 [뚜끼' 비] 몡 두꺼비*. ¶**뚜끼**바 쭐 쭐<두껍아 쭛 쭛>, 어디 갇또오 쭐 쭐<갔더냐 쭛 쭛>, 울 미테<밑에> 쭐 쭐<쭛 쭛>, 갇띠이라 와<갔더란다, 왜> 쭐 쭐<쭛 쭛>, 머어로 묵꼬<무얼 먹고> 쭐 쭐<쭛 쭛>, 사런나요<살았어요> 쭐 쭐<쭛 쭛>, 새애조지나<쥐젖이나> 쭐 쭐<쭛 쭛>, 빠러묵꼬<빨아 먹고> 쭐 쭐<쭛 쭛>, 사런따요<살았어요> 쭐 쭐<쭛 쭛>. 참 아기 어르는 노래. '쭐 쭐<쭛 쭛>'은 혀차는 소리.

뚜디리다 [뚜디' 리고, 뚜디' 리지, 뚜디' 리더라, 뚜디' 리도/뚜디' 러(라)도, 뚜디' 리서/뚜디' 러서, 뚜디' 리라/뚜디' 러라] 동타 뚜드리다*. ¶신명이 나야 부글 **뚜디리**든동 달등동<북을 뚜드리든지 말든지> 하지요…/앙간떡 찌번 뇨오<안강댁 집은요>, 대애무늘<대문을> 암만 **뚜디리**바아도요<두드려봐도요> 내애바더보는 사래미<내다보는 사람이> 아아무도 업떠라꼬요<아무도 없더라고요>. ▷뚜딜기다.

뚜딜기다 [뚜딜' 기다] 동타 뚜들기다*. ¶멩태로 방매이로 가아<명태를 방망이를 갖고>, 탕탕 **뚜딜기**가아<뚜들겨서> 묵끼 조올 마안춤<먹기 좋을 만큼> 살살 푸러지거들랑<풀어지거든> 구글 낄리 바아라<국을 끓여 봐라>…/물빨래느<물빨래는>, 방매이로 가주구<방망이를 가지고> 자굼자굼 **뚜딜기**야<두들겨야> 때가 잘 빠지지… ▷뚜디리다/뚜딜리다.

뛰지기 [뛰지' 기] 몡 두더지*. ¶땅 띠지는 짐승이머<뒤지는 짐승이면>, 그기이 **뛰지기**지 머어꼬<그것이 두더지지 뭐니>?/땅꿀 파는 도오사야<땅굴 파

는 도사야> **뛰지기** 애니가<두더지 아니냐>./**뛰지기**느<두더지는> 땅 소오게다가<속에다가> 구울로 파며 댕기는데<굴을 파며 다니는데>, 수굼포로 가주구<삽을 가지고> 암만 아풀 마거도 소오양엽떼에<앞을 막아도 소용 없더군>, 얼매나 사다분동<얼마나 날쌘지> 나느 모온 짝껜떠라<나는 못 잡겠더라>. ▷띠지기.

뜨겁다* [뜨′겁′꼬, 뜨′겁′찌, 뜨′겁′떠라, 뜨′거′버(바)도, 뜨′거′버서, 뜨′거′버라/뜨′게′라/뜨′거′라/뜨′기′라] 형 ¶**뜨거**붕 구게<뜨거운 국에> 세디일라<혀 델라>, 호호 부러가머<불어가며> 천처어니 무거라<천천히 먹어라>.

뜨다*¹ [뜨′고′, 뜨′지′, 뜨′더′라, 떠′도′, 떠′서′] 동자 ¶열쨍이느 우애<소금쟁이는 어찌>, 물 우예 저레<위에 저렇게> **떠** 댕길 수 인는동<떠 다닐 수 있는지> 아알 수가 업서요<알 수가 없어요>. ⇔까랂다.

뜨다*² [뜨′고′, 뜨′지′, 뜨′더′라, 떠′도′, 떠′서′] 동자 ¶메주가 한창 **뜨**는동<뜨는지>, 머리 아푼 내애미가 동처늘<아픈 냄새가 동천을> 하네요.

뜨다*³ [뜨′고′, 뜨′지′, 뜨′더′라, 떠′도′, 떠′서′] 동타 ¶그 야양반<양반>, 자리로 자암시<자리를 잠시> **뜸** 모앵인데<뜬 모양인데>, 쪼매애마 기달러 보이소<조금만 기다려 보세요>.

뜨다*⁴ [뜨′고′, 뜨′지′, 뜨′더′라, 떠′도′, 떠′서′] 동타 ¶떼짱을 **뜰**라 캐애도<뗏장을 뜨려고 해도> **뜰** 떼짱이 어디 이서야<뗏장이 있어야> **뜨**지요.

뜨다*⁵ [뜨′고′, 뜨′지′, 뜨′더′라, 떠′도′, 떠′서′] 동타 ¶자부러분 누늘<졸리는 눈을> 게에와<겨우> **뜨**고 치바더보니꺼네<쳐다보니까> 누네다가 저 언지로<눈에다가 전지를> 딱 탱구우는 나부라게<비추는 바람에>, 누니 하도 시구러버<눈이 하도 시어>…

뜨다*⁶ [뜨′고′, 뜨′지′, 뜨′더′라, 떠′도′, 떠′서′] 동타 ¶(자랑삼아) 우리 누부야<누나>가 빼앨간 털실로 가주구<빨간 털실을 가지고>, 내 자앙가블<장갑을> **떠** 준다 캐앨따<준다고 했다>, 아아나<아니>?

뜨다*⁷ [뜨′고′, 뜨′지′, 뜨′더′라, 떠′도′, 떠′서′] 동타 ¶지릿때로 구둘짱을<지렛대로 구들장을> **떠**올리다가, 발뜽을<발등을> 찌걷따나 우앨따나<찍었다나 어쨌다나>…

뜨다*⁸ [뜨′고′, 뜨′지′, 뜨′더′라, 떠′도′, 떠′서′] 동타 ¶수가<숙아>, 버섬뽀늘<버선본을> 대애고 뿜버텅<대고 본부터> 떠래이<떠라>.
뜨다*⁹ [뜨′고′, 뜨′지′, 뜨′더′라, 떠′도′, 떠′서′] 동타 ¶지이 본시미 머언동<제 본심이 뭔지>, 용오 아재<아저씨>가 미리 좀 **떠** 보두룩 하이소<보도록 하세요>.
뜨다*¹⁰ [뜨′고′, 뜨′지′, 뜨′더′라, 떠′도′, 떠′서′] 동타 ¶선생니미 마알로<선생님이 말을> 먼저 하니 그럳치<그렇지>, 장강아다가<정강이에다가> 뜸 **뜨**능 거느<뜨는 것은> 지이가<제가> 벨로 방갑짜는데요<별로 반갑지 않은데요/싫은데요>…
뜨다*¹¹ [뜨다] 형 ①공간적으로 거리가 있다. ¶그 직캉<집과> 우리 지브느<집은> 새애가<사이가> 좀 **뜨**지. x②감수성이 둔하다. x③말수가 적다. x④날이 무디다. x⑤(쇠붙이가) 불에 달구어지는 성질이 둔하다. x⑥비탈진 정도가 둔하다. x⑦행동이나 발육 상태가 느리고 더디다.
뜨더묵다 [뜨′더묵따] 동타 뜯어먹다*. ①¶소가 **뜨더무**금 푸르느<뜯어먹은 풀은> 들숭 날수기고<들쭉날쭉이고>, 마리 **뜨더무**금 푸르느<말이 뜯어먹은 풀은> 뿌링이 다방지꺼지 다자버<뿌리 밑둥까지 다잡아> 가지런하지. ②¶도온 인는<돈 있는> 사람들 갈비 **뜨더뭉**능 거로<뜯는 것을> 보고, 우리느 하모니까 부운다 커마<우리는 하모니카를 분다고 하며> 불버해앤찌러<부러워했지>. ③¶시멈는 우운전수나<힘없는 운전사나> **뜨더뭉**는 사라미<뜯어먹는 사람이>, 나물 조굼친들<남을 조금인들> 생가거 줄 쭐 아아고<생각해 줄 줄 알고>?
뜨물#¹ [뜨′물′] 명 진딧물*. ¶무시바테<무밭에> 보니, **뜨무**리 시일실 끼이던데<진딧물이 슬슬 내리던데> 일간 야기라도<약이라도> 좀 처야 댈따<쳐야 되겠다>./오늘 장아<장에> 가거들랑, 뱁추바테<배추밭에> 치는 **뜨물**략 쫌<진딧물약 좀> 사 오소. **뜨물**<진딧물>(이) 들다<내리다> 구). **뜨물**<진딧물>(이) 끼다<내리다> 구).
뜨물*² [뜨′물′] 명 ¶저실게사<겨울에야>, 살**뜨물**로<쌀뜨물을> 낄리 무구머<끓여 먹으면> 그거 창 구시지요마느<그것 참 구수하지요만>…
뜨시다¹ [뜨′시′고, 뜨′시′지, 뜨′시′더라, 뜨′시′도/뜨′서′(사)′도, 뜨′시′서/뜨′서′서] 동자 뜨다*. ①¶열쩽이느 우얘 저레<소금쟁이는 어찌 저렇게> 물 우예 **뜨시**가아<물 위에 떠서> 댕길 수 인는동 모올라<있는지 몰라>? ⇔

까랂다. x¶별이 뜨신 밤하늘. ②¶저 배느<배는>, 쇠로 맹그런는데도<쇠로 만들었는데도>, 우얘 무레<어찌 물에> 앵 까랑꼬 **뜨시**지<가라앉지 않고 뜨지>. x¶풍선이 공중에 둥둥 뜨시다. x③(연줄이 끊어져) 연이 제멋대로 날아가다. x④착 달라붙지 않아 틈이 생기다. x⑤빌려 준 것을 받지 못하다. 참 물이나 액체 위에 무엇이 '뜨는 일'에 쓰임. 혼).

뜨시다² [뜨시′고, 뜨시′지, 뜨시더′라, 뜨세′에도/뜨시′이도, 뜨세′에서/뜨시′이서] 형 뜨습다*. 따뜻하다. ¶남드르느 다아<남들은 다> 어릉<얼음> 깨고 빨래하는데, **뜨심** 방아 안저 가아<따뜻한 방에 앉아 가지고> 무심 포시라분<무슨 호사스러운> 소리가 그리 마안소<많소>?

뜩끼다 [뜩끼′이고, 뜩끼′이지, 뜩끼′이더라, 뜩끼′이도, 뜩끼′이서] 동 뜯기다*. 1 피동 '뜯다'의 피동형. ¶밤새애두룩 모갱이자테<밤새도록 모기한테> 참, 워언도 하안도 업시<원도 한도 없이> 실컨 **뜩끼읽심더**<실컷 뜯겼습니다>. 2 타 ¶소 미기로 가가아<먹이러 가서> 풀로<풀을> 한참 **뜩끼**이고 이선는데<뜯기고 있었는데>, 나안데업시 동쪼게<난데없이 동쪽에> 무지개가 척 뜨는 데, 그 참 볼 마안하데에<볼 만하더군>…

뜯다#¹ [뜨윽′꼬′, 뜨을′찌′, 뜨을′떠′라, 뜨′더′(다′)도, 뜨′더′서] 동자 듣다*. ¶마린화느레 무진 빕빠우리 뜨은는다꼬 그캐애 산노<마른하늘에 무슨 빗방울이 든다고 그렇게 해 쌓니>?

뜯다*² [뜩′꼬′, 뜯′찌′, 뜯′떠′라, 뜨′더′(다′)도, 뜨′더′서] 동타 ¶마림멩태로 뚜드리가아<마른명태를 두드려서>, 잘게 **뜨**더 가주구<뜯어 가지고> 초장아 문치머<초고추장에 무치면> 수란주하기상<술안주하기에야> 딱 조온치<좋지>…

뜸질 [뜸′질] 명 찜질*. ①¶뜨거분 **뜸지**르느 모올래도<뜨거운 찜질은 몰라도>, 어름**뜸지**르느<얼음찜질은> 앤 해애바악끼 따무네<안 해봤기 때문에> 내상 실니이더<나는 싫습니다>. ②¶허리 수시는데느 여르메<쑤시는데는 여름에> 모래 **뜸지**리 조온타컨떤데요<찜질이 좋다던데요>… ③¶저레<저렇게> 자꾸 까불다가는 저가부지인테<자기 아버지한테> 매 **뜸질**<찜질> 하지…/인자아<이제> 그 어어른도<어른도> 떼짱 **뜸질**로<뗏장 찜질을> 할 때도 머어잔치 시푸네<멀지 않지 싶네/죽을 때가 가까웠네>. **뜸질하다** 동자타 찜질하다*.

제2부 경주 말 사전 ─────────────────────────── 393

띠다¹ [띠′고′, 띠′지′, 띠′더′라, 띠이′도′, 띠이′서′] 동타 떼다*. ①¶문째기로 **띨**라컥꺼든<문짝을 떼려거든>, 도올짜구<돌쩌귀>가 어데 어어떡키 부턴는동<어디 어떻게 붙었는지> 잘 살피보고 **띠**이라<살펴보고 떼라>. ②¶그 어망이느<어미는>, 뺄뺄 우우는 점미기로<우는 젖먹이를> 저거 할매인테<제 할머니에게> **띠**이 녹콜랑<떼 놓고서>, 무심 바뿐 이이리<무슨 바쁜 일이> 그레 마아능공<그렇게 많은지>? ③¶모오자가네<모자간의> 정을 그리 수욱끼 **띨**<쉽게 뗄> 수야 익껜나<있겠나>. ④¶서루 봉토지<서류 봉투> 완능 거 소오게<온 것 속에>, 머어가 드런는동<뭐가 들었는지> 니이가 함분 **띠**이<내가 한번 떼어> 보지 와<왜>? ⑤¶금방 젇 **띵** 강생이맨트로<젖 뗀 강아지처럼> 와 저레 보채애노<왜 저렇게 보채니>? x⑥(부탁이나 요구를) 거절하다. ⑦¶월급 봉토지<봉투>에서 **띠**능 기이<떼는 것이> 머어<뭐>가 그리 마아는동<많은지>… ⑧¶도오늘 바덛시머<돈을 받았으면> 영수증을 **띠**이 조오야<떼어 줘야> 할 꺼 아닝기요<것 아닌가요>. ⑨¶자네느<자네는>, 자앙<항상> 하던 이이레서러<일에서> 소늘 **띠**머<손을 떼면> 심시머가아 우얄 채앵고<심심해서 어쩔 참이니>? ⑩¶니이가 천자무늘 **띠**머<내가 천자문을 떼면>, 내가 짜장면 꼽빼기로<자장면 곱빼기를> 사 주께에<줄게>. ⑪¶이임신<임신> 삼사 개올 대앤실 때느<개월 됐을 때는>, 머어시로<거시기를> **띠**이도 대능갑떤데<떼어도 되는가 보던데>. ⑫¶기양 가마아꼬 이시머<그냥 가만히 있으면> 오오해박끼 십상이니꺼네<오해받기 십상이니까>, 인자아느 아아는<이제는 아는> 대로 이불 좀 **띠**이라<입을 좀 떼라> 보자. ⑬¶저네느 초하글 **띤**다꼬<전에는 학질을 뗀다고>, 모게다가 새끼댕이로 거얼면서<목에다가 새끼를 걸면서> "구링이다<구렁이다>" 커머 놀래키이기도<하며 놀라게도> 하고… ⑭¶도동떡 여엉가믄<도동댁 영감은>, 돌째비<돌잡이> 손자가 첩빨로 **띠**인따꼬<첫발을 뗐다고> 자랑이 저레 대애단심더<저렇게 대단합니다>.

띠다² [띠′고, 띠′지, 띠더′라, 띠′이도, 띠′이서] 동자 뛰다¹*. 노).

띠다³ [띠′다] 동자타 뛰다²*. 노).

띠다⁴ [띠′다] 동타 뛰다³*. 노).

띠이넘다 [띠′이너엄따] 동타 뛰어넘다*. ①¶절뭉 기부네<젊은 기분에> 도랑을 가따갈랑<->, 담부네 **띠이너물** 심사느로<단번에 뛰어넘을 심산으로>,

띠기느<뛰기는> 풀쩍 띠인는데<뛰었는데>, 구마아 도랑아<그만 도랑에> 퐁당 빠지고 마렏따 아니가<말았잖니>?! ②¶저 집 버엄젱이느<범종이는>, 하 낭여늘<한 학년을> **띠이너**머 가주구<뛰어넘어 가지고>, 담부네<단번에> 사아 항여느로<사 학년으로> 올러갑뿌렏찌<올라가 버렸지>… ③¶보오통 사암들<보통 사람들> 생가글 확 **띠이너**를 마안한<생각을 확 뛰어넘을 만한> 아암모기 업시머<안목이 없으면>, 나물 끄집꼬 압짱설<남을 끌고 앞장설> 생가글 함부레<생각을 함부로> 하지 마러라<말아라>.

띠이놓다 [띠이′노′타] 동타 떼어놓다*. ①¶아아드른<아이들은> 저거 웨에 갈찌비다가 **띠이녹**코<자기 외갓집에다가 떼어놓고>, 어망이느 다알러갑뿌고<어미는 달아나 버리고>… ②¶죽꼬 모온 사아는<죽고 못 사는>, 저 두우 키 사이로<두 사람 사이를> 무신<무슨> 수로 **띠이놀**치<떼어놓지>?

띠이다¹ [띠′이고, 띠′이지, 띠′이더라, 띠′이도, 띠′이서] 동 피동 떼이다*. '떼다'의 피동. ¶이이자로 마아니 준다커니<이자를 많이 준다니까>, 도오을 인는<돈을 있는> 대로 다아 빌리 조옫따가<다 빌려 줬다가>, 몽땅 **띠이**고느 저레<떼이고는 저렇게> 땅을 치고 일따니이더<있답니다>.

띠이다² [띠′이고, 띠′이지, 띠′이더라, 띠′이도, 띠′이서] 동 피동 뜨이다*. ¶호옥시 누네 **띠이**거등<혹시 눈에 뜨이거든> 자앙갑 항 커리<장갑 한 켤레> 사 오소.

띠이들다 [띠′이들다/띠′이드다] 동 자 뛰어들다*. ①¶하도 더버가아<더워서> 가앙무레<강물에> 퐁덩 **띠이드**러 바아도<뛰어들어 봐도>, 가앙물또 미지그리이해애가아<강물도 미적지근해서> 벨로 서워는 줄 모리겓떼에<별로 시원한 줄 모르겠더군>. ②¶강생이가 차도로<강아지가 車道로>, 막 **띠이드**는 데야<마구 뛰어드는 데야> 서들 여개가 이서야 마리시더<서둘 틈이 있어야 말입니다>. ▷뛰이들다.

띠지기 [띠지′기] 명 두더지*. ☞뛰지기.

띠지다 [띠′지다] 동타 뒤집다*. 뒤지다. 일구다. (땅을) 파다. (밭을) 갈다. ①¶땅 **띠지**는 짐승이머<뒤집는 짐승이면>, 그기이 띠지기지 머어꼬<그것이 두더지지 뭐냐>? ②¶지푼 산중에 드가가아<깊은 산중에 들어가서> 팥바치나 **띠지**고<火田이나 일구고> 사알머<살면> 소오금 페늘 끼야<속은 편할 거야>. ▷뛰지다. 노).

ㄹ

-라* [라] 어미 ¶그 어어르는<어른은> 술만 자아시머<자시면> 섬부가 애니라<선비가 아니라>, 물구우시니시더, 물구우신<물귀신입니다, 물귀신>. 참 '이다'나 '아니다'의 어간에 붙음.

-라꼬 [라꼬] 어미 -라고*. ¶저기 가가아<가서>, 너거<네> 아재비보고, 일로<이리로> 쫌 **오라꼬** 전해 도고<좀 오라고 전해 다오>. ▷-으라꼬.

-라머 [라머] 어미 -라면*. ¶저 반지가 진짜 보오석빤지가 애니**라머**<보석반지가 아니라면> 이거 큰 나앙패<낭패> 나는데.

-람도 [람도] 조 -라도*. 모음으로 끝나는 명사 뒤에 사용됨. '이람도'의 이형태 ¶술 마시늠 버분<마시는 법은> 누구**람도**<누구라도>, 어어릉 기이신<어른 계신> 데서 배와야 대는데<배워야 되는데>…/아아무리 삐가리 눔물마 안치**람도**<아무리 병아리 눈물만큼이라도>, 흘링 거느 흘링 거 애니가<흘린 것은 흘린 것 아니냐>.

-로#¹ [로] 조 -를*. 'ㄹ'이나 모음으로 끝나는 명사 뒤에 '을'이나 '를' 대신 사용됨. ¶자네느 자아금 배**로**<자네는 작은 배를> 타도 물미<멀미>가 앤 나더나<안 나더냐>?/아아매도 융물**로** 무거야<아무래도 육미를 먹어야> 기우니<기운이> 나더라./오새애 아이드르느<요새 아이들은> 책 이리는 소리**로**<읽는 소리를> 통 드를<들을> 수가 업떼에<없더군>. 흔).

-로*² [로] 조 'ㄹ'이나 모음으로 끝나는 명사 뒤에 사용됨. '으로'의 이형태 ¶쉐**로** 맹근 이자가<쇠로 만든 의자가>, 나무**로** 맹긍 거버다아사<만든 것보다아> 아아무래도<아무래도> 좀 튼튼하겐찌요<튼튼하겠지요>.

-를* [를] 조 ¶사아라미머<사람이면> 나무 은혜**를**<남의 은혜를> 고오마버하고<고마워하고>, 또 가풀 쭐도 아러야지<갚을 줄도 알아야지>./그 실떼업시<쓸데없이> 부시럼 따까리**를**<부스럼 딱지를> 자꾸 띠이지<떼지> 마라, 그라머 덧난대이<그러면 덧난다>. 참 -로>-를. ▷-을.

리* [리이'] 명 ¶우리 선성이 절때<선생이 절대> 지각칼 리이가 업심더<지각할 리가 없습니다>./아이구<아이고> 참, 거랑까아예다가 예수가<개울가에다가 여우가> 구울로<굴을> 팔 리이가 마암무합니더<리가 만무합니다>.

ㅁ

-마 [마] 조 -만*. ¶윤시가<윤석아>, 나는 순저니<나는 순전히> 니 하나마 믹꼬 사안대이<너 하나만 믿고 산다>, 아아제<알지>?
마꺼불 [마꺼'불] 명 소의 엉덩이가 젖지 않도록 하기 위해, 소 외양간에 넣어주는 짚 검불. 깔 짚. 갓*. ¶학수야 니이<너>, 방아 드가기 저네<방에 들어가지 전에>, 마아궤에<마구에/소 외양간에> 마꺼불 쫌 여어<깃/검불 좀 넣어> 주고 드가거래이<들어가거라>.
-마당#¹ [마'당] 조 -마다*. ¶여기 드나드는 사아람마당<사람마다>, 가시미에 담 포시가<가슴에 단 표시>가 다아 앵 각꾸나<다 같지 않구나>./술로 무굴 때마당<술을 마실 때마다> 매애분<매번> 토하능 거<토하는 것>, 그거 여엉 앤 조온태이<영 안 좋다>. 드).
마당*² [마다'~이~, 마다'~을~, 마다'~아~/마다'~에~, 마당'도, 마당'마] 명 ¶(복덕방에서) 나는 아아무래도<나는 아무래도> 암마당이 너린 지비<앞마당이 너른 집이> 더 조옴심더<좋습니다>.
마드치다 [마드'치다] 동자 마주치다*. ¶질게서 우연창기<길에서 우연찮게> 덕수캉 마드치는 나부라게<덕수와 마주치는 바람에>, 두우 키서<두 사람이> 오램마네<오랜만에> 한잔 해앴심더<했습니다>.
마디#¹ [마디'] 명 매듭*. ¶저 두우 키<두 사람> 사이에 맫치임 마디느<맺힌 매듭은> 내가 푸러 조오야지<풀어 줘야지>. ▷매디.
마디*² [마디'] 명 ¶조온 송파늘 맨들라커머<좋은 송판을 만들려면/켜려면

마디가 너무 구울군 나무느 파아니대이<굵은 나무는 나쁘다>.

마딋다 [마′딕′꼬, 마′딛′찌, 마′딛′떠라, 마′디′서도, 마′디′서서] 혱 ☞마싯다.

마뜩다 [마뜩′따] 혱 '마뜩하다'의 준말. 깨끗하다*. ¶설거지로 하알라컥꺼등<하려거든> 지이발 쫌<제발 좀> **마뜩**꾸로 해애라<깨끗하게 해라>. **마뜩끼** 븐 마뜩이*.

마리#[1] [마리′] 몡 마루*. ¶야아야 니이<얘야 너>, 티임**마리** 끈탕아<툇마루 끝에> 그럭키 누벋따가<그렇게 누웠다가> 널찔라 조오심해애라<떨어질라 조심해라>./바메느 쥐드리<밤에는 쥐들이> 떼로 지야가아<떼를 지어서> 저쪽**마리** 미트로 들락꺼립띠더<쪽마루 밑으로 들락거립디다>./여르메느 대애청**마레**에서러<여름에는 대청마루에서> 니이 활개로 버얼기고<네 활개를 벌리고> 누버 자능 기이<누워 자는 것이> 제에리 서원치<제일 시원하지>./(새 집을 짓는 데서) 태동 아재느<아저씨는>, 여어다가<여기에다가> **마리**로 노올 채애밍갑찌요<마루를 놓을 참인가 보지요>?/우리 순자가 오늘, **마리**로<마루를> 참 얼매나<얼마나> 잘 딱끈는동<닦았는지> 얼구리가 다아 훼어니 빈치이능구나<얼굴이 다 훤히 비치는구나>.

마리#[2] [마리′] 몡 마루*. ①¶저 고개 **마레**에서<산마루에서> 우리 자암시 쉬일따가<잠시 쉬었다가> 가두룩 하암세<가도록 함세>./오느른<오늘은> 서산 **마리**에 걸리인<마루에 걸린> 해가 창 고옥꾸나<참 곱구나>. x②파도 칠 때 치솟는 물결의 꼭대기. x③일의 한창인 고비. 드). ▷말랑.

마리*[3] [마′리] 몡 ¶요롤 때느<요럴 때는> 소마 함 **마리** 이서도<소만 한 마리 있어도> 이일하기가<일하기가> 참 수워를 낀데<수월할 것인데>. ▷바리.

마리다[1] [마리′고, 마리′지, 마리′더′라, 말′러(라)도, 말′러서] x[말르다] 동 자 마르다*. ①¶(너무 서두르는 사람에게) 내동 아재요<아저씨>, 어지간하거 등<어지간하거든> 따미라도<땀이라도> 좀 **마린** 다아메<마른 다음에> 가두룩 하압시대이<가도록 합시다>. ②¶그 어어른<어른>, 비잉이 지퍼가아 그런동<병이 깊어서 그런지>, 모미 마아니 **말런**십띠더<몸이 많이 말랐습디다>. ③¶모기 **마릴** 때느<목이 마를 때는>, 이 배라도 한 쪼갱이 시푸머<조각 씹으면> 좀 나슬 꺼일시더<나을 것입니다>./여리<열이> 하도 나가아 그런동<나서 그런지>, 입서버리가<입술이> 자꾸 바삭빠삭 **마리**니이더<바싹바싹 마릅니다>. ④¶가앙무리 **마리**더라도<강물이 마르더라도>, 우리 도옹네 크눙구른 조오매<동네 큰우물은 좀처럼> 자 램 **마리**니이더<잘 안 마릅니다>./시임항 가물 따무레<심한 가뭄 때문에> 이 웅굴꺼정 **마리**는 나레느<우물까지 마르는 날에는>, 거랑무리라도<개울물이라도> 퍼다 뭉는 수배끼지<먹는 수밖에>. ⑤¶요새 참 도오니라꼬느 모지리<돈이라고는 모조리> 시가 **말런**능갑심더<씨가 말랐는가 봅니다>./오오미모새느<올미못에는>, 올 까무레<가물에> 궤기 시가 **말럽**뿐니이더<고기 씨가 말라버렸습니다>. 참 올미못: 땅이름.

마리다² [마리'고, 마리'지, 마리'더'라, 말'러(라)도, 말'러서] x[말르다] 동타 마르다*. (옷감이나 재목 등을) 치수에 맞추어 베거나 자르다. ¶수개이<淑아>, 버서늘 **마릴**라커꺼등<버선을 마르려거든>, 버섬뽀늘 대애고<버선본을 대고> **마리**두룩 해애래이<마르도록 해라>./재모글 **마릴** 때느<재목을 마를 때는>, 칙수<尺數>에 맏차아 가메<칫수에 맞추어 가며> **말러**야 앤 댈랑아<말라야 되지 않겠느냐>. ▷ 맑나¹.

마바리*¹ [마'바리] 명 바리 짐을 실은 소나 말, 또는 그 짐. ¶(자랑삼아) 우리 큼머스미사<큰 머슴이야> 만날 천날<매일> 나무를 **마바리** 지므로<마바리 짐으로> 해애 나린다 와<해 나른다 왜>? 흔).

마바리*² [마바'리] 명 한 마지기에서 두 섬 꼴로 곡식이 나는 것을 일컫는 말. ¶일 런 내애내<년 내내> 그럭케마 근하기 하머<그렇게만 부지런하게 하면> **마바리**쭈우미사 넉끄니<마바리쯤이야 너끈하게> 소더지고도 나앙껜따<쏟아지고도 남겠다>./헝님<형님>, 금연 농사느 저어거도<금년 농사는 적어도> **마바리**느 너물 꺼 겉찌요<마바리는 넘을 것 같지요>? 흔). **마바리 묵다**<먹다> 구).

마시다* [마'시고, 마'시지, 마'시더라, 마'세도/마'시도/마'서도, 마'세서/마'시서/마'서서, 마'세라/마'시라/마'서라] 동타 ¶참물또 급파기<찬물도 급하게> **마시다**가느<마시다가는> 언치이는 수가 읻찌<체하는 수가 있지>…

마싯다 [마식'꼬, 마싣'찌, 마싣떠'라, 마시'서(사)도, 마시'서서] 형 맛있다*. ¶**마신**는 으음서글 맹그럳시머<맛있는 음식을 만들었으면>, 얍찝 할매인테도<옆집 할머니한테도> 쫌 보내애지 그랜노<좀 보내지 그랬니>?/가암포

저그나부지느<甘浦 작은아버지는> 모둠시리<모듬 시루떡> 한 접시기쭈우 미사<접시쯤이야> 항군자레서<한 자리에서> **마싣따, 마싣따** 커시머<맛 있다, 맛있다 하시며> 금방 다아 자아시니이더<다 자십니다>. ▷마딧다.

마암 [매애′미/마아′미, 마아′를, 마아′메, 마암′도, 마암′마] 명 마음*. ¶저 사라믄<사람은>, 머어든동<뭐든지> 지 **마아**메 하구 저버야<제 마음에 하고 싶어야> 하지, 그을차느머<그렇지 않으면> 자 랜 하니이더<잘 안 합니 다>.

마은 [마′은] 주 마흔*. ¶보기만 저엄찌<젊지>, 또추리도<또출이도> **마으**늘 너문 제가<마흔을 넘은 지가> 오래 덴다<된다>. ▷마안.

마저막 [마저′막′] 명 마지막*. ¶니느 똑 해마줌<너는 꼭 해마다> 바앙학 **마 저망** 날마 대머<방학 마지막 날만 되면> 밀리인 숙쩨로 한다꼬<밀린 숙제 를 한다고> 그 야아다니고<야단이냐>?/우야든동 **마저막**꺼정은<어쩌든지 마지막까지는> 전디 바아야<견뎌 봐야> 무신 오당가리가<무슨 오단이/끝 장이> 나도 안 나겐나<나겠나> ?/오늘 부상<부산> 가믐 **마저막** 차느<가 는 마지막 기차는/막차는> 멘 시쭈우메 인능기요<몇 시쯤에 있습니까>?

-마줌 [마′줌] 조 -마다*. ¶여어서르느 새봉**마줌**<여기서는 새벽마다>, 시계 가 업서도<시계가 없어도> 예비당<예배당> 종소리가 때로 알과아주거등요 <때를 알려주거든요>…/거랑따물 버들낭게서러<개울가 버드나무에서> 지 엉**마줌** 부엥이가<저녁마다 부엉이가> 저레 우우는데요<저렇게 우는데요>… /자고 나머 아징**마줌**<나면 아침마다>, 멀끼가<머리카락이> 한 오쿰석<움 큼씩> 빠저 사아<빠져 쌓아> 내가 거억쩡이시더<걱정입니다>. ▷-마중.

-마중 [마′중] 조 -마다*. ☞-마줌.

마지[1] [마′지] 명 많이*.

마지[2] [마′지] 부 마주*. ¶저거꺼정 서리<저희끼리 서로> **마지** 치바더보고<마 주 쳐다보고> 싱글싱글 위익꼬 읻떠라<웃고 있더라>, 이 마아리시더<말입 니다>./멘 심 명이<몇 십 명이> 두울석 **마지** 서어가아<둘씩 마주 서서> 추 물 추머<춤을 추머> 빙빙 도러가능 기이<돌아가는 것이>, 그 참 볼 마안하 더라<볼 만하더라>./너거 두우리<너희들 둘이> 내 아페서러<앞에서> 소늘 함분<손을 한번> **마지** 자버 바아라<마주 잡아 봐라>, 내가 당부할 마아리 이서가아 그칸다<말이 있어서 그런다>./단두우리마<단둘이만> **마지** 안저가아 정닥끼<마주 앉아서 정답게> 이이바구로 함분 노나바앋시머<이야기를 한번 나누어봤으면> 아아무 워어니 억껠심더<아무 원이 없겠습니다>. **마지**<마주> 잡다 구).

마치맞다 [마치막'꼬/마치맏'꼬, 마치맏'찌, 마치맏'떠'라, 마치마'저도, 마치마'저서] 형 마침맞다*. 꼭 알맞다. ¶이일소니 마아니 모지래애던 차민데<일손이 많이 모자라던 참인데>, 자네가 **마치막**끼<마침맞게> 참 잘 왇따<왔다>. 흔).

막다* [막'꼬, 막'찌, 막떠'라, 마'거(가)도, 마'거서, 마'거라] 동 타 ¶질로 **막**꼬<길을 막고> 무러 바아라<물어 봐라>, 누구 마아리 오릉공<말이 옳은지>?

만나다* [만'나고, 만'나지, 만'나더라, 만'나도, 만'나서, 만'나라] 동 자 타 ☞만내다. 소).

만내다 [만'내고, 만'내지, 만'내더라, 만'내도, 만'내서, 만'내라] 동 자 타 만나다*. ①¶우연창기<우연찮게> 멩시기로 **만내**는 나불라게<명석이를 만나는 바람에>, 음내애서러<읍내서> 노올다가 저무렀심더<놀다가 늦었습니다>./아아무도 모리구로<아무도 모르게> 우리 두우 키서러마 함뭄 **만내**자<둘이서만 한번 만나자>, 내 다시 열락하끼이<연락할게>. ②¶오다가 소내기로 **만내**늠 바라메<소나기를 만나는 바람에> 할 수 업시…/지남부네느<지난번에는>, 우리 이붇찌비서러<이웃집에서> 화아재로 **만내**는 통에<화재를 만나는 통에> 기이중에 모온 나완니이더<계에 못 나왔습니다>. ③¶그 사람 오새애느<요새는>, 지 세에상을<제 세상을> **만낸** 드시<만난 듯이> 디 세업시<두서없이> 설치고 댕깁띠더<다닙디다>. ④¶수우나 니느<순아 너는> 조온 실랑까아믈 **만내**가아<좋은 신랑감을 만나서> 잘 사러야 댄대이<살아야 된다>./잘 가알치<가르쳐> 주는 선성을 **만내**능 거도<선생을 만나는 것도> 시제굼 보기지요<제각각의 복이지요>.

만지다* [만'지고, 만'지지, 만'지더라, 만'저(자)도/만'지도, 만'저서/만'지서] 동 타 ☞만치다. 소).

만춤 [마안'춤/마'안춤] Ⅰ 명 의존 만큼*. ①¶(홍수로 인해 강물이) 자고 나니 가시미<가슴>에 찰 **마안춤** 뿌런네요<찰 만큼 불었네요>./니이가 내자테<네가 나한테> 함 **마안춤**<한 만큼> 나도 니자테<너한테> 고대로 가퍼 주꾸마<갚아 줄게>./구뿌리<구뿔이> 키가, 천장아 다알 **마안춤**<천장에 닿을 만큼> 컽떠라메<컸더라며>? x②¶너는 학생인 만춤 공부나 해라. II 조 만큼*. ¶이 힝 꼳또<흰 꽃도> 그 노랑 꼼**마안춤**<꽃만큼> 항기가 지트네<향기가 짙네>./나도 당신 하늠 **마안추**믄<하는 만큼은> 해애내앨 자시니 인니이더<해낼 자신이 있습니다>./알랑미<안남미>가 여기 살**마안춤**<쌀만큼> 차질 수야 업찌요<없지요>./고오담채기야 마안치마느<고담책이야 많지마는>, 이**마안춤**<이만큼> 재미나는 책또 벨로 업실 끼이다<책도 별로 없을 것이다>.

만치다 [만′치고, 만′치지, 만′치더라, 만′치도/만′처(차)도, 만′치서/만′처서] 동 타 만지다*. ①¶칠용이 점마아<저놈 애>, 나무 과아부<남의 과부> 구웅딩이로<궁둥이를> 시일실 **만치다**가 용만 뜸질로<슬슬 만지다가 욕만 찜질을> 앤 해앤나<했잖아>./복성은<복숭아는> 미리 잘 **만치**보고<만져보고> 사야지, 이기이 머어꼬<이것이 뭐냐>? 소오기<속이>?/우리사<우리야>, 겁빼비나 **만치**고<귓불이나 만지고> 가마아꼬 이서보자<가만히 있어보자>, 무진 소서기 익껨찌<무슨 소식이 있겠지>. ②¶자아<쟤>가 기게 **만치**는데느<기계 만지는 데는>, 제북 소지리 인능갑심더<제법 소질이 있는가 봅니다>. 흔). ▷만지다.

많다 [마앙′코′, 마안′치′, 마안′터′라, 마아′네′도/마아′너′(나′)도, 마아′네′서/마아′너′서] 형 ¶자서기 **마아**느머<자식이 많으면> 거억쩡도 **마아**늠 버비야<걱정도 많은 법이야>.

맏 [마′디′, 마′들′, 마′데′, 맏′또′, 맘′마′] 명 맛*. ☞맛.

맏추다¹ [맏추′우고, 맏추′우지, 맏추′우더라, 맏차′아도/맏촤′아도, 맏차′아서/맏촤′아서] 동 맞추다*. 1 사동 '맞다'의 사역형. ¶너거 두우 키서러<너희 둘이서>, 게에사늘<계산을> 다부 함문 **맏차**아 바아라<도로 한번 맞추어 봐라>, 어능 기이 만는둥<어느 것이 맞는지>./학성드리<학생들이> 두우 키석 서이석<둘씩 셋씩> 발로**맏차아**가아<발을 맞추어서> 거러가능 거로 보머<걸어가는 것을 보면>, 참 보기 조온치 와요<좋잖아요>./욕시믈 내애도<욕심을 내어도> 지 히메 **맏차아**가메<제 힘에 맞추어가며> 내애야 수울리지<내어야 순리지>, 기양 지 욕심마<그냥 제 욕심만> 자꾸 채리머<차리면> 누가 조오타 커껜노<좋다고 하겠니>?/간도 자 램 **맏추운** 으음서글

<잘 안 맞춘 음식을> 무거라 커머<먹으라고 하면>, 꿰약쩔버텅<구역질부터> 나오는데, 그거로<그걸> 누가 조와하겐능기요<좋아하겠습니까>?/(학교 운동장에서) 바아라 바아라<봐라 봐라>, 저 디이예 머어하고 인노<뒤에 무얼 하고 있니>? 이 아풀<앞을> 보고 줄로 앰 **맏추우**고<줄을 맞추지 않고>… 2 田 ①¶개애미도<개미도>, 우리가 잘 지키보머<지켜보면>, 서리 이불 **맏추우**고<서로 입을 맞추고> 그카거등<그러거든>… ②¶기계로 함문 뜨덜따거<기계를 한번 뜯었다가> 다부 **맏추우**능 거도<도로 맞추는 것도> 기수리야<기술이야>. ③¶내동 아지미요<아주머니>, 새실랑 양보근<새신랑 양복은> 미리 다아 **맏차**아 나안능기요<다 맞추어 놓았습니까>? ▷맏춯다.

맏추다² [맏추′우다] 動使動 맞히다*. ① '맞다'의 사역형. ¶이미야<어멈아>, 오새애 돌림뼝이 도오능갑떠라<요새 돌림병이 도는가 보더라>, 에링걷뜨린테<어린것들한테> 미리미리 에에방주사로<예방주사를> **맏차아** 놓투룩 해애라<맞혀 놓도록 해라>./달비질<다리미질> 할 꺼느<것은> 아징 이실로 <아침 이슬을> 미리 **맏추우**머 조온데<맞히면 좋은데>… ②¶민자 니느<너는>, 내애리 선생니미<내일 선생님이> 어어떰 무운제로 내애도<어떤 문제를 내어도> 다아<다> 잘 **맏추울** 수 익껜쩨<맞힐 수 있겠지>? ▷맏춯다.

말#¹ [마아′리′, 마아′를′, 마아′레′, 마알′또′/마알′도′, 마알′마′] 名 바지나 치마 등의 맨 윗허리에 둘러서 댄 부분. 말기*. ¶처매 **마알**로<치마 말기를> 바짝 땡기 조라아 매애라<바싹 당겨 졸여 매라> 보자./사아라미 우애<사람이 어째> 자기 바지 **마아리**<말기가> 타진 줄또 모리고<줄도 모르고> 기양 익꼬 댕기노<그냥 입고 다니느냐>.

말*² [마′리′, 마′를, 마′레, 말′또, 말′마] 名 ¶시가니 어업시니꺼네<없으니까>, 이 **말**로<말을> 타고 퍼뜩 댕기오소<빨리 다녀오소>./저 사라믄 와<사람은 왜>, **말**로 모올고 가꼬<말을 몰고 갈까>? 타고 앵 가고<가지 않고>./나도, **말** 가는 데 소 가는 데 다아 댕기바안심더<다 다녀봤습니다>./이치리 너린 지레<이처럼 너른 길에> **말**로<말을> 타고 죽짜꼬 달리보머<죽자고 달려보면> 그 기부니 어어떡까<기분이 어떠할까>?

말*³ [마′리′, 마′를′, 마′레′, 말′또′, 말′마′] 名 ¶물 소오게<속에> **마**리 우거진 따무네<말이 우거진 때문에>, 낙수<낚시>가 자꾸 걸리가아<걸려서>

애애로 묵껜네요<애를 먹겠네요>./저실게느 밀구 모세서러<겨울에는 密龜 못에서>, 까아끼로 가아<갈퀴를 갖고> **말**로 처다 무건는데<말을 쳐다 먹었는데>…

말*⁴ [마′리, 마′를, 마′레, 말′또, 말′마] 몡 ①¶(윷놀이 할 때) 거기 안즌 사라미<앉은 사람이> **마**름 마터서<말은 맡아서> 잘 시소<쓰세요>./(고누를 둘 때) 내 **마**리 니 **말**보다아느 안죽<말이 네 말보다는 아직> 두우 바리가<두 마리가> 더 마안타<많다>. ② 마(馬). ¶자앙구느<장기는>, 포캉 **말**로<포와 마를> 잘 시는 사라미<쓰는 사람이> 나안니이라<낫느니라>.

말*⁵ [마′리′, 마′를′, 마′레′, 말′또′, 말′마′] 몡 **1** 자립 ¶(곡식을 되는 말 가운데) 이이저네느<예전에는> 사두마리라 컨능 기이 이섣따<私斗 말이라고 하는 것이 있었다>. **2** 의존 ¶가매니에느<가마니에는> 콩관두<큰官斗>로 담 **말**석 드간다<닷 말씩 들어간다>./가아드리야 지굼<걔들이야 지금> 신혼 재미에 깨가 서어 **마**리시더<서 말입니다>.

말*⁶ [마′리′, 마′를′, 마′레′, 말′또′, 말′마′] 몡 말뚝*. ¶엉뚝 뭉개애진 데 느<언덕 무너진 데는>, 미테다가 **말**버텅<밑에다가 말뚝부터> 치고, 시이장능 기 올치<시작하는 것이 옳지>./철수야 니도<너도> 저기 대애봇두게<제방 둑에> **말** 치는 데 가가아 쫌 거어드러 조오라<가서 좀 거들어 줘라>. 참 옛말이 아니라 현재도 쓰고 있음. ▷말띠기.

말*⁷ [마아′리′, 마아′를′, 마아′레′, 마알′또′/마알′도′, 마알′마′] 몡 ¶야 아<얘>야, 가마아꼬 잊찌 바고<가만히 있지 말고> 무심 **마**아리라도 쫌 해애라<무슨 말이라도 좀 해라> 보자.

말가 [말가′] 뷔 모두*. ¶그 사암드리<사람들이> **말가** 다아<모두 다>, 착칸 사람드릴<착한 사람들일> 수야 억껜찌<없겠지>, 앵<안> 그래?/내가 준 구실마 해애도<준 구슬만 해도> 제북 마아넏따 시푼데<제법 많았다 싶은데> 다아 어야고<다 어쩌고> **말가** 이거뿡가<모두 이것뿐이냐? ▷마카/마커/말개.

말거게 [말거′게] 뷔 말한테. 말의 등에. ☞말꺼게.

말기다 [말′기다] 동 타 말리다*. ¶야 이 사암드라<사람들아>, 저치리<저처럼> 물고 뜩꼬 사우늠 파닌데<뜯고 싸우는 판인데>, 자네드른 **말기**지도 앤 하고<자네들은 말리지도 않고> 머어하고 인노<무얼 하고 있니>?/(구원을 청하며) 인프라아로<이놈 아이를> 와 쫌 앰 **말기** 주노<왜 좀 안 말려 주니>?

말꺼게 [말꺼′게] 명 말[馬]한테. 말에다. 말의 등에. ¶무거분 지물랑<무거운 짐은>, 마카 **말꺼게** 시일꼬<모두 말에다/말한테 싣고> 가소./세에상아 **말꺼게** 모온 시를<세상에 말한테 못 실을> 풀거니 어딛소<물건이 어디 있소>? 흔). ▷말거게.

말다#[1] [마알′고′/마아′고′, 마알′지′/마아′지′, 마알′더′라/마아′더′라, 마′러(라)도, 마′러서] 동 타 몰다*. ①¶소로 잘 **마알라** 커꺼등<소를 잘 몰려거든> 아페서러 땡기지 마알고<앞에서 당기지 말고>, 디이예서러 **마러바**아라<뒤에서 몰아봐라>, 잘 가지./우리 자그나지야느<작은삼촌은>, 얌생이 떼로 **마알고**<염소 떼를 몰고> 저 솔 숩 쪼그로 올러갇심더<소나무 숲 쪽으로 올라갔습니다>./(축구를 하며) 요리조리 고옹을<공을> 잘 **마알고**<몰고> 가야 앰 빽끼길 꺼<안 빼앗길 것> 아니가<아니냐>. ②(차나 배 따위를) 부리거나 운전하다. ¶술로 묵꼬느<술을 먹고는> 절때로 차로 **마알지** 마래이<절대로 차를 몰지 마라>.

말다*[2] [말′고/마′고, 말′지/마′지, 말더′라/마더′라, 마′러(라)도, 마′러서] 동 타 ¶저 덕시기느<멍석은> 돌돌 **마러가아**<말아서> 도장아 갇따아 도오라<광에 갖다 둬라>.

말다*[3] [마알′고′/마아′고′, 마알′지′/마아′지′, 마알′더′라/마아′더′라, 마′러(라)도, 마′러서, 마′러라/마아′라′/마′라] x[말거라]. 동 타 ¶(도둑을) 쪼처가다가 **마알머**<쫓아가다가 말면>, 그너미 다알러갑뿌지<그놈이 달아나 버리지> 거기 기양 익껜나<그냥 있겠느냐>?

말다*[4] [말′고/마′고, 말′지/마′지, 말더′라/마더′라, 마′러(라)도, 마′러서, 마′러라] 동 타 ¶첟 술버텀<첫 숟가락부터> 구게다가 **마러무구머**<국에다가 말아먹으면> 봉 나간대이<복 나간다>, 그라지<그리하지> 마라.

말띠기 [말띠′기] 명 말뚝*. ¶호오바게 **말띠기** 박끼느<호박에 말뚝 박기는>, 저 집 정태가 서언수지<선수지>./논둑 뭉거진 데느<논둑 무너진 데는> **말띠기**버텅 박꼬<말뚝부터 박고> 나서 지버야 댄대이<기워야 된다>, 아럳쩨<알았지>?/아재<숙부님> 거기, 논뚱 미테더러<논둑 밑에서> 머어 하시능기요<뭘 하시는지요>, **말띠기** 치능기요<말뚝 치십니까>? ▷말[6].

말루다 [말루′우고, 말루′우지, 말루′우더라, 말라′아도, 말라′아서, 말라′아라] x[마르다] 동 사동 말리다*. '마르다'의 사역형. ¶저즘 빨래로<젖은 빨래를> 쫑 거러 **말루울**라 캐애도<좀 걸어 말리려고 해도>, 도무지 해가 나야 **말루우**든동 달든동<말리든지 말든지> 하지./야 이, 께엘바즌 작짜야<게으른 작자야>, 우애가아 등잠뿌레다가<어째서 등잔불에다가> 양발로 **말라아** 시늘 생가글<양말을 말려 신을 생각을> 다아 하노<다 하니>?/낙숙꾸니<낚시꾼이> 이레 마아니 몰리이다가느<이렇게 많이 몰리다가는>, 돈지 모세<敦池 못에> 소옹에라꼬느<붕어라고는> 시로 다아 **말루우겐**심더<씨를 다 말리겠습니다>. ▷말룧다/말류다/말룧다.

말류다 [말류′우다] 동 사동 말리다*. '마르다'의 사역형. ☞말루다.

말리다*[1] [말′리고, 말′리지, 말′리더라, 말′리도, 말′리서, 말′리라] 동 타 ¶물팍또<무릎도> 저레 아푸다 커니꺼네<저렇게 아프다고 하니까>, 이분 시르메느<이번 씨름에는> 모온 나가두룩<못 나가도록> **말리**능 기이 조옥켄심더<말리는 것이 좋겠습니다>.

말리다*[2] [말리′이다] 동 자 ¶멩태기가<명탁이가>, 지남 분<지난 번> 도동넘 사아꺼네 **말리이**가아<도둑놈 사건에 말려서>, 어제 숭경자테 잡피이 갑뿐따<순경한테 잡혀 가버렸다>.

말망생이/말망생이 [말망새′~이~/말망새′~이~] 명 망아지*. ¶덕천떡 **말망생이**느<망아지는> 도오도 오올때앤쩨<대단히도 올되었지>? 버러 풀로<벌써 풀을> 다아 뜨더뭉는다 컨네<다 뜯어먹는다고 하네>. ▷망생이/망생이.

말십 [말′십] 명 암말의 성기. 말의 교미. 말X. ¶저 자석<자식> 보오통 때느<보통 때는>, 누가 머어로 시기도<무얼 시켜도> 자 랜 하지마느<잘 안 하지만>, **말십** 마아미 나머<말X 마음이 나면> 앤 시기도<안 시켜도> 잘 하는 서엉지리 잊쩌<성질이 있지>./시럽시 위익끼느<실없이 웃기는>, 인떠라아 가아<이 녀석이> **말십**<말X> 하능 거로 바안나<하는 것을 봤나>? **말십 마아미**<말X 마음이> **나다** 구).

맑다#[1] [말′꼬, 말′찌, 말떠′라, 말′거도, 말′거(가)서, 말′거라] x[막따] 동 타 (옷을) 마르다*. 마리다[2]의 준말.

맑다*[2] [말′꼬, 말′찌, 말떠′라, 말′거(가)도, 말′거서] x[막따] 형 ¶새애미 무리 **말**그먼사<샘물이 맑으면>, 물 만또 앤 조옥켄나<맛도 좋지 않겠니>.

맘만하다 [맘만하′고, 맘만하′지, 맘만하더′라, 맘마′너(나)도/맘만해′애′도′/ 맘마′내도, 맘마′너서/맘만해′애′서/만마′내서] 다] 혱 만만하다*. ①¶지 인테느<자기에게는> 내가 **만마늠** 모양이가<만만한 모양인가>? 와<왜> 자꾸 나망 가주구<나만 가지고> 저카지<저러지>?/저 집 태무니로<태문을> **맘만하**기 보다가느<만만하게 보다가는> 쿵코다친대이<큰코다친다>./누구나 암망캐애도<아무래도>, 어매가 아배버다아사<엄마가 아빠보다야> 앰 **맘만하**겐나<만만하지 않겠니>./북끌시쭈우미사 컥꼬<붓글씨쯤이야 하고>, 나미 다아 신다꼬<남이 다 쓴다고> **맘만하**기 이길<만만하게 여길> 이이리 모온 땐대이<일이 못 된다>./무신 이이리나<무슨 일이나> 너무 **맘만하**기<만만하게> 보고 함부레 덤비다가느<함부로 덤비다가는> 소온내<손해> 보는 수도 잍찌<있지>. x②무르고 보드랍다. **맘마니** [맘마′~이~] 부 만만히*. 참 맘많다>맘만하다.

맘많다 [맘망′코, 맘만′치, 맘만′터′라, 맘마′너(나)도, 맘마′너서] 혱 '만만하다'의 준말. 흔). 참 맘많다>맘만하다.

맘메느리 [맘메′느리] 몡 맏며느리*. ¶그 처어자<처녀> 참, 진짜 부우자쩜 **맘메느리** 까앙 거치<부잣집 맏며느리 감 같이> 생긷떼에요<생겼더군요>. ⇔망냉이메느리.

맛* [마′시′/맏′시′, 마′슬′/맏′슬′, 마′세′/맏′세′, 맏′도′/맏′또′, 맘′마′] 몡 ¶칠갱이느<칡은> 자꾸 시푸머 시풀수룩<씹으면 씹을수록> 담마시<단맛이> 나지요.

망개 [망개′] 몡 망개나무의 열매. 청미래덩굴의 열매. ①¶사네더러 심시임하머<산에서 심심하면> **망개**로<망개를> 멕 깨 따무거도<몇 개 따먹어도> 요구사 대지마느<요기야 되지마는>… ②¶졸졸 쉐는 새애미무른<새는 샘물은>, **망개** 이퍼리로 저버가아<청미래덩굴 이파리를 접어서> 떠뭉능 기이<떠먹는 것이>, 업띠리가아 묵끼버다<엎드려서 먹기보다> 훨신 수위른데<훨씬 수월한데>… 흔).

망생이/망샌이 [망새′~이~/망새′~이~] 몡 ☞말망생이.

망중 [망중′] 몡 망종*(芒種).

-망쿰 [마앙′쿰] 조 -만큼*. ¶니이가 그 사랑캉<네가 그 사람과>, 머 모갱이 디일따리 **마앙쿠**미라도<뭐 모기 뒷다리만큼이라도> 걸리이나<걸리니>?/

내가 불러도 도러보지도 앤 하능 거느<돌아보지도 않는 것은> 그 **망쿰**<만큼> 당시니 나알로<당신이 나를> 앤 조오와한다컨는 지잉거시더<안 좋아한다는 증거올시다/증거입니다>.

망하다* [망하′ 다] 동자 ¶백쩨가 **망**하머<백제가 망하면>, 그 사람드리<사람들이> 어데로 각껜노<어디로 갔겠니>? 주구나 사아나<죽으나 사나>, 사알던<살던> 데 그대로 사안<산> 사람도 익꼬<있고> 또…

망후다 [망후′ 우다] 동타 망치다*. 망하게 하다. ¶그 지비느 사아실<집은 사실> 저거 할배<자기 할아버지>가 뻬빠지기 일구운 놈받쩐지로<뼈빠지게 일으킨 논밭전지를> 저그나드리<작은아들이> 다아 파러묵꼬<다 팔아먹고> 폭삭 **망후운** 테기다<망하게 한 셈이다>. ▷망홓다.

맞다* [막′ 꼬/맏′ 꼬, 맏′ 찌, 맏떠′ 라, 마′ 저(자)도, 마′ 저서] 동자 ¶이기이 지 뚜깡이머<이것이 제 뚜껑이면>, 이가 땅 **마**저야<딱 맞아야> 벌거지가 앤 드갈 끼인데<벌레가 안 들어갈 것인데>…

맡다*¹ [막′ 꼬/맏′ 꼬, 맏′ 찌, 맏떠′ 라, 마′ 터(타)도, 마′ 터서] 동타 ¶우리 쥐인네가<주인이> 올버텅<올부터>, 상저믈 나알<상점을 나를> 보고 **마**터보라 컨는데<맡아보라고 하는데>…

맡다*² [막′ 꼬/마′ 꼬, 맏′ 찌, 맏떠′ 라, 마′ 터(타)도, 마′ 터서] 동타 ¶이 꼳탕기<꽃향기>가 참 히야느네<희한하네>, 니도 (향기를) 함뭄 **마**터바아라<너도 한번 맡아봐라>.

매끼* [매′ 끼] 명 묶는데 쓰는 짚, 줄, 새끼 또는 끈. ¶(산에서) 비짜리<비>맬 사리로 끙커가아<싸리를 끊어서>, **매끼**느 댕댕이 쭐로<매끼는 댕댕이 줄을> 거더다가 매머 대거등<걷어다가 매면 되거든>…

매끼다 [매′ 끼다] 동사동 맡기다*. ☞맥끼다.

매다*¹ [매′고, 매′지, 매더′라, 매′애도, 매′애서, 매′애라/매′라] 동타 ¶부리야 컨는<불이야 하는> 웨마디 소레<외마디 소리에>, 우리 모도<모두> 구두끈도 모옴<못> **매**고 앤 쪼처간능기요<달려갔잖아요>.

매다*² [매′고′, 매′지′, 매′더′라, 매애′도′, 매애′서′, 매′라′] 동타 ¶아재요<아저씨요>, 소삼 미테 지정바튼<소산/女根谷 밑의 기장 밭은> 어언제 **매**로 갈 끼잉기요<언제 매러 갈 것입니까>?

매랍다 [매랍′ 꼬/매랍′ 꼬, 매랍′ 찌, 매랍떠′ 라, 매라′ 버(바)도, 매라′ 버서] 형

마렵다*. ¶야 이누마<이놈아>, 오조미 **매라**부머<오줌이 마려우면> 거름 테에 가가아<터에 가서> 노오라머<누렴>… ▷메럽다. 해).

-매애로 [매ˊ애로] 国 -처럼*. ¶전떠라아느 도오니라커머<저 녀석은 돈이라면> 소**매애로**<소처럼>, 참 미런하기 짜기 엄니이더<미련하기 짝이 없습니다>./덩치는 다아 킁 기이<덩지는 다 큰 것이>, 저치리 얼라아**매애로**<저토록 아이처럼> 처리 어업서 가주구<철이 없어 가지고> 우얄랑공 모올라<어찌할지 몰라>./(아이가) 나도 저 나무**매애로**<나무처럼> 키가 하늘꺼정<하늘까지> 컨시머 조오켄는데<컸으면 좋겠는데>… ▷-맹애로. 흔).

맥끼다 [맥ˊ끼고, 맥ˊ끼지, 맥ˊ끼더라, 맥ˊ끼도, 맥ˊ끼서] 国 사동 맡기다*. '맡다'의 사역형. ¶내인테 **맥끼**마 주시머<나에게 맡겨만 주시면> 지이<제>가, 그거로 가따갈랑<그걸 -> 뻬가 빠지두룩<뼈가 빠지도록> 열시미 하겐심더<열심히 하겠습니다>./이 지믈랑<짐을랑> 저 점빵아 간따가<점포에 갖다가> 자암시 **맥끼** 녹코 온나아<잠시 맡겨 놓고 오너라>./그기이 바리<그것이 바로>, 꼬오내기인테 궤기 꽝지리<고양이한테 고기 광주리> **맥낀**테기시더<맡긴 셈입니다>. ▷매끼다.

맨* [맨ˊ] 国 ¶사친홰 모디미에<師親會/자모회 모임에> 함뭉 가바안띠이<한번 가봤더니>, 남자느 하낟또 억꼬<남자는 하나도 없고> **맨** 여자들 뿌니디이더<뿐입디다>.

-맨침 [매앤ˊ침/매ˊ앤침] 国 -만큼*. ¶술로<술을> 뻬가리 눔물**매앤침** 따라아가아<병아리 눈물만큼 따라서>, 나알로<나를> 보고 무거라꼬 내애미능거로<먹으라고 내미는 것을>, 내가 앰 바덛찌 머어<안 받았지 뭐>.

맴발 [맴발ˊ/맴ˊ발] 国 맨발*. ¶뜨거붐 모래사장아<뜨거운 모래사장에> **맴발**<맨발>로 거러댕기<걸어다녀> 보니, 첨메에느 발빠대기<첨에는 발바닥이> 간질간질하다가 내앵쿼에에느<나중에는> 막 화끙거리는데<화끈거리는데>…/니 거튼 너믄<너 같은 놈은> **맴발** 벅꼬도<맨발 벗고도> 모온 따러간다<못 따라간다>.

맵다* [맵ˊ꼬/맥ˊ꼬, 맵ˊ찌, 맵떠ˊ라, 매ˊ버(바)도, 매ˊ버서] 国. ▷몹다.

맹글다 [맹글ˊ다] 国 만들다*. ¶아재느 지굼<아저씨는 지금>, 꼬장갱이 멛깨 가주구<꼬챙이 몇 개 가지고> 머어로 **맹글** 채애밍기요<무얼 만들 참입니까>? ▷맨들다.

-맹애로 [매′~애~로] 조 -처럼*. ☞-매애로. 흔).

머리* [머′리가, 머′리로/머′리를, 머′레/머′리에, 머′리도, 머′리뭐] 명 ¶그 너미 조옴해애가아<그놈이 좀처럼> 나민테<남에게> **머리**로 쉬기지느 앤 할 꺼로<머리를 숙이지는 않을 걸>…

머시마 [머시마′아] 명 사내아이*. 남자애*. ⇔따라.

머여 [머여′] 부 먼저*. ¶시간 업따<없다>, 일딴 니버팅<일단 너부터> 이 차로<차를> 타고 **머여**<먼저> 가거라./우리가 여기 제엘롱<제일> **머여** 도오착캐앤는데요<먼저 도착했는데요>. ▷먼저. ⇔냉줴에/나앙중.

먹다*¹ [먹′따] 동 1 자 ¶이 야앙바니<양반이> 귀가 **먹**건나<먹었나>? 와 그치리<왜 그렇게> 모온 아러든노<못 알아듣나>? 2 타 ¶저 할매느<할머니는> 귀가 **먹**거 가주구<먹어 가지고> 큰소리로 해애야만<큰소리를 해야만> 제에와 아러든니이더<겨우 알아듣습니다>.

먹다*² [먹′따] 동자타 ☞묵다.

먹새* [먹′새] 명 ①먹음새. ②먹성.

먼여 [먼여′/머~여′~] 부 먼저*. ☞머여.

멋 [머′디′, 머′들′, 머′데, 멋′또′, 멈′마′] 명 멋*. ¶야아<애>야 우리 윤 서방이<서방이>, 오새애<요새> 너무 **멋**들 부리능 거 애니가<멋을 부리는 것 아니냐>?/저 야앙바니<양반이> 너무 험**멋**들 내앨라컨따가<헛멋을 내려다가> 타알<탈> 나지, 타알<탈> 나./수야느 아앙경을<(철)수는 안경을> **멋**로 시늠 모양이지<멋으로 쓰는 모양이지>?/모자로 삐다악카기 시는<모자를 삐딱하게 쓰는> 거도 **멋** 댕이가 멋<멋 아니냐 멋>.

멀구 [멀구′] 명 머루*. ¶지냉 가실게<지난 가을에> **멀구**로 까아<머루를 가지고> 술로 담는다컨띠이<술을 담근다더니>, 마시 어어떤동<맛이 어떤지> 쫌 가주와<좀 가져와> 보소.

멀끄딩이 [멀끄디′~이~가, 멀끄디′~이~를, 멀끄디′~이~에~, 멀끄디′~이~도, 멀끄디′~이~마] 명 ①머리카락*. ¶**멀끄딩이**로 가주구<머리카락을 가지고> 시늘 사암띠이라도<신을 삼더라도> 헝님 은혜로<형님 은혜를> 내가 꼭 갑뚜룩 하끼요<갚도록 할게요>./멥빠베 **멀끄딩이**가 드가머<제삿밥에 머리카락이 들어가면>, 구우시니 완따가<귀신이 왔다가> 꺼어꾸랭인<지렁인> 줄 아알고 기양<알고 그냥> 간단다, 조오심해애래이<조심해라>. ②

머리끄덩이*. ¶이미 재기<어미 자식이> **멀끄딩이**로 작꼬<머리끄덩이를 잡고> 사암하는 꼬라지라니<싸움하는 꼴이라니>? 창 가과니시더<참 가관입니다>. ▷멀끄디기.

멀다*¹ [머얼'고'/머어'고', 머얼'지'/머어'지', 머얼'더'라/머어'더'라, 머'러(라)도, 머'러서] 동자 ¶그 여엉감니를<영감님을> 절때 그레<절대 그렇게> 보지 마소, 귀사 **머러도**<귀야 멀어도> 눈치 하나느 디이기 빠리디이더<하나는 되게 빠릅디다>.

멀다*² [머얼'고'/머어'고', 머얼'지'/머어'지', 머얼'더'라/머어'더'라, 머'러(라)도, 머'러서] 형 ¶덕천 어어르니 할맹이로 일꼬느<어른이 할멈을 잃고는>, 그저 **머언** 화늘만 치바더보고<먼 하늘만 쳐다보고> 세에월로<세월을> 보내애시늠 모앵이던데<보내시는 모양이던데>···

멋* [머'시'/멀'시', 머'슬'/멀'슬', 머'세/멀'세, 멀'또', 멈'마'] 명 ☞멀.

메 [메] 명 (가재·게·개미 따위가) 집을 지으면서 파낸 보드라운 흙. ¶내 보기로느<보기로는>, 개애무<개미> **메** 모두우드시 모다아도<모으듯이 모아도> 천석꿈마 대더라<천석꾼만 되더라>./저기 선창 미테 기이가<밑에 게가> **메**로 내애노옹 거로<메를 내어놓은 것을>, 내가 하나 마터 나안니이더<맡아 놓았습니다>.

메가지 [메가'지] 명 모가지*. ①¶달구 **메가지**<닭의 모가지> 자버 트능 걷또<잡아 트는 것도>, 아아무나 하머<아무나 하면> 대능 기이 애닌데<되는 것이 아닌데>./근따라아 **메가지**로<그 녀석 모가지를> 내가 딱 타러쥐이니꺼네<틀어쥐니까> 금방 항보글 하더구마느<항복을 하더군>. x② '면직', '파면' 등을 속되게 이르는 말. ③먹*. ▷메간지.

메느리 [메'느리] 명 며느리*. ¶시이미<시어미>가 **메느리** 거느리기느<며느리 거느리기는>, 수우분<쉬운> 줄 아아나<아니>?/덕천떡 메느리가<덕천댁 며느리가> 딴 주밍이로 찬늠 모양이라요<주머니를 찬 모양이에요>. ▷메늘.

메늘 [메'늘] 명 며느리*. ☞메느리.

메뛰기 [메뛰'기] 명 메뚜기*. ☞메띠기.

메띠기 [메띠'기] 명 메뚜기*. ¶지름쭈밍이가 앰 비이네요<기름주머니가 안 보이네요>, **메띠기** 자부로<메뚜기 잡으러> 가알라 캐앤띠이<가려고 했더

니>./여엉가마 여엉가마<영감아 영감아>, 우리 여엉가마<영감아>, 기모연 숭여네<己卯년 흉년에>, 오오나락 빠테<올벼 논에>, 새애 후치로 갇따가<새 쫓으러 갔다가>, **메띠기** 디입빠레 채이 주군<메뚜기 뒷발에 차여 죽은>, 우리 여엉가마<영감아>. 참 민요. ▷메뛰기.

메레치 [메레′치] 명 멸치*. ¶우리가 **메레치** 대가리로<멸치 대가리를>, 다 아 띠입뿌고 무굴<다 떼어버리고 먹을> 이이유가 업찌<이유가 없지>./나 만 사라미<나이 많은 사람이/늙은이가> **메레치**로 마아니 자아시머<멸치 를 많이 자시면> 모메 그리 조온타니이더<몸에 그리 좋답니다>. ▷메리치/멜치.

메물 [메물′] 명 메밀*. ¶이 무기<묵이> 와 이레 까끄럼노<왜 이렇게 깔끄럽 니>? **메물**까리가<메밀가루가> 쫌 시인나<좀 세었나>?/나리 하도 가무러 가아<날이 하도 가물어서> 비가 온다캐도 인자<온대도 이제> **메물**배끼 느<메밀밖에는> 대애파할 장무리 업심더<代播할 작물이 없습니다>.

메주* [메′주] 명 ¶**메주** 띠울 떼가 마땅차느머<띄울 데가 마땅찮으면>, 불 때애능 꿀떡 우예다가<불때는 굴뚝 위에다가>도 두고 그래앤따<그랬다>, 거어가 뜨시니꺼네<거기가 뜨뜻하니까>.

메치리 [메치′리] 명 메추라기*. ¶저네<전에> 한창 **메치리**가<메추라기가> 몰리이 올 때느<몰려 올 때는>, 저저꺼정 날러가다가<자기네끼리 날아가 다가> 저엉긷쭈레 걸리가아<전깃줄에 걸려서> 널찌는 넘도<떨어지는 놈 도> 참 흐넌데<흔했는데>…/나느<나는> 삐덜구버다아사 **메치리** 궤기 가<비둘기보다 메추라기 고기가> 더 마신떠라 와<맛있더라 왜>.

메칠 [메′칠/메칠′] 명 며칠*. ①¶아지매<아주머니>, 오느리 음녁<오늘이 음 력> **메치**링기요<며칠입니까>? ②¶그날 온다컨떤 사라미<온다던 사람이> 우얘<어찌>, **메치**리 지나두룩 앤<며칠이 지나도록 안> 오지?/하동 아지미 느<아주머니는>, **메칠** 점버텅<며칠 전부터> 자레 눕띠이<자리에 눕더니>, 안죽또<아직도> 모온 일라고 인니이더<못 일어나고 있나이다/있습니다>./ 하이구<아이> 참, 술 따문 제<담근 지>가 **메칠**째 댄다꼬<며칠째 된다고> 버러 술로 찬능기요<벌써 술을 찾습니까>?

멜치 [멜치′] 명 멸치*. ¶우리가 그 집캉<집과는> **멜치** 대가리마안충<멸치 대가리만큼> 걸리인다 와<걸린다 왜>? ▷메레치/메리치.

멩당 [멩당'] 명 명당*(明堂). ¶저 지비 일라능 거캉<집이 일어나는 것과>, 멩당 썬따 카능 마알캉<명당을 썼다고 하는 말과> 무싱 광게가 인능강<무슨 관계가 있는가>?/누구라도 멩당 자레다가<명당 자리에다가> 미이로 시구 적끼사 하곘찌<뫼를 쓰고 싶기야 하겠지>… ▷멩산.

멩산 [멩산'] 명 명산*(名山). ¶오새애 와서꺼정<요새 와서까지> 멩사늘 차즐 꺼는<명산을 찾을 것은> 또 머어꼬<뭐냐>? ▷멩당.

멩지 [멩지'] 명 명주*(明紬). ¶그 집 처어자사<처녀야> 참, 서엉지리<성질이> 멩지 고롱 걷찌요<명주 고름 같지요>./그 야양반 비잉은<양반 병은> 어애 뿔깅이가 떠러전는동<어찌 뿌리가 떨어졌는지> 모올라도<몰라도>, 모믄 똑<몸은 쪽> 멩지 바지로 이붕 꼬리<명주 바지를 입은 꼴> 대앱 뿐떼에<되어버렸더군>.

멩태 [멩'태] 명 명태*. ¶기이운 업실 찌게느<기운 없을 적에는> 비렁내 앤 나믐<비린내 안 나는> 마림 멩태라도<마른 명태라도> 서너 바리<마리> 살 머무구머 조옹 낀데<삶아먹으면 좋을 텐데>./내 든는 데서러<듣는 데서> 그 어어른 욕카지 마알게<어른 욕하지 말게>, 나도 그 어어릉캉은<어른과는> 멩태 뻬간지마안춤<명태 뼈만큼> 걸리인다네<걸린다네>.

멩필 [멩'필] 명 명필*(名筆). ¶당대 멩피리야 한 석뽕이바꿈<명필이야 한 석봉밖에> 더 인나<있나>?

몇 [메'치', 메'츨', 메'체', 멛'또', 멤'마'] 준관 몇*. ☞멛.

멛 [메'치', 메'틀', 메'테', 멛'또', 멤'마'] Ⅰ 준 몇*. ¶오늘 기이중에<계에> 앤<안> 나온 사라미<사람이> 모도 멕꼬<모두 몇이냐>?/(나이를 물으면서) 거기능 올개<거기는 올해> 멛치나 대앨소<몇이나 되었소/몇 살이오>?/니느<너는> 서얼 쉬이고 나머<설을 쇠고 나면> 우리 나<나이>로 멛 살 대노<몇 살이 되니>? Ⅱ 관 ¶멤 마리 궤기나 자불라꼬<몇 마리 고기나 잡으려고> 아직버텅<아침부터> 그 작따이고<작당이냐/야단이냐>?/구울굼 빠아미야<굵은 밤이야>, 멘 나무 앤 터러도<몇 나무 안 털어도> 금방 항 가매니 대지<한 가마니가 되지>./지이가 피이해바앋짜지<제가 피해봤자지>, 내가 보기로느<보기로는> 멛 딸 모옹 까가아<몇 달 못 가서> 잡피이고야<잡히고야> 마알 끼이다<말 것이다>. ▷몇.

모*¹ [모'] 명 ①¶새말 아재요<아저씨요>, 호옥시<혹시> 모 나암능 거 이시머<남는 것 있으면> 도오 모치미<두어 모춤> 주실랑기요<주시렵니까>?/우리느<우리는> 오늘, **모**파늘 드러내앨라 컨니이더<모판을 들어내려고 합니다>. ②¶비온 지메<김에> 꼬치<고추> **모**나 내애얄따<내어야겠다>./들깨 모느<모는> 어언제 내앨라 컨능기요<언제 내려고 하는지요/하십니까>? **모(를) 내다** 구). **모(를) 디리다(들이다)** 구). **모(를) 붓다** 구). **모(를) 숨다<심다>** 구). **모(를) 찌다** 구). **모(를) 숭구다<심다>** 구).

모*² [모] 몡 ¶사아라미<사람이> 너무 **모**가 나머<나면>, 여러 **모**로 벨로 앤 조온치요<별로 안 좋지요>.

모*³ [모오′] 몡 ¶또<도>, 개, 걸, 윰, **모오**<윷>, 모>.

모간지 [모간′지] 몡 모가지*. ¶(욕을 하며) 지느<저는> **모간지**가 멕 깨나 대능강요<모가지가 몇 개나 되는가요>?/그너무 자석<그놈의 자식> 아예 **모간지**로<모가지를> 삐이트러놓치 그랜노<비틀어놓지 그랬니>?

모개 [모오′개′] 몡 모과*. ①¶방아네<방안에> **모오개** 멘 떵거리마<모과 몇 덩어리만> 갇따 노오머<갖다 놓으면> 내애미가 참 조옥켄는데<냄새가 참 좋겠는데>… ②'못 생긴 것'의 대명사. ¶(둥글둥글하게 생긴 아기를 어르며) 야, 이 **모오개**야<모과야>, 니느 머어로 묵꼬<너는 무엇을 먹고> 이레 **모오개**거치 생긴노<이렇게 모과같이 생겼니>?/그 가시나아<계집애> 참 **모오개** 거치도 생긷따<모과 같이도 생겼다>. **모개 겉다**<모과 같다> 구).

모개나무 [모오′개′나무] 몡 모과나무*. ¶그 야양방<양반> 그거, 순저니<순전히> **모오개나무** 심술 애니가<모과나무 심술 아니냐>.

모갱이 [모개′~이~] 몡 모기*. ¶니이가<너가> 그 사랑캉<사람과>, **모갱이** 디일따리마앙쿠미라도<모기 뒷다리만큼이라도> 걸리이나<걸리냐>?/소가 밤새애두룩<밤새도록> **모갱이**인테 뜯끼이 가주구<모기한테 뜯겨 가지고> 등더리가 버얼걱쿠마<등이 벌겋군요>. ▷모구.

모구 [모′구′] x[모오구] 몡 모기*. ☞모갱이.

모구장 [모구′장] 몡 모기장*. ¶모구 뜯는다<모기(가) 뜯는다/문다>, 얼릉<얼른> **모구장** 아느로 드가거라<모기장 안으로 들어가거라>./이 사라마<사람아>, 무신 오시 이레<무슨 옷이 이렇게> **모구장** 거트노<모기장 같으냐>? ▷방장.

모나다 [모오′나′다] 동 타 형 못하다*. ☞몬하다.

모두다 [모두′우고, 모두′우지, 모두′우더라, 모다′아도, 모다′아서] 동타 모으다*. ①¶곡석 따니<곡식 단이> 저리 호치잉 거로<흩어진 것을> 기양 두머 대나<그냥 두면 되느냐>, 모지리 한테에다가<모조리 한데다가> 잘 **모다**아 나아라<모아 놓아라>./(땔감은) 뿍띠기마 끌거**모다아도**<검불만 긁어모아도> 한 지미사<짐이야> 수욱끼 대니이더<쉽게 됩니다>./기도로 할 때느<기도를 할 때는>, 정시늘 항군 자레 **모두우고**<정신을 한 자리에 모으고> 해애야지<해야지>. ②¶자네가 어디 가가아<가서>라도, 기이꾸늘 서이마<곗꾼을 셋만> 더 **모다아** 온나아<모아 오너라>./온쩌너게<오늘저녁에> 우리, 이일꾼들 **모다아**가아<일꾼들 모아서>, 돈지 모세 궤기 떠얼로<敦池 못에 물고기 털러> 앵 가알래<가지 않을래>? ③¶호상떡 영처리느<호상댁 영철은> 객찌로 나가디이<객지로 나가더니> 고상도 해앳찌마느<고생도 했지마는> 도온도<돈도> 제붕 **모두움** 모양이시더<제법 모은 모양입니다>./오새애 학성드른<요새 학생들은> 우포 **모두우**능 기이<우표 모으는 것이> 추우미라네요<취미라네요>. ▷모둪다.

모디다 [모디′이고, 모디′이지, 모디′이더라, 모디′이도, 모디′이서] 동자 모이다*. ☞모지다.

모라붙치다 [모라′아붇′치다] 동타 몰아붙이다*. ¶다석 키서<다섯 사람이> 나 하나로<하나를> 망 **모라아붙치**는<막 몰아붙이는> 데야 당을 방버비 업떼에요<당할 방법이 없더군요>./채글<책을> 저쪽 귀팅이<귀퉁이>로 다 아 **모라아붙치**머<다 몰아붙이면>, 거기 트미 쫌 앤 생기겐능기요<틈이 좀 생기지 않겠습니까>?/풀찌갱이 무궁 개애매애로<풀 찌꺼기 먹은 개처럼> 너무 **모라아붙치**지 마이소<몰아붙이지 마세요>. ▷모라부치다.

모래* [모′래] 명. ☞몰개.

모레* [모레′] 명 ¶보자, **모레**가 메치리고<며칠이냐>?/자근시기 니이<再石이 너>, **모레**느 내캉<모레는 나와> 거랑 거언네<개울 건너> 쉐밤 매로 가재이<조밭 매러 가자>./여기 비이는 도오는<비는 돈은>, 느저도 **모레**꺼정은<늦어도 모레까지는> 다아 채와 나아야 대니이대이<다 채워 놓아야 됩니다>.

모리다 [모리′고′, 모리′지′, 모리′더′라′, 모올′래′도/모올′라′도, 모올′래′서/모올′라′서] x[몰르다] 동타 모르다*. ①¶나느<나는> 그 사람 이름도 서엉도 **모리**니이더<성도 모릅니다>./나도 하는 일 업시 바빠 가주구<없이 바빠 가지고>, 배께서러<밖에서> 누우니<눈이> 오고 인는 줄또<있는 줄도> 전엄 **모올**란니이더<전혀 몰랐습니다>./(내용이) 하도 에러버가아<어려워서>, 머어가 머언동<뭐가 뭔지> 내상<나야> 도통 **모리**겍꾸마<모르겠군요>. ②¶오늘 아느로<안으로> 무진 열라기<무슨 연락이> 올찌도 **모리**지<올지도 모르지>./이대로 나가다가느<나가다가는> 갑<값> 올리기 저언쟁이 어언제 터질찌<전쟁이 언제 터질지> 아아무도 **모린**다<아무도 모른다>. ③¶그해 저시른, 무굴 끼이 어업서 그런동<겨울은, 먹을 것이 없어 그런지>, 얼매나 추번는동 **모린**다니까<얼마나 추웠는지 모른다니까>./내가 그 영화를 보면서<보면서> 얼매나 우런는동 **모올**라요<얼마나 울었는지 몰라요>. **모리기사**<모르기야> 해도 구). **모리머**<모르면> 몰라도 구).

모시#¹ [모′시] 몡 모이*. ¶달 **모시**야<닭 모이야> 쭉떵 나락 거틍 거나<쭉정이 벼 같은 것이나> 쫌 지버주머 대지<좀 집어주면 되지>.

모시*² [모시′] 몡 ①¶여르메사<여름에야> **모시** 적새미가 제엘롱 서원치<적삼이 제일 시원하지>. ② '희다'는 뜻을 나타내는 말. ¶우리느<우리는> 머리가 **모시** 빠구리가 되두룩<하얀 바구니가 되도록> 비인치 마아자<변하지 말자> 맹서해액껌만<맹세했건만>…

모시다* [모오′시′다] 동태 ¶호오도라 컨능 거느<효도라고 하는 것은>, 어어른 하자컨는 대로 따리고<어른이 하자는 대로 따르고> 부모를 극찌니 **모오시**능<극진히 모시는> 기이 호오도지<것이 효도지>. ▷묘시다.

모자리다 [모오′자′리이고, 모오′자′리이지, 모오′자′리이더라, 모오′자′리이도, 모오′자′리이서] 동짜 모자라다*. ☞모지래다.

모지다 [모지′이고, 모지′이지, 모지′이더라, 모지′이도, 모지′이서] 동짜 모이다*. ①¶암마다아 사아람드리<앞마당에 사람들이> 저럭키 마아니 **모지**일실 때느<저렇게 많이 모였을 때는>, 다아 이이유가<다 이유가> 이실 꺼애닝기요<있을 것 아닙니까>?/사아래미<사람이> 첨 명이 **모지**이머<천 명이 모이면> 하다모온해<하다못해> 소 도오 바리야<소를 두어 마리야> 자버야겐찌요<잡아야겠지요>/너거<너희> 패거리가 마카 다아 **모지**이머<모두 다 모이면> 멤 명이나 대노<몇 명이나 되느냐>? ②¶여보, 도오니 좀 **모지**이머<돈이 좀 모이면> 우리 울령도 여어행 가알래<울릉도 여행 갈래>? ▷모디다.

모지래다 [모오'지'래애고, 모오'지'래애지, 모오'지'래애더라, 모오'지'래애도, 모오'지'래애서] 동짜 모자라다*. ①¶아아무리 시미 **모지래애도** 그런치<아무리 힘이 모자라도 그렇지>, 사아라를 무러뜬능 거느<사람을 물어뜯는 것은> 아지미 잘모시니이더<아주머니 잘못입니다>./저레 양시기<절에 양식이> **모지래앨** 파니머<모자랄 판이면> 시이주 바드로 나가야겐네요<시주 받으러 나가야겠네요>./니이가<너가>, 저녀게<저녁에> 일찍 자 바아라<봐라>, 자미 **모지래앨**<잠이 모자랄> 테기 인능강<턱이/까닭이 있는가>?/(대접하는 자리에서) 여기 머어<뭐>라도 **모지래애능** 기이 이시머<모자라는 것이 있으면> 내인테 마알해애래이<나한테 말 해라>. ②¶저 칭구<친구>, 아아무래도<아무래도> 어디가 쫌 **모지래애능**<좀 모자라는> 구지기 인는 사랑 거트네<구석이 있는 사람 같네>./주능 거도<주는 것도> 다아 모온 차저뭉능<다 못 찾아먹는> 거로 보머<걸 보면>, 아아매<아마> 한 줄 **모지래애**는 여서깅갑따<모자라는 녀석인가 보다>. 혼). ▷모자리다/모지리다.

모지리다 [모지리'이다] 동짜 모자라다*. ¶그기이 그레 비이도<그것이 그렇게 보여도>, 아옥 깨 **모지리이**는<아홉 개 모자라는> 한 주길세<죽일세>. 참 단 하나뿐이라는 뜻.

모질다* [모오'질'고/모오'지'고, 모오'질'지/모오'지'지, 모오'질'더라/모오'지'더라, 모오'지'러(라)도, 모오'지'러서] 형 ¶해필<하필>, **모오지고** 도칸<모질고 독한> 상대로 만냉 기이<상대를 만난 것이>, 우리로서느<우리로서는> 가장 큼<큰> 무운제 애니가 마리시더<문제 아니냐 말입니다>.

모타다 [모오'타'다] 동형 못하다*. ☞몬하다.

모타리 [모타'리] 명 고깃점*. 덩지*. 덩치*. 몸의 부피. 몸피*. 체격. ¶자네느<자네는> 그 덩치로<덩치를> 해애 가주구<해 가지고> 그래, **모타리** 깝 또 하나 모온하나<덩치 값도 하나 못하나>?/내가 비록 주굴 때 주굴깝세라도<죽을 때 죽을망정> **모타리** 깝시나<덩치 값이나> 하고 주거야지<죽어야지>./잠태란 너미<놈이> **모타리사**<덩지야> 남들버다 쪼매애너도<남들보다 조그마해도>, 가안따바리 하나느<간/간덩이 하나는> 참 큰 너미시더<놈입니다>.

모통살미 [모통'살미] 명 모퉁이 걸음. 게걸음*. ¶덕시기<덕식이> 저 칭구<친

구> 저거, 우야자꼬 **모퉁살미로**<어쩌자고 모퉁이 걸음으로> 시일실 다알러가지<슬슬 도망가지/달아나지>?

모퉁이 [모튀′~이~] 몡 모퉁이*. ☞모팅이².

모팅이¹ [모티′~이~] 몡 꾸지람*. 야단*. ¶자앙난하다가<장난하다가> 얖찝<옆집> 유리창 하나<한 장> 깨고 **모팅이**마 실컨 드럳찌<꾸지람만 실컷 들었지>. ▷머팅이.

모팅이² [모티′~이~가, 모티′~이~를, 모티′~이~예~/모티′~이~에~, 모티′~이~도, 모티′~이~마] 몡 모퉁이*. ¶달로 뿐짜불라꼬<닭을 붙잡으려고>, 막 쪼츠니까네<쫓으니까> 짐 **모팅이로**<집 모퉁이로> 삭 도러갑뿌거등요<싹 돌아가 버리거든요>…/담배찌븐<담배 가게는> 저 질**모팅이** 따무네<길모퉁이 때문에>, 여어서느 앰 비이니이더<여기서는 안 보입니다>. ▷모퉁이.

목#¹ [목] 몡 먹*. 미역*. ¶태무나<태문아>, 니이<너> 따라아들 **목** 깜는<여자애들 먹 감는> 데 가가아 자앙난하다가느<가서 장난하다가는> 마저 중는대이<맞아 죽는다>, 아아나<아니>?/(야산에 소 먹이러 가서) 오오갱이 모세서러<五冠이 못에서>, 온 도옹네 아아드리<동네 아이들이>, 물장구로 치며<물장구를 치며> **목**깜는데 잠치저가아<먹감는데 (정신이) 빠져서>, 소가 어덜로 간는동<어디로 갔는지> 모올랃찌 머어<몰랐지 뭐>. **목**<먁>(을) **깜다**<감다> 구).

목#² [모′기, 모′글, 모′게, 목′또, 몽′마] 몡 ☞묎.

목*³ [목′] 몡 ¶이런 누운찌레느<눈길에는>, **모**기 지잉 구두로<목이 긴 구두를> 시인능 기이 나알 낀데요<신는 것이 나을 것인데요>.

목꺼리¹ [목꺼′리] 몡 밑바닥은 다 해지고 발등만 덮힐 정도로 된 버선. 주로 겨울에 짚신을 신고 나무하러 갈 때 신음. 목달이*. ¶(머슴이) 우리야 참 **목꺼리나**<목달이나> 툭툭 터어는 처어진데<터는 처진데> 머<뭐> 주는 대로 묵찌<먹지>…/바다기 다아 나간 허엄 버서니사<바닥이 다 나간 헌 버선이야> 머슴 **목꺼리** 까아무로나 주든동<목달이 감으로나 주든지>…

목꺼리² [목꺼′리] 몡 목걸이*. ¶금반제에다가 금**목꺼리**다가<금반지에다가 금목걸이에다가> 온통 그믈 모메 발럭꾸나<금을 몸에 발랐구나>.

목꾸영 [목꾸′영′] 몡 목구멍*. ¶오늘 **목꾸영**에 때 벡낄 이일 읻소<목구멍에 때 벗길 일 있소>?/암만 토할라 캐애도<토하려고 해도> 앤 토해지거등<안 토해지거든>, **목꾸영**에다가 송까라글 여어 바아라<목구멍에다가 손가락을 넣어 봐라>./(먹고 싶어서) 보기만 해애도 **목꾸**영에<해도 목구멍에>, 추미 지절로 너머가네요<침이 저절로 넘어가네요>. ▷목꾸양.

목꿍ㄱ/목꿈ㄱ [목꿍′기, 목꿍′글, 목꿍′게, 목꿈′도, 목꿈′마] 몡 목구멍*.

목따래끼 [목따래′끼] 몡 목 굴레. 목 굴레를 한 또는 달아 맨 어린 짐승. ¶문시기가<문식이> 하는 지이시<짓이> 똑<꼭> **목따래끼** 송아지 걷쩨<목 굴레를 한 송아지 같지>?/(잔치에) 대애주 함 바리 작끼버다아사<돼지 한 마리 잡기보다야> 아아무래도<아무래도> **목따래끼** 송아지가 앤 나악껜능기요<목굴레를 한 송아지가 낫지 않겠습니까>.

목치미 [목′치′미] 몡 목침*(木枕). ¶머슴드른<머슴들은> **목치미**로 비이고<목침을 베고> 자도 디이통시가 앤 아푼동 모올라<뒤통수가 안 아픈지 몰라>?/이로 두우 바리 자버가아<이를 두 마리 잡아서> **목치미** 틈사레다가<목침의 틈에다가> 여어녹코 사아믈 부치노오머 재믿찌러<넣어놓고 싸움을 붙이면 재미있지>.

몫* [목′시, 목′슬, 목′세, 목′또, 몽′마] 몡 ¶저 덩치 가주구<덩지 가지고> 삼파네 나가머<산판에 나가면>, 어어른 두우 **목시야**<어른 두 몫이야> 시일컨 앤 해애내애겐나<실컷 해내지 않겠나>./자아느 어언제람도<쟤는 언제라도> 지 마틈 **목슨**<제 맡은 몫은> 하고도 나암니이더<남습니다>.

몬 [모온′] 뷔 못*. ¶잠시기느 끈내애<잠식은 끝내>, 그 처어자로<처녀를> **모온** 이저 하더네요<못 잊어 하더군요>./저 너미<놈이> 수항여어행을<수학여행을> **모옹** 까구로 한다꼬<못 가게 한다고>, 저레 고개로<저렇게 고개를> 타러미이고 안전따네요<틀어 매고 앉았다네요>./그기이 아아무리<그것이 아무리> 조온 야기라도<좋은 약이라도>, 벌거진 줄 아알고사<벌레인 줄 알고야> 도오저이 **모옴** 묵껜떼에요<도저히 못 먹겠더군요>./잠수가 까부능 꼬를<까부는 꼴을>, 눈뜨고느<눈뜨고는> 더 이상 **모온** 빠아주겐심더<못 봐주겠습니다>./내 허가 업시느<없이는> 누구도 이 방아느<방에는> **모온** 뜨간다<못 들어간다>, 아알겐쩨<알겠지>? ▷몯.

몬나다 [모온′나′다] 혱 못나다*. ¶저 호오박 거치<호박 같이> **모온난** 얼구레도<못난 얼굴에도> 붐마 덕찌덕찌 바리머 고오버지능강<분만 덕지덕지 바르면 고와지는가>?/니 나가<너 나이가> 지굼 멘 살고<지금 몇 살이

냐> 응이<응>? 인자<이제> 그럼 **모온난** 지이슨<그런 못난 짓은> 쫌 구만<좀 그만> 할 수 억껜나<없겠니>?/그럼 **모온난** 소리느<그런 못난 소리는> 아푸로 두우 분<앞으로 두 번> 다시 하지 바소<마소>.

몬하다 [모온′ 하′ 다/모˜오′˜나′ 다/모˜오′˜하′ 다] **I** 동 못하다*. 1 타 ¶노래라꼬느<노래라고는> 하낟또 **모온하**는 칭구가<하나도 못하는 친구가>, 바리 짝뿌리 애니가<바로 짝불이 아니냐>./나느 종동떡 지비<나는 종동댁 집에> 부주로 **모온해애**가아<부조를 못해서> 하앙상 마아메 찌인다<항상 마음에 낀다>. 2 보조 ①¶오새애사<요새야> 하도 바뻐가아<바빠서> 채기 라꼬느<책이라고는> 통 이리지도 **모온하고**<읽지도 못하고> 기양 앤<그냥 안> 지내나./그 참, 생저네<생전에> 우리가 보도 듣또<보지도 듣지도> **모온하**덤 물껴니네요<못하던 물건이네요>./나느<나는> 다리가 너무 아퍼가아<아파서>, 한 자죽또 가따갈랑<자국도 →> 더느 띠지로 **모온하알**따<더는 떼지를 못하겠다>. ②¶내가 도오저이 참따가 **모온해애**가아<도저히 참다가 못해서> 꿱 소리로 함분 질럭꾸마<— 소리를 한번 질렀어요>. **II** 1 형 ¶힝이라 컨능 기이<형이라고 하는 것이>, 지 동성보담<제 동생보다> **모온해애** 가주구사 대겐나<못해서야 되겠나>./우리 자그나지야<작은삼촌> 일뽐말 실려근<일본말 실력은> 내보다<나보다> 좀 **모온하**지요<못하지요>./세에 상아<세상에> 그맘 **모온한** 사라미<그보다 못한 사람이> 또 어딕껜소<어디 있겠소>?/이쫑 물거니 저겁뽀다느<이쪽 물건이 저것보다는> 훨씬 **모온하**니이더<훨씬 못합니다>. 2 보조 ①¶그 야앙반<양반> 어디서 무신 소리로<무슨 소리를> 드런는동 모올라도<들었는지 몰라도>, 아주 고옵찌 **모온한**<곱지 못한> 누늘 해애가아<눈을 해 가지고> 나알로 치바더보디이더<나를 쳐다봅디다>./그 어어른 오새애<어른 요새>, 얼구리가<얼굴이> 벨로 발찌 **모온항** 거느<별로 밝지 못한 것은> 웨엔니일고<웬일이냐>?/오느른<오늘은> 우얀 테긴동<어쩐 셈인지> 디임마시<뒷맛이> 여엉 마뜩찌로 **모온하**네<영 마뜩하지를 못하네>./늘거가아<늙어서> 말찌도 **모온한** 누네<맑지도 못한 눈에>, 그기이 머언동<그것이 뭔지> 비이야 마리지요<보여야 말이지요>./삭뿌리느<삭뿔은> 잘 생기지야 **모온해앧**찌만<생기지는 못했지만>, 서엉푸믄<성품은> 그럴 수 업시 착카니이더<없이 착합니다>. ②¶배가 하도 고푸다가 **모온해애**가주구<고프다가 못해서>, 나앙줴에느 차춤<나중에

는 차츰> 쉐에기 시리 오데에요<속이 쓰려 오더군요>. **몬하는**<못하는> 소리가 없다 구). 노). ▷모타다.

몯¹ [모′디′, 모′들′, 모′데, 몯′또′, 몸′마′] 몡 못*. ¶보이소<보세요>, 저쪽 베게다가<벽에다가> **모디**라도<못이라도> 하나 바거 주머 조올구마느<박아 주면 좋으련만>…/모데 찔리인 데느<못에 찔린 데는> 지렁 뜸질로 하며<간장 찜질을 하면> 조온태이<좋다>. ▷못¹.

몯² [모′디′, 모′들′, 모′데, 몯′또′, 몸′마′] 몡 못*. ¶절물<젊을> 때야 누구나 다아<다>, 솜빠다게<손바닥에> **모디** 배기이두룩<못이 박이도록> 이일로 해앨찌요마느<일을 했지요만>… ▷못².

몯³ [모′디′, 모′들′, 모′데, 몯′또′, 몸′마′] 몡 못*. ¶우리 크니일꾼는<큰일꾼은> 오늘 소바리 해애가아<해서>, 소청이**모** 다네<송청못 안에> 나마로 갈심더<나무하러 갔습니다>. ☞못³.

몯⁴ [모온′] 뷔 ☞몬.

몰개 [몰′개] 몡 모래*. ¶호오까지가 **몰개**캉 자갈로 막 더퍼시우는데<개호주가/표범이 모래와 자갈을 마구 덮어씌우는데>… 흔).

몰개잡살 [몰개′잡′살′] 몡 모래*. ¶아아들 노리테야<아이들 놀이터야> **몰개잡사**리머 췌에고 애니가<모래면 최고 아니냐>? 흔).

몰래보다 [모올′래′보다] 동탄 몰라보다*. ①¶호야가<(동)호가> 그 동안 너무 마아니 커가주구<많이 커서>, 인자아느 지레서 만내머<이제는 길에서 만나면> 잘 **모올래보**겠떠마<몰라보겠더군요>. ②¶와니<(정)완이> 그 칭구<친구>가, 기반 어어른도<집안 어른도> 잘 **모올래바**앋따머<몰라봤다면>, 그레 가주구야<그렇게 해 가지고야> 문중에서 사아람 노른타기 힘들끼인데<사람 노릇하기 힘들 것인데>.

몰리다* [몰리′이고, 몰리′이지, 몰리′이더라, 몰리′이도, 몰리′이서] 동 피동 '몰다'의 피동형. ¶내가 지굼 꼽따아시<지금 곱다시> 도동너무로<도적놈으로> **몰리일** 파니구마<몰릴 판이에요>.

몸띵이 [몸′띠′~이~] 몡 몸뚱이*. 몸*. ①¶(帝王切開 수술에 반대하며) 아아무리 **몸띵이**야 자아글찌라도<아무리 몸뚱이야 작을지라도>, 여자가 아아<아이>도 하나 모온 노올 쭐 아아나<못 낳을 줄 아니>? ②¶그 처어자에 자슴<처녀의 자슨> 방에 **몸띵이**느 하낟친데<몸뚱이는 하나인데> 머리가 두우릴레라<둘일네라>. ㉧ 민요./저기 역 아페<앞의> 저 사암드른<사람들은> **몸 띵**이마 가주구<몸뚱이만 가지고> 묵꼬사아는 여자드럼 모양인데요<먹고사 는 여자들인 모양인데요>…

몹다 [몹′꼬/목′꼬, 몹′찌, 몹떠′라, 모′버(바)도, 모′버서] ㉫ 맵다*. ①¶(어린이에게) **모**분 짐치<매운 김치>도 망 무굴 쭐<막 먹을 줄> 아러야 장구니지<알아야 장군이지>… ②¶꼬친때로<고춧대를> 태우는 영개라 그런동<연기라 그런지>, 그 참 억시기 **몹**네요, **모버**<매우 맵네요, 매워>… ③¶자아<쟤>가, 그 **모**분 시집사리로<매운 시집살이를> 창꼬 전디니이라꼬<참고 견디느라고> 지 대로느<저 대로는> 참 욕뿌늠 모양입띠더<욕보는/애쓰는 모양입디다>./저 사라믄<사람은> 보기보다 소니 참 **모붐** 페니라요<손이 참 매운 편이에요>./오늘도 배꺼테야<바깥에야> 저실 빠라민지라<겨울 바람인지라>, 디이기 **모**불 끼인데<되게 매울 것인데>… ㉧ 경주 동남부 지역에서 흔히 씀.

못*¹ [모′시′, 모′슬′, 모′세, 몯′또′, 몸′마′] ㉱ ☞**몯¹**. **못(을) 박다** 구). **못(이) 백키다<박히다>** 구).

못*² [모′시′, 모′슬′, 모′세, 몯′또′, 몸′마′] ㉱ ☞**몯²**.

못*³ [모′시′, 모′슬′, 모′세, 몯′또′, 몸′마′] ㉱ ¶콩 까물치로<큰 가물치를> 꼭 자불라컥꺼등<잡으려거든>, 밀구**모**세 가가아<密龜못에 가서> 지인 활 때로 가주구<긴 장대를 가지고> 깨구리로 다러가아<(미끼로) 개구리를 달아서> 낙꺼<낚아> 보소. ▷**몯³**.

몽디리 [몽디′리] ㉱ 몽둥이*. ¶니이가<너가> 오늘 꼭, **몽디리** 마슬<몽둥이 맛을> 쫌 보올라 컨나<좀 보려고 하니>?/도둥너미 가주구 읻떤 **몽디리로**<도둑놈이 가지고 있던 몽둥이를> 가따갈랑<->, 내가 탁 빼자 쥐이니꺼네<빼앗아 쥐니까>, 그 자서기 구마아<자식이 그만> 꼼짜글 모온 하데에요<꼼짝못하더군요>. ▷몽딩이.

몽딩이 [몽디′~이~가, 몽디′~이~를, 몽디′~이~에~/몽디′~이~예~, 몽디′~이~도, 몽디′~이~마] ㉱ 몽둥이*. ¶**몽딩이** 까아무로야<몽둥이 감으로야> 참나무나 사꾸라나무<벚나무>가 실마안하지요<쓸만하지요>./저너머 개애느<저놈의 개는>, 하도 어어더마저 보올실<얻어맞아 버릇> 해애가아 그런동<해서 그런지>, **몽딩이**마 보머<몽둥이만 보면> 철리로 다알러간다<천리를

도망간다/달아난다>./니이 이넘<네 이놈>, 오늘 **몽딩이** 뜸질로<몽둥이 찜질을> 함문 해애바아야 아알겐나<한번 해봐야 알겠니>? ▷몽디리.

몽마리다 [몽마리′ 다] x[몽말르다] 혱 목마르다*. ①¶어이, **몽말러** 죽껟따<목말라 죽겠다>, 물 쫌 도고<좀 다오>./까아직 꺼<까짓 것> **몽마린** 사라미<목마른 사람이> 무리머 어어떡코<물이면 어떻고>, 수리머 어어떤데요<술이면 어떤데요>. ②¶절문이<젊은이>가 사랑에 **몽마리**머<목마르면> 비잉나기 수움니이대이<병나기 쉽습니다>./비가 오기마늘<오기만을> 지굼<지금>, 누구 할 꺼 업시<것 없이> **몽마리**기 지두리는 중이시더<목마르게 기다리는 중입니다>.

몽목시 [몽목′ 시] 🖫 몫몫이*. ¶항꺼네<한꺼번에> 몰 때리 주지 마고<합쳐 주지 말고>, 시제굼<제각각> **몽모시** 다아 농갈러주능 기이<몫몫이 다 나누어주는 것이> 나악껜는데요<낫겠는데요>.

몽에 [모′~에~] 몡 멍에*. ①¶**몽에**질로 마아니<멍에질을 많이> 한 소는요, 그 모간지마<모가지만> 척 보머 담박 포가 나거등요<보면 단박 표가 나거든요>./그 송아지인테<송아지에게> **몽에**로 미우기느<멍에를 메우기에는> 안죽 에링 거 애닝기요<아직 어린 것 아닙니까>? ②¶니느 펭성<너는 평생>, 거너무 마지라컨늠 **몽에**를<그놈의 맏이라는 멍에를> 지고 댕기야<다녀야> 대늠 팔짠데<되는 팔잔데>…

무겁다* [무걱′ 꼬/무겁′ 꼬, 무겁′ 찌, 무겁′ 떠′ 라, 무거′ 버(바)도, 무거′ 버서] 혱 ¶그 지미<짐이> 그리 **무걱**꺼등<무겁거든>, 자주 쉬일따가 가라무나<쉬었다가 가려무나>.

무꾸다 [무꾸′ 우고, 무꾸′ 우지, 무꾸′ 우더라, 무까′ 아도/무꽈′ 아도, 무까′ 아서/무꽈′ 아서] 동 타 묶다*. ①¶나락따는<볏단은>, 이레 허부울시 **무꾸우지** 마고<이렇게 느슨하게 묶지 말고>, 좀 단다니 **무까아**야지<단단히 묶어야지>./자네가, 머레<머리에>다가 수우구늘<수건을> 질끔 **무꾸우**고 나서니꺼네<질끈 묶고 나서니까> 제북 시름깨나<제법 씨름깨나> 하는 사랑 거트네<사람 같네>. ②¶솜발로 꽁꽁 **무까아** 노오니까데<손발을 꽁꽁 묶어 놓으니까> 다알러갈 지리<도망갈 길이> 이서야 마아리시더<있어야 말입니다>./근떠라아로<그 녀석을> 오라쭐<오랏줄>로 밍이밍이 **무까**앋는데<매매 묶었다는데>, 우얘가주구 다알러갑뿐는동<어찌해서 도망가버렸는지> 아아무도 모린다니이더<아무도 모른답니다>./이럭키<이렇게> 아아는 도동넘 **무꾸우드시**<아는 도둑놈 묶듯이> **무까아**가아사<묶어서야> 무신 이이리<무슨 일이> 하난들 대겐나<되겠느냐? ③¶여기저기 저레 흐치이 인는<저렇게 흩어져 있는> 나무 까쟁이로<가지를> 한테 모다아가아<한데 모아서>, 다느로 **무까압**뿌머<단으로 묶어버리면> 마다이 쫌 깨꾸머질꺼 애니가<마당이 좀 깨끗해질 것 아니냐>. ▷묵꾸다.

무네 [무네′] 몡 문어*(文魚). ¶안주 까아므로사<감으로야> **무네** 점보게<문어 전복에> 대앨 끼이 이실까<댈/비교할 것이 있을까>?/(갑) 이 물끼<물꼬> 저 물끼<물꼬> 다아 허러녹코<다 헐어놓고>, 쥐인네 야앙바는<주인 양반은> 어덜 간노<어디로 갔나>? (을) **무네**야 대애점복<문어 대전복> 소네<손에> 들고, 처베<첩의> 방으로 노올로 갇찌<놀러 갔지>. 참 모심기 노래.

무더오다 [무′더오다] 동짜 묻어오다*. ¶소내기느 저레 **무더오**는데요<소나기는 저렇게 묻어오는데요>, 설거지할 사라믄<사람은> 아아무도 억꼬요<아무도 없고요>…/허 참, 나문따네 **무더온**<나뭇단에 묻어온> 풀 시가<씨가> 저기서 저레 사기 트능가배요<저렇게 싹이 트는가 봐요>.

무디미 [무′디미] 몡 무덤*. ¶(나이가 적은 삼촌에게) 아지야<삼촌>! 저 큰 돌**무디미** 소오게느<돌무덤 속에는> 머어가 드러 이시꼬<뭐가 들어 있을까>?/그거가<그것이> 참, 바리<바로> 지이가 지 **무디미**로<자기가 제 무덤을> 파는 테기라 마아리시더<셈이라 말입니다>./질로 막꼬<길을 막고> 함문 무러바아라<한번 물어 봐라>, 세에상아<세상에> 펭게 엄는<평계 없는> **무디미**가 어딘능공<무덤이 어디 있는지>? ▷무덤.

무딤 [무′딤] 몡 무덤*. ☞무디미.

무리다[1] [무리′고, 무리′지, 무리′더′라, 물′러(라)도, 물′러서] x[물르다] 동짜 무르다*. ¶홍시가 너무 **물러**가아<물러서>, 몽땅 다아 뭉캐젇시머 우야지요<다 뭉그러졌으면 어쩌지요>?/내가 살문<삶은> 시래기가, 잘 **물런**는동<물렀는지> 니이가 함품 만치 바아라<네가 한번 만져봐라>.

무리다[2] [무리′고, 무리′지, 무리′더′라, 물′러(라)도, 물′러서] x[물르다] 형 무르다*. ①¶사리<살이> 하도 **무리**니까네<무르니까> 맹장구가<멍이> 잘 들빠께 업찌<들밖에 없지>./가무다가<가물다가> 비가 온 디이끄치라 그런동<뒤끝이라 그런지> 땅이 참 너무 **무링**감네요<무른가 보내요>./내가 지자테<저한테> 참, 실분 소리로<싫은 소리를> 쫌 해앨띠이<좀 했더니>, 지이가 지굼<제가 지금> **무리**니이 서얼니이 컥꼬<무르다느니 섧다느니 하고> 저레 퍼질고 안전따니이더<저렇게 퍼질고 앉았답니다>. ②¶쉥편할 반주기<송편을 만들 반죽이> 너무 **무리**머<무르면> 푸러저가아 모온 시기 대앱뿌는데<풀어져서 못 쓰게 돼버리는데> 우야꼬 살까리로<어쩔까 쌀가루를> 좀 더… ③¶자아 서엉지리<쟤 성질이> 저레 **무링** 거느<저렇게 무른 것은>, 아아매<아마>도 지개비 달몸 모앵이제<제 아비 닮은 모양이지>? **무리니이 설니이<무르다느니 섧다느니> 하다** 구).

무섭다*¹ [무′석꼬/무′섭꼬, 무′섭찌, 무′섭떠라, 무′서버(바)도, 무′서버서, 무′세라/무′서버라/무′시라] 혱. 참 강세의 위치가 '무섭다²'와 다르며, 아주 매울 정도로 모질게 무서움을 나타냄.

무섭다*² [무석′꼬/무섭′꼬, 무섭′찌, 무섭′떠′라, 무서′버(바)도, 무서′버서, 무세′라/무서′버라/무시′라] 혱 ¶니이가<네가> 자다가 **무서**봉 꾸믈 꼬온나<무서운 꿈을 꿨니>? 와 퀘에미로 지리고 그카노<왜 고함을 지르고 그러니>?

무시 [무시′] 몡 무*. ¶저 집 메느리느<며느리는> **무시**망 가주구<무만 가지고>도, 시무<스무> 가지 나물로<나물을> 다아 맨들 수 읻따니이더<다 만들 수 있답니다>./자네느<자네는> 무진 이일로 그레<무슨 일을 그렇게> **무시** 뽑뜨시 수욱끼 하노<무 뽑듯이 쉽게 하니>?

무장(-醬) [무′자′앙] 몡 메주를 소금물에 담가 익힌 뒤에 달이지 않고 그냥 먹는 장. ¶와<왜> 그런지도 모리고 따라가머<모르고 따라가면> 그기이 바리<그것이 바로>, 보옹사<봉사> **무장** 떠묵끼 애니가 마아리다<떠먹기 아니냐 말이다>. 드).

무재주 [무′재′주] 몡 물에서 하는 재주. ¶사아라미 마아느머<사람이 많으면> 그 중에는, 나무 재주 잘 타는 사람도 익꼬<있고>, **무재주** 자라는<물재주 잘하는> 사람도 더러 익껠찌요<있겠지요>.

묵꾸다 [묵꾸′우다] 동 타 묶다*. ☞무꾸다.

묵다 [묵′꼬, 묵′찌, 묵떠′라, 무′거(가)도/무′우도, 무′거서/무′우서, 무′거라/무′우라] 동 1 타 먹다*. ①¶봉애이<(태)봉아>, 밤 **무**굴 찌게<밥 먹을 적

에> 자꾸 도러댕기머<돌아다니면> 내앵제에<나중에> 이사 자주 댕긴단다<다닌단다>, 항군 자레 안저가아 **무**거래이<한 자리에 앉아서 먹어라>./누버<누워> 떵 **뭉**능 거도<떡 먹는 것도> 지대로느<저대로는> 앤 수웁따 마리시더<안 쉽단 말입니다>./(숙지황이 든) 타안냑 **무**굴<탕약 먹을> 때 무시로 **무**구머<무를 먹으면> 머리가 시이진다 컨떠라<머리카락이 세어진다고 하더라>./물로<물을> 너무 급파기 **무**굴라컨따가<급하게 먹으려다가> 새애알 들리일라<사레 들릴라>, 조오심해애래이<조심해라>./이임서글 **무**거도<음식을 먹어도>, 남 보기에 마식끼 **뭉**능 기이<맛있게 먹는 것이> 앤 조오나<좋지 않느냐>./배불리 **무**굴 생강 마아고<먹을 생각 말고>, 마시나 보두룩<맛이나 보도록> 해애라<해라>./머어라도<뭐라도> 기갈시럭끼 **뭉**는 사라믄<게걸스럽게 먹는 사람은> 똑 대애주 거테요<꼭 돼지 같아요>. ②¶자 우리, 다암배람도<담배라도> 한 대 **묵**꼬<먹고> 하능 기이 어어떡켄노<하는 것이 어떻겠니>? ③¶연탕 까수로 **무**걸시머<연탄 가스를 먹었으면> 짐칙 꿍물로<동치미 국물을> 미게에바아라<먹여봐라>. ④¶우리가 사와 보지도 앤하고<싸워 보지도 않고> 미리버텅<미리부터> 거불 **무**굴 테근 업찌요<겁을 먹을 턱은 없지요>./전떠라아가<저 녀석이> 무신 이일로<무슨 일로> 아앙시믈 **묵**끼 대앤는동<앙심을 먹게/품게 됐는지> 도통 아알<알> 수가 업땀 마리라요<없단 말이에요>./세에상 이이름 모오등 기이 다 아<세상일은 모든 것이 다>, 마암**묵**끼 딸리잉 거 애니가<마음먹기 달린 것 아니냐>. ⑤¶내가 무신<무슨>, 시이<세> 살 **무**군 아안<먹은 아인> 줄 아아시능기요<아시는지요/아십니까>?/서얼로 쉬이머<설을 쇠면> 누구나 한 살석<살씩> 더 **묵**끼 대애 인능<먹게 돼 있는> 거야./이 나로 **묵**뚜룩<나이를 먹도록> 남자테 송까락찔<남한테 손가락질> 바들 이이른<받을 일은> 앤 해앨심더<안 했습니다>. ⑥¶내 따아네느<딴에는> 열시미 한다꼬<열심히 한다고> 한 이이리<일이>, 웨레<오히려> 용마 어엄버지기로<큰 버치로> **묵**끼 생긴심더<먹게 생겼습니다>. ⑦¶요새애 세에상아도<요새 세상에도> 도오늘 주머<돈을 주면>, 앰 **묵**꼬<안 먹고> 돌리주는 사라미<돌려주는 사람이> 더러 잍땀니더<있답니다>./도오늘 **묵**꼬<돈을 먹고> 한 눙 까머<눈 감아> 주는 이이른<일은>, 안자아<이제> 구만해앨시머 조옥켁꾸마<그만했으면 좋겠군요>. ⑧¶이이이기 나무머<이익이 남으면> 유근 니이가 **묵**꼬

<육(6)은 네가 먹고> 남저지느<나머지는> 내가 **묵**뚜룩 하재이<먹도록 하자>. ⑨¶이기이<이것이> 참, 물 **무**군 소개맨트로<물 먹은 솜처럼> 억시기 무겁심더<매우 무겁습니다>./그 어어르니<어른이>, 아아무 마알또 앤하고 <아무 말도 않고>, 물로 **무**거가아<물을 먹어서> 팅팅 뿌른<불은> 나무 쪼가리 하나로<조각 하나를> 떵 내애놓티이더<턱 내어놓더이다/내놓습디다>. ⑩¶그날 마라송<마라톤>은 누가 일뜽을 **무**건능공<일등을 먹었는지>?/할매요<할머니>, 철레 학쪼가<철이네 학교가>, 오늘 축꾸 해애가아<축구 해서> 우승을 **무**겓따니이더<먹었다고 하나이다/먹었답니다>. ⑪¶(축구 경기에서) 저쭉 페니<저쪽 편이> 머여<먼저> 항 꼴로<한 골을> 앰 **무**건능기요<먹지 않았겠어요>. ⑫¶저 건다리가<건달이> 금붕에<금붕어> 다방 네지로<레지를> 버러 **무**거치얃따는<벌써 먹어치웠다는> 소오무닌데<소문인데>… **2** 자 ①¶대애패가<대패가> 잘 **무**거양<먹어야> 빤대기<널빤지>에 대패 짜주기<자국이> 앤<안> 나는데…/토비 자 램 **무**구머<톱이 잘 안 먹으면> 심마 드고<힘만 들고> 팔마 아푸지<팔만 아프지>. ②¶이 구두느<구두는> 우얀 테긴동<어쩐 셈인지>, 약칠로<약칠을> 자 램 **묵**꼬<잘 안 먹고> 애애만<애만> 자꾸 미기네요<먹이네요>./살따구가<살갗이> 하도 꺼칠하니꺼네<꺼칠하니까> 화장이 자 램 **뭉**능 거지<잘 안 먹는 것이지>. ③¶벌거지 **무**군 능구믄<벌레 먹은 사과는> 저쪽 상자아다가 다머래이<상자에다가 담아라>./보자, 이 고자리 **무**궁 감자느<먹은 감자는> 우리 뒈에주나 조옵뿌자<돼지나 주어버리자>. ④¶도오늘 마아니 **무**궁 공사느<돈을 많이 먹은 공사는> 암망캐애도<암만해도> 더 튼튼치<튼튼하지> 시푸니이더<싶나이다/싶습니다>./수리하는 도오니<돈이> 새로 맹그능 겁뻐다아<만드는 것보다> 더 **묵**끼 생긷시머<먹게 생겼으면>, 다아 때리치얍뿌라<다 때려치워버려라>. **3** 보조 ①¶저거꺼정<저희끼리> 서리 빼저 **뭉**능<서로 빼앗아 먹는> 거야, 우리가 백째로<공연히> 아른<알은> 체할 필요가 머어 익껜능기요<뭐 있겠습니까>?/동상예<東床禮> 날 새실랑 놀리<새신랑 놀려> **뭉**능 거사<먹는 것이야>, 오랜 저언통 애닝기요<전통 아닙니까>. ②¶이 자앙사느<장사는> 내가 참 더어러버서도<더러워서도>, 더느 모온해 **묵**껟심더<더는 못해 먹겠습니다>./참말로 이 지일또<짓도> 해애**무**굴 노르시<해먹을 노릇이> 모온때니이더<못되나이다/못됩니다>. **묵꼬 드가다**<**먹고 들어가다**>

구). 묵꼬 떠러지다<먹고 떨어지다> 구). **묵꾸 저붕 거도**<먹고 싶은 것도> **많다** 구).

문# [문] 몡 의존 번*. ¶내가 그 사라물<사람을> 단 함 **뭄**마니라도 만내바알 시머<한 번만이라도 만나봤으면> 주거도 워어니 억껜니이더<죽어도 원이 없겠습니다>.

문*(門) [문´] 몡 ¶(울진 고모네 집은) 암**뭄**마 여얼머 바리 거어가 바다라꼬요<앞문만 열면 바로 거기가 바다라고요>. 동해 바다.

문딩이 [무운´ 디´~이~가, 무운´ 디´~이~를, 무운´ 디´~이~에~, 무운´ 디´~이~도, 무운´ 디´~이~마~] 몡 문둥이*. ①¶(헤어진 장갑을 들고) 이기이 와 이치리<이것이 왜 이처럼> **무운딩이** 거치 대앤노<문둥이 같이 됐느냐>?/(저주하며) 야 이 자서가<자식아>, 니느<너는> 저리 가가아<가서> **무운딩이** 꽝처리나 대애라<문둥이 강철이나 되어라>./**무운딩이** 모온 땡 기이<문둥이 못 된 것이>, 머어가 댄다 컨떠라<뭐가 된다고 하더라>? ②아주 가까운 친구 사이에서, 장난 섞인 지칭 또는 호칭. ¶야, 이 **무운딩이야**<문둥이야>! 어디 갈따가 인자아사 온담 마알고<갔다가 이제야 온단 말이냐>?/아이고, **무운딩이**<문둥이> 지랄하고 인네<있네>. **문딩이 겉다**<문둥이 같다> 구). **문딩이 꽝처리 겉다**<문둥이 강철이 같다> 구). **문딩이**<문둥이> **지랄하다** 구). **문딩이 대드시 대다**<문둥이 되듯이 되다> 구).

문세 [문세´] 몡 문서*(文書). ¶마알로마 하지 마고<말로만 하지 말고> **문세**로 해애 도올라 캐애라<문서로 해 달라고 해라>./보소, 나알로<나를> **문세** 엄는<없는> 조옹 부리드시<종 부리듯이> 자꾸 부릴라 컨찌<부리려고 하지> 마소./그 집 비이밀 **문세**가 어딘는동<비밀 문서가 어디 있는지> 니느 다아 아아제<너는 다 알지>?

문전*(門前) [문전´] 몡 문 앞. ¶시연차늠<시원찮은> 연장이, 이일또<일도> 치기 저네 **뭄점**마 더어럽핀다 컨띠이<전에 문전만 더럽힌다고 하더니> 참.

문지 [문지´] 몡 먼지*. ¶사마게서르느<사막에서는> 모래 **문지**가 이일머 사알석<모래 먼지가 일면 사흘씩> 누납또 앰 비인다니이더<눈앞도 안 보인답니다>./정제에서 **문지**가 이일머<부엌에서 먼지가 일면> 그기이 바베 드가지<그것이 밥에 들어가지>, 어덜 드가<어디로 들어가>?/야아드라<애들아>, 그 생 **문지** 쫌<먼지 좀> 일바시지 마러래이<일으키지 말아라>./여보

당신 지굼<지금>, **문지**로 터어능<먼지를 터는> 거요? **문지**마 일바시능 거요<먼지만 일으키는 것이오>?/니<너> 책상 우예<위에> **문지**가 한 지른<먼지가 한 길은> 조오이 댈세<좋게 될세>.

문짜 [문′짜] 몡 문자*(文字). ¶사아라미 **문짜**로<사람이 문자를> 잘 서꺼 시머<섞어 쓰면>, 디이기 유우석캐 비인다 애닝기요<되게 유식해 보이잖아요>./저엉마안세<鄭萬瑞> **문짜** 애니라도<문자가 아니라도>, 베게느<벽에는> 청용황용이 길리익꼬<청룡황룡이 그려져 있고>… **문짜**<문자>(로<를>) **시다**<쓰다> 구).

문치다[1] [문′치고, 문′치지, 문′치더라, 문′치도/문′처(차)도, 문′치서/문′처서, 문′체라/문′치라/문′처라] 동타 무치다*. ¶덕천 아지매<아주머니>, 우리 산나물 **문칭** 거 해애가아<무친 것을 반찬 해서> 저어염 쫌 잡숙꼬 가시이소<점심 좀 잡숫고 가십시오>./나물 **문칠**<무칠> 때 깨소구믈<깨소금을> 한 숙까랑마 여어도<숟가락만 넣어도> 함 맏<한 맛> 더 나지.

문치다[2] [문′치고, 문′치지, 문′치더라, 문′치도/문′처(차)도/문′체도, 문′치서/문′체서/문′처서, 문′체라/문′치라/문′처라] 동 사동 묻히다*. '묻다'의 사역형. ¶우야든동<어쩌든지> 새 오세다가느<옷에다가는> 흘로 앰 **문치**두룩 해애래이<흙을 묻히지 않도록 해라>./솜바레<손발에> 흐 램 **문치**고 사아늠 팔짜머<흙을 안 묻히고 사는 팔자면>, 페넌<편한> 사람 애닝기요<아닙니까>?/그 참, 떠게다가<떡에다가> 고물 **문치**능 거도<묻히는 것도> 이이른 이이릴쉐<일은 일일세>.

묻다*[1] [묻′꼬/묵′꼬, 묻′찌, 묻떠′라, 무′더(다)도, 무′더서] 동자 ¶바제 풀무리<바지에 풀물이> **무**등 거로<묻은 걸> 보니, 어디 풀바테 가가아 구불럳떰<풀밭에 가서 굴렀던> 모양이지?

묻다*[2] [묻′꼬/묵′꼬, 묻′찌, 묻떠′라, 무′더(다)도, 무′더서] 동타 ¶칙끼 저네<춥기 전에>, 무시로 멭 소구리<무를 몇 소쿠리> **무**더야 댈세<묻어야 될세>.

묻다*[3] [무욷′꼬′/무욱′꼬′, 무욷′찌′, 무욷′떠′라, 무′러(라)도, 무′러서] 동타 ¶(물건 임자에게) 미리 갑시 얼맨동<값이 얼만지> **무**러보능 기이 안 올켄나<물어보는 것이 옳지 않겠나>?

물*[1] [물] 몡 ¶(한숨 섞어) 이이정 거틈 말금 **무**를<예전 같은 맑은 물을> 인자아<이제> 어디 가머 차질 수 이시꼬<가면 찾을 수 있을까>?

물*² [물] 몡 ¶자근지비서<작은집에서>, 할매 처매<할머니 치마> 해애 디리라꼬<해 드리라고>, 물 고우붐 비이다늘<물 고운 비단을> 항 가암<한 감> 보내 왇띠이더<왔습디다>.

물*³ [물] 몡 ¶태기 아부지<(영)탁 아버지>, 물 쪼옹<좋은> 칼치 낙꺼들랑<갈치 났거든> 도오 바리 사가아 오쉐이<두어 마리 사 오세요>.

물*⁴ [물] 몡 ¶이 오슨<이 옷은> 함 물 뺑 건데도<한 물 빤 것인데요> 앙이 새거 걷쩨<아직 새것 같지>?

물견 [물'겨'~이~, 물'겨'늘, 물'겨'네, 물'견'도, 물'겸'마] 몡 물건*(物件). ①¶이거느<이것은> 아주 귀이중언 **물견**이니꺼네<귀중한 물건이니까> 집 피 감지거 노오소<깊이 감추어 놓으세요>./이 **물겨**능 갑시 얼매나 가능기요<물건은 값이 얼마나 갑니까>?/그 디이예 감지금 **물겨**니 머어꼬<뒤에 감춘 물건이 뭐냐>? ②¶그 마아는 이일로<많은 일을> 호분차서<혼자서> 다아 해애내애능 거로 보머<다 해내는 걸 보면>, 그 화아상<화상> 참, **물겨**능 **물겨**닝가배<물건은 물건인가 봐>. ③남자의 성기를 낮추어 가리키는 말. ¶삭뿌리<삭뿔이> 그 칭구<친구> **물겨**니<물건이> 참말로 크기느 쿱띠더<크기는 쿱디다>.

물꺼 [물꺼'] 몡 물것*. ¶사아라미고 김생이고<사람이고 짐승이고> 가네<간에>, **물끼**이 마아느머<물것이 많으면> 사리 찔 테기 업찌러<살이 질 턱이 없지>.

물껴리 [물'껴'리] 몡 물결*. ①¶우리느<우리는> 산중 사라미라 그런동<사람이라 그런지>, 바다에 집채 거틈<같은> **물껴리**가<물결이> 밀리이오능 거로<밀려오는 것을> 보기마 해애도<보기만 해도> 참 무섭떠네요<무섭더군요>./내사 머어<나야 뭐>, 바람 부우는<부는> 대로 **물껴리**가<물결이> 치는 대로 그레 사아니이더<그렇게 삽니다>. ②¶절뭉걷뜨리 머레다가<젊은것들이 머리에다가>, 노랑 물로 디리는<물을 들이는> 고야큼 **물껴리**마는<고약한 물결만은>, 좀 어업서지머 조올구마느<없어지면 좋으련만>./데모하는 사람들 **물껴리**에느<물결에는> 읍실리이지 마러래이<휩쓸리지 말아라>./올개느 대애풍여니라<올해는 대풍년이라>, 우리 잘감드을게느<잘감들에는> 황금 **물껴리**가<물결이> 넘실거림니더<넘실거립니다>. 참 잘감들: 땅

이름. ▷물껼.

물껼 [물껼] 명 물결*. ☞물껴리.

물꼰지 [물′꼰′지] 명 물구나무*. ¶허리 아푼 사라믄<아픈 사람은>, **물꼰지**로 서머<물구나무를 서면> 모메 조온타는데<몸에 좋다는데>…/야 이 어어바라<어리보기야>, 니느 우얘<너는 어찌>, 남들 다아<다> 서는 **물꼰지도**<물구나무도> 하나 모온 서노<못 서니>? **물꼰지**<물구나무>(를) 서다> 구).

물께기 [물′꿰′기] 명 물고기*. 민물고기*. ¶우리 반대 가주구<반두 가지고>, 거랑아<개울에> **물께기** 자부로 앵 가알래<물고기 잡으러 안 갈래>?/**물께기**<물고기> 배 따는 데느<대는> 대 카리 조오니이라<대나무 칼이 좋으니라>. ▷께기.

물다*¹ [무우′고/무울′고′, 무우′지/무울′지′, 무우′더′라/무울′더′라, 무′러(라)도, 무′러서] 동 타 ¶도오니<돈이> 하도 시가 말러가아<써가 말라서>, 아아<아이>들 월사금 **무울** 도온조치랑<교육비/등록금 물 돈조차>도 다아 섭뿌고요<다 써버리고요>…

물다*² [무′고/물′고, 무′지/물′지, 무더′라/물더′라, 무′러(라)도, 무′러서, 무′러라/무′라] 동 타 ¶누구라도, 다암배로<담배를> 이베 **무고**<입에 물고> 한질로 댕기능 거느<한길을 다니는 것은> 보기에 앤 조온치요<안 좋지요>.

물렙삥 [물렙′삥] 명 물레에 생기는 고장 또는 병. ¶**물렙**삥이 날 떼라꼬느<물렛병이 날 데라고는> 귀이머리바꿈<귀머리밖에> 더 인나<있니>? 드).

물루다 [물루′우고, 물루′우지, 물루′우더라, 물라′아도, 물라′아서] x[물르다] 동 타 물리다*. ¶홍시를 너무 **물라**압뿌머<물려버리면> 새구러버가아<시어서> 모음 묵끼 대는데<못 먹게 되는데>… ▷물롱다.

물리다*¹ [물리′이고, 물리′이지, 물리′이더라, 물리′이도, 물리′이서] 동 자 ¶이분 차메<이번 참에> 갈비 함문<한번>, **물리**이두룩 무건네요<물리도록 먹었네요>.

물리다*² [물′리고, 물′리지, 물′리더라, 물′리도/물′러(라)도, 물′리서] x[물르다] 동 사동 '무루다<무르다>'의 사역형. ¶어제 사용 그 채글<사온 그 책을>, 내 동상자테<동생한테> 다부 **물리** 오라꼬<도로 물려 오라고> 시기 나앋따네<시켜 놓았다네>.

물리다*³ [물리′이고, 물리′이지, 물리′이더라, 물리′이도, 물리′이서] 동피동
'물다'의 피동형. ¶개애자테 **물리인** 데느<개한테 물린 데는>, 그 개터리 기로 사러가아<개털을 살라서> 참지르메다가 개애가아<참기름에다가 개어서> 발러주먼 나안는데<발라주면 낫는데>.

물리다*⁴ [물리′이고, 물리′이지, 물리′이더라, 물리′이도, 물리′이서] x[물르다] 동사동 '물다'의 사역형. ¶기이에 앤<계에 안> 나오고, 빠지는 사람자테느<사람한테는> 아푸로 벌그를 **물리이야** 댈따<앞으로 벌금을 물려야 되겠다>.

물방깐 [물방′깐′] 명 '물레방앗간'의 준말. ¶오새애느<요사이는> **물방까**네서 머어로 빠징능공<물레방앗간에서 무얼 빻는가>? ▷물방아깐.

물방아 [물바′~아′~/물바′~아~] 명 물레방아*. ¶저 멩장 꼴짜게느<명장 골짜기에는> 안죽또 **물방아**가 나머 읻딴다<아직도 물레방아가 남아 있단다>./보이소<여보세요>, **물방아꼴**<물레방아골> 가는 지리 저쪼깅기요 이쪼깅기요<길이 저쪽입니까 이쪽입니까>?

물방아깐 [물바′~아′~깐/물바~아′~깐′] 명 물레방앗간*. ☞물방깐.

물색 [물′색′] 명 (천에) 색깔이 있는 것. ¶상주느 **물색** 오슬 앤 임는대이<상주는 색깔 있는 옷을 안 입는다>./**물색** 행주느<색깔 있는 천으로 행주는> 하지 마라. **물색 옷** 구).

물새 [물′새′] 명 물새*.

뭉개지다 [뭉개′애지다] 동자 ①무너지다*. ¶개애무 구뭉 따무네<개미 구멍 때문에> 화천 뚜기 **뭉개애지**는<하천/강 둑이 무너지는> 수도 읻따는데요<있다는데요>…/그 집 다미<담이> **뭉개애지**늠 바라메<무너지는 바람에>, 도랑 물또<물도> 꽝 막키인니이더<꽉 막혔습니다>./셉뜰<섶들> 가는 엉뚝 지리<언덕 길이>, 사태가 나는 통에 뭉청 **뭉개애접**뿐네요<무너져버렸네요>./공든 타비<탑이>, 그리 수욱끼<쉽게> **뭉개애질** 테기 인나<무너질 턱이 있나. ②뭉그러지다*. ¶나락 빽까리로<볏가리를> 우애 재액낄래<어찌 재었길래>, 그 정도 바라메<바람에> **뭉개애진**담 마알고<뭉그러진단 말이냐>? ▷뭉거지다.

뭉거지다 [뭉′거지다] 동자 무너지다*. ¶내 창<참> 기가 차서, 그 사라믄<사람은> 화느리 **뭉거지**까방<하늘이 무너질까봐> 게비 나가아<겁이 나서>

우얘 사아능공<어찌 사는고>? ▷뭉개지다.

뭉꼴갱이 [뭉꼴′개′~이] 명 문고리*. ¶야아드래이<얘들아>, **뭉꼴갱이** 가리 얼거질라<문고리 가루 떨어질라> 대애강 들락꺼리래이<대강 들락거려라>./ 해애인사에더러느<해인사에서는> **뭉꼴갱이** 가리가<문고리 가루가> 하리 서어 말석 널쩐다꼬<하루 서 말씩 떨어진다고> 자랑을 하는데…

뭉치다#[1] [뭉′치고, 뭉′치지, 뭉′치더라, 뭉′치도/뭉′처도, 뭉′치서/뭉′처서] 동 타 ①(낫 따위로 길게 자라는 것의) 중동을 자르다. ¶콩 이퍼리가 서엉한 데느<이파리가 성한 데는> 쫌 **뭉칩**뿌라<좀 뭉쳐버려라>. ②뭉텅 자르다. ¶깔비로 끌기 저네<솔가리를 긁기 전에> 낫스로 지임 풀버텅 **뭉치**야 지<낫으로 긴 풀부터 뭉쳐야지>.

뭉치다*[2] [뭉′치고, 뭉′치지, 뭉′치더라, 뭉′치도/뭉′처도, 뭉′치서/뭉′처서] 동 자 ¶해애방대고<광복되고> 한때 "**뭉치**머 사아고<뭉치면 살고> 흩치이머 중는다<흩어지면 죽는다>"는 소리로 해앤찌요<소리를 했지요>.

뭉티기 [뭉티′기가, 뭉티′기를, 뭉티′게/뭉티′기에, 뭉티′기도, 뭉티′기마] 명 ①뭉치*. ¶우리가 어언제<언제>, **뭉티기** 도오늘 가따갈랑<뭉치 돈을 -> 함무니나<한번이나> 만치<만저> 본 저기 인능기요<적이 있습니까>? ②뭉텅이*. ¶종오 **뭉티게**다가 압띠이에<종이 뭉텅이에다가 앞뒤에> 마 넌 짜리 한 장석<만 원 짜리 한 장씩> 부치 가주구<붙여 가지고> 돔 **뭉티기**라꼬 쉐긴다는데<돈 뭉텅이라고 속인다는데>…/첩상이 멀끄딩이로 가따갈랑<첩의 머리끄덩이를 갖다가> 쥐이뜨더가아<쥐어뜯어서> 함 **뭉티기**로 뽀버내애는데<한 뭉텅이를 뽑아내는데> 내 참…

미[1] [미′] 명 뉘*. ¶아가야<며늘아기야>, 멥빱 지울 사른<메 지을 쌀은> 미로 <뉘를> 미리 갈리이 나아야 대는데<가려 놓아야 되는데>…/그기이<그것이> 참말로, 여어서느<여기서는> 바베 **미**거치<밥에 뉘같이> 드물다네.

미[2] [미이′] 명 메*. 산*(山). ¶우리가, 질로<길을> 두고, 우얘<어찌> **미**이로 가겐노<메로 가겠나>? 드).

미[3] [미이′] 명 묘*(墓). ¶자기네 사니 업시머<산이 없으면>, 고옹동 무우지<공동 묘지>에다가 **미이**로<묘를> 시는 수바꿈 업찌요 머어<쓰는 수밖에 없지요 뭐>./처름능 걷뜨리<철없는 것들이> 저 **미이**따아 올라가가아<묏등에 올라가서> 뿝짜불내기하다가<술래잡기하다가> 이임재인테 다당키이가

아<임자한테 들켜서> 홍검 무건따니이더<혼겁 먹었답니다>.
미구 [미이′구′] 몡 묘구*(墓丘). 묘구 도적. 무덤을 파헤치고 그 속의 부장품을 훔쳐 가는 도둑. 꼬리가 아홉 달린 여우. 구미호*. ¶남 나아둔 거로<남이 놓아둔 것을>, 우애<어찌> 그리 **미이구** 거치도<묘구 같이도> 아아는동 모올라요<아는지 몰라요>./저여는<저년은> 하는 지이시 똑<짓이 꼭> **미이구** 거트니이더<구미호 같습니다>. **미구 겉다**<묘구/구미호 같다> 구). **미구 거치**<구미호 같이> **안다** 구).
미기다 [미기′고, 미기′지, 미기더′라, 미기′이도/미게′에도, 미기′이서/미게′에서, 미기′이라/미게′에라/미기′라] 동 먹이다*. ◁믹이다. 1 사동 '묵다<먹다>'의 사역형. ¶앰 묵껟따느 바블<안 먹겠다는 밥을>, 아아인테<아이한테> 너무 억찔로 **미길**라 컬 꺼 엄니이라<억지로 먹이려고 할 것 없느니라>./도오늘 쫌 **미기능** 거느<돈을 좀 먹이는 것은> 아아무래도 앤 조옥켄쩨<아무래도 안 좋겠지>?/너가부지<네 아버지> 용 **미길**<욕 먹일> 지이슨<짓은> 앤하능 기이 올태이<않는 것이 옳다>… 2 타 ①¶일곱 꼬옹구로<일곱 식구를> 혼차서러 **미기**이 살릴라 커니<혼자서 먹여 살리려고 하니> 밤나디 업심더<밤낮이 없습니다>./이 숭여네<흉년에> 처자서글<처자식을> 앵 궁끼이고<안 굶기고>, 머어<뭐>라도 **미길**<먹일> 수 읻따능 검만 해애도<있다는 것만 해도> 다행 아닝기요<아닌가요/아닙니까>. ②(가축 등을) 기르다*. 사육하다. ¶자네 지베느<집에는> 대애주로<돼지를> 멤 빠리나<몇 마리나> **미기노**<먹이느냐/기르느냐>?/문시기느<문식은> 산중에 드가 가아<산중에 들어가서> 얌생이로<염소를> 그레 마아니 **미긴**다니이더<그리 많이 먹인답니다/기른답니다>./바앙학 때느<방학 때는> 도옹네 아아들캉<동네 아이들과>, 소 **미기**로 댕기야지요<먹이러/풀 뜯기러 다녀야지요>. ③¶그 자서기<자식이> 꼴 보기 실부머<싫으면>, 한 주묵 팡 **미기**입뿌라머<주먹 팍 먹여버리렴>. **미기**<먹여> **살리다** 구).
미꾸래기 [미꾸래′기] 몡 미꾸라지*. ¶저네느 가실게<전에는 가을에>, 도랑 물로 마거 녹코<도랑물을 막아 놓고> **미꾸래기** 잠는<미꾸자지 잡는> 재미가 참 조오완는데<좋았는데>…/항 끼마 굴머도<한 끼만 굶어도> 배소오게 더러<배속에서> **미꾸래기**<미꾸라지> 소리가 나더마<나더군요>./금마아느<그놈 아이는> 참말로 **미꾸래기** 용 댄 테기지러요<미꾸라지 용 된 셈이

지요>. ▷미꾸라지.

미꿍ㄱ/미꿈ㄱ [미꿍′기, 미꿍′글, 미꿍′게, 미꿈′도, 미꿈′마] 몡 밑구멍*. ☞ 믹꿈.

미다 [미이′고′, 미이′지′, 미이′더′라, 미′이도, 미′이서] 동 타 메다*. ①¶학생드른 가방을<학생들은 가방을> 와 저레 **미이**고 댕기능공<왜 저렇게 메고 다니는지>? 그기이 드능 거버다아 펜능강<그것이 드는 것보다 편한가>?/ 자네도 행상을 **미이**<상여를 메어> 본 저기 인나<적이 있니>? ②¶나라를 **미이**고<메고> 나갈 절문 사암드리<젊은 사람들이>, 지굼<지금> 무진 소리로<무슨 소리를> 하고 인노<있니>?

미루다* [미루′고, 미루′우지, 미루′우더라, 미라′아도/미롸′아도, 미라′아서/미롸′아서] 동 타 ¶오늘 이이른 우야든동<일은 어쩌든지> 내애리로<내일로> **미루우**지 마러래이<미루지 말아라>. ▷미룽다.

미신# [미이′신′] 몡 짚신*. 미투리*. ¶기다러 바아라<기다려 봐라>, 이이점버텅<예전부터> "**미이신** 쩨기도<미투리 짝도> 다아 지 쩨기 읻따<다 제 짝이 있다>" 앙 카나<하지 않니>./자네도 **미이신** 사물 쭐 아아나<짚신 삼을 줄 아니>?

미신* (迷信) [미′신] 몡.

미역* [미′역] 몡 ¶저시리 따시머<겨울이 따뜻하면> **미여**기 진단다<미역이 흉년이란다>./온짱아<오늘 장에> 가시거들랑 **미역** 한 오래기<오라기> 사 오쉐이<오세요>.

미역꾹 [미′역꾹] 몡 미역국*. ¶(시어머니가 작은며느리에게) 오느리 자아 생이린데<오늘이 쟤 생일인데> 그래, **미역꾸**기라도 낄리 미기인나<미역국이라도 끓여 먹였나>? **미역꾹**<미역국>(을) **묵다<먹다>** 구).

미영 [미영′] 몡 ①목화*. 무명*. ¶소가 나무 **미영**을 뜨더무구머<남의 목화를 뜯어먹으면> 바앙목 매긴대이<방목한 벌금 매긴다>./(새신랑이 색시에게 조르듯) 밤새애두룩<밤새도록> **미영**만 작꼬 이실 끼이가<목화만/물레만 잣고 있을 것이냐>?/소가 **미영**바테 드가머<목화밭에 들어가면> 후처 내앱 뿌레야지<쫓아내어 버려야지>. ②무명베*. ¶**미영** 두우 필 내애머<무명베 두 필 내면>, 얼매나<얼마나> 바들 수 이시까<받을 수 있을까>? **미영**(을) **잣다** 구) 물레질을 하다/물레를 잣다.

미영새 [미영′새] 명 박새*. ◁미영<무명> 새.
미영시 [미영′시] 명 목화씨*. 면화의 씨. ¶**미영시**로<목화씨를> 숭구울 찌게느<심을 때는>, 미리 재로 문치 나야지요<묻혀 놓아야지요>…/할매요 우리 미영시느<할머니 우리 목화씨는> 어디다가 나아도온능기요<놓아두었습니까>? **미영시 배기다**<무명씨 박히다> 구).
미우다¹ [미′우고, 미′우지, 미′우더라, 미′야도/미′아도/미′와도, 미′야서/미′아서/미와서] 동 타 메우다*. ¶애애로 묵꼬<애를 먹고> 판 저 웅딩이로<웅덩이를>, 지굼 다부<지금 도로> **미울** 테기야<메울 턱이야> 하낟또 업찌요<하나도 없지요>./(결혼식장의) 비인자리사 우째 **미우**더라도 **미우**겐찌만<빈자리야 어찌 메우더라도 메우겠지만>, 비가 오머 그기이 더 크니이리라요<오면 그것이 더 큰일이에요>./당시니 충내앤 도오는<당신이 축낸 돈은> 당시니 얼릉<당신이 얼른> **미야** 여으소<메워 넣으소>./지남분 적짜로 **미우**능 거쭈우미사<지난번 적자를 메우는 것쯤이야>, 인자아느 시감 무운젤이더<이제는 시간 문제입니다/문제올시다>./통학차 올 때꺼정 시가늘<때까지 시간을> 너거느 여어서 머어로 **미우**노<너희는 여기서 무엇으로 메우니>?
미우다² [미′우다] 동 타 메우다*. ①¶통쟁이<통장수>가 와야 우리 얼기미 테로<어레미 테를> **미울** 낀데<메울 것인데>…/저 가는 체느 머어로 까아<체는 무엇을 가지고> **미우**능공요<메우는지요>?/(통장수가) 자, 통 **미우**쉐이<메우세요>, 통. ②¶장구 **미우**는 이이르느<메우는 일은> 누가 하노<하느냐>? 북쩽이가 하나<북장이가 하니>? ③¶노오던 소자테<놀던 소한테> 발구로 **미우**머<발구를 메우면> 첨메애느<처음에는> 막 설칠끼이다<설칠 것이다>. ④¶활살로<화살을> 땅 **미야** 녹코<딱 메워 놓고>, 자암시 수우물 쥐기고<잠시 숨을 죽이고> 기달리바악꺼둥요<기다려봤거든요>…
미자바리 [미자바′리] 명 밑구멍*. 미주알*. 밑. ①¶자아느 우애댄 테긴동<재는 어찌된 셈인지> **미자바리**가<밑구멍이/항문이> 자꾸 실실<슬슬> 빠진단다. ②¶저 단지가 자꾸 저언다<전다>, 그 **미자바레**다가 도오리라도<밑구멍에다가 돌이라도> 하나 고아나아라<괴어놓아라>.
미지개짜지개 [미이′지′개짜아′지′개] 명 여러 아이가 벽을 등진 채로, 가운데로 밀어붙여 가운데 있던 아이가 밀려나게 하는 놀이.
미치다* [미′치고, 미′치지, 미′치더라, 미′처(차)도, 미′처서] 동 자 ¶공부로<공부를> 너무 해애도<해도> **미치**는 수가 읻따네요<있다네요>. ▷및다.
미친연 [미'친연] 명 미친년*. ①¶저럼 **미친여니**<저런 미친년이>, 오늘 또 낙수질하로 모옹 까구로<낚시질하러 못 가게> 저레 생야아다니네<저렇게 생야단이네>. ②¶똑<꼭> **미친영**거치<미친년 같이> 설치는 데야 말릴 도 오리가 이서야지<도리가 있어야지>. ⇔미친넘.
미칭개 [미'칭개애] 명 미친개*. ①¶**미칭개애**인테 물리이머<미친개에게 물리면> 약또 업따<약도 없다>. ②¶욱깨 춤뱅이느<윗마을 춘봉이는> 인자<이제> 술마 무구머<술만 마시면> **미칭개애**가 댄다네요<미친개가 된다네요>.
미칭개알 [미'칭개애'알'] 명 미친개의 입. 미친개의 아가리. ¶(화가난 사람을 달래며) 이럴 때느<때는>, 차라리 **미칭개애아**레 물리인 텍 대애래이<미친개에게 물린 셈쳐라>.
미칭갱이 [미칭개'~이'] 명 미치광이*. ①¶저 집 마아니가<(용)만이>, 도온 앤 준다꼬<돈을 안 준다고> 저레 배액줴<저렇게 공연히> **미칭갱이** 지이들 하능감네요<미치광이 짓을 하는가 보내요>. ②¶**미칭갱이**맨트로 떠드능거도<미치광이처럼 떠드는 것도> 하아니 읻찌<한이 있지> 그래…/문수 그 사람, 한창 설칠 찌게<적에> 가마니 보머<가만히 보면> 바암**미칭갱**이시더<반미치광입니다>.
미테 [미이'테'] 명 묏자리*. 묘 터. ¶자아들 아부지느<쟤들 아버지는>, 어 어떰 풍수캉<어떤 풍수와> 오새애<요새> **미이테** 보로 댕긴다꼬<묏자리 보러 다닌다고> 자앙이 바뿌다네요<장히 바쁘다네요>.
믹꾸뭉 [믹꾸'무'가, 믹꾸'무'를, 믹꾸'무'~에~, 믹꾸'무'도, 믹꾸'무'마] 명 밑구멍*. 밑*. ①¶시리느<시루는> **믹꾸무**가 우로 가두룩<밑구멍이 위로 가도록> 장뚝까네 어퍼나아래이<장독대에 엎어놓아라>. ②¶그기이 바리<그것이 바로>, '지 **믹꾸뭉** 드러 남 비이기지<제 밑 들어 남 보이기지>' 머 어꼬<무엇이냐>. ▷믹꾸영/믹꿈/미꾸뭉.
믹꾸영 [믹꾸'영'] 명 밑구멍*. ¶부체<부처> **믹꾸영**에 머어가 드른는동<밑 구멍에 뭐가 들었는지> 누가 들바더바안나<들여다봤나>? ▷미꾸영.
믹꿍ㄱ/믹꿈ㄱ [믹꿍'기, 믹꿍'글, 믹꿍'게, 믹꿈'도, 믹꿈'마] 명 '믹꾸뭉<밑구멍>'의 준말.

민드래미 [민드래′미] 몡 동물 성기의 분비물. ¶저 집 소가 암세 내앤능갑따<저 집 암소가 암내를 냈나보다> **민드래미**로 지일질 흘리능 거로<분비물을 질질 흘리는 것을> 보니.

민장 [미인′장′] 몡 면장*(面長). ▷멘장.

믿다* [믿′꼬/믹′꼬, 믿′찌, 믿떠′라, 미′더(다)도, 미′더서] 동 타 ¶이 마다아<마당에> 누구로 워엄망하겐노<누구를 원망하겠니>? 나무 마알로<남의 말을> 너무 **미든** 내가 잘모시지<믿은 내가 잘못이지>.

밀*(蜜) [미일′] 몡 ① ¶비인소게<빈속에> **미일**로<밀을> 마아니 빠러무구머<많이 빨아먹으면> 소오기 다래앤대이<속이 다린다>. ② ¶이이저네느<예전에는> **미일**로 까아<밀을 가지고>, 불 서는<켜는> 초로 앰 맨드런나<양초를 만들지 않았니>.

밉다#¹ [밉′꼬/믹′꼬, 밉′찌, 밉떠′라, 미′버(바)도, 미′버서] 형 (어린아이를 두고) '곱다' 대신 이르는 말. (어린아이가) 좋다*. ¶그너머 얼라아<그놈의 아기>, 참 **믹끼도** 생긴네<밉게도 생겼네/잘 생겼네>.

밉다*² [밉′꼬/믹′꼬, 밉′찌, 밉떠′라, 미′버(바)도, 미′버서] 형 ¶복수 그 넘<놈>, 생깅 거사 **밉찌**마느<생긴 거야 밉지마는>, 하는 지이슨<짓은> 참 착카니이더<착합니다>. ⇔곱다.

밍¹ [밍] 몡 명*(名). ¶사아람 첨 **밍**이<사람 천 명이> 소 함 바리<한 마리> 뭉는 거야 간딴하지요<먹는 것이야 간단하지요>./너거<너희> 패거리가 마카 다아 모지이머<모두 다 모이면> 멤 **밍**이나 대노<몇 명이나 되니>? 드.

밍² [미잉′] 몡 명*(命). ①목숨*. ¶(죽은 새를 들고) 내 생가게느<생각에는> 이 새애가<새가>, 지<제> **미잉**에 모온 쭈군 듣따<명에 못 죽은 듯하다>./이레 하아넙시 기달리다가느<이렇게 한없이 기다리다가는>, **미잉** 짜린 너문<명 짧은 놈은> 하머 주걱껜네요<벌써 죽었겠네요>./내가 앙간 저언투에서<安康 전투에서> 앤 죽꼬<안 죽고> 사러 옹 거로 보머<살아 온 것을 보면>, 참 **미잉**이 지인 테기제<명이 긴 셈이지>? 참 지명인 '안강(安康)'을 흔히 '앙간'이라고 발음함. ② '명령'의 준말. ¶이잉구미<임금이> 저넘 주기라꼬<저놈 죽이라고> **미잉**을 땅 내라악껴등요<명을 딱 내렸거든요>…

밍겅 [미잉′겅′] 몡 면경*(面鏡). 거울*. ◁민경. ¶나알로 절때 쉐길라컨찌<나를 절대 속이려하지> 마쉐이<마세요>, 내가 **미잉겅** 알거치<면경 알같이>

다아 아알고 익꾸마<다 알고 있어요>.

및 [미'치, 미'츨/믿'츨, 믿'체, 미'또, 밈'마] 몡 밑*.

및다 [믿'꼬/믹'꼬, 믿'찌, 믿떠'라, 미'처도, 미'처서] 동자 '미치다'의 준말. 드).

밑* [미'치/미'티, 미'틀/믿'틀, 믿'테/미'테, 믿'또, 밈'마] 몡 ①¶나느<나는> 저 소산 **미**테 인는 새애미로<소산/女根谷 밑에 있는 샘으로> 젇 타로 가니이대이<젖 타러 갑니다>. 참 젖 타다: 산모의 젖이 많이 나오도록 신불(神佛)에게 빌다./그 훼나무 **미**테서 치바더보머<회나무 밑에서 쳐다보면>, 머어가 비일<뭐가 보일> 테기 인나<턱이 있니>, 나무 따무레<때문에>…/우리 시기가<(영)식이> 버러<벌써> 코 **미**테 쉐에미가 시꺼먼네요<밑에 수염이 시커머네요>./그거사 똑<그거야 꼭> **밉**<밑> 빠진 도길쉐<독일세>. ②¶우기느<(창)욱은> 내버다아<나보다> 시이<세> 살 **미**티지 아아매<밑이지 아마>./철수 **미**트로 여동성이<밑으로 여동생이> 두우 키나 더 인심더<두 사람이나 더 있습니다>./가아<걔>가 키마 활때매애로 컫찌<키만 장대처럼 컸지> 가매니<가마니> 치는 소옴시느 니보담 **미**치더라<솜씨는 너보다 밑이더라>. ③¶나느 에릴<나는 어릴> 때, 큰집 할매<할머니> **미**테서 자란 테기니이더<밑에서 자란 셈입니다>./그럼 부모 **미**테서 무징<그런 부모 밑에서 무슨> 공부가 지대로 대갠노<제대로 되겠니>? ④'밑구멍'의 준말. ¶**미치 대애추마안춤 빠저가아**<밑이 대추만큼 빠져서> 거르믈<걸음을> 통 모옹 꺼언단다<못 걷는단다>. **미치**<밑이> **꾸리다**<구리다> 구). **믿또 끝또 모리다**<밑도 끝도 모르다> 구). **믿또 끋또**<밑도 끝도> **없다** 구). **미치**<밑이> **들다** 구). **미치 개갑다**<밑이 가볍다> 구). **미치**<밑이> **더럽다** 구). **미치**<밑이> **무겁다** 구). **미치**<밑이> **빠지다** 구). **미치**<밑이> **찔기다**<질기다> 구).

ㅂ

바가치 [바가′치] 몡 바가지*. 1 자립 ¶저네는 여자드리<전에는 여자들이> **바가체**다가 바불<바가지에다가 밥을> 퍼 무군 적또<먹은 적도> 이섣찌만뇨<있었지만요>… 2 의존 ¶마안젱이 니느<만종이 너는> 물 함 **바가치**<한 바가지> 푸는데 멛 시간석 걸리이노<몇 시간씩 걸리니>?/살 두우 **바가치**마이시머<두 바가지만 있으면> 오늘 저녁꺼리느<저녁거리는> 무운제억껟쩨<문제없겠지>?/저네 객꾸 들리잍실 찌게느<전에 객귀가 들렸을 적엔>, 함 **바가치** 착시리 물리주머<한 바가지를 착실히 물려주면> 나안는<낫는> 수가 이섣찌요<있었지요>… ▷바갱이.

바깐냥반 [바깐′냐앙반] 몡 바깥양반*(-兩班). ¶이 집 **바깐냐앙바**는<바깥양반은> 어디 간능갑찌요<어데 갔는가 보지요>? ⇔안냥반.

바꾸 [바′꾸] 몡 바퀴*. 1 자립 ¶(다람쥐 통을 들여다보며) 잘 도러가던 쳅**바꾸**가<돌아가던 쳇바퀴가> 와 이레 왕창 찌부러전노<왜 이렇게 왕창 찌부러졌니>?/이 자앵구느<자전거는> **바꾸**에<바퀴에> 사리 참 마앙쿠나<살이 참 많구나>./철수 자동차 **바꾸**<바퀴>에 흐리 마아니 무덛떵 거로요<흙이 많이 묻었던 걸요>. 2 의존 ¶지각칸 학생은<지각한 학생은> 잔소리 마알고<말고>, 우운동장을<운동장을> 두우 **바꾸**석 도르라<두 바퀴씩 돌아라>./영마니느 저녁 묵꼬<영만은 저녁을 먹고>, 마시를<마을을> 함 **바꾸** 도러야<한 바퀴 돌아야> 재미<잠이> 온다나 우얀다나<어쩐다나>…

바꾸다* [바꾸′우고, 바꾸′우지, 바꾸′우더라, 바꽈′아도/바까′아도, 바꽈′아서/바까′아서] 동 타 ¶수포로<수표를> **바꾸우**는데도 도오늘 내애야<바꾸는데도 돈을/수수료를 내야> 대능기요<됩니까>? ▷바꿓다.

바늘방식 [바′늘방식] 몡 바늘방석*. ¶이렁 기이 바리<이런 것이 바로> **바늘방시**기라요<바늘방석이에요>. ▷바늘방시기/바늘빵식.

바늘빵시기 [바′늘빵시기] 몡 바늘방석*. ☞바늘방식.

바다#[1] [바′고, 바′지, -, -, -, 바′라] 동 불자 동사의 어미 '-지' 아래에 쓰이어, 그 동작을 '그만 두다' 또는 '말다'의 뜻을 나타내는 불완전 동사. 참 기본형으로는 쓰이지 않고, 어미 활용 형태로 쓰임. '말다'에서 유음이 탈락한 '마다'가 변해서 생긴 말인 듯. '마고'는 '바고'와, '마지'는 '바지'와, '마라'는 '바라'와 흔히 같은 뜻으로 쓰임. 그 밖의 다른 어미 변화는 하지 않음. ¶야아야<얘야>, 우어른 물까아느<위험한 물가에는> 함부레<함부로> 가지 바래이<말아라>./서들지 바고<서두르지 말고> 차근차근 이이바글 쫌 해애바아라<이야기를 좀 해봐라>./내 거억쩡은<걱정은> 하낟또<하나도> 하지 바라 커소<말라고 하소>./내가, 느는<너는> 그런 데 함부레<아예> 오지 바라 앵 카더나<마라고 하지 않더냐>./그 쭈구로느 가지 바고<쪽으로는 가지 말고> 저 쭈구로<쪽으로> 가거라./내 올 때꺼정<때까지> 바락꼬잍찌 바고<기다리고 있지 말고>, 니 머여 저넝 무우래이<너 먼저 저녁을 먹어라>.

바다*² [바'다] 몡 ¶여르메 푸림<여름에 푸른> **바다** 우로느<위로는> 갈미기가 날러댕기고<갈매기가 날아다니고>…

바락꼬앉다 [바락'꼬안'따] 동 자 앉아서 기다리다. 기다리고 앉아 있다. ¶니느 거어서<너는 거기서> 누우 **바락꼬안**전노<누구를 기다리고 앉아 있니>?/(낚시에서) 오래 **바락꼬안**젙따꼬<기다리고 앉아 있다고> 궤기가 마아니 낙끼이능강<고기가 많이 낚이는가>?

바락꼬잇다 [바락'꼬잍'따] 동 자 기다리고 있다. ¶내 올 때꺼정<때까지> **바락꼬잍**찌 바고<기다리고 있지 말고>, 니 머여 저넝 무우래이<너 먼저 저녁을 먹어라>.

바람#¹ [바'람] 몡 보람*. ¶자네가 칭차늘<칭찬을> 반는 거로<받는 것을> 보니, 그 동안 고상한<고생한> **바라**미 이서가아<보람이 있어서> 나도 조온타<좋다>./그 여엉가믄<영감은> 참, 아들래미가 애애로 묵꼬 구해옴<아들이 애를 먹고 구해온> 바람도 업시<보람도 없이>, 그 약 칸 첩또 모온 짜아시보고<한 첩도 못 자셔보고> 도러가싣따니이더<돌아가셨답니다>.

바람*² [바래'미/바라'미, 바라'를, 바라'메, 바람'도, 바람'마] 몡 자립 ¶오느른<오늘은> 산들**바람** 따무네<때문에> 머어라도 너얼기마 하머<무엇이라도 널기만 하면> 참 잘 마릴 날새네요<마를 날씨네요>.

바람*³ [바'람] 몡 바라는 것. ¶올개<올해> 우리 지바네서<집안에서> 기중

큼<그중 큰> **바라**미라커머<바람이라면>, 우리 크나아<큰애>가 큰 시어메 분능<시험에 붙는> 건데…

바람*⁴ [바라′미, 바라′들, 바라′메, 바람′도, 바람′마] 몡 의존 ¶윤수나<윤순아>, 너거 싱이자테 가가아<네 언니한테 가서>, 빼앨간 시일 이시머<빨간 실이 있으면> 함 **바람**마 어어더 온나아<한 바람만 얻어 오너라>.

바람빤지 [바람빤′지] 몡 바람받이*. 바람을 맞받거나 몹시 받는 곳. ¶보소<여보시오>, 해필<하필> **바람빤제**서러<바람받이에서> 내애미나는 이이를<냄새나는 일을> 시이자걸 끼이 머어요<시작할 것이 뭐요>?/펭상<평상>을 저쪽 **바람빤제**다가 피머<바람받이에다가 펴면> 억시기 서워늘 끼이다<매우 시원할 것이다>. ⇔어지/바라머지.

바래다#¹ [바′래′애고, 바′래′애지, 바′래′애더라, 바′래′애도, 바′래′애서] 동 타 바라다*. 기다리다. ¶시엄 치로 간 아아<시험 치러 간 아이>가 척 분뚜룩 **바래애**늠 마아미사<붙도록 바라는 마음이야> 어느 부모나 다아 똑 깥찌요 머어<다 똑 같지요 뭐>.

바래다*² [바래′애고, 바래′애지, 바래′애더라, 바래′애도, 바래′애서] 동 자 ¶정수니 거튼 아아드리야<정순이 같은 아이들이야>, 색 **빠래앤** 저구리로<바랜 저고리를> 익끼가 실켄찌요<입기가 싫겠지요>.

바리#¹ [바′리] 몡 마리*. ¶헝니믐 무징 김자기<형님은 무슨 짐작이> 쫑 가시능기요<좀 가시는지요>? 소 함<한> **바리** 자부머<마리 잡으면> 멕 키나<몇 사람이나> 농갈러 미길랑공<나누어 먹이려는지>?/이분 잔채에느<이번 잔치에는> 화앙소 함 **바레**다가<황소 한 마리에다가> 대애주<돼지> 멥 **빠리**느 자버얄따<몇 마리는 잡아야겠다>.

바리#² [바리′] 몡 바로*. ①¶기왕, 시로 끄지글라컥꺼등<선을 그으려거든> 쫌 **바리** 끄지거라<좀 바로 그어라>./(돈은) 지비 가덤 찔로<집에 가는 길로> 막**빠리** 가퍼 주끼이<바로 갚아 줄게>, 거억쩡 마아라<걱정 마라>./수도리가 앤 오머<수돌이 안 오면>, 시간 따무네<때문에> 더 기다릴 수 업시 니꺼네<없으니까>, 우리느 곱**빠리**<우리는 곧바로> 떠나야 델따<떠나야 되겠다>. ②¶가아<걔>가, 무러보기 바뿌기<물어보기 바쁘게> 다불 **바리**<답을 바로> 척척 마차압뿌늠 바라메<맞추어 버리는 바람에>, 무러보는<물어보는> 내가 갇짱키 대앱뿐찌<같잖게 돼버렸지>./하암보글 이불 채애미거등

<한복을 입을 참이거든> 옥꼬롬<옷고름> 하나라도 **바리** 쫌 매애라<바로 좀 매라>./우야든동 마아믈<어쩌든지 마음을> **바리** 가지야<바로 가져야>, 사아라미 사아람 지이슬<사람이 사람 짓을> 하지. ③¶내가 거돔마<겉옷만> 퍼떡 가러익꼬<빨리 갈아입고> **바리** 나가두룩 하끼이<바로 나가도록 할게>, 거어서 조매애마 익꺼래이<거기서 조금만 있거라/기다려라>./오느른<오늘은> 학쪼오가 끈나자마아자<학교가 끝나자마자> **바리** 지부로 온너래이<바로 집으로 오너라>. ④¶이렁 기이<이런 것이> **바리**<바로> 농촌 살리미라 컨능 거로<살림이라고 하는 것을> 그 야앙바니 아아기나 하알라는지<양반이 알기나 하려는지> 모올라<몰라>./저 부니 **바리**<분이 바로> 우리 큰도리 선성님 아니가<큰돌이 선생님 아니냐>. x¶저 바리에 앉아라.

바리*³ [바리] 몡 ¶논쉐<놋쇠> **바리**. ② '바리때'의 준말. 드).

바리*⁴ [바′리] 몡 1 자립 ¶노룸하는 소오치로<노름하는 소치로> 곡석<곡식> **바리**깨나 파러무걷찌요<팔아먹었지요>./저 집 영감쟁이요<영감 말이에요>? 땔나무 멥 **빠리** 해에다 녹코느<몇 바리 해다 놓고는> 어더미로 횡 나간는동<어디로 휙 나갔는지> 나도 통 김자기 앤 대내요<짐작이 안 되네요>./내애리느 소**바리** 질게<내일은 소바리 길에> 널린 도오리나<돌이나> 쫌 치아 볼꺼나<좀 치워 볼거나>. x②윷놀이에서 말 한 개. 2 의존 ¶누운<눈> 오기 저네<전에>, 처가찌비다가<처갓집에다가> 나무나 서너 .**바리** 시러다<실어다> 줄 꺼로 그래앤네<줄 걸 그랬네>./오늘꺼정 점부<오늘까지 전부> 멥 **빠리**나 시러 나린 텍꼬<몇 바리나 실어 나른 셈이냐>?

바리다¹ [바리′고, 바리′지, 바리더′라, 발′러(라)도, 발′러서] x[발르다] 동 타 바르다*. ①¶문쫑오로 **바릴**라꼬<문종이를 바르려고>, 지끔<지금> 내가 푸를 수고 읻따네<풀을 쑤고 있다네>./(도배를 위해) 모레 아짐나절버텅 베게다가<아침나절부터 벽에다가> 초지짱버텅 **발러**야 댈따<초배부터 발라야 되겠다>. ②¶카레 비키인<칼에 베인> 데가 괭길라<곪을라>, 이 야기라도<약이라도> 좀 **발러** 조오라<발라 줘라>./그 얼구리<얼굴>에 아아무 화장푸미나<아무 화장품이나> 덕찌덕찌 **바린**다꼬<바른다고> 머어가<뭐가> 더 이이뻐지능강<예뻐지는가>?/입서버레<입술에> 춤도 앰 **바링** 거어짐말로<침도 안 바른 거짓말을>, 니이<너> 자꾸 하알래<할래>?

바리다² [바리′고, 바리′지, 바리더′라, 발′러(라)도, 발′러서] x[발르다] 형 바르다*. ①¶경우사 일분 사람드리<경위야 일본 사람들이> 참 **바리**지만<바르지만>…②¶시느<금은> 쪽 **빠리**구로 끄지거야지요<똑 바르게 그어야지요>. ③¶미이테 커머<묏자리라고 하면>, 누구나 다아<다> 양지 **바린** 데버텅 찬찌<바른 데부터 찾지>.

바링곧짜로 [바링곧′짜로] 뷔 곧바로*. 곧바른 길로. 지체없이. ¶사아고가 나자마아자 **바링곧짜로**<사고가 나자마자 곧바로> 싱고가 드감 모양이지<신고가 들어간 모양이지>.

바뿌다 [바뿌′고, 바뿌′지, 바뿌더′라, 바′뻐(빠)도, 바′뻐서] 형 바쁘다*. ¶한시가 **바뿐** 사람 작꼬<바쁜 사람 잡고>, 무신 이이바구<무슨 이야기>가 그리 지인동 모올쉐<긴지 모를 일일세>./기잉주 사람드른<慶州 사람들은>, 그치리 **바뿜**<그처럼 바쁜> 모숭기처레도<모내기철에도>, 차마 지내가머<차만 지나가면> 꼭 소늘 흔드러<손을 흔들어> 주고 그라거등요<그러하거든요>./지느 **바뿐** 이이리<저는 바쁜 일이> 쫌 이서 가주구<좀 있어 가지고> 머여 일라야겓심더<먼저 일어나야 하겠습니다>./동세느 요부네<동서는 요번에> 잔채 주움비하니이라꼬<잔치 준비하느라고> 혼차서<혼자서> 참 마아니 **바뿐쩨**<많이 바빴지>?/오느른<오늘은> 서얼 대목짱인 따무네<설 대목장인 때문에>, 우리 박 서방도 역시기 **바뿌겓찌만**<매우 바쁘겠지만>…/손니미 얼매나<손님이 얼마나> 자주 오는동<오는지>, 솓 식끼가 **바뿌**네요<솥 씻기가 바쁘네요>./아아무리 **바뿐**<아무리 바쁜>들 저어염빠분 묵꼬<점심밥은 먹고> 해애야 앤 대겐나<해야 되지 않겠느냐>. -기(가) **바뿌기**<바쁘게> 구) ¶학껵 소리로<합격 소리를> 득끼 **바뿌기**<듣기 바쁘게> 저엄보로 천는데<전보를 쳤는데>…

바안질 [바′안질] 명 바느질*. ¶우럼마느요<우리 엄마는요>, 하던 **바안질**<바느질> 다아 해애 녹코<다 해 놓고> 오신다 컫띠이더<오신다고 합디다>./저 집 새대근<새댁은> **바안질** 소옴시가<바느질 솜씨가> 참 조옫타네요<좋다네요>./영구네! 옴빠메<오늘밤에> **바안질**까앙 가주구<바느질감을 가지고> 우리 지부로 오쉐이<집으로 오세요>.

바우 [바′우] 명 바위*. ☞방우.

바주다 [바아′주′다] 동 타 ①봐주다*. ¶늘그니꺼네<늙으니까> 얼라아 **바아** 주능 거또<아기 봐주는 것도> 나는 심든담 마아리시더<나는 힘든단 말입

니다>. ②들어주다*. ¶나무 부우탁 카는 이일마<남의 부탁하는 일만> 다 아 **바아주다가**<다 봐주다가/들어주다가> 자네 이이르느<일은> 어언제 할 채앵고<언제 할 참이니>?

바치다#¹ [바′치다] 동타 ☞받치다¹.

바치다*² [바′치고, 바′치지, 바′치더라, 바′치도/바′처(차)도, 바′치서/바′처서, 바′치라/바′처라] 동타 ¶제에무릴랑 다아<제물일랑 다>, 정성껏 장마너가아 **바치**두룩<장만해서 바치도록> 해애야지요<해야지요>.

바치다*³ [바′치고, 바′치지, 바′치더라, 바′치도/바′처(차)도, 바′치서] 동타 ¶여자를 자앙이 **바치**능 거도<장이/대단히 바치는 것도> 큼 비잉이요 비잉<큰 병이요 병>.

바팅개 [바팅′개] 명 버팀목*. ¶이 삽짝<사립> **바팅개**가 와 너머전시꼬<버팀목이 왜 넘어졌을까>?/보소, 처가아 간따<처가에 갔다> 오는 지레<길에>, 서답쭐 **바팅개**<빨랫줄 버팀목> 할 활때<활대> 하나 간따아 주이쉐이<갖다 주시어요>.

박*¹ [박′] 명 ¶박 떰푸른<덩굴은> 숨마 잘 처주머<순만 잘 처주면> 가쟁이가 버얼고<가지가 벌고>, 가쟁이가 버얼머<가지가 벌면> 앙꼬치 피니까네<암꽃이 피니까> 수늘<순을> 잘 처주룩 해애라<쳐주도록 해라>. ▷꼬더박.

박*² [박′] 명 대가리*. 머리를 비속하게 이르는 말. **박**(이) **터지다** 구.

박꼬랑 [박꼬랑′] 명 밭고랑*. ¶오오여르메<한여름에>, 콩**박꼬랑**아 업띠리 가아<콩밭고랑에 엎드려서> 풀로 함문<풀을 한번> 매애 바아라<매어 봐라>, 니이가 전딜 마안하알랑가<너가 견딜 만할는지>?/보리가 그단새애<그 짧은 동안에> **박꼬**랑아 드간<밭고랑에 들어간> 강생이<강아지> 등이 앰 비일 마안춤<안 보일 만큼> 컵뿐네요<커뎌렸네요>.

박꾹 [박꾹′] 명 나물국에 찬밥을 넣고 쑨 음식. 죽의 일종. ◁밥국. ¶이임자<임자>, 오늘 저너게느<저녁에는> 짐치 **박꾸**기나<김치 밥국??이나> 수라무나<쑤려무나>./천날마안날<매일같이> **박꿍**마 묵꼬<밥국??만 먹고>, 무징기이우니<무슨 기운이> 생길 리이가 익껜소<리가 있겠소>./**박꾹**뻐다아사 떡꾸기 나앝찌<밥국??보다야 떡국이 낫지>. 참 자꾸 바꾸자고 보채는 사람을 편잔하는 말./콩지름 **박꾸**글<콩나물 밥국??을/콩나물죽을> 삼 염마<년

만> 소오 무구머<쑤어 먹으면> 논 산다, 논.

박끄륵 [박끄′륵] 명 밥그릇*. ¶**박끄르**글<밥그릇을> 달달 끌그머<긁으면> 봉 나간대이<복 나간다>./아가야<며늘아기야>! 할매 **박끄르**근<할머니 밥그릇은> 구둘무게다가<아랫목에다가> 단디이 무더 나아래이<단단히 묻어 놓아라>.

박다* [박′꼬, 박′찌, 박떠′라, 바′거(가)도, 바′거서, 바′거라] 동 타 ¶말모근<말뚝은>, 항 키가 자버주머<한 사람이 잡아주면> 아아무래도<아무래도> **박**끼가 수월치요<박기가 수월하지요>.

박상 [박′상] 명 박산*. 뻥튀기를 해서 나온 쌀이나 옥수수 따위. ¶**박상**을 팡 티길 때느<박산을 팍 튀길 때는> 귀로 막꼬 이서야지<귀를 막고 있어야지>./**박상** 마슨<박산 맛은> 그때나 지구미나 비인하미 업떠네<지금이나 변함이 없더군>./우리 절물 때느<젊을 때는> "조서네 **박상**이<조선에 박산이> 타닥딱" 컨는<하는> 위시개<우스개> 소리가 이섣찌<있었지>.

박키다 [박키′이다] 동 피동 박히다*. '박다'의 피동형. ¶야 이너무<이놈의> 나무야, 어디 해필<하필> 날 떼가 업서<데가 없어> 이 방구 새애예 **박키**인노<바위 사이에 박혔느냐>?

밖* [배′끼/박′끼, 박′끌, 박′께, 박′또, 방′마] 명 자립 ¶야아드라 너거느<얘들아 너희들은> 저 너린 **박**께<너른 밖에> 나가 노러래이<놀아라>, 응야<응>?

반드럽다*[1] [반′드럭꼬/반′드럽꼬, 반′드럽찌, 반′드럽떠라, 반′드러버(바)도, 반′드러버서] 형 ¶저 사람 고모할매 찝 따디미또오리<고모할머니 집/댁 다듬잇돌이>, 얼매나 **반드럭**꼬<반드럽고> 조오와 비이는동<좋아 뵈는지> 타미 나더구마<탐이 나더군요>.

반드럽다*[2] [반드럭′꼬/반드럽′꼬, 반드럽′찌, 반드럽떠′라, 반드러′버(바)도, 반드러′버서] 형 참 성조가 '반드럽다'과 다를 뿐 용도는 같음.

반쪼갱이 [바안′쪼′개~이~] 명 반쪽*. ¶꼴란 능굼<별 것 아닌 사과> **바안쪼갱이** 가주구<반쪽 가지고> 안죽꺼정 시르믈<아직까지 씨름을> 하고 인나<있나>?/아푸고 나디이<아프고 나더니> 얼구리가 **바안쪼갱이**가 대앨떠라<얼굴이 반쪽이 됐더라>.

반턴 [바안′턴′] 명 반*(半). ¶야 이너마<이놈아>, **바안턴**도 앰 묵꼬<반도 안

먹고> 이레 자꾸 내뻐머<이렇게 자꾸 내버리면> 무징 과아시리 나머나겐노<무슨 과실이 남아나겠니>?/머어든동 시이작끼가<뭐든지 시작하기가> **바안턴** 애니가<반 아니냐>. ▷반텀.

반팅이 [반티′~이`] 몡 함지*. 판자를 위가 조금 넓게 직사각형 꼴로 짜 맞춘 큼직한 나무 그릇. 주로 들에 점심을 내갈 때 부인들이 이고 가는데 쓰임. ¶(들일을 하며) 저기 **반팅이**로<함지를> 이고 가는 거로<가는 걸> 보니 우리 저엄섬<점심>도 곤 내애 오객꾸마<곧 내어 오겠군요>./어제 성내 갔따가<(慶州) 城內 갔다가>, 깡패인테<깡패에게> 눈팅이가 **반팅이**가 대두룩<눈두덩이 함지가 되도록> 뚜디리 마젇따네요<두드려 맞았다네요>./이인날 **반팅이**느 아아매도<옛날 함지는 아마도> 통나무 가주구 팓떰 모양이지요<가지고 팠던 모양이지요>? x¶눈탱이가 밤탱이가 되다. 替 글이나 방송에서 '눈탱이가 밤탱이가 되다.'라는 표현을 쓰는데, 경주 말로는 "눈팅이가 반팅이가 대다."임.

받다* [박′꼬/받′꼬, 받′찌, 받떠′라, 바′더(바)도, 바′더서, 바′더라] 동타 ¶아지야<삼촌>, 내가 보내앰 피인지느<보낸 편지는> 잘 **바**더 바악껜찌요<받아 보았겠지요>?

받치다#¹ [받′치고, 받′치지, 받′치더라, 받′치도/받′처(차)도, 받′치서/받′처서] 동피동 밭이다*. '밭다'의 피동형. (건더기와 액체가 섞인 것을) 체 같은 데에 부어서 국물만 받아 내게 하다. ¶막껄리라 컨능 기이<막걸리라고 하는 것이> 바리<바로>, 점배기 술로<전국 술을> 체에다가 **받치**가아<밭쳐서> 거링 거 애니가<거른 것 아니냐>. ▷바치다.

받치다#² [받치′이고, 받치′이지, 받치′이더라, 받치′이도, 받치′이서, 받치′이라] 동피동 받히다*. 떠받음을 당하다. ¶니야까<손수레>가 자동차에 콱 **받치이**디이<받히더니>, 똑 종오짱매애로<꼭 종잇장처럼> 꾸게에접뿌데에요<구겨져 버리더군요>.

받치다*³ [받′치고, 받′치지, 받′치더라, 받′치도/받′처(차)도, 받′치서, 받′치라] 동타 x①¶우산을 받치다. ②¶지동이<기둥이> 시일 너머가알라 캐애가아<슬 넘어가려고 해서> 구울군<굵은> 나무로 가주구<나무를 가지고> 우시네 **받치**<우선 받쳐> 녹키느 해앧따마느<놓기는 했다마는>…

밭*¹ [밭] 몡 자립 ¶상동 아재한테느<아저씨한테는> 내가, 압**빹** 다아 드렌네요<앞발 다 들었네요>.

발*[2] [발] 몡 ¶저럭키 **바리** 고오붐<저렇게 발이 고운> 모시 가주구느<가지고는> 머어로<무엇을/무슨 옷을> 해애 이부먼 조오꼬<해 입으면 좋을까>?

발*[3] [발] x[바알] 몡 의존 ¶그 집 담 지럭찌로<길이를> 다아 재애 보지느 앤 해애도<다 재어 보지는 않아도>, 쉬임 **바른**<쉰 발은> 너물 뜨을시푸네요<넘을 듯싶네요>.

발디치거리 [발디이′치′거리] 몡 발뒤축*. ¶덩마나<덕만아>, 니이 오느른<너 오늘은> 퍼질고 안저가아<앉아서> **발디이치거레** 찌인<발뒤축에 낀> 때라도 좀 뻭끼두룩 해애래이<벗기도록 하여라>./자네 고종은, 디세업시 띠다가<두서없이 뛰다가>, **발디이치거레**<발뒤축에> 도오리 쉐엘만다<돌이 쇠었단다>. ▷발디치기. 참 돌 쇠다: 발뒤축이 속으로 곪다.

발사개 [발사′개] 몡 발싸개*. ¶우리자테느<우리한테는/우리가 사는 데서는> **발사개사** 업찌만도<발싸개야 없지만>, 가암발하늠 베는 인니이더<감발하는 베는 있습니다>./당신드른<당신들은> 머어로 가주구<뭘 가지고> **발사개라** 컨능기요<발싸개라고 합니까>? 드).

발치* [발′치′가, 발′치′를, 발′체′에/발′치′에/발′치′예, 발′치′도, 발′치′마] 몡 ①¶객찌에 나가머<객지에 나가면> **발칟짬** 자능 거버텅<발칫잠 자는 것부터> 배아야지요<배워야지요>. ⇔머리맡. ②¶야 이 답따분 사라마<답답한 사람아>, 니이가 압쩝<네가 앞집> 춘수 **발치**만 따러가도<따라가도> 내가 거억쩡이 억껜따<걱정이 없겠다>.

발치거리 [발치거′리] 몡 발뒤꿈치*. 발치*. ¶나느<나는> 참바람맘 부우머<찬바람만 불면>, **발치거리**가<발뒤꿈치가> 갈라지기 시작능 기이<시작하는 것이> 큰 타아리라요<탈이에요>.

발텁 [발텁′] 몡 발톱*. ¶질부야, 바메느<밤에는> 손텁 **발터불**<손톱 발톱을> 깍찌 마래이<깎지 말아라>, 복 다알러간단다<복이 도망간단다/달아난단다>./저레 빠짐 **발터**비<저렇게 빠진 발톱이> 어얘<어찌> 또 생기 나오는동<생겨 나오는지> 참.

발피다 [발피′이고, 발피′이지, 발피′이더라, 발피′이도, 발피′이서, 발피′이라] 동 피동 밟히다*. ¶객찌에 나가가아느<객지에 나가서는> 우야든동<어쩌든지>, 나민는데 **발피이고느**<남에게 밟히고는> 사아지 마러야지<살지

말아야지>./꼬리가 지이머<길면> **발피일**<밟힐> 때가 인니이라<있느니라>, 하앙상 조오심해애래이<항상 조심해라>./할매느<할머니는> 손자 여석 재롱이<녀석 재롱이>, 날마당 누네 **발피인**다네요<날마다 눈에 밟힌다네요>.

밝다* [발'꼬, 발'찌, 발떠'라, 발'거(가)도, 발'거서] x[박따] 동자 ¶오새애느<요새는> 아침 멘 시머<몇 시면> 나리 **발**는지로<날이 밝는지를>, 처남 니느 아아나<너는 아니>?

밟다#[1] [바알'꼬', 바알'찌', 바알'떠'라, 발'버(바)도, 발'버서, 발'버라] x[밥따] 동타 밟다*. ① 두 팔을 펴서 길이를 재다. ¶경주성(慶州城) 둘레가 얼매나 대는동<되는지>, 누가 함문 **발**버 바안능강<한번 밟아 봤는가>? ② 걸음으로 거리를 헤아리다. ¶여어서 대애뭉꺼정<여기서 대문까지> 멥 빠리나 댈찌사<몇 발이나 될지야/될지는>, 당장 **발**버 보머<밟아 보면> 아알꺼 애니가<알 것 아니냐>. x③어린애가 걷기 시작하다. x④차차 앞으로 나아가다. x⑤두 팔을 벌려서 마주 잡아당기다. ▷뻠다.

밟다*[2] [바알'꼬, 바알'찌, 바알'떠'라, 발'버(바)도, 발'버서, 발'버라] x[밥따] 동타 ¶새앰뇨<선생님>, 유학 가싣따가 오시가아<가셨다가 오셔서> 고양<고향> 땅을 처엄 **바알**떵 기부니<첨 밟던 기분이> 어어때앤는동<어떠했는지> 마알숨 쫌 해 주시이소<말씀 좀 해 주십시오>./새로 산 땅은<땅은>, 나무 바틀<남의 밭을> **바알**꼬 지내가두룩<밟고 지나가도록> 대애 인늠 모양인데요<되어 있는 모양인데요>…

밤*[1] [밤'] 명 ¶여어서느<여기서는>, 달 발금 **바**미머<밝은 밤이면> 부엥이<부엉이>가 자주 우울구마<울어요>.

밤*[2] [바암'] 명 ¶내상<나야> 꾸붐 **바아**미 생**바암**버다암<군밤이 생밤보다> 더 조온터라<좋더라>마는…/기이성찌베서느<기생집에서는> 생**바아**믈<생밤을> '생율'이라 앙 카나<하지 않니>.

밤새두룩 [밤새'애'두룩/밤새애'두'룩] 부 밤새껏*. 밤새도록*. 밤이 새도록. ¶**밤새애두룩** 앤<밤새껏 안> 자고, 머어로 핸는데<무얼 했는데> 자꼬 하품마 하노<자꾸 하품만 하느냐/하니>?/감바메느<간밤에는> **밤새애두룩** 누우니 완는 줄또<밤새껏 눈이 온 줄도> 모리고<모르고>, 내애처 잠마 잗쩨<내처 잠만 잤지>?

밤찔 [밤'찔'] 명 밤길*. ¶혼차<혼자>서 **밤찔**로 갈 때느<밤길을 갈 때는> 쉐짝때기로<금속/쇠 지팡이를> 직꼬 가능 기이<짚고 가는 것이> 조온타 컬떼에<좋다고 하더군>./우리 거튼<같은> 백성은, **밤쩰** 댕기는 분들캉으느<밤길 다니는 분들과는> 가치 댕길<같이 다닐> 생가기 벨로 어업소이다<생각이 별로 없소이다>.

밤풍수 [바암′풍′수] 图 반풍수*(半風水). ¶저 따구<따위> **바암풍수** 때무네<반풍수 때문에>, 무신 이이리<무슨 일이> 대다가도 앤 대애요<되다가도 안 돼요>.

밥떡꺼리 [밥떡꺼′리] 图 밥알*. ①¶꼬치<고추자지>도 밤 뭉나<밥 먹나>, 우리 시기<(点)植이> 꼬치 우예<고추 자지 위에> **밥떡꺼리**가 부턴네<밥알이 붙었네>./수야<(哲)洙야> 니느 우야자꼬<너는 어쩌자고>, 나테다가 와<낯에다가 왜> **밥떡꺼리**로<밥알을> 바리고 댕기노<바르고 다니니>? ②밥풀*. ¶방무니 쩨애진 데다가느<방문이 째진 데다가는> **밥떡꺼리**로 가주구<밥풀을 가지고> 민때에 바리머<문질러 바르면> 수우분데<쉬운데>…/송끈팅이 갈러진 데느<손끝 갈라진 데는>, **밥떡꺼리** 가주구<밥풀 가지고> 밥치미를 하머 틀리멈는데요<하면 틀림없는데요>./뭉꾸영<문구멍> 하나 바리는<바르는> 데 무짐<무슨> **밥떡꺼리**로<밥풀을> 이치리 마아니 가주고<이처럼 많이 가지고> 오노<오니>? **밥떡꺼리로 시알리다**<밥알을 세다> 구). **밥떡꺼리가 꼰지서다**<밥알이 곤두서다> 구).

밥치미 [밥′치′미] 图 천에다가 된밥을 이겨 발라서 반창고처럼 만든 것. ¶송끈팅이 갈러진 데느<손끝 갈라진 데는>, 밥떡꺼리 가주구<밥풀 가지고> **밥치미**를 하머 틀리멈는데요<밥치미??를 하면 틀림없는데요>.

밥티정 [밥′티′정] 图 밥투정*. ¶이 자서기<자식이> 어디서러 **밥티정**을 할 채앵고<어디서 밥투정을 할 참이냐>?/그 **밥티정**하는 너믄<밥투정하는 놈은> 밤 미기지<밥 먹이지> 마라. **밥티정하다** 图[자] 밥투정하다*.

방갑다 [방′각′꼬/방′갑′고, 방′갑′찌, 방′갑′떠라, 방′가′버(바)도, 방′가′버서] 阌 반갑다*. ¶기<귀>가 지그러붕 거로<가려운 것을> 보니, 오느른 어디서러 **방가분**<오늘은 어디서 반가운> 손니미라도 오실랑강<손님이라도 오시려나>?/오래 기다리던 소내기가<소나기가> 오니, 참 **방감**네요<반갑네요>./우여어니 태수리로<우연히 태술을> 만내고<만나고> 보니, 얼매나 **방감는동**<얼마나 반가운지> 막 끄라앙꼬 우런니이더<끌어안고 울었습니다>.

방가이 🖸 반가이*.
방갑짢다 [방갑짱' 코, 방갑짠' 치, 방갑짠터' 라, 방갑짜' 너(나)도, 방갑짜' 너서]
🖸 반갑잖다*. 반갑지 않다. ¶머<뭐> 술? 내사 오느른<나야 오늘은> 벨로
방갑짠네<별로 반갑지 않네>./도오니 어어떡코<돈이 어떻고>, 비디 어어떡
코 컨능<빛이 어떻고 하는> 그럼 **방갑짜**는<그런 반갑잖은> 소리느 나앙쭤
에<소리는 나중에> 하게./그 참, **방갑짜**는 이일로<반갑잖은 일을> 당어 가
주구<당해 가지고>, 나알로<나를> 자꾸 오라 커머<오라고 하면> 나느 우
야노 마아리다<나는 어쩌나 말이다>?

방구¹ [바앙' 구'] 🖸 방귀*. ¶머어로 무걱껀데<무얼 먹었관대> **바앙구** 내애
미<방귀 냄새>가 이리 독카노<독하뇨>?/자즘 **바앙구**로 뀌이능 거로<잦은
방귀를 뀌는 걸> 보니, 야아<얘>가 오늘 무신 이일 내에지<무슨 일 내지/
똥 싸지>!/오느른<오늘은> 내가 머어로<뭐를> 잘 몸 무건능동<못 먹었는
지> 헙**빠앙구**<헛방귀>가 자꼬<자꾸> 나오네요./태수래이<태술아>, 니느
어야자꼬<너는 어쩌자고> 줄**바앙구**로 뀌이노<줄방귀를 뀌느냐>? 배 아푸
나<아프니>?/꿀내가 앤 나늠<구린내가 안 나는> **바앙구**도 인능강요<방귀
도 있는지요>?/그 **바앙구** 내애미 함분<방귀 냄새 한번> 디이기 독카네<되
게 독하네>./애라 이 나뿐 너마<나쁜 놈아>, 대지 모온하게<되지 못하게>
바람빤제 안저가아<바람머리에 앉아서> **바앙구**로 뀌이다니<방귀를 뀌다
니>?/날러가늠<날아가는> **바앙구**에<방귀에> 시이비하는 넘 내 아들넘<시
비하는 놈 내 아들놈>./나간다 나간다 나간다 나간다, **바앙구**로<방귀를>
함<한> 방 뀌이고<뀌고> 나니, 눈초재기 조밤<눈곱 조밥> 내도 나고, 귀쳉
이 달구옴밤<귀에지 닭의 온밥> 내도 나고, 모구 다리 진둥내도 나고, 포구
다리 팥쭝<팥죽> 내도 나고, 기이성연 사타리 새애<기생 년 사타구니 새>
사아향내도<사향내도> 나능구나<나는구나>. 🖸 전래 민요. **방구로**<방귀
를> 뀌다 구).

방구² [방' 구] 🖸 바위*. ¶**방구**<바위>도 더러 인는<있는> 돌 트메다가<틈에
다가> 숭가아도 대능 기이<심어도 되는 것이> 땅나무람 마리지요<닥나무란
말이지요>···./너거 크나부지 고지부느<네 큰아버지 고집은> 하앙우 고지비
라<項羽 고집이라>, 암만 비비이바아도<암만 비벼봐도> **방구**에 대치밀
끼이다<바위에 대침일 것이다>./주사쩔 디이예 인느<주사절 뒤에 있는>

마당**방구**느<마당바위는/持麥石은>, 워낙 널러가아<워낙 넓어서> 백 키<명>도 더 안질<앉을> 수 일따꼬요<있다고요>./이께 찌임 **방구**느 미끄럼누이래이<이끼 낀 바위는 미끄러우니라>, 미끄러질라 조오심해애라<조심해라>./지이가 아아무리 설치바앝짜<제가 아무리 설쳐봤자> 제랄로 **방구**<계란으로 바위> 치기지. ▷방우.

방구³ [바앙′구] 명 물거품. 커다란 물거품 방울. ¶노푼 지붕케서<높은 지붕에서> 큰 낙숨무리<낙숫물이> 널찌니꺼네<떨어지니까> **바앙구**도 쿵 기이<물거품 방울도 큰 것이> 생기능 거지<생기는 것이지>.

방깐 [방까′~이~, 방까′늘, 방까′네. 방깐′도, 방깜′마] 명 방앗간*. ¶청기리네 **방까**네 가가아<청길네 방앗간에 가서>, 아시등게<왕겨> 한 소구리마<소쿠리만> 다머 온나아<담아 오너라>./떡**빵까**네더러<떡방앗간에서> 꼬치도 빠지거 주능강<고추도 빻아 주는지>?/처래이<(東)哲아>, 저 보따릴랑 **방깐** 아페<방앗간 앞에> 먼저 갇따아 나아래이<갖다 놓아라>.

방맹이 [방매′~이~] 명 방망이*. ¶야아<얘>야, 해 빠진 다아메느<다음에는> 저즘 **방맹이**질 하능 거 애니다<젖은 방망이질 하는 것 아니다>./**방맹이**사<방망이야> 박딸나무<박달나무> **방맹이**가 기중 야무지요<방망이가 그중 야물지요>.

방목*(放牧) [바앙′목′] 명 향약에 따라 소를 놓아먹이거나 남의 곡식을 해쳤을 때 매기는 벌금. ¶소가 나무 미영을 뜨더무구머<남의 목화를 뜯어먹으면> **바앙목** 매긴대이<방목한 벌금을 매긴다>./(소 먹이러 가서) 소가 나무 콩바테 드가머<남의 콩밭에 들어가면> **바앙목** 매긴대이<방목한 벌금 매긴다>, 조오심해애라<조심해라>. **방목 매기다** 구) 벌금을 부과하다.

방식 [방시′기/방시′기가, 방시′글, 방시′게, 방식′또, 방싱′마] 명 방석*. ¶아지매<아주머니>, 우리 방빠다기 참니이더<방바닥이 찹니다/찹습니다>, 여어<여기> **방시**게 올러안지소<방석에 올라앉으소>./소물 쩡제에<쇠죽 쑤는 부엌에> 깔고 안늠 **방시**기가<앉는 방석이> 여기 어디 이선는데<있었는데>, 누가 치얀능강<치웠는가>?

방악꼬 [바~악′~꼬] 명 방앗공이*. ¶**방악꼬**에느 쉐고캉 나무고캉<쇠 방앗공이와 나무 방앗공이> 두우<두> 가지가 읻찌요마느<있지요만>…/꺼끔 **방악꼬**를 지고 와가아<검은 방앗공이를 지고 와서>, 기이성드리<기생들이> 가주구 저붕<가지고 싶은> '꺼뭉고<거문고>'라 캐애 가주구느<해 가지고는> 마아리 앤 댈 꺼 애니가<말이 안 될 것 아니냐>? 참 정만서 설화. 검은 색깔의 방앗공이도 '꺼뭉고'이고 악기인 거문고도 '꺼뭉고'라고 발음하는 데서 나온 말장난.

방우 [바'~우~] 몡 바위*. ¶그 도오리<돌이> 아아무리 무거붐 **방우**걷따 컨들<아무리 무거운 바위 같다고 한들>, 자앙고리 서이더러<장골 셋이서> 그거 하나 모온 웽길소냐<못 옮길쏘냐>./저 너럭 **방우** 미테 인능 구우리<바위 밑에 있는 굴이>, 저네 마알하던<전에 말하던> 버엉 구우링강<범 굴인가>? ▷바우/방구.

방울*[1] [바'~우~리, 바'~우~를, 바'~우~레, 바'~울~또, 바'~울~마] 몡 ¶그기 이 바리<그것이 바로> '꼬오내기 모게<고양이 목에> **방울** 달긴'데, 그 에러붕 거로<어려운 걸> 누가 할끼이고<할거냐>?

방울*[2] [바'~우~리, 바'~우~를, 바'~우~레, 바'~울~또, 바'~울~마] 몡 자립 ¶디리치늠 빕**뻥우레**<들이치는 빗방울에> 온 쩍껜심더<옷 젖겠습니다>, 일로로 두로이소<이리로 들어오세요>.

방틀*(方-) [방'틀] 몡 통나무로 정(井)자처럼 짠 틀. ¶이 나무로 가주구<나무를 가지고> 행상 **방틀** 거치<상여 방틀 같이> 우물 정짜<井자>로 하나 짜바아라<짜봐라>.

밫 [바'치, 바'츨, 바'체, 받'또, 밤'마] x[바시] 몡 ☞밭.

밭* [바'치/받'치, 바'틀/받'틀, 바'테/받'테, 바'또/받'또, 밤'마] x[바시] 몡 ¶꽁이<꿩이> 보리**바**테다가 알로 논는<보리밭에다가 알을 낳는> 수가 더러 읻따니까<있다니까>… ▷밫.

밭다#[1] [받'꼬/박'꼬, 받'찌, 받떠'라, 바'터(타)도, 바'터서, 바'터라] 동 타 뱉다*. ¶허어뭉 꼴로<험한 꼴을> 바앋실 찌게느<봤을 적에는>, 추물<침을> 시이 분 **바**텁뿌머<세 번 뱉어버리면> 양바비 댄단다<양반이 된단다>./암만 도부니<화가> 나도 사람 나테다가<낯에다가> 추물 **바**트머<침을 뱉으면> 앤 대지<안 되지>./저언나로 바들라컥꺼등<전화를 받으려거든> 이베 등 껌 버텅<입에 든 검부터> 먼저 **바**터 내앱뿌고<뱉어 내어버리고> 받뜬동 우야든동 해애라<받든지 어쩌든지 해라>./인주니가<인준이> 하는 지익꺼리<짓거리>가 하도 더어러버가아<더러워서>, 내가 추물<침을> 캬 **바**터 조읍뿐찌 머어<뱉어 줘버렸지 뭐>.
밭다*² [받′따] 동자 액체가 바짝 줄어들어 말라붙다. ¶이 사라마 암망캐애도<사람아 아무래도>, 이 물꿰기 찌지는<물고기 지지는> 냄비에 무리 너무 **바튼** 듣시푸네<밭은 듯싶네>, 물로 조매애마<물을 조금만> 더 북께<붓게>.
밭다*³ [받′따] 동타 체 같은 데 부어서 국물을 받아내다. ¶궁무리사<국물이야>, 얼기미 우예<어레미 위에> 올리노오머<올려놓으면>, 다 **바**터지지 앰 **바**터질라꼬<받아지지 안 받아지려고>… 드〉.
밭다*⁴ [받′따] 형 시간이나 공간이 몹시 가깝다. ¶화앙소느 모올라도<황소는 몰라도> 암소 이까래끼느<고삐는> 너무 **박**끼<밭게> 매지 마라.
배*¹ [배′가′, 배′를′, 배′에, 배′도′, 배′마] 명 ¶너가재느<네 삼촌은>, 머어로 잘몸 무걱껄래<무얼 잘못 먹었길래>, **배**아리로<배앓이를> 다아 하능공 모올라<다 하는지 몰라>?
배*² [배′가′, 배′를′, 배′에, 배′도′, 배′마] 명 ¶우리 선디기느<善德은> 궤집**빼**로 함분<고깃배를 한번> 타 보능 기이 소오워니라요<보는 것이 소원이래요/소원이에요>.
배*³ [배′가, 배′를, 배′에, 배′도, 배′마] 명 ¶오새애<요새> 우리 **배**낭게느 까안챙이가<배나무에는 까치가>, 우애댄 테긴동<어찌된 턱인지> 주거라꼬 달러드네요<죽어라 하고 달려드네요>.
배고푸다 [배′고′푸고, 배′고′푸지, 배′고′푸더라, 배′고′퍼(파)도, 배′고′퍼서, 배′고′퍼라] 형 배고프다*. ¶저 사암드리<사람들이> **배고품** 비이늘<배고픈 변을> 당어 바아야<당해 봐야> 곡석 귀이한 줄 아아지<곡식 귀한 줄 알지>./시입 때로<세 때를> 내리다지로 굴먼띠이<연거푸 굶었더니> 오나지게느<오늘 아침에는> **배고푼** 줄또 모리겔떠라꼬요<배고픈 줄도 모르겠더라고요>.
배곡 [배′곡′] 명 '백곡(百穀)'의 와전인 듯.
배골다 [배′골′고/배′고′고, 배′골′지/배′고′지, 배′골′더라/배′고′더라, 배′고′러(라)도, 배′고′러서] 동자 배곯다*. ¶배고러 중능 거도<배곯아 죽는 것도> 다아 지 팔짜지<다 제 팔자지>./웨에시기느<外植은> 부지러너가아<부지런해서>, 머어로 해애도<무엇을 해도> **배골고**느 앤 사알 끼이다<배곯고는 안 살 것이다>. ▷배곯다/배골ㅎ다.

배골ㅎ다 [배′골′꼬, 배′골′찌, 배′골′떠라, 배′고′러(라)도, 배′고′러서] 동자 배곯다*. ☞배골다.

배곯다 [배′골′코, 배′골′치, 배′골′터라, 배′고′러(라)도, 배′고′러서] 동자 배곯다*. ☞배골다.

배기다#[1] [배기′이고, 배기′이지, 배기′이더라, 배기′이도, 배기′이서] 동 피동 박히다*. '박다'의 피동. ¶내가 지인테느<저에게는>, 발빠다게 **배기인**<발바닥에 박힌> 한날 티눔만도<한낱 티눈만도> 모온해 비이능갑따<못해 보이는가 보다>. ▷백키다.

배기다*[2] [배기′이고, 배기′이지, 배기′이더라, 배기′이도, 배기′이서] 동자 ¶맴빠다게다가<맨바닥에다가> 자리로 까런띠이<자리를 깔았더니> 미테서러 도오리<밑에서 돌이> 받치는동<받치는지> 디이기 **배기이네**<되게 배기네>.

배꼍 [배꺼′치, 배꺼′츨, 배꺼′체, 배껕′또, 배껌′마] 명 바깥*. ☞베겉.

배꼍 [배꺼′치, 배꺼′틀, 배꺼′테, 배껕′또, 배껌′마] 명 바깥*. ¶오늘 **배껀** 날새가 마아니 춤쩨<바깥 날씨가 많이 춥지>?/꿈짜리가 시끄럽떤데<꿈자리가 시끄럽던데>, 오느른<오늘은> 아예 **배꺼**테느<바깥에는> 앤 나갈시머<안 나갔으면> 조올구마느<좋으련만>./진다<참으로>, 중촌떡 **배껀**냐앙바니<중촌댁 바깥양반이> 사다레에서 너얼쩌 가주구<사다리에서 떨어져 가지고> 지인닐로 바앝땀 마알가<크게 다쳤단 말이냐>?/웨엔 아아드리<웬 아이들이>, **배껌**마다아서러<바깥마당에서> 저리 와삭와삭 카노<하느냐>? ▷배꼍.

배꾸양 [배꾸′양′] 명 배꼽*. ▷배꾸영. ☞배꿍ㄱ.

배꿈 [배꾸′미, 배꾸′믈, 배꾸′메, 배꿈′도, 배꿈′마] 명 배꼽*. ▷배꾸영. ☞배꿍ㄱ.

배꿍ㄱ/배꿈ㄱ [배꿍′기, 배꿍′글, 배꿍′게, 배꿈′도, 배꿈′마] 명 배꼽*. ¶웨에태<外泰>야, 아아무리 심시머도<아무리 심심하여도> **배꿍**게 때느<배꼽의 때는> 절때로<절대로> 파내지 마러라<말아라>, 그거로<그걸> 파내애 다가느<파내다가는> 큼 비잉 난대이<큰 병 난다>./송아지느<송아지는> **배꿍**게 배총을<배꼽에 탯줄을> 달고도 잘마 쪼처댕기더네요<잘만 달리더군요>./여엉천떡 하니느<永川宅 (壽)漢은> **배꿍**기<배꼽이> 너무 크다안턴데<크다랗던데>, 기양 도오도 개야늘라나<그냥 둬도 괜찮으려나>?/우리 주우니가<(太)俊이> 나알 얼매나 윅끼이는동<나를 얼마나 웃기는지>, 오느른<오늘은> 참 **배꿍**글<배꼽을> **뺄** 뿐해앤네요<뻔했네요>. ▷배꾸양.

배다*¹ [배′애고, 배′애지, 배′애더라, 배′애도, 배′애서] 동자 ¶오세 따미<옷에 땀이> 오래 **배앤**시머<배었으면> 짜안<전> 내가 나고 마아고요<말고요>.

배다*² [배′애고, 배′애지, 배′애더라, 배′애도, 배′애서] 동타 ¶얼라로<아기를> **배앤** 사라미<밴 사람이> 어덜로 자꼬 나댕길라 컨노<어디를 자꾸 나다니려고 하느냐>?

배미 [배애′미′] 명 뱀*. ¶**배애미**느<뱀은> 주로 쥐나 깨구리로 자아묵꼬<개구리를 잡아먹고> 사아지만<살지만>…/저기 감낭게<감나무에> **배애미**가 허물로<뱀이 허물을> 버저 나앝따커니까네<벗어 놓았다니까>, 사아람<사람> 참 나무 마알로<남의 말을> 도통 앰 민네<안 믿네>./저실게느 **배애미**가<겨울에는 뱀이> 항 궁게<한 구멍에> 여러 마리가 드가가아 지낸다 컨네요<들어가서 지낸다고 하네요>.

배부리다 [배′부′리다] x[배불르다] 형 배부르다*. ①¶바 뱀 무거도<안 먹어도> **배부**린 사라미<배부른 사람이> 팔짜 조온<팔자 좋은> 사람 애니가<사람이잖아>./아이구 **배불**러라, 오늘 미꾸래기 국 함분 티이내앤네<미꾸라지국/추어탕 한번 퇴내었네>. ②¶할매요<할머니>, **배부**린 아지매인테<배부른/임신한 형수한테> 무거붕 거느<무거운 것은> 절때 모온 뜰구로 하쉐이<절대 못 들도록 하세요>. ③¶**배부**린 축때느<배부른 축대는> 어언젱가느<언젠가는> 무너질 수가 이시니꺼네<있으니까>… ④¶니이 이넘<네 이놈>, **배부**린<배부른> 소리 자꼬 하머<자꾸 하면> 빵울또 업때이<방울도 없다>.

배수리다/배술리다 [배수′리다/배술′리다] 동자 아기를 배서 낳을 때까지 배 속에서 기르다. ¶와<왜>, 열 딸 똥안<달 동안> 배수리가아<배술리서??> 내 배 아퍼가아 노온 내 자서긴데<아파서 낳은 내 자식인데> 니이가 와 때리노<네가 왜 때리니>?

배우다* [배′우고, 배′우지, 배′우더라, 배′와도/배′야도/배′아도, 배′와서/배′야서/배′아서, 배′와라/배′야라/배′아라] 동타 ¶우리 해기느<(明)鶴은> 장차 도오늘 마이 버얼라꼬<돈을 많이 벌려고>, 무우여글<무역을> **배울** 채애미라니이더<참이랍니다>.

배총 [배총′] 몡 탯줄 또는 그걸 말린 것. x배꼽. ¶아아 **배총**은<아이 탯줄 말린 것은> 가아 아풀 찌게 약한대이<걔 아플 적에 약한다>, 잘 나아도오라<잘 놓아둬라/보관해둬라>./크나아 **배총**은 누가 갈라 조온노<큰아이 탯줄은 누가 갈라/잘라 줬느냐>?/삼 가린다 컨능 기이<삼 가른다고 하는 것이> 바리 **배총** 가리능 거 애니가<바로 탯줄 가르는/자르는 것 아니냐>. 흔). 镩 '배총'과 '배꼽'은 전혀 다른 것임.

백꾸[1] [백′꾸′] 몡 배코*. 배코칼로 깎은 머리. **백꾸**<배코>(를) **치다** 구).

백꾸[2] [백′꾸′] 몡 백구*(白鷗). ¶**백꾸**야 나알 살리라<백구야 날 살려라>. ▷갈미기.

뱎 [배′끼, 배′끌, 배′께, -, -] 몡 ☞밖.

뱅모래 [뱅모′래] 몡 백모래*(白-). 흰모래*.

뱅모래밭 [뱅모′래받] 몡 백모래밭*. ¶바닥까아 뱅모래 바테느<바닷가 백모래밭에는> 바메 모갱이가 엄능강<밤에 모기가 없는지>?/**뱅모래**바테다가 세로 바가도<백모래밭에다가 혀를 박아도>, 내가 이분 이일마는<이번 일만은> 절때로 앤 이접뿔 끼이다<절대로 안 잊어버릴 것이다>.

버꾸 [버꾸] 몡 법고*(法鼓). ☞벅꾸.

버니/번이 [버어′~이′~] 閉 뻔히*. ¶이분 이이른<이번 일은>, 자네가 눔 **버어니**<눈 뻔히> 뜨고 도동 마즌 테기네<도둑 맞은 셈이네>./누구나 **버어니** 아아능 거로<뻔히 아는 것을> 가주구<가지고>, 나알로 쉐길라 컨찌<나를 속이려고 하지> 마소.

버다 [버다아] Ⅰ 閉 보다*. ¶질마 너리머<길만 넓으면>, 마리<말이> 저 고오물 자동차**버다**<고물 자동차보다> 더 사기<빨리> 달릴 수 이실 낀데<있을 것인데>?/저 삼**버다**<산보다> 더 노푼 사니사<높은 산이야> 마앙코 마알고요<많고 말고요>./또시가<또식아>, 우리도 저 부산떡 찝**뻐다**<부산댁 집보다> 더 잘사알두룩<잘살도록>, 도오늘 함분<돈을 한번> 버어러보재이<벌어보자>./우리 큼머슴자테야<큰머슴한테야> 술**버다** 더 마신능<술보다 더 맛있는> 거가 업찌 와<것이 없잖아>. Ⅱ 조 보다*. ¶보오통은 도올**버다**<보통은 돌보다> 쉐가<쇠가> 더 단단치만<단단하지만>, 쉐**버다** 더 단다는 도오리<쇠보다 더 단단한 돌이> 와 업스까방<왜 없을까봐>./아아무라머사<아

무렴>, 물**버다**사<물보다야> 피가 더 진하지러<진하지>. ▷버담.
버담 [버다'암] 📖 보다*. ¶고려 중능 기이<괆아 죽는 것이>, 마알**버다암**<말보다> 그리 수우분 이이린<쉬운 일인> 줄 아아나<아니>? ▷버다.
버러지다 [버어'러'지다] 📖 📖 벌어지다*. ①¶빰셍이느<밤송이는> 가시리 대머<가을이 되면>, 벌래 지절로<본래 저절로> **버어러지**기 대애 이서<벌어지게 되어 있어>./방빠닥<방바닥> **버어러진** 더로<벌어진 데로> 연탕까 아수가 호옥시<연탄가스가 혹시> 쉐에 두롤라요<새어 들어올라요>… ②¶마아니캉 수우니느<(壽)萬과 (潤)順은>, 그치리<그처럼> 조온턴 새애가<좋던 사이가> 어야다가 저레 **버어러전**는동<어쩌다가 저렇게 벌어졌는지>, 오새애느 서리 마알또 앤한단다<요새는 서로 말도 않는단다>. ③¶꼬더바 근<박은> 숨만<순만> 잘 처주머<쳐주면>, 가지가 **버어러지**먼서러<벌어지면서> 앙꼬치<암꽃이> 꼭 핀담 마리시더<핀단 말입니다>. ④¶저동떡 쩝<제동댁 집> 암마다아서러느<앞마당에서는> 읍파니 함바탕 **버어러전**능가 배요<윷판이 한바탕 벌어졌는가 봐요>./지 마다아서러<제 마당에서> 사아미 **버어러지**지머<싸움이 벌어지면>, 난 덴 넘드리<다른 데서 온 놈들이> 아아매도 쫑 꿀리이겐찌요<아마도 좀 꿀리겠지요>.
버리¹ [버어'리'] 📖 벌*. ¶**버어리**인테 수키인 데느<벌에게 쏘인 데는> 이똥을 끌거 바리머<긁어 바르면> 조올 낀데<좋을 것인데>… 📖 이똥: 이의 안팎에 누렇게 낀 버캐./(못난 여자를 놀리면서) 아이고, 호박꼬테도<호박꽃에도> **버어리**가 오기느 오능가배<벌이 오기는 오는가 봐>?/어제 벌추하로 갈 따가<벌초하러 갔다가> 구뭉**버어리**로 건디리 가주구<구멍벌을 건드려 가지고> 참 홍검 무건니이더<혼겁 먹었습니다>.
버리² [버'어리] 📖 벌이*. **버리하다** 📖 📖 벌이하다*.
버리다#¹ [버'어리고, 버'어리지, 버'어리더라, 버'어러(라)도/버'어리도, 버'어리서/버어러서, 버'어리라/버'어러라] 📖 📖 벌다*. ①¶화촌떡 보기사<화촌댁 (壽)福이야>, 지이가 도오늘<제가 돈을> 암만 **버어린**들<번들>, 함<한>푼도 지맘대로 실 수 엄는<제 마음대로 쓸 수 없는> 처어진데 머어<처진데 뭐>…/도오니야<돈이야> 잘 **버어리**먼 조온치마느<벌면 좋지마는>, 그기이<그것이> 어디 맘대로 대능기요<마음대로 됩니까>?/여엉가미 도오늘<영감이 돈을> 잘 **버어릴** 찌게느<벌 적에는>, 멋또 모리고<멋도 모르고> 온또

<옷도> 사고 그륵또<그릇도> 사고, 주는 대로 다아 섰찌요마느<다 썼지요마는>… ②¶저거 아재비인테<자기 아재비에게>, 검방지기 자꼬 덤비니꺼네<건방지게 자꾸 덤비니까>, 그너미<그놈이> 매로 **버어런** 테기지<매를 번 셈이지>. ③¶지동떠게서<지동댁에서> 감자로<감자를> 멕 깨 어어더뭉늠 바라메<몇 개 얻어먹는 바람에> 오늘 저엄서믄<점심은> 항<한> 끼 **버어런**는 테기시더<번 셈입니다>.

버리다*² [버리다] 동 타. 소).

버리장머리 [버리장머′리] 명 버르장머리*. ¶**버리장머리**엄는<버르장머리없는> 그런 여서근<녀석은>, 어어른인테<어른에게> 야아다늘 쫌 마저야 댄다<야단을 좀 맞아야 된다>.

버버리 [버버′리] 명 벙어리*. ¶저엉 소니 시러버<정 손이 시려> 모온 쩐디 겍꺼등<못 견디겠거든> 아수분<아쉬운> 대로 이 **버버리** 자앙가비라도<벙어리 장갑이라도> 찌라무나<끼렴>./마알 쫌<말 좀> 해애라<해라> 보자 이 사라마<사람아>, 자네느 마알또 모온하는<자네는 말도 못하는> **버버리**가<벙어리냐? 와 마알로<왜 말을> 앤 하노<안 하니>?/니느<너는> 꿀 무굼 **버버리**가<먹은 벙어리냐? 와 마아리 함<왜 말이 한> 마디도 엄노<없니>?/말 모온하는 **버버리**라꼬 함부레<못하는 벙어리라고 함부로> 까알보다가느<깔보다가는> 크닐 난대이<큰일 난다>.

버어지다 [버′어지다] 동 자 벗어지다*. ①¶바라메<바람에> 모자가 **버어저** 가주구요<벗어져 가지고요>, 포올 날러가디이<폴 날아가더니> 구마아 거랑무레<그만 개울물에> 퐁당 빠접뿌렉꺼등요<빠져버렸거든요>… ②¶오늘 그, 머리가 **버어진**<벗어진> 여엉가미 누고<영감이 누구냐>? ③¶이거로 우야노<이걸 어쩌나>? 야아<얘>가 어퍼지늠 바라메<엎어지는 바람에> 장갱이가 **버어전**능가배<정강이가/무릎이 벗어졌는가 봐>.

버지기 [버지′기] 명 자배기보다 큰 질그릇의 하나. 버치*. ¶두마나<두만아>, 소인테 꾸정물<소한테 구정물> 함 **버지기**<한 버치> 갇따 조오래이<갖다 주어라>./과아시글<과식을> 한다 시푸디이<싶더니> 아니차네<아니나 다를까>, 물똥을 함 **버지기**나 사더네<물똥을 한 버치나 싸더군>./옹기그르근 자아긍 기이 옹가지<옹기그릇은 작은 것이 옹자배기/자배기>, 그 다아미 **버지기**<다음이 버치>, 그 다아미 너리기<다음이 너리기??>, 제엘롱 킁 기이 대버리다<제일 큰 것이 대버리??다>, 그런데 대버리는 안 버어러지고 지푸기 생긴따<벌어지고 깊게 생겼다>.
- **-버텀** [버′텀] 조 -부터*. ¶다른 사람 잘모온한 이이바근<잘못한 이야기는> 하지 바고<말고>, 니**버텀** 잘해애라<너부터 잘해라>, 아런나<알았니>?/저엉 바뿌머 일딴<정 바쁘면 일단>, 자네**버텀**<자네부터> 출발하지 와 그카고 인노<왜 그러고 있니>?/이 저엄빵은<점포는> 아직 아굽 시**버텀**<아침 아홉 시부터> 무늘 여언다네요<문을 연다네요>./인자**버텀**<이제부터> 이 방 청소느<청소는> 니이가 도마터 하두룩 해애라<네가 도맡아 하도록 해라>./안동떡 윤다리느<안동댁 윤달은> 내가, 오래 점**버텀**<전부터> 잘 아아는 사이니까네<아는 사이니까> 벨릴 업실 끼이다<별일 없을 것이다>, 너무 거억쩡<걱정>하지 마라./이럴 때느<때는> 무진 이일**버텀** 시이장능 기이<무슨 일부터 시작하는 것이> 조올똥<좋을지> 도통 생가기<생각이> 앤<안> 나네요./짐<김> 서방, 자네느 아아무 내애용도<자네는 아무 내용도> 모리먼서<모르면서> 짐칙꾹**버텀**<김칫국부터> 마시지 마알게<말게>. ▷-버텅/-부텀.
- **-버텅** [버′텅] 조 -부터*. ¶보롬 새 베로 노올라커머<보름 새 베를 놓으려면> 시일**버텅**<실부터> 가늘고 고옥끼 빼애야지<곱게 빼야지>. ▷-부텅/-버텀.
- **벅꾸** [벅꾸′] 명 버꾸*. ◁법고(法鼓). ¶저 넘드리<놈들이> 머어가 조온타꼬<뭐가 좋다고>, 저레 생**벅꾸**노로믈<저렇게 생버꾸놀음을> 하고 저 야아다니지<야단이지>?
- **벌거지** [벌거′지] 명 벌레*. ¶줴피 낭게 부터사아는<조피나무에 붙어사는> **벌거지**가 커가아 호랑나부 댄다, 아아나<벌레가 커서 호랑나비 된다, 아니>./그거사 바리<그거야 바로>, 복성어 **벌거지** 지일 애니겐나<복숭아 벌레의 짓이 아니겠느냐>./야, 이 여어서가<녀석아>, **벌거지**가 머어<벌레가 뭐> 그리 무섭노<무섭니>?/야, 이 **벌거지**거튼 잉가나<벌레 같은 인간아>… ▷벌깅이.
- **벌낭침** [벌′낭′침] 명 ¶그기이 바리<그것이 바로> 횐뚜리 **벌낭치**미다<휘뚜루 벌낭침이다>. 드). 참 어원 불명.
- **벌다***¹ [버얼′고′, 버얼′지′, 버얼′더′라, 버어′러′(라′)도, 버어′러′서] 동 자 ¶큼비<큰비>가 올 때 축때애<축대에> 누니 트기나<트거나>, 틈새애가 쪼매라도<틈새가 조금이라도> **버언**다 시푸머<번다 싶으면>, 뭉거질 우어미

이시니까네<무너질 위험이 있으니까> 조오심하능 기이<조심하는 것이> 조올 끼이다<좋을 것이다>.

벌다*² [버′얼고, 버′얼지, 버′얼더라, 버′어러(라)도, 버′어러서] 동 타 ☞버리다¹.

벌시 [버′얼시] 명 버릇*. ¶저넘 아아 **버얼시**가<저놈 아이 버릇이> 창 고양네요<참 고약하네요>, 손 쫌 바아<좀 봐> 주소, 야<네>?/자네가 이분 차메<이번 참에> 부호떡 시기 그넘<부호宅(文)植이 그놈>, **버얼시**로<버릇을> 바짝 곤치<고쳐> 논능 기이 조옥켙따<놓는 것이 좋겠다>.

벌추 [벌′추′] 명 벌초*(伐草). ¶크나아야<큰애야>, 우리 **벌추**느 더부가<벌초는 더위가> 종<좀> 가시는 때쭈움<때쯤> 하두룩 하재이<하자>./어제 **벌추**하로 갈따가<하러 갔다가> 구뭉버어리인테 수키이 가주구<구멍벌한테 쏘여 가지고> 참 홍검 무건니이더<혼겁 먹었습니다>./이분 **벌추**<벌초> 때 아아 자석뜨리 다아 모지이머<자식들이/아이들이 다 모이면> 내가 하알 마아리 마안타<할 말이 많다>.

벗다* [벅′꼬/벋′꼬, 벋′찌, 벋떠′라, 버′서(사)도, 버′서서, 버′서라] 동 자 타 ☞벗다.

벙갭뿔 [버엉′갭′뿔] 명 번갯불*. ¶빼말때기로 오오지기<뺨따귀를 오지게> 한 찰<대> 막꼬<맞고> 보니, 누네 **버엉갭뿌**리 번쩍컫떠라꼬요<눈에 번갯불이 번쩍하더라고요>./**버엉갭뿌**리<번갯불이> 도오 분<두어 번> 치디이<치더니>, 소용내기<소나기>가 막 퍼붇떠라 이 마아리시더<퍼붓더라 이 말입니다>./샘동떡 삭뿌리사<샘동댁 삭불이야>, 벌래<본래> **버엉갭뿌**레<번갯불에> 콩 꾸버 무굴 넘 애니가<콩 구워 먹을 놈이잖아>.

벗다 [벅′꼬/벋′꼬, 벋′찌, 벋떠′라, 버′저(자)도, 버′저서, 버′저라] 동 1 자 벗다*. ¶저 사람도 안자<이제> 초온사람 때느<촌사람 때는> **버**즐<벗을> 때가 대앤는데도요<되었는데도요>… 2 타 ①¶보리 까끄래기 따무네<까끄라기 때문에> 그럭커들랑<그렇거든> 오슬<옷을> 인는<있는> 대로 다아 **버**접뿌레 보소<다 벗어버려 보세요>./그 자앙가불<장갑을> **버**접뿌머<벗어버리면> 소니 훨신<손이 훨씬> 더얼 어어둔치<덜 어둔하지>. ②디인디이<덴둥이> 때야 펭성<평생> 몸 **뻗**찌요<못 벗지요>. ③¶소도 몽에로 **버**즈머<멍에를 벗으면> 앤 홀가분하겐나<홀가분하지 않겠니>. ④¶비들<빚을>

다 **버**접뿌고<벗어버리고> 나니 이치리<이처럼> 쉐에기 서워늘<속이 시원할> 수가 억꾸마<없군요>. ⑤¶허물 **버**증 기이느<벗은 게는> 자부머 줴에 마안테이<잡으면 죄 많다>./우리, 저기 대애매이가<큰 뱀이> 감낭게<감나무에> 허물 **버**저 노옹 거<벗어 놓은 것> 보로 앵 가알래<보러 안 갈래>?

베* [베] 몡 ¶오새애 처어자<요새 처녀>가, **베** 짤 쭐<줄> 아아는 사라미<아는 사람이> 세에상아 어딕껜능기요<세상에 어디 있겠습니까>.

베끼다#¹ [베′끼다] 동 사동 벗기다*. ☞벡끼다.

베끼다*² [베′끼다] 동 타 ¶내가 여기 유행가 **베끼**노온 종오쪼가리로 나아 도온는데<베껴놓은 종이쪽을 놓아뒀는데> 앰 비이네, 누가 치얀나<안 보이네, 누가 치웠나>? ▷벡끼다.

베끼지다 [베′끼지다] 동 자 벗겨지다*. ☞벡끼지다.

베락¹ [베′락′] 몡 벼락*. ①¶머어가 어얘댄 테긴동<뭐가 어찌된 턱인지> 동천떡 지비서<동천댁 집에서> **베락**<벼락> 치는 소리가 난는데요<났는데요>···/야 이 사라마<사람아>, 그럼 **베랑**마즐 소리느<그런 벼락맞을 소리는> 하지도 마아라<마라>./그 참, 마린화느레<마른하늘에> **베라**기 치능 꼬리구나요<벼락이 치는 꼴이군요>. ②¶니이 자주 그레<네가 자주 그렇게> 마알상을 푸우다가느<말썽을 피우다가는>, 할배인테<할아버지한테> **베락** 함문 마질꺼로<벼락 한번 맞을걸>./너러 누부야느<너의 누나는>, 저너게 쪼매애마 느저도<저녁에 조금만 늦어도> 생**베라**기 떠러진단다<날벼락이 떨어진단다>. ③¶그 집 손자느<손자는>, 머어로 우얘 해애가아<무엇을 어찌 해서> **베락** 출세로 해앤시꼬<벼락 출세를 했을까>? **베락 껕다**<**벼락 같다**> 구). **베락**<**벼락**>**(이) 내리다** 구). **베락**<**벼락**>**(이) 떠러지다**<**떨어지다**> 구). **베랑**<**벼락**> **맞다** 구). **베랑**<**벼락**> **마질**<**맞을**> **소리** 구). **베락**<**벼락**> **(이) 치다** 구).

베락² [베′락] 몡 벼룩*. ▷베루기/베리기/베래기.

베래기 [베′래기] 몡 벼룩*. ▷베루기/베리기/베락.

베루다¹ [베루′우고, 베루′우지, 베루′우더라, 베라′아도/베롸′아도, 베라′아서/베롸′아서] x[별르다/벨르다] 동 자 타 벼르다*. ¶이를 갈면서<갈면서> 원수 가풀 나리 오기마늘<갚을 날이 오기만을> **베루우**고 이석껴등요<벼르고 있었거든요>··· ▷베룽다.

베루다² [베루' 우고, 베루' 우지, 베루' 우더라, 베라' 아도/베롸' 아도, 베라' 아서/베롸' 아서] 동타 벼리다*. ¶도오끼느<도끼는> 펜수까네<대장간에>다가 **베라아** 도올라꼬<벼리어 달라고> 맥끼 녹코요<맡겨 놓고요>, 장아 갇따가<장에 갔다가> 오는 지레<길에>…/나슬 **베루울** 때느<낫을 벼릴 때는> 당굼질하는 기이 기수린데<담금질하는 것이 기술인데>…/정지카른<부엌칼은> 구우정기정 아페 인는<구정거장 앞에 있는> 성냥깐 찌비<대장간 집이> 잘 **베루운**다네요<벼린다네요>. ▷베룿다.

베룸빡 [베룸빡'] 명 벽*. 바람벽*(-壁). ¶에릴<어릴> 때, 등을 **베룸빠**게다가 대애고<바람벽에다가 대고> 쿵쿵거리먼<쿵쿵거리면>, 베게 발리일먼<벽에 발렸던> 몰개가 쪼꿈석<모래가 조금씩> 널찌능 기이<떨어지는 것이> 참재미 이석꺼등요<있었거든요>…/배껀날새<바깥날씨>가 얼매나 추벌시머<얼마나 추웠으면> 그래 **베룸빠**게<바람벽에> 성애가 다아 찌익껜능기요<다 끼었겠습니까>?/거무느<거미는> 무진<무슨> 재주로 **베룸빠**글 다아<벽을 다> 기이올러가는동 모올라요<기어올라가는지 몰라요>.

베리 [베'리] 명 벼리*. 벼릿줄*. ¶그무름 **베리**마<그물은 벼리만> 딱 검지이머<거머쥐면>, 전체로 담부네<전체를 단번에> 흔들 수가 익꺼등<있거든>… 드). ▷벨쭐.

베리기 [베'리기] 명 벼룩*. ¶저 사람 살따구가 다냐<살이 (맛이) 다냐>, 와 **베리기**가<왜 벼룩이> 저 사람마 무노<사람만 무니>?/니이가<네가> 차라리, **베리기** 가아늘<벼룩의 간을> 내애 뭉능 기이 나악껜따<내 먹는 것이 낫겠다>. 혼). ▷베룩/베락/베루기.

베리다 [베'리고, 베'리지, 베'리더라, 베'리도, 베'리서] 동타 버리다*. ① ¶니느 하리<너는 하루> 오실 멥 뿔석 **베리**야<옷을 몇 벌씩 버려야> 하아니 차겐노<한이 차겠니>?/북끌시 시다가<붓글씨 쓰다가> **베린** 종오느<버린 종이는> 내삐지 마고<내버리지 말고> 여기 모다아 나아라<모아 놓아라>. ②¶나쁜 식꽈니야<나쁜 습관이야> 빨리 **베릴**수록 조온치요<버릴수록 좋지요>.

베실 [베'실] 명 벼슬*. ▷베일

벡 [벡'] 명 벽*. ¶(버릇없는 아이에게) 어어른들 기이시는데서<어른들 계시는데서>, 니이가 그레<네가 그렇게> **베**게 지이대애 안즈머 우야노<벽에

기대어 앉으면 어쩌니>?/**베**게 걸리인 달려게다가<벽에 걸린 달력에다가> 빼앨각쿠로 똥굴뱅이로 처 도오라<빨갛게 동그라미를 쳐 둬라>.

벡끼다#[1] [벡'끼고, 벡'끼지, 벡'끼더라, 벡'끼도, 벡'끼서] 동 타 ☞베끼다[2].

벡끼다#[2] [벡'끼고, 벡'끼지, 벡'끼더라, 벡'끼도, 벡'끼서] 동 1 사동 벗기다*. ①¶생 따믈<땀을> 질질 흘리능 거로<흘리는 것을> 보니 자아가 더엄능갑따<재가 더운가 보다>, 웃뚜리로 **벡낍**뿌라<윗도리를 벗겨버려라>. 2 타 ¶쪽찌비 가주글<족제비 가죽을> 함문 **벡끼** 바알띠이<한번 벗겨 봤더니>, 그 노랑내<노린내> 참 디이기 독카데에<되게 독하더군>./이 사라마<사람아>, 뭉꼴갱이<문고리> 하나 **벡낄**라 컫따가<벗기려고 하다가> 날새겐따<날새겠다>. ▷빽끼다/베끼다[2].

벡끼지다 [벡'끼지다] 동 자 벗겨지다*. ¶나도 멘 살 앰 무궁 기이<나이도 몇 살 안 먹은 것이> 대가리가 **벡끼지**머 고올란하다 아니가<벗겨지면 곤란하잖아>./이런 날또 구룸마 **벡끼지**머<날도 구름만 벗겨지면> 누우니 쫌 노글 낀데<눈이 좀 녹을 것인데>. ▷베끼지다.

벡똘 [벡'똘'] 명 벽돌*.

벨[1] [베엘'] 명 별*. ①¶저녁 아앙개<저녁 안개>가 걷치이고 나니꺼네<걷히고 나니까>, 하느레<하늘에> **베에**리 새애파럳터라<별이 새파랗더라>. ②¶다황은<성냥은> **베엘**포가 부틍 거로<별표가 붙은 것을> 사 온나래이<오너라>./우리 암 마시레서느<안 마을에서는> **베엘**짜리 장구니<별짜리 장군이> 하나 나왇찌요만<나왔지요만>…

벨[2] [벨'] 관 별*. ¶참 **벨** 이이상한<별 이상한> 사람 다아 보겐네요<다 보겠네요>.

벨쭐 [베엘'쭐'] 명 벼릿줄*. ☞베리. 드).

벵아리 [베~아'~리'] 명 병아리*.

벶 [베'치/벧'치, 베'츨/벧'츨, 베'체/벧'체, 벤'또, 뱀'마] x[베시] 명 볕*. ☞벹.

벹 [베'치/벧'치, 베'틀/벧'틀, 베'테/벧'테, 벤'또, 뱀'마] x[베시] 명 볕*. ¶저즌 나라그느<젖은 벼는> **벹치**<볕이> 나야 말루우지요<말리지요>./꼬치느<고추는> **벹**테다가 말류웅<볕에다가 말린> 기이<것이>라야, 지 가블 받찌<값을 받지>…/이 방이 방나제에느<한낮에는>, **베치** 디이기 따각끼 두론다꼬요<볕이 되게 따갑게 들어온다고요>. ▷볕.

보내다* [보내′애고, 보내′애지, 보내′애더라, 보내′애도, 보내′애서, 보내′애라] 동 타 ¶시임바람 **보내앤** 제가<심부름 보낸 지가> 어언젠데 앙이꺼정<언젠데 아직까지> 소서기 엄노 마리다<소식이 없나 말이다>.

보다* [보′고, 보′지, 보′더′라, 바아′도′, 바아′서′, 바아′라′/보′라] x[보거라] 동 타 ¶여어 쫌 와가아<여기 좀 와서> 이거 함문<이것 한번> 보소.

보덤 [보더′엄] I 부 보다*. ¶우리 아푸로<앞으로>, 금척 천석꾼**보더엄**<金尺 천석꾼보다> 더 잘 사알두룩<살도록> 해애 보입시더<해 보십시다>. II 조 ¶아암만<아무렴>, 물**보더엄**사<물보다야> 피가 더 진하지요./찔레나무 버서즐 캐앧따는 소서글 듣꼬<버섯을 캤다는 소식을 듣고> 누구**보더엄** 조오와할 사라믄<누구보다 좋아할 사람은> 너거 자아근웨에아젤 끼이다<네 작은외삼촌일 것이다>.

보드럽다 [보드럽′따] 형 보드랍다*. ①¶자네느 살꺼리가<자네는 살결이> 우야머<어쩌면> 이리 얼라아맨트로 **보드럼노**<아기처럼 보드랍니>? ②¶저기, **보드러분** 당가리느<보드라운 쌀겨는> 따리 다머 주세이<따로 담아 주세요>, 달 모시 하구로요<닭 모이 하게요>.

보롬 [보′롬] 명 보름*. 정월대보름. ¶**보롬** 때 대머<정월대보름 때 되면>, 우리 마실 처어자들또<마을 처녀들도> 암마다아 나와가아<앞마당에 나와서> 너얼로<널을> 풀쩍풀쩍 띠고<뛰고>···

보살감태 [보′살감태] 명 여승*(女僧). 비구니*. 드).

보지* [보오′지′] 명 ¶해 빠젇따 봉나마<해 빠졌다 복남아>, **보오지** 뽁꼬 찌지라<보지 볶고 지져라>. 참 전래 동요. ▷니노지. ⇔자지.

보짱¹ [보짜′~이, 보짜′~을~, 보짜′~에~, 보짱′도, 보짱′마] 명 배짱*. ¶저 칭구느 내캉 **보짱**이<저 친구는 나와 배짱이> 만는 따무네 치너절찌<맞기 때문에 친해졌지>. **보짱이 맞다** 구).

보짱² [보짜′~이~, 보짜′~을, 보짜′~에~, 보짱′도, 보짱′마] 명 들보*.

복성 [복성′] 명 복숭아*. ¶유우나<(칠)윤아>, 우리 볼살 퍼 가주구<보리쌀 퍼 가지고>, 저 거언네 **복성** 사 무구로<건너에 복숭아 사 먹으러> 앵 가알래<안 갈래>?

볻또감 [볻또′감′] 명 보(洑)를 막거나 치고, 물을 나누어 대는 등 보에 관한 일을 총괄하는 사람. ¶곧, **본또가물** 바꾼다 컨떤데<봇도감을 바꾼다고 하던데> 그 마아리 사아실가<말이 사실이냐>?/달래꼴떡 사돈 야앙반<달내 골댁 사돈 양반>, 그 야앙바늠 마리야<양반은 말이야>, 내 보기로느<보기 로는> 잘감 **본또가물** 마틀 마안한<잘감 봇도감을 맡을 만한> 임무리 모 온때능 걷테<인물이 못되는 것 같아>, 그르기 어딩가<그릇이 어딘가> 쫌 자아거<좀 작아>. 廖 잘감보: 땅이름.

볼기짹 [볼′기′짹] 뎽 볼기짝*. 드).

볼살 [보올′살] 뎽 보리쌀*. ¶해거름 저네 꼬더박끋<전에 박꽃> 필 때쭈움 대머<때쯤 되면> **보올살**버텅 살머야 댄애이<보리쌀부터 삶아야 된다>./유 우나<(칠)윤아>, 우리 **볼살** 퍼 가주구<보리쌀 퍼 가지고>, 저 거언네<건너 에> 복성 사 무구로<복숭아 사 먹으러> 앵 가알래<안 갈래>? ▷보살.

봄뻳 [봄′뻳] 뎽 봄볕*. ☞**봄뻴**.

봄뻴 [봄′뻴] 뎽 봄볕*. ¶쪼매마 **봄뻴**테 끄지러도<조금만 봄볕에 그을려도> 금방 새애까매애 진대이<새카매진다>. ▷봄뻳.

봉창# [봉′창′] 뎽 벌충*. ¶어업서진 도오늘<없어진 돈을> 니이가<네가> **봉 창해** 연니이라꼬<벌충해 넣느라고> 고상깨나 해앧쩨<고생 깨나 했지>? **봉 창하다** 동타 벌충하다*.

봉창*(封窓) [봉창′] 뎽 ¶(담배 연기 때문에) 아이구 영개야<연기야>, 저 **봉 창** 구뭉이라도<구멍이라도> 쫌 여러 나아라<좀 열어 놓아라> 보자.

봉태기 [봉태′기] 뎽 짚으로 둥글고 깊게(지름이 깊이보다 약간 크게) 엮어서 만든 곡식을 담는 용기. 뎍동구미*. ¶자그나지야<작은삼촌>, 저 **봉태기**에 당기잉 기이 머엉기요<뎍동구미에 담긴 것이 무엇입니까>?

부넝 [부우′넝] 뎽 분홍*. ¶저네느<전에는> **부우넝** 물로<분홍 물을>, 이이 꼭 까주구<잇꽃 가지고> 디리고 그랟따<들이고 그랬다>./농 아네 인느<장 롱 안에 있는>, **부우넝**새근<분홍색은> 진짜 주<명주>고 다링 거느<다른 것은> 쪼각 멩지거등요<조각 명주거든요>.

부떠막 [부떠′막] 뎽 부뚜막*. ¶바알각쿠로 다안 소테다가<발갛게 단 솥에 다가> 물로 부울 찌게느<물을 부을 적에는>, 한쪽 따리마<다리만> **부떠마** 게다가<부뚜막에다가> 거얼치야 댄대이<걸쳐야 된다>, 아럳쩨<알았지>? 앵 그러머<안 그러면> 크닐 난대이<큰일 난다>. ▷뿌떠막.

부랄 [부′라리, 부′라를, 부′라레, 부′랄또, 부′랄마] 명 불알*. ¶지이나<저나> 내나, 가징 거라꼬느<가진 것이라고는> 참, **부랄** 두우 쪼가리빽이 더 인나<불알 두 쪽밖에 더 있나>. ▷붕알.

부리다#[1] [부리′고, 부리′지, 부리더′라, 불′러(라)도, 불′러서, 불′러라] x[불르다] 동 타 부르다*. ①¶디가아<(선)덕아>, 디입빠테 인는<뒷밭에 있는> 너거 힝이<네 형을> **불러**라, 가치 밤 묵꾸로<같이 밥 먹게>./춘시기 그 칭구느<춘식이 그 친구는>, 사아라믈<사람을> 마다아 노오능 개애 **부리**드시<마당에 노는 개 부르듯이> 자주 불러 사아<쌓아> 내가 모온 사알겓따<못 살겠다>. ②¶아배요<아버지>, 송아지 설사하는데 소오침쟁이로<수의사를> 불러 와야 앤 대겐능기요<되지 않겠습니까>? ③¶미이네에서<면에서> 나알로 **부리**늠 모양인데<나를 부르는 모양인데> 무진 이이링공<무슨 일일까>? ④¶(신입생에게) 선성니미 출서글 **부리**머<선생님이 출석을 부르면> 크기 대애답패애야 댄대이<크게 대답해야 된다>, 아렏쩨<알았지>? ⑤¶자, 그러머<그러면> 새실랑이<새신랑이> 노래 항 곡쪼<한 곡조> **불러**라 보자. ⑥¶올타<옳다> 그래, 누가 머먼저 마안세 **부리**능공<만세를 부르는지> 함문 해애<한번 해> 보자. ⑦¶(항복의 뜻으로) 하이고, 지이<제>가 참 잘 모올라바앋심더<몰라보았습니다>, 아푸로느 지이가 헝니미라 **부리**끼이요<앞으로는 제가 형님이라고 부를게요>. 참 정만서 설화. ⑧¶금염 미여근<금년 미역은> 우애댕 기이<어찌된 것이>, **부리**능 기이<부르는 것이> 갑싱가배요<값인가 봐요>.

부리다#[2] [부리′고, 부리′지, 부리더′라, 불′러(라)도, 불′러서, 불′러라] x[불르다] 형 부르다*. ①¶니느 머어로 무걱껄래<너는 무엇을 먹었길래> 배가 그치리 **부리**노<그처럼 부르니>? ②¶이 두지느<뒤주는> 배가 너무 **불러** 가주구 타아린데요<가지고 탈인데요>... 참 두지<뒤주>: 섶으로 만든 원주형의 벼를 저장하는 물건.

부리다*[3] [부′리′고, 부′리′지, 부′리′더라, 부′리′도, 부′리′서] 동 타 ¶나무 사람<남의 일꾼> **부리**는 이일또<일도>, 이일 머리로 모리머<일의 머리를 모르면> 모옴 **뿌린**다<못 부린다>.

부석 [부석′] 명 아궁이*. 부엌*. 부엌아궁이. 주방*. ¶아아무리 업시 사러도 그럳치<아무리 없이 살아도 그렇지>, 저어거도 저거 **부석**게 때앨 나무느

<적어도/최소한 저희 부엌에 땔 나무는> 손수 해애다 나아야<해다 놓아야> 댈 꺼 애니가<될 것 아니니>? ▷부직/부식/부석.
부시럼[1] [부시럼′] 圏 부럼*. ¶보롬날 **부시러**를 깨물머 부시러미 앤 난단다 <정월대보름날 부럼을 깨물면 부스럼이 안 난단다>.
부시럼[2] [부시럼′] 圏 부스럼*. ¶야아야<애야>, **부시러미**<부스럼이> 암만 마아니<아무리 많이> 나도, 그거로<그걸> 자꾸 그레 시알리능 거<그렇게 헤아리는 것> 애니대이<아니다>.
부애 [부애′] 圏 부아*. **부애**<부아>(가) **나다** 구). **부애로**<부아를> **내다** 구). **부애가**<부아가> **돋다** 구). **부애로 독꾸다**<부아를 돋우다> 구). **부애**<부아>**가 치밀다** 구).
부애찜 [부애′찜] 圏 부앗김*. ¶**부애찌**메사<부앗김에야> 무진 소리로<무슨 소리를> 모온해요<못해요>? 그런 때야 머어<뭐>라도 나오는 대로지요.
부엥이 [부에′~이~] 圏 부엉이*. ¶거랑따물 버들낭게서러<개울가 버드나무에서> 지엉마줌 **부엥이**가<저녁마다 부엉이가> 저레 우우는데요<저렇게 우는데요>…
부작빵맹이 [부작′빵′매′~이~] 圏 도깨비 방망이. 무엇이든 소원하는 물건을 가져다 준다는 방망이.
부지깽이* [부지깨′~이~] 圏 ¶이 너무 강생이<놈의 강아지>, **부지깽이** 뜸질<찜질> 하기 저네<전에> 저리 앵<안> 가나.
부지러니/부지런이 [부지러′~이~] 圏 부지런을 떠는 사람. ¶(칭찬하는 투로) 우리 마실 이이레<마을 일에> 저럼 **부지러니**가<저렇게 부지런한 이가> 또 어디 이시까요<있을까요/있겠어요>?
부지렆다 [부지런′타] 혱 '부지런하다'의 준말. 흔). 쳄 부지렆다>부지런하다.
부직 [부지′기, 부지′글, 부지′게, 부직′또, 부징′마] 圏 부엌 아궁이*. ▷부석.
부직 [부지′키, 부지′클, 부지′케, 부직′또, 부징′마] 圏 부엌 아궁이*. ▷부석.
부체 [부체′] 圏 부처*. ¶너거 웨에할배<네 외할아버지>가, 새 버서늘 시잉꼬<버선을 신고> 밤새애두룩 **부첸**니민테<밤새도록 부처님에게> 절로<절을> 하고 새보게 보니꺼네<새벽에 보니까>, 버성<버선> 코가 다아 딸거가 아<다 닳아서> 구무가 낟떠라 커시데에<구멍이 났더라고 하시더구나>.
부치다#[1] [부′치다] 통 타 붙이다*. ☞붙치다.

부치다*² [부′치다] 동태
-부텀 [부′텀] 조 -부터*. ¶남<남의> 말 하지 마고<말고>, 니**부텀** 잘해애라<너부터 잘해라>, 응?/금늉쪼압 무는<금융조합 문은> 아곱 시**부텀**<아홉 시부터> 여언다컨네요<연다네요>./인자아<이제>, 무진 이일**부텀** 시이자그꼬<무슨 일부터 시작할까>? ▷-부텅/-버텀.
-부텅 [부′텅] 조 -부터*. ¶도오리<돌이> 그 칭구캉은<친구와는> 내가 참 오래 점**부텅**<전부터> 아아는 사이라요<아는 사이에요>. ▷-부텀/-버텅.
북#¹ [부욱′] 명 '여성성기(X)'의 변말. '성교'의 변말. ¶야앙바니 요금 모온하겍꼬<양반이 욕은 못하겠고>, 니 기미<네 어미> **부**기다<X이다>.
북*² [북′] 명 ¶어야든동<어쩌든지>, **부**기<북이> 자주 드나드러야<드나들어야>, 베로<베를> 짜도 늘 꺼 아니가<것 아니냐>.
북*³ [북′] 명 ¶그 어어른 혼차서러<어른 혼자서>, **북** 치고 장구꺼정 칠라커니<장고까지 치려니까> 정신 업찌요 머어<없지요 뭐>.
북*⁴ [북′] 명 ¶감자느<감자는> **부**글<북을> 잘 도다아 주머<돋우어 주면> 아리 구울거지지<알이 굵어지지>. **북(을) 도두다**<돋우다> 구.
북또칠성 [북′또′칠성] 명 북두 칠성*(北斗七星).
분#¹ [분] 명 번*(番). 1 자립 ¶이 **분** 차리느<번 차례는> 누우 차리고<누구 차례니>? 니 차리가<너 차례니>?/요**부**네느<요번에는> 내가 갑따 왈시니<갔다 왔으니>, 다음 **뿌**네느<번에는> 니이<네>가 가거라. 2 의존 ¶무진 이이리든동 지이발<무슨 일이든지 제발>, 가튼 이이를<같은 일을> 두우 **분** 하두룩<두 번 하도록> 하지 말고, 담**부**네<단번에> 끈내앱뿌두룩 해애래이<끝내 버리도록 해라>.
분*² [분] 명 의존 ①¶저기 안즌<앉은> 저 **부**니<분이>, 너거 큰할배싱가<네 큰할아버지시냐>? ②¶여기 두우 **부**는<두 분은>, 나알 따러 오시이소<나를 따라 오십시오>./손님 다섭 **뿐**<다섯 분> 새로 오실때이<오셨다>.
붇다 [부욱′꼬′, 부욷′찌′, 부욷′떠′라, 부′러(라)도, 부′러서] 동자 불어나다*. ¶이 나무른 와<나물은 왜>, 암만 뜨더도<뜯어도> 벨로 **부운**능 구지기<별로 불어나는 구석이> 비이지도 앤하꼬<보이지를 않을까>?/혼차서야<혼자서야> 이이를 해애도<일을 해도> 어디 **부운**는<불어나는> 재미가 이서야 마아리지요<있어야 말이지요>. ▷뿓다.

붙치다 [붇′치고, 붇′치지, 붇′치더라, 붇′치도/붇′처(차)도, 붇′치서/붇′처서] 동 타 붙이다*. ①¶우포로 사가아<우표를 사서>, 봉토지에다가 붙친 다아메<봉투에다가 붙인 다음에> 우체통에 여어야 댄대이<우체통에 넣어야 된다>./무우다이 구달 찌게 보머<무당이 굿할 적에 보면> 고옹구드리 마카<식구들이 모두> 이마아다가 도오를 붙치 주거등요<이마에다가 돈을 붙여 주거든요>… ②¶저 차안짱은<찬장은> 베게다가<벽에다가> 너무 딱 붙치 놓치<붙여 놓지> 마라. ③¶그러머 대구서느<그러면 대구서는> 바블<밥을> 누구 지비다가<집에다가> 붙치 뭉노<붙여 먹니>? ④¶사아라미<사람이> 하도 매물시러버가아<매몰스러워서> 마알 붙치기가<말을 붙이기가> 에럽따꼬요<어렵다고요>. ⑤¶(약을) 기양 보내애지 마고<그냥 보내지 말고>, 설명을 서 붙치가아 보내애라<써 붙여서 보내라>. ⑥¶성이 난 어어르니<어른이> 그 넝 귀때기로<놈 따귀를> 한 대 척 올리붙칙꺼등요<올려붙였거든요>… ⑦¶흥정 붙치는 사라미야<붙이는 사람이야> 다소 거어짐말로<거짓말을> 하기 마러니겐찌요만<마련이겠지요만>… x⑧¶내기 한 판에 만 원을 붙이다. ⑨¶우리 자아<쟤>도 공부에 재미를 붙치야<붙여야> 댈 낀데<될 것인데>… ⑩¶훼에사아서 우운전수느<회사에서 운전자는> 붙치 주능강요<붙여 주는지요>? ⑪¶소오 고배 함뭄 붙치는데<소 교배 한번 붙이는데>, 멤마아 넌석<몇만 원씩> 조오야 대능갑떠마<줘야 되는가 보더군요>. ⑫¶누가 저렁 고오야건 이르믈<저런 고약한 이름을> 지아 붙칠시꼬<지어 붙였을까>? ⑬¶둥거립뿔 붙치는 데느<장작불 붙이는 데는> 삭따리<삭정이>가 조온치요<좋지요>. ⑭¶조꺼늘<조건을> 붙치능 거사<붙이는 것이야> 저저 마암 대로지요<자기들 마음 대로지요>… ▷부치다.

불#¹ [불] 명 1 자립 벌*. ¶(천을 들어 보이며) 이 거마 가지머<것만 가지면>, 처매 저구리<치마 저고리> 함 부리야 충부니<한 벌이야 충분히> 나올 끼이다<것이다>. 2 의존 ¶중시내비인테<중매쟁이에게> 양복 함 부른<한 벌은> 해애 조오야지요<해 줘야지요>./저 사람 저카다가<저러다가> 두 불<벌> 시이집 사아지<시집 살지>.

불*² [불] 명 ¶이런 생낭근 좌아오지<생나무는 주워오지> 마라, 부리 자 램분는다<불이 잘 안 붙는다>.

불*³ [불′] 명 '불알'의 준말. 불(을) 까다 구).

불*⁴ [불'] 몡 ¶이 바알채 **부리**<발채 불이> 너무 느러징 겉때이<늘어진 것 같다>,

불다* [부울'고'/부우'고', 부울'지'/부우'지', 부울'더'라/부우'더'라, 부'러 (라)도, 부'러서, 부'러라] 동자 ¶갈바라미 **부러야**<갈바람이/남풍이 불어야> 머어든동 다아<뭐든지 다> 잘 마리지요<마르지요>.

불라다 [불'라'다] 동자 불나다*. ¶아얕따라<아따>, 그 꼬치 함분<고추 한 번> 디이기 맴내요<되게 맵네요>, 이베<입에> **불라**는 줄 아럳따꼬요<불나는 줄 알았다고요>./굼빠테 **불랃**실 찌게느<굼밭에 불났을 적에는> 온 도옹네가 다아 탄능기요<온 마을이 다 탔습니까>? 참 굼밭: 땅이름.

불시다 [부'울시다] 동타 부라리다*. 부릅뜨다. ¶어디 가아미<감히> 어어른 아페서<어른 앞에서>, 보옴 배 업시<본 바 없이> 누늘 **부울시고**<눈을 부라리고> 그 모양이고<모양이냐>?

불십쨍이 [불'십째~이~] 몡 ① 남자와 여자의 생식기를 둘 다 가지고 있는 사람. 남녀추니* ② 색을 지나치게 탐하는 사람. 색골*

불짢다 [불짠'타/불'짠타] 혱 '불찌 않다<부럽지 않다>'의 준말. ¶호동띠기느<호동댁은> 서어월 가시가아<서울 가셔서>, 그만이 호강해앤시머<그만큼 호강했으면> 저엉승도 **불짜**넉께심더<정승도 부럽지 않았겠습니다>. ⇔ 붋다.

불찌리다 [불'찌'리다] x[불찔르다] 동자 불지르다*. ¶저 사람 자꾸 저카다가<저러다가>, 저거 지붕케<자기 지붕에> **불찌리**늠 비인<불지르는 변> 나지.

불치기 [불'치'기] 몡 강에서 횃불을 밝히고 하는 고기잡이. ¶가악쩨에<갑자기> 오는 소옹나구 때미레<소나기 때문에>, 옴빠메<오늘밤에> **불치기** 하기는 다아 틀리인네요<다 틀렸네요>. **불치기하다** 동자.

불통 [불'통'] 몡 (석탄을 연료로 하는) 기관차*. ¶기차 **불통**이 머라컨능고 하며<기관차가 뭐라고 하느냐 하면> "부산 연들 밤마 묵꼬 똥마 뀌인다" 컨는다<부산 년들 밥만 먹고 똥만/방귀만 뀐다고 한다>./인떠라아가 기차 **불통**을 살머무건나<이녀석이 기관차를 삶아먹었나>, 와 이레 시끄럼노<왜 이렇게 시끄러나>?/자네는 기차 **불통**에다가<기관차에다가> '터우' '미카'라 꼬 서 붙치가아 댕기덩 거 기엉나나<'터우' '미카'라고 써 붙여 가지고 다니

던 것이 기억나니>?

붋다 [불′꼬, 불′찌, 불떠′라, 불′버(바)도, 불′버서] 형 부럽다*. ¶우리 재애 수기야<재숙이야>, 나무<남의> 열 아들 불불 꺼<부러울 것> 하낟또 업따꼬요<하나도 없다고요>./야 이 너무 소오나<놈의 손아/자식아>, 등 따시고 배부리머<따습고 배부르면> 그거로 족카지<그것으로 족하지>, 머어가<무엇이> 더 불불 끼이<부러울 것이> 일땀 마알고<있다는 말이냐>? 참 정만서 설와./나느 북끌시<나는 붓글씨> 잘 시는 사람마 보머<쓰는 사람만 보면> 참말로 불떠라 불버<부럽더라 부러워>. ⇔불짧다.

붕알 [부′~아~리, 부′~아~를, 부′~아~레, 부′~알~또, 부′~알~마] 명 불알*. ▷부랄.

붙다* [붇′꼬/북′꼬, 붇′찌, 붇떠′라, 부′터(타)도, 부′터서, 부′터라] 동 자 ¶하도 배가 고푸니<고프니> 백까주기 등드레 부턴능 걷따<뱃가죽이 등에 붙은 것 같다>.

부ㅎ다¹ [부욱′꼬′, 부욷′찌′, 부욷′떠′라, 버′어도/부′아도, 버′어서/부′아서] 동 자 붓다*. ①¶모미 잘 **부운**는 사라믄<몸이 잘 붓는 사람은> 호오바글 살머 무구머 조온치요<호박을 삶아 먹으면 좋지요>./이가 아푸니꺼네<아프니까> 뽈때기꺼정<볼따구니까지> 이레 **버언**네요<이렇게 부었네요>. ②¶자아느<쟤는>, 머어가 그레<뭐가 그렇게> 모음 마땅어가아<못 마땅해서> 저레 **버어** 가주구 인노<저렇게 부어 가지고 있니>? ▷뿓다.

부ㅎ다² [붇′꼬/북′꼬, 붇′찌, 붇떠′라, 버′어도/부′어(아)도, 버′어서/부′어서, 버′어라/부′어라] 동 타 붓다*. ①¶(술집에서) 거기 처매 이분<치마 입은> 사람, 여어 와가아<여기 와서> 술 한 잔 **버어**<부어> 보시게./**버어**라 마세라 커메<부어라 마셔라 하며> 밤새애두룩 퍼마싣찌요<밤새도록 퍼마셨지요>.../제에상아<제상에> 올릳떤 자네 수른<올렸던 잔의 술은> 태애주짜네다가 **버업**뿌레라<퇴주잔에다가 부어버려라>. ②¶노리테<놀이터>가 아예, 아아<아이>들 모종을 **버어** 노웅 걷떠라꼬요<부어 놓은 것 같더라고요>. ③¶아아드리 크니꺼네<아이들이 크니까>, 달마중<달마다> 적끔 **북끼도**<적금을 붓기도> 앤 수움네요<쉽지 않네요>.

비꾸다 [비꾸′우고, 비꾸′우지, 비꾸′우더라, 비까′아도/비꽈′아도, 비까′아서/비꽈′아서] 동 사동 삐치게 하다. '삐치다'의 사역형. ¶누구라도 이분쯕

캉 **비꾸우고**<이웃집과 삐치게 하고> 사알 꺼야 업찌요<살 것이야 없지요>. ▷비꿓다.
비끼다 [비이′끼′고, 비이′끼′지, 비이′끼′더라, 비이′끼′도/비이′께′도, 비이′끼′서/비이′께′서, 비이′끼′라/비이′께′라] 동자타 비키다*. ¶자 피요 피, 질 쫌 **비이끼소**<길 좀 비키세요>.
비나다 [비이′나′다] 동자타 변하다*. ▷빈하다.
비다#¹ [비이′고′, 비이′지′, 비이′더′라, 비′이도, 비′이서, 비′이라] 동타 베다*. ¶비이게로<베개를> 잘몸 **삐이**고 잔는동<잘못 베고 잤는지>, 고개가 자앙이 아푸네<장히 아프네>./마아너래 다리로<마누라 다리를> 떡 **비이**고<베고>, 빈드라아시 누버 인능 기이<비스듬히 누워 있는 것이> 세에상아<세상에> 그럴 수 업시 펭커등<없이 편커든>…
비다#² [비이′고′, 비이′지′, 비이′더′라, 비′이도, 비′이서, 비′이라] 동타 베다*. ①¶나도 에릴<어릴> 때 낟쩔<낫질>하다가, 송까라글<손가락을> **비인** 자주기<벤 자국이> 안죽또 마아니<아직도 많이> 나머 일땀 마아리시더<남아 있단 말입니다>. ②¶채앤나물로 사아리라꼬<채 나물을 썰라고> 떡 시기 나앋띠이<시켜 놓았더니>, 송까락버텅<손가락부터> 석 **삐이** 가주구<베어 가지고> 안 나서나<나서지 않니>.
비다#³ [비′이고, 비′이지, 비′이더라, 비′이도, 비′이서] 동 1 피동 보이다*. ¶주사쩔 디이예 인는<朱砂庵 뒤에 있는> 뭄필봉에 올러가머<文筆峰에 올라가면>, 저 영일 바다가 노오동산 우로<路東山 위로> 떠올러 인능 거매애로<떠올라 있는 것처럼> **비이**는데<보이는데>…/아아무리<아무리> 우리 자영 찌비라도<자형 집이라도>, 항<한> 끼에 바블<밥을> 다석 꽁기나 무굴라커니<다섯 공기나 먹으려니까> 눈치가 **비이**더라꼬요<보이더라고요>. 2 사동 보이다*. ¶너거<너희들> 아러득끼 수웁뚜룩<알아듣기 쉽도록>, 예에로 드러<예를 들어> **비이** 준다 커머<보여 준다고 하면>, 바리<바로> 이렁 거라<이런 것이라> 이 마아리라<말이야>.
비다#⁴ [비이′고′, 비이′지′, 비이′더′라, 비′이도, 비′이서] 형 배다*. ¶모를 이레 너무 **비이**구로 숭구우머<이렇게 너무 배게 심으면>, 소오추리 저억끼 날 낀데요<소출이 적게 날 것인데요>…
비다*⁵ [비이′고′, 비이′지′, 비이′더′라, 비′이도, 비′이서] 형 ¶비잉 그르그느<빈 그릇은>, 정제에 너검마자테<부엌에 네 엄마한테> 갇따아 조오라<갖다 줘라>.

비다놋 [비이′다′놋] 명 비단옷*. ¶보소, 내가 지꿈 업서가아<지금 없어서> 모온 임능 기이<못 입는 것이> 가따갈랑<-> 바리 **비이다노**시시더<바로 비단옷입니다>.

비러묵다 [비′러묵따] 동자타 빌어먹다*. ¶저 **비러무굴** 잉가니<빌어먹을 인간이>, 어디 가가아<가서> 하리 점두룩 잡뻐절따가<하루가 저물도록/종일토록 자빠졌다가> 해거름 여게야<해거름 녘에야> 터덜터덜 나타나노<나타나나>.

비리 [비리′] 명 비루*. 개나 말, 나귀 따위의 살갗에 생기는 병으로 털이 빠지고 얼룩이 져서 매우 보기가 흉함. ☞빌기. **비리 오리다**<비루 오르다> 구). **비리 뜨더묵다**<비루 뜯어먹다> 구).

비비다* [비비′고, 비비′지, 비비더′라, 비비′이도/비베′에도, 비비′이서/비베′에서, 비비′이라/비베′에라] 동타 ¶누네 머어가<눈에 머가> 드갇실 찌게느<뭐가 들어갔을 적에는> 댈 수 인는<될 수 있는> 대로 **비베**지<비비지> 마라.

비사다 [비′사다] 형 비싸다*. ¶(전화로) 벨로 앰 **비사**거등<별로 비싸지 않거든>, 기왕 서어월꺼정<서울까지> 간 지메<김에> 갑빠 함 불마<우비 한 벌만> 사가아 오이소<사 오세요>. ⇔헗다.

비우[1] [비′우] 명 넉살*. 비위*(脾胃). ¶나막생 설레에느<남학생들 설레에는/무더기 속에는> 여학생이 수욱끼 드갈<쉽게 들어갈> 수 읻찌만<있지만> 도, 여어간<여간> **비우**가 앤 조오와 가주구느<비위가 좋지 않아 가지고는> 여학생들 소오게<속에> 나막생이 드가기가 에러붐<남학생이 들어가기가 어려운> 버비지요<법이지요>. 참 '비우[2]'와는 뜻과 용도가 다름. **비우**<비우> **좋다** 구). **비우가 잇다**<있다> 구). **비우가 없다** 구).

비우[2] [비이′우′] 명 비위*(脾胃). ¶생가양 거틍 거느<생간 같은 것은> 내 비이우에<비위에> 앰 마저<안 맞아> 모옴 묵껜떠라<못 먹겠더라>. 참 '비우[1]'과는 뜻과 용도가 다름. **비우(에) 맞다** 구). **비우(에) 앰**<안> **맞다** 구).

비이묵다 [비′이묵따] 동타 베어먹다*. ¶처래이<철아>, 니이 뭉능 까자<네가 먹는 과자> 그거, 할매가 함뿜마 **비이묵짜**<할머니가 한번만 베어먹자>,

어얘이<응>?/무뤠에로<오이를> 덤푸레 다러 노온<덩굴에 달아 놓은> 채로 **비이묵꼴랑**<베어먹고는>, 내가 참 얼매나 딱끼인는동<얼마나 야단을 맞았는지> 모리니이더<모릅니다>.

비잡다 [비이'작'꼬/비이'잠'꼬, 비이'잠'찌, 비이'잠'떠라, 비이'자'버(바)도, 비이'자'버서] 혱 비좁다*. ¶우리가 이 **비이자**븐 방아 안저가아<비좁은 방에 앉아서> 이럴 끼이 애니라<것이 아니라>, 저 너림 배껌마당<너른 바깥마당>으로 나가능 기이 어어때<나가는 것이 어때>?

비짜리 [비짜'리] 몡 비*. 빗자루*. ¶(산에서 싸리를 끊어) **비짜리** 묵꾸울<빗자루 묶을> 끄니 마땅차느머<끈이 마땅하지 않으면> 댕댕이 주리람도<줄이라도> 좀 차저바아라<찾아봐라>. ▷빋짜리.

빈닙 [비인'닙'] 몡 맨입*. ¶아이구 아재도<아저씨도> **비인니**베<맨입에> 가시구로 해애가아 우야끼요<가시게 해서 어찌할까요>.

빈지* [빈지'] 몡 '널빈지'의 준말. ¶호오거나<호건아>, 큼방 여얼때느<안방 열쇠는> **빈지** 트메 찡가아 나았때이<틈에 끼워 놓았다>.

빈하다 [비인'하'다] 동 자 타 변하다*. ▷비나다.

빋¹ [비'디'/비'지', 비'들', 비'데', 빋'또', 빔'마'] x[비시] 몡 빗*. ¶아아드리 **비들**<아이들이 빗을> 절때 모옴 빨두룩 해애래이<절대 못 빨도록 해라>, **비들** 빨머<빗을 빨면> 입삐잉 난대이<입병 난다>./꼭 나갈라 컥꺼등<나가려고 하거든> 나가기 저네<전에>, 챔**비**드로<참빗으로> 머리나 쫌 빽꼬<좀 빗고> 나가거라.

빋² [비'디, 비'들, 비'데, 빋'또, 빔'마'] x[비시, 비슬] 몡 빚*. ①¶나무<남의> **빕** 뽀이늘랑<빚 보증은>, 앤 서능 기이 조온태이<안 서는 것이 좋다>. ②¶내가 참, 서언 아재인테느<선언 아저씨에게는>, 으네마 익꼬<은혜만 입고> 하나도 갑찌로 모온해애가아<갚지를 못해서> 마아메<마음의> **비디** 마안심더<빚이 많습니다>. 빋<빚>(을) 갚다 구). 빋<빚>(을) 내다 구). 빋<빚>(을) 놓다 구). 빋<빚>(을) 얻다 구). 빋<빚>(을) 주다 구). 빋<빚>(을) 지다 구).

빌기 [빌기'] 몡 비루*. ¶등드레 **빌기**가 오링 거도<등에 비루가 오른 것도> 애닐 낀데<아닐 것인데>, 와<왜> 자꾸 등드리로 끌꼬 그카노<등을 긁고 그러니>? ▷비리.

빌다*¹ [비이′고′/비일′고′, 비이′지′/비일′지′, 비이′더′라/비일′더′라, 비′러(라)도, 비′러서, 비′러라] 동 타 ¶내가 오늘꺼정 나민데<오늘까지 남에게> 바블 **비일**로 댕기본<밥을 빌러 다녀본> 저근 어업선는 테기다<적은 없었던 턱이다>.

빌다*² [비이′고′/비일′고′, 비이′지′/비일′지′, 비이′더′라/비일′더′라, 비′러(라)도, 비′러서, 비′러라] 동 타 빌리다*. ¶농사처레<농사철에> 연장 **비일**로 댕기는<빌러 다니는> 농사꾼이<농사꾼이>, 세에상아 니 마알고<세상에 너 말고> 또 어딜떠노<어디 있더냐>?

빌리다* [빌′리다] 동 타 ¶장동 아지매<아주머니>, 막껄리<막걸리> 걸러 노옹 거 이시머<놓은 것 있으면> 한 주전자마 **빌리**주실랑기요<주전자만 빌려주십시오/주시렵니까>.

빗* [비′시′/빋′시′, 비′슬′/빋′슬′, 비′세/빋′세, 빋′또′, 빔′마′] 명 ☞빈¹.

빙¹ [비′~이′가, 비′~이′를, 비′~이′에~/비′~이′예~, 비′~이′도′, 비′~이′마′] 명 병*(瓶).

빙² [비~이′~이′~, 비~이′~을′~, 비~이′~에′~, 비잉′도′, 비잉′마′] 명 병*(病). ①¶그럭키 주웅한<그렇게 중한> **비잉**이 들리잇시머<병이 들었으면>, 그럼 **비잉**을 잘 곤치는<그런 병을 잘 고치는> 이워늘 차저바아야죠<의원을 찾아봐야지요>. ②¶다링 거느<다른 것은> 다아 조온데<다 좋은데>, 단항 가지 거어짐말<한 가지 거짓말을> 잘 하능 기이<하는 것이> 그 사람자테느<사람한테는> 큼 **비잉**이라요, **비잉**<큰 병이에요, 병>./(전화로) 여보, 당시니 자꾸 보구저붕 거도<당신이 자꾸 보고 싶은 것도> 큼 **비잉**이다<큰 병이다>, 그자아<그지>?/그 야앙반<양반> 참, 겁뽀기로느<겉보기로는> 멀쩡한데 주웅은 **비잉**이 드런따커니<중한 병이 들었다니> 도무지 미더지지로<믿어지지를> 앤<안> 하네요./누구라도 우리 아들 **비잉**마 곤치 주머야<병만 고쳐 주면> 고오맙찌, 고오막꼬 마아고<고맙지, 고맙고 말고>.

빙들다 [비잉′들′다/비잉′드′다] 동 자 병들다*. ¶저집 안늘깅이느<안 늙은 이는/노부인은>, 늘꼬 **비잉**등 거도 서어러분데<늙고 병든 것도 서러운데>, 어는 자석넘<어느 자식놈> 하나 차저오는 너미 어업시니<찾아오는 놈이 없으니> 저 이일로 우야지요<일을 어쩌지요>?

빙싱이/빙시니/빙신이 [비잉′시′~이~] 명 병신*(病身). ¶에릴<어릴> 때 무다아니 저레<무단히 저렇게> 다리가 고러 가주골랑<곯아 가지고> **비잉시니**가 대앱뿐찌요, 머어<병신이 되어버렸지요, 뭐>. 㽉 어떻게 표기하든 발음은 같음. **빙싱이 꼴깝파다**<병신 꼴값하다> 구). **빙싱이 육깝**<병신 육갑> **떨다** 구). **빙싱이 육깝파다**<병신 육갑하다> 구). **빙싱이**<병신> **지랄하다** 구).

빙이 [비′~이~가, 비′~이~를, 비′~이~에~/비′~이~예~, 비′~이′도′, 비′~이~마~] 몡 자립 의존 병*(甁). ¶(참기름 집에서) 참깨 한 대 짜머<참깨 한 되를 짜면>, 사이다 **빙이**로<병으로> 멥 **뼁이**나 나오능기요<몇 병이나 나옵니까>?

빛* [비′지, 비′즐, 비′제, 빋′또, 빔′마] x[비시, 비슬] 몡. ☞빝².

빛* [비′치′/빋′치′, 비′츨′/빋′츨′, 비′체′/빋′체′, 빋′또′, 빔′마] x[비시, 비슬] 몡*. ①¶웨정 때느 일분넘드리<일제 강점기 때는 일본놈들이> 음녁서얼로 모은 쉬이두룩 해애가아<음력설을 못 쇠도록 해서>, 새보게 불**뻬**치<새벽에 불빛이> 배까트로 앤 쉐에나가두룩<밖으로 안 새어나가도록> 덕시기로 까아 가루우고<멍석을 갖고 가리고>… ②¶일겁뿐 도장은요<잃어버린 도장은>, 푸림**뻴**치<푸른빛이> 살짝 도오능 건데요<도는 것인데요>… ③¶그 사람 얼구리에느<얼굴에는> 고다넘<고단한> **뻴**치 영녁카거등요<빛이 역력하거든요>… ④¶춤붐마 지내머<춘분만 지나면> 봄**뻴**치<봄빛이> 완연해지고 마알고요<말고요>… ⑤(아이를 달래며) ¶저럼 **뻴** 따린 으음서기 두로머<저런 빛 다른 음식이 들어오면>, 할배<할아버지> 먼저 비이 디리고<보여 드리고> 나서 묵짜<먹자>, 어예이<응>? ▷빋. **빛(이) 나다** 구). **빛(을) 내다** 구). **빋출**<빛을> **잃다** 구). **빋또**<빛도> **없다** 구).

빝 [비′티′/비′치′, 비′틀′, 비′테′, 빋′또′, 빔′마] x[비시, 비슬] 몡 ☞빛.

ㅃ

빠구리¹ [빠구′리] 몡 바구니*. ¶아이구 참, 어무니도<시어머님도>, 머리가 모시 **빠구리**가 댈수록<바구니가 될수록>, 오스느 고오붕 거로<옷은 고운 것을> 이부시야지요<입으셔야지요>. 드).

빠구리² [빠구′리] 몡 성교를 비하해서 하는 말. 비역. 비역질. 참 삐꿈>빠구리. **빠구리하다** 동 자. 드).

빠러묵다 [빠러묵′따] 동 타 빨아먹다*. ¶뚜끼바<두꺼비야> 쭘, 쭘<쭛, 쭛>, 어디 간또오<갔더냐> 쭘, 쭘<쭛, 쭛>, 울미테 쭘, 쭘<울밑에 쭛, 쭛>, 갇띠이라 와<갔더란다, 왜> 쭘, 쭘<쭛, 쭛>, 머어로 묵꼬<무얼 먹고> 쭘, 쭘<쭛, 쭛>, 사런나요<살았나요> 쭘, 쭘<쭛, 쭛>, 새애조지나<쥐젖이나> 쭘, 쭘<쭛, 쭛>, **빠러묵**꼬<빨아먹고> 쭘, 쭘<쭛, 쭛>, 사런따요<살았다요> 쭘, 쭘<쭛, 쭛>. 참 아기 어르는 노래.

빠리다 [빠′리′고, 빠′리′지, 빠′리′더′라, 빨′러(라)도, 빨′러서] x[빨르다] 형 빠르다*. ①¶자네느 바레<자네는 발에> 동태가 달리인나<바퀴가 달렸나>, 우얘 그레 **빨리** 완노<어찌 그렇게 빨리 왔니>? ②¶앙이<아직> 열 한 시도 앤 대앤는데<안 됐는데>, 저어여믈 묵끼에느<점심을 먹기에는> 너무 앰 **빠리**겐나<빠르지 않겠니>? ③¶출세가 **빠리**머<빠르면>, 물러날 때도 남버다 **빨러**지늠 버빈데<남보다 빨라지는 법인데>… ④¶(군에 입대했던 시기를 두고) 내가 그 사람버다<사람보다> 사앙 기쭈움 **빠리**지 아아매<3기쯤 빠르지 아마>. ⑤¶저 시계가 와<시계가 왜> 자꾸 하리 멥 뿐석<하루 몇 분씩> **빨리** 가꼬<갈까>? ⑥¶태수 저 칭구 저거<친구 저것>, 눈치 하나느<하나는> 디이기 **빠리**니이래이<되게 빠르느니라>, 조오심해애야지<조심해야지>.

빠주다 [빠주′우다] 동 타 빠뜨리다*. ①¶야 이넘드라<이놈들아>, 웅굴따무레 서러<우물가에서> 자앙난하지<장난하지> 마라, 웅구레 코 **빠주**울라<우물에 코 빠뜨릴라>. ②¶동천 야앙반 이르믈<양반 이름을> 가따갈랑<->, 멩

부에서 **빠자알따꼬**<명부에서 빠뜨렸다고>, 질지리 띠고<길길이 뛰고> 야
아단 낟심더<야단 났습니다. ③¶내가 디세업시 화닥딱꺼리다가<두서없
이 화닥닥거리다가>, 지가블<지갑을> 가따갈랑<-> 어디다가 **빠자**압뿐는
동<빠뜨려버렸는지> 도통 김자기<짐작이> 앵 가네요<안 가네요>. ▷빠줃
다.
빠지다* [빠′지′고, 빠′지′지, 빠′지′더라, 빠′저′(자′)도, 빠′저′서, 빠′저′
라] 동 자 ¶여어서<여기서> **빠진** 나사느<나사는> 어디로 간능공<갔는지>?
빤때기 [빤때′기] 명 판자*(板子). 널빤지*. ¶새애총 알쭈우미사<공기총 알
쫌이야> 아아무 꺼도 애닌 줄 아런는데<아무 것도 아닌 줄 알았는데>, 그
기이<그것이> 참 삼<3> 부 짜리 **빤때기**로 떠얼꼬<판자를 뚫고> 나간단다.
빨다*¹ [빠′고′/빨′고′, 빠′지′/빨′지′, 빠′더′라/빨′더′라, 빠′러′(라′)도, 빠′
러′서, 빠′러′라] 동 타 ¶접 **빠**는 시미<젖 빠는 힘이>, 이레 시인 아아느
<이렇게 센 아이는> 처음 보겐네요<보겠네요>./이런 니끼미<네 어미>, 그
머어<뭐> **빠**는 소리 쫌<좀> 하지 마라.
빨다*² [빠′고′/빨′고′, 빠′지′/빨′지′, 빠′더′라/빨′더′라, 빠′러′(라′)도, 빠′
러′서, 빠′러′라] 동 타 ¶야아드라<애들아>, 해 빠진 다아메느<다음에는>
물빨래로<물빨래를> 가따갈랑<-> 방매이로 뚜디려 **빨**고<빨랫방망이로
두드려 빨고> 그라지<그리하지> 마라, 그라능 거 애니다<그리하는 것 아
니다>./안자아<이제>, 니 빨래느<너 빨래는> 니이가 다아<네가 다> **빠**는
택까<셈이냐>? x머리를 빨다.
빨다*³ [빠′고′/빨′고′, 빠′지′/빨′지′, 빠′더′라/빨′더′라, 빠′러′(라′)도, 빠′
러′서] 형 ¶그 집 사우 마아리시더<사위 말입디다>, 테기<턱이> 너무 앰
빨덩기요<너무 빨지 않습디까>?
빨래* [빨래′] 명. 참 서답<빨래. **빨래하다** 동 자. 참 서답 싯다<빨래하다.
뱀¹ [뺨] 명 뺨*.
뱀² [빠암′] 명 밤*. ¶제에사상아느<제사상에는> 압 쭐<앞 줄> 제엘롱 웨엔
솜페네 대애추<제일 왼쪽에 대추>, 그 다아메 **빠암**<다음에 밤>, 그 다아메
<다음에>다가 가아믈<감을> 차리 차리로 나아야지<차례 차례로 놓아야
지>./(밤나무에서) **빠아**믈 따겔따는 사라미<밤을 따겠다는/털겠다는 사람
이>, **빰**엉이마<밤송이만> 보고도 거불 내애 가주구사<겁을 내 가지고야>,

어디 한 쉉인들 따겐나<송인들 따겠니>? ▷밤.
뱜쉉이 [뱜쉬′~이~] 명 밤송이*. ¶빠아믈 따겐따는 사라미<밤을 따겠다는/털겠다는 사람이>, **뱜쉉이**마<밤송이만> 보고도 그레 거불 내애 가주구사<그렇게 겁을 내 가지고야>, 어디 한 쉉인들 따겐나<송인들 따겠니>?
빵울 [빠′~울~] 명 방울*. 1 자립 ¶그 처비라 컨는 예자가<첩이라고 하는 여자가> 참, 달구똥 거튼 눔물 **빵울**로<닭똥 같은 눈물 방울을> 뚜덕뚜덕 흘리는데… 2 의존 ¶아가<며늘아기야>, 산나물 문칠 때느<무칠 때는> 꼭 참지르믈<참기름을> 도오 **빵울**석 여어래이<두어 방울씩 넣어라>. **빵울또**<방울도> **없다** 구).
빼다* [빼애′고′, 빼애′지′, 빼애′더′라, 빼애′도′, 빼애′서′, 빼애′라′] 동 자 타. ¶칼로 가따갈랑<칼을 -> 칼찌베서 **빼**니꺼네<칼집에서 빼니까> 시리링 소리가 낙꺼등요<났거든요>…
빼묵다 [빼애′묵′따] 동 타 빼먹다*. ¶떠게 백키인 콩버텅<떡에 박힌 콩부터> 속속 **빼애뭉**는<빼먹는> 사라미 어딘노<사람이 어디 있니>?
뺄가벗다 [빼앨가벅′꼬, 빼앨가번′찌, 빼앨가번떠′라, 빼앨가버′서(사)도, 빼앨가버′서서] 동 자 빨가벗다*. ☞**뺄**가벗다.
뺄가벚다 [빼앨가벅′꼬, 빼앨가번′찌, 빼앨가번떠′라, 빼앨가버′저(자)도, 빼앨가버′저서] 동 자 빨가벗다*. ¶누가 보는 사라미 어업띠이라도<사람이 없더라도>, **빼앨가벅꼬** 모오욕카로<빨가벗고 목욕하러> 드갈 찌게느<들어갈 적에는>, 미틀<밑을> 가따갈랑<-> 수우거느로<수건으로> 가루우고 댕기먼 조옥켄떠라마느<가리고 다니면 좋겠더라마는>… ▷뺄가벗다.
뱜 [뱜′] 명 뱜*. ▷뱜.
-뺑이 [빼′~이~] 조 -밖에*. ¶내가 지굼<지금>, 가징 거라꼬느<가진 것이라고는> 톡톡 터러가아<털어서> 삼마아 넘**뺑이**<삼만 원밖에> 엄는데 우야지요<없는데 어쩌지요>.
뽓다 [뺃′꼬, 뺃′찌, 뺀떠′라, 빼′저(자)도, 빼′저서] 동 타 뺏다*.
뻔나무 [뻔나′무′] 명 곧게 뻘은 나무. ⇔아구랑나무. 드).
뻬 [뻬′] 명 뼈*. ①¶하도 모옴 묵꼬 예비가아<못 먹고 여위서>, **뻬**마 앙등그리하기 나먹꺼등요<뼈만 앙상하게 남았거든요>… ②¶이 소오서레<소설의> **뻬**가 머엉공하머<뼈가 뭐냐 하면>, 바리 농민드리<바로 농민들이> 적꼬 인능 고상 이이바구다<겪고 있는 고생 이야기다> 이 마아리거등요<말이 거든요>. ③¶사암종 헝님<삼종 형님> 마알소오게<말속에>, 무심 **뻬**가 드러 읻떠구마느요<무슨 뼈가 들어 있더구먼요>. **뻬**<뼈>**가 휘어지두룩**<휘어지도록> 구). **뻬**<뼈>**가 휘두룩**<휘도록> 구). **뻬**<뼈>**도 몬**<못> **추리다** 구). **뻬로**<뼈를> **깎다** 구). **뻬마**<뼈만> **남다** 구). **뻬마**<뼈만> **앙상하다** 구). **뻬<뼈>(가) 빠지구로**<빠지게> 구). **뻬 빠지기**<뼈 빠지게> 구). **뻬**<뼈>**에 사무치다** 구). **뻬로**<뼈를> **추리다** 구).

뻬가치 [뻬가ˊ치] 명 뼈*. ¶게가 **뻬가치**<생선 가시>가 모게 걸리인는 데느<목에 걸린 데는/걸렸을 때는>, 영까시로 부레다가 사리가아<사마귀를 불에다가 살라서> 가리로 맨드러 가주굴랑<가루를 만들어 가지고서>, 붇때롱에다가 여어 가주구<붓대롱에다가 넣어 가지고> 모게다가<목에다가> 확 푸무머 잘 나안는다<뿜으면 잘 낫는다>. ▷**뻬간지/뻬가지**.

뻭끼다 [뻭ˊ끼다] 동 벗기다*. **1** 사동 ¶이미야<어멈아>, 자아가 마아니 더붕갑따<쟤가 많이 더운가 보다>, 거테 오슬<겉의 옷을> 좀 **뻭끼** 조오라<벗겨 줘라>. **2** 타 ①¶띠지기 껍띠기로<두더지 껍질을> 함둠 **뻭낄**라커니꺼네<한번 벗기려니까>, 그 참 앤 수웁떼에<쉽지 않더군>.②¶어디 가알라 컥꺼등<가려거든>, 모게<목에> 때라도 쫌 **뻭낀**<좀 벗긴> 다아메 나서거라<다음에 나서라>. ▷**벡끼다**.

뻭따구 [뻭따ˊ구] 명 뼈다귀*. 뼈*. ¶이 사라마<사람아>, 깨모중을<깨모종을> 가따갈랑<-> 그레 막 아아무<그렇게 마구 아무> 데나, 개 **뻭따구** 내뻐드시<뼈다귀 내버리듯> 훌쩍 떤집뿌머 우야노<던져버리면 어쩌느냐>?

뽂께다 [뽂께ˊ에고, 뽂께ˊ에지, 뽂께ˊ에더라, 뽂께ˊ에도, 뽂께ˊ에서] 동 피동 볶이다*. '뽂다<볶다>'의 피동. ☞**뽂끼다**.

뽂끼다 [뽂끼ˊ이고, 뽂끼ˊ이지, 뽂끼ˊ이더라, 뽂끼ˊ이도, 뽂끼ˊ이서] 동 피동 볶이다*. '뽂다<볶다>'의 피동. ¶이 쾡이<콩이> 비렁내가 나능 거로<비린내가 나는 것을> 보니 여엉 더얼 **뽂끼읻따**<영 덜 볶였다>./빋쩽이인테 한차믈<빚쟁이한테 한참을> **뽂끼이고** 낟띠이<볶이고 났더니>, 지굼<지금> 내 정시니 애니네요<정신이 아니네요>. ▷**뽂께다**.

뽂다 [뽀ˊ꼬/뽂ˊ꼬, 뽂ˊ찌, 뽂ˊ떠ˊ라, 뽀ˊ꺼(까)도/뽂ˊ꺼(까)도, 뽀ˊ꺼서/뽂ˊ꺼서, 뽀ˊ꺼라/뽂ˊ꺼라] 동 타 볶다*. ¶깨로 **뽀끌** 때느<깨를 볶을 때는> 부지러니<부지런히> 잘 저서 조오야지<저어 줘야지>…
뽄 [뽄′] 명 본*. ①¶어어르니<어른이> 먼저 아아드린테<아이들한테> 조옴 **뽀늘**<좋은 본을> 비이 조오야<보여 줘야>, 아아<아이>들도 보고 배우지요. ②¶질부야, 저구리 **뽄** 이시머<저고리 본 있으면> 쫌 빌리주울래<좀 빌려줄래>? ×¶최 선생은 **뽄**(本)이 어디십니까?
뽈딱 [뽈′딱′] 명 볼따구니*. ☞뽈때기.
뽈때기 [뽈때′기] 명 볼따구니*. ¶웨사리<참외서리> 하다가 이임재인테 다당 키이가아<임자에게 들켜서>, 누네 부리<눈에 불이> 번쩍 컨뚜룩<하도록> **뽈때기**로<볼따구니를> 서너 찰<대> 어어더걸린찌요 머어<얻어맞았지요 뭐>./조옹지미<종기>도 참 히얀체<희한하지>? 와 해필<왜 하필> 저레 **뽈때기**에 낟시꼬<저렇게 볼따구니에 났을까>? ▷뽈딱.
뽑다* [뽁′꼬′/뽑′꼬′, 뽑′찌′, 뽑′떠′라, 뽀′버′(바)도, 뽀′버′서, 뽀′버′라] 동 타 ¶(못자리에서) 피마 **뽁꼬**<피만 뽑고> 모느 **뽑**찌 마래이<모는 뽑지 마라>.
뿌다 [뿌다] 동 보조 버리다*. ¶무진 이이리든동<무슨 일이든지>, 가튼 이일로<같은 일을> 두우 분 다시 하두룩<두 번 다시 하도록> 하지 말고, 담부네 끈내앱**뿌**두룩 해애래이<단번에 끝내버리도록 해라>./새애통 무니<새장 문이> 열리이늠 바라메<열리는 바람에>, 내가 애애지중지<애지중지> 키우던 노구저리가<종다리가> 조온타꼬 날러갑**뿌**는데<좋다고 날아 가버리는데>… 흔). ▷뻬다/삐다.
뿌떠막 [뿌떠′막′] 명 부뚜막*. ☞부떠막.
뿌러지다 [뿌′러지다] 부러지다*. ¶머리 비디야 벌래<빗이야 본래> 살 하나마 **뿌러지**머<하나만 부러지면> 금방 주루룩 나가지요. ▷뿔거지다.
뿌리다* [뿌′리고, 뿌′리지, 뿌′리더라, 뿌′리도/뿌′레도, 뿌′리서/뿌′레서, 뿌′리라/뿌′레라] 동 자 ¶누운도<눈도> 애니고<아니고>, 비가 이레 시일실<이렇게 슬슬> **뿌리**는데 무신 토깽이로<무슨 토끼를> 자부로 간담 마알고<잡으러 간단 말이냐>?
뿌주다 [뿌주′우고, 뿌주′우지, 뿌주′우더라, 뿌자′아도, 뿌자′아서] 동 타 부수다*. ¶실랑각시 사완나<신랑각시(가) 싸웠나>, 농은 와 이레<장롱은 왜 이렇게> 다아 뚜디리 **뿌자**아 나안노<다 두드려 부셔 놓았나>. ▷뿌중다.

뿍떡 [뿍떡'] 명 검불*. 북더기*. ¶오시 이기이 머어꼬<옷이 이것이 뭐니>? 니 **뿍떡**빠테 가가아 구부럭꾸나<너 검불밭에 가서 굴렀구나>./(감지덕지해서) 아아무리 **뿍떵** 미영이라도<아무리 북더기 무명이라도>, 올거튼 숭여네<올해 같은 흉년에> 온 탐 부리 어디고 마아리시더<옷 한 벌이 어디냐 말입니다>./비록 **뿍떡** 멩지라도<북더기 명주라도> 미영베 옵뻐다가느<무명베 옷보다는> 훨씬 뜨시니이더<훨씬 뜨스합니다/따뜻합니다>.

뿍떡빹 [뿍떡'빹'] 명 검불밭*. ¶(머리핀이) 이미 **뿍떡**빠테<검불밭에> 드강거로<들어간 것을> 우얘 찬노<어떻게 찾니>?

뿍띠기 [뿍띠'기] 명 검불*. 깃*. ¶학수야 니<너> 방아 드가기 저네<방에 들어가기 전에>, 마궤에<소 마구에> **뿍띠기** 쫌 마아니 여어<깃을/검불을 좀 많이 넣어> 주고 드가거래이<들어가거라>.

뿐#¹ [뿐] 명 의존 뻔*. ¶우리 조카가 그 때, 나알로 앤 자버 조오시머<나를 안 잡아 줬으면> 내가 도랑무레<도랑물에> 퐁당 빠질 **뿐** 앤 해앤나<뻔했잖아>.

뿐*² [뿐] I 명 의존 ¶멍처엉하기<멍청하게> 머언 하늘마 치바더볼<먼 하늘만 쳐다볼> **뿐**, 암말또 앤하디이더<아무 말도 않습디다>. II 조 ¶내가 지굼<지금>, 가진 도오니라꼬느<돈이라고는> 톡톡 다아 터러가아<다 털어서> 오오마아 넘<오만 원> **뿌**닌데<뿐인데>, 우얀다지<어쩐다지>? x ¶(여기는 만화책)뿐이 없다.

뿓짭다 [뿓짭'따] 동 타 붙잡다*. ¶간다컨는 사라믈<간다는 사람을> 억찔로 자꼬<억지로 자꾸> **뿓짜**불라 컨찌<붙잡으려고 하지> 마라, 지굼 **뿓짜**버 바 알짜<지금 붙잡아 봤자> 벨수 업따<별수 없다>, 또 간다.

뿔거지다 [뿔'거지다] 동 자 부러지다*. ¶바라미 얼매나 시이기 부런는동<바람이 얼마나 세게 불었는지>, 거랑따무레 일떰<개울가에 있던> 버들나무 까쟁이<버드나무 가지>가 다아 **뿔거**지고<다 부러지고> 야아다니 난네요<야단이 났네요>, 야아다니<야단이>. ▷뿔가지다/뻐어지다.

뿔깅이/뿔갱이 [뿔기'~이~/뿔개'~이~] 명 뿌리*. ¶똥치까네<뒷간에/변소에> 구우디기가 마아늘 때느<구더기가 많을 때는> 쪽뚜리꼽 **뿔깅이**로<할미꽃 뿌리를> 콩콩 찌거가아 여으머<찧어서 넣으면> 구우디기가 다아 중니이라<구더기가 다 죽느니라>./약뻬가레다가<약병아리에다가> 사미라도<(인)

삼이라도> 멥 **뿔낑이** 역코<몇 뿌리 넣고> 딸리 미기이바아라<달여 먹여봐라>.

뿔시다 [뿌′울시다] 동 타 부라리다*. ☞불시다

붉다 [뿔′꼬, 뿔′찌, 뿔떠′라, 뿔′거(가)도, 뿔′거서] x[뿍다] 혱 붉다*. ¶등 구부머 질맥까지<굽으면 길마가지>, 질맥까지 니이 구뭉<길마가지 네 구멍>, 니이 구무머 동시리지<네 구멍이면 동시루지>, 동시리느 **뿔찌**<동시루는 붉지>, **뿔**구머 대애추지<붉으면 대추지>, 대애추느 다지<대추는 달지>, 다머 엳시지<달면 엿이지>, 엳시머 붇찌<엿이면 붙지>, 붇트머 처비지<붙으면 첩이지>. 참 전래 동요. 동시루: 작은 시루.

삐가리 [삐가′리] 명 병아리*. ¶하리느<하루는> 솔뱅이가 함 바리<솔개가 한 마리> 시일 날러오디이마느<슬 날아오더니마는>, 마다아 노오늠 **삐가리**로<마당에 노는 병아리를> 함 바리<한 마리> 탁 채애가아 횡 날러 갑뿌거 등요<채서 휙 날아 가버리거든요>./약**삐**가레다가<약병아리에다가> 사미라도<(인)삼이라도> 멥 뿌링이 역코<몇 뿌리 넣고> 폭 딸리 미기이바아라<달여 먹여봐라>. ▷삐갱이.

삐들구 [삐들′구] 명 비둘기*. ¶아아드른<아이들은> **삐들구** 궤기로 무구머<비둘기 고기를 먹으면> 앤대지<안되지>./**삐들구** 궤기로 무구머<비둘기 고기를 먹으면> 상딩이 논는단대이<쌍둥이 낳는단다>. ▷삐들쿠.

삐뜨러지다 [삐이′뜨′러지다] 동 자 비뚤어지다*. ①¶따디미또올로<다듬잇돌을> 비이고 자머<베고 자면> 입 **삐이뜨러진**대이<비뚤어진다>. ②¶함 붐 **삐이뜨러진**<한번 비뚤어진> 서엉질로 곤친다능 거느<성질을 고친다는 것은> 참말로 수웁짠치요<쉽지 않지요>.

삩/삧 [삐′티′/삐′치′, 삐′틀′/삐′츨′, 삐′테′/삐′체, 뻳′또′, 뼴′마′] x[삐시] 명 빛*. ①¶저기, 머얼리 불**삐**치<멀리 불빛이> 빠아니 낼바더 비이거둥요<빤히 내려다보이거든요>. ②¶저 부른 와<불은 왜> 저레 푸림**삐**치 도오지요<저렇게 푸른빛이 돌지요>? ③¶그 사람 얼구레<얼굴에> 고로붐 **삐**치<괴로운 빛이> 영녁카기 나타낙꺼등요<역력하게 나타났거든요>. ④¶노구저리가 우우능 거로<종다리가 우는 것을> 보니 안자아<이제> 봄**삐**치 완연 항갑따<봄빛이 완연한가 보다>. ⑤¶어디서라도 **삗** 따린 으음서기 두로머<빛 다른 음식이 들어오면> 할매버텀 맙뽀시두룩<할머니부터 맛보시도록>

해애야지<해야지>…/이분 이일로 가따갈랑<이번 일을 갖다가> 어어르니<어른이> 우얘 하실찌<어찌 하실지> 모올라 가주구<몰라 가지고>, 우리느<우리는> 그저 **뺌**마<빛만> 보고 인는 중일세<있는 중일세>. ▷뻘. 흔).

ㅅ

사 [사] 명 돈치기할 때 던진 엽전이 겹으로 포개지는 것. ¶(엽전을 던지며 모두 포개지기를 기원하는 뜻으로) 자, 막 **사로**!/저 **사로**<사를> 니이가 올배로 떤지가아 깨먼 다아 무거도 댄다<네가 오렷말을 던져서 깨면 다 먹어도 된다>.

-사 [사] 조 -야*. ¶술로 묵끼 실투룩<술을 먹기 싫도록> 공짜로 준다머**사**<준다면야>, 연동 야앙반버덤<양반보다> 더 조오와할 사라미<좋아할 사람이> 또 어딕껜노 마아리시더<어디 있겠느냐 말입니더>.

사구다 [사구′우고, 사구′우지, 사구′우더라, 사과′아도/사가′아도, 사과′아서/사가′아서, 사과′아라/사구′우라/사가′아라] 동 자 타 사귀다*. ¶칭구로 **사과아도**<친구를 사귀어도>, 쫌 조온 칭구로 **사구우머**<좀 좋은 친구를 사귀면> 어어때애서도<어때서요>./누구나 이북캉<이웃과> 잘 **사과아야**<사귀어야> 복 빤는대이<받는다>./정 엄는 사랑캉은<없는 사람과는> 누구라도 참 **사구우기**가 에럽찌요<사귀기가 어렵지요>./저 초옹각 해건능 꼬리<총각 하는 꼴이>, 암망캐애도<아무래도> 디일찝 처어자캉<뒷집 처녀와> **사구우는** 눈치더라꼬<사귀는 눈치더라고>. ▷사궁다.

사깟 [사′깓] 명 삿갓*. ☞삭깟.

사나아 [사나′아] 명 사나이*. 바깥사람. ¶**사나아** 대애장부가<사나이 대장부가> 그만 이이레<그만한 일에> 눔물로 비이나<눈물을 보이나>?/동방떡 **사나아느**<동방댁 바깥사람은> 다알러갑뿌고<달아나 버리고>, 그 자테 읻떤

<곁에 있던> 저거 동성마<자기 동생만> 대애신 잡피이갇따 컨네요<대신 잡혀갔다고 하네요>.

사다#¹ [사′고′, 사′지′, 사′더′라, 사′도′, 사′서′, 사′라′] 동타 싸다*. ¶이래가아 앤 대겔따<이래서 안 되겠다>, 일찌가암치<일찌감치> 보따리 **사라**<싸라>./엄마, 내애리느<내일은> 도시락 **사**지 마쉐이<싸지 마세요>.

사다#² [사′고′, 사′지′, 사′더′라, 사′도′, 사′서′, 사′라′] 동타 싸다*. ¶다아<다> 큰 여언서기 바제에다가<녀석이 바지에다가> 오주물 **사**머 우야노<오줌을 싸면 어쩌니>?

사다#³ [사′고′, 사′지′, 사′더′라, 사′도′, 사′서′, 사′라′] 형 싸다*. ¶그 이인네느<여자는> 이비<입이> 와 그리 **산**동 모올라<왜 그리 싼지 몰라>.

사다#⁴ [사′고′, 사′지′, 사′더′라, 사′도′, 사′서′] 형 싸다*. ¶그런 시 번<십원> 짜리 요글 해앨시머<욕을 했으면> 어어더마저도<얻어맞아도> **사**다 **사**<싸다 싸>. x¶값이 싸다.

사다*⁵ [사′고, 사′지, 사더′라, 사′도′, 사′서′, 사′라/사′라′] 동타 ¶채글<책을> **사**도 이런 마안나챙 마아고<만화책 말고>, 내애용이 쫌 조온 채글<내용이 좀 좋은 책을> 사라.

사대다 [사대′애다] 동자타 싸대다*. '사댕기다<싸다니다>'의 준말. ¶우리 영수느<영수는> 개애캉 가치<개와 함께> 누움마 오머<눈만 오면> 저레 **사대애**구저버<저렇게 싸대고 싶어> 모온 쩐딘다<못 견딘다>.

사락콩 [사락콩′] 명 싸라기 콩.

사람#¹ [사라′미/사래′미, 사라′믈, 사라′메, 사람′도, 사람′마] 명 옮겨 심은 식물이 새 뿌리를 내리는 일. ¶일찍 숭구운 노는<심은 논은> 버러 다아<벌써 다> **사라**믈 해앤능가배<살음을?? 했는가 봐>./쉬이건 엄는 아아드리<소견 없는 아이들이> 고딩이 조온는다꼬<우렁이를 줍는다고> **사람**도 앤한 노네 드가가아<살음??도 아니한 논에 들어가서> 도러댕기 가주구<돌아다녀 가지고>… **사람하다** 동자 (옮겨 심은 식물이) 새뿌리를 내리다.

사람*² [사아′라′미/사아′래′미, 사아′라′믈, 사아′라′메, 사아′람′도, 사아′람′마] 명 ¶저기 웨엔 **사아람**드리<웬 사람들이> 저레 마아니 모디인노<저렇게 많이 모였니>?/(버스에) **사아람**드리<사람들이> 이마안침 꽉 찬는데도<이만큼 꽉 찼는데도> 저너무 우운전수느 와<저놈의 운전사는 왜>

떠날 생가글 앤하지<생각을 않지>?누구라도 우리 집**사람** 비잉마 곤치 준 다먼사<병만 고쳐 준다면야> 고오맙찌, 고오막꼬 마아고<고맙지, 고맙고 말고>.

사랑* [사라'~이~, 사라'~을~, 사라'~에~, 사랑' 도, 사랑' 마] 똉 ¶첟**사랑** 엄는 사라미 어딘노<첫사랑 없는 사람이 어디 있니>?/야 인떠라아야<이 녀석아> **사랑**이 밤 미기이 주더나<사랑이 밥 먹여 주더냐>? **사랑하다*** 동 타.

사랑*(舍廊) [사라'~이~, 사라'~을~, 사라'~에~/사라'~아~, 사랑' 도, 사랑' 마] 똉 ¶아릳**사랑**아느<아랫사랑에는> 손니미 모도<손님이 모두> 멛 뿌니나 기이시더노<몇 분이나 계시더냐>?

사리다#¹ [사' 리' 고, 사' 리' 지, 사' 리' 더라, 사' 리' (라')도/사' 러' (라')도, 사' 리' 서/사' 러' 서] x[살르다] 동 타 사르다*. ¶저럼 보기 시릉 거느<저런 보기 싫은 것은>, 부레다가 항 꺼리미<불에다가 한 꾸러미> 확 **사립**뿌레라<살라버려라>.

사리다#² [사' 리' 고, 사' 리' 지, 사' 리' 더라, 사' 리' (라')도/사' 러' (라')도, 사' 리' 서/사' 러' 서] 동 타 세차게 내던지다. ¶아아무리 도부니 나도 그럳치<아무리 화가 나도 그렇지>, 사아라미<사람이> 밥상을 가따갈랑<-> 내애 **사리**머 대나<내던지면 되나>?

사리다#³ [사' 아리고, 사' 아리지, 사' 아리더라, 사' 아리도/사' 아러(라)도, 사' 아리서/사' 아러서, 사' 아리라/사' 아러라] 동 타 썰다*. ¶그 어설푼 가시나 아가<어설픈 계집애가>, 무시로 **사아리**다가<무를 썰다가> 송까라글 비키 읻따나 우앧따나<손가락을 베었다나 어쨌다나>?

사리다*⁴ [사' 리고, 사' 리지, 사' 리더라, 사' 리(라)도/사' 러(라)도, 사' 리서/사' 러서] x[살르다] 동 타 ¶새끼댕이로 저레<새끼를 저렇게> 흔트러 놓치 마고<헝클어 놓지 말고> 차게차게<-> 자알 **사리** 나아라<잘 사려 놓아라>.

사망 [사아' 망'] 똉 소망(所望)의 와전. 드).

사매 [사' 매'] 똉 소매*. ¶세에수로 하알라컥꺼등<세수를 하려거든> **사매**<소매>나 쫌 걱꼬 해애라<좀 걷고 해라>./자아 **사매**에 무등 기이 코가 똥가<쟤 소매에 묻은 것이 코냐 똥이냐>? **사매로**<소매를> 걷다 구). **사매로 걱꼬**<소매를 걷고> **나서다** 구).

사매빼리 [사매빼' 리] 똉 소맷부리*. 옷소매의 아가리. 드).

사미분 [사미′부디, 사미′부들, 사미′부데, 사미′붇또, 사미′붐마] 몡 삼이웃*.
☞사미붗.
사미붓 [사미′부시, 사미′부슬, 사미′부세, 사미′붇또, 사미′붐마] 몡 삼이웃*.
☞사미붗.
사미붗 [사미′부지, 사미′부즐, 사미′부제, 사미′붇또, 사미′붐마] 몡 삼이웃*.
¶저 지베느<집에는> 부부 사암마 해앧따커머<싸움만 했다하면> 온 **사미부지**<삼이웃이> 다아 자물 모온 짠다 마리지<다 잠을 못 잔다 말이지>. ▷ 사미분/사미붓.
사바리 [사바′리] 몡 사발*. 1 자립 ¶여르메느 할배 바블<여름에는 할아버지 밥을>, 저 사기 **사바레**다가 퍼래이<사발에다가 퍼라>. 2 의존 ¶국시<국수> 한 **사바리** 가주구<사발 가지고> 두우 키서러 노나 무걱꾸마<둘이서 나누어 먹었어요>.
사분 [사아′분′] 몡 비누*. ¶우애 아징마줌 **사아분** 세에수로 하노<어째 아침마다 비누 세수를 하니>?/서답 **사아분**<빨래 비누>./빨래 **사아분**<비누>./세수 **사아분**<비누>. 노)흔). 참 로맨스어(Romance語)에서 온 외래어.
사알 [사′알] 몡 사흘*. ¶니이가 내리다지로<네가 내리닫이로/계속> **사알**마 굴머바아라<사흘만 굶어 봐라>, 또 밥티정이 나오능강<밥투정이 나오는지>?/**사알** 똥안<사흘 동안> 타던 삼뿌를<산불을>, 나알<나흘>째 아징나저레야<아침나절에야> 제에꽈 자블<겨우 잠을> 수 이선는데<있었는데>…
사암 [사′암] 몡 싸움*. ¶야 이 사암드라<사람들아> **사암** 쫑 구만 해애라<싸움 좀 그만 해라>. **사암하다** 동자 싸움하다*.
사암들 [사′암들] 몡 사람들*. ¶그 깡패 너물<놈을>, 마안장판 **사암드리**<만장판 사람들이> 보는 아페서러<앞에서> 내가 우사로 크기 함문<우세를 크게 한번> 시기 조온찌<시켜 줬지>./그 **사암드리**<사람들이> 말가 다아<모두 다>, 착칸 사람드릴<착한 사람들일> 수야 억껟찌<없겠지>, 앵<안> 그래?/야 이 **사암드라**<사람들아> 사암 쫑 구만 해애라<싸움 좀 그만 해라>./야 이 **사암드라**<사람들아>, 저치리<저처럼> 물고 뜯꼬 사우늠 파닌데<뜯고 싸우는 판인데>, 자네드른 말기지도 앤하고<자네들은 말리지도 않고> 머어하고 인노<무얼 하고 있니>? 흔). 참 사암들>사람들. 이 단어 앞에 '이, 그, 저' 또는 이를 수식해 주는 말이 있어야 함.

사양 [사야′~이~, 사야′~을~, 사야′~에~/사야′~아~, 사양′도, 사양′마] 몡 사냥*. ¶버엄 **사양**하늠 포오수느 아아매<범/호랑이 사냥하는 포수는 아마> 가아니 앙 크겐나<간이 크지 않겠니>./총을 가주구<가지고> 나가야 **사양**을 하든동 달든동<사냥을 하든지 말든지> 하지요./**사양**하로 갈 때느<사냥하러 갈 때는>, 우리 댕겡이로 데엘꼬 나가머 아아무래도 수월치요<동경이를 데리고 나가면 아무래도 수월하지요>. **사양하다** 동 타 사냥하다*.

사양*(辭讓) [사′양] 몡. **사양하다*** 동 타.

사우 [사′우가, 사′우를, 사′우에, 사′우도, 사′우마] 몡 사위*. ¶우리 **사우**가 완는데<사위가 왔는데>, 내가 달로 함 바리<닭을 한 마리> 앤 자버<안 잡아> 줄 수가 업찌<없지>./우리느 **사우**가 오머<우리는 사위가 오면> 주로 소오궤기 구기나 낄리<쇠고기 국이나 끓여> 주고 그라거등요<그리하거든요>./저 집 **사우**까아믄<사윗감은> 철또에 댕긴다 컨찌 아아매<철도청에 다닌다고 하지 아마>.

사우다 [사′우고, 사′우지, 사′우더라, 사′워(와)도, 사′워서, 사′워라] 동 자 싸우다*. ¶너거 두우 키서<너희 둘이서> 사울 이이리 머어가 인노<싸울 일이 뭐가 있니>?/장딸기 **사울** 때 보머<수탉이 싸울 때 보면>, 누가 뽑짜 불라 캐애도 모리고<붙잡으려 해도 모르고> 죽짜사아자 사암마<죽자살자 싸움만> 하지 와<하잖아>.

사잖다 [사′장′코, 사′잔′치, 사′잔′터라, 사′자′너(나)도, 사′자′너서] 형 (솜씨가) 좋지 못하다. 싸잖다*. 싸지 아니하다. 싸지 못하다. '싸지 않다'의 준말. ¶그 **사자**는 소옴시 가주구<싸잖은 솜씨 가지고>, 니이가 가아미<네가 감히> 어디미 나설라 컨노<어디에 나서려고 하느냐>?/바아라<봐라>, 자네도 인자<이제> **사자**는 지이슨<싸잖은 짓은> 구만 해애래이<그만 해라>. 흔) ⇔ 사다#³.

사타리 [사타′리] 몡 사타구니*. ¶나간다 나간다, 나간다 나간다, 바앙구로 함<방귀를 한> 방 뀌이고 나니<뀌고 나니>, 눈초재기 조밤<눈곱 조밥> 내도 나고, 귀쳉이 달구 옴밤<귀에지 닭의 온밥??> 내도 나고, 모구<모기> 다리 진둥내도 나고, 포구 다리 팥쭝<팥죽> 내도 나고, 기이성연 **사타리** 새애 사아양내도<기생년 사타구니 새 사향내도> 나능구나<나는구나>. 참 전래민요.

삭깟/사깟 [삭′깓/사′깓] 몡 삿갓*. ¶사아라미<사람이> 버들버들 떠어다가<떨다가> 주거가아 꼬꼳태애지능 거로<죽어서 꼿꼿해지는 것을> 보고, 김**삭까**시 지얃따는<김삿갓이 지었다는> 시가 바리<바로>, 유유화화 애니가<柳柳花花 아니냐>, 유유화화<柳柳花花>, 버들버들 꼬꼳<꼿꼿>./비오는 날 **삭깓** 시고<삿갓 쓰고> 학꾜오 가머<학교 가면> 짱배기가 참 도오도 아푸니이라<정수리가 참 대단히도 아프느니라>.

삭다* [삭′꼬, 삭′찌, 삭떠′라, 사′거(가)도, 사′거서] 통자 ¶(신명께 빌면서) 우리 서기 눔삐잉을<석이 눈병을> 그저 어름 **삭**뜨시 누운 **삭**뜨시<얼음 삭듯이 눈 삭듯이> 삭콰아 주웁시사<삭혀 주십시오>.

삭찜 [삭′찜] 몡 삯짐*. ¶도오늘<돈을> 암만 준들 오새애<요새> 누가 **삭찌**를<삯짐을> 질라 커겐능기요<지려고 하겠습니까>?

산다구 [산다′구] 몡 낯짝*. 상판*. 상판때기*. '낯'을 비속하게 이르는 말. ¶세에상아<세상에> 참, 그 **산다구**로 해애가아<상판을 해서> 검방지구로 지이가 어덜로<건방지게 제가 어디로> 나와?/금마아 그거<그놈 애 그것> **산다구**도 뚜껍쩨<상판때기도 두껍지>?

산대기 [산대′기] 몡 싸리로 만든 납작한 소쿠리의 일종. ¶살매로 쩌<햇싸리를 쪄> 와야 **산대기**로<소쿠리를> 맹글든동 달든동<만들든지 말든지> 하지요. ▷산대미. 참 껍질을 벗긴 싸리로 만든 것.

산대미 [산대′미] 몡 ☞산대기.

산때주 [산때′애주] 몡 멧돼지*. ¶신출내기 포오수<포수>가 그 재주에 무신 **산때애주**로<무슨 멧돼지를> 다아 자벌시꼬 시푸더라커니<다 잡았을까 싶더라니까>. ▷민때주/산뛔주. 참 산때주>산뛔주.

산뛔주 [산뛔′애주] 몡 멧돼지*. ☞산때주. 참 산때주>산뛔주.

산중내기 [산중내′기] 몡 산중에 사는 사람을 낮추어 이르는 말. ¶내 비록 **산중내기**지마느<산중 사람이지마는>, 너거 따구인테느<너희 따위한테는> 저 줄 생가기<져 줄 생각이> 하낟또 엄는데 우얄래<하나도 없는데 어쩔래>?

살#[1] [사리, 사를, 사′레, 살도/살또, 살마] 몡 쌀*. ¶내가 참말로, **살**밤 뭉능기이<쌀밥 먹는 것이> 소오워니던<소원이던> 때가 이섣따커니<있었다니까>, 그 참 나무 마알로 도오도 앰 민네<남의 말을 대단히도 안 믿네>./움

무게<윗목에> 저 **살**까매이마 업서도<쌀가마니만 없어도> 이 방이 쫌 더 너릴 끼인데<좀 더 너를 것인데>…

살*² [사리, 사를, 사'레, 살도/살또, 살마] 명 ¶칼치느<갈치는> 잠뻬가지가 마아너가아<잔가시가 많아서> **살**마 볼가아묵끼가 앤 조온치요<살만 발라 먹기가 안 좋지요>. **살**(이) 지푸다<깊다> 구). **살**(이) 내리다 구). **살**(이) 붙다 구). **살**로 붙치다<살을 붙이다> 구). **살**로<살을> 섞다 구). **살**(이) 오리다<오르다> 구). 사를 깡는다<살을 깎는다> 구). **살**로 에우다<살을 에다> 구).

살*³ [사리, 사를, 사'레, 살도/살또, 살마] 명 ¶시일컨 자고 나가아<실컷 자고 나서>, 누늘<눈을> 떡 떠보니, 문 창사리<창살이> 화안해애 오거등요<훤해 오거든요>…

살*⁴ [사리, 사를, 사'레, 살도/살또, 살마] 명 의존 ¶열 따아 **살** 무거가아<열 다섯 살 먹어서> 내가 시이지불 완시니<시집을 왔으니>, 세에상 천제<세 상 천지에> 머어로 아럭껜노 마리시더<무엇을 알았겠느냐 말입니다>.

살간 [살간'] 명 살강*. ¶정제에 인는<부엌에 있는> **살감** 미테 보머<살강 밑 에 보면> 떠기 한 넙띠기<떡이 한 덩이> 이실 끼이다<있을 것이다>, 그거 로 니이가 저어염 때 차저무거래이<그걸 네가 점심 때 찾아먹어라>.

살다#¹ [살고, 살지, 살더라, 사러(라)도, 사러서] 동 타 사르다*. ¶지이 아아무 리 뻐게던 너미라도<제 아무리 뻐게던 놈이라도> 항 꺼러미 **살**고 나머<한 꾸러미 사르고 나면> 재 한 줌 뿌닌데<뿐인데>…

살다*² [사아'고'/사알'고', 사아'지'/사알'지', 사아'더'라/사알'더'라, 사' 러(라)도, 사'러서, 사'러라/사아'라'] 동 자 ¶니이<네>가 꼭 **사알**구 적꺼 등<살고 싶거든> 내 시기는<시키는> 대로마 해애라<대로만 해라>.

살리다* [살'리고, 살'리지, 살'리더라, 살'리도/살'레도, 살'리서/살'레서, 살' 리라/살'레라] 동 사동 '살다'의 사역형. ¶주거<죽어> 가는 사라믈<사람을>, 이레 **살리** 주신 공을 어애<이렇게 살려 주신 공을 어찌> 다아 가푸끼요<다 갚을까요>.

살매 [살매'] 명 햇싸리와 그 껍질. ¶입추 말복 지내고 나면<나면>, **살매**에 무리 가더저가아<햇싸리에 물이 갈아져서??> **살매**로 모온한다<살매를 못 한다/싸리 껍질을 벗길 수가 없다>./**살매** 찌로 가알라컥꺼등<햇싸리 꺾으

러 가려거든> 나를<날을> 미리 자버 나아야지<잡아 놓아야지>…/**살매 뻭
기는 데는** 우리 큰머슴 따러 갈 사람 업실 꺼로<햇싸리 벗기는 데는 우리
큰머슴을 따라갈 사람이 없을 걸>. 혼). **살매 쩌다** 구). **살매 벡끼다<벗기
다>** 구). 참 살매를 찌고 또 벗겨다가 각종 소쿠리, 통발, 바지게<발채>, 발
등등의 각종 생활용품을 만들기 때문에, 살매 찌러 가는 일이 농가에서는
큰 행사의 하나임. 또한 살매는 햇싸리라야지, 묵은 싸리는 가지가 벌어졌
기 때문에 살매로 쓸 수가 없음.

살밑 [살′ 믿′] 명 피부*. 살갗*. ¶우리 천수니느<천순이는>, 몸매도 조온치만
<좋지만> **살미**치<피부가> 참말로 누웅거치 히니까네<눈같이 희니까> 얼
매나 조옥켄노<얼마나 좋겠니>.

삶다* [사앙′꼬′, 사암′찌′, 사암′떠′라, 살′머(마)도, 살′머서, 살′머라] 동
타 ¶(국수를) 여르메느 하안데에다가<여름에는 한데다가> 솥틀 거얼고<솥
을 걸고>, **사암**심더마느<삶습니다마는>…/뱁추 꼬부랭이<배추 꼬리>야 **살
머** 노오머<삶아 놓으면> 무굴마안하지요<먹을만하지요>.

삼#[1] [삼] 명 쌈*. ¶나제에<낮에> 상추사믈 마아니 묵꼬 나머<상추쌈을 많이
먹고 나면> 좀 자부럽찌요<졸리지요>.

삼#[2] [삼] 명 의존 쌈*. ¶대구 가시거들랑<가시거든> 조옴 바늘 맨<좋은 바
늘 몇> **삼**마 사다 주쉐이<쌈만 사다 주세요>.

삼*[3] [삼] 명 태아를 싸고 있는 막과 태반. ¶**사**믈<삼을> 막 갈러녹코 나니꺼
네<갈라놓고 나니까> 첟따리 우우더네<첫닭이 울더군>. **삼(을) 가리다<가
르다>** 구).

삼*[4] [삼] 명 병으로 눈동자에 좁쌀 만하게 생기는 희거나 붉은 점. ¶누
네<눈에> **사**미 저그머<삼이 서면>, 동쪼그로<동쪽으로> 난 찔래 까시로
<가시를> 나이 수우대로 따가아<수대로 따서>, 그 띠이 내앤 자레다가<떼
낸 자리에다가> 다부 하나석<도로 하나씩> 꼬버 노오머<꽂아 놓으면> 양
밭 땐다<된다>. **삼 적다<서다>** 구).

삼*[5] [삼] 명 ¶나리 이치리<날이 이처럼> 가물 때느<때는>, **삼**바테도<麻田에
도> 물로 좀 대애 주머<물을 좀 대 주면> 조올 낀데요<좋을 것인데요>…

삼*(三) [삼′] I 수 ¶**삼** 꼽파기 유근<곱하기 육은> 십 팔. II 관 ¶너거는<너
희는> **사** 망연<삼 학년> 학생이 점부 멜치나 대노<전부 몇이나 되니>?/일

련 **삼**뱅 육시빌<일년 삼백 육십일> 수 램 뭉는 나리 업따<술 안 먹는 날이 없다>.

삼*(蔘) [삼′] 명 ¶약뻬가레다가<약병아리에다가> **사**미라도 멥 뿌링이 역코 <인삼이라도 몇 뿌리 넣고> 딸리 미기라 와<달여 먹여라 왜>. ▷인삼.

삼다*[1] [사앙′꼬′, 사암′찌′, 사암′떠′라, 사′머(마)도, 사′머서, 사′머라] 동 타 ¶자근집 조캐로 가따갈랑<작은집 조카를 갖다가> 야앙자로 **사**먹꺼등요<양자를 삼았거든요>···

삼다*[2] [사앙′꼬′, 사암′찌′, 사암′떠′라, 사′머(마)도, 사′머서, 사′머라] 동 타 ¶영수 니느<너는> 미이신 **사**물 쭐 아아제<짚신 삼을 줄 알지>?/누가 사믈 **사**머야<삼을 삼아야>, 상꺼불 귀이경을<삼거웃 구경을> 하든동 달든 동 하제<하든지 말든지 하지>.

삼딸 [삼′따알] 명 산삼의 씨앗. 인삼의 씨앗.

삼베* [삼′베′] 명 ¶이 **삼베**느 오오리<삼베는 올이> 너무 구울거가아<굵어 서> 좀<좀> 그러네요.

삼시랑 [사암′시′랑] 명 삼신*(三神). ¶어진 **사암시랑**님<삼신님> 그저, 우리 손자 저거<저것>, 미잉 지일고<명 길고> 비잉 억꾸로<병 없게> 자알 도올 바 주이소<잘 돌봐 주세요>./점미기느 다아<젖먹이는 다>, **사암시랑**이 도 올바아<삼신이 돌봐> 주시기 따무네<때문에>, 노푼데서 너얼쩌도<높은데 서 떨어져도> 머리가 앵 깨애진담 마아리다<안 깨어진다는 말이다>.

삼지 [삼′지] 명 쌈지*. ¶할배<할아버지>가 담배 **삼제**더러<쌈지에서> 꺼어 내애 주시는 도오네서르느<꺼내 주시는 돈에서는> 다암배 내애미가<담배 냄새가> 나더라, 그자아<그지>?

삼틱끼비 [삼틱끼′비] 명 삼거웃*. ▷상꺼불[2].

삽짝 [삽짝′] 명 사립문*. 대문. ¶여보, 두롤 찌게<들어올 적에> **삽짝** 가리시 녹코 두로세이<사립문(을) 가리어/지치어 놓고 들어오세요>./우리 지비느 <우리 집에는> 바리 **삽짜**꺼레<대문 앞에> 도랑이 하나 익꺼등요<도랑이 하나 있거든요>.

상#[1] [상′] 명 향*(香). ¶비인수에느<빈소에는> 촐때캉 **상**이 이서야지<촛대 와 향이 있어야지>.

상#[2] [상′] 명 의존 쌍*. ¶상굼 상굼 **상**가락찌<쌍가락지>, 호작찔로 딱꺼 내

여<장난질로 닦아 내어>, 두우 **상** 가락 응가락찌<두 쌍 가락 은가락지>, 머언데 보니 다릴레라<먼데 보니 달일레라>, 자테 보니 처어잘레라<곁에 보니 처널레라>, 그 처어자에 자는 방아<그 처녀의 자는 방에>, 수움소리가 두우릴레라<숨소리가 둘일레라>, 오랍 오랍<오라버니 오라버니>, 우로라바<우리 오라버니>, 동지서얼딸 서람풍에<동지섣달 설한풍에> 풍지 떠어는 소리시더<문풍지 떠는 소리입니다>… 참 민요.

상*(床) [상′] 명 ¶여기 **상** 내애 가거래이<내 가거라>./그날 지어게는<저녁에는> 사아또 고배**상**을<사또 고배상을> 채리 완는데<차려 왔는데> 참…

상가매 [상′가아매] 명 쌍가마*(雙-). ¶그럼 지이가 나알로 가따갈랑<제가 나를 갖다가>, **상가아매**라도 태와 주울라 캐앴떵강<쌍가마라도 태워 주려고 하였던가?>

상꺼불[1] [상꺼′불] 명 쌍꺼풀*. ¶따라아상 **상꺼부**리 지머<계집애야 쌍꺼풀이 지면> 한 임무리 더나지 와<인물이 더 나잖아>./오새애<요새> **상꺼불** 수술항 거로<쌍꺼풀 수술한 것을> 눔 판다 컨떼에<눈 판다고 하더군>.

상꺼불[2] [상꺼′불] 명 삼거웃*. ¶누가 사믈 사암는 사라미<삼을 삼는 사람이> 이서야<있어야>, **상꺼불** 귀이경이라도<삼거웃 구경이라도> 하지요. ▷삼티끼비.

상넘 [상′넘] 명 상놈*. ¶그 참, 캐캐 무군<먹은> 야앙반 **상넘**<양반 상놈> 쫑구만 차즈소<좀 그만 찾으세요>. ⇔양반.

상술 [상술′] 명 구식 결혼식 직후, 색시 집에서 신랑집으로 보내는 음식으로, 술 한 병과 안주 몇 점에 불과하나 양에 비해 매우 귀하게 여기는 것임. ¶정촌 아재요<아저씨요>, 우리 지비<집에> **상술** 잡숙꾸로 오시라 컨띠이더<잡수시게 오시라고 합니다>.

상에 [사′~에′~] 명 상어*. ¶오늘 우리 곱빠리**상에**<곱바리상어??> 사다가 휘이 해애 묵짜<회 해 먹자>./오새애느 **상에**도<요새는 상어도> 저네 마안침 앤 나데에<전에 만큼 나지 않더군>.

상재 [사앙′재′] 명 상좌*(上佐). 상좌 중.

상체 [사앙′체′] 명 상처*(喪妻).

상키다 [상′키다] 동 타 삼키다*. ¶지이<저>나 내나 참, 남 모리기 **상킨** 눔무리<모르게 삼킨 눈물이> 그 얼맨데요<얼마인데요>… ▷생키다.

새*¹ [새'] 몡 띠, 억새 등의 총칭. ¶새로 비일 찌게느<억새를 벨 적에는> 조오시믈 해애야지<조심을 해야지>, 앵 그러머<안 그러면> 솜 비키이기 수웁때이<손 베이기 쉽다>.

새*² [새'애] 몡 '사이'의 준말. ¶내가 공여어니<공연히> 새애 중가네 찡기이 가주구<새 중간에 끼어 가지고>, 이이리 창 고약끼 대앤따<일이 참 고약하게 됐다>. 새(가) 뜨다 구.

새*³ [새애'] 몡 ①조류*. ¶새애가 와<새가 왜> 꼭 보메마 우우능강<봄에만 우는가>? 일련 내애내 우우지<일년 내내 울지>. ②'참새'의 준말. ¶온쩌너게<오늘저녁에> 우리 새애 자버다가<참새 잡아다가> 옴밥 해애 무구까<온밥 해 먹을까>? 새(를) 보다<쫓다> 구). 새(를) 훚다<쫓다> 구).

새*⁴ [새] 몡의존 피륙의 날을 세는 단위. ¶지이사 머어<저야 뭐>, 둥둥 닫 새<닷 새>라도 조옽심더<좋습니다>./보롬 새 멩지머 고옵찌요<보름 새 명주면 곱지요>. 흔).

새*⁵ [새] 관 ¶참, 새온 함 불<새옷 한 벌> 어어더 익끼 심드네요<얻어 입기 힘드네요>./말수 너거 새아지미느<너희 새형수는> 수우로 잘 논는다메<수를 잘 놓는다며>?/울상<蔚山> 가는 새 지리 나믐 바라메<길이 나는 바람에> 바안시가는<반시간은> 빨리 가기 생긷띠이더<가게 생겼습디다>.

새꼬리하다 [새꼬리'하'다] 혱 새치름하다*. ¶저너무 할마시<저놈의 할멈> 오느른 또 머어가 삐이트러저가아<무엇이 비틀어져서> 저레 새꼬리이 하꼬<저렇게 새치름할까>?

새끼*¹ [새'끼'] 몡 ¶우리느 저실게야<우리는 겨울에야> 가매니 앤 치머<가마니를 안 치면> 새끼 꾸능 기이 이이린데<꼬는 것이 일인데>…/살 까매이느<가마니는> 저렁 끔 마알고<저런 끈 말고> 새끼로 무까아야지<묶어야지>. ▷새끼댕이.

새끼*² [새'끼] 몡 ¶저 꺼믄 대애주가<검은 돼지가> 새끼로 가지인능강<새끼를 가졌는지> 오새애느 주글<요새는 죽을> 참 잘 뭉네요<먹네요>.

새다*¹ [새애'다] 동자 ¶밤 새애두록<새도록> 이카고 일따가<이렇게 하고 있다가> 날 다아 새겐네요<다 새겠네요>./자꾸 꾸물거리고 이카다가<이러다가> 나리 새애머 우야지<날이 새면 어쩌지>?/나리 다아 새두룩<날이 다 새도록> 불로 서 노오머 지릉 깝슨 누가 당노<불을 켜 놓으면 기름 값

은 누가 당하니>?

새다*² [새애'다'] 동자 ☞쉐다². 참 쉐다>새다.

새린 [새'린'] 명 살인*(殺人). ¶**새린**한 사람 지비느<살인한 사람 집에는> 멩당이 앤 나온다 컨네<명당이 안 나온다고 하네>. **새린하다** 동자 살인하다*. ▷사린.

새미 [새애'미'] 명 샘*. ¶무심 물꿰기라도<무슨 물고기라도> **새애메**에다가느 옇치 마러래이<샘에다가는 넣지 말아라>./저 재마 너무머<재만 넘으면> 어딩가 말근 **새애미**가<어딘가 맑은 샘이> 하나쭈우미사 익껟찌요 머어<하나쯤이야 있겠지요 뭐>./저 고개만댕이로 너머가머<산마루를 넘어가면>, 참물 **새애미**가<찬물 샘이> 하나 나올 낄쉬더<것입니다>.

새복딸 [새복'딸] 명 새벽달*. ¶오느른<오늘은> 새애빌캉 **새복**따리 가치 돈네<샛별과 새벽달이 같이 돈네>.

새양쥐 [새양'쥐] 명 생쥐*. ¶알강달강 서어월<서울> 가서, 빠암 한 대로 주서다가<밤 한 되를 주워다가>, 챌똥 미테 무덛떠니<쌀독 밑에 묻었더니>, 머리 까문 **새양쥐**가<검은 생쥐가>, 날머 들머 다아 까묵꼬<날며 들며 다 까먹고>… 참 전래 동요. 새양지>새양쥐.

새양지 [새양'지] 명 생쥐*. 참 새양지>새양쥐.

새출레미/새출레미 [새출레'미/새출레'미] 명 새침데기*. ¶절때로 속찌 마래이<절대로 속지 마라>, 저 여니<년이> 저거 순 **새출레미**<새침데기>란 다.

생기다* [생'기고, 생'기지, 생'기더라, 생'게도/생'기도, 생'기서/생'게서, 생'기라/생'게라] 동자 ¶미랑 가는 지리<密陽 가는 길이> 새로 하나 **생긱**꺼등요<생겼거든요>, 그래가아<그래서> 우리가…

생시# [생'시'] 명 '상시(常時)'의 와전인 듯. ¶술로 앰 뭉는 **생시**에느<술을 안 먹는 상시에는> 전녕 그런 주사가<전혀 그런 酒邪가> 엄는 사라민데<없는 사람인데>… ▷생시.

생시*(生時) [생'시'] 명 ¶사우 댈 사라믄<될 사람은> 생월 **생시**가 어언젠데<언젠데>?

생이 [새~이'~] 명 상여*. ¶자네들 중에 누가 **생이**로 미이 본<상여를 메어 본> 사람 인나<있니>?

생이틀 [새~이'~틀] 명 상여의 틀. 상여. ¶들꺼슨 행상 **생이틀** 거치<들것은 상여 틀 같이> 우물 정짜<정자> 모양으로 지일기 짜먼 대지<길게 짜면 되지>./이기이 머어<이것이 뭐> 이레 허언 **생이틀**거치<이렇게 헌 상여 틀 같이> 생긴찌<생겼지>?/저기 허언 **생이틀** 거튼 여엉감드리<헌 상여를 같은 영감들이> 바다글 떠고 안전는데<바둑을 두고 앉았는데>… 혼). ▷생이틀.

생키다 [생'키다] 동 타 삼키다*. ¶내가 참 눔물로 **생키**먼서<눈물을 삼키면서> 도러완찌만<돌아왔지만>… ▷상키다.

섀로 [새'로'] 부 새로*. 참 설명할 수는 없으나, 특이하게 적지 않은 사람들이 '새'를 '섀'로 발음하는 경향이 있으며 이하 같음.

색시 [섀액'시'] 명 색시*.

생각 [생'각'] 명 생각*(生覺).

생시 [생'시'] 명 ☞생시.

생일 [새'~일'~] 명 생일*(生日).

생일날 [섀'~일'~날] 명 생일날*(生日-).

서거름 [서'거'름] 명 봄에 살짝 녹아 단단하지 못하고 푸석하며 허연 얼음. ◁썩은 얼음. ¶야아드래이<얘들아>, **서거름** 우에서<썩얼음?? 위에서> 노올지<놀지> 마라, 잘모온하다가 무레<잘못하다가 물에> 빠질라.

서느렇다* [서어느럭'코, 서어느럳'치, 서어느런터'라, 서어느레'에도, 서어느레'에서] 형. ¶불로 나앋짜버 때앤는데도<불을 낫잡아 땠는데도> 이너무<이놈의> 방이 와 이칠 **서어느런**노<왜 이렇게 서느러냐>?

서다#¹ [서'고, 서'지, 서더'라, 서'도', 서'서', 서'라] 동 타 켜다*. ¶자아가 바리<재가 바로>, 그 섬바우에다가<선바위에다가> 불 **서** 녹코<켜 놓고>, 배 길 똥안 비러가아<백 일 동안 빌어서> 노온 아드리시더<낳은 아들입니다>.

서다*² [서'고, 서'지, 서더'라, 서어'도', 서어'서', 서'라/서거'라/서어'라'] 동 자 ¶야아<애>야 쫌 똑빠리 **서거라**<좀 똑바로 서라> 보자.

서답/세답 [서답'/세답'] 명 빨래*. 노)혼). **서답 쉬다**<빨래 하다> 구).

서답똘 [서답'또올] 명 빨랫돌*.

서답빵맹이 [서답'빵'매'~이~] 명 빨랫방망이*.

서답쭐 [서답′쭐] 몡 빨랫줄*.
서대비 [서대′비] 몡 빨래*. **서대비 싞다**<빨래 하다> 구).
서랄 [서어′랄′] 몡 설 아래. 설이 오기 전. 세밑*. ¶우중굴 덕천떡 그 야양반<우중골 덕천댁 그 양반>, **서어라**레 함분 댕기가겔따 캐애 녹코는<세밑에 한번 다녀가겠다고 해 놓고는> 안죽또 아아무<아직도 아무> 소석조차 엄네요<소식조차 없네요>.
서럼 [서어′럼′] 몡 설움*. ¶영자도 에릴 때<어릴 때> 저거 이이부디미인테<제 의붓어미한테> **서어럼** 참 마아니 당코 컨는 테기다<설움 참 많이 당하고 큰 셈이다>.
서리#¹ [서′어리] 몡 써레*. ¶자네도 **서어리**질로<써레질을> 해애 바안나<해 봤니>? 그거 참 에러분데<그것 참 어려운데>.
서리#² [서리′] 튀 서로*. ¶저거꺼정 **서리**<저희끼리 서로> 공을 다타아 바안짜<다투어 봤자>, 누버 춤 박끼 애니가<누워 침 뱉기 아니냐>./암만 눙꼽쩽 이마안춤 자악띠이라도<눈곱만큼 작더라도>, **서리** 농갈러 무굴<서로 나누어 먹을> 마암마 이서바아라<마음만 있어 봐라>, 모온 농가릴 테기 업찌<못 나눌 턱이 없지>.
서리*³ [서어′리] 몡 ¶오나지게느 디인**서어리**가<오늘 아침에는 된서리가> 도오도 마아니 내리인네요<대단히 많이 내렸네요>.
서방임 [서방′임] 몡 서방님*(書房–). 남편. x도련님.
서우다 [서′우고, 서′우지, 서′우더라, 서′와도/서′아도, 서′와서/서′아서, 서′와라/서′아라] 세우다*. 동 1 [사동] ¶그 무걱꼬 큰 지동을<그 무겁고 큰 기둥을> 가따가 <-> 우애 혼차서러 **서울**<어찌 혼자서 세울> 수가 익껜능기요<있겠습니까>? 2 [타] ①¶자꾸 자기 고짐만 **서우지** 마고<고집만 세우지 말고>, 내 마알또 쫌 드러보소<말도 좀 들어보소>. ②¶차로 **서울**라꼬<차를 세우려고> 소늘<손을> 드는데, 하머 저쪼게서<벌써 저쪽에서> 머여 아러 봄 모양이디이더<저쪽에서 먼저 알아본 모양입디다>. 흔). [참] **서우다**>시우다.
서월 [서어′월′] 몡 서울*. ¶내가 바리<바로> **서어월** 초온너미네<서울 촌놈이네>./**서어월**<서울> 가는 시비<12> 열차에 모물 시른<몸을 실은> 절문<젊은> 나그네./성님<형님>, **서어월** 오시능 거르미 이시머<서울 오시는

걸음이 있으면> 꽁 열락캐애 주쉐이<꼭 연락해 주세요>. 흔).

서이 [서어′이′] ㈜ 셋*. 서*. ¶하나, 두우리<둘>, **서어이**<셋>, 너이<넷>, 다 서어<다섯>…

서인 [서어′인′] 똉 성인*(聖人). ¶그 집 할배가<할아버지가> 참 보기캉<보기와> 달리 대애다는 **서어이**니대이<대단한 성인이다>.

석* [서억′] 팬 ¶동셍이<동생이> 그날 밤쭝에<밤중에>, 헝님네 지베다가<형님네 집에다가> 살 **서억** 서물<쌀 석 섬을> 저다 나악꺼등요<져다 놓았거든요>…/옹공이<온전히> **서억** 딸 똥안<석 달 동안> 소시기라꼬느 하낟또 엄네요<소식이라고는 하나도 없네요>.

석다 [석′꼬, 석′찌, 석떠′라, 서′거(가)도, 서′거서] 통짜 썩다*. ①¶이 도장아서러<광에서> 웨엔 **서긍** 궤기 내애미가<웬 썩은 고기 냄새가> 나지?/ 저 거름 **성**는 내애미<썩는 냄새>가 쫌 시임하네<좀 심하네>. ②¶자앙갑<장갑>? 그거사<그거야> 저 창고 **서거** 나능 기이<썩어 나는 것이> 자앙갑 애니가<장갑 아니냐>. ③¶저런 재주 가주구<가지고> 초오네서 기양 **석끼**느<촌에서 그냥 썩기는> 너무 아깝따<아깝다>. ④¶저런 **서거**빠진 정싱 가주구<썩어빠진 정신 가지고> 머어로 하겐노<무얼 하겠니>? ⑤¶우리 큰힝이야 따무네<큰형 때문에> 내 쉐에기<속이> 참, 인는<있는> 대로 푹푹 다아 **성**는다<다 썩는다>.

석똘 [석′또올] 똉 푸석돌*. ¶이런 **석또올** 가주구느<푸석돌 가지고는> 방처늘 모온 짠다<방죽을 못 쌓는다>. 드).

섞다* [석′꼬, 석′찌, 석떠′라, 서′꺼(까)도, 서′꺼서, 서′꺼라] 통타 ¶콩에다가 좁살로 **서꺼** 노옹 거쭈우미사<콩에다가 좁쌀을 섞어 놓은 것쯤이야>, 얼기미로 치머<어레미로 치면> 간따니<간단히> 갈릴 수 일찌요만<있지요만>…

선떡* [서언′떡′] 똉 ¶떠글 우얘 쩍껄래<떡을 어찌 쪘길래> 이레 **서언떠**글 맹그러 나안노<이렇게 선떡을 만들어 놓았니>?

설* [서얼′] 똉 ¶니느 이 **서얼** 쉬이고 나머<너는 이 설을 쇠고 나면> 우리 나로<우리 나이로> 멭 살 대노<몇 살 되니>?

설다* [서얼′고′/서어′고′, 서얼′지′/서어′지′, 서얼′더′라/서어′더′라, 서′러(라)도, 서′러서] Ⅰ 통짜 ¶해필 생일랄 아지게<하필 생일날 아침에> **서**

엄바불 할 꺼느 또 머어고<선밥을 할 것은 또 뭐냐>? Ⅱ 형 ¶저기 저 **나선** 작짜느<낯선 작자는> 어디서러 옴 물거니고<어디서 온 물건이냐>?

설레* [설레′] 명 설레는 짓이나 현상. 설레는 속. 와중*. ¶여자들 **설레**에<속에> 남자 하나가 드갑따커니<들어갔다니까>, 내가 앰 바아도<안 봐도> 아 알만<알만> 하네요. 흔).

설매¹ [설매′] 부 얼마*. ¶잔소리 마아고<말고> 도온 **설매**로<돈 얼마를> 내 애노오라 컨는 데느 대애책 업찌와<내놓으라는 데는 대책 없잖아>./이거 요? 도온 **설매**마 주머 파니이더<돈 얼마만 주면 팝니다>. 노).

설매² [설′매′] 부 설마*. ¶**설매** 나알<설마 날> 보고 그 마아는 도오늘<많은 돈을> 당장 구해 오라늠 마아른 애니겐찌<오라는 말은 아니겠지>. ▷설마더라/설매더라.

섧다 [서얼′꼬′, 서얼´찌′, 서얼′떠′라, 서얼′버′(바′)도, 서얼′버′서] 형 서럽다*. ¶이별가로 기중 **서얼**끼 부리는 사라미야<이별가를 가장 서럽게 부르는 사람이야>, 여어서러느<여기서는> 우리 주동 아지민데<아주머니인데>… 흔).

섬* [섬] 명 **1** 자립 ¶저기 **서**메다가<섬에다가>, 나락 퍼다암는 사라믄<벼를 퍼담는 사람은> 누고<누구니>? **2** 의존 ¶우리 큼머스믄 열뚜우 **섬**짜리대이<큰머슴은 열두 섬짜리다>. ▷석.

섬무당 [서엄무우′대′~이~/서엄무우′다′~이~, 서엄무우′다′~을~, 서엄무우′다′~에~, 서엄무우′당′도, 서엄무우′당′마] 명 선무당*.

섬배 [섬′배] 명 선비*. ☞섬부.

섬부 [섬′부] 명 선비*. ¶그 마시레<마을에> 마침 학시기 노푼 **섬부**<학식이 높은 선비>가 함 분 이석꺼등요<한 분 있었거든요>… ▷선배.

섬불 [서엄′불′] 명 선불*. ¶생가거 바아라<생각해 봐라> **서엄불** 마진 대애주 누네<선불 맞은 멧돼지 눈에> 머어가 비이겐노<뭐가 보이겠니>.

섭섭다 [섭석′꼬, 섭섭′찌, 섭섭떠′라, 섭서′버(바)도, 섭서′버서] 형 '섭섭하다'의 준말. ¶(음식 대접을 하는 사람이) 그런 소리로 하머<소리를 하면>, 으음서글 장마는<음식을 장만한> 내가 **섭섭**찌<섭섭지>. 참 섭섭다>섭섭하다.

성 [성′] 명 형*. ¶그너미<그놈이>, 저거 **성**캉 가치<자기 형과 같이> 따러

나간능강<따라 나갔는가>? 참 힝이>성.
성가 [성가'] 명 생가*(生家). ⇔양가.
성급파다 [서엉'급'파다] 형 성급하다*. **성그피** 부 성급히*.
성복찌 [성'복찌이] 명 성복제*(成服祭).
성ㅎ다 [성'코, 성'치, 성터'라, 서'~어~도, 서'~어~서] 형 '성하다'의 준말. ¶ 자네도 몸 **성키**<성히> 잘 인나<있나>? 참 성ㅎ다>성하다.
세 [세'] 명 혀*. ¶아아무리 **세**가 빠지두룩<아무리 혀가 빠지도록> 이일로<일을> 한들, 가실게 머어가<가을에 뭐가> 나암능 기이 이서야 마리시더<남는 것이 있어야 말입니다>./에라 이, **세**가 마암 바리나<혀가 만 발이나> 빠질 넘<놈>./**세** 미테 **세**가 나는 비잉도 인능가배<혀 밑에 혀가 나는 병도 있는 가 봐>. ▷헤.
세까리 [세'까'리] 명 서까래*. ¶저엉마안세 지베느<정만서 집에는> **세까리**가 나발로 부우고 잇찌만<서까래가 나팔을 불고 있지만>, 본이는 완저니 태피잉기라<본인은 완전히 태평인 거라>.
세끝 [세'끝] 명 혀끝*. ¶우얀 테그로<어쩐 셈으로> 셉빠느리 **세끄**테 도더가아<헛바늘이 혀끝에 돋아서> 디이기<되게> 불편하네요. ▷헤끝.
세상 [셰에'상'] 명 세상*.
소개 [소'개'] 명 솜*. 목화*. ¶이기이<이것이> 참, 물 무군 **소개**매애로<먹은 솜처럼> 억시기 무겁심더<매우 무겁습니다>. ▷소캐.
소개기 [소오'개'기] 명 쇠고기*. ☞소궤기.
소곰 [소곰'] 명 소금*. ☞소굼.
소구리 [소구'리] 명 소쿠리*. ¶청기리네 방까네 가가아<청길이네 방앗간에 가서>, 아시등게 한 **소구리**마<왕겨 한 소쿠리만> 다머 온나아<담아 오너라>. 참 소쿠리에는 싸리 껍질을 벗긴 것과(안살림용과), 벗기지 않는 것(농사용)으로 만든 것은 물론, 짚 소쿠리 등 많은 종류가 있음.
소굼 [소굼'] 명 소금*. ¶이 기이<것이>, 영판 깨**소굼** 마시로구나요<깨소금 맛이로군요>./이 봄빼앱추느<봄배추는> **소구**메 가늘 해애가아<소금에 간을 해서>, 하럽빰 재우머<하룻밤 재우면> 가니 너무 배앨 꺼로요<간이 너무 밸 걸요>./나는 모옴 빠안는데<나는 못 봤는데>, 쥐가 **소굼**도 까뭉는다메<소금도 까먹는다며>? ▷소곰/소검. **소구메 밥**<소금의 밥> 구).

소굼물 [소굼′물] 몡 소금물*. ¶과앙나네느<곽란에는> 지느 **소굼물**로 미기이가아<진한 소금물을 먹여서> 토하두룩 하든동<토하게 하든지>, 물똥이라도 사두룩 하든동 해애야 까란는대이<물똥이라도 싸도록 하든지 해야 가라앉는다>. ▷소곰물/소검물.

소케기 [소오′케′기] 몡 쇠고기*. ¶우리느 사우가 오머<우리는 사위가 오면> 주로 **소오케기** 구글 낄리<쇠고기 국을 끓여> 주지요마는… ▷소개기. 노)흔).

소꼿 [소오′꼳′] 몡 속옷*. ¶이너무 자석 마알 안 드러머<이놈의 자식 말 안 들으면> **소오꼭** 까랑아 여어가아<속옷 가랑이에 넣어서> 오주믈 삽뿔라<오줌을 싸버릴라>, 누니 보오양이 대구로<눈이 보얗게 되게>.

소내기 [소내′기] 몡 소나기*. ¶논날 거튼<놋날 같은> **소내기**가 막 퍼분능 까달게<소나기가 막 퍼붓는 까닭에>, 순식까네<순식간에> 가랭이가 다아 저접뿐네요<가랑이가 다 젖어버렸네요>./저기 **소내기** 무더 온대이<소나기 묻어 온다>, 주레 널리인<줄에 널린> 서답뻐텀 얼릉 꺼더라<빨래부터 얼른 걷어라>. ▷꼬지래기/송나구.

소두뱅이 [소두배′~이~] 몡 소댕*. 솥뚜껑. ▷소더방/소더뱅이/소두방/소디방/소디뱅이. **소두뱅이 운전수**<**소댕 운전자/운전수**> 구).

소똥¹ [소오′똥′] 몡 어린아이의 머리에 눌어붙은 때. 쇠딱지*.

소똥² [소오′똥′] 몡 소의 똥. 쇠똥*.

소랑 [소오′랑] 몡 쇠스랑*. ¶마아구로 좀 처내엘라커니<소 외양간을 좀 쳐내려니까> **소오랑**이 앰 비이네<쇠스랑이 안 보이네>.

소뿔 [소오′뿌′리, 소오′뿌′를, 소오′뿌′레, 소오′뿔′또/소오′뿔′도, 소오′뿔′마] 몡 쇠뿔*. ¶아지야<아저씨>, (암소끼리) 소 사암하다가<쌈하다가> 우리 **소오뿌리** 빠적꺼등요<쇠뿔이 빠졌거든요>, 저거로 우야지요<저걸 어쩌지요>? 참 암소만 뿔이 빠지지, 황소는 뿔이 빠지지 않음.

소서나다 [소′서나다] Ⅰ 동 자 솟아나다*. ¶도오니라께<돈이라니>? 이너마 도오니 어디서 **소서나**<솟아나니>? Ⅱ 형 솟아나다*. ¶그너미<그놈이> 참, 남들 앤하는 **소서나**는 지임마<안 하는 솟아나는 짓만> 일리리 고올리 가메 할 꺼느 또 머어꼬<일일이 골라가며 할 것은 또 뭐냐>?

소석 [소′석] 몡 소식*(消息). ¶동촌 야앙반자테서<양반한테서> 무신 **소석**

업떵기요<무슨 소식 없습디까>?/헨사리<햅쌀이> 날 때가 지난는데<지났는데> 앙이 아아무 **소석**또 엄네요<아직 아무 소식도 없네요>.

소양 [소오′양′] 명 소용*. ▷소영.

소양없다 [소오′양′업따] 형 소용없다*(所用-). ▷소영없다. **소양없이** 부 소용없이*.

소캐 [소′캐′] 명 솜*. ¶코에 여어리 터진 데느<코피가 터진 데는> **소캐**버다 암도<솜보다도> 수글 비비이가아<쑥을 비벼서> 망능 기이 더 조온태이<막는 것이 더 좋다>. ▷소개.

소터리기 [소터리′기] 명 쇠털*. ¶미영새애가 저거 지부로<박새가 제 집으로/둥지로> **소터리기**로 무고 드가던데<쇠털을 물고 들어가던데>… ▷소털/소터레기.

소털 [소털′] 명 쇠털*. ▷소터리기/소터레기.

속* [소오′기′, 소오′글′, 소오′게′, 소옥′또′, 소옹′마′] 명 ¶내 사능 기이 <사는 것이> 참 아앙개 **소옥** 걷따커니까네요<안개 속 같다니까요>. ▷쇡.

속다* [속′꼬/소′꼬, 속′찌, 속′떠′라, 소′거(가)도, 소′거서, 소′거라/소′구라] 동 자 ¶(여우와 두루미 얘기를 듣고) 그 참, 예수가 두리미인테<여우가 두루미한테> 오오지기 **소**격꾸나<오지게 속았구나>.

속캉이 [속카′~이~] 명 속환이*. 승려가 되려다가 환속한 사람. 인격과 성품이 저속한 사람.

솎다* [속′꼬/소′꼬, 속′찌, 속′떠′라, 소′꺼(까)도, 소′꺼서, 소′꺼라/소′꾸라] 동 자 ¶이 배앱추로 **소**꺼다가<배추를 솎아다가> 미꾸래기 국<미꾸라지 국/추어탕> 낄리 무구머 마식껜쩨<끓여 먹으면 맛있겠지>?

손#¹ [손] 명 덤*. ¶능구믈 멛 쩌비나<사과를 몇 접이나> 샀시니까네<샀으니까>, 오느른 **소**늘<오늘은 덤을> 좀 마아니 끼아 주시야지<많이 끼워 주셔야지>./갑슬 앵 까꺼 주울라커꺼들랑<값을 안 깎아 주려거든> **소**니라도 마아니 찌야<덤이라도 많이 끼워> 주쉐이<주세요>. 흔). **손**(을) **찌우다**<끼우다> 구).

손#² [손′] 명 손님마마*. 별성마마*. ¶그 집 두울째 아아느<둘째 아이는> **손**하다가 일겁뿐찌 시푸다<손님마마를 앓다가 잃어버렸지/죽었지 싶다>./웨정 때느<일본 강점기 때는> 일분넘드리<일본놈들이>, **소**니나 홍전<손님마

마나 홍진> 하다가 주구머<죽으면> 매장 허가로 앤 내애 조옥꺼등요<허가를 안 내 줬거든요>… ▷손님¹

손*³ [소~오'~이'~, 소오'늘', 소오'네', 소온'도', 소옴'마'] 몡 의존 ①손아랫사람을 일컬을 때, '사람'보다는 낮추고 '자'보다는 좀 대접하여 쓰는 말. ¶실령떡 쩜 **소오**니<신령댁 집 손이>, 그런 지이슬<짓을> 저질런땀 마아링기요<저질렀단 말인가요>? ②자손*. 자식*. ¶이너무 **소온**<이놈의 손>, 또 다시 그런 지임만<짓만> 해애 바아라<해 봐라>, 내가 기양 두는강<그냥 두는가>./저너무 **소오**니<저놈의 손이> 어언제 처리 들랑공<언제 철이 드려는지>./내인테느<나한테는> 저 너무 **소오**니<저 놈의 손이> 참 애애무리시더<애물이외다/애물입니다>. 참 자기 자식에게 '이너무 **소온**<이놈의 손>' 또는 '이여너 **소온**<이년의 손>' 꼴로도 씀. 절친한 친구끼리도 호칭과 지칭으로 씀.

손*⁴ [소온'] 몡 의존 '후손'의 준말. ¶그 지비 벌래<집이 본래> **소오**니<손이> 참 귀이한 지바니다<귀한 집안이다>.

손*⁵ [소'~이'~, 소'늘', 소'네. 손'도', 솜'마'] 몡 ¶자네느<자네는> 웨엔**소**니 오른**손**버다 자앙네<왼손이 오른손보다 작네>…

손*⁶ [소'~이'~, 소'늘, 소'네, 손'도, 솜'마] 몡 ¶사랑아<사랑에> 나머 인는<남아 있는> 저 **소**는 어언제나 가알랑공<손은 어제 가려는가>?

손*⁷ [손'] 몡 ¶기왕 하는 이사, **소** 넘는 나레<손 없는 날에> 하두룩<하도록> 하지.

손*⁸ [손] 몡 의존 ¶오늘 성내 장아<장에> 가거들랑, 고등에 도오 **손**<고등어 두어 손> 사가아 오쉐이<사(서) 오세요>.

-손*⁹ [손] 조 ¶비록 그 사라미<사람이> 그래앤따**손** 치디이라도<그랬다손 치더라도>, 자네가 그럼 모오짐 마아를<그런 모진 말을> 할 수가 인능강<있는가>?

손님#¹ [손'님] 몡 손님마마*. ▷손². **손님하다** 동 자 타.

손님*² [손'님] 몡 ¶내가 **손**니믈 우시네<손님을 우선> 큼방으로 모오시 녹코 왁꺼등요<안방으로 모셔 놓고 왔거든요>…

손지 [손'지] 몡 손자*(孫子). ¶자수성가한 저 앙꼴 부우자느<안골 부자는>, 개망냉이 거튼<개망나니 같은> 자기 **손지** 떼미네<손자 때문에> 망할 수배끼<밖에> 어업섵떵 거지 머어<없었던 것이지 뭐>…/도동떡 여엉가믄<도동댁 영감은>, 돌째비 **손지**가<돌잡이 손자가> 첩빨로 띠인따꼬<첫발을 떼었다고> 저레 자랑이 대애단심더<저렇게 자랑이 대단합니다>.

손텁 [손′텁′] 명 손톱*. ¶질부야<姪婦야>, 바메느 **손텁** 발터불<밤에는 손톱 발톱을> 깍찌 마래이<깎지 마라>, 보기 다알러간단다<복이 도망간단다>./참 저레 빠진 **손터**비 어얘<저렇게 빠진 손톱이 어찌> 또 생기 나오는동 모올라<생겨 나오는지 몰라>? ⇔발텁.

솓다 [속′꼬/솓′꼬, 솓′찌, 솓′떠′라, 소′더(다)도, 소′더서, 소′더라] 동 타 쏟다*. ¶사아라믄 누구람도<사람은 누구라도>, 지이가 피눔물로<제가 피눈물을> 함문 **소**더바아야<한번 쏟아봐야>, 남드리 얼매나 심들구로 사아는동<남들이 얼마나 힘들게 사는지> 아아기 댄다카니<알게 된다니까>./그내애미 나는 초느<냄새 나는 식초는> 수채꾸양아 **소**덥뿌라<수챗구멍에 쏟아버려라>.

솔#[^1] [솔′] 명 송편에 넣는 속. ¶쉥피네 **소**른<송편에 속은> 머어까아<무엇을 가지고> 하알라능기요<하렵니까/넣으렵니까>?/쉥편 '**솔**' 연는다 컨찌<송편 '솔' 넣는다고 하지> 소옥 연는다꼬느 앤한다<속 넣는다고는 않는다>. ②¶소배기 소오게 인는<오이소박이 속에 있는> **솔**로<속을> 자꾸 터럽뿌머<털어 버리면> 무짐 마스로 뭉노<무슨 맛으로 먹니>? ×송편 속.

솔*[^2] [소올′] 명 ¶오세 무든 소개느<옷에 묻은 솜은> **소올**로 민때머 대는데<솔로 문지르면 되는데>…

솔*[^3] [솔] 명 소나무*. ¶우리 자그나지야느<작은삼촌은>, 얌생이 떼로 마알고<염소 떼를 몰고> 저 **솔** 숩 쪼그로<소나무 숲 쪽으로> 올러갔심더<올라갔습니다>.

솔*[^4] [솔] 명 '솔기'의 준말. ¶달비질로 할 찌게느<다리미질을 할 적에는> **솔**로 잘 피아야지<솔을 잘 피워야지> 이라머 대나<이러면 되니>?

솔꽹이 [솔′꿰~이′] 명 소나무 옹이. ▷궹이다리. 흔).

솔나무 [솔나무′] 명 소나무*.

솔맆 [솔′리피, 솔′리플, 솔′리페 솔′립또, 솔′림마] 명 솔잎*. ¶깔비가 바리<솔가리가 바로> **솔리**피 말러가아 지절로 널쩡 거 애니가<솔잎이 말라서/단풍들어서 저절로 떨어진 것 아니냐>?

솔뱅이 [솔배′~이~] 몡 솔개*. ¶삐가리 열뚜우 바리로<병아리 열두 마리를> 깨앤는데<깼는데>, **솔뱅이**가 와가아<솔개가 와서> 함 바리느<한 마리는> 탁 채 갑뿌고<가버리고>…/**솔뱅이**<솔개>가 비잉빙 도오다가<빙빙 돌다가>, 망 내리꼽피이는데<막 내려꽂히는데> 그 참 살시이데에<살 세더군/빠르 더군>./학산 아지미요<아주머니>, 아이구<아이고> 참 저 이일로 우야지요 <일을 어쩌지요>? **솔뱅이**가 와가아<솔개 와서> 삐가리로 함 바리<병아 리 한 마리를> 휘이떡<후딱> 차고 갑뿐는데<가버렸는데>…

솔시 [솔′시] 몡 솔씨*. ¶솔빵구리 소오게 보머<솔방울 속에 보면> 거기 **솔 시**가 앤 드럳떠나<솔씨가 들어있지 않더냐>?/자안 그거도<잣 그것도> **솔 시**라머 솔시대이<솔씨라면 솔씨다>.

솜발 [솜′발′] 몡 손발*. ¶**솜발**로 꽁꽁 묵까아 노오니까데<손발을 꽁꽁 묶어 놓으니까> 다알러갈 지리<도망갈 길이> 이서야 마아리시더<있어야 말입니 다>.

솜빠닥 [솜빠′닥] 몡 손바닥*. ¶지이가 다알러간들<제가 달아난들> 어디꺼정 가겐노<어디까지 가겠니>, 가바안짜 부첸님 **솜빠대**기지<가봤자 부처님 손 바닥이지>.

솟다* [속′꼬/솓′꼬, 솓′찌, 솓떠′라, 소′서(사)도, 소′서서, 소′서라] 동재 ¶ 큼물 질<홍수 날> 때 보머<보면> 부직 아구레서<부엌 아궁이에서> 무리 머여 **손**니이라<물이 먼저 솟느니라>.

송곧 [소옹′고′디/소옹′고′지, 소옹′고′들, 소옹′고′데, 소옹′곧′또, 소옹′곰′ 마] 몡 송곳*. ¶저너무 첨지느<저놈의 첨지는> 서엉지리 똑 **소옹곡** 거태 가아<성질이 꼭 송곳 같아서> 머어든동 꼬치꼬치 파고들 때느<뭐든지 꼬 치꼬치 파고들 때는> 아아무도 모옴<아무도 못> 말리지./베게<벽에> 구뭉 을 떨버라 캐애보머<구멍을 뚫으라고 해보면>, 베글<벽을> 아예 첩뿌는<쳐 버리는> 사람도 익꼬<있고>, 큰 **소옹고**들 가주구 떠얼는<송곳을 가지고 뚫는> 사람도 나온다. ▷송곳/송곳.

송곳 [소옹′고′시, 소옹′고′슬, 소옹′고′세, 소옹′곧′또, 소옹′곰′마] 몡 송 곳*. ☞송곧.

송곳 [소옹′고′지, 소옹′고′즐, 소옹′고′제, 소옹′곧′또, 소옹′곰′마] 몡 송 곳*. ☞송곧.

송까락 [송까′락] 몡 손가락*. ¶저 집 아드른<아들은>, 사아대육시니 멀쩡항 기이<사대육신이 멀쩡한 것이>, 함 펭성<한 평생> **송까랑** 육깝또 앤하는데<손가락 육갑도 않는데>, 그거느 와 그러노<그건 왜 그러니>?

송이*¹ [소~′이~가, 소′~이~를, 소′~이~에~, 소′~이~도, 소′~이~마~] 몡 **1** 자립 ¶새들 바테느<밭에는> 포두<포도> **송이**가 참 탐시럭끼도 달리입떼에<탐스럽게도 달렸더군>. ▷셩이. **2** 의존 ¶미영 꼳<목화 꽃> 일곱 **송이** 따다가 머어할라꼬<뭐 하려고>? 소). ▷셩이/쉥이.

송이*(松栮) [소~이′~가, 소~이′~를, 소~이′~에~, 소~이′~도, 소~이′~마~] 몡 송이버섯*. ¶이붕 까실게느<이번 가을에는>, **송이** 따로<송이버섯 따러> 어덜로 갈 채앵고<어디로 갈 참이니>?/서워늠 바라미 이이머<시원한 바람이 일면>, 나캉<나와> **송이** 따로<송이버섯 따러> 가입시대이<가십시다>. 소). ▷쉥이.

송충이* [송추′~이~] 몡. ☞송칭이.

송췽이 [송춰′~이~] 몡 송충이*. ☞송칭이.

송칭이 [송치′~이~] 몡 송충이*. ¶자네들또<자네들도> 오늘 **송칭이**<송충이> 자부로 갇떠나<잡으러 갔더냐>? ▷송쳉이/송충이. 참 지난 시절에는 송충이 잡는 노력동원이 흔하였음.

솟 [솓′치/소′치, 소′츨/솓′츨, 소′체/솓′체, 솓′또, 솜′마] x[소시, 소슬] 몡 ☞솥.

솥* [소′치/솓′치, 소′틀/솓′틀, 소′테/솓′테, 솓′또, 솜′마] x[소시, 소슬] 몡 ¶이 사람 보게, **소**테다가 바불<솥에다가 밥을> 안치기나 해앤나 우애앤노<했나 어쨌나>?/이 숭여네<흉년에> **소**테 지버 여을끼이<솥에 집어넣을 것이> 머어가 인는데<뭐가 있는데>? ▷솟. **솥(을) 걸다** 구). **솥 식끼 바뿌다**<솥 씻기 바쁘다> 구).

송아지 [솨~아′~지가, 솨~아′~지를, -, 솨~아′~지도, 솨~아′~지마] 몡 송아지*.

수* [수′] 몡 ¶늘꼬 비잉들머<늙고 병들면>, 누구라도 서어리마즌 호방닙 꼬라지<서리맞은 호박잎 꼬락서니>가 대능 기지<되는 것이지> 벨 **수** 이서<별 수 있어>?

수굼포 [수굼′포] 몡 삽*. 참 어원 불명.

수끼 [수끼′] 몡 수수*. ¶성동 아지미<아주머니> **수끼** 모중은 내앤능기요<수

수 모종은 냈습니까/심었습니까>?/수끼로 **때낄**라커머<수수를 훑려면> 나캉 디딜방까네 가치<나와 디딜 방앗간에 같이> 가자.
수낄때 [수낀ʹ때] 몡 수숫대*. 수수깡. ¶**수낄때** 가주구<수수깡 가지고> 아아들 아앙경을 맨드머<아이들 안경을 만들면> 참 재민는데<재미있는데>.
수다¹ [수ʹ고ʹ, 수ʹ지ʹ, 수ʹ더ʹ라, 소오ʹ도ʹ/쏴아ʹ도ʹ, 소오ʹ서ʹ/쏴아ʹ서ʹ, 소오ʹ라ʹ/쏴아ʹ라ʹ] 동 타 쏘다*. ①¶저엉마안세<정만서> 아들 재애서니<재선이> 그 사람, 활 하나는 참 잘 **수**더네<쏘더군>./다알러가는 놀갱이 어엉덩이로<달아나는 노루 엉덩이를> 보고 총을 탕 **소**온는데<쏘았는데>, 여엉자 램 맏때에<영 잘 안 맞더군>. ②¶버어리가 치물<벌이 침을> 탁 **수**는데<쏘는데>, 그기이 아푸다기버다아느<그것이 아프다기보다는> 머라컥꼬<뭐라고 할까>, 억시기 찌리찌리합띠더<매우 찌릿찌릿합디다>. ③¶그여느자석<그 녀석> 마알하능 기이<말하는 것이> 하도 미버가아<미워서> 함<한> 방 팍 **소**오 조옵뿌렌찌<쏘아 줘버렸지>, 내가.
수다² [수ʹ고ʹ, 수ʹ지ʹ, 수ʹ더ʹ라, 소오ʹ도ʹ/쏴아ʹ도ʹ, 소오ʹ서ʹ/쏴아ʹ서ʹ, 소오ʹ라ʹ/쏴아ʹ라ʹ] 동 타 쑤다*. ¶우리 마시레서느<마을에서는> 동지팥쭈글 **수**머<동지팥죽을 쑤면>, 집찌비 다아 갈러묵찌<집집이 다 갈라먹지>./그럼, 콩 가주구 메주로<가지고 메주를> **수**지<쑤지> 팍 까주구 **수**나<팥 가지고 쑤니>?
수다³ [수우ʹ고ʹ, 수우ʹ지ʹ, 수우ʹ더ʹ라, 소오ʹ도ʹ/쏴아ʹ도ʹ, 소오ʹ서ʹ/쏴아ʹ서ʹ, 소오ʹ라ʹ/쏴아ʹ라ʹ] 동 타 쉬다*. ①¶암망 그래에도<암만 그래도> 이 사라마<사람아>, 자암시마 기달러라<잠시만 기다려라>, 수우미나 쫌 **수**고<숨이나 좀 쉬고> 보자./내가 마앙궤에<만고에/도무지> 참 수우미나 크기 **수**나<숨이나 크게 쉬나>? ②¶자네느 와<자네는 왜>, 지인 한수물<긴 한숨을> **수**고 그카노<쉬고 그러니>? 혼).
수박* [수우ʹ박ʹ] 몡 ¶저근누부야 지비 가먼서러<작은누나네 집에 가면서>, **수우바**글 한 덩거리<수박을 한 덩이> 사가아<사서> 가다가, 널짜아가아 깨애적꺼등<떨어뜨려서 깨어졌거든>…
수월찮다 [수월창코, 수월찬치, 수월찬터라, 수월차너(나)도, 수월차너서] 형 수월하지 않다. 쉽지 않다. 적지 않다. ¶자아<쟤>가 하리예 까뭉는 도옴마 해애도<하루에 까먹는 돈만 해도> **수월찬심대이**<수월찮습니다>./시기 누부느<식이 누냐는> 참, 웡캉 엄는 지비<워낙 없는 집에> 시이지불 각끼 따무레<시집을 갔기 때문에>, 안죽꺼정은<아직까지는> 손터비 자저지두룩<손톱이 젖혀지도록> 이일로 해애도<일을 해도> 묵꼬사아기가 **수월차**능갑떠라<먹고살기가 수월하지 않은가 보더라>. ▷수얼찮다.

수키다 [수키′이다] 퉁 피동 쏘이다*. ¶풀쒜에비인테 **수키이**머<풀쐐기한테 쏘이면> 얼매나 따갑따꼬<얼마나 따갑다고>, 이똥이라도 끌거 발라바아라<이똥이라도 긁어 발라봐라>. 참 이똥: 지난 시절에 이를 잘 닦지 않았을 때, 이의 안팎에 누렇게 낀 버캐./버어리인테 **수키잍**실 찌게느<벌에게 쏘였을 적에는> 파로 이게에가아<파를 이겨서> 바리머 나안는대이<바르면 낫는다>. ▷수이키다.

수털 [수털′] 명 숫돌*. ¶소옹곡 끄치 무디이머<송곳 끝이 무디면> 당장 **수터**레다가<숫돌에다가> 쫑 가러 바아라<좀 갈아 봐라>./야 이 사라마<사람아>, 칼로 다아 가런시머<칼을 다 갈았으면> **수터**른 지 자레다가<숫돌은 제 자리에다가> 치아나아야<치워놓아야> 할 꺼 아니가<것 아니냐>.

숙 [숙] 명 쑥*.

숙까락 [숙까′라기/숙까′래기, 숙까′라글, 숙까′라게, 숙까′락또, 숙까′랑마] 명 자립 의존 숟가락*. ¶바께<밖에> 나와 가주구<가지고>, 지 **숙까락** 찬는 넘<제 숟가락 찾는 놈> 치고, 오온저는 넘 모옴 빠얼따<온전한 놈 못 봤다>./어어르신<어르신>, 가니 앰 마저가주구<간이 안 맞아서/반찬이 없어서> 버러 **숙까라**글 노오심니까<벌써 숟가락을 놓으십니까>. ▷수까락.

숙깨 [숙′깨′애] 명 수캐*. ¶바아라<봐라>, **숙깨애** 처녹코<수캐 쳐놓고> 다리도 앤<안> 들고 오줌 누능<누는> 개애가 어딛떠노<개가 어디 있더냐>? ⇔앙깨.

숙때 [숙′때′] 명 쑥대*.

순* [순′] 틧 아주. ¶야 이, **순** 도동너마<도둑놈아>./진짜로 니이가<네가> **순** 엉터리구나./내사<나야> 참 **순** 초온너미지<촌놈이지>.

순*(純) [순′] 관 ¶오늘 손님들 저녀근<저녁은> **순** 하안시그로 주움비 해애라<한식으로 준비해라>.

순*(筍) [순′] 명 ¶꼬더바근 수우박캉 항가지로<박은 수박과 마찬가지로> **수늘**<순을> 잘 처조오야<쳐줘야> 잘 열리이지<열리지>./야 이너마<이놈

아>, 새로 도더나는 햏수늘<돋아나는 햇순을> 디세업시 그레 땁뿌머 우야 노<두서없이 그렇게 따버리면 어쩌니>?/자네 그거 아아나<아니>? 호오바 기나<호박이나> 콩도 **수**늘 질러주머<순을 잘라주면> 열매가 실해진다능 거로<실해진다는 것을>. **순(을) 따다** 구). **순(을) 막다** 구). **순(을) 지리다**<지르다> 구). **순(을) 치다** 구).

술#[1] [술] 몡 자립 의존 '숙까락<숟가락>'의 준말. ¶해애무꺼가 업서가아<해먹을 것이/반찬이 없어서> 그러싱기요<그러신지요>, 와 버러<왜 벌써> **술**로 노오시능기요<술을/숟가락을 놓으십니까>./**술** 적시믄 머어로 까아 하알랑기요<숟가락 적심은 무엇을 가지고 하렵니까>? 참 반찬이 적다는 표현의 하나.

술*[2] [술'] 몡 ¶누구라도 **술** 뭉는 사라므<먹는 사람은>, **수**를 대애접패애야<술을 대접해야> 대애접 잘 바덛따 컫찌<대접을 잘 받았다고 하지>, 땅 거느<다른 것은> 암망 갇따가 대애접패애도<암만 갖다가 대접해도> 앰 방가붐 버비다<안 반가운 법이다>.

술*[3] [술] 몡 ¶여기 읻떤<있던> **술** 달린 띠가 어덜로 간노<어디로 갔니>?

술깜 [술'까비, 술'까블/술'까불, 술'까베, 술'깝또, 술'깜] 몡 술값*. ¶오늘 **술**까분<술값은> 내 아푸로 다러 노오쉐이<앞으로 달아 놓으세요>. ▷술깞.

술깞 [술'깝시, 술'깝슬, 술'깝세, 술'깝또, 술'깝마] 몡 술값*. ☞술깜.

숨* [수움'] 몡 ¶(활에다) 활살로<화살을> 땅 미야 녹코<딱 메워 놓고>, 자암시 **수**우물 쥐기고<잠시 숨을 죽이고> 기달리바악꺼등요<기다려봤거든요>...

숨풍연 [숨풍'연'] 몡 흉풍년*. ¶시임실 몸미테느<深谷 못 밑에는> 펭성<평생> 가도 **숨풍여**니 업찌<흉풍년이 없지>. 참 언제나 흉년을 모르고, 계속 풍년이지라는 뜻. ▷숭풍연.

숩다 [수욱'꼬'/수웁'꼬', 수웁'찌', 수웁'떠'라, 수우'버'(바')도, 수우'버'서] 혱 쉽다*. ¶여보소, 세에상아 **수우**분 이이리<세상에 쉬운 일이> 어디 하나나 읻떵기요<있습디까>./아아드리 크니꺼네<아이들이 크니까>, 달마중 적끔 북끼도<달마다 적금을 붓기도> 앤 **수움**네요<쉽지 않네요>.

숭 [숭'] 몡 흉*. ¶세에상아<세상에> **숭** 엄는<흉 없는> 사람 이시머<있으면> 손드러 보라 캐애라<손들어 보라고 해라>./우리네 시집사리<시집살이>

타알또 마앙코<탈도 많고> 숭도 마안타<흉도 많다>. 參 민요.

숭구다 [숭구′우고, 숭구′우지, 숭구′우더라, 숭가′아도/숭과′아도, 숭가′아서/숭과′아서, 숭가′아라/숭과′아라] 동 타 심다*. ¶모로<모를> 한창 **숭구우고** 인는 차민데<심고 있는 참인데>, 누가 부우구로<부고를> 하나 들고 오거등<오거든>… 參 정만서 설화. ②¶논뚜룽 콩을<논두렁 콩을> **숭구우고** 인는데<심고 있는데> 그 사라미<사람이> 차저 왜꺼등요<찾아 왔거든요>…/바테다가<밭에다가> 무시시로 **숭구울**라컥꺼등<무씨를 심으려고 하거든>, 구움빙이 잠는 약버텅<굼벵이 잡는 약부터> 먼저 뿌레래이<뿌려라>. ▷숭궁다.

숭연 [숭연′] 명 흉년*(凶年). ¶가보여네도 **숭여**니 드고<甲午년에도 흉년이 들고>, 기모여네도<己卯년에도> 큰 **숭여**니 드럳따 컬떼에요<흉년이 들었다고 하더군요>./압뜰 고래노니사<앞들 고래실이야> 암망 가무러도<암만 가물어도> **숭여**늘 모리지요<흉년을 모르지요>./이런 **숭여**네<흉년에>, 입 하나 끄지능 기이 어디고<그으는 것이 어디냐>?

숭영 [숭′영] 명 숭늉*. ¶우리가 에릴 때 묵떤<어릴 때 먹던> 구신 **숭영** 마슨<구수한 숭늉 맛은>, 다시는 어디 가도 차쯜 끼리 어억껜쩨<찾을 길이 없겠지>./앙이꺼짐 아직쩌너그로<아직까지 아침저녁으로> **숭영**을 끼리뭉는 사라미 이시까<숭늉을 끓여먹는 사람이 있을까>?

숭풍연 [숭풍′연] 명 흉풍년*(凶豊年). ☞숨풍연.

쉐기 [쉐에′기] 명 씨아*. ¶누구라도 그 진저리 나는 **쉐에기** 소리사<씨아 소리야> 듣께 실치<듣기 싫지>./우리 **쉐에기**느 저네<씨아는 전에>, 저 도장 아다가 올리나안는데<광에다가 올려놓았는데>, 앙이<아직> 그대로 인나 모올라<있나 몰라>? 흔).

쉐기다 [쉐′기고, 쉐′기지, 쉐′기더라, 쉐′게도/쉐′기도, 쉐′게서/쉐′기서, 쉐′게라/쉐′기라] 동 사동 속이다*. ¶아아무리 자앙사꾸니라도<아무리 장사꾼이라도> 정월누늘 **쉐기**능 거느<저울눈을 속이는 것은> 줴에다 줴에<죄다 죄>./니이<네>가 암만 나알로 **쉐길**라 컨들<나를 속이려고 한들> 내가 송나 바아라<속는지 봐라>./내가 앤 송는다<안 속는다>, 앤 송는다카다가<안 속는다고 하다가>, 이붐마는 옴팍 **쉐기**키읻따 애니가<이번만은 옴팍 속임을 당했잖아/속았잖아>. 흔).

쉬다¹ [쉐′고′, 쉐′지′, 쉐′더′라, 쉐에′도′, 쉐에′서′] 동자 쇠다*. 박이 야물게 익다. ¶정낭아 안저가아<변소에 앉아서> 가마아꼬 보니꺼네<가만히 보니까>, 박 덤푸레<덩굴에> 호리바가치가<호리병박이> 하나 달리익낄래<달렸길래> 하도 차아매애가아<참해서> 무조껀 따 왇띠이<무조건 따 왔더니>, 다행히 어러른드리<어른들이> 바늘로 찔러 보고 **쉐**엔따 커시데에<쇠었다고 하시더군>···/이너무 정구지가<이놈의 부추가> 너무 **쉐**에 가주구<쇠 가지고> 아아무 자게도 모온 실쒜<아무 짝에도 못 쓰겠네>. 흔).

쉬다² [쉐′고′, 쉐′지′, 쉐′더′라, 쉐에′도′, 쉐에′서′] 동자 새다*. ①¶떨버진 자레에서<뚫어진 자루에서> 좁사리 **쉐**는 바라메<좁쌀이 새는 바람에>, 지비 오니꺼네<집에 오니까> 하 노쿰바께<한 옴큼밖에> 앤 나먼떠란다<남지 않았더란다>./지붕이 **쉐**는<새는> 통에, 방빠다게다가 도오구로<방바닥에 도구를> 떡 처녹콜랑<쳐놓고는>, 저엉마안세느<정만서는> 이쭈게 앙꼬<이쪽에 앉고>, 저거 마아너래느<자기 마누라는> 저쭈게 안저가아<저쪽에 앉아서> 쫑알거리니꺼네<종알거리니까>, 저엉마안세가 거언네다보면서<정만서가 건너다보면서> 한다늠 마아리<한다는 말이>, "내가 참 나립빼가 업서 가주구 타아리지<나룻배가 없어서 탈이지>, 배마 이시머<배만 있으면> 당장 건네가가아<건너가서> 요절로 내앺뿐시머 조올구마느<요절을 내어버렸으면 좋으련만>", 커더란다<하더란다>. 참 정만서 설화 중에서. ②¶왜정 때느<일제 강점기 때는> 일분넘드리<일본놈들이> 음역서얼로<음력설을> 모온 쉬이두룩 해애가아<못 쇠도록 해서>, 새보게 불삐치<새벽에 불빛이> 배까트로 앤 **쉐**에나가두룩<밖으로 안 새어나가도록> 덕시기로 까아 가루우고<멍석을 갖고 가리고>··· ③¶이 비이미리 어덜롱가<비밀이 어디론가> **쉐**에 나감 모양인데<새어 나간 모양인데>··· ④¶부우역카로<부역하러> 온 사람드리<사람들이> 저어염 묵꼬<점심을 먹고> 나니 어덜로 다 아 **쉐**엠뿌고<어디로 다 새어버리고> 바안도 앤 나먼네<반도 안 남았네>··· 흔).

쉐미 [쉐에′미] 명 수염*. ①¶야 이 답따분 칭구야<답답한 친구야>, **쉐에미**가 가쟁이가 버어두룩<수염이 가지가 벌도록> 자앙개도 앵 가고 머어하는 텍꼬<장가도 안 가고 무엇을 하는 셈이니>? ②¶꼬오내이느<고양이는> **쉐에미**가 업시머<수염이 없으면> 쥐로 모온 짬는대이<쥐를 못 잡는다>. ③

¶강냉이 **쉐에미** 가주구<수염 가지고> 야게 신대이<약에 쓴다> 내삐지 마고 모다아 나아래이<내버리지 말고 모아 놓아라>. 혼).

쉐비 [쉐에′비] 몡 새우*. ¶우리 오늘 돈지 모데<敦池 못의> **쉐에비** 자버다가<새우 잡아다가> 수란주 사머<술안주 삼아> 찌지 무굴래<지져 먹을래>?/ 니 와 여어서<너 왜 여기서> **쉐에비**맨치로 오구리고 자노<새우처럼 오그리고 자니>? 혼).

쉐 [쉐에′기′, 쉐에′글′, 쉐에′게′, 쉐에′또′, 쉐엥′마′] 몡 ☞속*. 혼).

쉥이¹ [쉐′~이~가, 쉐′~이~를, 쉐′~이~에~, 쉐′~이~도, 쉐′~이~마~] 몡 송이*. ¶(원망의 뜻을 담아) 올 때 꼬 탄 **쉥이**<꽃 한 송이> 사가아 오머<사서 오면> 어디가 삐인뜨러지나<비틀어지나>? ▷셩이.

쉥이² [쉐~이′~가, 쉐~이′~를, 쉐~이′~에~, 쉐~이′~도, 쉐~이′~마~] 몡 송이* (松栮). 송이버섯.

쉬* [쉬′이′] 몡 ¶비링내느 귀이싱 거치도 아아제<비린내는 귀신 같이도 알지>, 언사나 버러<어느새 벌써> **쉬이**로 이레 하아약쿠로 시러 나앝시꼬<쉬를 이렇게 하얗게 슬어 놓았을까>?

쉬건 [쉬이′건′] 몡 소견*(所見). ¶이 사라마<사람아>, 그런 **쉬이건** 엄는 소리느<소견 없는 소리는> 다시 하지 마알게<말게>./나로 저레 무걸시머<나이를 저렇게 먹었으면> **쉬이거니**<소견이> 들 때도 대앤는데<되었는데>… **쉬건**<소견> **들다** 구). **쉬건**<소견> **없다** 구). **쉬거니 쫍다**<소견이 좁다> 구). **쉬거니 떨피다**<소견이 뚫리다> 구).

쉬다*¹ [쉬이′고′, 쉬이′지′, 쉬이′더′라, 쉬′이도, 쉬′이서] 동태 쇠다*. ¶(세배를 받으며) 오오야<오냐> 그래, 어어름 묘오시고<어른 모시고> 서얼 잘 **쉬인나**<설 잘 쇠었니>? 혼).

쉬다*² [쉬이′고′, 쉬이′지′, 쉬이′더′라, 쉬′이도, 쉬′이서] 동자 ¶우운동장아서러<운동장에서> 궤에미로 하도 질럳띠이<고함을 하도 질렀더니>, 모기 구마아 **쉬이가아**<목이 그만 쉬어서> 소리가 앤<안> 나오기 따무레<때문에> 내가 마알로 잘 모온하겓따<말을 잘 못하겠다>.

쉬다*³ [쉬이′고′, 쉬이′지′, 쉬이′더′라, 쉬′이도, 쉬′이서] 동자 ¶나리<날이> 하도 더버가아 그런동<더워서 그런지>, 얻쩌녀게<어제 저녁에> 낄린 수지기<끓인 수제비>가 버러 **쉬인능** 걷따<벌써 쉰 것 같다>.

쉬다*⁴ [쉬이′고′, 쉬이′지′, 쉬이′더′라, 쉬′이도, 쉬′이서, 쉬′이라] 동자타. ¶다리가 너무 아퍼가아<아파서>, 지굼 쫌<지금 좀> **쉬이**는 차밀세<쉬는 참일세>.

쉬다*⁵ [쉬이′고′, 쉬이′지′, 쉬이′더′라, 쉬′이도, 쉬′이서, 쉬′이라] 동타. ¶내가 창 코꾸영이 두우리라가아<참 콧구멍이 둘이라서> 수우물 **쉬이**지<숨을 쉬지>, 앵 그러머<안 그러면> 답따버 우애 사알겐노<답답해서 어찌 살겠나>?

쉬똥파랭이 [쉬이′똥′파래~′이~] 명 쇠똥 파리.

쉬십 [쉬이′십′] 명 쇠X. 소의 X.

쉬아들 [쉬이′아′들] 명 소의 아들.

쉬아들넘 [쉬이′아′들넘] 명 소의 아들 놈.

쉬언쟁이 [쉬이′언′재~′이~] 명 그냥 넘어가도 될 것을, 도저히 말을 하지 않고는 못 견디는 별난 사람. ¶나무<남의> 남자, 남대문 열리잉 거로<바지 단추 열린 것을> 보고 기양 모온 인는<그냥 못 있는> 여자가 **쉬이언쟁이** 애니가<쉬언장이?? 아니냐>./여자 소옥처매<속치마> 삐이저 나옹 거로<비어져 나온 것을> 보고, 마알로 앤 해애 주고느<말을 안 해 주고는> 모온 쩐디는<못 견디는> 남자도 **쉬이언쟁이**지<쉬언장이??지>./무신<무슨> 사라미<사람이> 아알고도 모리는<알고도 모르는> 척, 보고도 모옴 뿐<못 본> 척 할 이이리지<일이지>, **쉬이언쟁이**매애로<쉬언장이??처럼> 보는 대로 다 아 마알로 해애야 대노<다 말을 해야 되니>? 참 '수다쟁이'와는 개넘이 다름.

쉬은 [쉬′은′] 명 수은*(水銀). ¶이이저네느<예전에는> **쉬응** 가주구<수은 가지고>, 화루삐잉에 걸리일실 찌게<性病에 걸렸을 적에> 후늘 해앤따<薰을 했다>.

쉬파랭이 [쉬이′파′래~′이~] 명 쉬파리*. ¶이 지베느<집에는> 웨엠 **쉬이파랭이**<웬 쉬파리>가 이리 마안노<많니>?/야아<얘>야, 궤기 창대기느<고기 창자는> 아아무 데나 내삐지 마러래이<아무 데나 내버리지 말아라>, **쉬이파랭이** 끌른대이<쉬파리 끓는다/쩐다>./그너무 **쉬이파랭이**<그놈의 쉬파리> 참 사닥끼도 하제<빠르기도 하지>, 언사나 여어다가<어느새 여기다가> 알로 시러 나앋시꼬<알을 슬어 놓았을까>?

쉰* [쉬인'] I ㈜. II ㉞ ¶(놀랍다는 투로) 이 무우산 핵쬬오가 올개로<茂山 학교가 올해로>, **쉬인** 도리나 댄다네<쉰 돌이나 된다네>…/니이<네>가 땅을 **쉬인** 질로 파바아라<땅을 쉰 길을 파봐라>, 땡전 함 푸니 나오는강<한 푼이 나오는가>.

시¹ [시] ㉭ 금*. ¶여기다가 내가 **시**로 기리 나안는데<금을 그려 놓았는데> 누가 함부레 지얀노<함부로 지웠니>?

시² [시'] ㉭ 씨*. ¶돌배 **시**느 내삐지 마고<씨는 내버리지 말고> 다아 모다아 주이소<다 모아 주세요>, 모종 북꾸로요<붓게요>./벌시로 바테다가<벌써 밭에다가> 무**시**로 뿌린다꼬<무씨를 뿌린다고>?/도오니<돈이> 하도 **시**가 말러가아<씨가 말라서>, 아아<아이>들 월사금 무울 도온조치랑<등록금 물 돈조차>도 다아 실 파니시더<다 쓸 판입니다>. **시로 말류다**<씨를 말리다> 구). **시가 마리다**<씨가 마르다> 구).

시³ [시이'] ㉞ 세*. 셋*. ¶버러 새복<벌써 새벽> **시이** 시가<세 시냐>?/저 집 **시이째**가<셋째가> 방물과네 댕긴다메<박물관에 다닌다며>?

시간사리 [시이간사'리] ㉭ 세간*. ¶그 집 사나아느<사내는> 사암마 해앤따 커머<싸움만 했다하면> **시이간사리**로 띠디리 뿌징늠 모양이데에<세간을 두드려 부시는 모양이더군>.

시구럽다 [시구럭'꼬, 시구럽'찌, 시구럽떠'라, 시구러'버(바)도, 시구러'버서] ㉭ 시다*. ¶초가 마아니 **시구럽**뚜룩 하알라커머<식초가 많이 시도록 하려면>, 춥뼁이로<식초병을> "나캉 사아자<나하고 살자>" 커머<하며> 자주 흔드러 조오야 댄다<흔들어 줘야 된다>./홍시가 너무 무리머<무르면> **시구**러버지지<시어지지>.

시굼밥 [시'굼밥] ㉭ 찬밥*. ¶임마시 업서가아<입맛이 없어서> **시굼밥** 한 덩거리<찬밥 한 덩이를> 비비이 묵꼬 치얃따<비벼 먹고 치웠다>. ▷시금밥. ⇔더붐밥. 흔). ㉑ '찬밥'이란 말은 젊은이나 드물게 쓸 뿐임.

시금밥 [시'금밥] ㉭ 찬밥*. ☞시굼밥. x찬밥. 노).

시기다 [시'기고, 시'기지, 시'기더라, 시'기도, 시'기서, 시'기라] ㉢㉤ 시키다*. ¶(아이들이 문제를 일으켰을 때 나무라는 말로) 지이발 덕뿌네<제발 덕분에> 앤 **시기**는 지이슨<안 시키는 짓은> 하지 마러래이<말아라>./니이 공부 **시길** 도오는<너 공부 시킬 돈은> 너거 크나부지가<네 큰아버지가>

대애 준다 커니<대 준다고 하니>, 니느 거억쩡 마아고<너는 걱정 말고> 공부나 열시미 해애라<열심히 해라>.

시나 [시′나] 명 신하*(臣下). ☞신하.

시누리때 [시누′리때] 명 식대*. ¶여늘 맹글라커머<연을 만들려면> **시누리때**가 이시먼 조온데<식대가 있으면 좋은데>… ▷시누릳때.

시다#¹ [시이′고′, 시이′지′, 시이′더′라, 시′이도, 시′이서] 동 자 세다*. ¶늘그머<늙으면> 누구나 머리가 **시이능**<세는> 거야./**시임** 머리<센 머리카락> 하나 뽑는데 오오시 번석 주꾸마<뽑는데 오십 원씩 줄게>.

시다#² [시′고′, 시′지′, 시′더′라, 서′도′, 서′서′, 서′라′] 동 타 쓰다*. ①¶고오막꾸로<고맙게> 그 야앙바니<양반이>, 땅빠다게다가<땅바닥에다가> 글시로 **서** 가메<글씨를 써 가며> 설명을 해애<해> 주더란다./니느<너는> **시**라컨는 그른 앤 **시고**<쓰라는 글은 안 쓰고> 무진 자앙나니 그리 시임한 동 모리겓따<무슨 장난이 그리 심한지 모르겠다>. ②¶내가 사러온 이이바글<살아온 이야기를> 소오설로 **시머**<소설로 쓰면> 채기 항 고는 댈 끼이다<책이 한 권은 될 것이다>.

시다#³ [시′고′, 시′지′, 시′더′라, 서′도′, 서′서′, 서′라′] 동 타 쓰다*. ①¶모자로 머레다가<모자를 머리에다가>, 푸욱 더퍼**섣**시니<푹 덮어썼으니> 머어가 비일 테기 업찌<뭐가 보일 턱이 없지>. ②¶비나 누우니 오머<눈이 오면> 우우사니나 삭까슬 **시능** 기이<우산이나 삿갓을 쓰는 것이> 원처기지마느<원칙이지마는>… ③¶이불로 덥퍼**시고**<이불을 덮어쓰고> 저레 사 알째 드러누버가아<저렇게 사흘째 드러누워서> 꼼짜글 앤 하네<꼼짝 않네>. ④¶형니믄<형님은> 돕빼기 아앙경을 **시머**<돋보기 안경을 쓰면> 앤 어지럼능기요<안 어지럽습니까>?. ⑤¶우리 저 야앙바는<양반은>, 하리 점두룩 저레<하루가 종일 저렇게>, 방까네더러 문지로 덥퍼**시고**<방앗간에서 먼지를 덮어쓰고> 참 고상이 마안심더<참 고생이 많습니다>.

시다#⁴ [시′고′, 시′지′, 시′더′라, 서′도′, 서′서′, 서′라′] 동 타 쓰다*. ①¶아재<아저씨>, 이 찍께느<집게는> 머어<뭐> 하는데 **시늠** 물거닝기요<쓰는 물건입니까>?/미안시럽찌만도<미안스럽지만> 여기, 저언나 쫌 **서도** 대겐심니까<전화 좀 써도 되겠습니까>? ②¶자네느 우야자꼬<자네는 어쩌자고> 도오늘 그레<돈을 그렇게> 펑펑 **시고** 댕기노<쓰고 다니노>? ③¶에러붐 문짜로<어려운 문자를> 혼차서마<혼자서만> 자꾸 **시**머<쓰면>, 우리 거튼 초온사라미<같은 촌사람이> 우얘 아러든능기요<어떻게 알아듣습니까>. ④¶그 어어른<어른> 참, 오래 누버지내앤는데도<누워지냈는데도>, 비산<비싼> 약 한 처불<첩을> 지대로<제대로> 모온 **서** 바얕따 컨네<못 써 봤다고 하네>. ⑤¶(점원으로) 박 꾸늘 **시**고버텅<박 군을 쓰고부터> 머어<뭐>가 좀 달러지덩기요<달라집디까>? ⑥¶자네가 나무 이이레<남의 일에>, 너무 싱경 **실** 꺼 업따<신경 쓸 것 없다>. ⑦¶이 이이른<일은> 당시니 억찌로 **신**다꼬<당신이 억지를 쓴다고> 해애결 댈 서엉지리<해결 될 성질이> 애니다<아니다>. ⑧좀 더 머리로 **시**두룩 해애바아라<머리를 쓰도록 해봐라>, 무심 방버비<무슨 방법이> 나올찌 아아나<나올지 아니>? x⑨¶세도를 쓴다. ⑩¶우랄매가<우리 할머니가> 저네 빙파네서 너머지시늠 바라메<빙판에서 넘어지시는 바람에>, 한쭉 팔로<한쪽 팔을> 다치시가아<다치셔서> 앙이 모온 **시**고 기이신다<아직 못 쓰고 계신다>. ⑪¶우리가 비들<빚을> 좀 어어더 **시**디라도<얻어 쓰더라도>, 급판 도오는<급한 돈은> 운서네 가퍼 조오야<우선 갚아 줘야> 앤 대겐나<되지 않겠니>? ⑫¶내가 오늘 한텍 **실** 모양이니꺼네<한턱 쓸 모양이니까> 모지리<모조리> 나알 따러오게<날 따라오게>. ⑬¶저엄자는 사라미<점잖은 사람이> 그칠 상시러붐 마알로<그처럼 상스러운 말을> 함부레 **실**<함부로 쓸> 수야 업능 거지요<없는 것이지요>.

시다#[5] [시'고', 시'지', 시'더'라, 서'도', 서'서', 서'라'] 동 타 쓰다*. ¶누구라도 멩당 자레다가<명당 자리에다가> 미이로 **시**구적끼사 하겐찌만<뫼를 쓰고 싶기야 하겠지만>…

시다#[6] [시'고', 시'지', 시'더'라, 서'도', 서'서', 서'라'] 동 타 쓰다*. ¶(윷놀이에서) 우리 펨<편> 말 **시**는 이이른<쓰는 일은> 니이가 마텀뿌라<네가 맡아버려라>./(장기에서) 바아라<봐라>, 잘모온 **심** 마리야<잘못 쓴 말이야> 한 수 물릴 수도 인능 거 애니가<있는 것 아닌가/아니냐>?

시다#[7] [시'이고, 시'이지, 시'이더라, 시'이도, 시'이서] 동 타 켜다*. ¶저너게<저녁에> 머어로 잘 무걱낄래<무엇을 잘 먹었길래> 물마 이레 자꾸 **시**이노<물만 이렇게 자꾸 켜냐>?

시다#[8] [시이'고', 시이'지', 시이'더'라, 시'이도, 시'이서] 형 세다*. ¶머어로 묵꼬<무엇을 먹고> 시미 저레 **시인동**<힘이 저렇게 센지> 아알 수가 엄네요<알 수가 없네요>./얌생이 뿔로 쥐이고<염소 뿔을 쥐고> "**시이다, 시이다**<세다, 세다>" 커머<하며> 자꾸 미러 바아라<밀어 봐라>, 니캉 얌생이캉<너와 염소가> 누구 시미 **시잉공** 보구로<힘이 센지 보게>.

시다#[9] [시′다′] 혱 쓰다*. ¶무진<무슨> 사라미<사람이> 와<왜>, **시다** 다다<쓰다 달다> 마아리 엄노<말이 없니>?/우리 집 **신** 수리라도 한잔<쓴 술이라도 한잔> 자아시고<자시고>… ▷십다.

시다#[10] [시′다′] 혱 희다*. ¶세에사아서 제엘로 **싱** 거사<세상에서 제일로 흰 것이야> 누움바께 더 익껜나<눈밖에 더 있겠나>? 드).

시다*[11] [시′다′] 혱 ☞시구럽다.

시러하다 [시′러′하고, 시′러′하지, 시′러′하더라, 시′러′해애도, 시′러′해애서] 동 타. 싫어하다*. ¶집신쟁이캉 수끼떡 할매이가<견우성과 직녀성이>, 일려네 함문석<일년에 한번씩> 만내는 칠서기니꺼네<만나는 칠석이니까>, 떠러지기 **시러**가아<떨어지기 싫어서> 우우능 까달게 비가 오는갑따<우는 까닭에 비가 오는가 보다>. ☞실버하다. 참 싫다>시러하다.

시럽다 [시럭′꼬/시러′꼬, 시럽′찌, 시럽떠′라, 시러′버(바)도, 시러′버서] 혱 시리다*. ¶오늘 거튼 날또<같은 날도>, 너거느 바리<너희는 발이> 하나도 앤 **시럽**나<조금도 안 시리니>?/누구나 늘그머 장갱이버텀 **시러**버<늙으면 무릎부터 시려> 온다.

시렁거무 [시렁거′무] 명 벌레 이름. 그리마*.

시붐맛 [시′붐′맏] 명 쓴맛*. ◁시분 맛. ¶마아리라꼬<말이라고>! **시붐마**시야<쓴맛이야> 융무초가 숙뻐다아사<익모초가 쑥보다야> 훨신<훨씬> 더 하지.

시상 [시이′상′] 명 세상*(世上). ¶이 어지러분 **시이상**아<어지러운 세상에>, 내가 더 사안들 머어하노<산들 무얼 하니>?/술마 무구머<술만 먹으면> 상촌 야앙바니야<양반이야> **시이상** 어업시 조온 사라미지<세상 없이 좋은 사람이지>. 참 세상>시상.

시새노 [시새노′] 명 아주 가느다란 노끈. 드.

시아리다 [시이′아′리다] x[시이알르다] 동 타 헤아리다*. ☞시알리다.

시아바시 [시이′아′바시] 명 시아버지*. ⇔시어마시.

시알리다 [시′알′리다] x[시알르다] 동타 헤아리다*. 세다*. ¶야 이여녀 소오나<이놈아/이년의 손아> 바분 앰 묵꼬<밥은 안 먹고> 밥떡꺼리마 **시알리**고 이실 끼가<밥알만 헤아리고 있을 것이냐>? ▷시아리다.

시애비 [시이′애′비] 명 시아비*. ⇔시애미/시이미.

시어마시 [시이′어′마시] 명 시어머니*. ¶아이구 **시이어마시**야<아이고 시어머니야/아이고머니나>, 이 이일로 우야노<일을 어쩌나/어떻게 하나>? ▷시어맹이. ⇔시아바시.

시어맹이 [시이′어′매~이˜] 명 시어미*. ☞시어마시. ▷시어망이. ⇔시아뱅이.

시우다 [시′우다] 동 세우다*. 1 사동 ①¶이 사라마<사람아>, 철봉 지동<기둥>도 똑빠리<똑바로> 하나 모온 **시우나**<못 세우니>?/카리고 나시고 가네<칼이고 낫이고 간에> 서더러 날로 **시울라커니**<서둘러 날을 세우려니까> 옥깔기 대지<옥같게 되지>. 참 옥갈다: 날이 예각이 아닌 둔각(鈍角)이 되게 갈다. 2 타 ¶자기 고짐마<고집만> 자꾸 **시울**라 컨찌 마고<세우려고 하지 말고>, 나무 이이박또<남의 이야기도> 귀다머 드러보소<귀담아 들어보소>./차로 와<차를 왜> 나무 대애무 나페다가 **시안노**<남의 대문 앞에다가 세웠니>? 드). 참 서우다>시우다.

시이다[1] [시′이고, 시′이지, 시′이더라, 시′이도, 시′이서] 동자피동 쓰이다*. ¶이 거느<것은> 지름 쫑오라가아 그런동<기름 종이라서 그런지> 글시가 유웅 앤 **시이네**<글씨가 영 안 쓰이네>.

시이다[2] [시′이다] 동피동사동 쓰이다*. ¶하도 가구접따 컥낄래<가고 싶다고 하길래>, 떠나 보내애기느 해앨찌만<보내기는 했지만>, 홀쩍 떠나 보애내 녹코<보내 놓고> 나니 마아미 어찌나 **시이**는동<맘이 어찌나 쓰이는지> 밤새애두룩<밤새도록> 잠도 잘 앤<안> 오고…

시이다[3] [시′이고, 시′이지, 시′이더라, 시′이도, 시′이서] 동사동 쓰이다*. ¶이미야<어멈아>, 아아인데<아이한테> 바람 앤 드가두룩<안 들어가도록> 두디기로 잘 더퍼 **시아래이**<포대기를 잘 덮어 씌어라>.

시이미 [시이′이′미] 명 시어미*. ¶**시이이미**<시어미>가 메느리 거느리기느<며느리 거느리기는>, 어디 수우분 줄 아아나<쉬운 줄 아니>? ⇔시애비.

시장* [시자′~이~/시재′~이~, 시자′~을~, 시자′~에~, 시장′도, 시장′마] 명 ¶수우니 아배<순이 아버지>, **시장**능기요<시장합니까>, 저녁 일찍 하끼요<저

녁 일찍 할까요>? **시장하다*** 혱. 참 시장ㅎ다>시장하다.

시정 [시이′정′] 명 속마음. 당하고 있는 형편. 사정(事情). ¶저 냐앙바는<양반은> 와<왜>, 나무 **시이정**을<남의 사정을> 저럭키 모리는동 모올라<저렇게 모르는지 몰라>/배 부린 사라믄<부른 사람은> 배 고푼 사람 **시이정**을 잘 모리지<배 고픈 사람 형편을 잘 모르지>.

시직까다 [시이′직′까다] 동 자 시집가다*. ¶꽉 초옹가긴데<총각한테> **시이직까** 가주구<시집가 가지고> 잘 묵꼬<먹고> 잘 사럳딴다<살았단다>./(무엇이 '싫다'고 하는 아이를 놀려 주며) 시르먼 **시이직**까거라<싫으면 시집가거라>, 가시나아야<계집애야>.

시푸다 [시′푸′고, 시′푸′지, 시푸′더′라, 시′퍼(파)도, 시′퍼서] 혱 보조 싶다*. ①¶(억울해서) 우우구 **시푸**머<울고 싶으면> 시일컨 우러라<실컷 울어라>./실떼업시 왇따갇따하니이사<쓸데없이 왔다갔다하느니보다>, 낟짜미나<낮잠이나> 자믄 페니 나슬 서엉**시푸**다<자는 편이 나을 성싶다>./마실 아페<마을 앞의> 드으리 너리머<들이 너르면> 사아람들<사람들> 인심도 자연 너리지 **시푸**다<넓지 싶다>. ②¶저 사라미 아아매도<사람이 아마도> 일분 사라미지 **시푸**네<일본 사람이지 싶네>./할매<할머니>, 옴빠메느<오늘밤에는> 비가 오지 **시풍**기요<싶습니까>?/야아드리 지굼쭈우문<얘들이 지금쯤은> 도오착해앧실 서엉**시푼**데<도착했을 성싶은데>…/온천장아<온천장에> 함붕 가바앋시머 **시푼**데<한번 가봤으면 싶은데>, 항꺼네 갈 사래미<함께 갈 사람이> 누가 이서야제<있어야지>./꼭 가구 **시푸**머<가고 싶으면> 나캉 가치 가알래<나와 같이 갈래>? ③¶나도 그 야앙바니 어떡 왇시머 **시푼**데<양반이 얼른 왔으면 싶은데> 와 앤<왜 안> 오지. 참 '어찌 어찌 했을 성시푸다'의 경우에 흔히 쓰이고, '어떻게 하고 싶다'의 경우에는 '-구접다' 꼴을 씀. '-구접따'보다 쓰이는 빈도가 적음.

시푸잖다 [시′푸′잔타] 혱 '싶지 않다'의 준말. 싶잖다*. ¶내가 청기로 함붐<천기를 한번> 보니 오늘 누우능 고오사하고<눈은 고사하고> 비도 오까 **시푸잔타**<올까 싶지 않다>. ▷ -을까 시푸잖다.

식께다 [식께′에고, 식께′에지, 식께′에더라, 식께′에도, 식께′에서, 식께′에라] 동 피동 씻기다*. ☞식끼다.

식끼다 [식끼′이고, 식끼′이지, 식끼′이더라, 식끼′이도, 식끼′이서, 식끼′이라] 동 1 피동 씻기다*. '쉬다<씻다>'의 피동형. ¶이 접시게 머어가 무덕껄래<접시에 뭐가 묻었길래> 도무지 잘 **식끼이**지로 앤 하노<씻기지를 않나>? 2 사동 '쉬다<씻다>'의 사역형.

식다* [식′꼬/시′꼬, 식′찌, 식떠′라, 시′거(가)도, 시′거서] 동 자 ¶무심<무슨> 방이 이레 퍼떡 **싱노**<이렇게 빨리 식니>?/야 이 답따분 사라마<답답한 사람아>, 다아 **시근** 디이에사<다 식은 뒤에야> 나알<나를> 보고 무거보라컨나<먹어 보라고 하니>?

식식꺼리다 [식식꺼′리다] 동 자 씩씩거리다*. ¶처언시기 들리이가아<천식이 들려서>, 지 혼차<저 혼자> 수우미 차가아<숨이 차서> 아아무리 **식식꺼린들**<아무리 씩씩거린들> 어느 누가 도올바아<돌봐> 주는 사라미<사람이> 이서야 마아리시더<있어야 말입니다>.

쉬다 [시′꼬/식′꼬, 식′찌, 식′떠′라, 식′꺼(까)도, 식′꺼서, 식′꺼라] 동 타 씻다*. ①¶암망 급패애도<암만 급해도>, 그 얼구레 무등 밀까리<묻은 밀가루>나 좀 **식꼬**<씻고> 나서, 머어로 묵뜬동 달든동<뭐를 먹든지 말든지> 해애라<해라>./내가 막 바불 안칠라고<밥을 안치려고> 살로 **식꼬** 인는데<쌀을 씻고 있는데>, 그 사라미<사람이> 숙 두로더라 마아리시더<쑥 들어오더라 말입니다>. ②¶어어떤<어떤> 수로 시디이라도<수를 쓰더라도> 줴에 업시<죄 없이> 더퍼 신 허무른<덮어 쓴 허물은> **식꺼내애야**<씻어내야> 할 꺼 애니가<것 아니냐>… x땀을 쉬다. **식끈 드시**<씻은 듯이> 구). **식꼬 딱꼬**<씻고 닦고> **하나 뿐** 구).

신나락 [신나′락] 명 볍씨*. ¶**신나락** 처 녹코<볍씨 뿌려 놓고> 얼매 앤 이시머<얼마 안 있으면>, 까안챙이<까치> 새끼 우는 소리가 나고 그카지<그리하지>./야아야<얘야> **신나락** 도오 말마 꼬오 도오<볍씨 두어 말만 꿔 다오>.

신다* [시잉′꼬′, 시인′찌′, 시인′떠′라, 시′너(나)도, 시′너서, 시′너라] 동 타 ¶구비 저레 노풍<굽이 저렇게 높은> 구두로 **시느머**<구두를 신으면> 발모기 애 나풍강<발목이 안 아픈가>?

신더부치 [신더부′치] 명 신체의 넓적다리 바깥쪽 부위. ¶저거 실랑자테<자기 신랑한테> **신더부치** 살로 비이 미기이가아 주굴 사라믈 살릭꺼등<넓적다리 안쪽 살을 베어 먹여서 죽을 사람을 살렸거든>… 참 허벅지는 신더부치의 반대쪽인 안쪽, 샅의 아래쪽을 가리킴. ▷신다리.

신체 [신′체] 몡 시체*(屍體). ¶(수의를 두고) 트지비 인는 오슨<트집이 있는/ 말짱하지 않는 웃은> **신체**에다가 익끼머 앤 댄대이<시체에다가 입히면 안 된다>.

실* [시일′] 몡 ¶실랑각시 두우리<신랑각시 둘이> 마지 안저가아<마주 앉아서> **시일**로 가무머<실을 감으면> 재미 읻찌요<있지요>?

실개 [실′개′] 몡 쓸개*. ¶자앙산찔로 나설라 커꺼등<장샛길로 나서려고 하거든> 아예 **실개** 거틍 거느<쓸개 같은 것은> 다아 띠이내앱뿌고 댕게래이<떼어내 버리고 다녀라>./고옴**실개**마 똑<곰쓸개만 꼭> 모메 조옹 기이 애니고<몸에 좋은 것이 아니고>, **실개**느 물꿰기<쓸개는 물고기> **실개**도 다아 모메 조옹 거다<쓸개도 다 몸에 좋은 것이다>.

실다[1] [시′고′/실′고′, 시′지′/실′지′, 시′더′라/실′더′라, 시′러′(라)도, 시′러′서] 동자타 슬다*. ¶그너무 쉬이파랭이<그놈의 쉬파리> 참 사닥끼도 하제<빠르기도 하지>, 언사나 여어다가<어느새 여기다가> 알로 **시러** 나안네<알을 슬어 놓았네>?

실다[2] [시′고′/실′고′, 시′지′/실′지′, 시′더′라/실′더′라, 시′러′(라)도, 시′러′서, 시′러′라/시′라′] 동타 쓸다*. ¶니<너> 먼저 방아 드가가아 익꺼라<방에 들어가서 있거라>, 나느 마다아<나는 마당의> 누우니나 쫌 **시러** 녹코 드가께에<눈이나 좀 쓸어 놓고 들어갈게>.

실리다#[1] [실리′이다] 동자 쏠리다*. ¶이 차가 와 자꼬 웨엔쪼그로<왜 자꾸 왼쪽으로> 시일실 **실리이지**<슬슬 쏠리지>?

실리다*[2] [실리′이다] 동 ¶이 그리 어던 잡찌에<글이 어느 잡지에> **실리인** 떵 그리고<실렸던 글이냐>?

실물 [실′물′] 몡 '식물(食物)'의 와전인 듯. 꽙 '욕시미 마아느머<욕심이 많으면> 실물로 가암한다<감한다>' 의 경우에 쓰임. 드).

실버하다 [실′버′하고, 실′버′하지, 실′버′하더라, 실′버′해애도, 실′버′해애서] 동타 싫어하다*. ¶그런 귀이싱 거치<귀신 같이> 내애미 나느 거로<냄새 나는 것을> 앤 **실버할**<안 싫어할> 사래미 어읻떵기요<사람이 어디 있습디까>? ▷시러하다.

실ㅎ다 [시일′꼬′, 시일′찌′, 시일′떠′라, 시′러(라)도, 시′러서, 시′러라] 동

㉣ 싣다*. ¶무거분 지믄<무거운 짐은> 여어다가 **시**러라<여기다가 실어라>./우리 큼머스믄 오새애<큰 머슴은 요새> 시태바리<소에게 싣는 짐> **시일**로 댕기니이라꼬 바뿌다<실러 다니느라고 바쁘다>.

싫다* [실′코′, 실′치′, 실′터′라, 실′버′(바)도, 실′버′서] ㉭ ¶청그믈 준다 캐애도<천금을 준다고 해도> 도독찌른 내사 **실타**<도둑질은 나야/나는 싫다>.

심 [심′] ㉤ 힘*. ¶얼라아로 바아주능 거<아이를 봐주는 것> 그거 안 수웁 때이<쉽다>, **시**미 부치이머 모옴 뽄대이<힘이 부치면 못 본다>./큰집 저근집<작은집> 다아 미기이 살릴라꼬<다 먹여 살리려고>, 두우 찝<두 집> 살림 하알라커니<하려니까> 자네가 참 **심**드제<힘들지>?

심다* [시잉′꼬′, 시임′찌′, 시임′떠′라, 시′머(마)도, 시′머서, 시′머라] ㉦㉣ ¶짐장 무시캉 배앱차느<김장 무와 배추는>, 양녁 파럴 초여를 아네<양력 팔월 초열흘 안에> **시**머야 댄대이<심어야 된다>. ▷시무다>숭구다.

십 [십′] ㉤ X. 욕의 하나. ¶그 개애 **식**꺼튼<개 X 같은> 소리 구만 해애라<해라>./이런 니기미 **시**비다<네 어미 X이다>. ⇔좆. **십파다** ㉦㉧ X하다.

십다[1] [식′꼬′/십′꼬′, 십′찌′, 십′떠′라, 시′버′(바)도, 시′버′서] ㉭ 쓰다*. ①¶소가 잘 뭉늠 푸리라 컨능 거스 점부<먹는 풀이라는 것은 전부>, 우리 임마세느 **시**붕 걷뜨리대이<입맛에는 쓴 것들이다>./그래, **시**분 야길수룩<쓴 약일수록> 우리 모메느 조오탄다<몸에는 좋단다>./아푸고 난띠이<아프고 났더니> 다암배 마시<담배 맛이> 소태거치 **십**네요<소태같이 쓰네요>. ②¶임마시 하도 **시**버가아<입맛이 너무 써서> 아아무 꺼도<아무 것도> 무굴 생개기 엄심더<먹을 생각이 없습니다>.

십다[2] [시익′꼬′/시입′꼬′, 시입′찌′, 시입′떠′라, 시′버(바)도, 시′버서, 시′버라] ㉦㉣ 씹다*. ①¶야아야 언치일라<애야 얹힐라> 꼭꼭 **시**버가메 천처어니 무구래이<씹어가며 천천히 먹어라>./바불<밥을> 백 뿐<번> 이상 오래 **시**버 묵뚜룩 해애바아라<씹어 먹도록 해봐라>, 위장뼝이 곤치지지<위장병이 고쳐지지>. ②¶그 사르믄<사람은> 가마아꼬 보메<가만히 보면>, 남 **시**임능 거로<씹는 것을> 추우미 사머<취미 삼아> 하능 거테<하는 것 같아>. ㉧ 싶다>십다.

싱겁다* [싱겁′꼬/싱걱′꼬, 싱겁′찌, 싱겁떠′라, 싱거′버(바)도, 싱거′버서] ㉭

¶무심 미꾸래기 구기<무슨 미꾸라지 국이> 이레 **싱검**노<이렇게 싱겁니>?
싱기 [시잉′기′] 몡 제사*. 드).
싱기다 [싱′기다] 동타 섬기다*. ¶원세기 저 칭구느<原錫이 저 친구는>, 에릴<어릴> 때 키야 중 공을 생가거 가주구<키워 준 공을 생각해 가지고>, 저저 헝수느<자기 형수는> 참, 신주 **싱기**드시 **싱긴**단다<섬기듯이 섬긴단다>.
싱꼴 [싱′꼴] 몡 신골*. ¶저네느 집시늘 사무머<전에는 짚신을 삼으면> 다아 **싱꼴**로<다 신골을> 처 도온따가 시넏따<처 뒀다가 신었다>./**싱꼴**로 이레 방빠다게다가<신골을 이렇게 방바닥에다가> 버어 노오머<부어 놓으면> 반들반들항 기<반들반들한 것이> 개수도 참 마앙코<많고> 억시기 차아마 니이라<매우 참하단다/참하느니라>…
싱미 [시잉′미′] 몡 성미*. ¶쪽찌비 가죽 뺙끼능 거느<족재비 가죽 벗기는 것은> 내 **시잉미**에느 앰 만는<성미에는 안 맞는> 이이리데에<일이더군>./저 야앙바느<양반은> 무신 **시잉미**가 저레<무슨 성미가 저렇게> 불거튼동 모올라<불같은지 몰라>. **싱미**<성미>가 나다 구). **싱미**<성미>에 맞다 구). **싱미**<성미>(를) 부리다 구).
싶다#[1] [시입′꼬′/시익′꼬′, 시입′찌′, 시입′떠′라, 시′퍼(파)도, 시′퍼서, 시′퍼라] 동타 씹다*. ¶심시믄데<심심한데>, 이 쩐사리나 쫌 **시**퍼바아라<좀 씹어 봐라>./남자가 꺼믈<검을> 질겅질겅 **시임**능 거느<씹는 것은> 참 보기 실테에<싫더군>. 노)혼). 참 싶다>싶다.
싶다* [2] [십′꼬/식′꼬, 십′찌, 십떠′라, 시′퍼(파)도, 시′퍼서, 시′퍼라] 형 보조.

ㅇ

아감지 [아′감′지] 몡 입*. 아가미*. ¶궤기인테나 **아감지**가 읻찌<고기에게나

아가미가 있지>, 독새가 무신<독사가 무슨> **아감지**가 인노<아가미가 있니>?/여어서느<여기서는> 독새 입또<독사 입도> 더러 **아감지**라 컨는다 와<'아감지'라고 한다 왜>.

아곱 [아′곱] I ㊤ 아홉*. II ㉼ ▷아옵.

아구랑나무 [아구랑′나′무′] ㊅ 꼬부러진 나무. ⇔너릉나무. 드).

아기* [아기] ㊅ 나이 어린 며느리나 질부를 귀엽게 호칭하는 말. ¶(시아버지가) **아가**<며늘아기야>, 숭영 항 그륵 도고<숭늉 한 그릇 다오>.

아깝다* [아깍′꼬/아깝′꼬, 아깝′찌, 아깝떠′라, 아까′버(바)도, 아까′버서, 아까′버라] ㉾ ¶사아라미 머어라도<사람이 뭐라도> **아까**분 줄 아러야지<아까운 줄 알아야지>…/지 꺼느 **아깜**는데<제 것은 아까운데>, 우얘 나무 꺼느<어찌 남의 것은> 앤 **아깜**노<아깝지 않노>?

아니다*/앙이다 [아~이′~고, 아~이′~지, 아~이′~더′라, 아~이′~라도, 아~이′~라서] ㉾.

아들럼 [아′들럼] ㊅ 아들놈*. ⇔딸련.

아래* [아′래] ㊅ ¶장수 아재느<아저씨는> 머어로 일겁뿍껄래<무엇을 잃어버렸길래> 그레 자꼬<그렇게 자꾸> **아래** 우로<위를> 베로 나능기요<베를 납니까>?

아랭이 지랭이 [아래′~이~지래′~이~] ㊅ 아롱이 다롱이.

아러보다 [아′러보다] ㊁㉰ 알아보다*. ¶바앙구로<방귀를> 붕붕 뀌일 찌게<뀔 적에> 내가 **아러바앋찌**<알아봤지>, 똥 살 쭈를<쌀 줄을>…

아림물 [아림′물] ㊅ 아랫물*. ⇔움물.

아바피 [아바′피] ㊌ 앞앞이*. ▷아배피.

아배 [아′배] ㊅ 아비*. 아버지*. 아빠. ▷애비. ⇔어매.

아부 [아′부] ㊌ 아비의. 아버지의. ¶그 너미<놈이> 아부 조옹너미지 내 조옹가<아버지의 종놈이지 내 종이냐>. 드).

아부지 [아부′지] ㊅ 아버지*. ⇔어무니/어뭉이/엄마. 흔).

아서주다 [아′서주다] ㊁㉰ 앗아 주다. 집어 주다. 챙겨 주다. ¶저 이일꾸는<일꾼은> 무굴 꺼로<먹을 것을> 아네서 꼭 **아서조**오야지<안에서 꼭 앗아/챙겨 줘야지>, 앵 그러머<안 그러면> 차저무굴 쭐 모린대이<찾아먹을 줄 모른다>.

아숩다 [아′숙꼬/아′숩꼬, 아′숩찌, 아′숩떠라, 아′수버(바)도, 아′수버서] 형 아쉽다*. 그립다*. ①¶(연장을 고치고 나서) 이마안하며 **아수분**<이만하면 아쉬운> 대로 한 사나아른 전디겓따<사날은 견디겠다>. ②¶여어 머어가 <여기 뭐가> 그리 **아수붕** 기이 이서가아<아쉬운 것이 있어서>, 발찌리 앤 떠러진담 마아링기요<발길이 안 떨어진단 말입니까>?/저너미 앙이도<저 놈이 아직도> 지 이미저지 **아수분** 눈치더라꼬요<제 어미젖이 그리운 눈치더라고요>.

아시[1] [아′시] 명 애벌*. 초벌*. ¶새마리 자네느<새말이 자네는> **아시노늘**<애벌논을> 하며 다아 매앧따메<벌써 다 매었다며>?

아시[2] [아시′] 명 아우*. ¶자아 **아시**가 일실<쟈 아우가 있을> 때가 느젇는데<늦었는데>…/아아드리<아이들이> 지 **아시**<제 아우> 볼 때가 대머<되면>, 똥꾸웅딩이로 척끼드고<궁둥이를 추켜들고> 고개로 지 다리 새애로 꾹꾸리가아<고개를 제 다리 사이로 구부려서> 머언 하늘로<먼 하늘을> 보고 그라니이라<그러느니라>. **아시<아우> 들다** 구). **아시<아우> 보다** 구). **아시<아우> 타다** 구).

아아 [아′아가, 아′아를, 아′아에, 아′아도, 아′아마] 명 애*. 아이*. 어린아이*. 어린이*. ¶누우 집 **아아드리**기나<누구네 집 아이들이거나> 홀짜앙난 질기능 거느<흙장난 즐기는 것은> 다아 똑 깐네요<다 꼭 같네요>./저기 잘감봇뚜게<잘감봇둑에>, **아아**로 억꼬<아이를 업고> 가는 안드리 누고<아낙이 누구니>? 잠 잘감보: 땅이름./**아아드른**<아이들은> 저기 바께<밖에> 나가 노러래이<놀아라>./어덜<어디를> 가도 **아아** 사암시랑은<아이들 삼신은> 하는 지이시 똑 깓찌<짓이 꼭 같지>./시이 살 무군<세 살 먹은> **아아**도 애니고<아이도 아니고> 이기이 머엉기요<이것이 무엇입니까>?/이미라 컨는 사라미<어미라고 하는 사람이> 그래, **아아** 우우는<아이 우는> 소리 하나 딱 끈치구로 모온<그치게 못> 하나? ②아기*. ¶실랑<신랑> 각시가 가치 사아머<같이 살면> **아아**로 배애능<아이를 배는> 거야 당연하지./저레 가가아<절에 가서> **아아**로 저엄지해애 도올라꼬 비럭껴듬요<아기를 점지해 달라고 빌었거든요>… ③자식*. ¶신전 어어른<어른>, 이너미<이놈이> 우리 두울째 **아아올시더**<둘째 자식이올시다. 수야, 이 어어르닌테<어른에게> 인사 디레라<드려라>. **아아로<아이를> 배다** 구). **아아로 놓다**<아이를

낳다〉 구). 아아로〈아이를〉 배슬리다〈??〉 구). 아아〈아이〉 보채듯 구). 아아로 지우다〈아이를 지다〉 구). 아아로〈아이를〉 틀다 구).

아옵 [아′옵] I ㊅ 아홉*. II ㊉ ▷아곱.

아웅 [아′웅] ㊊ 아옹*.

아재비* [아재′비] ㊆ ¶니 **아재비**느〈네 아재비는/삼촌은〉 어디 가고, 저어염 무구로도〈점심 먹으로도〉 앤 오노〈안 오니〉?

아지매 [아′지매] ㊆ ①아주머니*. ¶장동 **아지매**〈아주머니〉 무싱 거억쩡꺼리라도〈무슨 걱정거리라도〉 생긴능기요〈생겼습니까〉? ②형수*. ¶만날 새복빱〈새벽밥〉 해애 대애니이라꼬〈해 대느라고〉 우리 **아지매** 참 욕뽀니이더〈형수 참 수고합니다〉. ▷아지미.

아직#[1] [아직′] ㊆ 아침*. ¶(아침 인사로) 성동 어어른〈어른〉 **아직** 잠솨안능기요〈아침 잡수셨습니까〉? ▷아칙/아첨/아짐.

아직*[2] [아′직] ㊉ ¶그 야양반 **아직**〈양반 아직〉 구운청어 댕기나〈군청에 다니나〉? ▷안죽/앙이.

아푸다 [아푸′고, 아푸′지, 아푸더′라, 아′퍼(파)도, 아′퍼서, 아′퍼라] ㊇ 아프다*. ¶머리도 **아푸고**〈아프고〉 팔따리도 **아푸고**〈팔다리도 아프고〉 어디에 **나푼**〈안 아픈〉 데가 업따〈없다〉.

악땀 [악′땀] ㊆ 악담*(惡談). **악땀하다** ㊇㊊ 악담하다*.

악또리 [악′또리] ㊆ 악돌이*. 악독한 사람. 드).

안*[1] [안′] ㊆ ¶방무늘 **아네서러**〈방문을 안에서〉 장가압뿔시니〈잠가버렸으니〉 여얼 방버비 어억꾸나〈열 방법이 없구나〉. ⇔밖.

안*[2] [안′] '아니'의 준말. ¶내상〈나야〉 그럼 비렁내 나능 거느〈그런 비린내 나는 것은〉 **암** 무굴란다〈안 먹으련다〉./그 야양반 하는 마아리〈양반 하는 말이〉, 자기느 허어믕 꼬른〈자기는 험한 꼴은〉 아예 **암** 볼 작쩡이라 컨떠라〈안 볼 작정이라고 하더라〉. ▷앤.

안다* [아앙′꼬′, 아안′찌′, 아안′떠′라, 아′너(나)도, 아′너서, 아′너라] ㊇㊌ ¶그 집 까널라아로〈갓난아기를〉 내가 함문 **아너** 보니꺼네〈한번 안아 보니까〉, 참 밉상이고 충실터라커니〈밉상이고/잘 생기고 충실하더라니까〉.

안덜 [안′덜] ㊆ '부인'을 홀대하여 이르는 말. 여편네*. 아낙*. 계집. x부인네들. ¶누구라도 **안덜** 하나 잘몸 만내머〈여편네 하나 잘못 만나면〉 저 모양저 꼬라지가 댄다<꼬락서니가 된다>. ▷인네. 참 복수가 아닌 단수임.

안집뱅이 [안짐배'~이~가, 안짐배'~이~를, 안짐배'~이~에/안짐배'~이~예~, 안짐배'~이~도, 안짐배'~이~마] 명 앉은뱅이*. ¶아지미<아주머니>, 저네 일떤<전에 있던> **안짐뱅이** 트른 우앴능기요<앉은뱅이 (재봉)틀은 어쨌습니까>? ▷안질뱅이.

안추다 [안추'우고, 안추'우지, 안추'우더라, 안차'아도/안촤'아도, 안차'아서/안촤'아서, 안차'아라/안촤'아라] 동 사동 앉히다*. ¶그 집, 다아 살 무군<다섯 살 먹은> 조카 아아<아이>가 어어떡쿰 설치는동<어떻게나 설치는지>, 내 재주로 자버 **안추울**<잡아 앉힐> 방버비 이서야 마리시더<방법이 있어야 말입니다>. ▷안출다.

안태 [안태'] 명 태*(胎). ¶페엠뻬잉에느<폐병에는> 꼬오내기 **안태**로 미기머<고양이 태를 먹이면> 조온타 컨먼데<좋다고 하던데>···/여어가<여기가> 우리 **안태** 고향이시더<제가 태어난 고향입니다>.

앉다* [앙'꼬, 안'찌, 안떠'라, 안'저(자)도, 안'저서, 앙꺼'라/앉'저라/안지'라/안'저/안'자] 동 자 ¶자, 이 사람 페니 **앙께**<편히 앉게>./저 거얼상아 **안 즌**<걸상에 앉은> 사람 쫌 일라 바아라<좀 일어나 봐라>.

알#[1] [알'] 명 아가리*. 입*. ¶구렁이 **아리나**<구렁이 아가리나> 쥐 **아레** 물리머 약또 업때이<아가리에 물리면 약도 없다>./미칭개애 **아레**<미친개에게/미친개 입에> 물리이지 앤하두룩 조오심해애라<않도록 조심해라>. 흔).

알#[2] [아알'] 명 '아래'의 준말. ¶오늘 내가 술 한장 거얼치고 나니꺼네<한잔 걸치고 나니까>, 세에상 부우자가<세상 부자가> 다아 누 **나알**로 비인다 와<다 눈 아래로 보인다 왜>./여엉천 **아알로느**<永川 아래로는/남쪽으로는>, 저마니 심 시인<저만큼 힘 센> 사람 어업실 꺼로<없을 걸>.

알*[3] [알'] 명 ¶보롬날, 첟 수레<정월대보름날 첫 술에/숟가락에> 지임 사 무구머<김(을) 싸 먹으면> 꽁알 조온단다<꿩알 줍는단다>. **알**(을) **까다** 구). **알**(을) **실다(슬다)** 구).

알다* [아알'고'/아아'고', 아알'지'/아아'지', 아알'더'라/아아'더'라, 아'러(라)도, 아'러서, 아'러라/아아'라] 동 타 ¶그 사라미 하는 마아리<사람이 하는 말이> 무신 뜨진동<무슨 뜻인지> 니느 **아아아겐나**<너는 알겠나>?

알라 [알라′아] 명 아기*. 어린이*. ¶자 여기, **알라아** 가지인 사람버텅<아기 가진 사람부터> 압짜레 안촤아라<앞자리에 앉혀라>. 참 얼라>알라.

알롱이 달롱이 [알루′~이~달루′~이~] 명 알롱이 달롱이. 아롱이 다롱이.

알매* [알매′] 명 한옥 지붕의 산자(橵子)와 이엉이나 기와 사이에 까는 흙. ¶오늘 **알매**치는 지베느<집에는> 개와로 올린다니이더<기와를 올린답니 다>./저네느 마시레<전에는 마을에> 누가 지불 지우머<집을 지으면>, 온 도 옹네 사암드리<동네 사람들이> 다아 가치<다 같이> **알매도** 처<쳐> 주고 그래앤는데<그랬는데>… 혼).

알매치다 [알매′치다] 동 자 알매 흙을 얹다. ¶지느 저동떡<저는 제동댁> **알 매치**는 데 거어드러<거들어> 주고, 저엄서믈 거어서 무건심더<점심을 거 기서 먹었습니더>. 혼).

앍다 [알′꼬, 알′찌, 알′떠′라, 알′거(가)도, 알′거서, 알′거라] 동 자 타 앓다*. ¶그 참, 인는 사라믄<있는 사람은> 인자아 구만 쫌 **알그소**<이제 그만 좀 앓으시오>, 야아<네>./조매애마 아퍼도<조금만 아파도> 저레 **알거** 사아니 <저렇게 앓아 쌓으니>, 참 득끼 실터네<듣기 싫더군>. 혼).

앓다 [알′코, 알′치, 알터′라, 아′러도, 아′러서, 아′러라] 동 자 타 앓다*. ☞ 앍 다.

암딸 [암′따′리, 암′딸′로/암′따′를, 암′따′레, 암′딸′도/암′딸′또, 암′딸′마] 명 암닭*. ¶처가찌비<처갓집에> 가니, 자네 자앙모가<장모가> 살찐 **암따 리라도** 함 바리 자버 주더냐<암닭이라도 한 마리 잡아 주더냐>? ▷암닭. ⇔장딸.

암딹 [암′딸′기, 암′딸′글, 암′딸′게, 암′딸′도/암′딸′또, 암′딸′마] 명 암닭*. ☞암딸.

암때주 [암′때′애주] 명 암퇘지*. ¶니야까에다가 **암때애주**로 태야가아<손수 레에다가 암퇘지를 태워서> 저불 부치로<접을 붙이러/교배를 시키러> 간따 완는데<갔다 왔는데>, 그 이튼날<이튿날> 보니꺼네 **암때애주**가 업서<보니 까 암퇘지가 없어>, 그래 여기저기 차저보니<찾아보니> 지이가<제가> 또 니야까에<손수레에> 떡 타고 읻떠란다<있더란다>. ⇔숙때주.

암만#¹ [아암만′] 부 아무렴*. ¶**아암만**<아무렴>, 수른 마시머 췌지<술은 마 시면 취하지>.

암만² [암만′] 튀 아무리*. ①¶지이가 **암만** 바뻐도 그럳치<제가 아무리 바빠도 그렇지>, 지 여동성<제 여동생> 혼사에도 앤 오머<안 오면>, 그기이 무신 오래비고<그것이 무슨 오라비냐/오라비니>? ②비록*. ¶내가 **암만** 능굼 자앙사<비록 사과 장사>나 하고 이실<있을>망정, 지이가 나알로<제가 나를> 까알보능 거느<깔보는 것은> 도오저이 용사 모온한다<도저히 용서 못한다>.

암빵 [암′빵′] 명 안방*. ¶우리느<우리는> '큰방'이라컨능 거로<큰방이라는 것을>, 우데에서느<윗녘에서는> '**암빵**'이라카더라<안방이라고 하더라>. 드) 소).

압띠 [압′띠이] 명 앞뒤*. ¶수우니캉 우리느<순이와 우리는> 그때 **압띠**읻찌비 사럳심더<앞뒷집에 살았습니다>. **압띠가 맥키다**<앞뒤가 막히다> 구). **압띠가**<앞뒤가> **맞다** 구). **압띠로**<앞뒤를> **재다** 구).

압시우다 [압시′우다] 동 1 타 앞세우다*. 2 사동 드). 참 압서우다>압시우다.

압짱 [압짱′] 명 앞장*. ¶그런 이이레 와<일에 왜> 당시니 **압짱**을 설라 컨노<당신이 앞장을 서려고 하나>?

압짱갱이 [압짱′개~이~] 명 앞정강이*.

압짱서다 [압짱서′다] 동 자 앞장서다*.

앙개 [아앙′개′] 명 안개*. ¶오느름 바마**앙개**가<오늘은 밤 안개가> 우애<어찌> 이리 지트꼬<짙을까>?/우리 상촌 아재<아저씨> 사아능 기이<사는 것이> 완저니 **아앙개** 소오기나 항가지다<완전히 안개 속이나 마찬가지다>.

앙굼 [앙′굼] 명 꼭 깨물고 놓지 않는 힘. 바짝 조이는 힘.

앙굼시럽다 [앙′굼시럽따] 형 꼭 깨물고 놓지 않거나 바짝 조이는 경향이 있다. ¶그 따라아 그거 그레 볼 꺼 애니다<그 계집애 그것 그렇게 볼 것 아니다>, 보기버다아 얼매나 **앙굼시럽따꼬**<보기보다 얼마나 앙금스럽다고??/물고 늘어지는 성질이 있다고>.

앙깨 [앙′깨′애] 명 암캐*. ¶새끼 노온 **앙깨애느**<낳은 암캐는> 디이기 부랑태이<되게 사납다>, 조오심해애라<조심해라>./보소 아지매<아주머니>, **앙깨애** 자분 택대애쉐이<암캐 잡은 셈치세요>. 참 정만서 설화. ⇔숙깨.

앙문 [앙′문] 명 앙분*(怏忿).

앙문하다 [앙′문하다] 동 자 앙분하다*(怏忿). ¶조너무 꼬오내기 조고<조놈의

고양이 조것> 지로 때린다꼬<저를 때린다고> 내인데 **앙문한대이**<내한테 앙분한다>.

앙아 [아́아́~아́~] 國 응*. ¶**앙아**<응>, 그럭쿠나 인자아 아럳따<그렇구나 인제 알았다>.

앙이다 [아~이́~고, 아~이́~지, 아~이́~더́라, 아~이́~라도, 아~이́~라서] 國 아니다*. ¶그 가시나아인테<계집애한테>, 아아가 잍따늠 마아른<아기가 있다는 말은> 참마아리 **앙이더라**<참말이 아니더라>./내가 가마아 보니<가만히 보니> 떠날 마아미 전연 엄능<마음이 전혀 없는> 거느 **앙잉**갑떠라<것은 아닌가 보더라>. ▷애니다. **앙이나 달러**<아니나 달라> 구). **앙이나 다리까**<아니나 다를까> 구). **앙잉기 앙이라**<아닌게 아니라> 구). **앙이차네**<**그렇잖아도**> 구).

앞* [아́피, 아́플/아́풀, 아́페, 압́또, 암́마] 國 ¶내 **아페서**<앞에서> 그럼 보오석 소리느<그런 보석 소리는> 하지 마쉐이<마세요>./보름 때 대머<정월대보름 때 되면>, 우리 마실 처어자뜰또<마을 처녀들도> **암**마다아 나와 가아<앞마당에 나와서> 너얼로<널을> 푸쩍풀쩍 띠고<뛰고>…

애기 [애́기́] 國 아기*. 며늘아기*. ¶**애기야**<며늘아기야>, 할매 자리느<할머니 (이부)자리는> 니이가 쫌<네가 좀> 바아 디리두룩 하알래<보아 드리도록 할래>? ▷아기.

애끼다 [애́끼다] 國 國 아끼다*. ¶머어<뭐>라도 **애낄** 꺼로 **애끼야지**<아낄 것을 아껴야지>, 대애녹코 **애끼**기마 하머<대놓고/덮어놓고 아끼기만 하면> 대는 줄 아아나<되는 줄 아니>?

애니다 [애~이́~고, 애~이́~지, 애~이́~더́라, 애~이́~라도, 애~이́~라서] 國 아니다*. ¶그 어어르니<어른이> 성내에다가 처블 도온따늠 마아른<첩을 뒀다는 말은> 사아시리 **애닝**갑떠마<사실이 아닌가 봅디다>./가마아꼬<가만히> 보니 저 늘긩이도<늙은이도>, 한 제까치 무거볼 마아미<젓가락 먹어볼 마음이> 엄능 거느 **애닌**데<없는 것은 아닌데>… ▷앙이다.

애비 [애́비] 國 아비*. 아범*. ¶영수 **애비**느 가치 앤 완나<아범은 같이 안 왔니>?/인시기 **애비야**<인식이 아비야>, 일로 쫌 와바아라<이리로 좀 와봐라>. ▷아배/아방이.

애장 [애́장] 國 아기무덤. ¶웨꼬른<외꼴은> **애장** 구딩이대이<아기무덤 구

덩이다>, 거어느<거기는> 소 미기로<먹이러/풀 뜯기러> 가지 마래이<마라>. 흔).

앤 [앤′] 튄 안*. '아니'의 준말. ¶내사<나야> 그런 심패 여엉극 거틍 거느<신파 연극 같은 것은> 하낟또 **앰** 보구접따<하나도/조금도 안 보고 싶다>./가 아느 거어서<걔는 거기서> 주능 국시로<주는 국수를> 내애미난다꼬<냄새난다고> **앰** 묵떠마<안 먹더군요/먹지 않더군요>./니느 우리캉 가치<너는 우리하고 같이> 저 차 타고 **앵** 가알래<안 갈래>? **앤 하다** 구) 아니 하다.

앵기다 [앵기′이다] 동 안기다*. 1 피동 ¶오램마네<오랜만에> 하도 조오와 모온 쩐디가아<좋아 못 견뎌서>, 어매 푸메<엄마 품에> **앵기인** 지메<안긴 김에> 실컨 우럽뿐찌 머어<실컷 울어버렸지 뭐>. 2 사동 ¶그럭키 서얼끼<그렇게 서럽게> 우우는 아아로<우는 아이를> 갇따가<->, 저검마 푸메<제 어미 품에> 떠억 **앵기이** 주니꺼네<턱 안겨 주니까> 우루믈 뚝 끈치데에<울음을 뚝 그치더군>. 3 타 ¶저너미 거어짐말한다<저놈이 거짓말한다>, 앤 대겓따<안되겠다> 주릳때로 **앵기이** 조오야겓따<주릿대를 안겨 줘야겠다>. ▷앵끼다.

앵끼다 [앵끼′이다] 동 안기다*. ☞앵기다.

앵도라지다 [앵도′라지다] 동자 앵돌아지다*. ¶대애장부가<대장부가> 그만 이이레<그만한 일에> 지이짐맨트로 **앵도라질** 꺼느<계집처럼 앵돌아질 것은> 또 머어꼬<뭐냐>? ▷앵도러지다.

앵병 [앵′벼엉] 명 오랜 병. 염병*. ¶내가 앙 카더나<그러하지 않더냐>, **앵벼엉**에 호오자 업따꼬<오랜 병에 효자 없다고>. 드).

야수 [야′수] 명 여우*. ¶오새애<요새> 미이 파뭉는 **야수**느<묘 파먹는 여우는> 아예 시도 업쩨<아예 씨도 없지>?/**야수**느 따러가머<여우는 따라가면> 디이로<뒤를> 해딱 해딱 도러보니이라<돌아보느니라>. ▷야시/여수/예수. 흔). **야수 겉다**<여우 같다> 구).

야수두디기 [야수두디′기] 명 여우가 무덤에서 파낸 수의 조각. ¶오 도린 데느<옻 오른 데는> **야수두디기**로 가주구 민때머<여우누더기??를 가지고 문지르면> 나안느<낫는> 수가 읻따 컨떼에<있다고 하더군>.

야시 [야′시/야시′] 명 여우*. ▷야수/여수/예수.

야푸다 [야푸′고, 야푸′지, 야푸′더′라, 야′퍼(파)도, 야′퍼서] 형 얕다*. ¶거랑무리<개울물이> **야푼** 더로<얕은 데를> 차저 거언네머<찾아 건너면> 발로 앤 적시고도<발을 안 적시고도> 댈 낀대<될 것인데>…/웨꼴 **야푼** 꼴짜게 가머<외꼴 얕은 골짜기에 가면> 사앙고리<산골이> 더러 읻찌<있지>. 참 산골: 다슬기 화석. 接骨藥으로 복용함. ⇔지푸다. 혼).

약*¹(藥) [애′기′/야′기′, 야′글′, 야′게/야′게′, 약′또′, 양′마′] 명 ¶(풋고추를) **약** 오링 꼬치느<오른 고추는> 따오지 마고<말고>, 약깐 몰라앙항 푹꼬치로<약간 몰랑한 풋고추를>…

약*²(藥) [애′기′/야′기′, 야′글′, 야′게′/야′게, 약′또′, 양′마′] 명 ¶소가 비잉이 드렀시머<병이 들었으면> **야**글 미기이든동<약을 먹이든지> 소오침쟁이로 불러오든동<수의사를 불러오든지> 할 이이리지<일이지>…

약꾸리 [약꾸′리] 명 옆구리*. ¶보소, **약꾸**레 카리 두롸도 나느 실소<옆구리에 칼이 들어와도 나는 싫소>./니이<너> 그 **약꾸**레<옆구리에> 감지궁 기이 머어고<감춘 것이 뭐니>?

얌생이¹ [얌새′~이~] 명 염소*. ¶우리 자그나지야느<작은삼촌은>, **얌생이** 떼로 마알고<염소 떼를 몰고> 저 솔 숩 쪼그로<소나무 숲 쪽으로> 올러간심더<올라갔습니다>.

얌생이² [얌새′~이~] 명 남의 물건을 슬쩍슬쩍 훔쳐내는 짓을 속되게 이르는 말. ¶지 잠바<제 점퍼>가 **얌생이** 모웅 물겨니라가아<훔쳐 온 물건이라서> 혀엄벙드리 오까방 검나니이더<헌병들이 올까봐 겁납니다>. 참 한국전쟁 뒤부터 흔히 쓰기 시작한 말임. **얌생이하다** 동 타 훔치다*. **얌생이 몰다** 구 훔치다*.

얖찝 [얖찝′] 명 옆집*. ¶(도시에서) **얖찌**베<옆집에> 누가 사아는동 모리다니<사는지 모르다니>?

양#¹ [양′] 명 냥*. ¶엽쩐<엽전> 오오 뱅 양이머<오 백 냥이면> 오새애 도오느로느<요새 돈으로는> 얼매나 대꼬<얼마나 될까>?

양*² [양] 명 의존 ¶머스민<머슴인> 주제에, 꼭 지이<제>가 주이닌 **양** 행세하능 꼬라지느<주인인 양 행세하는 꼬락서니는> 모움 빠아 주겓떠라<못 봐 주겠더라>.

-**양** [양′] 조 -야*. ¶어는 아아<어느 아이> 키가 큰동은<큰지는>, 가치 돌리서아 녹코<같이 돌려 세워 놓고> 키로 마차아바아**양**<키를 맞추어 봐야>

아아지<알지>./이 해거르메<해거름에> 쪼매 거어드러 조오바아**양**<조금 거들어 줘봐야> 누가 고오맙따 컥껜노<고맙다고 하겠니>?

양*(羊) [양] 명 ¶**양**꿰기느 우얘 꾸부머<양고기는 어찌 구우면> 누렁내가 앤 나능공<노린내가 안 나는지>?/**양**은 뿌리 인나 엄나<양은 뿔이 있니 없니>?

양발 [양′발] 명 양말*. ¶저네사<전에야> **양바**리 다아 어딘노<양말이 다 어디 있니>? 점부 맴발로 사런찌<전부 맨발로 살았지>.

양밥 [양′밥] 명 보복을 위한 주술적인 비방. 참 꼬내기 **양밥**<고양이 양밥> : 살아있는 고양이를 이용하는 비방. 도둑을 잡거나 누구를 저주할 때 씀.

양석 [양석′] 명 양식*(糧食). ①¶우리가 **양석** 거억쩡 앤하고<양식 걱정 않고> 사아기 댕 기이<살게 된 것이> 지굼 멘 태쩬대<지금 몇 해쩬데>? ②¶채글<책을> 마아니 이리머<많이 읽으면> 그기이 마으머 **양서**기<그것이 마음의 양식이> 댄다는데<된다는데>…

양임 [양′임′] 명 양념*. ¶이 지비느<집에는> 웨엔 **양임** 딴지가<웬 양념 단지가> 이치리 마안노<이처럼 많으냐/많니>?/나느<나는> **양임**장 발러가아 꾸분<양념장을 발라서 구운> 배무쟁이가 너무 마싣떤데<뱀장어가 너무 맛있던데>…

얖 [야′피, 야풀′/야′플, 야′페 얖′또, 얌′마] 명 옆*. ¶야아느 저검마캉<얘는 제 어머니와> **얖**모시비가 마아니 달먼네<옆모습이 많이 닮았네>./인자<이제> **야**푸로 도러눅끼도 에럽때이<옆으로 돌아눕기도 어렵다>.

-**어가아** [어가′아] 어미 -어서*. -아서*. ¶이미 푸메 앙끼이**가아**<어미 품에 안겨서>, 고옥끼 자고 인는 얼라아가<고이 자고 있는 아기가>, 얼매나 살감는동<얼마나 살가운지>…/저 집 청상과부느 머어로 바래애**가아**<청상과부는 무얼 바라서>, 그런 웨러믈<외로움을> 혼차 창꼬 사아는동 모올따<혼자 참고 사는지 모르겠다>. 흔).

어근나다 [어근′나다′다] 동자 어긋나다*. ¶서리 지리 **어근낭** 까달게<서로 길이 어긋난 까닭에> 오다가 모옴 만냌껠찌<못 만났겠지>. ②¶사아라미 도오리에<사람이 도리에> **어근난** 지이들 하머<어긋난 짓을 하면> 대나<되나>? ③¶두우리<둘> 사이가 **어근나**기 시이자굼 기이<어긋나기 시작한 것이> 아아매 지냄봄버터밀 끼이다<아마 지난봄부터일 것이다>.

어금만내다 [어금만′내다] 동자타 어긋 만나다. ¶나느<나는> 가고 지느 오늠 바라메<저는 오는 바람에>, 중가네서 서리<중간에서 서로> **어금만냉** 거겓찌<어긋 만난 것이겠지>.

어더묵다 [어어′더′묵따] 動再他 얻어먹다*. ¶이 사라마<사람아>, 집찌비 댕기메<집집이 다니며> **어어더뭉**능 거느<얻어먹는 것은> 어디 니 뜯때로 대는<네 뜻대로 되는> 줄 아아나<아니>?/머어로 우야다가<무엇을 어쩌다가>, 용마 그레<욕만 그렇게> 시일컨 **어어더묵**꼬<실컷 얻어먹고> 물러 서노<서니>?

어덥다 [어덥′꼬/어덕′꼬, 어덥′찌, 어덥떠′라, 어더′버도, 어더′버서, 어데′라/어디′라/어더′버라/어더′라] 形 어둡다*. ①¶뱅이 **어더**버<방이 어두워> 채글 이릴<책을 읽을> 수가 업따능 기이<없다는 것이> 마아리 대나<말이 되냐>? ②¶우리 할매느<할머니는> 누니 **어더**버가아<눈이 어두워서> 장글시느 통 모옴 뽀신다<잔글씨는 통 못 보신다>. ③¶(포목전에서) 이거버다<이것보다> 좀 더 **어더**분 새근<어두운 색은> 엄능기요<없습니까>? ④¶아 아무리 섬부라도<아무리 선비라도>, 우애 저레<어찌 저렇게> 세에상 물쩡에 **어덥**떤동 모올라<세상 물정에 어두운지 몰라>. ⑤¶그 야앙반 포정이<양반 표정이> 마아니 **어덥**떤데<많이 어둡던데>, 무신 이이링공<무슨 일인가>? ⑥¶우리 고모아재도<고모부도> 한동안, **어덕**꼬 고로분 시절로<어둡고 괴로운 시절> 보내애싣찌<보내셨지> ⑦¶자양사로 시이작꼬느<장사를 시작하고는>, 살리메<살림에> 좀 **어더**붕 구지기 생김 모양이라<어두운 구석이 생긴 모양이라/덜 옹색한 모양이라>. **어더붕 구직**<어두운 구석> 구).

어디#¹ [어어′디′] 甲 아니*. ¶(갑) 자, 이거 멥 푼 앤 대지만<몇 푼 안 되지만> 차비나 하게. (을) **어디**요, **어디**요<아니오, 아니오>, 지도 차비느 읻심더<저도 차비는 있습니다>./(갑) 자네도 오늘 초옹동창훼에<총동창회에> 나올래? (을) **어디**<아니>! 나느 모옹 깐대이<나는 못 간다>. 흔).

어디*² [어디′/어′디] 副 ¶그 정도 실려기머<실력이면> **어디** 가도 대애우받찌 시푸네<대우받지 싶네>.

어럼 [어럼′] 名 어림*. ¶저거로<저것을> 보고도 **어러미**<어림이> 안 서?/사아라미<사람이> **어러미** 쫌 이서야지<어림이 좀 있어야지>, 이 기이 머어꼬<이것이 뭐냐>? **어러미**<어림이> 쉬거니지<소견이지> 구). **어럼**<어림>

(을) 잡다 구). 어럼<어림>(을) 치다 구).

어럼없다 [어럼′어업따] 혱 어림없다*. ¶지 히미<제 힘이> 어어떤 줄또 모리고<어떤 줄도 모르고> 처엄버텅 **어럼어엄**는<처음부터 어림없는> 지이슬 시이자걱꾸마느<짓을 시작했구먼>… ▷얼런없다. **어럼없이** 뮈 어림없이*.

어루다 [어루′우다] x[얼르다] 동타 어르다*. ¶학촌 아지미사<아주머니야> 요새애<요새>, 손지 **어루우**는<손자 어르는> 재미로 세에월 가는 줄로 모리신다네<세월 가는 줄을 모르신다네>. ▷어룽다/얼리다.

어른* [어어르′~이~, 어어′르′늘, 어어′르′네. 어어′른′도, 어어′름′마] 명 ¶우리 큰집 점머스미라머<작은 머슴이라면> **어어른** 두우 목슨<어른 두 몫은> 해애 내애고 마아고요<해 내고 말고요>.

어름 [어′름] 명 얼음*. ¶**어르**믈 자꾸 무구머<얼음을 자꾸 먹으면> 그너무<그놈의> 이가 전디 나나<견뎌 나니>? **어르미 배기다**<얼음이 박이다> 구). **어름**<얼음>(을) **타다**<지치다> 구).

어릉꿍강 [어릉′꿍′가′~이~, 어릉꿍가~을~, 어릉꿍가~아~, -, -] 명 얼음 구멍. ¶서거르미<썩얼음이> 푹 꺼지늠 바라메<써시는 바람에> 한쪽 따리느<다리는> **어릉꿍강아**<얼음 구멍에> 빠지고… ▷어릉꿍갱이.

어무니/어문이/어뭉이 [어무′~이~] 명 어머니*. 참 어떻게 표기하든 발음은 같음.

어불리다 [어불′리고, 어불′리지, 어불′리더라, 어불′리도/어불′러(라)도, 어불′리서/어불′러서, 어불′리라/어불′러라] x[어불르다] 동 1 자 어울리다*. 합작하다. ¶나쁜 칭구들캉<나쁜 친구들과> **어불리** 댕기머<어울려 다니면> 니<너>도 똑 가튼 추우급박끼 수움때이<꼭 같은 취급받기 쉽다>. 2 타 어우르다*. 합작하다. ¶너거 지굼<너희들 지금>, 서이서 **어불리가아**<셋이서 어울려서> 어디 가노<가니>?/우리 다석 키 **어불리머**<다섯 사람 어우르면> 까아직 꺼<까짓 거> 저 방구쭈우미사 모온 뜨러내애겐나<바위쭘이야 못 들어내겠나>.

어야다 [어야′다] 뮈 어쩌다*. 어찌하다*. ¶머어로 **어야다**가<무엇을 어쩌다가> 그치리 마아니 다칟능기요<그처럼 많이 다쳤습니까>?

어지 [어′지] 명 기대어 도움을 받는 것. 세찬 바람이 막힌 곳 또는 덜 불어오는 곳. ①¶저기 바람 **어지**서러<어지??에서> 모미라도<몸이라도> 좀 녹카 아가아 가압시더<녹여서 갑시다>. ②의지*(依支). ¶내인테느 이 지팽이 가 창<내한테는 이 지팽이가 참> 큰 **어지**다 **어지**<의지다 의지>. ▷바라며 지. ⇔바람빤지. **어지하다** 동 자 타 의지하다*.

어지럼삥 [어지럼'삥잉] 명 어지럼증*. ¶**어지럼삥잉** 그거<어지럼증 그것> 수 욱끼<쉽게> 볼 꺼 애니대이<것 아니다>, 비잉우네 함뭉 가 바아라<병원에 한번 가 봐라>. ▷어지럼빙.

어퍼지다 [어'퍼지고, 어'퍼지지, 어'퍼지더라, 어'퍼저(자)도, 어'퍼저서, 어' 퍼지라/어'퍼저라] 동 자 엎어지다*. ①¶아립빵 무나께서러<아랫방 문 앞 에서>, 도리깨에 걸리가아<걸려서> 팍 **어퍼적**껴등<엎어졌거든>…/느러진 소 이가래끼로 타너물라컨따가<늘어진 소 고삐를 타넘으려다가>, 걸리는 나부라게<걸리는 바람에> 아푸로 **어퍼절**찌 머언<앞으로 엎어졌지 뭐>./누 움바테 **어퍼지**메 자뻐지메<눈밭에 엎어지며 자빠지며> 심니 찔로<십 리 길을> 앵 거러 완나<걸어왔잖아>. ②¶이 육까라기<윷가락이> 우애 **어퍼 징** 거도<어째 엎어진 것이니> 자뻐징 거지<자빠진 것이지>. ③¶부도가 낭 까달게<난 까닭에> 훼에사가 **어퍼지**고 마런딴다<회사가 엎어지고 말았단 다>. ▷업퍼지다. ⇔잡뻐지다.

억께다 [억께'에고, 억께'에지, 억께'에더라, 억께'에도, 억께'에서, 억께'에 라] 동 피동 사동 업히다*. ☞억끼다.

억끼다 [억끼'이고, 억끼'이지, 억끼'이도, 억끼'이서, 억끼'이라] 동 업히다*. 1 피동 ¶지 어매<제 엄마> 등에 **억끼인** 아아 뽀레다가<업힌 아이 볼에다 가>, 이블 마차아<입을 맞춰> 주고 나옹 기<나온 것이> 버러 심 여니 너 먼는데<벌써 십 년이 넘었는데>… 2 사동 ¶점미기느<젖먹이는>, 저거 고 모인테<자기 고모한테> **억끼이**가아 딸리이 보내앧따<업혀서 딸려 보냈다>. ▷억께다.

억찌 [억'찌'] 명 억지*. ¶여어<여기>가 어디, 그런 **억찌**가<억지가> 통하는 세에상인<세상인> 줄 아아능기요<아십니까>?/마알또 앤 대는<말도 안 되 는> **억찌** 쫑 구만 푸우소<억지 좀 그만 피우세요>.

언 [어언'] 관 '어느'의 준말. 어떤. ¶**어언** 너믄<어느 놈은> 노올고 묵꼬<놀 고 먹고>, **어언** 너믄<어느 놈은> 세 빠지기 이일하고<혀 빠지게 일하고>,

세에상 창 고리잔타<세상 참 고르지 않다>.
언장 [언′장] 몡 ☞언짱.
언제#¹ [어언′제] 감 아니*. ¶(갑) 우리가 다아 가치<다 같이> 배고푸기느 마차항가진데<배고프기는 마찬가진데>, 이거라도 가주구<가지고> 이비나<입이나> 다시 보소. (을) **어언제 어언제**<아니, 아니>, 내사 개얀타<나야 괜찮다>, 니이나 무거라<너나 먹어라>. 혼). 참 성조가 '언제²'와는 전혀 달리 가운데가 높음.
언제*² [어언′제′] 뮈 ¶수우니야<순아>, 다아메느<다음에는> 우리 **어언제** 다시 만낼래<언제 다시 만날래>?
언짱 [언′짱] 몡 꽉 뚜껑에다 못을 치지 않고도 뚜껑이 닫히도록 나무를 나비 모양으로 엇깎은 나비장. ¶저기 오늘 **언짱** 소리 나겐네<나겠네>. ▷언장. 드). **언짱 소리** 구) 관의 두껑을 닫는 망치 소리.
얹다* [엉′꼬, 언′찌, 언떠′라, 언′저(자)도, 언′저서, 언′저라] 동 타 ¶기왕, 절로 할 파니머<절을 할 판이면>, 소늘 이마아<손을 이마에>다가 딱 **엉꼬**<얹고> 야암저니 지대로 함분<얌전히 제대로 한번> 해애 바아라<해 봐라>.
얼다* [어억′꼬′/어얼′꼬′, 어얼′찌′, 어얼′떠′라, 어어′더′도, 어어′너′서] 동 타 ¶오늘 **어어**더 이분 오시<얼어 입은 옷이>, 내 옵빼다아<옷보다> 훨신 더 조오네요<훨씬 더 좋네요>.
얼때 [얼′때] 몡 대*. ¶남자는 어덜<어디를> 가도 **얼때**가 시이야 댄다<대가 세어야 된다>./**얼때**가 약캐애 가주구사<대가 약해서야> 나무 욷사람 노를 타기가 에럽찌<남의 윗사람 노릇하기가 어렵지>. ▷어근때.
얼거지다 [얼′거지다] 동 자 아귀 져 있던 것이 풀어져 무너지다. 달려 있던 것이 낡거나 닳아서 한꺼번에 떨어지다. 얽혀있던 것이 허물어져 내리다. 어그러지다*. 떨어지다*. ◁얽어지다. ¶대애강 쫌 드나드러라<대강 좀 드나들어라>, 뭉꼴갱이 가리<문고리 가루> **얼거지일**따<떨어지겠다>./파니 사아개가 앰 마즈니꺼네<상이 사개가 안 맞으니까> 지절로 **얼거질** 수바께<저절로 어그러질 수밖에> 업찌 우애<없지 어쩨>?/자동차 유리가 도오레 마즈니꺼네<돌에 맞으니까>, 눙 깜짝칼 새애<눈 깜짝할 사이에> 쫠 **얼거지**는데<떨어지는데>, 그 참 대애책 업떼에<대책 없더군>.
얼골 [얼골′] 몡 얼굴*. ¶온 여름 내애내<내내> 놈 매고 밤 매고<논 매고 밭

매고> 하니이라꼬<하느라고>, **얼고리**가 시이꺼먹키 다아 탑뿔심더<얼굴이 시꺼멓게 다 타버렸습니다>. ▷얼구리. **얼골 가주기**<얼굴 가죽이> **뚜껍다**<두껍다> 구). **얼골 뿔키다**<얼굴 붉히다> 구). **얼고레**<얼굴에> **똥철하다** 구). **얼고레 먹철로**<얼굴에 먹칠을> 하다 구). **얼고레 철파늘**<얼굴에 철판을> 깔다 구). **얼고레 추믈 밭다**<얼굴에 침을 뱉다> 구). **얼고를 곤치다**<얼굴을 고치다> 구). **얼고를**<얼굴을> 깎다 구). **얼고를**<얼굴을> 내밀다 구). **얼고를 몬 뜰다**<얼굴을 못 들다> 구). **얼고를 바아 주다**<얼굴을 보아 주다> 구). **얼고를 익키다**<얼굴을 익히다> 구). **얼고를**<얼굴을> 하다 구). **얼고리 뜨겁다**<얼굴이 뜨겁다> 구). **얼고리 밤반하다**<얼굴이 반반하다> 구). **얼고리 반쪼갱이 대다**<얼굴이 반쪽이 되다> 구). **얼고리**<얼굴이> **팔리다** 구). **얼고리**<얼굴이> **피다** 구). **얼고리**<얼굴이> **화끈하다** 구).

얼다* [어얼′고′/어어′고′, 어얼′지′/어어′지′, 어얼′더′라/어어′더′라, 어′러도, 어′러서] 동자 ¶암만 추버가아<추워서> 밀구 모시 다아 **어러도**<密龜 못이 다 얼어도>, 수웅꾸무마는<쉼 구멍만은> 절대 앤 **어얼지 와**<절대 안 얼지 왜/얼지 않잖아>.

얼라 [얼라′아] 명 아이*. 어린아이*. 아기*. ¶보이소<보세요>, 시이 살 무군<세 살 먹은> **얼라아도 애니고**<아이도 아니고>, 이 기이 머엉기요<게 뭡니까>? 참 얼라>알라.

얽다* [얼′꼬, 얼′찌, 얼′떠라, 얼′거도, 얼′거서] x[억따] 동자 ¶얼구리야 살짝 **얼그머 어어떠노**<얼굴이야 살짝 얽으면 어떠니>? 마암마 고오부머 대지<마음만 고우면 되지>.

업다* [억′꼬/업′꼬, 업′찌, 업떠′라, 어′버(바)도, 어′버서, 어′버라] 동타 ¶다른 나라 사람드른<사람들은> 점미기로 **어버 키우능 거로**<젖먹이를 업어 키우는 것을> 모옴 빠않시니<못 봤으니>, 세에상아<세상에서> 우리 나라 사람만 **어버 키우능 거 애니가 마리다**<업어 키우는 것 아니냔 말이다>.

업띠리다 [업띠′리고, 업띠′리지, 업띠′리더라, 업띠′리도/업띠′러(라)도, 업띠′리서/업띠′러서, 업띠′러라/업띠′리라/업띠′레라/업띠′라/업떼′라] 동자 엎드리다*. ¶저쪼게서러 돌밍이가<저쪽에서 돌멩이가> 망 날러 올 때느<막 날아 올 때는>, 우리사 모지리<우리야 모조리> 따아 착 **업띠리** 이선찌<땅에 착 엎드려 있었지>…/그 초옹가기<총각이> 마다아 넙쭉 **업띠리가아**

제2부 경주 말 사전 ─────────────────────────── 539

<마당에 넙죽 엎드려서> 큰절로<큰절을> 하는 데야 우애<어째>? 흔).

업신니기다 [어엽′신′니기다] 동타 업신여기다*. ¶지이가 꼬레<제가 주제 꼴에> 대애하글 나왇따꼬<대학을 나왔다고> 나알로 **어업신니기**늠 모양인데<나를 업신여기는 모양인데>, 나 참 더어러버서<더러워서>…/도온 때무네<돈 때문에>, 지이가 나알<제가 나를> **어업신니기** 바앋짜<업신여겨 봤자>, 내가 웨눈<외눈> 하나 깜짝 하나 바아라커니<보라니까>.

업찌리다 [업찌′리다] x[업찔르다] 동타 엎지르다*.

없다* [어억′꼬′, 어업′찌′, 어업′떠′라, 업′서′(사)도/어업′서′(사)도, 업′서′서/어업′서′서] 형 ¶오느른<오늘은> 참 우얀 이일로<어쩐 일로>, 하느레 구룸<하늘에 구름> 한 점 **없**시<없이> 저레 말그꼬<저렇게 맑을까>.

엉기나다 [엉기나다] 동자 정도가 너무 지나쳐 몹시 싫증이 나다. 생각하기조차도 지극히 싫다. 진저리 나다. ¶나리 가무머<날이 가물면> 파레질 하능 기이<맞두레질 하는 것이> **엉기난**다 **엉기나**<엉기난다 엉기나??>./에릴<어릴> 때 보리바비<보리밥이> 참, 얼매나<얼마나> **엉기낟**시머<엉기났으면??/진저리가 났으면>, 내가 살밤 뭉능 기이<쌀밥 먹는 것이> 다아 소오워니역껜능기요<다 소원이었겠습니까>.

엉딩이 [어엉′디′~이~가, 어엉′디′~이~를, 어엉′디′~이~예/어엉′디′~이~에, 어엉′디′~이~도, 어엉′디′~이~마′] 명 엉덩이*. ¶여자는 **어엉딩이**가<여자는 엉덩이가> 평퍼짐하고 커야 아아로<아이를> 잘 놓치<낳지>. ▷엉치. **엉딩이**<엉덩이>**가 근질근질하다** 구). **엉딩이**<엉덩이>**가 들석꺼리다**<들썩거리다 구). **엉딩이가**<엉덩이가> **무겁다** 구). **엉딩이로 붙치다**<엉덩이를 붙이다 구). **엉딩이가 찔기다**<엉덩이가 질기다> 구).

엉뚝 [엉뚝′] 명 언덕*. ¶그 소리로 듣꼬<소리를 듣고> 나니, 내가 똑<꼭> **엉뚜**게 너얼쩡 겉따<언덕에서 떨어진 것 같다>./여보게, 소로 그 **엉뚜**게서 미기머<소를 그 언덕에서 먹이면/풀을 뜯기면> **엉뚜**기 앰 뭉거지고 나머 나나<언덕이 안 무너지고 남아나나>?

엉머구리 [엉′머′구리] 명 악머구리*. ¶그 두운 니미<두 놈이>, 참 **엉머구리** 우우 드시<울 듯이> 자꾸 우우능 기라<우는 것이야>./살찐 **엉머구리**로 자버다가 꾸버무구머<악머구리를 잡아다가 구워먹으면> 지르미 지글지글항 기이<기름이 지글지글한 것이> 맏 조오치<맛 좋지>…

엎다* [억'꼬/업'꼬, 업'찌, 업떠'라, 어'퍼(파)도, 어'퍼서, 어'퍼라] 동타 ¶우야다가 재터리로<어쩌다가 재떨이를> 이레 둘러 어편노<이렇게 들어 엎었니>?

-에* [에'] 조 ①¶드을게 펑 꼬치라꼬<들에 핀 꽃이라고> 와 이르미 어업시 까방<왜 이름이 없을까봐>, 우리가 모린다 뿌니지<모른다 뿐이지>… ②¶우리 다앋<다섯> 시에 다부 모디일 때느<도로 모일 때는>, 무신 다림 방버비 엄는동<무슨 다른 방법이 없는지> 항 가지석 차저온나아 보자<한 가지씩 찾아오너라 보자>. ③¶인자아 다아 끈날시머<이제 다 끝났으면>, 마카 다아<모두 다> 우리 지베<집에> 가자. ④¶다리 구루메 갈리키이가아<달이 구름에 가려서> 자 램 비이네요<잘 안 보이네요>. ⑤¶야아드래이<얘들아> 창무네다가 홀로 뗀지지 마러래이<창문에다가 흙을 던지지 말아라>. ⑥¶그 어어르니 지굼<어른이 지금>, 무신 지푼<무슨 깊은> 생가게 장기 인는동<생각에 잠겼는지> 내가 마알로 암만 부치도<말을 아무리 붙여도> 거떠보지도 앤하시네<거들떠보지도 않으시네>. ⑦¶바베 궤기에<밥에 고기에> 참 마식끼 무걷때이<맛있게 먹었다>. ⑧¶오느른<오늘은>, 궤기에 수레<고기에 술에> 떡꺼정 다아 자알 어어더무걷찌요<떡까지 다 잘 얻어 먹었지요>.

-에느 [에'느'] 조 -에는*. ¶세에상업서도 나는<세상없어도 나는>, 그런 너저부운항 고데느<너저분한 곳에는> 도무지 가기가 실심더<싫습니다>.

-에더러 [에더'러] 조 -에서*. ¶초오네에더러<촌에서> 베로 앤 노오머<베를 안 놓으면>, 오슴 머어로 까아<옷은 무엇을 갖고> 해애 임노<해 입니>?/ 아재<숙부님> 거기, 논뚱 미테더러<논둑 밑에서> 머어 하시능기요<뭘 하시는지요>, 말띠기 치능기요<말뚝 치십니까>?/사네더러 심시임하머<산에서 심심하면> 망개로<망개를> 멕 깨 따무거도<몇 개 따먹어도> 요구사 대지마느<요기야 되지마는>…

-에더러느 [에더'러느] 조 -에서는*. ¶해애인사에더러느<해인사에서는> 뭉꼴갱이 가리가<문고리 가루가> 하리 서어 말석 널쩐다꼬<하루 서 말씩 떨어진다고> 자랑을 하는데…/항 끼마 굴머도<한 끼만 굶어도> 배소오게더러느<배속에서는> 미꾸래기<미꾸라지> 소리가 나더마<나더군요>.

에럽다 [에'럭꼬/애'럽꼬, 에'럽찌, 에'럽떠라, 에'러버(바)도, 에'러버서] 형 어렵다*. ①¶물 소오게다가<속에다가> 공굴 치능 거가<콘크리트 치는 것이>, 우애 하낟또<어찌 하나도> 안 **에러부꼬**<안 어려울까/어렵지 않을까>? ②¶우리가 다시 어린 시절로 도러가가아<돌아가서>, 콩사리도 해애 묵꼬<콩서리도 해 먹고> 그라기느 앤 **에럭**껜나<그러기는 어렵잖겠니. ③¶서어월 헝님 마알수믄<서울 형님 말씀은>, 너무 **에러**버가아<어려워서> 무짐 마알로 하시는동<무슨 말을 하시는지> 아러드를 수가 어업떼에<알아들을 수가 없더군>. ④¶우리 에릴<어릴> 때야 다아 **에럭**끼 사럳찌 머어<다 어렵게 살았지 뭐>. ⑤¶시집사리<시집살이> 치고 앤 **에러분**<안 어려운> 시이지비 어딕껜노<시집이 어디 있겠니>? **에러붕 거름<어려운 걸음> 하다**구).

에우다* [에′우고, 에′우지, 에′우더라, 에′아도/에′와도, 에′아서/에′와서] 동 ⓣ 불충분한 대로 대강 치러 넘기다. ①¶(갑) "아지매<아주머니> 저녀근 우앤능기요<저녁은 어찌했습니까/자셨습니까>?" (을) "응, 시굼밥<찬밥> 한 술<숟가락> 시락 꾸께 마러묵꼬<시래기 국에 말아먹고> 항 끼 **에앋**찌 머어<한 끼 에웠지 뭐>." ②지우다*. ¶도온 내앤<돈 낸> 사람 이르믄<이름은> 장부에서 **에압**뿌래이<에워버려라>. ③도려내다*. ¶여기 모난 데느<데는> 귀로<귀를> 살짝 **에압**뿌머<에워버리면> 훨신 앰 부드럭껜나<훨씬 부드럽지 않겠니>. ④사방을 빙 둘러싸다.

에핀네 [에′핀′네] 몡 여편네*. ¶**에핀네**가<여편네가> 너무 드시잉 기이<드센 것이> 내애주장 애니가<내주장 아니니>./그 집 **에핀네**가<여편네가> 똑 물구우싱 가튼 얼구리로<꼭 물귀신 같은 얼굴을> 해애 가주구<해 가지고> 무늘 여얼고 내애다보는데요<문을 열고 내다보는데요>… ▷인네.

여개 [여′개] 몡 여가*(餘暇). 틈*. ¶우리 거튼 사라미<같은 사람이>, 낙수<낚시>질 할 **여개**가 어딘노<여가가 어디 있니>./강생이가 치도로<강아지가 道路로>, 막 띠이드는 데야<마구 뛰어드는 데야> 서들 **여개**가 이서야 마리시더<서둘 틈이 있어야 말입니다>.

여사 [여어′사′] 몡 예사*(例事). ¶아아드리<아이들이> 저거꺼정 다투우능 거사<자기네끼리 다투는 것이야> **여어사** 애니가<예사 아니냐>./저거 싱이캉<제 형과> 사와사아<싸워 쌓아> **여어산**니이리 앵이시대이<예삿일이 아닙니다>.

여어¹ [여′어] I 대 지시 여기*. ¶더 올러갈 꺼 업따<올라갈 것 없다>, **여어**서 저엄서미나<여기서 점심이나> 묵꼬<먹고> 가자. II 부 ¶자네느 **여어**서<자네는 여기서>, 절로<저리로> 보고 안즈머 대겔따<앉으면 되겠다>.

여어² [여어] 관 여섯*. ☞엿².

여얼 [여′얼] 명 여울*. ¶으네느 벌래<은어는 본래> **여어**레 잘 모디이꺼네<여울에 잘 모이니까>, **여어**레더러<여울에서> 초망을 떤지보머<투망을 해보면> 아알 수 익껜찌<알 수 있겠지>.

여을 [여′을] 명 열흘*. ¶자아도 말미로<쟤도 말미를/휴가를> 한 **여을** 바던 따는데<열흘 받았다는데>…/서억 딸 **여으**리 걸리이도<석 달 열흘이 걸려도> 내가… ▷여를.

연# [연] 명 년*. 놈. ¶내가 참, 저 **여**늘 기양<년을 그냥>…/아아무인테나<아무에게나> 보고 이**연** 저**연**<이년 저년> 하지 마소./이 시발 **여**니<왜 이 X할 년이> 아침버텅 지라리고<아침부터 지랄이냐?/이 **연**들 새끼댕이가<이년의/놈의 새끼줄이> 우애 꼬이익낄래<어찌 꼬였길래> 와 이레 앰 풀리이노<왜 이렇게 안 풀리나>?

연*(鳶) [연′] 명 ¶나느<나는> 참 에릴<어릴> 때, 내 **여**늘 가주구 함분 날리보구저번는데<연을 가지고 한번 날려 보고 싶었는데>, 누가 **여**늘 맹그러 조오야<연을 만들어 줘야> 날리지.

연줄*(緣-) [여언′줄′] 명.

연쭐 [연′쭐] 명 연줄*(鳶-). ¶내가 영수캉 연사아믈<영수와 연싸움을> 하다가, 근떠라아 **연쭐**로<그 녀석 연줄을> 끄너 무건는 줄 니느 모리제<끊어먹은 줄 너는 모르지>?

엳¹ [여′디′/여′지′, 여′들′, 여′데′, 엳′또′, 염′마′] 명 엿*. ¶초오네에더러<촌에서> 당 거라 캐애바야<단 것이라고 해봐야> **엳** 애니머 꼬오까미지<엿 아니면 곶감이지>./어이, 우리 **엳**치기 함분 앤 하알래<엿치기 한번 않을래>?/(자꾸 집에 급히 가겠다는 사람에게) 머어<뭐>가 그리 바뿡기요<바쁩니까>? 화릳쩌어네<화롯전에>다가 **엳** 올리녹코 완능기요<엿을 올려놓고 왔습니까>? x¶엿 묵어라. x¶엿 먹이다. ▷엿¹.

엳² [여′얻] 관 여섯. ☞엿².

열#¹ [열′] 명 삼*[麻]. ¶여기 읻떤 돌려른<있던 돌 삼[麻]은> 누가 뽀법뿐노

<뽑아버렸니>?/오새애느<요새는> **열**시 까뭉는 새애가<삼씨 까먹는 새가/방울새가> 자 램 비이데에<잘 안 보이더군>. 흔).

열#² [여′얼′] 명 쓸개*. ¶고옴**여얼**마 심나<곰쓸개만 쓰나>? 무신<무슨> **여**어리라도 **여어**른 다아 씹찌<쓸개라도 쓸개는 다 쓰지>.

열#³ [여′얼′] 명 코피*. ¶고다녀가아 그런동<고단해서 그런지>, 자고 날띠이<났더니> 코에서 **여어**리<코피가> 팍 터지네./**여어**리 자주 터지능 거도<코피가 자주 터지는 것도> 비잉이다 비잉<병이다 병>./이틀 빠믈 꼽빡 새왇띠이<밤을 꼬박 새웠더니> 구마아<그만> 코에 **여러**리 터지데에<코피가 터지더군>/그 참 **여얼**통<피통/염통> 터질 이이리네<일이네>.

열*⁴ [여′얼′] 명 ¶콩 깍때기로<깍지를> 하도 띠디리 패앨띠이<두드려 팼더니>, 도리깨 **여어**리 다아 깨애접뿐네<열이 다 깨져버렸네>./도리깨 **여얼**로 무레 당구우니까네<열을 물에 담그니까> 시이퍼럼 무리 잉끼맨트로 나오데에<시퍼런 물이 잉크처럼 나오더군>.

열*⁵ [여′얼′] 주관 ¶내가 **열** 시아릴 때꺼정<셀 때까지> 도러보먼 앤 댄대이<돌아보면 안 된다>./여덜, 아호오, **여얼**<여덟, 아홉, 열>.

열*(列) [열′] 명 1 자립 ¶자, 한 줄로 똑 빠리게<바르게>, **여**를 쫌 지아바라<열을 좀 지어 봐라>. 2 의존 ¶자 이쪼그로<이쪽으로>, 사암<삼> **열** 종대로 해처<헤쳐> 모여.

열*(熱) [열′] 명 ¶나무캉 나무캉 민때머<나무와 나무를 문지르면> **여리**<열이> 나지.

열다*¹ [여얼′고′/여어′고′, 여얼′지′/여어′지′, 여얼′더′라/여어′더′라, 여′러(라)도, 여′러서, 여′러라] 동자 ¶꼬치느 우야머<고추는 어찌하면>, 저 집맨치로<집처럼> 저레 마아니 **여어**능공<저렇게 많이 여는지>?

열다*² [여얼′고′/여어′고′, 여얼′지′/여어′지′, 여얼′더′라/여어′더′라, 여′러(라)도, 여′러서, 여′러라] 동타 ¶이 약뼁이느<약병은> 마개가 우얘 떡 떠러부턴능동<어떻게 딱 달라붙었는지> 내 히무로느<힘으로는> 도무지 모온 **여얼**겐네<못 열겠네>.

열매 대왕 [열매′대애왕] 명 염라 대왕*(閻羅大王).

염여 [여엄′여′] 명 염려*(念慮). **염여하다** 동타 염려하다*. **염여대다** 동자 염려되다*.

엿*¹ [여′시′/엳′시′, 여′슬/엳′슬′, 여′세′/엳′세′, 열′또′, 염′마′] 몡 ¶(돈을 주며) 자 가다가 **여**시나 사무거래이<엿이나 사먹어라>.

엿*² [엳] 괜 ¶나뭉 기이<남은 것이> 점부 해애바아야<전부 해봐야>, 두우<두> 말 하고 **엳** 때<엿 되>라네요./장예 밀리잉 기이<장리 밀린 것이> **엳** 서미나 댄다 커니<엿 섬이나 된다고 하니> 저거로 우애 감노<저걸 어찌 갚니>…

영가 [영가′] 몡 (잊어버릴까봐) 되뇜. 기억을 되살림. 들먹임. 깨우침. ¶내 서어울 갈 무레<서울에 갈 무렵에> **영가**로 해앧따<되뇜으로 깨우쳐주웠다>./도움 빌리간 사라미<돈 빌려간 사람이>, 때가 대앤는데도<됐는데도> **영가**도 앤하고<들먹이지도 않고>… ▷영개. **영가하다** 몡태 다시 생각나게 되뇌다.

영개¹ [영′개] 몡 이엉*. **영개(를) 엮다** 구).

영개² [영개′] 몡 ☞영가.

영개³ [영′개] 몡 연기*. ¶가마아꼬 보머<가만히 보면> **영개**느 똑<연기는 꼭> 피이하는 사라물<피하는 사람을> 따러 댕기능 거 거터<따라 다니는 것 같아>./보소, 까널라아 인는 방아서러<갓난아기 있는 방에서> 담배 **영개** 쫌<연기 좀> 푸우지 마소<피우지 마세요>. ▷영구랭이.

영둥 [영둥′] 몡 영등*(靈登). 지난 시절, 음력 2월 초하룻날 영등할머니께 드리는 의식. **영둥하다** 몡자 영등하다.

영장 [여엉′장′] 몡 송장*. ¶어디서러 이레<어디에서 이렇게> **여엉장** 성는 내애미<송장 썩는 냄새>가 나지?/**여엉장**메띠기느 모옴 뭉는대이<송장메뚜기는 못 먹는다>.

옇다 [역′코/엳′코, 열′치, 열터′라, 여′어도, 여′어서, 여′어라] 몡태 넣다*. ①¶개와쭈밍이<개화 주머니>에다가 돌밍이로<돌멩이를>, 얼매나 마아니<얼마나 많이> **여어**가아 댕긷시머<넣어서 다녔으면> 이레 구뭉이 다아 낟시꼬<이렇게 구멍이 다 났을까>?/그 참, 가마아 인는 사람자테<가만히 있는 사람한테> 바람 쫌 **옇**치 마래이<좀 넣지 마라>. ②¶물꿰기 자부로<민물고기 잡으러> 가는 지리거등<길이거든>, 나안도<나도> 한 다리 쫌 **여어** 주이소<좀 넣어 주세요>. ③¶아아로<아이를> 학쪼에 **여얼**라 캐애도<학교에 넣으려고 해도>, 민저기 이서야<호적이 있어야> **옇**튼동 달든동<넣든

지 말든지> 하지. ④¶자근집 큰 도장이라머<작은집 큰 광이라면> 나락 시
무<벼 스무> 섬도 더 **여을**<넣을> 수 이실 끼이따<있을 것이다>. ⑤¶나
문 도오는<남은 돈은> 니 저금통장아다가<너 저금통장에다가> **여어** 나아
라<넣어 놓아라>. ⑥¶아립빼<아랫배>에다가 시믈<힘을> 땅 **역코**<딱 넣고>
천처어니 일라서 바아라<천천히 일어서 봐라>.

예비다 [예′비고, 예′비지, 예′비더라, 예′비도/예′베도, 예′비서/예′베서] 동
자 여위다*. ¶학수 그 사람, 초하게 걸리이가아<학질에 걸려서> 한 여를
<열흘> 시들고 나디이<시들고/싸우고 나더니> 모올라보기 **예벧**떠라<몰라
보게 여위었더라>. ▷에비다.

예수#[1] [예′수] 명 여우*. ¶철렴 무군<천년 묵은> **예수**가 둥갑판다메<여우가
둔갑한다며>?/저네느<전에는> 웨꼴 화아장 테 야페<외꼴 화장터 터 옆에>
예수 구우리<여우 굴이> 더러 이섣찌만<있었지만>…▷야수/야시. 흔).

예수*[2] [예에′수′] 명 ¶**예에수** 민는 사라미라꼬 다아<예수 믿는 사람이라고
다> 천당 가나?

오[1] [오오′] 명 올*. ¶여엉가마 여엉가마 우리 여엉가마<영감아 영감아 우
리 영감아>, 기모연 숭여네<己卯년 흉년에>, **오오**나락 빠테<올벼 논에>,
새애 후츠로 갇따가<참새 쫓으러 갔다가>, 메띠기 디입빼레<메뚜기 뒷발
에> 채이 주군<차여 죽은> 우리 여엉가마<영감아>. 참 민요.

오[2] [오′오] 명 왼*. '왼쪽의' 뜻을 나타내는 말. ¶야아야 와<애야 왜> 서다
블 **오오** 짜노<빨래를 왼쪽으로 짜니>?/저 사람 저거<저것> **오오**빼낑가배
<왼손잡이인가 봐>. ▷웨[4]. 흔).

오강 [오가′~이~, 오가′~을~, 오가′~아~/오가′~에~, 오강′도, 오강′마] 명 요
강*. ¶이이저네느<예전에는> 질로강도 이선따는데<길요강도 있었다는데>,
오새애느<요새는> 초오네<시골에> 가도 진짜 **오강**을<요강을> 통 볼 수가
업서<없어>./새색시가 **오강**에 오지믈 누머<요강에 오줌을 누면> 소리가
난다꼬<난다고>, 여물로<여물을> **오강**에다가 사아리 역코<요강에다가 썰
어 넣고> 앵 그랜나<그러하지 않았니>. ▷요강.

오구랑바가치 [오구랑바가′치] 명 오그랑쪽박*.

오구러지다 [오구′러지다] 동 자 오그라지다*. ▷오구라지다. ⇔느러지다.

오구리다 [오구′리다] 동 타 오그리다*. ¶니이 와 방아 앤 드가고<너 왜 방에

들어가지 않고>, 거어더러 쉐에비맨트로<거기서 새우처럼> **오구리고** 자노<오그리고 자니>? ⇔뻐치다/피다.

오굼재기 [오굼재′기] 몡 오금*. ▷오굼쟁이.

오꾸룸 [오꾸′룸] 몡 옷고름*. ▷옥꼬름. ☞옥꾸룸

오냐 [오~오′~야′~] 갑 오냐*. ¶**오오냐**<오냐> 그래 잘 이선나<잘 있었니>?

오녀름 [오~오′~여′~름] 몡 한여름*. ¶해애수역짱아서러느<해수욕장에서는> **오오녀르**메마 부지러니 버어러도<한여름에만 부지런히 벌어도> 일 려름 묵꼬사아능갑떠마<일 년은 먹고사는가 보더군요>.

오다* [오′고, 오′지, 오′더′라, 와′도′/오′도, 와′서′, 온녀′라/온′나/오너′라/와′라′/오′라/온나′라/온나′아] 동 자 ¶(조카에게) 호오애이<호야>, 니이 거어 잎찌 마고<너 거기 있지 말고>, 아재인테로 **온나**아<아저씨한테로 오너라> 보자.

오라바시 [오′라′바시] 몡 오라버니*. ¶덕산띠기느 **오라바시**가<덕산댁은 오라버니가> 큰 시허메 부털따꼬<큰 시험에 붙었다고> 조오와 주굴라 컨네요<좋아 죽으려고 하네요>./참 **오라바시** 엄는 여는<오라버니 없는 년은> 서어러버 우애 사아꼬<서러워 어찌 살꼬>.

오래비 [오′래′비] 몡 오라비*. ¶니 **오래비**느<너 오라비는> 아징 묵꼬 나가 디이<아침 먹고 나가더니> 어덜로 간는동<어디를 갔는지>, 점두룩 앤 두 로네<종일 안 들어오네>.

오른짝 [오′른′짝] 몡 오른쪽*. ⇔웬짝.

오리다#¹ [오리′고, 오리′지, 오리더′라, 올′러(라)도, 올′러서] x올르다] 동 자 오르다*. ①¶안주근<아직은> 우리 헝니미가<형님이>, 그 정도 대는 산쭈우미사<되는 산쯤이야>, 앤 쉬이고 **오리**는데느<안 쉬고 오르는데는> 어어떤 절무이버다 압서디이더<어떤 젊은이보다 앞섭디다>. ②¶할매요<할머니>, 아아 아방이가<아이 아범이> 지낸 정워레<지난 정월에>, 한 자리 **올런**따컨네요<올랐다네요/진급했다네요>. ③¶그 참 다항이다<다행이다>, 그라면 월급또<그러면 월급도> 제북 **올럭**겐네<제법 올랐겠네>. ④¶자앙수가 술로 한 도오 섬 내루우슴 바라메<장수가 술을 한 두어 섬 내리는 바람에>, 그날 저녁<저녁> 군사들 사아기가<사기가> 확 **올락**꺼등<올랐거든>… ⑤¶자아 수학 성저기<쟤 수학 성적이> 좀 **오리**두룩<오르도록> 할

방버비 머어 업시까<방법이 뭐 없을까>… ⑥¶저녁또 앰 무건는데<저녁도 안 먹었는데> 신녀른 자꾸 **오리**고<신열은 자꾸 오르고> 이 이일로<일을>… ⑦¶아얃따라<아따> 참, 그 수리<술이> 응그으니 **오리**네<은근히 오르네>… ⑧¶집 디양까네서러<뒤꼍에서> 불끼리<불길이> 확 소사**오리**는데<솟아오르는데> 창 검나데에요<참 겁나더군요>. ⑨¶대애감님<대감님>, 시가니 엽심더<시간이 없습니다> 퍼떡<빨리> 이 마레 **오리**시이소<말에 오르십시오>. ⑩¶뺃사람드리 오램마네<뱃사람들이 오랜만에> 땅을 바알꼬<땅을 밟고> 척 **올라**서늠 파닌데<올라서는 판인데>, 나안데업시 화사리<난데없이 화살이> 망 날러오니꺼네<막 날아오니까> 모두 바짝 노올랙꺼등요<놀랐거든요>… ⑪¶저네느 한녀르미머<전에는 한여름이면>, 모치캉 으네가<모치와/어린 숭어와 은어가> 장싱이꺼정도<長承동까지도> 올러완니이더<올라왔습니다>. ⑫¶누구라도 야기 바짱 **오리**머<약이 바짝 오르면> 무신 소리로 모온해<무슨 소리를 못해>? ⑬¶오옴 **오린** 사라믄<옴 오른 사람은> 이 자레<자리에> 함부레<결코> 오지 마라 캐애라<마라고 해라>. ⑭¶자아느 머어로<쟤는 무엇을> 갇따아 미기머<갖다 먹이면> 사리쫌 **오릴**랑공<살이 좀 오를른지> 모올라<몰라>. ⑮¶조온 이이리든<좋은 일이든> 나쁜 이이리든<나쁜 일이든>, 사아람들 이베<사람들 입에> 자주 **오리**내리능 거느<오르내리는 것은> 내사 방갑짠타<나야 반갑잖다>. ⇔내리다.
오리다*² [오′리′고, 오′리′지, 오′리′더′라, 오′리′도/오′려′도, 오′리′서/오′려′서] 동 타 ¶잔채<잔치>할 때 감포 어어르니<甘浦 어른이>, 무네 **오리**시능 거로 바안는데<문어 오리시는 것을 봤는데> 그 손쩨주<손재주> 참 탐나데에<참 탐나더군>.
오양깐 [오양깐′] 명 소의 외양간*. ▷마구/마구깐. 드). 참 말이 잠자는 곳이 아님.
오우다¹ [오′우고, 오′우지, 오′우더라, 오′와도/오′아도, 오′와서/오′아서] 동 타 외우다*. ¶천자문도 하나 모온 **오우**머<못 외우면> 저거로 어디다가 시꼬<저것을 어디다가 쓸꼬>?
오우다² [오′우고, 오′우지, 오′우더라, 오′와도/오′아도, 오′와서/오′아서] 동 타 보지 못하도록, 눈이 돌아가게 하다. 눈이 멀게 하다. 인식하지 못하게 하다. ¶(뜻하지 않게) 풍수 누늘 **오울**라커머<풍수의 눈을 멀게 하려면> 어짤 수 엄늠 모양이라요<어떻게 할 수 없는 모양이에요>.

오재기 [오재′기] 명 짚으로 엮어 만든 아주 작은 섬. 오쟁이*. ¶강냉이 시아슨<씨앗은> 저 **오재게** 다머 나아래이<오쟁이에 담아 놓아라>./방문수 바거어사가<박문수 박어사가> 띠**오재기**로<띠오쟁이를> 질머지고 내러오다가<짊어지고 내려오다가>… **오재기로**<**오쟁이를**> **지다** 구).

오점 [오점′] 명 오줌*. ☞오좀.

오좀 [오좀′] 명 오줌*. ¶야 이누마<이놈아>, **오조**미 매라부머<오줌이 마려우면> 거름 테에 가가아<터에 가서> 노오라머<누렴>… ▷오점.

오지다* [오오′지′다] 형 '오달지다'의 준말. ¶(포도를 두고) 이 **오오진** 숭이느<오달진 송이는> 할배 디리구로<할아버지께 드리게>, 너거느 손대애지마러래이<너희는 손대지 말아라>./그 당감 함분<단감 한번> **오오지**기 달리인네요<오지게 달렸네요>./그넘<그놈> 지 아재비인테<제 아재비한테> 서너 찰<대>, **오오**지게 어어더맏띠이<오지게 얻어맞더니> 어덜로 다알러갑뿐는동 모올따<어디로 달아나 버렸는지 모르겠다>.

옥꾸룸 [옥꾸′룸] 명 옷고름*. 저고리 고름. ¶천날찌너게느<첫날밤에는>, 새액시 **옥꾸룸**버텅 푸나<색시 옷고름부터 푸니>, 처매끔버텅 푸나<치마끈부터 푸니>? ▷옥꼬름/오꾸룸. 참 치마의 고름은 흔히 '치매끈<치마끈>'이라고 함.

온* [오온′] 관 ¶봄마 대머<되면> **오온** 능굼바테<온 사과밭에> 나생이<냉이>가 천지 애니가<아니냐>./불로<불을> 참, 얼매나 멈모리고 때앤떤동<얼마나 멋모르고 때었던지>, **오온** 소텝 빠비 다아 탑뿓찌 머어고<온 솥엣 밥이 다 타버렸지 뭐냐>./용이 저 칭구 저거<친구 저것>, 와 저레 **오옴** 미칭갱이<왜 저렇게 온 미치광이> 지이슬 할꼬<짓을 할까>?/오늘 누구 생일가<생일이냐> 우애 **오옴** 바리 궤기가 다아<어찌 온마리 고기가/생선이 다>…

온나무 [온나′무′] 명 옻나무*. ¶자네느<자네는> **온낭**글 사네서 보머<옻나무를 산에서 보면> 어어떵 건동 아아나<어떤 건지 아니/구별할 수 있나>?

옫[1] [오′디′/오′지′, 오′들′, 오′데, 옫′또′, 옴′마′] 명 옷*. ¶아아무리 급패애도<아무리 급해도>, **오**들 이분<옷을 입은> 채로 물 소오게<속에> 풍덩띠이드가기가<뛰어들어가기가> 어디 그리 수우붕기요<쉬운가요/쉽습니

까>?/대애주 잠는 사라미<돼지 잡는 사람이>, 우얘 **오**데<어찌 옷에> 피 함 빵울또<한 방울도> 앰 문칠<안 묻힐> 수가 읻땀 마알고<있다는 말이냐>? ▷옷.

옫² [오′디, 오′들, 오′데, 옫′또, 옴′마] 몡 옷*.

올구챙이 [올구채′~이~] 몡 올챙이*.

올러가다 [올′러가다] 동자 올라가다*. ¶아까아 지붕케<아까 지붕에> 사다리 타고 **올러가**다가<올라가다가>, 헏띠디늠 바라메<헛디디는 바람에> 너얼쩨 가주구<떨어져 가지고> 다리가 뿌자아적꺼등요<부러졌거든요>… ⇔내러가다/내리가다.

올리다* [올′리다] 동 사동 ¶이 사암드리 우야자꼬<사람들이 어쩌자고> 이틀새에 갑슬 배애썩<값을 배씩> 막 **올리**는공 모올쉐<올리는지 모를 일일세>.

옳다* [올′코′, 올′치′, 올′터′라, 오′러′(라′)도, 오′러′서] 혱 ¶사아라미<사람이> 너무 **오**른 소리마<옳은 소리만> 차저 하머<찾아 하면> 남드리 바리 앰<남들이 바로 안> 보지.

옴* [오옴′] 몡 ¶**오오**미 오리머<옴이 오르면>, 자드래기 거튼<겨드랑이 같은> 살 보더러분<보드라운> 데가 모온 쩐디기 지그럽따메<못 견디게 가렵다며>?

옴밥 [옴′밥] 몡 ①위만 깨뜨려서 속을 비운 계란 껍질에, 장난 삼아 쌀을 넣고 화롯불 따위에 익힌 밥. ◁온밥. ¶처리 니이 이거 가주구<철이 너 이것 가지고> **옴밥** 해애 무거라<온밥?? 해 먹어라>. ②백숙(白熟). ¶온쩌너게<오늘저녁에> 우리 새애 자버다가<참새를 잡아다가> **옴밥** 해애 무구까<백숙 해 먹을까>?/나간다 나간다 나간다 나간다, 바앙구로<방귀를> 함 방 뀌이고<한 방 뀌고> 나니, 눈초재기 조밤<눈곱 조밥> 내도 나고, 귀쳉이 달구**옴밥**<귀에지 닭백숙> 내도 나고, 모구 다리 진둥내도<??> 나고, 포구 다리 팥쭉<팥죽> 내도 나고, 기이성연 사타리 새애<기생 년 사타구니 새> 사아향 내도 나능구나<사향내도 나는구나>. 참 전래 민요.

옷* [오′시/옫′시, 오′슬/옫′슬, 오′세/옫′세, 옫′또, 옴′마] 몡 ☞온.

옹갬물 [옹갬′물] 몡 (사람, 특히 여성) 성기의 분비물. 용갯물. ◁옹갯물.

옹니쟁이 [옹′니재~이~] 몡 옥니박이*. ¶야 저 **옹니쟁이**가<옥니박이가> 누우 집 아들고<누구네 집 아들이냐>?

옹두리 [옹두'리] 몡 옹두리뼈*. 짐승의 정강이에 불퉁하게 나온 뼈. 드).

옻* [오'치, 오'츨, 오'체, 옫'또, 옴'마] x[오시] 몡 ☞옽.

옽 [오'티/오'치, 오'틀/옫'틀, 오'테/옫'테, 옫'또, 옴'마] x[오시] 몡 옻*. ¶**오틀** 디이기<옻을 되게> 타는 사라믄<사람은>, 온나무로 앰 만치고<옻나무를 안 만지고> 그 자트로만 지내가도<곁으로만 지나가도> **오치** 오린다네<옻이 오른다네>./쉐에기 내앵한 사라믄<속이 냉한 사람은> **옫딸**로 해애 무구머 조온타는데<옻닭을 해 먹으면 좋다는데>… **옽(이) 오리다**<옻 오르다> 구). **옽<옻>(을) 타다** 구).

요구 [요'구] 몡 요기*(療飢). ¶바비 너무 저어거가아<밥이 너무 적어서> 우얘<어째> **요구**나 대겐능기요<요기나 되겠습니까>?/시장으실 낀데<시장하실 터인데> 머어<뭐> **요구**라도 좀 하신능기요<요기라도 좀 하셨는지요/하셨습니까>? **요구하다** 동자 요기하다*.

요롱 [요롱'] 몡 요령*(搖鈴). ¶소 **요롱**이 깨애짐 모양이던데<요령이 깨어진 모양이던데> 장아 가시거등 항 개 사 오시이소<장에 가시거든 한 개 사 오십시오>. 참 '풍경'과 거의 같은 뜻으로 씀.

용#¹ [요옹'] 부 영*. ¶함 메칠 알티이<한 며칠 앓더니> 얼구리가<얼굴이> **요옹** 땀파니네<영 딴판이네>.

용#² [용'] 몡 남근(男根). 자지*. ¶여엉가미 **용**이 앤 서어가아<영감이 남근이 서지 않아서>…

용*³ [요옹'] 몡 단번에 내는 센 힘. ¶보고 인는<있는> 사라미<사람이> 암만 **요옹**을 신들<용을 쓴들>, 무신 소오양이 익겐노<무슨 소용이 있겠니>.

용시 [용시'] 몡 술독에 박아 맑은 술이 고이게 하거나 장을 거르는 데 쓰는 싸리나 대나무로 만든 둥글고 긴 기구. 용수*. ¶술또게 **용시**로 바거야<술독에 용수를 박아야> 말근 술로<술을> 뜨지, 앙이 박찌도 앤 핸는데<아직 박지도 않았는데>…/줴에이니 시고 잍떤 **용시**도<죄인이 쓰고 있던 용수도> 저엉마안세가<정만서가> 바까아 시고<바꿔 쓰고>…

용시다 [요옹'시'다] 동자 용쓰다*. ¶그런 이이레<일에> 니 혼차서<너 혼자서> **요옹신**다꼬<용쓴다고> 머어가 달러질 꺼 거테<뭐가 달라질 것 같아>?/실 떼 엄는 **요옹시**지 마고<쓸 데 없는 용쓰지 말고> 여어 와가아 안적꺼라<여기 와서 앉아 있거라>.

우#¹ [우′가, 우′를, 우′예/우′에, 우′도, 우′마] 몡 위*. ①¶그쪽 소늘 쫌<손을 좀> 더 우로 올리바아라<위로 올려봐라>./이네라컨능 거느<인어라는 것은> 우가 사아라미고<위가 사람이고> 아래느 물꿰기<아래는 물고기> 형상인데… ②¶까안챙이<까치> 새끼 내루울라꼬<내리려고> 버들나무 우로 기이오리다가<버드나무 위로 기어오르다가>, 까안챙이<까치>가 머리로 쪼온늠 바라메<머리를 쪼는 바람에> 너얼쩔지 머어<떨어졌지 뭐>. ③¶버러 가아중나무 새사기<벌써 참죽나무 새싹이> 땅 우로 조매애석 올러<위로 조금씩 올라> 오네요… ④¶니캉 자아캉<너와 쟤가> 나느 누가 우고<나이는 누가 위냐>? ⑤¶그 야앙바니 내버다<양반이 나보다> 두우 살 울 끼이다<두 살 위일 것이다>. ⑥¶이거<이것을>, 우에다가는 보오고로 해앤나 앤해앤나<위에다가는 보고를 했나, 안 했나>?/참 우에서<위에서> 이런 줄 아알머 크니린데<알면 큰일인데>… ⇔아래.

우*² [우우′] 閉 ①¶귀이경꾼드리<구경꾼들이> 우우 몰리이드는데<우 몰려드는데>… ②¶태풍이 우우<태풍이 우> 모라아치늠 바라메<몰아치는 바람에> 내 삭깐시<삿갓이> 홀렁 날러갑뿐따 애니가<날아가 버렸잖아>.

우라배 [우라′배] 몡 '우리 아배<아버지>'의 준말. 우리 아빠. ¶남자가 다시느<다시는> 그렁 거꺼정<그런 것까지>, "우라배자테 무러보고<우리 아버지한테 물어보고>." 컨찌<라고 하지> 마소. ⇔우러매.

우러매 [우러′매] 몡 우리 어머니. 우리 엄마. ⇔우라배.

-우로 [우′로] 조 -으로*. ¶이 난초느<난초는> 내가 아직쩌너구로<아침저녁으로> 자주 들바더보지만<들여다보지만>, 물 주능 기이 제엘롱 앤 수우버요<주는 것이 제일 쉽지 않아요>. 흔).

우루다 [우루′우고, 우루′우지, 우루′우더라, 우라′아도/우롸′아도, 우라′아서/우롸′아서, 우라′아라/우롸′아라] 동 타 우리다*. ¶꿀바아믄 무레<굴밤은 물에> 오래 우루울수록 더얼 떠얼찌<우릴수록 덜 떫지>./(어머니가 자식을 두고 하는 말) 근떠라아가<그녀석이> 저저 누부인테<제 누나한테> 멥 푼 <몇 푼> 우라아가아 감 모앵이다<우리어서 간 모양이다>. ▷우룽다. 우룩코 배루다<우리고 벼리다> 구) 아주 오래 벼리다.

우룸 [우′룸] 몡 울음*. ¶야아야<얘야> 이 시가네<시간에> 어디서러 저레<어디서 저렇게> 여자 우룸<울음> 소리가 나는동 쫌 아러바아라<나는지

좀 알아봐라>. ▷우름.
우름 [우′름] 명 울음*. ☞우룸.
우리#¹ [우′리] 명 칠성장어*. ¶저네느 **우리**가<전에는 칠성장어가> 하도 마 아너가아<많아서>, 논뚜게다가 구무로<논둑에다가 구멍을> 막 떠얼꼬 그 래앤는데<마구 뚫고 그랬는데>, 오새애느<요새는> 통 볼 수가 업서<없 어>.
우리*² [우′리] 명 ¶아이구 더어리라<더러워라>, 방이라컨능 기이<방이라 는 것이> 똑 대애주<꼭 돼지> **우리** 걷떠라꼬요<같더라고요>.
우리*³ [우리′] 명 ¶**우리** 도옹네에느<동네에는> 그런 사람 엄는데요<없는데 요>./**우리** 쥐인네가 올버텅<주인 네가 올부터>, 상저믈 나알<상점을 나를> 보고 마터보라 컨는데<맡아보라고 하는데>…
우뭉치¹ [우′뭉치] 명 우렁쉥이*. 멍게. ¶저 할마시 저거<저 할멈 저것> 건천 장아더러 **우뭉치** 팔던 할마시 애니가<乾川場에서 우렁쉥이/멍게 팔던 할 멈 아니냐>?
우뭉치² [우′뭉치] 명 우멍거지*. 포경*(包莖).
우케* [우′케] 명 찧으려고 말리는 벼. ¶원디개이<원덕아>, **우케**에 달 달라 드는동<닭이 달려드는지> 잘 바아래이<봐라>./저 사라믄<사람은> 에릴 찌게<어릴 적에> **우케**로 잘 보라 커머<우케를 잘 보라고 하면>, 오온 도옹 네 달로<온 동네 닭을> 불러다가 덕시게 인는 나라글<멍석에 있는 벼를> 무구라컥꼬느<먹어라 하고는>… 혼).
운논 [운논′/운′논] 명 위에 있는 논. ◁웃 논. ¶**운노**네 물 이시머<윗논에 물 이 있으면> 무싱 거억쩡<무슨 걱정>?!/농꼬딩이느<논고둥은/우렁이는> 여 기버다아<여기보다> 저 **운노**네<윗논에> 더 마안터라<더 많더라>.
울*¹ [울] 대 인칭 '우리'의 준말. ¶(자랑삼아) 이 구두, **우**라재<우리아저씨/ 울아저씨>가 사다 조온따<줬다>, 아아나<아니>?!/얼릉 뚝딱 **우**로빠<얼른 뚝닥 우리오빠/울오빠> 꾸울꿀 꿀때애주<꿀꿀 꿀돼지>. 참 동요.
울*² [울′] 명 '울타리'의 준말. ¶**울**또<울타리도> 담도 엄는 지베<없는 집에>, 시이집 삼 여늘<시집 삼 년을> 사알고<살고> 나니, 시어마님 하심 마알쑴 <시어머님 하신 말씀>… 참 민요./**울** 너메<울타리 너머에> 애호오박 인능 강 살피보세이<애호박 있는지 살펴보세요>.

-울 [울] 조 -을*. ¶아침상을 바더녹코<받아놓고> 바불 망 무굴라 컨는데요<밥을 막 먹으려고 하는데요>, 도웅네 사람드리<동네 사람들이> 망 몰리이 왁꺼등요<막 몰려 왔거든요>… ▷-를.

울다* [우울′고′/우우′고′, 우울′지′/우우′지′, 우울′더′라/우우′더′라, 우′러(라)도, 우′러서, 우′러라/우우′라′] 동자 ¶이미야<어멈아>, 어지가아니 바뿌거등<어지간히 바쁘거든> **우우**는 아아버텅 좀 달개애 녹코<우는 아이부터 좀 달래 놓고> 하지 와<왜>.

울딸 [울′딸] 명 울타리*. ¶저 **울딸** 꿍강아<울타리 구멍에> 개애 드가는 지비 바리 그 지비시더<개 들어가는 집이 바로 그 집입니다>.

움물[1] [움′물] 명 우물*. ☞웅굴.

움물[2] [움′물] 명 윗물*. ⇔아림물.

웁뿔 [움′뿔] 명 모닥불*. ¶걸뱅이 **웁뿌**레<거지 모닥불에> 살찐다는 소리도 모온 뜨러바안나<못 들어봤니>?

웅굴 [웅′굴] 명 우물*. ¶어어떤 처어자가<어떤 처녀가> **웅굴**따무레서<우물가에서> 볼살 시끔 물로<보리쌀 씻은 물을> 수채꾸양아다가<수채 구멍에다가> 찰 버억꺼등<부었거든>…/그때 주모논<주모는> **웅굴**로 물 이로 가고<우물로 물 이러 가고>…/내 펭성<평생> 판 **웅굴**마 해애도<우물만 해도> 열 다석 깨가 너엄십더<다섯 개가 넘습니다>. ▷움물.

웅굴물 [웅′굴물] 명 우물물*. ¶야 이넘드라<이놈들아>, 웅굴따무레서러 자앙난하지<우물가에서 장난하지> 마라, **웅굴무**레 코 빠주울라<우물물에 코 빠뜨릴라>.

월께 [월′께′] 명 올케*. ¶너거 **월께**느<네 올케는> 어디 간노<갔니>?/오느른 시너부**월께**가<오늘은 시누이올케가> 어불러가아 장아 가나<어울려서 장에 가니>? 참 월께>올께.

웨[1] [웨] 명 벽의 흙을 바르기 전에 그 속에 엮는 나뭇가지, 대가지, 수숫대, 싸리, 잡목 따위를 가로 세로 얽음. 외*(椳). ¶문수 너거<너희> 집, **웨** 얼글 꼬쟁이느<외 얽을 꼬챙이는> 너거르니<네 어른이/아버지가> 손수 다아 끙커다 나얀시니 그레 아러래이<다 끊어다 놓았으니 그리 알아라>.

웨[2] [웨] 명 왜*.

웨[3] [웨에′] 명 참외*. ①¶해필 곤 **웨에**마<하필 굵은 참외만> 아깝따꼬 고올리 무걸시니<아깝다고 골라 먹었으니> 설사로<설사를> 할 수배께<수밖에>… x② '오이'의 준말.

웨⁴ [웨′에] 뜬 '왼쪽으로'의 뜻. ¶야아는 와<얘는 왜> 서다블 **웨**에로 짜는동 모리겐네<빨래를 왼쪽으로 짜는지 모르겠네>. ▷오.

웨나무다리 [웨′나′무다리가, 웨′나′무다리를, 웨′나′무다레에/웨′나′무다리에, 웨′나′무다리도, 웨′나′무다리마] 명 외나무다리*. ¶이분 큼무레<이번 홍수에> 종강꺼랑 **웨나무다리**도 떠내러 갑뿜 모양인데<종강개울 외나무다리도 떠내려 가버린 모양인데>…

웨넘 [웨′넘] 명 왜놈*(倭-). ¶웨정 때느<일제 강점기 때는> **웨넘**드리<왜놈들이> 음녁서얼로<음력설을> 모온 쉬이두룩 해애가아<못 쇠도록 해서>, 새보게 불삐치<새벽에 불빛이> 배까트로 앤 쉐에나가두룩<밖으로 안 새어나가도록> 덕시기로 까아 가루우고<멍석을 갖고 가리고>…

웨딩이¹ [웨디′~이~] 명 외동아들*. ¶저 모길떡<모길댁> 영수가 바리<바로> 삼 대 **웨딩이**다<외동아들이다>.

웨딩이² [웨′디~이~] 명 외톨이*. ¶그 집 얼라아느<아기는> 똑 **웨딩이** 빠앙걷떠라<꼭 외톨이 밤 같더라>. 참 성조가 '웨딩이¹'과 다름.

웨손지 [웨에′손′지] 명 외손자*. ⇔친손지/웨솔려.

웨악 [웨악′] 명 실이나 줄, 새끼 따위를 한 방향으로 계속 비비면 어느 순간 Y자 모양으로 꼬아지는 현상. 꼬임. ¶시일로<실을> 적따앙이 더느야지 너무 마아니 더느면<적당히 더느야지 너무 많이 더느면> **웨아기** 지니꺼네<웨악이?? 지니까> **웨아기** 앤 지두룩 해애래이<웨악이 안 지도록 해라>.

웨악쩌다 [웨악′찌′다] 통자 웨악이 지다. 웨악이 생기다. ¶사믄 **웨악쩌**구로 더느머<삼은 웨악지게?? 더느면> 아아무 자게도 모온 신대이<아무 짝에도 못 쓴다>.

웨하래비 [웨에′하′래비] 명 외할애비*. ¶(좋은 뜻을 담아 전화로) 야 이너마<이놈아> 삐이쩍 마린<비쩍 마른> 니 **웨에하래비**가<네 외할애비가> 머어가<뭐가> 그리 보구점노<보고 싶니>? ⇔웨할미.

웬 [웨엔′] 관 왼*. 왼편[左便]의*. 왼쪽의*. ¶니느<너는> 저기 **웬엔**솜페네 우뚝칸 삼뽕오리<왼편에 우뚝한 산봉우리>도 앰 비이나<안 보이느냐>? 거어가 큰할배<거기가 큰할아버지> 산소가 인는 사니다<있는 산이다>./그 정도로 나무래애 가주구사<나무라 가지고야> **웨엔**눈도 한나<왼눈도 하나> 깜짝 앤<안> 하지.

웬짝 [웨엔′짝′] 몡 왼쪽*. ⇔오른짝.

위선 [위선′] 몡 우선*. ¶내가 밥 할 따아나<동안에> **위선**<우선> 이 단수리라도<감주라도> 쫌 잡숙꼬 기이시이소<좀 잡수시고 계십시오>.

위슴 [위′슴] 몡 웃음*. ☞위심.

위습다 [위′석꼬/위′슥꼬/위′습꼬, 위′습찌/위′섭찌, 위′습떠라/위′섭떠라, 위′스버도/위′서버도, 위′스버서/위′서버서, 위′스버라/위′서버라] 혱 우습다*. 참 실제 발음은 '스'보다 '서'가 지배적임.

위시개 [위시′개] 몡 우스개*. **위시개하다** 동자 우스개하다*.

위심 [위′심] 몡 웃음*. ¶남자가 너무 그레 **위시**미 허얼바즈머 대나<그렇게 웃음이 헤프면 되나>./너무 노올래지 마소<놀라지 마소>, **위시**메 마알로 해 애 본 소리니꺼네<웃음의 말로 해 본 소리니까>. ▷위슴.

윗다 [위이′꼬/위익′꼬′, 위읻′찌′, 위읻′떠′라, 위′서도, 위′서서, 위′서라] 동자타 웃다*. **위서 넝구다**<웃어 넘기다> 구).

유지럽다 [유′지럭꼬, 유′지럽찌, 유′지럽떠라, 유′지러버(바)도, 유′지러버서] 혱 자랑스러운 마음으로 무척 흐뭇하다. ¶손자 아아드리<아이들이>, 바불 마식끼 뭉능 거로<밥을 맛있게 먹는 것을> 보머<보면> 내사<나야> 참 **유지럭꼬** 보기 조온터라<유지럽고?? 보기 좋더라>.

윤디 [윤′디′] 몡 인두*. ¶그 **윤디**가 좀 다런나<인두가 좀 달았나> 살살 얼구리 가차이 대애 바아라<얼굴 가까이 대어 봐라>./너거느 **윤디**라캐애도<너희는 인두래도> 머언동 잘 모리제<뭔지 잘 모르지>?

융날배기 [융날배′기] 몡 여섯 날 박이 짚신. 매우 성긴 짚신의 일종. ◁육 날박이. ¶가언두<강원도> **유융날배기** 집시니 우애 생긴는동 니느 드러바안나<육날박이?? 짚신이 어찌 생겼는지 너는 들어봤니>?

융물 [융′물′] 몡 육물*(肉物). 육미*. 고기*. ¶메띠기<메뚜기>도 **융무**른 **융무리지**<육미는 육미지>./아아매도 **융물**로 무거야<아무래도 육미를 먹어야> 기우니<기운이> 나더라.

윷 [유′치/윤′치, 유′츨/윤′츨, 유′체/윤′체, 윤′또, 윰′마] x[유시] 몡 윷*. ¶서어레<설에> 우리 고옹기<식구>가 다아 모지이머<다 모이면> **유치**나 걸판지기<윷이나 걸게> 함 판 노올자<한 판 놀자>. ▷윷.

윷 [유′티/유′치/윤′치, 유′틀/윤′틀, 유′테/윤′테, 윤′또, 윰′마] x[유시] 명 ☞윷.

-으나따나 [으나따′나] 어미 -으나마*. -을지라도*. ¶마시야 업스**나따나**<맛이야 없으나마> 마아니 자압쉐이<많이 잡수세요>./(자동차가 물을 튀기고 지나가니까) 차야 안 태야 주**나따나**<안 태워 줄지라도> 무리나 팅기지 마고 <물이나 튀기지 말고> 가머<가면> 더얼 믹껠따마느<덜 밉겠다마는>./어버주지사<업어 주지야> 모온하**나따나**<못할지라도>, 참 그 동안 고상항 거는 <고생한 것은> 아러조오야지<알아줘야지>./뱅이야<방이야> 누우추하**나따나**<누추하나마> 페니 쉬이시이소<편히 쉬십시오>./지이가<제가> 참 거어 드러 주지사<거들어 주지야> 모온하**나따나**<못하나마> 히이방은 마러야<훼방은 말아야> 할 꺼 애니가<아니냐>.

으넝나무 [으′넝나무] 명 은행나무*. ¶니비이불 짐뇨<누비이불 집요>? 저 **으넝나무** 인는 지비<은행나무 있는 집이> 그 지비시더<그 집입니다>.

으네¹ [으네′] 명 은어*(銀魚). ¶저네느 한여르미머<전에는 한여름이면> 모치캉 **으네**가<모치와/어린 숭어와 은어가> 장싱이꺼정<長承 마을까지> 올러 완니이더<올라왔습니다>.

으네² [으′네] 명 은혜(恩惠). ☞은혜.

-으노 [으노] 어미 -으니*. -으나*. -으냐*. -느냐*. ¶다안석사니<斷石山이> 얼매나 노푸**노**<얼매나 높니/높으니>?/이런 니끼미 떠그랄<네미 떡을 할>, 와 이치리<왜 이처럼> 사아라믈 모온사알기 하**노**<사람을 못살게 하니>?/니 개비느<네 아비는> 어덜로 갑뿐**노**<어디로 가버렸니>!/무진 지이미<무슨 김이> 와 이치리 얄부**노**<왜 이렇게 얇니>?/봄빠라미 부우니<봄바람이 부니> 와 이레 조오**노**<왜 이렇게 좋으냐>?/이 뱅이<방이> 와 이레 어덤**노**<왜 이렇게 어둡니>?/저 소가 와 저레 설치**노**<왜 저렇게 설치니>?/다른 아아드른 다아<아이들은 다> 어디 가고 와 니 혼차 오**노**<왜 너 혼자 오니>?/이 어더번데<어두운데> 지굼<지금> 어디로 가**노**<가니>?/오늘 가머<가면> 또 어언제 오**노**<언제 오냐>?/저 개애가 머어로<개가 무엇을> 저레 지버뭉**노**<저렇게 집어먹나/집어먹니>?/그 무거붕 거로<무거운 것을> 저다 준다먼<져다 준다먼>, 내상<나야> 그럴 수 어업시<없이> 조오켙찌만<좋겠지만>, 보

오다팔 기리<보답할 길이> 어업서 우야노<없어 어쩌나>./(묵을 먹으면서) 이 상아느<상에는> 와 초장이<왜 초고추장이> 엄노<없느냐>?/자네는 지굼<자네는 지금> 어디로 가노<가느냐>?/오느른<오늘은> 저어엄 반팅이가<점심 함지가> 와 이레 는노<왜 이리 늦느냐>?/바아라<봐라>, 자네느<자네는> 그 구지게서러<구석에서> 머어하노<뭐 하느냐>?

-**으느** [으느] 죄 -은*. ¶사아라**므느**<사람은> 누구라도, 함부니야 죽찌만<한 번이야 죽지만>…/오새애 아아드**르느**<요새 아이들은> 책 이리는 소리로<읽는 소리를> 통 드를<들을> 수가 업떼에<없더군>. ②¶저 청두 쪼게도 가머<淸道 쪽에도 가면> 참, 산**으느** 노푸고 무**르느** 지푼데<산은 높고 물은 깊은데>… ③¶자네도 가아꿈서**그느**<가끔씩은> 바께<밖에> 나가 우운둥<운동>도 하고 그래애라<그래라>. 흔).

-**으는** [으는/으~느~] 죄 -은*. 흔).

-**으라꼬** [으라꼬] 어미 -으라고*. ①¶새앵질아아가<甥姪아이가> 묵꾸저붕 기이<먹고 싶은 것을> 무어시**라꼬** 하더노<무엇이라고 하더냐>?/그 야앙반<양반> 참, 자기가 할 이이를<일을> 해앤실 뿌니**라꼬**<했을 뿐이라고> 겸손하기 마알하압띠더<말합디다>./이야근 꼭 뜨실<약은 꼭 따뜻할> 때 드시**라꼬**<드시라고> 전하게./누구 조오**라꼬**<좋으라고> 이런 수자글 뀌민노<수작을 꾸몄니>?/이부넬랑 무조껀<이번에는 무조건> 미일고 나가**라꼬** 시기게<밀고 나가라고 시키게>. ②¶저 사람 보고 '이리 좀 오**라꼬**<오라고>' 전해애라<전해라>./머어<뭐>, 이기이 이잉에가 애니**라꼬**<이것이 잉어가 아니라고>?/이일로 시긴 사라미<일을 시킨 사람이> 지굼 와가아<지금 와서> 이기 애니**라꼬** 물러서먼<이것이 아니라고 물러서면> 우야지<어쩌지>?/머어**라꼬**<뭐라고>? 이 마느리<마늘이> 어어성 마느리 애니**라꼬**<義城 마늘이 아니라고>?/이 노르시<노릇이> 다아 니 조오**으라꼬**<다 너 좋으라고> 하는 노르신 줄로<노릇인 줄을> 와 모리노<왜 모르니>? 흔). 참 -으라꼬>-으라고. ▷-라꼬.

으망 [으′망] 명 음행*(淫行). 여자의 화냥. 참 특이하게 발음은 '으맹/어맹'이 아닌 '으망'으로 와전되어 굳어져 있음. ¶저레 **으망** 터진 여는<저렇게 음행 터진 년은> 지바네서 쪽까 내앱뿌야 댄다<집안에서 쫓아 내버려야 된다>.

으시름 [으′시′름′] 몡 으스름*. ¶으시름 달빠메 깨구리 우우는<으스름 달밤에 개구리 우는> 소리 시이짐 모옹깐<시집 못간>…

-은* [은] 조 ①¶내가 떠근 자 램 무거도<떡은 잘 안 먹어도> 수른 잘 뭉니이더<술은 잘 먹습니다>./그 사라믄<사람은>, 사아라미야 참 하아넙시 조온데<사람이야 참 한없이 좋은데>, 너무 맨치인<맺힌> 데가 엄능 기이 타아리라요<없는 것이 탈이에요>. ②¶사늠 노푸지<산은 높지> 갈 찌름 머어지<길은 멀지>, 배능 고푸지<배는 고프지> 참 야아다니 낙꺼등<야단이 났거든>… ③¶그 학생이 가아꿈서근<가끔씩은> 나알로 차저오기도<날 찾아오기도> 하고 그란다<그런다>. ▷-는.

-은동 [은동] 어미 -은지*. ①¶새말 어어르니 지구믄<어른이 지금은>, 저쫑 능굼바테<저쪽 사과밭에> 기이신동 모리겐네요<계신지 모르겠네요>./그 사니<산이> 어어떡쿰 노푼동<어떻게나 높은동> 참, 올러갈 어엄두가<올라갈 엄두가> 나야지요. ②¶그 소리로 드르니<소리를 들으니> 얼매나 밈망은동<얼마나 민망한지> 내가 참…/그 구울 아니<굴 안이/속이> 어떠쿰 널분동<어떻게나 넓은동> 자네느 모리제<자네는 모르지>? ▷ -는동.

은혜 [은′헤] 몡 은혜*(恩惠). ¶사아라미머<사람이면> 나무 은혜로<남의 은혜를> 고오마버하고<고마워하고> 또 가풀 쭐도 아러야지<갚을 줄도 알아야지>. ▷으네.

-을까* [을까′] 어미 ¶나리 하도 더버가아<날이 하도 더워서> 옴빠메도<오늘밤에도> 자미 올까 시푸장쿠마<잠이 올까 싶지 않군요>./내가 청기로 함문<천기를 한번> 보니 오늘 누우능 고오사하고<눈은 고사하고> 비도 올까 시푸잔타<싶지 않다>. ▷-으까.

-을까바 [을까′바] 어미 -을까봐*. ☞ -을까방.

-을까방 [을까′방] 어미 -을까봐*. ¶저너무<저놈의> 소가 볼살로<보리쌀을> 저레 자꾸 묵따가느<저렇게 자꾸 먹다가는> 배 터저 주굴까방 검나는데요<터져 죽을까봐 겁나는데요>./(놀리는 투로) 야, 니 그 장꿰에<야, 네 그 잔꾀에> 그 예수거튼 여니<여우같은 년이> 수운수니 소글까방 억시기 검난대이<순순히 속을까봐 매우 겁난다>.

-을깜세 [을깜′세] 어미 -을 망정*. ◁-을값에. ¶마저 주굴 때 주굴깜세<맞아 죽을 때 죽을망정> 하알마아른<할말은> 하고 보자.

-을내기 [을내′기] 어미 -을 따름*. ¶오라 커머<오라고 하면> 올**내기**지 웨엔 잠마아리<올 따름이지 웬 잔말이> 그리 마안노<많니>?/우리상<우리야> 비 오는 나른<날은> 방꾸지게 드란저가아<방구석에 들어앉아서> 시니나 사물 **내기**지 머어<짚신이나 삼을 따름이지 뭐>.
-을똥 [을똥] 어미 -을지. -을 둥*. ¶내가 지궁 가머<지금 가면> 오늘 도러올 **똥** 마알 **똥**<돌아올 둥 말 둥>, 똥이 두우 모디기다<두 무더기다>./내가 그 애호오박 인는 데로<애호박 있는 데를> 팔로 뻗치보니<팔을 뻗쳐보니> 소니 다알 **똥** 마알 **똥**<손이 닿을 둥 말 둥> 하던데요.
-을수룩 [을수′룩′] 어미 -을수록*. ¶이거 참 갈**수룩** 태애사니네<갈수록 태산이네>./그 연적 참, 볼**수룩** 차아마기 생긴쩨<볼수록 참하게 생겼지>?/해운대 저녁 따른<저녁 달은> 볼**수룩** 유우정타<볼수록 유정하다> 앙 카나<하니 않니>?
음달 [음달′] 명 응달*. ¶이레 추분데 해필 와<이렇게 추운데 하필 왜> 그 **음다**레 안전노<응달에 앉았니>? ⇔양달.
음물 [음′물] 명 은물*(銀-). 드).
음불빠지다 [으음′불′빠지다] 동자 여자의 음문(陰門) 속의 것이 밖으로 빠지다.
음석 [으음석′] 명 음식*(飮食). ¶우리 압쩝 수기네느<앞집 숙이네는> 좀 색 따런 **으음성**마 하머<색다른 음식만 하면>, 빠짐업시<빠짐없이> 저레 마시나 보라 커먼서<저렇게 맛이나 보라고 하면서> 가주고<가지고> 오고 그란다<그런다>./야 이너마<이놈아>, **으음석** 바더녹코<음식을 받아놓고> 짬니이 싱검니이<짜다느니 싱겁다느니> 컨찌<하지> 마라. ▷임석.
응가락찌 [응가′락′찌] 명 은가락지*. ¶자네 그 **응가락찌**느 얼매 조온노<은가락지는 얼마 줬니>?/다아문 **응가락찌**라도<다만 은가락지라도> 하나 해애다 주머<해다 주면> 내가 오지기나 조오와<오죽이나 좋아>.
이*¹ [이] 명 ¶아재느<아저씨는> 벌기 파무군 **이**느<벌레 파먹은 이는> 하낟 또 업찌요<하나도 없지요>?
이*² [이] 명 곤충의 하나. ¶우리 심시믄데<심심한데>, **이**라도 자버가아<잡아서> **이** 사아미나 부치 보까<이 싸움이나 붙여 볼까>?
이*³ [이′] 명 ¶저기 서언는<서 있는> **이**가 누고<누구니>?/내 누네느<눈에

는> 좀 나앙중에<나중에> 온 **이**가 훽얼석 착시러 비이더구마느<훨씬 착실해 보이더구먼/보이더군>.

-**이***⁴ [이] 조 ¶그 사**니**<산이> 참 생각뻐다<생각보다> 디이기 노푸네<되게 높네>.

-**이가** [이′가′] 조 -이*. ¶이 사라**미가**<사람이> 참 와 이 야아다니지<왜 이 야단이지>?/여엉지에 인는<影池에 있는> 그 미륵**뿌리가** 다아 그 내애 웨가니여<그 미륵불이 다 그 내외간이야>./수처**리가**<수철이> 자지 감자로 캐애가아<자주 감자를 캐서>…/윤다**리가**<윤달이> 어제 콩사리로<콩서리를> 하다가… 참 조사 '-이' 자리에 선택적으로 '-이가'를 쓸 뿐 모든 '-이'와 대치해서 쓰지는 않음. 다만 받침이 있는, 사람 이름에는 언제나 '-이'의 자리에 '-이가'가 쓰임.

이각*(離却) [이′각] 명 학질 따위의 병을 떨어지게 함, 또는 그러한 병이 떨어짐. **이각하다** 동자. **이가글 몬하다**<이각을 못하다> 구) 살아남지 못하다 즉 죽는다. 혼).

이기다*¹ [이′기다] 동타 여기다*. ¶내 따아네느<딴에는> 참 불상타 **이기**가아<불쌍하다 여겨서> 밥또 주고 그랜는데<밥도 주고 그랬는데>… 혼).

이기다*² [이′기고, 이′기지, 이′기더라, 이′기(게)도, 이′기(게)서, 이′기(게)라] 동자타 ¶니캉 자아캉 시름하면<너와 재가 씨름하면> 누가 **이길**똥<이길지> 함문 붙터바아라 와<한번 붙어 봐라, 왜>.

이기다*³ [이′기다] 동타 ¶돌까리<시멘트> **이기**기가 참 앤 수웁떠네<안 쉽더군>./야 이너마<이놈아> 바불 와<밥을 왜> 앰 묵꼬 이레 **이기** 나안노<안 먹고 이렇게 이겨 놓았니>.

이까래끼 [이까래′끼] 명 고삐*. ¶소 **이까래**께<고삐에> 소오똥이 문능 거야<쇠똥이 묻는 것이야> 보오통이시더<것이야 보통입니다>.

-**이나*** [이′나′] 조 ¶쉐푸**니나**<쇠푼이나> 일따꼬 검방지기<있다고 건방지게> 노올지 마라 캐애라<놀지 말라고 해라>.

-**이나따나** [이나′따′나] 조 -이나마*. ¶지이<제>가 보고 배웅 기이 업시머<배운 것이 없으면>, 나무 마아**리나따나** 드를 쭐 아러야지<남의 말이나마 들을 줄 알아야지>. 혼).

이넉 [이너′기, 이너′글, 이너′게, 이넉′또, 이넝′마] 명 이넉*. 당신*. ¶내사 머어 개얀심더<나야 뭐 괜찮습니다>, **이넉** 생각때로 하시이소<이넉 생각대로 하십시오>./나느<나는> 참, **이넉**<이넉> 하자는 대로 머어든지<뭐든지> 다아 하끼요<다 할게요>. ▷이넉.

이넉 [이너′키, 이너′클, 이너′케, 이넉′또, 이넝′마] 몡 이넉*. 당신*. ☞이넉.

이다*[1] [이′고, 이′지, 이더′라, 여′도′, 여′서′, 여′라′/이′라] 동 타 ¶따뱅이도 업시<똬리도 없이> 물똥오로 우얘<물동이를 어찌> 저레 **이능공**<저렇게 이는지>? 재주도 조온체<좋지>.

이다*[2] [이′이고, 이′이지, 이′이더라, 이′이도, 이′이서] 동 타 ¶니<너>도 개와 **이인**는 지비<기와 이은 집에> 사러바았시머 조옥켄쩨<살아봤으면 좋겠지>?

-**이다***[3] [이′다′] 조 ¶이기이 바리<이것이 바로> 그 때 내가 마알하던<말하던> 재미난 그 채**기다**<책이다>./여어서<여기서> 우리가 자꾸 퀭**이다** 파**치다**마<콩이다 팥이다만> 갈기고 이실 끼이가<가리고 있을 것이냐>?

-**이더러** [이더′러] 조 -이서*. ¶(민물고기를) 두우리**더러**<둘이서> 가치 어불러 자벌시니꺼네<같이 얼려서 잡았으니까> 똑까치 농갈러야<똑같이 나누어야> 앤 대겐능기요<되지 않겠습니까>./저저 지비**더러**<자기 집에서> 살로 도디키다가느<쌀을 훔쳐다가는> 집똥 새에다가 감지거 녹콜랑<짚동 새다가 감춰 놓고서>…

-**이라머** [이라머] 조 -이라머*. -이라면*. ¶저 야앙바니 자네 당수기**라머**<양반이 자네 당숙이라며>?/저 거어짐마리<거짓말이> 참마**리라머** 얼매나 조옥켄노<참말이라면 얼마나 좋겠니>.

-**이라머** [이라머] 어미 -이라면*. ¶니이가 쥐**기라머**<네가 죽이라면> 내가 참말로 모온 쥐길 쭐 아알고<못 죽일 줄 알고>?

이루다#[1] [이루′우고, 이루′우지, 이루′우더라, 이라′아도/이롸′아도, 이라′아서/이롸′아서] 동 타 일으키다*. ¶야아드라<얘들아>, 이 미테서<밑에서> 남들 모오욕카는데<목욕하는데> 그 우예서<위에서> 꾸정물 쫌 **이루우지** 마래이<구정물 좀 일으키지 마라>. ▷이룧다.

이루다*[2] [이루′우고, 이루′우지, 이루′우더라, 이라′아도/이롸′아도, 이라′아서/이롸′아서] 동 타 ¶그래 그 절문이 내애우<젊은이 내외>가 참, 알뜨리<알뜰히> 가정을 **이라아가아**<이뤄서> 잘 묵꼬 잘 사럳판다<먹고 잘 살았

단다>. ▷이롷다.

이리다[1] [이리′고, 이리′지, 이리더′라, 일′러(라)도, 일′러서, 일′러라] x[일르다] 동 이르다*. 1 자 ¶이이점버텅 어어른드리<예전부터 어른들이> **이리**시기로<이르시기를>, 우야든동 부모인테<어쩌든지 부모에게> 호오도버팅 하라캐앤따<효도부터 하라고 했다>. 2 타 ¶니이리 멘 시꺼정<내일 몇 시까지> 어디로 모디이라꼬<모이라고> 미리 **일러** 조오라<줘라>. ③고자질하다*. 고하다. ¶부우태기다<부탁이다>, 우라부지인테느<우리 아버지한테는> 절때로<절대로> **이리**지 마러 도개이<이르지/고하지 말아 다오>.

이리다[2] [이리′고, 이리′지, 이리더′라, 일′러(라)도, 일′러서, 일′러라] x[익따/일르다] 동 타 읽다*. 배우다*. ¶나도 서다아서<서당에서> 소오학 대애학 꺼정은<소학 대학까지는> 다아 **일런심더**<다 읽었습니다/배웠습니다>./오새애 아아드르느<요새 아이들은> 책 **이리**는 소리로<읽는 소리를> 통 드를<들을> 수가 업떼에<없더군>.

이망 [이′망] 명 이마*.

이매 [이′매] 명 이마*. ¶잠수리가<잠술이가> 뗀징 고옹을<던진 공을>, 내가 잘 몸 빤늠 바라메<못 받는 바람에>, **이매**에 마저 갸주구<이마에 맞아 가지고>… ▷이망/이맹이.

이매빼기 [이매빼′기] 명 이마빼기*.

이맹이 [이′매~이~] 명 이마*. ▷이망. ☞이매.

이미#[1] [이′미′] 명 어미*. 어멈*. ¶**이미야**<어멈아>, 야아가 배고풍갑따<얘가 배고픈가 보다>, 젇 쫌 조오래이<젖 좀 줘라>./이 지비 **이미**느 어덜 가고<이 집에 어멈은 어디 가고> 잭뜰마 나먼노<자식들만 남았나>?

이미*[2] [이′미] 부 ¶그래, **이미** 다아 끈난 이일<다 끝난 일>, 지굼 와가아<지금 와서> 머어로 우야겐노<무엇을 어쩌겠니>?

이바구 [이이′바′구] 명 이야기*. ¶그렁 꿍 거튼<그런 꿈 같은> **이이바구**느 마아 구만<이야기는 이제 그만> 하소./점머스미 큼머스믈<작은 머슴이 큰 머슴을> 자앙개가구로 해애 준<장가가게 해 준> **이이바**근 참 재민떼에<이야기는 참 재미있더군>. ▷이박. **이바구하다** 동 자 타 이야기하다*.

이부대비 [이이′부′대비] 명 의붓아비*. ⇔이부디미.

이붇 [이′부디/이′부지, 이′부들, 이′부데, 이′붇또, 이′붐마] x[이부시] 명 이웃*. ¶이부데 초생이 나머<이웃에 초상이 나면>, 제엘롱 수우붕 기이<(부조하기) 가장 쉬운 것이> 팥쭈기지<팥죽이지>. ▷이붖.

이붓 [이′부시, 이′부슬, 이′부세, 이′붇또, 이′붐마] 몡 이웃*. ☞이붇.

이붖 [이′부지, 이′부즐, 이′부제, 이′붇또, 이′붐마] x[이부시] 몡 이웃*. ☞이붇. 흔).

이뿌다 [이이′뿌′다] 혱 예쁘다*. ¶우리 솔려누<손녀는> 그 새앱뻴 거튼 누니<샛별 같은 눈이> 얼매나 **이이뿐**동 모럽니더<얼마나 예쁜지 모릅니다>./ 야아느 디이꼭찌가<얘는 꼭뒤가> 참 **이이뿌**기도 생긱꾸나<예쁘게도 생겼구나>.

이삿찜 [이삳′찜] 몡 이삿짐*. ¶가는 **이삿쩨**믄 앤 저다 조오도<이삿짐은 안 져다 줘도>, 오는 **이삿쩨**믄<이삿짐은> 가서 지고 와야지./**이삿쩨**를 마당아다가<이삿짐을 마당에다가> 망 내애논는데<막 내놓는데>, 가악쩽에 소웅나구가 따루우는 통에<갑자기 소나기가 따르는 통에> 정신 어업섬십더<없었습니다>.

이수다 [이수′우고, 이수′우지, 이수′우더라, 이사′아도/이솨′아도, 이사′아서/이솨′아서] 통태 잇다*. ¶베 짜다가, 끙끼인 시일로 **이수우**는데느<끊어진 실을 잇는데는> 우리 누부야 따러갈<누나 따라갈> 사람 업실 끼이다<없을 것이다>./내 죽끼 저네<죽기 전에>, 저걷뜰 끄니나 **이솨**아<저것들 끈이나 이어> 주고 가얄 끼인데<가야 할 것인데>… 참 끈 이수다<잇다>: 결혼시킨다는 뜻. ▷이숳다/잇다.

이식¹ [이식′] 몡 이삭*. ▷이시기.

이식² [이′식] 몡 의식*(衣食).

이실 [이′실] 몡 이슬*. ¶아아 노올<아이 낳을> 때, 아징 **이시**른 야글 해애도<아침 이슬은 약을 해도>, 저녁 **이시**른<저녁 이슬은> 미기머 중는대이<먹이면 죽는다>. **이실**<이슬>**로 사라지다** 구). **이시리 대다**<이슬이 되다> 구). **이시리 깨다**<이슬이 마르다> 구). **이시리 마리다**<이슬이 마르다> 구).

이실비 [이실′비] 몡 이슬비*. ¶아앙갠동 **이실빈**동<안갠지 이슬빈지> 머어가 소리 업시 오네<뭐가 소리 없이 오네>.

이원 [이원′] 몡 의원*(醫員). 한의사. ¶우럴라아 자래 곤치주는 **이워**니<우리

아기 복학을 고쳐주는 의원이> 어디 가머 이시까<가면 있을까>?

익다*¹ [이'꼬/익'꼬, 익'찌, 익떠'라, 이'거(가)도, 이'거서] 동 타 ¶보리 이글 <익을> 때, 드을파네 나가머<들판에 나가면> 구시이한 보리 내애미가 나니 이래이<구수한 보리 냄새가 나느니라>.

익다*² [이'꼬/익'꼬, 익'찌, 익떠'라, 이'거(가)도, 이'거서] 동 타 ¶누구라도 소네 **이근** 이이리야<손에 익은 일이야>, 눙깡꼬도<눈감고도> 다아 하겐 찌마는<다 하겠지마는>…

인네 [이인'네'] 명 여편네의 낮춤말. ¶아암<암>! 남정네 입성만 보머<보면>, 그 집 **이인네** 소옴시가 어어떤동을<여편네 솜씨가 어떤지를> 짐작할 수 읻 찌러<있지>./그 집 **이인네**가<여편네가> 똑 물구우싱 거튼 얼구리로<꼭 물 귀신 같은 얼굴을> 해애 가주구<해 가지고> 무늘 여얼고 내애다보는데요 <문을 열고 내다보는데요>… ▷안덜.

인대구리 [인대'구'리] 명 해골*(骸骨).

-인데 [인'데] 조 -에게*. -에게서*. -한테. ①¶이 마안나채근<만화책은> 누 구**인데** 빌리 완노<누구에게서 빌려 왔니>?/우리 서기<석이> 우등상 탕 거 로<탄 것을> 온 도옹네 사암드**린데**<동네 사람들에게> 자랑을 쫌 해애얄따 <좀 해야겠다>. ②¶도랑따물 수페서러느<도랑가 숲에서는>, 구링이**인데** 물리일라 조오심해래이<구렁이한테 물릴라 조심해라>./순사**인데** 잡피일라 <순경에게 잡힐라>, 저쭈구로 도러가자<저쪽으로 돌아가자>. ▷-인테.

인도사람 [인도'사람] 명 피부가 검은 사람. 흑인*.

인도징 [인도'징] 명 ☞인도사람.

-인테 [인'테] 조 -에게*. -한테. ¶이쭉 자레에 꺼느<이쪽 자루의 것은> 누 구**인테** 갇따아<누구에게 갖다> 줄 꺼고<것이냐>?/니이가 그레 자꼬 까부 머<네가 그렇게 자꾸 까불면> 너거 선성**인테** 이린대이<네 선생한테 이른 다>./이 지바늘 일바실 채거믄<집안을 일으킬 책임은> 너거 점부**인테** 읻따 <너희 전부한테 있다> 아아겐나<알겠니>? ▷-인데.

일* [이일'] 명 ¶노올기 사머 하머<놀기 삼아 하면> 머어라도 재미 익꼬<뭐 라도 재미 있고>, **이일** 사머 하머<일 삼아 하면> 심듬 버비야<힘든 법이 야>.

일겁뿌다 [일'겁뿌다] 동 타 잃어버리다*. ¶아치메<아침에> 비가 오다가 앤

<안> 오는 나른<날은>, 누구나 우우산 **일겁뿌**기<우산 잃어버리기>가 십상이지./어르메 미끄러저가아<얼음에 미끄러져서> 디이로 잠뻐지늠 바라메<뒤로 자빠지는 바람에>, 내가 정시늘 자암시 **일겁뿐**떰 모양이라요<정신을 잠시 잃어버렸던 모양이에요>. 참 일겁뿌다>잃다.

일다*¹ [이일′고′/이이′고′, 이일′지′/이이′지′, 이일′더′라/이이′더′라, 이′러(라)도, 이′러서] 동자 ¶이 꼴짜게서러느<골짜기에서는> 아침만 대머 <되면> 바라미 **이일**기 시이장는다<바람이 시작한다>.

일다*² [이일′고′/이이′고′, 이일′지′/이이′지′, 이일′더′라/이이′더′라, 이′러(라)도, 이′러서] 동타 ¶니느<너는> 그래, 멩새기 여자라 커먼서<명색이 여자라고 하면서>, 조오래<조리>로 볼살<보리쌀> 하나도 모온 **이이나**<못 이니>?

일바시다 [일바′시다] 동타 일으키다*. ¶새 불 **일바시**는 데느<일으키는 데는>, 삭따리 거튼<삭정이 같은> 불살개 이서야 수웁찌<불쏘시개가 있어야 쉽지>./다치가아 너머진 사라믈<다쳐서 넘어진 사람을> 무조껀 **일바실**라 컨찌 마고<무조건 일으키려고 하지 말고>, 어디가 어애 아푼둥<어떻게 아픈지> 무러보고<물어보고> 찬차나니 **일바세**라<찬찬히 일으켜라>. 참 일바시다>일받다.

일받다 [일박′꼬/일바′꼬, 일받′찌, 일받떠′라, 일바′더(다)도, 일바′더서] 동타 일으키다*. ¶(아이들을 나무라며) 너거 거어서<너희들 거기서>, 문지 쫌 앤 **일바들**<먼지 좀 안 일으킬> 수 엄나<없니>?/이 지바늘 **일바**들 채거믄<집안을 일으킬 책임은> 자앙손인테 읻따능 거로<장손에게 있다는 것을> 멩임하기 바랜다<명심하기 바란다>. 참 일바시다>일받다.

일산때 [일′산′때] 명 일산대*(日傘-).

읽다 [일′꼬, 일′찌, 일떠′라, 일′거(가)도, 일′거서] 동타 잃다*. ¶이 야앙바니<양반이> 이펜저페늘 **일건나**<이편저편을 잃었나>? 와 자꼬 실떼업시<왜 자꾸 쓸데없이> 왇따리 갇따리만 하노<왔다 갔다만 하나>?/그날 **일**걷떤 내 지가블<잃었던 내 지갑을> 가따갈랑<->, 다행이<다행히> 그 집 방꾸지게서 차젇따네요<방구석에서 찾았다네요>. 참 일겁뿌다>잃다.

일ㅎ다 [일′꼬, 일′찌, 일떠′라, 이′러(라)도, 이′러서] 동타. 잃다*. ☞읽다.

잃다 [일′코, 일′치, 일터′라, 이′러(라)도, 이′러서] 동타. 잃다*. ▷일ㅎ다.

☞읽다.
임맏 [임′마′디, 임′마′들, 임′마′데, 임′맏′또, 임′맘′마] 똉 입맛*. ①¶저어 여믈 늑까아 무걷띠이<점심을 늦게 먹었더니> 저너게느<저녁에는> 통 **임 마**디 엄네요<입맛이 없네요>./고뿔로 시임하기<감기를 심하게> 하고 나니까네 그런둥<나니까 그런지>, **임막**꺼정<입맛까정> 비인해앤능가배요<변했는가 봐요>./보소, **임마**디 업시머<입맛이 없으면> 밤마드로라도<밥맛으로라도> 쫌 자압소<좀 잡소/잡수세요> 보자./여르메 **임맏** 도두우는 데사<여름에 입맛 돋우는 데야>, 도들 양다레<돋을 양달에> 난 수글 뜨더다가<쑥을 뜯어다가> 찌거 뭉능 거가<찧어 먹는 것이> 췌에고 애닝기요<최고 아닙니까>. ②¶중국 역사 채기사<책이야>, 서어월<서울> 큰 책빵아 가머<책방에 가면> **임맏**때로 고올릴<입맛대로 고를> 수 익껜찌 머어<있겠지 뭐>.
▷임맛.

임말 [이임′말′] 똉 옛말*. ①¶**이임마**레도<옛말에도> 꼭 가알라컨는 사라믄<가려고 하는 사람은> 뿓짭찌 마라 캐앧심더<붙잡지 말라고 했습니다>, 가구로 기양 나아두웁시더<가게 그냥 놓아둡시다>./이붐마 용사해 주이소<이번만 용서해 주세요>, **이임마**레도 읻뜨시<옛말에도 있듯이> 누군들 허무리 억껜능기요<허물이 없겠습니까>. ②¶우리가 지구미사<지금이야>, 마카 쫌 고상시럭껟찌마는도<모두 좀 고생스럽겠지만>, **이임말**하고 사알라를 바라면서<옛말하고 살 날을 바라면서>, 다아 가치<다 같이> 시믈 쪼매애마<힘을 조금만> 더 서 보입시더<써 보십시다>.

임맛 [임′마′시, 임′마′슬, 임′마′세, 임′맏′또, 임′맘′마] 똉 입맛*. ☞임맏. **임마시 십다**<입맛이 쓰다> 구).

임몸 [임몸′] 똉 잇몸*. ¶이가 아풍 거느<아픈 것은>, **임모**미 부시러가아<잇몸이 부실해서> 그런 수가 마안니이라<많으니라>, 이로 아직찌녁<이를 아침저녁> 잘 딱뚜룩 해애래이<닦도록 해라>./(아기를 어르며) 요 자소니<자손이>, 이도 앤 나고<나지 않고> **임몸**바께 엄는<잇몸밖에 없는> 데도, 꽁무니까네<꼭 무니까> 송까라기 제북 아푸네요<손가락이 제법 아프네요>./**임모**메<잇몸에> 피가 나거들랑 소굼물로 함문 식꺼 보라머<소금물로 한번 씻어 보렴>./**임몸**삐잉에느<잇몸병에는> 가지나무리 약 땐대이<가지나물이 약 된다>.

임빙 [이임′비′잉] 똉 염병*. '장티푸스'의 속칭. ¶**이임비잉**에 걸리이머<장티 푸스에 걸리면> 머리가 몽창 다아<몽땅 다> 빠지지 와<빠지잖아>. 드). ▷ 날수마아늠비잉/이임빙. **임빙하다** 동자 염병하다*.

임석 [이임′석′] 똉 음식*(飮食). ¶야, 이 사라마<사람아>, 무굴 **이임서**글<먹 을 음식을> 아페다가 녹콜랑<앞에다가 놓고서> 하품마 하머<하품만 하면> 어야노<어쩌니>?/마신는 **이임서**글 맹그럳시머<맛있는 음식을 만들었으 면>, 얖쩝 할매인테<옆집 할머니한테>도 쫌 보내애지 그랜노<좀 보내지 그랬니>? ▷음석.

임재 [이임′재′] 똉 임자*. 주인. ¶(보리밭을) 저레 막 삐대애 노오머<저렇게 마구 짓밟아 놓으면> 논 **이임재**가 가마악꼬 이시까<임자가 가만히 있을 까>?/저, 북까안도에느 이이저네<북간도에는 예전에> **이임재** 엄는<임자 없 는> 땅이 지처니라 카데에<지천이라고 하더군>. x¶임재 이리 오시오. **임 재 만내다<임자 만나다>** 구).

임펜 [임펜′] 똉 인편*(人便). ¶차라리, 과아객 **임페**네<과객 인편에> 중우적 삼<고의적삼> 부치기로 하능 기이<부치기를 하는 것이> 더 나악껜심더<낫 겠습니다>./박똥 어어르니<박동 어른이> 지인니를 바앋따는 소우무늘<크게 다쳤다는 소문을> 지내가는 **임페**네 득끼느 해앧따마는<지나가는 인편에 듣기는 했다마는> 그래 쫌 어어떧터노<좀 어떻더냐>?

입* [입′] 똉 ¶사아라미든 짐승이든<사람이든 짐승이든> **이비** 이서양<입이 있어야>, 무굴 꺼도 묵꼬<먹을 것도 먹고> 소리도 내앨 수 이실 꺼 애니가 <낼 수 있을 것 아니냐>.

입다* [이′꼬/익′꼬/입′꼬, 입′찌, 입떠′라, 이′버(바)도, 이′버서, 이′버라] 동타 ¶여르메사<여름에야> 모시 바지로 **익꼬**<바지를 입고> 청마레에서 누버 지내능 기이<대청마루에서 누워지내는 것이> 제엘롱 서원치러<제일 로 시원하지>.

입새 [입′새] 똉 입구*(入口). ¶조오피느<두부는> 장테 **입새**에 인는<장터 입 구에 있는> 저엄빵아 가머<전방에/가게에 가면> 헐키<싸게> 살 수 이실 끼 이다<있을 것이다>./큰거랑<큰 개울> **입새**에 인는 떡뻐들나무<입구에 있 는 떡버드나무> 미테 가머<밑에 가면>, 사고딩이가 소비이기 이실 꺼야<다 슬기가 소복하게 있을 거야>./산토깽이느 콩이퍼리<산토끼는 콩이파리>가

마시 조온동<맛이 좋은지>, 오오갱이 꼴짝<五冠이 골짜기> **입새꺼정**<입구까지> 콩이퍼리 뜨더무구로<콩이파리 뜯어먹으러> 내러오데에<내려오더군>.

입서버리 [입서버′리가, 입서버′리를, 입서버′리에/입서버′레, 입서버′리도, 입서버′리마] 圐 입술*. ¶으음서글 시풀<음식을 씹을> 때, **입서버리**로<입술을> 꼬 갠 다무고<꼭 안 다물고>, 쩝쩝꺼리메 뭉는 사라믄<쩝쩝거리며 먹는 사람은> 가정 고오유게<교육에> 무운제가 인는 사라미니이라<문제가 있는 사람이느니라>./아이구 더어레라<아이고 더러워라>, 말마안한 가시나아드리<말만한 계집애들이>, 두투웁한 **입서버레**다가<두툼한 입술에다가> 뻬일걱코 꺼무리이한 칠로<빨갛고 거무스레한 칠을> 해애 인능 꼬리<해 있는 꼴이>, 똑 머어 거트꼬<꼭 뭐 같을까>./야아느 치분<얘는 추운> 날, 바께마 나가머<밖에만 나가면> **입서버리**버텅 새애파래애지니이더<입술부터 새파래집니다>./자아느<쟤는> 어제, 어디 가가아 그랜는동<가서 그랬는지>, **입서버리**가 터저가아 두룰띠이더<입술이 터져서 들어왔습디다>. **입서버리**로<입술을> 깨물다 구).

입성* [입성′] 圐 '옷'을 속되게 이르는 말. ¶아암<암>! 남정네 **입성**마 보머<입성만 보면>, 그 집 이인네 소옴시가<여편네 솜씨가> 어어떤동을<어떤지를> 짐작할 수 읻찌러<있지>.

입찜 [입′찌/임] 圐 입김*. ①¶날새<날씨>가 어찌나 춤는동<추운지>, 소네 **입찌이**믈<손에 입김을> 암만 호호 부러바아도<아무리 호호 불어 봐도> 벨 소오양도 업띠이더<별 소용도 없습디다>./**입찌이**미라커머<입김이라면>, 우리 수보기<壽福이> **입찌임** 하나느<입김 하나는> 아러조오야 대니이더<알아줘야 됩니다>./야 이 사라마<사람아>, 무진 **입찌이미**<무슨 입김이> 그래, 호롱뿔<호롱불> 하나도 담부네 모옹<단번에 못> 끄고 그카노<그러하냐>. ②¶그런 복짜분 이이레에느<복잡한 일에는>, 노푼 사람 **입찌이미**<높은 사람 입김이> 쫌 드가머<좀 들어가면> 수월키 풀리일 끼인데 마아리시더<수월하게 풀릴 것인데 말입니다>.

잇다#[1] [익′꼬/읻′꼬, 잇′찌, 읻떠′라, 이′서(사)도, 이′서서, 익꺼(까)라/이서라] I 동 있다*. 1 [자] ①¶영마니<永萬이> 책상 우에느<위에는>, 세에사아 베라벨 잡똥사니가<세상에 별의별 잡동사니가> 다아 널리이 읻떠네요<다

널려 있더군요>. ②¶얼라아가<아기가> 참바라믈 쉬이디이<찬바람을 쐬더니>, 모메 여리 **인**능갑심더<몸에 열이 있는가 봅니다>./이눔 니이<이놈너>, 머여 뿌네<먼저 번에> 내자테 거어짐말<나한테 거짓말> 한 적 **읻**쩨<있지>? ③¶학산띠기요<학산댁요>, 내애리 지어케느<내일 저녁에는> 우리 지비서러<집에서>, 게에모디미가 **이**시니까네<계모임이 있으니까> 꼭 오두룩 하쉐이<오도록 하세요>./곧 자격시어미<자격시험이> **이**실 끼이까네<있을 것이니까>, 자네드른 열시미<열심히> 마무리를 해애 놋투룩 해애라<해 놓도록 해라>./장아 간 사라미<장에 간 사람이>, 저물두룩<저물도록/밤이 깊도록> 앤 오능 거로 보머<안 오는 것을 보면>, 무진 이이리<무슨 일이> **익**끼느 **인**늠 모양이제<있기는 있는 모양이지>? ④¶서어우른<서울은> 눈뜨머 코 비이 가능<눈뜨면 코 베어 가는> 고시라 커니꺼네<곳이라고 하니까>, 내가 저어 가가아<저기 가서> 주인찌불 자버 녹코<주인집을 잡아 놓고> 올 때꺼정<때까지>, 꼼짱 마아고<꼼짝 말고> 여기 안저 **이**시소<앉아 있으시오>. ⑤¶우리 힝이야느 오새애<형은 요새>, 대구 가가아<가서> 공부하고 **인**니이더<있습니다>. ⑥¶지굼 니이가<지금 너가> 몸 다앙꼬 **인**는 훼에사느<담고 있는 회사는>, 그런 대로 월급 줄 마안치느<만큼은> 돔 뻐어리가 대능강 모올따<돈벌이가 되는지 모르겠다>. ⑦¶남자느<남자는> 더러, 요옹기 **인**는<용기 있는> 행동도 할 쭐 아러야<줄 알아야> 나미 따리늠 베비란다<남이 따르는 법이란다>./그 너미 아아매<놈이 아마>, 그 사람자테<사람한테>, 지푼 아앙시믈<깊은 앙심을> 풍꼬 **인**는 테기라요<품고 있는 셈이에요>./남버다<남보다> 실려기 **인**는 사라미라야<실력이 있는 사람이라야> 어언제나 남버다가<언제나 남보다> 압서 가기 마러니지요<앞서 가게 마련이지요>./그 야앙바니<양반이>, 바랑끼가 **인**능 거사<바람기가 있는 것이야>, 나도 미리 아아고 **읻**떤 이일<알고 있던 일> 아닝기요<아닙니까>. ⑧¶도오니 쫌 **인**는<돈이 좀 있는> 집 아아드르느<아이들은>, 아아무꺼도<아무 것도> 기러붕 거로 모리고<그리운/부족한 것을 모르고> 사안다 아니가<살잖아>./암망캐애도<아무래도> **인**는 집 사람드리사<있는 집 사람들이야>, 저으리 대머<겨울이 되면>, 터록 귀이경이라도<털옷 구경이라도> 할 수가 안 **익**껜능기요<있지 않겠어요>./개야쭈밍이<호주머니>에 도옴 마아 넘마 **이**서도<돈 만 원만 있어도>, 그 밤쭝에<밤중에> 심 니 찔로<십

리 길을> 거러오지느 앤 해앴실 끼이다<걸어오지는 않았을 것이다>. ⑨¶(머슴을 보고) 아푸로 니도<앞으로 너도> 삼 염마 더 **이시머**<년만 더 있으면>, 지게목빠른<지겟다리는> 조롭<졸업>할 수 **이실** 끼이다<있을 것이다>. ⑩¶저 사네 구울 떠얼릉 공사느<산에 굴 뚫는 공사는> 인자아<이제>, 마무리 당게<단계>에 와 **인능**갑떠라<있는가 보더라>. ⑪(맹세하는 마음으로) 지느 무신 이이리람도<저는 무슨 일이라도> 시기마 주시머<시켜만 주시면>, 잘 해애내앨<해낼> 수 **이실** 끼임니더<있을 것입니다>. ⇔없다. 2 보조 ①¶보자보자 하니까네<하니까> 저 여서기<녀석이>, 여엉 꼴갇짱키<영 꼴같잖게> 노오고 **인**네<놀고 있네>./저어서<저기서> 우우고 **인**는 아이느<울고 있는 아이는>, 누우 집 아아고<누구네 집 아이냐>?/자고 **인**는 너믈<있는 놈을> 가약쭝에 깨우니까네<갑자기 깨우니까>, 임맘마<입맛만> 쩝쩝 다시먼서<다시면서> 마린 나틀 식떼에요<마른 낯을 씻더군요>./내가 참, 우우는 얼라아나 달래애고<우는 아이나 달래고> 안저 **이실**라커니<앉아 있으려니>, 참말로 따분하디이더<따분합디다>. Ⅱ 형 보조 ¶이 사라미<사람이> 따믈<땀을> 하도 마아니 흘리 샇티이<많이 흘려 쌓더니>, 소오고시 따메<속옷이 땀에> 함뿍 저저 **인능**가배요<흠뻑 젖어 있는가 봐요>./삭뿌래이<삭불아>! 너거 얼라아로<네 아기를> 거얼상아마 저레<걸상에만 저렇게> 오래 안저 **읻**뚜룩 해애도 궤얀나<앉아 있도록 해도 괜찮니>?

잇다*[2] [이익′ 꼬′, 이읻′ 찌′, 이읻′ 떠′ 라, 이′ 서도/이사′ 아도/이쇼′ 아도/이′ 어도, 이′ 서서/이사′ 아서/이쇼′ 아서/이′ 어서, 이′ 서라/이사′ 아라/이쇼′ 아라/이′ 어라(노/소)] 동 타 ①¶방직꽁장 처어자드리<방직공장 처녀들이>, 시일로 **이인능** 거로 보니까네<실을 잇는 것을 보니까>, 고개마 함분<고개만 한번> 까딱 해앱뿌니까네<해버리니까> 금방 척 **이쇼**아지데에요<이어지더군요>. ②¶얼매나 어업시 사럳시머<얼마나 없이 살았으면> 그래, 끼로 **이익**끼조차 에러벌스까<끼니를 잇기조차 어려웠을까>?/지냄바메느<지난밤에는>, 끼 **이익**끼가 에러분<끼니 잇기가 어려운> 북꼴떡 쩝 마다아다가<북골댁 집 마당에다가> 누가 살 서믈 갇따아 나앋떠라네요<쌀 섬을 갖다 놓았더라네요>./이미캉<어미와> 이별하는 장며네서느<장면에서는> 주잉공이<주인공이>, 줄줄 흐리는 눔물 따무레<흐르는 눈물 때문에> 마알로<말을> 잘 **이읻**찌로 모온하더라꼬요<잇지를 못하더라고요>. ③¶야아드라<애

들아>, 이 펭풍마는<병풍만은>, 너거가<너희가> 대애대로 **이쇠**아가머<대대를 이어가며> 잘 물리주두룩 해애래이<물려주도록 해라>.

잉굼 [이잉′굼′] 몡 임금*. ¶나라 **이잉굼** 거튼 어어르는<임금 같은 어른은> 칼치 거틍 거느<갈치 같은 것은> 앤 자아시겠쩨<안 자시겠지>?/**이잉구**미<임금이> 저넘 주기라꼬<저놈 죽이라고> 미잉을 딱 내라악꺼등요<명을 탁 내렸거든요>…/서기 시른 **이잉굼** 아페<서기 싫은 임금 앞에>, 하기 실븐 저를<하기 싫은 절을>, 서른 시이 분 하고 나니<서른 세 번 하고 나니> 압사네 꼬치 피고<앞산에 꽃이 피고>… 참 민요.

잉굼님 [이잉′굼′님] 몡 임금님*. ¶석탈해 **이잉굼니**미 모기 말러가아<임금님이 목이 말라서> 물로<물을> 떠 오라 캐앴실 찌게<했을 적에>, 그 신하가 지 머여 묵따가<제 먼저 먹다가> 바가치가 이베 붙터가아<표주박이 입에 붙어서>…/**이잉굼니**를 드러내애는 너미 역쩍 애니가<임금님을 들어내는 놈이 역적 아니냐>.

잉아* [이′~아~] 몡 ☞잉애.

잉애 [이′~애~] 몡 잉아*. ¶엄마요<어머님요>, 베트레 **잉애**쭈른<베틀에 잉아 줄은> 어언제 거런능기요<언제 걸었습니까>? 내가 거얼라캐앤는데<걸려고 했는데>…/베로<베를> 짜다가 **잉애**가 터지머<잉아가 터지면> 머어 가주구 이인능기요<뭐 가지고 잇습니까>? 흔).

잉에 [이~이′~에′~] 몡 잉어*. ¶오늘 거튼 나레느<같은 날에는> **이잉**에나 함 바리<잉어나 한 마리>, 척 걸리이 주머<걸려 주면> 조옥켙심더마느<좋겠습니다만>, 뜯때로 앤 대네요<뜻대로 안 되네요>./모미 이레 허약칼 때느<몸이 이렇게 허약할 때는>, **이잉에**라도 함 바리<잉어라도 한 마리> 푹 꽈아가아 무구머<고아서 먹으면> 참 조올 끼이라요<좋을 거예요>.

잊다* [읻′따] 동타 ¶궤기 낙끄로<고기 낚으러> 오는 사래미<사람이>, 그래 이까불 **이접뿌**고<미끼를 잊어버리고> 댕기머 우야노<다니면 어쩌느냐> 응?

잎#¹ [입′피′, 입′풀′/입′플′, 입′페, 입′또′ 임′마′] 몡 의존 닢*. ¶야 이 사라마<사람아>, 자네가 나가서 직접<직접> 동전 한 **니**피라도<한 닢이라도> 버어러 온너라<벌어 오너라> 보자./장파네<장판에> 나가 도온 한 **닙**<돈 한 닢> 버어리기가<벌기가> 그리 수워른<수월한> 줄 아아나<아니>?

잎²* [입′피′, 입′풀′/입′플′, 입′페, 입′또, 임′마′] 몡 ¶배앱추<배추>나 무시<무>나 떵니피 크기 나오능 거느<떡잎이 크게 나오는 것은>, 장차 실하기 조올<실하게 자랄> 조지믈 나타내애능 거 애니겐나<조짐을 나타내는 것이 아니겠니>.

ㅈ

자#¹ [자아] '저 아이'가 준말. 쟤*.
자*² [자′가′, 자′를′, 자′에′, 자′도′, 자′마′] 몡 ¶아아로 가따가<아이를 →>, 대나무 자로 때리머 예빈단다<때리면 여윈단다>, 그라지<그러하지> 마라.
자*³ [자] 명령어 '자아'가 준 말. ¶호야, 니느<너는>, 할 이이리 억꺼들랑<할 일이 없거든> 응, 자미나<잠이나> 자! 자미나<잠이나>!
자갈풍 [자갈풍′] 몡 자가품*. ¶솜모세 자갈풍이 걸리인는동<손목에 자가품이 내렸는지>, 참 자주 세구럼니이더<시나이다>. 자갈풍(이) 걸리다<자가품(이) 내리다> 구).
자개비 [자개′비] 몡 자개미*. 불두덩 옆. 아랫배와 허벅다리 사이에 양쪽에 각각 오목하게 들어간 자리.
자다* [자′고, 자′지, 자′더′라, 자′도′, 자′서′, 자′거′(가′)라/자′라/자′/자아′라′] 동자타 ¶이미 푸메 앙끼이가아<어미 품에 안겨서>, 고옥끼 자고 인는 얼라아가<고이 자고 있는 아기가>, 얼매나 살감는동<얼마나 살가운지> 살짝 깨무러 주구 시풀 지경인데<깨물어 주고 싶을 지경인데>…
자래¹ [자래′] 몡 지라가 부어 배 안에 자라 모양의 멍울이 생기며, 열이 심하게 올랐다 내렸다 하는 어린아이의 병. 복학*(腹瘧). ¶아아드리 자랍빼로 앤 알능 거도<아이들이 복학을 앓지 않는 것도> 다아 지 보기라요<다 제 복이에요>./요새애 절뭉걷뜨른<요사이 젊은것들은> 자래가 머언지도 모릴 끼이다<복학이 뭔지도 모를 것이다>.

자래² [자래′] 몡 자라*. ¶내가 함붐 무거바안는데<한번 먹어봤는데>, 달꿰기캉 **자래** 궤기 마시<닭고기와 자라 고기 맛이> 참 비여억하압띠다<비슷합디다>./지남부네 자분 **자래**느<지난번에 잡은 자라는> 놀쩨까치도 망 무러 끄넌따는데<놋젓가락도 막 물어 끊었다는데> 참마린동 모올라<참말인지 몰라>.

자리#¹ [자리′] 몡 자루*. 1 자립 ¶밀까리 다먼떰 비인 **자리**가<밀가루 담았던 빈 자루가> 통 앰 비이네<안 보이네>, 누가 치얀나<치웠나>?/움무게 저 살**짜리**마 업서도<윗목에 저 쌀자루만 없어도> 이 뱅이 쫌 너릴 낀데<방이 좀 너를/넓을 것인데>… 2 의존 ¶다아메느<다음에는> 볼살 열 **짜리**마<보리쌀 열 자루만> 기차로 부치 두가<부쳐 다오>.

자리#² [자리′] 몡 1 자립 자루*. ¶다른 사라민테 칼로 줄 때느<사람에게 칼을 줄 때는>, 칼**짜리** 쪼글<칼자루 쪽을> 저쪼게서 받뚜룩<저쪽에서 받도록> 내애미러 주능 기<내밀어 주는 것이> 상식 애니가<아니냐>./무진 도끼 **자리**가<무슨 도끼 자루가> 이레 구울노<이리 굵으냐>, 가는 거로 바꽈아라<가는 것으로 바꾸어라>. 2 의존 ¶니이 오늘 저엉주장아 가거등<너 오늘 慶州場에 가거든>, 꼭깨이 두우 **자리**마<곡괭이 두 자루만> 쫌 사다 주울래<좀 사다 줄래>?/이 카른<칼은> 한 **자레**에 얼매석 하능기요<자루에 얼마씩 합니까/하는지요>?/원통타<원통하다>! 우리인테<우리에게> 총 한 **자리**만 더 이섣시머<자루만 더 있었으면>, 그 산때애주로<멧돼지를> 확시리 자불<확실히 잡을> 수 이섣실 낀데<있었을 것인데>./그 사라미 어언제<사람이 언제>, 조캐인테<조카에게> 염필 한 **자린**들<연필 한 자룬들> 사다 준 저기 이서야제<적이 있어야지>…

자리*³ [자′리] 몡 ¶단 삼십 평쭈움 가주구사<평쯤 가지고야>, 집테 **자리**로느<집터 자리로는> 앰 비이자부까<안 비좁을까>?

자리*⁴ [자′리] 몡 ¶이 사라마<사람아> 제에사에 실 초석**짜레**다가<제사에 쓸 돗자리에다가>, 이레 토해 노오머<이렇게 토해 놓으면> 우얀담 마알고<어쩐다는 말이냐>.

자리꼽째기 [자′리꼽째기] 몡 자린고비(눈吝考妣). ¶자네느<자네는> 그래, 그 영감쟁이가 **자리꼽째**긴 주를<자린고비인 줄을>, 인자아사 아럳땀 마알가<이제야 알았단 말이냐>?/내 득끼로느<듣기로는>, **자리꿉째기**인 바앙골 띠기인테<자린고비인 밤골댁에게> 기부금 도올라 컨능<달라고 하는> 그 마알버텅 잘모온땐 이이리구마느<그 말부터 잘못된 일이구먼>.

자물수리다 [자물수′리다] 동자 까무러치다*. ¶그럭키 차목칸 소서글 득꼬도<그렇게 참혹한 소식을 듣고도>, 앤 **자물수릴** 사라미<안 까무러칠 사람이> 어딕껜능기요<어디 있겠습니까>./뿌뚜리 어마시가<붙들이 어머님이>, 어름파네서러 땅꽁양으로<얼음판에서 공중 치기로> 잡뻐지늠 바라메<자빠지는 바람에>, **자물수릳**따컨띠이<까무러쳤다더니> 어언제 깨애난노<언제 깨어났냐>? ▷자무수리다.

자석 [자′석′] 명 자식*(子息). ①¶우리 도지사 그 야앙반도<양반도>, 본데느 가나는 농미네<본디는 가난한 농민의> **자서**기라 컨띠이더<자식이라고 합디다>./요새애 노푼 사암들 가분데<요새 높은 사람들 가운데>, 농구네 **자서**긴 사라미<농군의 자식인 사람이> 어디 한두울가<한둘이냐>./신 서방네느 안죽꺼정도<서방네는 아직까지도>, **자서**기 한나 업시니꺼네<자식이 하나 없으니까> 어디 첨상이라도<첩이라도> 하나 저영어야 앤 대겐나<정해야 되지 않겠느냐>. ②¶그 망할 **짜서**근 머어하니이라꼬<자식은 무얼 하느라고> 퀠띠이도 앰 빈치이노<콧등도 안 비치나>./애라 이 나뿐 **자서**가<나쁜 자식아>, 저리 비이끼지 모온하겐나<비키지 못하겠느냐>./지 아바시를 치늠 모온땐 **자서**근<제 아버지를 치는 못된 자식은> 도옹네에더러 쪼처내애양 대겐심더<동네에서 쫓아내야 되겠습니다>./저 더얼땐 개애**자서**기<덜된 개자식이> 어디, 정구지 바테다가<부추 밭에다가> 똥을<똥을> 누고, 저 지라리지<지랄이지>./야 이, 망할 **짜서**가<자식아>, 니느 이미애비도 엄나<너는 어미아비도 없니>?/저 나뿐 **자서**글<나쁜 자식을> 무진 수로 질로 디리꼬<무슨 수로 길을 들일까>./영시가<영식아> 니느 절때로<너는 절대로>, 모온땐 **자석**들캉<못된 자식들과> 사구우지 마러래이<사귀지 말아라>. ③¶(잘 생긴 아기를 어르며) 그넘 **자석**<그놈 자식>, 참 믹끼 생긴네요<밉게 생겼네요>. 참 아기는 '잘생기다'는 말 대신 '밉다'고 표현함.

자아묵다 [자′아묵따] 동타 잡아먹다*. ①¶꼬오내기느<고양이는> 쥐로 **자아무**굴 쭐 아러야<쥐를 잡아먹을 줄 알아야> 꼬오내기지<고양이지>, 쥐도 모온 **짜아뭉**능 거느<못 잡아먹는 것은> 지비 미길 피로가 업찌요<집에서 먹일/기를 필요가 없지요>. ②¶그 참, 어줍짜능 기이<어줍잖은 것이>, 생각뻐다 시가늘<생각보다 시간을> 디이기 마아니 **자아뭉**네<되게 많이 잡아먹네>./진 너미 공여어니<제 놈이 공연히> 도움마 **자아무**걷찌<돈만 잡아먹었지>, 해애 노옹 기이<해 놓은 것이> 머어가 인노<뭐가 있나>? ③¶농 하나가 방을 바안서기나 **자아묵**꼬<반씩이나 잡아먹고> 나니, 제에꽈 도러누불 자리배끼 앤 나암떠라<겨우 돌아누울 자리밖에 안 남더라>. ④¶저넘 아아느 어애댄 테긴동<저놈 아이는 어찌된 셈인지>, 내마 보머<나만 보면> 모온 **짜아무**거가아 야아다닐쉐<못 잡아먹어서 야단일세>.

자앵구 [자′앵′구] 몡 자전거*(自轉車). ¶이인나레느<옛날에는> **자앵구**마 하나 이서도<자전거만 하나 있어도> 부우자 추게 드갇떠라니이더<부자축에 들어갔다고 합니다>./그 때상<때야>, 장싱이마 해애도<長承 마을만 해도> **자앵구** 인는 지비<자전거 있는 집이> 멛 찝 대앤능기요<몇 집 됐습니까> 어디. ▷자전차/자정거.

자영 [자영′] 몡 누나의 남편. 자형(姊兄)*. ¶또시가<또식아>, 너거 **자영**은 머어하는 사랑고<너희 자형은 무얼 하는 사람이냐>?/저거 **자영**이 가머서<제 자형이 가면서> 도오늘<돈을> 멛 푼 주고 감 모양이시더<몇 푼 주고 간 모양입니다>.

자저지다[1] [자′저지다] 동 자 젖혀지다*. 잦혀지다. ¶시기 누부느<식이 누나는> 참, 웡캉 엄는 지비<워낙 없는 집에> 시이지불 각끼 따무레<시집을 갔기 때문에>, 안죽꺼정은 손터비 **자저지**두룩<아직까지는 손톱이 젖혀지도록> 이일로 해애도<일을 해도> 묵꼬사아기가 수월차능갑떠라<먹고살기가 수월하지/쉽지 않은가 보더라>.

자저지다[2] [자′저지다] 동 자 잦아지다*. ¶웅팅이 무리 시일실 **자저지**니꺼네<웅덩이 물이 슬슬 잦아지니까> 소옹에 새끼드리 수우미 맥키이는동<붕어 새끼들이 숨이 막히는지> 모도 주딩이로<모두 주둥이를> 물 우로 내애노코<물 위로 내어놓고>… ▷잦다.

자저지다[3] [자′저지다] 동 자 잦아지다*. ¶그넘<그놈> 거어짐마리 **자저지**머<거짓말이 잦아지면> 머어자너 타알라기 수웁때이<머지않아 탈나기 쉽다>. ▷잦다.

자죽 [자죽′] 圕 자국*. ①¶깡까믄 바메 게비 나가아<깜깜한 밤에 겁이 나서>, 재바리기 거르머 거를수록<재빠르게 걸으면 걸을수록>, 디이예서 무신<뒤에서 무슨> **자죽**<자국> 소리가 자꾸 따러오능 거튼 데<따라오는 것 같은 데>, 내가 참말로 무석꼬 검나고<무섭고 겁나고> 완저니 미치겓떠라꼬요<완전히 미치겠더라고요>./나간떤 사라미 두로거들랑<나갔던 사람이 들어오거들랑> 이 사라마<사람아>, 눔물 **자주**기라도<눈물 자국이라도> 좀 지우고 나올 이이리지<일이지>, 그기이 머어꼬<그것이 뭐냐>?/자갈바테<자갈밭에> 자동차 지내간 **자주**기 섬명하다메<지나간 자국이 선명하다며>? 그런타머<그렇다면> 그 차가 어어떤 찬둥<어떤 찬지> 차저보먼 대겐네<찾아보면 되겠네>. ②¶그 초옹가근 안죽<총각은 아직>, 이드름 **자죽**또<여드름 자국도> 앵 가신 얼구리로<안 가신 얼굴을> 하고 이섣따니이더<있었답니다>./근떠라아아 머레 인는<그 녀석 머리에 있는> 허언디 **자주**기<헌 데 자국이> 어어떡쿰 큰둥<어떻게나 큰지>, 그 거마 보머<것만 보면> 금방 그기이 금마안둥 애닌둥<그것이 그 놈 아이인지 아닌지> 아알 수 읻심더<알 수 있습니다>. **자죽**<**자국**>(이) 나다 구). **자죽**<**자국**>(을) 내다 구).

자지#¹ [자′지] 圕 자주*(紫朱). 자줏빛*. ¶**자지**<자주> 감자.

자지*² [자아′지′] 圕 고추자지*. ¶코 큰 사람 **자아지**가 크다 컨능 거느<자지가 크다고 하는 것은>, 전염 미들<전혀 믿을> 소리가 모온 때능 기이 맏쩨<못 되는 것이 맞지>?/(아기를 가리키며) 저넘 **자아지**가 팅티잉항 거로<저놈 자지가 팅팅한 것을> 보니, 아아매 **자아제**에<아마 자지에> 오주미 마아니 찬능갑심더<오줌이 많이 찼는가 봅니다>. ⇔보지.

자지다¹ [자′지고, 자′지지, 자′지더라, 자′지도, 자′지서, 자′지라] 图 ⟨사동⟩ 잦히다*. ☞자지다².

자지다² [자지′이고, 자지′이지, 자지′이더라, 자지′이도, 자지′이서, 자지′이라] 图 ⟨사동⟩ 잦히다*. ¶바블 **자지**일 때느<밥을 잦힐 때는>, 불로 사알살 때애야지<불을 살살 때야지>, 와장창 마아니 때애머<많이 때면> 바베 화아근내 난대이<밥에 화독내가 난다>./고등학생이라컨는 수우니 여닌테<고등학생이라는 순이 년에게>, 바불 함문<밥을 한번> **자지** 보라꼬 시기 나알띠이<잦혀 보라고 시켜 놓았더니>, 내 창<참> 기가 차서, 바불 다아 태야가아<밥을 다 태워서> 모지리 누룸바불 앰 맹그러 나안능기요<모조

리 눌은밥을 만들어 놓았잖아요>. 閻 의미나 용도상의 차이는 없으나, 길게도 짧게도 발음함.
자테 [자'테] 閏 곁에*. ¶니느 옴빠메<너는 오늘밤에> 여기, 내 **자테** 누버<곁에 누워> 자거라./야 인떠라아야<이 녀석아>, 니 **자테** 인능 거로<네 곁에 있는 것을>, 와 내자테 지버 도올라 컨노<왜 나한테 집어 달라고 하니>? ▷저테.
-**자테** [자'테] 閻 -한테*. -에게*. ¶이럭키 에라붐 무운제느<이렇게 어려운 문제는>, 내가 누우**자테**<누구한테> 무러 보머 조올꼬<물어 보면 좋을까>?/이이 상떡 숙끄니느<이 씨댁 숙근은>, 지**자테**마 조오머<제에게만 좋으면> 나미사 우애 대앹뜬동<남이야 어찌 됐든지>, 전연<전혀> 상관 앤 하는 사람 애니가<상관하지 않는 사람 아니냐>./(매우 답답하다는 투로) 이럭쿰 답따불 때느<이렇게 답답할 때는>, 기엄 인는 어어른**자테**<경험 있는 어른 한테> 이이누니라도<의논이라도> 쫌 해애바앋시머 조옥켁꾸마너<좀 해봤으면 좋겠건만>./그럼 복짜붐 무운제느<그러한 복잡한 문제는>, 차라리 너거 선성**자테**<너희 선생에게> 무러 보라머<물어 보렴>./야 인떠라아야<이 녀석아>, 니 자테 인능 거로<네 곁에 있는 것을>, 와 내**자테** 지버 도올라 컨노<왜 나한테 집어 달라고 하니>? ▷-저테.
-**자트로** [자'트로] 閻 -에게로*. -곁으로*. -한테로. ¶철수느<철수는> 여어서 러 할 릴 업시<여기서 할 일 없이> 배애배 도오다가<- 돌다가> 결국, 서어울 저거 힝이**자트로**<서울 제 형한테로> 불리이 갇심더<불려 갔습니다>.
작다* [자악'꼬', 자악'찌', 자악'떠 라, 자아'거'(가')도, 자아'거'서] 閺 ¶여자느 바리 **자아**글수룩<여자는 발이 작을수록> 버서니 이이뿌지 와<버선이 예쁘잖아>.
잔채 [잔'채'] 閏 잔치*. ¶오늘 이 지비 무신 **잔채**하나<집에 무슨 잔치하나>, 와 이레 분담노<왜 이리 분답하니>?/새달 이이십 치릴 랄<이십 칠 일날> 우리 **잔채**하니이더<잔치합니다>, 노올로 오세이<놀러 오세요>./**잔채** 찌베서<잔치 집에서> 으음서글 잘몯 무건는동<음식을 잘못 먹었는지> 자다가 과앙나늘 만낻따네요<곽란을 만났다네요>. **잔채하다** 閏 閏 잔치하다*.
잘때다 [잘때'다] 閏 閺 잘되다*. ¶이분 이일마 **잘때**머<이번 일만 잘되면>, 우리 한 잔 걸판지기 무거도 대겐따<걸게 먹어도 되겠다>./예천떡 갑태느

<예천댁 甲太는> 훼에사로 웽긴 덕타게<회사를 옮긴 덕택에>, 참 **잘때**에 가늠 모양이시더<잘되어 가는 모양입니다>.

잘몬때다 [잘모온' 다/잘모온' 때' 다] 동자 잘못되다*. ¶머어라도 **잘모온땐** 이이리 이시머<뭐라도 잘못된 일이 있으면>, 내자테 바리 알과아<나한테 바로 알려> 주소./이분 차메도 **잘모온때**머<이번 참에도 잘못되면>, 저엄빵 을<점포를> 아예 때리치울 생가기시더<때려치울 생각입니다>.

잘몬하다 [잘모온하' 다/잘모온' 하' 다] 동자타 잘못하다*. ¶정시니 홈미이해 애가아<정신이 혼미해서> 게에사늘 자암시<계산을 잠시> **잘모온한** 타세 <잘못한 탓에>, 삼마아 넌 또오니나<삼만 원 돈이나> 소온내 바얃따<손해 봤다>./자그나부지<작은아버지>, 지이가 참 **잘모온해**앤시니<제가 참 잘못 했으니> 너그럭끼 용사해애 주이소<너그럽게 용서해 주세요>.

잘몬 [잘모' 디'/잘모' 지', 잘모' 들', 잘모' 데', 잘몬' 또', 잘몸' 마'] I 부 잘 못*. ¶이분 시어믄<이번 시험은> 다불 멕 깨<답을 몇 개> **잘몬** 시는 나부 라게<잘못 쓰는 바람에> 왕창 조짇따 애니가<조졌잖아>./무운는 대로 대애 다불 앤하고<묻는 대로 대답을 안하고>, 지 마암대로<제 맘대로> **잘몬** 대 애답파는<잘못 대답하는> 통에, 이이리 어덜로 가는동<일이 어디로 가는 지> 모리겔심더<모르겠습니다>./보소, 호옥시 사아라물<혹시 사람을> **잘몹** 뽕 거 애닝기요<잘못 본 것 아닙니까>?/안동 가는 기차로<가는 기차를>, 대 구 가능<가는> 건 줄 아아고<알고> **잘몬** 타는 바라메<잘못 타는 바람에> 멛 시가늘<몇 시간을> 헉꼬상마 해앧따니이더<헛고생만 했답니다>. II 명 ¶누구나 잘몬항거로<잘못한 걸>, **잘모**딘 줄 시시로 깨다르머<잘못인 줄 스스로 깨달으면> 궤야능 거지<괜찮은 것이지>./자네들도 **잘모**지 이시머 <잘못이 있으면> 곱빠리 곤치두룩 하라무나<곧바로 고치도록 하렴>./누가 **잘모**디 익꼬 억꼬느<잘못이 있고 없고는>, 재판소오 가가아 팡가림<재판소 에 가서 판가름> 하자. ▷잘못.

잘못* [잘모' 시', 잘모' 슬', 잘모' 세', 잘몬' 또', 잘몸' 마'] 부명 ☞잘몬.

잠#¹ [잠] 명 점*. 사람의 살갖에 있는 얼룩. ¶저 집 얼라아<아기> 텡 미테 난 **자**미<턱 밑에 난 점이> 장차 어업서지일랑강 모올라<없어지려는가 몰 라>./조선 사람 치고, 에릴<어릴> 때 구웅딩이예 시이퍼런 **자**미<궁둥이에 몽고반점이> 엄는 사라미 어딘노<없는 사람이 어디 있니>?

잠*² [재미/자미, 자믈/자물, 자'메, 잠도, 잠마] 명 ¶벨 거억쩡도 엄는데<별 걱정도 없는데>, 내가 웨엔이일로 지푼<웬일로 깊은> 재미 자 랜 드는동 모올따<잠이 잘 안 드는지 모르겠다>.

잡다* [잡'꼬/작'꼬, 잡'찌, 잡떠'라, 자'버(바)도, 자'버서, 자'버라] 동 타 ¶ 날러오는 고옹을<날아오는 공을>, 맨소느로 자버내애능 거도<맨손으로 잡 아내는 것도> 기술 애니가<아니냐>.

잡뻐지다 [잡'뻐지고, 잡'뻐지지, 잡'뻐지더라, 잡'뻐저도, 잡'뻐저서, 잡'뻐 저라] 동 자 자빠지다*. ①¶미끄러저가아 잡뻐지는 사라믈<미끄러져서 자 빠지는 사람을>, 가마아꼬 지키보머<가만히 지켜보면>, 흐니 디이로<흔히 뒤로>… /어름파네서 미끄러지늠 바라메<얼음판에서 미끄러지는 바람에>, 잡뻐저 중능 거사<자빠져 죽는 것이야> 다아 지 우우니 나뻐<다 제 운이 나빠> 그렁 거지 머어<그런 거지 뭐>./뿌뚜리 어마시가<붙들이 어머니가>, 어름파네서<얼음판에서> 땅꽁양으로<공중 치기로> 잡뻐지늠 바라메<자빠 지는 바람에>, 자무수릳따 컨띠이<까무러쳤다고 하더니> 어언제 깨애난노 <언제 깨어났니>? ②¶태촌 어어르니<어른이>, 나캉 가치 거러가고 이선 는데<나와 같이 걸어가고 있었는데>, 소오똥을 발번는동 우앤는동<쇠똥을 밟았는지 어쨌는지> 화닥딱 카디이<화닥닥 하더니> 구마아 서들 여개 업 시 디이로<그만 서둘 틈 없이 뒤로> 벌렁 잡뻐접뿌데에<자빠져 버리더군>. ③¶야 일마아야<이놈 아이야>, 하알 이이리 억꺼들랑<할 일이 없거든> 지비 가가아<집에 가서> 잡뻐저 자미나 자거래이<자빠져 잠이나 자거라>./ 어어르니<어른이> 와도, 방빠다게 잡뻐저가아<방바닥에 자빠져서>, 일라 지도 앤하능 거느<일어나지도 않는 것은> 나뿐 지일 애니고 머어고<나쁜 짓이 아니고 뭐냐>? ▷잡빠지다.

잡숫다 [잡숟'꼬/잡숙'꼬, 잡숟'찌, 잡숟떠'라, 잡사'아도/잡솨'아도, 잡사' 아서/잡솨'아서] 동 타 잡수다*. ¶(작은며느리가 큰댁에 계신 시어머니께 가서) 어무니요<시어머님>, 오나지게느<오늘 아침에는> 미으미라도 쫌 잡 솨안능기요<미음이라도 좀 잡수셨습니까/잡수셨는지요>?/신전 어어른뇨<어 른요>, 우리 지비<집에> 아직 짭숙꾸로 오시이세이<아침 잡수시게/잡수시 러 오십시오>. 참 신전 어른: '신전'이란 택호를 가진 댁의 바깥어른. x ¶귀 가 잡수다.

잣다* [자악' 꼬'/자앋' 꼬', 자앋' 찌', 자앋' 떠' 라, 자' 서(사)도, 자' 서서, 자' 서 라] 동 타 ☞잦다.

장#¹ [자앙'] 뮈 항상*. 내내*. 늘*. ¶내사 머어<나야 뭐>, 사아능 기이<사는 것이>, 어제나 오느리나<오늘이나> **자앙** 그런치 머어<늘 그렇지 뭐>, 벨 따릴 끼이 인능기요<별다를 것이 있습니까>./우리사<우리야>, **자앙** 뭉는 짐치캉 디인장이<항상 먹는 김치와 된장이> 제엘롱 조옽터라<제일 좋더라>.

장*² [자아'~이'~, 자아' ~을'~, 자아' ~에'~, 자앙' 도', 자앙' 마'] 명 된장*. ¶여어더러느 보오통<여기서는 보통> 음녁 이이워레<음력 이월에> **자앙**을 담는 지비<장을 담그는 집이> 마안심더<많습니다>.

장*(場) [자' ~이~, 자' ~을~, 자' ~아~/자' ~에~, 장' 도, 장' 마] 명 ¶오느른 와<오늘은 왜>, 아훼 **장**아<阿火 장에> 가는 사라미<사람이> 이치리 저엉노<이처럼 적니>?/인수 아배요<아빠요>, 니이리 **장**아<내일 장에> 가시거들랑 코고무신 항 커리마<한 켤레만> 사다 주세이<주세요>./그 꼴란 제랄 멕 깨 팔라꼬<별 것 아닌 계란 몇 개 팔려고> **장**테꺼정 간명기요<장터까지 갔던가요/갔습디까>? **장(을) 보다** 구). **장(이) 서다** 구).

장강 [장' 강] 명 정강이*. ¶나가 들머<나이가 들면>, 누구나 **장강**<정강이> 마디가 아풍갑떠라<아픈가 보더라>./쪼치바리로 쫌 해앤띠이<달리기를 좀 했더니> **장강**다레에<다리에> 아리 통토옹하이 배기임심더<알이 통통하게 박혔습니다>. ▷장갱이.

장강뻬 [장' 강뻬] 명 정강뼈*. '장갱이뻬<정강이뼈>'의 준말. ¶몸살로 함분<몸살을 한번> 디이기 해앤띠이<되게 했더니>, **장강뻬**가 노거나능 기부니시더<정강이뼈가 녹아나는 기분입니다>./저 집 여엉가믄<영감은> 오오도바이로 타두구<오토바이를 타다가> 너머저가아<넘어져서> **장강뻬**가 뿔거젇따네<정강뼈가 부러졌다네>.

장개 [자앙' 개'] 명 장가*(丈家). ¶나모떡 영수느<나모댁 영수는> **자앙개** 함분<장가 한번> 잘 뜨런능갑떠라<들었나 보더라>./오새애 초오네에느<요새 시골에는> **자앙개** 모옹 깐 초옹각뜨리<장가 못 간 총각들이> 너무 수태애서 타아럽니더<숱해서 탈입니다>. **장개로 디리다**<장가를 들이다> 구). **장개로 들루다**<장가를 들이다> 구). **장개로<장가를> 보내다** 구).

장개가다 [자앙' 개' 가다] 동 자 장가가다*. ¶대추밭떡 칙깐이가<대추밭댁 칙

관이>, **자앙개갈** 그 이무레느<장가갈 그 무렵에는>, 마카 말로<모두 말을> 타고 갈찌만도<갔지만>…/점머스미 큼머스믈<작은 머슴이 큰 머슴을> **자앙개가**구로 해애 준<장가가게 해 준> 이이바근 참 재밋떼에<이야기는 참 재미있더군>.

장갱이 [장′개~이~] 몡 정강이*. ¶오새애도 구네서러느<요새도 군에서는>, 노푼 넘드리<높은 놈들이> **장갱이**뻬로<정강이뼈를> 막 차고 그카능강<그러는가>?/우리 태기 자아느<(영)탁이 쟤는>, 하도 잘 어퍼지니꺼네<엎어지니까> **장갱이**가 하리도<정강이가 하루도> 성을 나리 업심더<성할 날이 없습니다>. ▷장강.

장군* [장′군′] 몡 ¶고모아재요<고모부님>, 이 물 **장구**니가<장군이> 와 이레 지일질 쉐능기요<왜 이렇게 질질 새는지요/샙니까>?/후니 니느<훈이 너는>, 똥 **짱구**늘<똥 장군을> 함무니라도 저본 적 인나<한번이라도 져본 적 있니>?/학수야, 오줌 **장구**니느<장군은> 그느레 도오야지<그늘에 두어야지>, 햅뻬테다가 두머<햇볕에다가 두면> 금방 턱턱 갈러진대이<갈라진다>.

장꾼* [장꾼′] 몡 ¶저 당수나무 미치 바리<밑이 바로>, **장꾼**드리 쉬이 가는 데 애닝기요<장꾼들이 쉬어 가는 데 아닙니까>./아아매도 **장꾼**드르느<아마도 장꾼들은>, 조매애석<조금씩> 눈 쉐기는 지이슬<눈 속이는 짓을> 하겠찌<하겠지>, 와 안 하겐능기요<왜 않겠습니까>.

장난* [자앙′나′~이~, 자앙′나′늘, 자앙′나′네, 자앙′난′도, 자앙남′마] 몡 ¶**자앙난** 중에서야<중에서야> 참말로 흘**짜앙난**<흙장난>, 물**짜앙난**<물장난>, 불**짜앙나**니 제엘롱<불장난이 제일> 재민능 거 애니가<재미있는 것 아니냐>.

장댕이 [장대′~이~] 몡 사람의 아래쪽 등 또는 허리 위쪽 부위의 등. 참 방언의 '장댕이/잔등'과 표준어의 '등'은 같은 뜻이 아님. '장댕이/잔등'은 오히려 '허리'에 가까우나 허리보다 범위가 조금 넓음. ☞장딩이.

장딩이 [장디′~이~] 몡 사람의 아래쪽 등 또는 허리 위쪽 부위. ¶모숭기 할 때느<모내기 할 때는>, 자네 **장딩이**가 아퍼 우얘 전디노<잔등??이 아파 어찌 견디니>?/허리가 마아니 아푸거등<많이 아프거든>, 포기 너린 헐끄늘<폭이 넓은 허리띠를> **장딩이**에다가 매애 보라머<잔등??에 매어 보렴>. ▷장댕이.

장딸/장닭 [장따′리/장딸′기, 장따′를/장딸′글, 장따′레/장딸′게, 장딸′또, 장딸′마] x[장닥/수탁] 몡 수탉*. ¶온짱아 가시거등<오늘 장에 가시거든> 조온 **장딸** 함 바리<좋은 수탉 한 마리> 사가아 오세이<사 오세요>./**장딸**기 사암할 때 보머<수탉이 싸움할 때 보면>, 누가 뽑짜불라 캐애도 모리고<누가 붙잡으려 해도 모르고> 죽짜사아자 사암마<죽자살자 싸움만> 하지 와<하잖아>. x숙딸. ⇔암딸/암닭.

장때 [장′때] 몡 장대*. ¶그 참, 우애 댄 가실삐가<어찌 된 가을비가>, 여름 소내기매애로<소나기처럼> **장때**거치도<장대같이도> 오네./디이기 지잉 거로<되게 긴 것을>, 서어 발 **장때**라 컨띠이<서 발 장대라고 하더니>, 이 기이 바리<것이 바로> 서어 발 **장때**구마느<서 발 장대로군>. 햄 활때>장때.

장떡# [장′떡] 몡 시장에서 파는 떡. ¶**장떠**기 그레 묵꾸저부머<장떡이 그렇게 먹고 싶으면>, 한 넙띠기 사무구머<한 잎 사먹으면> 댈 꺼 애니가<될 것 아니냐>./아이구 참 아재도<아저씨도>, 나무 한 짐 파러가아<팔아서>, **장떡** 사무울 또오니<사먹을 돈이> 어딘능기요<어디 있습니까>.

장떡*(醬-) [장′떡] 몡 된장에 밀가루를 섞고 파나 다른 나물을 버무려 부친 음식. ¶누부야<누나>, 우리 **장떡** 해에 무군 제<해 먹은 지> 오래 대앤따 그자아<오래 됐다 그지>? 오늘 **장떡** 함분 해애 묵짜<한번 해 먹자>.

장맛* [자앙′맏′] 몡 ¶(훼각을 초청하며) 손 서방, 우리 지비<집에> **자앙마**시나 보구로<장맛이나 보게>, 온찌너게 거언네<오늘 저녁에 건너> 오시게./**자앙마시** 달머<장맛이 달면>, 당여니<당연히> 이임서기 다아 마시서지지요<음식이 다 맛있어지지요>./(아들이) 다링 거사 모올라도<다른 것이야 몰라도>, 우리 집 **자앙맏** 하나느<장맛 하나는> 창<참> 기가 차지, 기가 차.

장매 [장매′] 몡 장마*. ¶저 가앙 거언네<강 건너에> 사아는 사람드리<사는 사람들이>, **장매**처레느<장마철에는> 우애 거언네댕기는동 모올쉐<어떻게 건너다니는지 모르겠네>./지인 **장매**가 끈나머<긴 장마가 끝나면> 어디 꼬치처얼뱅이뿌니까방요<고추잠자리뿐일까 봐요>, 매룽도 우울고<매미도 울고>… **장매**<장마>(가) **들다** 구). **장매**<장마>(가) **지다** 구).

장연 [자앙′연′] 몡 작년*(昨年). ¶내가 **자앙연**버텅<작년부터> 베라아 오던 타앙거늘<별러 오던 탕건을> 오늘사 하나 샀심더<오늘에야 하나 샀습니다>./다레에 히미<다리에 힘이>, **자앙연** 다리고<작년 다르고> 올 따리니이더<올해 다릅니다>. ⇔멩연.
장오 [장오´] 몡 자웅*(雌雄). ¶(엄청나다는 뜻으로) 토깽이 한 **장오**가 일려 네 멤 마리로 버어는동 모올라<토끼 한 자웅이 일년에 몇 마리로 불어나는지 몰라>. 흔).
장찜 [장´찜] 몡 장짐*(場-). ¶방동떡 야앙바는<방동댁 양반은>, 요새에 채수쟁이<요새 채소장수> **장찜** 져다 주는 이이레<장짐 져다 주는 일에> 재미로 부침 모양이더마<재미를 붙인 모양이더군요>./누가 **장찌**를 이레<장짐을 이렇게>, 어어설푸기 무까안노<어설프게 묶었느냐>, 머얼리 갈 끼인데<멀리 갈 것인데> 쫌 야무지기 앰 무꾹코<좀 야무지게 묶지 않고>?
장테 [장´테] 몡 장터*(場-). ¶여엉천**장테**야<永川場터야>, 워낙 허엄항 곧 애닝기요<험한 곳이잖아요>./이 **장테**느<장터는> 참말로, 무신 **장테**가<무슨 장터가> 고올무기 이리 소오잠노<골목이 이렇게 비좁나>? ▷장테에.
잦다#¹ [자악´꼬/자앋´꼬, 자앋´찌, 자앋´떠´라, 자´저(자)도, 자´저서, 자´저라] 동 타 잣다*. ¶여자가 미영도 하나, 모온 **짜**즈머<무명도 하나 못 자으면> 저거로 어디다가 치우꼬<저것을 어디다가 치울까>! ②¶야앙수기가<양수기가> 우애 댄 테긴동<어찌 된 셈인지>, 시미 통 업서 가주구<힘이 통 없어 가지고>, 물로 쏼쏼 모온 **짜**저<물을 - 못 자아 올리는데…
잦다*² [잔´꼬/작´꼬, 잔´찌, 잔떠´라, 자´저(자)도, 자´저서] 동 재 ¶나리 웡캉<날이 워낙> 가무는 통에, 아징나저레<아침나절에> 새들 노네 대앰 무리<논에 댄 물이> 버러 다아 **자**저접뿌렌떼에요<벌써 다 잦아져버렸더군요>.
잦다*³ [잔´꼬/작´꼬, 잔´찌, 잔떠´라, 자´저(자)도, 자´저서] 형 ¶이 사라마<사람아>, 내 보기로느<보기에는> 그 지미 디이로 **자**진 들 시푼데<짐이 뒤로 잦은 듯 싶은데>, 곤처 시일능 기이 안 올켄나<고쳐 싣는 것이 옳지 않겠나>?
잦다*⁴ [잔´꼬/작´꼬, 잔´찌, 잔떠´라, 자´저(자)도, 자´저서] 형 ¶우리 이모 아재느<이모부는>, **자**즌 지치미<잦은 기침이> 이분 쩌실 드러서<이번 겨울 들어서> 부쩍 더 시임해지시네<심해지시네>.
잩 [자´티, 자´틀, 자´테, -, -] 몡 곁*. ¶니 **자**테 인능 거로<네 곁에 있는 것을>, 와 내자테<왜 나한테> 지버 도올라 커노<집어 달라고 하니>? ▷젙.
재#¹ [재´] 몡 모양*. 멋. ¶(감탄을 하며) 아지반니믄<아주버님은> 참, 소옴시가 대애단하싱가배요<솜씨가 대단하신가 봐요>, 태애치미로 우애 이치리<퇴침을 어찌 이처럼> 재가 나구로 까끄신능<모양이 나게 깎으셨는지>… **재가 나다** 구). **재를 내다** 구).

재*² [재′] 몡 ¶이 칭구<친구>야, 그 담뱃**째** 쫌<담뱃재 좀>, 아아무 데나 터어지<아무 데나 털지> 마라./우리가 이카다가<이러다가>, 수움 함분 깔딱카머<숨 한번 깔딱하면>, **재** 한 줌바께 더 나앙껜나<줌밖에 더 남겠나>?

재*³ [재′] 몡 ¶황물<유황 약수> 무구로 가알라커머<먹으려 가려면>, 저 열뚜우 구부 **재**로<열두 구비 재를> 너머 가야 대니이더<넘어 가야 됩니다>.

재밋다 [재믿′따] 혱 재미있다*.

재바리다 [재바리′다] x[재발르다] 혱 재바르다*. ¶문시기 그 칭구<문식이 그 친구>가 얼매나 **재바린**동<얼마나 재바른지>, 내가 구두끄늘<구두끈을> 매고 인는데<있는데>, 언사나 박깝슬 내앱뿐띠이더<어느새 밥값을 내어버렸습디다>./아아무래도 **재바린** 사라미<아무래도 재바른 사람이> 굼띤 사람버다<굼뜬 사람보다> 머어로 해애도<무얼 해도> 잘 하겓찌<하겠지>. ⇔ 굼띠다.

재암바치 [재암바′치] 몡 재주를 가진 사람. 재간동이*. 장인바치. ¶수룽굴떡<수륭골댁> 둘째 아들 그 사람, 마알마 **재암바친**동 머언동<말만 재간동인지 뭔지> 아알 수가 업서<알 수가 없어>, 사아람들<사람들> 보는 데서 함분 해애보라 커니까네<한번 해보라고 하니까> 잘 모온하데에<못하더군>.

잭끼다 [잭′끼다] 동 사동 잦히다*. '잦다'의 사역형. ¶지게로 질 때느<지게를 질 때는>, 사앙체로 약깐 수구리야지<상체를 약간 숙여야지>, 너무 **잭끼**머<잦히면> 디이로 잠빼지기 수움때이<뒤로 자빠지기 쉽다>./고개로 바짝 **잭끼**고<고개를 바짝 잦히고>, 함분 치바더바아라<한번 쳐다봐라>, 저기 잘 비이는 베엘 시이 개가<보이는 별 세 개가> 바리 삼태 애니가<바로 삼태성 아니냐>. ▷젝끼다.

쟁깨미 [쟁깨′미] 몡 오래되어 삭은 옛날 기와 조각. 참 가루를 내어 놋그릇 닦는 데 씀. 흔).

저나다 [저나′다] 동 타 전하다*(傳-).

저녁 [저녁′] 몡 저녁*. ¶온쩌너게<오늘저녁에> 우리 저언지 가주구<전지 가지고> 새애 자부로 앵 가알래<참새 잡으러 안 갈래>?/지나아<(영)진아>!

니느<너는> **저넝**마중<저녁마다> 어디 그리 갈 떼가 마안노<데가 많니>?
▷저역/지녁.

저라다 [저′라′다] 저러다*. '저럭케 하다<저렇게 하다>'가 준 말. ¶지마니 자아가<지만이 쟤가> 자주 **저라다**가<자주 저러다가>, 꽁 무신 타알로 내애지<꼭 무슨 탈을 내지> 시푸다<싶다>./저 집 처나믄<처남은> 가마아 보머<가만히 보면>, 한창 저레 우울고 **저라다**가도<한참 저렇게 울고 저러다가도> 금세 또 위인는 수가 일심더<웃는 수가 있습니다>./서엉난 화앙소로<성난 황소를> 뿐짝겐따는 사라미<붙잡겠다는 사람이>, 이까래끼조치랑<고삐조차> 건디리 보지도 모온하고<건드려 보지도 못하고> **저랄** 빠에사<저럴 바에야>, 차라리 앤 나서능 거버다 모온하자나<안 나서는 것보다 못하잖아>.

저승찔 [저승′찔] 圄 저승길*. ¶**저승찌**렌들 노오자가<저승길엔들 노자가> 업서가아사 대겐능기요<없어서야 되겠습니까>, 과네다가 노오자라도 멥 푼<관에다가 노자라도 몇 푼>…/참말로 **저승찌**리 그치리 머엉강<저승길이 그처럼 먼지>? 와 함봉 가머<왜 한번 가면> 다시느 모온 또러오꼬<다시는 못 돌아올까>?

저얼 [저′어리, 저′어를, 저′어레, 저′얼또, 저′얼마] 圄 겨울*. ¶올 **쩌**어른 억시기 칩따는데<올 겨울은 대단히 춥다는데>, 땔나무 해 노옹 거도<놓은 것도> 마안차너 가주구<많잖아 가지고>…/이분 **저얼**마 잘 넝구우머<이번 겨울만 잘 넘기면>, 보메느<봄에는> 우리도 고향아 도러갈<고향에 돌아갈> 수 일찌 시푼데<있지 싶은데>… ▷저얾.

저얾 [저′얼기, 저′얼글, 저′얼게, 저′얼또, 저′얼마] 圄 겨울*. ¶북까안도느<북간도는> 그럭키 칩따는데<그렇게 춥다는데>, 야아들 재애당수근<얘들 재당숙은> 그 치분 **저얼**글 우애 전디능공<추운 겨울을 어찌 견디는지> 모올시더<모르겠어요>./서가아<석아>! 올 **저얼**기<겨울이> 디이기 치불 꺼 걷따는데<되게 추울 것 같다는데>, 누운<눈> 오기 저네 땔낭글<땔나무를> 쫌 나알짜버<좀 낫잡아> 해애다 나아야 앤 대겐나<해다 놓아야 되지 않겠니>? ▷저얼.

저염 [저어′염] 圄 점심*.

저염말 [저염′말] 圄 오전*(午前). ◁저염 아알 즉, 점심 아래 ¶그 야앙반<양반>, **저염**마레 둥거리<오전에 장작> 한 짐 해애다 녹코<해다 놓고>, 조굼

저네 나같심더<조금 전에 나갔습니다>.
저테 [저′테] 튀 곁에*. ☞자테.
-저테 [저′테] 조 -에게. ☞-자테.
적다#¹ [적′꼬, 적′찌, 적떠′라, 저′거(가)도, 저′거서, 저′거라] 동 타 삼(병으로 눈동자에 좁쌀 만하게 생기는 희거나 붉은 점)이 생기다. 서다*. ¶누네 사미 **저**그머<눈에 삼이 서면>, 눔무리 막 흐리고<눈물이 막 흐르고>, 아퍼 가아 모온 쩐디는데<아파서 못 견디는데>…
적다*² [적′꼬, 적′찌, 적떠′라, 저′거(가)도, 저′거서, 저′거라] 동 타 ¶조옹이 모찝 전나번노<종이모집 전화번호> 니 작끼장아<네 잡기장에>다가, **저**거 노옹 거 엄나<적어 놓은 것이 없니>?
적다*³ [저어′꼬′/저억′꼬′, 저억′찌′, 저억′떠′라, 저어′거′(가′)도, 저어′거′서, 저어′게′라/저어′거′라/저어′기′라] 형 ¶(보채는 젖먹이를 보고) 자아가 아아매<쟤가 아마>, 바비 좀 **저어**근<밥이/젖이 좀 적은> 성하네요.
적새미 [적새′미] 명 적삼*. ¶여르메사 모시 **적새미**머<여름에야 모시 적삼이면> 그럭쿰 서워늘<그렇게 시원할> 수가 업쩌러<없지>./삼베 **적새미**에다가 풀로<적삼에다 풀을> 얼매나 미기인는동<얼마나 먹였는지> 내가 까끄러버 죽껟심더<깔끄러워 죽겠습니다>./야 이 디디이한 칭구야<데데한 친구야>, 니느 **적새미**빠라므로<너는 적삼바람으로> 어디로 나갈라컨노<어디를 나가려느냐>?
적찌 [적′찌′] 명 흉년이 들어 거둘 농작물이 없는 땅. 적지*(赤地). ¶이분 저 언쟁통에<이번 전쟁통에> 조선 천지가 모지리<모조리> **적찌**가 대앤따 애니가<적지가 됐잖아>. **적찌**<적지>(가) **나다** 구.
젂다 [적′꼬, 적′찌, 적떠′라, 저′꺼(까)도, 저′꺼서] 동 타 겪다*. ①¶유기오<6·25> 때 피이랑 가가주구느<피난 가서는>, 누구나 다아 고초로 **적**껃찌요마느<다 고초를 겪었지요마는>…/누구라도 소늘 보머<손을 보면>, 그 사라미<사람이> 어어떤 고상을 **저**껀는동<어떤 고생을 겪었는지> 담박 아알 수가 읻찌<단박 알 수가 있지>. ②¶(위로의 뜻을 담아) 자네 요부네<요번에>, 큰손 **젇**니이라꼬<겪느라고>, 참말로 용 마아니 바앋쩨<욕 많이 봤지/수고가 많았지>?
전* [저언′] 명 ¶야아야<얘야>, 지이발<제발> 거기, 뜨거분 솓**쩌**어네<뜨거

운 솥전에> 올러서지<올라서지> 마라, 크닐 난대이<큰일 난다>./(자꾸 집에 급히 가겠다는 사람에게) 머어가 그리 바뿡기요<뭐가 그리 바쁩니까>? 화릳**쩌**어네다가<화롯전에다가> 엳 올리녹코 완능기요<엿을 올려놓고 왔습니까>?

전*(煎) [저'언'] 몡 ¶이분 제에사에<이번 제사에>, 파**쩌어**는 와 앰 부친노<파전은 왜 안 부쳤니>?/(전화로) 지굼 머어하나꼬<지금 무얼 하느냐고>? 음, 할매 제에사 지내앨라꼬<할머니 제사 지내려고> 엄마캉 **쩌어** 부치는 중이다 와<엄마와 전 부치는 중이다 왜>?

전*(廛) [저'언'] 몡 ¶포목**쩌어**네 가가아<포목전에 가서> 내 마알로 하머<말을 하면>, 내가 맥끼 노온 이불 까아믈<맡겨 놓은 이불 감을> 내애줄 끼이다<내줄 것이다>./오새애느 집신**쩌언** 거틍 거느<요새는 짚신전 같은 것은> 아예 업서젙찌만<없어졌지만>…/여어 어각**쩌언**<여기 어곽전> 하던 어어르는<어른은> 오새애 통 앤 나오시능기요<요새 통 안 나오시는지요/나오십니까>?

전내 [전'내'] 몡 좆내*. ¶나느<나는> 참, **전내** 나능 기이<좆내 나는 것이> 와 그치리 실분동 모올라<왜 그처럼 싫은지 몰라>./저리 가거라, 내사<나야> 이베 **전내** 나는 아아들캉은<입에 좆내 나는 아이들과는> 앤 노올란다<놀지 않으련다>.

전디다 [전'디다] 동짜타 견디다*. ①¶붕만주<북만주>로 간 우리 고모네 고옹구드르느<식구들은>, 그 모오진 치비에<모진 추위에> 앤 어러죽꼬<안 얼어죽고> 우애 **전디** 난능공<어찌 견뎌 났을까>?/(주인집 아들을 팬 머슴이) 내가 아아무리<아무리> 그 집 므스미라 캐애도<머슴이라고 해도>, 쥐인네찝 아들짜테<주인집 아들에게> 그런 수모로 당코느<수모를 당하고는> 도오저이 창꼬 **전디**지로<도저히 참고 견디지를> 모온하겠떤데 우애<못하겠던데 어째>? ②¶그 가능 군델쭈레<그렇게 가는 그넷줄에> 아아 다서지가<아이 다섯이> 항꺼네 올러타니꺼네<한꺼번에 올라타니까>, 무게로 모온 **쩐디**가주구<무게를 못 견뎌서> 탁 터접뿡 거겐찌<터져 버린 것이겠지>./니이가 그 도오늘<네가 그 돈을>, 우애 앵 까묵고<어찌 안 까먹고> **전디**능가 시푸디이<견디는가 싶더니>, 결국… ③¶마카 다아 에러는 처어진데<모두 다 어려운 처진데>, 지라꼬 모온 **쩐디** 테기<저라고 못 견딜 턱이>

어디 익껬심니까<있겠습니까>?

전주다 [전주′우다] 동 타 ①견주다*. ¶나알로 미칭갱이자테 **전주우**능 거느 <나를 미치광이한테 견주는 것은>, 도오저이 모은 창껬심더<도저히 못 참 겠습니다>. ②겨누다*. 겨냥하다*. ¶야 이 사라마<사람아>, 아아무리 비인 <아무리 빈> 총이지만 사아라믈<사람을> 보고 **전주우**머<겨누면> 어얀담 마알고<어쩌한단 말이냐>?/요오서러<요기서> 물총을 딱 **전주우**고 잍따가 <겨누고 있다가>, 동수가 졸로 지내가거등<조리로 지나가거든> 팍 수머 앤 대겐나<쏘면 되잖겠니>? ▷전중다.

젙[1] [저′디′/저′지′, 저′들′, 저′데, 젙′또′, 점′마] x[저시, 저슬] 명 젖*. ① ¶ 가아가 니이 사리머<걔가 네 살이면>, **젙** 떨<젖 뗄> 때가 지난네요<지났 네요>./아아 어망이<아이 어멈>, **저**든<젖은> 잘 나오능강<나오는지>? ② ¶이 사라미<사람이> 가마아 보니꺼네<가만히 보니까>, 알아아자테<아기 한테> **저**들 물리인<젖을 물린> 채로 자미<잠이> 폭 드럽뿐네<들어버렸 네>./(빈 젖을 한번 물려 보고) 야아<얘>가 **접** 빠는 히미<젖 빠는 힘이> 참 대애단네요<대단하네요>. ▷젖[1]. **젙 떠러진 강생이**<젖 떨어진 강아지> 구).

젙[2] [저′디′/저′지′, 저′들′, 저′데, 젙′또′, 점′마] x[저시, 저슬] 명 젓*. ¶ 짐치에느 메레치**저**디<김치에는 멸치젓이> 드가야<들어가야> 지 마시<제 맛이> 나지… ▷젖[2].

젙팅이 [젙티′~이~] 명 젖퉁이*. 젖통*. ¶수지나<수진아>, 해필<하필> 여자 **젙팅이**로<젖퉁을> 때리먼 우야노<때리면 어쩌느냐>?/태시기느<태식이는> 우앤 테긴동<어쩐 셈인지>, 똑<꼭> **젙팅이**<젖통> 큰 여자마 조온타 컬떠 라<여자만 좋다고 하더라>. ▷젙팅이.

절*[1] [절′] 명 ¶(초파일날) 이 집 시어마시<시어머니>는 오늘 저레라도 가 신능가배<절에라도 가셨나 봐>?

절*[2] [절′] 명 ¶여기 이 어어르닌테도<어른에게도> 큰**절** 함문 디레라<한번 드려라>.

절딴 [절′딴] 명 결딴*. ¶니이 지굼<너 지금> 무진<무슨> 소리 하노<하니>? 이이리 그래 대머<일이 그리 되면> **절따**닌데<결딴인데>…/디이끄틀<뒤끝 을> 잘 앰 매조지 노오머<끝맺음해 놓지 않으면>, 나앙쮀에<나중에> 가 가주구<가지고> **절딴** 날 낀데<결딴 날 건데>… **절딴<결딴> 나다** 구). **절딴<결딴> 내다** 구).

절때 [절′때] 🄫 절대*(絶對). '절대로'의 준말. ¶새리니라니<살인이라니>? 그럼 무서분 소리느<그런 무서운 소리는>, **절때**로 이베 다암찌 마러라<절대로 입에 담지 말아라>./내사<나야> 그런 올차는 생가글<옳지 않은 생각을> 하는 사랑캉은<사람과는>, **절때** 만낼 피로가<절대 만날 필요가> 업따꼬 생각카암니더<없다고 생각합니다>./우리 성도느<성도는> **절때** 그런 이로<절대 그런 일을> 할 사래미 애니시더<사람이 아닙니다>.

절테 [절′테′] 🄫 절터*. ¶저어가 바리<저기가 바로> 황용사 **절테** 애닝기요<황룡사 절터 아닙니까>./여엉천 은해사느<永川 銀海寺는> **절테**로<절터를> 참 잘 자벌떼에요<잡았더군요>./양산 통도사느<통도사는> 한 저실게 칠갱이꼬치 핀 자레다가<한 겨울에 칡꽃이 핀 자리에다가> **절테**로 자벌따 컬떼요<절터를 잡았다고 하더군요>.

절하다* [절′하′다] 🄫 🄺 ¶(아이를 달래며) 이 떠근<떡은>, 저기 할배 산수<할아버지 산소>에 가가아<가서> 우리 **절하**고 난 다아메<다음에> 뭉능 거니꺼네<먹는 것이니까>…

젊다* [저엉′꼬′, 저엄′찌′, 저엄′떠′라, 절′머(마)도, 절′머서] 🄫 ¶절문 사람드른 다아<젊은 사람들은 다> 어디 가고, 늘긴이들마 요레<늙은이들만 요렇게> 소비이기 안전능기요<소복하게 앉았습니까>?

점두룩 [점′두룩] 🄫 저물도록*. 하루종일*. ¶머어 하니이라꼬<뭘 하느라고> 하리 **점두룩**<하루종일> 그래, 밥또<밥도> 하나 모온 차저 묵꼬<못 찾아 먹고>, 출출 굴먼노<굶었니>? **점두룩 새두룩**<저물도록 새도록> 구) 밤낮 없이. 계속해서.

점말 [점′마′알] 🄫 겹말*. ¶바아라<봐라>, 실떼업시<쓸데없이> 꼬오깜 **점마알**<곶감 겹말> 쫌<좀> 하지 마라. 드).

점붇때 [점붇′때] 🄫 전봇대*. ¶철뚱 너메 노는<철둑 너머의 논은>, 놈 복파네 인는<논 복판에 있는> 그 **점붇때** 따무네<전봇대 때문에> 서어리<써레>질 하기가 여엉 파아니지요<영 나쁘지요>?

접다#[1] [접′꼬/적′꼬, 접′찌, 접떠′라, 저′버(바)도, 저′버서, 저′버라] 🄫 싶다*. ¶재우 니이가<네가>, 제엘롱 보구**저**분 사아라믄<제일 보고 싶은 사

람은> 누군데?/니느<너는> 이 세에상아<세상에서>, 머어<뭐>가 제엘롱 묵꾸 **점**노<제일 먹고 싶니>?/인자아<이제> 나도, 더는 조용사리 앤 하구 **적**꾸마<더는 종살이를 하고 싶지 않군요>.

접다*² [접'꼬/적'꼬, 접'찌, 접떠'라, 저'버(바)도, 저'버서, 저'버라] 동 타 ¶자아<쟤>가 종오 **적**끼<종이 접기> 하는 데는 일뚱이시더<일등입니다>.

접시기 [접시'기가, 접시'기를, 접시'기에/접시'게, 접시'기도, 접시'기마] 명 접시*. 1 자립 ¶아가<며늘아기야>, 저어는<전은> 저 **접시**게다가 다앙꼬<접시에다가 담고>, 과아시른<과실은> 이 목끼<목기>에다가 다머래이<담아라>. 2 의존 ¶지이가 어언제<제가 언제>, 나알 무구라꼬<나 먹으라고> 신<쓴> 나물 한 **접시기**라도 가주구<접시라도 가지고> 온 저기 인능강<적이 있는가>?/아지매요<형수님>, 멩태 찌짐<명태 지짐이> 나먹꺼등<남아 있거든> 도오 **접시기**<두어 접시> 들라오<들여> 주소.

정*¹ [정'] 명 ¶(돌에다가) **정** 질로<질을> 할 때느<때는>, 눙껌지기로<눈깜작이를> 잘 해애야지<해야지>.

정*² [저엉'] 부 '정말로', '참으로'의 뜻을 나타내는 말. ¶그 처어자가 **저엉** 그럭키 보구저부머<처녀가 정 그렇게 보고 싶으면>, 그 지베 당당이 차저가보라머<집에 당당히 찾아가 보렴>.

정*(情) [정'] 명 ¶박실떡 찝또 인자아느<박실댁 집도 이제는>, 저네매애로<전에처럼> 사암도 더얼하고<싸움도 덜하고>, 그런 대로 **정** 익끼<있게> 지내늠 페니다<지나는 편이다>.

정낭 [정낭'] 명 뒷간*. 변소*. ¶저 왕거무가 바메<왕거미가 밤에>, 이 **정낭** 아페다가 줄로<뒷간 앞에다가 줄을> 저레 천능가배요<저렇게 쳤는가 봐요>./이 집 **정낭**아느<뒷간에는> 웨엥 구우디기가<웬 구더기가> 저리 끌노<끓느냐>? 쪽뚜리꼽 뿔깅이로<할미꽃 뿌리를> 콩콩 찌거가아 여어바아라<찧어서 넣어 봐라> 직빵이지<직방이지>.

정신# [정시'~이~, 정시'늘, 정시'네. 정신'도, 정심'마] 명 정성. ¶야아드래이<얘들아>, 제에사느 **정시**니대이<제사는 정성이다>./과아실<과실> 하나라도 **정시**늘 디리가아 까꺼라<정성을 들여서 깎아라>. 드). 참 '정성*(精誠)'의 와전인 듯. 드).

정신*(精神) [정시'~이~, 정시'늘, 정시'네. 정신'도, 정심'마] 명 ¶우리 거튼 사라미<같은 사람이> 무신<무슨> 사밀 **정시**니 어어떡코 컨늠<三一精神이 어떻고 하는> 마아를 아아겐능기요<말을 알겠습니까>. ⇔육체.

정지 [정지′가, 정지′를, 정제′에/정지′에, 정지′도, 정지′마] 몡 부엌*. 주방*. ¶박똥떡 찌븐<박동댁 집은>, **정지**가<부엌이> 큰 채 동쪼게 인나 서쪼게 인나<동쪽에 있니 서쪽에 있니>?/저 댕겡이<동경이>가 배가 고푸나<고프나>, 와 **정지**로<왜 부엌을> 시일실 들바더보노<슬슬 들여다보냐>?

정지깡구 [정지′깡′구] 몡 부엌데기*. 식모*. 부엌일 하는 계집아이. 동자아치*.

정지문 [정지′문′] 몡 부엌문*. ¶이 지베서느<집에서는> 입춘 날, **정지무**네 다가느<부엌문에다가는> 머라꼬 서 부치능기요<뭐라고 써 붙입니까>?/멩촌 아재요<명촌 아저씨요>, **정지무**니 이치리 소러가아<부엌문이 이처럼 좁아서>, 푼나무 거틍 거느<풋나무 같은 것은> 우얘 들루우능기요<어떻게 들여놓습니까>? 참 멩촌: 명촌이란 택호를 가진 댁의 바깥주인.

젖*¹ [저′지′, 저′즐′, 저′제, 젇′또′, 점′마′] x[저시, 저슬] 몡 ☞젇¹.

젖*² [저′지′, 저′즐′, 저′제, 젇′또′, 점′마′] x[저시, 저슬] 몡 ☞젇².

젖다* [적′꼬, 젇′찌, 전떠′라, 저′저(자)도, 저′저서] 동 자 ¶영수 아부지요<아버지요>, 따메 **저**즌 소오고슨<땀에 젖은 속옷은> 일로 버서 주세이<이리로 벗어 주세요>.

젙 [젇′] 몡 곁*. ☞잩.

제¹ [제] 몡 의존 지*. ¶그 사람 만내본 **제**가 어언젠동<만나본 지가 언젠지>, 하도 오래 대애가아<되어서> 나도 잘 모리겍꾸마<모르겠군요>.

제² [제] 몡 저*(箸). 젓가락*. ¶웨에아지미요<외숙모님>, 여기 **제** 두우 모마 주이소<저 두 모만 주세요>.

제까치 [제까′치] 몡 젓가락*. ¶오새애 가마아 보머<요새 가만히 보면>, **제까치**질또<젓가락질도> 하나 지대로 모온하는 아아드리<제대로 못하는 아이들이> 너무 마아너요<많아요>./**제까치**느 어액끼나<젓가락은 어쨌거나> 지럭시<길이>가 똑 갇뚜룩 따다머야지<같도록 다듬어야지>./덕시가<덕식아>! 니이<너> 밤 마 덤나<밥 맛 없나>? 바 뱀 묵꼬<밥은 안 먹고> 와 **제까치**마<왜 젓가락만> 쪽쪽 빨고 인노<있니>?/새실랑 보고느<새신랑 보고는> 와<왜>, **제까치**로 가주구<젓가락을 가지고> 빠아믈 디베<밤을 뒤집어> 보라 컨는공<보라고 하는지>?/내상 머어니머어니 캐애도<내야 뭐니뭐니 해도> 사암신 **제까치**가 제에리더라<삼신 젓가락/손가락이 제일이더라>. ▷제까락.

제랄 [제′라리, 제′라를, 제′라레, 제′랄또/제′랄도, 제′랄마] 몡 계란*(鷄卵). ¶오나지게느<오늘 아침에는> 와<왜>, **제랄**쨍이가<계란장수가> **제랄** 거두우로<계란 거두러> 앤 오능공 모올쉐<안 오는지 모를 일일세>?/(계란 장수의 외침 소리) 자, **제랄** 사소<계란 사시오>, **제랄**<계란>./누가 머어라 캐애도<뭐라고 해도>, **제라**른 노린챙이<계란은 노른자>가 더 마신찌<맛있지>.

제리 [제에′리′] 뮈 제일*(第一). ¶누가 아아무리 머라 캐애도<아무리 무어라고 해도>, 사아라믄 구움능 기이<사람은 굶는 것이> **제에리** 서얼니이라<제일 서러우니라>./(누나에게) 내가 **제에리** 조오와하는 오슨<제일 좋아하는 옷은>, 누부야<누나>가 떠 준 사초<손뜨개로 뜬 러닝) 셔츠> 아닙니까<아닙니까>.

제비* [제에′비] 몡. ¶**제에비**지불 실쩍 건디리기만 해애도<제비집을 슬쩍 건드리기만 해도>, 순식까네<순식간에> 온 도옹네 **제에비**가<동네 제비가> 다아 모지이드디이더<다 모여듭디다>.

제사*(祭祀) [제에′사′] 몡. ¶오늘 사동떡 찌베<사동댁 집에>, 서기 아배<석이 아비> 기**제에사**가 들 꺼로<기제사가 들걸>. 참 제사>지사.

젝끼다 [젝′끼다] 동 사동 젖히다*. ▷잭끼다.

젤로 [제엘′로′] 뮈 제일*. 제일로*. 가장*. ☞젤롱.

젤롱 [제엘′롱′] 뮈 제일*. 제일로*. 가장*. ¶재우 니이가<네가>, **제엘롱** 보구저분 사아라믄<제일 보고 싶은 사람은> 누군데?/니느<너는> 이 세에상아<세상에서>, 머어<뭐>가 **제엘롱** 묵꾸 점노<제일 먹고 싶나>? ▷젤로.

젭빱 [젭′빱′] 몡 젯밥*(祭-). ¶자다가 **젭빠**불<젯밥을> 마아니 무구머<많이 먹으면>, 배탈 난대이<난다네>./대구 가머<가면>, 헏쩨에사 지낸<헛제사를 지낸> **젭빱**또 판다메요<젯밥도 판다면서요>?/삼동에 바문 지이고<삼동에 밤은 길고>, 배가 헐추리이할 때느<허할 때는>, **젭빠**비<젯밥이> 그럴 수 업시 마신찌<없이 맛있지> 앵<안> 그래?

조갑찌 [조갑′찌] 몡 ①조개*. ¶바닥까 사람드른<바닷가 사람들은> 숭여니<흉년이> 들 때느<때는>, **조갑찌**라도 조오무우머<조개라도 주워먹으면>

굴머죽찌느 애늘 끼이라<굶어죽지는 않을 것이야>./멩촌 어어르는<명촌 어른께서는>, 화앙새가 **조갑찌**로 자버가아<왜가리가 조개를 잡아서> 기양 뭉능강<그냥 먹는지> 까뭉능강 아아시능기요<까먹는지 아십니까>? 참 멩촌 어른: 명촌이란 택호를 가진 댁의 바깥주인. ②여자의 성기. 보지*. ¶북동떡 지비느<북동댁 집에는> **조갑찌** 하나 가룰 마아늠<보지 하나 가릴 만한> 베 쪼가리조치랑 엄능강<베 조각조차 없는지>, 여일곱 살 무군 따라아가<예닐곱 살 먹은 계집애가>, **조갑찌**로 화아니<보지를 환히> 내애녹코 댕기두룩<내놓고 다니도록> 기양 그라고<그냥 그러고> 인능 거로 보머<있는 것을 보면> 참…/오새애 처매느<요새 치마는> 우애 그리 짜린동<어찌 그리 짧은지>, **조갑찌**<보지> 하나도 잘 모옹 까루울 마안춤<못 가릴 만큼> 도오도 짜리더라<너무도 짧더라>./그 지비느<집에는> **조갑찌**마 소보옥하압띠더<여자들만 소복합니다>. ③조가비*. ¶(누룽지가) 누러부튼 솝빠다기사<눌어붙은 솥바닥이야>, 까아직 꺼<그까짓 것> **조갑찌**로 가주구<조가비를 가지고> 삭삭 끌그머<싹싹 긁으면> 깨꿈박끼 끌거내애지 머어<깨끗하게 긁어내지 뭐>.

조딩이 [조디′~이⌒] 몡 조동이*. 조동아리*. ¶너거<너희들>, 그 **조딩이** 함부레 놀리머<조동이를 함부로 놀리면> 재미 업실 쭐 아러라<없을 줄 알아라>./여자느 우야든동<여자는 어쩌든지> **조딩이**로 조오심해애야 댄대이<조동이를 조심해야 된다>./저 여는 어언제나<년은 언제나> 그 **조딩이**가 마알상이다<조동아리가 말썽이다>./아부임<아버님> 호호 부러 자압소<불어 잡소>, **조딩이** 디일라요<조동이 델라요>. 참 새색시가 너무 높임말을 쓰려다가 실수하는 말. **조딩이**<조동이>(가) **사다**<싸다> 구).

조매 [조매′애/조매애′] Ⅰ 뿐 조금*. ①¶오느른<오늘은> 내가 참, 모미<몸이> **조매애** 아푸니이더<조금 아픕니다>./기부능 그래애도<기분은 그래도>, 어제버다으느<어제보다는> **조매애** 나얄심더<조금 낫습니다>. ②¶기다리는 지메<김에> **조매애**마<조금만> 더 기다릴래? Ⅱ 몡 ①¶이분 이일로<이번 일로> 지이<제>가, 처영인테느 **조매애**도 피이로<처형에게는 조금도 폐를> 앵 끼치겐심더<끼치지 않겠습니다>. ②¶두우 사라미<두 사람이> 더 얼 와가아<덜 와서> 그런데, **조매애**마 이시머<조금만 있으면> 훼에이로 시이작뚜룩 하겐심더<회의를 시작하도록 하겠습니다>. ▷쪼매.

조상*(祖上) [조새´~이/조사´~이~, 조사´~을~, 조사´~아/조사´~에~, 조상´도, 조상´마] 몡 ¶너거느 어어떤 이이리 이서도<너희는 어떤 일이 있어도>, 절때<절대> **조상**을랑 워엄망 마아라<조상을 원망 마라>.

조잖다 [조잔´따] 동자 '주저앉다'보다 어감이 작은 말. 쪼그리고 앉다. ¶고모 느 해필<고모는 하필>, 그 도장 꾸시게<광 구석에> **조잔**저가주구<쪼그리고 앉아서> 머어 하시능기요<무얼 하십니까>? 흔).

조춣다 [조출´타] 혱 깔끔하고 얌전하다. ◁조출하다. ¶전떠라아가 지 혼차 **조추**른 척하는데<저 녀석이 저 혼자 조출한 척하는데> 질로 쫌 디리, 마러<길을 좀 들여, 말아>? 흔).

조카* [조´카´가, 조´카´를, 조´카´에, 조´카´도, 조´카´마] 몡 ¶그 지븐<집은>, 아재비 **조카**가 가튼 항여네 댕기는데<같은 학년에 다니는데>… ▷ 조캐.

조피 [조오´피´] 몡 두부*. ¶이 지베서느<집에서는>, **조오피** 함 모에<두부 한 모에> 얼마석 반능기요<얼마씩 받습니까>./여기 **조오피**느 우애 소옥낄래<두부는 어찌 쑤었길래>, **조오피** 마시<두부 맛이> 이치리 구시노<이처럼 구수하냐>!/서어월 사람드른<서울 사람들은> **조오피**라커머<조피'라면>, 도통 무심 마아린동<무슨 말인지> 모온 아러듣띠이더<못 알아듣습디다>./기다리고 이시니<있으니까>, 오늘따러 **조피**쟁이도<오늘따라 두부장수도> 자 랜 오데에<잘 안 오더군>. 흔).

좆 [조´디/조´지´, 조´들´, 조´데, 좆´또´, 좀´마] x[조시, 조슬, 조세] 몡 ☞ 좆.

좀#¹ [조옴´] 뷔 그 얼마나. 오죽*. 여간*. ¶남자든 여자든 혼차 사아는 이이리<혼자 사는 일이> 참, 마알로 앤 해애가아 그런치<말을 안 해서 그렇지>, **조옴** 심들겐능기요<오죽 힘들겠습니까>?/옹캉 맫칭 기이 마아는 사라미라<워낙 맺힌 것이 많은 사람이라>, **조옴** 해애가주구느<여간 해 가지고는/좀처럼> 짐시리 마아믈<金室이 마음을> 돌리기가 수웁짜늘 꺼로<쉽지 않을 걸>.

좀*² [줴´미/조´미´, 조´믈´, 조´메, 좀´도´, 좀´마] 몡 ¶원디기 아배요<원덕 아빠>, 오늘 장아 가거등<장에 가거든> **좀**냑 쫌 사 오세이<좀약을 좀 사 오세요>./**조**미 봉겨늘<좀이 本絹을> 어애<어찌> 그리 잘또 아아는동 모올라<잘도 아는지 몰라>? **좀(을) 치다** 구). **좀(이) 묵다**<먹다> 구). **조미 수시다**<좀이 쑤시다> 구). **좀(이) 치다** 구).

좀*³ [좀′] 튀 ¶이 수지기 마시<수제비 맛이> **좀** 쉬인능가배<쉬었나 봐>.

종* [조옹′] 명 ¶(듣지 않는 데서) 내가 지 **조옹**이가<제 종이냐>, 와 나마<왜 나만> 자꾸 부리무굴라꼬 드노<부려먹으려고 드니>?/인자아<이제> 나도, 더느 **조옹**사리 앤 하구적꾸마<더는 종살이를 하고 싶지 않군요>./보소, 다시느<다시는> 우리로<우리를>, **조옹** 부리드시<종 부리듯이> 하알라 컨찌 마소<하려고 하지 마시오>.

종오 [조′~오~] 명 종이*. ¶야아<얘>야 무진 **종오**가<무슨 종이가> 이리 얄부노<얇니>? 좀 더 뚜꺼분 **종오**느<두꺼운 종이는> 엄나<없니>?/수우니 니도<순이 너도>, 색쫑오 가주구<색종이 가지고> 고옹 저불 쭐 아아나<공 접을 줄 아니>?/자앙모요<장모요>, 이렁 거 마알고<이런 것 말고>, 좀 빱빤탄 **종오**느 억껜능기요<빳빳한 종이는 없겠습니까>?/백찌 **종오**가<백지 종이가> 도오 장 이시머<두어 장 있으면>, 여늘<연을> 하나 맹그러 보겐는데<만들어 보겠는데>…

종지미 [조옹′지′미] 명 종기*(腫氣). ¶어얘댄 **조옹지미**가<어찌된 종기가> 이칠 크꼬<이처럼 클까>?/어어떤 **조옹지미**라도<어떤 종기라도> 훼가 빠저 나와야 나얄찌<회가 빠져 나와야 낫지>, 앵 그러머<안 그러면> 앤 나안는다<안 낫는다>./자아 허벅찌 **조옹지메**서<쟤 허벅지 종기에서>, 고로미 아아매<고름이 아마> 한 종지기도<종지도> 더 나왈실 끼이다<나왔을 것이다>/**조옹지미**가 폭 괭긱꺼든<종기가 폭 곪았거든>, 탱주나무 까시로 까아<탱자나무 가시를 갖고> 폭 찔러가아 땁뿌라머<찔러서 따버리렴>.

좇* [조′지′, 조′즐′, 조′제′, 좉′또′, 좀′마′] x[조시, 조슬, 조세] 명 어른의 자지를 비속하게 이르는 말. ①¶저 사람 **조즌**<좆은>, 무진 **조지**<무슨 좆이> 저레 크노<저렇게 크냐>?/코 큰 사라믄<사람은> **좉또**<좆도> 크다 카능 거느<하는 것은> 다아 거어짐마리야<다 거짓말이야>./이이점버텅<예전부터> 새북 **좉** 앵 꼴리이는 사라민테느<새벽 좆 안 꼴리는 사람에게는> 도온도 빌리<돈도 빌려> 주지 마라 캐앨따<했다>. ②¶(욕으로 하는 말) 아이구 그 거 참, **조지**네 **조지**라<좆이네 좆이라>./나른<날은> 탱탱 가물고, 방구 우에 <바위 위에> 안전시니<앉았으니>, **조즌**<좆은> 탱탱 꼴리이고<꼴리고>…

㉘ 민요. ▷좆. **조지다**<좆이다> 구). **조지라 캐라**<좆이라고 해라> 구). **좆또 애니다**<좆도 아니다> 구). **족**<좆> **까다** 구). **족 껄다**<좆 같다> 구). **족 꺼튼**<좆 같은> 소리 구). **좀 만항 거**<좆 만한 것> 구). **족 꺼튼**<좆 같은> **새끼/여석**<녀석>/**자석**<자식>/**넘**<놈>/**연**<년>) 구). **조지 빠지두룩**<좆이 빠지도록> 구). **조지나 빠러라**<좆이나 빨아라> 구). **좁 빨라꼬**<좆 빨려고> 구).

조ㅎ다¹ [조옥'꼬'/조온'꼬', 조온'찌', 조온'떠'라, 조'오도/좌'아도, 조'오서/좌'아서, 조'오라/좌'아라] 동타 줍다*. ¶**오느른**<오늘은> 참 재수가 조온 **나린동**<좋은 날인지>, 내가 꾸메 질게서<꿈에 길에서> 도오늘 다아<돈을 다> **좌아** 바안니이더<주워 봤습니다>./이모아재느 만날 와<이모부는 만날 왜>, 히야는 도올마<희한한 돌만> **좌아다가** 모두우시능기요<주워 모으시는지요/모으십니까>?

조ㅎ다² [조옥'꼬'/조온'꼬', 조온'찌', 조온'떠'라, 조오'와'도/조오'아'도, 조오'와'서/조오'아'서] 동자 (식물의 키 따위가) 자라다*. ¶모미 아푼<몸이 아픈> 사람도, 펭시 때매애로<평시 때처럼> 머리가 **조온**늠 모양이라요<머리카락이 자라는 모양이에요>./장매가 저가아 그런동<장마가 져서 그런지>, 요새애느 정구지가<요새는 부추가> 참 잘또 **조온**네요<잘도 자라네요>./콩은 이피<잎이> 너무 **조오**머<웃자라면>, 알캥이가 앤<알갱이가 안> 들고 부시러지니이더<부실해집니다>. ▷좋다². 혼).

좋다#¹ [조온'코'/조옥'코', 조온'치', 조온'터'라, 조오'와'도/조오'아'도/조오'화'도, 조오'와'서/조오'아'서/조오'화'서] 동자 (식물의 키 따위가) 자라다*. ¶비가 자주 오니꺼네<오니까> 푸리 정구지버다암도<풀이 부추보다> 더 잘 **조온**네<자라네>./(입관 전에) 그래, 주군 사람 손텁또<죽은 사람 손톱도> 사안 사람매애로<산 사람처럼> **조온**는단다<자란단다>./배앱추<배추>나 무시<무>나 떵니피 크기 나오능 거느<떡잎이 크게 나오는 것은>, 장차 실하기 **조올**<실하게 자랄> 조지믈 나타내애능 거 애니겐나<조짐을 나타내는 것이 아니겠니>. ▷조ㅎ다².

좋다*² [조오'코'/조옥'코', 조온'치', 조온'터'라, 조오'와'도/조오'아'도/조오'화'도, 조오'와'서/조오'아'서/조오'화'서] 형 ¶나느<나는> 니 학격 소시글 득꼬<네 합격 소식을 듣고>, 기부니 하도 **조오**와가아<기분이 하도 좋아서> 풀쩍풀쩍 띠인는데<뛰었는데>…

좌아묵다 [좌′아묵따] 동타 주워먹다*. ¶(사람을 쫓으며) 여보게 자네느<자네는>, 거어 머어 **좌아무굴** 끼이<거기 뭐 주워먹을 것이> 이실 끼라꼬<있을 것이라고> 시일실 찌북꺼리노<슬슬 기웃거리느냐>?/멩산 아지미가<아주머니가> 감나무 미테서러<밑에서> 홍시로<홍시를> 막 **좌아무**굴라컨늠 파네<주워먹으려는 판에>, 세에무서에서 술 추로<세무서에서 밀주 단속하러> 온 사람드리<사람들이> 확 디리닥치더라네<들이닥치더라네>. 참 멩산 아지미: 멩산이란 택호를 가진 댁의 주인 아주머니.

좌아오다 [좌′아오다] 동타 주워오다. ¶질<길> 가다가 **좌아옴** 물거니<주워 온 물건이> 신통할 테기 업찌<턱이 없지>./내 참 부우타긴데요<부탁인데요>, 지이발덕뿌네 이렁 거 쫌<제발 이런 것 좀> 다시느 **좌아오**지 마세이<다시는 주워오지 마세요>./(아이를 놀리며) 자아느<쟤는>, 공굴 미테서러<다리 밑에서> **좌아왇**따메<주워왔다며>? 똥떡 꾸움는 저검마인테<굽는 자기 엄마에게> 데엘다 조웁뿌라<데려다 줘버려라>.

주게 [주게′] 명 주걱*. '밥쭈게<밥주걱>'의 준말. ¶이 논또가리<논배미>가 똑<꼭> **주게** 거치 생깁꾸나<주걱 같이 생겼구나>./머어로 해액낄래<무얼 했길래>, 이 나무 **주게**가<주걱이> 이럭키 한쫑만 딸견시꼬<이렇게 한쪽만 닳았을까>?/누룸박 끌른<눌은밥 긁는> **주게** 소리마 나머<주걱 소리만 나면>, 저 눔 대애주<놈 돼지>가 참 요옹케도 아러요, 요옹케도<용하게도 알아요, 용하게도>.

주기다 [주′기다] 동 죽이다*. ☞쥐기다. 소).

주께다 [주께′고, 주께′지, 주께더′라, 주께′애도, 주께′애서] 동자 지껄이다*. 말하다*. 이야기하다*. ¶새대기느<새댁은> 그래, 입또 애 나푸나<입도 아프지 않느냐>, 쫑 구만 **주께**에라<좀 그만 지껄여라>./이 사암드라 시끄럽따<사람들아 시끄럽다>, 쫌 대애강 **주께**에래이<대강 지껄여라>, 저기이 무신 소린동<저것이 무슨 소린지> 쫌 드러보구로<좀 들어보게>.

주다* [주′고, 주′지, 주′더′라, 조오′도/좌아′도′, 조오′서/좌아′서′, 조오′라/좌아′라′] 동타 ¶채글<책을> 사고 내가 참, 도온도<돈도> 앤<안> 주고 기양 완능가배<그냥 왔나 봐>. **줄라 카다<달라고 하다>** 구). 참 '주려고 하다'가 아님.

주딩이 [주디′~이~가, 주디′~이~를, 주디′~이~예~/주디′~이~에~, 주디′~이~

도, 주디'~이~마] 몡 주둥아리*. 주둥이*. ①¶(화가 난 아이를 가리키며) 허니 자아느 와<(중)헌이 쟤는 왜> 또, **주딩이**가<주둥이가> 저레 불거저 나 완노<저렇게 불거져 나왔느냐>?/야 이 사암드라 시끄럽따<사람들아 시끄 럽다>, 지이발<제발> 그 실떼엄는<쓸데없는> **주딩이** 구만 쫌<주둥아리를 그만 좀> 놀릴 수 억껜나<없겠니>?/(실천하지 않는 사람에게) 내사<나야>, **주딩이**마 까진 사랑캉은<주둥이만 까진 사람과는> 마알또<말도> 하기 실 터라<싫더라>. ②¶이 술 쭈전자느 와<주전자는 왜> **주딩이**가 이레 짜부 러전노<주둥이가 이렇게 짜부라졌니>?/아부임 뜨겁심더<아버님 뜨겁습니 다>, 호호 부러 자압소<불어 잡소>, **주딩이** 디일라요<주둥이 델라요>. 참 높임말을 잘못 쓸 때 빗대어 이르는 말.

주망 [-, -, 주마'~아~, -, -] 몡 주머니*. ¶이 사라마<사람아> **주망**아 도오니 <주머니의 돈이> 어디 아푸다 컨나<아프다고 하니>? 어애 그레<어찌 그렇 게> 도오늘 모온 서가아 야아다니고<돈을 못 써서 야단이니>?/니느 와<너 는 왜>, **주망**아다가<주머니에다가> 도올로 여어 가아 댕기노<돌을 넣어 가지고 다니니>? 그래가아<그래서> 오시 나머나나<옷이 남아나니>? 참 '주마아<주머니에>' 꼴로 흔히 쓰임. ▷주밍이.

주묵 [주묵'] 몡 주먹*. ¶기서비 가아느<기섭이 걔는>, 이비 얼매나 크머<입 이 얼마나 크면> 그래, 지 **주묵**<제 주먹> 하나가 지 이베 다아 드각꼬<제 입에 다 들어갈까>?/웨에태느<외태는>, 도부니 나머<화가 나면> **주무**게다 가 춤버텅 바리고<주먹에다가 침부터 바르고> 나서니이라<나서느니라>./ 니이 **주묵** 소오게다가<너/네 주먹 속에다가> 머어로 숭카안노<무엇을 숨 겼니>? 그 **주묵** 쫌 피야라<주먹 좀 펴라> 보자./저 한 **주묵** 까암도<주먹 감도> 모온때능 기이<못되는 것이> 천지로 모리고<천지를 모르고> 까부 고 인네<까불고 있네>. **주묵**<주먹>(을) 쥐다 구). **주묵**<주먹>(을) 불끈<불 끈> 쥐다 구). **주무**기 지그럽다<주먹이 근지럽다> 구). **주묵**<주먹>이 떨다 구). **주묵**<주먹>이 오고 가다 구). **주묵**<주먹>이 울다 구).

주밍이 [주미'~이~가, 주미'~이~를, 주미'~이~에/주미'~이~예~, 주미'~이~ 도, 주미'~이~마] 몡 주머니*. ①¶바아라<봐라>, 큰도오니 든 **주밍이**느 <큰돈이 든 주머니는> 농 소오게다가<장롱 속에다가> 감지글라 컨찌 마 고<감추려고 하지 말고>, 아아무<아무> 데나 어어설푸기 떤지도오야<어설

피 던져둬야> 도동너미 모온 또디키<도둑놈이 못 훔쳐> 간다./저가지미가 <제 숙모가> 우리 천수니인테<천순이에게> 쪼매애는 귀**주밍이** 하나로<조그만 귀주머니 하나를> 지버 조온능가배요<기워 주었나 봐요>./그 짐 메느리가 아아매도<그 집 며느리가 아마도> 딴 **주밍이**로 참 모냥이지요<딴 주머니를 찬 모양이지요>? ②¶(빨래할 때) 아지매요<아주머니>, 내 바지 **주밍이**에 잍떤<주머니에 있던>, 여얼때 호옥시<열쇠 혹시> 모옴 뽀신능기요<못 보셨는지요/보셨습니까>?/우리 에릴 때느<어릴 때는>, 하암복 저구리 아네다가<한복 저고리 안에다가>, 개야**쭈밍이**<개화 주머니를> 하나 다 러주는 나리머<달아주는 날이면>, 그기이 우애 그치리<그것이 어찌 그처럼> 조오왇떤동 모올라<좋았던지 몰라>./꿀바아믈 얼매나<굴밤을 얼마나> 마아니 좌아 다멀뜬동<많이 주워 담았던지>, **주밍이**가<주머니가> 터질찌겅이디이더<지경입디다>. **주밍이<주머니>**가 **개갑다<가볍다** 구). **주밍이로<주머니를>** 털다 구).

주절껍찌 [주절껍′찌] 몡 지저깨비*. ①소나무의 겉껍질. ¶우리느<우리는> 공작 시가네<시간에> **주절껍찌** 가주구<지저깨비 가지고> 돋땀배도 맹글고<돛단배도 만들고>…/**주절껍찌**커먼 주장<지저깨비라고 하면 주로>, 솔나무 **주절껍찌**로<소나무 지저깨비를> 마알하능 거 애닙니까<말하는 것 아닙니까>./우리느<우리는> 나무 꽁장아 가가아<제재소에 가서>, **주절껍찌**로 뻑끼다가 때애머<지저깨비를 벗겨다가 때면> 땔나무느 벨로<땔나무는 별로> 안 사도 댄다<된다>. ②나무를 다듬거나 깎을 때 생기는 잔 조각. ¶원수지느<원 덩이는> 다아 어야고<다 어쩌고>, 어디 가가아 해필<가서 하필> 이런 **주절껍찌**마 좌아 완노<지저깨비만 주워 왔니>? ▷주절껍찔.

죽[1] [죽′] 몡 의존 옷이나 그릇 따위의 열 벌을 한 단위로 세는 말. ¶따라아느<딸아이는/계집애는> 버서늘<버선을> 한 도오 **죽쭈움**<두어 죽쯤> 저버 바아야<접어 봐야>, 바안지리 머언동<바느질이 뭔지> 마실 아알 끼이다<맛을 알 것이다>./우리 놈매기 저네<논매기 전에>, 대지비로<대접을> 서너 **죽** 사 들라아야 댈따<들여야 되겠다>./이 모자가 이리 비이도<이리 보여도>, 아혹 깨 모지리이는<아홉 개 모자라는> 한 **주**기이란다<죽이란다>. 참 단 하나 뿐임을 강조하는 말.

죽[2] [주욱′] 뮈 ¶오느른 차동차드리<오늘은 자동차들이> 와 저레, 질게<왜

저렇게, 길에> **주욱** 느러서어 인능공 모올쉐<죽 늘어서 있는지 모를 일일세>?

죽*(粥) [죽′] 몡 ¶저 기이 무진 소링공 시펀띠이<저 것이 무슨 소린가 싶더니>, 우리 댕겡이<동경이>가 지<제> **죽** 사바리로 흝는 소링갑따<죽 사발을 핥는 소리인가 보다>.

죽다*[1] [주′꼬/죽′꼬, 죽′찌, 죽떠′라, 주′거(가)도, 주′거서, 주′거라/죽꺼′라] 동 자 ¶**주**군 낭게<죽은 나무에> 우애 꼬치 피노<어찌 꽃이 피니>?

죽다*[2] [주′꼬/죽′꼬, 죽′찌, 죽떠′라, 주′거(가)도, 주′거서] 혱 ¶군실떡 사우<사위> 그 사람, 다린 데느<다른 데는> 그마안하머 제부긴데<그만하면 제법인데>, 퀩띠이가<콧등이> 앤 **주**군 듯시푸다아<죽은 듯싶지 않은>?

줄*[1] [줄′] 몡 ¶와니 아배요<완이 아빠>, 오늘 장아 가시거들랑<장에 가시거든>, 빨랟쭐<빨랫줄> 하나 사다 주세이<주세요>.

줄*[2] [줄′] 몡 ¶나는 자앙치기로<나는 장치기를> 앤 해애 바아가아<안 해 봐서>, 할 **쭐** 모린다커니<할 줄 모른다니까>.

줄*[3] [주울′] 몡 ¶**주울**쩔쭈우미사 그까아직 꺼<줄질쯤이야 그까짓 것>, 누구람도 민때기만 하머<누구라도 문지르기만 하면> 댈 꺼 애니가<될 것 아닌가>?

줄다* [주울′고′/주우′고′, 주울′지′/주우′지′, 주울′더′라/주우′더′라, 주′러(라)도, 주′러서] 동 자 ¶가물로 거랑무리 자꼬 **주우**머<개울물이 자꾸 줄면>, 물 소오게 읻떵 궤기느<속에 있던 고기는> 다아 어덜로 가노<다 어디로 가니>? ▷쭐다. ⇔늘다.

중* [주~우′~이′~, 주~우′~을′~, 주우′~에′~, 주웅′도′, 주웅′마′] 몡 ¶내상<나야>, 차라리 머리 깍꼬<깎고> **주웅**이나 대능 기이<중이나 되는 것이>, 페늘 꺼 걷따<편할 것 같다>.

중늘긍이/중늘그니/중늘근이 [중늘′그~이~] 몡 중늙은이*(中-). 참 어떻게 표기하나 발음은 같음.

중늘깅이/중늘기니/중늘긴이 [중늘′기~이~] 몡 중늙은이*(中-). ¶박천떡 **중늘깅**이느<박천댁 중늙은이는> 아직<아침> 일찍 어덜로 가는동<어디로 가는지>, 버러<벌써> 도옹메산 모팅이로 도러나가더라<앞동산 모퉁이를 돌아 나가더라>./(한탄 조로) 오새애느 마시레<요새는 마을에> **중늘깅이**들 멥 빠께 업서<중늙은이들 몇 밖에 없어>, 절문 사암드른<젊은 사람들은> 다아 <다> 나가고… ㉠ 어떻게 표기하나 발음은 같음.

중신 [중신′] 몡 중매*(中媒). ¶보이소<보시오>, **중시**는 아아무나 하능 기이<중매는 아무나 하는 것이> 애니시더<아니올시다/아닙니다>./그래도 **중심**마 잘하머<중매만 잘하면> 오 탐 불서근<옷 한 벌썩은> 생긴단다. **중신하다** 동타 중매하다*.

중우 [주~우′~] 몡 바지*. 중의*(中衣). 고의*(袴衣). ¶똥 무든 **중우**로<묻은 바지를> 파러도<팔아도>, 자앙질<장질> 조카 공부느<공부는> 내가 시길 채애미니꺼네<시킬 참이니까> 형니믄 거억쩡 마이소<형님은 걱정 마세요>./쪼치바리 떡<이별 떡/달음질 떡> 하기 정꺼정<전까지>, 머슴 **중우**저구리<바지저고리> 함 부른<한 벌은> 해애 익끼이야지<해 입혀야지>.

중우까랭이 [주~우′~까′래′~이′] 몡 바짓가랑이*. 중의 가랑이. ¶니느 모숭 구우로 가나<너는 모심으러 가니>? 우얄 채애무로<어쩔 참으로>, **중우까랭이**느 그레<바짓가랑이는 그렇게> 둥둥 걱꼬 나서노<걷고 나서니>?/니이<너>, 어디서 시름해앤나<씨름했니>? **중우까랭이**가<바짓가랑이가> 와 저레 타전노<왜 저렇게 타졌니>?

줴¹ [줴′] 몡 조*. ¶자근수야 니이<작은수야 너>, 모레느 내캉<모레는 나와> 거랑 거언네<개울 건너> **줴**밤 매로 가재이<조밭 매러 가자>./그 참 노올라분 이이리네<놀라운 일이네>, 웨엔 **줴** 이시기가<웬 조 이삭이> 이치리 크꼬<이처럼 클까>?

줴² [줴′에′] 몡 죄*(罪). ①¶야아<얘>야, 내가 양시메 **줴**에로 지익꼬야<양심에 죄를 짓고야> 우애 사아겐노<어찌 살겠느냐>? 구움는 하아니 이서도<굶는 한이 있어도> 바린<바른> 대로 발키자<밝히자>. ②¶아아무 **줴**에도 엄는 사라물<아무 죄도 없는 사람을>, 와 이레 자버가능기요<왜 이렇게 잡아갑니까>? ③¶그거? 니이<네>가 만날 나뿐 지임만<나쁜 짓만> 해애왁끼 따무네<해왔기 때문에>, **줴에** 바등 거 애니가, **줴에**<죄 받은 것 아니냐, 죄>.

줴밥 [줴′밥] 몡 조밥*. ¶산중 사람드른<사람들은>, **줴밥** 앰 뭉능 기이<조밥 안 먹는 것이> 소오워니란다<소원이란다>./바분 **줴바**베다가<밥은 조밥에다가>, 반차늠 무심 반차늘<반찬은 무슨 반찬을> 해애 묵떵기요<해 먹습

디까>?/묵끼 실부머<먹기 싫으면> 묵찌 바라<먹지 마라>, **줴바**른 밥 애니 가<조밥은 밥 아니냐>?
줴밭 [줴′ 받′] 명 조밭*. ¶(다른 작물을) **줴박** 꼬랑아느<조밭 고랑에는> 아무 꺼도<아무 것도> 모온 숭구우능강<못 심는지>?/무시느<무는> **줴박** 꼬랑아다가 숭구우머<조밭 고랑에다가 심으면> 앤 대능강<안 되는가>?/**줴박** 꼬랑아<조밭 고랑에>다가 숭구움 무시느<심은 무는>, 아아무 자게도<아무 짝에도> 모온 신다<못 쓴다>./(전 재산이래야) 달꼴떡<달골댁> 친정 오라바시느<오라버니는>, 노는 억꼬<논은 없고> **줴밭** 멘 때지기 뿌니라니이더<조밭 몇 되지기 뿐이랍니다>. **줴밤 무시**<조밭 무> 구) 여위어 빠지고 심이 있는 무. 못난 것의 대명사.
쥐*¹ [줴′] 명 ¶물 소오게서 바레<속에서 발에> **쥐**가 자주 나머<나면>, 그거<그것> 참 큰 타알 애니가<탈 아니냐>.
쥐*² [줴′] 명 ¶비임방아다가<빈방에다가> 나라글 재애 노오머<벼를 재어 놓으며>, **쥐**란 넘드리<놈들이> 우얘<어째> 그리 귀이싱거치 아아는동<귀신같이 아는지>, 방꾸둘로<방구들을> 떠얼꼬 두로더라꼬요<뚫고 들어오더라고요>.
쥐구무 [쥐구무′ 가, 쥐구무′를, 쥐구무′에/쥐구′메, 쥐구무′도, 쥐구무′마] 명 쥐구멍*. ☞쥐구영.
쥐구영 [쥐구여′~이~, 쥐구여′~을~, 쥐구여′~에~/쥐구여′~어~, 쥐구영′도, 쥐구영′마] 명 쥐구멍*. ①¶방아<방에> 쥐가 두롤 때느<들어올 때는>, **쥐구영**마중<쥐구멍마다> 빰성이로 까아<밤송이를 가지고> 마거 노오머<막아놓으면>, 함 메치른<한 며칠은> 전딜 끼이다<견딜 것이다>. ②¶내사<나야> 참 얼매나 부꾸러분동<얼마나 부끄러운지>, 어디 **쥐구영**이라도 이시머<쥐구멍이라도 있으면> 버엉개거치 숭꾸접띠이더<번개같이 숨고 싶습디다>. ▷쥐구무/쥐굼.
쥐궁ㄱ/쥐굼ㄱ [쥐궁′ 기, 쥐궁′ 글, 쥐궁′ 게, 쥐굼′도, 쥐굼′마] 명 '쥐구멍'의 준말. ¶여기 이 **쥐궁**게다가<쥐구멍에다가>, 물로 자꼬 갇따 부우머<물을 자꾸 갖다 부으면>, 쥐가 우얘 대까<어찌 될까>? ▷쥐구영.
쥐기다 [쥐′기고, 쥐′기지, 쥐′기더라, 쥐′기도, 쥐′기서, 쥐′기라/쥐′게라] 동 1 사동 죽이다*. '죽다'의 사역형. ①¶실갱이가 달로<살쾡이가 닭을> 무러 쥐기 가주구<물어 죽여 가지고>, 나랑노네다가 내뻐러 도온떠란다<벼논에다가 내버려 두었더란다>./얍찝 댕갱이<옆집 동경이>가 우리 토깽이로<토끼를> 무러 쥐깁뿐는데<물어 죽여버렸는데>…/야 이 사라마<사람아>, 연탐뿔로 쥐깄시머<연탄불을 죽였으면>, 수치라도<숯이라도> 사다가 부치 나아야<붙여놓아야> 할 꺼 아니가<것 아니냐>?/그 여엉감<영감>, 겁뽀기로느<겉보기로는> 앵<안> 그런데, 지베서느 아아들 기로<집에서는 아이들 기를> 너무 쥐기능갑떠마<죽이는가 보더군>./(이웃 사람이) 팽천 야앙반<양반> 보소, 아아들 기로<아이들 기를> 너무 쥐기능 거도<죽이는 것도> 무운제라요 무운제<문제예요 문제>./삼베오슨 풀끼마 쥐깁뿌머<삼베옷은 풀기만 죽여버리면> 다라미 저억끼<닳음??>이 적게> 이일 낀데<일 것인데>… 㕮 다람<닳음>: 풀을 세게 먹인 옷이 살갗을 갊아먹음./오새애느<요새는> 아아무<아무> 하는 일 업시<없이>, 밤만 쥐기고<밥만 죽이고> 지내앰니더<지냅니다>. 2 㕮 ①¶ 니이<네>가 발소리로<발소리를> 암만 쥐기고<죽이고> 간들, 내가 모릴 쭐 아아나<모를 줄 아니>?/야 이 어어르나<어른아>, 할배인테 앤 다당키일라컥꺼든<할아버지에게 안 들키려거든> 발소리라도 쫌 쥐기고<좀 죽이고> 댕게야지<다녀야지>./남 드를따<남이 듣겠다>, 목소리로 쫌더<목소리를 좀더> 모온 쥐기겐나<못 죽이겠니>?/어이, (주무시는) 할매 깨시겐따<할머니 깨시겠다>, 너거 점부<너희들 전부> 목소리 쫌<좀> 앤 쥐길 끼이가<안 죽일 거냐>? ②¶ (무엇을 다듬고 있는데) 저 쪼게<쪽에> 툭 튀이나옴 모팅이로<튀어나온 모퉁이를> 쫌 쥐깁뿌머<좀 죽여버리면> 참 부드럭꼬 조옥켁꾸마느요<부드럽고 좋겠군요>. ③¶ 마실아페서러느<마을 앞에서는> 우야든동 송녀글<어쩌든지 속력을> 팍 쥐기고 댕게래이<죽이고 다녀라>./야아야<얘야>, 이런 내러막찌레서러느 속또로<내리막길에서는 속도를> 좀 쥐기능 기이 어어떠노<죽이는 것이 어떠냐>? x④¶ 되를 쥐기다. ▷주기다. 혼).

쥐다* [쥐이′고′, 쥐이′지′, 쥐이′더′라, 쥐′이도, 쥐′이서, 쥐′이라] 㕮 㕮 ¶ 인주니 그 여서기<인준이 그 녀석이>, 주무글<주먹을> 딱 쥐이고 인능 기이<쥐고 있는 것이> 하도 수상어가아<수상해서>, 함문 피이보라 커니꺼네<한번 펴보라고 하니까> 얼구리가 버얼게에지능 기라요<얼굴이 벌게지는 것이에요>.

쥐영ㅎ다 [쥐영'코, 쥐영'치, 쥐영터'라, 쥐여'~어~도, 쥐'여~어~서] 형 한가하다*. 덜 바쁘다. 조용하다*. ◁조용ㅎ다. ¶내 머여 가니이대이<나 먼저 갑니다>, 마카<모두들> **쥐영**키 노오다가 가쉐이<천천히 놀다가 가세요>./손자 아드리 다아<아이들이 다> 가고 나니꺼네<나니까>, 세에상<세상> 참 절거치 **쥐영**터네<절같이 조용하더군>./오천띠기요<오천댁>, 바심 끈내 애녹코<끝내놓고> 쫌 **쥐영**커등<좀 덜 바쁘거든>, 꼭 함문 노올로 오쉐이<한번 놀러 오세요>./누구람도<누구라도> 똥 누고 나머 **쥐영**치<나면 한가하지> 앤 **쥐영**어<안 한가해>? **쥐영**이 뷔 조용히*.

쥐옇다 [쥐'이옅타] 동 타 집어넣다*. 쥐어 넣다. ¶야아드라<애들아>, 파레 웅팅이에다가<맞두레/용두레 웅덩이에다가> 도올로<돌을> 자꾸 **쥐이여**으머<집어넣으먼> 우얀담 마알고<어쩐단 말이냐>?/저 사람 저거 암망캐애도<아무래도>, 지 이베마 끌**쥐이역**키 바뻐가아<제 입에만 끌어 집어넣기 바빠서>, 나무 이븐<남의 입은> 생가글 여개가 업서 비인다<생각할 틈이 없어 보인다>./그런 도동너믄 자버다가<도둑놈은 잡아다가>, 구리까네 **쥐이여업뿌레야**<구류간에 집어넣어 버려야> 델 꺼 애닝기요<될 것 아닙니까>.

쥔네 [쥐인'네'] 명 ① '주인 네'의 준말. 주인*. 쥔*. 임자*. ¶(머슴이 자기 아버지에게) 아배요<아버지> 아아무 거억쩡 마아시이소<아무 걱정 마십시오>, 우리 **쥐인네** 야앙바니<주인 양반이> 내인테느<나에게는> 참 잘해 주시니이더<주십니다/주시나이다>./저, 북까안도에느 이이저네<북간도에는 예전에> **쥐인네** 엄는 땅이<임자 없는 땅이> 지처니라 카데에<지천이라고 하더군>./세에상아<세상에>, **쥐인네** 엄는 땅이<임자 없는 땅이> 어딘노<어디 있니>? ②남편*. 주인댁 어른. 바깥양반*. ¶우리 **쥐인네**느 지굼 장아<주인댁 어른은 지금 장에> 가고 엄니이더<없습니다>./소오 푸마시 하능 거느<소 품앗이 하는 것은> 우리 **쥐인네**자테 무러<남편한테 의논해> 보소./이 물끼<물꼬> 저 물끼<물꼬> 다아 허러 녹코<다 헐어 놓고>, **쥐인네** 야앙바는<주인댁 양반은> 어덜 갔소<어디로 갔소>. 참 모심기 노래. 흔).

지#¹ [지이'] 명 장아찌*. 오이지*. ¶마늘 **지이**로 당구울<장아찌를 담글> 때 가 대앨찌 시푼데<되었지 싶은데>, 월천 아지미느<아주머니는> 어언제 당구우실랑기요<언제 담그시렵니까>?/아지매요<형수님>, 도시락 빤찬 하구로<반찬 하게> 더덕**찌이** 쫌 마아니<더덕장아찌를 좀 많이> 다머 노오쉐이<담가 놓으세요>./무시 **지이**느 내사<무장아찌는 나야>, 짝끼마<짜기만> 하고 물러엉항 기이<물렁한 것이> 벨로디이더<별롭디다>./쮀피 이퍼리 가주구도<조피 이파리를 가지고도> **지이**로 다무머 마신니이라 와<장아찌를 담그면 맛있잖아/맛있느니라>./서어월 사암드른<서울 사람들은>, 여르메 무뤠에로 가주구<여름에 오이를 가지고> **지이**로 다머 뭉는데<오이지를 담가 먹는데>, 우리 추우메에느<우리 취미에는/입맛에는> 여엉 앰 맏떠네<영 안 맞더군>.

지#² [지이'] 때 인칭 제*. ① ¶먼저 가시이소<가십시오>, 무거붐 보따리느<무거운 보통이는> **지이**가 다아<제가 다> 들고 따러 가겐심더<따라 가겠습니다>./참 머어<뭐>, **지이**가 머어로<제가 무엇을> 아아능 기이 익께심니까만도<아는 것이 있겠습니까만>, 이이레 수운서가<일의 순서가> 그렁 거느<그런 것은> 애닐 끼일시더<아닐 것이올시다/것입니다>./이거로 우야지요<이걸 어쩌지요>, 암망캐애도<암만해도> **지이**가 잘모온항 거 걷심대이<제가 잘못한 것 같습니다>./아부임 **지이**가 잘몬해앤니이더<아버님 제가 잘못했습니다>, 용사해애 주이소<용서해 주세요>. ② ¶아니, **지이**가 머어길래<제가 무엇이길래> 나알<날> 보고 이래애라 저래애라 컨능공 모올쉐<이래라 저래라 하는지 모를 일일세>./와<왜> **지** 꺼느 나아녹코<제 것은 놓아두고> 내 꺼버텅<것부터> 머여 무굴라꼬<먼저 먹으려고> 달러드노<달려드니>?/ **지이**가 검방지기<제가 건방지게> 머어로 자래앧따꼬<무엇을 잘했다고> 나서기느 나서노<나서기는 나서나>? ③ '저의'가 준말. ¶이이리<일이> 이리 댕 기이 마카<된 것이 모두>, **지** 잘모시시더<제 잘못입니다>./내 참, **지** 잘모슨<제 잘못은> 하낟또 모리먼서<하나도 모르면서>, 남 이이방마<이야기만> 자꼬<자꾸> 하고 인네<있네>./그런 이이바그느<이야기는>, **지이**가 함분도 모온 뜨러본<제가 한번도 못 들어본> 소린데요. ▷지².

-지* [지] 어미 ¶보기야 벌래<(수)복이야 본래>, 장싱이서느<長承洞에서는> 이름난 호오자**지**<효자지>./그럭키만 해애 주머<그렇게만 해 주면> 내상<나야> 참 조온**치**<좋지>, 암 조옥코 마알고<좋고 말고>.

지기다 [지'기다] 통 죽이다*. ☞쥐기다. 드).

지나다* [지'나'고, 지'나'지, 지'나'더라, 지'나'도, 지'나'서] 통 타 ☞지내다.

지내가다 [지내가' 다] 동자타 지나가다*. ①¶오나지게<오늘 아침에> 이 아 푸로<앞으로>, 심뭄 배달<신문 배달하는 사람> **지내가**능 거<지나가는 것>, 호옥 모옴 빠안능기요<혹 못 봤습니까>?/우리가 삼모팅이로 도러가알라 컨는데<산모퉁이를 돌아가려고 하는데>, 가악쩨애<갑자기> 자동차가 휙 **쩨내가**먼서<획 지나가면서> 문지로 엄청시리 일바시늠 바라메<먼지를 엄청나게 일으키는 바람에>···/큼무리 함문<큰물이 한번> **지내가**고 나니꺼네<지나가고 나니까> 갱비네 더어럽떵 기이<강변에 더럽던 것이> 모지리 다아 떠내러갑뿍꾸나요<모조리 다 떠내려가 버렸군요>. ②¶사아라믈 기달리라 캐애 녹코<사람을 기다리라고 해 놓고>, 시이 시가니 **지내가**두룩<세 시간이 지나가도록> 앤 오머<안 오면> 이거<이것> 참 나앙팬데<낭팬데>?/노오형은<노형은>, 마를 볼 쭐 아아시네요<말을 볼 줄 아시네요>, 이 마리 겁뽀기느 궤야녀 비이도<말이 겉보기는 괜찮아 보여도>, 한창 때는 이미 **지내감** 마리시더<지나간 말입니다. 참 정만서 설화. ③¶초온 인심 조온타컨는<시골 인심 좋다는> 소리, 그거 다아 이이저네<다 예전에> **지내간** 이이야기다<지나간 이야기다>./태천띠기<태천댁>, **지내갇** 고상은 안자아<지나간 고생은 이제>, 말가 다아 이접뿌라<모두 다 잊어버려라>. ④¶우리가 여어꺼정 와 가주구<여기까지 가지고>, 새 말 어어르늘<어른을> 앤 들바더보고<안 찾아보고> 기양 **지내갈**<그냥 지나갈> 수가 익껜능기요<있겠습니까>?

지내다#[1] [지′내′애고, 지′내′애지, 지′내′애더라, 지′내′애도, 지′내′애서, 지′내′애라] 동 1 자 지나다*. ①¶처라<철아>, 보미라 컨능 거느<봄이라고 하는 것은>, 이 추분 저시리<추운 겨울이> **지낸** 다아메라사<지난 다음에라야> 차저오능 거란다<찾아오는 것이란다>./월천 어어른 마알수밍기요<어른 말씀입니까>? 그 어어른<어른> 칠순 **지낸** 제가<지난 지가> 버러 삼 연도<벌써 3년도> 더 대앹십더<되었습니다>. ②¶니이가 아아무리 부우타글 해애바앝짜<네가 아무리 부탁을 해봤자>, 그 어어르는<어른은> 한날 거엄사워네<한낱 검사원에> **지내**자네 가주구<지나지 않아서>, 아아무 히미 업실 꺼로<아무 힘이 없을 걸>. 2 타 ¶자네들 호옥<혹>, 겨엉주로 **지내**능 거름 익꺼들랑<慶州를 지나는 걸음이 있거든> 우리 지비 두라가아<집에 들어와서> 노올다가<놀다가> 가게./우리가 방굼 **지내**<방금 지나>

온 다리가, 바리 유기오<바로 6·25> 때 그 유우명은 낙상공굴 애닝기요<유명한 낙산교 아닙니까>.

지내다*² [지′내′애고, 지′내′애지, 지′내′애더라, 지′내′애도, 지′내′애서, 지′내′애라] 동재 ¶지느 덕뿌네<저는 덕분에> 아아무 거억쩡 업시<아무 걱정 없이> 잘 **지내**애고 잎심더<지나고 있습니다>./다암 따레에느<다음 대에는> 제에사조치랑도<제사조차도> 앤 **지내**애는 사라미<안 지내는 사람이> 마아늘 꺼로<많을 걸>…

지녁 [지녁′/지~억′~] 명 저녁*. ¶자아느 우애댄 테긴동<쟤는 어찌된 턱인지/영문인지>, 어스름 **지녕**마 대머 구마아<저녁만 되면 그만에> 지베 가구 접따컨네요<집에 가고 싶다네요>./아까 **지녕**나저레<저녁나절에>, 차에서 내리던 사라미 누웅공<사람이 누군지>, 니느 아아나<너는 아니>? ②¶**지너**글 굴뭉 거도 애닌데<저녁을 굶은 것도 아닌데>, 와 이레 허리가 앰 피이지노<왜 이렇게 허리가 안 펴지나>?/(같이 노는 중에 먼저 자겠다는 사람을 핀잔하며) 보이소<보세요>, 하리**쩌녁** 앤 잘따꼬<하룻밤 잠을 안 잤다고> 누가 골 바드로 오능기요<퀄 받으러 옵니까>. ▷지억.

지넌 [지넌′] 명 진언*(眞言). ¶**지너**니사 마안치<진언이야 많지>, 저엉구업 **지넌**도 **지너**니고<정구업 진언도 진언이고>, 호오랭이<호랑이> 대가리 깨애지는 **지넌**도 다아 **지넌** 애니가<깨지는 진언도 다 진언 아니냐>./보소, 오새애 세에상아<요새 세상에>, 안 하던 **지너**는 한다꼬<안 하던 진언은 한다고> 와 그카능기요<왜 그러십니까>.

지닐 [지이′닐′/지~이′~일′~] 명 크게 다침. ☞진일. 참 어원 불명.

지다#¹ [지′고, 지′지, 지더′라, 저′도′, 저′서′] 동재 (작물이) 흉작이 들다. ¶금여네 대애추 농사느<금년에 대추 농사는> **진** 대애시네<흉작인 대신에>, 당감 농사느<단감 농사는> 풍여니라네요<풍년이라네요>./가암도<감도> 한 해가 **지**머<지면>, 그 다암 해에느<다음 해에는> 마아니 달리이지<많이 달리지>./지낭개 산성어서러느<지난해 (富)山城에서는> 담배농사가 요옹 **젇**따네요<영 흉작이라네요>./큰비가 그레<큰비가 그렇게> 자주 완는데도<자주/많이 왔는데도> 여기 짐장까아믄<김장감은> 앤 **전**능가배요<흉작이 아닌가 봐요>. 흔).

지다*² [지′고, 지′지, 지더′라, 저′도′, 저′서′] 동재 ¶(아쉬움을 담아) 해가

진 다아메라도<다음에라도> 뿔새마 쫌 이이머<노을만 좀 지면>, 금방은 앤 어더버질 낀데<안 어두워질 것인데/어두워지지 않을 것인데>.

지다*³ [지'고, 지'지, 지더'라, 저'도', 저'서'] 동 자 ¶오늘 서악 사람들캉<西岳 사람들과>, 축꾸 시아불 해애가아<축구 시합을 해서> 우리 페니 **젙**심더<편이 졌습디다>.

지다*⁴ [지'고, 지'지, 지더'라, 저'도', 저'서'] 동 자 ¶해필<하필> 그늘 **찐**<진> 데서 칩따 컫찌 마고<춥다고 하지 말고>, 여기 햇살<햇살> 드는 데로 나오라머<나오렴>.

지다*⁵ [지'고, 지'지, 지더'라, 저'도', 저'서'] 동 타 ¶저 마아는 장재기로<많은 장작을>, 지게로 일리리<일일이> **저**다 나릴 끼이 애니라<져다 나를 것이 아니라>, 소구룸마<소달구지>로 시러 나리머<실어 나르면> 훨신 앤 수욱껜능기요<훨씬 쉽지 않겠습니까>?

지대다 [지이'대'애다] 동 타 기대다*. ①¶파도치는 방구<바위>에다가 니이가<너가> 척 **지이대애고** 찌긍<기대고 찍은> 그 사진, 참 보기 조온터라<좋더라>. ②¶와 니 혼차서<왜 너 혼자서> 버어러무굴 생가금 모온하고<벌어먹을 생각은 못하고>, 너거 힝이자테<너의 형에게> 자꾸 **지이대앨** 작쩡 버텅 하노<기댈 작정부터 하니>?/(안타깝다는 투로) **지이대앨** 떼가<기댈 데가> 아아무리 업서도 그럳치<아무리 없어도 그렇지>, 해필 혼차 사아는<하필 혼자 사는> 저거 누부인테<자기 누나한테> **지이대앨**라 컨노<기대려고 하나>?

지동 [지동'] 명 기둥*. ①¶큰 절 **지동**은<기둥은>, 나무 **지동**이더나<기둥이더냐>, 도올 **지동**이더나<돌 기둥이더냐>?/잘 살피<살펴> 보고 앤 댕기고<안 다니고>, 우짜다가<어쩌다가> 그래, **지동** 모서레 이망을 바건노<기둥 모서리에 이마를 박았니>?/철봉은 우야든동<어쩌든지> **지동**이 앤 흔들리이두룩 잘 서아야지<기둥이 흔들리지 않도록 잘 세워야지>. ②¶저 비실라악 칸 나무빽까레다가<비스듬한 나뭇더미에다가> 무신 **지동**이람도<무슨 기둥이라도> 하나 갈따갈랑<가져다가> 받치조오야 델따<받쳐 주어야 되겠다>. ③¶내 생가게는<생각에는>, 저 사래미<사람이> 장차, 어딩가에서느<어딘가에서는> **지동** 노르슬<기둥 노릇을> 할 뜨읕시푸다마느<할 듯싶다마는>…

지두리다 [지두′리다] x[지달리다] 동태 기다리다*. ¶성동띠기느 천날마안날<성동댁은 매일같이>, 머어로 그레 **지두리**능기요<무엇을 그렇게 기다립니까>? 드). ▷기두리다.

지랄* [지′랄] 명 ①마구 법석을 떨거나 분별없이 하는 행동을 욕으로 이르는 말. ¶앤<안> 하던 **지랄**, 안자아 구만<이제 그만> 하고, 일로 쫌 앙꺼라<이리 좀 앉아라> 보자./오느른<오늘은> 니이가 무진 **지랄**한다꼬<네가 무슨 지랄한다고>, 이치리 새봉 일쩍뻐팀<이처럼 새벽 일찍부터> 다아 차저 완노<다 찾아왔니>? ② '친한 친구'를 홀대해서 부르는 호칭. ¶야, 이 **지라**라<친구야>, 오느른<오늘은> 또 아직 일쩍<아침 일찍> 어디로 간또오<어디를 갔더냐>?/아이구 이 **지라**라<친구야>! 이기이 얼매 마니고<이것이 얼마 만이냐>? ▷문딩이. ③ '지랄병'의 준말. ¶사아지로<사지를> 벌벌 떠얼머<떨며>, **지랄**로 하능 꼬른<지랄을 하는 꼴은> 참 모옴 빠아주겐떠라<못 봐주겠더라>/그렁 기이 바리<그런 것이 바로> **지랄** 애니가<아니냐>, 땅기이 **지라**런 줄 아런나<딴 것이 지랄인 줄 알았니>? **지랄하다*** 동자. **지랄(을) 치다** 구). **지랄하고 자뻐젙따**<자빠졌다> 구). **지랄 문딩이 겉다**<문둥이 같다> 구).

지랄삥 [지′랄′삐잉] 명 지랄병*. 간질*. ¶저 사람 저거<저것>, 매액쩨로<공연히> 미친 **지랄삐잉**<지랄병> 하고 인네<있네>./무신 **지랄삐잉** 한다꼬 저레<무슨 지랄병 한다고 저렇게>, 시인새복뻐텅 도옹네가 시끄럽뚜룩<신새벽부터 동네가 시끄럽도록> 야아다닝공<야단일까>? **지랄삥하다** 동자 지랄병하다*.

지럽다 [지′럽다] 형 잘 자라다. 성하다. (동식물이) 잘 되다. ¶금여네느<금년에는> 곡꼬지 포도가 **지러**붕갑떠라<곳곳에 포도가 잘 되었는가 보더라>. 흔). ⇔지럽잖다.

지럽잖다 [지′럽잔타] 형 지럽지 못하다. 성하게 자라지 못하다. ⇔지럽다.

지렁 [지렁] 명 간장*. ¶다림 반찬느 업서도<다른 반찬은 없어도>, 제랄캉 **지렁**마 이시머<계란과 간장만 있으면> 아아무 소리 앤하고<아무 소리 않고>, 척척 비비이뭉는<비벼먹는> 사람도 바앋심더<봤습디다>./**지렁**은 무군 **지렁**이<간장은 묵은 간장이> 핻**쩌렁**버다아사<햇간장보다야> 마시 나앋찌<맛이 낫지>. 참 지렁>간장.

지름 [지′름] 몡 기름*. ①¶지이믈 기양 꾸웂찌 마고<김을 그냥 굽지 말고>, 들**찌르**믈<들기름을> 살짝 발러가아 꾸부머<발라서 구우면> 마시 더 조온 치<맛이 더 좋지>./장파네다가 콩**지르**믈<장판에다가 콩기름을> 얼매나 미기인는동<얼마나 먹였는지> 반질반질하더네<반질반질하더군>./(머슴에게) 아재요<아저씨>, 여어 잎떤<여기 있던> 서구 **지름**뼝이로<석유 기름병을> 호옥 모옴 뽀신능기요<혹 못 보셨습니까>?/새 오세다가 **지름**칠로<옷에다가 기름칠을>, 이레 해애가아 오머<이렇게 해서 오면> 나느 우얀담 마알고<나는 어쩐단 말이냐>? ②¶**지름** 보이라로 녹코 버텅은<기름 보일러를 놓고 부터는> 저네버다<전보다> 방이 참 따새애전네요<따스해졌네요>./이 차느<차는> 큰 차라가아<큰 차라서> **지름**도 더 마아니 때애제<기름도 더 많이 때지/들지>? ③¶대애주궤기가 암망캐애도<돼지고기가 아무래도>, 소오궤기버다아사<쇠고기보다야> **지름**끼가 마아늘 꺼 애닝기요<기름기가 많을 것 아닙니까>. ④¶그 너무 사아장 이매이에느<놈의 사장 이마에는> **지르**미 빈지리리 하다니이더<기름이 번지르르 하답니다>. **지르**믈<기름을> 미기다<먹이다> 구). **지름**<기름>(을) **짜다** 구). **지르**믈<기름을> **치다** 구). **지르**미<기름이> **흐리다**<흐르다> 구).

지리다#[^1] [지리′고, 지리′지, 지리더′라, 질′러도, 질′러서, 질′러라] x[질르다] 동타 지르다*. ¶전떠라아가 와 저레<저 녀석이 왜 저렇게> 소리로 **지리**고 야아다니고<소리를 지르고 야단이냐>?/누가 궤에미로 **지리**머<고함을 지르면> 검날 쭐 아아고<겁날 줄 알고>?

지리다#[^2] [지′리다] 동타 기리다*. 우수한 점이나 잘 하는 점을 추어서 말하다.

지리다#[^3] [지′리다] 형 저리다*. ¶도동넘<도둑놈> 지<제> 발 **지린**다컨띠이<저린다더니>, 자아가 바리 그 쪼네<쟤가 바로 그 조네>. 드). ▷제랍다.

지리다*[^4] [지′리고, 지′리지, 지′리더라, 질′러도, 질′러서] x[질르다] 동타 ¶어데다가 정시니 팔리이 가주구<어디에다 정신이 팔려 가지고> 오주믈<오줌을> **지리**고 그 야아다니고<야단이냐>?

지리다*[^5] [지′리다] 형 ¶여어 어데서러<여기 어디에서> **지린** 내애미가 나노<냄새가 나니>?

지리솥 [지리′솥] 몡 질솥*. 진흙으로 구워 만든 솥. ¶서기 니느<석이 너는>

지리소치 우얘 생긴는동<질솥이 어떻게 생겼는지> 모리제<모르지>?/하앙 갑 앤 덴 사람드른<환갑이 안 된 사람들은> **지리소**를 본 사라미<질솥을 본 사람이> 벨로 업실 꺼로요<별로 없을 걸요>.

지링이 [지이′리′~이~] 囮 지렁이*. ¶아징마중<아침마다> 구울군 **지이링이** 드리<굵은 지렁이들이>, 와 저레 기이 나와가아<왜 저렇게 기어 나와서> 말러중는동 모올쉐<말라죽는지 모를 일일세>./모미 허야큰 사라미<몸이 허약한 사람이> **지이링이**로 살머무우머<지렁이를 삶아먹으면> 그리 조온 타니이더<좋답니다>./장따리<수탉이> **지이링이**로 떠억 자버 녹코<지렁이 를 턱 잡아 놓고> 꾸구거리다가, 제엘로<가장> 먼저 쪼처<달려> 온 암따 리<암닭이> 그거로 쫘아무구머<그걸 쪼아먹으면> 대반채 올러타지<대번 에 올라타지>. ▷꺼꾸렁이/꺼어꾸리.

지묵다 [지′이묵따] 囮囮 집어먹다*. ①¶소니라도 쫌 식꼬<손이라도 좀 씻 고> 묵뜬동 다든동<먹든지 말든지> 할 이이리지<일이지>, 흘 무든 소느 로<흙 묻은 손으로> 떠글 기양 **지이무**구머<떡을 그냥 집어먹으면> 어얀담 말고<어쩐단 말이냐>?/니느 머어로 그레<너는 무엇을 그렇게>, 찐살 **지이 묵뜨시**<찐쌀 집어먹듯이> 자꾸 **지이뭉노**<집어먹니? ②¶나무 꺼로<남의 것을> 기양 **지이무**굴라 컨는 너미<그냥 집어먹으려고 하는 놈이>, 바리 도 동넘 애니고 머어코<바로 도둑놈 아니고 뭐니>? ③¶거창떡 가세<거창댁 갓에> 나무하로 갈따가<나무하러 갔다가>, 산지기가 온다컥낄래<온다길 래> 얼매나 거블 **지이무**건는동<얼마나 겁을 집어먹었는지> 머어가 빠지두 룩<뭐가 빠지도록> 다알러완찌<도망왔지>.

지반 [지′반] 囮 집안*. ①¶여어서<여기서> 화촌 야앙반 욕카지<양반을 욕하 지> 마소, 그 야양바니 내캉은<양반이 나와는> **지방**가니시더<집안간입니 다>./저거 **지반**찌리<저희 집안끼리> 서리<서로> 물고 뜯는 사아메<뜯는 싸 움에> 우리가 와 당노<왜 당하니/관계해>?/그 집 초옹가기라머<총각이라 면> 학뻘또 익꼬<학벌도 있고> **지반**도<집안도> 참 조온 실랑까아민데<좋 은 신랑감인데>…/성동 어어른<어른>, 요새애 **지바**네 무신 이이리<요새 집 안에 무슨 일이> 인능기요<있는지요/있습니까>? 와<왜> 통 앤 나댕기시능 기요<안 나다니십니까>? ②¶잠수느<잠수는>, 시어메 함문 떠러지디이<시 험에 한번 떨어지더니>, **지바**네마 콕 트러백키이가아<집안에만 꼭 틀어박

혀서> 배거테느<바깥에는> 통…/대애청소로<대청소를> 하고 나니, **지바**니
모올라보기 화아내애전네요<집안이 몰라보게 환해졌군요>./아드리 다아
학쪼오로<아이들이 다 학교로> 가고 억끼 따미레<없기 때문에> **지바**니 이
럭키 쥐영어젇심더<집안이 이렇게 조용해졌습니다>. 참 기반>지반.

지버옇다 [지버옇´타/지´버엳타] 동|타 집어넣다*. ¶우야자꼬 너가부지느<어
쩌자고 네 아버지는> 너거 자영을<네 자형을>, 그렁 고랑탕아<그런 구렁텅
이에> **지버여**어 녹코<집어넣어 놓고>, 고상만 시기는동 모올따<고생만 시
키는지 모르겠다>./소고믈<소금을> 도대체 얼매나 **지버여**억낄래<얼마나 집
어넣었길래> 이치리 쫌노<이토록 짜니>? ▷쥐이옇다.

지불다¹ [지´불고/지´부고, 지´불지/지´부지, 지´불더라/지´부더라, 지´부러
(라)도, 지´부러서] I 형 기울다*. ¶수동떡 집 다미<수동댁 집 담이>, 제
북 **지부**러 비이던데<제법 기울어 보이던데>, 이붐 뻬에 궤야늘라나<이번
비에 괜찮을는지/괜찮으려나>?/저 베게 걸리잉 기림 저거<벽에 걸린 그림
저것>, 쫌 **지붕** 거 애니가<기운 것 아니냐? II 동|자 ①¶저 배 돋때<돛
대>가, 내누네느<내눈에는> 약깐 **지분** 든 시푸네<약간 기운 듯 싶네>./정월
때가<저울대가> 어든 쪼그로든<어느 쪽으로든>, **지부**러 가주구사<기울어
가지고야> 공핀찬치<공평하지 않지>. ②¶사니느<(해)산이는> 머어가<뭐
가> 그리 바뿐동<바쁜지>, 지냄바메느<지난밤에는> 다리 **지분** 다아메도<달
이 기운 다음에도> 한차미나 읻따가 두로디이더<한참이나 있다가 들어옵
디다>. ③¶또추리가<또줄이> 하는 사아어비<사업이>, 시일실 **지불**기 시이
자그니꺼네<슬슬 기울기 시작하니까>, 그 마안턴 술칭구들또<많던 술친구
들도> 다아 떠러저나가더랍미더<떨어져나가더랍니다>. ④¶다안숙꿀떡 다
리캉<단숯골댁 (成)達이와>, 돈지 윤수니느<敦池 潤順은> 짜기 쫌 앤 **지붕**
건나<짝이 좀 기운 것 같지 않니>? ⑤어떠한 경향을 띠다. ¶모지리 묵짜
주이로만<모조리 먹자주의로만> **지불**다니<기울다니>? ☞찌불다.

지불다² [지불´고/지부´고, 지불´지/지부´지, 지불더´라/지부더´라, 지부´러
(라)도, 지부´러서] 형 기울다*. 참 지불다¹과는 강세의 위치가 다를 뿐 용
도는 비슷함.

지붕* [지부´~이~, 지부´~을~, 지부´~에~, 지붕´도, 지붕´마] 명 ¶때끼 여보시
요<예끼 여보시오>, 마알 거튼 소리로<말 같은 소리를> 하소, 누군들 **지붕**

에 개와<기와> 올린 지베 사알구접찌<집에 살고 싶지>, 초가찌비 머어가 조옥켄능기요<초가집이 뭐가 좋겠습니까>? ▷지붊/지붕ㄱ.

지붕ㄱ [지붕′기, 지붕′글, 지붕′게, 지붕′도, 지붕′마] 명 지붕*. ☞집붊.

지붕ㅋ [지붕′키, 지붕′클, 지붕′케, 지붕′도, 지붕′마] 명 지붕*. ①¶아아무도 앤 사아는<아무도 안 사는>, 박실떡 **지붕**케느<박실댁 지붕에는> 잡초마 자부루욱하이<잡초만 자욱하게> 나가아 잇습띠더<나서 있습니다>. ②¶와 해필<왜 하필>, 버서늘 빠러 가주구<버선을 빨아 가지고> 저레 나락 뚜지<저렇게 벼 뒤주> **지붕**케다가 언저 나안능공<지붕에다가 얹어 놓았는지>? 참 뒤주: 慶州에는 나무 뒤주가 아니라, 짚을 엮어 원주형으로 둥글게 새워 만든, 몇 십 섬 들이의 큰 뒤주가 흔함.

지사 [지이′사] 명 제사*(祭祀). ¶내애리 큰지비<내일 큰집에> **지이사**가 드니꺼네<제사가 드니까>, 수우니 니느<순이 너는> 아직뻐텅 가가아<아침부터 가서> 거어드러 디레래이<거들어 드려라>./(놀랍다는 투로) 큰집 아지미느<형수는> 일려네<일년에> 열 멥 뿐썩<몇 번씩> 드는 **지이사**로<제사를>, 어애 다아 때마중<어찌 다 때마다> 그레 주움비로<그렇게 준비를> 잘 하시는동 모올라<하시는지 몰라>. 드). 참 제사<지사.

지상 [지′상] 명 짓거리*. ¶우야다가<어쩌다가> 저 여언서기 저레<녀석이 저렇게>, 미칭갱이 **지상**을 하기 대앤는동<미치광이 짓거리를 하게 되었는지> 모올쉐<모를 일일세/일이로세>./우짜자꼬 자아가<어쩌자고 쟤가>, 진흘 빠다게서<진흙 바닥에서> 미친넘 물꼰지서는<미친놈 물구나무서는> **지상**을 하꼬<짓거리를 할까>?

지수다 [지수′우고, 지수′우지, 지수′우더라, 지사′아도/지솨′아도, 지사′아서/지솨′아서] 동 사동 ①산이나 갓 따위에 나무가 무성토록 자라게 하다. 기르다*. ¶이이점버텅<예전부터>, "버어물 처엉치 마고<범을 청하지 말고> 사늘 **지수우라**<산을 짓게 하라>" 캐앤니이라<고 했느니라>. ②길게 자라도록 하다. ¶(갑) 머리느 와<머리는 왜> 앵 깡능기요<안 깎습니까>? (을) 지일구로 **지수울**라꼬요<길게 기르려고요>./디양까네느 와 풀로 앰 비이고<뒤꼍에는 왜 풀을 베지 않고> 저레 버엄 나오두룩 **지수우고** 인노<저토록 범이 나오도록 자라게 하고 있니>? 흔). ▷지숳다.

지역 [지역′] 명 저녁*. ☞지녁.

지엽다/지업다 [지'엽따/지'업따] 〖형〗 지겹다*. 지루하다*. ¶(남편에게) 그레 만날천날 뚜디리 막꼬<그렇게 매일같이 두드려 맞고> 세에워리 **지여**버 우애 사아노<세월이 지겨워 어찌 사나>./통발 아페서러 **지억**꾸로 바라꼬 안 전는데도<통발 앞에서 지루하게 기다리고 앉았는데도> 미꾸래기 오리는 소리느 앤 득끼이던데 머어<미꾸라지 오르는 소리는 안 들리던데 뭐>?

지우다#¹ [지'우고, 지'우지, 지'우더라, 지'아도/지'야도, 지'아서/지'야서] 〖동〗〖타〗 짓다*. (눈물을) 흘리거나 보이다. ¶저엄자는 야앙바니<점잖은 양반이> 무즌 이일로<무슨 일로> 눔물꺼정<눈물까지> **지우**고 이러심니까<짓고 이러십니까>?/(사위에게) 자네느 아푸로 절때<자네는 앞으로 절대> 이 사람 누네<눈에>, 눔물로 **지우**는 이이리 업뚜룩<눈물을 짓게 하는 일이 없도록> 하시게.

지우다#² [지'우고, 지'우지, 지'우더라, 지'아도/지'야도, 지'아서/지'야서] 〖동〗〖타〗 (그릇이나 잔 따위에 담긴 액체를) 조금 따르다. ¶이 마아능 구굴<많은 국을> 내가 다아 뭉나<다 먹니>? 바안쭘 **지얍**뿌고<반쯤 지워버리고> 도오<다오>./**지우**기는 머어로 **지아**요<무엇을 지워요>, 기양 다아 자아시지<그냥 다 자시지>./그리 마아니 따라압뿌머<그렇게 많이 따라버리면> **지우**능 기이 애니고<지우는 것이 아니고> 비우능 거시더<비우는 것입니다>.

지우다*³ [지'우고, 지'우지, 지'우더라, 지'아도/지'야도, 지'아서/지'야서] 〖동〗〖타〗 ①¶오느른 벤소<오늘은 변소의> 낙서나 **지아**야 대겐따<지워야 되겠다>. ②¶보이소<보세요>, 에릴 찌게<어릴 적에> 고상해앨떤 생가길랑<고생했던 생각일랑> 인자 삭 다아 **지얍**뿌이소<이제 싹 다 지워버리세요>.

지우다*⁴ [지'우고, 지'우지, 지'우더라, 지'아도/지'야도, 지'아서/지'야서] 〖동〗〖타〗 ¶(뱃속의 아기를) 그여는<그년은>, 애비가 누군동<아비가 누군지> 모리는 자서기라꼬<모르는 자식이라고>, 일찌거엄치 **지얍**뿐단다<일찌감치 지어버린단다>./아이구 노올래라<놀라라>, 아아 **지울** 뿐해앤네<아이 지울 뻔했네>.

지우다*⁵ [지'우고, 지'우지, 지'우더라, 지'아도/지'야도, 지'아서/지'야서] 〖동〗〖사동〗 '지다'의 사역형. ¶그겁 빠아라<그것 봐라>, 까문딱찌로<주근깨를> **지우**고 나니 사아람조치랑<사람조차> 더 앰 깨꿈바저 비이나<깨끗하게 보이지 않느냐>.

지우다*⁶ [지′우고, 지′우지, 지′우더라, 지′아도/지′야도, 지′아서/지′야서] 동 사동 '지다'의 사역형. ¶장수야, 니이가 와 치분데<네가 왜 추운데> 거기 서러 그렁지로 **지우노**<거기서 그늘을 지우니>?

지우다*⁷ [지′우고, 지′우지, 지′우더라, 지′아도/지′야도, 지′아서/지′야서] 동 사동 '지다'의 사역형. ¶엄뿌리기 송아지인데<엇부루기 송아지에게> 질매 로 **지우머**<길마를 지우면>, 진너미 냅따 띠지<제놈이 냅다 뛰지> 가마아 니 익껜나<가만히 있겠니>?/그런 채거를 와<책임을 왜>, 가아인테마 **지울** 라 컨능공<개한테만 지우려고 하는지>?

지자리 [지자′리′] 명 제자리*. ¶영시개이<영식아>, 연장을 섰시머<썼으면> 어언제든동<언제든지> **지자레** 갇따아 논투룩 해애래이<제자리에 갖다 놓 도록 해라>./그 사람 참, 무신<무슨> 재주가 그렁공<그럴까>? **지자레**서 함 분 풀쩍 띠디이<제자리에서 한번 풀쩍 뛰더니> 구마아<그만> 그 노픈 다 믈 휘딱<높은 담을 후딱> 너머 갑뿌데에<넘어 가버리더군>.

지정 [지정′] 명 기장*. ¶산중 농사 캐애바아야<농사라고 해봐야> 줴 애니머 <조 아니면> **지정** 애니가<기장 아니냐>./거어서느 마리지<거기서는 말이 지>, 보리바븅 고오사하고<보리밥은 고사하고> **지정**빡 꾸이겅도<기장밥 구경도> 잘 모온하는 헴피니다<못하는 형편이다>.

지집 [지이′집′] 명 계집*. ¶남정네들 이이레 우야자꼬<일에 어쩌자고>, **지 이지**비 함부레 나서노<계집이 마구/함부로 나서느냐>?/내 창<참> 기가 차 서, **지이지**비라께<계집이라니>? 당시니 지굼<당신이 지금> 누구 보고 **지이 지**비라캐앴소<계집이라고 했소>?/보소, 내가 당신 **지이지**빙기요<계집입니 까>?/아릭깨 춤뱅이느<아랫개(동네) 春奉은>, 저네 데엘꼬 댕기던<전에 데 리고 다니던> **지이지**분 둘구 참뿌고<계집은 들고 차버리고> 새 **지이지**블 <계집을> 또 하나 덩걸따니이더<끌어 붙였답니다>. ▷기집.

지추 [지′추] 명 기둥 밑에 괴는 돌 따위의 물건. 주추*. 주춧돌*. ¶저 꾹깨집 **지추** 노올<기역자 집 주춧돌을 놓을> 때 우리도 마카 가가아 거어드럳찌 <모두 가서 거들었지>. 드).

지케다 [지케′에고, 지케′에지, 지케′에더라, 지케′에도, 지′케에서, 지케′에 라] 동 사동 '지다'의 사역형. 지게 하다. ¶송전떡 메느리느<송전댁 며느리 는> 차반 상자로<상자를>, 저저 머스민테<저희 머슴에게> **지케**에 가주구

<지어 가지고> 친정 나드리를 가는 모양입띠더<나들이를 가는 모양입디다>. ▷지키다¹.

지키다#¹ [지키′이고, 지키′이지, 지키′이더라, 지키′이도, 지′키이서, 지′키이라] 동 사동 '지다'의 사역형. 지게 하다. ☞지케다.

지키다*² [지′키고, 지′키지, 지′키더라, 지′키도/지′케도, 지′키서/지′케서, 지′키라/지′케라] 동 타 ¶김유우신 장구니<김유신 장군이> 자권성<鵲院城>을 떠억 **지키**고 인는 중에<턱 지키고 있는 중에>, 백쩨 고옹주가<백제 공주가> 까안챙이로 둥가블 해애 가주굴랑<까치로 둔갑을 해 가지고서> 날러와가아<날아와서> 장군 기 우예 떠억 안적꺼등<위에 턱 앉았거든>…

지푸다 [지푸′고, 지푸′지, 지푸′더′라, 지′퍼(파)도, 지′퍼서] 형 깊다*. ①¶허 참, 주치느<지치는> **지푼** 상꼬리 애니머<깊은 산골이 아니면>, 캐기 심든 약초라니꺼네<힘든 약초라니까>./아아매도<아마도>, 밀구몯 **지푼**<密龜 못 깊은> 데 마리<말이> 보드락꼬 맏또 조옥쿠나<보드랍고 맛도 좋구나>./우리 도옹네에서러느<동네에서는>, 샘동떡 웅구리<샘동宅 우물이> 제엘롱 **지풀** 끼이다<가장 깊을 것이다>./**지푼** 사네느<깊은 산에는>, 앙이꺼정<아직까지> 누우니 앤 노걷실 꺼로<눈이 안 녹았을 걸>. ②¶지호떡 태무니느<지호댁 태문은>, 절문 사람치고느<젊은 사람치고는> 생가기 마아니 **지품** 페니라<생각이 많이 깊은 편이라>…/장오떡 시우느<장오댁 시우는>, 나사 안죽 에리지만<나이야 아직 어리지만>, 생가근<생각은> 참 **지풍** 구지기 이서요<깊은 구석이 있어요>. ③¶우중굴떡 직캉은<우중골댁 집과는>, 서리 **지푼**<서로 깊은> 정을 주고 사런는데<살았는데>, 대구로 간다커니<간다니까> 참, 섭섭네요<섭섭하네요>./하동떡 서니느<하동댁 (外)仙은> 심실박 초옹가긴테<총각에게> 이미 **지푼**<깊은> 정을 조온능감네요<줬는가 보네요>. ④내가 초지녁짜미<초저녁잠이>, 어찌 **지푸**기 드럳떤동<얼마나 깊게 들었던지> 아아무<아무> 소리도 모온 뜨럳따<못 들었다>./**지퍼** 가능 가알빠메<깊어 가는 가을밤에> 기리기 우우는 소리사<기러기 우는 소리야> 참 처량하지<처량하지>./늘짜미 **지피** 드런는동<늦잠이 깊이 들었는지>, 밤 묵짜고 암만<밥 먹자고 암만> 불러도 앤 일라니이더<안 일어납니다>. ⑤밀구 서다아<密龜 서당에> 새로 오신 후운장은<훈장은>, 항무니<학문이> 디이기 **지푼**<되게 깊은> 어어르니라 카더라<어른이라고 하더라>./박실 여엉가미사<영감이야> 참, 책또 마아니 이리고<책도 많이 읽고> 항문도 **지푼** 어어르시니지<학문도 깊은 어른이시지>. ⇔야푸다. 흔).

지푸래기 [지푸래′기] 몡 지푸라기*. ¶이 짐치 접시게<김치 접시에> 웨엔 **지푸래기**가 다아<웬 지푸라기가 다> 날러드럴실꼬<날아들었을까>?/내 등더레 무신 **지푸래기**가 드간는동<등에 무슨 지푸라기가 들어갔는지>, 까끄러버 모온 사알따<깔끄러워 못 살겠다>./아아무 꺼도<아무 것도>, 자불 끼이 업시머<잡을 것이 없으면> 하다모온해<하다못해> **지푸래기**라도 잠는 수바께<지푸라기라도 잡는 수밖에> 더 익껜나<있겠나>.

진니기다 [진니′기다] 동 타 짓이기다*. ¶자동차 사아고 나불라게<사고 때문에>, 아아 다리로 **진니기** 노옹 꼬르느<아이 다리를 짓이겨 놓은 꼴은> 차마 눈뜨고 모옴 뽀올래라<못 볼래라/보겠더라>./다믈 칠라커머<담을 치려면>, 진흘글 **진니기**구로<진흙을 짓이기게> 지플<짚을> 미리 좀 마아니 사아리 나아야지<많이 썰어 놓아야지>.

진다 [진′다] 뭐 '참으로. 진정. 거짓없이. 틀림없이' 등의 뜻을 지닌 말로 중국어 眞的에서 온 말인 듯, '참말이냐?'고 반문할 때 쓰임. ¶사우드느<사우디 아라비아는> 모래 사막뿌니라메<사막뿐이라며>? **진다** 그렁강<참으로 그런가>?/**진다**<틀림없이>, 중촌떡 배껀냐앙바니<중촌댁 바깥양반이> 사다레에서 너얼쩌 가주구<사다리에서 떨어져 가지고> 지인닐로 바앝땀 마알가<크게 다쳤단 말이냐>?

진또리 [진또′리] 몡 아이들 술래잡기 놀이의 일종. ◁진-돌이. **진또리하다** 동 자 ¶우리 타아장 마다아느<타작 마당에는>, 도옹네 아아드리<동네 아이들이> **진또리한**다꼬<진돌이??한다고> 생야아다니더라<생야단이더라>.

진일 [지~이′~일′~] 몡 어른이 '다침' 또는 '많이 다침'을 높여서 하는 말. 참 어원 불명. ¶박똥 어어르니<박동 어른이> **지인이**를 바앝따는 소우무늘<진일??을/크게 다쳤다는 소문을> 지내가는 임페네 득끼느 해앨따마는<지나가는 인편에 듣기는 했다마는> 그래 쫌 어어떨터노<좀 어떻더냐>? 흔). ▷지닐. **진일(을) 보다** 구).

진지* [지인′지′] 몡 ¶할배 **지인지**<할아버지 진지> 잡수이소<잡수세요>. 드).

진지하다 [지인′지′하다] 동 자 음식을 여럿에게 나누다. 나누어먹다. 물건을 여럿에게 이리 저리 나누어주다. ¶(大小喪에) 떠글 이레<떡을 이렇게> **지인지하늠** 풍소기<진지하는??/나누어주는 풍속이>, 우리 다음 다레에꺼정 내리각까<다리에까지/대에까지 내려갈까>?

짙¹ [지′디′, 지′들′, 지′데, 짇′또, 짐′마] 몡 깃*. '옷깃'의 준말. ¶아지미 저구리 **지**데<형수님 저고리 깃에> 빼앨간 시일빠비 하나 부턴는데요<빨간 실밥이 하나 붙었는데요>, 가마아꼬 이시소<가만히 있으세요> 보자, 내가 띠이 디리끼이요<떼어 드릴게요>. ②¶아이구 까끄러버라<깔끄러워라>, 이불 **지**데다가<깃에다가> 무심 풀로<무슨 풀을> 이치리 시이기 미기인노<이처럼 세게 먹였나>? ▷짓¹.

짙² [지′디′, 지′들′, 지′데, 짇′또, 짐′마] 몡 깃*. 외양간이나 마구간, 돼지우리 등에 깔아주는 마른 짚. 깔 짚. ¶새끼 배앤 대애주가<밴 돼지가>, **지**들<깃을> 자꾸 무러들루우능 기이<물어들이는 것이> 머엉가 어따네<뭔가 다른 듯하네>, 사앙끼가 인능 경강<産氣가 있는 것인지>? 드). ▷짓².

짙³ [지′디′, 지′들′, 지′데, 짇′또, 짐′마] 몡 깃*. ¶아나<옜다> 솔바테 너얼쩌 인는<솔밭에 떨어져 있는> 산새 **지**디<깃이> 하도 고옥낄래 조오웅 거다<곱길래 주워온 것이다>, 니이 해애라<너 가져라>. 드). ▷짓³.

짙⁴ [지이′디′, 지이′들′, 지이′데′, 지읻′또′, 지임′마] 몡 1 자립 짓*. ¶그참 내, 저 야앙바니 우야자꼬<양반이 어쩌자고> 나알<날> 보고 능껌지기 **지이**들<눈깜작이 짓을> 자꾸 하는동 모올쉐<자꾸 하는지 모를 일일세>. 2 의존 ¶으음서글 꼬오장아<음식을 고추장에> 비비이 가주구 묵따가<비벼 가지고 먹다가> 기양 내뻬다니<그냥 내버리다니>? 이기이<이것이> 도대체 무진 **지익**꼬<무슨 짓이냐>? 응?/니<너> 보고 누가, 이럼 모온난 **지이**디나<이런 못난 짓이냐> 차저 하라컨또오<찾아 하라더냐>?/(위로하는 뜻으로) 줴에 엄는 **지이**들<죄 없는 짓을> 하다가 생김 비잉이니꺼네<생긴 병이니까>, 곤 나슬 끼이다<곧 나을 것이다>, 거억쩡 마아라<걱정 마라>. **짓(이) 나다** 구). **짓(을) 내다** 구).

짙다 [지익′꼬/지읻′꼬′, 지읻′찌′, 지읻′떠′ 라, 지′이도/지′야도/지′아도, 지′이서/지′야서/지′아서, 지′이라/지′야라/지′아라] 통 타 짓다*. ①¶저네느 마시레<전에는 마을에> 누가 지불 **지**우머<집을 지으면>, 온 도옹네 사암드리<동네 사람들이> 다아 가치<다 같이> 알매도 처<쳐> 주고 그래앤는데

<그랬는데>… 참 알매: 한옥 지붕의 산자와 이엉이나 기와 사이에 까는 흙. ②¶얼라아 이르므느<아기 이름은>, 저거 할배가 **지**얀능기요<제 할아버지가 지었습니까>, 누가 **지**야 조온능기요<지어 주었습니까>?/춘디기사 <춘덕이야> 글로 윙캉 잘 **지**이니꺼네<글을 워낙 잘 지으니까>, 서어월꺼정 가가아<서울까지 가서> 사앙도<상도> 타고 앵 그라나<그렇잖아>. ③¶저기 머어시<거시기>, 타안냑 **찌**우로 간 사라믄<탕약/한약 지으러 간 사람은> 여태 앤 완나<안 왔니>?/하도 도오니 업서가아<돈이 없어서>, 아푸고 난 사라민테<사람에게>, 약또 한 첩<약도 한 첩을> 모온 **찌**이 미기인니이더<못 지어 먹였습니다>. ④¶요가라 컨능 기이<요가라고 하는 것이> 참, 히야는 자세로 다아<희한한 자세를 다> **지**우능 거디이더<짓는 것입디다>. ⑤¶야 이 사라마<사람아>, 내 득끼 조오락꼬<듣기 좋으라고> 맹나로 **지**야가아<공연히 지어서> 하는 소리로<소리를>, 내가 모릴 쭐 아고<모를 줄 알고>? ⑥¶참, 조선 천제에<천지에>, 줴에로 **지**익꼬느<죄를 짓고는> 모온 사아겔떠란다<못 살겠더란다>. ⑦¶보소, 농사나 **지**익꼬 사아는<짓고 사는> 우리 헹피네<형편에>, 무신 유라믈 다아<무슨 유람을 다> 가겐따 컨능기요<가겠다고 합니까>?/(한탄 조로) 여어더러느<여기서는> 나랑<벼> 농사도 **지**익꼬<짓고>, 자성<자식> 농사도 **지**익꼬<짓고>, 다아 앵 그렁기요<다 그렇잖습니까>. x¶밥을 짓다.

질¹ [지′리′, 지′를′, 지′레, 질′또′, 질′마′] 명 길*. ①¶새마을 우운동 덕뿌네<운동 덕분에> 쪼분 **지**리<좁은 길이> 참 마아니도 널러전니이더<많이도 넓어졌습니다>./밀구 모드로<密龜 못으로> 가는 **지**른<길은> 어던 쪽 **지**리<어느 쪽 길이> 더 가참능기요<가깝습니까>?/영마나<영만아>, 한**지**를 <한길을> 갈 찌게느<때는> 한 냐푸로<옆으로> 조오심해애가아 댕게래이<조심해서 다녀라>. ②¶함분 일검뿐<한번 잃어버린> 도장을, 도오저이 차즐 **지**리<도저히 찾을 길이> 어업선는데<없었는데>…/만넬 **찌**리<만날 길이> 엄는 사라믈<없는 사람을>, 이쪼게서마<이쪽에서만> 혼차서 모온 니저한들<혼자서 못 잊어한들> 무진 소오양이 익껜노<무슨 소용이 있겠니>? ③¶기왕 가는 **지**레<길에> 이거로 담뱉찌베다가<이걸 담뱃집에다가> 좀 전해 주시머 조옥켄는데<주시면 좋겠는데>… ▷짚. **질로<길을> 내다** 구). **질로 떫다<길을 뚫다>** 구). **질로<길을> 떠나다** 구). **질로 재축카다**

<길을 재촉하다> 구). 질<길>(이) 바뿌다<바쁘다> 구).
질² [지′리′, 지′를′, 지′레, 질′또′, 질′마′] 뎽 길*. ①¶업뿌리기 송아지로<엇부루기 송아지를> 질로 디릴라 커머<길을 들이려고 하면>, 코버텅 뀌이야지<코부터 꿰어야지>. ②¶새로 산 자인차<자전거를>, 질 띠리는 이일쭈 우미사<길 들이는 일쯤이야> 처리자테 맥끼보라머<(상)철이한테 맡겨보렴>. 질(이) 나다 구). 질<길>(을) 내다 구). 질<길>(이) 들다 구). 질<길>(을) 디리다<들이다> 구).
질³ [지′리′, 지′를′, 지′레, 질′또′, 질′마′] 뎽 길*. ¶내 보기에느<보기에는>, 저거버다아사<저것보다야> 이기이 훨석<이것이 훨씬> 운찌리네<윗길이네>./바다금 모올라도<바둑은 몰라도>, 자앙구마는<장기만은> 그 야앙바니<양반이> 내보다아 훼얼신 아릳찌리더라<내보다 훨씬 아랫길이더라>.
질⁴ [지′리′, 지′를′, 지′레, 질′또′, 질′마′] x<지일> 뎽 의존 길*. ¶이 처엉수느<청소는> 열 지리 너엄는다 컨찌<길이 넘는다고 하지> 아아매<아마>.
질기다#¹ [지일′기′고, 지일′기′지, 지일′기′더라, 지일′기′도, 지일′기′서] 동 타 즐기다*. ¶이리 가아느<(東)日이 개는>, 웨엔 술로<웬 술을> 그치리 지일기는동 모올라<그처럼 즐기는지 몰라>./(늙은이가 친구에게) 자네가 안죽<아직>, 낙수지리라도<낚시질이라도> 질길 시미<즐길 힘이> 나머 읻따커니<남아 있다니까> 그런 다항이 엄네<다행이 없네>./(식탐하는 사람을 나무라며) 그래, 니이<네>가 앤 지일기는 으음서기<안 즐기는 음식이> 도대체 머어가 인는데<뭐가 있는데>?
질기다*² [질′기고, 질′기지, 질′기더라. 질′기도, 질′기서] 형 ☞찔기다.
질까 [질까′아] 뎽 길가*. ☞질깟.
질깟 [질깟′알] 뎽 길가*. ¶돈지 너머가는 질까아세<敦池 넘어가는 길가에> 나생이 꼬치<냉이 꽃이> 허어역쿠로 피읻습떠더<허옇게 피었습디다>./야, 이 사암드라<사람들아>, 해필<하필> 문지<먼지> 나는 질까아세 안저가아<길가에 앉아서> 새애차믈 무굴 끼이 머어꼬<새참을/곁두리를 먹을 것이 뭐니>? ▷질까.
질다#¹ [질′고, 질′지, 질더′라, 지′러(라)도, 지′러서] 동 타 긷다*. ¶물 질로 갇따가<길러 갔다가> 어르메 자뻐저가아<얼음에 자빠져서> 발모글 가무털따니이더<발목을 삐었답니다>./여어서느<여기서는>, 누우<누구네>

집 할 꺼 업시<것 없이>, 아지게 일라머<아침에 일어나면> 새애메에 가가아<샘에 가서>, 물버텅 **지**러다 논능 기이<물부터 길어다 놓는 것이> 이이리다<일이다>./샘동떡 웅구레 가가아<샘동댁 우물에 가서> 서웠는<시원한> 물 한 동오만 **지**러온나아<동이만 길어오너라>.

질다#² [지일′고′/지이′고′, 지일′지′/지이′지′, 지일′더′라/지이′더′라, 지′러(라)도, 지′러서] 혱 길다*. ①¶내가 직쩝<직접> 봉 기이 애이니까데<본 것이 아니니까>, 그 몯쭈리<못줄이> 얼매나 **지인동**은<얼마나 긴지는> 아알지리 엄네요<알 길이 없네요>. ②¶삼사아월 **지인진**<삼사월 긴긴> 해에, 하리 점두룩<하루가 저물도록> 지렁 탐 맹물마 묵꼬도<간장을 탄 맹물만 먹고도/마시고도> 앤 죽꼬 사런심더<안 죽고 살았습니다>./미랑 아지미요<밀양 아주머니>, 엄매캉 무신 이이바구<엄마와 무슨 이야기>가 그리 **지**런능기요<길었습니까>. ⇔짜리다. **질기**<길게> 눕다 구). **질기**<길게> 앉다 구).

질다*³ [질′고/지′고, 질′지/지′지, 질더′라/지더′라, 지′러(라)도, 지′러서] 혱 ¶나느 대앰바비 조온치<나는 된밥이 좋지>, **짐**바른 실부니까네<진밥은 싫으니까>, **짐**바른<진밥은> 니이나 다아 무거라<너나 다 먹어라>.

질매 [질매′] 명 길마*. ¶저실게 가마아꼬 노오던 소느<겨울에 가만히 놀던 소는>, **질매**로 지우머<길마를 지우면> 정시넙시 막<정신없이 마구> 설치지./기이왕에 가믐<기왕에 가는> 비인 **질맨**데<빈 길만데>, 등게<왕겨> 한 섬 시일꼬 가머<싣고 가면> 어어때애서 그카노<어때서 그러노>?/(어른이 아들에게) 야아야 사네<얘야 산에> 가거들랑, 꼬부자앙한 **질맥** 까지느<고부라진 길마 가지는> 비이는<보이는> 쪽쪽 비이다가 도오래이<베어다가 둬라>, 어언젱가느 다아 실 떼가 인니이라<언젠가는 다 쓸 데가 있느니라>.

질 [질′기′, 질′글′, 질′게, 질′또′, 질′마′] 명 길*. ①¶야아드래이<애들아> 차 댕기는<다니는> **질글** 거언넬 찌게느<길을 건널 적에는>, 어야든동 조오심해애래이<어쩌든지 조심해라>./어디서 나온 영개가 저레<연기가 저렇게>, 옹 고올목**찔**게 깔리잇시꼬<온 골목길에 깔렸을까>?/저라면 앤 대는데<저러면 안 되는데>, 저 엉뚝**찔**게서러<언덕길에서> 소 미기는<먹이는> 저 사라미 누고<사람이 누구냐>?/야 이, 답따분 야앙바나<답답한 양반아>, 해필<하필> 이 비이자분 **질**게<비좁은 길에>, 피 흐리능 궤기로<흐르는 고기를> 들고 두로머 우얀담 마아링기요<들어오면 어쩐단 말입니까>./도옹메산 아페<앞동산 앞에> 새 **질**글 내앨 찌게<길을 낼 적에>, 사늘 이레 끙크니까데<산을 이렇게 끊으니까>, 피 거튱 기이<같은 것이> 흐리더라 컨 떼에요<흐르더라고 하더군요>./(교통비 지출이 많을 때) 애비느<아비는>, 돔 버어러가아<돈 벌어서> **질**게다가 다아<길에다가 다> 깐다./나도 새복 **질**게서러<새벽길에서>, 도온 함 뭉티기로 좌아바앋시머<돈 한 뭉텅이를 주워봤으면> 참 조올따<좋겠다>마는…/(동네 하인이 식전에 광고하는 높은 소리로) "오늘 모도<모두>, **질** 따끄로 나오소오<길 닦으러 나오세요>."/ 요부네<요번에> 큼물<큰물> 지는 나부래<때문에>, **질**기 끙끼인<길이 끊어진> 데가 한두우<한두> 군데가 애닝갑심더<아닌가 봅니다>. ②¶세에상 사암드리<세상 사람들이> 사러온 **질**글<살아온 길을> 주욱 함문 살피보머<죽 한번 살펴보면>, 대애개애 다아 허엄하지<대개 다 험하지> 호강시러분 사라믄<호강스러운 사람은> 멕 키 업따네<몇 사람 없다네>. ③¶선동 아지매<仙洞 아주머니>, 호옥 정기정꺼정<혹 정거장까지> 가는 **질**기거등<길이거든>, 오는 **질**게<길에> 조오피 멤 모마<두부 몇 모만> 사다 주실랑기요<주시렵니까>? ④¶대애웡구니<대원군이> 주군 후우에사<죽은 후에야>, 우리가 개화에<개화의> **질**로 차춤<길로 차츰> 드러서기 시이자걷찌만<들어서기 시작했지만>… ⑤¶선성질 하로<선생질 하러> 나가는 **질**또<길도> 곧 수워릉 거느<수월한 것은> 아니라요<아니에요>. ▷**질**¹.

질ㅋ [질′키, 질′클, 질′케, 질′또′, 질′마′] 몡 길*. ¶여어느<여기는> 우얀 테긴동<어쩐 셈인지>, 온 질케 널리잉 기이<길에 널린 것이> 소오똥이더 라<소똥이더라>, 아아무도 앤 조온나<아무도 안 줍니>? 드).

짐#¹ [지′미, -, 지′메, -, -] 몡 의존 김*. '어떤 기회 또는 계기에'의 뜻을 나타내는 말. ¶(병 문안 차) 이미야<어멈아>, 정기정꺼정<정거장까지> 가는 **지**메<김에>, 철수네가 얼매나 아푼동<얼마나 아픈지> 들바더보고 온나라<들여다보고 오너라>./(밤참을) 할매도 모리구로<할머니도 모르게>, 묵끼 시이자근 **지**미니꺼네<먹기 시작한 김이니까>, 홀땅 다아 무거 치얍뿌재이<홀딱 다 먹어 치워버리자>./도오리 자아는 순저니<돌이 재는 순전히> 지**지**메 노올래 가주구<제 김에 놀라 가지고> 저 야아다니시더<야단입니다>./ 내가 물 본 **지**메<김에> 손 쫌 싱는다 와<좀 씻는다 왜>?/처래이<철아>, 기위 웨에갇찍꺼정<이미 외갓집까지> 온 **지**메<김에>, 하립빰마<하룻밤만

더 자고 가거래이<가거라>./버러 소늘<벌써 손을> 적신 **지**미거등<김이거든> 내 온또<옷도> 쫌 빠러 두가<좀 빨아 다오>. 참 '-은(는) **지**메<김에>' 꼴 외에도, '-은(는) **지**미머<김이면>', '-은(는) **지**미거든<김이거든>', '-은(는) **지**미라도<김이라도>', '-은(는) **지**밀찌라도<김일지라도>', '-은(는) **지**미니까네<김이니까>' 따위로도 쓰임.

짐#² [지임'] 몡 김*. ①¶영자야, 바블 자지일 때느 마아리다<밥을 잦힐 때는 말이다>, **지이**미 함뿜마<김이 한번만> 풍 나두룩 때애야지<푹 나도록 때어야지>, 너무 마아니 때애머<많이 때면> 바비 탑뿐대이<밥이 타버린다>. ②¶유리에 **지이**미 서리이머<김이 서리면>, 나도 거어<거기>다가 송까라그로<손가락으로> 기리믈 기리보고<그림을 그려보고> 그랜찌만<그랬지만>… ③¶안죽또 아징나저레느<아직도 아침나절에는>, 치비<추위>가 더얼 가시가아 그런동<덜 가셔서 그런지>, 이베서러 **지이**미<입에서 김이> 허어역키<허옇게> 나오네요. **짐**<김>(이) **나가다** 구). **짐**<김>(이) **빠지다** 구). **짐**<김>(이) **쉐다**<새다> 구).

짐#³ [지임'] 몡 김*. ¶해가<(宗)鶴아>, 보름날<정월대보름날> 철 수를<첫 숟가락을> **지이**메다가 사 무구머<김에다 싸 먹으면> 꽁알 조온는단다<꿩알 줍는단다>./그 이무레느<무렵에는> 우리가, 워언족<소풍> 갈 찌게나<적에나> **지임**빡 뀌이겅을 해앧찌<김밥 구경을 했지>, 어언제 **지임**빡 뀌이겅을 해앤노<언제 김밥 구경을 했니>?

짐#⁴ [짐'] 몡 김*(金). ¶내 서엉도<성도> **징**가올시더<김가올시다>./초온넘 서엉이사<촌놈 성이야> **징**가 애니머 이이가 애니가<김가 아니면 이가 아니냐>?

짐*⁵ [짐] 몡 ¶여어 쫌 보옵시더<여기 좀 봅시다>, 저기 머어시<거시기>, 서어월<서울> 가는 **짐** 부치는 데느 어딩기요<데는 어딥니까>?

짐나래끼 [짐나래'끼] 몡 새꽤기*. ▷훼기.

짐치 [짐'치] 몡 김치*. ¶아지매<아주머니>, 여어<여기> 어디, 열매**짐치** 마식끼 담는<열무김치 맛있게 담그는> 차아만 처어자 하나 업시까요<참한 처녀 하나 없을까요>?/아지게<아침에> 다문 **짐치**가<담근 김치가>, 그단새<그 짧은 동안에> 사거실 테기 인나<익었을 턱이 있나>?/재우 이미야<어멈아>, 오새애느 와<요새는 왜> 뱁차**짐치**로 자 랜 담노<배추김치를 잘 안

담그니>?/내 보기에느<보기에는>, 시구러분 **짐치**버다아<신 김치보다> 생**짐치**가 더 조오타컨는<생김치가 더 좋다는> 사람도 마안티이더<많더이다/많습디다>./식쩜버텀<식전부터(시작해서)> 팔심 니 질로 거럳떠이<팔십 리 길을 걸었더니>, 저너게느 유웅<저녁에는 영> 파**짐치**가 대앱뽑띠더<파김치가 돼버립디다>./(처남을 보고) 너거 누부야<네 누나> **짐치** 담는 소옴시야<김치 담그는 솜씨야>, 다아 자앙모 소옴시지 머어<다 장모 솜씨지 뭐>.

짐칙꾹 [짐칙꾹′] 몡 김칫국*. ①동치미 국물. ¶야아야 지이발<얘야 제발>, 니 혼차<너 혼자> **짐칙꾹**버텅<김칫국부터> 마시지 마러래이<마라>./동수이미야<어미야>, 불머리 아푼 데느<숯머리 아픈 데는> **짐칙꾸**기 제에리다<동치미 국물이 제일이다>. ②김치의 국물. ¶짐치 다믄 무시<김치 담근 무>가 물로 내애가아<물을 내어서> **짐칙꾸**기 지일질<김치 국물이 질질> 흘러 넘치니이더<넘칩니다>. ③김치를 넣고 끓인 국. ¶저실게사<겨울에야> 해애무굴 꺼라 캐애바아야<해먹을 것이라고/반찬이라고 해봐야> 자앙캉 뜨신 **짐칙꾹**바께<된장과 뜨듯한 김칫국밖에> 더 인나<있니>?

짐풀¹ [짐′풀] 몡 개울 가 같은 곳에, 늘 물이 질척하고 풀이 우거진 지대. 진펄*. ¶와 저레<왜 저렇게>, **짐풀** 깨구리 띠드시<진펄 개구리 뛰듯이> 띠는동 모올따<뛰는지 모르겠다>./사아라미 드가도<사람이 들어가도> 바리<발이> 푹푹 앰 빠지는<빠지지 않는> **짐풀**도 읶끼야 읻찌만<진펄도 있기야 있지만>… 드). x시들어 마르지 않은 푸른 풀.

짐풀² [짐′풀] 몡 빨래가 제대로 마르기 전에 바로 먹이는 풀. 진풀*. ¶오느른 요 호청에다가<오늘은 요 홑청에다가/옷잇에다가> **짐푸**리나 좀 미기이<진풀이나 좀 먹여> 바아야 댈따<봐야 되겠다>.

집#¹ [집] 몡 즙*. ¶여르메 배 아플 때느<여름에 배 아플 때는>, 도들 양다레<돋을 양달에> 난 수글 뜨더다가<쑥을 뜯어다가> **지**불 내애 무우머<즙을 내어 먹으면> 잘 나안니이라<낫느니라>./드을게에 나가머<들에 나가면>, **집** 내애 무굴 까아미사<즙을 내어 먹을 감이야> 천지 애니가<아니냐>? **집**<즙>(이) **나다** 구. **집**<즙>(을) **내다** 구. **집**<즙>(을) **짜다** 구.

집*² [지′비, 지′불/지′블, 지′베/지′비, 집′또, 짐′마] 몡 ¶겨엉주, 손시 대근<慶州, 손씨 댁은>, 조옹방간들꺼정도<종반간들까지도> 다아 개와**집** 지익꼬 사암니더<다 기와집 짓고 삽니다>.

집다#¹ [지익'꼬', 지입'찌', 지입'떠'라, 지'버(바)도, 지'버서, 지'버라] 동 타 깁다*. ¶무진 따라아가<무슨 여자애가>, 지 양발<제 양말> 하나도 모온 **찌**버 시인노<못 기워 신니>?/타짐 바지쭈우미사<타진 바지쯤이야>, 내가 **지**버 이부머 대지요 머어<기워 입으면 되지요 뭐>./농구화 터징 거로<터진 것을>, 암만 **지**버 시느라 캐에도<기워 신으라고 해도> 통 마알로 앤 든네요<말을 안 듣네요>./오새애<요새> 누가 시늘 **지**버 시인뗑기요<신을 기워 신던가요/신습디까>, 내상 실심더<나야/나는 싫습니다>.

집다*² [집'따] 동 타 ☞깁다.

집땀말랭이 [집땀말래'~이] 명 지붕*. 지붕 꼭대기. 용마루*. ¶저 장따릉<수 탉은> 쪽 **집땀말랭이**로 푸두둑 날러올러가가아<지붕 꼭대기로 - 날아올라 가서> 활개로<활개를> 치고 우우는데<우는데>…/그 여엉가믄 삐뚝하머<영 감은 걸핏하면>, "이너무 직꾸적<이놈의 집구석> **집땀말랭**이예다가 불로 <지붕에다가 불을> 확 사질럽뿔라 마아<싸질러버릴라 그만>" 컨는다니이 더<라고 한답니다>. ▷집땀말랑.

집신 [집신'] 명 짚신*. ¶우리 마실 절문이 중에<마을 젊은이 중에>, **집신** 사물 쭐<짚신 삼을 줄> 아아는 사라미<아는 사람이> 멘치나 대꼬<몇이나 될까>?/**집시**늘 사암능 거느 고오사하고<짚신을 삼는 것은 고사하고>, **집시** 늘 시너본 사라민들<짚신을 신어본 사람인들> 멘치나 익껜능기요<몇이나 있겠습니까>./이이저네느<예전에는> 머언질로 가알라커머<먼길을 가려면>, **집싱** 가암발버텅<짚신 감발부터> 하고 나서능 기이<나서는 것이> 이이리 디이라<일이더니라>./학똥 여엉가미 바리<鶴洞 영감이 바로>, **집시**늘 디비 이 시잉꼬 댕긴 사라미다<짚신을 뒤집어 신고 다닌 사람이다>.

집신쟁이¹ [집신'재'~이] 명 짚신장수*. 짚신을 삼거나 파는 것을 업으로 하 는 사람. ¶**집신쟁이**도<짚신장수도> 집신 사암능 기술로<짚신 삼는 기술 을>, 지 아드린테꺼정<제 아들한테까지> 앵 가알치주다가<안 가르쳐주다 가>, 주굴 이무레야<죽을 무렵에야>, "거풀거풀" 컥꼬 죽떠란다<하고 죽 더란다>. 참 거풀: (짚신에 붙은) 거스러미. 검불. 여기서는 검불을 잘 떼는 것이 기술이라는 뜻.

집신쟁이² [집신'재'~이] 명 '견우성(牽牛星)'을 속되게 이르는 말. ¶칠성나 레느<칠석날에는> **집신쟁이**캉 수끼떡할매이가<견우성과 직녀성이>, 일려네 함분성 만낸다 앵카나<일년에 한번씩 만난다고 하지 않니>./철수 니느<너는> 참, **집신쟁이**가 어등 건동 아아나<견우성이 어느 것인지 아니>?

짓#¹ [지′시′, 지′슬′, 지′세, 짇′또, 짐′마] 명 깃*. ☞진¹.

짓#² [지′시′, 지′슬′, 지′세, 짇′또, 짐′마] 명 깃*. ☞진².

짓#³ [지′시′, 지′슬′, 지′세, 짇′또, 짐′마] 명 깃*. ☞진³.

짓*⁴ [지이′시′, 지이′슬′, 지이′세′, 지일′또′, 지임′마′] 명 ☞진⁴.

짓다#¹ [지익′꼬′/지일′꼬′, 지일′찌′, 지일′떠′라/, 지′서(사)도, 지′서서] 통 자 ☞젖다.

짓다*² [지익′꼬′/지일′꼬′, 지일′찌′, 지일′떠′라/, 지′서(사)도, 지′서서] 통 타 논밭따위에 김이 무성하게 나다. ¶장매가<장마가> 오래 가니 정구지 바테<부추 밭에> 푸리 **지서**가아<풀이 무성하게 많이 나서> 버엄 나오기 생긴띠이더<범 나오게 생겼습디다>. 흔).

징기다 [징′기고, 징′기지, 징′기더라, 징′기도/징게′도, 징′기서/징게′서, 징′기라/징′게라] 통 타 지니다*. ①¶기영아, 이 가락 토리로<토리를> 니이가<네가> 모메 징기고 댕기머<몸에 지니고 다니면> 참 조온탄다<좋단다>, 부적 사머 야물거<삼아 야물게> 자알 **징게래**이<잘 지녀라>. ②¶용오떡 기뒝이느<용오댁 基東은>, 느지익칸<느직한> 천성을 **징긴** 덕뿌네<지닌 덕분에> 요분 사아고에도<요번 사고에도> 더얼 다첟따니이더<덜 다쳤답니다>. ③¶자네느 앙이껴정<자네는 아직까지>, 이이심연 전<20년 전> 고 때 고 모시비로<모습을> 고대로 **징기**고 익꾸나<지니고 있구나>. ④¶저네 아재가<전에 아저씨가> 해애 주신<(말씀)해 주신>, "사아라문 요옹가머야 댄다<사람은 용감해야 된다>"는 소리로<소리를>, 안죽또<아직도> 내 가시메<가슴에> 꼭 **징기**고 사암니더<지니고 삽니다>.

징푸물 [징푸′물] 명 농악에 쓰이는 악기의 총칭. 풍물*(風物). ¶암마시레서느<안마을에서는>, 오늘 우승해앹따꼬<우승했다고>, 온 도옹네 사람드리<동네 사람들이> **징푸물**로 띠디리고<풍물을 두드리고> 생 야아다니시더<야단입니다>./(불평하는 투로) 아아무리 마시리<아무리 마을이> 자아거도 그런치<작아도 그렇지>, 그래 **징푸물**또<풍물도> 하나 엄늠 마시리 어딛떵기요<없는 마을이 어디에 있습디까>?

짖다* [지익′꼬′, 지일′찌′, 지일′떠′라, 지′저(자)도, 지′저서, 지′저라] 통 자

¶옴빠메느<오늘밤에는> 와 저치리<왜 저처럼>, 도옹네 깨애드리<동네 개들이> 물 뜨시<물 듯이> **지인**는동 모리객꾸마<짖는지 모르겠군요>./(당부하듯) 이북 깨애가<이웃 개가> 자꾸 **지즈**머<짖으면>, 머어가 수상은동<뭐가 수상한지> 꼭 함분석 내애바더보세이<한번씩 내다보세요>.

짙 [지′치, 지′틀′, 지′테′, 진′또′, 짐′마′] x[지시] 몡 깃*. ¶여기도 짜구리 **지**치<딱따구리 깃이> 또 하나 빠저 인네<빠져 있네>. 드).

짙다* [진′꼬/직′꼬, 진′찌, 진떠′라, 지′터도, 지′터서] 혱 ¶나느<나는> 향수라도, 너무 **지**트니꺼네<짙으니까> 머리마 아푸더라<머리만 아프더라>.

짚다#[1] [집′꼬/직′꼬, 집′찌, 집떠′라, 지′퍼(파)도, 지′퍼서] 혱 깊다*. ☞지푸다. 드).

짚다*[2] [집′꼬/직′꼬, 집′찌, 집떠′라, 지′퍼(파)도, 지′퍼서, 지′퍼라] 동 타 ¶늘그머<늙으면> 사네 올러 댕길 찌게<산에 올라 다닐 적에>, 짝때기로<지팡이를> **짐**능 기이 올치<짚는 것이 옳지>.

ㅉ

짜다#[1] [짜′고′, 짜′지′, 짜′더′라, 짜′도′, 짜′서′, 짜′라] 동 타 물건을 차곡차곡 포개어 얹거나 어떤 축조물을 이루다. 쌓다*. ¶저 탁꼬레 인는 삼층 타븐<탑골에 있는 삼층탑은> 실라<신라> 때 **짱** 거라 컨떤데<쌓은 것이라 하던데>…/수야 니이(點)洙야 너> 우리 담 **짜**는<쌓는> 날, 쫌 앵 거어드러 주울래<좀 안 거들어 줄래/거들어 주지 않으련>?/그 집 크나드른 성 **짜**는<큰아들은 성 쌓는> 데 부우역 까가주구<부역 가서>, 여적 앤 도러와꺼등요<아직 안 돌아왔거든요>…/돌방돌방한 도올로 가주구<- 돌을 가지고>, 방천 뚜글<하천 둑을> **짜**능 거로 보머<쌓는 것을 보면>, 그 참 히야능 기수리라<희한한 기술이라>.

짜다*² [짜'고', 짜'지', 짜'더'라, 짜'도', 짜'서', 짜'라'] 동태 ¶(맷방석을 짜는 어른에게) 부항 어어른뇨<부학 어른>, 머어로<무엇을> 그리 열시미<열심히> **짜**고 기이시능기요<계십니까>?

짜다*³ [짜'고', 짜'지', 짜'더'라, 짜'도', 짜'서', 짜'라'] 동태 ☞짭다. 소).

짜리다¹ [짜리'고, 짜리'지, 짜리더'라, 짤'러(라)도, 짤'러서] x[짤르다] 동태 자르다*.

짜리다² [짜리'고, 짜리'지, 짜리더'라, 짤'러(라)도, 짤'러서] x[짤르다] 형 짧다*. ①¶무짐<무슨> 바지가 와 이치리 **짜리**노<왜 이처럼 짧니>?/놀갱이 모간지가<노루 모가지가> 지인동 아럳따이<긴 줄 알았더니>, 생각뻐다 맘판 **짜리**네<생각보다 매우 짧네>. ②¶보소, **짜림** 바메<짧은 밤에> 어언제 자알라꼬<언제 자려고>, 여태 그카고 있소<그렇게 하고 있소>? ③¶그 사랑 그리<사람의 글이> 본데 좀 **짜린**데<본디 좀 짧은 데/학문이 깊지 않은 데>, 무신 지푼 여엉구가 나오겐노<무슨 깊은 연구가 나오겠노>?/내상 가방끄니 **짤**러가주구<나야 가방끈이 짧아 가지고/배운 것이 적어서> 무진 이이바긴동 모올따<무슨 이야긴지 모르겠다>. ④¶지이나 내나<저나 나나>, **짜림** 믿청 가주구<짧은 밑천 가지고> 무징<무슨> 큰 자앙사로 하겐노<장사를 하겠니>? ⑤¶아아들 입 **짜링** 거느<아이들 입 짧은 것은>, 다아 지기 미 채거미다<다 제 어미 책임이다>./번데버텅<본디부터> 이비 **짜린** 소느<입이 짧은 소는>, 소주게다가<쇠죽에다가> 콩을 여어 조오도<콩을 넣어 줘도> 자 램 묵떠라꼬<잘 안 먹더라고>. ⇔질다. 흔).

짝*¹ [제'기/짜'기, 짜'글, 짜'게, 짝'또, 짱'마] 명 ¶유틀 노올 파니머<윷을 놀 판이면>, 사아람 수우가<사람 수가> **짜**기 마저야 댈 꺼 애니가<짝이 맞아야 될 것 아니냐>.

짝*² [짝'] 명 ¶내가 함분 척 뽀니<한번 척 보니>, 그 사람 하는 지이시<짓이> 아아무 **짜**게도 모온 시겐떠라꼬요<아무 짝에도 못 쓰겠더라고요>.

짝*³ [짝'] 명 의존 ¶이분 멩저레<이번 명절에> 박 서기네 지비느<집에는>, 갈비가 두우 **짜**기나 두롾떠란다<두 짝이나 들어왔더란다>.

짝찌 [짝'찌] 명 작대기*. 지팡이*. ¶저기 **짝찌** 직꼬<작대기 짚고> 가는 사라믄 누고<사람은 누구니>?/늘끼나 저엉끼나 가네<늙거나 젊거나 간에>, 다리 시미 빠지머<힘이 빠지면> 아아무라도 **짝찌**로<아무라도 지팡이를> 짐능 거지 머어<짚는 것이지 뭐>. ▷짝때기.

짭다 [짝'꼬'/짭'꼬', 짭'찌', 짭'떠'라, 짜'버'(바')도, 짜'버'서] 형 짜다*. ¶(믿어지지 않는다는 투로) 니 이베느<네 입에는> 이 짐치<김치>가 그리도 **짭나**<그렇게도 짜니>?/어어떤 으음서기라도<어떤 음식이라도> 너무 **짜부머**<지나치게 짜면>, 소태매애로 십찌 와<소태처럼 쓰잖아>?/싱거붕 거느 곤치도<싱거운 것은 고쳐도> **짜**붕거느<짠것은> 모옹 곤친대이<못 고친다>, 으음서글 **짝**꾸로 하지 마래이<음식을 짜게 하지 마라>.

째지다#¹ [째애'지'다] 동 자 찢어지다*. ¶저 감나무 가쟁이로<가지를> 누가 올러가가아 우야다가<올라가서 어쩌다가> 저레 **째애지**구로 해애 나안노<저렇게 찢어지게 해 놓았니>?/다리도 짜링 기이<짧은 것이> 남하는 대로 따러가알라 컬따가느<따라가려고 하다가는>, 배앱새매애로<뱁새처럼/붉은 머리오목눈이처럼> 갈구쟁이가 **째애지**고야 마알 꺼다<가랑이가 찢어지고야 말 것이다>.

째지다*² [째애'지'다] 동 자 째어지다. ¶이 사라마<사람아>, 사매기로<소매를> 자꾸 자버땡기머 우야노<잡아당기면 어쩌니>? 나아라<놓아라> 보자, 생다대기로 **째애지**겐따<생재기로 째지겠다>./이 돌개느<도라지는> 와 이레 자 랜 **째애지**노<왜 이렇게 잘 안 째지냐>?

쩍꾹 [쩍꾹'] 명 젓국*. 젓갈*. ¶이 짐치에느 무진<김치에는 무슨> **쩍꾸**기 드 간능기요<젓국이 들어갔습니까>? 참 마신네요<맛있네요>./여어서러느 **쩍꾸**기라커머<여기서는 젓국이라면> 보오통 메레치**쩍꾸**글<보통 멸치젓갈을> 마알하니이더<말합니다>. ▷저꾹/젇꾹/적꾹.

쪼가리 [쪼가'리] 명 조각*. ①¶내사<나야> 빠앙 한 **쪼가리**마<빵 한 조각만> 묵꼬느 모온 사알 꺼 걷따<먹고는 못 살 것 같다>./이 모래바테느<모래밭에는> 유리 **쪼가리**가 와 이레 마안치<조각이 왜 이리 많지>? 맴바른 조오심해애래이<맨발은 조심해라>./꼴란 종오 **쪼가리**<별 것 아닌 종이 조각> 하나 어업서전따꼬<없어졌다고>, 저리 사아라믈 뽁꼬 야아다니니이더<사람을 볶고 야단입니다>./우얘<어째> 이 집 반질땅세게느<반짇고리에는> 헝겁**쪼가리**<헝겊조각> 하나 오릉기이 엄노<옳은 것이 없니>? ②¶박사리 남 미잉경 **쪼가리**로<박살이 난 거울 조각을>, 누가 호옥시 발불까방<혹시 밟을까봐>, 저리 부사늘 떠어고 잇심더<부산을 떨고 있습니다>.

쪼갱이 [쪼개´~이~] 몡 쪽*. 조각. 1 자립 ¶여어서 떠러저 나감<여기서 떨어져 나간> 판 **쪼갱이**느<상 조각은> 어덜로 갑뿌고 어엄노<어디로 가버리고 없니>? 2 의존 ¶(광에서) 나오는 지레<길에>, 마늘 서너 **쪼갱이**마 띠이다 주이소<조각만 떼다 주세요>./그때 가징 거라꼬느<가진 것이라고는> 붕알 두 우 **쪼갱이**뺑이 어업섭심더<불알 두 쪽밖에 없었습니다>.

쪼다#¹ [쪼´오´고, 쪼´오´지´, 쪼´오´더라, 쪼´오도/좌´아도, 쪼´오서/좌´아서, 쪼´오라/좌´아라] 동 타 쬐다*. ☞쪼ㅎ다.

쪼다#² [쪼´오´고, 쪼´오´지´, 쪼´오´더라, 쪼´오도/좌´아도, 쪼´오서/좌´아서, 쪼´오라/좌´아라] 동 타 조르다*. ¶화톤짱을 **쪼오**는 마세 세에월<화투장 조르는 맛에 세월> 가는 줄 모린다<모른다>.

쪼다*³ [쪼´오´고, 쪼´오´지´, 쪼´오´더라, 쪼´오도/좌´아도, 쪼´오서/좌´아서, 쪼´오라/좌´아라] 동 타 ¶달기 모시로 **쪼올** 찌게 보머<닭이 모이를 쫄 적에 보면>…

쪼루다¹ [쪼루´우고, 쪼루´우지, 쪼루´우더라, 쪼라´아도, 쪼라´아서] x[쫄르다] 동 타 조리다*. ¶우리 소느 꾸정물<소는 구정물> 함 버지기쭈우미사<한 버치쯤이야> 단수메 다아 **쪼루운**다<단숨에 다 조린다>./(사진기의) 조리개로 쫌 더 **쪼라아** 보라머<좀 더 조려 보렴>./까재미느<가자미는> 꼬오장 쫌 역코<고추장 좀 넣고> 바삭 **쪼루울**수록 마싣찌 와<바싹 조릴수록 맛 있잖니>. ▷쪼룽다¹.

쪼루다² [쪼루´우고, 쪼루´우지, 쪼루´우더라, 쪼라´아도, 쪼라´아서] 동 타 졸이다*. ¶다당키이까방 게비 나가아<들킬까봐 겁이 나서> 얼매나 가시미로<얼마나 가슴을> **쪼라**안는동 모리니이더<졸였는지 모릅니다>. ▷쪼룽다².

쪼막손 [쪼막´손] 몡 ¶저 사라믄<사람은> 와 저레 **쪼막소**니 대앤시꼬<왜 저렇게 조막손이 되었을까>?/심실떡 저그나드른<심실댁 작은아들은> 날 때 버텀<태어날 때부터> **쪼막소**닝 갑떠라<조막손인가 보더라>. ▷조막손.

쪼치바리 [쪼치바´리] 몡 달리기*. 달음박질*.

쪼치바리떡 [쪼치바리´떡] 몡 지난날 머슴이 연말에 떠날 때, 전별의 뜻을 담아 해 주던 떡. ⊲쪼치바리<달음박질> 떡. ¶**쪼치바리떡**<이별떡??> 하기 정꺼정<전까지>, 머슴 중우저구리<바지저고리> 함 부른<한 벌은> 해애 익끼이야지<해 입혀야지>.

쪽*¹ [쪽] 명 ¶나도, 피마지 지름 발러가아<피마자 기름을 발라서> 고옥끼 쪽 쩜<곱게 쪽 쩐> 머리가 보기 조온터라마느<좋더라마는>…/암망 그캐애 도<암만 그렇게 말해도> 오새애 사람드리<요새 사람들이> 누가 쪼글 찔라 캐애야 마리지<쪽을 찌려고 해야 말이지>. 쪽(을) 찌다 구).

쪽*² [쪽] 명 ☞쪼갱이.

쪽*³ [쪽] 명 ¶(자랑삼아) 쪼글 가주구<쪽을 가지고> 끝뚱이나 처매에다가<끝 동이나 치마에다가> 남생 물또 디리고<남색 물도 들이고>, 그래앧따만<그 랬다만>…/오새애<요새>도 어디, 쪼글 숭구우는<쪽을 심는> 사라미 이시 까<사람이 있을까>?

쪽*⁴ [쪽] 명 ¶또추리<또출이> 가아들 마아링기요<걔들 말입니까>? 저 쪽 우 운동장으로<운동장으로> 가 보소, 아아매<아마> 거기 잊찌 시푸니이더<있 지 싶습니다>./여어느 어든 쪼기<여기는 어느 쪽이> 북쪽깅기요<북쪽입니 까/북쪽인지요>?

쪽*⁵ [쪼옥'] 부 ¶저엉마안세가<정만서가>, 저어염 반팅이<점심 함지> 이고 가는 처어자 귀로<처녀의 귀를> 딱 뿥짝꼴랑<붙잡고서>, 이불 쪼옥 마차압 뿌렉꺼든<입을 쪽 맞춰버렸거든>…/(다슬기를) 쪼옥 소리가 나두룩<쪽 소 리가 나도록> 싱껀 빠러바아라<힘껏 빨아봐라>, 알캐이<알맹이>가 송<속> 나오지.

쪽뚜리꼴 [쪽뚜'리꼴] 명 할미꽃*.

쪽빡 [쪽빡'] 명 쪽박*. ☞쪽빼기.

쪽빼기 [쪽빼'기] 명 쪽박*. 1 자력 ¶북촌띠기느 금여네<北村宅은 금년에>, 쪽빼기느 멜 째기나<쪽박은 몇 짝이냐> 탄노<탔냐>? 2 의존 ¶장테에서러 <장터에서> 짝뿌리캉 오램마네 만내가주구<짝불이와 오랜만에 만나서> 막 껄리 도오 쪽빼기<막걸리 두어 쪽박을> 해앤니이더<했습니다>. 쪽배기<쪽 박> 차다 구).

쪽쪽#¹ [쪽'쪽] 명 의존 족족*. ¶칙깐이느<칙관은> 그리 아아는 사람드리 마 아는동<아는 사람들이 많은지>, 장아 가는 질게<장에 가는 길에> 만내는 쪽쪽<만나는 족족> 인사로 다아<인사를 다> 하고…/어디라도 사아람 사알 꼬든<사람 살 곳은> 가는 데 쪽쪽 다아 인는 버비다<족족 다 있는 법이다>.

쪽쪽*² [쪽쪽] 부 ¶지냄 바메도<지난밤에도> 대애주 새끼드리<돼지 새끼들

이> 접<젖> 빠는 소리가 **쪽쪽** 나더라.

쪽찌게 [쪽찌′게] 몡 쪽지게*. 젓 장수나 등짐장수 등이 지는 작은 지게. ¶니느<너는> 그래, **쪽찌게**도 하나 모리나<쪽지게도 하나 모르느냐>? 등굼쟁이<등짐장수>가 지고 댕기던<다니던> 조매애는<조그만> 지게 마아리다<말이다>./등굼쟁이 **쪽찌게**도<등짐장수 쪽지게도> 어업서진 제가<없어진 지가> 오래다.

쪽찌비 [쪽찌′비] 몡 족제비*. ¶우리 나무빽까리 새애로<나뭇더미 사이로> **쪽찌비** 두우 바리<족제비 두 마리>가 부지러니 도루댕기던데<부지런히 돌아다니던데>…/**쪽찌비**가 쥐로 자아묵끼도 하듬<족제비가 쥐를 잡아먹기도 하는> 모양이라요<모양이에요>, **쪽찌비**가 이시머<족제비가 있으면> 쥐가 통 앰 비이니까네<안 보이니까>./베락트레 찡기인 **쪽찌비**느<벼락틀에 치인 족제비는> 누나리<눈알이> 툭 불거저 나왑뿐떼에요<불거져 나와버렸더군요>. ▷쪽쩨비.

쫄리다 [쫄리′이다] 동 피동 졸리다*. ¶빚쩽이자테 **쫄리**이 가주구<빚쟁이에게 졸려 가지고> 내상 모온 사알겐네<나야/내가 못 살겠네>./목 **쫄리**이 주군 사람마<졸려 죽은 사람만> 불상치 머어<불쌍하지 뭐>.

쫍다 [쪽′꼬/쫍′꼬, 쫍′찌, 쫍′떠′라, 쪼′버(바)도, 쪼′버서] 혱 좁다*. ①¶그 직 꼬올무근<그 집 골목은>, 너무 **쪼**버가아<좁아서> 차가 모온 뜨가겐쩨<못 들어가겠지>?/그 **쪼**붐 무느로<좁은 문으로> 사아람드리 한차메 미러닥치니<사람들이 한참 밀어닥치니>, 나로서느 어애<나로서는 어찌> 감당할 방도가 어업띠이더<없습디다>. ②¶그 사람 움지기늠 포기<움직이는 폭이> 자네버다아사<자네보다야> 맘판 **쪽**꼬 마아고<만판/매우 좁고 말고>. ③¶그 야양반 겁뽀기로느<양반 겉보기로는> 소오기 앤 **쫍**찌 시푼데<속이 안 좁지 싶은데>, 앤 저꺼바앗시니<안 겪어봤으니> 자시이느 모리지<자세히는 모르지>. ⇔너리다.

쫓다* [쫃′꼬/쪽′꼬, 쫃′찌, 쫃떠′라, 쪼′처(차)도, 쪼′처서, 쪼′처라] 동 타 ¶저 집 영시기느<영식은>, 도동녀믈 **쪼**처가다가 미끄러저가아<도둑놈을 쫓아가다가 미끄러져서> 발모글 다천따네요<발목을 다쳤다네요>.

쪼ㅎ다 [쪼옥′꼬/쪼온′꼬′, 쪼온′찌′, 쪼온′떠′라, 쪼′오도/쫘′아도, 쪼′오서/쫘′아서, 쪼′오라/쫘′아라] 동 타 쬐다*. ¶그리 추부머<그렇게도 추우면>,

저어 가가아<저기 가서> 모닥뿌리라도<모닥불이라도> 쫌 **쪼오라머**<좀 쬐렴>./가실 베틀<가을 햇볕을> 너무 오래 **쪼온따가**<쬐다가> 살따구<살갗> 탈라, 온 니버라<옷 입어라>. ▷쪼다.

쭈구러지다 [쭈구′러지다] 통⊠ 쭈그러지다*. ①¶이 단지느<단지는> 사 올 때버텅<때부터> 주딩이가 약간 **쭈구러징** 거시더<주둥이가 약간 쭈그러진 것입니다>. ②¶늘거가아<늙어서> 사리 빠지머<살이 빠지면> 누구나 **쭈구러지**지 머어<쭈그러지지 뭐>?! 앵<안> 그래?

쭈루다 [쭈루′우다] 통⊠ 줄이다*. ¶거기 너무 시끄럽따<시끄럽다>, 그 목소리 쫌<좀> **쭈루울** 수 엄나<줄일 수 없니>?/쫑 크 논시야<좀 큰 옷이야>, 다소 **쭈루우머** 이불<줄이면 입을> 수야 앤 익껜나<있지 않겠니>? ▷쭈룷다.

쭈무리다 [쭈무′리다] x[쭈물르다] 통⊞ 주무르다*. ①¶감여니 니이<甲年이 너>, 내 어깨 쫌 **쭈무리** 주울래<좀 주물러 줄래>?/니느 머어로 우야자꼬<너는 무얼 어쩌자고>, 그 거로<것을> 만날 **쭈무리**고만 인노<주무르고만 있니>?/내 서답 쫌 **쭈물**러 녹코<빨래 좀 주물러 놓고> 곡 거언네가께에<곧 건너갈게>, 조매애마<조금만> 기다리소. ②¶(자랑스럽게) 우리 자근태야 상<在泰야> 여엉천짱 시름판쭈우미사<永川場 씨름판쫌이야> 참 지 마암 대로<제 마음대로> **쭈무리**고 앤 댕기나<주무르고 다니잖아>.

쭉땀 [쭉땀′] 명 집 둘레에 주춧돌 높이로 마당보다 높게 흙으로 쌓은 부분. 징두리*. 참 방문이나 쪽마루에서 나와 '징두리'를 지나 마당으로 내려서게 되어 있음. ¶(마루 밑의 개집에서) 이미가 나가니꺼네<어미가 나가니까>, 강생이들또<강아지들도> 모지리 따러가알라컨따가<모조리 따라가려다가> **쭉따**메서 꼴따넝기로<징두리에서 곤두박질을> 하는데…

쭉떡 [쭉떡′] 명 쭉정이*. ☞쭉띠기.

쭉띠기 [쭉′띠′기] 명 쭉정이*. ¶이 나라게느<벼에는> 웨엔 **쭉띠기**가<웬 쭉정이가> 이리 마안노<많니>?/야 이, 이 **쭉띠기**거튼 잉가나<이 쭉정이 같은 인간아>… 참 여기서 '이'는 사람의 피를 빨아먹는 곤충. ▷쭉떡.

쭉찌 [쭉′찌] 명 죽지*. ¶나가 드니꺼네<나이가 드니까> 와<왜> 자꾸 어깨 **쭉찌**가<어깻죽지가> 아푼동 모올따<아픈지 모르겠다>.

찌겡이 [찌게′~이~] 명 찌꺼기*.

찌그러지다* [찌그'러지다] 동자 ¶아이구 아지매요<아이고 형수님>, 이카다가<이러다가> 상따리가 **찌그러지**겠심더<상다리가 찌그러지겠습니다>.

찌다#¹ [찌'이고, 찌'이지, 찌'이더라, 찌'이도, 찌'이서] 동자 끼다*. ①¶저녁 아앙개가 **찌이**가아 그런동<저녁 안개가 끼어서 그런지>, 오느른 어제버담<오늘은 어제보다> 더 침네요<춥네요>./산찔 가기에사<산길 가기에야> 구룸 **찌인** 나리<구름이 낀 날이> 더 안 조옥켄기요<좋지 않겠습니까>. ②¶나사리나 무구머<나잇살이나 먹으면>, 누구나 다아 누네 눙꼽째기가 **찌이고**<다 눈에 눈곱이 끼고> 그렁 거지요 머어<그런 것이지요 뭐>. ③¶무레 장기인 도오레<물에 잠긴 돌에> **찌인** 이께로<낀 이끼를>, 잘몸 빨부머<잘못 밟으면> 쭐떵<쭐떡> 미끄러지기 수웁때이 조오심해애라<쉽다 조심해라>. ④¶군실띠기느<裙谷宅은>, 와 저레 수심 **찌인**<왜 저렇게 수심 낀> 얼구리로 해애가아<얼굴을 해서> 저어더러<저기서> 만날 누우로 지둘리는동<누구를 기다리는지>⋯ ▷끼다².

찌다#² [찌고, 찌'지', 찌'더'라, 쩌'도', 쩌'서', 쩌'라'] 동타 끼다*. ①¶니느 와 거어서러<너는 왜 거기서>, 팔짱만 **찐**<낀> 채 보고마 서언노<보고만 섰니>?/따라아드리 저레<계집애들이 저렇게>, 한지레서 머시마아 팔로<한길에서 남자애 팔을> 떠억 **찌고** 댕게도<턱 끼고 다녀도> 하날또 앰 부꾸러붕강<하나도 안 부끄러운가>? ②¶긍가락찌로 **찐** 소느로<금가락지를 낀 손으로> 무싱 콩바틀 맬라 컨노<무슨 콩밭을 매려고 하니>?/(양복점에서) 그 가락찌 거틍 골미느<가락지 같은 골무는> 어든 송까라게 **찌**능기요<어느 손가락에 끼는지요/낍니까>?/디인서어리도<된서리도> 앙이 앤 완는데<아직 안 왔는데>, 버러 자앙가블 **찔**라컨나<벌써 장갑을 끼려느냐>? ③¶저 사람 조옹조부느<從祖父는> 저실 내애내<겨울 내내>, 화아리로 사타레 **찌고** 사아니이더<화로를 사타구니에 끼고 삽니다>./저 꼴짜글 **찌고**<골짜기를 끼고> 한 오오 리쭈움<오 리쯤> 주욱 올러가머<죽 올라가면> 조매애는 저리<조그만 절이> 하나 나올 끼이다<것이다>. ④¶우리 쪼게<쪽에> 노푼 사라믈<높은 사람을> 하나 **찌**기 대머<끼게 되면>, 이이리 수워를 수가 익껠찌만<일이 수월할 수가 있겠지만>, 내사<나야> 그레 하기느 실심더<그렇게 하기는 싫습니다>. ▷끼다.

찌다*³ [찌'고', 찌'지', 찌'더'라, 쩌'도', 쩌'서'] 동자 ¶앙이도<아직도>,

살**찌**기로 바래는 사라미야<살찌기를 바라는 사람이야> 바이 어엄짠심더마느<아주 없지는 않습니다마는>…

찌다*⁴ [찌′고′, 찌′지′, 찌′더′라, 쩌′도′, 쩌′서′, 쩌′라′] 동자 ¶오느른<오늘은>, 무심 봄 날새가<무슨 봄 날씨가>, 와<왜> 이리 **쩌**꼬<찔까/더울까>?

찌다*⁵ [찌′고′, 찌′지′, 찌′더′라, 쩌′도′, 쩌′서′, 쩌′라′] 동타 x①베게 난 것을 성기게 베어 내다. ②(낫으로) 가는 나무 따위를 베다. 껶다. 자르다. ¶구울군 사리로<굵은 싸리를> **찔**라 컨따가<찌려고 하다가> 송까랑마 비일찌<손가락만 베었지>, 머어<뭐>./우리 살매 **쩌**로느<햇싸리 찌러는/껶으러는> 어언제 가알래<언제 갈래>?/심시믄데<심심한데>, 대<대나무>나 하나 **쩌** 가주구<쩌 가지고> 낙숟때나 항 개 맨드러 보까<낚싯대나 하나 만들어 볼까>. ③¶모 **쩌**는 데사<데야> 내가 서언수 애닝기요<선수잖아요>./우리 모 **쩔** 때 깔고 안는 대배기느<앉는 뒷박은> 어덜 갇찌<어디를 갔지>?

찌다*⁶ [찌′다′] 동타 ¶저 사라믄<사람은> 쪼글 **쩌**머<쪽을 찌면> 창 고옥껜는데<참 곱겠는데>, 와 안 **쩔**라컨는동<왜 안 찌려고 하는지>?

찌리다 [찌′리′고, 찌′리′지, 찌리′더′라, 찔′러(라)도, 찔′러서, 찔′러라] x[찔르다] 동타 찌르다*. ①¶우애가아 치믄<어쩨서 침은>, 그럭키 푹 **찌리**는데도<그렇게 푹 찌르는데도> 피가 앤 나는동 모올라<안 나는지 몰라>!/색때<색대>로 **찔**러 보머<보먼> 가매니 소오게<가마니 속에> 머어가 드른는동<뭐가 들었는지> 담방<담박> 아알 수가 읻찌<알 수가 있지>. ②¶이거로 머어가 칩따꼬<이것을 뭐가 춥다고>, 절문 사라미<젊은 사람이> 주밍이<주머니>에다가 소늘 푸욱 **찌리**고 댕기노<손을 푹 찌르고 다니니>? ③¶우리 사이에느<사이에는>, 아아무도 숭경자테 **찌릴**<아무도 순경한테 찌를> 사라미 업선는데<사람이 없었는데>, 참 누가 **찔럳**시꼬<찔렀을까>? ④¶(노름판에서) 마지마긴데<마지막인데> 몽땅 다아 **찌리**고<다 찌르고> 치우자. ⑤¶윤수 그 칭구가<친구가> 마저마게 함 마아리<마지막 한 말이>, 내 가시미로<가슴을> 콕 **찌리**더마<찌르더군요>./어이구 참, 정기정 벤소에서러느<정거장 변소에서는> 찌렁내가 코로<지린내가 코를> 더 **찌리**데에<찌르더군>. ⑥¶보이소<보세요>, 화아물게 사람자테<화물계 사람에게> 도오늘<돈을> **찔**러 주는 이이른<일은> 인자아 구만<이제 그만> 좀 하소, 야아<네>?

찌지다[1] [찌′지다] 동자 (떠들다·헐뜯다·조잘대다 따위의 뜻을 함축한) 지저귀다*. ¶오나지게느<오늘 아침에는> 까안챙이 떼서리가<까치 떼가>, 와 저치리<왜 저처럼> **찌지**는동 모리겐네<지저귀는지 모르겠네>./나느 암말또 앤하는데<나는 아무 말도 않는데>, 저거찌리 저레<저희끼리 저렇게> 멀때로 **찌지**고<멋대로 떠들고> 야아단 애니가<야단 아니냐>. 흔).

찌지다[2] [찌′지다] 동타 지지다*. ①¶엄마, 아지게<아침에> 자앙 **찌징** 거느<된장 지진 것은> 다아 무운능기요<다 먹었습니까>?/우리 오늘, 거랑아 물께기 자버다가<개울의 민물고기 잡아다가> **찌지**가아<지져서> 수란주 앤 하알래<술안주 않을래>? ②¶아지미요<아주머니>, 찌지미 **찌지**는 데느<부침개 지지는 데는> 대주꿰기 다징 거도<돼지고기 다진 것도> 쫌 석꺼 여으끼요<좀 섞어 넣을까요>? ③¶이럴 때느<때는>, 뜨거븐 구둘무게다가<뜨거운 아랫목에다가> 허리로<허리를> 팍 쫌<좀> **찌짚**시먼 조옥켘꾸마느<지졌으면 좋겠건만>./저 해애인사<海印寺에> 가니, 윤디로 나무빤대기로 **찌지**먼서<인두로 나무판자를 지지면서> 기리믈<그림을> 새기는데, 그참 히얀하데에<희한하더군>. **찌지**고 뽂다<지지고 볶다> 구).

찍 [찍′] 명 의존 적*. ¶우랄배느<우리 할아버지는>, 내가 시이<세> 살 무걸실 **찍**게<먹었을 적에> 도러가싵따 카데에요<돌아가셨다고 하더군요>./기왕 무굴 작쩡이거든<먹을 작정이거든>, 지이발 다린<제발 다른> 사람 무굴 **찌**게<먹을 적에> 가치 묵째이<같이 먹자>./수(春)洙야, 니이<너> 성내 장아<慶州城內 장에> 갈 **찍**게느<적에는> 나캉 가치 가재이<나하고 같이 가자>. ▷직.

찍끼다[1] [찍끼′이고, 찍끼′이지, 찍끼′이더라, 찍끼′이도/찍께′에도, 찍끼′이서/찍께′에서] 동피동 찍히다*. '찍다'의 피동형. ¶자네 따아네느<딴에는> 피한다꼬 피이해 댕기디이<피한다고 피해 다니더니>, 우야다가 형사들인데<어쩌다가 형사들한테> 사징꺼정 다아 **찍끼**이노<사진까지 다 찍혔니>?/내 발터베느<발톱에는> 그때, 나세 **찍끼**인 자주기<낫에 찍힌 자국이> 안죽또 나머 익꺼등요<아직도 남아 있거든요>…/이 기이 바리<것이 바로> 저네 내가 마알하던<전에 내가 말하던>, 나세 **찍끼**인는 그 숭테 애니가<찍힌 그 흉터 아니냐>. ▷찍키다[1].

찍끼다[2] [찍끼′이다] 동피동 집히다*. '접다<집다>'의 피동형. ¶까아재<가재>

한테 **찍끼이도**<집혀도>, 피가 나게 아푼<아픈> 수가 읻찌러<있지>. ▷ 찍키다².

찍다#¹ [찌′꼬/찍′꼬, 찍′찌, 찍떠′라, 찌′거(가)도, 찌′거서, 찌′거라] 동 타 찧다*. ①¶(방앗간에서 오는 어른을 보고 인사로) 가춘 어어른<어른>, 보리방아 **찌**그로<방아 찧으러> 갇따 오시능기요<갔다 오십니까>?/이 도구통에다가 머어로 **찌**걱낄래<절구에다가 무엇을 찧었길래>, 고신 내<고소한 냄새>가 이치리 나노<이처럼 나니>?/(방앗간이 여러 개 있을 때) 꼬치느<고추는>, 어듬 방까네 가머<어느 방앗간에 가면> **찌**거 주능기요<찧어 주는지요/빻아 줍니까>?/어매느<어머니는> 시방, 디딜방까네서<디딜방앗간에서> 떡뽀리로 **찡**는 중이시더<떡보리를 찧는 중입니다>. ②¶우리 용이느<(太)龍은>, 도구통을 혼차서<절구통을 혼자서> 들다가 잘모온하늠 바라메<잘못하는 바람에> 발등을 **찌**겁뿓따네요<발등을 찧어 버렸다네요>. ③¶돔실떡 찌븐 웡캉 나저가아<돔실댁 집은 워낙 낮아서>, 누구라도 문찌방아<문지방에>다가 이매이로 **찍**끼<이마를 찧기>가 똑 조옥키 생긷찌<꼭 좋게 생겼지>.

찍다*² [찌′꼬/찍′꼬, 찍′찌, 찍떠′라, 찌′거(가)도, 찌′거서, 찌′거라] 동 타 ¶방구 우예 인는 나무로<바위 위에 있는 나무를> **찡**는다 컨능 기이<찍는다고 하는 것이>, 헏 **찡**는 나부라게<헛 찍는 바람에> 내 발텀마 앤 **찌**겁뿓나<발톱만 찍어버렸지 않니>.

찍다*³ [찌′꼬/찍′꼬, 찍′찌, 찍떠′라, 찌′거(가)도, 찌′거서, 찌′거라] 동 타 ¶소굼<소금>도 앤 **찍**꼬<안 찍고> 살문 제라를<삶은 계란을> 모기 맥키이가아<목이 막혀서> 우애 뭉노<어찌 먹니>?

찍키다¹ [찍키′이고, 찍키′이지, 찍키′이더라, 찍키′이도/찍케′에도, 찍키′이서/찍케′에서] 동 피동 찍히다*. '찍따<찍다>'의 피동형. ☞찍끼다¹.

찍키다² [찍키′이고, 찍키′이지, 찍키′이더라, 찍키′이도/찍케′에도, 찍키′이서/찍케′에서] 동 피동 집히다*. '집다<집다>'의 피동형. ☞찍끼다².

찐살 [찐′살′] 명 찐쌀*. ¶누가 **찐살**바불 실타 컨노<찐쌀밥을 싫다고 하느냐>? 내사 **찐살**바비<나야 찐쌀밥이> 구시고 맘마 조오터마느<구수하고 맛만 좋더구먼>.

찔리다#¹ [찔리′이다] 형 저리다*. ¶도동넘<도둑놈> 지<제> 발 **찔리**인다 컨띠이<저리다고 하더니> 참, 그너미<그놈이> 바리 그 쪼네<바로 그 조네>. 드).

찔리다*² [찔리′이다] 동 피동 '찌르다'의 피동형. ¶구렁이 까시에 **찔리**이머<구렁이 가시에 찔리면> 약또 업딴대이<약도 없단다>.

찝다 [찝′따] 동 타 집다*. ¶유리 구시리야<구슬이야>, 제까치로 **찍**끼에느<젓가락으로 집기에는> 너무 매끄럽따 애니가<매끄럽잖아>./니느 제까치로 가주구<너는 젓가락을 가지고> 앙 깡 빠아믈<까지 않은 밤을> **찌**버<집어> 올릴 수 익껜나<있겠나>?/**찝**는 서엉지리사<집는 성질이야>, 기이버다 쿼미<게보다 좀이> 더 무섭찌<무섭지>.

찝쩍꺼리다 [찝쩍′꺼′리다] 동 타 집적거리다*. 쑤석거리다*. ①¶다동떡 태기느<다동댁 太基는>, 이거저거<이것저것> 자꾸 **찝쩍꺼리**마 해앨찌<집적거리기만 했지>, 아아무 꺼도<아무 것도> 하나 이라아 농옹 거가 업서<이루어 놓은 것이 없어>. ②¶와<왜>, 가마아 인는 아아들로<가만히 있는 아이들을>, 배액째로 **찝쩍꺼리** 가주구<공연히 집적거려 가지고> 울리이고 그 야아다니고<울리고 그 야단이냐? ③¶등거리뿌른<장작불은> 가아마꼬 나아 도오야지<가만히 놓아 둬야지>, 자꼬 **찝쩍꺼리**머 자 랜 탄대이<자꾸 쑤석거리면 잘 안 탄다>.

찡가묵기 [쩡가묵′끼] 명 (놀이의 일종) 끼워먹기*. 양쪽의 흰 돌 두 개 사이에다 검은 돌이 끼면 잡아먹는 놀이. 성교의 변발. ¶우리 바닥또올 가주구 **찡가묵끼** 하알래<우리 바둑돌 가지고 끼워먹기 할래>?

찡기다 [쩡기′이다] 동 자 치이다*. 끼이다*. ①¶야아드래이 한지레서 노오다가<애들아 한길에서 놀다가>, 자동차에 **찡기**일라 조오심해애라<치일라 조심해라>. ②베락트레 **찡기**인 쪽찌비느<벼락틀에 치인 족제비는> 누나리<눈알이> 툭 불거저 나왑뿐떼에요<불거져 나와버렸더군요>. ③¶오새애느<요새는> 이이레 **찡기**이가아<일에 치어서> 눙코<눈코> 뜰 새애도 업심더<새도 없습니다>. ④¶꼬사리느<고사리는> 이에 잘 **찡기**이지만<끼이지만>, 폐치미사 앤 **찡기**이지<고비야 안 끼이지>. ⑤¶서어우른<서울은> 저언차 아네서<전차 안에서>, 사람들자테 **찡기**이머<사람들한테 끼이면> 수움수기조차 에럽심더<숨쉬기조차 어렵습니다>.

ㅊ

차기딴지 [차기′딴지] 圐 쌀독*. ◁차기 단지. ¶정제에 **차기딴지** 아페 보머<부엌의 쌀독 앞에 보면> 촙뺑이가 하나 이실 끼이다<식초병이 하나 있을 것이다>.

차나락 [차나′래기/차나′라기, 차나′라글, 차나′라게, 차나′락또, 차나′랑마] 圐 찰벼*. ¶내사 찰바비 조온턴데<나야 찰밥이 좋던데> 와 **차나라**글 마 아니 앤 숭구우능기요<왜 찰벼를 많이 심지 않습니까>./**차가라**근 곡수가<찰벼는 소출이> 얼매 앤 나니꺼네<얼마/별로 안 나니까> 파아니거등<나쁘거든>… ▷찬나락.

차다*¹ [차′고′, 차′지′, 차′더′라, 차′도′, 차′서′] 동 좌 ¶(수도에서) 이 물통에 무리 다아 **찰** 때꺼지<물이 다 찰 때까지> 니이가 바락꼬 익꺼래이<네가 지키고 있거라>.

차다*² [차′고′, 차′지′, 차′더′라, 차′도′, 차′서′, 차′라′] 동 타 ¶니느 와<너는 왜>, 발로 고옹을 **찰** 때마줌<공을 찰 때마다> 소니 자꼬 디이로 가노<손이 자꾸 뒤로 가니>?

차다*³ [차′고′, 차′지′, 차′더′라, 차′도′, 차′서′, 차′라′] 동 타 ¶니느 우야자꼬<너는 왜/어쩌자고>, 시계로 솜무게다가 앤 **차고**<시계를 손목에다 차지 않고> 갠쭈밍이다가 역코마 댕기노<호주머니에다가 넣고만 다니니>?

차다*⁴ [차′고′, 차′지′, 차′더′라, 차′도′, 차′서′] 형 ¶입똥을 지내 녹코 보니꺼네<입동을 지나 놓고 보니까> 날새가 참 마아니 **차전네요**<날씨가 참 많이 차졌네요>.

차돌* [차′도′올] 圐 ¶이 그음방아<근방에> 어디, 조온 **차도올** 나는 데가 잇따먼서요<좋은 차돌 나는 데가 있다면서요>?

차랑 [차′랑′] 圐 처란*[鐵丸]. 쇠 구슬. 베어링*. ¶그 집 안사르믄<안사람은>, 멩지 주무네 납 **차랑** 거치<명주 주머니에 납 처란 같이> 착 대라진 사라미지만<다라진 사람이지만> 머리 하나느 조오와<하나는 좋아>./우럴라아가 가주구 노오던<우리 아기가 가지고 놀던> **차랑**이 어딜 구불러갔시꼬<처란이 어디로 굴러갔을까>?

차리¹ [차′리′] 명 의존 때리는 횟수를 세는 말. 대*. ¶빼말때기로 오오지기<뺨따귀를 오지게> 도오 **차리** 막꼬<두어 대 맞고> 보니, 누네 버엉갭뿌리 번쩍컨떠라꼬요<눈에 번갯불이 번쩍하더라고요>. ▷찰. 드).

차리² [차′리′] 명 차례*. 1 자립 ¶(석유 배급을 타려고 줄을 서서) 보소, 보소, 주른 다아가치 **차리**대로 쫌 섭시더<줄은 다같이 차례대로 좀 섭시다>, 야아<네>?/요부네느 내 **차리**니이더<요번에는 내 차렙니다>./그 참, 새애치기하지 마고<새치기하지 말고>, **차리**로 쫌 지키소<차례를 좀 지키시오>. 2 의존 ¶내가 부사네 능굼 팔로 댕기니이라꼬<부산에 사과 팔러 다니느라고>, 자앙여네만도 처리인테<작년에만도 (동)철에게> 도오 **차리** 내왕이 이섣찌만<두어 차례 내왕이 있었지만>…

차마다 [차아′마′고, 차아′마′지, 차아′마′더라, 차아′매′애도, 차아′매′애서] 형 참하다*. ①¶야아느 머리통이<이애는 머리통이>, 우얘 이치리<어찌 이처럼> **차아마**기 생긴시꼬<참하게 생겼을까>?/그 집 처어자느<처녀는> 오늘 참, 억시기 **차아마**기 꾸민떠라<대단히 참하게 꾸몄더라>./할배요<할아버지>, 내 팽댕이도 이마안춤<팽이도 이만큼> **차아마**구로 따다머 주시이쉐이<참하게 다듬어 주십시오>./니마 **차아망** 거로 다아 차지하머<너만 참한 것을 다 차지하면>, 하자능 거느<좋지 않은 것은> 누가 하노<하니/가지니>? ②¶호상떡 새 메느리느<호상댁 새 며느리는> 바안질 소옴시가<바느질 솜씨가>, 너무 **차아마**더라꼬요<참하더라고요>./(놀랍다는 투로) 무신 아아가<무슨 아이가> 힐끄늘 요치리 **차아마**기 짠시꼬<허리띠를 요처럼 참하게 짰을까>? 참 전에는 털실을 색색이 섞어서, 좁다란 허리띠를 베 짜듯이 짜서 매기도 했음.

차반* [차′반′] 명 ¶달래꼴떡 수니가 친정 오먼서<달내골댁 (甲)順이 친정 오면서>, 해애 가주구 온 **차바**닌데<해 가지고 온 차반인데> 맏시나 쫌 보이소<맛이나 좀 보세요>./이 **차바**는 어덜란 **차바**니고<차반은 어디서 난 차반이냐>?

찰 [찰] 명 의존 때리는 횟수를 세는 말. 대*. ¶단 한 **찰**로 마저도<대를 맞아도>, 나민테 만능 거느 서얼니이라<남한테 맞는 것은 서러우니라>./벨로

잘몬항 거도 엄는데<별로 잘못한 것도 없는데>, 몽디리로 시이 **차**리나 막
꼬 나니꺼네<몽둥이를 세 대나 맞고 나니까> 어어구러 죽껟떼에<억울해
죽겠더군>./고오시레서 떠더런는 동무느<교실에서 떠든 동무는/친구는>
모지리 다아 선생니민테<모조리 다 선생님한테> 빼말때기 두우 **찰**석<뺨
두 대씩> 어더마젇찌 머어<얻어맞았지 뭐>./빼 말때기로 오오지기<뺨따귀
를 오지게> 한 **찰** 어어더막꼬<대 얻어맞고> 보니, 누네 버엉갭뿌리 번쩍
컫떠라꼬요<눈에 번갯불이 번쩍하더라고요>. 혼). ▷차리¹.

참다* [창′꼬′/참′꼬′, 참′찌′, 참′떠′라, 차′머′(마′)도, 차′머′서, 차′머′라]
동타 ¶저 집 청상과아부느 머어로 바래애가아<청상과부는 무얼 바라서>,
그런 웨러믈<외로움을> 혼차 **창**꼬 사아는동 모올따<혼자 참고 사는지 모
르겠다>.

참물 [참′물′] 명 찬물*. ¶우리사 머어 제에사라캐애도<우리야 뭐 제사라고
해도>, 날짜나 앤 이자압뿌꼬<잊어버리지 않고> **참**무리나 항 그륵<찬물이
나 한 그릇> 떠 노오머<놓으면> 대능 거니꺼네<되는 것이니까>…/**참**물
항 그륵 떠녹코라도<찬물 한 그릇 떠놓고라도> 싱만 올리주머<(결혼)식만
올려주면>, 여자 쪼게서야 조옥코 마아고<여자 쪽에서야 좋고 말고>. ⇔뜨
심물/더붐물.

참새* [참′새′애] 명 ¶겨엉주서느<慶州서는> 다아 기양 '새애'라 컨찌<다 그
냥 새라고 하지> 누가 '**참**새애'라 컨노<참새라고 하니>?/새애 중에 제엘롱
흐능 기이<새 중에 제일 흔한 것이> **참**새애 애닝기요<참새잖아요>.

찹다 [찹′꼬′/착′꼬′, 찹′찌′, 찹′떠′라, 차′버′(바′)도, 차′버′서, 차′버′라/
차′게′라/차′기′라] 형 차다*. 차갑다*. ①¶(봄이지만) 앙이도 도랑무른<아
직도 도랑물은> 너무 **차**버가아<차서>, 선뜩 나틀 식끼가<선뜻 낯을 씻기
가> 쫌 그런네요<좀 그러네요>./(여름에) 지푼 새애미무리 아아무래도<깊
은 샘물이 아무래도>, **착**꼬 서워늘빼끼지<차고 시원할밖에지>./이 단수른
어디다가 도옥낄래<감주는 어디다가 됐길래> 이치리 **참**노<이처럼 차냐>?
②¶저 야앙반 처조카느<양반 처조카는>, 사아라미 우애 그레<사람이 어찌
그리> 어릉거치 **차**불꼬<얼음같이 찰까>?/복상떡 찝 질려야<朴氏댁 질녀
야>, 마알하는 소리버텀 **참**바라미<말하는 소리부터 찬바람이> 쏠쏠 나지.
혼).

창깨 [창'깨'] 명 참깨*. ¶아암<암>, 까아만 **창깨**가 본데<검은/까만 참깨가 본다> 더 비사고 마아고<비싸고 말고>.

창깨구리 [창깨'구'리] 명 청개구리*. ◁참 개구리. ①¶**창깨구리**가 우우머<청개구리가 울면> 비가 온다는 소리사<소리야> 미들 끼이 모온 땐다<믿을 것이 못 된다>. ②¶소동떡 찝 영감시느<소동댁 집 영감님은> 서엉지리똑 **창깨구리** 사암시랑이라가아<성질이 꼭 청개구리 삼신이라서> 그 짐 메늘 참 욕뿐다<집 며느리 참 고생한다>. 참 초록색으로 몸집이 30-40 밀리미터 정도 되는 개구리.

창대기 [창대'기] 명 창자*. ¶이 사람 **창대기**느 고든**창대기**가<창자는 곧은창자냐>? 와 밤마 무구머<왜 밥만 먹으면> 곱빠리 정낭버텅 가노<곧바로 뒷간부터 가나>?/야아야<얘야>, 궤기 **창대기**느<고기창자는> 아아무 데나 내삐지 마러래이<아무 데나 내버리지 말아라>, 파랭이 끌튼대이<파리 끓는다/낀다>.

찾다* [찬'꼬'/착'꼬', 찬'찌', 찬'떠'라, 차'저'(자')도, 차'저'서, 차'저'라] 동 타 ¶그날 일겁뿐떤 내 지가불<잃어버렸던 내 지갑을> 가따갈랑<->, 다행이<다행히> 그 집 방꾸지게서 **차**젇따네요<방구석에서 찾았다네요>.

채*1 [채] 명 '채찍'의 준말. ①¶자그나지야<작은삼촌>, 여기 읻떰 내 팽댕이 **채**<있던 내 팽이채>, 호옥시 모옴 뽀신능기요<혹시 못 보셨습니까>? ②¶**채**라 커머<채라고 하면> 무신<무슨> 장구**채**나, 북채 거틍 거로<같은 것을> 마알하는 걱까<말하는 것이냐>? **채로 친 듣**<듯> 구.

채*2 [채] 명 가늘고 긴 물건의 길이. ¶치렁치렁한 처어자 머리**채**사<처녀 머리채야>, 얼매나 보기 조옹 건데<얼마나 보기 좋은 것인데>…/누구라도, 여자드리<여자들이> 서리 머리**채**로 뿐짝꼬<서로 머리채를 붙잡고> 사우능 꼬리야<싸우는 꼴이야> 참 눙꼴시구럽찌<눈꼴시지>.

채*3 [채애'] 명 ¶보이소<보세요>, 이 칼 쫑 가러주실랑기요<좀 갈아주시렵니까>, 무시 **채애** 사아리구로요<무 채 썰게요>. **채(를) 치다** 구.

채*4 [채'] 명 의존 ①¶저 암마시레느 오새애<안마을에는 요새>, 개와짐만<기와집만> 일곱 **채**나 드러서얻심더<들어섰습니다>. ②¶대추받떡 돌뿐니느<대추밭댁 돌분은>, 시이직 깔<시집 갈> 때 이불로 열뚜우 **채**서기나<이불을 열두 채씩이나> 해애가아<해서> 간단다. ③¶저기 웨엥 가아매<왼 가

마> 한 **채**가, 우리 마실로 두로능공 모올따<마을로 들어오는지 모르겠다>.
채*5 [채] 명 의존 ¶내가 또, 불로<불을> 서<켜> 둔 **채**로 자미 깝빡 드럳떵가 배<잠이 깜박 들었던가 봐>./아아무리 급패애도<아무리 급해도>, 오슬 이 분<옷을 입은> **채**로 물 소오게<속에> 풍덩 띠어드가기가<뛰어들어가기 가> 어디 그리 수우븡기요<쉬운가요>./서양 사람드르 와<사람들은 왜>, 시늘 시는<신을 신은> **채**로 가앙을 거언네는동 모올라<강을 건너는지 몰라>.
채*6 [채'] 부 ¶복성이<복숭아가> **채** 더얼 이긍 거로<덜 익은 것을> 도디키 무굳시니까네<훔쳐 먹었으니까> 배타아리<배탈이> 날 수바께 더 인나<수 밖에 더 있니>./워언족 까던 나른<소풍 가던 날은>, 자아가 날또<쟤가 날 도> **채** 발끼 점버텅 일라가주구<밝기 전부터 일어나서> 생야아다늘 지기는데<생야단을 피우는데>…
채다*1 [채'다'] 동 자 ¶다리<닭이> 일찍 오리능 거로 보니<오르는 것을 보니>, 온짱버터믄<오늘 장부터는> 살끄미<쌀금이/쌀값이> **채**지 시푸네<싶네>.
채다*2 [채'다'] 동 타 ¶낙숟때로<낚싯대를> 너무 시이기 **채**늠 바라메<세게 채는 바람에>, 낙수에 걸리읻떵 까물치느<낚시에 걸렸던 가물치는> 저쪽 놈빠다게 가가아<논바닥에 가서> 툭 떠러접뿌렏찌 머어<떨어져버렸지 뭐>.
채다*3 [채'다'] 동 타 ¶우리 이지리 아아매도<姨姪이 아마도> 눈치로 **쳉** 거 겓쩨<눈치를 챈 것 같지>?
채당새기 [채당'새'기] 명 채로 엮어 만든 반짇고리. ¶이이저네 모온 사아는 <예전에 못 사는> 집 처어자사<처녀야>, 시이직깔<시집갈> 때 **채당새기**마 <채로 만든 반짇고리만> 달랑 찌고<끼고> 가는 사람도 수태앧찌<숱했지>./ **채당새기** 고고 새거사<채로 만든 반짇고리 고것 새것이야> 참말로 고옴니 이라 와<곱잖아>. ▷채당시기.
채리다 [채'리다] 동 타 차리다*. ①¶사랑아<사랑에> 손님 오싣따<오셨다>, 너검마<네 엄마> 보고 얼릉<얼른> 술상 **채리**라 캐애라<차리라고 해라>./이 사암드라<사람들아>, 점상 하나 **채리**는데<겸상 하나 차리는데> 멛 시간석 걸리이노<몇 시간씩 걸리니>? ②¶박실 야앙바니<양반이>, 여엉천서러<永川에서> 첩살리믈 **채릳**따는 소오무니<첩살림을 차렸다는 소문이> 온 도옹네에 자자아하더마<동네에 자자합디다>./갑수리느<갑술은> 채애수 까아게로<채소 가게를> 하나 **채리**디이<차리더니>, 살리미 차춤 넝너거젙따네요<살림이 차츰 넉넉해졌다네요>. ③¶저엄자는 야앙바니<점잖은 양반이>, 이관도 안 **채리**고<의관도 안 차리고> 어덜로 나가알라 컨능기요<어디로 나가려고 합니까>?/화국띠기느<화국댁은> 저치리 잘 **채리** 익꼬<저처럼 잘 차려 입고>, 오늘 어덜 가시능기요<어디를 가십니까>? ④¶보소<보시오>, 어야든동<어쩌든지> 남드리 절때로<남들이 절대로> 눈치로 모온 **채리**두룩<눈치를 못 차리도록> 해애야 대니이대이<해야 됩니다>./우리 처조모가, 낌새를 **채리**시고 나머<차리시고 나면> 생가기 달러지실 꺼료요<생각이 달라지실 걸요>./우리 내애시물<내심을>, 저쪼게서느 전연<저쪽에서는 전혀> 아라**채리**지 모온하두룩<알아차리지 못하도록> 해애야 댄대이<해야 된다>. ⑤¶(사위에게) 윤 서방, 우리 지베서느<집에서는> 맹나로<공연히> 체민 **채릴** 끼이<체면 차릴 것이> 하나도 업시니꺼네<없으니까>, 마아니<많이> 드시게./(못 사는 형편이니까) 앙이꺼정은<아직까지는> 가즌 예에이로<갖은 예의를> 다아 모온 **채리**고 사알찌라도<다 못 차리고 살지라도> 남드리 벨로<남들이 별로> 요근 앤할 끼이다<욕은 하지 않을 것이다>. ⑥¶지 실송마<제 실속만> **채릴**라 컨는 사라믈<차리려고 하는 사람을> 가따갈랑<-> 누가 조오아하겐능기요<좋아하겠습니까>?/여보게, 너무 자네 욕심마<욕심만> **채리**지 마런시머 조오켄네<차리지 말았으면 좋겠네>. ⑦¶그마안춤 당어바앋시머<그만큼 당해 봤으면>, 인자아느 정시늘 **채릴**<이제는 정신을 차릴> 때도 대앧찌 시푼데<되었지 싶은데>…/이 깨죽 쫌 잡숙꼬<좀 잡숫고>, 기우늘 쫌 **채리**두룩<기운을 좀 차리도록> 해애 보이소<해 보세요>. ▷처리다.

채우다*¹ [채′우고, 채′우지, 채′우더라, 채′와도/채′아도/채′야도, 채′와서/채′아서/채′야서, 채′와라/채′아라/채′야라] 동 타 ¶웅구레 **채와** 나앋떤 수우바글<우물에 채워 놓았던 수박을> 함 껀지가아 온너라 보자<한번 건져서 오너라 보자>.

채우다*² [채′우고, 채′우지, 채′우더라, 채′와도/채′아도/채′야도, 채′와서/채′아서/채′야서, 채′와라/채′아라/채′야라] 동 사동 '차다'의 사역형. ¶내가 장아 갇따가<장에 갔다가> 올 따아나<동안에>, 이 단제에다가<단지에다

가> 무리 철철 너엄치두룩<물이 철철 넘치도록> 지러다가 **채와나아야** 댄대이<길어다가 채워놓아야 된다>.

채우다*³ [채′우고, 채′우지, 채′우더라, 채′와도/채′아도/채′야도, 채′와서/채′아서/채′야서, 채′와라/채′아라/채′야라] 동자동 '차다'의 사역형. ¶제북<제법> 설친다 컨는 작짜도<설친다고 하는 작자도>, 수감마 착 **채우머**<수갑만 착 채우면> 당장…

채점밭 [채점받′] 명 텃밭*. 채소밭*. ◁채전밭(菜田-). ¶둥굴떡 **채점바**테는<둥굴宅 채소밭에는> 정구지, 무시, 배앱추<부추, 무, 배추> 토란 하부랑 파꺼정<비롯해 파까지> 베레벨 꺼로<별의별 것을> 다아 숭가아 나악꺼등요<다 심어 놓았거든요>…

책꾹 [책꾹′] x[채액꾹] 명 챗국*. ¶여르메 해애묵꺼 업실 때사<여름에 해먹을 것/반찬 없을 때야> 미역 **책꾹**또<챗국도> 조온치<좋지>.

챈똑 [챈똑′] 명 채를 얽어 만든 다음 겉에 종이를 바른 독. 쌀독*. ¶알강달강 서어월<서울> 가서, 빠암 한 대로 주서다가<밤 한 되를 주워다가>, **챈똥** 미테 무덛떠니<쌀독 밑에 묻었더니>, 머리 까문 새양쥐가<감은 생쥐가>, 날며 들머 다아 까묵꼬<날며 들며 다 까먹고>… 참 전래 동요.

챔 [채앰′] 명 의존 참*. ¶(모임에) 수마니가 오늘또 앤 나오머<수만이 오늘도 안 나오면>, 나도 다시느 열라글 앤 할 **채애**미다<다시는 연락을 않을 참이다>./이붕 까실게느<이번 가을에는>, 쇵이 따로<송이 따러> 어덜로 갈 **채앵**고<어디로 갈 참이니>?

챙이 [채′~이′~] 명 키*. ¶(아이가 자다가) 오주믈 산시머<오줌을 쌌으면>, **챙이**로 시고<키를 쓰고> 디읻찌베 가가아<뒷집에 가서> 소고믈 어어더<소금을 얻어> 와야지.

챙이질 [채′~이′~질] 명 키질*. ¶**챙이질** 그거<키질 그것>, 생각뻐다 수우분 이이리 애니데에<생각보다 쉬운 일이 아니더군>./따라아가 **챙이질**또<여자애가 키질도> 하나 잘 모온하머 우야노<못하면 어쩌니>? **챙이질하다** 동자 키질하다*.

처닙 [처′~입~] 명 소나 양 등 반추류에 딸린 동물의 되새김질하는 위의 한 부분. 처녑*. ¶소 **처니**븐 생거로 무거야<처녑은 날 것을 먹어야> 지 마시지<제 맛이지>./질기는 사라믄<즐기는 사람은> 소로 자부머<소를 잡으면>,

가앙캉 **처닙**버텅 차저 묵떼에요<간과 처녑부터 찾아 먹더군요>.

처매 [처매′] 몡 치마*. ¶태시기 아부지<태식 아버지>, 온짱아 가시거등<오늘 장에 가시거든> 부우능색 인조 **처매** 항 가암 끄너다 주세이<분홍색 인조견 치마 한 감 끊어다 주세요>./자아들 **처매**느<쟤들 치마는> 와 저치리 짜리노<왜 저처럼 짧으냐>?/여자가 와<왜> **처매**로 앤 익꼬<치마를 안 입고>, 바지로 입찌<바지를 입지>? ▷치매.

처매짜리 [처매짜′리] 몡 치마 짜리. 치마 입은 사람. 여자. ¶돔실떡 찌비느<돔실댁 집에는> **처매짜리**마 일고비라네요<치마 입은 사람만 일곱이라네요>./지바네 **처매짜리**가 마아느머<집안에 여자가 많으면> 반니일하기느 조오켙꾸나<밭일하기는 좋겠구나>. ▷치매짜리.

처맥꿔 [처맥′ 꿔] 몡 치맛귀*. 치마의 귀. ¶저 사라미<사람이> **처맥꿔**에다가느 머어로 저레<치맛귀에다가는 무엇을 저렇게> 칠칠차니 버얼걱쿠로 묻치가아 댕기노<칠칠하지 못하게 벌겋게 묻혀서 다니니/다니냐>?/그 여자 참, **처맥꿔**가 도오도 너리네<치맛귀가 대단히도 넓네>. ㄷ).

처묵다 [처묵′따] 동 타 처먹다*. ¶무진 사라미<무슨사람이>, 술로 우얘 **처무걱낄래**<술을 어떻게 처먹었길래> 저 야아다닌동 모리겐따<야단인지 모르겠다>./야 이 여언서가<녀석아>, 밥 **처무굴** 때느<처먹을 때는> 지이발 덕뿌네<제발 덕분에> 좀 도러댕기지 마러라<돌아다니지 말아라>, 응이<응>?

처세 [처어′세′] 몡 처서*(處暑). ¶암만 더버도 이 사라마<더워도 이 사람아>, **처어세**마 지내고 나머<처서만 지나고 나면> 아직쩌너그로느<아침저녁으로는> 차춤 선서어너질 껄세<차츰 선선해질 걸세>.

처자 [처어′자′] 몡 처자*(妻子). 처녀*(處女). ¶저 집 **처어자**<처자가> 심덕(心德) 하나느<하나는> 참말로 조온심더<좋습니다>. 참 '처녀'보다 흔히 씀.

처자뻐지다 [처자′뻐지다] 동 자 '**자뻐지다**<자빠지다>'를 더 험하게 이르는 말. ¶야, 야, 시끄럽따<시끄럽다>, 할 이이리 업시머<일이 없으면>, 차라리 저어 가가아<저기 가서> **처자뻐저**<자빠져> 자기나 해애라<해라>. ▷처바빠지다.

천대# [처언′대′] 몡 돈이나 물건을 넣고 허리에 차거나 어깨에 메게 만든 휴대 용품. 전대*(纏帶). ¶**처언대** 까아므로사<전대 감으로야> 멩지<명주>가 제엘롱 조온치만<제일 좋지만>…/이 **처언대**느<전대는> 배에다가 야물기 띠이라<야물게 띠어라>.

천대*(賤待) [처언′대′] 몡 ¶다시너망이인테 그럭키<계모에게 그렇게> 모오진 **처언대**로 박꼬<모진 천대를 받고> 누가 사안답띠까<산답디까>?

천덩 [천′덩] 몡 천둥*. ☞천동.

천동 [천′동] 몡 천둥*. ¶이이점버텅 어어른드리<예전부터 어른들이>, 비오고 **천동** 칠 때느<천둥 칠 때는> 방사로<房事를> 하지 마러라 캐앤따<말라고 했다>./마린하느레서<마른하늘에서>, **천동**이 칠 때느<칠 때는> 무신 이이유가 익껜찌<무슨 이유가 있겠지>. ▷천덩. **천동<천둥> 치다** 구).

천주악 [천주′악] 몡 천주학*(天主學). 우리 나라에 천주교가 들어와 박해받던 무렵에 '천주교'를 이르던 말. '미친 짓' 또는 '죽으려고 설치는 지랄'의 뜻. ¶야 이 사라마<사람아>, 미친 **천주악** 하지 마고<천주학 하지 말고> 저리 비이끼라<비켜라>./저 사라미 저거<사람이 저것> 죽꾸점나<죽고 싶나>, 무신 **천주악** 한다꼬<무슨 천주학 한다고> 저 야아다니고<야단이냐>? ▷천중악. **천주악하다** 동|자| 지랄하다*. 天主學하다*. 미친 짓을 하다. 죽으려고 별 짓을 다하다.

천중악 [천주′~악~] 몡 천주학*(天主學)의 와전인 듯. ☞천주악.

첟딸 [천′딸′] 몡 첫딸*. ¶**첟따**리머 어어때애가아<첫딸이면 어때서>? 따리라도 내상 이이뿌고 조옥키마<딸이라도 나야 예쁘고 좋기만> 한데./저엉 장오떡 **첟따**리나 큰따리나<鄭 長五宅 첫딸이나 큰딸이냐>, 그 사라미 바리<사람이 바로> 그 사람 애니가<아니냐>?

철*¹ [철′] 몡 ¶야, 이 사라마<사람아>, 우야자꼬 자네느<어쩌자고 자네는> **철** 지난 옴만<옷만> 만날 차저 익꼬 댕기노<찾아 입고 다니니>?

철*² [철′] 몡 ¶야, 인떠라아야<이 녀석아>, 니느 어언제 **처리** 쫌<너는 언제 철이 좀> 들래?

철까치 [철까′치] 몡 철로*(鐵路). ¶기차 **철까치** 우예다가<철로 위에다가>, 도올로 올리논는 자앙나늘랑<돌을 올려놓는 장난은> 함부레 하지 마래이<결코 하지 마라>.

철룡개 [철룡′개] 몡 천령개*. 두정골(頭頂骨). 드).

철릭* [철′릭′] 몡 옛 무관의 공복(公服)의 하나. ¶앰<안> 보던 **철릭**짜리가 마시레 나서얻따머<마을에 나섰다면>, 우액끼나 무신 이이리<어쨌거나 무슨 일이> 터징 거 애니겐나<터진 것 아니겠니>? 드).

첨만 [첨′만] 몡 천만*. ①¶그만하기 **첨만** 다항이시더<천만 다행입니다>./생각또 앤 해앤는데<생각지도 않았는데>, **첨만** 뜯빠께도<천만 뜻밖에도> 중국서러 저거 사아초니<중국에서 제 사촌이> 페엔지로 보내애 왇떠라나<편지를 보내어 왔더라나>. ②¶그럼 마알로 드르신<그런 말을 들으신> 우리 웨에할배<외할아버지>가 그치리 낙심 **첨만**하실 쭈를<그처럼 낙심 천만하실 줄을> 누가 아럭껜능기요<알았겠습니까>./처애이<철아>! 다리 낭가네 올러서는 지이슨<난간에 올라서는 짓은> 우엄 **첨마**니대이<위험천만이다>. **첨마네**<천만의> 말 구). **첨마네 말숨**<천만의 말씀> 구).

청관 [청관′] 몡 남의 음식이나 물건에 대하여 지나치게 체면을 차리는 짓이 상규에 어긋남. 청광*(淸狂). ¶사아라미 나미 주능 거도<사람이 남이 주는 것도> 더러 가치 어어더묵꼬<더러 같이 얻어먹고> 그래애야 대는데<그래야 되는데>, 부동(釜洞) 여엉감시느<영감님은> 너무 **청과**늘 지기 사아<청광을 피워 쌓아서>, 내상 쫌 그럳터마<내야 좀 그렇더군요>./**청관** 지기는 사라미<청광 피우는 사람이> 어디 그 여엉감뿌니가<영감뿐이냐>?/**청과**늘 지기도<청광을 피워도> 좀 어지가니 지기야<어지간히 피워야> 마알로 앤하지<말을 않지>. 흔). **청관하다** 동자). **청관 지기다**<피우다> 구).

청관시럽다 [청관′시′럽따] 혱 청광(淸狂)한 데가 있다. ¶군실 야앙바니 **청관시럽**능 거사<裙谷 양반이 청광스럽다는 거야> 세에상이 다아 아아능 거 애니가<세상이 다 아는 것 아니냐>./사아라미 너무 **청관시러**버도<사람이 너무 청광스러워도> 가치 잘 모온 석끼인다<같이 잘 못 섞인다>. 흔).

청관쟁이 [청관′재′~이~] 몡 음식이나 남이 주는 물건에 대하여 지나치게 체면을 차리거나 기피하는 사람. ¶**청관쟁이**가 마아느머<청광장이가 많으면>, 지베서고 드을게서고<집에서든 들에서든>, 으음석 깔러무굴 이이리<음식 갈라먹을 일이> 어딕겐노<어디 있겠니>?/내상<나야> 학똥 여엉감맨트로<학동 영감처럼>, 쫌 도올라 컨는 사라미<좀 달라고 하는 사람이>, 차라리 **청관쟁이**버다아 더 조온티이더<청광장이보다 더 좋습디다>. 흔).

청마리 [청마리′] 몡 대청 마루. ¶야 이 사암드라<사람들아>, 시르믈 하알라컥꺼등<씨름을 하려거든> **청마레**에서 그카지 마고<대청 마루에서 그러

하지 말고>, 저기 거랑따무레<개울가에> 나가서 해애라<해라>./저레 귀이
한 손자 여서기<저렇게 귀한 손자 녀석이>, **청마리**로 콩콩거리머<대청 마
루를 콩콩거리며> 쪼처댕기는<뛰어다니는> 소리가, 얼매나 득끼 조온지 모
리겠심더<얼마나 듣기 좋은지 모르겠습니다>.

청맹 [청′맹′] 몡 청맹과니*. 당달봉사*. ¶누늘 뜨고도 모옴 뽀머<눈을 뜨고
도 못 보면> 그기이 바리 **청맹** 애니가<그것이 바로 당달봉사 아니냐>?/이
너무<이놈의> 첨지가 가악쩨에 **청맹**이 대앤나<갑자기 청맹과니가 되었
나>? 와 누늘 깡꼬<왜 눈을 감고> 이 야아다니고<이 야단이냐>? 드).

청멩 [청′멩′] 몡 청명*(淸明). ¶잠수래이<잠술아>, 올 **청멩** 한식 때느<청명
한식 때는> 너거 이모아재 산수에<너의 이모부 산소에> 사토라도 좀 하두
룩 하재이<하도록 하자>./고모할매요<고모할머니>, **청멩** 나리 어언진데요
<청명 날이 언제인데요>?

청산# [청산′] 몡 아직 덜 마른 나무. 생나무*. ¶이 부지근<아궁이는>, **청사**
니나 마린낭기나<청산이나 마른나무나> 다아 잘 타니꺼네<다 잘 타니까>,
잔소리 마아고<말고> 부리나 펀뜩 피야라<불이나 빨리 피워라>. 드).

청산*(靑山) [청산′] 몡 풀, 나무가 무성한 푸른 산.

청성개비 [청성′개′비] 몡 천산갑*(穿山甲). (손톱 밑에도 들어가 숨을 수 있
다는) 둔갑술에 능한 상상의 짐승. ¶그 도동너미<도둑놈이>, **청성개비** 재
주로 징깅 거도애닐 낀데<천산갑의 재주를 지닌 것도 아닐 것인데>, 참 어
덜로 수멉뿐찌<어디로 숨어버렸지>?/지이 아아무리 **청성개비** 재주라도<제
아무리 천산갑의 재주라도> 요붐마는<요번만은> 도망갈 방도가 업실 꺼
로<없을 걸>. **청성개비 겉다**<같다> 구). **청성개비 재주** 구).

청싱 [청싱′] 몡 청승*. ¶나 든 사라미<나이가 든 사람이> 무신 **청싱**으로<무
슨 청승으로> 그래, 바믈 꼬박 안저가아 새완능기요<밤을 꼬박 앉아서 새
웠어요>?/보소 보소, 실떼엄는<쓸데없는> **청싱** 구만 떠얼고<청승 그만 떨
고>, 인자아 일라소<이제 일어나소> 보자.

청에 [처~에′~] 몡 청어*(靑魚). ¶오새애느 **청에**가 이이전버담<요새는 청어
가 예전보다> 유웅 저억끼 나늠 모양이라요<영 적게 나는/잡히는 모양이
에요>./(갑) **청에** 한 두룸 사다가 조온띠이<청어 한 두름 사다 주었더니>
다아 무걸판다<다 먹었단다>. (을): 다아 우앤는데<다 어쨌는데>? (갑): 꾸

버 가주구<구워 가지고> 개애캉 두우 키서러<개와 둘이서>, 개애 함 바리<개 한 마리> 내 니이 바리<네 마리>, 개애 함 바리<개 한 마리> 내 니이 바리<네 마리> 커면서<하면서>, 두웁 때에 다아 농갈러 무걷딴다<두 끼에 다 나누어 먹었단다>./이이전 과아미기느<예전 과메기는> **청에** 가주구 맨드럳따<청어 가지고 만들었다>. 참 요즘은 꽁치를 가지고 만듦.

청용 [청용′] 명 청룡*(靑龍). ¶미이테로 자불라커머<묏자리를 잡으려면> 우액끼나<어쨌거나>, 좌아**청용** 우우백코느<左靑龍 右白虎는> 바아야 앤 대겐나<봐야 되지 않겠나>./저런 지세가 **청용**황용이 노온다는 형구기라는데<청룡 황룡이 논다는 형국이라는데>, 나느<나는> 도무지 잘 모올따<모르겠다>. ▷청농.

청ㅎ다 [처엉′코′, 처엉′치′, 처엉′터′ 라. 처′~어′~도, 처′~어′~서] 동 타 '청하다'의 준말. ¶보소, 지이발 내자테마<제발 나에게만> 자꾸 도오물 **처엉치** 마고<도움을 청하지 말고>, 딴 데도 쫌<좀> 가보소./내가 참 무운찌도 **청치**도 앤해앤는데<묻지도 청하지도 않았는데> 지이가 머여<제가 먼저> 그 자앙학끔 이이바글 끄지거내애더네<장학금 이야기를 끄집어내더군>. 참 청ㅎ다>청하다.

체*¹ [체′] 명 ¶(혼잣말로) 헉<헛> 그 참, 가는 **체**캉 구울군<가는 체와 굵은> **체**가 다아 인는데<다 있는데>, 어어떵 거로<어떤 것을> 가주오람. 마아린 동<가져오란 말인지> 아알 수가 엄네<알 수가 없네>.

체*² [체] 명 의존 ¶사아라미<사람이>, 보고도 모옴 뿐<못 본> **체**, 드러도 모온 뜨른<들어도 못 들은> **체**하고 사아능 기 어디 그리 수욱껜나<사는 것이 어디 그리 쉽겠니>?

체*³ [체] 감 ¶**체**, 내가 참 더어러버서 차머야지<더러워서 참아야지>./**체**, 지이<제>가 머언데<뭔데>, 나알로 괄세로 다아 하까<나를 괄시를 다 할까>?

쳅빠꾸 [쳅빠′꾸] 명 쳇바퀴*. ¶(체질을 하는데) 가리<가루>가 잘 앤 내러가거들랑<안 내려가거든>, **쳅빠꾸**로<쳇바퀴를> 탁탁 처 조오바아라<쳐 줘 봐라> 쫌 나앋찌<좀 낫지>.

초배기 [초배′기가, 초배′기를, 초배′기에/초배′게, 초배′기도, 초배′기마] 명 점심밥을 담는, 대오리를 결어 길쭉한 꼴로 만든 작은 그릇. x점심. 참 '초배기'에다가는 점심밥을 담기만 할 뿐 '점심' 그 자체는 아님. ▷초박.

초불 [초′불] 명 초벌*(初-). 애벌*. ¶무진 이이리라도<무슨 일이라도> **초부레** 자래애야지<초벌에 잘해야지>, 다부 하머 자 랜 대슴 버비대이<도로 하면 잘 안 되는 법이다>./누구라도 **초부릴** 때느 공을 마아니 디리지만<초벌일 때는 공을 많이 들이지만>, 그 다아메느 더얼 띠리기 대니이라<다음에는 덜 들이게 되느니라>.

초지짱 [초지′짱] 명 초배하는 종잇장. 초배(初褙). ¶(한숨 섞어) 지이미 이치리 **초지짱** 거테 가주구사<김이 이처럼 초배 같아 가지고야>, 지임빠블 우애 사겐노<김밥을 어찌 싸겠니>?/무진 소리고<무슨 소리냐>? 지이믄 **초지짱** 거치<김은 초배 같이> 얄불수록 비사다 컨는데<얇을수록 비싸다고 하는데>…/도배로<도배를> 하기 전 날, **초지짱**버텅<초배부터> 발러 나아야지<발라 놓아야지>…

초하리 [초하′리] 명 초하루*. '초하린날<초하룻날>'의 준말. ¶오느리 벌서러 새달 **초하리**가<오늘이 벌써 새달 초하루냐>?/사앙망은 달마중<朔望은 달마다> **초하리** 보로메 지내애능 건데<초하루 보름에 지내는 것인데>…

초하린날 [초하′린′날] 명 초하룻날*. ¶새달 **초하린나**레 큰지베 제에사 든대이<초하룻날 큰집에 제사 든다>, 니도 가치<너도 같이> 가자./정월 **초하린날**<초하룻날>, 메느리가 아아로 노오머<며느리가 아이를 낳으면> 참말로 밈망을 꺼로<민망할 걸>./'어언제 오까' 캐앤나<'언제 올까'라고 했니>? 그라머 다암 딸<그러면 다음 달> **초하린날**새에나 거언네오라무나<초하룻날쯤에나 건너오려무나>.

촌연 [초온′연′] 명 촌년*(村-). ¶아자시<아저씨>! 저 참 **초온여**니 머어로 아 알겐능기요<촌년이 뭐를 알겠습니까>, 함품만 용사해 주이소<한번만 용서해 주세요>./아아무리 떵 묵뜨시 시긴들<아무리 떡 먹듯이 시킨들>, 그 **초온연**드리 아러드러야 마아리제<촌년들이 알아들어야 말이지>. ⇔촌넘.

촛때 [촌′때′] 명 촛대*. ¶아아무리 업서도<아무리 없어도> 그래, 항노 **촛때** 업시<향로 촛대 없이> 무신 제에사로 지내애노<무슨 제사를 지내느냐>?/이 지베 놋**촛때**느 엄나<집에 놋촛대는 없나>? 와 해필<왜 하필> 이렁 거로 <이런 것을> 떠억 내애 완노<턱 내 왔니>?/이글거리는 장작뿔 아페 안저이시머<장작불 앞에 앉아있으면>, **촛때**뻬 인는<정강이뼈 있는> 데가 디이기 지그럼니이래이<되게 가려우니라>./비인수에느 **촛때**캉 상이 이서야지<빈

소에는 촛대와 향이 있어야지>./(제사를 준비하면서) 항노느 인는데<향로는 있는데>, **촌때**느 와 앰 비이노<촛대는 왜 안 보이니>?

추다#¹ [추'고', 추'지', 추'더'라, 촤아'도'/초오'도', 촤아'서'/초오'서', 촤아'라'/초오'라'] 동타 ①들추다*. ¶가매니 귀로 드고<가마니 귀를 들고>, 이레 멥 뿐 **초오**바아라<이렇게 몇 번 추어 봐라>, 사리 숙숙 내리가지<쌀이 쑥쑥 내려가지>. ②뒤지다. 단속하다*. ¶가마골띠기요<가마골댁>, 저기 세에무서에서<세무서에서> 술 **추**로 나왇따니이더<밀주 단속하러 나왔답니다>, 술 딴지 익꺼든<단지 있거든> 얼릉 치우쉐이<얼른 치우세요>.

추다*² [추'고', 추'지', 추'더'라, 촤아'도'/초오'도', 촤아'서'/초오'서', 촤아'라'/초오'라'] 동타 ¶보소, 춤 **출** 쭐 모리는 사라미<줄 모르는 사람이> 세에상 천제 어딘떵기요<세상 천지에 어디 있습디까>?

추룸 [추룸'] 명 추렴*. **추룸하다** 동타 추렴하다*.

추립 [추'립'] 명 출입*(出入). ①¶할매요<할머니>, 여기느 아아무나<여기는 아무나> **추립**하능 고지 아님니대이<출입하는 곳이 아닙니다>. ②¶다동 야앙바니야 절물 때버텅<양반이야 젊을 때부터>, **추리**비 자앙이 너린 사라미지요<출입이 장히 넓은 사람이지요>./무신<무슨> 남자가 장문 **추립**또 앤하고<시장/5일장 출입도 않고> 만날천날 지바네마 처박끼이 인능공 모올라<매일같이 집안에만 처박혀 있는지 몰라>? ③장가 든 곳. ¶문수 자네, **추리**븐 어딩고<출입은 어디인가>? ▷추립.

추립하다 [추'립'하다] 동자타 출입하다*. ①¶일바니는<일반인은> 이 무느로<문으로> 지이발 **추립하**지<제발 출입하지> 마소./일바닌들 **추립하**는 무는<일반인들 출입하는 문은> 저쪼게 따리 읻심더<저쪽에 따로 있습니다>. ②장가들다*. ¶부학떡 태무니느<부학댁 태문은>, 어덜로 **추립하**능공<어디로 장가가는지> 자네느 아아나<자네는 아느냐>?/자네 **추립**한 데느<장가를 든 고장에는> 금연<금년> 농사가 어어떧토<어떠하더냐>? 활 [추'립' 파다] 로 발음하는 경우도 있음.

춤#¹ [춤'] 명 침*. ¶그 야앙바닌테<양반에게> 마알해애 바앝짜<말해 봤자>, 점부<전부> 바라메 바튼 **춤** 애니가<바람에 뱉은 침 아니냐>./이 얼라아느<아기는> 이비 아푸나<입이 아프냐>, 와 자꼬<왜 자꾸> **추**물 지일질 흘리꼬<침을 질질 흘릴까>?/(먹음직한 음식을 두고) 보기마 해애도 목꾸영에<보

기만 해도 목구멍에>, **추**미 지절로 너머가네요<침이 저절로 넘어가네요>./ (도시락을 못 싸와서) 남들 밤 뭉는데<밥 먹는데>, 자테 가지느 모온하고 <곁에 가지는 못하고>, 그 야페서러<옆에서> **춤**마<침만> 꼴딱꼴딱 생키고 안 이선나<삼키고 있었잖아>.

춤*² [춤′] 몡 ¶샘촌띠기느<샘촌댁은>, 따라아가 학격해앹따컨는<딸아이가 합격했다는> 소서글 듣띠이마느<소식을 들더니만>, 조오와가아<좋아서> **추**물<춤을> 덩실덩실 추더라니이더<추더랍니다>./그 사라믄 벌래<사람은 본래>, 누가 장구치는 소리마 드로도<소리만 들어도> 어깨**추**미<어깨춤이> 절로 난다컨는 사람 아니가<난다는 사람이잖아>.

춤*³ [춤′] 몡 ¶저기 읻떤<있던> **추**미 노푼 단지느<춤이 높은 단지는> 할매 <할머니>가 어디다가 치얀능기요<치웠습니까>?

춤*⁴ [춤′] 몡 1 자립 가늘고 기름한 물건을 한 손으로 쥘 만한 분량. ¶정구지 느<부추는> 이쪽 **추**미 저거버다아믄<춤이 저것보다는> 쫑 커 비이네<좀 커 보이네>. 2 의존 ¶니이 저어 가가아<너 저기 가서>, 집 도오<짚 두어> **춤**마<춤만> 추리가아 온나아<추려서 오너라>./식쩌네 제에와 모<식전에 겨우 볏모> 멛<몇> **춤** 찌고 나니, 버러 아징 무거라 컨떠라<벌써 아침 먹으라고 하더라>./모 **추**믄 댈 수 인는 대로<모 춤은 될 수 있는 대로>, 너무 구울끼 묵꾸우지 마러래이<굵게 묶지 말아라>.

춤추다* [춤′ 추′ 고, 춤′ 추′ 지, 춤′ 추′ 더라, 춤′ 촤′ 아도/춤초′ 오도, 춤촤′ 아서/ 춤초′ 오서, 춤촤′ 아라/춤초′ 오라] ¶자아느 에릴 때버텅<쟤는 어릴 때부터> **춤추**능 기이 추우미란다<춤추는 것이 취미란다>.

충나다 [충′ 나′ 다] 통 자 축나다*(縮-). ¶(혼잣소리로) 이 차개딴제에 사리 와 <쌀단지의 쌀이 왜>, 볼 때마중<때마다> 자꾸 **충나**는동 모리겐네<축나는지 모르겠네>. ②¶남자가 창 그거로<참 그걸> 가따가<-> 참, 밤마줌 질기머<밤마다 즐기면> 참, 모미 **충나**지 앤나<몸이 축나지 안나>?/그 야양반<양반> 메칠로 자물 올키 모온 짜디이<며칠을 잠을 옳게/제대로 못 자더니>, 모미 제북<몸이 제법> **충낭** 걷터 비이더마<축난 것 같아 보입디다>. ▷축까다.

췌다 [췌′ 고′, 췌′ 지′, 췌′ 더′ 라, 췌에′ 도′, 췌에′ 서′] 통 자 취하다*. ①¶사아라믄 똑<사람은 꼭>, 술맘 무거가아 **췌**능 기이 애니라<술만 먹어서 취하

는 것이 아니라>, 꼳턍기<꽃향기>에도 **췌**는 수가 잊찌<취하는 수가 있지>./ 중국 수른 하도 독캐애가아<술은 너무 독해서>, 나느 한 잠마 무거도<나는 한 잔만 먹어도> 가압신 **췌**더라<잔뜩 취하더라>./가앙기 야게 **췌**니꺼네<감기 약에 취하니까> 자미 자꼬 오디이더<잠이 자꾸 옵디다>. ②¶장수 아재<아저씨>가 하는, 저언쟁 이이바게<전쟁 이야기에> 모지리 **췌**에가주구<모조리 취해서>, 누가 와가아<와서> 살리믈 다아<살림을 다> 들고 가도 모리겓떠라니까<모르겠더라니까>.

취중# [취이′중′] 圐 종자. 품종. 취종(取種). ¶그 뒈에주 **취이중**이 참 조오와 비이네<돼지 종자가/품종이 참 좋아 보이네>.

취중*(醉中) [취이′중′] 圐 ¶술 묵꼬<먹고/마시고> **취이중**에<취중에> 한 소린데 갈부머 머어하겐노<갚으면/미워하면 뭐하겠니>, 이접뿌라<잊어버려라>.

치#¹ [치′] 圐 키*. ¶니이가 아페서 **치**로<네가 앞에서 키를> 잘 자버야지<잡아야지>.

치*² [치′] 圐 의존 ¶제에짜 요기이<겨우 요게>, 거어서<거기서> 주늠 보롬<주는 보름> **치** 품사기람 마아링기요<품삯이란 말입니까>?

치*³ [치′] 圐 의존 ¶키가 여 자 다앋 **치**머<여섯 자 다섯 치면> 보오통 키가 애니지<보통 키가 아니지>.

치나다 [치나′다] 囹 친하다*(親-). ¶너거 두우리느<너희 둘은> 첨매애 머어 따무네 **치나**전노<처음에 뭐 때문에 친해졌니>? 사완나<싸웠니>?/수도리느 갑추리캉<수돌은 갑출과> 참 **치나**기<친하게> 지낸다는데, 니느 와<너는 왜> 가아들캉 **치나**기 앤 지내애노<걔들과 친하게 안 지내니>?/**치는** 칭구가 마안타 컨능 거느<친한 친구가 많다고 하는 것은>, 참말로 죽꼬 모온 사알만춤<죽고 못 살만큼> **치는** 칭구가 어업따늠 마알캉 갇따<친한 친구가 없다는 말과 같다>. **치니** 凰 친히*.

치다#¹ [치′고′, 치′지′, 치′더′라, 처′도′, 처′서′, 처′라′] 圐 団 ① 밭을 논으로 만들다. 풀다*. ¶지낭 큼물 나부라게<지난 큰물 때문에>, 새들 논 한 도가리가<배미가> 파무치익끼 따무레<파묻혔기 때문에>, 천상아 노블 멘 사람 해애다가<부득이 놉을 몇 사람 해다> 새로 **처**야 대겓심더<풀어야 되겠습니다>./수리 도랑 미테 인늠 바튼<밑에 있는 밭은>, 도오니 들디이라도

<돈이 들더라도> 노늘 **처**야 대겐는데<논을 풀어야 되겠는데>… ②(도랑을) 치다*. (동네 하인이 새벽에 앞동산에 올라 큰소리로 외치기를) 오늘 모도 <모두>, 수굼포 가주구<삽 가지고> 수리봇또랑 **처**로<수리봇도랑 치러> 나오소. x¶행주를 치다./방걸레를 치다.

치다*² [치′고′, 치′지′, 치′더′라, 쳐′도′, 쳐′서′] 동자 ¶지난 태풍 때느요<때는 말이에요>, 비느 억수로 퍼분는데다가요<비는 억수로 퍼붓는데다가요>, 베락또<벼락도> **치**고요, 천둥꺼정 **치**늠 바라메요<천둥까지 치는 바람에요>, 도무지 정시늘 채릴<정신을 차릴> 수가 업띠이더<없습디다>.

치다*³ [치′고′, 치′지′, 치′더′라, 쳐′도′, 쳐′서′, 쳐′라′] 동타 ¶자앙도리가 업서 가주구<장도리가 없어서>, 도올로 까주구 모슬 **치**니꺼네<돌을 가지고 못을 치니까>, 부리<불이> 번쩍번쩍 티더라<튀더라>.

치다*⁴ [치′고′, 치′지′, 치′더′라, 쳐′도′, 쳐′서′, 쳐′라′] 동타 ¶자기가 맏따고 생강는 데다가<맞는다고 생각하는 데다가> 똘방뱅이로 **쳐** 주이소<동그라미를 쳐 주세요>.

치다*⁵ [치′고′, 치′지′, 치′더′라, 쳐′도′, 쳐′서′, 쳐′라′] 동타 ¶미역꾸게다가 지렁을 **치**기나<미역국에다가 간장을 치거나>, 소구믈 **치**기나<소금을 치거나> 그거야 임맏때로<입맛대로> 하소.

치다*⁶ [치′고′, 치′지′, 치′더′라, 쳐′도′, 쳐′서′, 쳐′라′] 동타 ¶저 저기요, 마다아 채알 **친** 지비<마당에 차양 집이> 바리 잔채하는 지비시더<바로 잔치하는 집입니다>.

치다*⁷ [치′고′, 치′지′, 치′더′라, 쳐′도′, 쳐′서′, 쳐′라′] 동타 ¶할매요<할머니>, 이 헐끄는<허리끈은/허리띠는> 멕 까지 색실 까주구<몇 가지 색실을 가지고> **치**싱 경기요<치신 것입니까>?

치다*⁸ [치′고′, 치′지′, 치′더′라, 쳐′도′, 쳐′서′, 쳐′라′] 동타 ¶꼬더박 덤푸레<박 덩굴에> 열매를 일찍 달구저부머 안 인능기요<달고 싶으면 있잖아요>, 서너 마디 나왇실 찌게<나왔을 적에> 수늘<순을> 딱 **쳐**조오<쳐주어> 보소, 잘 여얼지<열지>.

치다*⁹ [치′고′, 치′지′, 치′더′라, 쳐′도′, 쳐′서′, 쳐′라′] 동타 ¶어디서 빔무리 쉐에 두로능강<빗물이 새어 들어오는지>, 정낭 **친** 제가 메칠 대앧따꼬<변소 친 지가 며칠 됐다고> 버러 또 차 올랃시꼬<벌써 또 차 올랐을

까>?

치도(治道) [치′도] 몡 도로*. ¶야아야<애야>, **치도** 가아에 인늠 마늘바테<도로 가에 있는 마늘밭에> 푸리 자앙이 무우성터라<풀이 장히 무성하더라>./ 사아람드리 나라글 와<사람들이 벼를 왜>, **치도**찔게다가 저레 너러논는동 모올쉐<도로에다가 저렇게 널어놓는지 모를 일일세>./바미 대애도<밤이 되어도>, **치도**에 해애 노옹 고무푸른<도로에 해/깔아 놓은 아스팔트는> 앤 식꼬 뜨뜨으하더마<안 식고 뜨뜻합다>./야 이넘드라<이놈들아>, 너거느 우야자꼬<너희들은 어쩌자고> **치도** 함복파느로 쪼처댕기노<도로 한복판으로 쫓아다니느냐>?/웨엔 아아드리<웬 아이들이> 도옹**치도**<洞治道/洞通路>가 저레 비이잡뚜룩 몰리이댕기지<저렇게 비좁도록 몰려다니지>? x¶고속치도.

치럴 [치′럴] 몡 칠월*(七月). ¶저 집 기잉태기<경택이>, 가아 생이리<걔 생일이> **치럴** 보로미지 시푼데<칠월 보름이지 싶은데>…/이 장매가 암망캐애도<장마가 아무래도> **치럴** 따른<칠월 달은> 지내가야 끈칠라나<지나가야 그치려나>? ▷치릴.

치럽뻐버리 [치럽뻐′버리] 몡 반벙어리*. ¶저거 아아가 어디서러<자기네 아이가 어디서> 어어더막꼬 왇따꼬<얻어맞고 왔다고>, 동촌떡 할맘이가<동촌댁 할멈이> **치럽뻐버리** 소리로 하머<반벙어리 소리를 하며> 생야아 다니더라꼬요<생야단이더라고요>./그 여엉가미 거푸믈 무고<영감이 거품을 물고> 디디불거릴 때느<때는>, 내사<나야> 도무지 무신<무슨> **치럽뻐버리** 소린동 하낟또<반벙어리 소린지 하나도> 아알 수가 어업떠라<알 수가 없더라>.

치매 [치매′] 몡 치마*. ¶누부야 니느<누나 너는>, 이 **치매** 저구리 함 부레<치마 저고리 한 벌에> 얼매나 조온능공 아아나<얼마나 주었는지 아니>?/우야다가<어쩌다가>, 처어자들 **치매** 지럭찌가<처녀들 치마 길이가> 저치리 짤러접뿐는동 모올따<저처럼 짧아져버렸는지 모르겠다>./달꼴띠기느와<달골宅은 왜>, 아아들 코로<아이들 코를> **치매**로 까아 딱꺼주고 그카노<치마를 가지고 닦아주고 그러니>? 더어럭꾸로<더럽게>! ▷처매.

치바더보다 [치바′더보다] 동 타 치어다보다*. 쳐다보다*. ¶신전 어어른<어른>, 그 낭게 머어가 익껄래<나무에 뭐가 있길래> 자꾸 **치바더보**시능기요

<쳐다보십니까>?/천장을 **치바더보고**<쳐다보고>, 도배지로 바릴라커니<도배지를 바르려니까> 고개가 여어간 아풍 기이 애니시더<여간 아픈 것이 아니올시다>./성수 가아<걔>가, 능쿰시리 거어짐말로 하능 거로<능청스레 거짓말을 하는 것을> 내가 득꼬 이실라커니<듣고 있으려니> 지절로<저절로> 산다구가 버어니 **치바더비**이더라꼬<낯짝이 번히 쳐다보이더라고>. ⇔낼바더보다.

치이다#¹ [치′이다] 동태 쇠붙이를 달구어 두들겨서 연장을 만들다. ¶이럭키 조온 쉐로 가아<이렇게 좋은 쇠를 가지고>, 장검을 하나 **치이** 바았시머<치어 봤으면> 얼매나 조올꼬<얼마나 좋을까>…/(대장간에서 값을 물으며) 내가 시방 큼지마악칸 짝두로<큼지막한 작두를> 하나 새로 **치일**라 컨는데<치이려고 하는데>, 얼매에 해애 주울랑기요<얼마에 해 주렵니까/주려는지요>?/니라지게느 펜수까네 가가아<내일 아침에는 대장간에 가서> 날시나 멕 까락<낫이나 몇 가락> **치아** 가주구 와얄따<치어 가지고 와야겠다>./질로 질로<길을 길을> 가다가, 바늘 항 개 좌안네<한 개 주웠네>, 좌안넘<주운> 바늘 우앤노<어쨌니>? 펜수까네 떤진네<대장간에 던졌네>, 떤짐<던진> 바늘 우앤노<어쨌니> 낙수<낚시> 하나 **치인**네<치었네>, **치인** 낙수 우앤노<낚시 어쨌니>… 참 전래 동요.

치이다*² [치′이고, 치′이지, 치′이더라, 치′이도, 치′이서] 동자 ¶큰집 조캐가<조카가>, 소구룸마인테 발로 **치이**가아<소달구지에 발을 치어서>, 비잉 우느로 실리이 간니이더<병원으로 실려 갔습니다>.

치이다*³ [치′이고, 치′이지, 치′이더라, 치′이도, 치′이서] 동자 ¶구식 깨에<90개에> 시비마아 너이머<12만 원이면> 항 개애느<한 개에는> 얼매석<얼마씩> **치인** 텍꼬<친 셈이냐>?

칙수 [칙′수′] 명 치수*(-數). ¶(이사 갈 준비로) 자앙농 포기<장롱 폭이> 얼매나 대는동<얼마나 되는지> **칙수**로<치수를> 미리 재애 나아래이<재어 놓아라>./아아드른<아이들은> 자꼬 크니꺼네<자꾸 크니까>, 저을오슨 한 **칙수** 쿵 거로<겨울옷은 한 치수 큰 것을> 사능 기이 나얃찌<사는 것이 낫지>./(삼촌이) 내가 우리 덕시기인테<덕식이한테> 시늘 항 커리 사다 주울라캐애도<신을 한 켤레 사다 주려고 해도>, 발 **칙수**로 아러야지<치수를 알아야지>…

친손지 [친손′지] 똉 친손자*(親孫子). ¶할매느<할머니는> **친손지**가 조옹기요<친손자가 좋습니까>, 웨에손지가 조옹기요<외손자가 좋습니까>?/내사 암망캐애도<나야 아무래도> **친손지**가 조온치<친손자가 좋지>. ⇔웨손지.

칲다 [친′타] 혱 '친하다'의 준말.

칠갱이 [칠개′~이]̃ 똉 칡*. ¶이이전 어어른들 마알수미<예전 어른들 말씀이> 통도사 저른<절은>, 한저실게 **칠갱이**꼬치<한겨울에 칡꽃이> 핀 자리로 차저내애가아<찾아내어서> 지얄따 커시데에<지었다고 하시더군>./**칠갱이**뿔깅이느 들쩍찌근항 기이<칡뿌리는 들쩍지근한 것이> 배고풀 때사<배고플 때야> 시풀 마안하지<씹을 만하지>./**칠갱이** 덤푸리<칡덩굴이> 우거진 데사<데야>, 어어떤 나무도 모온 쩐디고 마아고<어떤 나무도 못 견디고 말고>./나무 매끼사<매끼야>, 흐는 **칠갱이** 쭐로 끄너다가<흔한 칡을 끊어다가> 묵꾸우머 대지만<묶으면 되지만>… ▷칠기/칡.

칠기 [칠′기′] 똉 칡*. ☞칠갱이.

칠찮다 [칠칠′코, 칠칠′치, 칠칠터′라, 칠치′러(라)도, 칠치′러서] 혱 '칠칠하다'의 준말. 일의 솜씨가 능란하고 빠르다. ¶수동떡 메느른<수동댁 며느리는>, 보기캉<보기와는> 달리 이일로 참 **칠칠**키 잘해애가아<일을 참 칠칠하게 잘해서>, 나무랠 떼라꼬느 업떠마<나무랄 데라고는 없습디다>./저 이인네느<여편네는> 모온 하능 거 업시<못 하는 것 없이> 너무 **칠처러**가아 타아리다<칠칠해서 탈이다>. 혼). 卽 **칠찮다**>칠칠하다. '솜씨가 없다'는 뜻이 아니라 '솜씨가 있다'는 긍정의 뜻으로 쓰임. ⇔칠칠찮다.

칭구 [칭′구] 똉 친구*(親舊). ①¶니캉 죽꼬 모온 사아능<너와 죽고 못 사는> 결치넌 **칭구**가<절친한 친구가> 도대체 멛치나 대노<몇이나 되니>?/저 **칭구**가 바리<친구가 바로>, 내가 저네 이이박<전에 이야기>하던 동두깨미 **칭구** 올시더<소꿉 친구올시다>./**칭구**사 암망캐애도<친구야 아무래도>, 에릴 때 부랄 **칭구**가 앤 조옹기요<어릴 때 불알 친구가 좋지 않습니까>./저런 아아캉<아이와> **칭구**가 대머<친구가 되면>, 니이가 머언둥<네가 뭔지> 배울 끼이 이실 끼이다<것이 있을 것이다>./어제 그 **칭구**캉 머어 따무네 다타안노<친구와 뭐 때문에 다투었니>? ②¶저 **칭구**요<친구요>, 걷트로 보기버담<겉으로 보기보다> 참 웎끼이는 **칭구**시더<웃기는 친구입디다>./(화투를 치면서 하는 말로) 묵꼬 나니 **칭구**라컨띠이<먹고 나니 친구라더니>, 와

인자아사 나오노<왜 이제야 나오니>?/멩촌이야<명촌이야>, 에릴 때버텅<어릴 때부터> 머리가 조오왈떤<좋았던> **칭구** 애니가<친구 아니냐>. 참 멩촌: '명촌'이란 택호를 가진 댁의 바깥양반의 지칭 및 호칭. 동미>칭구.

ㅋ

-카다 [카′고, 카′지, 카더′라, 캐애′도′, 캐애′서′, 캐애′라′] 어미 -라고 하다. -고하다. -하다. -라고 말하다. ¶오새애 아아들또<요새 아이들도>, 지 베서<집에서> 부모가 천자문쭈우믄 가알치능 기이<천자문쯤은 가르치는 것이> 올타 앙 **카나**<옳다고 하지 않니>./여보게, 어깨추미 나오머 일라가아<어깨춤이 나오면 일어나서> 가치 초오보능 거지<같이 추어보는 것이지>, 와 그**카고**<왜 그러고> 안저만 인노<앉아만 있니>? ▷ -커다/-쿠다.

칸 [카′~이~, 카′늘, 카′네, 칸′도, 캄′마] 명 간*(間). 1 자립 ① ¶(방이 여러 개 붙은 집에서) 저쭉 **카네느**<저쪽 간에는> 우리 누부야캉 자영이<누나와 자형이> 자고, 우리느 이쭉 **카네서** 자니이더<우리는 이쪽 간에서 잡니다>. ② ¶요레 하머<요렇게 하면> 포기<폭이> 너무 너리지 시푼데<너르지 싶은데>, 이 새에다가 **카늘**<간을> 하나 마그머 어어떡켄노<막으면 어떻겠니>? **2** 의존 ¶(불이 나서) 초가 삼 **칸**짜리<삼 간짜리> 집조치랑도 하나 업시<집조차도 하나 없이> 저 사암드르<사람들은> 이 치븐 저실로<추운 겨울을> 우얘 지내앨랑공<어떻게 지내려는가>?/지비느 당**캄** 빵아<당신은/댁은 단 간 방에> 여선 식꾸가<여섯 식구가> 우얘 다아 지내능기요<어찌 다 지냅니까>?

칼*[1] [카′리′, 카′를′, 카′레, 칼′또′, 칼′마] 명 ¶(남편에게) 보소, 사우인테 달로 자버 주울라컥꺼등<사위한테 닭을 잡아 주려거든>, 정지**칼**버텅 머여쭝 가러 노오세이<부엌칼부터 먼저 좀 갈아 놓으세요>.

칼*² [카′리′, 카′를′, 카′레, 칼′또′, 칼′마′] 명 ¶이이저네<예전에>, 오게 갇히인 주웅줴에인드른<옥에 갇힌 중죄인들은> 다아 카를 시고 지내앤는데<다 칼을 쓰고 지냈는데>…/춘향이도 오게서느<옥에서는> 큰칼로 시고 앤 이선나<큰칼을 쓰고 있었잖아>. **칼로 시다**<칼을 쓰다> 구).

칼짜리 [칼짜′리′] 명 칼자루*. ¶펭성 **칼짜리**도 함분<평생 칼자루도 한번> 앤 자버본 사라미<안 잡아본 사람이> 무신 휘이를<무슨 회를> 떠?/이 **칼짜리**가 웨엔 이일로<칼자루가 웬 일로> 자꾸 빠지니이더<자꾸 빠집니다>, 쫌 야무지기 바거 주이소<좀 야무지게 박아 주세요>. **칼짜리로**<칼자루를> **잡다** 구). **칼짜리로**<칼자루를> **쥐다** 구).

칼찝 [칼찝′] 명 칼집*. ¶이 카르느 와<칼은 왜>, **칼찌**븐 억꼬<칼집은 없고> 칼마 인능공<칼만 있는지>?/저 야앙바니 저 칼로<양반이 저 칼을> 얼매나 애끼는동<얼마나 아끼는지>, 누가 **칼찝**조치랑도 모옴 만치구로<칼집조차도 못 만지게> 한단다.

칼치 [칼치′] 명 갈치*. ¶꾸버무거도 대고<구워먹어도 되고>, 찌지무거도 대능 기이<지져먹어도 되는 것이> **칼치** 애니가<갈치 아니냐/갈치잖아>?/싱싱은 **칼치** 가주구느<싱싱한 갈치 가지고는> 국또 더러 낄리묵심더<국도 더러 끓여먹습니다>./바다에서르느<바다에서는> **칼치**가 꼬대앵애 서어가아 댕긴다컨는데<갈치가 꼿꼿이 서서 다닌다는데> 참마링강? 거어짐마리제<참말일까? 거짓말이지>?/**칼치**느 잠뻬가지가 마아너가아<갈치는 잔가시가 많아서> 살마 볼가아묵끼가 앤 조온치요<살만 발라먹기가 안 좋지요>./나라 이잉궁 거튼 어어르는<임금 같은 어른은> **칼치** 거틍 거느<갈치 같은 것은> 앤 자아시겐쩨<안 자시겠지>?

-커다 [커′고/커′꼬, 컨찌/커′지, 커더′라/컨떠′라, 캐애′도′, 캐애′서′, 캐애′라′] 어미 -고하다. -라고 하다. -하다. -라고 말하다. ¶누가 청에 한 두룸<청어 한 두름을> 사다가 꾸버 가주구느<구워 가지고는>, 개애캉 두우 키서러<개와 둘이서>, "내 니이 바리<네 마리> 개애 함 바리<개 한 마리>, 내 니이 바리<네 마리> 개애 함 바리<개 한 마리>" **커**먼서<하면서> 다아 갈러 무겁뿌더란다<다 갈라 먹어버리더란다>./다락꼴떡 시이매시느<다락골댁 媤妹夫는>, 남드리 자란다**커**고 초오주니까네<남들이 잘한다고 추어주니까>, 지이가 참말로 잘하는 줄 아아고<제가 참으로 잘하는 줄 알고>…

▷ -카다/-쿠다.

코*¹ [코′] 명 ¶사아람마중 **코**가 생김 모앵이<사람마다 코가 생긴 모양이> 다리니꺼네<다르니까>, 대애주 **코**도 익꼬<돼지 코도 있고> 납딱**코**도 인능<납작코도 있는> 거지. 소).

코*² [코′가, 코′를, 코′에, 코′도′, 코′마′] 명 ¶서어늘 보로 간는데<선을 보러 갔는데>, 그 처어자가 내그리 버성**코**마<처녀가 내내 버선코만> 낼바더보고 안저 이서가아<내려다보고 앉아 있어서>, 처어자 이망바께느<처녀 이마밖에는> 아아무 꺼도 모옴 빠앋딴다<아무 것도 못 보았단다>.

콕꾸무 [콕꾸′무′] 명 콧구멍*. ☞코꾸영.

콕꾸영 [콕꾸′여′~이~, 콕꾸′여′~을~, 콕꾸′여′~에~, 콕꾸′영′도, 콕꾸′영′마] 명 콧구멍*. ①¶버어미라니<범이라니>? 저기 저 머어시<거시기>, **콕꾸영**이 치떨피인<콧구멍이 치뚫린> 니 동무 영버미 마알가<네 친구 永範이 말이냐>?/누구라도 푼따암배 시저레느<풋담배 시절에는>, **콕꾸영**으로 영개 내애기가<콧구멍으로 연기 내기가> 에럭꼬 마아고<어렵고 말고>. ②¶무심 방이 그치리<무슨 방이 그처럼> **콕꾸영** 마안한동<콧구멍 만한지> 모올라<몰라>, 디이도 쪼매앤터라<대단히도 조그맣더라>./니이가 해필<네가 하필> 구룸다리 미테서러<육교 밑에서>, 치바더보고 사지늘 찌걷시니<쳐다보고 사진을 찍었으니> 우리 **콕꾸영**바께<콧구멍밖에> 더 나올 끼이 업찌<것이 없지>. **콕꾸영**<**콧구멍**> 만하다 구). ▷콕꾸무/콕꿈/콕꾸양.

콕꿍ㄱ/콕꿈ㄱ [콕꾸′미/콕꿍′기, 콕꾸′믈/콕꿍′글, 콕꾸′메/콕꿍′게, 콕꿈′도, 콕꿈′마] 명 콧구멍*. ☞콕꾸영.

콛띵이 [콛띠′~이~] 명 콧등*. ¶나느 디이기 매봉 거로 무우머<나는 되게 매운 것을 먹으면>, 따미 **콛띵이**서버텀<땀이 콧등에서부터> 째질그레하게 나압띠더<납디다>./시기 칭구 가아느<(原)植이 친구 걔는>, 와<왜> **콛띵이**가 그칠 퍽 주저안전는동<콧등이 그처럼 퍽 주저앉았는지> 모올라<몰라>./저 사람 시할매 사러온 이이바글<시할머니가/媤祖母가 살아온 이야기를> 주욱 드러보니까데<죽 들어보니까> 참, **콛띵이**가 찌잉하더네<콧등이 쩡하더군>. 소). ▷퀠띵이.

콩* [퀘′~이~/코′~이~, 코′~을~, 코′~에~, 콩′도, 콩′마] 명 ¶지이사로 지내앨라커머<제사를 지내려면> 미리, **콩**지릉 **콩**버텅<콩나물 콩부터> 안치 나아야지<안쳐 놓아야지>.

콩까리 [콩까′리′] 圀 콩가루*. ¶생**콩까리**로 지이무걸시니<생콩가루를 집어 먹었으니> 설사로<설사를> 할 수바께<수밖에> 더 인나<있나>./해애무굴 끼이 업시머<해먹을 것이/반찬이 없으면> **콩까리**에 비비이 뭉능 기이<콩가루에 비벼 먹는 것이> 수다. **콩까리**<**콩가루**>(가) **대다**<**되다**> 구).

콩지름 [콩지름′] 圀 콩나물*. ◁콩 길음. ¶고뿔 췌엡실 찌게느<고뿔에 취했을/감기에 들었을 적에는>, **콩지름**꾸게다가<콩나물국에다가> 꼬칙까리로 나얍짜버 처가아<고춧가루를 낫잡아 쳐서> 훌훌 둘러<들어> 마시고, 따물 푸웅 내애머<땀을 푹 내면> 대반치기 나안는데<대번에 낫는데>…/**콩지름** 또오에<콩나물 동이에> 지르미 앤 드가두룩 해애래이<기름이 안 들어가도록 해라>, 지르미 함 빵우리라도 드가머<기름이 한 방울이라도 들어가면> **콩지르**미 다아 석끼나 노겁뿌니꺼네<콩나물이 다 썩거나 녹아버리니까>.

퀘 [퀘′가′, 퀘′를′, 퀘′에, 퀘′도′, 퀘′마′] 圀 ①¶여자느 **퀘**가 오똑카머<여자는 코가 오뚝하면> 한 임무리 더 나 비이니이래이<한 인물이 더 나 보이느니라>./상식 업시<없이>, 남들 보는 아페서러<앞에서> 송까라그로 **퀘**로 휘비능 거느<손가락으로 코를 후비는 것은> 고올란하지<곤란하지>./**퀘**가 업시머<없으면> 그래, 수우믄 어덜로 수고<숨은 어디로 쉬고> 내애미는 어덜로<냄새는 어디로> 만는담 마알고<맡는단 말이냐>? ②¶**퀘**로 마아니 흘리기 대머<코를 많이 흘리게 되면>, 자인직 사매게다가<자연적 소매에다가> 딱끌 수배끼<닦을 수밖에> 더 인나<있니>./야아야<얘야>, **퀘**로 그레<코를 그렇게> 자꾸 훌쩍꺼리지 마고<훌쩍거리지 말고>, 획 쫌 푸럽뿌라<획 좀 풀어버려라>, 응이<응>? ▷코¹*. 노)흔).

퀜띵이 [퀜띠′~이′] 圀 콧등*. 노)흔). ☞콛띵이.

크다* [크′고′, 크′지′, 크′더′라, 커′도′, 커′서′] 혱 ¶아아무래도<아무래도> 덩치 **큰** 사라미<사람이> 심도 앤 시이겐나<힘도 세지 않겠니>.

큰닐꾼 [큰′니′일꾼] 圀 ①큰일꾼. 큰머슴. ¶우리 **큰니일꾸**는<큰일꾼은> 오늘 소바리 해애가아<해서/소에 길마를 지어서>, 소칭이모 다네<송청못 안에> 나무로 갈심더<나무하러 갔습니다>. ②일을 잘 하는 일꾼. ¶그 노네 일떰 방구가<논에 있던 바위가> 어어떡쿰 큰동<어떻게나 큰지>, **큰니일꾼** 서이가 달러드러도<큰일꾼 셋이 달려들어도> 잘 모온 뜰겠떠라네요<못 들

겠더라네요>./올개느<올해는> 저 집 **큰니일꾼**이 거어드러<큰일꾼이 거들어> 준 덕뿌네<덕분에> 타아자기고 머어고<타작이고 뭐고> 다 일찍 끔마칬심더<끝마쳤습니다>.

큼물 [큼물′] 몡 큰물*. 홍수*. ¶오램마네 **큼무**리 지늠 바라메<오랜만에 큰물이 지는 바람에> 모시 너머가아<못이 넘어서>, 옹 거라아<온 개울에> 까물치가 지처니시더<가물치가 지천입니다>./지낭 **큼물** 나부라게<지난 큰물 때문에> 감자캉 마느리<감자와 마늘이> 바아는 더 떠내러 갑뿌심더<반은 더 떠내려 가버렸습니다>./여어느 **큼물**마 젇따 커머<여기는 큰물만 졌다 하면> 가앙에 능굼캉 호오배기<강에 사과와 호박이> 수우도 업시 떠내러오옴니더<수도 없이 떠내려옵니다>.

큼방 [큼방′] 몡 안방*. 큰방*. ¶자고 일라니<일어나니> **큼방** 무나께 읻떵<안방 문 앞에 있던> 구두가 쥐도 새애도 모리기 어업서절떠람니더<새도 모르게 없어졌더랍니다>./우리 마시레느<마을에는> 집쩝마중 거진<집집마다 거의>, **큼방**캉 머립빵캉 아립빵캉<안방과 머릿방과 아랫방>, 방이 시이 개서근<세 개씩은> 다아 읻심더<다 있습니다>./아아드르느 마카 머립빵아서러<아이들은 모두 머릿방에서> 자고, 우라부지 어무니느<우리 아버지 어머니는> **큼방**아서러 주무심니더<안방에서 주무십니다>./**큼방** 차지로<안방 차지를> 하는 사라미 안쭈인 애닝기요<사람이 안주인 아닙니까>.

키#¹ [키′] 몡 의존 ① '사람'을 세는 단위. 명*. ¶저 직 꼬옹기<집 식구>가 마카 아옵 **키**나 대는데도<모두 아홉 사람이나 되는데도>, 그 중에 항 **키**도<한 명도> 노오는 사라미 업심더<노는 사람이 없습니다>./(선생님이 학생들에게) 오분 워언조게느<요번 소풍에는> 항 **키**라도<한 명이라도> 빠지는 사라미 업뚜룩 해애<사람이 없도록 해> 주기 바란다./자 자, 다섣 **키**석<다섯 명씩> 조로 함문 짜 바아라<조를 한번 짜 봐라>./누가 청에<청어> 한 두룸<두름> 사다가 꾸버 가주구느<구워 가지고는>, 개애캉 두우 **키**서러<개와 둘이서>, "내 니이 바리<네 마리> 개애 함 바리<개 한 마리>, 내 니이 바리<네 마리> 개애 함 바리<개 한 마리>" 커먼서러<하면서> 두웁 때에<두끼에> 다아 갈러 무겁뿌더란다<다 갈라 먹어 버리더란다>./그 마시레<마을에> 마침 학시기 노푼 섬부가<학식이 높은 선비가> 항 **키** 이석꺼등요<한 분 있었거든요>… x② '사람'을 얕잡아 나타내는 말.

키*² [키′] 몡 ①¶자네느 **키**가 얼매고<자네는 키가 얼마니>?/(아이들이) 니캉 야아캉<너와 애가> 누가 킁공<큰지> **키**로 함문 재애보올래<키를 한번 재어볼래>? ②¶저 집 두지느<뒤주는> **키**가 한 질 바아니 너엉껜쩨<길반이 넘겠지>? 참 두지<뒤주>: 섶으로 만든 원주형의 벼를 저장하는 물건./ 이 단지느 질쭈욱캐애가아 그런동<단지는 길쭉해서 그런지> 저거버다<저것보다> **키**가 훨신<훨씬> 더 커 비인다 그자아<보인다 그지>?

키우다* [키′우고, 키′우지, 키′우더라, 키′아도/키′야도/키′와도, 키′아서/키′야서/키′와서, 키′아라/키′야라/키′와라] 동 사동 '크다'의 사역형. ¶노랑 내 애미가 나가아 우얄라꼬<냄새가 나서 어쩌려고>, 니느 지비더러<너는 집에서> 얌생이로 **키울**라 컨노<염소를 키우려고 하니>?

ㅌ

타다*¹ [타′고′, 타′지′, 타′더′라, 타′도′, 타′서′] 동 타 ¶잘 마린 둥거리라 그런동<마른 장작이라 그런지>, 불로 부치자마아자<불을 붙이자마자> 거침업시 잘도 **타**능 기라<거침없이 잘도 타는 거라>.

타다*² [타′고′, 타′지′, 타′더′라, 타′도′, 타′서′, 타′라′] 동 타 ¶자동차로 **타**고 가머<자동차를 타고 가면> 여어서러 거어꺼점 얼매쭈움 걸리이노<여기서 거기까지 얼마쯤 걸리니>?

타다*³ [타′고′, 타′지′, 타′더′라, 타′도′, 타′서′, 타′라′] 동 타 ¶(차를 대접하며) 우리 처조모인테느<처조모한테는>, 사탕까리로 앤 **탕** 거로<설탕 안 탄 것을> 갇따아 디리소<가져다 드리세요>.

타다*⁴ [타′고′, 타′지′, 타′더′라, 타′도′, 타′서′] 동 타 ¶우리사 달마줌<우리야 달마다> 월그비라도 **타**니 사아지만<월급이라도 타니까 살지만>, 그걷또 앤 **타**머<그것도 안 타면> 머어로 묵꼬 사아노<무엇을 먹고 사니>?

타다*⁵ [타′고′, 타′지′, 타′더′라, 타′도′, 타′서′, 타′라′] 동 타 가르다*. 살짝 파다. ¶물꿰기 배로 **타**고 보면<물고기 배를 타고 보면> 새애파랑 기이 실갠데<새파란 것이 쓸개인데> 그거로 앤 터줃투룩 해애야 댄대이<그것을 안 터뜨리도록 해야 된다>.

타다*⁶ [타′고′, 타′지′, 타′더′라, 타′도′, 타′서′] 동 타 ¶오틀 디이기 **타**는 사라믄<옻을 되게 타는 사람은>, 온나무로 앰 만치고<옻나무를 안 만지고> 그 자트로만 지내가도<곁으로만 지나가도> 오치 오린다네<옻이 오른다네>.

타다*⁷ [타′고′, 타′지′, 타′더′라, 타′도′, 타′서′, 타′라′] 동 타 ¶자네 혹시, 대나무 활로 가주구<활을 가지고> 미영 **타**능 거<목화를 타는 것을> 본 적 인나<있니>?/그렁 거사 모옴 빠아도<그런 것이야 못 봐도>, 소캐틀로 **타**능 거느<솜틀로 타는 것은> 더러 바앗심더<봤습니다>.

탈/탓* [타′디/타′시, 타′들/타′슬, 타′데/타′세, 탄′또, 탐′마] 명 탓*. ①¶타아리 일딴 생긴시머<탈이 일단 생겼으면>, 니 **탄** 내 **탄**<네 탓 내 탓> 하지 마고<말고>, 해애결 방법버텀<해결 방법부터> 찬능 기이<찾는 것이> 수운서 애니가<순서 아니냐>? ②¶지 송까라글<제 손가락을> 비킹 기이<벤 것이> 우애 가주구<어째 가지고>, 도매 **탁**꼬 마아리다<도마 탓이냐 말이다>. **탈타다** 동 타 탓하다*.

탈*¹ [탈′] 명 ¶**타**리사 보오통<탈이야 보통>, 크다아는 박빠가치로 가주구<커다란 바가지를 가지고> 앰 맨드나<만들잖아>.

탈*² [타알′] 명 ¶(전화로) 오오야<오냐> 그래, 자네느 갯찌에더러<자네는 객지에서> 벨 **타**알 업시 잘 지내능가<별 탈 없이 잘 지나는가>?

탕꾹 [타앙′꾹′] 명 탕*(湯). ¶(제사 지낸 탕의 맛이) **타앙꾸**글 아지게<탕을 아침에> 다부 덱끼 노오니꺼네<도로 데워 놓으니까> 어제마안춤 앤 서원타<어제만큼 (맛이) 시원하지 않다>. 드).

태우다*¹ [태′우고, 태′우지, 태′우더라, 태′아도/태′야도/태′와도, 태′아서/태′야서/태′와서, 태′아라/태′야라/태′와라] 동 타 ¶자, 도온 녹코<돈 놓고> 도옴 묵끼<돈 먹기>다, 판똠버텀 **태야**라<판돈부터 태워라> 보자.

태우다*² [태′우고, 태′우지, 태′우더라, 태′아도/태′야도/태′와도, 태′아서/태′야서, 태′아라/태′야라/태′와라] 동 사동 '타¹'의 사역형. ¶오래

댄 일기짱은<오래된 일기장은> 몽땅 다아 갈따가<다 갖다가> 부레 **태얍 뿐심더**<불에 태워버렸습니다>.

태우다*³ [태′우고, 태′우지, 태′우더라, 태′아도/태′야도/태′와도, 태′아서/태′야서/태′와서, 태′아라/태′야라/태′와라] 동 사역 '타다²'의 사역형. ¶그럼 지이가 나알로<제가 나를> 가따갈랑<->, 상가아매<쌍가마>라도 **태와 줄 끼이가**<태워 줄 것이냐>?

태우다*⁴ [태′우고, 태′우지, 태′우더라, 태′아도/태′야도/태′와도, 태′아서/태′야서/태′와서, 태′아라/태′야라/태′와라] 동 사역 '타다³'의 사역형. ¶이미야<어멈아>, 술 무군 다암 나른<술 먹은 다음 날은> 식쪄네<식전에> 꿀물로 한 사바리석 **태야다 조오라**<꿀물을 한 사발씩 태워다 줘라>.

터러묵다 [터′러묵따] 동 타 털어먹다*. ¶박실 야앙바는<양반은>, 노럼마 질기다가<노름만 즐기다가>, 한 살림 다아 안 **터러무**건능기요<살림을 다 털어먹었지 않습니까>./화아적패가<화적패가>, 초옴 부우자 도오 찝<촌/시골 부자 두어 집> **터러무거** 바앋짜<털어먹어 봤자> 가아네 기베리나 가겐나<간에 기별이나 가겠나>?

터레기 [터레′기] 명 털*. ¶저 사람 쉐에미가 우야자꼬<수염이 어쩌자고>, 똑 대애주 **터레기** 걷치 뺍뻗타노<꼭 돼지 털 같이 뻣뻣하냐>?/니는 워언성이 매애로<너는 원숭이처럼>, 모메 웨엔 **터레기가** 이칠 마안노<몸에 웬 털이 이처럼 많으냐>?/양 **터레기**느 머어로 가주구 깡능공<털은 무엇을 가지고 깎을까>? ②¶어디서 빠진 잔 **터레기가** 이레<털이 이렇게>, 오옴 방아 날러댕기지<온 방에 날아다니지>? ▷터리기.

터지다* [터′지′고, 터′지′지, 터′지′더라, 터′저′(자′)도, 터′저′서] x[터어지다] 동 자 ¶하도 오래 가무러가아<가물어서> 놈빠대기 다아 갈러 **터젔심더**<논바닥이 다 갈라 터졌습니다>.

털세 [털′세′에] 명 텃세*(-勢). ¶벨 맥또 모온 추능 걷뜨리<별 맥도 못 추는 것들이>, 꼬레 거어서<주제꼴에 거기서> **털세에로** 부린다꼬<텃세를 부린다고>? 내가 이넘드를 기양 메가지로<이놈들을 그냥 모가지를> 다아 삐이트럽뿐까<다 비틀어버릴까>?! **털세하다*** 동 자. **털세**<텃세>(를) **부리다** 구). **털세**<텃세>**가 심하다** 구). **털세**<텃세>**가 시다**<세다> 구).

털다* [터얼′고′/터어′고′, 터얼′지′/터어′지′, 터얼′더′라/터어′더′라, 터′러

(라)도, 터'러서, 터'러라] 동 타 ¶흘 무듬 버서닐랑<흙 묻은 버선은> 거어서 버저가아<거기서 벗어서> 탈탈 좀 **터얼**고 두로소<털고 들어오소>.
털배 [털배'] 몡 심통*. 심술*. ¶이임마레도<옛말에도>, '성가 꾸우시니<생가 귀신이> **털배** 읻따' 앵카더나<심술이 있다고 하지 않더냐>. 드). 참 어원 불명.
테 [테] 몡 터*. ①¶양산 통두사느<통도사는> 참, **테** 하나느 기막킨<터 하나는 기막힌> 데다가 잘 자벌떼에요<잡았더군요>./(묏자리를) 저거 조옹조보가<자기 從祖父가> 미리 가가아<가서>, **테**느 버러<터는 벌써> 다아 자버나앝떠라 컨네요<다 잡아놓았더라고 하네요>. **테로 딲다<터를 닦다>** 구). **테가 시다<터가 세다>** 구).
텍¹ [테'기', 테'글', 테'게, 텍'또', 텡'마'] 몡 턱*. ①¶치통이 시임하머<심하면>, 참말로 **테**기 아푼동<턱이 아픈지> 이가 아푼동을<아픈지를> 아아기 에럽찌<알기 어렵지> ②¶니 칭구 문수 가아느<네 친구 문수 걔는>, **테**기 쫌 빤 드읃십떠라<턱이 좀 빤 듯싶더라>./밤 무굴 찌게<밥 먹을 적에> **테**글 고우고 안즈머<턱을 괴고 앉으면>, 남자테 보옴 배 업따<남에게 본 바 없다> 소리 든는대이<듣는다>. ▷테가리.
텍² [텍'] 몡 턱*. ¶축카하니이더<축하합니다>, 지비 아드리<댁의 아들이> 그 에러분 시어메<어려운 시험에> 학껴글 해앧따면서요<합격을 했다면서요>? 수우일 내애로<수일 내로> 한**텍** 내애시이소<한턱 내십시오>./까아직꺼 조읃심더<까짓 것 좋습니다>, 내가 한**텍** 커다앙쿠로 내애지요 머어<한턱 크게 내지요 뭐>.
텍³ [텍'] 몡 의존 ①턱*. ¶우리가 꾸미는 여엉그글<꾸미는 연극을> 우라부지가 절때<우리아버지가 절대> 아아실 **테**기 엄는데<아실 턱이 없는데>, 와 나알로 부리시능공 모올쉐<왜 나를 부르시는지 모를 일일세>?/이 사라마<사람아>, 마안닐 도동너미 도러서어가아<만일 도둑놈이 돌아서서> 니로 팍 찌리머 우짤라꼬<너를 팍 찌르면 어쩌려고> **테**껍시 그 너믈<턱없이 그 놈을> 따라가고 그카노<따라가고 그러느냐>?/지이가 너무 조오와가아<제가 너무 좋아서>, 지바라메 터진 우루미사<제바람에 터진 울음이야> 우리가 맹나로<공연히> 달랠 **테**기 업찌와<턱이 없잖아>./저 카르느<칼은> 여엉 무디인 **테**긴데 비이해<영 무딘 턱인데/셈인데 비해>, 이 카르느 누가 가런는동<칼은 누가 갈았는지> 참 잘또<잘도> 드네요. ②셈*. ¶참, 저넘드리<저놈들이> 오늘 지 세에상을<제 세상을> 만낸 **테**기다<만난 셈이다> 그자아<그지>?/인는 사라미 암망캐애도<있는 사람이 아무래도>, 엄는 사람버다 아사<없는 사람보다야> 시이주로 해애도<시주를 해도> 마아니<많이> 하는 **테**기지요<셈이지요>./그거가<그것이> 참, 바리 지이가 지 무디미로<바로 자기가 제 무덤을> 파는 **테**기라 마아리시더<셈이라 말입니다>./요분 이이른 모지리<요번 일은 모조리> 그 사람 뜯때로<뜻대로> 대애 가는 **테**기다<되어 가는 셈이다>. ③영문*. ¶저 천장 고무눌루운 우예 인는 쥐느<반자 위에 있는 쥐는>, 우얘댄 **테**긴동<어찌된 영문인지> 미테서 암만<밑에서 암만> 탕탕 처도<쳐도> 눈도 깜짝 앤하늠 모양이더만<않는 모양이더군>.

텍때다 [텍′때′애다] 동보조 셈치다*. 턱 대다. ¶비록 소구메 반찬뿌니지마느<소금 반찬뿐이지마는> 지인수서엉차니라 **텍때애**고<진수성찬이라 셈치고>, 마식끼 잡수우시이소<맛있게 잡수십시오>./비록 쫌 늘걷찌만도<좀 늙었지만>, 꼭 꺼틍 기이생이라 **텍때앱**뿌머<꽃 같은 기생이라고 셈쳐버리면> 그 자레서야 자미익끼 노올 수도 읻찌<자리에서야 재미있게 놀 수도 있지> 머어<뭐>./그런 모온 땐 너무 따른<못된 놈의 딸은> 업는 **택때애**능 기이 올켄네요<없는 셈치는 것이 옳겠네요>. ▷텍치다/텍대다.

텍치다 [텍′치′다] 동보조 셈치다. 턱치다*. ☞텍때다.

토깽이 [토깨′~이~] 명 토끼*. ¶앰 무거 바아가아 그럳치<안 먹어 봐서 그렇지>, **토깽이**로 가주구<토끼 고기를 가지고> 육쾌에로 해애 노오머<육회를 해 놓으면>, 그기이 얼매나<그것이 얼마나> 마신는동 모리제<맛있는지 모르지>?/산**토깽이**캉 집**토깽이**느<산토끼와 집토끼는> 저불 부치보머<접을 붙여보면/교배를 시켜보면> 앤 대능강<안 되는가>?/(학비 조달이 가능하다는 뜻으로) 초오네에서야<시골에서야> **토깽이** 멤 빠리마<토기 몇 마리만> 잘 키야도<키워도>, 아아 하나쭈우미사<아이 하나쯤이야> 공부로 시길 수 이섣심더<공부를 시킬 수 있었습니다>. ▷토깡이.

토시* [토시′] 명 ¶이이저네 우리 에릴 때마 해애도<예전에 우리 어릴 때만 해도>, 아아들꺼정도 시제굼<아이들까지도 제각각의> **토시**가, 도오 커리서근<두어 켤레씩은> 다아 이섣심더마느<다 있었습니다마는>···/삭뿌리 니느<삭불이 너는>, **토시**라컨늠 물거늘<토시라는 물건을> 함분<한번> 본 적인나<있니>?/하암복 사매 소오그로<한복 소매 속으로> 참바람 두로능 거로<찬바람이 들어오는 것을> 망능 기이<막는 것이> **토시** 애니가<아니냐/토시잖아>.

톧찌비 [톧′찌비] 몡 도깨비*. ¶술 묵꼬 **톧찌비**인테 홀리키이머<술 마시고 도깨비한테 홀리면>, 밤새애두룩 항군자리마 배앵뱅<밤새도록 한 군데만> 도온다메<돈다며>?/저네느 **톧찌비**불로<전에는 도깨비불을> 본 사라미 참 마아넌는데<본 사람이 참 많았는데>, 오새애느<요새는> 도무지 **톧찌비**불로 바앋따컨는 사라미 업서<도깨비불을 봤다는 사람이 없어>./비 오늠 바메<오는 밤에> **톧찌비**캉 시르믈<도깨비와 씨름을> 하다가 헐끄느로 자버 묵까아 녹코<허리띠로 잡아 묶어 놓고>, 이튼날 아지게 가보머<이튿날 아침에 가보면> 모지랑비짜리가 묵꾸키이 익꼬<모지랑비가 묶여 있고> 그런 터라 컫떼에<그렇더라고 하더군>. ▷톧쩨비/허께비/허찌비.

통시 [통시′] 몡 뒷간*. 변소*. ¶(도시 아이들이) 초오네 오머<시골에 오면>, 기중 검나능 기이<그중 겁나는 것이>, 바메 **통시**에 가능 거라메<밤에 변소에 가는 것이라며>?/우라재느 다암배로<우리 삼촌은 담배를> 만날 **통시**에 가가아<변소에 가서> 우랄배 모리구로 푹꼬 그랟찌<우리 할아버지 모르게 피우고 그랬지>./이이저네도 잘 사아는 지비서야<예전에도 잘 사는 집에서야>, **통시** 지베다가도 개와로<뒷간에다가도 기와를> 올리고 사알기야 해앧찌만<살기야 했지만>… 드).

통아다 [토~아′~다] 동 재 통하다*. ¶이 지리 청두로<길이 청도로> **통아**는 지링기요<통하는 길입니까>?

투바리 [투바′리] 몡 뚝배기*. ¶자앙이야 주장<된장이야 주로> **투바레**다가 퍼다머 묵찌만<뚝배기에 퍼담아 먹지만>…/그 미꾸라지꾹 참 마신네<추어탕 참 맛있네>, 한 **투바리**마<뚝배기만> 더 주이소<주세요>./그 할매이가<할멈이> 저거 메늘 모리구로<자기 며느리 모르게> 디인장 한 **투바리**로 퍼다 조옥껴등<된장 한 뚝배기를 퍼다 줬거든>… ▷투가리/툭수바리.

툭* [툭] 튀 ¶생각찌도 앤하던 이이리<생각하지도 않던 일이> 하나 **툭** 불거지는<불거지는> 통에 이이리 모지리 디틀립뿌렏심더<일이 모조리 뒤틀려 버렸습니다>.

툭수바리 [툭수′바′리] 몡 뚝배기*. ☞투바리.

틀* [틀] 몡 ①¶이 조오피느 트레 여어가아 빼앤능강<두부는 틀에 넣어서 뺐는지>, 우얘 이레<어찌 이렇게> 모양이 똑 같트꼬<모양이 꼭 같을까>?/그 집 아드른<아이들은> 힝이고 동성이고 모지리<형이고 동생이고 모조리> 한 트레 뽀분 듣따<틀에 뽑은 듯하다>. ②¶이 사진트레 드러 인떤<사진틀에 들어 있던>, 우리 힝이야 사지는<형 사진은> 어디 간능기요<갔습니까>? ③¶우리 마시레 캐애도<마을을 두고 말해도>, 그때 새끼트리 인는 지비<새끼틀이 있는 집이> 도오 찝 대앤나 모올라<두어 집 되었나 몰라>? ④¶재애수기 웨에아재 그 야앙반<재숙이 외삼촌 그 양반은>, 틀 참 조옥키 생긷떼에<좋게 생겼더군>. ⑤¶누부야<누나>, 이 바지 구웅딩이<궁둥이> 여기 미이진 데로<미어진 데를>, 트레다가 쫌 바거 주울래<틀에다가 좀 박아 줄래>?/저 아래 바안질 찌비서느<바느질 집에서는> 손틀만 내거리 시다가<늘 쓰다가>, 인자아느 발틀로<이제는 발틀을> 하나 삼<산> 모양이더라. ⑥¶자 인자아느 우릳또<이제는 우리도>, 트레 배기인 노르슨<틀에 박힌 노릇은> 구만<그만> 할 때도 대앤따<됐다>, 다아 거더치우자<다 걷어치우자>. 트레 맏추다<틀에 맞추다> 구). 틀(을) 잡다 구). 틀(이) 잡피다<잡히다> 구).

틀다* [틀'고'/트'고', 틀'지'/트'지', 틀'더'라/트'더'라, 트'러'(라')도, 트' 러'서] 동 태 ¶허리를 저쭈구로 함문<저쪽으로 한번> 쫙 트러바아라<틀어 봐라>, 푸미 앤 소옹강<품이 솔지 않은강> 쫌 보구로<좀 보게>.

틀리다*¹ [틀리'이고, 틀리'이지, 틀리'이더라, 틀리'이도, 틀리'이서] 동 재 ¶우애댄 테긴동<어찌 된 턱인지/영문인지>, 도옹캉 게에사니<현금과 계산이> 자꼬 틀리이고<자꾸 틀리고>, 도통 앰 만네요<안 맞네요>.

틀리다*² [틀리'이고, 틀리'이지, 틀리'이더라, 틀리'이도, 틀리'이서] 동 피동 '틀다'의 피동형. ¶이 나사가 노기 시런는동<녹이 슬었는지> 도무지 앤<안> 틀리이네요<틀리네요>./빙<병> 마개가 앤 틀리머<안 틀리면> 고무쭐로 가머가아 여러 보지 와<고무줄을 감아서 열어 보지 그러니>.

틈* [틈] 몡 ¶갑추리 그 사라미사<갑출이 그 사람이야>, 볼래 비인틈엄는<본래 빈틈없는> 사람 애니가<사람이잖아>.

티내다 [티이'내'애다] 동 태 먹거나 가지거나 누리는 것을 물리도록 실컷 하다. 퇴내다*. ¶갈비마 내리다지로<갈비만 내리닫이로/쉬지 않고> 사알로 무걸띠이<사흘을 먹었더니>, 인자아 갈비느<이제 갈비는> 참 **티이내앴**심더<퇴냈습니다>./여어행 여어행컨따가<여행 여행하다가> 요부네<요번에>, 여어행이라 컨능 거느<여행이라고 하는 것은> 완저니 **티이내액**꾸마<완전히 퇴냈어요>.

팅기다 [팅′기다*] 동 타 ①튀기다*. ¶저 할마시느 송까락 끄트로<할머니는 손가락 끝으로> 무리나 **팅기**고<물이나 튀기고> 안즘 팔짜에<앉은 팔자에>, 무진<무슨> 잔소리가 저레 마아느동 모올라<저렇게 많은지 몰라>./늘근 사라미 저레<늙은 사람이 저렇게>, 나미 **팅기**가아 날리<남이 튀겨서/퉁겨서 날려> 주는 고옹을<공을> 한 소느로 반능 거도<손으로 받는 것도> 재줍니더<재줍니다>./수우파늘 함문 열시미 **팅기**바아라<수판을 한번 열심히 튀겨 봐라>, 쉐푸니라도 좀 나물랑강<쇠푼이라도 좀 남으려는지>? ②퉁기다*. ¶(기생에게) 사너라<산월아>, 오느른 오램마네<오늘은 오랜만에> 어디 꺼뭉고<거문고>라도 항<한> 가락 **팅기** 보올래<퉁겨 볼래>?/(기생이) 지 아푸로<제 앞으로> 구불러두로늠 보글<굴러들어 오는 복을>, 탕탕 **팅기**는 심사느<퉁기는 심사는> 또 무진 심상공<무슨 심사인가>?/(톱질하기 전에) 이 사라마<사람아> 여기 먹쭐버텅<먹줄부터> **팅기** 도오야지<퉁겨 둬야지>.

ㅍ

파다* [파′고′, 파′지′, 파′더′라, 파′도′, 파′서′, 파′라′] 동 타 ¶무시 묵꾸로<무를 묻게>, 흘꾸딩이로<흙구덩이를> 하나 **파** 주소.

파래* [파래′] 명 ¶지남부네<지난번에> **파래** 문칭 거가 참 마싣떤데<무친 것이 참 맛있던데> 다아 무걸소<다 먹었소>?/여어서느<여기서는> **파래**로 가주구<파래를 가지고> 구근 앵 낄립니더<국은 안 끓입니다>.

파랭이 [파래′~이′] 명 파리*. ¶낮짜믈 좀 자알라 캐애도<낮잠을 좀 자려고

해도>, **파랭이**들 극성 따무네<파리들 극성 때문에> 잠도 잘 모온 짜겐따<못 자겠다>./바아라<봐라>, 자네가 **파랭이** 소늘 비빈다꼬<파리 손을 비빈다 고> 댈 이이리 아이니꺼네<될 일이 아니니까> 저리 비이끼래이<비켜라>./ 인자아는<이제는> 똥**파랭이**느 더러 이서도<똥파리는 더러 있어도> 개애 **파랭이**느 항 개도 업쩨<개파리는 한 마리도 없지>?

파랭이똥 [파래′~이~똥] 圀 ①파리똥*. ¶(찬밥을 권하며) 미안시럽찌만도<미 안스럽지만>, **파랭이똥** 안즘 바비나따나<파리똥이 앉은 밥이나마/찬밥이 나마> 한 술 뜨실랑기요<한 숟가락 뜨시렵니까>./저 방 천장아느<천장에 는> **파랭이똥**이 새애카맏투룩 안젇심더<파리똥이 새카맣도록 앉았습니 다>. ②주근깨*. ¶서양 아아드른 얼구레<아이들은 얼굴에> 웨엠 **파랭이 똥**이<웬 주근깨가> 그마이 마안턴동 모올라<그렇게나 많던지/많은지 몰 라>. ③검은 반점. ¶대지비나 밥 사바리로 살 때느<대접이나 밥 사발을 살 때는> **파랭이똥**이 마아능 거느<검은 반점이 많은 것은> 사지 마고<말 고>…

파러묵다 [파러묵′따]] 동 타 팔아먹다*. 사서 먹다. ①¶노로물<노름을> 하 는 통에 심 연 똥안<십 년 동안> 버어러 모두웅 거<벌어 모은 것>, 하립 빰 상가네<하룻밤 상간에> 다아 **파러무**걷따너마<다 팔아먹었다는군요>. ② ¶도세에서야<도시에서야> 초오네더러 살로 앵 가주구 가머<시골에서 쌀 을 안 가지고 가면>, 진 너미 **파러묵**찌 우야겓노<제 놈이 팔아먹지/사서 먹지 어쩌겠니>? ▷파라묵다.

파럴 [파′럴′] 圀 ①팔월*(八月). ¶자앙인어어른 생이리<장인어른 생일이> **파럴** 초단쉐등강 초엳쉐등강<팔월 초닷샛 날이던가 초엿샛 날이던가>? ② 추석*. ¶금염 **파러레**<금년 추석에> 오온 식꾸가 다아 모지이기 대머<온 식구가 다 모이게 되면>, 우리 가암포<甘浦에> 휘이 무구로 가알래<회 먹 으러 갈래>?

파레 [파′레′] 圀 작은 함지 모양의 네 귀퉁이에 각각 줄을 달아, 두 사람이 두 가닥씩 갈라 쥐고 마주 서서, 낮은 곳의 물을 높은 곳으로 퍼 올리는 농 기구. 맞두레*. ¶나리 가무머<날이 가물면> **파레**질 하능 기이<맞두레질 하는 것이> 엉기난다 엉기나<엉기??난다 엉기??나>./농사일 하능 가분데<하 는 가운데> 기중 심든 이이리 **파레**지리지<그중 힘든 일이 맞두래질이지>./

그럼, **파레** 꾸덩이 파능 거느<맞두레질 할 웅덩이 파는 것은> 수우분 이이리고<쉬운 일이고>?/그래도, 가실게<가을에> **파레** 꾸덩이로 푸머<파레?? 웅덩이를 푸면> 궤기라도 잠는<고기라도 잡는> 재미느 앤 인능기요<재미는 있잖아요>./(일하기 힘든 차례) 일 기린질<??>, 이 **파레질**<맞두레질>… ㋐ 慶州 지역엔, '용두레'는 없고 '맞두레'가 흔함.

팍꼬물 [팍꼬′물] ⑲ 팥고물*. ¶요부네 떡칼 찌게느<요번에 떡을 할 적에는>, 콩고물또 문치고<콩고물도 묻히고> **팍꼬물**또 문치고<팥고물도 묻히고>, 두우 가지로 다아 합시더<두 가지를 다 합시다>.

판#¹ [판′] ⑲ 상*(床). 밥상*. ¶(잔칫날) 새로, 손님 두우 분 오싣따<두 분 오셨다>, **판** 채리래이<상 차려라>./자, 여기 **판** 내애<상 내어> 가거라.

판*² [판] ⑲ 1 ⟨자립⟩ ①¶온쩌니게<오늘저녁에> 우리, 함 **판** 결판지기 버얼리 보입시더<한 판 걸게 벌여보십시다>./저거꺼정<저희끼리> 한창 잘 노오고 인는데<놀고 있는데>, 그 어어르니 나타나는 나부라게<어른이 나타나는 바람에> 구마아 **파**니 확 깨애접뿐찌<그만 판이 확 깨져버렸지>. 2 ⟨의존⟩ ①¶그 지분 크나드리 중는<집은 큰아들이 죽는> 통에, 안자아느 꼽따아시<이제는 곱다시> 안저가아 굴물 **파**니 대앨뿐찌<앉아서 굶을 판이 돼버렸지>./앙 그래도<그렇지 않아도> 한참 지둘리덤 **파**닌데<기다리던 판인데>, 니이 마춤 자 롿따<너 마침 잘 왔다>. ②¶히도리캉 내애기자앙구로 떤는데<희돌이와 내기장기를 두었는데>, 내가 내리다지로<내리닫이로/연거푸> 시이 **파**니나 젇심더<세 판이나 졌습니다>./자, 누가 이기든동<이기든지> 삼 시이 **팜**마네<세 판만에> 결파늘 내앱뿌자<결판을 내어버리자>. ③¶내가 지굼<지금> 막, 니로 차저 나설 **파**닌데<너를 찾아 나설 판인데>, 니이가 마침 와 조오서 고오막꾸나<네가 마침 와 줘서 고맙구나>./부동떡 찌분<부동댁 집은>, 웨에손지 친손지<외손자 친손자>가 다아 모디이가아<모여서> 온통 아아들 우우듬 **파**니 대애십띠더<아이들 우는 판이 됐습디다>. **판**(을) **벌리다**<벌이다> 구). **판**(이) **버러지다**<벌어지다> 구). **판**(을) **치다** 구).

팓떡 [팓′떡] ⑲ 팥떡*. ¶내가 아아로 서능 거도 애일 낀데<아이를 서는 것도 아닐 것인데> 우야자꼬 **팓떠**기 이레 묵꾸저부꼬<어쩌자고 팥떡이 이렇게 먹고 싶을까>?

팓쭉 [팓쭉′] ⑲ 팥죽*. ¶이부제 초생이 나머<이웃에 초상이 나면>, 제엘롱 수우붕 기이<가장 쉬운 것이> **팥쭈**기지 머어꼬<팥죽이지 뭐니>./누가 머라 캐애도<무어라고 해도> **팥쭈**기사 동지**팥쭈**기 췌에고 애니가<팥죽이야 동지팥죽이 쵀고 아니니>.

팔* [파'리, 파'를, 파'레, 팔'또, 팔'마] 명 ¶자, 야앙**파**를 디이로<양팔을 뒤로> 하고 가시미로<가슴을> 좌앙 내애미러<쫙 내밀어> 보소.

팔다* [팔'고'/파'고', 팔'지'/파'지', 팔'더'라/파'더'라, 파'러'(라')도, 파'러'서, 파'러'라/파'라'] 동타 ¶사아던 지블 **파**런시머<살던 집을 팔았으면>, 다른 데다가 새로 또 산나아 우앤노<샀니 어쨌니>?

팔십* (八十) [팔십'] 주 관 여든*. ¶(축수의 말로) 할매<할머니> 오래 오래, **팔십 팔십** 두우 **팔시불**<두 팔십을> 사아시이쉐이<사십시오>./(속마음과는 달리) **팔시**비라니<팔십이라니? 내가 이레 고올골해애가주구<이렇게 골골해서> **팔식**꺼정 사아머<팔십까지 살면> 머어로 하겐노<무얼 하겠니>?

팔짜 [팔'짜'] 명 팔자*(八字). ¶그 사람 참, 거억쩡도<걱정도> **팔짜**다<팔자다>./(한탄 조로) 그 기이<것이> 참, 지이가 타고난<제가 타고난> **팔짜**라먼<팔자라면>, **팔짜**<팔자> 대로 사아능 기이지 머어<사는 거지 뭐>. **팔짜로 곤치다**<팔자를 고치다> 구). **팔짜**<팔자>(가) **느러지다**<늘어지다> 구). **팔짜**<팔자>(가) **기박카다**<기박하다> 구). **팔짜**<팔자>(가) **시다**<세다> 구). **팔짜에**<팔자에> **없다** 구). **팔짜**<팔자>(를) **피다**<펴다> 구). **팔짜**<팔자>(가) **피지다**<펴지다> 구). **팔짜로**<팔자로> **하다** 구).

팔촌* (八寸) [팔'촌'] 명 ¶서리<서로> **팔총** 가니머<팔촌 간이면>, 벨로<별로> 머엉 기이 애니시더<먼 것이 아닙니다>./저 사랑캉은<사람과는> 우애댄 **팔총** 가닌데<어찌된 팔촌 간인데> 그래, 서리 얼구리도<서로 얼굴도> 잘 모온 아러본담 마알고<못 알아본단 말이냐>?

팥*/팣 [파'치', 파'틀'/파'츨', 파'테'/파'체', 팥'또', 팜'마'] x[파시] 명 ¶우리가 지굼 여어서<지금 여기서>, 똑 콩 **파**틀<꼭 콩 팥을> 따지이야 대겐나<따져야 되겠니>?

패다* [패'고', 패'지', 패'더'라, 패애'도', 패애'서', 패애'라'/패'라'] 동타 ¶미분 너믄<미운 놈은> 더러 자버다가<잡아다가>, 야아단도<야단도> 치고 쫌 **패애**조오야 댐니더<좀 패줘야 됩니다>./꽁꽁 묵까아녹코<묶어놓고> **패**는 데야 앰 마즐 자앙사가 인능강<안 맞을 장사가 있을까>? x ¶장작을 팬다. x¶보리 이삭이 팬다.
패밭다 [패받′따] 동태 내뱉다*. 뱉다*. ¶야 이 원수야! 지 묵끼 실타꼬<제 먹기 싫다고> 밥상 아페더러<앞에서> 묵떵 거로 막 **패받트머**<먹던 것을 마구 내뱉으면>, 우얀담 마알고<어쩐단 말이냐>?/보이소<보세요>, 가래추 물 아아무<가래침을 아무> 데나 **패받찌** 마세이<뱉지 마세요>.
팽댕이 [팽′대~이~] 명 팽이*. ¶(자랑삼아) 우리 웨에아재가 내인테<외삼촌이 내한테> 이 **팽댕이**로<팽이를> 따다머 조온따<다듬어 줬다>, 아아나<아니>?/ **팽댕이**가 이시머<팽이가 있으면> **팽댕이**<팽이> 채도 이서야<있어야> 칠 꺼 애니가<것 아니냐>?
퍼부ㅎ다 [퍼북′꼬/퍼붇′꼬, 퍼붇′찌, 퍼붇′떠′라, 퍼버′어도, 퍼버′어서] 동 퍼붓 다*. 1 자 ¶한저실게<한겨울에>, 웨엔 소내기가<웬 소나기가> 이리 **퍼분는동** 모리겐네<퍼붓는지 모르겠네>. 2 타 ①¶지이<제>가, 코수움도 앤 수고<숨도 안 쉬고/숨도 쉬지 않고> 가마아인는 나알로<가만있는 나를> 보고, 요글 **퍼부울** 끼이 머엉기요<욕을 퍼부을 것이 뭡니까>? ②¶우라재 마알수미<우리 숙부님 말씀이>, 앙간 저언투 때느<安康 전투 때는> 밤새애두룩<밤새도록> 폭타늘 막 **퍼버얻따** 카데에요<폭탄을 마구 퍼부었다고 하더군요>./전동 아지매<아주머니>, 술빠블 다아 쩌꺼등<술밥을 다 쪘거든> 여기 너링 그르게다가<너른 그릇에다가> **퍼버**어<퍼부어> 주소, 내 애다 너얼구로요<내다 넬게요>.
펀뜩 [펀뜩′] 부 ①빨리*. ¶어물거리지 마고<말고> **펀뜩** 움지기라<빨리 움직여라>, **펀뜩**<빨리>./(심부름) 가다가 노오지 마고<놀지 말고> **펀뜩** 댕게온너래이<빨리 다녀오너라>./(놀랍다는 투로) 선동 아재느<仙洞 아저씨는> 무신 지블<무슨 집을> 그치리 **펀뜩** 지인능기요<그처럼 빨리 짓습니까>? ② 얼른*. ¶해수야, 우리가 버러 느증 걷따<벌써 늦은 것 같다> 한 자주기람도 **펀뜩**<자국이라도 얼른> 가자./바레 땀난 지메<발에 땀난 김에> 우리 이거 **펀뜩** 다아 해애치압뿌자<얼른 다 해치워버리자>.
페[1] [페에′] 명 폐*(肺). ¶고지말떡 호기느<고지말댁 혹이는> **페에**가 나뿌다네요<폐가 나쁘다네요>./**페에**뼁 화안자느<폐병 환자는> 배애미로 무구머<뱀을 먹으면> 그리 조옫타는데<좋다는데>…/배애미도 조옥코<뱀도 좋고> 꼬오내기 안태<고양이 태>도 **페에**삐잉에느 조옫타 컨떠라<폐병에는 좋다

고 하더라>.

페² [페에′] 몡 폐*(弊). ¶사장어른<사장어른>, 그 동안 참 페에가 마아넌심더<폐가 많았습니다>./지이가 어어르신인테<제가 어르신한테>, 자꾸 페에마 끼치가아 미안시럼네요<폐만 끼쳐서 미안스럽네요>. 페가 대다<폐가 되다> 구). 페<폐>(를) 끼치다 구).

펜¹ [펜′] 몡 '떡'을 점잖게 이르는 말. 편*. ¶저기, 큰집 모오사<묘사>에 페는 멫 까지나 하능공<편은 몇 가지나 하는고/하는가>?/마린이베 페니 실부시머<마른입에 편이 싫으시면>, 단수리라도 함 모굼<감주라도 한 모금> 자아시 보시이소<자셔 보십시오>. 참 펜>편.

펜² [펜′] 몡 편*(便). 1 자립 ①¶우리 악깍딴 디이깍딴<앞마을 뒷마을> 펭 갈러 가주구<편을 갈라 가지고> 기마전 함문 하알래<한번 할래>?/철수캉 수운자느<철수와 순자는> 저거꺼정 함 페니 대능 기이<저희끼리 한 편이 되는 것이> 그레 조옹갑떠라<그렇게 좋은가 보더라>./우리 펜 짜 가주구 시름하까<편 짜 가지고 씨름할까>? 2 의존 ①¶(마라톤 연습하는 선수에게) 가방은, 니 칭구 가늠 페네<네 친구 가는 편에>, 학쪼오로 보내애 주꾸마<학교로 보내 줄게>, 니 머여<너 먼저> 가거라. ②¶팔랑개비느 다아<팔랑개비는 다>, 바라미 부러오는<바람이 불어오는> 페느로 도러가두룩<편으로 돌아가도록> 대애 읻찌<되어 있지>. ③¶실떼업시 완따갇따하니이사<쓸데없이 왔다갔다하느니보다>, 날짜미나 자슴 페니 나슬 사앙시푸다<낮잠이나 자는 편이 나을 성싶다>. ④¶그 집 아아느<아이는> 공부로 제북 잘하늠 페닝갑떠라<공부를 제법 잘하는 편인가 보더라>./오느른 생각뻐다 암 날새가<오늘은 생각보다 날씨가> 마아니 조옴 페니구마<많이 좋은 편이군요>. 펜<편>(을) 가리다<가르다> 구). 펜<편>(을) 들다 구). 펜<편>(을) 짜다 구).

펜수 [페엔′ 수′] 몡 대장일을 하는 곳 또는 그 곳의 우두머리. 편수*. ¶페엔수느 어디 페엔수고<편수는 어디 편수냐>? 겨엉상도 도페엔수<경상도 도편수>. 참 아기에게 부라질을 시키면서 부르는 노래./지꾸믄 업찌만도<지금은 없지만>, 우리 마시레도 저네느<마을에도 전에는> 펜수까니 한나 이선는데<대장간이 하나 있었는데>…/자아들 조옹고모아재가<쟤들 종고모부가> 저네 여어더러<전에 여기서> 펜수쟁이 이일로<대장장이 일을> 안 해앴심니까<했잖습니까>.
펜하다 [펜하′다] 혱 편하다*. ①¶(큰절을 하고 난 방문객에게) 자 이 사람, **펜하기** 앙께<편하게 앉게>./천날마안날 사암마<매일처럼 싸움만> 하고 도러댕기니까데<돌아다니니까>, 저검마 마아민들 **페늘** 나리<제 엄마 맘인들 편한 날이> 익껬심니까<있겠습니까>. ②¶도오니 드러가아 그럳치<돈이 들어서 그렇지>, **펜하**기사 자동차버담<편하기야 자동차보다> 기차가 훡얼심 **펜하**지요<훨씬 편하지요>./열 손 재애배하고 이시니<再拜하고 있으니/손 하나 까딱 않고 있으니>, 너무 **페너**서 타아리다<편해서 탈이다>. 참 **펢다**>펜하다. **페니** [페′~이~] 兲 편히*.
펢다 [펭′코, 펜′치, 펜′터]라, 페′너(나)도, 페′너서] 혱 '편하다'의 준말. ¶그래, 자네 어어르신도 다아 **펜**치러<어르신도 다 편하시지>?/(여행가는 어머니께) 어무니 **펭키** 댕기오시이소<어머니 편하게 다녀오십시오>./내상 요새애<나야 요새>, 해애 주늠 밤 묵꼬<해 주는 밥 먹고> 마앙궤에 **펢다**<만고에/대단히 편하다>. 참 **펢다**>펜하다.
펭당 [펭′당] 명 책상다리*.
펭댕이 [펭′대~이~] 명 책상다리*. 가부좌*. ¶이 사라마<사람아>, 어어른 아페서러느<어른 앞에서는> 함부레 **펭댕이**로<함부로 책상다리를> 치고 안능 기이<앉는 것이> 아니다. ▷펭당. **펭댕이 치다**<책상다리하다> 구).
펭성 [펭성′] 명 평생*. ¶저 집 성동띠기 할마시느<성동댁 할멈은> 오새애 제에주도에<요새 제주도에> 가 보시능 기이<보시는 것이> **펭성** 소오워니라니이더<평생 소원이랍니다>./저 야앙바는 **펭성** 가바아야<양반은 평생 가봐야> 서엄물 하나 사오능 거로<선물 하나 사오는 걸> 모옴 빠앝따<못 봤다>./내 **펭성** 저리 허어믕 꼬른<평생 저렇게 험한 꼴은> 처음 바안네<봤네>./이럭쿠룸 조옹 귀이경을<이렇도록 좋은 구경을> 우리 **펭성**어 두우 분 다시<평생에 두 번 다시> 하겐능기요<하겠습니까>?
펭지 [펭′지] 명 평지*(平地). ¶우리 에릴<어릴> 때, 여어 읻떤 엉뚜근<여기 있던 언덕은> 어덜<어디로> 가고, 완저니 이레<완전히 이렇게> **펭지**가 다아 대앺뿐노<평지가 다 돼버렸나>?/**펭지**에 사아는 사람드른<평지에 사는 사람들은>, 서어숙캉 조밤맘 묵꼬 사아는<기장과 조밥만 먹고 사는>, 산중 사람 시이정을 모릴 끼일시더<사정을/형편을 모를 것입니다>.

포적 [포′적/] 몡 표적*(表迹). ¶우리가 지내감 포저글 절때 앤 낭구우두룩<지나간 표적을 절대 안 남기도록> 해애라<해라>./내 누네도<눈에도> 이 노늘<논을> 누가 매앤는동 어앤는동<맸는지 어쨌는지> 포저글 하낟또<표적을 하나도> 차즐<찾을> 수가 엄는데요<없는데요>.

폭*¹ [폭′] 몡 의존 ¶가매니 시무<가마니 스무> 장 치는데 찬 나아리 걸리임<만 나흘이 걸린> 포기구나<폭이구나>.

폭*² [폭′] 囝 ¶이미야<어멈아>, 배께느 어억시기 칩때이<밖에는 매우 춥다>, 얼라아 두디기로<아기 포대기를> 폭 사 가주구<싸 가지고> 나가거라.

폭*(幅) [폭] 몡 ¶과앙목 포기<광목 폭이> 미영베버다아사<무명보다야> 마아니 너리지<많이 넓지>.

푸닥꺼리 [푸닥′꺼′리] 몡 푸닥거리*. ¶안자아느 초오네더러도<이제는 촌에서도> 푸닥꺼리<푸닥거리> 하고 그라는 사라믄 업찌요<그렇게 하는 사람은 없지요>?/누구라도 푸닥꺼리로 해애바얀짜<푸닥거리를 해봤자> 아아무 수암도 엄는데<아무 효험도 없는데> 말락꼬 하겐노<무얼 하려고 하겠니>? ▷푸닥까리. 푸닥꺼리하다 동자 푸닥거리하다*.

푸마시 [푸마′시] 몡 품앗이*. ¶우럼마느<우리 엄마는> 오늘 직천떡 찌비<직천댁 집에> 푸마시하로 갇심더<품앗이하러 갔습니다>./여어서느 모숭기도 푸마시<여기서는 모내기도 품앗이>, 놈매기도 푸마시로<논매기도 품앗이로> 다아 하암니더<다 합니다>. 푸마시하다 동자 품앗이하다*.

푸만 [푸만′] 몡 품안*. ¶얼라아로 푸마네 아앙꼬<아기를 푸안에 안고> 토다기는 새대기가<토닥이는 새댁이> 그럭키 이이뻐 비일 수가 업습띠더<그렇게 예뻐 보일 수가 없습디다>.

푸우다 [푸′우고, 푸′우지, 푸′우더라, 퍼′어(파′아)도, 퍼′어서, 퍼′어라] 동 타 피우다*. ①¶자 자 우리, 다암배라도<담배라도> 한 대 푸운 다아메 하압시더<피운 담에 합시다>. ②¶아푼 사람 인는 지비서러<아픈 사람 있는 집에서>, 지름 내애미<기름 냄새> 쫌 푸우지<좀 피우지> 마소, 야아<네>? ③¶크나지미요<큰형수님>, 금마아<그놈아이> 그저 마알상 쫌 구맘 푸우라 커이소<말썽 좀 그만 피우라고 하세요>. x¶숯불을 푸우다. ▷푸ㅎ다.

푹신 [푸욱′신′] 囝 풀썩*. ¶손자 넘 구웅딩이로<놈 궁둥이를> 탁 치니꺼네

<치니까> 문지가 **푸욱신**<먼지가 풀썩> 나더라. 드).

푼* [푼] 몡 의존 ¶니 소느로<네 손으로> 도온 함 **푸**니라도<돈 한 푼이라도> 버어러와 바아라<벌어와 봐라>, 도옴버어능 기이<돈버는 것이> 얼매나 심 드는동<얼마나 힘드는지> 아알기 댈 끼이다<알게 될 것이다>.

풀*¹ [풀ʹ] 몡 ¶벡 빠린다는 사래미<벽 바른다는 사람이>, 다린 주움비느 하 낟또<다른 준비는 하나도> 앤 해애 녹코<안 해 놓고>, 종오<종이>에다가 **풀**버텅 바리머<풀부터 바르면> 우얀담 마알고<어쩐단 말이냐>?

풀*² [풀] 몡 ¶(소에게) 첩뽀메느 **풀**로 캐애다가 미기다가<첫봄에는/이른봄 에는 풀을 캐다가 먹이다가>, 그 다아메느 **풀**로 비이다가 미기지<다음에는 풀을 베어다가 먹이지>.

풀다* [풀ʹ고ʹ/푸ʹ고ʹ, 풀ʹ지ʹ/푸ʹ지ʹ, 풀ʹ더ʹ라/푸ʹ더ʹ라, 푸ʹ러ʹ도, 푸ʹ러ʹ 서, 푸ʹ러ʹ라] x[풀르다] 통 타 ¶우리 웨에아재가<외삼촌이> 이이바구 보 따리로<이야기 보따리를> **푸**러노오머<풀어놓으면> 날 새는 줄 모리는데 <모르는데>…

풀리다* [풀리ʹ이고, 풀리ʹ이지, 풀리ʹ이더라, 풀리ʹ이도/풀레ʹ에도, 풀리ʹ이 서/풀레ʹ에서] 통 자 ¶한 사나알 치벌시니<사날 추웠으니>, 오느른 쫌 **푸 리**일라나<오늘은 좀 풀리려나>?

품*¹ [품ʹ] 몡 ¶이 바지느 **푸**미 너무 커가아<바지는 품이 너무 커서> 내인테 느<내한테는> 헐렁하네요.

품*² [품ʹ] 몡 ¶세에상아 **푸**미<세상에 품이> 안 들고 대는 이이리 어딘노<되 는 일이 어디 있나>? **품(을) 갚다** 구). **품(을) 팔다** 구). **품(이) 들다** 구). **품 (을) 디리다**<들이다> 구).

풍* [풍ʹ] 몡 거짓말*. 허풍*. ¶후니느 번데<(태)훈이는 본다> **풍**이 쫌 시임 하니꺼네<풍이 좀 심하니까> 그레 아러드르소<그렇게 알아들으소>./우리 상태 **풍**, 마알도 마아라<말도 마라>. **풍이 시다**<풍이 세다> 구). **풍(을) 까 다** 구). **풍(을) 치다** 구).

풍각쨍이 [풍ʹ각째~이~] 몡 풍각쟁이*(風角-). ¶오새애도 여엉천짜아느<요새 도 永川場에는> **풍각쨍이**가 이십띠까<풍각쟁이가 있습디까>?/장파네서 **풍각쨍이** 어업서진<장판에서 풍각쟁이 없어진> 제가 어언젠데<지가 언 젠데>…

풍얼 [푸′~얼~] 圐 풍월*(風月). ¶저 사람 저거, 참말로 **풍어**를 아알고<풍월을 알고> 저카는동<저렇게 하는지> 모리고도 저카는동<모르고도 저렇게 하는지>, 도무지 아알 수가 엄네<알 수가 없네>./개애도 **풍어**를<풍월을> 한다는데 맹탕 **풍어**를<전혀 풍월을> 모린다꼬사<모른다고야> 할 수 억껜찌<없겠지>. **풍얼하다** 圄困 풍월하다*. **풍얼**<풍월>(을) 읊다 구).

풍쟁이 [풍재′~이~] 圐 허풍선이*. 풍이 센 사람. ¶저 야야반 고종사아초는<양반 고종사촌은>, 겁뽀기느 멀쩡어도<겉보기는 멀쩡해도> 사아시른 **풍쟁이**니까<사실은 하풍선이니까>, 어야든동 조오심해애래이<어쩌든지 조심해라>./내 참, **풍쟁이, 풍쟁이**캐애도<허풍선이, 허풍선이래도> 저럼 **풍쟁이**느 생긴 처엄 바앋심더<저런 허풍선이는 생전 처음 봤습니다>

푸ㅎ다 [푼′꼬/푹′꼬, 푼′찌, 푿떠′라, 푸′아도/퍼′어(파′아)도, 푸′아서/퍼′어서, 푸′아라/퍼′어라] 圄타 피우다*. ☞푸우다.

피*¹ [피] 圐 ¶잠수 아재가<아저씨가>, 도동넘캉 업치락디이치락카다가<도둑놈과 엎치락뒤치락하다가> 다천는동<다쳤는지>, 소네서러 **피**로<손에서 피를> 흘리고 이석꺼등요<있었거든요>…

피*² [피′] 圐 ¶멩호 아재느<명호 아저씨는>, 새들 노네 **피** 뽀부로<논에 피 뽑으러> 가시고 지비느 앙 기이심니더<집에는 안 계십니다>./금녕게느 놈 마줌<금년에는 논마다> 무심<무슨> **피**가 와 저레 마아늘꼬<왜 저렇게 많을까>.

피*(皮) [피′] 圐 ¶**피** 무게느<무게는> 빼고 나서 꼬치마 열 끄닝기요<고추만 열 근입니까>? 애니머 **피**꺼정 보태애가아<아니면 피까지 보태서> 열 끄닝기요<근입니까>?/정워를 달 찌게느<저울을 달 적에는> 함부레 **피** 무게느 빼앱뿌야<미리 피 무게는 빼버려야> 서리 앤 상치이지요<서로 안 헷갈리지요>.

피거리 [피거′리] 圐 포기*. 1 困固 ①¶그 뱁추 **피거레**<배추 포기에>, 알 함분 잘 뜨르네<한번 잘 들었네>. ②패거리*. '혈족'을 얕잠아 이르는 말. ¶절골떡 찌비<절골댁 집이>, 바라 그 송가네캉<바로 그 손가네와> 마카 함 **피거리** 애닝기요<모두 한 패거리 아닙니까/패거리잖아요>. 2 困固 포기*. ¶이 논 나락 **피거리**가<벼 포기가> 저 놈만 모온하네<논만 못하네>./양동 아지매<아주머니>, 우리 짐치 마시나 보시라꼬<김치 맛이나 보시라고> 도오

피거리 가주구 왇심더<두어 포기 가지고 왔습니다>. ▷피기.
피기 [피′기] 몡 포기*. ☞피거리.
피농 [피이′농′] 몡 폐농*(廢農). ¶큰무리 온 드을파늘 덕꼬 지내각끼 따무레<큰물이 온 들판을 덮고 지나갔기 때문에> 금연 농사느 **피이농**입띠더<금년 농사는 폐농입디다>./여어느 꼴짜기라가아<여기는 골짜기라서>, 서어리가<서리가> 일쩍 오는 해부네느<해에는> **피이농**<폐농> 지지요 머어<뭐>.
피다#¹ [피′고, 피′지, 피′더′라, 피′이도, 피′이서, 피′이라] 통 타 펴다*. ①¶챙마 **피**고 안저가아<책만 펴고 앉아서> 자불기나 하머<졸기나 하면> 그기이 무싱 공부고<그것이 무슨 공부냐>?/바라미 윙캉<바람이 워낙> 부러 사아<불어 쌓아>, 우우사늘<우산을> 함붐 **피**이보올라 캐에도<한번 펴보려고 해도>, 도오저이 **필**<도저히 펼> 수가 이서야지요<있어야지요>./새 마을 고오육 갇따 오고버텅<교육 갔다 오고부터>, 이불 **피**능 거느<펴는 것은> 자기가 맏떼에요<맡더군요>. ②¶아지매요<아주머니> 어야든동<어쩌든지> 우리 주룸사리느<주름살은> 쫌 **피**고 사압시대이<좀 펴고 삽시다>./이 오세 꾸김사리가 전능가배<옷에 구김살이 졌나 봐>, 달비<다리미>로 살살 쫌 **피**이 주울래<좀 펴 줄래>? ③¶니느<너는> 트미 나거들랑<틈이 나거든>, 저 꾸불라진<구부러진> 철사라도 좀 **피**이 도고<펴 다오>. ④¶어디가 타아리 난는동<탈이 났는지>, 파리<팔이> 오무라느 지는데<오므라지기는 하는데> **피**이지지로<펴지지를> 잘 앤하네<않네>./성도야 니느<너는>, 고개로 자꼬<고개를 자꾸> 수구리지 마고<숙이지 말고>, 남자닥꾸로<남자답게> 어깨로<어깨를> 좀 쩍 **피**고 댕게라<펴고 다녀라> 보자. ⑤¶마다아<마당에>다가 덕시기로 도오<멍석을 두어> 장 **피**머<펴면>, 여러어시 안질<여럿이 앉을> 수 안 익껜나<있잖겠니>./짐<김> 서방 장꼼마요<잠깐만요>, 할배자테 인사느<할아버지께 큰절은> 여게<여기에> 초식짜리로 **핀** 다아메<돗자리를 편 다음에> 하두룩 하이소<하도록 하세요>. ⑥¶저레 서엉한 꼬더박 덤푸른<저렇게 성한 박 넝쿨은>, 세에려글 어디꺼정<세력을 어디까지> **피**고 나갈찌<펴고 나갈지>, 지키바아야 대겐네<지켜봐야 되겠네>. ⑦¶(시동생에게) 여적꺼정은<여태까지는> 내가, 대리미힝이자테 주거서 지낻찌만도<도련님형한테 죽어서 지냈지만>, 인자아<이제> 나도 저 야앙반 아페서<양반 앞에서> 기 **피**고<펴고> 함문 사러볼 채애미시더<한번 살아볼 참입

니다>.

피다#² [피′고′, 피′지′, 피′더′라, 피이′도′, 피이′서′] 동자 패다*. ¶보리이시기가 **필** 때쭈우미<이삭이 팰 때쯤이>, 바리 노구자리가 새끼로<바로 종다리가 새끼를> 치는 때지./나락 **필** 찌게<벼 팰 적에>, 논뜨으레 나가 보머<논들에 나가 보면> 나랑 내애미가<벼 냄새가> 구시이하기 나니이래이<구수하게 나느니라>.

피다*³ [피′고′, 피′지′, 피′더′라, 피이′도′, 피이′서′] 동자 ¶양지바린 돌따무라게는<양지바른 돌담에는> 벌서러<벌써> 개나리가 활짝 **피**잇떠네요<피었더군요>.

피죽# [피′죽] 명 제재소에서 제재하고 남은, 나무껍질이 붙어 있는 조각. ¶뗄나무 할 떼가 잘 업시니꺼네<데가 잘 없으니까>, 오새애느 나무꽁장아서러<요새는 제재소에서> **피주**기나 사다가 때애고<피죽이나 사다가 때고> 그레 지내앤다<그렇게 지낸다>./나무꽁장아서야<제재소에서야> **피주**기 자꼬 나오겐찌<피죽이 자꾸/계속 나오겠지>.

피죽*(-粥) [피′죽] 명 피로 쑨 죽. ¶이이저네느 숭여니 들머<예전에는 흉년이 들면>, 거랑따무레 나가가아<개울가에 나가서> 피로 훑터다가<피를 훑어다가>, **피주**글 소오 묵꼬<피죽을 쑤어 먹고> 사런만다<살았단다>./배가 디이기 고퍼 바아라<되게 고파 봐라> **피주**기라도 꿀마시지<피죽이라도 꿀맛이지>./사아레 **피죽**또 항 그륵 모옴 무군 꼴<사흘에 피죽도 한 그릇 못 먹은 꼴>…

피하다* [피이′하′다] 동타 ¶소가 뜰라 컨능 거로<뜨려고 하는 것을> **피이**할라컨따가<피하려다가>, 재수 억끼<없게> 도랑무레<도랑물에> 빠젤심더<빠졌습니다>.

핀 [핀] 명 편*(便). ☞펜.

핑경 [핑′경] 명 소의 목에 다는 소리나는 물건. 풍경*(風磬). ¶우리 소 **핑경**은<풍경은> 소리가 와 저레<왜 저렇게> 앰 말꼬 철럭꺼리능기요<맑지 않고 철럭거리는지요/철럭거립니까>?/(그런 것도 못 봤니? 하는 투로) 저레 가머<절에 가면>, 처망 귀팅이마중<처마 귀퉁이마다> **핑경**이 앤 달리잇떠나<풍경이 달려 있지 않더냐>?

핑게 [핑′게] 명 핑계*. ①¶아아무리 **핑게**로 사물 끼이<아무리 핑계를 삼을

것이> 어업서도 그런치<없어도 그렇지>, 어어르니 대애 가주구<어른이 돼 가지고> 아아들 이르믈 다아 파능기요<아이들 이름을 다 팝니까>?/아푸다는 **핑게**로 대애고<아프다는 핑계를 대고>, 남들 다아 하능 부우여글 빠지능 거느<다 하는 부역을 빠지는 것은> 야수러분 지잍시지요<?? 짓이지요>. ②¶실떼엄는 **핑게**느 대애지 마고<쓸데없는 핑계는 대지 말고>, 내 시기는 대로마 해애라<시키는 대로만 해라>./어어르니 시기머 시기는<어른이 시키면 시키는> 대로 할 내기지<따름이지>, 니느 무짐 **핑게**가<너는 무슨 핑계가> 그리 마안노<많니>?

하나* [하나′ 가, 하나′ 를, 하나′ 에, 하나′ 도/하낟′ 또, 하나′ 마] I ㈜ ¶**하나**, 두우리<둘> 서어이<셋> 너어이<넷>, 다아<다섯>… II 명 ¶그 지블 차저가는 방버븐<집을 찾아가는 방법은> 단 **하나**뿌닐 끼이다<하나뿐일 것이다>. ②¶우리찌리람도 여어서 뜨들<우리끼리라도 여기서 뜻을> **하나**로 모두우 두룩 하압시대이<모으도록 합시다>. ③¶그 사라민테느<사람에게는> **하낟** 또 잘모온항 기이<하나도 잘못한 것이> 업찌 와요<없잖아요>./니이가 암망 그캐애 사아도<네가 아무리 그렇게 해 쌓아도> 내상 **하낟**또 무서불 꺼 업따<나야 하나도 무서울 것 없다>. ▷한나. **하나버텅 열꺼정**<하나부터 열까지> 구). **하나 애니라**<하나 아니라> **바안쪼갱이라도**<반쪽이라도> 구).
하늘* [하′느리, 하′느를, 하′느레, 하′늘도/하′늘또, 하′늘마] 명 ¶이 사라마<사람아>, 말꼬 푸린 **하느름** 마리지<맑고 푸른 하늘은 말이지>, 우리 나라에마 인능 기이 애니고 마리지<우리 나라에만 있는 것이 아니고 말이지>, 다린<다른> 나라에도 마리지<말이지>, 그런 **하느리** 읻따능 거로 마리지<하늘이 있다는 것을 말이지>, 자네도 아러야<알아야> 한다, 이 마리지<말이

지>, 내 마아르느<말은>.

하다#¹ [하′다′] 🖼 하도*. 너무도*. ¶폭탄 터지는 소리에 **하다** 노올래가아<하도 놀라서>, 처어메에느 마알또<처음에는 말도> 자 랜 나오더라꼬요<잘 안 나오더라고요>./가아드른<걔들은>, 노리개가 **하다** 마아너가아<하도 많아서> 어능 거버텅 가주구 노러양 댈찌 모리겠떠라<어느 것부터 가지고 놀아야 될지 모르겠더라>./니이가 시어메<네가 시험에> 부텉따는 소리로 득꼬<붙었다는 소리를 듣고> 너검마느 **하다** 조오와가아<네 엄마는 너무도 좋아서> 덩실덩실 충꺼정 다아 초온따<춤까지 다 추었다>. 드). 🖼 하도>하다.

하다*² [하′고, 하′지, 하더′라, 해애′도′/하여′도′, 해애′서′/하여′서′, 하여′라′/해애′라′/하′라] x[하거라] 🖼🖼 ¶우리 심시믄데<심심한데>, 배께<밖에> 나가 우운동이라도 쫌 **하**자, 응이<운동이라도 좀 하자 응>?

하래비 [하′래′비] 🖼 할아비*. ¶(손자를 어르며) 허 이 자소니<자손이/녀석이>, **하래비** 욕삐일라 컨네<할아비를 욕보이려고 하네>./(욕으로) 그럭키 마알로 해애도<그렇게 말을 해도> 모온 아러득꼐꺼등<못 알아듣겠거든>, 니 **하래비**인테나<네 할아비에게나> 가가아 무러바아라<가서 물어 봐라>./하아마 하아마 춤촤아라<달팽이야 달팽이야 춤춰라>, 니 **하래비**<네 할아비> 개똥바테<개똥밭에> 장구 치고 춤춘다. 🖼 전래 동요. ⇔할미.

하롭빰 [하롭빰′] 🖼 하룻밤*. ①¶우리 사이에 **하롭빰** 상가네<하룻밤 상간에> 달러질 끼이<달라질 것이> 머어가 익껟심니까<뭐가 있겠습니까>. ②¶그 참, **하롭빠**메느<하룻밤에는> 그 집 여엉가미<영감이>, 펭성 앤하던 이이바글<평생 하지 않던 이야기를> 다아 꺼어내애더라네요<다 꺼내더라네요>./**하롭빰** 푼사랑에<하룻밤 풋사랑에> 이 바물<밤을> 새우고, 사랑에 모시 배겨<못이 박혀>'라 컨는<고 하는> 유행가 마아린데<말인데>…

하리 [하리′가, 하리′를, 하리′에/하리′예, 하리′도, 하리′마] 🖼 하루*. ①¶소물로 **하리** 시이 끼석<쇠죽을 하루 세 끼씩>, 꼭 낄리 조오야 대능강<끓여 줘야 되는지>? ②¶이이레 파문치이다가<일에 파묻히다가> 보니, 언사나 **하리**<어느새 하루> 해가 다아 저무럽뿐네요<다 저물어버렸네요>… ③¶나느<나는> 참 생각또 앤 해앤는데<생각지도 않았는데>, **하리**느 고햐아서<하루는 고향에서> 칭구 어어르니<친구 어른이> 떠억 차저 와신띠이더<턱 찾아 오셨습디다>. ④¶그 지분 초하리 보로무로느<집은 초하루 보름으로는> 꼭 저레 댕긴다<절에 다닌다>. **하리가<하루가> 멀다고** 구). 하리로 몬 사러도<하루를 못 살아도> 구).

하릭깡생이 [하릭깡새′~이~] 몡 하룻강아지*. ¶이임마아레도<옛말에도> **하릭깡생이** 버엄 무서분<하룻강아지 범 무서운> 줄 모린다 앙카나<모른다고 하지 않느냐>./죽꾸저붐 모앵이지<죽고 싶은 모양이지>? **하릭깡생이** 거틍 기이<하룻강아지 같은 것이>, 가아미 어덜로<감히 어디를> 덤비드러, 덤비들기로<덤벼들어, 덤벼들기를>. 드).

하잖다 [하′ 장코, 하′ 잔치, 하′ 잔터라, 하′ 자너(나)도, 하′ 자너서] 혱 좋지 않다*. 나쁘다. ¶이 쪽 페니<편이> 내 누네느 저쪽버다아<눈에는 저쪽보다> 더 **하자**너 비이능구나<좋지 않아 보이는구나>./막껄리 마시 쫌 **하잔**티이라도<막걸리 맛이 좀 나쁘더라도> 요붐마 차무소<요번만 참으세요>. 흔). 참). 반대말인 '하다'는 단독으로 쓰이지 않음.

하적 [하아′ 적′] 몡 하직*(下直). ¶새말 아지매요<아주머니>, 어어른싱께서 지무시는 듣해애가아<어르신께서 주무시는 듯해서>, 지이가 **하아적** 인사느 앤하고<제가 하직 인사는 않고> 기양 가알람니더<그냥 가렵니다>. **하적카다** 동탸 하직하다*.

한* [한′] 관 ¶고옹구느 마안는데<식구는 많은데>, 고등에 **한** 송 가주구<고등어 한 손으로> 어덩 코에 바릴 끼이고<어느 코에 바를 거냐/것이냐>?

한*(恨) [하~아′~이′~, 하~아′~늘′, 하~아′~네′, 하안′ 도′, 하암′ 마′] 몡 ¶나느 저레 **하아넙**시<나는 저렇게 한없이> 너림 바다마 보머<넓은 바다만 보면>, 금방 쉐에기 서워너지더마<속이 시원해집디다>.

한나 [한나′] 준 하나*. ¶능구믄 **한나**가 서그머<사과는 하나가 썩으면> 그 상자 소오게 잎떵 거느<속에 있던 것은> 모지리 다아 석심더<모조리 다 썩습니다>./아드리라꼬 똑 **한나** 인능 기이<아들이라고 딱 하나 있는 것이>, 어어떠쿰 마알로 앤 든는동<어떻게나 말을 안 듣는지> 내사 참말로 모온 사알겐심더<나야 참으로 못 살겠습니다>/동애이<(吉)童아>! 나느 천제에<나는 천지에> 니 **한나**마 믹꼬 사안대이<너 하나만 믿고 산다>. 흔).

한날* [한′ 날′] 몡 ¶두우 찝 잔채가<두 집 잔치가> 와 해필<왜 하필>, **한날** 한시에 한다꼬<한다고> 저 야아다니꼬<야단일까>?

한둡빵 [한둡빵′] 명 한둣방*. 절에 있는 외진 방. ¶박 꺼어사느<거사는>, 저 **한둡빵**아서<한둣방에서> 거체하고 잇심더<거처하고 있습니다>. 드).

한디방아 [하안′ 디′ 바~아~] 명 한데 방아. 집 밖에 있는 디딜방아. ¶저기 인 는 **하안디방아**느 주이니 인능기요 엄능기요<있는 한데 방아는 주인이 있 습니까 없습니까>?/어떤 이인네가 아아로 억꼬 **하안디방아**로 찍꼬 인는 데<어떤 여편네가 아이를 업고 한데 방아를 찧고 있는데>, 저엉마안세가 지내가다가<정만서가 지나가다가>… 드).

한전* (閑塵) [하안′ 전′] 명 한데다가 펴는 전(塵). ¶이치리 날새도 추분데<이 처럼 날씨도 추운데>, 벌파네다가 **하안저**늘 피이본들<벌판에다가 한전을 펴본들>, 누가 들바더보기나<들여다보기나> 할 꺼 겉능가<것 같은가>?

한정 [한정′] 명 의존 한숨*. ¶초지녀게 **한정** 자고 나머<초저녁에 한숨 자고 나면> 도무지 재미 앤 와가아<도무지 잠이 안 와서> 내 참…

한칭 [한′ 칭′] 명 한창*. ¶누우니 오머 치분 줄또 모리고<눈이 오면 추운 줄도 모르고>, 토깽이 자부로 댕길 찌게가<산토끼 잡으러 다닐 적이> **한칭** 이열찌<한창이었지>./누구나 **한칭** 때사 머어라도 어업서가아 모음 묵찌<한 창 때야 뭐라도 없어서 못 먹지>, 익끼마 하머사<있기만 하면> 도올로 시 퍼무거도<돌을 씹어먹어도> 다아 내리가니이라<다 내려가느니라>.

할마시 [할마′ 시] 명 할머니*. '할머니'의 낮춤 말. ⇔할바시.

할말* [하알′ 말′] 명 ¶참, 당시늘 앰 볼 찌게느<당신을 안 볼 적에는> **하알 마아리** 마아넌데요<할말이 많았는데요>, 이레 땅 만내고 보니<이렇게 딱 만나고 보니> 암 말또 생기기 앤<아무 말도 생각이 안> 나네요./저 실랑 각 시느<신랑 각시는> 무신 **하알마리**<무슨 할말이> 저리도 마안는동 모올래 <많은지 몰라>.

할망구* [할망′ 구] 명 ¶(할아버지가 할머니에게) 바아라<봐라>, 저기 저언나 완능갑따<전화 왔는가 보다> 이 **할망구**야, 쫌 시끄럭꾸로<좀 시끄럽게> 하 지 마라./보소, 내 거튼 늘근<나 같은 늙은> **할망구**가, 어디 머어로 아아겐 능기요<무엇을 알겠습니까>?/초온 **할망구라**꼬 나알로<촌 할망구라고 나 를> 너무 무시하지 마쉐이<마세요>.

할매 [할′ 매′] 명 할머니*. ¶아지매<아주머니>, 우랄매느<우리 할머니는> 어 디 기이시능기요<계시는지요/계십니까>?/나느 바앙학<나는 방학> 때 **할매**

인는 데 가알라니이더<할머니 계신 데로 가렵니다>. ⇔할배.

할맹이 [할매'~이] 몡 ①할멈*. 할머니*. ¶그 집 **할맹이**느 오새애<할머니는 요새> 마아니 펜차늠 모양띠더<많이 편찮은 모양입디다>./우리 집 **할맹이** 호옥시<할멈 혹시>, 어디 가능 거<가는 중> 모음 빠안능기요<못 봤습니까>? ②늙은 마누라. 늙은 여인. 여자 노인. ¶마실 **할맹이**드리<마을 여자 노인들이> 저거꺼정 다아 모디이가아<저희끼리 다 모여서>, 화토 치고 노오능 고지<화투 치고 노는 곳이> 따리 잇따네요<따로 있다고 하네요> ⇔영감.

할바시 [할바'시/할'바'시] 몡 할아비*. '할아버지'의 낮춤 말. ¶(동네 노인이 할머니에게) 저 집 **할바시**느 어덜<할아비는 어디를> 가고, 할마시 혼차서<할멈/당신 혼자서> 바틀 저레 매능기요<밭을 저렇게 매십니까>?/해애성이 **할바시**느 조하베<혜성이 할아버지는 조합에> 가매니 대애로<가마니 대러> 가고 앙 기이싱가배요<안 계신가 봐요>. ⇔할마시.

할배 [할'배'] 몡 할아버지*. ¶꼬오까믈 빼애무구머<곶감을 빼먹으면>, 나앙 줴에<나중에> 우리 **할배**가 모리실 꺼 거태<할아버지가 모르실 것 같아>? 첨마네 마알수미올시다<천만의 말씀이올시다>./우**랄배**사<우리 할아버지야> 참 디이기 무섭는데<되게 무서운데>, 수야 너거 **할배**느<(창)수 네 할아버지는> 앰 무섭나<안 무섭니>?/(할아버지와 겸상에 앉을 아이를 타이르며) 선디가<선덕아>! 이 제랄 찡 거느<계란 찐 것은>, **할배** 잡수우실 꺼 니꺼네<할아버지가 잡수실 것이니까> 니느 절때<너는 절대> 손대애지 마러래이<손대지 말아라>. ⇔할매.

함박꼳¹ [함'박'꼳] 몡 함박꽃*. 꽃 이름. ①¶**함박꼳**튼 보메 피능 거제<함박꽃은 봄에 피는 것이지>? ②¶(부러운 듯) 그 집 산소에 **함박꼳** 피인따<함박꽃 피었다>. **함박꼳**<**함박꽃**> **피다** 구) 집안에 영화로운 일이 생기다.

함박꼳² [함'박'꼳] 몡 작약꽃*.

함밥 [함'밥] 몡 한밥*. ¶**함밥** 빠든 니비가<한밥 받은 누에가> 뽕 이퍼리 깔거뭉는<이파리 갉아먹는> 소리가, 똑 소내기<꼭 소나기> 오는 소리 거트니이라<같으니라>./니비 **함바**불 줄 때느<누에 한밥을 줄 때는> 아아무리 바뻐도<아무리 바빠도>, 물 무든 뽕은<물 묻은 뽕잎은> 결때 주지 마래이<절대 주지 마라>.

합빠지 [합빠′지] 명 핫바지*. ①¶내상 치불 때느<나야 추울 때는>, **합빠지**가 <핫바지가> 뜨시고 펭코 참 조온터라마느<따뜻하고 편하고 참 좋더라마는>… ②¶여러시 모지인 데 가가아<여럿이 모인 데 가서>, 사아라미<사람이> **합빠지** 소리느 앤 드러야지<핫바지 소리는 안 들어야지>.

항갇 [항갇′] 명 한갓*. 오직*. 그것만으로. ¶누구라도 사아람마줌<사람마다> **항갇** 째주사 다아<한갓 재주야 다> 앵 가주구 익껜나<가지고 있지 않겠니>?/기림 점뭉가 누네야<그림 전문가 눈에야>, 우리가 **항갇** 풋내기로바께 <한갓 풋내기로밖에> 더 비이겐나마느<보이겠느냐마는>, 우리 나름대로야 또…

항갑 [하앙′갑′] 명 환갑*(還甲). ¶야 이 처럼는 사라마<철없는 사람아>, 이 임마아레<옛말에> **하앙가**베 철든다 컨띠이<환갑에 철든다고 하더니>, 자네도 그 쫑가<조인가>?/시방 무진 소리 하고 인능 거고<지금 무슨 소리를 하고 있는 것이냐>? **하앙가**비머 인자버텅 청추닌데<환갑이면 이제부터 청춘인데>…/여보게 **하앙갑** 찌잉갑 다아 지낸 헹피네<환갑 진갑 다 지난 형편에> 우리가 머어로<무얼> 더…

항노 [항노′] 명 향로*(香爐). ¶(제사 준비를 하며) 자! **항노**캉 촌때느<향노와 촛대는> 일로로 가주구 온나아<이리로 가지고 오너라>.

해#¹ [해′애′] 명 게아재비*. 수서 곤충의 한 가지. ¶해애야 해가 어딘노<게아제비야 해가 어디 있니>? 커머<하면> **해애**가 해로 가알친다<게아제비가 해를 가리킨다> 마아리다<말이다>. 참 아이들이 게아재비를 잡아서 손에 가지고 놀면서 하는 말.

해*² [해′] 명 ¶다 란 뜨는 나른 이서도<달이 안 뜨는 날은 있어도>, **해** 안 뜨는 나른 엄슴 버비지<날은 없는 법이지>.

해*³ [해′애] 명 의존 ¶지굼 급판 헹피네<지금 급한 형편에> 니 해애 내 **해애**가 **어딘노**<네 해 내 해가 어디 있니>?

해묵꺼 [해애′묵′꺼] 명 해먹을 것. 반찬*. 흔).

햅새 [햅′새′애 명 햇새*. ¶**햅새**애느 자시이 보머<햇새는 자세히 보면>, 입 쭈딩이에 약깐 노링 끼가 인니이라<주둥이에 약간 노른 기가 있느니라>.

행상 [행상′] 명 상여*. ¶**행상**(行喪)을 처음 꾸미가아느<상여를 처음 꾸며서는>, 도옹네에서 기중 봉 마아는 늘긴이로<동네에서 가장 복 많은 늙은

이를> 머여 태야가아<먼저 태워서> 마실로 함 바꾸 도러야 대는데<마을을 한 바퀴 돌아야 되는데>, 첨메에느 아아무도 앤 탈라 컨따가<처음에는 아무도 안 타려고 하다가> 나중에는 서리 탈라꼬 야다니지 와<서로 타려고 야단이지 왜>./누구라도 주구머<죽으면>, **행상**아다가 시일꼬<상여에다가 싣고> 가야지…

허리* [허′리가, 허′리를, 허′레/허′리에, 허′리도, 허′리마] 명 ¶저 집 할매느<할머니는>, **허리**가 와 저치리 구번는동<왜 저처럼 굽었는지> 참!

허벅찌 [허벅′찌] 명 허벅지*. ¶살 찌푼 **허벅쩨** 난 조옹지미느<살 깊은 허벅지에 난 종기는> 크기 괭길 낀데<크게 곪을 것인데>, 저거로 우야지<저걸 어쩌지> 내가 창 거억쩡이다<참 걱정이다>./무진<무슨> 여자가, **허벅찌**로 허어영이<허벅지를 허옇게> 다아 내애 녹코<다 내 놓고>, 빨래로 하노<빨래를 하니>?

헌* [허언′] 관 ¶이런 **허언**채근<헌책은> 엳시나 사무겁뿌라<엿이나 사먹어버려라>./바아라<봐라>, **허언**신쩨기느<헌신짝은> 저 거름바테 갇따가 내삐러라<거름 밭에 갖다가 내버려라>. **헌 생이를 겉다**<상여 같다> 구) 아주 볼 모양 없다. 늙었다.

헌디 [허언′디′] 명 헌데*. ¶저네느 머레<전에는 머리에> **허언디** 난 아아드리<헌데 난 아이들이> 참 마아넌는데<많았는데>, 오새애느<요새는> 그런 아아가 하날또 업떼에<그런 아이가 하나도 없더군>./아이고 무세라<무서워라>, 그 때느 **허언디** 따까레 파랭이가<그때는 헌데 딱지에 파리가> 엉덩그리하게 부터 익꼬 그랱찌<붙어 있고 그랬지>.

헌신쩨기 [허언′신′쩨기] 명 헌신짝*. ¶바아라<봐라>, **허언신쩨기**느<헌신짝은> 저 거름바테 갇따가 내삐러라<거름 밭에 갖다가 내버려라>. **헌신쩨기 겉다**<헌신짝 같다> 구). 헌신쩨기 내삐드시<헌신짝 내버리듯> 구).

헐칭이 [헐치′~이~] 명 언청이*. ¶저기요, **헐칭이**느 날 때버터<언청이는 날 때부터> 그렁 검니까<그런 것입니까>?/공짜로 **헐칭이**로 곤치주는<언청이를 고쳐주는> 단체가 마안타네요<많다네요>.

헗다 [헐′코′, 헐′치′, 헐′터′라, 허′러′(라′)도, 허′러′서] 형 '헐하다'의 준말. 싸다*. ¶이 저엄빵아느<점포에는>, 이거버다 더 **허름** 물겨는 엄능기요<이것보다 더 싼 물건은 없습니까>?/아지미가 쫌 **헐쿠**로 해애주머<아주머니

가 좀 싸게 해주면>, 내가 멕 깨 더 사겐는데<몇 개 더 사겠는데>…/웨엔 이일로<웬 일로>, 억시기 **힐타** 시푸디이<억세게/대단히 싸다 싶더니>, 기여어이 **허**릉 갑슬<기어이 헐한 값을> 하고야 마아능구나<마는구나>. 흔). ⓒ **헗**다>헐하다.

헤 [헤] 뗑 혀*. ☞세.

헤끝 [헤끝'] 뗑 혀끝*. ☞세끝.

헹핀 [헹핀'] 뗑 형편*(形便). ①¶이이리 우애 대애 가는동<일이 어찌 돼 가는지>, 니이가 **헹피**늘 쫌 아러보고 온나아<네가 형편을 좀 알아보고 오너라>. ②¶우리 손 서방네느 오새애<손 서방네는 요새> 사아는 **헹피**니 어어 떨텅기요<사는 형편이 어떠합디까>?/우리 **헹피**니나<형편이나> 그 집 **헹피**니나<형편이나>, 다아 그럳치 머어<다 그렇지 뭐>./어무니<어머니>, 그 마시레서느<마을에서는> 누우 집 **헹피**니<누구네 집 형편이>, 기중 에럼는데요<그중 어려운데요>?/야아야<얘야>, 삭뿌리 그 사라미<삭불이 그 사람이> 겁뽀기캉 달리 유웅 **헹피**넘는 사라미더라<걸보기와 달리 영 형편없는 사람이더라>.

호더락빠람 [호오'더'락빠람] 뗑 회오리바람*. ①¶**호오더락빠라**미 휘모라치는 나부라게<회오리바람이 휘몰아치는 바람에>, 누네 틱끼비가 드간능가배요<눈에 티끌이 들어갔나 봐요>./우리가 밀로 비이가아<밀을 베어서> 너러 노옹 기<널어놓은 것이>, **호오더락빠**람 따무네<회오리바람 때문에> 다아 수세가 대앱뿐심더<다 수세미가 돼버렸습니다>. ②¶그리 잘 사아던 집또<그렇게 잘 살던 집도>, 이붕 거든 **호오더락빠라**메 함분<이번 같은 회오리바람에 한번> 휘말리이고 나디이<휘말리고 나더니>, 벨수 엄는 모앵이시더<별수 없는 모양입니다>.

호더래기 [호오'더'래기] 뗑 회오리*. ¶누가 북시이레서<북실에서>, **호오더래기**로<회오리를> 이 모양으로 다아 빼애 나안노<다 빼 놓았나>?/아아 무라머상요<아무렴요>! 여어간 다구진<여간 다부진> 사람도 그런 **호오더래기** 소오게 휘말리이머<회오리 속에 휘말리면>, 전디기 에럭꼬 마알고요<견디기 어렵고 말고요>. ▷호더리기.

호랭이 [호오'래'~이] 뗑 호랑이*. ¶(아기를 달래며) 저기 무서분 **호오랭이**가 오능갑따<무서운 호랑이가 오는가 보다>, 얼릉 자재이<얼른 자자>./이이저네느 야아야<예전에는 얘야>, 지푼 산중에<깊은 산중에> **호오랭이**가 하도 마아너 가주구 마아리다<호랑이가 하도 많아 가지고 말이다>, 질 가던 사라미<길 가던 사람이> 자아믹키기도 해앧따마느<잡아먹히기도 했다마는>… ⓒ 범>호랭이.

호로놈 [호로′오놈] ⓜ 후레아들 놈. ¶애라 이 보옴 바 엄는<본 바 없는> **호로오노마**<후레아들 놈아>!/아재요<아저씨>, 저런 **호로오놈캉**은<후레아들 놈과는> 상과늘 아예 하지로 마이소<상관을/상종을 아예 하지를 마세요>. ▷호로넘.

호로자석 [호로′오자석] ⓜ 후레자식*. ¶야 이 더어러분 **호로오자서**가<더러운 후레자식아>, 저리 비이끼라<비켜라>./저 여어서근<녀석은>, 저거 애비로<제 아비를> 막 띠디리 패는<두드려 패는> **호로오자서**기시더<후레자식입니다>.

호리다* [호′리′다] ⓓⓣ ¶낙수라 컨능 거도 시른<낚시라고 하는 것도 실은>, 자아근 이깝 하나 가주구<작은 미끼 하나 가지고>, 쿵 궤기로<큰 고기를> **호리**는 지일 애니가<짓 아니냐>.

호맹이 [호매′~이~가, 호매′~이~를, 호매′~이~예~/호매′~이~에~, 호매′~이~도, 호매′~이~마~] ⓜ 호미*. ¶이 **호맹이**자리느 와 이치리<호미자루는 왜 이처럼> 잘 빠접뿌노<빠져버리냐>?/솜빠대기예 꾸둑살 배기능 기이<손바닥에 군살이 박히는 것이>, 날찔할 때캉<낫질할 때와> **호맹이**질 할 때캉<호미질 할 때는> 다아 다리고 마알고<다 다르고 말고>.

호박#[1] [호배′기/호바′기, 호바′글, 호바′게, 호박′또, 호방′마] ⓜ 확*. ¶짐장<김장> 할 때, 양이미 **호바**게 철때반주기<양념이 확에 반죽이> 대에 이시머<돼 있으면>, 무시로 삐지 역코<무를 빚어 넣고> 쾅쾅 찌그머<찧으면>, 깨꿈박끼 딱끼이더마<깨끗하게 닦입디다>./그라머<그러면> **호바**게다가 찌금 무시느 우야는데요<확에다가 찧은 무는 어쩌는데요>?/**호바**게 찌금 무시사<찧은 무야>, 짐치로 다무머<김치를 담그면> 그 참 서웡코 벨마시지<시원하고 별맛이지>./**호바**기 너무 지푸머<확이 너무 깊으면>, 시러 연는<쓸어 넣는> 사람 손 다치기 수웁따 아니가<쉽잖아>.

호박* [2] [호오′배′기/호오′바′기, 호오′바′글, 호오′바′게, 호오′박′또, 호오′방′마] ⓜ ¶우리 서기사<石이야>, 저가부지가 자앙낭까아물<자기 아버지

가 장난감을> 함 보따리 사다 조온시니꺼네<한 보따리 사다 주었으니까>, 오늘 참 **호오바**게 구불런네<호박에 굴렀네>.

호박*(琥珀) [호오′박′] 몡 ¶망거네다가 **호오박** 풍자믈<망건에다가 琥珀風 簪을> 척 달고 나서머<나서면>, 얼매나 조옥켄노<얼마나 좋겠니>?/월천 여 엉감니미 이부신<영감님이 입으신> 마구자 단초가<마고자 단추가>, 바라 **호오바**기제<바로 호박이지>?

호박시 [호박′시] 몡 호박씨*. ①¶보소, 올개느<올해는> 마디 호오바글 함분 숭가아 보구로<마디 호박을 한번 심어 보게> 그 **호박시** 쫌<호박씨 좀> 구 해 오소 보자. ②¶자네 마아리야<말이야>, 혼차서 소오그로<혼자서 속으 로> **호박시** 까지 마고 마아리야<호박씨 까지 말고 말이야>, 다아 함분 터 러나아라<다 한번 털어놓아라> 보자.

호부[1] [호부′] 몡 홑*. ¶수물 수물 두우 수물, 호부 다선 열 따선<스물 스물 두 스물, 홑 다섯 열 다섯>. 참 다음 수식처럼, 100을 빨리 세기 위한 아이 들의 말장난. 20 + 20 + (2 x 20) + 5 + 15 = 100. 마치 10까지 셀 때 '무궁화 꽃이 피었습니다.' 하는 것과 비슷함.

호부[2] [호오′부′] 몡 효부*(孝婦). ¶그 지바네 **호오부**가 낟시머<집안에 효부 가 났으면>, 비서기라도<비석이라도> 하나 서와 조오야 대겐네<세워 줘야 되겠네>. ▷소부. ⇔호자.

호부래비 [호부래′비] 몡 홀아비*. ¶저 집 **호부래비**느<홀아비는>, 밥또 혼차 <밥도 혼자> 잘 하고, 바안질또 다아 자 란대이<바느질도 다 잘 한다>./그 런 소리 마알게<말게>, **호부래비** 살리미 오죽카겐나<홀아비 살림이 오죽하 겐나>? ⇔호부리미/호부러망이.

호석 [호오′석′] 몡 호식*(虎食). 범에게 잡아먹히는 것. ¶사네 호랭이가 업 시니까데<산에 호랑이가 없으니까> **호오석**카는 사람도 어업서젇찌<호식 하는 사람도 없어졌지>./이이저네느<예전에는>, **호오석**카능 거도<호식하는 것도> 다아 팔짜라 생가걷따<다 팔자라고 생각했다>./어어른들 마알수미 <어른들 말씀이>, 차가 서엉 하고<車氏 姓과> 유가 서엉 하고<柳氏 姓을 가진 사람은> **호오석** 앤한다 커시더라<호식을 않는다고 하시더라>. 참 왕 건의 고려 건국에 이 두 성씨가 도움을 주었다는 이야기에서 비롯된 듯./오 새애 자동차사아고가<요새 자동차사고가> 그때 **호오서캉** 가틍 거라꼬 보머 댄다<호식과 같은 것이라고 보면 된다>. **호석카다** 동자 호식하다*.
호자 [호오′자′] 명 효자*(孝子). ¶저 사람 재애종 동성은<재종 동생은>, 저거 어매인테 하능 거 보며<제 엄마에게 하는 것을 보면>, 참 **호오자**시더<효자올시다>./**호오자**가<효자가> 어디 따리 인능기요<따로 있습니까>, 그저 부모님 하자는 대로 잘 따리능 기이<따르는 것이> **호오자**지요<효자지요>./이임마아레도 안 인능기요<옛말에도 있잖아요>, **호오자** 질로 하알라캐애도<효자 짓을 하려고 해도> 늘금<늙은> 부모가 잘 바더조오야 댄다꼬요<받아줘야 된다고요>. ▷소자. ⇔호부.
호작찔 [호작′찔′] 명 ①아이들이 아무렇게나 하는 장난질. ¶전떠라아느 무진 **호작찌**리 저리 시임한동 모리겍꾸마<저 녀석은 무슨 장난질이 저리 심한지 모르겠군요>. ②남녀간의 불륜관계. **호작찔하다** 동자.
혹* [혹′] 명 ①¶원주니라니<원준이라니>? 모게 **혹** 인는<목에 혹이 있는> 그 사람 마알가<말이냐>? ②자식*. 아이*. ¶(자식을 혹에다 비유해서) 박동띠기느<박동댁은> **혹**이 서이나 대는데<혹이 셋이나 되는데>, 어디 마암대로 나댕길 수 익껜나<마음대로 나다닐 수 있겠나>?
혹* [호옥′] 명 혹시*.
혹다래끼 [혹따래′끼] 명 개나 송아지를 잡아 묶는 목도리. ¶**혹따래끼**라 컨능 거느 보오통<목도리라고 하는 것은 보통>, 개애 목또리 거틍 건데<개 목도리 같은 것인데>, 홀깨이캉은 전연 다리다<올무와는 전혀 다르다>./코로 뀌이기 저네<코를 꿰기 전의>, 에린 송아지 모게다가<어린 송아지 목에다가> 시우능 거도<씌우는 것도> **혹따래기**라 컨는다<목도리라고 한다>. ▷혹땅가지/홀땅가지/홀갱이.
혼차 [혼′차] Ⅰ 명 혼자*. ¶야아야 거억쩡 마아라<얘야 걱정 마라>, 아푸로<앞으로> 내 **혼차** 묵꼬 사아능 거사<나 혼자 먹고사는 거야> 아아무 거억쩡 업때이<아무 걱정 없다>. Ⅱ 부 ¶우야자꼬<어쩌자고> 이 산중을, 당신 **혼차** 도러댕기능<혼자 돌아다니는> 거야?/와<왜> 저, 절골떡<절골宅에> **혼차** 댄 메늘 안 인능기요<혼자 된 며느리 있잖아요>, 그 사라미<사람이> 산나물 하로 갇따가<하러 갔다가> 산사물 함 뿔갱이 캐앧따 컨네<산삼을 한 뿌리 캤다고 하네>./꼴랑 그까직 꺼 가주구<별 것 아닌 그까짓 것 가지고> 농가릴 꺼 업따<나눌 것 없다>, 니 **혼차** 다아 무거라<너 혼자 다 먹어라>.

홀깽이 [홀깨′~이] 명 ①올무*. ¶저네느 산토깽이 자불라꼬<전에는 산토끼를 잡으려고> **홀깽이**로 녹코 그랟찌<올무를 놓고 그랬지>. ②굴레*. 목줄*. 개나 송아지 따위를 잡아 묶는 목도리. 올가미. ¶산짐승 잠는 **홀깽이**캉<산짐승을 잡는 올무와>, 개애 모게 거어는 **홀깽이**느<개 목에 거는 목도리는> 전연 다링 거야<전혀 다른 것이야>./**홀깽이**라늠 마아리<올가미라는 말이> 두우 가지 뜨들 가주구 이시니 그렁 거지<두 가지 뜻을 가지고 있으니까 그런 것이지>, 머어<뭐>. ☞혹따래끼.

홀끼다¹ [홀끼′이다] 동 자 유혹에 빠져서 정신을 차리지 못하다. 홀리다*. ¶인떠라아가 뱅야수인테 **홀끼인나**<이 녀석이 백여우한테 홀렸나>? ▷홀리키다.

홀끼다² [홀끼′이다] 동 피동 핥이다*. '핥다'의 피동형. ¶아아들 머레<아이들 머리에> 허언디가 나머<헌데가 나면>, 거게다가 디인장을 디립따 발러가아<거기에다 된장을 들입다 발라서> 소한테 **홀끼이머**<핥이면> 나안는 수가 이선는데<낫는 수가 있었는데>…

홀끼다³ [홀끼′이다] 동 피동 (올가미에) 졸임을 당하다. ¶그 믿때애주가 모가치로 **홀끼이가아** 주거 가주구 구우디기가<멧돼지가 모가지가 졸여서 죽어 가지고 구더기가>…

핥다 [홀′꼬, 홀′찌, 홀떠′라, 홀′터(타)도, 홀′터서, 홀′터라] 동 타 핥다*. ① ¶저 집 수야느<(철)수는> 지 얼라가 그리도 살감는동<제 아기가 그렇게도 살가운지> 그저 **홀꼬** 빠고 야아다니다<핥고 빨고 야단이다>./아이수구리무로<아이스크림을>, 세로 내애가아<혀를 내어서> **홀터뭉능** 거느<핥아먹는 거는> 참 보기 실터라<싫더라>./개애야 지 강생이로<개야 제 강아지를> 만날 **홀터** 주고 그라지<핥아 주고 그리하지>./어디 개애뿌니가<개뿐이냐>, 이미 소도 아직쩌넉<어미 소도 아침저녁> 송아지로 **홀터**<송아지를 핥아> 주는데.

홈* [호옴′] 명 ①¶그 사라믄<사람은> 시미 얼매나 조온동<힘이 얼마나 좋은지>, 손터부로 지동을 좌악 끌근 데느<손톱으로 기동을 쫙 긁은 데는> **호오미** 주욱 파젇떠이더<홈이 죽 파졌습디다>. ②¶(자랑스레) 새봇또랑 우로<새봇도랑 위로> **호옴통**을 하나 거얼치가아<홈통을 하나 걸쳐서>, 디 입빠테다가<뒷밭에다가> 종강 꺼랑물로<개울물을> 대앨 수 인뚜룩 해애 나알띠이더<댈 수 있도록 해 놓았습디다>. ③¶구시리 호옴 소오그로 드가디이<구슬이 홈 속으로 들어가더니>, 그 아내서마 배앵뱅 도올뿐<안에서만 뱅뱅 돌뿐> 요옹 앤<영 안> 나오네.

홍두깨자락 [홍두′깨자락] 몡 논바닥을 쟁기로 골고루 갈지 못해서 생흙이 홍두깨 모양으로 남아 있는 부분. ¶점머스믄<곁머슴은/작은 머슴은> 홀쩡이 지리 안죽 시연차너 가주구<쟁기질이 아직 시원찮아 가지고>, **홍두깨자라기**<홍두깨자락이> 더러 나머 읻띠이더<남아 있습디다>.

홍재 [홍재′] 몡 횡재*(橫財). ¶우리 우기느<(창)욱은> 오늘 **홍재** 만넥꾸나<횡재 만났구나>, 웨에아재가 까자로<외숙부가 과자를> 함 보따리나 사다 조오서<한 보따리나 사다 줘서>./그래 지냄바메 무신<지난밤에 무슨> **홍재**할 꾸미라도 꼬온소<횡재할 꿈이라도 꾸었소>? **홍재하다** 동자 횡재하다*.

홍전 [홍전′] 몡 홍역*(紅疫). ①¶아아드리 **홍저늘**<아이들이 홍역을> 하고 나서 몸조리로<몸조리를> 잘몬 시기머<잘못 시키면>, 누니 짐무리는<눈이 짓무르는> 수가 생긴대이<생긴다>. ②¶이부네 니이가<이번에 네가>, 큰 시엄 치니이라고<시험을 치느라고> 참 **홍전** 해앧따<홍역 했다>. ▷홍진. **홍전하다** 동자 홍역 하다*.

화늘 [화′늘] 몡 하늘*. ¶그런 줴에 바들<죄 받을> 소리 하지 마소, **화느리** 낼바더보니이더<하늘이 내려다봅니다>./버러 멘 딸째<벌써 몇 달째> 가물던 **화느레서**<하늘에서>, 방가분 소나구가<반가운 소나기가> 퍼북끼 시이장는데<퍼붓기 시작하는데> 참 얼매나 조온동<얼마나 좋은지>… 노). 참 하늘>화늘.

화늘수박 [화′늘수우박] 몡 하늘수박*. ¶**화늘수우바**근<하늘수박은> 따다가, 말랴아 두머<말려 두면> 무신 야게 신다 컫떤데<무슨 약에 쓴다고 하던데>, 더부 무건는 데 신다컫떵강<더위 먹은 데 쓴다던가>…/지푼 사니 아니라<깊은 산이 아니라>, 야아상 꼴짜게도 **화늘수우바**기사<야산 골짜기에도 하늘수박이야> 더러 일따 와<있잖아>.

화런 [화′런′] 몡 활인*(活人). ¶(갑) 이 사람 아주 자앙하이<장하이>, 이부네 여엉청 가가아 **화런**해앧따머<이번에 永川 가서 활인을 했다며>?/(을) **화러**늠 무진 **화런**<활인은 무슨 활인>, 그저 침 한 대 노옹 기이<놓은 것이>, 마알로 잘 드럳딸 뿌닌데 머어<말을 잘 들었달 뿐인데 뭐>. ▷화린.

화리 [화아′리] 명 화로*. ¶원시가<원식아>, 아립빵 할배 **화아레**에<아랫방 할아버지 화로에> 불 쫌 다머다 디레라<불 좀 담아다 드려라>./그 첨지가, 무진 이이레 도부니 나가아<무슨 일에 화가 나서>, 그 무거분 놋**퇴아리**로 내애떤신시까<무거운 놋화로를 내던졌을까>?/이 집 **화아리**느 화리쩌니 너리고<화로는 화로 전이 넓고> 쉐도 참 조오네요<쇠도 참 좋네요>.

화짇때 [화짇때] 명 화짓대. 조선시대에 일정 이상의 벼슬 또는 과거에 급제하면 동네 어귀나 뒷산에 세우던 깃대. ¶그 마시리 그레 비이도<마을이 그렇게 보여도>, **화짇때**로 멥 뿌니나<화짓대??를 몇 번이나> 꼬분 마시리다<꽃은 마을이다>. 참 '일정 이상'의 벼슬을 '선달'이라고 하나 미확인 상태이며, 과거에 급제했을 때는 확실함.

활량 [활량] 명 한량*(閑良). ¶바앙꼴 야앙반요<밤골 양반 말씀입니까>? 그 어어르니사<어른이야>, 술 짤 묵찌<잘 먹지>, 노올기 자라지<놀기 잘하지>, 참말로 **활량**이시더<한량이올시다>./오새애 **활량**이<요새 한량이> 어디 따리 인능기요<따로 있습니까>, 도옴마 잘 시머<돈만 잘 쓰면> 다아 **활량**이지<다 한량이지>.

황새 [화앙′새′] 명 왜가리*. ¶머리가 숙끼 난 사라믄<숙게 난 사람은>, 이마 아다가 **화앙새** 똥을 바리머<이마에다가 왜가리 똥을 바르면> 거기 멀끄딩이가 앤<머리카락이 안> 난단다./(논에 걸어다니는 왜가리를 보고) ¶**화앙새**야<황새야> 덕새야, 니 모간지가 지이나<네 모가지가 기냐>, 내 모간지가 지이지<모가지가 길지>. 참 慶州에는 '황새'가 오거나 서식하지 않으며, '왜가리'를 '황새'라고 부름. 단 1940년 이전에는 불명.

황소* [화앙′소′] 명 ¶저 집 **화앙소**느 사아람마 보머<황소는 사람만 보면> 잘 뜬다네요<뜬다고 하네요>./요분 잔채에느<요번 잔치에는> **화앙소** 함 바리<황소 한 마리> 자버야 댈따<잡아야 되겠다>. x숙소/수소/숫소. ▷ 황뿔때기/대창오. ⇔암소.

황용 [황용′] 명 황룡*(黃龍). ¶저엉마안세가 저저 지비느<정만서가 자기 집에는>, 청용**황용**이 베게 길리읻따꼬<청룡황룡이 벽에 그려져 있다고> 허풍을 치고 댕긷찌만<다녔지만>…/청용**황용**은 무진 청용**황용**고<청룡황룡은 무슨 청룡황룡이냐>? 지붕키 쉐에가아 낙숨무리<지붕이 새어서 낙숫물이> 베게다가 화앙칠로<벽에다가 환 칠을> 항 거뿌닌데<한 것뿐인데>…

▷황농.

황칠 [화앙′칠′] 명 아무렇게나 마구 바르는 칠. 환 칠. ¶얼라아가 구래용으로<아기가 크레용으로> 베름빠게다가 **화앙치**를 디립따 해앤는데<바람벽에다가 환 칠을 들입다 했는데>…/당시늠 머어하다가<당신은 무얼 하다가> 얼구레 **화앙칠**로<얼굴에 환 칠을> 다아 하고 그카능기요<다 하고 그러십니까/그러는지요>?/(정만서 집은) 청용 황용은<청룡 황룡은> 무진 청용 황용고<무슨 청룡 황룡이냐>? 지붕이 쉐에가아 낙숨무리<새어서 낙숫물이> 베게다가 **화앙칠**로<벽에다가 환 칠을> 항 거뿌닌데<한 것뿐인데>… **황칠하다** 동타 환 칠하다.

후다[1] [후′우고, 후′우지, 후′우더라, 후′우도/휘′어도, 후′우서/휘′어서] 동타 휘다*. ¶맨소느로<맨손으로> 철봉을 **후울** 정도머<휠 정도면> 대애다는 히민데<대단한 힘인데>. 참 자동사로는 '휘다'가 쓰임.

후다[2] [후′고′, 후′지′, 후′더′라, 호오′도′, 호오′서′] 동타 (바느질로) 호다*.

후정거리다 [후정거′리다] 동타 휘저어서 못 쓰게 하다. 흐리게 하다. 휘정거리다*. ¶그 죽, 니이가 앰 무굴 파니머<네가 안 먹을 판이면> 실떼업시 **후정거리**지나 마러라<쓸데없이 휘정거리지나 말아라>./느느<너는>, 애비 나테<아비 낯에> 무신 칠로 하알라꼬<무슨 칠을 하려고>, 온 장파늘 **후정거리**고 도러댕기노<장판을 휘정거리고 돌아다니니> 응이<응>?

훼기 [훼에′기] 명 새꽤기*. 벼, 억새, 갈대, 띠 따위의 씨나 낟알이 붙은 가는 속 줄기. ▷휘기/짐나래끼.

훼미 [훼에′미] 명 헤엄*. ¶산중 사라미사<사람이야> 더러 **훼에미**로 모온<헤엄을 못> 칠 수도 인는 이이리지<있는 일이지>…/객까아서야 쪼매애늘 때 버텀<갯가에서야 조그만 할 때부터> **훼에미**로 다아<헤엄을 다> 치지만… **훼미**<헤엄> **치다** 구.

훼약 [훼에′약′] 명 화약*(火藥). ¶저리 가거라, 아아드른<아이들은> **훼에약** 자테<화약 곁에> 오능 거 애니다<오는 것 아니다>./불만 시치일따커머<스쳤다 하면>, 대반채 터지늠 물견이 **훼에야**기대이<대번에 터지는 물건이 화약이다>.

휘 [휘이′] 명 회*(膾). ¶모숭기 얼릉 마치 녹코<모내기 얼른 마쳐 놓고>, 우리 가암포<甘浦> **휘이** 무우로<회 먹으러> 가자./가암포꺼정 갈 꺼 업시<甘浦까지 갈 것 없이>, 밀구 모세 흐는<密龜 못에 흔한> 까물치나 자버다가<가물치나 잡아다가> **휘이**나 쳐 무굽시더<회나 쳐 먹읍시다>. 참 밀구(密龜) 못: 저수지의 이름.

휘비다 [휘′비다] 동타 후비다*. ①¶다왕알캥이로 가아<성냥개비를 가지고> 귀로 잘몬 **휘비다**가느 크닐 난대이<귀를 잘못 후비다가는 큰일 난다>, 조오 심해애라<조심해라>./유라<(상)율아>, 하알릴 업시<할일 없이> 코꿍기나 **휘비지** 마고<콧구멍이나 후비지 말고,> 마당이나 마뜩끼 시러 나아래이<마당이나 마뜩하게 쓸어 놓아라>./아지야<아저씨>, 오느른 머어로<오늘은 무얼> 그리 마식끼 잡솨악껄래<맛있게 잡수셨길래>, 이로 다아 **휘비고** 그카시능기요<이를 다 후비고 그러십니까>?/다왕알캥이로 귀로 **휘비머**<성냥개비로 귀를 후비면> 궈꾸영이 서원나 다왕알캥이가 서원나<귓구멍이 시원하니 성냥개비가 시원하니>? ②¶저 고오야근 사라믄<고약한 사람은> 무진<무슨> 심사로, 만날 나무 디이마 **휘비고** 댕기는동<남의 뒤만 후비고 다니는지> 모릴 이이릴쉐<모를 일일세>.

휘빠럼 [휘이′빠′럼] 명 휘파람*. ¶바메 **휘이빠럼** 부우머<밤에 휘파람을 불면> 구렁이 나온대이<구렁이 나온다>./나신 처어자가<낯선 처녀가> 하나 치도로 지내가니꺼네<도로를 지나가니까>, 도옹네 머시마아드리<동네 남자애들이> **휘이빠러**믈 부우고<휘파람을 불고> 야아단났서<야단났어>.

휘초 [휘′초′] 명 후추*. ¶우리사 **휘초**느<우리야 후추는> 벨 쩡 업따<별 정/생각 없다>, 줴피까리카머<조피 가루보다> 여엉 모온하더마느<영 못하더군>./**휘초** 마시<후추 맛이> 그거 참, 어얼떧타 커먼 조오꼬<어떻다고 하면 좋을까>, 줴피캉은 전연 달러<조피와는 전혀 달라>.

휘추리* [휘′추′리] 명 곧고 가느다란 나뭇가지로, 회초리보다 약간 굵은 것. ¶마안시기 니이<만식이 너>, 저 디입빠테 가가아<뒷밭에 가서>, 송까락 빼담 약깡 구울군<손가락보다 약간 굵은> 복성나무<복숭아나무> **휘추리** 멘 나 끙커 온나아<몇 낱/개 끊어 오너라> 보자.

휜뚜리 [휜′뚜′리] 명 휘뚜루*. ¶우리 태기야<(영)탁이야> 부기든<북이든> 장구든 **휜뚜리**맏뚜리<휘뚜루 -> 닥치는 대로 다아 잘 띠디리니이더<다 잘 두드립니다>.

혼들다* [혼들'고/혼드'고, 혼들'지/혼드'지, 혼들더'라/혼드더'라, 혼드'러
(라)도, 혼드'러서, 혼드'러라] 동타 ¶우리 큰헝이야느<큰형은> 서어월 갈
때마중<서울로 갈 때마다>, 기차가 마실 아풀 지내갈 찌게<마을 앞을 지나
갈 적에>, 소늘 혼드러 주니이더<손을 흔들어 줍니다>.

혼치다 [흔치'이다] 동피동 '흩다'의 피동형. 흩이다*. 흩어지다. ¶내가 갈실
때느<갔을 때는>, 버러 마실 사암들<벌써 마을 사람들> 다아 혼치입뿌고
<다 흩어져버리고/흩이고> 아아무도 업떠라<아무도 없더라>./놈빠다게 혼치
잉 곡서근<논바닥에 흩인/흩어진 곡식은> 드을게 인는 쥐캉<들에 있는 쥐
와> 옹갖 새짐승들 목시지<온갖 날짐승들 몫이지>.

흘/흠 [흐'리/흘'기, 흐'를/흘'글, 흐'레/흘'게, 흘'또/흘'도, 흘'마] x[흑] 명
흙*. ¶솜바레 흘 앰 문치고 사아머<손발에 흙을 묻히지 않고 살면>, 참말
로 조옴 팔짜지<좋은 팔자지>./초오네에서야 마카<촌에서야 모두> 흐리나
파묵꼬 사아지<흙이나 파먹고 살지>, 무진 다린<무슨 다른> 재주가 이서야
지<있어야지>./보소 오굼쟁이에 무든 흐른<오금에 묻은 흙은> 와 안 싱능기
요<왜 씻지 않습니까>?

흘레* [흘'레] 명 ¶토깡이 흘레로 부칠라꼬<토끼 흘레를 붙이려고>, 통에 여
어가아 질머지고 갇띠이<통에 넣어서 짊어지고 갔더니>, 보는 아이들마줌
<아이들마다> 싱기해애 가주구<신기해 가지고>…/저 껌정 뒈에주<돼지>,
흘레 부칠<붙일> 때가 안 대애 가능기요<돼 갑니까>?/인떠라아가<이 녀석
이> 어디 개애 흘레 부틍 거로 바안나<개 흘레 붙은 것을 봤나>, 지 혼차
시시덕꺼리기느<저 혼자 시시덕거리기는>? 흘레 붇다 구). 흘레(를) 붇치다
<붙이다> 구).

흘리다* [흘'리고, 흘'리지, 흘'리더라, 흘'리도, 흘'리서, 흘'리라] x[흐르다]
동사동 ¶웨에아지미가 눔물로 흘리먼서<외숙모가 눈물을 흘리면서> 뿐
짬능 거로<붙잡는 것을>, 억찔로 뿌리치고 다알러왇심더<억지로 뿌리치고
도망쳐왔습니다>.

흘ㅋ [흘'키, 흘'클, 흘'케, 흘'또, 흘'마] x[흑] 명 흠*. ☞흘. 드).

훑다 [훅'꼬, 흘'찌, 흔떠'라, 흐'처(차)도, 흐'처서, 흐'처라] 동타 ¶우럼매느
<우리 엄마는>, 디입빠테 꼬치시 흐즈로<뒷밭에 고추씨 훑으러> 가고요,
우라배느<우리 아빠는>…/보자, 곤 미영시 흐츨<곧 목화씨 훑을> 때가 다

아 대애 가제<다 돼 가지>?/저 할마시느 소구믈 와<할멈은 소금을 왜>, 무 낙께다가<문 앞에다가> 저치리 **혼**는동 모올쉐<저처럼 흩는지 모를 일일 세>. ▷흩다.

흩다* [흑′꼬, 흘′찌, 흘떠′라, 흐′터(타)도, 흐′터서, 흐′터라] 동타 ☞훑다.

히다 [히′다′] 형 희다*. ¶세에사아서 제엘로 **힝** 거사<세상에서 제일로 흰 것이야> 누움바께 더 익껜나<눈밖에 더 있겠냐>?/누움마 **히**나<눈만 희니>? 까안챙이 뱁빠닥또<까치 뱃바닥도> **히**기사 **히**지<희기야 희지>./우리 천수 니느<천순은>, 몸매도 조온치만<좋지만> 살미치 참말로 누웅거치 **히**니까 네<피부가 참으로 눈같이 희니까> 얼매나 조옥껜노<얼마나 좋겠니>. ⇔검 다/껌다.

힌떡 [힌′떡′] 명 흰떡*. ¶우리야 업서가아 모옴 무구니까네<없어서 못 먹으 니까>, **힌떡**또 조옥코<흰떡도 좋고> 고물 문칭 거도 조옥코<묻힌 것도 좋 고>, 머어든동 다아 조온심더<뭐든지 다 좋습니다>.

힘들다* [힘′들′고/힘′드′고, 힘′들′지/힘′드′지, 힘′들′더라/힘′드′더라, 힘′ 드′러(라)도, 힘′드′러서] 동자 ¶내 따아네느<내 딴에는> **힘들**구로 미이 고 온 능구민데<힘들게 메고 온 사관데>, 저 어어르니 와 걷떠보도 앤하꼬 <어른이 왜 거들떠보지도 않을까>? ▷심들다.

힙뿌다 [히입′뿌′다] 형 헤프다*. ①¶새로 산 치야근<치약은> 와 이칠 **히이 뿌**노<왜 이처럼 헤프니>? ⇔마다다. ②¶이 도오는 니 이미가<돈은 네 어 미가>, 나무 지비 가가아<남의 집에 가서> 뻬빠지구로 이일해 주고<뼈빠지 게 일해 주고> 버어린 도온이니까네<번 돈이니까>, 절때로 **히입뿌**기 시지 마러래이<절대로 헤프게 쓰지 말아라>. ③¶재애수기 가아느<재숙이 걔 는>, 위시미 너무 **히입뽕** 기이<웃음이 너무 헤픈 것을> 타아리람 마아리구 마<탈이란 말입니다>./사아라미 맹서 거틍 거로<사람이 맹세 같은 것을>, 아아무 데서러나<아무 데서나> **히입뿌**구로 하머<헤프게 하면> 남드리 시 인용을<남들이 신용을> 자 랜 하지<잘 않지>.

힝이 [히′~이~] 명 형*. ¶너거 **힝이**느<너의 형은>, 저어염 묵꼬 어덜로 각껄 래<점심 먹고 어디로 갔길래> 앙이꺼정 소 미기로 갈<아직까지 소 먹이러 갈> 생가글 안 하는공 모리겍꾸나<생각을 않는지 모르겠구나>./성다라<성 달아>, 니이가 니 **힝이**카머<네가 너 형보다> 키가 더 크제<크지>?

김주석(金珠石)

慶州에서 출생, 성장
연세대학교 졸업
한화 그룹(1963~1987)
  공채 1기 입사
  한국화약(주) CPO
  경인에너지(주) CPO
조양화학공업(주)(1991~1998) CEO 역임
경영지도사(1992~   )
안산시청(1999~2000) 계약직
전자우편 : gemstn@hanmir.com / gemstn@onetro.com
전화　　: (031) 286-5076

저서 : ≪만화 같은 인생 정만서(鄭萬瑞) 해학≫(1989)
    ≪새롭게 바뀐 취업 면접≫(1996)

최명옥(崔明玉)

경남 사천시 출생
서울대학교 문리과대학 국어국문학과 졸업
동대학교 대학원 문학석사(1975)·문학박사(1982)
영남대학교 교수(1976~86)
천리대학(1990~91) 및 동경대학(1996~97) 객원교수 역임
(현) 서울대학교 인문대학 교수(1986~   )
전자우편 : choimo@snu.ac.kr

저서 : ≪慶北東海岸方言硏究≫(1980)
    ≪月城地域語의 音韻論≫(1982)
    ≪國語音韻論≫(共)(1997)
    ≪國語音韻論과 資料≫(1998)
    ≪한국어 方言硏究의 실제≫(1998)

논문 : <變則動詞의 音韻現象에 대하여>
    <國語 움라우트의 硏究史의 考察>
    <語幹의 再構造化와 交替形의 單一化方向>
    <慶尙北道의 方言地理學>
    <慶尙道의 方言區劃試論> 외 다수

경주 속담·말 사전

김주석·최명옥 공편저

2001년 6월 15일	초판 인쇄
2002년 10월 5일	재판 인쇄
2002년 10월 15일	재판 발행
김 진 수	발행인
한국문화사	발행처

133-112 서울시 성동구 성수1가 2동 13-156
Tel: 02) 464-7708, 3409-4488
Fax: 02) 499-0846
homepage: www.hankookmunhwasa.co.kr
등록번호 2-1276호(1991.11.9. 등록)

값30,000원
ISBN 89-7735-835-3 93700